| 개정판 |

中國史學史要綱

李啓命 씀

전남대학교출판부

개정판

中國史學史要綱

인쇄 | 2014년 3월 11일
발행 | 2014년 3월 18일

저자 | 이계명

발행인 | 지병문
발행처 | 전남대학교출판부

등록 | 1981. 5. 21. 제53호
주소 | 500-757 광주광역시 북구 용봉로 77
전화 | (062) 530-0571~2
마케팅 | (062) 530-0573
팩스 | (062) 530-0579
홈페이지 | http://www.cnup.co.kr
이메일 | cnup0571@hanmail.net

값 30,000원

ISBN 978-89-6849-102-3 (93910)

개정판 머리말

나는 1942년 전남 나주군 노안면 석정에서 조부님 함평인 이민구님의 4남으로 태어나시고, 종조부 이민철님의 양자로 들어가신 선친 이봉헌님과 외조부 나주인 나도준님과 외조모 광산인 김방현님의 여식 재권으로부터 태어나시어 둘째 외조모 서산 유봉한님의 여식 창석님의 어린 4세 이후 정성어린 돌보심을 입으신 모친 나우례님과의 4男으로 태어난 도령이었다. 선친께서는 모친을 맞아 근검절약으로 그 당시 일본에 건너가신 대장형 이계옥님의 문전옥답을 적산으로 분할상환하고 여러 곳의 토지를 매입하셔 중소농에 이르러 여러 종현님의 질시를 받으셨다.

나는 어려서 권학문까지 준비하시어 여신 서당에서 공부하지 못하고, 이웃집 광산인 김씨할아버님께서 이웃 안산에서 여신 서당에서 약 6개월 정도 『학어집』·『추구』를 읽으면서, 안씨 도령이 『소학』·『대학』을 학습하는 과정에서 훈도받던 광경도 보았다. 이어 노안초등학교시절 정용기 은사님을 비롯한 여러 선생님의 보살피심을 받았고, 나주중학교시절 나점석·양회대 은사님을 비롯한 많은 은사님과 양회종 교장선생님의 지도를 받았다. 이어 명문고라고 일컫던 광주고등학교에 입학, 성삼문·신숙주시비론이 유행하고 있을 때에, 임종대 교장선생님께서 학생들에게 야망과 투지를 가져야 한다는 요지의 훈화를 마무리하는 말씀으로 "공부 잘하면 그냥 선생이다"는 희대의 말씀을 하시여 인구에 회자하였다. 이런 고교시절에 김병조·양승효·박계관 담임은사님 그리고 송규호 은사님을 비롯한 많은 은사님의 애정과 정성이 넘치는 가르침을 받았다. 특히 이경재 은사님과는 『황태자의 첫사랑』·『호반』이라는 독일 희곡을 강독해주셨던 감동이 지금도 생생하다. 아울러 학교도서관에서 『삼국지』·『옥루몽』 등의 명저를 통독하였던 나는 서울대학교에 들어가 역사를 공부하겠다던 고3 가을철에, 장형님의 방만한 생활로

걸머진 빚을 선친께서 나의 학자금으로 마련해 놓으신 약 500석 정도를 전환하셨다. 이에 4·19학생운동이 일어나던 1960년에 서울대학교 진학을 접고, 전남대학교 문리과대학 사학과에 입학하여 1학년 때에 서동익 은사님의 철학개론과 정진순 은사님의 자연과학개론에 관한 명강을 경청하여 감동 깊었다.

이어 대학 2년차에 양병우 은사님의 서양고대사 강의에서 명료하게 정리해주시어 참으로 감동받았고, 양상하 은사님의 『고려사·식화지』 강독에 감동받았으며, 3년차에 이혁 은사님의 조선당쟁사 강의는 나에게 큰 계기를 마련하게 해주셨으니, 곧 유비·조조시비론이 나온 것이다. 즉, 은사님께서는 "신의 있는 유비가 옳고, 간웅 조조가 잘못이다"고 결론내신 것이다. 이에 나는 "선생님! 조조가 옳지 않을까요"라고 반문하였다. 은사님께서는 "아니다. 유비가 옳다"고 잘라 말씀하셨다. 나는 교수실로 올라가 은사님께 "선생님! 그래도 조조가 옳지 않을까요"라고 재차 질문하자, 은사님께서는 껄껄 웃으시면서 "실제로는 네 말이 옳다"고 말씀하셨다. 이때에 이웃자리에 계시던 미남 이재룡 은사님께서 나를 눈 여겨 보신 것 같고, 은사님의 조선근대사강의는 참으로 나를 매료시켰으며, 강독에서 『삼봉집』을 요령 있게 읽을 수 있도록 해주셨다. 나종일 은사님께서는 서양근대사 강의에서 번역본 슈팽글러의 『서구의 몰락』을 학생들에게 분담하여 발표시키시면서 요령 있게 강론해주셔서 참으로 감동 깊었다. 채규탁 은사님의 특강도 요령 있게 정리해주셨고, 학부 동양사 강의를 전담하시던 정경모 은사님께서 동양근대사에서 명왕조를 건국한 주원장은 원왕조 말 홍건적의 반란이 절정에 도달하였을 때에, 절강성 심곡에서 새 통치자를 기다리던 금화학파 유기, 송렴의 지지를 받았기 때문이라는 필연성을 미인경국이라는 문구에 빗대어 문장경국으로 설명하신 강론은 나에게 깊은 감명을 주셨다.

한편 나는 군복무의무를 105학훈단에서 3·4학년도에 이수하고 육군 소위에 임관하여, 더욱 공부를 해야 한다는 생각으로 전남대학교 대학원 석사과정에 입학만 해놓은 채, 상무대 육군 포병학교의 연수과정을 거쳐 육군 2사단에 배속되었다. 이때에 장형님께서 송호림장군의 보좌관을 지내신 바 있는 족형 이계인님의 추천장을 받아 가지고 가라시기에 신고한 후에 드렸더니, 흔연히 받아주셨고 때마침 고향선배 보충중대장 정군섭님이 환대해 주셨다. 이윽고 중포중대를 거쳐 보병 63포병대대에서 전역하였다.

1966년 대학원에 복학해놓고 보니, 지도교수님께서 나의 학사일정이나마 정상화시켜주시고자, 고교와 대학의 후배이자 대학원 선배인 이홍길님이 나의 초고를 대신하여 작성해준 것을 알았고, 이어 몇 주간의 초고를 더 써서 한 학기를 마친 후에도, 고 오병문 교수님께서 고단한 나의 사정을 헤아려 나주 노안면 양천리 소재 성골롬바노중학교에 추천해 주셔서 사회·영어를 담당하면서, 자료가 없어 쉽게쉽게 초고를 써서 과정을 마쳐 능력을 갖추지 못한 채, 석사학위논문을 작성할 때에도 금호각에 있던 백납본 『구당서·본기』와 『통전·전제·성당·항』만을 읽고, 「당전기 균전제 붕괴고」를 작성하여 양병우 은사님께 "잘못을 지적해 주십시오"라고 간청하였더니, 나의 졸고 서문을 잠깐 보시고, 이 문제는 "당고조 무덕연간의 정치구도가 문제가 되니 빨리 가서 교정하라"고 하신 말씀은 참으로 정곡을 찔렀다. 또한 나는 무급인 임시조교를 거치면서 질시 받아 암울한 세월만 보내던 1970년 2월말 광주 대인시장 남문 입구에서 고교시절 송규호 은사님께서 나를 보시고 "이계명! 너 지금 무얼 하느냐"고 반기셔서, 나는 "저 지금 이렇게 암울하게 지내고 있습니다"고 말씀드렸더니, 은사님께서 "그러면 3월 4일 이력서를 써가지고 전남고등학교로 오너라"고 하셔서, 전남고등학교에서 세계사를 담당한지 6년이란 세월이 흘러만 갔다.

1970년 4월 27일 한국의 名族 蔚山金氏 계파 내토리지파 김종성님의 3녀인 내자 김연심을 맞아 1남 2녀를 얻었다. 1974년 고대하던 모교의 교과목 동양사특강 한 강좌를 맡았는데, 이때에 지도교수님께서 억울하게 면직되신 사정을 알았고, 능력이 없었던 나는 조좌호저 『개관동양사』를 교재로 삼아 송·요·금·원 시대사를 강의하였다. 1976년 말 이홍길 교수님의 양해를 얻어 익년 5월 11일 모교에 入仕하였다. 중국고대사를 전공하려는 저자 앞에는 담당할 교과목 동양사적해제 동양고대사, 동양사특강, 문화사, 강독 등이 가로막아 버티고 있었다.

저자는 교과목 동양사적해제(중국사학사) 강의는 금호각에서 내등호차랑 『지나사학사』를 읽고 또 읽어서 정리하여 강의하였다. 이런지 얼마 안 되어 대학원 석사과정 중국사학사를 담당하여 몇 년 동안에 양계초 『중국역사연구법』, 두유운저작 권중달 번역 『중국역사연구방법론』과 중국 동북사범대학 宋衍申 교수님의 『中國史學史綱要』(1992년 동북사범대학출판부)를 강독식 발표수업을 진행하여 학부 중국사학사 강의에 충당하였다.

그리하던 때에 한국학술진흥재단 이사장이자, 고교 3년 후배 박석무님에게 『자치통감』의 번역을 요청하기도 하고, 『자치통감』 사론의 번역을 하면 어떨까 하여 석사과정 중국사학사 과목에서 임헌석·김창규 등 원생과 함께 『자치통감』 사론을 몇 학기에 걸쳐 읽었지만, 문장이 매끄럽지 못하였다. 이에 일년여에 걸쳐 사론번역문을 정비하던 차에 권중달 교수님께서 『자치통감』 번역사업을 수주받았다는 소식으로 사론번역을 접고, 수업과의 협조로 이를 학부 중국사학사 과목의 일부 교재로 삼아 강의하였더니, 수강생이 90여명으로 늘어나 매년 전·후 계절학기에도 사용하였다.

중국에서 구어체 문백대조전역 『資治通鑑(수정본)』(沈志華·張宏儒 주편, 개혁출판사, 1993년 4월)이 출판되었다는 소식을 접하고 학교 도서관에서 매입한 책을 살펴보니, 이전에 매끄럽지 못한 번역이 대부분 해결되었다. 또한 위 책에서 사마광 사론의 핵심 문장 곧 정통론 부분에 대한 구어체로 바꾸는 과정에서 잘못 번역된 사실에 근거하여 『자치통감』에 관한 수많은 우수논문 중 몇 편을 참조하여 「자치통감 연구」(『역사학연구』(1998)라는 논문을 작성하여 위 송교수님의 『중국사학사강요』를 底本으로 삼아 만든 나의 『중국사학사강요』에 삽입하려 하였지만, 실수로 빠뜨렸다가 이번 개정판 『중국사학사요강』에 넣었다. 또한 사마광의 『자치통감』 同修者요, 북송후기 신·구법당쟁이 절정에 도달하였을 때에 억울하게 貶斥·賜死되었던 그렇게 賢士大夫로 널리 알려진 范祖禹의 『唐鑑』 또한 원생들과 함께 강독하였다.

또한 동년 중국의 도서출판목록에서 중국 호남사범대학원 도무병교수님의 역작 『사마광사론탐미』(1989, 동 대학출판부)를 구입하여 위의 대학원생들과 강독식 발표강의를 거치고, 위 송연신 교수님의 『사마광전』 등에 보이는 「제목」을 참조하여 앞서 미완성 번역물에 붙였다. 이때에 도무병교수님 역작 『사마광사론탐미』의 내용을 대부분 채용하려던 나에게 전남대학교출판부 박방배님이 출판물도용시비에 휘말릴 수 있다는 애정어린 충고를 겸허하게 수렴하여 황성웅 저 『자치통감사론지연구』(대북, 문사철출판사, 1979), 반영 저 『자치통감사론연구』(대북 문명서국, 1987) 그리고 계평교수님이 비판적 수용을 통하여 저작하였다는 『사마광사론신론』(중경, 서남사범대학출판사, 1987)과 위 송교수님의 역작 『사마광전』과 위 계평의 『신사마광전』을 대만·중국의 해당 출판사에서 구입하여, 저자는 위 여러 선학의 평론과 저작내용을 명료하게 함축하여 전남대학교 학술진흥재단의 지원을 받아 2009년에야 비로소 『자치통감사론탐방』을 출판하였다.

아울러 唐太宗이 양·진·북제·북주 및 수왕조의 역사를 館修하고자, 魏徵을 총재로 삼아 房玄齡 등에게 『晉書』, 令狐德棻·岑文本 등에게 『周書』, 李百藥 등에게 『北齊書』, 姚思廉에 『梁·陳書』, 위징 등에게 『隋書』를 각각 편찬하게 하였다. 저자는 당초기 館修5書(『晉書』는 방대하여 西晉 諸帝·諸王 史論만을 통하여 작성함)와 함께 그 당시 동위-북제와 항형하던 南齊에 관한 蕭子顯의 正史 『남제서』 편찬과 역사관을 논문화하여 나의 『중국사학사강요』에 넣었다가 이번 개정판 『중국사학사요강』에 넣었다.

이런 작업 중에 당초기 館修5書 편찬에 관한 자료를 수집하고 있던 나에게 우리 전남대학교 인문대학 사학과에 영입해온 고 정병철 교수가 서울대학교에서는 24史의 출판설명도 강독식 발표수업도 한다는 정보와 김정암의 『중국사학사』(1984, 대만 정문서국)를 주어 고마웠는데, 정교수의 미망인과 그 유족들이 어디서 어떻게 살고 있는지조차 알지 못하고 있으니, 참으로 미안하다. 그 후에 장순휘 주편 『중국사학가전』(1984, 요령인민출판사, 심양), 고정룡 『정사 송판본의 연구』(1976, 급고서점), 증정경부 『중국의 역사서』(도수역사전서-도수서방), 조도전대학 동양사연구실 『중국정사의 기초적 연구』(1984, 조도전대학출판부), 양익장·손향란 주편 『청대사부서발선』(1990, 남계대학 고적정리연구소선), 백수이의 『중국사학사』(1984, 상해인출판사) 그리고 주곡성 제·창수량 주편 『중국사학명저평개』(1988, 항주대학출판부』 등의 여러 책의 해당부분을 참조하여 정리하기도 하였다.

아울러 위 『자치통감』의 저자 司馬光과 그의 同修者이자, 위 『당감』의 저자 范祖禹의 역사관을 살펴보는 것 또한 후세 역사학연구자의 임무라고 판단하고, 『자치통감·출판설명』; 위 『중국사학사』, 『중국사학가전』, 『중국사학명저평개』 등; 위 선학 송연신의 『사마광전』·위 계평의 『신사마광전』; 위 도무병·계평·반영·황성웅 등 여러분의 연구성과를 함축한 「자치통감에 나타난 사마광의 역사관」(2001년 12월 『전남사학』제17집)이라는 논문과 「범조우의 생애와 역사관」(2002년 12월 『전남사학』제19집)이라는 논문을 개재하였다가 이번 개정판 『중국사학사요강』에 넣었다.

이러한 나의 역사인생과정에서 두 가지 사실을 인식하였다. 그 하나는 이상 소자현의 『남제서』와 위 館修5書 주편자와 사마광·범조우의 역사관을 살펴보는 일이 외람스러우나마 중국사학연구에 직접 참여하는 일이었다고 생각하니, 참으로 영광스럽고 기쁘다. 다른 하나는 후술하는 바와 같이 청중기 畢沅이 『續資通治鑑』을 편찬할 때에 "논지와 서술 그리고 결론이 일관되어 있으면 군더더기 언급은 필요 없다"는 언급이나, 전통사학을 완성하였다는 장학성이 주기·논찬을 논술할 때에, 군더더기 언급은 필요 없다고 하면서 鄭樵를 변호하였고, 양계초의 신사학 개창 이래 금자탑을 이루었다던 陳寅恪선생님도 이 점을 강조하였는데, 이 점이 바로 저자가 入仕한 이후에 작성한 정치·경제부분에 관한 잘못된 몇 편의 논문을 교정할 수 있는 논리적인 근거가 되고 그 교정방법까지 연상되고 있으니, 참으로 기쁘다.

저자는 초판 『중국사학사강요』에서 중국사학사는 주요 역사영역으로 중국역사학을 학생·일반인들이 이해하는 좋은 읽을거리라는 점을 강조하였었다. 당초기 館修5書주편자의 편찬설명과 『남제서』 주편자 소자현, 『자치통감』 사론 작성한 사마광과 그의 同修 范祖禹의 이·경력 그리고 『당감』에 나타난 역사관의 내용을 이번 개정판 『중국사학사요강』에 전부 넣었다. 또한 『자치통감』의 저자 사마광의 이·경력은 위 계평·송연신의 명저 등에서 많이 보아왔기에 이를 함축하여, 위 저자의 拙著 『자치통감사론탐방』에 넣었었지만, 이 책의 내용 중에 唐宋부분이 크게 늘어나 상당히 편중되었다. 따라서 저자는 온누리 인류에게 필요한 읽을거리로 제공할 수 있는 그렇게 더욱 보강되어 優美한 사학명저 중국사학사가 저술·출판되기를 기대해 본다.

이 책을 출판함에 있어서 전남대학교 지병문 총장님을 비롯한 행정·출판부서의 여러분께서 아낌없이 지원해 주셨으니 진심으로 감사합니다. 무엇보다 저자에게 시집온 아내는 고생고생하다가 세 번씩이나 쓰러져버린 저자를 지극정성으로 간호해주었고 또한 부실한 아들 때문에 고생고생이 끝이 없어 너무나 미안하오니, 이제 몸이나마 건강하게 함께 살아봅시다.

2014년 2월

빛고을 오치 상촌서제에서
이계명 씀

머리말

중국사학사는 중국사학이론의 발달사이다. 참으로 딱딱하고 무미건조한 과목으로 인기마저 없다. 그렇지만 내용이 중요하기 때문에, 과목을 개설하여 놓으면 상당한 학생이 수강하여 계속 설강하고 있다.

장구한 중국사에서 출판된 역사책은 방대하여 그 이름을 섭렵하기 조차 어렵다. 따라서 중국 사학명가의 사학명저를 소개하는 것이 하나의 방법으로 채용되어 오고 있다. 중국 사학 명가는 나름대로의 울결이나 충성심을 경세의 의지로 승화하여 사학명저에 반영하였기 때문이다. 아울러 중국사학사는 역사가나 독자들에게 감명을 주고, 나라의 흥망성회와 국민의 즐거움·슬픔에 관련된 발자취에 대하여 직필하고 시비포폄하여 통치자와 독자들에게 선악과 시비득실을 권계하고 있기 때문이다. 이것은 또한 오늘날 정치에 도움이 되고 독자에게 삶의 길잡이나 거울이 되고 있다. 까닭에 사학사의 영역은 역사에서 가장 중요하고 역사를 전공하는 사람뿐만 아니라, 역사를 사랑하는 모든 사람이 한번쯤 수강할만하다.

필자는 1970년대 중반기에 대학강단에 섰을 때에, 동양사적해제라는 과목을 담당하여 강의 준비에 많은 어려움을 겪었다. 그러던 1985년 고 민두기 선생님께서 자신의 후학들과 함께 『중국인의 역사 인식』상하(창장과 비평사)를 편저하여 강의하는 필자와 학생들에게 많은 도움을 주었다. 또한 중국사학사라는 교과목으로 대학원생들을 담당해야 하였던 필자는 중국에서 간행된 수많은 사학사논문, 24사출판설명, 『자치통감』의 사론, 『당감』 등을 원생들과 함께 읽는 것으로 임무를 맞췄다. 이러한 사정에서 당왕조 초기에 간행된 5대사의 사론을 비롯하여 『자치통감』과 동 史論, 그리고 『당감』 등에 대한 몇 편의 논문을 발표한 바 있다.

중국사학사는 중요한 연구영역이고 연구대상과 범위가 매우 방대하기 때문에, 쉽게 접근하기 어렵고, 막대한 시간과 역량이 필요하다. 필자가 이런 작업을 추진하는 것은 무리이고 만용이다. 최근 오상훈, 이개석, 이병한 교수가 중국의 저명한 高國抗씨의『중국사학사개요』를 번역하였다. 원저의 내용도 좋고 번역 또한 훌륭하다. 다만 청중기를 하한선으로 삼아 그 이후의 현대부분을 정리하지 않은 약점이 있다. 또한 현대부분에 대해서도 몇몇 중국의 학자들이 저서를 발표하였다. 필자는 이에 힘입어 저간에 강의노트를 보강하고 수정하여 중국사학사에 관한 좀 더 간명한 교재 혹은 읽을거리로 이 책을 출판하게 되었다. 중국사학사는 중요한 역사영역이고, 중국 역사학의 발전은 물론, 우리나라, 일본의 역사학의 발전에 기초가 되어있기 때문에, 중국역사상의 사학명가와 사학명저에 대하여 대학생, 일반인들에게 그 테두리나마 포괄적으로 제공하여 중국역사학을 이해하는 길잡이가 되고자 할 따름이다.

이 책을 만드는 데에 전남대학교 관계자 여러분들에게 감사드리고, 교정에 힘쓴 송한용, 김창규 군에게 고마움을 전한다. 아울러 전남대학교출판부 여러분의 노고에도 감사를 드린다.

2003년 6월 20일

저자 이계명

차례

제1부

중국 전통사학의 성립과 발전

제2부

중국근대사학사조와 그 유파

제3부

마르크스史觀의 도입과 종합서술체

제1부

중국 전통사학의 성립과 발전

제1편 고대 殷周시대의 史學

제1장 사학의 기원

사학은 문자의 발생, 역사 기록과 밀접한 관련을 지닌다. 그런데 이는 史官과 밀접한 관계가 있다. 한편 중국고대사학에 있어 사학이 줄곧 사관과 관련을 맺고 있다는 점에서 특징을 보인다. 이런 점에서 중국 사학의 기원을 연구하고 이해하기 위해서는 반드시 문자의 출현과 사관의 발생으로부터 살펴야 된다.

제1절 은대의 갑골문자의 출현

중국에서의 문자의 발생과 관련하여 後漢代의 許愼은 黃帝의 사관 倉頡이 "새, 짐승들의 발자국을 보고서 그 이치가 서로 다르고 구별되는 바를 알고 처음으로 글자를 만들었다"고 하였다. 그러나 문자는 한 사람의 독창성에 의해 만들어질 수 없는 것으로 오랜 사회적 통용을 거쳐 그 정형이 마련될 수 있는 것이다. 이런 점에서 許愼의 논법에는 문제가 있다.

한편 갑골문자는 우리에게 문자의 기원을 탐색하는 데에 풍부한 자료를 제공하였다. 갑골문자는 은대 후기인 B.C. 1300년에서 B.C. 1028년에 걸쳐 사용된 것이다. 즉 늦어도 은대 말기에는 문자가 있었음을 알 수 있다. 갑골문은 중국 최초의 문자라고 하지만 그것은 어느 정도 체계가 잡힌 문자라는 점에서 가장 원시적인 문자가 아니라, 은대 말기에 문자가 최초로 출현하였다고 볼 수 없다. 陳蒙家는 갑골문 이전에 적어도 500년 정도의 발전과정이 있어야 한다는 점에서 B.C. 20세기 무렵에는 문자가 있었을 가능성을 지적하였다. 이러한 학설이 타당성 있음을 보여주는 자료가 1974~1975년 사이에 江西省 淸江 吳城의 은대 중기 유적에서 발견되었다. 이 유적에서 출토된 도기나 돌로 된 주형에는 70개 이상의 문자가 발견되었으며, 그중 한 도기의 조각에는 모두 12개의 문자와 부호가 새겨진 문구일 가능성이 있는 것이 있었다. 또한 1973년 河北省 藁城 台西村의 은대 전기와 중기 문화유적에서도 문자가 새겨진 도기가 발견된 바 있다. 이러한 글자들은 갑골문보다 훨씬 원시적인 요소가 많으면서도, 또한 갑골문과 연속관계에 있기 때문에 선행단계라 할 수 있다. 이것이 중국에서 지금까지 알려진 바 있는 최초의 문자이다.

그러나 중국문자의 첫 출현은 이보다도 이른 시기였을 것으로 추정하고 있다. 지금부터 5000년 전의 유적인 山東 大汶口유적에서는 독특한 문양이 새겨진 토기들이 출토된 바 있다. 문자인지 그림인지는 불분명하지만 후세의 문자 출현에 영향을 끼쳤을 것이라는 점에서 문자의 기원 연구에 중요한 자료를 제공해 준다. 결국 문자의 출현의 은대 이전까지 거슬러 올라 갈 수 있는 것이다.

그렇다면 문자는 어떻게 형성되었을까? 鄭樵는 『通志』『六書略』에서 六書는 모두 象形의 변용이라고 하였다. 여기에서 鄭樵는 문자란 圖畵에서 출발하였다고 지적하였는데, 한자는 주로 이 圖畵에서 발전했던 것이다.

중국인들의 선조가 최초로 창조했던 문자는 사물의 형상을 그림으로 뜻을 나타내었던 상형문자였다. 그러나 언어 가운데에는 그림으로 그려내기 어렵거나 불가능한 뜻을 지닌 것도 있었다. 이에 기존의 상형문자를 빌려서 音符를 만든 假借字가 만들어졌다. 또한 表音의 假借字 옆에 사물을 나타내는 形部를 덧붙이는 形聲字가 이루어졌다. 갑골문에는 이러한 3가지 종류의 글자가 모두 이미 갖추어져 있는데, 상형자가 가장 발달한 상태였고 가차자가 증가추세에 있었다. 형성자는 점차적으로 증가하는 추세였으나 西周 시기의 金文에 이르러서야 조각되기 시작하였다. 따라서 한자의 발전은 상형 → 가차 → 형성의 순서를 따랐다고 할 수 있을 것이다.

옛날 사람들은 인류의 사회생활상의 필요에 의해 문자를 창조하였다. 문자는 圖畵에서 기원했는데, 특히 고산준령의 암벽 위에 그려 놓은 圖畵에서 유래하였다. 이러한 곳에 그림을 남긴 것은 무엇보다도 원시종교 및 씨족제도와 관련하여 생각해 볼 수 있는 바이다. 원시인들은 자연사물을 인격화해서 자연계에 대한 神性을 부여했는데. 이것이 곧 자연숭배를 탄생시켰다. 동시에 생산력이 낮은 상태였기 때문에 集體노동에 의존하지 않으면 생존할 수 없었다. 이러한 集體는 혈연관계에 의존하여 유지되는 것으로서 어떤 공동선조의 후예들은 공동으로 씨족을 이뤘다. 이런 점에서 祖先에 장엄한 신성을 부여하는 祖先숭배를 낳게 되었다. 원시사회는 이러한 자연숭배와 조상숭배로 인해서 토템숭배가 성행하였다. 이러한 토템은 숭배의 대상으로, 그 형상을 그려서 자기 씨족의 표식으로 삼았다. 殷·周시기의 金文에는 씨족 표식들이 대량으로 보존되어 있는데, 이것은 원시인들이 표현한 도화의 일종이다.

이와 같은 원시인들의 도화는 사물의 형상을 본떠 그림으로 사정을 기록해서 어떤 의사와 소망을 전달하고자 했던 것이며, 그것은 원시적인 사실을 기록하는 방법의 일종이다. 그러나 이것은 圖象일 뿐 언어를 표현하는 부호가 아니라 완전한 뜻을 표현·전달하지는 못했다. 이런 점에서 아직 사회에서의 의사교환 도구가 되기에는 한계가 있었다. 한편 사회적 생산이나 교환관계가 발전하고 사유제의 발생에 따라서, 인간들의 사회생활 또한 나날이 복잡해졌다. 까닭에 사물을 기록하는 원시적 도화는 점차 언어를 기록하는 부호 즉 문자로 발전하게 되었다.

이러한 문자의 형성과정에서 史官은 중요한 역할을 하였다. 앞서 보았듯이 許愼은 문자의 창조자인 倉頡이 皇帝의 사관이었다고 하였다. 『易』『繫辭』下에서도 "상고시대에는 매듭을 묶어서 다스리는데 쓰다가(결승문자) 성인이 그것을 문자로 바꿨으니, 百官은 이로써 다스리고 만민은 이로써 알아보게 되어 여러 가지 결정을 할 수 있었다"고 하여, 문자를 '정치'와 관련시키고 있다. 따라서 문자의 형성과 활용은 사유제·계급·국가 등의 발생과 관련된다. 즉 민간에서 생겨난 문자가 오히려 통치자에 의해 거둬들여졌고 우선적으로 문자에 대해 연구를 행했던 것이 사관인 셈이다.

제2절 은의 卜士 등 史官의 발생과 최초의 역사기록

사관은 어떻게 발생했던 것일까? 원시사회에서는 자연숭배와 조상숭배의 형태인 제사와 기도를 통해 선조의 神明을 구한 것이다. 占卜의 방식으로 그들의 의문에 대한 신명의 해답을 구하였다. 그래서 하늘과 사람간의 일종의 매개 즉 신명에 능통하고 그 의지를 전달할 수 있는 巫祝 또한 자연스럽게 생겨났다. 그러나 신명은 존재하지 않는 것으로, 무축이 전달하는 신명의 지시란 곧 무축 자신의 의지였다. 이런 점에서 무축은 직무상 그들의 '지혜', '성스러움', '총명함' 등이 마땅히 요구되었다. 또 그들 씨족의 역사를 익히 알아야 하기 때문에 조상 및 인류 기원의 전설을 말할 수 있어야 했다. 따라서 무축은 총명하고 재간이 있으며 누적된 지식을 말할 수 있고 거기에 주의를 기울일 수 있는 사람이었다. 이런 점에서 이들은 씨족장의 고문이거나 씨족장을 겸하는 위치에 있었다. 이후 종교활동 가운데서 때로는 사실을 기록할 필요가 생겼다. 무축은 降神과 卜文의 本務 이외도 사실 기록을 담당하였던 것이다. 민간에서 싹튼 원시문자는 이렇게 해서 수집·정리·응용되었다. 이에 '史'의 직무가 생겨난 것이다.

중국에서 '史'는 늦어도 은대에 이미 출현하였다. 갑골문에는 이미 '史'字가 보이는데, 손으로 簡冊을 쥔 사람이라는 뜻을 지닌다고 한다. 즉 이런 사람이 문자를 베끼고 읽는 일을 한다는 것을 표시하기 위해 作冊이라고도 불렸다. 그러나 은대의 史는 아직 巫祝의 卜과 혼연일체의 상태라서 직무가 분리되어 있지 않았다.

殷墟 출토의 갑골 卜辭는 은대 사관의 작품으로, 이러한 占卜은 통치계급이 군중을 마비·통제시키고 그들의 통치기반을 공고히 하는 일종의 정신적 수단이었다. 은왕은 上帝나 각종 귀신들과 자기 조상들에게 항상 제사를 지냈는데, 사람과 신의 의지를 소통시키는 방법은 占卜이었다. 殷墟에서 발견된 占卜이 15만 조각에 달하였다는 점은 은왕이 일만 있으면 반드시 점을 쳤고 점을 치지 않는 날이 없었음을 보여주는 바이다. 그런데 占卜을 통해 말해지는 上帝의 회답은 은왕 자신의 답변이었다. 당시 福兆의 길흉은 모두 은왕 혹은 귀족 스스로의 판단에 따른 것이었으므로, 결국 그들 자신들의

의도에 근거해서 福兆를 해석하였다. 은왕은 이러한 점복을 통해 자신의 의지를 신성시했고 하늘의 것으로 삼게 하였다. 또한 하늘이 준 권한과 자신들의 의지대로 행사하므로 그것을 거슬러서는 안된다고 하였다. 이러한 천명사상은 노예·평민·이민족들을 기만하고 위압하는 한편 스스로의 권위를 부각시킴으로써, 통치기반을 다지는 중요한 도구였던 셈이다.

이러한 점에서 占卜은 기록으로 남겨져서 그들이 상제의 의지에 따라서 행사한다는 근거로 삼고자 하였으며, 후일의 참고자료로서 비치해 두고자 했다. 그래서 卜辭가 생겨났던 것이다. 이러한 복사는 4개 부분을 포함하는 일정한 격식이 있다. 즉 점을 친 날짜 및 점치는 사람의 이름, 卜問하고자 하는 사건, 복조로 정해지는 길흉, 그리고 점 친 후의 효험 등이다. 이러한 복사는 종교적 산물이지만 실제로는 당시 정치사무의 결정에 관한 기록이라는 점에서 중국 최초의 역사적 사실에 관한 기록이기도 하다. 은대는 고대사회였고 국가가 이미 형성되었던 만큼, 통치를 위해 비교적 조리 있는 문서가 필요했다. 이에 사관과 卜辭가 출현했던 것이다.

『尙書』「多士」에서는 "은의 선왕들에게는 冊과 典 등이 있었다"고 했는데, 典은 서가 위에 펼쳐두는 竹簡이고 冊은 줄줄이 엮어 메어둔 죽간이다. 은대의 문자와 어법은 모두 상당히 완비된 상태라는 점에서, 은대에 책이나 전이 있었다는 논법은 신빙성이 있다고 할 것이다.

제2장 주대의 사관 및 작품

周代에는 계급통치의 강화와 국가기구의 완비에 따라 문서 또한 번다해졌고, 사관의 직무도 더욱 분업화해갔다. 또한 史라고 불리우는 허다한 관직은 周 뿐만 아니라, 각 제후국에도 있었다. 그러나 巫와 史의 직능은 아직 미분화한 상태여서 祝과 史 혹은 巫와 史가 連用되는 사례를 찾아볼 수 있다.

사관이 시사문제를 기록하고 공문을 기초하고 보관하는 목적은 다스림을 돕고자 하는 것이었으며, 교육적인 역할도 담당하고 있었다. 이러한 사관의 발생과 발전은 통치 강화와 긴밀한 관계가 있었다.

주대의 관부의 기록으로써 지금까지 전해지는 것들로는 金文·『尙書』·『逸周書』에 남아 있는 약간의 기록들 및 『竹書紀年』 등이 있다. 이들은 모두 사관의 작품이며 중국사서의 초기형태라 할 수 있다.

金文이라고도 불리는 西周의 鐘鼎文은 鍾·鼎·盤·盂 등의 청동기에 주조된 銘文이다. 기물에 문자를 주조 혹은 각인 하는 것은 당초에는 그 소유권을 나타내기 위해서였지만, 뒤에 이르러서는 사실기록을 명문화하고 기물을 만들고자 함이었다. 현존 금문 중에서 가장 긴 것은 497자에 달하는 毛公鼎의 명문인데, 옛 眞迹인 금문을 베껴 적는 과정의 착오나 후세인의 개찬이 결코 없는 만큼 매우 높은 사료적 가치를 지닌다. 이러한 鐘鼎의 명문은 『尙書』와 같은 문헌의 원형이라 할 수 있다.

『書』라고도 불리던 『상서』는 중국 현존 최고의 서적 중 하나로 孔子의 편집을 거쳐서 완성되었다. 이러한 『상서』는 진시황의 분서 때에 소각 대상이 되었는데, 伏勝이라는 한 유생이 몰래 한 부를 숨겨두었던 것이 漢文帝 때까지 전수되어 왔다. 서한 조정이 파견한 晁錯이 기록 정리했을 때 겨우 28편뿐이었는데, 이를 당시 통용되던 隸書로 옮겨 적었기 때문에 『今文尙書』라고 일컬어졌다. 이 『금문상서』는 서한 조정에 의해서 學官에 설립되어, 광범위하게 傳誦되었다.

한편 한무제 때에 공자의 옛 저택의 벽장에서 발견되었던 또 다른 『상서』는 秦代 이전의 옛날 字體로 필사된 것이기 때문에 『古文尙書』라고 일컬어진다. 공자의 11대 손인 孔安國이 이 『고문상서』를 조정에 헌납했지만 학관에 설립되지 않았기 때문에 널리 전해지지 못한 채, 西晉 永嘉의 난을 거치면서 전해지지 않게 되었다. 후에 동진 왕조가 경전을 광범위하게 구하는 과정에서 梅賾이 이른바 『고문상서』를 헌상한 적이 있는데, 朱熹(宋)·閻若璩(淸) 등을 통해 僞本으로 밝혀졌다.

다음 『금문상서』 28편도 전혀 문제가 없지는 않다. 虞·夏 시대에 대한 기록은 사실을 그대로 반영한다고 보기 어려우며, 단지 이 시대에 대한 전국시대의 얼마간의 사상관점을 반영하는 참고자료로 볼 수 있을 따름이다. 「商書」의 경우도 후인에 의해 덧붙여진 작품이라고 해야 마땅하므로, 이 또한 은대에 이뤄진 작품은 아니다. 『상서』 가운데 진실로 당시에 기록된 원문으로는

「周書」 부분뿐이다.

『상서』의 체제는 일반적으로 典·謨·訓·誥·誓·命의 6부분으로 개괄된다. 즉 『상서』의 주요내용은 殷王·周王·周公·召公 등과 같은 당시 통치자들의 명령·지시·훈화 등을 기록한 것이다. 평상시 호령을 '誥'라고 하였고 군사와 관련된 것을 '誓'라고 하였다. 군주가 신하에게 고하는 말을 대부분 '命'이라 했으며 그 반대의 경우는 '謨'라고 했다. 『상서』는 주로 말을 고하였는데, 때로는 말과 아울러 사실을 기록한 부분도 있다. 이러한 『상서』는 중국 최초로 이뤄진 역사문헌이하는 점에서 최고의 사료적 가치를 지니고 있다. 이런 점에서 결코 간과될 수 없는 책이다.

공자가 『상서』를 編定하고 난 뒤에 남은 자료는 이후 어떤 이에 의해 『周書』라고 하는 별도의 책으로 엮어졌다고 한다. 이 책의 내용이 『상서』 속의 「周書」에는 나타나고 있지 않기 때문에 동진의 郭璞은 『逸周書』라고 명명하였다. 또 『竹書紀年』과 같이 汲郡의 戰國 魏墓에서 출토된 것으로 오인하여 『汲家周書』라고도 불렸다.

이러한 『주서』는 후인이 옛 기록을 기술한 내용이 뒤섞여 있기는 하더라도, 기본적으로 서주 시기에 속하는 작품이다. 그 가운데 「世俘解」, 「克殷解」, 「商書解」 등은 서주 초기의 저작이라고 곽말약은 간주하였다. 이 가운데 周武王이 은을 멸망시킬 때 주무왕이 殷紂王의 시신에 대한 학대 기사나 살해한 수효 등에 대해 서주를 이상적인 왕국으로 여겼던 유학자들은 있을 수 없는 일이라고 하였다. 따라서 그들은 『주서』의 기록이 진실이 아니며 후인들의 위작으로 간주했다. 그러나 그렇게 보는 것은 오히려 잘못으로, 『주서』 중의 수많은 편들은 확실히 서주 시대의 문헌이며 『상서』와 더불어 동등한 사료적 가치를 지닌다.

金文·『상서』·『일주서』 등으로 볼 때 서주 문헌은 은대 卜辭의 종교적 형식을 이미 탈피하고 있었기 때문에, 당시의 정치 업무에 관한 결정이거나 정치적 사건에 관한 직접기록이다. 하지만 사상 내용으로는 上帝와 占卜 등을 또한 크게 다루고 있는 이들 기록들은 은대의 천명·귀신사상을 계승하고 있다. 그러나 은의 멸망을 귀감으로 삼았던 주나라 사람들은 사람과 관련된 문제에 대해서도 주의를 기울이고 있다. 어떤 역사적 사실에 관한 기록이기도 한 서주의 문헌은 복사에 비해 더 상세하고 완전하며, 정확한 현재로서는 최초라고 할 수 있는 '典冊'식 작품이다.

그러나 서주 문헌들은 명확한 시간을 표시하지 않은 점에서 공통된 결점을 보인다. 말을 기록하는 것을 위주로 했던 『상서』는 내용 속에 다뤄지는 그 말들의 배경을 기록하지 않고 있기 때문에 내력이 없는 문헌이 되어 버렸다. 이런 점에서 서주의 역사기록은 매우 불완전한 상태의 것이었다.

한편 주의 동천과 함께 문화의 중심지도 동으로 옮겨갔는데, 이로 인해 열국의 역사기록이 더욱 발달하기 시작했다. 晉의 『乘』, 魯의 『春秋』, 楚의 『檮杌』 등이 있으며, 『墨子』「明鬼」편에는 周의 『춘추』, 燕의 『춘추』, 宋의 『춘추』. 齊의 『춘추』 등이 언급되어 있다. 이러한 작품들은 진시황에 의해 모두 사라지고 말았다. 다만 공자가 편수한 『춘추』가 전한다. 이 『춘추』는 노나라의 역사기록에 의거해서 만들었다고도 하고, 여러 방면에서 옛 기록을 활용했다고 한다. 따라서 현존 『춘추』를 통해 춘추시대 열국 사서기록들의 대체적인 모습을 다소나마 알아볼 수 있다.

한편 西晉 咸寧 5년(279)에 汲郡의 도굴한 묘에서 竹簡에 쓰여진 晉 고서 수십 대 분량이 출토되었다. 이것이 『竹書紀年』인데 당시 紀年 13편이 있었다. 편년체 사서로서 夏 시기에서 西周 멸망 시기까지의 역사적 사실을 기록해서 晉나라의 기년으로 연결시키고 있으며, 전국시대 韓·魏·趙로 분열된 다음에는 위나라의 기년을 써서 사실을 기록하고 있는데, 今王 20년에 이르러서 끝맺고 있다. 이 금왕은 魏 襄王으로 파악되며, 『죽서기년』은 魏 사관의 작품으로 晉의 『乘』일 가능성이 높다고 한다. 그런데 이 『기년』은 송대에 이르러 사라져 버렸다. 이후 각 서적에서 흩어져 있는 것을 채록해서 편집하였는데, 요즈음의 方詩銘·王修齡의 『古本竹書紀年輯正』이 가장 완비된 輯逸本이다.

『춘추』와 『죽서기년』으로 볼 때 춘추시대 각국의 사기의 내용은 매우 광범위하다. 제사, 전쟁, 災異, 군주의 즉위·혼인·사망·시해·매장·朝聘·會盟·성의 축조·망국 등이 모두 들어있다. 뿐만 아니라 본국 발생의 사건 이외도 다른 국가의 역사적 사건에 대해서도 왕왕 기록하고 있다. 이는 당시의 '赴告'제도에 의해서 이다. 즉 한 나라에 일이 있으면 그것을 죽간에 써서 보내어 각국에 통고하는 것이다. '부고'를 접한 국가는 죽간과 같은 문자에 의지하여 역사 기록에 기록해 넣었던 것이다. 그러나 열국의 사기는 기록일 따름으로, 기껏해야 관부의 檔案을 약간 정리 배열해서 만든 일종의 장부나열식의 큰 사건 위주의 기록에 지나지 않았다.

『고본죽서기년집교』는 사건을 일·월·년과 연계시키고 있다는 점에서 서주 시기의 역사 기록보다는 진보했으나 단지 역사적 사실에 관한 간단한 기록일 뿐으로 한 구절이 하나의 사건만을 기록하고 있으며 아무런 해석도 덧붙이고 있지 않다. 구절과 구절 사이에도 상관관계가 없고 인과관계를 기록하고 있지 않다. 서진시대 杜預는 이러한 역사기록을 '記註', 즉 역사적 사실에 관한 원시적 기록이라고 해서 '撰述'과는 구별하고 있다. 즉 아직 조직적이고 계통적이며 일관된 명확한 관점이 있는 작품으로까지 성장하지 못하여 '一家之言'이 아니라는 점에서 역사 저작으로 보기 어렵다. 이런 점에서 중국 현존 최고의 역사 저작은 공자가 노나라 사관의 기록에 근거로 편성한 『춘추』이었다.

제3장 중국 최초의 역사저술, 공자의 『春秋』

1. 『春秋』의 명칭과 내용

춘추 전국시대 각국의 사기는 고유한 명칭을 지니고 있었으나 당시에는 『춘추』라고 통칭되었다. 이와 같이 각국의 사기가 『춘추』로 통칭된 것은, 각국의 사기는 사실 기록과정에서 반드시 연도를 표현하였는데, 殷代는 춘추 두 계절로만 구분하고, 西周 이후는 춘하추동 사계절로 구분하였지만 후세 사람들이 봄, 가을만 중시했던 까닭에 춘추 두자만 연용해서 연도를 대신 표기하는 방식을 역사기록의 통칭으로 삼았기 때문이다. 공자가 편수했던 사서의 명칭을 『춘추』라고 한 것은 魯나라 사기의 원래 이름을 답습한 것이며, 또한 당시 통용되고 있던 명칭이기도 하다. 그러나 각국의 사기가 사라져 감에 따라서 『춘추』라는 이름은 곧 공자에게 전속되어 버린 셈이다.

공자의 『춘추』는 魯隱公 원년(B.C. 722)에서 魯哀公 14년(B.C. 402)까지 242년간의 역사사실을 기록하였다. 그 내용은 각 제후국들의 통치계급에 속하는 인물들의 활동상이나 정치적 사건이나 일식과 같은 자연 현상에 관한 기록들이며, 광범위한 백성들에 대해서는 근본적으로 언급되고 있지 않다. 『춘추』에서의 사실 기술방법은 노은공 이후 12대의 군주 순서로 년, 계절, 월, 일에 따라서 사실을 배열하는 것이었다.

『춘추』는 노나라 史官이 본래 지니고 있던 역사기록을 근거로 하였다. 이렇게 편수된 노사기인 『춘추』는 거의 본래 기록을 그대로 답습하였지만, 원문을 완전히 그대로 옮긴 것은 아니었다. 공자는 『춘추』를 편수할 때 그가 근거로 삼았던 노나라 원문을 일단 첨삭했다. 공자가 『춘추』를 지은 것은 옛날의 문헌을 이용해서 자신의 관점을 알리기 위해서였다. 따라서 만약 옛 문헌이 자신의 관점에 적합하면 그것을 이용해서 그대로 그 문장을 옮기게 되었고, 자신의 관점과 저촉되어 취사 선택의 여지가 있다고 보면 개조하기조차 하였다. 따라서 공자가 지은 『춘추』는 筆削·짜맞추기·윤색을 거쳐 공자사상이 관통되게 한 하나의 작품으로 그것은 하나의 역사 서술이었다.

2. 공자의 『春秋』 편찬의 의도

그렇다면 『춘추』를 관통하고 있는 공자의 사상적 관점이란 어떠한 것일까? 공자가 처해있던 춘추 말기에는 井田制가 와해되고 봉건제가 붕괴되면서 사회는 토지사유제가 행해지는 봉건사회에 진입하고 있었다. 또한 봉건귀족의 권위가 하락하고, 각지의 제후들도 점차 쇠약해지고 있었다. 하지만 大夫들의 하극상의 풍조는 나날이 심화되고, 그들의 신하들이 조정의 권력을 장악하는가 하면 서민들의 여론은 분분한 가운데 봉건지주계급이 바로 흥기하고 있었다. 그러나 공자는 이러한 시대의 조류에 부응하지 못하고, 周代의 봉건제에 애착을 가지면서 周代盛世의 회복을 희망하고 있었다. 주대를 이상으로 설정한 공자가 당시의 현실을 비판하면서 내놓았던 정치의 방침이 '正名' 이었다. '정명'은 명분을 바로 하는 것으로, "임금은 임금답게, 신하는 신하답게, 아버지는 아버지답게, 아들은 아들답게"하는 것이다. 명실상부하게 각자가 자신의 명분을 지킴으로써 모든 것을 봉건제의 등급제도에 따라서 상하의 위계질서를 범하지 않도록 한다는 것이다. 그러나 공자의 이러한 인식은 진보하는 사회에서 받아들여지기 어려운 것이었다. 까닭에 공자는 정계에서 배척되었다. 정계에서 실패한 공자는 문화·교육 방면에 종사하면서 문헌·사실 기록을 투쟁의 도구로 삼았으며, 사상과 의식 방면에서 자신의 정치적 주장을 계속 고취시켜 나갔다. 공자는 "공허한 말에 싣는 것은 실제 일의 절실하고 명확한 것을 통하여 보여지는 것만 같지 못하다."고 생각하고 역사 사실을 통하여 문제를 설명하여 자신의 정치적 주장을 관철시키려 하였다. 따라서 그 의 정치적 주장의 명백성을 입증하기 위해서 공자는 『춘추』라는 책을 편수했던 것이다. 그러므로 공자의 『춘추』는 역사를 위한 역사가 아니라 그의 사상적 관점을 선양하여 시비포폄(是非褒貶)을 통해서 당시의 정치질서를 바로잡아, 주 천자의 권위를 옹호하고 봉건제를 유지하고자 하는 정치적 목적이 강했던 것이다. 따라서 공자는 한 사람의 몰락 봉건귀족의 사학가였다.

3. 『春秋』서술의 특징 및 영향력

전통적 의견에 따르면 『춘추』의 필법이란 다음과 같은 것이다. 즉 그것은 경문의 一字一句의 사이, 一章·一條의 속에는 겉으로는 간결하게, 그리고 객관적으로 기술되어 있는 것에 불과한 사건이나 인물에 대해서 기술자의 好惡나 褒貶의 마음가짐이 감추어져 있는데, 바로 그 감추는 방식의 원칙을 가리킨다고 하는 것이다. 즉 '屬辭比事'의 서법이다. 기술에 있어서 각종사건이 각각 고립하여 기록되어 있지만, 연도순을 따라서 일정한 사건이나 인명에 착안하여 읽어 가면 무표정하고 살풍경한 기사단문이 서로 연결되어 일관된 의미를 빚어내고 독자에게 무언가의 감명을 주는 것이다.

그러나 그 사건의 서술이 도대체 경문 기술자가 일부러 한 것인가 아닌가를 따지게 된다면 사실은 자못 의심스러운 것이다. 바꾸어 말하면 기술자도 역사가도 각자 각종의 주관을 가지고 好惡의 감정을 품고 있는 것이다. 따라서 자국의 군주가 외지에서 살해되고 더구나 그 원수를 토벌할 능력이 없는 사실에 직면 하여 신하의 정으로 그 일을 차마 명기할 수는 없다고 하더라도 그것은 전혀 '성인'같은 마음가짐이라고 할 만한 정도의 것은 아니며 누구에게나 당연할 일일 수 있는 것이다. 桓公 3년~莊公 22년의 기록-齊襄公의 누이인 文姜이 魯桓公의 부인이 되었다가, 그의 오빠를 사주하여 桓公을 죽이고 齊로 다시 돌아간 일이다. 쉽게 말하면 "부끄러운 것을 드러내고 싶지 않다"는 것에 지나지 않는다. 그러므로 춘추에 기재된 '曲筆(은유적 표현)'은 굳이 필법이라고 칭할 만한 것이 되지 못하며 "역사의 기술은 첫째로 사실을 왜곡해서는 안 된다"고 하는 역사학의 근본원칙이 성립되지 않은 고대에 있어서의, 기술자의 일반적인 심정의 표현이라고 할 수 있는 것이다. 따라서 기술자가 단지 냉정하게 엄밀하게 썼을 뿐, 조금도 주관을 나타내지 않았다 하더라도 '속사비사'에 의하여 독자는 자기 나름대로 느끼고 襃貶을 할 것이다. 그렇다면 이 점에서도 『춘추』필자의 '故意的 표현법'을 반드시 인정하기는 어려워진다. 결국 '필법'이란 기술자가 쓰는 방식의 문제가 아니고 독자가 읽는 방법의 문제인 것이다. 읽는 사람의 주관성을 기술한 사람의 객관성으로 바꾸어 보려고 할 때 '『춘추』의 뜻', '聖人削筆의 자취'가 성립하는 것이며 그것을 시작한 것이 바로 세 傳인 것이다.

그의 주장을 정당화하기 위해서 그는 항상 역사 사실을 거기에 짜 맞추고자 했고, 심지어는 사실을 왜곡하는 방법까지도 써서 그의 사상적 관점을 드러내고자 하였다. 공자는 '隱諱(숨겨서 회피하는)' 사학적 방법을 『춘추』를 서술하는 과정에서 허다하게 사용하였다. 온갖 계책으로 통치자의 추태나 죄악을 은폐하고자 하는 것은 통치자의 존엄을 옹호함으로써 사람들로 하여금 그의 통치에 순종하도록 하고자 했기 때문이다.

한편 공자는 감히 상하의 위계질서를 범하여 반란을 일으키기 때문에, 봉건사회의 질서를 준수하지 않는 경우에 대해서는 단호하게 배척하였다. 분명히 공자는 隱諱·襃貶의 방법으로써 '권선징악'을 하고자 했으며, 그렇게 함으로써 '亂臣賊子'를 두렵게 해서 주왕실의 존엄을 유지하고 봉건제의 붕괴를 막고자 하였다. 그러나 이것은 그 자신의 주관적 생각일 뿐이었다. 실제로 그의 『춘추』가 당시에 얼마나 큰 영향을 미쳤는지에 대한 대답은 긍정적일 수만은 없다.

당시는 기록의 조건 자체가 크게 제약을 받고 있었다. 즉 문자를 竹簡 혹은 木牘에 써야했으므로 기록의 분량 또한 제한되어야 했고 한자도 이렇게 해서는 기록하기 어려운 만큼 문장이 길어질 수가 없었다. 그래서 중요하지 않은 모든 글자나 어휘는 생략해야 했다. 또한 공자가 기록을 남기는 과정에서도 "시국의 어려움"을 꺼려서, "免禍"를 위해 "꺼려서 감추는 것이 있었다. 즉 당대의 사실에 대해서는 항상 감히 직접적으로 언급하지 못하고 명백히 기록으로 남기지 못하는 사정이 있었던 것이다. 따라서 『춘추』에는 사실만 기록하고 그에 관한 언급은 기록하지 않았다. 그 사실 기록 또한 탈루가 많은 동시에 극히 간략하게 포함하는 뜻이 불분명한 것들도 허다하다. 까닭에 242년의 역사를 기록한 『춘추』는 모두해서 겨우 18,000자로 (현존의 것은 16,500여 자, 삼국시대 필사과정에서 탈루한 1,400여 자) 매우 간략하다. 그 기록 가운데는 표제만 있을 뿐, 구체적인 내용이 없어 사건의 인과 관계에 관한 설명이 따르지 않는 경우가 있다. 따라서 『춘추』만을 보면 공자가 그 가운데에 숨겨둔 포폄이 도무지 어떤 것인지는 실제로 알기 어렵다. 그래서 공자의 문하생들조차 공자의 '口授'를 이미 듣고도 『춘추』의 포함된 의미에 대해서는 '물러나서 서로 다른 이야기를 하는 정도로 이해가 각기 달랐다. 까닭에 "魯의 군자 左丘明은 제자들이 이단을 일으켜서 각기 그들의 뜻에 안주한 채, 진실을 잃어버리는 것을 두려워했다. 때문에 공자의 역사기록 즉, 『춘추』에 따라서 그 이야기를 구체적으로 해서 『左氏春秋』를 완성했다." 『춘추』가 기록한 역사 사실의 본말을 상술한 이 『좌씨춘추』는 『춘추』의 해설본으로서 이것과 더불어 읽어야 『춘추』의 포함한 뜻을 알 수 있다. 이러한 『춘추』가 『좌전』을 떠나서는 사람들로 하여금 그 내용을 이해할 수 없게 하는 만큼, 그 포폄의 의의도 이해할 방법이 없었다. 그러므로 당시에 있어서 『춘추』의 영향력을 과대평가 하는 것은 잘못이다. 사실 또한 공자가 죽은지 얼마 안되어서 중국은 사회 경제적 봉건사회에 진입했고, 공자는 결코 周천자의 존엄성을 지탱할 수 없었으며, 봉건제의 붕괴를 결코 막을 수 없었다. 그렇기 때문에 서한의 劉向은 일찍이 실사구시적으로 다음과 같이 지적한 바 있다. 당시 "공자가 『詩經』·『書經』을 논하고 『禮記』·『樂記』를 정리함으로써 왕도를 찬연히 밝혔다고 하지만, 세력 없는 필부로서 교화할 수 있던 것은 72제자뿐이었다. 당연히 『춘추』의 영향은 분명히 있었고 지대했지만, 그것은 서한이 유교만을 존숭한 다음의 일이다. 이 무렵 공자의 사상은 봉건지주 계급의 계승과 개조를 거치고 또한 정치권력과 결합되어서야 위력을 발휘했던 것이다.

4. 공자 『춘추』의 한계 및 의의

『춘추』의 또 한 가지 특징은 일식·지진·산의 무너짐·수재·가뭄·蟲災·화재 등에 대한 기록이 많다는 점이다. 이것은 어느 정도의 옛 사람들이 천문·수해·가뭄 등의 災異에 대한 관심을 표현하고 있으며, 그들의 자연계와 투쟁을 하고 있었던 정황을 방영하고 있다. 그러나 "천명을 알았다", "천명이 두렵다" 등의 기록에서 보이는 것처럼 그는 '天' 이 권선징악할 수 있는 인격신으로서 인간사를 주재하며, 특이한 자연현상은 이러한 하늘의 뜻을 표현으로서 미래의 사태변화에 대한 조짐을 인간들에게 알려준다고 인식하였다. 공자는 은대이래 천명사상을 계승하고 있었으며 하늘이 외부로부터 인류사회의 변천을 결정짓는다고 인식하고 있었음을 알 수 있다. 그러나 그의 천명을 예측하는 방법은 占卜이 아니고 스스로 관찰에 의거한 '앎'이었다. 곧 그것은 전혀 무관한 자연 현상과 인간사의 변화를 연계시킴으로서 천명을 가지고 역사를 해석함이었다. 이는 역사 唯心主義로 당시 역사 조건 속에서는 어쩔 수 없는 것이었다고 할지라도, 이것은 오히려 훗날의 역사서가 천명이니 천인감응의 미신신학을 대단하게 이야기하는 선례를 남김으로 해서 매우 좋지 않은 영향을 미쳤다.

그럼에도 불구하고 공자의 『춘추』는 필경 중국 첫 번째의 사서이고, 세계사상 가장 이른 시기에 나온 사서의 하나이다. 중국 고대의 문화유산을 계승했던 공자는 역사편찬·사료수집·역사의 관점과 방법 등을 모든 방면에서 이전 사람의 경험을 총괄함과 아울러 자신의 주장을 제시함으로써 중국 고대의 발생과 발전에 창시적 역할을 담당했다.

공자의 『춘추』가 지니고 있는 일정한 편찬 체제는 시간을 분명히 하는 하나의 편년사이다. 년·계절·달·날짜 등의 순서에 따라서 사실 기록을 하는 방법을 확정짓고 있는 『춘추』에는 명확한 시간관념이 있었다. 이것은 원래 중국에 있었던 역사기술을 사학이라고 할 수 있는 단계에까지 그 지위를 제고시켰던 셈이다. 동시에 『춘추』에 기록된 사건은 서술자가 의도적으로 포폄·은휘한 부분이외에는 대체로 틀림없는 기록이다. 예를 들면 『춘추』에서의 일식에 관한 36차례의 기록가운데서 현대 천문학의 지식으로 추산해 보면 33차례는 신빙성이 있다. 결국 역사상에서 『춘추』의 성취는 그 이전의 기록을 훨씬 초과한 것이었다.

중국에서 사관의 설치는 매우 빠르고, 사학은 예로부터 중시되어 왔다. 이러한 기초위에서 역사의 사회적 작용을 앞서서 명확하게 인식했던 공자는 행동으로도 그러한 것을 보여주느라고 『춘추』를 씀으로써, 명백히 역사사실에 흐르는 정신과 의를 통하여 훈계·포폄의 작용을 하도록 하였던 것이다. 이러한 것이 사학의 지위를 보다 더 드높였으며 많은 사람들이 사학에 대하여 중시하도록 하였다.

또한 공자 이전까지의 사서는 史官을 통한 官撰史書의 형식으로 쓰여졌다. 공자에 이르러서 중국 최초의 개인에 의한 역사 저술로서 私家에 의한 역사편찬이 이루어지게 되었던 것이다. 이로써 중국사서의 편찬은 官撰과 私撰 두 가지로 나뉘게 되었다.

공자는 또한 『춘추』를 학생교육의 주된 교재의 하나로 사용했으니, "금궤 속의 소장품을 꺼내어 뭇사람들에게 퍼트린다."고 한 것처럼, 그것을 비교적 광범위하게 전파시켰던 것이다. 이것은 본래 사학이 관부에 독점되어 있었던 국면을 돌파하여 점차 일반 지식인들 가운데로 퍼지는 것을 도왔던 셈이다. 사회발전에 따라 문화 지식은 필연적으로 점차 보급 향상되지만 공자의 학술활동과 교육활동은 이러한 후세의 발전에의 적응이기도 했고, 그에 대한 촉진이기도 했다. 따라서 공자의 『춘추』저술의 주관적 의도는 객관적으로 그는 고대사학의 유산을 집대성했으며 역사지식을 보존, 전파함으로써 사학을 창시했던 역할을 담당하였다. 한 사람의 교육자이자 사학가이자 고문헌을 정리한 학자로서 공자의 역사상의 지위는 충분히 긍정되어야 할 것이다.

제4장 左丘明의 『左傳』 및 『國語』

1. 『左傳』의 편찬시기

『춘추』는 중국 최초의 편년체 사서이고 사학발전이 저급한 단계로 편년사의 미숙한 형태라고 말할 수 있다. 『춘추』의 부족한 점을 보충해서 중국편년사의 완성된 형태를 이루었던 것은 『좌전』이다. 『좌전』은 『春秋左氏傳』

의 약칭이며 『左氏春秋』라고도 하는데 『춘추』를 근간으로 하는 편년사이다. 이다. 사마천·반고·유지기의 기술에 의하면 좌구명과 공자는 대체로 동시대의 사람이다. 이에 좌구명이 편찬한 『좌전』은 춘추 말기에 쓰여 진 것이 되며 공자의 춘추와 거의 같은 시기에 출현하였다. 『좌전』이 세상에 퍼지게 된 것은 금문경서인 『公羊傳』(B.C. 2세기 漢武帝에 의해 경전으로 채택 학자들 사이에 널리 퍼짐)과 『穀梁傳』(B.C.1세기 宣帝때 공인됨)이 전파된 이후의 漢平帝(A.D.1~5) 때 劉歆의 운동에 의해서였다. 그러므로 이것은 사마천이 『사기』에서 인용하고 있는 『좌씨춘추』와는 다른 것이었다. 즉 『좌씨춘추』는 선진대의 고문이며, 『좌전』은 漢代 이후 유흠에 의해 다시 쓰여 진 금문이라고 보는 것이 타당하다는 견해도 있다.

논지의 초점을 바꾸어 『좌전』의 전래 계통을 조사해보면 앞서 말한 대로 『사기』에서는 『좌씨춘추』라 부르지만 後漢 許慎의 『五經異義』에서, '古春秋左氏說' '今春秋公羊說' '今春秋穀梁說' 이란 이름으로 보이는 것으로 미루어 보면, 『좌씨전』이나 『공양전』이라고 하는 것은 정식이 아닌 속칭인 것이다. 그 의미는 "좌씨가 전했다. 곡량씨가 전승했다"는 것을 나타내는 뜻이다.

그러나 이것은 일종의 간단한 추론에 지나지 않으며 역사적 사실은 오히려 매우 복잡해서 결코 간단한 추론으로는 해결할 수 있는 문제가 아니다. 만약 『좌전』이 공자와 동시대의 좌구명이란 사람에 의해서 쓰여 진 것이라면 『좌전』의 기사는 공자 사망 때까지만 기록해야 하는데, 우리들이 현재보고 있는 『좌전』기사의 편년은, 『춘추』와 같이 노은공 원년에서 시작하고 있더라도 노애공 27년 (B.C.468)까지 기록하고 있으므로 『춘추』에 비해서 13년이나 길다. 동시에 『좌전』가운데 있는 魯悼公·趙襄子의 칭호들은 전자가 姬寧의 謚號이며 후자가 趙毋卹의 시호로서 이들은 모두 두 사람이 죽은 다음에야 붙일 수 있는 것이다. 희령은 周考王 12년에 조모휼은 周威烈王 원년 즉 B.C. 425년에 죽었으니 이때는 공자가 죽은 후 이미 54년이 지났다. 또한 『좌전』가운데에는 매우 많은 예언과 점복이 있다. 그러므로 『좌전』이 쓰여 진 시기는 晉이 韓·魏·趙로 분열된 이후이며 田氏가 齊를 대신한 이후가 될 것이다. 그렇다면 『좌전』의 작가는 공자와 동시대의 좌구명일 수 없지 않은가? 결국 『좌전』이 맨 처음은 좌구명의 입과 귀를 통한 전수되었고, 나왔다가 이후 竹帛에 기록되었으며, 또한 뒷사람이 보충·정리를 거치고서 최후에 필사되었던 것이다.

2. 『左傳』의 성격

좌구명의 『좌전』 傳誦에 대하여, 당초 『춘추』해석을 위한 것이었는가의 여부, 즉 "공자의 역사기록에 따라서 이야기를 보다 구체화 시킨다"든가, "經을 수용하여 그에 대한 傳을 만든다"든가 하는 문제가 있다. 이러한 문제에 대해서는 漢代이래 계속된 논쟁거리였는데 우리들은 현재 그것에 대해서는 논의 할 필요가 없을 것이다. 『좌전』자체로 볼 때 부정할 수는 없는 사실은 다음과 같은 것이다. 즉 『좌전』은 대체로 『춘추』를 대강으로 하면서 구체적 사실을 기록하고 『춘추』의 설명을 보충·수정한 것이다. 『춘추』는 『좌전』이 있음으로 해서 보다 명료해지고, 양자는 서로 보완 관계에 있으니, 『춘추』는 『좌전』을 떠나서는 독립된 책이기는 어렵다. 따라서 西晋시대의 杜預는 곧 『춘추』의 문장을 『좌전』의 매년 기록 앞에 적절히 배열하여 한 책으로 합쳐 놓았기 때문에 『춘추』도 더 이상 단행본이 아니게 되었다.

『좌전』은 『춘추』와 달리 사상과 내용과 편찬방법상에서 매우 파격적이다. 『춘추』출발점은 붕괴상태에 있는 봉건제를 유지·옹호하는데 있었다. 따라서 노나라를 기준으로 하고 주, 은과의 연고를 중시하며 포폄에 의거해서 尊者·賢者·親者들을 감쌈으로써 역사적 사실을 유감없이 왜곡하기 이르렀다.

그러나 『좌전』은 다르다. 첫째 그것은 하나의 나라를 중심으로 삼지 않고, 晋·魯·楚·齊·秦 등의 각 나라에 대해서 고르게 주의를 기울였다. 이것은 『좌전』이 주왕실의 '大一統'국면이 이미 회복 불능상태로 와해되고 전국의 국면이 이미 출현했던 당시의 상황을 반영하여 사회의 변화를 승인하고 있었다.

둘째, 『좌전』은 尊者를 위해 감싸거나 회피하지 않은 채, 봉건귀족에서 주천자에 이르는 지배층의 부패몰락상에 대해서 오히려 들추어냈다. 곧 공실의 부패를 폭로하고 공실의 同姓 혹은 異姓귀족간에서의 모순을 들추어 내었던 그 내용은 신흥지주계급이 인민의 옹호를 받아서 집권하고 있는 것을 긍정하고 있다. 이러한 사실을 기록하는 태도는 『춘추』의 과거 지향적인 관점과 다른 것이다. 이것은 전국시대 초기에 씨족적인 봉건사회가 이미 붕괴했고 사회 경제적인 봉건제도가 확립중인 사회현실이 史學상에 방영된 결과이다.

셋째, 『춘추』는 災異를 기록하는 것을 중시하였는데, 그 의도는 天象과 人事를 연계시켜 이것은 하늘이 인간에게 어떤 일의 변화를 발생시키고자 하는 조짐이라고 인식하고 있었다. 이와 같이 『좌전』도 별자리의 변동·天命·귀신·점복으로 인간세상의 화복은 모두가 사회 밖에서 하늘이 결정해 버린다고 간주했다. 따라서 그것은 매우 농후한 미신의 색채를 지니고 있었으니, 기본적으로 천명에 입각한 唯心史觀으로 사회변화를 관찰·해석하고자 했다. 그러나 주의해야 할 점은 『좌전』이 천명존중과 천명회의의 두 사상의 투쟁을 서술하면서 "인사를 중히 여기고 귀신을 가볍게 여긴다."는 관점을 제출했다는 점이다. 결국 이것은 『좌전』의 저자는 이미 인심의 향배가 정권의 존망에 결정적 작용을 한다는 사실을 파악하고 있었던 것을 알 수 있다.

넷째, 역사적 사실을 기록함에 반드시 사실에 근거하여 직필해야 한다고 제창했던 『좌전』은 齊나라의 太史형제 南史씨들을 '直史'·'良史'로 찬양하였다. 대권을 장악한 崔杼를 두려워함 없이, 역사적 사실을 사실대로 기록하는 태도를 시종 견지하고 있었던 것이다. 『좌전』이 칭송한 이러한 직필, 사실기록의 정신은 이후 사관의 미덕과 사서를 평가하는 하나의 표준으로 존중되었으며, 고대사학사 전반에 거대한 영향을 미쳤다.

『좌전』의 편찬 방법 또한 『춘추』에 비해서 크나큰 진보를 해서 독립된 서적이 될 수 있었다. 『좌전』은 사실만 기록하고 말은 기록하지 않았던 『춘추』의 정형을 깨고, 사실을 말과 아울러 상세하고 풍부한 내용을 기록했다. 동시에 사실기록을 위주로 하고 또한 논단성 문구를 구사했던 『좌전』은 史와 論을 결합시켰다. 한 단락의 역사적 사실을 모두 서술한 다음에 '君子曰'을 통해서 이 사실에 대한 저자의 관점을 평론하여 새 영역을 개척하였다. 이후 司馬遷이 『史記』를 쓰면서 각 본기, 열전 다음에 '太史公曰'이라고 한 것은 『좌전』의 이러한 형식례를 본받았고 그 후에 定型化하였다.

3. 『國語』의 성격

『좌전』은 또한 『春秋內傳』이라고 하는데 비해 『春秋外傳』이 있다. 이것이 곧 『국어』로 그만큼 『좌전』과 『국어』는 밀접한 관계에 있었다. 『좌전』과 마찬가지로 『국어』의 최초의 편저자는 좌구명이며, 그것에 후세사람들의 보충이 가해졌다.

『국어』는 나라를 단위로 해서, 나라별로 사료를 배열했는데, 『周語』 3권, 『魯語』 2권, 『齊語』 1권, 『晋語』 9권, 『鄭語』 1권, 『楚語』 2권, 『吳語』 1권, 『越語』 2권 모두 21권이다. 그 내용은 西周 穆王에서부터 전국시대 魯悼公 때까지의 역사사실이다. 그 뒷부분인 노도공 연간의 智伯의 피살사건까지는 『좌전』과 내용이 같다. 하지만 서주 목왕 시기부터는 『좌전』에 비해 훨씬 그 내용이 풍부하다. 책 전체는 "제국의 군신이 서로 말을 주고받으며 모의한 내용의 득실을 기록하였다." 그 기록에는 구체적 연월이 없는 경우가 많고 한 사건의 시말 또한 항상 제대로 정리되어 있지 않으며, 사건과 사건의 연관도 일정하지 않고, 문체와 언어도 통일되어 있지 않다. 따라서 이 저작은 일종의 중요 언론의 잡록이자 단편사료의 모음인 셈이다. 그것은 『좌전』과 달리 계통, 연관, 자료선택, 조직, 가공, 평론 등이나 또한 간략한 언어에 갖춰진 뜻이 있어 一家의 말을 이루고 있지 않다. 이 때문에 『좌전』은 자료를 이용해서 만들어진 역사저작이라고 할 수 있는데 비해서 『국어』는 자료의 정리의 나열로써 이루어진 일종의 사료집이라 할 수 있다. 그러나 나라별로 사료를 엮고 나열한 『국어』는 이후, 나라별 역사의 선례를 열었으며, 편찬체제 면에서도 일가를 이룬 만큼 유지기는 '국어가' 라고 한 것처럼, 역사편찬학사에 매우 큰 영향을 끼쳤다.

반고는 『한서』사마천전에서 "공자는 노나라의 역사기록에 따라서 『춘추』를 지었고, 좌구명은 그 본디 사실을 말하고 모아서 『전』을 지었으며, 그와 같고 다른 내용을 엮어 『국어』를 지었다고 했다. 따라서 『국어』와 『좌전』은 저자가 동일인이라 하더라도 두 책은 서로 다른 성격의 것이므로 같은 사건에 대한 기록에서도 서로 차이가 있다 해도 이상하지 않다고 하였다. 즉 『국어』는 좌구명의 사료 모음집인 만큼, 열국의 사서 원문을 추려 적어서 신빙성이 있는 것은 있는 것으로 전하고 의심스러운 것은 그런 대로 전함으로써, 그 가운데의 사료에 대한 선별을 반드시 거친 것은 아니다. 그러나 『좌전』은 좌구명의 저술의 일종으로, 거기에 인용되는 사료에 대해서는 반드시 검열, 고증이 한 번은 행해졌다.

통계에 따르면 『국어』전체에서 기록되고 있는 역사적 사실이 『周語』에는 33개조, 『魯語』에는 37개조, 『齊語』에는 6개조, 『晋語』에는 92개조, 『鄭語』에는 1개조, 『楚語』에는 18개조 , 『吳語』에는 7개조, 『越語』에는 2개조가 각각 있어 , 합계 196개조가 있는 셈이다. 이 가운데 진나라 관련기사가 92개조로 가장 많다. 『좌전』도 이와 마찬가지로 진나라 관련기사가 가장 많아서 책 전체의 1/4분량이나 된다. 또한 『국어』의 196개조 사료의 주제를 『좌전』과 대비해 보면 『좌전』과 같은 것이104개조, 『좌전』에 없는 것이 92개조이다. 『좌전』과 같은 것의 경우 『좌전』이 『국어』로부터 많이 인용하고 있다는 것을 알 수 있다. 『국어』에서의 曹劌가 전투를 논한 기록은 문장이 산만하고 짜임새가 없지만, 『좌전』의 문장은 짜임새가 있고 간결하다. 이것은 『좌전』이 『국어』로부터 적지 않은 자료를 인용하고 있지만, 삭제와 윤색 과정을 거친 결과임을 증명한다.

『국어』에는 있지만 『좌전』에는 없는 92개조의 사료에 대해서는, 그 중 일부가 『좌전』의 가사 범위 밖의 것이다. 『좌전』은 춘추에 대한 전이기 때문에 그 편년기사는 『춘추』와 마찬가지로 노은공 원년에서 비롯되었다. 따라서 『국어』중에서의 기록인 周穆王의 犬戎정벌, 周厲王이 백성들의 비방을 막고자 했고 이득을 독점하고자 했던 사실, 周宣王이 籍田을 행하고자 하지 않던 사실이나 太原에서 백성의 숫자를 헤아리고자 했던 사실, 그리고 幽王의 멸망이나 주의 동천 등 은공 이전의 역사적 사실들은 비록 중대한 사안이었기는 하지만 『좌전』의 기록 범위 밖의 것들이었다.

『국어』에는 또한 다른 부류의 사료가 있는데, 그것들은 『좌전』의 주제와는 무관하고 매우 번잡하고 세세해서 『좌전』에는 인용되지 않았던 것 같다. 총괄해서 보건대, 『좌전』은 『국어』의 많은 자료를 이용했으면서도 그것은 결코 그대로 옮겨 쓴 것이 아니고 1차선별을 걸친 것이었다.

4. 『國語』의 사학사적 의의

『국어』와 『좌전』은 史觀面에서 상당히 일치한다. 이들은 모두가 사서의 편찬에서 춘추시기의 각국사기의 틀을 깨어버리고는 한 나라를 중심으로 삼지 않고, 각국에 고르게 주의를 기울였다. 『국어』가 周·魯·齊·晋·鄭·楚·吳·越 8개 나라별로 자료를 엮고 배열해서는 주왕조를 제후 각국의 역사와 나란히 위치시킴으로써 치우침이 없었던 것은, 편찬자의 사상속에 주왕실 중심의 '大一統'이라는 관념이 이미 매우 박약해졌음을 표명하고 있다. 이것이 『좌전』과 동일한 점이다.

그 다음으로 『국어』도 『좌전』과 같이 결코 높은 지위에 있는 자를 위하여 사실 기록을 회피하지 않고 오히려 봉건귀족들의 부패, 포학상이나 몰락과정을 드러내는 허다한 기록을 수록하고 있다. 『국어』도 『좌전』과 마찬가지로 주 천자의 존엄을 결코 옹호하지 않고 있으며, 기록에서도 비교적 사실에 충실하고 있다. 또한 『국어』에는 인간중심의 사상, 인사의 작용을 강조하는 사상이 들어있다. 『좌전』은 "나라의 큰 일은 제사와 전쟁에 있다"고 했는데 『국어』는 한 걸음 더 나아가서 이러한 큰일의 공급원이 농업에 있다고 지적하였다. 농업을 사회생활의 물질 기초이며 국가의 근본대사라고 보는 『국어』의 이와 같은 유물사상은 『좌전』에 비해 진보한 것이었다. 애석하게도 좌구명은 이러한 사상 관점의 귀중함을 발견하지 못하고 따라서 이러한 자료를 『좌전』속에 수록하지 못하고 말았다.

총괄하면 『국어』와 『좌전』은 자매편이며 작자는 똑같이 좌구명이다. 그러나 『국어』는 하나의 사료모음집이고 『좌전』은 하나의 역사저작이다. 『좌전』중의 허다한 기록은 『국어』에서 유래하고 있다. 따라서 국어의 사료적 가치는 매우 높으며, 『좌전』과 더불어 읽으면 사람들이 周代를 연구하는 데에 중요한 문헌이 될 것이다.

제2편 고대사학의 확립

제1장 진대 사학 간설

B.C. 221년 전국을 통일한 秦始皇帝는 6국의 정치제도의 폐지. 법률, 도량형, 문자, 화폐의 통일, 도로망 건설, 장성 축조, 영남의 개발 등과 같은 대대적인 조치를 취함으로써 중국사를 새로운 단계로 진입시켰다. 그러나 진시황제는 학문, 문화의 작용을 소홀히 여겼으며 秦왕조의 존속시기가 전후 16년에 불과하여 정신문명의 건설 면에서 진대에는 이렇다 할 성과가 없었다.

秦朝는 전통문화를 대대적으로 절멸시킨 우민정책을 실시하였다. 또한 분서갱유정책은 학술문화의 활발한 경쟁활동과 발전을 질식시킴으로써 진대를 통해서 걸출한 역사가나 역사서의 출현이 불가능하였으며, 사학 발전은 심한 억압을 받아 사학사상에서 뚜렷한 자리를 차지할 수 없었다.

역사서적에서도 진대의 사학과 관련된 기록이 매우 적었고 진 조정의 御史大夫 아래 설치된 御史中丞이 도서, 전적을 관장하고 있을 뿐이었다. 그러나 『사기』『蕭相國世家』를 보면 진왕조가 수집, 보존하고 있었던 도서자료들이 상당히 완비된 상태였던 것을 알 수 있다. 진왕조 또한 이전 시대의 관례에 따라서 사관을 설치했고, 太史令이라 불렀다. 이로부터 史와 巫는 직책 분리가 되며, 史의 학술, 문화의 직능은 점차 강화되었고 전업화되어 갔다. 진의 태사령이었던 胡毋敬은 良史로 예찬되었는데 그의 역사 관련 저술은 남아 있지 않지만, 『한서』「예문지」에서는 그의 저작으로 『博學』 7장이 있다고 하였다. 또한 진에는 『秦紀』라는 국사가 있었는데, 漢代의 『사기』와 당대의 『索隱』에 언급되어 있다. 진대의 국사에 대한 기록은 상당히 정비된 편이었으며, 그것은 사마천 『사기』의 자료 출처의 하나이기도 했다. 당대의 유지기도 "진이 천하를 겸병해서 『戰國策』을 지었다"고 말한 바 있는데, 이 『전국책』은 후일 劉向이 편찬한 『전국책』 33편의 원본중 하나이다.

이와 같이 중국사학사상에서 진대 사학의 지위는 현저하지 않았지만 공백상태였다고 할 수 없다. 즉 중국사학의 발전은 종래 중단된 적이 없었다.

제2장 兩漢 사학

제1절 양한 사학의 개설

진말 陳勝과 吳廣을 지도자로 한 농민봉기는 秦朝를 멸망시켰다. B.C. 202년 劉邦은 전한 왕조를 건립하였다. 전한 말년에 王莽은 漢朝에 대신하여 황제를 칭하였으나 赤眉·綠林 등의 농민전쟁으로 무너지고 한의 황족인 劉秀에 의해 후한왕조가 세워졌다. 이 양한 왕조는 중국역사상 강대한 봉건왕조로 봉건제의 완성단계에 이르고 있으며 통일된 중앙집권적 봉건전제 국가는 공고해지고 있었다.

서한 초에 진의 가혹한 법률을 제거하며, 형법을 관대히 하며 노역과 세금을 경감하고 오랑캐를 달래어 병사와 무기를 쉬게 하는 등의 정책을 실시하였다. 후한의 유수도 여러 차례 노비석방과 노비살상 금지의 명령을 발포함과 아울러 수리시설을 건설하고 관리들을 감축, 정예화 하는 등의 조치를 취함으로써 후한 경제의 발전을 촉진시켰다. 사회 경제의 발전과 더불어 학술 문화도 제고되어 한시대에 이르러 진시대에 비해 성숙해진 상태였다. 즉 진의 폐해를 고쳐서 서적을 대대적으로 모으기 위해 책 헌납의 길을 넓게 열었으며, 책 베기는 관직을 두었고, 전한 후기 成帝때에는 남아 있는 서적들을 천하에서 구하여 조정의 장서에 대한 대규모의 정리 작업을 했다. 후한에 이르러서는 蘭台, 石室, 鴻都, 東觀 등에 비밀스런 서첩들이 이전에 비해 배가 되는 등 역사발전을 위하여 유리한 조건이 제공되었다. 서한시대에는 사마천의 『사기』가 출현하였고, 동한시대에는 반고의 『한서』의 출현이 있었던 것도 이 때문이었다. 따라서 서·동한시대 사학의 성취는 중국 고대사학의 확립에 견실한 초석을 놓았던 것이다.

漢武帝 때 董仲舒는 儒術만을 존중하고 제자백가를 출척해야한다고 건의하였고 동시에 공자의 유가학설을 신학화해서 유심주의 봉건 신학체계를 세웠다. 동중서는 하늘이 인간사의 모든 것을 주재하고 인간의 행위도 하늘에 감응할 수 있다고 인식했으며, 하늘이 항상 재이와 상서로써 견책과 축하 내지 장려를 표시하면서 지상의 통치자의 행위를 지도한다고 하였다. 통치자의 행동은 하늘의 의지이자 신성한 것으로 왕권은 하늘이 부여한다는 것

이었다. 동중서의 주장을 받아들인 漢武帝는 태학을 설치하였고 五經博士를 설립하여 오경을 가르치도록 했으며 유생들을 각급 정부에 충원시켜서 지식분자들의 유가학파에 대한 구심력을 증가시켰다. 이런 유가사상은 곧 정치권력과 하나로 결합하여 중국 봉건사회의 통치사상이 되었다.

東漢시기에 이르러 유가사상은 또한 讖緯미신과 결합하게 되었다. 劉秀의 손자인 章帝 劉炟때에는 白虎觀회의를 열어서 유생들로 하여금 경전들의 異同을 토론하도록 했는데, 유생들은 대부분 천인감응의 신학으로서 유가의 경의를 해석하여 한제국의 통치를 옹호하고자 했다. 백호관회의는 봉건지주계급이 혁명에서 방향을 반대로 바꾼 뒤에 봉건전제가 한걸음 더 발전해서 사상통제를 힘껏 강화시키고 있던 상황과 더불어 유심주의 사상노선이 진일보 발전하고 있었던 당시의 중요한 표지의 하나이다.

서한시대에 비롯된 '獨尊儒術'주의나 후한대에 열린 백호관회의는 고대사학의 발전에 대해서 매우 좋지 않은 영향을 미쳐서, 사서 가운데에 천인감응설이라는 신학미신을 다량으로 뒤섞이게 함으로써 사학의 발전에 엄중한 장애가 되었다.

진왕조의 제도를 계승해서 전한의 사관도 '태사령'이라고 불렀다. 이 때에 巫와 史, 혹은 祝과 史는 이미 나뉘어져 있었지만, 사관은 문사를 이미 관장했던 데다가 천문역법 음양을 관장했으므로 또한 '文史星曆'이기도 하였다. 따라서 사관과 역관은 한 몸으로 두 가지 임무를 수행했다. 후한 시기에 이르러서 蘭台, 東觀은 서적을 보관하는 곳이 되면서 조정은 蘭台令史를 설치하여 도서나 비적을 관리하였다. 난대·동관은 또한 서술하는 장소로서 정부는 전담자로 하여금 이곳에서 중요한 서적을 교열하거나 전기를 찬술하도록 하기 시작했다. 이로써 후한대에 중국 첫 번째의 관찬사서인 『東觀漢記』가 출현했던 것이다. 그러나 당시 난대·동관에서 사서를 편찬하던 인원에는 아직 상응하는 관직 명칭이 없었다. 이후 사관과 역관의 직책은 나누어졌으며, 각각 전담인이 담당 임무를 달리함으로써 태사란 이름은 마침내 천문역법을 전담하는 역관의 명칭이 되었다. 후한대에 이미 있었던 『起居注』는 황제의 일상적 언동을 기록하고 있었으니, 당시 사실기록과 사서 편찬의 직무 또한 분화되기 시작했음을 알 수 있다. 총괄하면 후한 이후 사관의 직무는 갈수록 전문화 되어 갔던 것이다.

양한시대에 사적의 수량은 많지 않았지만, 질량 면에서 수준이 매우 높고 심원한 영향을 미친 역사저술인 『사기』와 『한서』가 출현했다. 이외에 荀悅의 『한기』와 관찬의 『동관한기』 또한 주목할 가치가 있다.

제2절 西漢 司馬遷과 그의 『史記』

① 사마천의 『사기』 편찬의 과정

사마천은 중국 고대의 진보적 사학가 중에서도 대표자이다. 그의 『사기』는 3000년 동안을 관통한 통사였다. 그는 『사기』를 편찬하여 이로써 기전체의 사서체제를 확립했으며, 고금을 관통하는 통사의 저작을 개시한 셈이었다. 뿐만아니라 그의 사학사상은 후대의 진보적 사학가에게 자양분을 공급하면서 현대에 이르기까지 줄곧 영향을 끼치고 있다. 『사기』의 출현은 중국 학술사상 획기적인 대사건으로서 고대 사학의 확립과 발전의 기초를 마련하였다. 『사기』는 고대 중국을 연구한 중요사료일 뿐만 아니라 수많은 아시아의 국가들을 연구했던 중요사료이기도 하다.

사마천(B.C. 145～ ?)의 字는 子長이다. 그 스스로 "사마천은 龍門에서 출생하여 황하 북쪽의 산 남쪽에서 농사짓고 목축했다"고 했으니, 전한의 左馮翊 夏陽(지금의 陝西 韓城) 사람이다. 그 생졸 연월에 관한 기록은 명확치 않지만, 王國維의 저작 『太史公行年考』에서는 사마천이 漢景帝 中元 5년 출생이어야 마땅하다고 간주하고 있으며 졸년에 대해서는 확인 할 없으나 대체로 무제와 생졸년이 비슷해서 60세 전후로 보고 있다.

사마천의 선조들은 모두 관리였으며, 부친은 서한의 태사령이었던 司馬談이었다. 사마담은 그의 저술 『論六家要指』에서 전국시대 제자백가의 나라를 다스리는 도리에 대한 학설을 분석했는데, 음양가, 유가, 묵가, 명가, 법가 등에는 장단점이 있으며, 도가(漢初의 黃老術)만이 각각의 장점을 겸비하고 그 단점은 버리고 있다고 논술하였다. 부친의 영향을 받은 사마천은 확실히 황노술을 숭상하였다. 그러나 그는 노자의 소극적, 퇴영적 사상에는 비판을 가했다. 또한 제자백가에 대해서 찬미하기도 했지만 비판적이기도 했던 그는 실사구시적으로 일정한 학술 지위를 제자백가에 부여했다. 따라서 그는 이전 사람들의 사상의 요소를 흡수하여 자신의 유물주의적 관점을 마련했다. 또한 20세 이후 시작된 여행편력은 사마천으로 하여금 비교적 광범하게 사회적 실제, 하층 군중과의 접촉을 가능하게 했다. 까닭에 그는 사회, 역사에 대한 인식을 더욱 심화시켰고, 생생하고 구체적이며 신빙성 있는 대량의 자료들을 수집하였다. 이것이 사마천이 『사기』를 집필할 수 있었던 하나의 중요 조건이다. 즉 시간·지점·인물·사건들은 사서의 필수 요소들이며 이들이 갖춰지지 않으면 사서가 성립될 수 없다. 『사기』의 특색의 하나가 바로 역사적 사건이 발생한 지리상의 위치에 대하여 분명하게 서술했다는 점이다. 이는 사마천이 단순히 만권의 책을 읽었을 뿐만 아니라, 만리 길 전국 각지를 누비면서 몸소 지리형세를 고찰한 결과이었다.

武帝 元封 3년(B.C.108)에 이르러서 38세의 사마천은 아버지의 지위를 계승하여 태사령이 되었다. 이때부터 사료수집과 정리를 개시하여 저술준비를 하였고, 5년 후인 太初 원년(B.C.104)에 이르러 사서편찬에 착수했다. 무제 天漢 3년 사마천이 집필한 지 7년 되었지만 책은 아직 미완성인 상태에서, 李陵이 흉노에 패배 당했다는 소식이 전해져 왔다. 이에 사마천은 이릉을 옹호하다가 한무제의 노여움을 사서 궁형에 처해졌다. 이 이릉의 화는 사마천의 역사저술을 더욱 분발시켰으며 그의 사상에도 영향을 미쳤다. 그는 통치집단의 포학성을 분명히 인식하도록 해서 무제가 귀신에 현혹되어 인민과 재산을 허비했다는 사실을 폭로했으며, 反秦의 기치를 내건 농민기의 지도자인 陳涉을 立伝하게 했을 뿐 아니라, 遊俠을 칭송하는 종류의 기록을 남기었다. 또 다른 한편으로는 그로 하여금 통치집단의 폭학성을 분명히 인식하도록 해서, 『사기』의 『封禪書』에서 그는 귀신에 현혹된 무제가 인민과 재산을 허비했다는 사실을 폭로하였다. 또한 『平準書』에서 사마천은 무제가 "밖으로 이적을 물리치고 안으로는 공업을 세움"으로서 "영토를 확장하였지만, 마침내 내 남자들의 농경으로는 양식이 부족했고 여성들의 방적으로는 의복이 부족하게 되었다."고 지적하였다. 『酷吏列傳』에서는 무제의 뜻에 영합한 혹리들이 잔인하게 법을 왜곡해서 아무런 증거도 없이 사람을 죽음에 몰아넣는다고 질책하였다.

동한 말 왕윤은 통치자의 입장에 서서 『사기』를 일종의 "비방을 위한 서적(謗書)"라고 한 일이 있다. 한무제의 국가 통일이나 국력신장 면의 공적에 대해서 사마천의 평가는 확연히 부족한 점이 있다. 그러나 『사기』는 결코 謗書가 아니다. 사마천이 『사기』를 썼던 것은 무제에게 사사로운 울분을 쏟으려고 했던 것이 아니라, 그의 부친의 유언을 완성하기 위해서였고 옛 사실을 서술하여 미래를 생각하기 위한 때문이었다. 그는 선과 악을 반드시 기록하고 옛날의 것을 거울삼음으로써 전제주의의 병폐를 없애기를 희망하였다. 그래서 그는 공인된 위대한 역사가가 될 수 있었으며, 그의 『사기』가 공인된 위대한 사서의 하나가 될 수 있었다.

사마천의 사기는 준비와 이후의 수정증보 과정을 덧붙이면 거의 20여년은 족히 소요되었을 것이다. 이처럼 사마천이 위대한 『사기』를 쓸 수 있었던 까닭은 결코 우연이 아니다. 그에게는 일정한 사회적 조건과 가정적 조건을 구비하고 있었기 때문이다. 봉건 통치자의 억압을 받은 그 자신은 사회적 실천이 풍부하였고 수많은 지방을 다니면서 접촉이나 안목이 넓어짐으로써 진보적 사학사상과 사학방법을 이룩했던 것이다. 그는 "천하가 버려둔 이야기를 망라하여 선왕의 사업이 흥기했던 데 대해서는 그 시종과 성쇠를 살펴서 실제와 견주어 보았다." 그는 도서, 문서, 그리고 자신의 견문 가운데서 사료를 대비해 보았고 문헌을 검토함으로써 기록상 혹은 전해들은 바 등의 착오를 바로잡아 저술의 신빙성을 발분해서 저술함에 있어 "하늘과 인간관계의 관련을 추구하고 옛날과 오늘날의 변화과정을 통관함"으로써 사회의 발전과 변화를 논술하였다. 이러한 것이 그의 『사기』를 불후의 저작으로 만들었다.

② 『사기』의 명칭의 유래 및 체제

사마천의 저술은 본래 『사기』라고 명명되지 않았다. '사기'라는 말 자체는 매우 일찍 출현한 바 있고, 사마천의 저술 속에서도 누누이 사용되면서 일반적인 역사서적을 두루 칭하였다. 사마천은 그의 『자서』속에서 말하기를, 그의 저술이, "모두 130편, 52만 6,500자로 『태사공서』라고 했다"라고 한 바 있다. '태사공'이란 부친 태사령 사마담에 대한 사마천 자신의 호칭이다. 한

시대에 '태사공'이란 말은 결코 어느 한 사람 이나 직책에 적용되는 전적인 호칭이거나 겸칭의 성격을 지니는 것은 아니었다. 따라서 사관인 태사령을 지낸 모든 사람을 '태사공'이라고 했다. 까닭에 사마천도 '태사공'을 자신의 저술 속의 인물로 삼았다. 위진 이후에 이르러서 사마천의 저술은 『사기』라고 불리게 되었다. 『사기』라는 말은 역사서적에 대한 범칭에서 사마천 저술에 대해서 만의 호칭은 곧 專名으로 바뀌었다. 사람들도 사마천에 대해서도 왕왕 그의 본명을 직접 부르지 않고 '태사공'이라는 존칭을 썼다. 결국 '태사공'과 『사기』는 사마천 전유물로 공인되기에 이르렀다. 단지 이 점만으로도 사마천의 영향력의 거대함과 사학사상에서의 그의 숭고한 지위를 알 수 있다.

태사공의 『사기』는 중국 전설 속의 황제로부터 漢武帝 太初년간에 이르는 총 3,000년간의 역사를 기술하였다. 그 가운데 비교적 간략하게 기술된 한대 이전 시기는 주로 『시경』·『서경』·『좌전』·『국어』·『전국책』·『진기』 등의 옛서적들과 역사전설을 근거로 정리·편성한 것이다. 한시대 이후 當代史의 기술은 비교적 상세한데 기본적으로는 사마천 자신의 창작이다. 오늘날 중후하게 다루는가 하면 옛날을 가볍게 다루면서 고금을 관통하고 있는 그의 저술은 수천 년을 그 취급 범위로 했던 통사이다. 이러한 통사의 체제는 고금의 역사를 한줄기 강물처럼 기술해서 연대를 이어가게 했고 전후관계를 연결시킴으로써 역사발전의 경로를 드러내는 데에 유리하게 했다. 그러므로 그것은 사서의 매우 진보적인 체제이다. 그러나 봉건시대의 통치사상은 제왕을 역사의 창조자로 삼고 있었고, 역사는 개개 왕조 시대의 교체에 불과하며 피착취 계급은 사회와 역사의 발전법칙을 탐색할 수 없는 것으로 인식하였다. 따라서 통사라는 체제 또한 고대의 사서 가운데서 주요한 위치를 차지할 수 없었다. 그런 때문에 소수의 진보적 사가들만이 태사공의 이러한 전통을 계승해서 일종의 통사의 가풍을 이루었을 따름이다. 결국 이것이 중국사학사 가운데서 주목할 만한 훌륭한 전통의 하나이다.

③ 『사기』의 구성과 그 의미

『사기』전체는 本紀(12편), 書(8편), 表(10편), 世家(30편), 列傳(70편) 총 130권으로서 중국 최초의 기전체 사서이다. '본기'는 역대 최고의 집권 인물,

주로 황제의 전기로서 사건을 연대별로 연관지어 기술했다. 본기는 전국적인 편년의 大事記이며, 『사기』전체의 강령이다. 그러나 사마천은 황제가 아닌 項羽나 呂稚를 본기에 배열하고 있다. 항우는 진이 멸망해서 유방이 황제가 될 때까지 5년 동안 정치의 중심인물이었고, 여후는 한고조 유방의 사후 실력자였기 때문에 이들을 본기에 넣었다. 이것은 어디까지나 역사사실을 존중했기 때문이지 성공과 실패로 인간을 논하고자 했던 이유는 아니었다.

'세가'란 봉건제후국이나 개국공신과 특수하게 영향을 미친 인물의 전기로서, 대부분 일종의 나라별 역사기록이라고 할 수 있다. '세가'를 본기와 열전의 사이에 기재시킨 것 또한 해당 인물 지위의 높낮이를 표명한 것이다. 여기에서 陳涉이 진조를 넘어뜨린 역사적 공로를 긍정했던 사마천은 진섭을 세가에 배열하고 있는 것이다. '본기'와 '세가' 의 관계는 '본기'는 북극성이나 바퀴통에 '세가'는 스물여덟의 별자리나 서른개의 바퀴살에 해당하는 것이다. 이 구상은 우선은 천문을 바탕으로 한 것이지만, 『노자』에서의 인용은 비유를 강하게 하자는 것이고 대구적인 효과라는 문체상의 효과를 노린 것이다. 사마천은 하늘과 인간이 서로 관련된다고 본 철두철미한 天人相關論者고 점성술사다. 『사기』에 있어서의 '본기'와 '세가'의 관계를 천문의 관계에 맞추어보고 있는 것이다.

'열전'은 將相, 공신이나, 사회 각 계층의 대표적인 인물의 전기로서 사실을 인물과 관련지어 기록한 것이다. 한 사람만의 전기뿐 아니라, 『儒林傳』이나 『酷吏傳』과 같이 동류의 인물들을 모아서 기록한 전기도 있다. 또한 소수민족과 외국의 정황을 기록하기도 했다. 사마천은 통치계급의 인물뿐 아니라, 유생·유협·상공업자·의사·점성가 같은 인물에 대해서도 입전하고 있다. 이것은 사회생활에서 상공업자들의 중요한 작용을 간파하고 있었고 『貨殖列傳』 속에서 수많은 상공업자를 입전 킴으로써 그의 탁월한 식견을 보여주고 있다. 『사기』에는 利, 즉 금전에 대한 생각이 서로 달리 표현되고 있다. 『화식열전』에서는 이익과 부를 긍정하고 있고 그 밖의 곳에서는 낮추어 보고 있는 것이다. 『사기』의 한비자 열전에서는 한비자의 생각이 너무 이에만 집중하여 인간적인 애정을 무시하고 있다고 하고 있으나 한비자의 이의 주장을 부의 일반으로 까지는 밀고나가지는 않았다. 아마도 한비자 열전을 쓸 때 까지는 그러하였겠으나, 『화식열전』을 쓸 당시는 이와 부를 결합시켰던 듯 하니 그렇다면 화식열전은 궁형을 당하고 나서 쓴것이라고 추측된다. 사마천은 벌금 50만전만 있었으면 궁형을 당하지 않아도 됐으나, 그 돈이 없어서 궁형을 당했던 것이다. 인간의 운명을 금전이 좌우하는 것을 몸소 겪고 나서 인간의 의지, 마음의 진실 이외에 또 다른 진실이 있음을 『화식열전』에서 밝히고 싶었던 것이다.

이처럼 사마천의 『사기』는 사·농·공·상의 사회생활을 묘사했고, 따라서 "국민적 역사가"로 되기에 이르렀다"고 칭송하고 있다. 동시에 사마천의 시야는 또 중국 이외의 세계에까지 확대되어 열전 중에 『조선열전』, 『大宛列傳』 등이 있는데, 여기에는 유럽의 수많은 고대 국가의 진귀한 자료가 기재되어 있다. 중국역사를 연구하면서도 외국에까지 주의가 미쳤던 것은 사마천의 역사에 관한 식견이 원대했음을 나타낸다. 그런데 인물을 중심으로 한 『사기』의 열전은 전적으로 어떤 개인의 일생을 기록했던 만큼 그 가운데에는 말, 사실, 편년 등의 기록을 포괄했다. 이것은 중국사학체계의 일종의 발전이다. 70권의 열전은 『사기』의 주요부분으로서 인간이 곧 역사의 주체라는 것을 체현하고 있다. 이러한 것은 상제를 역사의 창조자로 여겼던 고대사회에 비하면 막대한 진보임에 틀림없다.

『사기』에는 '본기', '세가', '열전'이외에 '表'나 '書'가 있다. '표'에 관해서는 사마천 자신이 해설하기를 "서로 다른 시간과 연도를 아울러 취급하는 데에는 연도의 차가 불분명하기 때문에 10권의 표를 만들었다."고 설명하였다. '표'는 사기의 구성에 있어 높이 평가 받고 있는 터이다. 고대의 역사서 안에 연표가 들어있다는 것은 확실히 경이로운 것이다. 그러나 잘 생각해 보면 사마담과 그 아들 사마천에게 있어서는 극히 자연스러운 것이었을지도 모른다. 그 까닭은 당시의 천문학은 경험주의적인 것이었으므로 그날그날의 천문현상을 기록하여 그 기록에서 귀납하여 예측을 하거나 책력을 작성의 자료로 삼고 있었다. 그러므로 천문관의 습관에서 본다면 표를 만든다는 것은 지극히 당연한 일이었을 것으로 생각된다. 이처럼 본기, 서, 표, 세가라는 부문 각각의 의미를 보면 거기에 일관되어 흐르고 있는 것은 천문관으로서의 입장이다.

'표'란 표의 격식으로서 해마다의 작위관계, 사건, 인물을 나열한 것이다. 주로 주요 역사사건들의 시간적 위치를 표명함으로서 흥망치란의 대강을 보여주도록 되어 있다. 10개의 표는 세표, 연표, 월표의 3종류로 구분된다. 하·은·주의 3대는 그 연대가 오래되었고 사적도 소략해서 연월을 확실히 따져보거나 역사적 사실을 연도별로 상세히 배열할 수 없기 때문에 축약과 수정을 통해서 『三代世表』를 만들었다. 西周 共和 원년(B.C. 841) 이후 사적은 비교적 명확해졌고 또한 연대기록도 있게 됨으로 해서 『十二諸侯年表』, 『六國年表』를 만들었다. 이러한 연표는 연대순에따라 역사사건을 나열했다.

즉 춘추전국 시기의 중대사건들의 발생이 이 해인지 저 해인지 밝혀 놓았던 것이다. 이러한 표에는 가까운 시기에 대해서는 상세히, 먼 시기에 대해서는 소략하게 다루는 일관된 태사공의 정신이 반영되었다. 까닭에 그는 구체적인 요점을 추려서 간략히 하고 전후관계를 분명히 하는 방식을 통하여, 복잡다단한 역사사실에 대해서 일목요연하게 알아볼 수 있도록 작성했다. 이상과 같은 표의 활용으로 기전체가 지닐 수 있는 번잡했지만 탈루를 면할 수 있었다.

'서'에는 조정의 전장제도·천문·지리·예술·경제 등에 관한 내용을 기록하고 있다. 그의 『사기』에는 八書가 있다. 즉 『禮書』는 예의의 의의와 작용을 논술한 것이다. 『樂書』는 음악과 그 작용을 논했으며, 『律書』는 음률을 논했는데, 고대에는 군사들이 나갈 때 음률로서 했던 때문에 후세 사람들이 『律書』는 곧 『병서』라고 여겼다. 『曆書』는 역법을 기록하였다. 『天官書』는 고대의 천문지식을 두루 모은 것이다. 『奉禪書』는 역대 제왕들의 각종 귀신들에 대한 제사를 기록했는데, 그 가운데에는 한무제의 종교미신에 대해 풍자한 내용도 있다. 『하거서』는 중국고대의 주요한 수리공정을 기재한 것이다. 한대의 사회경제 상황을 기록한 『평준서』는 특히 한왕조 경제정책의 변화과정을 중요하게 다루고 있으며, 八書 가운데 가장 정채로운 기록이기도 하다.

『사기』 중에서도 매우 중요한 부분으로서 경제, 문화, 전장제도 등에 대해 전문적 기술을 하고 있는 8서는 이러한 분야들의 사회생활상의 작용을 표명하였다. 이러한 점이 곧 『사기』를 사회 각 방면을 기술한 통사라고 하는 것이다. 八書 가운데에는 비록 유심주의적 관점이 있다해도 보다 많은 부분이 유물주의의 빛깔을 띠고 있다. 예컨대 선진시기의 사가들은 사회·경제적 정황을 기록하기를 중시하지 않았지만 사마천이 처음으로 창립했던 『평준서』야 말로 전적으로 경제사의 부류이다.

『사기』의 본기, 표, 서, 세가, 열전 등 5종류의 체제 가운데 사마천의 창안인 열전 외에 나머지는 모두 그 본보기가 있다. 劉知幾나 趙翼 등의 고증에 따르면 본기는 『禹本紀』의 형식을 취했고, 표는 『周譜』를, 서는 대체로 『禮經』을 세가는 『세가』를 각각 본떴다고 한다. 이러한 체계는 연월별로 사건을 기록했던 『춘추』, 『좌전』의 편년체를 돌파하고, 또한 지역별로 사건을 기록한 『국어』 등의 국별사 한계를 돌파해서 사회 각 방면을 포괄하는 일종의 기전체라는 참신한 사서의 체제를 이루기에 이르렀다. 이러한 체제의 특징은 인물을 기술하는 본기와 열전을 중심으로 여러 가지 체제를 겸비해서 용량을 극대화 시킴으로써 서로 다른 각도에서 사회의 기본적 상황을 드러낼 수 있었던 셈이다. 따라서 『사기』는 정치사, 군사사, 문화사, 사상사를 기술했을 뿐만 아니라 경제사, 소수민족사, 한조 정부와 '四夷'와의 관계사 등을 포괄한 천년을 범위로 삼은 백과전서식 통사인 셈이다.

이러한 기전체와 봉건등급제도와의 상호적응은 봉건사회의 수요에 합치되었다. 따라서 줄곧 후대 역사가들의 존중대상으로서 중국 봉건사회의 역사편찬의 범례가 되기에 이르렀다. 『한서』에서 『明史』, 그리고 『新元史』 등에 이르는 25개의 정사들은 모두 이와 같은 체제의 범위를 벗어날 수 없었다. 기전체는 중국사서 편찬방법 중의 주류에 있으면서 장구하게 봉건사회와 명맥을 같이해 왔다.

사마천의 사학사상을 종합해 보면 다음과 같다.

(1) 역사변혁관

사마천은 사회와 역사는 발전·변화한다고 인식하고 있었다. 그는 역사의 변화를 매우 깊게 고찰하면서, 성쇠를 관망하는 과정에서 날카로운 안목을 보여주고 있다. 즉 "物이란 盛하면 衰하게 마련인데 본디 변화란 그러하다"는 것과 같이 한왕조가 쇠퇴하는 방향으로 변화하는 징조에 대해 언급하고 있다. 지주·귀족·관료들의 절도 없는 사치와 쟁탈, 겸병과 한무제의 연이은 군사동원, 인민의 노역동원, 재정손실 등이 백성을 피폐하게 함으로써, 한왕조가 쇠퇴해가는 역사의 변화를 지적하였다. 그는 옛날이 지금보다 낫다고 하지 않고, 지금이 옛날보다 낫다고 인식하였다. 이른바 '暴秦'이라도 이전 시대에 비해 성취한 바가 있다고 여겼다. 그리고 상고시대로의 회귀는 백성의 눈과 귀를 막아버리는 것과 다름없으니 불가능하다며 공자·노자의 복고사상을 부정했다.

그러나 역사가 발전한다는 그의 사상은 어떤 때는 옛날을 본받아야 한다고 주장하는 퇴행적 관점을 보여주기도 하여 매우 불철저하였다. 그의 진보적 관점은 객관적으로 역사를 고찰하고 사실을 기술함으로 자연 발생되었기 때문에 역사발전의 구체적인 내용과 내재적 근본원인을 인식할 수 없었다. 또한 그는 사회발전에 관한 인식을 이론의 차원까지 제고시켜서 자각적으로 그것을 견지해 나가지 못한 점이 한계였다.

(2) 소박유물론

사마천은 역사발전을 논할 때 사회경제, 정치, 사상 사이의 관련에도 주의하였다. 즉 사회경제 상황을 정치적 시책과 연계시켰고 정치와 경제의 인과관계 속에서 경제의 중요성을 강조하였으며, 사회경제 발전의 여부가 국가의 치란성쇠를 결정한다고 지적하였다. 예컨대 한초의 法禁완화와 휴식정책이 결코 우연이 아니라 심각한 사회경제적 원인이 존재했기 때문이다. 춘추시기의 제나라도 경제 발전을 이룩하였기 때문에 정치적으로도 강대국이 되었다고 보았다. 또한 인간의 사회적 지위, 도덕관념 및 지방의 습속들 모두가 경제상황에 의해 좌우된다고 인식한 소박유물주의 사상을 갖춘 역사가였다.

그러나 사마천의 유물론도 그의 역사변혁관과 마찬가지로 철저할 수는 없었다. 그는 『사기』『천관서』에서 자연계의 변화는 하늘의 의사를 표시하고 지시를 내리는 것이므로 사람들은 이러한 의사와 지시에 따라서 정치를 결정하여 하늘의 뜻에 부합해야 한다는 유심주의 관점을 주장하고 있다. 그러나 그의 세계관의 경향은 기본적으로 소박한 유물주의자이다.

(3) 백성에 동정하고 역사에 대한 백성의 작용을 인정하였다. 사마천은 눈·귀·입·마음의 물질적 요구와 의식주 등의 물질적 수요가 객관적 존재이며, 자연히 형성되었기 때문에 임의로 고칠 수 없는 것이라는 사실을 인식하고 있다. 따라서 통치자가 인민의 생활상 이익을 다투어 빼앗는 것을 반대했고, 재산증식을 찬양하면서 재산가들을 『화식열전』에 입전시켰다. 이러한 사실은 인민을 동정했던 사마천의 사상과 일치한다. 또한 유협과 의생인 扁鵲, 倉公을 위해 열전을 세우고 占卜 종사하는 日者를 위해서도 열전을 만들었으며, 밭두렁에서 일어난 진섭을 세가에 포함시켰다. 일반적인 봉건적 사가들과는 달리 그는 제왕 장상들은 역사의 창조자일 뿐이라고 인식하면서 사회 각 계층에 주의하였으며 아울러 그들의 사회 발전과정에서의 작용을 인식하였다.

(4) 전제정치의 잔학·난폭한 흑막을 폭로함

『越王句踐世家』에서 사마천은 월왕이 공신을 주살한 사실을 들춰내서 "어려움은 더불어 겪을 수 있으면서도 영광을 더불어 할 수는 없다"고 하며 월왕의 추악한 심리를 폭로했다. 『秦始皇本紀』에서는 분서갱유 사건과 진시황제의 극도의 사치와 포학무도를 폭로했다. 또한 당대의 황제에 대한 비판도 서슴지 않았다. 한무제가 '귀신에 대한 제사를 중시하였으며', '황하의 범람을 막을 수 있으며, 불사약을 얻을 수 있다'는 미신에 빠져서 여러 번 기만당했으면서도 깨어나지 못하고 있다고 비난하였다. 또한 무력을 사용하여 功利를 크게 일으켰고 매관매직을 일삼은 사실에 대해서 은폐하거나 기피하지 않았다.(不隱惡不虛美) 바로 사마천은 통치자의 추악함과 봉건사회의 흑막을 드러냄으로써 전제정권의 반대하였던 까닭에, 극형을 피할 수 없었다. 중국사상 사실대로 역사를 기술해서 자신의 생명까지 희생한 사가가 없지 않은데, 사마천은 그 가운데 한 사람이다.

(5) 현대사로서의 『사기』

『사기』는 秦漢시대가 반 또는 그 이상을 점하고 있다. 왜 그럴까? 사마천은 궁형을 받고 치욕스럽게 살아남는 몸이 되었다. 그러한 상황 속에서는 어쩔 수 없이 자기와 같은 시대라는 것을 응시하지 않을 수 없었다. 그가 받은 치욕은 마음 속에 치밀어 오르는 거칠고 생생한 역사가 사마천의 새로운 대상이 됐던 것이다. 그것은 한마디로 현대사에의 관심이다. 확실히 형식상으로 『사기』는 통사이지만 실질적으로는 현대사인 것이다. 사마천의 자화상을 표현하였다. 예컨대,

① 『오자서열전』: 오자서는 초나라에서 망명하여 전전하다가 吳나라에 와서 겨우 자리 잡은 사람이다. 왜 초에서 망명해 나왔는가? 그의 아버지 오사는 초나라의 태자인 건의 태부였고 비무기라는 사람은 소부로 있었는데, 국왕인 평왕의 명을 받아 秦의 왕녀를 태자비로 맞이하기 위해 사신으로 갔으나 진왕녀가 미모인 것을 알고는 평왕 스스로 취할 것을 권하였다. 평왕은 비무기의 말에 좇아 이를 총애하고 아들도 낳았다. 태자에게는 딴 여자를 짝지어 주었다. 이런 연유로 평왕의 신임을 얻은 비무기는 태자가 즉위한 뒤의 보복을 두려워하여 갖은 수단을 써서 부자를 이간시켜 태자가 모반을 꾀하고 있다고 고변하었다. 이에 평왕이 오사를 불러 진상을 물으니 오사는 태자의 무실함을 간언하었다. 이에 당황한 비무기는 지금 태자 일당을 제압하지 않으면 모반이 성공할 것이라 참언하니, 평왕은 오사를 체포하고 태자를 죽이도록 사람을 보냈다. 그러나 태자는 망명에 성공하였다. 비무기는 평왕에게 오사의 아들 두 사람이 유능하니 제 아비를 인질로 하여 그들을 불러들여 함께 죽이라 하였다. 그 말을 좇은 평왕은 두 아들이 오면 아비를 살리겠다고 거짓을 꾸며 아들들을 불렀다. 형인 오상은 그것이 계략인 줄 알면서도 아비를 살릴 수 있다는데 가지 않고 천하의 웃음거리가 될 수는 없다 하여 죽음을 각오하고 가서 붙잡혀 죽었으나, 아우 오자서는 망명하여 원수를 갚는 길을 택하였다. 전전 끝에 오나라에서 벼슬을 한 오자서는 오와 초의 싸움에서 초가 패함에, 승자로서 초의 서울에 들어갔다. 평왕은 이미 죽고 없었으나, 무덤을 파헤쳐 그 시체를 꺼내 3백번 매를 때려 복수를 해냈다.

사마천은 『오자서열전』에서 작은 의를 버리고 곧 치욕을 씻어 후세에 이름을 남겼다고 오자서를 칭찬하고 있다. 이 말이야 말로 궁형을 당하는 치욕을 감수하면서까지 살아 남아 『사기』를 완성함으로써 후세에 이름을 남기려 한 사마천의 집념을 표현한 자화상이었다.

② 季布는 한초전 때에 항우를 섬겨 무용을 날렸던 사람이다. 유방이 천하를 통일하고 나서도 계포의 목에 막대한 상금을 걸고 붙잡으려 하자, 계포는 노예로 전락하면서까지 몸을 피해 살았다. 계포의 목숨을 살려야겠다고 생각한 주인은 계포같은 유능한 인재를 관용하여 이용하지 않으면 "오자서가 끝내 초의 평왕의 시체에 매질한 일과 같은 사건이 생길지도 모른다" 하여 유력자에게 특사를 부탁하여 마침내 계포는 특사를 받아 고위관으로 출세를 하고 이름을 남겼다. 이 『계포열전』의 논찬에서도 사마천은 "형벌을 받고 남의 노예가 됐으면서도 죽지 않았다. 그것은 그가 스스로 그 재능을 믿었기 때문에 치욕을 당하여도 참고 부끄러워하지 않았다"고 자화상을 그린 것이다.

③ 『백이열전』의 천도관

백이와 숙제는 인애의 정이 깊고 지조가 곧았는데 끝내 굶어 죽어야 했는가? 하늘은 항상 착한 사람 편을 든다고 한다지만 과연 그런가? 사마천은 점성술적 천문학자로서 하늘을 절대적으로 신뢰하였다. 이렇게 사마천이 하늘의 인간에 대한 결정에 대하여 의문을 갖는 것은 세상의 수많은 모순을 다 겪고 난 뒤의 사마천의 솔직한 심정이었을 것이다. 이 『백이열전』 한편에 사마천은 마지막으로 자기 마음의 자화상을 그린 것이다.

(6) 문장의 기법상 탁월한 방법을 채용하여 생동감 넘치는 역사를 서술하였다. 즉 ① 고전을 그대로 전제 인용하고 ② 상서 같은 고전을 발췌, 전재하면서도 난해한 고대문자를 당시의 평이한 문자로 바꾸거나 문장 전체를 적절히 개변하여 인용한 것이 압도적으로 많았다. ③ 가능한 한 모든 서술을 자신이 적절하다고 생각한 단어와 문장으로 표현하였다. 예컨대,

ⓐ 참고 자료를 그대로 이용하여 서술 내용을 보다 생동감이 있게 전달했다. 『사기』권96 『번쾌, 여상, 등공, 관영 열전』은 다른 열전의 구성과는 달리 한고조의 무장이었던 4인의 행적이 대부분 전투기사와 戰功, 行賞의 사실로만 나열된 단어들의 반복을 통하여 부각시킴으로써 강렬한 자아가 없이 성공하는 사냥개적인 인간형을 제시해 주고 있다.

ⓑ 반복효과를 이용하여 주제를 강조하였다. 『항우본기』 중에 다음과 같

은 대목이 "큰 길을 잃어 한 농부에게 길을 물었다. 농부는 속여 왼쪽 왼쪽이라고 말하였다. 그리하여 항우는 大澤중에 빠지고 말았다." 이러한 중복된 단어 때문에 계속되는 전쟁의 와중에서 고생하는 일반 민중의 감정과 일시 천하를 호령하던 영웅의 말로를 한 폭의 그림처럼 묘사하였다.

ⓒ 문장 안에서 또는 각 편끼리 복선이 깔려 있다. 『진섭세가』에서 진섭은 젊은 시절 용경이 되었는데,(문득) 밭갈이를 멈추고 밭 위에서 오랫동안 우울한 심정에 빠져 있다가(장한구지) 말했다. "만약 (내가) 부귀를 얻으면 서로 잊는 일이 없을 것이다." 동료 용경들이 웃으며 응대하였다. "그대는 용경인 주제에 어떻게 부귀를 얻겠는가?" 진섭은 크게 탄식하였다. "아아! 제비와 참새들이 어찌 큰 기러기의 뜻을 알겠는가!" 이 글에서

㉠ 문장 속의 뜻: 진섭은 한때 반란에 성공하여 왕이 되었는데 그 때 용경 시절 친구들이 찾아와 그의 수치스런 과거를 말하자 그들을 하나 둘씩 처형하기 시작했고 급기야는 그 주위에 한 사람도 남아 있지 않게 되었다는 것이다.

㉡ 『진섭세가』를 『진시황본기』의 태사공왈과 연결하였다. 진섭의 거사는 진 제국을 붕괴시킨 대반란의 기폭제가 되었으며, 그의 사후 진을 타도한 세력도 대부분 그가 임명한 장군과 제후 출신이었다. 즉 아무리 잘 훈련되고 무장된 진의 군대에 비해 무기도 없는 오합지졸의 대장에 의해 제국이 흔들리기 시작한 것은 그만큼 진의 실정이 컸기 때문이라는 것이다. 결국 이 논리는 어떤 위대한 권력도 잘 무장된 군대도 정치를 잘 못하면 하찮은 존재에 의해서 궤멸된다는 것을 시사 하고 있다.

(7) 일화의 이용하여 서술의 주제를 보다 효과적으로 전달했다. 예컨대 ① 石建은 낭중령이 되어 상주를 올렸으나 그것이 되돌아온 일이 있었다. 석건이 그것을 읽고 나자 "잘못 썼구나! 馬자의 아랫부분은 꼬리와 점을 합쳐 5개의 획으로 써야 마땅한데, 이제 보니 4획밖에 없고 한 획이 부족하구나! 황제께서 죽음의 벌을 내리시겠구나!"고 하면서 몹시 당황하고 두려워하였다. 즉 석건의 극단적인 소심을 통하여 전제군주의 치하에서 지위를 보존하고 생명을 유지하려 하는 당시 관료의 한 전형을 제시하기 위한 것으로 이해된다.

② 『李斯열전』의 비화: 지방순행 중 중병이 든 진시황은 자신의 운명을 예감하고 趙高를 시켜 변경으로 내쫓은 장자 扶蘇를 부르는 조서를 내리도록 하였다. 그러나 그 조서가 사자의 손에 들어가기 전에 진시황은 사망하였으며, 옥새와 그 조서는 조고의 손에 있었다. 여기서부터 조고의 음모는 시작된다. 그는 먼저 진시황을 유일하게 수행한 황태자 호해를 유혹, 처음에는 망설이는 그를 설득하는데 성공하였으며, 이어서 비밀을 알고 있는 승상 이사를 유혹하였다. 이사 역시 처음에는 반대하였지만 결국 설득되었고, 그들은 진시황의 조서를 위조하여 호해를 즉위시키고 장자 부소에게는 자살을 명하는 조서를 보냈다. ⇒ 사마천은 무언가 흑막이 있을 것으로 생각되는 胡亥의 즉위 과정을 설명할 필요성을 느꼈을 것이며, 비록 입증할 없는 소문 아래 허구적 일일지라도 이 이야기가 오히려 역사적 진실을 이해하는데 도움이 된다고 생각하였던 것 같다. 즉 사마천은 지나친 증거 위주의 한계를 문학적으로 극복한 것이다.

(8) 『춘추』계승하여 비판의 방법을 채용하였다.

즉 사마천은 개인뿐 아니라 사건, 또는 한 시대 전체에 대한 평가로 포함되었고 그것이 전체적인 구성과 문장을 통하여 직접 또는 간접적으로 표현되어 있다. 예컨대, ① 공손홍: 무제의 두터운 신임을 받아 포의에서 승상까지 오른 인물이다. 공손홍의 위인됨은 의심이 많고 겉으로는 관대한 척하지만 속으로는 혹독한 사람이었다. 자기와 틈이 벌어진 일이 있는 사람들에게는 비록 겉으로는 친한 척하였지만 은밀하게 화를 입혔다. 주부언을 살해하고 동중서를 교서로 내쫓은 것도 모두 공손홍의 책략이었다. 또한 그는 한 끼에 한 가지 고기만 먹고 깍지만 겨우 벗긴 곡식 밥을 먹었다. 옛 친구와 친밀한 빈객들이 그에게 衣食을 바라면 그는 봉록을 털어 주었으므로 집안에는 먹을 것이 없었다. 士人들은 이 때문에 그를 현인으로 여겼다. ⇒ 부정적인 측면과 긍정적인 측면을 공정하게 서술한 것처럼 보이지만 오히려 부정적인 측면을 더욱 강조하는 역할을 하고 있다. 그리고 『儒林列傳』과 『樂書』를 통해 공손홍이 아첨배라는 것을 알려 주고 있다. 아울러 사마천이 공손홍을 위선과 아첨배로 드러내는 것은 무제정치 전반에 대한 비판의 일환이었다. 즉 『유림열전』을 통해 사마천은 공손홍의 당시 역할을 강조하면서 그의 曲學阿世를 부각시킴으로써 유학을 이용하여 전제권력을 미화시키려는 무제의 입장과 곡학아세로 타락한 유학을 동시에 통렬히 비판하였던 것이다. ② 『평준서』: 무제시대의 염철전매 정책을 중심으로 한 각종 통제 경제정책과 그 폐단을 서술했다. 지금 상홍양(경제정책의 주역)은 관리를 시장에 앉혀 물건을 판매시켜 利를 구하고 있으니 상홍양을 삶아 죽이면 하늘이 곧 비를 내릴 것이라고 비꼬고 있다. ③ 『화식열전』전 중국의 간략한 경제지식과 함께 춘추시대부터 한초까지의 대상인의 행적을 소개하면서 자유방임주의적인 경제 정책의 장점을 크게 강조하고 있는데, 이는 『평준서』에 서술된 통제 경제 정책을 비난하기 위한 것이다. ④ 『순리열전』에서는 한대인을 전혀 포함시키지 않은 반면, 『혹리열전』의 대부분을 무제시대의 인물로 채워 무제의 혹리형의 통치를 다시 한번 비난하고 있다. ⑤ 『封禪書』 의식의 절차와 내용은 거의 생략한 채, 方士들에게 미혹된 무제의 어리석은 태도를 오히려 부각하였다. ⑥ 『佞幸열전』: 여색이나 남색을 통하여 영달한 영행열전을 설정 한 것도 모두 전제권력의 약점과 속성을 적나라하게 폭로하였다. 고로 어쩌면 이러한 현실 비판적 태도는 무제에게 궁형을 받은 사마천의 개인적인 감정에 불과하다고도 할 수 있겠지만, 그의 현실 비판은 역사 전반에 대한 깊은 통찰력과 일관된 사관에 기초한 것이므로 이것은 사기 전체를 보다 동태적으로 구성해 주는 역할을 한다고 말할 수 있다.

제3절 후한 반고와 그의 『한서』

서한 사마천의 『사기』가 완성된 지 170년 만에 후한의 반고는 『한서』를 완성했다. 『사기』는 무제 태초 연간까지만 기록되어 그 이후 역사 사실은 기록에서 빠졌다. 그래서 『사기』가 전파된 이후 수많은 역사학자들이 부단히 그것을 뒤이어 보충하고자 하였다. 그러나 『사기』의 탁월한 업적으로 인해 『사기』 본래의 기초 위에서 『사기』를 뒤잇거나 보완하려 했던 저술들은 매우 불량할 수밖에 없었다. 한편 반고는 자신이 무제 이후의 사실을 뒤이어 기록하고 또 적극적으로 『사기』와 접속시켜 서술하고자 해서, 자체적으로 시작과 끝을 설정하는 별도의 업적을 이루었다. 한 고조에서 시작하여 평제가 왕망에 의한 피살에서 마무리되는 斷代史로서 서한이라는 한왕조 230년의 흥망사만을 전문적으로 기술하였는데, 왕조명을 사서의 이름으로 삼아 하나의 완결된 사서인 『한서』를 완성하였다.

반고는 호족이요 외척이자 관료로, 家學의 전통이 있는 가정 출신이었다. 그의 부친 班彪가 세상을 떠나자, 그는 곧 『史記後傳』의 정리에 착수해서 부친의 업적을 이루고자 했다. 그러나 그가 "사사롭게 國史를 개작한다"고 明帝에게 고발한 사람이 있어서 투옥 당하게 되었으며, 집안의 원고도 빼앗겨 버렸다. 그러나 반고의 원고를 본 明帝는 그를 칭찬하고, 蘭台令史로 임명하여 상주문과 문서의 필사 등을 관장하도록 했다. 후한제국은 반고를 郎으로 승진시켜서 秘書의 업무를 담당하도록 했다. 아울러 그로 하여금 미완성 사서를 완성토록 하였다. 이후 和帝 때에 세력을 잃은 반고는 种兢에 의해 결국 獄死됨에 이르렀다. 반고가 죽었을 때 『한서』는 8개의 表와 『天文志』가 미완의 상태였다. 이에 和帝는 그의 누이인 班昭와 馬續으로 하여금 마무리토록 하였다. 결국 『한서』 100권은 반표에서 시작하여 마속에 의해 완성될 때까지 모두 네 사람의 손을 거쳤던 것인데, 반고의 공로가 가장 컸다. 이러한 『한서』는 『사기』가 사마천 개인의 편찬 작품이었던 것과는 달리 일종의 칙찬사서라 할 수 있다. 『한서』는 明帝가 반고에게 집필의 완성을 명령함으로써 완성될 수 있었는데, 반고의 사상과 감정이 한의 황제와 상통하였던 것이다. 즉 『한서』는 劉氏의 한왕조의 통치를 옹호하기 위해 복무했던 것으로, 유심주의의 神學관점이 관통되고 있다.

『한서』는 『사기』의 체제를 답습하면서도 약간 변경을 했다. 예를 들어 '書'를 '志'로 고쳤으며, '世家'를 '傳'에 들여놓음으로 해서 열전만을 만들고 세가는 두지 않았다. 『한서』 전체는 12본기, 8표, 10지, 70열전으로 모두 100권이며, 후세 사람이 120권으로 나누기도 하였지만, 다같이 80만여 자의 분량이다.

기본적으로 『사기』의 체제를 채용하였고, 한문제 이전의 서술은 『사기』 원문을 많이 사용하였다. 그러나 사마천의 사상적 관점에 대해서는 동의하지 않고 있다. 즉 반고는 사서의 편찬에는 '성인'의 시비를 시비로 삼아야 하고 대도를 논하려면 유교 경전을 우선시 해야 한다고 인식하고 있었다. 그의

『한서』는 곧 유가의 표준으로써 시비를 저울질했기 때문에, 유씨 왕조의 입장에서 역사사건과 인물을 평가했던 것이다.

먼저 그는 『사기』가 한왕조의 건립자인 유방을 여러 왕 가운데 끝에 끼워넣었으며 진나라나 항우의 반열에 뒤섞어 놓음으로써, 유방의 역사적 지위를 낮췄다고 보았다. 따라서 『한서』는 유씨의 한왕조의 이름을 사서의 명칭으로 삼았으며, 한고조를 본기의 첫 장에 위치하게 했는가 하면 항우를 열전으로 끌어내렸다. 아울러 한왕조가 '天統'을 얻었다고 선양하였다.

또한 『사기』와는 달리 효혜황제를 위한 본기를 세우고 있다. 『한서』에서는 고조와 呂后가 집정하기 전 사이에 짧디 짧은 『惠帝紀』를 삽입함으로써, 유씨 한조의 國統을 밝히고 유심주의적으로 이 기간의 정권은 여전히 유씨에게 귀속되는 것이지 呂雉에서 나오는 것이 아니라는 사실을 나타내고자 했던 것이다.

왕망정권에 대해서도 따로 『왕망본기』를 세우지 않고 열전의 말미에 위치시켰다. 그리고 왕망에 대해, 天命이 아닌 자가 어쩌다 閏位를 나눠가졌으니 성왕에게 쫓겨날 수밖에 없었다고 비평하였다. 즉 왕망이 황제가 된 것은 천명에 의한 것이 아니었기 때문에, 광무제에게 쫓겨났다는 의미이다. 결국 광무제 유수는 성인으로서 천명을 얻었기 때문에 유씨의 한왕조를 계승해서 황제가 된 것은 당연하다는 이야기이다.

이처럼 『한서』는 사서를 통해 왕조교체에 대한 하나의 '정통'관념을 제시한 셈이다. 정통은 곧 하늘이 정하는 계통을 의미하는데, 이전 사서에서도 간헐적으로 이러한 관념들이 있어 왔다. 그러나 정식으로 정통관념으로써 사서 편찬을 이끌었던 것은 반고부터이며, 이후 그것은 중국사학의 한 전통관념이 되기에 이르렀다.

반고는 「敍傳」에서 부친 반표의 중요한 遺文인 『王命論』을 기술하였다. 즉 천인의 감응과 符書의 미신에 대한 설교를 힘으로써 한왕조의 황제권위를 신성시하고자 했고, 유방이 황제 지위에 오른 것은 '天授'에 연유한 것이라고 단정하였다. 이것은 天人感應이나 符書 중의 미신의 공포 속에서 사람들을 묶어둠으로써, 한왕조의 정통성을 뒤흔들거나 유씨와 천하를 다투지 못하도록 하려는 것이었다. 반고는 자신의 부친이 한왕조를 옹호하고자 했던 유심주의 신학 관점을 계승하였던 것이다. 그는 『서전』에서 유방이 황제가 될 수 있었던 까닭은 "한왕조가 堯의 운을 계승하고 그 덕의 祚命이 이미 완성한 상태에서, 大蛇를 베어 符命에 부응했고 깃발은 모두 붉은 색깔로 함으로서 火德에 맞췄으니 이것은 자연의 순리에 응한 것이며 天統을 얻은 것이다"라고 지적하였다.

반고는 『사기』의 8書를 본받아서 10志를 만들었는데, 그 가운데 『五行志』는 반고가 새로 만든 항목이다. 여기서 그는 자연재해와 정권 교체를 연계시킴으로써 하늘과 인간이 서로 감응한다고 여겼다. 즉 지상에서 발생하는 사건은 天意의 작용이기 때문에, 사람들이 어떻게 해볼 수 없다는 것이다. 따라서 그는 천인감응의 신비스런 학설을 선양하고 있는 것이다. 반고는 사마천과는 달리 董仲舒를 하나의 독립된 열전으로 마련했는데, 여기서 동중서의 신학, 미신에 그의 찬동과 고취 의도를 드러내고 있다.

이처럼 『한서』의 紀·志·傳의 문장 모두에서 유심주의적인 천인감응의 신학사상이 관철되고 있다. 이것은 『한서』의 주도적 사상이자 신학사상이며, 또한 반고 사상의 주요한 부분이다. 물론 『한서』 속에서도 얼마간의 유물주의적인 기술을 찾아볼 수 있다. 그러나 이는 반고 자신이 부지불식간에 이전 사람의 저작을 답습하고 있는 것이지, 그 자신의 創見은 아니다.

『한서』의 주요성과는 사상적 관점에서가 아니라, 그 편찬 방법상에서 나타나고 있다. 즉 한 시대를 포괄해서 하나의 서적으로 완결시킴으로써, 斷代史의 체계를 창립했던 영향은 심원하였다. 주지하듯이 24사는 모두 기전체인 동시에 『사기』, 『남사』, 『북사』를 제외하고는 모두 斷代史이다. 『한서』는 『사기』의 기초 위에 보다 통일된 기전체를 가다듬었으며 더욱 많은 역사 자료와 지식을 엮어 나감과 더불어 역사연구의 영역을 확대하였다.

먼저 『사기』와는 달리 열전의 편명에 일정한 표준을 제시했다. 『한서』는 시대 순을 위주로 하였는데, 개별열전을 먼저하고 다음은 부류별 열전을, 그 다음엔 변경의 여러 종족과 외국 열전을, 최후엔 '亂臣賊子' 『왕망전』을 두고 있다. 각 열전의 배열엔 서열이 있을 뿐만 아니라 일정한 의의가 부여되어 있는데, 후세의 『逆臣傳』과 『貳臣傳』의 선례를 처음 마련하였다. 열전의 명칭도 제왕에 대한 열전을 제외하고는 대체로 성 또는 성명을 표제로 삼았다.

이러한 편찬 형식은 이후의 흠정 정사들에 의해 줄곧 답습되어 왔으며 단대사의 모범이 되었다.

『한서』의 帝紀 중에는 수많은 중요 詔令의 원문이 덧붙여 수록하고 있고 열전이나 志에서는 허다한 정치·경제·군사 관련 奏議들의 원문을 수록하고 있는데, 백성을 변경으로 옮기고자 한 晁錯의 상소문, 賈誼의 '論積粟疎', 흉노정책에 관한 韓安國과 王灰의 변론 등 이 그것이다. 이는 사마천이 『사기』 저술시 누락하거나 미처 보지 못한 중요 문헌들이다. 또한 중국 내외 민족의 역사에 대한 『한서』의 기록에는 『사기』의 전통을 계승 발전시킨 바 있다. 이러한 점에서 『한서』의 사료적 가치는 매우 높다고 할 것이다.

『한서』의 10志는 『사기』의 8서에 비해 많은 새로운 내용을 추가하고 있으며 그 체제 또한 보다 개선함으로써 후대에 대한 영향도 크다. 『사기』의 『律書』와 『曆書』를 계승하여 『律曆志』를, 『禮書』와 『樂書』를 계승하여 『禮樂志』를, 『平準書』에서 『食貨志』를, 『封禪書』에서 『郊祀志』를, 『天官書』에서 『天文志』를, 『河渠書』에서 『溝洫志』를 만들었다. 이밖에 예로부터 西漢時代까지의 형법사의 일종인 『刑法志』, 천인감응의 신학적 관점에서 특이한 자연현상을 해석한 『五行志』, 漢代 郡縣과 封國의 연혁, 영토의 면적, 산천 호구, 물산, 풍속, 교통 등을 기록한 『地理志』, 전한 관부 장서의 명칭, 작자, 권수를 기록한 『藝文志』 등이 있다. 『예문지』는 비교적 과학적 태도로 각 학과와 학파의 원류 및 장단점을 분석하고 있는데, 진귀한 고대 학술 문화사의 하나라고 할 수 있고, 중국 현존 최초의 도서목록의 하나인 것이다. 이 네 항목은 『사기』에는 없는 반고가 새로 만든 항목들로서 중국 기전체 사서 중에서 법률사, 역사지리사, 학술문화사와 관련된 창작품이다. 이처럼 『한서』는 사학 연구 분야에서 새로운 탐구 분야를 개척하여 역사연구의 영역을 확대하였으며, 사학의 보고를 더욱 풍부하게 하였다. 따라서 중국 고대의 수많은 典章제도, 학술 문화의 유산을 보존하도록 했던 『한서』의 공헌은 대단히 큰 것이다.

『한서』 10지 중 『예문지』는 특히 주의할 만하다. 이는 유흠 『칠략』의 절약본인데, 유흠의 『七略』은 또한 劉向의 『別錄』에 의거하여 편성한 것이다. 서한의 書史 재료인 竹簡, 木牘과 비단은 귀한데다가 극히 흩어지고 빠지기

쉬웠다. 당시의 저작은 또한 그 작자의 성명을 기록하지 않기 일쑤였으며 篇名이나 書名조차 없기도 했다. 이로 인해 서적들이 상당히 흩어지는 정황이 나타났다. 이에 成帝는 천하의 遺書를 구하게 했고, 황실의 장서에 대해서도 한 차례 정리를 진행하였다. 이때 유향 등은 '讎校'라는 방법을 통해 하나의 정확한 확정본을 감정해내고자 하였다. 이러한 校書 작업을 통해 모아진 書錄을 하나로 만든 것이 『別錄』이었다. 이러한 작업은 유향 사후 그의 아들인 유흠에게 계승되었는데, 그는 부친의 서록 내용을 간략히 하고, 수록된 서적을 대별해서 '略'이라 하였다. '략' 다음에는 또 보다 작은 분류로서 '種'이라고 했는데 모두 38종이 있으며 또한 6략 앞에 총론적인 『輯略』을 덧붙임으로써 『七略』이 편성되었다. 『칠략』은 중국 최초의 계통적인 분류에 의한 提要 목록서이자 또한 일종의 고대문화사라 할 것이다.

반고의 『한서』 『예문지』는 『칠략』에 근거하여 쓰여진 것이었다. 『칠략』의 6분법에 따라 반고는 群書를 6개의 큰 부류와 38개보다 작은 부류로 구분하였다. 즉 ① 『육예략』은 易, 詩, 書, 禮, 樂, 춘추, 논어, 효경, 소학 등 9종의 도서들로서 유가경전과 관련 저작을 수록하였다. ② 『제자략』은 儒, 道, 陰陽, 法, 名, 墨, 縱橫, 雜, 農, 小說家 등 10가의 저작을 수록하였다. ③ 『시부략』은 賦, 雜賦, 歌詩 등 5부류의 문작품을 수록하였다. ④ 『兵書略』은 權謀, 形勢, 陰陽, 技巧 등 4부류의 군사 관련 저작을 수록하였다. ⑤ 『術數略』은 天文, 曆法, 五行, 蓍龜, 雜占, 刑法 등 6부류의 도서를 수록하였다. ⑥ 『方技略』은 醫經, 經方, 房中, 神仙 등 4부류의 저작을 수록하였다. 이상 6略의 38종은 모두 596가의 도서 13,269권을 수록했던 것이다. 그 다음 반고는 『칠략』 『집략』 중에서 각종 학파의 각론과 총론을 그 내용에 따라서 분류, 各類의 뒤에 배치하여 각 학파의 변천과 발전에 대한 명료한 이해가 가능하도록 했다. 다시 반고는 『칠략』의 각 서적의 서록에 대해서 간략화 작업을 하고 매우 주요한 설명을 추려서 각 서적 뒤에 붙임으로써, 수록된 각 서적들에 대한 요긴한 소개로 삼았다. 이것이 지금의 통칭 本注 혹은 原注라고 하는 것들이다. 결국 『한서』 『예문지』는 분류, 大小序와 본주의 형식으로써 상고시대에서 서한말까지의 학술의 변천과 발전을 연구하기 위한 중요 저작이었다. 즉 반고는 단순히 『칠략』을 줄여서 다시 엮은 것이 아니라 선택적으로 보충하고 가공하느라고 창조적 노력을 곁들였던 것이다. 또한 「예문지」는 서적을 수록할 대 서적의 존망사정에 주의하기 시작했다. 이것은 이후 "목차 상에 없어진 책은 반드시 기입 한다"는 관례의 발단이 되었다. 중국 고대전적의 散逸 정황은 대단히 심각해서 이러한 방법은 후세인들이 도서의 존망상황을 기록해 두는데 귀중한 자료가 되었다.

이처럼 편찬방법이나 사료보존 면에 있어서 『한서』는 흠정 기전체 단대사의 모범으로 『사기』와 동등한 반열에 올릴 만한 사서이다.

제4절 순열의 『한기』와 관찬의 『東觀漢紀』

『한기』의 작자인 순열은 후한 말의 사가였다. 후한 헌제는 반고의 『한서』 문장이 번잡하다고 해서 건안 3년(198) 『좌전』의 체제에 따라서 『한서』를 고쳐 요약하도록 순열에게 조칙을 내렸다. 이에 순열은 『한서』를 요약하고 통괄 서술하면서 묶어서 帝紀를 만들고 연월에 따라서 당시의 사실을 열거하고 요점을 간추려 편년체의 『한기』를 만들었는데 모두 30권 약 18만 자였다. 이는 80만 자인 『한서』의 1/4에 미치지 못하는 분량이었다. 순열이 비록 덧붙이기는 했지만 그것은 극소하였던 만큼 그 자료는 거의 전적으로 『한서』에서 취한 것들이다.

본래 기전체의 문장은 번잡해서 두루 살펴보기 곤란하고 시간의 순서와 사건간의 상호관계를 게시할 방법이 따로 없기 때문에 사서의 중복을 면하기 어렵다. 이러한 단점을 보완한 것이 『한기』로서 한 시점의 득실을 논하는데 우수한 면을 지닌다. 그러나 그것 자체에 또한 기전체 『한서』가 요구되는 보다 완비되어야 할 단점을 지니고 있었다. 이러한 점에서 기전체의 『한서』와 편년체의 『한기』는 상호 보완적 관계라 할 것이다.

편년체의 발전에 『한기』가 이바지한 바가 있었다. 『한기』에는 우선 편년체 가운데서 비슷한 자료를 끄집어내는 방법을 썼다. 즉 하나의 사실을 기록하면서도 유관한 다른 사실을 인용함으로써 편년체의 병폐를 극복하는 데 어느 정도 이바지했다. 즉 순열은 편년체로서 사실을 기록했기는 하나 단지 시간의 순서에 따라 기계적으로 자료를 배열했던 것은 아니었다. 이점에 곧 『한기』의 역사적 사실에 대한 기록을 지나치게 영세하게 하거나 단편적이지 않게 하고 있다. 『한기』는 『춘추』, 『좌전』의 체제를 발전시켜 편년체의 斷代史를 새로 만들었다는 점에서 의미를 지니고 있다.

『한기』는 황제의 侍從이었던 순열이 詔勅을 받들어서 씌어진 것이기 때문에 '資治(통치에 대한 자문 역할)'의 목적이 매우 뚜렷하여 통치자의 열람을 위한 역사 교본이었다. 순열은 『한기』의 말미에서 『한서』를 편찬한 반고의 목적이 후세에 거울 삼을 가르침을 제공하고자 한 것이라고 인식하였다. 이것은 실제로 순열 자신이 『한기』를 저술한 목적이었다. 순열은 공개적으로 명확하게 사서의 저술이 통치의 법칙이나 모범을 제공하고 아울러 이 목적을 달성하기 위해 사서의 원칙적인 내용을 제공하고 있다는 점에서 최초인데, 이것은 이후 관찬의 사서에 대단한 영향을 끼쳤다.

『한기』는 사학사에 있어서 『한서』의 그것과 일치한다. 반고가 『한서』에서 선양한 바 있는 천인감응의 신학사상과 봉건적 정통관념은 『한기』에서 순열이 항상적으로 표명함으로써 더욱 선명해졌다. 『한서』의 예에 따라 『한기』는 帝紀마다 뒤에 「贊」이 붙어있지만, 반드시 반고의 원문을 그대로 옮기지는 않고 때로는 자신의 의견을 첨가하고 있다. 여기에서 천인감응적인 신학관점이 매우 뚜렷하게 표명되었다. 예컨대 「高祖紀 贊」에서 한왕조가 "天統을 얻었다"고 한 관점을 더욱 명확하게 구체화하고 있다. 순열의 정치적 입장은 유씨의 한 황실을 옹호하는 것이기 때문에, 그의 『한기』는 반고의 봉건적 정통관념을 계승하고 발전시켰던 것이다. 이러한 점은 왕망에 대한 기록에서 잘 살필 수 있다. 『한서』에 대한 사실을 기록하면서도 왕망 본기를 세우지는 않았으나 왕망의 연호인 始建國, 天鳳, 地皇 등을 시인하였다.

반면에 순열은 왕망 관련 사실을 기껏 「효평왕제기」에 부속시켰을 뿐만 아니라, '건국원년'이라고 쓴 뒤에는 다만 2년, 3년이라는 기록으로 15년까지 이르고 있으며, 천봉이나 지황 등의 연호는 쓰지 않고 있다. 근본적으로 왕씨가 황제에 재위했던 얼마간의 세월을 역사상에서 인정하지 않았던 것이다. 이것은 봉건적 정통관념을 강조하기 위함이었으며, 역사에 대해서 유심주의적 태도를 취했던 결과이다.

후한대에는 史官과 曆官이 이미 분화되어 있었다. 따라서 전문적으로 저술에만 종사하는 사관이 이미 출현하고 있었다. 그들은 궁중의 蘭台나 東觀

에 모아져서 집단적으로 편찬업무에 종사하였다. 이때 황제의 측근이 '그 일을 전담하여 감독했다'고 한다. 이러한 '감독' 아래에서 사관들이 집단적으로 편찬한 사서는, 사가가 개인적으로 편찬한 저작과는 다르기 때문에 관찬사서라고 일컫는다. 중국 최초의 관찬사서가 바로 『東觀漢紀』이었다. 『동관한기』의 편찬은 여러 사람에 의해 장기간에 걸쳐 이루어진 것이었다. 『史通』 『古今正史』의 기록에 의하면 명제 때에 『동관한기』의 찬술이 시작되었다. 일단 환제 때까지 하여 모두 104편이 이루어졌는데, 이때 이르러서 『동관한기』에는 기·전·표·지의 체제를 대체로 구비된 상태였다. 이후 영제 때에 蔡邕 등이 동관에서 저작활동을 하면서 본기와 열전 중에 뒤이어서 완성하는 작업을 했고, 채옹은 별도로 『朝會志』와 『車服志』를 만들었다. 『동관한기』는 본래 『한기』로 불렸는데, 『隋書』 『경적지』에서 '동관'이란 두 글자가 덧붙여지면서 불리어지게 되었다. 이후 사람들은 후한의 관찬 후한사를 일컬어 『동관한기』라고 하였다.

『동관한기』는 기전체의 왕조사인 만큼 기록대상이 현재의 황제의 조상들에 대한 역사이고, 또한 궁중에서 편찬되었으며 '감독담당'자가 있었으므로, 단지 관측의 요구에 따라 서술할 분 독립적인 사고로써 자신의 사상관점을 기록할 수 없었다. 따라서 『동관한기』에는 쓸모없는 내용이 많았는데, 유씨 황제들에 대한 미화가 심하였다. 반면 王匡·王鳳·陳牧·廖湛·樊崇과 같은 농민기의의 영수들이나, 심지어 왕망 말년 유수와 더불어 천하를 쟁패했던 隗囂·公孫述 등과 같은 군웅들에 대해서는 일률적으로 깎아 내려서 별도로 '載記'라는 형식을 만들어 그들과 관련된 사실을 기술하였다. '재기'는 臣屬의 대상이 아닌 자들을 기록하거나, 또한 대상 인물이 왕이라는 사실을 인정할 수 없어서 열전의 다음에 방치함으로써 처단하고자 했던 의미를 지닌다. 또한 『동관한기』에는 재이 상서와 도참류에 대한 기록이 매우 많은데, 이는 후한 왕조를 위해 천인감응의 미신적 신학을 선양하고자 한 것이다.

『동관한기』는 당대 이르러 상당한 散逸」이 이루어졌으며, 북송시기에는 42권만이 남았고, 남송 시기에는 겨우 8권만이 잔존하였다. 원대 이후에는 전해지지 않게 되어버렸다. 그러나 三國兩晉南北朝 시기에는 『동관한기』가 대단히 유행했기 때문에 범엽이 『후한서』를 쓰기 이전만 해도 많은 사람들이 이 책을 보배로 여겼다. 까닭에 『사기』나 『한서』와 같은 반열에 두어져서 '3史'로 일컬어졌다. 당대 이르면서 『후한서』가 『동관한기』를 대신하게 되자 '3사'는 『사기』, 『한서』, 『후한서』를 지칭하는 것으로 바뀌었다. 청조가 『四庫全書』를 편찬하였을 때 『永樂大典』 및 여러 서적 중에서 『동관한기』의 遺文을 수집하여 만든 것이 지금의 『동관한기』 24권이다.

『동관한기』는 명제 때부터 獻帝에 종료되었을 때까지 100여 년간의 기간이 소요되었다. 그러나 이 서적은 결코 최종적으로 마무리되지 않은 미완성의 사서이었다. 이 때문에 본기와 열전 부분의 공백이 심하여 후한 중기 이후의 허다한 중요 인물이 열전에 나타나지 않고 있고, 書와 表 부분도 불완전하다. 당시 이러한 후한사를 최후로 완성할 수 있는 조건에 있었던 것이 채옹이었다. 그러나 채옹은 동탁의 지시에 의해 쓰여졌기 때문에 동탁이 피살된 이후 새로운 실력자로 부상했던 王允에게 옥사를 당하였다. 이때 왕윤은 무제가 사마천을 죽이지 않음으로 비방하는 책이 세상에 유통되었다는 이유를 들어 비난을 감수하겠다고 하였다. 이는 사서 편찬이 권력자들에 의해 제한되었음을 보여주는 바라 할 것이다. 즉 권력자들은 사학의 거대한 작용을 간파했기 때문에 사서의 편찬권을 단단히 손에 쥐고 그것을 완전히 통치계급이나 어떤 통치집단에 복무토록 했다. 다른 한편에서 그들은 또한 통치권력을 운용해서 관찬사서의 권위를 옹호하고자 하였다. 이후 모든 관찬 正史들은 여론을 속박하고 사람들로 하여금 관찬사서의 권위와 관찬사서가 선양하고자 했던 관변사상을 받아들이도록 강요하는 방향으로 나아갔다. 이것이 모든 관찬 正史가 사상 면에서 『사기』를 뛰어넘을 수 없었던 하나의 중요 요인이었다.

제3편 위진남북조시대 사학의 모색과 발전

제1장 삼국양진남북조 사학

제1절 사학의 새로운 지위 확립

후한대까지 사학은 줄곧 유가 경전에 종속상태로 간주되었다. 위진남북조시대는 비록 사회적으로 혼란하기도 했으나, 전체 중국의 사회 경제는 결코 정체되어 퇴보상태였다. 당시에 과학기술은 상당히 발전해서 수학, 화학, 의학, 지리학, 농업과학기술의 방면 모두에 거대한 성과가 있었고, 祖沖之·葛洪·裴秀·酈道元·賈思勰 등 걸출한 학자들이 출현하였다. 특히 재지법이 개선되어 종이가 광범위하게 사용되면서 학술문화의 발전에 적극적인 추진 작용을 하였고, 사서의 대량편찬에 있어서 미증유의 유리한 조건을 제공하였다.

위진남북조시대의 사회 모순은 첨예하고 복잡했다. 300여 년 동안에 출현했던 30개 이상의 정권이 흥망을 거듭하였다. 복잡하고 변화 많은 역사는 사가들에게 절박하게 회답을 요구하는 수많은 역사적 문제를 제기했고 사서의 편찬에도 극히 풍부한 내용을 제공했다. 동시에 한 지방에 할거했던 크고 작은 정권 모두는 정신적인 자료의 필요로 인해 문화 전적의 수집과 정리를 중시했다.

고대에는 서적이 흩어져 없어지기 쉬었다. 이에 각 왕조는 전적의 수집에 힘썼다. 北魏의 孝文帝는 낙양으로 천도한 이후 도서를 수집했을 뿐 아니라 장서목록을 정리 편집하는 데도 주의했기 때문에, 대량의 도서목록이 쏟아져 나왔다. 까닭에 '簿錄'이라는 독립된 분야가 형성되기에 이르렀다. 『수서』 『경적지·사부·부록편』에는 목록서적 30부 214권을 수록하고 있는데, 『七略別錄』과 『七略』 및 수대의 9부를 제외하면 모두가 위진남북조 시기에 편성된 것들이다. 이것은 해당시대 각 왕조의 장서 상황에 대한 기록이며 또한 끊임없이 도서가 수집되고 정리되고 있었던 증거라고 할 것이다.

당시 통치계급 사상의 자료에는 經學·玄學·佛學 등이 있었다. 그러나 후한의 경학은 참위설과 결합되면서 미신으로 치달았고, 현학도 興起하자마자 淸談의 기풍을 일으켰다. 이러한 가운데 사학의 작용은 두드러지게 되었다. 하나의 종합적인 학과인 사학은 지극히 명료하고 구체적 사실을 중시하여 역사적 경험과 교훈을 제공하니 과거에 비춰 미래를 알 수 있다. 또한 "위로는 조상의 열렬함을 부연하고 아래로는 명운을 보필했다고 하는 공로를 기록하여", "후대의 준거가 되며 온 지상의 기대를 충족시킬 수 있었다." 따라서 역사는 "왕된 자의 드넓은 기틀"이라고 인식되었다. 위진남북조의 혼란기에 시급히 필요했던 것은 치국용병의 술이며 임기응변의 유효한 방법이었다. 경학·현학·불학은 결국 이러한 재능을 가르쳐 줄 수 없었고, 다만 역사서만이 유효한 교재일 뿐이었다.

이로 말미암아 각 정권은 모두가 두루 사관을 설치하였고, 사서를 편찬하였다. 北齊 때에는 修史局이 세워지고 재상이 監修로서 史局의 장을 담당하기에 이르렀다. 사관제도의 발전은 사료의 보존과 계통적인 사서의 편찬에 중대한 작용을 하였다. 또한 위진남북조 시기에는 개인의 사서편찬을 금지한 적이 없었기 때문에 개인의 사서편찬의 풍조가 극성할 수 있었다.

이상의 여러 요인으로 말미암아 위진남북조시기에 사서 편찬이 풍조를 이루었고 사적의 수량도 급격히 증가하였다. 이에 도서 분류목록에서 자연히 사서는 독립된 것이다. 먼저 西晉의 荀勖은 『中經新簿』에서 群書를 4부로 구분하였는데, 經과 史를 구분하였다. 다시 東晉의 李充은 4부의 순서를 다시 정리하여 5經은 甲部로 하고 史記를 乙部로 하였다. 즉 5경의 바로 뒤인 두 번째 자리에 두었던 것이다. 이러한 분류법은 관찬과 사찬의 목록서에도 답습되었다. 후에 경, 사, 자, 집이라는 명칭과 순서를 魏徵이 다시 정비하여 『수서』 「경적지」가 세상에 나왔는데, 이충의 4분법을 정비한 것이다. 이에 이충의 분류는 권위가 있었고, 송 이후 원, 명, 청대에까지 유지·발전했다.

또한 史學이라는 말도 이때에 생겨났는데, 사학의 지위가 사회의 공인을 획득했던 사실을 표명하고 있다. 사적이 번다해지면서 종류에 따라 구분하기도 했다. 『수서』 「경적지」에서는 사서를 欽定正史, 古史, 雜史, 覇史, 起居注, 舊事, 職官, 儀注, 형법, 雜典, 地理, 譜系, 簿錄 등 13개로 구분하였다.

위진남북조시대 사람들이 저술한 사서의 내용에는 전대사의 기술, 당대사의 기록, 고금을 관통하여 편찬한 통사가 포괄되어 있다. 인물의 전기나 가족사와 역사지리의 편찬은 보다 왕성한 시기를 맞이하였다. 晉代의 摯虞는 『畿服經』을 지었는데, 지리와 인물을 기술함으로써 자연과 사회를 아울러 중시했다. 이것이 이후 方志의 맹아가 되었다. 남조 양무제는 群臣들에게 『通史』를 편찬토록 했는데, 三皇시기에서 兩代까지를 대상으로 하였다고 한다. 이 저술은 중국사학사상 '通史'란 말을 처음으로 사용한 경우이지만 전래되지 않았다.

사서의 종류, 수량, 부피가 커짐에 따라 독자들은 통독하기가 어려웠고 다루기도 어려웠겠기 때문에 史鈔가 흥기하였다. 사초란 옛 사서를 뽑아 베껴서 하나의 책으로 만든 것이다. 삼국 오 張溫의 『三史略』이나 남조 양 阮孝緖의 『정사삭번』 등과 같이 여러 사서에서 초록하여 모은 것이 있는가 하면, 晉 葛洪의 『한서초』나 남조 양 張緬의 『晉書鈔』, 『後漢略』 등과 같이 하나의 사서만을 초록한 것도 있다. 또한 『童悟』와 같은 통속적 역사독본이 출현하기도 했다.

사서에 대하여 주석하는 풍조도 흥기하였다. 사서의 주석은 후한 服虔, 應劭의 『한서』 注로부터 비롯되었다. 위진남북조 시기에는 사서를 읽는 것이 강조되었고 사서에 주석을 가하는 풍조 또한 그에 따라서 성행하였던 것이다. 『수서』 『경적지』만 보더라도 당시 『사기』의 주석에는 3종류의 것이, 『한서』의 주로는 20여 종류, 『후한서』와 『삼국지』의 주도 1종류 이상이 있었음을 알 수 있다. 이러한 史注 가운데 남조 송 裴松之의 『三國志注』나 북위 酈道元의 『水經注』 등은 결코 원저에 문자에 대한 訓詁에만 국한되지 않고, 사실의 증보와 考訂, 그리고 색다른 설의 수집과 분석 등을 가함으로써 주석서의 문장이 원저의 그것보다 훨씬 많기도 했다. 이것은 곧 부속물이었던 史注가 원저와 동등한 사료적 가치를 갖춰가고 있었음을 의미한다.

이 시기에는 또한 史評과 史考가 專著로서 출현하였다. 사평에는 두 가지가 있었다. 첫째는 諸葛亮이 지은 『論前漢事』와 같은 역사적 사실에 대한 평론이며, 둘째는 何嘗侍의 저술인 『論三國志』나 徐衆의 저술인 『三國志評』 등과 같은 사서에 대한 평론이나 사서의 체제에 대한 분석들이다. 이와 같은 전문서들은 전해지지 않았지만, 남조 양 劉勰의 『文心雕龍』이 전한다. 이는 현존 최초의 전문적인 사학평론이라 하겠다. 사평이란 사학의 실천, 사실의 평가, 사서 편찬방법의 평론을 총괄해서 비평의 의견을 제시하는 것이었다. 따라서 그것이 사서의 질과 양의 제고를 도움으로써 역사연구를 진보하도록 하는 기능을 담당하였다.

史考란 사실을 고증하고 의심스러운 점을 밝혀낸다는 것이다. 晉 譙周의 『古史考』가 대표적인데, 당대의 유지기는 "지금의 『사기』와 더불어 통용되었다』고 하였다. 초주는 正經에만 의지하지 않고 제자의 설도 채용하여 사기의 오류를 시정하였다고 한다. 그 성과는 그다지 크지는 않았다고는 하지만, 그의 『고사고』는 중국에서의 고사 고증의 개막을 의미했으며, 고사연구의 심화에 기여하였다. 한편 西晉 咸寧 5년(279) 汲塚에서 수십 수레 분량의 죽서가 출토되었는데, 荀勗·摯虞·束晳 등에 의해 16종 75편의 고서로 정리되었다. 이는 옛 전적에 대한 고증에 저본이 되었는데, 당대 사마표는 이 급총서를 근거로 초주의 『고사고』 가운데 모두 122개 사실이 부당함을 고증해 냈다.

이처럼 삼국 양진 남북조시기의 사학은 그 수량 면에서만이 아니라, 그 체재의 다양성면에서도 역사사실을 다루는 폭에서나 그 심도면에서 전에 없는 성취라 하겠다. 위진남북조시기의 사학 관련 저술로서 전해진 것은 결코 많지는 않다. 대표적인 작품으로 우선 『삼국지』, 『후한서』, 『송서』, 『제서』, 『위서』 등을 들 수 있다. 「삼국지』. 西晉 陳壽가 撰한 65권으로 『위서』, 『촉서』, 『오서』의 3서로 나뉘어지는 기전체 삼국사이다. 본기와 열전만이 있고 表와 지는 없다. 『후한서』. 남조 송 范曄이 찬수한 90권으로, 기전체 후한사이다. 『송서』는 남조 제의 沈約이 조칙을 받들어 찬수한 기전체 남조 송의 역사이다. 송대의 편찬된 송사를 저본으로 하여 보완하였다고 한다. 송서의 지는 그 내용을 남조 송시대만을 대상으로 하지 않고, 하·은·주·진한시대까지 소급하고 있으며, 더욱이 위진시대에 대해서는 상세해서 지가 없는 『삼국지』의 모자람을 보충하고 있다는 점에서 우수하다. 『제서』는 남조 양시대 蕭子顯이 무제의 명령으로 찬수한 기전체 남제사로 본래 60권이나 59권만이 전하고 있다.

『위서』는 북제 魏收의 조칙을 받들어 찬하였다. 130권의 기전체의 북위사이다. 북위와 동위를 정통으로 삼았고, 서위의 3황제에 대해서는 본기도 세우지 않았으며, 또한 동진을 가짜 왕조로 낮추었다. 이러한 현상은 남북이 대치하고 동서가 분열되어 있던 그 당시 각 정권이 모두 자신의 국가를 중앙정부로 여기고 자신의 국가를 정통으로 삼고자 하는데 따른 것이다. 한편 『위서』에는 문벌세족의 계보를 번잡할 정도로 나열되어 있는데, 심지어 그 방계나 먼 친족까지도 망라되어 있다. 세간의 평은 좋지 못하였으나 비교적 완비된 원시자료를 보존하고 있는데, 李延壽가 『북사』를 편수할 당시 자료의 확인에서 위수의 책을 근거로 하였다고 한다. 반면에 穢書라는 평가도 있다.

이상의 5부는 모두 흠정 정사로서 24사의 대열에 속한다. 비록 각자에는 결점이 있다고는 하지만, 이들 모두는 매우 강한 자료적 가치를 지니고 있으며, 각 왕조사를 연구하는 데에 주요한 자료원이었다. 이밖에 『後漢紀』·『華陽國志』·『洛陽伽藍記』·『水經注』 등도 수준 있는 서적이다.

제2절 진수 『삼국지』와 남조 송 배송지의 『삼국지주』

陳壽는 처음에는 蜀漢정권 아래에서 문서를 관장하는 觀閣令史였다. 촉이 위에 멸망당하고 진이 위를 대신한 다음에는 晉朝의 관리가 되었다. 그러나 그다지 중용되지는 못했다.

진수는 진무제 太康 원년(280) 진이 오를 멸망시키고 삼국분열의 국면을 종식시키고 통일을 달성하자, 곧 삼국사를 모아서 『삼국지』를 편찬하였다. 당시 夏侯湛이 진수의 저작을 보고 나서 자신이 지었던 『魏書』를 폐기하였을 정도로 높이 평가되었다. 당시 梁州大中正 상서령 范頵이 진수의 『삼국지』가 세상의 교화에 유익하다고 천거함에, 河南尹이 洛陽令에게 명령하여 그 책을 필사토록 하였다. 이에 『삼국지』는 서진왕조의 관변 측인가를 정식으로 얻게 되었다.

『삼국지』에는 천문 현상이나 기이한 현상 등이 빈번히 나타나는데, 자연현상을 세간의 인간사와 관련 지우려 했던 진수는 이러한 것이 하늘이 인간세계에서 어떤 일을 일으키고자 하는 징조라고 인식하였다. 이를 통해 진수는 조위가 한을 대신한 것이나 진이 위를 대신한 것은 하늘이 그렇게 한 것이라고 인식하였다. 진수는 또한 천명은 귀속하는 곳이 있기 때문에, 지적 능력으로 다툴 수 있는 것이 아니라고 강조하기도 하였다. 총명한 지혜와 식견으로 정치를 하였던 제갈량의 훌륭한 재능으로도 사방을 아우르지 못한 것은 이 때문으로 보았다. 결국 천명과 인간의 역량 중에서 전자가 결정적인 작용을 한다고 인식하였던 것으로 사람들 모두 천명을 쫓아서 분수를 따라야 한다는 것이다. 이러한 점이 진조의 관변 측이 『삼국지』를 인가했던 하나의 원인이다.

『삼국지』에는 또한 서진왕조의 숨겨진 악덕이나 헛된 미덕에 대하여 감싼 바가 많았다. 이것은 물론 진수가 의도적으로 사마씨의 입장에 서서 서진왕조의 통치에 복무했다고 할 것이다. 예컨대 "죽은 제갈공명이 살아있는 사마중달을 도망치게 했다"는 사실에 대해 사마중달이 추격을 멈춘 것으로 기술하고 있다. 이처럼 진수가 사마씨를 감쌌던 것은 진조를 비호하기 위하여 자신의 뜻을 굽혔기 때문이다.

또한 그는 蜀의 신하로서 진의 관리생활을 해야 했던 그는 진왕조에 대해서 조심하고 근신하지 않을 수 없었기 때문이기도 하다. 『삼국지』는 동시대사로 진왕조의 현재 정치와의 관련도 매우 밀접하였던 것이다. 또한 『삼국지』는 삼국의 역사를 기술하면서 위를 정통으로 삼았는데 서진이 위를 계승해왔으니 위를 드높이는 것이 곧 진을 드높이는 셈이 된다. 이러한 점도 서진왕조의 통치에 유리했던 것이다. 반면에 진수가 촉을 정통으로 하였다는 견해도 있으나, 이는 고증상 문제가 있다.

『삼국지』는 「위서」, 「오서」, 「촉서」로 나누어져 있고, 이들 간에는 상호관련이 있다. 삼국시기의 큰 역사사건을 기록한 『삼국지』의 앞부분 4권은 紀로서 책 전체의 강령이며 뒷부분 61권은 傳으로서 강령에 대한 충실한 내용인 셈이다. 진수는 위의 군주들을 위해서는 본기를 세웠지만, 촉과 오의 군주에 대해서는 열전을 세웠을 따름이다. 또한 「위서」에서 조조를 '태조', '공', '왕', '제'라고 했던 것에 비해서 유비와 손권은 그 이름을 바로 쓰고 있다. 『촉서』, 『오서』에서 자기 나라 군주의 즉위 사실을 기록하면서도 반드시 위의 연호를 쓰고 있다. 이처럼 진수는 위를 정통으로 삼았던 것이다.

『삼국지』는 후한 말 황건 봉기 이후에서부터 진이 오를 멸망시키고 중국을 통일할 때까지를 기술한 100년간의 역사였다. 표면상으로만 보면 삼국의 역사는 조비가 황제를 칭하고 연호를 黃初로 바꾸었던 220년을 기점으로 해야 마땅하다. 그러나 진수는 "후한 光和 말년(184)에 황건이 봉기하다"로부터 시작하고 있다. 이는 매우 의미 있는 서술방식으로, 역사서술에서의 시기구분 문제에 관한 처리방식으로서도 매우 양호했다.

진수는 또한 『위서』의 4권 帝紀를 강령으로 삼는가 하면, 『위서』, 『촉서』, 『오서』의 3서를 나눠서 삼국정립의 발단·발전·결과를 기술함으로써 단대사 체제 속에 별도의 다른 틀을 창설하여 분열·할거시대의 역사를 전면적으로 기술해야 하는 난제를 해결한 셈이었다. 진수가 『삼국지』를 쓸 때에 이미 삼국시대 역사에 관한 저술이 있기는 하였으나, 이들의 기록은 삼국 중 어느 한 나라의 역사적 사실만을 대상으로 한 것이어서 『삼국지』와는 그 면모가 다르나. 또한 이러한 사서들은 번잡했던 것으로 알려져 있다. 그래서 『삼국지』가 출현한 이후 이러한 삼국역사에 관한 몇 저술은 곧바로 존재할 가치가 없어져서 서로 연이어 사라지게 된 것이다. 『삼국지』만이 시간에 따라 도태와 검증을 거쳐서 지금까지 전해져 왔다. 이러한 사실은 또한 『삼국지』의 질량이 비교적 높다는 것을 입증한다.

조익은 『삼국지』가 "비록 감싸는 점에 많다고는 하나, 재단이나 판단이 요구되는 곳에서는 또한 구애받지 않은 바 있는데 다른 책들과 비교 검토해 보면 그것의 신중함을 알 수 있다" 라고 말한 바 있다. 『삼국지』는 남조의 송·양·진대의 여러 서적들에 비해서 간결하였던 것으로, 편찬 당시 사료의 취사선택에 대해서 매우 근엄하고 신중한 태도를 취했음을 살펴볼 수 있다. 또한 진수는 「제갈량전」을 쓸 때 개인의 원한관계에 따른 제갈량에 대한 포폄의 불공정함이 전혀 없었다.

이상을 통해 진수는 확실히 '良史'의 재능이 있다고 칭송 받을 만하다. 이런 점에서 『삼국지』는 『사기』, 『한서』의 뒤를 잇는데 손색이 없는 사서라 할 것이다. 다만 진수가 『삼국지』를 쓸 무렵은 삼국의 정립 상태가 막 고착된 상황이었으므로 그가 삼국 관련 사료를 볼 수 있는 것에는 한계가 있었다. 따라서 『삼국지』에도 기록의 착오와 사소한 차이가 나는 곳이 있게 되었다.

이후 100년이 지나면서 삼국시대의 사료들은 점차 많이 발견되었다. 남조 송문제는 배송지로 하여금 여러 서적을 모아서 『삼국지』의 빠진 부분에 대한 補注를 저술토록 하였다. 까닭에 송문제 원가 6년(429) 『삼국지주』가 완성되었다.

배송지의 『삼국지주』는 그 중점에 문자의 풀이에 있었던 것이 아니라, 사실의 증보와 고증을 위주로 한 것이었다. 그는 사실을 해석하는데 그치지 않고, 그것을 고증하고 보충하였다. 이것은 주석의 변형으로서 특색을 갖추고 있기 때문에 사학사에서 주의할 만한 위치를 지니고 있다. 『삼국지주』의 내용은 극히 풍부하여 자구해석이나 출원을 밝혀 놓았는데 그쳤던 종래의 주석과는 비교되지 않는다. 질량면에서 오히려 진수의 원문을 크게 능가하고 있다. 더욱이 보배로운 것은 배송지가 『삼국지주』로 인용한 자료 모두가 시작과 끝이 완결되어 있고, 자료의 출원을 분명히 밝히고 있다는 점이다. 배송지의 『삼국지주』는 逸書를 보존하는 역할을 담당함으로써 후세 사람들이 삼국사의 연구를 진행할 때 보배롭고 진귀한 수많은 자료를 접해 볼 수 있게 하였다. 일례는 조조가 둔전을 행하고 겸병을 억제함으로써 일련의 정책에 대해 『삼국지』는 너무 간략해서 사람들이 거의 알아 볼 수 없었다. 『삼국지주』는 이에 대해 원문을 인용하고 보충작업을 진행함으로써, 조조가 둔전을 실행한 원인·목적·방법·효과 모두를 명백하게 기술하였다. 이것은 후세인이 조조의 둔전 문제를 연구하는 데에 비교적 풍부한 구체적 사료를 제공한 셈이었다. 유지기는 『사통』에서 이러한 점에 세간에서 『삼국지』를 말하는 이들이 배송지의 『삼국지주』를 본바탕으로 삼는다고 하였다.

배송지의 『삼국지주』는 형식상으로 보자면 독립된 역사저술이 아니라 『삼국지』에 대한 주해로서 그 부수적 작품이다. 그러나 내용으로 보자면 그것은 『삼국지』의 보완 편으로 『삼국지』와 상보관계에 있으면서 동등한 사료적 가치를 지닌다.

제3절 남조 송 范曄 및 그의 『후한서』

范曄은 元嘉 2년(445)에 徐湛之라는 자에 의해 孔熙先, 謝綜 등과 劉義康을 옹립하려고 밀모를 한다고 고발당해 송문제에 의해 처형당했는데, 당시

48세였다. 『송서』에서 분명히 범엽이 처형된 원인을 '모반'이라고 기록하고 있다. 한편 청의 王鳴盛은 범엽이 결코 모반을 하지 않았다. 단지 "모반의 정황을 알고 있으면서 행동에는 옮기지 않았다"고 하여 완전한 부정은 하지 못하였다. 문제는 모반에 참여했는가 보다는 모반에 대한 관점이다. 모든 모반이 반드시 대역무도라고 할 수는 없을 것이다. 더욱이 이러한 죄명으로써 그의 『후한서』를 부정할 수는 더욱 없다.

문제는 그가 반란의 주모자가 아님에도 불구하고 '賊臣', '賊帥' 등의 주모자로 일컬어져서 죽임을 당하였다는 사실이다. 당시 송문제는 불교를 숭배했으며 그의 신하들도 모두 불교를 숭배했다. 따라서 불교는 크게 성행하여 일반 서민에게까지 귀의하지 않는 이가 없었다고 한다. 이에 반해 범엽은 불교를 반대했으며, 그러한 발언도 하였다. 이것은 당연히 문제와 그 주변의 불교신도인 신하들에게 용납될 수 없었다. 이러한 사실이 범엽이 피살된 중요 원인이 될 것이다. 이러한 사실은 범엽이 유신론에 비판적이었음을 알게 하는데, 『후한서』에 대한 이해와 평가에 도움이 될 것이다.

범엽이 『후한서』를 쓰기 전에 이미 후한에 대한 역사서가 여러 권 나와 있었다. 범엽은 이러한 많은 연구자들의 견해를 널리 모으고 옛 서적들을 두루 보아 『후한서』를 지었던 것이다. 그의 저술은 진 華嶠의 『후한서』를 바탕으로 하고 종래 여러 사람의 후한사의 장점을 받아들였으며, 그 문장 또한 매우 정치하고 아름다웠다. 유지기는 "범엽은 여러 책들을 널리 채용해서 『후한서』를 지었는데, 그가 취한 바를 보면 기묘한 기술이 있다"고 했고, 또한 "범엽의 『후한서』 편찬 내용을 생각해 보면, 간결하고도 두루 망라하고 있으며, 성글면서도 빠뜨린 것이 없으니 대저 완비되었다고 할 수 있다"고 평가하였다. 이에 범엽의 책이 성행하면서 종래의 제가 후한사들은 모두가 점차 도태되어 전해지지 않게 되었다. 범엽의 『후한서』만이 홀로 전해지고 있는데, 『사기』, 『한서』, 『삼국지』 등과 더불어 '4사'라고 일컬어졌다.

범엽의 『후한서』는 모두 10본기, 10지, 80열전으로 100편인데 범엽이 죄로 인해 구속되면서 10지도 미완성인 채 죽었다. 양 유소는 『후한서』에 주를 달면서 사마표의 『속한서』의 8지를 취하여 범엽의 『후한서』를 보충하였다. 따라서 현존 『후한서』의 본기와 열전은 범엽의 편찬과 이현의 주석이 있고 지는 사마표 편찬과 劉昭의 주석이 포함되어 있다.

범엽 『후한서』의 탁월한 점은 그가 지니고 있던 무신론 사상에 있다. 범엽은 불교에 대한 비판적 태도를 보이고 있으며, 각종 미신이나 금기도 반대하였다. 전한 말년에 흥기하였던 참위학은 일종의 미신이다. 후한 통치자의 대대적인 지지를 받고 널리 유행했던 이런 미신에 대해서도 범엽은 비판적 태도를 취했다. 반면 범엽은 유교를 숭배했다. 그는 『후한서』 가운데서 특별히 유학에 의한 교화와 인의와 절개에 따른 행동을 제창하였다. 범엽의 무신론 사상은 이러한 유학숭배사상과 관련이 있었던 것이다. 유교사상으로 불교사상을 비판하였던 것이다. 물론 유가사상에도 유심론의 성분이 극히 많았다. 이런 점에서 그의 무신론 또한 철저한 것은 아니었다. 『竇武何進傳論』에서 그는 두무와 하진의 환관제거 모의의 실패를 지략이나 권력의 부족이 아니라 하늘의 뜻으로 돌리고 있는 데서 알 수 있다.

범엽은 옥중에서 여러 조카들에게 보내는 편지에서 『후한서』 편찬의 동기가 결코 저술을 위한 저술에 있지 않고 "사실을 따라서 책 속에서 의논을 일으킴으로써 바름과 한결같음으로 득실을 논하는 것에 대신하고자 했던"데에 있다고 하였다. 따라서 분명한 문장으로써 역사문제와 역사인물을 평론하는 데에 주의를 상당히 기울였던 그는 관점을 표명하고 감정을 토로했으며 비판과 깨우침을 행하였다. 『후한서』 본기나 열전의 말미마다 한수나 그 이상의 '논'에다 별도로 한수의 '찬'을 기록했다. 일률적으로 넉자 한 구절의 운문으로 된 '찬'에는 역사적 사실이 개괄되거나 새로운 뜻이 담겨 있기도 하다. 그는 또한 자신의 논·찬만으로 『후한서논찬』 4권을 꾸밀 정도로 논과 찬에 중점을 두었다. 이러한 『후한서』의 논·찬은 선정기준이 엄격하기로 정평이 나있던 『문선』에 수록되기도 했다. 그러나 이러한 논·찬은 번다하다 하여 후세의 비평을 받았으며, 실제로 송대 이후부터 사서에서 논 다음 찬을 더한 경우가 희소했다.

범엽은 『후한서』를 저술하면서 당대의 풍기와 당시 특유의 역사현상을 반영하고자 주의를 기울였다. 예컨대 환관의 득세와 黨錮사건은 후한시대 최대의 사건이었던 만큼 여기에 연루된 인물도 극히 많았다. 이에 범엽은 『宦者列傳』과 『黨錮列傳』을 창립해서 해당 인물과 해당 사건을 기록하였다.

또한 당시 명분과 절의가 있는 인사를 천거했으며 충효를 중시하는 등 유가가 고취했던 충효덕의가 사대부에 의해 숭상됨으로써 기풍을 이루었다. 이에 범엽은『篤行列傳』과『逸民列傳』을 통해 충의를 숭상하고 특별히 절조가 있는 인물들을 기록함으로써 후한대의 그러한 풍기를 반영하였다.

전한대 이후 문학이 활발하게 발전하여 그 작품도 적지 않았다. 이에 범엽은「유림전」을 세우고 또한『文苑傳』을 창설하여 당시의 문인들을 기록에 남겼는데 이것은 사서의 열전에서 경학과 문학이 구분되었다는데 의미가 있다.

또한『列女傳』을 세우고 있다. 이전에는 정사 속에 황후왕비 이외에는 부녀자의 자리가 없었다. 여기서 열녀의 선택 기준은 貞婦烈女에 있는 것이 아니라 재능이나 행위가 우수하고 고상한 사람을 선택하였다. 따라서 우수한 여류문인 蔡文姬 등과 같은 인물의 사적도 기록될 수 있었다.

이처럼『후한서』는 이전의 사서에 없던 여러 열전을 싣고 있다는 점에서 과소평가할 수 없다. 그가 사물의 변천을 파악하여 새로운 열전을 창립함으로써 한 시대 특유의 역사현상을 반영코자 한 것은 기전체에 대한 일종의 발전이었다. 범엽의 이러한 정신은 이후 사가들에 의해 준수되었다.

『후한서』,『삼국지』,『한서』,『사기』는 당대 이후 '4사'로 불렸는데, 이후의 역사 연구자들은 사서를 읽는 것부터 시작하였다. 그런 다음 唐史에 관심 있는 사람은『신당서』와『구당서』를 읽고 송사에 관심 있는 사람은『송사』를 읽었다. 이러한 점에서 4사라고 부르게 되었던 것이다. 그러나 실제 사상면에 있어서『삼국지』와『후한서』는『사기』와『한서』를 답습하고 모방했던 만큼 그 체제상에는 창의성이 결코 없다. 이런 점에서 '4사'란 명칭은 이전시대 사람들이 사서를 읽어왔던 경험의 총체를 중요시 한 것으로서, 4사가 역사연구자의 필독서이지 4사의 성취를 동등하게 취급하는 것은 아니다.

『후한서의 판본은 많지만, 1974년 북경 중화서국 교감본이 현재 유행하고 있다.

제4절 沈約의『宋書』

『송서』100권은 본기 10권, 지 30권, 열전 60권을 포괄하는데, 양 심약이 찬수했다. 송은 동진을 계승하여 남방에 건설된 왕조이다. 동진 안제 융흥 2년(403)에 형주자사 桓玄이 晉을 대신하여 칭제하였다. 2년 후 당시 北部兵將領 劉裕는 京口(지금 江蘇 鎭江市)와 廣陵(지금 江蘇 陽州市) 양 지역에서 기병하여, 환현을 밀어냈다. 명의상 서진 왕조의 통치를 회복한다고 하였으나, 실지로는 동진의 군정 대권을 장악하기 위해서였다. 15년이 지나 동진 공제 원희 2년(420)유유는 마침내 송왕조를 건립하고, 건강(지금 남경)에 도읍하였다. 유유 이후 7대를 거쳐 송순제 승명 3년(479)에 남제에 멸망되었다.

송조 국사 편찬은 宋文帝 원가 16년(439)에 이미 시작되었다. 당시 저명한 과학자인 何承天이 기전의 초안을 세웠고, 「天文志」와 「律曆志」를 편찬하였다. 그후 또 山謙之, 裵松之, 蕭寶生 등이 계속해서 편찬에 참여하였다. 위로 동진 의희 원년(405) 유유가 실제적으로 권력을 장악한 시기에서 시작하여 아래로 대명 때까지 이르렀다. 『수서』「경적지」에는 서원의 『송서』 65권이 있는데, 그의 글은 沈約의 『송서』와 병행되어 있음을 볼 수 있다. 현재 『太平御覽』 등의 책 가운데 서원 『송서』의 잔편이 약간 남아 있다. 서원은 오랫동안 송조에 배척되어 물러나 있었으나, 송왕조 국사의 찬수 때문에 등용되었다. 남제 영명 5년(487) 봄에 심약에게 『송서』를 수찬케 하였다. 이때 심약은 태자가령으로 저작랑을 겸하였다. 그는 하승천·서원 등의 옛 저작을 보충 수정하여, 근 1년여 시간을 들여 영명 6년(488) 2월에 기전 70권을 완성하였다. 심약이 당시에 상주문 내용 가운데 찬수한 바의 여러 志는 앞의 것을 계승하여 찬수한 것이었다는 말이있는데, 『송서』의 8지 30권은 후에 속성된 것임을 알 수 있다. 8지 중에 「부서지」는 鸞鳥를 神鳥로 개칭하였는데, 이는 제명제 소란의 휘를 피한 것이다. 「율력지」에 順을 從자로 고쳤는데, 이는 양무제의 부친 소순의 휘를 피한 것이다. 「악지」에 芻衍을 芻羨으로 적었는데, 이는 양무제 소연의 휘를 피한 것이다. 따라서 『송서』의 최후 원고를 확정한 시기는 양무제 즉위(502)이후 임을 알 수 있다.

심약과 동시 또는 약간 늦은 시기인 남제 때에 孫嚴이 『宋書』 65권을, 王智深이 『本紀』 30권을 찬하였고, 양대에는 裵子野가 『宋略』 20권, 王琰이 『宋春秋』 20권, 鮑衡卿이 『宋春秋』 20권을 지었다. 다만 이러한 저작은 모두 망실되어, 유송 일대의 사서 가운데 비교적 완정된 것으로 현재 심약이 서술한 『송서』 뿐이다.

심약(441~513)의 자는 休文으로, 吳興 武康(지금 浙江 德淸縣 서쪽)인이다. 그는 宋, 齊, 梁 3朝에서 벼슬하였는데, 宋 시기에는 상서탁지랑, 남제시기에는 오병상서, 국자제주에 이르렀다. 제양정권이 교체되던 때에 그는 힘써 양무제 소연으로 하여금 남제를 대신하여 칭제케 하였다. 까닭에 양조로부터 건창후로 봉해졌고, 관이 상서좌복사, 상서령, 영중서령에 이르렀다. 심약의 저작은 매우 많은데, 현재 전하는 『宋書』 100권과 문집 9권 이외에 『晉史』, 『齊紀』, 『梁高朝紀』, 『宋文章志』 등은 모두 망실되었다.

동한 말년이래 형성된 문벌제도는 동진 남북조시대에 이르러서는 상당히 발전하였다. 문벌 사족은 정치 경제 각 방면의 특권을 지니고 있었는데, 그들은 대량으로 토지를 겸병하고, 광범하게 蔭戶를 거둬들였으며, 각종 수단을 통해 노동력을 장악하여 박삭하고 압박하였다. 그들은 門第를 서로 과시하고, 관위를 장악하였는데, 公卿에 이르는 것은 모두 門第에서 나오며, 물이 잔잔히 흐르듯 나아가 승진하여 公卿에 이른다고 일컬을 만하였다. 양무제 소연은 士族을 지지했다.

『송서』 열전 중에 지주계급의 대표 인물인 문벌사족의 열전이 거의 반을 차지하고 있다. 王謝 2성의 경우를 보면, 『송서』 안에 왕씨로 입전된 자가 15·6명에 달하고, 사씨로 입전된 자가 10여 명에 달한다. 陣郡 謝弘微의 열전에는 그가 얼마나 바쁘게 사씨의 산업을 경영하였는지를 기록하였다.

『송서』 8지에서는 「禮志」, 「符瑞志」, 「五行志」가 보이고 있는데, 「부서」, 「오행」 2志는 집중적으로 유가의 「천명론」 사상을 선양하고 있다. 「부서지」는 위로 복희, 신농에서부터 아래로 송명제 유욱에 이르기까지의 참위미신, 은어, 기운, 풍수, 상술, 무복 등을 썼으며, 역대 제왕에게 천명을 수여하는 부명은 천인의 감응임을 설명하였다. 심약은 서한 말년 반표가 지은 「왕명론」을 인용하여, 어떻게 신기가 주어지는데 어찌 탐하지 않겠는가 라고 하였고, 빈궁 또한 천명이라는 것을 설명하고, 사람은 知名이 필요하다는 것이다. 이러한 심약의 입장은 유가 경전과 종교 미신이 결합된 것이었는데, 그 중심 내용은 공자를 존중하고 예를 복구하는 것이다. 아울러 그는 신비주의

사상을 이용하여 문벌지주의 광대한 농민에 대한 전제정치를 강화시켜 주고 있는 점이 특기할만 하다.

『史通』「書志篇」에, 송씨는 오직 5기 뿐이고, 땅은 江淮에 그쳤으나 책은 백편에 이르러 번거롭고도 풍부하다고 비평하였다. 이는 『송서』 100권은 60년 간 역사사실을 기록한 것이나, 적지 않은 역사 자료를 보존하고 있다는 사실을 반영한 것이다. 또 거기에 수록되어 있는 그 당시 사람들의 많은 상주문, 서찰은 가히 당시의 사회, 정치, 경제의 실제 정황을 어느 정도를 살필 수 있게 한다. 권 82 「周郎傳」에는 주랑의 상소가 실려있는데, 貲調의 해로움을 강론하여, 당시 생산력의 발전을 저해하였다는 사실을 반영하였다. 권 56 「孔琳之傳」, 권 60 「范泰傳」, 권 66 「何尙之傳」에 실려있는 화폐를 다시 주조하자는 쟁의는 통치자들이 화폐를 다시 주조하면서 농민에 대한 수탈을 가했는지를 반영하고 있다. 권 54 羊玄保傳」의 형자 양희 부전에는 서양왕의 아들 劉尙의 상소가 수록되어 있다. 이는 남조 초기 농촌의 양극화가 발전했음을 보여주고 있다. 즉 부강자는 산천을 겸병하여 차지하고, 빈약자는 작은 땅조차 의탁할 곳이 없다. 고기잡고 채집하는 땅에 이르면 또한 잡초뿐이라고 하여 빈부차이, 토지겸병 사실을 반영하였다. 권 67 「謝靈雲傳」에는 사령운의 「山居賦」 전문이 실려있는데, 대지주의 장원을 연구하는데 재료를 제공해 준다. 『송서』의 기록을 통해 당시의 농민기의는 사람의 수가 매우 많았고, 또 지역은 매우 넓었으며, 규모가 매우 컸음을 살필 수 있다.

그밖에 『송서』의 「사령운전」 사론에서는 위진이래의 문학의 발전과 변화를 말하면서, 심약 자신의 시가와 음율에 대한 주장을 하고 있다. 이는 6조 문학 비평사를 연구하는데 주요한 자료이다. 「夷蠻傳」은 남조전기 중국과 아시아 각국 농민간의 경제, 문화의 우호 교류에 대해 적당히 서술하고 있다.

『송서』 8지 중 비교적 취할만한 것은 「律曆志」에 수록되어 있는 「景初曆」 전문, 何承天의 「元嘉曆」, 祖沖之의 「大明曆」 등이 전문서적으로 이 몇 종의 역법은 모두 당시 자연과학의 수준을 반영하고 있는 저작이다. 「樂志」에는 많은 漢魏의 樂府의 시편이 실려 있다. 「州郡志」를 통해 남방지역의 삼국이래의 지리 연혁과 동진이래의 별도로 설치된 주군의 분포 정황에 대해 비교적 상세히 알 수 있다. 또 몇 개 주군의 이름 아래 모두 호구수가 기록되어 있다. 이러한 호구수는 다 갖추었다고 확신할 수 없으나, 사람들로 하여금 남방 인구의 분포의 대체적인 윤곽을 알게 해 준다.

『송서』의 판본은 많지만 1974년 북경 중화서국 교감본 현재 유행하고 있다.

제5절 소자현의 『남제서』

1. 『南齊書』의 편찬

『남제서』는 欽定 紀傳體 斷代史인 二十四史중의 하나이다. 그 體例는 本紀 8卷, 志 11卷, 列傳 34卷 그리고 類傳 6卷으로 총 59卷으로 構成되어 있다. 『舊唐書·經籍志』에는 59권이라고 하였지만, 劉知幾는 『南齊書』 60권중에 「序錄」이 있다고 하였다. 「서록」은 『梁書』 소자현전 등에도 보인다. 그것은 다른 기전체 단대사의 「自序」에 해당되는데, 짧으면서 다른 「자서」처럼, 계보 형식의 열전으로 되어 있지 않다. 따라서 「서록」이 『남제서』의 一卷인지 아닌지는 명확치 않다.

한편 『南齊書』의 찬수자 소자현은 齊高帝 蕭道成의 손자 豫章王 蕭嶷의 아들이다. 그는 이미 남제에서 皇族으로 7세에 寧都縣侯에 오르고, 12세에 給事中을 역임했다고는 하지만, 宗室에 대한 의례적인 예우로 보인다. 그는 梁初 梁高祖에게 형제들과 함께 의부하였다. 황제는 앞 시대 황실 출신을 제거하기 보다는 재능 있는 자를 채용하여 국가 발전에 공헌토록 하는 寬仁한 태도를 가졌다. 그는 「鴻序賦」를 지어 자신의 심경을 토로하여 沈約의 칭찬을 받았다. 그리고 그는 諸家의 『後漢書』의 異同을 고증하고, 『後書』 100卷을 찬수하여 이미 역사 편찬의 자질을 드러내었다. 그는 양고조가 관대하게 자기네 형제들을 받아들여 채용한 것에 대한 보답으로 『南齊書』의 찬수를 청구하여 허가를 받았다.

소자현은 檀超·江淹의 『國史』, 沈約의 『齊紀』, 吳筠의 『齊春秋』 등의 저작을 참고하고 대량의 정부 자료를 열람하였으며, 자신이 齊·梁의 혁명을 직접 목도하여 『남제서』 찬수에 유리하였다. 그는 양고조·세조에 칭찬·우대를 받았으며, 『晉史抄』 30권, 『貴儉傳』 30권, 『普通北伐記』 5권 그리고 文集 20권을 남겼다.

소자현은 高門 出身으로 才地를 뽐내어 귀족들에게 악감을 샀지만, 양고조·세조가 그를 "才者"·"異人"이라 하여 중시하였다. 그러나 그의 장례 때에 시호를 청하자, 양고조는 "持才傲物"이라 하여 "驕"를 내렸다. 이것은 남제 종실을 寬仁하는 태도로 수용한 양고조가 蕭齊의 諸帝와 宗室을 褒美한 사실에 대하여 소자현의 인격을 과소평가한 것으로 보인다.

이러한 소자현의 『남제서』는 역사상 낮게 평가되고 있다. 즉, ① 蕭道成·蕭嶷에 대한 褒美·頌揚이 과도하여 私私로움을 도모하였고, 惡事는 기록치 않았다. ② 「州郡志」에 戶口를 표시치 않았고, 「天文志」에는 災祥·祥瑞 등 圖讖의 내용이 과도하다. ③ 심지어 李延壽가 『南史』를 저작한 후에, 독자가 매우 적었다고 하는 혹평도 받았다. 또한 『四庫全書』에서 소자현이 불교 사상에 심취하여 名教의 大道를 크게 훼손하였다는 것 등이 그것이다.

그러나 그 특점과 역사적 가치 또한 크다. 즉, ① 『남제서』에서 채용한 자료는 찬수자가 직접 목도하여 진실성이 풍부하고, ② 「百官志」에는 관직의 置廢·發達史, 「州郡志」에서 州郡縣의 통폐합에 관한 사정을 명확히 살펴볼 수 있다. ③ 합리적으로 合卷을 하였다. ④ 大明曆·指南車·千里船·收穫磨 등의 과학기술 자료를 포함하였다. ⑤ 특히 「高逸傳」에는 찬수자 소자현이 독실한 불교 신자로 불교의 교설을 선양하였다. 또한 그것은 儒·佛·仙 3家의 사상 투쟁, 상호영향 등을 상세하게 기록하여 南朝의 사상, 중국 전통 문화의 發展과 沿革을 고찰함에 있어서 중대한 자료를 포함하였다. 결국 소자현의 『남제서』는 중국의 흠정 正史로서 그 가치는 크고도 높다고 아니할 수 없다.

2. 먼저 저자는 「『남제서』의 諸帝·諸王·后妃·太子·宗室 및 諸志 史論에 나타난 소자현의 역사관」이라는 논문을 『호서사학』 29집(2000년 9월)에 개재하고 「『남제서』 열전사론에 나타난 소자현의 역사관」을 『전남사학』 15집(2000년 12월)에 개재하였다. 이제 이를 합하여 24史의 『남제서』 출판설명을 비롯하여 이 책 머리말에 소개한 김정암의 『중국사학사』, 창수량의 『중국사학명저평개』, 장순휘의 『중국사학가전』 등의 소자현과 『남제서』에 관한 소개를 참조하여 『남제서』의 諸帝·諸王·后妃·太子·宗室 및 諸志 그리고

列傳의 史論을 본기·제지 및 열전의 내용에 근거하여 분석함으로써, 『남제서』를 찬수한 소자현의 의도를 엿볼 수 있었는데, 이를 소자현의 국가성쇠관·관료관 그리고 시대관이라고 보고 논문화하여 이 책에 넣었다.

1) 蕭子顯의 南齊 皇帝觀

(가) 남제의 건설자와 그 계승자들인 『남제서』 諸皇帝에 관한 "史臣曰"에서,

A. ① …… 이 해에 太一이 杜門·八宮에 놓이더니, 宋帝가 齊太祖 高皇帝에게 禪位하였다. 태조는 太平한 時勢를 만들고자 擧事하여 主人이 되었다. 太祖는 順理的으로 政務를 處理하고, 군사적 공로를 세웠으나, 猜忌를 받았다. 그는 帝王의 德性을 닦고, 權道로 천하를 구제하여 하늘로부터 受命하고 水德의 宋王朝 대신에 木德의 齊王朝를 세웠다. 아울러 그는 태조가 天命을 받고 宋朝의 水德이 번창하지 못하고, 기강이 문란하여 이를 극복하고, 木德으로 천하에 군림하였다고 특필하였다.

B. 世祖 武帝는 王業을 계승했지만, 사실은 艱難이 많았다. 그는 즉위하여 政典에 입각하여 문무 관료를 알맞게 임용하고, 先代의 법도를 따랐다. 또한 상벌을 밝히고, 은혜를 두텁게 하였으며, 모든 政令은 자신에게서 나오게 하는 등 왕조의 興業에 힘써 모두 肅然하였다. 그는 順理에 따라 거두어 財政을 충실히 하고, 백성의 勞役을 줄였으며, 宮室·苑囿를 증축·보수치 않아 백성과 함께 휴식하고, 그들을 安寧케 하였으며, 宗室간에 篤睦케 하는 등 英賢의 발자취를 따랐다고 평가하였다.

C. 鬱林王은 아름답고 화려한 풍채를 가졌지만, 그 행동에 의혹을 갖는 자가 많았고, 情況을 기만하여 救濟할 수 없었다. 西周이래 嫡長者 相續의 도리를 지킬려 했으나, 스스로 不德하여 폐위되고, 피해를 입었다고 비평하였다.

D. 海陵王은 東漢末 獻帝 때와 西晉末 八王의 叛亂 때에, 일년에 年號를 수차 개정한 것처럼 연호를 隆昌·延興·建武로 3차에 걸쳐 바꾸었다. 소자현은 喪亂의 軌道를 알면, 하물며 千年일지라도 이와 같은 일이 있을 것이라고 비평하였다.

E. 高宗 齊明帝는 傍系 출신으로 曆數를 빼앗아 조카에 의지하여 一朝에 황제 이르렀으니, 진실로 결백한 마음이 아니었더라면, 남겨 전할 수 없었을 것이다. 일반적으로 살해하는 일은 대체로 참지 못하는 것과 두려움 때문에 저지르는 것이다. 同財하는 至親일지라도 의심하기 쉬운 법이니, 이미 根本을 심고, 傍系가 고독·나약하여 번창치 못하면, 마침내 宗社가 전복되는 것이다. 君主가 臣民 위에 군림하는 것은 반드시 天命에 의탁하는 것이다고 논평하였다.

F. 東昏侯는 亡德하여 橫流하였는데, 그는 도리상 혼란을 구제해야 하였지만, 살육을 감행하였다. 아울러 그는 실제로 太平을 열어야 하였지만, 정치를 宦官에게 위임하였으니, 또한 天意이었다고 비평하였다.

G. 和帝는 西楚, 곧 江陵에서 일어나 참람하게 皇位에 나아갔지만, 曆數가 있어 다행이었다고 평가하였다.

위 자료를 帝紀의 각 傳文을 참조하여 분석해 보자.

A의 경우

① 南齊太祖 高皇帝 蕭道成은 漢高祖의 丞相 蕭何의 24世孫이고, 蘭陵人이었다. 그는 宋文帝 元嘉 4年에 출생하였다. 소자현은 "그 타고난 자태가 龍의 이마, 하늘이 준 목소리였고, 龍의 비늘 무늬가 온몸을 두루 덮었으며 영특하였다"고 특필하였다. 이것은 소도성이 帝籙에 있는 眞命天子임을 참위·미신 사상을 이용하여 꾸민 것이다. 이러한 제태조는 劉宋末 儒宗 雷次宗으로부터 『禮』, 『左氏春秋』를 수업 받고, 北魏戰에 막대한 공로를 세움으로써, 특출한 文武의 資質을 드러낸 輿望者로 부각되었다.

② 宋明帝는 소도성이 人臣에서 벗어난 비상한 인물임을 알고 시기하였고, 그 당시 그가 천자가 될 것이라는 流言이 있어 그를 제거코자 하였다.

③ 그리고 蒼悟王이 齊太祖를 시기하여 制壓하려고 하였다. 그러나 陳太妃는 도리어 "소도성은 국가에 공로가 있는데, 지금 그를 해친다면, 후에 누가 다시 그대를 위해 힘쓰랴"고 질책하였다. 이로써 남제태조는 위기를 모면하였다.

④ 남제태조는 劉宋 末 昇明 2년(478) 1월 沈攸之의 반란을 평정하고, 동 3년 3월 甲辰에 相國·齊公으로 宋의 國政을 장악, 同月 甲寅에 宋皇帝로부터 休命을 받았다. 즉, 태조는 세 번 사양하였으나, 公卿들이 굳세고 정성스럽게 勸進하여 皇位에 나아갔다. 이때 宋皇帝는 劉宋의 政令이 상실되고, 水德이 막혔으며, 하늘의 曆數가 밝아 징험이 있다고 하여 2차에 걸쳐 하늘의 休命을 받을 것을 청구하였다. 따라서 소자현은 과도하지만, 天命 思想에 입각하여 제태조가 막대한 공로를 세워 太一神, 곧 天帝의 命을 받았음을 대서특필하였다.

⑤ 남제태조는 建元 元年(479) 4月 甲午에, 南郊에서 祭天 行事를 가져 만방에 제왕조의 건국을 알렸다.

⑥ 남제태조는 司徒 褚淵, 左僕射 王儉을 불러 태자를 보좌하고, 親戚을 敦睦케 하며, 賢才를 채용하여 정치를 위임하고, 절검을 숭상하며, 簡惠를 널리 펴서 천하를 잘 통치케 할 것을 당부하고 사망하였다.

⑦ 남제태조는 도량이 깊고 크며, 臣民에게 寬大하고도 엄격하였으며, 검소하였다. 아울러 그는 經史를 널리 섭렵하고 구현하였다. 忠諫을 수용하여 혼란을 수습하였다. 특히 黃金을 흙과 같이 보고 사는 세상을 구현코자, 몸소 자신과 后妃의 검소한 생활을 실행케 함으로써, 천하의 풍속을 개선하였다.

⑧ 남제태조는 그가 受命한 眞命天子로서, 群臣들이 많은 圖讖을 바쳤는데, 그것은 歷史에 드문 일이었다. 소자현은 신하들이 이 사실을 撰錄하려고 할 때에, 태조가 억제한 것을 성대하다고 평가한 것이다.

B의 경우

① 世祖 南齊武帝는 태조의 장자로, 어렸을 때에 諱를 龍兒라 하였다. 그는 淸溪 邸宅에서 탄생하였다. 그날밤 陳皇后와 劉昭后가 똑같이 龍이 옥상에 자리잡고 있는 꿈을 꾸었던 사정에서 이름으로 사용한 것이다.

② 宋明帝 즉위에 晉安王이 반란을 일으켜 그 기세가 상당히 컸다. 이 때에 남제무제는 義兵을 결집·확대하여 진안왕의 軍主 談秀之의 군대를 격파하는 등의 공로를 세워 尙書 考部郎·西陽縣子에 올랐다. 또한 桂陽王 劉休範의 반란을 평정하여 공로를 세웠다. 아울러 沈攸之의 반란에 대하여 分口城

에서 대적하였다. 이때 제태조는 그 소식을 듣자, "진실로 내 아들이다"고 칭찬했다.

③ 남제태조가 齊國을 건설하고 그를 세자를 삼았다. 그리고 태조를 이어 즉위하였다. 특히 소자현이 "威承景曆"이라 했으니, 諱 龍兒와 함께 受命天子로 皇位를 계승하였던 사실을 특필한 것이다.

④ 남제세조는 剛毅하고 결단력이 있어 大體를 세워 富國을 만들고자 하였다. 연회·聲色의 비용을 절약하여 사치를 근절시켰다.

C의 경우

남제세조는 후술하는 바와 같이 文惠太子가 일찍이 사망하자, 皇太孫 昭業을 후사로 삼아 왕통을 잇고자 하였다. 그러나 繼位한 鬱林王은 처음부터 은총자에 대한 賞與가 넘쳐 先代의 저축을 탕진하고, 정치를 방치하여 오직 淫樂에 빠졌다. 尙書令이자, 宗親의 元老 蕭鸞(明帝)이 누차 충간했지만 수용치 않고, 도리어 皇位를 넘본다고 의심하여 살해코자 하였다. 결국 울림왕은 폐위되어 피해를 입었다.

D의 경우

① 海陵王은 文惠太子의 제2자로 西昌侯 蕭鸞이 조정 중신과 더불어 의논하여 옹립하였다. 그러나 왕은 어리고 질병까지 있어 정치를 감당할 수 없어서 貴戚·藩王이 밖에서 반란을 일으킬 상황에 빠졌다. 이리하여 황태후의 命으로 西昌侯로 하여금 輔政케 했다.

② 소자현은 명제가 海陵王을 繼位한 사실을 미화하고 창졸간에 天命에 따른 것을 평가하였다.

E의 경우

① 남제高宗 明帝는 태조의 동생 始安貞王 道生의 아들이다. 그는 劉宋에서 현령·태수를 역임하고, 제태조의 즉위로 시중·서창후·상서좌복야에 나아갔으며, 특히 울림왕·해릉왕을 보좌하여 국정을 차질없이 운영하였다.

② 남제명제는 국정에 정통하고 검소하였다. 예컨데, 세조가 일으킨 新林苑을 혁파하여 백성에게 반환해 주었다. 심지어 御食까지도 축소케 하였다.

③ 그러나 남제명제는 종실을 猜忌하여 많이 주륙하였다. 이에 종실은 물론, 국가가 번창하지 못하였다고 비평하였다.

F의 경우

① 東昏侯는 고종의 제2자로 건원 2년 황태자로 옹립되었다가 고종을 이어 즉위했다. 동혼후는 동궁 시절에 書學을 즐기지 않고, 유희나 좋아하였지만, 고종은 그의 잘못을 질책치 않고 放任할 뿐이었다. 고종은 임종에서 울림·해릉왕을 예로 들어 경계하여 일을 신속히 처리할 것을 당부할 뿐이었다. 이리하여 동혼후는 환관 등, 群小에게 정치를 위임하고 여러 宰臣들을 주살했으며, 뜻대로 하지 않은 일이 없었다.

② 특히 후술하는 바와 같이 그의 폭정으로 말미암아 大臣 豫州刺史 裵叔業은 北歸하여 막대한 영토와 인구를 상실하였다. 그리고 南康王 蕭寶融이 江陵에서 帝位에 즉위하였는데, 平西將軍 陳伯之를 보내 평정하였다. 또한 雍州刺史 梁王(蕭衍)이 襄陽에서 起兵하여 東昏侯를 제거하고 和帝를 세워 역성혁명의 기초를 만들었다. 이리하여 소자현은 동혼후가 국가의 제도를 파괴하고 윤리·기강을 포기하여 마침내 물러난 일을 指斥하였다.

G의 경우

① 남제和帝는 고종의 제8자로 南康王에 책봉되어 南齊말 형주자사에 나아갔다. 梁王(蕭衍)이 좌장군으로 남강왕에게 勸進했으나 허락치 않았다. 즉, 그는 남제 말 종실의 여망자이었다. 이때에 효기장군 夏侯擅이 선덕태후의 명령이라 하여 황위 계승을 전달하였다. 이리하여 소보융은 受命하여 즉위하였다.

② 소자현은 화제가 늦게나마 제위를 계승한 것을 칭송하였다. 이것은 양고조의 협찬이 있었고, 자신의 근친의 황위 보전을 희망한 측면이 없지 않다. 그러나 앞서 말한 것처럼, 화제는 양고조의 역성혁명에 있어서 괴뢰에 불과하였다고 평론하였다.

따라서 소자현의 의사는 다음과 같다. 즉,

ⓐ 남제왕조의 正統(當)性을 提高하고, 왕조의 무궁한 발전을 기대한 것

이다.

ⓑ 소자현 그 자신의 직계 조상의 위업을 찬양하려는 것이다.

ⓒ 세조의 자태와 "威承景曆", 곧 계위한 사실을 「王命論」, 天命觀點, 讖緯·迷信 思想으로 꾸며 제왕조의 정통성을 드러내려는 것이다.

ⓓ 울림·해릉왕이 曆數를 세운 사정을 논찬하여 명제의 계위를 정당화하려는 것이다.

ⓔ 남제명제가 諸王을 살육한 사실에 대하여 황제가 寬仁하여 天道에 알맞는 태도로 施政해야 황실의 울타리가 되는 종실이 번창하고, 그 연장선상에서 조국의 발전을 기대할 수 있음을 권계하려는 것이다.

ⓕ 울림왕·해릉왕·동혼후가 小人의 道에 빠져서, 하늘이 그를 포기한 것이라고 지적하여 후인을 경계하려는 것이다.

ⓖ 황제의 끊임없는 修德과 具現만이 國祚를 장구하게 하는 도리임을 후인들에게 권계하려는 것이다.

이상에서 말하는 天命이란 무엇인가?

天은 중국 先秦 사상에서 절대적 인격신이다. 그것은 天의 의지에 따라 만물의 생성과 소멸·풍흉·상벌·흥망성쇠·개인의 운명 등 자연계·인간계의 모든 것을 결정한다는 것이다. 殷王朝는 殷王의 專制에 따라 天의 버림을 받아 亡하였다. 새로이 天命을 받은 西周의 통치자들은 敬德을 주장하였고, 이는 다시 鄭子産의 寬猛相濟, 孔子의 德治, 董仲舒의 德刑幷用 등의 정치사상으로 자리잡았다. 이런 사상은 班彪의 「王命論」을 낳았고, 이것이 『漢書』를 찬수한 班固의 역사철학이 되었다.

즉, 班彪는 다음과 같이 論說하였다. "堯·舜은 天의 曆數에 따라 命을 받고 四海를 밝게 구제하여 대대로 德을 쌓았다. 湯·武에 이르러 天의 의지에 따라 백성을 복종시켰다. 劉氏는 堯의 國祚를 이어 漢을 세웠다. 따라서 帝王의 國祚는 德行으로 좌우된다. 즉, 많은 공로와 두터운 이익을 누적시키면, 백성이 그 恩德을 받고, 天神이 이에 감응하여 천하를 그에게 돌아가게 한다. 또한 上下·貴賤·貧富에는 命이 있으니, 이것이 天道라는 것이다. 따라서 災殃은 사람으로 말미암는다"는 것이다.

아울러 그는 漢이 일어난 이유에 관하여 漢高祖가, “帝堯의 후예이고; 體貌는 많이 기이하며; 神武하여 徵應이 있고; 寬大·仁恕하며; 사람을 알고 잘 임용하여 부린다는 다섯 가지를 제시하였다. 그 위에 성실하여 신임·모략이 있으며; 아랫사람의 의견을 듣고 받아들이며; 좋은 것을 보면, 이르지 못한 것과 같이 하며; 자신이 인재를 채용하고; 忠諫을 흐르는 물처럼 받아들여 실행한다는 것이다. 결국 반표는 이상 10항을 受命한 황제가 구현할 天道로 규정한 것이다. 따라서 모든 것이 天이 수여한 것이지, 人力이 아니다”라는 것을 대서특필한 것이다.

이런 「王命論」에 관련되어 있는 것이 英雄史觀이다. 예컨데, 근래 中華書局에서 출판된 二十四史의 「出版說明」에서 그에 대한 구체적 내용을 엿볼 수 있다. 물론 이 자료는 전문적 논문은 아니지만, 그것은 현대 중국의 주요 출판 사업으로 중국 사학계의 입장을 대표한다고 볼 수 있다는 점에서 수용하여도 틀리지 않다고 생각된다. 그리고 趙吉惠는 『남제서』에서 소자현이 영웅 사관을 힘써 선양하였다고 평가하였다.

또한 『남제서』보다 백여 년 후인 당태종 때에. 찬수된 五代史에 대한 출판 설명 및 논자들의 입장과 논리가 거이 같다. 또한 謝保成은 『隋書』 찬수자 魏徵이 「天命論」을 비판하고, 人謀 部分을 강조한 사실을 가지고 進步史觀을 가졌다고 하였다. 그 밖에 牛致功·盧華語 등은 「천명론」을 부정·포기 또는 회피하는 논설을 하고 있다.

이상 몇몇의 유물론자들이 평가한 논설은 당연히 「王命論」, 천명관점 그리고 참위·미신 사상을 비판할 것이다. 그러나 근본적으로 인간에게는 物·心 兩面이 있기 때문에, 유심·유물론을 각각 적용하기 보다는 양면을 함께 살피는 것이 옳다고 생각한다. 魏徵·李百藥 등을 비롯한 唐 初期의 역사 편찬자들은 황제의 출현, 왕조의 쇠망에 대해서 天命과 人謀의 측면을 참위·미신 사상에 입각하여 정리하고 있다. 필자는 이점에 대하여 비판하기 보다는 시대적 한계성으로 정리하는 것이 타당할 것으로 본다. 그것은 唐初의 魏徵이, “北齊의 敗亡은 대개 사람으로 말미암는 것이지 다만 오직 天道라고만 할 것이랴”라고 하는 평가나, 南宋 朱子의 정치 이상, “存天理·去人欲”이라는 내용과 의미상으로 별다른 質的 差異가 없기 때문이다.

이러한 『남제서』에 보이는 “天命·天意”라는 신비적이고 비과학적인 측면은 현실적으로 비판받고 있다. 그러나 이 부분을 빼고 찬수자 소자현의 역사관을 살펴본다는 것은 전면적이지 못한 측면이 있다고 생각한다.

결과적으로 소자현은 남제의 諸皇帝는 受命·繼位한 眞命天子이나, 班彪가 제시한 10항과 같은 天道에 따라 국가의 발전을 모색·추구하지 않고, 諸王의 살육·국가 재정 탕진·환관에게 정치 위임 등의 小人道에 빠지면, 국조의 단명을 초래할 것임을 명확히 제시·권계하려 한 것이다. 따라서 그의 국가성쇠관은 「왕명론」, 천명관점, 참위·미신 사상에 입각하였음을 알 수 있었다.

3. 소자현의 南齊 諸王觀을 보자. 諸王을 비롯한 황제를 둘러싼 后妃·文惠太子·宗室 등의 協贊에 관한 史論을 傳文을 통하여 추구하여 보고, 諸志의 편찬의도를 분석하여 황제의 협찬자와 국가의 제도에 관한 관점을 고찰함으로써, 그의 국가성쇠관을 모색할 것이다.

2) 『남제서』 諸王·諸志 사론에 보이는 소자현의 역사관으로

(가) 황제의 최 우익 諸王·后妃·宗室 등에 대하여

A. 소자현은 諸王의 封建은 반드시 필요하여 예우를 받아야 하는 것이지만, 반면에 시기와 의심이 발생하기 쉬운 것임을 지적하였다. 아울러 고종이 傍系로부터 즉위하여 高帝의 諸子를 믿지 못하고 살육을 감행한 사실을 曹植이 “宗族의 殲滅이 이에 이르렀다”고 한 언급을 인용하여 指斥하였다.

또한 고조 19王중 12王은 「宗子維城」이라는 言及처럼, 남제 초에 王爵을 받고 지방·중앙에서 현달했다. 그들은 機警·才力·恬和·淸識으로 남제 황실의 굳건한 울타리이었다. 한편 소자현은 문혜태자가 蕭鸞(高宗)을 내심 德이 야박한 인물로 憎惡하였는데, 소란은 즉위하여 앞서의 원한으로 살육을 감행했다고 기록하였다. 그리고 鄱陽王 鏘이 울림왕에게 신임을 받았음으로, 왕은 소란을 의심하여 鏘에게 그의 人性을 탐문케 하였다. 이에 鏘은 소란이 종실의 최연장이고, 선제를 보좌하였으니, 염려치 말도록 당부하였다. 그러나 왕은 그를 제거하려 하였지만, 鏘은 울림왕이 폐위된 사실조차 몰랐다는 사실을 기록하였다.

이러한 자료를 통하여 蕭鸞이 비록 남제의 건설·발전에 이바지했으나, 황실쪽에서는 그를 위험 인물로 질시를 받았던 것 같다. 아울러 소자현은 파양왕 鏘을 비롯한 제왕이 피해를 입었다는 사실을 명확히 기록·지적하였다.

또한 소자현은 제고제 17왕의 史論에서 帝王의 子弟는 황실의 울타리로 지방장관에 진출하였지만, 그들이 典籤의 制裁를 받아 善治하지 못한 劉宋이래의 폐단을 비판하였다. 즉, 어리고 약하여 아직 정치적 經綸이 없는 諸王을 封建이라는 美名아래 지방 중진의 장관에 임명한 후에, 그의 정치를 황제가 無德한 寒人을 典籤으로 파견하여 직접 점검하였다. 그러나 諸王은 典籤을 두려워하고 도리어 犯法하여 피해를 입는 사정을 비평한 것이었다. 또한 그는 고종이 앞서 말한 것처럼, 고조의 諸子와 함께 세조의 諸子를 살해한 사실을 폭로하였다.

B. 소자현은 后妃 곧 皇后傳 序文에서 6宮의 位號는 漢魏이래 증가하였으나, 남제 때에는 三夫人·9嬪을 두고, 태자궁에 良娣·保林·才人만을 설치하여 앞 시대보다 축소한 것을 평가하였다. 또한 그는 同 傳論에서 南齊 皇帝와 后妃와의 관계를 서술하였다. 즉,

① 후비는 그의 德性으로 황제가 천하를 교화하는 데에 협찬하는 것이라고 전제하였다.

② 태조가 국가를 창건하고 劉宋 시대 후비의 비용을 축소하여 儉素케 한 조치를 표창하였다.

③ 세조는 承統하여 후비들에 대한 제반 법도를 알맞게 하고, 특히 국가 재정을 손상시키지 않았다.

④ 고종은 겉으로 검소한 체 하였으나, 안으로 宮業을 받들게 하고도 고치지 않았다고 하여 사치가 일어났음을 시사하였다.

⑤ 동혼후는 지나친 사치로 천하의 재정을 탕진했다고 비판하였다.

아울러 그는 傳贊에서 다음과 같이 평론하였다. 즉,

ⓐ 宣帝 孝皇后 陳氏가 태조를 생산하고 검소한 생활을 하면서 家業을 일으켰다.

ⓑ 太祖 高昭 劉皇后가 엄정한 예법을 잇고, 세조 무제를 생산하였다.

ⓒ 문혜태자비 배씨는 세조 무제의 태자비이자, 울림왕의 모후이었다. 뒤에 황후로 추증했다.

ⓓ 고종 명제의 明敬 劉皇后는 제태조가 西昌侯에게 부인으로 맞이하도록 하여, 劉宋말 蕭氏의 발전을 모색하였다.

ⓔ 울림왕 文安皇后는 西昌侯에게 해릉왕을 폐위하고, 화제를 옹립케 하여 揖讓, 곧 皇位를 賢德者에 移讓하는 大計를 마련하였다.

C. 소자현은 文惠太子의 지위를 특별히 중시하였다. 文惠太子는 일찍이 文士들을 禮接하고, 武人을 길러 좌우에 친근자가 많았다. 그는 유송 말 중서시랑을 역임하고, 제왕조 건설 직후에 태조의 손자로 封王되었으며, 重鎭 雍州刺史에 나아가 窮民을 구제하는 등 남제 황실의 輿望者이었다. 그러나 태자는 몸이 허약하여 36세라는 젊은 나이로 요절하였다. 이에 제세조가 매우 애통하여 임석 통곡하고, 袞冕服으로 염습하여 장례케 하였다.

이 사실에 대하여 소자현은 논단했다. 즉, 上古에는 부친이 자식을 위하여 臨哭치 않았다. 夭壽는 멀고멀어서 도리어 탄식할 일이기 때문이다. 문혜태자는 德을 쌓아 皇家를 무성케 하고 경작의 간난을 알았으며, 문무에 정통하였지만, 일찍이 사망하였다. 세조는 끝을 잘 마치려고 하였으나, 먼저 태자의 사망으로 연소자에게 황위를 계승케 하여 신속히 전복하였으니, 이로써 말하면 또한 曆數가 있는 것이라고 논평하였다.

소자현이 예의상 부친이 자식의 죽음에 통곡하지 않는 것이라고 하여 제세조의 태자에 대한 통곡을 지적하였다. 그러나 세조의 생각은 여망있는 태자의 죽음과 유약한 後嗣에 대한 좌절일 것이다. 아울러 그가 태자의 요절을 曆數에 따르는 것이라고 기록한 것은 제왕조의 단명을 애통하게 여긴다고 하는 평가이었다.

D. 소자현은 宗室에 대하여

사례 1: 衡陽元王 蕭道度는 태조의 長兄으로 그 당시의 儒宗 雷次宗에게서 修學하여 良璞이라고 칭찬 받았다. 그는 劉宋 때에 有功하여 태수에 나아갔으나 얼마 후에 사망하였다. 태조는 제11子 衡山王 鈞으로 하여금 後嗣를 잇게 하였다. 始安貞王 蕭道生은 태조의 次兄으로 劉宋말 봉조청을 역임하고 사망하였다. 아들 3형제 가운데 高宗이 제2子이었다. 제3子 蕭緬은 劉宋말 비서랑을 역임하고 남제에서 시중·상서·자사를 역임했다. 그는 訟事가 있으면 처음은 훈방하지만, 再犯하면 주살하여 백성이 이를 두려워하면서도 사랑했다.

소자현은 이 사실에 관련하여 춘추시대 鄭伯이 偃에서 段과 싸워 이긴 사실을 통하여 형제에 은혜를 베풀고 君臣의 義는 올바르게 하여야 할 것임을 들추었다. 즉, 文帝의 두 아들 巴陵王과 桂陽王이 明帝에게 살해되었다. 그리고 명제의 제2자 江華王 蕭寶顯이 作亂하여 艱難을 일으켰다. 그는 이 두 가지 사실을 보면, 그들이 방불한 도리를 알지 못한 것이다고 指斥하였다.

다시 말하면 文惠太子의 아들 鄱陵王 蕭昭秀·桂陽王 蕭昭粲이 명제에 의하여 큰 잘못 없이 살해되었다. 그리고 명제의 제3자 강화왕 소보현은 상서령 徐孝嗣의 여식을 왕비로 맞이했다가, 徐의 被殺로 부부관계를 강제로 끊게 했다. 보현은 이를 원망하고 異圖를 품었다. 그때 崔慧景이 반란을 일으키고 보현을 봉대할 것을 내세웠다. 처음 보현은 崔의 使者를 살해하여 불응하였다. 그러나 그는 곧 渡江하여 崔와 밀통하고 함께 반란을 일으켰는데, 실패하여 살해되었다는 사실을 비평하였다.

소자현은, "태조가 天時에 능하여 왕조를 창건했을 때에, 두 형은 이미 사망하여 경사스런 命이 傍系에 흘러 藩位, 곧 諸王을 追敍하였다. 安陸王 蕭緬은 종실의 疎屬으로 어려서 政界에 진출하여 州郡의 장관으로 善政하였다. 배운 바를 정황에 따라 다스렸으니 필연이었다"고 평론하였다.

사례 2: 豫章 文獻王 蕭嶷은 제태조의 제2子이다. 그는 寬仁·弘雅하고 大成의 度量을 가져, 태조가 특별히 총애하였다. 유송 말에 武陵內史로 蠻族을 安定·敎化하였고, 심유지의 반란이래 남제 건설에 크게 공헌하였다. 남제 초에는 시중·중서감에 올라 많은 공로를 쌓았다. 세조는 그와 그 諸子를 특별히 포상하였다.

한편 예장왕은 임종 시에 子廉·子恪 등에게 몇 가지 당부를 하였다. 즉, 너희는 상호 勉勵·篤睦하고, 陵侮치 않아야 한다. 사물에는 근본적으로 天道

가 있는 것이다. 사람은 각자 分에 맞게 스스로 수양하고, 學行·家風을 세우며, 寒素까지도 숭상하면 우환이 없을 것이라는 것이다. 특히 소자현은 부친 蕭嶷의 이력에 대하여 周公이래 필적할 만한 자를 알지 못하겠다고 과도하게 표창하였다.

소자현은 종실 藩王인 豫章王 嶷이 태조·세조에 협력하여 제왕조 건설에 큰 공로를 세우 현달한 사실을 평가하였다. 즉, 그는 자긍하거나 오만치 않고, 절제하여 全德을 폈으며, 천진하고 꾸밈이 없는 원대한 도리로 나라의 안정에 노력하고, 안으로 종실의 화목을 도모한 사실에 대하여 東漢 明帝를 보살핀 東平王에 비유하여 표창하였다.

사례 3: 蘭陵 蕭景先은 제태조의 從子로 태조가 회음에 주둔했을 때부터 심복이 되어 남제가 건설됨에 太子左衛率에 나아갔다. 司州刺史로 북위의 남침에 대비하고, 특히 德化에 힘썼다. 그는 桓天生을 평정하였지만, 개선치 못하고 황제에게 자신의 집안 정리를 청구하고 사망하였다.

蘭陵人 蕭赤斧는 태조의 從祖弟로 태조의 보정에 보좌하여 자사·좌위장군을 역임했으나, 가정에 餘蓄이 없어 황제가 厚賻하였다. 아들 穎胄는 父風이 있어 弘厚하고 武勇이 있었다. 그는 蕭衍이 起兵하자, 良策이 아니라고 만류했다. 梁高祖는 天時·人謀가 자신에게 不利치 않다고 설득하여 도리어 끌어들였다. 소자현은 股肱이 義로워야 하고, 肺腑는 중대한 宗親임을 상기하며, 貞幹하여야만 업무를 완성할 수 있다는 것을 당부하였다.

이상과 같이 소자현은 후비·문혜태자·제왕 및 종실 출신에 대하여 평가하였다. 따라서 소자현의 의사는 다음과 같다. 즉,

① 황제 자신은 물론, 후비의 검소한 생활을 勸戒하고, 후비 또한 황제의 왕업을 협찬하여 사치·음란치 않을 것임을 권계하였다. 특히 울림왕후가 양고조 역성혁명의 大計를 마련한 것을 통하여 종실의 보전을 모색한 것을 표창한 것이다.

② 양고조가 왕통을 잇는 기틀을 마련한 점에서, 그의 왕조 건설을 정당화시킨 언론으로 해석할 수 있다.

③ 태자의 지위, 역량 그리고 건강의 중요성을 강조하고, 조국의 短祚를

애석하게 생각한다는 사실을 드러내려 한 것이다.

④ 남제 諸皇帝에 대하여 惡筆을 삼가하려는 측면이 있다. 아울러 거듭하여 남제 황실의 不睦과 모순·살육이 남제의 국조를 단축시켰음을 제시·권계하려 한 것이다.

⑤ 國體上 封建은 방략이지만, 受封者의 역량을 갖추지 못한 과오를 권계하려 한 것이다.

⑥ 자신의 부친 소억의 이력을 과장하리 만큼 특필하였는데, 자신의 家門(風)을 드러내어 권장하려 한 것이다.

⑦ 모범적인 종실, 번왕의 태도·자질을 드러내어 충성하는 종실의 藩屛을 표창할 것을 제시·권장하려 한 것이다.

⑧ 군주가 義로운 股肱과 蕭穎胄·景先처럼 유력한 宗親과 함께 왕업을 이룬 사실을 표창하려 한 것이다.

결국 소자현은 후비의 貞節(淫亂, 妬忌), 儉素(奢侈) 그리고 天道(小人道)를 表彰(警戒)하고, 태자의 지위를 중시하여 후인을 권계하려 한 것이다. 아울러 그는 남제의 諸皇帝의 악행을 삭감하고, 부친 蕭嶷의 공로를 周公 姬旦에 비유하였다. 이 점은 앞서 말한 것처럼, 조길혜씨가 지적하였다. 필자는 이것을 중요한 문제라고 생각한다. 즉, 그것은 孔子·司馬遷이 역사 필법으로 제시한 "不隱惡·不虛美"의 禁區를 범하지 않았다고 할 수 없기 때문이었다.

(나) 諸志의 찬수 의도

일반적으로 역대 기전체 단대사의 志에 대한 論贊은 없지만, 『남제서』 禮志 등에 贊이 포함되어 있다. 이에 저자는 贊을 序文과 함께 살펴보았다.

A. 禮志: 소자현은 同志 序文에서 禮의 沿革에 대하여 약술하였다. 즉 예의는 번거롭고 광범한 것이지만, 天地와 더불어 생각하여 분별해 보면, 나라에 군주를 세우는 것을 기록하는 것이니, 人倫이 비롯하는 곳이다. 夏·殷·周 三代의 遺文은 經誥에 대략 있었지만, 秦의 焚書事件으로 湮滅·亡失되었다. 西漢 初에 叔孫通이 漢禮를 제작하였으나, 班固는 禮志를 기록하지 않았다. 동한 때에 胡廣의 「舊儀」, 蔡邕의 「獨斷」 등이 찬수되었지만, 司馬彪는 취하지 않았다.

曹魏에서는 東漢말 黃巾大亂으로 옛 典章制度가 파괴되어 王粲 등이 朝儀를 마련하였으나, 아직 상세하지 못하였다. 孫吳는 漢時代의 사례를 모았고, 蜀의 孟光은 衆典을 세웠다. 西晉의 荀顗는 曹魏의 사례를 참조하여 晉禮를 찬수하였는데, 羊皐 등이 그것을 刪集하여 65편을 이루었다. 후에 傅咸 등이 續撰하려 하였으나 성공하지 못하였다. 이때에 北族이 남하하여 傅咸 등의 「結儀注」가 남아 있을 뿐이었다.

동진 때에 刁協·荀崧 등이 舊聞을 補輯하고, 蔡謨가 이어 찬수하였다. 유송 초에 많은 유학자들이 참여하여 거듭 찬수하였다. 그리고 제무제 永明 2년 伏曼容이 禮樂을 정할 것을 청구하였다. 이리하여 王儉에게 新禮를 찬수토록 명령함에, 그는 前時代 것을 모아 吉凶賓窮家의 五禮를 찬수하였다. 이에 소자현은 郊廟祥瑞, 冠婚喪祭 등이 변화하면, 마땅히 변화에 따라 기록하는 것이니, 지금 志로써 갖춘다고 하였다.

아울러 소자현은 남제의 禮制 대강을 찬수하였다. 그는 공자가 백왕의 훈범을 저작함으로써, 禮·義·廉·恥의 四維가 펼쳐지게 하였다. 그는 통상적인 규범이 무너지면, 국가의 憲章이 폐기되는 것이라고 단정하였다. 결국 그는 軍國의 戎祀에 관한 禮制가 존재하여야 聖德을 이루는 것이기 때문에, 먼저 禮制가 폐기되는 것을 경계하여야 한다고 평론한 것이다.

B. 樂志: 소자현은 南郊·北郊·明堂·太廟樂 등의 歌詞 등에 관한 沿革을 약술하였다. 그것은 夏·殷·周·秦·漢·魏의 6代 음악을 채집·종합하여 팔방의 풍악을 화평케 한 것이다. 또한 殷이 제사·의식에서 이를 사용하여 선왕의 공로·덕망을 노래한 것이라고 평가한 것이다.

C. 天文志: 소자현은 日蝕·太白·熒惑의 운행을 황제·국가 운영에 관련시키고, 천문 현상을 人事에 관련시켜 기록한 것이라고 하였다. 또한 군주가 국가·인사를 天人關係로 인식하고 天道에 따라 통치하여야 할 것임을 권장한 것이다.

D. 州郡志: 소자현은 남제 23州의 置廢 등 郡縣의 관할 상황을 기록하였다. 그는 州郡의 통폐합이란 遷徙와 叛逆이 발생할 때에, 이뤄진다는 사실을 제시하려 한 것이다.

E. 百官志: 소자현은 황제 통치 기구의 設官 分職에 관하여 그 연혁을 약술하였다. 즉 上代 炎帝 神農氏·太昊 伏羲氏로부터 시작하여 胡廣의 「舊儀」, 應劭의 「官典」 등이 보인다. 또한 荀勗는 官職의 번거로움을 생략하여 통폐합에 힘쓰고, 虞通·劉寅 등은 옛것에 의거하여 증가시켰다. 아울러 남제는 劉宋의 禪讓을 받아 그 관제를 偏廢하지 않았다고 평론하였다. 또한 관직의 置廢는 황제의 직무로 그 고유의 양식이 있다고 평가한 것이다.

F. 輿服志: 소자현은 三皇·夏·殷·周이래 服을 중시하고 한무제 이래 제도화한 이후로 그 증감이 있었다고 설명하였다. 또한 황제가 갖춘 문물은 찬란하고 언행이 아름다운 것이지만, 禮義는 차등이 있어야지, 그 근본은 초과할 수 없는 것임을 강조한 것이다.

G. 祥瑞志: 소자현은 祥瑞에 대하여 그 沿革을 약술하였다. 즉, 하늘이 내린 상서로운 명령은 멀고 아득하며, 上代에 이미 金匱·石室에 충만하여 天人關係, 제왕의 운수를 관장하였다. 그리고 光武帝는 皇符圖, 魏氏는 讖緯를 성대하게 하였다. 또한 남제의 수명은 이미 정해진 것으로 蕭某가 「聖皇瑞應記」, 劉溫이 「瑞應圖」로 드러냈다고 설명하였다. 아울러 그는 天地·星辰의 변화에 따라 길흉이 나타난다고 평가한 것이다.

H. 五行志: 소자현은 남제가 木性을 가지고 나왔으니, 木性에 알맞은 施政을 펴야 한다고 하였다. 곧 농사철을 빼앗지 않고, 稅役을 줄이는 등의 措置로 국가의 발전을 추구해야 할 것임을 강조한 것이다.

따라서 소자현의 의사는 황제를 정치의 주제자로 인식하여, 그가 제도의 각 방면에 관심을 가질 것을 촉구한 것이다. 즉,

① 上古이래 禮는 중요한 國事로 피폐·파괴되면 안되고, 그것을 복구·완성하며, 혹은 개선하여 국가의 발전에 기초로 삼아 禮가 곧 국가 사회의 기본 틀인 것을 提示·提唱하려한 것이다.

② 예악을 존중하던 중국 上代의 황금시대를 재건하고, 예악을 존중·발전시켜야 국가가 발전할 것임을 제창하려 한 것이다.

③ 天道에 따라 國祚의 長短, 황제·개인의 운명이 결정되고, 황제에게 천문 현상에 따라 국가의 흥망성쇠가 관련되어 있다는 사실을 제시하고, 그것

을 끊임없이 修德할 것을 제창하려 한 것이다.

④ 황제의 치적에 따라 州郡이 發展·沈滯될 것이고, 심지어 포악한 정치로 말미암아 반역자 집단이 이루어지는 것이다. 황제의 선정으로 遷徙와 反逆을 막을 수 있는 것임을 권계하려 한 것이다.

⑤ 受命한 천자는 設官 分職을 잘하고 그 繁冗을 판별하여 국가의 발전을 추구해야 할 것임을 제창하려 한 것이다.

⑥ 輿服을 초과하는 등의 황제의 황음무도·사치·토목공사 등을 경계하여 군주의 修德을 제창하려 한 것이다.

⑦ 진명천자는 天地·星辰의 길흉을 살펴 끊임없이 修德하여 天道에 따라 선정할 것을 제창하려 한 것이다.

⑧ 통치자들에게 오행의 운행을 제시하여 그것에 相應한 善政을 제창하려 한 것이다.

결국 소자현은 개인적으로 위진 남조시대에 성행한 불교의 독신자이었지만, 국사 편찬상 황제가 禮·樂·天文·輿服·州郡·百官·祥瑞·五行 등의 국가의 문물 제도에 관심을 가지고, 그 이치에 따라 修德하고, 天道에 따라 善政할 것임을 권계하려 한 것이다.

이상 소자현이 제시한 國家盛衰觀을 총괄하면 다음과 같다.

ⓐ 황제 곧 受命한 眞命天子를 「왕명론」, 천명관점, 참위·미신 사상에 입각하여 절대 권위자로 내세워 위기·반란을 극복하고, 名教의 이념을 구현하여 百官의 勸進으로 제왕조를 건설한 사실을 대서특필하였다.

ⓑ 繼位한 황제들이 寬仁하는 도리, 곧 德政을 펼 것을 강조하였다.

ⓒ 宗室을 비롯한 臣民의 살해, 小人·宦官에의 정치 위임 등의 小人道를 펴면, 그것을 彗星·日蝕·太白 등의 현상을 기록하여 드러내었다. 아울러 통치자가 亡德하면 윤리 기강이 파괴되고, 황제는 죽고 나라는 망한다는 사실을 경계하였다.

ⓓ 소자현은 후비를 교화하는 황제의 협찬자로 중시하고, 태자를 寬仁·大道한 역량자로 양성할 것을 주장하였으며, 諸王을 황제의 강력한 번병으로 고려하고, 종실이 全德으로 황제를 보좌할 것을 제창하였다.

ⓔ 또한 후비에 대하여 경비를 긴축하여 검소한 생활을 추구하고, 동혼후의 넘치는 褒賞·聲色費에 대하여 재정을 탕진한 자로 지척하였다.

ⓕ 아울러 諸王에 대한 시기·의심하여 주륙한 사실과 典籤의 폐단을 경계하였다. 부친 蕭嶷이 공로가 적지 않았지만, 넘치게 美化하였다.

ⓖ 각종의 典章制度, 곧 禮·樂·天文·輿服·州郡·百官·祥瑞·五行志를 찬수하여 황제와 그 手足인 관료들에게 그것을 통하여 修德하고, 天道에 따라 善政하여야 國祚가 長久할 것임을 제창하였다.

결국 소자현은 篤實한 佛教信者이었지만, 황제를 비롯한 后妃·諸王·宗室이 통치자 집단으로써, 名教의 이념에 따라 修德하여 寬仁한 德政을 펴고, 小人道를 警戒·止揚하여 禮·德에 기초한 국가 사회의 발전을 추구하여야 할 것임을 권계·제창하려 한 것이다.

3) 蕭子顯의 관료관은 『남제서』 문관 측 관료의 사론을 傳文에 의거하여 雅德, 輿望과 方略, 名臣과 良臣, 君子의 謙讓과·智慧·散施 등으로 분류하여 그의 관료관을 모색하였다.

A. 雅德

사례 1: 河東 柳世隆은 劉宋 상서령 柳元景의 조카로 家門의 禍를 伸冤코자 송명제를 섬겼다. 그는 沈攸之의 반란에 제태조·세조를 도와 평정하였다. 그는 남제에서 "國寶"로 존숭받고, 예주자사·시중·상좌복·상서령을 역임하였다. 그는 어려서 공명을 세우고, 談論·彈琴까지 잘 하였다. 그가 사망하자, 세조는 그의 勳功·관료로써 寬大함·황제 보좌에 탁월한 역할을 표창하여 司空을 추증하였다. 소자현은 文治로 백성을 귀부케 하고, 武로써 위엄을 세우는 것이니, 元首의 재능으로 보국한다고 전제하고 유세륭을 표창하였다.

즉, 그는 제거하기 어려웠던 심유지의 반란을 땀흘리지 않고 전략(술)으로 평정하는 데에 큰 공로를 세웠다. 또한 그는 청렴한 도리를 닦아 황제를 보좌하여 선정하였다. 남제 초에 국가의 안정에 크게 이바지 하였다. 아울러 그는 雅德으로 가문을 성대하게 일으켜 아름다웠다고 평가하였다.

사례 2: 沛國 劉瓛은 어려서 篤學하여 五經에 널리 통하여 門徒에게 교수하였다. 安成王 行參軍에서 公事로 파직된 후에, 仕宦을 그만 두었다. 태조가 天命을 받아 왕조를 창건하여 방략을 묻자, 前代의 잘못을 따른다면 반드시 위험해 질 것이라고 경계하였다. 그의 용모는 왜소했지만, 그 당시에 유학의 宗長으로 京師의 士人·貴游子弟는 모두 그의 門下에서 수업을 받았다. 양고조는 그에게 시호 "貞簡先生"을 주었다. 그의 문집은 모두 禮義에 관한 것으로 그 당시 유행하였다. 동생 劉璡은 언행에 모범을 보였고, 秀才로부터 왕부 참군을 거쳐 문혜태자를 입시했으며, 사성교위를 역임하였다.

아울러 소자현은 위진 남조시대의 유학에 대하여 약술하였다. 즉, 강남의 유학이 끊어지지 않았으나, 전문가가 없었다. 魏晉時代에 玄言이 유행하였고, 劉宋時期에는 文章이 다하지 못하여 二代이래 敎學이 쇠퇴하였다. 永明時期에 王儉이 유학을 불러일으켜 자못 흥성하였다. 南齊 明帝가 문장을 좋아하지 않고, 학술이 없어 비록 학교는 설치했지만, 발전하지 못했다고 비평하였다. 아울러 그는 유헌이 鄭玄·馬融을 이어 師範이 되었지만 현달치 못하였다. 남아 있는 유학자들도 낮은 지위에 머물러 은둔하거나, 영광을 사양하였다고 평가하였다.

따라서 소자현의 의사는 다음과 같다. 즉,

① 유세륭이 선정하고 공로를 세워 현달함으로써, 유송 폐제 때에, 失墜된 家門을 성대하게 일으킨 사실을 표창하고, 雅德을 바람직한 관료상으로 제시·권계하려 한 것이다.

② 玄學보다 正道 儒學의 학습·구현을 통하여 국가 사회의 발전이 보장될 것임을 제시하고, 유학의 중흥과 유학자의 중용을 勸戒하려 한 것이다.

B. 輿望과 方略

사례 1: 平原 劉懷珍은 劉宋 孝武時에 제태조와 同輩, 곧 太祖는 舍人, 懷珍은 直閤으로 友誼가 있었고, 黃籍의 폐단을 개선할 것을 촉구한 唐寓之의 반란 평정에 공로를 세웠으며, 태조에 귀부하여 상서·자사를 역임하였다. 蘭陵 李安民은 晉安王이 반란을 일으키자, 明帝편에서 공로를 세워 무위장군에 올랐다. 유송말 태조가 회음에 있을 때에, 서로 의지하다가 의심을 받기도 하였으나, 제태조가 受命한 후에 丹陽尹·尙書左僕射를 역임하였다.

下邳 王玄載는 郡守·刺史로 심유지 반란 때에, 태조에 의부하였으며, 남제의 상서·자사를 역임하였다. 그는 士操를 닦고, 玄言을 잘하였으며, 兩益地方에서 선정하여 명망을 얻었다. 동생 玄邈은 태조가 회음에 있을 때에, 異圖를 가져 반역을 하지 않을까 하는 의심을 가졌다. 태조는 개의치 않고 그의 역량을 고려하여 태수·자사·상서를 역임케 하였다. 고종이 晉安王 子勛을 제거하도록 명령하자, 처음에는 거절하다가 부득이 奉命하였다.

소자현은 이어 劉宋말 혼란해짐에 따라 諸將·州郡이 모두 異圖를 획책하였을 때에, 태조와 同列이면서 결국 태조를 받들었다는 것을 표창하였다. 아울러 왕현재·현막 형제가 처음 태조를 의심했으나, 태조는 개의치 않고, 그들의 충성을 평가·우대하였음을 평가하였다.

사례 2: 淸河 崔祖思는 태조가 회음에 있을 때에, 의탁하여 남제 건설에 힘썼다. 제국내사·장겸급사황문시랑에 올랐고, 아울러 태조에게 예악·율령 등에 대하여 방략을 제시하였다. 平原 劉善明은 宋文帝 元嘉말 靑州의 饑荒에 곡물을 散施하여 백성을 구제하였다. 수혜자들은 그의 家田을 "續命田"이라 했다. 薛安都·沈攸之에 반대하고, 회음의 태조에 의부하여 많은 방략을 제공하였으며, 『賢聖雜語』를 찬수하여 남제의 발전을 희망하였다. 그리고 武邑 蘇侃은 제왕조 건설에 입공하고, 『聖皇瑞命記』를 저작하여 헌서한 직후에 사망하였다. 태조가 애도하고 자사를 추증하였다.

소자현은 태조가 懷·兗州에서 覇業을 닦을 때에, 崔·劉 등 靑·冀州의 豪右들이 의탁해 와, 남제의 건설과 발전에 많은 방략을 제공하였던 사실을 표창하였다.

사례 3: 濟陽 江謐은 長沙內史·行湘州事로 정치가 가혹했고, 태조에 의부하여 黃鉞을 수여받게 하였다. 개국공신으로 세조가 즉위하여 승진되지 않아 원망하다가 어사의 탄핵을 받아 賜死되고 말았다. 廣陵 荀伯玉은 태조가 회음에 있을 때에, 의부하여 공로를 세웠다. 태자의 잘못을 황제에 密啓하여 일시적으로 신임을 받았지만, 마침내 태자(세조)의 악감으로 좌천되자, 원승조와 더불어 도전하려다가 그만 두었다. 齊明帝 永明 9年(491) 원승조는 주살되고, 그도 또한 처형되었다.

소자현은 君主가 늙었드라도 태자를 섬기기보다 황제에 충성하여야 한다. 江·荀의 행동은 術數를 통하여 충성코자 하다가, 함께 패망한 것이라고 비판하였다.

사례 4: 琅耶 王融은 총명하여 널리 섭렵하고 文才가 있었다. 그는 秀才로부터 비서승에 나아가 중원을 탈환하는 北伐을 주장했고, 永明 말에 세조가 북벌코자 하여 그 일을 담당하였다. 아울러 그는 才辯이 있어 北使를 접대했으며, 항상 人地를 자부하여 30세 이전에 공경에 이를 것을 희망하였다.

소자현은 司馬晉이 남천한 이래로 중원을 회복할 계략·인물이 없었고, 송 문제가 북벌을 추진하였으나, 그 후에 화북을 탈환하려는 의논은 없었다고 평론하였다. 아울러 그는 왕융이 어려움을 보면서도 은근히 그것을 권고하였으니, 賈誼에 비길 만하다고 평가하였다.

사례 5: 會稽 孔稚珪는 학문을 섭렵하여 영예가 있었다. 그는 秀才로부터 사도종사중랑·군중정을 역임하였다. 그는 정위에 나아가 나라의 통치에 관하여 法理를 근본으로 삼아 다스리고, 옛 명류는 법학을 닦고 治民하였다고 주장하였다. 아울러 남제에서도 이를 갖춘 高才를 뽑아 운영할 것을 上奏하였다. 이러한 그의 주장은 그가 秀才로부터 출신하고 廷尉·都官尙書를 역임한 사실과 무관하지 않다. 소자현은 형벌은 정황을 참조해야 하고, 정치 명령이나 법은 통치자로부터 나와야 하며, 통치상 法理에 의한 治民은 한계가 있는 것이어서 무엇보다 寬仁하는 태도가 중요하다는 것을 강조하였다.

사례 6: 琅耶 王奐은 저작랑으로부터 시중·단양윤·좌우복야·자사를 역임하였다. 그는 제세조를 잘 섬겨 현달했으나, 흉포한 아들 彪의 반란을 구제하려다가 피해를 입었다. 吳郡 張沖은 지성이 있어서 州主簿로부터 태수·자사를 역임하였다. 그는 양고조가 기병하자, 끝까지 항거하였다. 소자현은 왕환이 대단한 정성을 가졌지만, 엄중한 형벌을 받고, 장충이 양고조에 대하여 항거하여 제왕조에 충성한 사실을 滅親·事新의 節度에 비유하고 致危의 이치는 다르지만, 危亡의 사실은 하나이다고 평가하였다.

따라서 소자현의 의사는 다음과 같다. 즉,

① 신하는 지혜가 있어 天命이 변경된 것을 살펴 진명천자에게 대하여 충

성해야 하는 것임을 들추어 남제의 정당성을 제시·권계하려 한 것이다.

② 관료는 輿望을 얻어 善政하고, 天命을 받아 豪友들의 支持·忠誠을 통하여 남제의 건설·발전에 이바지하였던 사실은 정당하다. 그리고 文士의 방략은 국가 건설에 있어서 매우 중요하다는 사실을 제시하여 그러한 관료상을 권계하려 한 것이다.

③ 관료는 趨勢·謀利보다는 正道에 따라 끊임없는 충성을 제시·권계하려 한 것이다.

④ 왕융이 賈誼처럼 雄志를 가졌지만, 시기를 잘못 만난 것을 동정하고, 국가의 대사는 신중하게 처리할 것임을 권계하려 한 것이다.

⑤ 寬仁하는 태도와 法理로 통치의 실효성을 제고하고, 그것이 매우 苛酷하면 실패할 것임을 제시함으로써, 남조 귀족정치의 피폐상을 경계하려 한 것이다.

⑥ 孝親·滅親 그리고 忠逆은 결과상 상반되어 나타나지만, 그것은 ㉠ 기본상 천륜이고, ㉡ 시세·상황을 판단하여 당사자가 선택할 것이며, ㉢ 양왕조에의 저항을 貶辭로 기록하여 자신의 양왕조에의 입사·현달 및 양왕조의 정당성을 제시·권계하려 한 것이다.

여기서 특기할만한 사실은 소씨의 관념상에 상충되는 부분이 보인다. 그것은 불사이군의 윤리가 무너진 시대상에 감염되어 蕭齊와 蕭梁에 대한 양쪽을 칭찬하는 忠逆 兩是論을 제기한 것이다. 조익은 남조에 충신이 없었다고 한 평론은 유명하다. 그는 부득이 양고조에 의부하여 국사를 편찬하면서 양고조의 정당성을 밝힌 것이다. 따라서 그가 양왕조의 정당성을 밝히려면 필연적으로 제왕조의 褒美部分과 상충되어 양시론을 제시한 것이다. 그리하여 양고조가 그의 시호를 "驕"라고 貶賜한 것이다.

C. 名臣·良臣

사례 1: 會稽 虞玩之는 書史를 섭렵했다. 劉宋말 元徽중에 尙書右丞으로 제태조에게 자신이 20년간 정북부 참군을 역임했다고 설명하였다. 이에 태조는 그를 표기부 자의참군으로 삼았다. 완지는 황문랑·本州의 中正으로 揚州 인구는 11萬이지만, 실제로는 4만도 채 되지 못한다고 하여 黃籍의 피폐

상황을 적나라하게 폭로하여 그 개선을 청원하였다. 이에 板籍官·令史를 두어 그것을 정돈하였다.

소자현은 板籍을 잘해야 선정을 할 수 있고, 아래 백성이 곤궁하여도 통치자가 긍휼히 하지 않으면 반란이 일어난다고 경고하였다. 劉宋말 수십년간 欺瞞·不信 풍조가 심각하였지만, 제대로 규찰되지 않았고, 옛 戶籍이 형식적으로 열람되어 백성의 어려움을 해결치 못하였음을 지적하였다. 특히 吳興의 沈冲 3兄弟가 어사중승으로 明察한 것을 표창했다.

사례 2: 東海 徐孝嗣는 어려서 뛰어나 風儀가 단정하였다. 劉宋말 남강공주에 장가들어 부마도위·사공참군에 나아갔다. 제태조의 종사중랑·오흥태수로 선정하여 상서·좌(우)복야에 올라 현달하였다. 남제는 북위와의 연이은 전쟁으로 국가 재정의 소모가 많았는데, 이에 屯田의 설치를 제창하였다. 그는 동혼후가 失德함에, 감히 忠諫을 하지 않았다.

소자현은 漢이래 각왕조에서 군량 비축을 위한 屯田이 지속되었다고 전제하였다. 삼국 위·오 대립이래 남북 대결 공방전이 전개되는 사정에서 둔전을 제명제에게 건의하였다는 것을 평가하였다. 즉, 서효사는 국토가 위축되어 가는 시기에 둔전책을 건의했으나, 황제가 外略이 없어 이런 의논이 헛되이 되었으니, 아깝다고 황제의 無方略을 비판하였다.

사례 3: 琅耶 王僧虔은 弘厚하고 隸書에 정통했다. 그는 행동을 근신·겸퇴하여 중서랑·황문랑 등의 淸顯 要職을 역임하였다. 남조의 甲族들은 憲臺에 진출하는 것을 꺼려하였지만, 그는 개의치 않았다. 그리하여 어사중승을 비롯하여 이부상서·중서령을 역임하였으며, 名筆로도 이름이 있었다.

吳郡 張緖는 淸淨·寡慾하여 秀才로부터 시중·중서령·이부상서를 역임하였다. 그는 입으로 이익을 말하지 않고, 재산이 생기면 빈번히 베풀었다. 또한 그가 淸白으로 輿望이 커서 中正을 4회나 역임하였다는 사실을 평가하였다. 소자현은 왕승건이 대기 만성하였으며, 名筆이자, 관료로 他人의 모범이 될 만한 良相이라고 표창하였다. 아울러 그는 張緖가 인품이 훌륭하고 인망이 높은 名臣이라고 표창하였다.

따라서 그의 의사는 다음과 같다. 즉,

① 東晉이래 호적이 잘 정비되어 있지 않는 것이 정치의 충실하지 못한 사정을 가져온 張本임을 지적하였다. 또한 그는 귀족들의 안일 무사하고 호사하는 생활을 폄척하였다. 아울러 그는 상황을 明察·善政하여야 반란을 방지하는 것은 물론, 국가의 발전을 이룰 수 있다고 보고, 국가의 흥쇠를 통치자·관료의 治理에 달려있음을 제시·권계하려 한 것이다.

② 남제 후기 여러 황제가 발전의 방략을 수용치 못한 사실과 정치 피폐로 더 이상 忠諫이 나오지 않는 것을 비판하였다. 따라서 그는 良臣의 忠諫이 국가의 발전에 중요한 것임을 勸戒하려 한 것이다.

③ 군주의 치국 규모와 신하의 방략이 어우러져야 국가는 발전한다고 보고, 君主와 良相·名臣의 언행을 후인들에게 제시·권장하려 한 것이다.

D. 君子의 謙讓·智慧·散施

사례 1: 琅耶 王琨은 출신이 미천했으나, 오직 근신·근검·절약하고, 윗사람·황제를 잘 섬겨 시중에까지 현달하였다. 吳郡 張岱는 명분 출신으로 淸顯要職(宋 吏部尙書, 齊 散騎常侍)를 역임하였다. 河南 楮炫은 淸簡으로 宋 侍中·齊 吏部尙書를 역임했다. 廬江 何戢은 宋 山陰公主에 장가들어 부마도위에 나아가 비서랑으로부터 30세이전에 侍中에 현달하였다. 그러나 그는 굳게 사양하여 그 당시 의논상 칭찬 받았다. 제태조와 友善하여 왕래하였고, 남제 초에 시중·중서령·이부상서를 역임하였다. 용모가 아름다웠고, 家産이 풍부하여 사치하였다.

琅耶 王延之는 유송에서 수재로부터 侍中·中書令·吏尙을 역임하였다. 그는 매우 청빈한 생활을 하였고, 송제 역성 혁명 시기에 公平하여 어느 쪽에도 기울지 않았으며, 남제에서 중서령·본주 중정을 역임하였다. 소자현은 시중과 같은 내직에 진출하는 것은 華選이라 하였다. 하집이 시중을 굳게 사양한 것을 표창하였다.

사례 2: 會稽 虞悰은 근면하고 지성·효성을 겸하였다. 그는 尙書를 역임하였다. 그는 성품이 敦實하여 사람을 알면 반드시 상호 방문하여 親疎에 따라 차이를 두었으니, 그 당시에 칭찬 받았다. 소자현은 우종의 근면·신의있는 언행을 표창하였다.

사례 3: 濟陽 江斅는 효성이 지극하여 칭찬받고, 褚淵이 위장군이 되어 그 인품을 보고 長史로 삼았다. 태자중서자·상서·시중 등을 역임하였다. 장례는 검소할 것, 부의를 받지 말도록 유언하였다. 아들 蒨은 황제의 부의조차 받지 않았다. 廬江 何昌寓는 劉宋말 모친의 희망으로 상동태수에 나아갔다. 제태조의 표기부 공조로부터 이부랑, 시중을 역임하였다. 그는 교유를 잘하고 淸白하여 君子들이 칭찬하였다.

琅耶 王思遠은 처음 仕宦치 않으려 했지만, 부득이 사도좌장사를 역임하였다. 종형 王晏이 尙書令에 현달하여 자신은 吏部郎을 사양하였다. 그는 입신이 간결하여 의복·생활에 주의치 않았다. 소자현은 君子의 德은 위에서, 예(藝)는 아래에서 이룬다고 전제하였다. 왕사원이 그 당시에 시행하기 어려웠던 相避制의 精神을 具現한 것을 평가하였다. 즉, 이들이 몸가짐을 淸雅하게 하고, 예의를 지킨 것을 君子의 아름다움이라고 표창하였다.

사례 4: 琅耶 王秀之는 풍체가 아름답고 정결하였으며, 유송 태자세마를 역임하고 제태조 표기부 자의로부터 상서·태수·시중을 역임하였다. 그는 進退可觀이었고, 知足하여 사도좌장사·오흥태수를 역임하였다. 濟陽 蔡約은 유송의 부마·태위주부를 역임하고, 남제 황문랑·사도좌장사·상서를 역임하였다. 그는 禮度를 준수하는 가문 출신으로 交友를 신중히 하였다. 吳郡 陸慧曉는 立身이 바르고, 교우가 신중하였으며, 유송의 秀才로부터 남제 태자세마·이부랑·상서·자사를 역임하였다.

蘭陵 蕭惠基는 남제 4군 태수·상서를 역임하면서 선정하여 善士로 칭찬을 받았다. 소자현은 下僚가 공경·현관에 공손히 예를 다하고, 겸손하여 공경하는 것이 도리라고 전제하고, 왕수지가 대대로 가풍을 지켜 權要에게 阿附하지 않은 것을 아름다웠다고 평가하였다. 아울러 그는 채약이 進退可觀이고, 혜요가 바르고 성심이 있었으며, 혜기가 은덕으로 화목시킨 것을 君子·善士라고 표창하였다.

따라서 그의 의사는 다음과 같다. 즉,

① 淸貧·樂道·進退可觀·知足·愼重하여 勤愼·忠誠하는 관료상을 제시·권계하려 한 것이다.

② 남조의 폐쇄적인 귀족제의 폐단을 비판하려 한 것이다.

③ 응당 통치자가 得民心·勤勉·信義·散施·善政할 것을 勸戒하려 한 것이다.

④ 혼란한 세태에 처한 군자·관료상을 提示·勸戒하려 한 것이다.

⑤ 王秀之 등의 인품을 확대 보급하여 정치 사회의 원만한 발전을 권계하려 한 것이다.

F. 驕慢·貪財

사례 1: 陳郡 謝超宗은 靈運의 孫이다. 그는 好學하고 文史가 있어 일찍이 名譽를 얻었다. 태조가 領軍이 되어 수차 함께 屬文하여 그의 재능을 사랑하고 표기부 자의로 삼았다. 남제를 건설하고 황문랑을 제수하였다. 그러나 그는 사람됨이 好酒·驕慢하여 항상 취한 상태로 생활하였다. 황제가 북방에 관한 일을 의논해도, "오랑캐가 움직인지 20여 년이나 되었다. 움직이지 않으면 어찌 될 것인가"라고 胡言하여 어사에게 탄핵을 받았다. 결국 세조 때에, 輕妄·傲慢하여 탄핵받고 피해를 입었다.

東莞 劉祥은 文學을 좋아하였으나, 언행이 가볍고 오만하여 高下를 피하지 않았다. 齊武帝 永明 初에 장사왕 板諮議로 『宋史』를 찬수하였다. 그때에 禪代, 곧 宋齊革命을 조롱하고 배척하였다. 王府의 막료에 나아갔으나, 결국 어사중승 任遐의 탄핵을 받고, 流配되었지만, 술로 消日하다가 사망하였다. 소자현은 옛 魏文帝가, "文人은 세밀한 언행을 소홀히 한다"고 한 언급을 통해서 비판하면서, 이런 사정은 古今이 같다고 指斥하였다. 아울러 그는 문인의 언행이 타인에게 거슬리고, 그가 만약 귀한 몸이 되면 결국 자신을 해치는 것이니, 이를 훈계로 삼아야 할 것임을 평론한 것이다.

사례 2: 彭城 到撝는 宋에서 功臣의 아들로 태학박사로부터 起家하여 현령에 나아갔으나 즐겁지 않아 사직했고, 명제 때에 태자세마에 나아갔다. 그의 장원 저택이 京師에서 제일이었고 名妓를 거느려 호사하였다. 명제가 그의 愛妓 陳玉珠를 요구하여 양도치 않자, 핍박하여 빼앗았다. 그는 원망하다가 투옥되자, 목숨을 애걸하여 사면 받았다.

彭城 劉悛은 司州刺史로 學校를 세우고 善政하였으며, 옛 이야기를 모아

헌상했다. 그의 가정 또한 부유했다. 要路에 많은 뇌물을 쓰다가 결국 재산이 탕진되었다. 울림왕은 그의 헌상이 작아 악감을 가졌으나, 고종이 구제하여 주었다. 소자현은 財物보다 人心을 얻는 것이 중요하고, 그 위에 근면하고 신의가 있으며, 백성을 중시하면, 그 이익이 넓은 것임을 지적하였다. 아울러 그는 비록 재물이 풍성할지라도, 인간의 도리를 지켜야 하고, 인색하면 도리어 재앙을 불러오는 것이라고 경계하였다.

사례 3: 吳郡 張融은 同郡 道士 陸脩靜으로부터 이것은 특이한 물건(白鷺羽麈尾扇)이니, 異人을 받들라는 충고를 들었다. 송효무제는 그가 일찍기 名譽가 있다는 말을 듣고, 新安王 征北中郎 參軍으로 발탁했다. 또한 황제가 新安寺를 건설함에, 그는 작지만 100전을 찬조하였다. 황제는 칭찬하고 封溪令을 제수하였다. 그의 숙부는 귀환을 걱정하여 만류하였으나, 그는 뿌리치고 부임하였다.

그는 부임해 가는 도중에 獠賊들에게 잡혔다. 그들은 장융을 살해하여 먹고자 했으나, 그가 身色을 움직이지 않고, 곧 힘써 삶을 구하는 글을 지어 읊자, 도적들이 이상하게 여겨 해치지 않았다. 또한 그는 海中에서 「海賦」를 지었다. 그는 貧寒하여 사직하려 했지만 허락되지 않았다. 또한 그는 王府의 參軍·友를 역임했으나, 빈곤을 해결할 수 없었다. 그는 부득이 顯職 태자중서자·사도좌장사를 청구했다. 가정에서 그는 孝義가 있어 父母 喪中에 음악을 듣지 않고, 兄嫂를 매우 근엄하게 섬겼다. 그는 玄義에 師法이 없었지만, 黑白 談論에서는 어느 누구도 대항할 수 없었다.

소자현은 장융을 굳센 汲黯, 自由奔放했다는 崔琰에 비유하였다. 장융은 의사를 표명하고 뜻을 기탁함이 초세간적 인물인 듯 하였다. 그러나 그가 충의를 품고 검소하며, 名敎에 뜻을 두었음을 칭찬하였다.

따라서 그의 의사는 다음과 같다. 즉,

① 문학을 하여 경박하고 오만하기보다 儒學을 학습·구현하는 것이 正道이고, 玄·文學은 正道에 곁들이는 것임을 권계하려 한 것이다.

② 상대자의 인격에 따라 언행하고, 탐욕을 멀리할 것을 勸戒하려 한 것이다.

③ 宋齊間에 그의 위인을 알아보지 못한 것을 비판하고, 관직상 귀족적 인사 운영을 비평·경계하려 한 것이다.

이상 소자현이 『남제서』 열전에서 제시한 관료관에 대하여 분석하였다. 이를 총괄하면 다음과 같다. 즉,

ⓐ 관료에게 효도를 비롯하여 儉素·淸雅·寬大·謙遜·進退可觀 등의 君子의 雅德을 실천하여 모범이 되어야 할 것임을 권계하였다.

ⓑ 관료에게 공로를 세우고, 통치자에게 방략을 제공하며, 不事二君하는 충의를 실행해야 하는 것을 권계하였다.

ⓒ 관료의 信義·智略·驍勇·不恥·不阿·功績主義를 용납치 않는 신중한 임무 처리를 권장하였다.

ⓓ 君臣이 善政하여야 臣民이 반란하지 않을 것임을 권계하였다.

ⓔ 관료는 重民함으로써, 民心을 얻고, 학교를 세워 교화할 것을 권계하였다.

ⓕ 관료의 貪慾·傲慢·失策을 경계하였다.

ⓖ 賢德者, 곧 正道 儒學에 정통한 인물이 현달하지 못한 것을 경계하고, 玄義보다는 名敎의 학습·구현을 촉구하였다.

결국 소자현은 현학·불교가 융성하던 위진 남조시대에 불교 독신자로서, 역사 편찬상 군주의 修德을 강조하고, 賢德君子·忠義者를 뽑아 玄理보다 名敎의 이념을 구현할 것임을 권계하였다.

4) 蕭子顯의 時代觀(處世術)은 『남제서』 類傳과 忠節(無忠節)者에 대한 사론을 傳文에 의거하여 그의 時代觀(處世術)을 모색하였다.

A. 文學傳: 소자현은 丘靈鞠 등 문학자 10명의 이력을 모아 소개하였다. 예컨데, 吳興 丘靈鞠은 어려서 好學하고, 屬文을 잘 하였다. 송효무제 殷貴妃의 사망에 輓歌 3首를 지었다. 황제는 그의 문장이 優美한 것을 칭찬하고, 王府 參軍에 발탁한 후에, 烏程令을 제수하였다. 오랫동안 昇進하지 못하다가, 東賊에 連坐되고 말았다. 褚淵의 추천으로 扶風太守를 제수했으나, 不就하자 建康令을 삼았다. 남제 초에 中書郎·東館祭酒에 나아가 흡족해 하였고,

驍騎將軍에 발탁됨에, 武職을 싫어하여 常侍를 제수하였다. 그는 好酒하고, 王儉에게 자신의 현달하지 못한 불만을 전달하였다. 왕검은 그의 문장이 쇠하여 昇進하지 못한 것이라고 대답하였다. 결국 王府 長史·太中大夫를 역임하고 사망하였다. 그는 『江左文章錄序』, 文集 등을 남겼다.

아울러 그는 文學이란 인간 감정을 표현하는 神明한 노랫가락이라고 전제하고, 앞 시대의 유명한 王褒의 「僮約」 등을 소개하였다. 또한 그는 남제, 양시대의 文章을 총괄하여 華麗하게 꾸민 謝靈運體, 전적으로 古語를 빌려 작성하는 古文體, 가락이 邪惡하고 방탕한 문장으로 구분하였다. 그리하여 그는 文人·談論者는 겸하여 잘하는 자는 드물다고 평론하였다.

따라서 그의 의사는 다음과 같다. 즉,

① 文人이 武人을 천대하고, 文人의 화려하지만 충실하지 못한 문체와 품성때문에 정치적으로 重用되지 못한 세태를 드러내었다. 그들이 통치자 반열에서 자신의 역할을 다 해야할 것을 제창한 것이다.

② 문장·담론을 겸할 수 없고, 화려·음일한 문학보다 經史의 학습·구현이 중요한 것임을 제창한 것이다.

B. 良政傳: 소자현은 남제왕조 일대의 良政에 대하여 약술하였다. 즉, 남제태조는 유송 말에 사치·방종으로 정치, 사회의 기강이 무너져 백성이 피폐된 사정을 극복해야 하는 과제를 안고 있었다. 태조는 山陰令 傅琰을 발탁하여 익주자사를 삼았다. 산음은 大邑으로 獄訟事件이 많았지만, 잘 처리하였기 때문이었다. 이에 자사는 獄丞을 설치하여 良政을 폈다. 제무제(세조)는 왕통을 이어 기강을 세우고 재해를 구제하였다. 제명제(고종)는 처음 布衣로부터 황제에 올라 백성의 생업에 관심을 가졌기 때문에, 정치, 사회, 경제가 상당히 회복되었다. 한편 明帝 建武이래 북위의 남침이 빈번히 이루어짐에 따라 국가의 재정이 고갈상태에 빠졌다. 이런 사정에서 소자현은 남제시대에 선정한 傅琰 등의 7명의 이력을 모아 良政傳을 찬수한다고 하였다.

예컨대, 平原 劉懷慰는 효행자로 가정을 화목하게 이끌었다. 그는 劉宋말 종형 善明과 함께 남제 건설에 공로를 세웠다. 태조는 그에게 보국장군·제군태수를 제수하고, "齊地域은 왕업의 터전이니, 잘 다스려라"고 당부하였다.

그는 齊郡에 이르러 성곽을 보수하고, 백성들에게 황무지를 개간케 하였으며, 호수를 열어 관개시켜 증산을 도모하였다. 그는 몸소 청탁을 사절하고, 麥飯을 먹으면서 검소한 생활을 하였으며, 「廉吏論」을 설파하여 자신의 의사를 드러내었다. 이에 황제는 포상하고, 연주자사 柳世隆은 칭찬하였다. 후에 남제 명제는 僕射 徐孝嗣에게, "지금 유회위가 살아 있다면, 조정에 淸白吏가 없다고 걱정하지 않을 것이다"고 回想하였다.

소자현은 琵琶를 조율치 않아 흐틀어지면, 반드시 흩으러 다시 줄을 메야 한다면서, 蕭齊의 정치를 목도하고 다음과 같이 평가하였다. 즉,

① 官吏란 모름지기 公事를 먼저하고 개인의 일은 후에 하며,

② 허물이 있으면 구제해야 하는 것이고,

③ 탐오·이익을 도모치 않고, 오직 廉平, 곧 결백한 마음으로 모든 일을 공평하게 처리해야 할 것임을 강조하였다.

④ 아울러 그는 위진이래의 관리가 寬猛의 자태가 감소되어 선정하지 못하였다고 비판하였다.

따라서 그의 의사는 다음과 같다.

ⓐ 정치 사회의 기강이 문란하고, 公私가 분명하지 않는 상태에서 국세가 발전하지 못할 것을 지적하고, 통치자가 관대하고 현명하고 덕망이 있는 정치를 실행할 것을 제창한 것이다.

ⓑ 국가의 통치가 일신의 명리보다, 공평하고 합리적으로 추진하여야 할 것임을 제창한 것이다.

ⓒ 정치는 鄭子産, 孔子이래의 寬猛相濟의 방략을 통하여 선정할 것을 제창한 것이다.

ⓓ 통치자들에게 公私가 분명하고, 廉平한 관료상을 제창한 것이다.

C. 高逸傳: 『周易』에, "君子의 道理는 때와 장소를 잘 선택하여 혹은 나아가고, 혹은 머물며, 혹은 말하지 않고, 혹은 말한다"는 것이다. 隱者는 속세의 榮辱을 잊고, 영원토록 자연의 품에 노니는 자도 있다. 그러나 名敎 이외의 풍류에 속하여 성인을 비판하고, 헛된 명예를 중시하는 자 또한 있다. 심지어 도리가 아닌 일까지 추구하여 세속(인)과 다를 바 없다. 이런 部類 중에

는 名聲을 탐내지 않고 세속을 비난하지 않는 이른바 道隱者가 있다. 이들이 가슴에 품은 것은 儒學이었다. 이들 道隱者 등 逸民의 行蹟과 節操를 모아 묶어 高逸傳을 만들었다고 하였다.

예컨데, 吳郡 顧歡은 가정이 빈곤하여 어렵게 공부하였다. 그러나 그는 8세에 『詩』·『孝經』·『論語』를 배우고, 성장하여 몸소 경작하며 독서하였다. 儒宗 豫章 雷次宗에게서 배웠다. 모친 사망에 효성을 다하였고, 마침내 은거하며 벼슬하지 않았다. 齊武帝 永明 元年에 태학박사를 제수받았으나, 그는 사람과 더불어 래왕하지 않았다.

그는 道·佛이 서로 항형·훼손하는 것을 보고, 「夷夏論」을 저술하여 佛教는 파악하는 방법이요, 道教는 善을 일으키는 術數이다. 善을 일으키면 自然은 높아지고, 惡을 파괴하면 용맹한 것이 귀해진다. 불교는 발자취가 빛나고 커서 마땅히 사물을 변화시키는 것이며, 道의 발자취는 은밀한 가운데에 미미해지는 것이니, 자신이 그것을 이용하기에 따라 그 優劣이 있다고 평가하였다.

또한 소자현은 儒家·陰陽家·法家·墨家·縱橫家·雜家·道家 등의 現實性을 불교의 功能·現實性과 비교하여 불교의 우수성을 평론하였다. 즉, 유가는 인의·예악을 가르치고 周文·周武王를 憲章으로 삼으며, 堯舜을 祖述하여 尙古主義를 가르친다. 음양가는 기후·해·시간을 헤아려 이해득실을 깨달도록 가르친다. 법가는 상벌로 간사한 것을 금지하는 것을 가르친다. 묵가는 지위를 존중하고 검소한 생활, 각고의 노력을 가르친다. 종횡가는 權謀術數와 達辯을 귀하게 여기지만, 변란에 들어맞게 가르친다. 잡가는 유가와 묵가를 겸하고, 농가는 농업 생산을 가르친다. 도교는 虛無를 붙잡아 性을 얻고, 情을 잊어버리고, 정신을 응결시켜 어지럽게 하지 않는 것을 가르친다.

그리고 불교는 고요하고 慈悲를 근본으로 하며, 智慧를 가르친다. 또한 불교는 모든 악행을 파괴하여 조화를 이루고, 胡說과 의문이 없어서 그 이치를 잘 사용한다면, 진리가 그 속에 있다고 평가하였다. 결국 불교의 理致는 玄曠, 곧 천지·우주간에 오묘한 진리를 깨닫게 하지만 구현하기 어렵다. 그리고 仁義에 의한 행동을 하여도 행복이 보장되지 않는다는 것이다.

아울러 그는 僧侶가 道士보다, 불교가 도교보다 우월하다는 것을 논증하고, 高逸傳의 인물들이 은거하여 不仕한 것을 칭찬하였다. 결국 그가 불교의 功能과 현실을 강조한 것은 그의 정신면모라고 할 것이다. 특히 그는 史論 末尾에서 釋氏의 오묘한 緣起를 깊이 믿는 것은 고귀한 道理(佛敎)에 이르는 것이기 때문이라고 평가하였다.

따라서 그의 의사는 다음과 같다. 즉,

① 유학을 닦아 腐隱者를 배척하고 道隱者를 존중하고 重用할 것을 제창한 것이다.

② 道·佛이 서로 대립하는 현실을 개탄하고, 양자를 잘 이용하면, 안목을 넓히는 데에 유익하다. 그리하여 儒·佛·仙을 겸습·구현할 것을 제창한 것이다.

③ 개인적으로 불교를 篤信하는 정신 생활과 公的인 역사 편찬을 구분한 것이다. 중국의 諸子, 곧 學問보다 佛敎의 功能, 現實性이 더 우수하다고 하여 불교를 儒敎의 윗자리에 놓고 구현할 것을 제창한 것이다. 말하자면 불교 독신자 소자현은 부처님을 숭상하여 仁義보다는 慈悲를 근본으로 삼아 신봉하는 불교의 이상세계를 구축하는 길만이 護國·求福할 것임을 제창한 것이다.

이리하여 祖庚이, "(소씨는) 그 당시에 불교를 숭상하여 학문의 王座에서 유학을 쫓아내고 釋氏를 숭상하였으니, 그 是非가 聖人을 크게 그르쳤다"고 평가하였다. 왜냐하면 소자현이 불교의 우수성을 제창하고, 유교의 인의를 비하시켰기 때문이었다. 당연히 혹평받을 만하다. 그러나 祖氏의 지적은 高逸傳에만 보이고, 다른 史論에는 보이지 않으며, 유학의 학습과 그 구현, 그리고 孝義를 여러차례 강조하였다. 아울러 그는 불교의 진리를 구현하기 어렵다는 단점도 지적하였다. 따라서 그는 개인적으로 독실한 불교신자로써 극락을 희망하였지만 어려웠다. 그 결과, 그의 통치 관념은 經史의 학습·구현을 통한 正名의 世界를 追求한 것이다. 이 점에서 조경의 비판은 지나친 측면이 있다고 생각한다.

D. 孝義傳: 소자현은 불교 독신자이지만, 통치상 유교의 功能을 대서특필하였다. 즉, 그는 공자가 부자간·군신간의 도리는 타고난 것이다고 한 언급

을 인용하여 孝義는 각자의 修德을 통하여 구현할 것임을 제시하였다. 예컨데, 淸河 東武城 崔懷愼은 父親 邪利가 劉宋에서 북위에 귀부하자, 뒤따라 귀부하였다. 그리고 그는 부친을 歸葬함으로써, 忠孝를 아울러 넓혀, 신하·자식의 兩節을 구현하였다고 표창하였다. 소자현은 남제시기에 名敎를 보급·장려하려는 사람이 많지 않았다고 평가하였다.

따라서 그는 황제권에 아부하는 小人道는 결국 실패하고, 윤리 도덕이 혼둔한 사정에서 인륜의 근본인 孝義를 넓혀 정치 사회 질서를 재건하는 데에 힘쓸 것임을 제창한 것이다.

E. 倖臣傳. 소자현은 西周末이래 倖臣의 동향에 대하여 약술하였다. 즉, 서주 말기로부터 侯伯이 명령을 獨斷하는 사례가 나타났고, 漢文帝 때부터 황제의 총애자에게 점차 重任을 위임하기에 이르렀다. 魏晉 時代에는 中書省에서 機務를 담당하여 東晉이래 중요 기구화 하였다. 그 위에 송명제 시기에 阮佃夫·胡母顥와 같은 佞倖이 이 직무를 담당하였다. 남제 초기에는 이 직무에 공신 등 황제의 신임자로 충당하였고, 建武이래 貧寒한 인물들을 채용하였다. 이에 紀僧眞 등 남제시기의 恩倖 5명의 이력을 모아 倖臣傳을 묶었다고 하였다.

예컨데, 丹陽 建康 紀僧珍은 寒門 出身이었다. 그는 어려서 정서장군 蕭思話 부자를 정성껏 섬겨 두터운 신임을 얻어 상호 밀착되었고, 주인의 희망에 따라 언행을 구사하였다. 즉, 소도성이 송제혁명을 추구할 때에, 그는 褚淵·袁粲과 더불어 주인이 하고자 하는 일을 적극 보필하여 君臣이 상호 의지하였다.

소자현은 이러한 佞倖에 대하여 논평하였다. 즉, 성대한 시기에는 상벌이 바르고, 정치가 正道로 행하여지는 법이다. 그렇지만 정치는 점차 혼탁해지면, 뇌물이 날로 쌓이고, 은행의 위세는 커져 小人道가 행하여지는 것이다. 예컨데, 수도의 경비를 담당한 우림군이 恣意로 屯田을 확대하고, 병역·부역의 징발이 법도에 위배되었으며, 상벌을 장악하고 군사력을 증가시켰으니, 백성이 피해를 입었다. 군주가 어리고 어리석어 그 폐단은 더욱 심각하였다고 비판하였다.

따라서 소자현의 의사는 다음과 같다.

① 본래 佞幸의 출신은 명확하지 않으나, 윗사람에게 아부하고 자신의 명리를 추구하는 자를 일컫는다. 결국 그들의 행위는 小人道로 그것이 번지면, 황제는 죽고 나라는 망한다는 사실을 일깨워 幼弱한 황제의 繼位를 再考할 것을 제창한 것이다.

F. 魏虜傳: 소자현은 남제와 북위와의 관계에 대하여 약술하였다. 즉, 東晉의 南遷이래 諸將을 동원하여 화북을 탈환하려는 노력이 전개되었지만 실패하였다. 송문제는 초기의 강성을 토대로 北伐하였으나 실패하였다. 그것은 자신을 알았지만, 북위의 威力을 알지 못하였기 때문이었다. 송명제의 착오로 薛安都가 北歸하여 영토·인구상 막대한 손실을 보았다. 제태조는 天命을 받았지만, 北伐과 같은 웅대한 계획을 세우는 데에는 이르지 못하였다. 남제말 北伐·舊土 回復을 획책했지만, 유보하여 문치를 닦고 후일을 기대하기로 의논하였다.

또한 그는 南齊말 조정의 기강이 무너지고 북위의 남하로 예주 등 많은 영토를 상실한 사실에 대하여 평론하였다. 즉, 운수가 나쁠 때에, 좋은 일을 하는 것은 진실로 天機, 곧 국가의 정치에 달려 있고, 득실의 자취는 각각 인사에 귀결되는 것이다. 그런데 장수들이 臨戰하여 공적을 탐내고, 포상에 눈이 멀어 승패가 급할 때에, 서로 救濟·讓步하지 않은 데에서 실패하는 것이라고 하였다. 결국 그는 號令이 밝지 않으면, 진실로 중원 국가는 수명이 짧게 된다고 평가하였다.

따라서 소자현의 의사는 다음과 같다.

① 동진, 남제는 북족으로부터 화북을 탈환할 당면문제를 방치, 포기하였음을 일깨워 화북의 탈환을 제창한 것이다.

② 설안도의 북귀로 남북 세력 판도가 역전을 일깨워 중화의 회복을 제창한 것이다.

③ 정치 사회 경제상 기강의 해이, 용기·패기가 없고, 장수는 貪功하였으며, 中華의 자긍심인 禮節이 쇠퇴하여 그 근본적인 혁신을 강구할 것을 제창한 것이다.

④ 실지 회복과 같은 군사행동은 굳센 기강으로 단결한 군신이 일사분란하게 추진해야 하는 것이고, 君臣이 명리에 밝으면, 실패하여 국가 수명이 짧아질 것임을 제창한 것이다.

G. 蠻·東南夷傳: 소자현은 南齊와 蠻族을 비롯하여 東夷 高句麗·加羅·倭國; 南夷 林邑·夫南과의 관계에 대하여 상술하였다. 소자현은 蠻夷가 中國을 어지럽힌다는 옛 글을 언급하여, 그들은 복잡한 종족으로 구성되었고, 괴이한 풍속을 가졌기 때문에, 그들을 道理로써 敎化하고, 德으로 감싸야 할 것임을 제시하였다. 따라서 소자현은 중국의 왕조는 특히 군사력이 약한 남조에서 蠻族을 武力으로 정복·통치하기보다는 禮·德으로 敎化시킬 것을 제창한 것이다.

H. 柔然(芮芮虜)·河南(匈奴)·氐·羌傳: 소자현은 남제와 이들과의 관계를 약술하였다. 아울러 그는 그들에 대하여 다음과 같이 평가하였다. 즉, 氐·羌 등 북방 소수 민족이 사납고, 時運을 타고 일어나 융성하였다. 石趙·苻秦은 참람하여 연이어 멸망하였다. 柔然은 궁벽하고 외진 곳에 도읍이 있었기에 침입이 적었다. 氐·楊은 가까이 중국 한인과 접경하여 승냥이처럼, 침범·핍박하였으니, 德이라고는 없었다고 평가하였다.

따라서 소자현의 의사는 다음과 같다.

① 북방 소수민족은 사납고, 포악하며 무례하여 융성하였다가도 참람하여 속히 망한다는 사실을 교훈으로 삼아 예교를 진작시킬 것을 제창한 것이다.
② 화북을 북족에게 내어준 것을 지척하고, 德政을 준수하여 중화의 회복을 제창한 것이다.

I. 忠節과 無忠節

사례 1: 河南 陽翟 楮淵은 외모가 아름답고, 進退可觀이었으며, 談論에 능하고, 琵琶를 잘 탔던 귀족출신이었다. 모친은 宋武帝의 始安哀公主이고, 부인은 송문제의 南郡獻公主이었다. 그는 송에서 부마도위·중서령을 역임하였고, 송문제로부터 袁粲과 함께 幼主를 보좌하도록 顧命까지 받았다. 심유지의 반역 사건이 일어나자, 그는 남제태조에게 역성혁명 준비를 당부하여 남제 초에 司徒·侍中·錄尙書事를 역임하였다. 소자현은 袁粲이 유송에 死節을 지킨 사실에 빗대어 楮淵이 송명제의 顧託을 받고도 興運을 만나 建齊 활동을 하고 현달하였다. 그러나 세상 사람들이 그를 책망하지도 않았음을 비평하였다.

즉, 위진혁명이래 縉紳, 곧 귀족의 세력이 커서, 군신의 名節은 다만 虛名이었다. 貴族은 새로운 창업자에게 의지하여 "잔잔하게 불흐르듯 정계에 나아가 公卿에 이르렀다"하여 殉國보다 保家를 중시하는 정황이 習俗이 되었다. 또한 이들이 충절이 없음에도 불구하고 民望을 얻었다. 소자현은 그러한 위진남조 귀족의 無忠節과 같은 세태를 비판하였다.

사례 2: 琅耶 王晏은 劉宋말 세조의 長史로 보좌하였고, 세조 또한 그를 보호했다. 그를 상서령으로 발탁하였고, 그의 부친 普曜를 좌위장군으로 삼은 것이 그것이다. 晏은 친구와 돈독한 우정이 있어 세조가 칭찬하였다. 그러나 그의 군주에 대한 충성이 모자라 주살되고 말았다.

蘭陵 蕭諶은 처음 州從事로부터 세조가 동궁 시절에 숙위하였고, 永明중에 보병교위로 궁중의 은밀한 사건을 參掌하였다. 또한 그는 실권자 蕭鸞(高宗)에 의부하여 울림왕을 폐위하는 일에 간여했다. 그는 해릉왕 때에, 권세를 휘둘러 인사에 간여했다. 그러나 고종 때에, 마침내 방자한 심성으로 흉모를 꾸며 신하가 할 수 없는 반역을 저질러 주살되었다.

소자현은 선비가 자신을 알아주는 사람을 위하여 목숨을 바친다는 俗諺을 인용하여 왕안·소심을 평가하였다. 즉, 재주와 인격을 갖추면, 外人에 대해서 부끄럽지 않고, 아첨하지 않는 언행이 天理이며, 은혜를 입었으면 報恩하는 것이 의로움이요, 事理이다 라고 평론하였다.

사례 3: 廣陵 呂安國은 태조에 의부하여 심유지 반란에 공로를 세우고 우위장군에 나아갔다. 義興 周山圖는 氣幹이 있어 회남태수로 심유지의 異志를 간파하고 태조에게 대비할 것을 청원하였으며, 남제 초에 연주자사로서 선정하였다. 蘭陵 周盤龍은 劉宋말 光州刺史로 태조에 의부하여 심유지 반란을 평정하였고, 남제 초에 右將軍·軍主로 북위를 반격하는 등의 공로를 세워 현달하였다.

沛國 王廣之는 弓馬에 능하고 勇力이 뛰어났다. 심유지가 반란을 일으키자, 태조에 의부하여 평정하였다. 남제 초에 좌장군·서주자사에 나아가 북위전에 공로를 세워 현달하였다. 소자현은 方伯이 守城하는 것은 국가의 資源인데, 呂安國 등은 공로로 현달하고 유송 말에 태조에 의부하여 지략·효용으로 충성하였음을 장하다고 표창하였다.

사례 4: 河東 薛淵은 從叔 薛安都가 徐州를 들어 종족과 함께 북귀했지만, 태조에 의지하여 공로를 세워 현달하였다. 그는 담력이 있고, 弓馬에 능하였다. 薛安都의 北歸로 투옥되었다가 태조가 구제하여 심유지 반란 평정, 남제 건국에 공로를 세워 현달하였다. 蘭陵 桓康은 驍勇하고, 태조에 의부하여 누차의 군공으로 후군장군·태수·자사에 올랐다. 南安 氐族 焦度는 宋元嘉중에 귀부하였다. 그는 무용이 뛰어났고, 마침내 태조에 의지하여 많은 공로를 세워 남제 초에 유격장군·태수에 이르렀다.

下邳 曹虎는 驍勇하여 태조가 領軍이었을 때부터 의부하여 많은 공로를 세워 전군장군에 오르고, 남제 초에 직각장군·유격장군에 올랐다. 彭·沛에 義民이 일어나자, 태조는 군사를 주어 이를 대비시켰다. 그런데 오래도록 義民이 오지 않아 북위를 공격하여 전과를 거두었다. 그러나 장사들이 포로를 너무 핍박하여 도리어 그 포로들에게 패배하였다. 그후 북위전에 공로를 세워 현달했다. 소자현은 桓康 등의 공로를 표창하고, 설연의 북귀치 않은 忠節과 조호의 공로와 실패한 사실을 각각 평가하였다.

사례 5: 下邳 垣崇祖는 劉宋말 동해태수로 제태조를 만나 武勇으로 심유지 평정에 공로를 세워 연주자사, 남제 초에 예주자사에 올랐다. 그리고 세조가 동궁이었을 때에, 의탁치 않아 심성이 불성실하다는 평가를 받았다. 태조가 사망하자, 그를 의심하여 낮게 평가하였으며, 無君의 마음이 드러났다는 모함을 받아 피해를 입었다.

南陽 張敬兒는 弓馬를 잘하고 膽氣가 있었다. 그는 劉宋말 심유지 평정에 절대적인 공로를 세워 호군장군·남제의 시중·중군장군에 올랐다. 그는 무식하여 태조 사망에 태자가 자신에 혜택을 베풀지 않는 것을 한탄하였다. 즉, 恒心이 없던 자이었다. 세조는 그가 異志가 있다고 의심하여 살해하였다.

소자현은 평소 武將은 武術로 입신하고, 信義·知慧가 있어야 예우받는다고 전제하고, 東宮과 垣·張 양인이 사실의 정황과 사리를 판별치 못한 언행으로 피해입은 사실을 비판하였다.

사례 6: 晉陵 王敬則은 전략, 전술에 뛰어나 누차의 군공, 특히 심유지 평정의 공로를 세워 관군장군에 올랐다. 또한 그는 齊臺를 세워 중령군, 남제 초에 자사·상서·수양군공, 명제 때에는 대사마에 올랐다. 그는 무식했으나, 사건을 사리에 알맞게 판별하여 잘 처리하였다. 황제는 많은 살인을 저질러 무제의 舊臣들이 불안해 했는데, 敬則 또한 피해를 입었다.

南彭城 陳顯達은 심유지를 평정하고, 태조·세조에 신임을 받았다. 桓天生 반란을 격파하였고, 북위병을 격파하기도 하였다. 명제 말에 위기를 넘겼지만, 동혼후가 많은 살육을 감행하여 자신도 면제될 수 없음을 생각하였다. 마침내 그는 거병하여 수도 건강을 위협했으나, 관군의 추격 끝에 실패·피해를 입었다. 즉, 왕·진 양인은 공로로 현달하였으나, 명제·동혼후의 猜忌와 정치적 혼란으로 말미암아 대신들 스스로 면제될 희망이 없었기 때문에, 敵國이 同州에서 일어난 것과 같이 거병하였다. 소자현은 이 문제를 光武帝가 공신의 身命을 끝까지 보전하여 군신관계 또한 원활하였던 사실에 비추어, 이보다 통상적인 도리에 벗어나는 일이 또 있으랴고 비평하였다.

사례 7: 河東 裵叔業은 武幹이 있어 제태조의 행참군으로부터 황문시랑을 거쳐 예주자사로 나아가 북위의 남하를 적극 저지하였다. 그는 동혼후의 폭정에 의구심을 가져 북귀하려다 그 직전에 사망하고, 조카 裵植을 중심으로 하는 동 집단이 남제말 북위로 귀부하였다.

淸河 崔慧景은 남제태조를 도와 공신으로 남군내사·자사로 진출하였지만, 동혼후 영태 원년(498) 북위의 침입을 받아 대패하였다. 그는 예주자사로 광릉에서 국가의 은혜를 입고 幼主의 昏庸에 대하여 종사를 안전케 한다는 명분으로 휘하를 선동하여 무장집단을 편성하였다. 이에 동혼후는 左興盛을 내보내 대처케 하였다. 혜경이 京口에 이르렀을 때에, 江夏王 寶玄이 내응하여 수도를 향하였다. 그러나 그는 좌흥성과 전투하다가 마침내 실패하여 피해를 입었다. 소자현은 최혜경이 宿將·老臣으로 昏暴한 幼主를 보좌치 않고

반란하였고, 배숙업이 北歸하여 豫州가 상실되었던 사실을 비평하였다.

따라서 그의 의사는 다음과 같다. 즉,

① 귀족의 혈통 보전을 위하여 顧命을 받고도 왕조의 역성혁명을 추진하였다. 이러한 행위는 不事二君의 儒家德目을 放棄하는 배신적 언행으로, 이를 경계하여야 할 것을 권계하려 한 것이다.

② 왕안·소심이 황제의 신임·은총을 받아 현달하였음에도 불구하고, 월권·참람한 행위를 한 것을 비판하여 臣節을 다할 것을 권계하려 한 것이다.

③ 武將도 智慧를 가지고 사태를 살피고, 용감·장열한 충성으로 보국할 것과 과오를 권계하려 한 것이다.

④ 武官의 장열한 충절과 과오를 제시하여 후인을 勸戒하려 한 것이다.

⑤ 武將의 항구적인 信義·智慧를 통하여 進退를 잘 판단할 것임을 권계하려 한 것이다.

⑥ 관료의 군주에 대한 절대적인 충성과 통치자의 寬仁·大道와 군주의 修德을 권계하려 한 것이다. 아울러 그는 昏虐한 군주가 수덕치 않고, 大臣을 猜忌·誅殺하면 기강이 무너지고 혼란에 처하게 되어 君臣關係가 不敏해져 마침내 국가의 멸망은 시간문제이기 때문이라는 것이다.

⑦ 昏庸한 군주의 僭濫한 행위를 지척하고, 아울러 天命을 포기·상실한 자에 대한 背叛·叛逆 등의 도전은 부득이 한 것임을 경계하려 한 것이다.

이상 소자현이 제시한 시대관(처세술)에 대하여 분석하였다. 이를 총괄하면 다음과 같다.

ⓐ 문인의 무인 천대는 안되고, 화려하지만 충실하지 못하며, 음란한 문학보다 經史의 학습·구현이 중요함을 제창한 것이다.

ⓑ 군신의 賢德·廉平·公私判別·寬猛相濟로 정치 사회의 기강을 재건할 것을 제창한 것이다.

ⓒ 道隱者를 중용하고, 儒佛仙 3敎의 강점을 겸습하여 구현할 것을 제창한 것이다.

ⓓ 정치 사회적으로 윤리 도덕의 재건을 제창한 것이다.

ⓔ 小人道를 펴는 佞幸을 멀리하고, 幼弱한 자의 황위 계승을 再考할 것을

제창한 것이다.

ⓕ 남조정권은 북족으로부터 화북을 회복할 것을 제창한 것이다.

ⓖ 남방 소수민족을 예교로 교화할 것을 제창한 것이다.

ⓗ 북방 소수민족이 무례·참람하여 속망한 사실을 교훈으로 삼아 예교를 진작하고, 덕정으로 중화의 회복을 제창한 것이다.

ⓘ 不德·僭濫한 군주에 대한 반역은 부득이 한 것으로 군주의 끊임없는 수덕을 제창한 것이다.

결국 소자현은 국가성쇠관, 관료관에서 諸帝, 百官의 인륜 도덕을 강조하였다. 아울러 그는 한인 통치자의 修德·禮治만이 혼란을 극복하고 원활한 대외관계를 수립·보전할 것임을 제창하려는 것이다. 따라서 소자현은 개인적으로 불교의 篤信者이지만, 儒教의 道德, 正名의 理念을 학습·구현할 것을 제창하였다.

결국 소자현은 남제 황족출신으로 양고조의 허가를 얻어 江淹·沈約·吳筠 등의 제가의 저작과 대량의 정부문서 그리고 자신이 체험한 경험·교훈을 통하여 同書를 찬수하였다. 그는 남제의 황제와 황친에 대하여 과대하게 포미하고 도참·미신사상을 채용하였으며, 『州郡志』에 戶口를 기록하지 않았다는 등의 약점을 보였다, 특히 부친 소억의 이력을 넘치게 포미한 사실을 제외하고는 악행의 축소나 넘치게 포미한 사실은 많지 않다. 아울러 고종, 울림왕, 해릉왕의 종실을 살육한 사실을 들어내었다. 따라서 그가 남제 제황제의 악행을 축소하고 자신의 공로를 축소하여 자기 부친의 공로를 미화하여 공자·사마천이래의 "不隱惡·不虛美의 禁句를 범하였다고 하지 않을 수 없다.

한편 동서의 자료는 진실성이 풍부하여 주군현 통폐합 사정, 과학 기술자료의 풍부 등 흠정 기전체 단대사로써의 가치가 크다. 저자는 이러한 『남제서』 찬수자 소자현의 역사관 국가 성쇠관을 모색해 본 결과눈 다음과 같다. 즉, 첫째, 그는 齊高帝를 受命한 眞命天子로 내세워 「王命論」, 天命觀點 그리고 참위·미신 사상을 통하여 수식하였다. 제고제가 天道에 따라 반란을 극복하고, 名教의 理念을 구현하여 왕조의 기초를 확립하였다. 繼位한 齊武帝는 修德하여 寬仁한 德政을 폈다. 처음 德政을 편 고종을 비롯한 울림왕·

해릉왕·동혼후는 종실을 비롯한 臣民을 살해하고, 재정을 탕진하였으며, 환관에 정치를 위임하는 등의 小人道에 빠진 사실을 제시하여 마침내 帝死·國亡한다는 사실을 경계하였다.

둘째, 그는 후비를 황제가 교화하는 데에 있어서 협찬자로 중시하였고, 태자는 寬仁·大道, 諸王은 藩屛, 宗室은 全德으로 황제를 보좌할 것을 제창하였다. 또한 황제가 諸王에 대하여 疑心·猜忌·誅殺하고, 典籤의 폐단을 경계하였다. 아울러 통치자들이 禮·樂 등, 국가의 문물 제도를 통하여 스스로 修德하고 天道에 따라 善政하여야 國祚가 長久할 것임을 권계하였다.

아울러 소자현이 『남제서』 열전에서 제시한 관료관·시대관에 대하여 분석한 결과,

첫째, 그는 관료에게 儉素·淸雅·進退可觀의 君子의 雅德·忠義·信義·不雅 등의 관료상을 제시하고, 重民과 敎化를 통한 善政을 권장하였다. 아울러 그는 관료의 貪慾과 失策을 指斥하고, 賢德者의 不達을 경계하였으며, 天命을 상실한 통치자에 대한 叛逆을 부득이 한 것으로 내세워 군주의 修德을 강조하였다. 따라서 그의 관료관은 위진 남북조 시대에 발달한 玄學보다 名敎를 학습·구현하여 賢德한 君子·忠義者를 양성하여 政治의 實效性을 提高할 것임을 勸戒한 것이다.

둘째, 그는 時代觀(處世術)으로 華麗·淫逸한 文學보다 經史의 구현, 廉平한 관료의 善政, 유학의 功能을 통하여 人倫 秩序를 펼 것임을 제창하였다. 그리고 황제의 無道에 希旨하고, 貪功하는 관료를 指斥하였으며, 주변 소수민족에 대하여 禮德을 통한 敎化를 제창하였다.

셋째, 소자현이 祖國 蕭齊에 대하여 褒美하면서도 蕭梁 건설의 정당성을 제시하여 자신의 입장을 명확하게 하였다. 또한 불교의 篤信·尊崇者 소자현은 仁義를 가장 중시하지 않았지만, 그것을 존중하였고, 불교 이상 구현이 어려움을 표현하고, 儒·佛·仙 三敎의 장점을 兼習·具現할 것을 제창하였으니, 성인을 그릇쳤다는 평가는 좀 지나친 듯 하다고 생각한다. 아울러 남제의 부덕·참람한 군주에 대한 반역은 부득이 한 것으로 군주의 끊임없는 수덕을 제창하였으니, 남제 諸皇帝, 宗室에 대하여 과도하게 褒美하였다는 비난은 면할 수 없다.

총괄하면, 소자현은 개인적으로 불교의 篤信者이었다. 그러나 그는 『남제서』 史論에서 「王命論」, 天命觀點, 讖緯·迷信 사상에 입각하여 국가성쇠관을 말하고, 儒學의 德目에 부합하는 관료관과 시대관을 제시하였다. 아울러 그는 전통적 經世史學家로 군림하여 正名의 世界, 곧 儒家的 理念을 통하여 理想鄕을 구현하고자 하였다.

『남제서』의 판본은 많지만 1974년 북경 중화서국 교감본이 현재 유행하고 있다.

제6절 魏收의 『魏書』

『위서』 130권은 본기 12권, 열전 98권, 지 20권으로 구성되어 있다. 내용은 대체로 4세기 말에서 6세기 중엽의 북위 왕조의 흥망사를 기록하고 있다.

처음 탁발규가 북위정권을 건립했을 때, 일찍이 鄧淵에게 국사를 편찬토록 하여 『代紀』 20여 권을 지었는데, 이후 崔浩, 高允 등이 계속해서 『魏史』를 저작하였다. 태화 11년(487) 李彪가 역사 찬수에 참가하면서 紀傳體로 바꾸었는데, 대개 탁발홍 통치시대까지 이르렀다. 이후 邢巒, 崔鴻 등이 전후해서 高祖(元宏), 世宗(元恪), 肅宗(元厚) 3皇帝의 소위 「起居注」를 지었다. 북제 천보 2년 (551) 문선제는 중서령 겸저작랑 위수로 하여금 위사를 편찬케 하고 수사국을 설치하였다. 태보 록상서사 고융지, 방연우 등 6인으로 하여금 연이어 수사에 참가하도록 했다.

魏收(505~572)의 자는 白起, 巨鹿(지금 河北 平鄕)人이다. 그는 북제의 저명한 문인으로 溫子昇·邢子才와 함께 이름을 나란히 하였다. 처음 북위말년 그는 이른바 국사와 「기거주」 편찬작업에 참가하였다. 그는 동위-북제 때에 비록 관직이 높아져 상서우복야에 이르렀지만, 詔令을 기초 이외에 修史하는 일이 그의 직무이었다. 이러한 수사국을 세워 高隆之는 이름만 걸어 놓았고, 위수가 추천한 사관은 모두 자기의 사람으로 채워, 그가 오로지 주지하였다. 天寶 5년(554) 가을에 기전을 완성하고 11월에 10지를 완성하였다.

책이 이루어진 후 의논이 분분하여 穢史라 칭해졌다. 위수가 역사 찬수를 빌려 은혜와 원한을 갚았다. 그는 공공연히 어느 어린자가 감히 위수와 더불어 얼굴을 붉히는가, 고개 들면 상천케 하고 어루만지면 입지케 하겠노라고 뽐냈다고 한다. 사관의 조상과 인척을 열전에 많이 배열하여 미화함으로 수뢰행위가 있었음을 알 수 있다. 이로 말미암아 위수는 열전에 인물을 거취와 포폄함에 홀로 하니 문벌지주와 그 자손이 불평하고, 그 개선을 호소하는 자가 일백명 이상이었다. 황제 高洋과 재상 楊愔, 高德政은 위수를 보호하고, 호소하는 사람을 하옥하여 치죄하니 잠시 이러한 사태는 가라앉았다. 이후 高演, 高湛이 두 차례에 걸쳐 위수에게 고치게 하여 비로소 완성되었으니 현재 전해 내려오고 있는 『위서』이다.

북위는 선비귀족과 한족 문벌지주의 연합정권이었다. 호한 문벌지주는 토지를 광점하고, 대량으로 의부하고 있는 인구와 많은 노비를 노역시켰다. 정치적으로 그들은 정권의 세습 관료를 유지하고 본향을 크게 패점하였으며 통제하였다. 正光 5년(524)에 폭발한 각족 농민 대기의는 북위정권을 와해시켰고, 북방의 문벌지주 내지 지주계급은 심각한 타격을 받았다. 동위-북제 시기, 대기의의 폭풍이 지나간 이후, 상처를 받은 호한 문벌지주의 지위가 점차 안정되면서, 그들의 특권을 유지 보호하고 공고히 하는데 힘을 썼다. 이것이 위수의 면전에 포열 되어 있었던 정황으로 정치 임무에서 가장 요구되는 것이었다. 또한 이것은 그가 편찬한 『위서』의 주도 사상이었다.

문벌 특권은 우선은 정치상의 세습특권이다. 이는 『위서』 중 그 고문세족의 보계와 친척 관계 및 주변의 소원한 먼 친족까지도 나열하였다. 趙郡의 李順의 열전에 열거된 사람은 59명이다. 隴西 李寶의 열전에는 50명이 열거되었다. 선비귀족 穆崇의 열전에는 66명이 열거되었다. 이밖에 문벌의 진위와 고저를 기록한 것을 드물지 않게 볼 수 있다. 한족문벌 뿐 아니라 「관씨지」 중에 효문제가 선비 姓族의 尊卑를 분별한 조서를 기록하였다.

또한 위수는 힘써 범양노씨, 박릉최씨, 홍농양씨와 같은 고문 대족의 家系, 門風을 선양하였는데, 다투어 그들의 찬란한 가세가 덕업인 유학에 뛰어난 자로부터 말미암은 것이라고 찬양하였다. 이는 덕으로 가문을 다스리고 공로로 왕실을 드러내게 했음으로 말미암았다는 것이다. 또한 이를 문벌제도와 연결되어 있는 종법관계와 孝悌, 德禮에 근거한 활동이라고 미화하고 있다. 이러한 지적처럼 『위서』에서는 또한 어떤 고문대족의 방탕한 행위를 지적하고 있는데, 이는 문벌지주의 입장에서 그러한 문풍이 있는 불초 제자를 견책하는 것으로, 추호도 그들 문벌특권의 근본의도를 유지함에 어그러짐이 없었다.

羯族 대추장 尒朱榮에 대한 평가는 당시와 후에 『위서』의 불평한 한 단면으로 지적된다. 위수가 이주영을 찬미한 각종 원인으로 뇌물 수수설, 고환(이주영의 부하)의 변호 등이 있는데, 중요한 것은 그러한 이주영은 갈영이 백만 의군을 영도하여 하북을 횡횡하고 낙양으로 남하를 준비할 때에, 잔혹하게 북위정권을 멸망시켰다는 점이다. 그는 비록 일찍이 왕실과 귀족을 적지 않게 죽였는데, 이것은 그가 문벌제도에 반대했다고 말하기에는 부족한 측면이 있다.

위수는 孔·孟子 復辟의 도리를 계승하여, 문벌통치가 바뀌는 것이 불가하다고 인식하였다. 그들은 대대로 유학을 닦는 가문에 경사가 끊이지 않거나, 자손의 발자취를 잇고 세대로 성대한 가문이 되는 것을 구하였다. 이에 그는 농민기의의 풍랑으로 흩어지고 빠진 가보를 힘써 끼워 나열하고, 거듭 정리하고 사서로 묶은 것이다. 그가 家系, 門風에 힘쓴 것은 또한 孔·孟의 도리로써 문벌귀족의 종법조직을 유지하기 위해서였다.

위수 이전과 동시대 사람들은 일찍이 魏史와 기타 자료를 통하여 편집하였고, 수당시대에 사람들이 따로 몇 종류의 『위서』를 지었는데, 이들 책은 모두 없어져 전해오지 않는다. 당대 李延壽의 『北史』 가운데 북위 부분은 『위서』의 절록을 기본으로 하였다. 까닭에 『위서』는 현존 서술된 북위 역사의 가장 원시적이며 비교적 완비된 자료라 할 것이다.

『위서』에는 선비 탁발부의 초기 활동을 기록하고 있는데, 천명을 선양하기 위해 부가한 신화 이외에 탁발부의 사회 면모가 많이 반영되어 있다. 이것은 씨족에서부터 부락, 국가에 이르는 과정을 보여주고 있는데, 무계급사회에서 계급사회로 발전하는 과정을 보여주는 재료이다.

북위가 16국을 계승한 이후 일종의 계급모순과 민족모순이 교차한 복잡한 시기가 전개되었다. 위수는 통치자의 피비린내 나는 업적을 칭송하였는데, 이때 농민의 반항 투쟁을 기록하지 않을 수 없었다. 북위 건국이래 끊이지 않은 각족 농민기의를 열거하고 있는데, 이러한 기록은 각족과 농민의 분산적인 무장투쟁이 점차 대규모 연합 기의로 형성되는 과정을 보여주고 있다. 이러한 가운데 각족 농민은 공동의 투쟁을 통해 점차 융합되어 갔다.

『위서』 권100에서 권103의 내용은 국내 소수 민족과 외국의 열전인데, 그 중에 모욕적인 기록이나 전문이 사실을 잃어버린 지방에 있으면 마땅히 비판하여 버리고, 단지 기본적인 것만 반영하였다. 까닭에 당시 중국 동북, 서북 지구의 각족과 중원 지역과의 밀접한 관계, 내외 경제, 문화 교류에 관한 사항을 기록한 것이다.

『위서』 10지의 내용은 소략되어 있는데, 楊守敬이 「地形志」를 모양은 오래되어 높은 것처럼 보이나 상세히 할 바가 상세치 못하고 간략히 할 바가 간략치 못하다고 비평하였다. 상세하고 소략하며, 타당치 않는 「지형지」 하나가 이러한데, 기타 각 志도 또한 그러하다는 것이다. 예컨대 「식화지」에는 요역 압박을 기록하지 않았으며, 「官氏志」에는 관부부문, 관리의 직사 등을 기록되지 않았고, 「天像志」 4권, 「靈徵志」 2권은 모두 「천명론」 災變이나 祥瑞를 선양하고 있다.

비록 이와 같으나 10지는 일종의 가치 있는 재료를 제공하고 있다. 「식화지」에는 태화 9년(485)의 均田令과 그와 관련된 三長制와 租調制가 기록되어 있고, 「李安世傳」에는 「請均田疏」가 실려있으며, 「張普惠傳」에는 「論長尺大斗」와 「賦稅疏」 등이 보인다. 이는 북위 균전제와 수취체제 나아가 지주토지소유제를 명료하게 이해하는 데에 도움을 준다. 또한 화폐에 관한 기록은 당시 북위 경내 각지 사회 경제를 이해하는 데에 도움을 주는 바가 있다. 「靈徵志」의 상권 뒷부분에는 북위 건국이래 150년 간 각지 지진 기록이 남아 있다. 「官氏志」와 「釋老志」는 위수가 창립한 志目이다. 「관씨지」의 성씨 부분은 탁발부와 소속 부락·씨족의 성씨와 元宏이 고친 바의 한성이 열거되어 있는데, 후에 성씨서의 기본 재료 중 하나로 탁발부의 형성과 당시 각족의 部落, 氏族의 離合集散을 반영하고 있다. 「석노지」에는 불교가 북방에 전파된 것과 寇謙之의 조언으로 태무제의 신앙이 도교로 바뀐 경과를 서술하고 있다. 志 중에는 세속 지주와 사원 지주의 모순이 반영되어 있는데, 특별히 사원에 소속된 노예와 의부되어 있는 인구가 막대한 지조와 고리대에 의해 고통받고 있음을 반영하고 있다. 까닭에 『위서』의 志는 그 당시의 모든 제도를 명확히 이해하는 데에 도움을 주고 있다.

『위서』의 판본은 많지만 1974년 북경 중화서국 교감본이 현재 유행하고 있다.

제2장 隋唐시대의 史館제도

제1절 사관제도의 성립과 임무

589년 隋가 秦을 멸하여 전국을 통일함으로써 南北朝의 분열·할거 국면이 끝났다. 그러나 수왕조도 陳왕조와 비슷하게 38년만에 전국적인 농민봉기로 무너졌다. 이를 틈타 太原留守였던 李淵이 수에 등을 돌리고 기병하여 唐을 건국하였다. 唐은 균전제를 시행하고 농민을 농토에 속박시켜서 국가의 부세 수입을 확보하였다. 또 이를 바탕으로 사회질서를 안정시키고, 농업노동자의 생산의욕을 제고시켰다. 까닭에 당대의 사회경제는 전에 없던 발전을 이루어 당시 전세계에서 가장 번영하고 앞서가는 강성한 국가가 되었다.

경제발전이 바탕이 되어 역사학 역시 문화의 구성부분의 하나로서 상응하는 발전을 하였고, 두드러진 업적을 남기게 되었다. 『新唐書』『藝文志』에 따르면, 당대에 史部의 서는 939家 1,212部, 2만 9,201卷이 저술되어, 三國과 魏晉南北朝시기에 비하여 크게 증가하였다. 현재 통행되고 있는 정사 가운데 당대에 쓰여진 8部는 24사 1/3을 점한다. 그리고 劉知幾가 저술한 『史通』과 杜佑가 편찬한 『通典』은 특히 두드러진 업적이다.

隋 이후 중국사회의 특징 중의 하나는 통일된 다민족 봉건국가가 한층 더 튼튼해지고, 전제주의 중앙집권세력이 강화되었다는 점이다. 전제주의 중앙집권세력이 강화되면서 중앙정부의 역사학에 대한 통제도 갈수록 엄격해 졌다. 당대에는 정부가 주도하여 史館을 열고 역사서를 찬수하는 제도가 성립되었고, 이것은 고대 역사학 발전에 획기적인 작용을 하였다.

수대이전의 역사서는 기본적으로는 한 개인의 손으로 이루어졌고, 정부가 운영하는 편찬기관에서 다수의 손으로 편찬된 것은 아니었다. 『春秋』는 공자에 의해서, 『史記』는 사마천에 의해서, 『三國志』와 『後漢書』는 각각 陳壽와 范曄에 의해서 저술되었다. 다만 『魏書』를 편찬하면서 '修史局'을 설치했으나, 이것도 실제로는 魏收 혼자의 힘으로 완성한 것이었다. 그러므로 수대 이전의 역사서는 작자가 황제의 명을 받들어 저술하고, 비록 어떤 경우는 저술한 후 조정의 인가를 받기도 하였으나, 기본적으로는 모두가 개인의 힘으로 저술된 것이었다. 그들은 모두 역사가로서 자신의 목소리를 가지려고 했기 때문에 타인의 의견이 책 속에 들어가지는 않았다. 또한 수대 이전의 사가들을 대부분 본인이 바로 史官이었다. 그들은 자신의 직분을 이용해 보관·수집되어진 자료를 이용하여 책을 쓸 수가 있었기 때문에 수 이전의 모든 역사저술이 모두 史官제도와 밀접한 관련이 있는 것도 사실이다.

당대 이후 史官制度는 史館制度로 발전하였다. 이때부터 역대의 기전체 흠정 정사는 대부분이 정부 주도의 사관에서 여러 사람의 손으로 편찬되고, 개인에 의한 역사저술은 현저히 줄어들었다. 흠정 정사에 적힌 편찬자의 이름은 실제 그것의 주된 편자일 뿐이고, 실제는 史館의 史官들이 공동으로 저작한 것이다.

사관제도는 일찍이 北齊에서 시작되었다. 『魏書』를 편찬하면서 修史局을 설치하였는데 이것이 史館을 설치하여 역사서를 편찬한 효시라고 할 수 있다. 이후 隋文帝는 開皇 13(593)년에 "사람들 사이에 국사를 撰集하면서 역대 인물의 장단점을 평가하는 것을 모두 禁絶하게 하라"는 령을 내렸다. 이 조령은 당시 전제집권세력이 발전하면서 내려진 요구로서, 사적인 사서편찬을 허용하지 않고 국사 편찬은 정부가 전담하겠다는 의지의 표현인 것이다. 비록 수왕조의 단명으로 인해 史館을 설치해서 역사서를 편찬할 시간적 여유가 없었지만, 사적인 국사 편찬을 금한 조치는 당대에 史館을 설치하여 역사서를 편수하도록 한 제도를 확립하는 길을 터놓았다.

한편 唐은 隋의 허무한 붕괴를 거울삼아 통치를 공고히 하는 방법을 탐구하였다. 그래서 전에 없이 방대한 규모의 사서편찬 계획을 세웠다. 당태종은 고금의 일들을 살펴, 현재의 안위를 도모하려 하였다. 까닭에 그는 사서의 편찬을 적극 지원하였는데, 중앙정부의 적극성에 힘입어 수년 동안의 노력 끝에 『梁書』, 『北齊書』, 『周書』, 『隋書』, 『陳書』, 등의 관찬 사서가 편찬되었다. 이들 다섯 사서는 합편되어 『五代紀傳』으로 불리어지기도 하였다. 『五代紀傳』에는 원래 志가 없었는데, 당태종이 다시 志를 편찬하도록 하였다. 이렇게 하여 이루어진 것이 속칭 『五代史志』라고 부른다. 여기서 주목할 만한 부분은 위징의 『經籍志』인데, 이는 『漢書』 『藝文志』이후 목록학 분야의 최대 성과로서 당 이전의 학술문화의 원류를 총괄했을 뿐 아니라 여기에 적용된 도서 분류법은 후대까지 상당한 영향을 미쳤다.

이외에도 당대에는 이전 각 왕조의 역사에 대한 완전한 체계를 갖춘 기전체 사서가 편찬되어 '13史'라는 이름이 나오게 되었다. 곧 『사기』·『한서』·『후한서』·『삼국지』·『진서』·『송서』·『제서』·『양서』·『위서』·『북제서』·『주서』·『수서』 등 13部의 사적이 그것이다. 그중 6개는 당태종시기에 사관에서 편찬한 것으로 편찬에 걸린 시간은 8년 혹은 3년으로 매우 단기간에 이루어졌다. 이는 주도 당대에 史館修史制度가 확립된 데서 비롯되었다.

당대의 史館은 국가 관서의 하나로서 문하성 혹은 중서성에 예속되어 있었고, 재상이 '監修' 곧 사관의 장을 역임했다. 사관이 세워진 장소는 황궁내의 문화성이나 중서성 부근에 위치하였다. 이전의 사관은 비서성에 예속되어 있었고, 이 기관은 각종 도서와 비밀문서를 관장하는 관서로서 후대의 국가중앙도서관과 같은 것이었던 까닭에 정치적 지위는 결코 높지 않았다. 그러나 당대에 이르러 史館은 문하성 혹은 중서성에 예속되었는데, 이 양부서는 당조의 중앙 수뇌기구로서 재상이 업무를 보는 곳이었던 까닭에 정치적 지위가 매우 높았다. 당왕조 지배자는 史館의 지위 신장에 노력했음은 물론 그 직책의 중요성을 인식하였고, 사관의 원활한 사서편찬을 돕기 위해 제반 여건을 마련하는 데에 힘썼다. 그 목적은 곧 국가에서 직접 사서의 편찬을 엄밀히 통제함과 아울러 사서가 사회에 미치는 영향을 극대화하기 위해서였다.

史館의 임무는 앞 시대의 역사를 편찬하는 것이지만 當代의 왕조의 역사를 찬수할 수 있는 자료를 구비하는 책무도 있었다. 까닭에 당조는 當代史자료에 대한 수집과 정리를 위해 문하성에는 起居郎을, 중서성에는 起居舍人을 두었는데, 이들이 『起居注』라는 책을 만들었다. 『기거주』란 제왕의 언행을 기일에 따라 기록하여 이를 연월에 따라 편집한 서책이다. 또한 당조는 재상들에게 반드시 『시정기』라는 군국정요 보고서를 제출토록 하였다. 이러한 『시정기』는 『기거주』의 부족한 기록을 보충하고 史館에서 사적을 편찬하는데 중요한 전거가 되기도 하였다. 다음으로 중앙 및 지방관서에서 모두

대사를 기록하여 사관에 보고하도록 규정하였는데, 이는 史館이 더욱 광범위한 자료를 수집하는데 매우 중요하였다.

당대의 史館은 바로 위와 같은 기거주·시정기 및 여러 관청에서 기록한 보고서를 자료로 當代의 역사적 사실을 모아 편년체로 책을 편찬하는데, 이들 사서는 대체로 편년체의 實錄과 기전체의 國史로 나눌 수 있다.

황제가 사망할 때마다 史館은 새로운 황제의 명을 받아 사망한 황제의 제위 기간에 일어난 역사적 사실을 모아 편년체로 책을 편찬하였는데 이를 실록이라고 한다. 실록의 기원은 南朝이지만, 현재 알려진 가장 이른 실록은 『隋書』에 기록되어 있는 『梁皇帝實錄』이다. 당대에 이르러서 새로 즉위한 군주가 先帝의 실록을 편찬하는 것은 관례로 정착하였다. 실록은 각 황제의 통치 기간에 일어난 사적을 기록한 편년체의 대사기로서 황제 사망 다음 대에 편찬되어 제왕이 선조를 본받을 수 있게 한 일종의 교과서로 사용되었다. 실록은 사료적 가치가 매우 높고 「기거주」·『시정기』 및 각 관부에서 보고한 자료로 편찬된 장편의 사료 모음집으로 국사를 편찬하는 기본자료로 제공되었다.

국사는 正史로 일컬어지기도 하였는데, 이는 기전체의 사서로서 각 실록의 사적을 종합하여 만든 저작물이다. 실록에 비하면 국사는 사료에 대하여 더욱 많은 편집과 손질이 필요하다. 當代人이 當代史를 기술하는 것은 기존의 편찬된 것을 이어서 서술하는 형태를 취하였다. 안사의 난 이후 중원은 혼란에 빠지고 典籍은 분실되어 조정에서의 국사 편찬도 정상적으로 진행될 수 없었다. 그리하여 당조는 비교적 완벽한 당대사를 편찬할 수 없는 단계에서 종말을 맞았다. 그러나 이미 편찬된 부분적인 당의 국사는 후대인이 당사를 저술하는데 중요한 실마리를 제공하였다.

제2절 房玄齡의 『晉書』 찬수 설명과 역사관

『진서』는 중국의 전통적 欽定 正史인 二十四史중의 하나이다. 그것은 兩晉, 五胡 16국의 흥망사를 本紀·10권·志 20권·列傳 70권 그리고 載記 30권 모두 130권으로 찬수된 紀傳體 斷代史이다.

이 책이 찬수되기 이전에 이미 24家 『진서』가 있었고, 唐 初期에는 臧榮緖

의 『晉書』, 干寶의 『晉紀』 등 18가가 남아 있었다. 그러나 이들 『진서』는 대부분 부분적이거나 미완성 상태이었다. 장씨의 『진서』가 완본이었다. 당태종은 그 儀禮가 엄격치 못하고, 번거로우며 眞善을 갖추지 못하였다고 평가하였다. 아울러 그는 "선한 일을 표창하고 악한 일을 배격하며, 상줄 만한 일은 포상하고 흉악한 일은 징계해야 한다"는 입장에서 모든 제왕의 모범이 되는 책이 되도록 『진서』를 거듭 찬수할 것을 명령하였다.

이에 대하여 楊朝民은 당태종이 ① 현무문의 사건을 통하여 황위를 계승한 자신을 변호하고, ② 자신의 文治·武功을 드러내며, ③ 魏徵 등이 제시한 편안할 때에, 위험을 생각하는 자세를 어기고, 고구려 원정·薛延陀 정벌 등으로 문란해진 정치·사회의 불안에 대하여 수왕조의 실패를 거울로 삼아, 그것을 차단하려는 의도로 거듭 찬수할 것를 명령한 것이라고 하였다.

이러한 『신서』의 찬수 시기와 찬수 참가자에 대해서는 자료마다 다르다. 같은 책의 찬수에 참가한 薛元超의 비문에 의하면, 그 시기는 정관 20년 4월에 시작하여 동 22년 말에 완성되었고, 동 참가자는 총재 방현령을 비롯한 22명이며, 宣·武 2帝紀와 陸機·王羲之傳에 대하여 "制曰"로 평론한 당태종까지 합하면 23명이나 된다.

『진서』 찬수의 총재 방현령은 총민하여 經史를 섭렵하고, 隋末 시세를 관망하던 차에, 당태종을 만나 당왕조 건설과 그의 즉위에 공로를 세우고 현달하였다. 그는 隋文帝말 長安에 와 부친에게, "隋高祖가 본래 공로와 덕망이 없고, 본 가지를 잘라 국가의 보존이 어렵겠습니다. 지금은 비록 안정되어 있지만, 그 망할 날을 기다릴 수 있습니다"고 평가하였다. 그는 隋 吏部侍郎 高孝基의 촉망을 받았지만, 부친의 병간호와 시묘살이에 시간을 보냈다.

당태종의 義軍이 長安에 이르자, 그는 군영에 나아가 자신의 방략을 아뢰었다. 당태종은 즉시 그를 발탁하였고, 그는 그 휘하에서 참모로 큰 역할을 하였다. 특히 그는 현무문 사건에 長孫無忌·杜如悔와 함께, 황태자 建成의 세력을 제거하는 데에 공로를 세웠다. 또한 그는 정관 원년에 中書令에 나아가 활약한 어진 재상으로 이름 높았다. 따라서 방현령은 隋末·唐初의 역사적 경험·교훈을 통하여 『진서』 찬수를 총재한 것이다.

이렇게 찬수한 『진서』는 체례상에 있어서 몇 가지 특색이 있다. 즉, ①

李德林·李百藥이 『北齊書』를 찬수할 때에 陳壽가 武帝를 본기에 넣은 선례에 따라 高歡, 高澄을 본기에 넣어 편찬한 것처럼, 宣帝·景帝·文帝를 본기에 넣었다. ② 사마천 『사기』의 「세가」와는 달리 이른바 16국의 참월한 覇者 곧 할거정권을 載記에 넣었다는 점에서 창의적이다. ③ 서술이 쉽고 간단하며, 내용이 충실하였다. 예컨대, 陸機의 「辯亡論」, 江統의 「徙戎論」 그리고 劉毅의 「中正八損議」 등 생생하고 충실한 政論을 포함하였다.

반면에 『진서』에는 기전체 역사책의 단점인 중복 이외에, 정치적 통제 하에 천명·효도를 드러내고, 舊文·怪記를 채용하였다. 아울러 同書는 다수가 찬수하여 서로 모순되고 빠진 것까지 있으며, 편찬 의례가 엄격하지 못하고, 類傳 인물의 선택이 합당하지 못하다. 또한 褒貶이 충실하지 못하고, 과도한 꾸밈까지 보인다는 것이다. 결국 이러한 약점들은 독자에 따라 의견이 다를 수 있고, 앞서 말한 장점에 비하면, 큰 것이 아니다. 따라서 『진서』는 경세적 입장에서 찬수된 적잖은 가치가 있는 흠정 正史이다.

『진서』 주편자 방현령 등은 『진서』는 130권 3,200여 페이지에 달하는 방대한 내용으로 서진과 동진 그리고 五胡 16국의 흥망사를 종합하여 찬수하였다

저자는 『진서의 내용이 너무 방대하여 『진서』의 동진의 諸帝·諸王 및 載記의 사론에 관한 분석은 후인에게 미루고, 단지 서진 諸帝·諸王 사론에 나타난 방현령 등의 역사관을 논문화 하여 대구사학 60호(2000년 8월)에 개재하였다. 이제 저자는 앞서 말한 중국 正史 24史 『진서』 출판설명을 비롯하여 김정암의 『중국사학사』, 장순휘의 『중국사학가전』, 창수량의 『중국사학명저평개』 등의 『진서』와 그 찬수자에 관한 설명을 참조하여 「『晉書』 西晉 諸帝·諸王 史論에 나타난 房玄齡 등의 역사관」을 『대구사학』 제60집(2000년 8월)에 개재하였으니, 이에 『진서』 주편자 방현령 등의 역사관을 서진 제제·제왕·후비·태자·종실 그리고 외척 등 황제의 최측근자 열전의 사론 곧 制曰·史臣曰을 本紀·傳文에 근거하여 분석·검토함으로써, 방현령 등 정관시기 역사가들의 역사관에 접근해 보았다.

2. 방현령 등의 서진 諸帝觀

먼저 『진서』 본기의 "制曰", "史臣曰"에서 다음과 같은 내용을 살필 수 있다. 즉,

A. ① 무릇 천지에서 큰 것은 백성으로 근본을 삼는 것이고, 나라에서 귀한 것은 元首를 우선하는 것이다. 치란은 항구함이 없고, 흥망은 각기 운수가 있는 것이다. 고로 五帝 이전에 천자는 백성의 고락을 걱정하였고, 三王 이래 그 걱정을 잘 처리하는 것을 즐거움으로 삼았다. 지혜와 힘 그리고 이해로 경쟁하고, 대소가 서로 싸우며, 강약자가 서로 습격하였다.

② 曹魏에 이르러 삼방으로 갈라져 상호간에 공벌이 끊이지 않았고, 혼란이 거듭되었다. 宣帝는 하늘이 부여한 자태로 佐命에 응하여 文으로 정치를 돕고, 엄격하고 위엄있는 무략을 드러내었다. 자신이 인재를 채용하고, 현명한 사람을 구할 때에는 자신이 미치지 못한 것과 같이 하였다. 아울러 그의 감정이 깊고도 멀어 헤아릴 수 없었으며, 성품이 관대하여 능히 용납하였다.

③ 宣帝는 諸葛亮과 대치하다가 마침내 격파하였다. 그는 성스러운 절도를 지킴에 있어 伊尹·傅說와 같이 보좌하는 마음을 견지하였다. 또한 그는 고인이, "삼년동안 선행을 쌓아도 아끼는 자가 적지만, 하루 악행을 행하여도 천하 사람이 듣는다"는 속언을 깊이 인식하였다. 아울러 그는 魏를 핍박하지 않고, 목숨이 다할 때까지 魏에 충성하여 후손을 보존하였다는 것이다.

B. ① 世宗 景帝 司馬師는 제왕의 뛰어난 계략을 가져 국가의 기반을 세웠고, ② 太祖 文帝는 웅대한 재략으로 時務를 이루었다. 周王이 殷을 섬기지 않고 멸망시킨 데에는 뜻이 있었던 것처럼, 천하 삼분 시기에 공로을 세웠다. 또한 그는 巴蜀을 평정하고, 淮水를 건너 혼란을 진정시키는 등의 업무를 감당하였다. 그는 周公·魏武처럼, 명신의 행동·재상의 지위를 다하여 충성하였으니 장하도다! 그는 천자의 자태를 드러내었지만, 제왕에 이르기에는 아직 어려웠다고 평가하였다.

C. ① 武皇은 선대의 왕업을 잇고, 천명에 따라 천하를 장악하여 교화하고 반역과 혼란을 다스렸다. ② 그는 검약하여 경박한 풍속을 순박하게 되돌리었다. 또한 직언을 수용하고, 劉毅·裵階와 같은 정직한 인사를 발탁하

였으며, 嵇紹·許奇는 비록 원수이지만 버리지 않았다. 모든 일을 관인·대도로 처리하여 따르는 자가 많았고, 대략과 제왕의 재량이 있었다. 그는 馬隆에게 서방을, 王濬에게 남방을 각각 정복케 하였다. 그리하여 과거에 통하지 않은 지역을 통하게 하였고, 거역하는 자를 복종시켰다. 이 결과 좋은 징조가 나타났고, 나쁜 풍속을 숙청하여 天人의 공로를 이루었으니, 패왕의 왕업이었다.

③ 武皇은 泰山에 올라 행하는 封禪의 예식를 사양한 후 교만해졌다. 그는 광대한 영토와 평안한 백성의 삶을 보고, 장차의 위험·문제점을 대비하지 않았으며, 현상유지를 통하여 승평을 향유코자 하였다. 이런 사정에서 흉악하고 비루한 賈充과 시랑이와 같은 楊駿이 권력을 장악하여 정치를 보좌하였다. 번왕을 파견했지만, 이들의 전횡을 파괴하지 못하고, 도리어 본 가지를 자르고 忠良의 신하를 잘못에 합류하도록 함으로써, 수년만에 조정의 기강이 크게 문란해지고, 천하는 혼란하여 마침내 종묘가 옮기기에 이르렀다.

④ 제왕의 도리와 법도가 탕진되고, 文身과 같은 야만적 풍속이 들어왔으며, 중국인들이 被髮하여 정돈되지 않는 등의 예의와 인륜이 무너져 천하의 웃음거리가 되었다. 그것은 이전에 신중함을 잃어 후환이 되었기 때문이다. 그런 즉, 아들을 아는 자는 현명한 부친이요, 신하를 아는 자 명군이다. 자식이 불초하면 일가가 망하여 온전치 못하고, 신하가 불충하면 나라가 혼란·불안해진다. 그러므로 군자는 그 시작을 방비하고, 성인은 그 단서를 막는 것이다.

⑤ 진무제는 荀勖의 간사한 모략 곧 태자빈 가씨를 두둔하는 데에 현혹되어 폐위치 못하고, 王渾의 거짓 정책에 혼미되어 자신의 의지와 임무를 타인으로 하여금 정하게 하였다. 그리하여 劉元海는 마땅히 제거해야 했음에도 제거하지 않아, 마침내 중원이 혼란케 되었다. 또한 혜제는 마땅히 폐하여야 하였는데, 폐하지 않아 마침내 국가가 기울어져 전복되었다. 따라서 일인이 덕망을 가볍게 보고, 공로를 세워 사직을 안정시키고 천하를 구제하는 대도를 저버렸으며, 성현의 도리를 취하지 않아 끝맺음을 잘하지 못하였다고 지척하였다.

D. 무능한 혜제는 천리를 중시하였지만, 권력은 자신에서 나오지 않았고, 정치는 소인에게 위임하였다. 따라서 충성하고 어진 신하는 제거되었고, 백성은 흩어져 몰락하였으며, 마침내 사직이 무너졌다. 옛날의 패국 망신자는 어리석음으로 말미암은 것이니, 어찌 밝은 신이 그 혼백을 손상하였으랴. 武皇이 그 자식을 알지 못한 까닭이라고 비판하였다.

E. 懷·愍帝는 위급한 존망 시기에 추대되었지만, 비상한 방략이 없었다. 하늘에 제사하는 다섯 명산과 저승길이 막히고, 陰惡者가 모두 군주를 세웠다. 股肱이 쇠약할 때에, 劉淵·石勒은 물이 하늘을 뒤덮는 형세로 날뛰었다. 이때에 군신들은 겨우 시장기를 면할 정도의 식사조차 중단하고, 근왕병까지 없어 수도는 오랑캐에게 함몰되었으며, 마침내 군신은 그들에게 포로로 되었다. 서주 幽王이 犬戎에게 피해를 입고 一郡이라도 보전하고자 한 것처럼, 회·민제는 국가의 명맥을 유지하려고 하였으나, 어찌 그것이 가능하랴고 비판하였다.

위의 자료를 傳文에 근거하여 상세하게 분석해 보자.

A의 경우

당태종은 宣帝 본기에 대한 "制曰"을 통하여 천자의 보편적인 도리를 강조하여 그것을 황제가 펴야 할 것임을 제창하였다. 즉,

(1) 宣帝(司馬懿)는 안으로 백성의 고락을 보살폈고, 밖으로 관대하였다. 그런데 魏武帝(曹操)는 그를 의심하고 시험하여 자신의 세자 曹丕(魏文帝)에게, "사마의는 인신의 도량이 아니니, 네 家事에 간여할 것이다"고 경계하였다. 즉, 그가 曹魏의 발전에 장애가 될 것임을 충고하여 항상 주의를 게을리하지 말 것을 경고한 것이다. 그러나 宣帝는 본래 위문제와 사이가 좋았고, 매번 전적으로 보좌하였다. 그는 직무에 근면하였고, 군사 활동에는 밤잠을 잊고 노심초사하여 魏武帝가 안심하였다.

예컨대, ⓐ 宣帝는 丞相府 主簿에 나아가 위무제에게 지금 경작하지 않고 놀고 먹는 자 20만여 명을 헤아린다고 보고하였다. 아울러 이것은 나라를 경영하는 원대한 모략이 아니기에 힘써 권농하고 곡식을 쌓도록 하는 것이 옳은 일임을 충고하였다. 위무제는 이를 수용하여 나라의 재정이 풍부해졌다.

ⓑ 明帝가 궁궐을 크게 수축하려 하자, 宣帝는 군비가 막대하여 백성이 곤궁함을 들어 충간하였으며,

ⓒ 正始 2년(241)에 그의 관직은 錄尙書事로 식읍은 만호, 자제 11명은 列侯가 되어 일가의 공훈이 날로 융성하였다. 이에 그는 자제들에게 간절하게 덕망을 닦을 것을 당부하였다. 그리고 宣帝는 靑龍 2년(234) 五丈原에서 諸葛亮을 격파하였다. 동 3년 太尉에 올라 蜀將 馬岱의 침입을 격파하고, 武都 氐王 苻雙·强端의 항복을 받아들였다. 이 해에 關東에 기근이 들어 長安의 곡물 오백만석을 수도에 옮겨 구휼하였다.

⑵ 그는 위왕조의 황위 계승에 간여하지 않고 순리에 따랐다. 또한 그는 종실 출신 曹爽과의 정치 투쟁에서 일시 실패하여 잠시 물러났다. 그러나 그는 大中正을 설치하여 상층사인 계층을 배경으로 嘉平 원년(249) 2월 曹爽과 그의 무리를 제거하고, 승상에 올라 정치를 보좌하였다. 결국 그는 曹魏를 핍박치 않으면서, 晉의 기반을 확립하여 자손의 무궁한 발전을 기대하였다고 종합하였다.

⑶ 또한 干寶는 宣帝에 대하여 평론하였다. 즉, 宣帝는 웅대한 재능과 도량 그리고 관인·대도하여 나라를 다스리고, 孟達·公孫氏를 평정하였다. 아울러 曹爽의 무리를 제거하여 진왕조의 기초를 확립하였다는 사실을 평가하였다. 방현령 등이 이를 수용하여 『진서』에 등재한 것이다.

⑷ 아울러 방현령 등 정관 시기 역사가들은 宣帝의 자태를 미화하고, 그가 천명을 받은 사실을 참위·미신 사상으로 꾸몄다. 예컨대,

ⓐ 남양태수 楊俊은 宣帝가 비상한 도량이 있다고 하였고, 魏 尙書 崔琰은 그의 형 司馬朗에게 宣帝가 총명하고 결단력이 있다고 칭찬하였다.

ⓑ 宣帝가 魏武帝를 따라 孫權의 군대를 격파하자, 그는 사자를 보내 항복하고 신하를 가르켰을 뿐만 아니라, 천명을 진술하였다. 이때 宣帝는 그가 신하를 가르킨 것은 天人의 뜻이요, 夏·殷·周王이 겸양하지 않는 것과 같이 한 것은 天을 두려워하고 천명을 알았기 때문입니다고 말했다.

ⓒ 太和중에 魏軍이 蜀과의 대전에서 宣帝가 황제에게, “이 新兵은 하늘의 명령에 따라 보냈으니, 반드시 격파할 것입니다”고 대답하였다.

ⓓ 青龍 4년 宣帝는 흰사슴을 잡아 헌상하였다. 천자는, "옛날 周公 姬旦이 成王을 보좌할 때에, 흰꿩을 공납한 일이 있었다. 금일 그대가 陝西에서 흰 사슴을 바쳤으니, 어찌 그대의 충성에 감응한 것이 아니랴! 천년만에 같은 상서로움이니, 나라가 영원하고 클 것이라" 하고 만족해하였다.

따라서 당태종 방현령 등의 의사는 다음과 같다. 즉,

① 張大可·彭久松 양씨가 지적한 것처럼 宣帝의 불충하는 신하의 위선을 드러내었고,

② 앞서 楊朝民이 당태종은 자신의 武功을 드러내고자 『진서』를 거듭 찬수할 것을 명령하였다는 언급은 이를 두고 말한 것이다.

③ 宣帝가 위왕조에서 공로를 세워, 천명을 받아 차기 정권의 기반을 확립하였던 사실을 특필하여 통치자들을 권계한 것이다.

B의 경우

⑴ 世宗 景帝 司馬師는 宣帝의 장자이었다. 풍채가 아름답고, 대략을 가졌다. 그는 여망자로 부친과 함께 曹爽을 타도하는 데에 공로를 세웠다. 이때 그 군사적 기반인 정예병 2,000명은 사마씨의 부곡인 것 같다. 그는 宣帝를 이어 정치를 보좌하였다. 嘉平 4년 정월 都督中外諸軍事·錄尙書事로 국가의 행정·군사권을 장악하였다. 그는 실제로 백관에게 현재를 추천케 하였고, 吳의 침입을 격파하였다. 이에 황제는 그의 공로를 숭상하여 相國을 제수했으나 사양하였다.

또한 그는 毌丘儉·文欽 등의 반란을 평정하였다. 따라서 그는 뛰어난 계략으로 공로를 세워 사마씨 정권의 기초를 공고히 하였지만 일찍이 사망하였다. 晉武帝가 창업하여 景帝 世宗을 추존하였다.

⑵ 太祖 文帝 司馬昭는 宣帝의 차자이었다. 그는 正始 초에 낙양의 典農中郎將으로 선정하였고, 蜀將 姜維의 침범에 대하여 安西將軍으로 군사를 절도하였으며, 景帝를 이어서 都督中外諸軍事·錄尙書事에 나아가 정치를 보좌하였다. 吳將 朱異를 격파하는 큰 공로를 세워 甘露 3년(260) 5월에 晉公에 나아갔다. 황제는 만호를 증가시켜 3縣을 식읍으로 삼았으며, 여러 아들중에 작위없는 자 모두 열후를 봉하였다. 이로써 진왕조의 기반을 확보한 것이다.

또한 그는 동년 7월에 선대의 명신과 공로가 큰 자손을 숭상하여 그 재능에 따라 발탁할 것을 상주하였다. 이것은 사마씨의 최 우익을 확보하여 정권을 건설하는 제일보이었다. 특히 文帝는 魏明帝 景初 4년 8월 鄧艾·鍾會 등과 함께 蜀을 평정하고, 鍾會의 배반을 제거하였으며, 咸熙 원년(264) 3월 晉王에 나아갔다. 그러나 동년 9월에 사망하여 晉武帝가 즉위하여 文皇帝를 추존하고 廟號를 태조라 하였다.

③ 또한 干寶는 景·文帝에 대하여 평론하였다. 즉, 경제는 왕조의 기초를 이었다. 문제는 왕업을 이어 안으로 夏侯玄·毌丘儉의 반란을 진압하고, 밖으로 文欽·諸葛誕을 격퇴하였다. 특히 蜀을 평정하여 晉王에 나아간 사실을 특필하였다. 방현령 등은 이 내용을 동의·수용하여 등재하였으니, 의사는 景·文帝 또한 공로를 세워 진왕조 창건에 이바지 한 사실을 드러낸 것이다.

C의 경우

당태종은 진무제의 창업·공적을 표창하고, 吳를 평정한 이후부터 안일무사하여 나라를 그릇치게 한 사실을 지적하였다. 즉,

⑴ 世祖 武帝는 도량이 두터워 작은 일이라고 할지라도 仁恕에서 비롯하게 하였다. 또한 그는 직·정언을 용납하여 관인·대도로 모든 일을 처리하여 일찍이 타인에게 실색케 하는 일이 없었다. 아울러 그는 모략을 잘하고 대략을 구사하여 사방 만국을 안령케 하였다. 예컨대, 曹魏이래 사치의 폐단을 개선하고, 힘써 공검·과욕·법도를 추구하였다. 그는 ⓐ 언로 광개 ⓑ 상복제 개선 ⓒ 농관 폐지 ⓓ 인재 채용 ⓔ 빈민 구제 등의 조치를 취하여 정치 사회의 안정을 모색하였다.

특히 그가 裴楷·劉毅와 같은 걸출한 인사를 채용한 것이라든지, 원수의 자식을 관용한 것이 그것이었다. 예컨대, 高陽 許允이 文帝에게 살해되었는데, 그의 아들 奇가 太常丞이었다. 황제가 태묘에서 의식을 행하려 할 때에, 백관들은 許奇가 부친의 원한을 가졌을 것이라고 의심하여 州長史로 출외시킬 것을 청원하였다. 그러나 무제는 그의 재능을 아껴 祀部郎에 발탁하였다. 그 당시 사람들은 夷曠 곧 황제의 도량이 크고 넓다고 칭송하였다.

⑵ 방현령 등은 晉武帝 司馬炎이 진명천자임을 「왕명론」, 「천명론」, 참

위·미신 사상으로 꾸몄다. 예컨대,

a) 太祖는 겸손하여 晉王의 지위를 형의 몫으로 돌리려 하였다. 차자 司馬攸를 형의 계승자로 삼고, 晉王의 지위를 전위코자 하였다. 何曾·裵秀·賈充 등은 사마염이 총명하고 뛰어난 재능과 무략이 있으며, 인신의 형상이 아님을 강조하여, 晉王·世子의 지위에 나아가게 하였다.

b) 魏帝가 司馬炎에 曆數가 있음을 보고, 천명에 순응코자 선위하였다. 다시 泰始 원년 12월 南郊에서 수명하는 의식을 베풀어 진왕조가 창건되기에 이르렀다.

c) 晉武帝 즉위년·泰始 2년·동 3년에 각각 봉황·백룡·황룡 등이 군국에서 출현하였다는 것이다.

⑶ 진무제는 吳를 평정한 후에 천하가 평안함에, 더 이상의 국가 발전을 위한 정책을 개발하지 않았다. 그는 태만하여 유락에 빠졌고, 楊駿 등 외척을 총애하여 禁兵을 장악케 하였으며, 황후의 부탁을 받고 그에게 정치를 위임하였다. 그러나 楊駿은 무능하고 탐욕스런 인물로 국정을 지도할 수 없었다. 아울러 이때에 친귀가 정치를 담당하고 있어서 법도가 문란하고, 청탁이 유행하였다. 황제는 임종에 이르러서야 비로소 이런 상황을 알고, 汝南王 司馬亮과 명망있는 연소자로 하여금 보정케 하려고 하였다.

그러나 양준은 여남왕 등이 이르지 않았다고 기만하였고, 그 와중에 황제는 사망하였다. 곧이어 혜제가 즉위하자, 여장부인 가황후가 정치의 일선에 등장하여 양준 일당을 제거하였다. 그러나 이번에는 賈充을 중심으로 하는 외척이 득세하여 정치는 개선되지 못하였다. 더욱이 백치 혜제의 무능으로 번왕과 충량들이 상호 정권 투쟁을 벌려 본 가지를 잘라 정치 사회 경제는 피폐되었다. 설상가상으로 북방 민족이 남하하여 종묘 또한 파천하여 강남에 東晉이 성립되었다.

⑷ 진무제는 말년에 이르러 혜제가 부하된 책임을 수행치 못할 것을 알았다. 그러나 그는 황손 민회태자가 영특하여 제왕의 지혜가 있는 것을 보고 태자 또한 괜찮을 것이라고 망상하여 폐립하지 않았다. 황제는 황손이 가황후의 소생이 아닌 것을 고려치 않았다. 그 후 위기에 봉착하자, 심복과 함께

후사 문제를 해결하려 하였다. 그러나 이 일은 오랫동안 정해지지 못했다. 마침내 태자의 동생 秦王 司馬柬을 關中에 보내 도독케 하고, 초왕 司馬瑋·회남왕 司馬允을 요충에 보내 황실을 강화시키려 하였다.

한편 진무제가 荀勖의 간책, 곧 賈充의 여식이 재색을 겸비하여 능히 태자를 보좌할 것이라는 상주를 받아들임으로써, 혜제의 가황후가 등장하였다. 그러나 가황후의 투기·무방략으로 국가는 전복되기에 이르렀다. 즉, 태자는 보기 드문 백치로 황제의 재량은 도무지 없었다. 가황후의 모략으로 위기를 모면했고, 진무제의 안일 무사한 태도로 마침내 즉위하였다. 가황후는 그런 황제의 보전이 필요하여 諸王을 정권 투쟁에 끌어들였다. 마침내 팔왕의 상쟁이 전개되어 정치 사회 경제는 혼란케 되어 서진 정권은 위기를 맞은 것이다. 아울러 팔왕의 반란에 동원된 劉元海(劉淵)는 성도왕 司馬穎을 돕다가 사마씨 형제들의 정권투쟁중에 자립하여 漢을 건설하였으니, 이른바 五胡亂華가 시작된 것이다.

따라서 당태종의 의사는 다음과 같다. 즉,

ⓐ 통치자는 재량이 있는 자가 天時에 따라 관인·대도하고, 덕망을 닦아 선정·무공을 세워 현달하여 새 지도자로 천명을 받는다는 것이다. 결국 앞서 말한 것처럼 당태종 자신이 현무문의 사건을 통하여 즉위한 사실을 변호하려는 것이라는 楊朝民의 언급은 옳다.

ⓑ 천도·천명에 따라 행동하는 受命者를 참위·미신 사상으로 부각시켰다.

ⓒ 황제는 국가 발전을 위해 후사·번왕·민생·대외문제 등에 관심을 지속적으로 가져야 하며, 안일무사하고 황음무도한 小人道를 배격할 것을 강조하였다.

ⓓ 현덕자를 채용하고, 간사·기만자를 배격하였다.

ⓔ 특히 당태종 자신이 부득이 황태자 承乾을 폐하고, 晉王 李治(唐高宗)를 옹립한 사실을 변명하였다. 아울러 이러한 의사를 후세의 통치자·관료들에게 제시·권계한 것이다.

또한 干寶는 진무제가 왕조의 창업·선정 그리고 吳를 평정하여 백성이 즐겁게 생업에 종사하고 있는 사실을 특필하였다. 그러나 그는 吳를 평정한 후에 안일 무사하여 폐할 태자(빈)을 폐하지 않는 등 나라를 그릇치게 한 사실을 접어두고 간단히 망진의 책임을 혜제에게 돌리고 있다. 이점은 당태종·방현령 등 정관시기 역사가들과는 다르다. 즉, 당태종, 방현령 등 정관시기 역사가들은 진무제의 나라를 그릇치게 한 사실을 대서특필하여 防微 곧 鑒戒的 經世 史觀을 명확히 드러낸 것이다. 아울러 干寶는 晉臣이기 때문에, 망진의 책임을 진왕조 창건자 진무제에게 돌리는 것 보다는 혜제와 가황후의 일당에게 전가시키려는 의도인 것으로 생각한다.

D의 경우

(1) 혜제는 태자이었을 때에, 조정의 문무 백관들은 모두 정치를 감당할 수 없음을 알았고, 진무제 또한 의심하였다. 황제는 일찍이 동궁의 관속을 불러 尙書事를 태자로 하여금 결재토록 하였지만, 태자는 능히 대처하지 못하였다. 태자빈이 좌우의 인사를 보내 古義에 따라 대처케 하였다.

그리고 황제는 태자에게 과제를 부여하였다. 이때에 給事 張泓은 태자빈에게, "태자의 배우지 않했음은 폐하도 아는 바입니다. 지금 마땅히 일을 결단하여야 하니, 사람을 끌어들여 상황에 대처할 수 없습니다"라고 종용하였다. 이에 張이 초안을 잡아 태자에게 쓰도록 하였다. 황제는 태자가 가져 온 답안을 살펴보고, 이 정도이면 백관이 보좌하여 별다른 문제가 없을 것이라고 착각하고, 기뻐하여 태자에 대하여 염려할 필요없다고 오판하였다. 마침내 태자의 지위는 안정되었다.

그러나 즉위한 후에 정치는 아래 사람에게서 나왔고, 기강이 크게 무너져 뇌물이 횡행하였으며, 세력있는 실권자들은 인물을 능멸하였다. 이에 충신·현덕자는 끊어지고, 참람·간사한 자가 뜻을 얻어 서로 추천하였으니, 그 당시 이를 互市라고 하였다. 高平 王沈은 「釋時論」, 南陽 魯褒는 「錢神論」, 廬江 杜嵩은 「任子春秋」를 지어 그 시대의 불법·비리를 질책하였다.

또한 혜제는 일찍이 華林園에서 두꺼비 우는 소리를 듣고, 좌우에게 그 관리 여부를 어리석게 물었다. 측근자는 官地에 있는 자는 관리요, 私地에 있는 자는 아니라고 어리석은 대답을 하였다. 아울러 천하가 황폐·혼란하여 백성이 굶주린다고 신하가 대책을 강구할 것을 아뢰었다. 그러나 혜제는 어찌하여 그들은 고기죽을 먹지 않는가 라고 반문하였다. 그의 어리석음이 이와 같았다. 후에 동해왕 司馬越에게 독살되었다.

⑵ 방현령 등은 어리석은 혜제가 무능·여앙자임을 참위·미신 사상으로 꾸몄다. 예컨대, ⓐ 황태자 司馬衷을 옹립한 후에, 태산 돌이 무너졌다. ⓑ 지진·폭풍·홍수 등이 일어난 사실은 혜제 본기의 페이지마다 충만하게 기록하고 있다.

⑶ 아울러 干寶는 혜제에 대하여 장문으로 비평하였다. 그 대강을 보면 다음과 같다. 즉,

ⓐ 진무제 사망 직후, 가황후 일당은 초왕을 유인하여 외척 양씨를 주살함으로써, 팔왕의 반란이 일어났다. 이에 현덕자는 물러나고, 추세배가 득세하였으며, 명실이 혼란하여 諸王은 근왕하지 않았으며, 기강은 무너져 혜제는 폐위되었다.

ⓑ 李辰·石冰·劉元海·王彌 등이 荊·揚·靑·冀에서 각각 기병하여 懷·愍帝는 존숭되지 못하여 예의염치의 四維가 펼쳐지지 않았다.

ⓒ 위진시대 학자는 老莊을 중시하고, 六經을 버려 순진한 덕성이 손상되었으며, 언행에 절도와 신의가 없어 방탕하고 신중함이 없었으며, 선악의 실질이 훼손되어 국가의 큰 근본인 禮法·刑政이 파괴되었다.

ⓓ 정치가는 경박하고, 장수는 공로를 탐내는 사정에서 阮籍과 같은 행위가 나타났다. 이에 傅咸의 상소, 魯褒의 「錢神論」으로 그 득실을 논평하였다. 결국 무능한 혜제가 군림하여 천하가 동탕하여 어떻게 구제할 수 없음을 굳게 비평한 것이다.

따라서 방현령 등은 간보의 평론을 수용하였으니, 그들의 의사는 다음과 같다. 즉,

① 혜제가 천명을 다하지 못할 어리석은 자임을 제기한 것이다.

② 진무제의 무사안일과 자식을 너무 모르는 졸책을 지적한 것이며,

③ 태자의 지위를 너무 가볍게 여기고, 백관의 충성과 가황후의 지성에 의지하였으니, 황제의 허물을 질책한 것이다.

결국 방현령 등은 통치자·태자의 역량이 얼마나 중요하며, 신하의 충절이

어떠해야 하는지를 후인들 특히 자신의 태자를 바꾼 바 있는 당태종·태자·통치자들에게 권계한 것이다.

E의 경우

⑴ 晉懷帝는 武帝 제25자로 太熙 원년(290) 豫章郡王을 책봉받았다. 嘉禾, 곧 천명을 받고 豫章의 南昌에서 탄생하였다. 이것은 앞서 望氣者가 豫章에 천자의 기운이 있다고 하였는데, 예장왕이 皇太弟로 지명되어 다음 통치자로 부각되었음을 참위·미신 사상으로 꾸민 것이다. 그는 온화·공손하고, 겸손하여 양보가 많았으며, 조정의 관료를 만나면 서적을 강론하였다. 회제는 즉위하여 비로소 옛 제도를 준수하여 太極殿의 東堂에 임석하여 정치를 살폈다. 진회제는 연회할 때에도 빈번히 백관과 더불어 여러 국무를 논의하고, 經籍을 고찰하였다. 서진의 여러 황제중에 통치 역량을 두루 갖춘 계승자가 등장한 것을 특필한 것이다.

이에 서진의 관료들은 기대·희망을 가졌다. 즉, 黃門侍郎 傅宣은, "오늘에야 비로소 다시 武帝의 시대를 보게 되었다"고 감탄하였다. 또한 秘書監 荀崧은, "懷帝의 타고난 자태는 맑고, 어려서부터 영특함이 드러나 만약 승평시대를 만났더라면 훌륭한 군주이었을 것이다. 요란한 혜제의 시기와 東海王의 전횡으로 피폐된 정치 사회 경제를 이어받았으니, 저 서주의 厲·幽王의 과오와 같은 사정이 없었더라면 도망·사망하는 재앙을 만났으랴"고 탄식하였다.

실제로 진회제는 영가란을 맞아 백관·내명부와 함께 平陽에 끌려가, 劉聰의 대회에서 청의를 걸치고 匈奴 대장들에게 권주하였다. 이때 侍中 庾珉이 통곡하자, 유총은 그를 증오하였다. 황제는 영가(313) 2월 정미에 시해되었다.

⑵ 한편 晉愍帝는 진무제의 아들 吳王 晏의 아들이다. 그는 영가란을 맞아 장인 荀藩을 만나 滎陽에 피신했다가 진회제 사망 소식을 듣고, 李昕·荀藩·雍州刺史 賈疋 등의 옹립을 받아 長安에서 진왕조를 재건하였다. 방현령 등은 민제의 옹립을 참위·미신 사상으로 꾸몄다. 즉, 霸水에서 옥거북이가 출현하였고, 성남에서 신묘한 말이 울부짖었다는 것이다.

그러나 각지에는 반란이 봉기하였고, 石勒 등은 군사력으로 漢人을 격파하였으며, 수탈·탄압을 자행하였고, 자연적인 재해마저 우심하여 "사람이 서로 잡아 먹는다"는 처참한 상황이었다. 실제로 천하는 붕괴되어 長安城중에는 100호도 남지 않았고, 담장은 허물어져 황폐된 채로 버려져 있었다. 조정에는 법도·의장 등이 없었고, 국가 기구조차 많이 없었으며, 보급마저 제대로 조달되지 못하였다. 이리하여 교활한 자는 황제를 업신여기고, 종실·諸王은 그 지위를 버리려는 뜻이 없어서 경성이 위급함에도 불구하고 근왕하지 않아, 군신이 협박을 받고 군색하여 마침내 욕되게 살해되었다고 종합하였다.

⑶ 魏晉 시대에는 東漢의 經學 이념에 기초를 둔 예교주의가 무너져 儒·道 사상이 결합한 玄學이 발전하여 사마씨 정권의 주요 정치이념으로 발전하였다. 그러나 위진의 정치는 귀족 내부의 모순과 대립, 북방 민족의 남하, 정치적 불법·비리의 자행 등으로 말미암아 혼란한 국면을 낳았다. 이런 혼란을 극복하는 길은 허탕한 도가의 현학보다는 인륜을 밝히고, 법도·기강을 바르게 하는 바의 儒家의 덕목을 학습·구현하는 것이 요청되었다. 그리하여 불신·냉소·허무에서 탈피하고, 아부·무심자보다 현덕자를 중용하여야 국가 멸망을 구제할 수 있다는 것이다.

⑷ 또한 干寶는 강한 신하에 끌려 다닌 懷帝, 순박·진선미가 없이 허명만 날린 愍帝로는 국가의 존망 위기를 구제할 수 없어서 中宗 元皇帝에게 기대할 수밖에 없었다고 논평하였다.

그리하여 그 당시 사려깊은 사상가들은 현실을 비판·풍자하여 시대적 난제를 해결할 것을 촉구하였다. 예컨대, 魯褒는 「錢神論」에서 정치상의 불법·비리, 뇌물의 성행을 규탄하였다. 江統은 華北 특히 關中에 北族이 태반인 것을 지적하여 「徙戎論」을 제시하였다. 그밖에 위정자·장수의 경박·탐오를 비판한 것 등이 그것이었다.

이상 당태종, 干寶의 언급을 수용한 방현령 등이 제시한 서진의 諸皇帝에 대한 평론을 종합해 보면 다음과 같다. 즉,

A. 宣·景·文帝가 무·방략을 가졌고, 관인·대도하여 吳·蜀의 침범을 격파·평정하고, 錄尙書事·相國·丞相에 올라, 大中正制 실시 등의 조치를 통하

여 晉公·晉王에 오르고, 諸子가 列侯에 나아가 진왕조 건설의 기반을 확보하였다.

B. 특히 무제는 선대의 정치 군사적 기반 위에 관인·대도하여 현덕자를 채용함으로써, 마침내 진왕조를 건설하였다.

C. 한편 太康 원년(280) 平吳이후에 진무제와 그 계승자들은 교만하거나 무능하면서 사치·안일무사를 추구하여, 정치는 외척·소인에게 위임하여 현덕자는 추방·살해되고, 아첨·무심자가 득세하게 되어 정치 기강이 무너졌다. 아울러 태자·태자빈을 마땅히 폐하여야 하였는데 폐하지 않았고, 劉元海는 마땅히 제거해야 하였는데 제거하지 않아, 晉亡·五胡禍亂을 재촉하였다.

D. 이상과 같은 진왕조 諸皇帝의 천명을 받음과 황제의 무능에 대하여 「왕명론」, 「천명론」 그리고 참위·미신 사상으로 꾸몄다. 즉, 宣帝는 천명을 받고, 文帝는 천자의 자태를 지녔으며, 특히 武帝는 진명천자임을 백록·백봉·황룡의 출현으로 꾸미고, 특별한 표상을 가진 자임을 드러내었다. 아울러 황제가 小人道를 행하면, 정치 기강이 무너지고, 그 결과 정치 사회가 혼란하면, 지진·일식·태백·홍수 등의 상서롭지 못한 현상이 출현하여 마침내 몰락케 된다는 것이다.

여기서 천명에 관하여 살펴보자.

天이란 중국 사상사에 있어서 절대적인 인격신이다. 班彪는 그의 명령, 곧 천명을 받은 자는 덕망을 닦아 백성을 천도에 입각하여 선정하면 하늘이 감응한다. 또한 천명을 받은 자의 체모가 기이하여 관대하고 인자하여야 감응이 있는 것이며; 용인을 잘하고 성실·신의·모략이 있는 것이며; 충간을 잘 수용하고 현덕자를 채용하여야 나라를 장구하게 한다는 것이다. 반표는 이러한 儒家의 덕목을 天道로 제시한 것이다.

班固가 『한서』를 찬수할 때에, 이 「왕명론」을 역사관으로 수용한 이래로 기전체 사서의 찬수에 적용되어 왔다. 그리고 수문제 때에, 李德林은 「천명론」을 제출하였는데, 이것으로 「왕명론」은 더욱 공고한 역사관으로 자리잡았다. 예컨대, 당태종 초기 오대사 찬수의 총재 魏徵은 "北齊의 패망은 사람으로 말미암은 것이지 천도만이 아니다"라고 평가하였다. 동 시기의 오대사

찬수자들도 천명을 받은 자는 천도에 따라 국가를 발전시키고, 소인도가 번지면, 황제는 죽고 나라는 망하게 될 것임을 권계하였다. 또한 앞서 말한 것과 같이 『진서』의 편찬 의도에서도 이러한 역사관은 명확히 드러나 보인다.

유물론자들은 이러한 역사관이나, 이것에 관련되어 있는 영웅사관에 대하여 당연히 배척할 것이다. 그러나 근본적으로 인간에게는 물심 양면이 있기 때문에, 유물·유심론을 각각 적용하는 것은 전면적이지 못하다. 아울러 이러한 역사관은 남송시대 朱子가 "天理를 존재케 하고, 人欲을 없앤다"라는 정치 주장과 앞서 말한 魏徵의 입장과는 별다른 질적인 차이를 찾아보기 어렵다.

따라서 방현령 등의 의사는 다음과 같다. 즉,

ⓐ 정치·사상상 四維 곧 예의염치가 펼쳐지지 못하면 나라는 곧 망한다는 전통적 언급을 다시 피력하여 후인을 경계한 것이다.

ⓑ 아울러 위진시대에 발전하였던 도교 사상보다는 유교 사상을 거듭 일으켜 정치 사회 질서를 재건하며, 아부·무심자를 배척하고, 현덕자를 숭상·채용하여 국리민복을 추구할 것임을 권계·제창한 것이다.

3. 방현령 등의 서진 諸王觀은 황제의 최 측근 諸王·태자·종실·외척전의 사론을 傳文에 근거하여 분석함으로써, 이들에 대한 방현령 등의 관점을 모색하여 보았다.

1) 后妃는 방현령 등은 후비전 서문에서, 천지·음양이 각기 그 정해진 지위가 있는 바, 후비는 황제가 교화하는 데에 협찬하고, 황(태)자를 생산·양육하며, 덕망으로 육궁을 다스린다고 전제하였다. 宣帝가 국가의 기반을 세울 때에, 공로는 컸지만 도리상 위축되었다. 宣帝의 부인 穆后가 베푼 덕행으로 사태를 수습하였다. 즉, 宣帝가 위무제의 명령을 사양하여 파란이 일어날 언행이 있었다. 그때에 여복이 그것을 시청하였다. 穆后는 일이 발설될까 우려하여 여복을 살해하여 함봉하였다.

또한 진무제는 良家에서 태자빈을 엄선하였지만, 투기가 심하여 폐위코자 하였다. 양황후가 돌보아 사태는 진정되었지만, 마침내 진왕조의 단명하게 된 원인이 되었다. 즉, 양태후의 부친 楊駿이 집권하자, 가황후는 이를 시기하고, 마침내 矯詔로 초왕 司馬瑋·동안왕 司馬繇에게 楊駿을 제거케 하였다. 이런 가황후의 시기와 모략으로 이른바 팔왕의 반란이 전개되어 서진이 무너진 주요 요인을 제공하였다.

방현령 등은 이러한 두 황후에 대하여 평론하였다. 즉,

武元 楊皇后는 정치에 간여하였지만, 사려깊지 않아 사사로운 감정으로 衛瓘의 충간을 차단하고, 張泓의 기만적 행위를 깨닫지 못하였다. 방현령 등은 이런 楊皇后의 잘못한 사실을 眛姬·褒姒가 夏·周를 멸망시키는 중요 원인을 제공한 것에 비유하여 가황후는 물론 말할 것도 없고, 양황후를 비판한 것이었다. 그리고 商王 盤庚이 선왕의 친상 때에, 정치를 원로대신에 위임하였던 사실과 周成王이 어려서 周公에 국가권력을 부탁한 선례에 근거하여 이런 양황후의 처사가 잘못되었음을 指斥하였다. 아울러 양황후가 궁중 내명부를 다스리는 법도 또한 옛 도리에 의지한 것이 아니었음을 비판하였다.

따라서 방현령 등의 의사는 다음과 같다. 즉,

① 정치는 사사로운 감정이 아닌 성인의 법도에 따라 행하여야 하고, ② 폐할 것은 마땅히 폐할 것을 주장하였으며, ③ 후비는 투기가 아닌 덕성을 통하여 황제의 교화에 협찬해야 할 것임을 후인들에게 권계하려는 것이었다.

2) 愍懷太子는 혜제의 태자 司馬遹은 謝夫人 소생이었다. 그는 어려서 총명하여 무제가 항상 좌우에 두고 애지중지하여, "이 아이가 우리 집안을 일으킬 것이다"고 기대하였다. 또한 廣陵에 천자의 기운이 있다는 望氣者의 말에 따라 廣陵王을 봉하였다. 무제는 동궁과 그 속료를 보강하여 그 보도에 힘썼다. 그런대 장성하여 학문을 좋아하지 않고, 유희를 즐겨 개도하기 어려웠다. 한편 가황후는 태자의 영명함을 시기하여 살해하려는 마음을 가졌고, 杜錫·裵權 등이 황후와 賈謐 등 황후 일당의 모략을 조심할 것을 당부했으나, 태자는 도리어 물러쳐 마침내 피해를 입었다.

방현령 등은 이러한 민회태자에 대하여 논평하였다. 즉,

태자는 어려서부터 탁월한 재능·숙성한 자질을 갖추었다. 진무제가 지극히 사랑하여 계략을 남겼다. 여기서 계략이 무엇인가는 알 수 없지만, 진무제가 특별히 총명한 황태손에게 장래를 기대할 수 있어 잘 보좌할 것을 강조

한 사실이 아닌가 싶다. 혹은 가황후의 투기를 불러 일으켜 태자의 살해를 유도한 것이 아닌가 한다. 그는 태자에 올라 근면하게 덕망을 닦지 않고, 간악한 자를 믿고 의지하였다. 또한 그는 正士인 현덕자를 배척하고, 천역을 좋아하였으며, 원유에서 안일하게 유희를 좋아하여 마침내 그의 덕망이 쇠퇴하고 말았다. 이에 이미 중궁, 곧 가황후가 태자를 해치려는 마음을 드러냈고, 외척이 그녀에 아첨하여 모함·희생시켰지만, 백관중에 한 사람도 충간하는 자 없었으니, 그 정황이 민망·통탄할 일이었다고 평론하였다.

따라서 방현령 등의 의사는 다음과 같다. 즉,

① 武皇帝의 지극한 황태손 사랑이 비극을 불러 일으켰고,

② 무황제는 가황후의 흉모를 깨닫지 못하여 국가 대사를 그르쳤으며,

③ 가황후와 그 일당의 불충절을 밝혀서 후인들을 경계한 것이다.

3) 宣五王 중에 平原王 幹은 처음 청담을 잘하여 우대받았지만, 점차 음란해졌다. 琅耶 武王 司馬伷는 재능과 덕망이 있고, 吳를 평정하는 데에 공로를 세웠으며, 공검·선정하였다. 扶風武王 司馬駿은 맑고 정직하며, 도리를 지키는 여망자로 효행·선정하고 羌族을 평정하였다. 文帝의 제2자 齊王 司馬攸는 맑고 공평하며, 현덕자에게 베풀기를 좋아했으며, 經籍·屬文에 능통하였다. 文帝는 형 景帝의 大統 곧 晉王의 지위를 이어야 한다고 생각하였다. 아울러 그는 荀勖·馮紞의 모략으로 무제의 곁을 떠나지 못하고 마침내 병사하였다.

방현령 등은 宣五王에 대하여 평론하였다. 즉,

ⓐ 平原王은 그 성품이 항구함이 없어 예측하기 어려웠다. 그 당시 백성이 혼란하여 흩어졌고, 胡漢間의 대립·상쟁이 전개되던 상황에서 그는 어리석어 복을 누리지 못하였다고 비판했다.

ⓑ 扶風王은 예악·법도를 폈고, 효행이 뛰어나 서진 종실중에 가히 칭찬할 만한 자라고 표창하였다.

ⓒ 齊王 司馬攸가 두 양친(景·文帝)를 받들고, 宰相에 올라 선정하여 천하인이 우러러 보았다고 평가하였다. 그러나 그는 진무제에게 의심·핍박을 받아 문아한 기풍이 무너졌다. 진무제는 荀勖 등의 간사한 모의로 마침내 아들

혜제를 사랑하여 계위시키려 하였다. 그러나 그는 말년에 그 잘못을 깨닫고 비분해 했지만, 해결하지 못하고 마침내 국가 대사를 그르쳤다. 하늘이 진무제의 목숨을 연명시켜 그 폐해를 없애고, 국가의 정치를 실행하였더라면, 어찌 팔왕이 감히 싸웠겠으며, 五胡가 능히 경쟁하여 중국을 혼란시켰으랴 라고 비판하였다. 아울러 방현령 등은 『시경』에, "善人이 없으니 나라가 끊기고 병들리로다"고 한 언급을 인용하여 司馬攸를 선인에 비유한 것이다. 또한 "참소하는 자가 천하를 혼란케 한다"고 한 언급을 인용하여 순욱·풍담이 태자빈 賈氏를 두둔하자, 폐위하지 못한 진무제의 졸책을 비평하였다.

따라서 방현령 등의 의사는 다음과 같다. 즉,

① 종실 출신이 더욱 항구한 인품을 기르고, 공검·선정하며,

② 예악·법도를 더욱 닦아 구현하며,

③ 諸王은 사사로운 감정에 어두어 국가 대사의 중대함을 그르쳐서는 안되고,

④ 신하의 현덕·충영을 판별하여 신임·채용 여부를 결정하여야 하며,

⑤ 통치자 황제와 諸王의 언행이 국가 발전의 주요 동력이라는 사실을 권계한 것이다.

4) 팔왕에 대한 『진서』 諸王傳에 해당하지만, 그 명칭이 보이지 않는다. 이는 아마 서진을 망친 팔왕들의 행적을 들추어 내기조차 싫은 찬수자의 의도인 듯하다. 말하자면,

(1) 방현령 등은 동권 서문에서, 옛부터 제왕은 대체로 번병을 널리 펼쳐서 그 융성함을 숭상하였다고 전제하고, 역대 봉건의 연혁을 약술하였다. 즉,

ⓐ 堯舜이전은 기록이 없지만, 夏殷時代에 그 발자취가 보이고, 서주에서 봉건이 찬연하여 볼만하였다. 일족 가운데에 현덕자를 봉건하여 열국, 곧 제후로 삼은 것이다. 서주말 赧王이 즉위하여 천록, 곧 천자의 지위는 이미 끝나, 군주가 없었던 36년 동안에 서주가 秦에 평정되고 시황의 통일까지의 기간이 있었다. 포악한 秦은 제후를 혁파하고 군현제를 실시하였지만, 그것은 옛것을 숭상하지 않았기 때문에, 자손을 돕지 못하여 二世만에 무너졌다.

ⓑ 漢王朝는 諸王과 공신을 봉건하여 비록 吳楚의 반란을 거쳤지만, 장구

히 발전하였고, 成·哀帝 때부터 정권이 외척에게 넘어갔다. 光武帝는 웅략으로 흉란을 평정·제거하여 나라를 장구하게 하였다. 魏武(曹操)는 나라를 경영하는 큰 도리를 망각하여 종실·공신을 봉건치 않아 도움을 받지 못하여 三世만에 망하였다.

ⓒ 司馬晉은 曹魏의 잘못을 거울로 삼아 반석과 같은 봉건을 실시하였다. 그러나 정치 명령이 항구하지 못하고, 상벌이 넘치었으며, 재능자를 임용치 않고, 죄없이 살해되는 일이 많았다. 이리하여 국가의 기밀과 권력은 위로부터 상실되고, 화란이 아래로부터 일어났다. 諸藩王은 근왕치 않고, 나라를 걱정하기보다는 권력 쟁탈전을 전개하여 마침내 胡·羯 곧 劉淵·石勒이 종묘를 분탕질하고 말았다. 조왕 司馬倫 등 팔왕의 무리들은 마침내 망하여 몸과 이름이 모두 없어지고, 진왕조는 위험에 빠졌다. 그리하여 방현령 등은 팔왕의 이력을 모아 서론하고 총괄하여 동 열전을 만든다고 하였다.

⑵ 방현령 등은 司馬晉이 발흥하여 봉건을 숭상하고, 諸王을 분봉하여 병권을 주는 등 제도를 완비·실행하였다고 전제하고 팔왕에 대하여 그 이력을 소개하였다. 즉,

ⓐ 여남왕 司馬亮은 宣帝의 제4자이었다. 그는 공명정대하고 앞일을 대비하였으며, 才用이 있었다. 진무제는 그를 宗師로 삼아 종실을 훈도·관찰토록 하였고, 太尉를 제수하였다. 특히 진무제가 임종에 가까워 楊駿을 견제하고자, 그를 豫州로부터 소환받고, 황제의 사망 소식을 듣고도 楊駿에게 의심을 살까 봐, 입궁치 못하였다. 양준이 자신을 토벌할 것을 알고 廷尉 何勛에 계략을 물었다.

이에 何는 왕께서는 조정의 여망을 가지고 있으니, 마땅히 楊駿을 제거해야 한다는 충고를 하였다. 그러나 여남왕은 그 의견을 채용치 못하고 豫州로 도피하였다. 또한 양준을 평정한 공로를 논할 때에, 공로자들에게 의부코자 함에, 모두 실망하였다. 결국 그는 초왕 司馬瑋가 거병할 때에, 長史 劉準의 격파 주장을 듣지 않았다. 마침내 그는 초왕에게 살해되고 말았다.

ⓑ 초왕 司馬瑋는 진무제의 제5자이었다. 그는 太康 말에 초왕으로 荊州에 나아갔다가 진무제 사망 직후에, 衛將軍·領北軍中候에 나아갔다. 그는 과

단성 있고 예민했지만, 엄격한 형벌을 세워 조정에서 시기를 받았다. 이에 여남왕은 그의 성품이 포악하여 국사를 맡을 수 없다고 보고, 諸王과 함께 정치에 참여할 것을 제창하였다. 그러나 그는 長史 公孫宏의 모략에 따라 矯詔로 여남왕·衛瓘 등을 살해하였다. 그러나 사태의 책임이 초왕에게 돌아가자, 초왕은 죄를 公孫宏 등에 뒤집어 씌워 그 삼족을 주륙하였다. 또한 초왕은 베풀기를 통하여 민심을 수습코자 했다. 백성들은 감은하여 낙루하고 사당까지 세웠다.

ⓒ 조왕 司馬倫은 宣帝 제9자이었다. 그는 배우지 않아 글을 알지 못하였고, 지혜·방략이 없었다. 그러나 그는 부친의 공로로 현달하고, 황실로 예우받아 조왕에 올랐다. 또한 그는 탐오한 琅耶의 小吏 출신 孫秀에게 의탁하고, 가후당과 결탁하여 총명한 민회태자를 살해하였다. 또한 그는 矯詔로 가황후를 서인으로 폐하여 그의 일당 및 조정의 명인 등을 살해하였다. 아울러 그는 矯詔로 相國·督中外諸軍事에 나아가 정치·군사를 장악하고, 조정의 충량자를 살해하였으며, 자신과 孫秀에 대하여 의심·오해있는 자들을 주살하였다.

이러한 조왕의 처사에 대하여 수도 낙양의 군자들이 배척하였다. 이때에 회남왕 司馬允·제왕 司馬冏 등이 불만을 품었다. 그리고 회남왕은 분함을 참지 못하고 기병하였지만 실패하여 제거되었다. 조왕은 드디어 황제를 유폐하고 즉위하여 권력을 롱단하다가 강병으로 기병한 제왕 司馬冏·하간왕 司馬顒·성도왕 司馬穎 등에게 패멸되었다.

ⓓ 제왕 司馬冏은 文帝의 차자 獻王 司馬攸의 아들이었다. 그는 인애하고 베풀기를 좋아하여 부친 司馬攸의 풍모가 있었다. 그는 元康중에 領左軍將軍·翊軍校尉로 조왕과 함께 가황후를 폐하였다. 그는 조왕이 찬위·전권하자, 기병하여 격멸시키고 大司馬에 나아가 황제를 보좌했다. 그러나 그는 날로 교만하여 고치지 않았다. 마침내 그는 王豹·孫惠의 충고·방책을 물리치고, 장사왕 司馬乂의 공격을 받아 살해되었다.

ⓔ 장사왕 司馬乂는 진무제의 제6자이었다. 그는 과단성이 있었고, 재능이 뛰어났으며, 아래 사람을 겸허하게 수용하여 여망이 있었다. 제왕이 점차 전권함에, 그는 성도왕 司馬穎과 함께 나라를 보전할 것을 제안하였다. 그후

그는 제왕을 격파하고, 제왕과 그 여당의 계책을 막아 제거했다. 한편 성도왕은 자객을 보내 장사왕을 제거하려다가 실패하였다. 이로부터 양자는 상호 공방전을 전개하였다. 결국 동해왕 司馬越이 장사왕을 제거하였다.

ⓕ 성도왕 司馬穎은 진무제의 제 16자이었다. 그는 민회태자를 잘못 인도하는 賈謐을 질책하다가 출외되여 平北將軍으로 鄴에 주둔했다. 그는 조왕의 찬위 때에, 征北大將軍에 나아갔다. 제왕의 거병에 동참하여 조왕을 주살하고, 혜제를 맞아 反正하였다. 그후 제왕이 교만·사치·무례함에, 성도왕이 그의 여망으로 皇太弟·丞相에 나아가 그 위엄을 자랑하였다. 그러나 성도왕도 참람하고, 사치가 날로 심하였다. 그리고 그는 군주를 업신여겨 정치를 하료 孟玖 등에게 위임하여 여망을 저버렸다. 이에 하간왕 司馬顒이 성도왕을 격파하고, 豫章王을 皇太弟로 삼았다.

ⓖ 하간왕 司馬顒은 安平獻王 司馬孚의 손자, 太原烈王 司馬瓌의 아들이었다. 그는 청렴하고 베풀며, 선비를 사랑하는 여망자이었다. 그는 사태를 관망하던 중에 성도왕을 皇太弟로 옹립하였다. 그러나 성도왕은 교만하여 좌위장군 陳眕이 황제를 받들고 공격할 때에, 하간왕은 2만병을 보내 鄴을 구원하였다. 그때에 황제가 鄴에 행차했는데, 王俊이 성도왕을 공격하자, 성도왕은 천자를 끼고 洛陽에 귀환하였다.

그런대 하간왕은 張方을 보내 황제를 長安에 모셔 오게 하였다. 동해왕 司馬越은 徐州에서 기병하였다. 하간왕은 성도왕과 함께 동해왕에게 실패하여 關中을 보전하다가, 懷帝 永嘉 초에 司徒에 진출하였다.

ⓗ 동해왕 司馬越은 진종실 司馬泰의 차자이었다. 그는 일찍이 겸허하고 지조가 있는 여망자이었다. 그는 楊駿을 토벌할 때에, 공로를 세워 五千戶侯·尚書左僕射에 오르고, 동해왕을 책봉받았다. 그는 성도왕·장사왕을 물리쳐 尚書令에 올랐다. 회제가 즉위하자, 정치를 위임받았다. 그는 황제가 친정코자 함에, 달갑게 여기지 않고 번진에 나가 許昌에 주둔하였다. 동해왕은 丞相·領兗州牧을 제수받았지만, 丞相을 사양하고 근거지를 鄄城에 옮겼다. 자신이 황태제가 되려고 청하왕 司馬覃을 해쳤다. 그는 司徒를 겸하였지만, 비판을 잘 수용하지 못한 틈에, 羯族 石勒은 남하하였으며, 苟晞 등 군벌이 등장하였다.

이런 상황에서 동해왕은 권력을 독단하고, 패업을 달성코자, 佐史를 선발하였으며, 명장·강병을 자기의 군부에 충당하였다. 그는 신하의 도리를 저버렸다. 그러나 公私간에 궁핍한 혼란 시기이어서 목적이 잘 수행되지 못하여 마침내 걱정하고, 두려워하다가 병을 얻어 사망하였다.

한편 石勒이 그의 영구차를 공격·소각케 하면서, "이 사람이 천하를 혼란케 했으니, 내 천하를 위하여 그의 뼈를 불살라 천지에 고하리라"고 하였다. 즉, 석륵은 천하 혼란의 책임을 동해왕에게 전가한 것이다. 천하인들도 죄를 동해왕에 돌렸고, 황제 또한 그를 縣王으로 강등시켜 폄척하였다.

(3) 방현령 등은 이러한 팔왕에 대하여 평가하였다. 즉,

ⓐ 여남왕은 순수·화합하는 태도가 있었지만, 결단력이 없었다.

ⓑ 초왕은 예민하고 과단성이 있었으나, 마침내 흉악하게 어긋났다. 그는 太尉에 올라·금위를 담당했지만, 가황후에게 사주를 받아 衛瓘·여남왕을 살해하였다. 그리고 초왕 자신이 사태의 심각성을 인식하고, 그 책임을 자신에게 돌린 사실에 대하여 동정하였다.

ⓒ 조왕은 범용한 제후왕으로 孫秀의 기만을 깨닫지 못하고, 간특하게 재상·고관을 살해하여 황실의 기강을 무너뜨렸다. 마침내 천자의 지위까지 기웃거렸다. 국권을 탐할 수 없고 황제의 명의는 망령되어 빌릴 수 없는 것임에도 불구하고, 그는 어리석고 흉하게 淫祀에 의지하여 천년의 천명을 누리려는 것이다.

ⓓ 제왕은 ㉠ 진황실의 여망자 司馬攸의 아들로 조왕의 찬위·전권에 기병하고 근왕하여 황실을 재건하였으니, 칭찬할 만하다. ㉡ 그후 그는 국가의 동량으로 나라의 재난에도 불구하고, 교만·종욕주의로 일관하였다. 특히 그는 王豹의 기이한 방책이나 상줄만한 모략을 채용하지 않아 국란을 극복하지 못하였다.

ⓔ 장사왕은 ㉠ 재력이 뛰어나 충성심·장사의 풍모가 있었다. ㉡ 험난한 재앙에 봉착하였음에도 불구하고, 재삼 인륜을 지켰으니, 시종 가관이었다.

ⓕ 성도왕은 비록 교만하고 군주를 없이 여기는 마음이 있었으나, 제왕·하간왕과 협조하여 혜제 反正을 실행하여 국난을 평정할 수 있는 계기를 만들었다.

ⓖ 하간왕은 휘하 李含의 속임을 방임하고, 張方의 능멸·학대함에 의지하여 스스로 군주를 없이 여기는 마음을 드러내었으며, 자신의 의롭지 못한 것까지 뽐내었다. 황제가 북쪽, 서쪽을 순행하여도 정벌이나 교화를 위한 것은 아니었다. 골육간에 상호 침범이 요원의 불길처럼 일어났다.

ⓗ 동해왕은 ㉠ 성도왕·하간왕과 함께 창의하여 나라를 광복코자 하였다. ㉡ 그 공로가 확립되지도 않아 그의 능멸·포악함이 드러나 황제의 친정에 원망하여 許昌에 진출하였다. ㉢ 京城이 무너지고 황위가 옮겨졌으며, 宗社가 전복되어 수십만 명의 무리가 승냥이 등 짐승의 먹이가 되고, 諸王은 희생되었으니, 화란이 극심하였다. ㉣ 혜제가 실정한 것으로부터 내분·변괴가 일어나 골육간에 상잔하였고, 백성이 도탄에 빠졌으며, 북방 민족의 침략으로 천지가 폐쇄되고, 궁궐·종묘가 파괴되었으며, 종실의 지속까지 그 화를 입었으니, 애처로운 일이었다. 아울러 『시경』에, "누가 실로 이 재앙의 근원을 만들어 지금에 이르렀는고"라고 한 언급을 인용하여 잘못된 諸王 번병의 폐단을 지적하였다.

따라서 방현령 등의 의사는 다음과 같다. 즉,

① 통치자·종실·諸王의 통치 역량의 학습·구현을 강조하고
② 봉건 제왕의 황실 재건·인륜질서의 구현한 것을 표창하였고,
③ 정치는 小人의 기만·능멸·불의에 의지할 수 없음을 경계하 였으며,
④ 천명을 받지 못한 팔왕의 탐오함을 지적하였으며,
⑤ 성도왕·동해왕이 북족의 군사력을 차용하여 화북이 결국 五胡의 전쟁터로 변하였음을 비판하여 강한 華夷觀을 제시·권계한 것이다.

5) 武13王은 무제의 26아들중 13왕이 보인다. 이들은 혜제를 비롯한 秦獻王 司馬柬 등을 가르킨다. 일찍 요절한 자가 많고, 팔왕의 반란 등 정변에 가담·연루되어 희생되었다.

방현령 등은 이들 諸王에 대하여 평론하였다. 즉,

ⓐ 진무제가 왕조를 열고 곧바로 옛 성왕의 제도를 본받아 봉건 번병을 크게 세워 昭穆 곧 종묘의 신위를 모시듯 문무를 갖추고, 서주시대 제후에 필적케 했으며, 아울러 연횡케 하였다. 그러나 그것은 혼란중에 만든 것이고

재능이 없는 자를 발탁하였다. 원로 何曾은 무모한 통치라고 탄식하고, 郭欽은 危亡의 징조라고 인식하였다. 무제가 사망한 직후에, 국란이 일어나 조정의 헌장은 이완되고 무너졌다.

ⓑ 그 위에 팔왕이 반란을 일으키고, 胡·戎·羯族이 화북을 혼란케 하여 국가는 무너지고, 백성은 도탄에 빠졌으니, 일찍이 없던 일이었다. ……諸王을 봉건하여 왕실의 울타리로 삼았지만, 실제는 혼란의 근원이 되었다고 평가하였다. 그럼에도 불구하고 방현령 등은『시경』에, "덕망을 은혜롭게 하는 것은 내 자신을 편안하게 하는 것이다. 宗子는 나라의 성(울타리)이니, 성이 파괴되지 않아야 혼자되어 두려워하지 않게 되는 것이다"는 언급을 인용하여 봉건의 필요성을 강조하였다.

따라서 방현령 등의 의사는 다음과 같다. 즉,

① 司馬晉의 봉건이 파괴되어 쇠망한 것을 경계하고,

② 진무제가 봉건이 적절치 않는 시기에 부적격자를 무모하게 봉건한 것을 경계한 것이며,

③ 諸王이 국난에 적절한 울타리가 되지 못한 것을 경계하고,

④ 諸王 특히 팔왕은 정권 투쟁을 전개하여 晉亡을 재촉한 것을 지적하였으며,

⑤ 특히 戎羯 등 북족이 화북을 혼란케 한 사실을 비난하여 후인들을 권계한 것이다.

6) 종실에 대하여, 진무제는 泰始 초에 천하가 안정되자, 曹魏이래의 폐단을 혁파하고, 서주의 옛 제도에 따라 종실을 세워 번병으로 삼았다. 諸父·형제를 책봉하여 나라의 수명을 장구하게 하고, 황실의 번창을 도모한 것이다. 예컨대,

(1) 安平獻王 司馬孚는 도량이 크고 강직하였으며, 인품이 높고 아름다웠으며, 안으로 도의를 넓히고, 밖으로 충성을 드러내었다. 예컨대, 曹魏의 高貴鄕公의 사망을 애통해 하고, 陳留王이 즉위하여 중용함에 눈물을 흘렸다.『논어』에 강풍에 억센 풀이 드러난다고 했는데, 안평헌왕이 그러하였다. 그러므로 그는 현달하고 장수하였으며, 특히 그의 맑고 휘황함이 모범이 되었

다. 그는 晉의 종실중에 영특한 인물로 자손이 그 도량·인품을 계승하여 대대로 여망이 컸다.

⑵ 高密文獻王 司馬泰는 도량이 맑고 원대하여 간략·소박·과욕하였다. 또한 그는 어버이에 효도하고, 나라에 충성하여 종실중에 국가의 동량이었다. 新蔡武哀王 司馬騰·南陽王 司馬模는 함께 지방관 곧 幷州·雍州刺史에 나아갔다. 이들은 그 당시에 나라의 정치 사회 경제가 황폐하고, 황실의 골육상쟁·북족의 남하하는 상황에서 節義를 드러내었지만, 그들의 세력이 작아 연이어 패망하였으니, 슬프다고 논평하였다.

따라서 방현령 등의 의사는 다음과 같다. 즉,

ⓐ 진무제는 국가의 기반을 공고히 하고자 하여 서주의 봉건을 모방하여 曹魏에서 검소·충절을 드러낸 사마부·사마태를 번왕으로 삼았던 조치를 표창하였다.

ⓑ 이들 晉의 종실이 번병으로서의 역할을 다하여 자손이 현달하였음을 평가하였다.

ⓒ 재량없는 혜제, 상쟁한 제후왕, 북족의 남하를 방치한 서진왕조의 무능을 개탄하였다.

결국 방현령 등의 의사는 서진의 통치상 무능을 제시하여 통치자들을 경계한 것이다.

7) 외척은총에 대하여

⑴ 방현령 등은 외척전 서문에서 외척의 약점을 총괄하였다. 즉,

ⓐ 외척이 현달하고 영광을 누리는 것은 황실과 혼인한 것에서 연유한다. 그들은 대체로 화를 입고 피폐되어 생을 마감한 자 적지 않다는 것은 무엇 때문인가? 그들은 덕망이 아닌 은총으로 현달한다. 즉, 후비가 황제의 은총을 받으면, 그들이 군국의 추요를 총괄하여 그 권위는 황제조차 두려워하고, 그 세력이 온 조정을 좌우한다. 그들은 편안할 때에, 위험을 생각지 않고, 힘써 나아가려고만 하지, 물러날 줄을 몰라 마침내 교만·사치하여 불화가 뒤따랐다.

ⓑ 서한 시대에 呂·霍氏가 주륙되고, 동한의 梁·鄧氏가 단절되었으니, 그

들이 나라의 기강을 무너뜨리고, 정치를 파괴하였기 때문이었다. 역사상 이런 외척이 적지 않았다. 반면에 樊氏·竇氏·陰氏 등의 외척은 검약을 지키고, 사치를 경계하였으며, 史丹은 악한 일을 감추고 선한 일을 드러내었으니, 이들의 아름다움이었다. 이로부터 보건데, 멋대로 언행하여 넘치는 자는 마침내 흉하게 되고, 도리를 지키고 겸손하며, 욕심이 없는 자는 길이길이 정직하고 행복함을 보전하는 것이다. 또한 옛 사람이 이른바 화목은 모든 사람에게 있는 것이어서 오직 사람이 행하기에 따라 효험이 있지 않으랴고 전제하였다.

⑵ 이제 서진시대 외척 楊駿·賈充·羊琇·王愷 등에 대하여 그 이력을 살펴보자.

ⓐ 平陽 賈充은 혜제 가황후의 부친이다. 그는 효성·절도가 있어 文帝 大將軍司馬·右長史를 역임하였다. 諸葛誕·鍾會를 평정하여 공로를 세웠다. 그 때에 문제가 司馬攸에게 晉王의 지위를 전달하려고 하였다. 그는 문제에게 武帝가 인군의 덕망이 있다고 천거하여 晉王의 지위를 세습하는 데에, 큰 역할을 했다. 그리하여 진초에 尙書僕射·魯郡公에 올라 新律을 시행함으로써, 백성을 편리케 하였고, 尙書令에 올라 인재를 천거하는 등 선정을 베풀었다. 그러나 그는 공정한 지조가 없고, 똑바로 아래 사람을 대하지 않았으며, 아첨자를 받아들였다. 氐·羌族이 關中에서 소란을 일으키자, 侍中 任愷가 賈充으로 하여금 關中에 출외토록 청원함에 황제가 수용하였다.

한편 荀勖은 賈充에 의지코자, 연회석상에서 가충의 여식이 재색이 있다고 태자빈으로 천거함에, 양황후가 칭찬하였고, 황제가 수용했다. 이리하여 가충은 본직에 복귀하였다. 가충의 손자 謐은 원래 韓壽와 賈午(가황후의 여동생)와 사이의 아들인데, 가충의 후사로 되었다. 가황후가 전횡할 때에, 그는 교만·사치하고, 무뢰한을 거느렸으며, 渤海 石崇 등 24友가 칭찬했다. 그는 민혜태자와 바둑으로 다투고, 마침내 무함·살해케 하였다. 결국 조왕 司馬倫이 수도에 진입하여 가황후를 폐할 때에, 그와 그 친당이 피해를 입었다.

ⓑ 弘農 楊駿은 진무제 양황후의 부친으로 車騎將軍·臨晉侯에 나아갔다.

尙書 郭奕 등은 양준이 덕망이 적다고 하여 만류하였다. 진무제는 太康이래 천하 무사라 하여 주색에 빠졌고, 황후당을 총애하여 정치를 위임하였다. 楊駿·珧·濟 등 三楊이 그들이었다 황제가 임종에 임박하여 고명자·좌명공신이 없어 황망하던 차에, 양준은 친당을 심어 대신을 물리쳤다.

황제는 약간 정신이 들어 그를 질책하고, 여남왕과 함께 집정케 했다. 양준은 여남왕이 저지하고, 권력·은총에 의지하여 숙위를 더욱 엄중히 하였으며, 양황후는 황제에게 양준의 정치를 보좌할 것을 허락받았다. 이리하여 그는 太尉·太子太傅·假節·都督中外諸軍事·侍中·錄尙書事의 직함으로 정권을 장악하였다. 이때 그는 武賁의 병사 백인을 자위케 하는 등의 불손한 행동을 저질렀다.

혜제 즉위하여 양준은 太傅·大都督·假黃鉞·錄朝政으로 국정을 총괄하였다. 그리고 정치는 태후와 상의하여 처리했으니, 혜제·가황후·종실·諸王은 뒷전으로 물러났다. 이에 馮翊太守 孫楚·少府 蒯欽 그리고 두 동생 珧·濟가 간곡히 만류하였으나, 양준은 듣지 않았다. 한편 가황후는 투기가 많고, 성정이 제압키 어려워 결국 양자 정치투쟁이 전개되었다. 마침내 가황후의 은밀한 지령에 따라 초왕 사마위가 양씨 일당을 소탕하였다.

ⓒ 羊琇는 경헌황후의 종부제이었다. 그는 학문에 능하고 지혜가 있었다. 그는 어려서 진무제와 더불어 친숙하여 부귀할 때에, 보증하기로 약속까지 하였다. 진무제가 晉王을 세습함에, 그는 좌위장군, 천조하여 그는 中護軍을 제수하여 금병을 장악하고 기밀에 참여시키는 등 은총이 두터웠다. 그러나 양수는 성품이 호사하고, 비용을 낭비하여 호사 생활을 즐겼다. 그의 죄가 중형에 해당하여 사례교위 劉毅에게 탄핵받자, 면관하였다가 곧 복직시켰다. 결국 제왕 攸의 출진을 충간하다가 황제의 의지를 거슬려 좌천되자, 은총을 잃은 것을 비통해 하다가 발병·사망하였다.

ⓓ 문명황후의 동생 王愷는 재능이 있어 청현 요직을 담임했고, 선정하였으며, 양준을 토벌한 공로를 세워 龍驤將軍·散騎常侍, 後將軍을 역임하였다. 그는 세족이요, 국척으로 성품이 호사 생활을 하였다. 石崇과의 호사 경쟁은 유명하고, 사례교위 傅祗의 탄핵을 받은 중죄인이었으나, 특별히 사면을 받았다.

⑶ 방현령 등은 이러한 외척의 동향에 대하여 평가하였다. 즉,

ⓐ 賈充은 아첨하는 비루한 성품을 가졌고, 도필리 정도의 통상적인 재목이었다. 그는 외척으로 재능이 없음에도 불구하고, 외람되게 탐내어 높은 지위에 현달한 것을 비판하였다. 그는 무기를 휘둘러 순리를 犯하고, 형벌에 의지하다가 패망하였으니, 曹魏에 패역하고 진황실에 대해서도 죄인이었다. 그의 일신은 은총으로 가득했고, 문무를 겸하여 재상의 임무를 짊어졌지만, 사당에 모셔지는 영광이 없고, 덕망이 없이 봉록을 받았으니, 재앙이 장차 이르른 것이다. 말하자면 자손에 나쁜 결과를 쌓아 주고, 간사하여 흉악함에 빠졌다. 가황후를 부추기어 가문을 다하게 하였으니, 비록 주살될지라도 어찌 책임을 면할 수 있으랴 라고 비판하였다.

ⓑ 그리고 양준은 은총으로 동량의 임무를 짊어졌으나, 그는 도리어 중책을 다하지 못해 교만·사치·음일하였으니, 어찌 면할 수 있으랴. 결국 양준은 앞서의 걱정을 알면서도 옛 사람과 달리 도리를 범하여 폐가·망신하였으니, 도리어 애처롭다고 동정하였다.

⑷ 아울러 방현령 등은 외척전 서문에서도 양준 등에 대하여 평론하였다. 즉,

서진의 간난은 궁중에서 비롯되었다고 전제하였다. 楊駿은 무제의 은총에 의지하여 사사로운 名利를 꾀하고, 분에 넘치는 높은 자리에 나아갔다. 賈謐은 혜제의 몽매함을 틈타 파란을 조작하여 마침내 민혜태자를 살해하였으니, (이처럼) 天人의 도리가 없어지고, 혼란이 넓어져 종묘가 전복되었으며, 백성이 병들고 시들었다고 비판하였다. 앞서 말한 것처럼, 방현령 등은 『시경』에, "왕성한 宗周는 褒姒가 멸망시켰다"고 한 언급을 인용하였으니, 그것은 가황후를 서주 幽王의 褒姒에 비유하여 비판한 것이다.

⑸ 또한 방현령 등은 羊琇·王愷 등 외척을 비평하였다. 즉,

이들은 견문이 많고, 皇親의 부탁을 받았다. 그는 (유력자가) 암약하던 중에, 왕업을 시작하는 모의에 참여하여 배반치 않는다는 맹세를 하고, 우대받아 번성하였다. 그러나 그는 은총을 빙자하여 사욕을 드러냈고, 세력·지위에 의지하여 교만하고 타인을 능멸하였다. 또한 그는 누차 국가의 헌장을

범하고, 빈번히 국가 기강을 혼란시켰다. 그는 무제의 관대한 정치때문에 형벌을 면하였다. 王愷는 외척으로 대대로 국가 봉록을 받았으나, 공검치 않고 방종하여 사치와 음일을 숭상하였다고 지적하였다.

따라서 방현령 등의 의사는 다음과 같다. 즉,

① 황제는 관인·대도의 덕망을 가져야 하지만, 끊어야 할 것은 마땅히 끊고, 폐하여야 할 것은 마땅히 폐하여야 할 것임을 권계한 것이다.

② 진무제가 천하를 통일하고, 외척에 정치를 위임하여 국사를 그르친 것을 지적한 것이다.

③ 황제는 재능·덕망있는 후비를 선발하여 관인·대도를 권장하고, 악덕을 경계한 것이다.

④ 국가의 재상·대신은 문무의 공로를 세운 인물이어야 하고, 조언을 청취하여야 하며, 은총에 의지하여 교만·사치·음일에 빠지는 것을 경계한 것이다.

⑤ 외척 또한 통치 역량을 닦아 현달해야 하며, 후비의 은총에 의지하여 교만하거나 사치하는 것은 불가하다는 것을 권계한 것이다.

⑥ 晉亂은 궁중에서 발단했다고 총괄하였으니, 명교상 『대학』의 삼강 팔목과 같은 덕목을 학습·구현할 것을 권계·제창한 것이다.

이상 황제의 최 측근인 후비를 비롯한 민회태자·諸王·종실 그리고 외척에 대한 평론을 종합하면 다음과 같다. 즉,

㈀ 후비는 황제가 교화하는 데에 협찬자이다. 그러나 楊皇后는 간악한 가황후를 감쌌고, 가황후는 시기·모략으로 친당을 사주하여 민회태자를 살해하고, 팔왕의 반란을 유도하였다.

㈁ 민회태자는 총명하여 진무제가 애지중지하고 앞날을 기대하였다. 그러나 그는 가황후의 소생이 아니었다. 성장하여 가황후의 시기를 받고 호학하지 않았으며, 유희나 즐겨 충간자의 만류를 물리치고, 가황후에게 사주받은 일당에게 피해를 입었다.

㈂ 제왕 등 宣五王·종실 출신은 예악을 닦고, 법도를 지킨 여망이 있는

번병으로 충성을 다하여 봉건의 효과가 있었다. 그러나 여망이 컸던 제왕 司馬攸는 결국 진무제의 감시·통제로 정치를 보좌하는 것보다는 보신에 힘썼다.

㈑ 팔왕중에 유력여망자(여남왕·장사왕·성도왕·하간왕)와 무식·과단·포악자(초왕·조왕·제왕·동해왕)가 있었다. 이들은 여망을 저버리고, 측근의 소인에 의지하여 군주를 없이 여기는 마음을 드러내어 마침내 정권쟁탈전을 전개하고, 상호 살육전을 감행하였다. 심지어 北族에게 병력을 빌리기까지 하여 마침내 화북을 혼란케 하는 원인을 제공하였다.

㈒ 무13왕은 요절한 자 많고, 정변에 연루·가담하여 희생되었다.

㈓ 외척은 후비의 은총에 의지하여 현달하고 실권을 장악하였다. 이들은 마침내 교만·사치·음일하고 진퇴가 명확치 못하여 패가·망신하였다.

따라서 방현령 등의 의사는 다음과 같다. 즉,

ⓐ 서진의 가황후는 말할 것도 없고, 양황후는 황제의 살못 이끌은 자라고 비판하였으며,

ⓑ 종실 출신이 훌륭하게 번병의 역할을 수행한 것을 표창하였으며,

ⓒ 여망이 컸던 제왕 司馬攸를 의심·통제하여 그는 정치를 보좌하는 것보다 보신한 사실을 들추어 진무제의 관인·대도함에 대하여 회의하였다.

ⓓ 진무제가 민회태자를 과도하게 애지중지하여 결국 가황후에게 시기·살해를 불러 일으켰던 사실을 경계하였다.

ⓔ 팔왕·무13왕은 진무제의 무모한 諸王·종실의 대봉건이 晉亡·亂華의 근원이었음을 경계하였다.

ⓕ 진무제가 외척을 과도하게 신임하고, 안일무사하게 통치한 사실을 경계하였다.

결국 방현령 등은 諸王 등 황제의 최 우익자들이 성역이 아닌, 국가의 주석·동량으로 끊임없이 덕망을 닦고 충성하여야 국가는 장대하게 발전하고, 그렇지 않으면 국망·패가·망신할 것임을 권계·제창한 것이다.

따라서 결론으로, 현재 유행하고 있는 『진서』는 본기·지·열전·재기의 130권으로 구성되어 있는 흠정 기전체 단대사이다. 당 초기에 장영서의 『진

서』 등 18가가 있었다. 당태종은 대부분이 완본이 아니고, 장씨의 그것은 번거롭고 의례가 엄격하지 못하며, 진선을 갖추지 못하였다고 평가하였다. 아울러 그는 방현령 등에게 "선한 일은 표창하고 악한 일을 배격"하는 백왕의 모범이 되도록 거듭 찬수할 것을 명령하였는데, 정관 말년에 다소 기울어진 기강을 재건하려는 의도로 찬수하였다. 필자는 동서의 규모가 방대하여 일차로 서진의 諸皇帝와 諸王 등 황제의 최 측근자들의 사론, 곧 "制曰", "史臣曰"을 전문에 근거하여 분석함으로써, 방현령 등의 국가 성쇠관을 모색하여 보았다.

그 결과는 다음과 같다. 즉,

첫째, 宣·景·文帝는 무·방략이 있고, 관인·대도하여 오촉을 격퇴·평정하여 현직에 영달하고, 晉公·晉王에 나아가 서진정권의 기반을 확립하였다. 특히 진무제는 선대의 정치적인 기반을 확대하여 관인·대도로 현덕자를 채용함으로써, 진왕조를 건설하였다. 반면에 吳를 평정한 이후 諸皇帝는 안일무사·교만하고, 외척·소인에게 정치를 위임하여 小人道가 번졌다. 태자·태자빈(유원해)은 마땅히 폐(제거)하여야 하였지만, 폐(제거)하지 못하여 마침내 팔왕의 반란, 나아가서 五胡의 화북을 혼란케 하여, 황제는 죽고 나라는 망하였다.

둘째, 방현령 등은 宣帝의 천명을 받음, 景帝의 천자의 자태 특히 무제가 진명천자임을 「왕명론」, 「천명론」, 참위·미신 사상을 통하여 꾸몄다. 즉, 황제의 즉위를 백록·백룡·황룡의 출현에 비유하였다. 아울러 혜제의 태자 책봉·즉위시에, 상서롭지 못한 일식·대설 등의 현상과 관련시켜 그가 小人道를 펴는 여앙자임을 드러내었다. 아울러 방현령 등은 통치자 황제가 천도에 따라 끊임없이 덕망을 쌓아 통치하고, 도교 사상보다 유교 사상을 거듭 일으켜 아부·무심자를 배척하고, 현덕자를 숭상·채용하며, 유교의 덕목을 학습·구현하여 국가의 발전을 추구하여야 할 것임을 권계·제창하였다. 따라서 방현령 등은 수명자가 천도에 입각하여 통치하여야 하고, 소인도를 경계하였다.

셋째, 서진의 楊·賈 두 황후의 덕망이 없었다. 특히 가황후는 악덕을 쌓아 태자를 시기·살해하고, 팔왕의 반란을 유도한 사실을 지척·경계하였다. 諸

王·종실중에 몇몇 여망자가 있어 봉건의 실효성을 올린 것 같았다. 그러나 대다수 諸王은 포학·무도·교만·사치·음일하고, 정권 투쟁을 전개하였으며, 심지어 北族에게 병력을 빌리는 것까지 서슴치 않아 마침내 晉亡·亂華를 재촉한 사실을 경계하였다. 그리고 외척은 후비의 은총으로 현달하였지만, 교만·사치·음일하여 나라를 그릇치고, 패가·망신한 사실을 경계하였다. 따라서 방현령 등의 諸王觀은 諸王을 비롯한 후비·외척 등 황제의 최 측근자가 끊임없이 덕망을 학습·구현하여 국가의 발전을 모색할 것임을 권계·제창하였다.

총괄하면 방현령 등 정관 시기의 역사가들은 『진서』 서진 諸帝·王에 관한 사론에서 「왕명론」, 「천명론」·참위·미신 사상을 통하여 국가의 성쇠관을 내세웠다. 아울러 그들은 유교의 덕목을 학습·구현함으로써, 그 이념을 통한 이상향을 모색한 경세사학가들이었다.

『진서』는 판본이 많지만 1974년 북경중화서국 교감본이 현재 유행하고 있다.

제3절 李百藥의 『北齊書』 찬수 설명과 역사관

『북제서』는 唐太宗 貞觀 初期에 李百藥이 찬수한 중국의 전통적인 欽定 정사이다. 그것은 대체로 534년 孝武帝 西遷으로 北魏王朝가 高歡의 東魏와 宇文泰의 西魏로 분열되고 다시 周·齊政權이 華北을 동서로 나누어 대립하다가, 577년 周武帝가 北齊를 평정할 때까지 44년간의 왕조흥망사이다. 『북제서』라는 명칭은 蕭道成이 건설한 齊의 역사, 곧 蕭子顯의 『齊書』와 구별키 위하여 宋朝이래로 사용해 왔다. 이러한 『북제서』의 편찬 배경은, 즉,

(1) 唐의 최고 통치자 高祖·太宗이 역사편찬을 위한 館舍를 마련하여 이를 국가적인 사업으로 추진하였다. 孔子, 司馬遷이래 중국의 역사편찬은 개인적으로 찬수되었다. 이러한 私撰은 점차 館撰으로 바뀌어 갔다.

즉, 東漢 明帝가 班固의 『漢書』 찬수를 고발받고, 그를 투옥시켰다가, 그 草稿를 열람하고 그 우수성을 인정하여, 그를 蘭臺令史를 삼아 계속 편찬케 하였다. 그리고 東漢 獻帝가 왕조의 쇠망을 걱정하여 荀悅에게 君臣事跡을

기록하라고 명령하여, 그는 『漢紀』를 저작하였다. 또한 북위 태무제는 崔浩의 總裁하에, 『國紀』 30권을 저작케 하였는데, 이것이 저 유명한 최호사건의 단서가 되기도 하였다.

특히 北齊 文宣帝는 궁중에 史館을 설치하고 수명의 관원까지 배치하여 북위의 역사를 찬수케 함으로써, 이른바 館修史學이 이루어졌다. 李德林이 修國史로 齊元, 곧 齊의 紀元을 확정한 것은 이때의 일이다. 그후 隋文帝가 魏澹에게 『魏書』의 문제점을 보완하게 하여 편년체 단대사 『魏史』를 편찬하는 등의 업적을 남겼으나, 煬帝는 역사편찬에 관심이 없었다. 唐初이래 통치자는 역사를 중시하여 그 館舍에 역사를 기록하는 史官을 배치하고 국사를 찬수케 함으로써, 이른바 館修史學을 시작하여 발전시켜 왔다.

(2) 唐 初期의 통치자와 관료들은 역사의 經世 傳統을 계승하여 관수국사를 추진하였다. 수양제의 폭정으로 말미암아 야기된 농민반란으로 국가는 무너지고 백성은 살상되었으며, 국토는 황폐화 하였다. 당 초기 통치자들은 질서를 회복하여, 다시는 반란이 일어나지 않도록 해야 한다는 당면목표를 구현하여 이른바 「貞觀의 治」를 이루었다.

唐高祖 武德 5년(622) 令狐德棻은 梁·陳의 近代이래 鑑戒를 삼을만한 正史가 없고, 왕실 二祖(李虎, 李昞)의 공적이 있는 周·隋의 문헌이 망실되고 있다고 전제하여 六代史 편찬을 청구하였다. 이에 당고조는 "史官의 記錄은 득실을 토론할 수 있고, 앞 시대를 많이 알면 장래에 도움이 된다"고 하여 영호덕분을 총재로 삼고, 蕭瑀(魏書), 令狐德棻(周書), 封德彛(隋書), 崔善爲(梁史), 裵矩(齊史), 姚思廉(陳史) 등에게 六代史를 찬수케 하였다. 그러나 이들은 수년이 지났지만, 성취하지 못하여 역사찬수는 혁파되었다. 이때에는 아직 각지의 반란을 평정하지 못하여 역사찬수를 위한 겨를이 없어 중단한 것 같다.

당태종은 반란집단을 평정하고 당왕조의 기반이 어느 정도 안정된 정관 3(629)년 다시 魏徵(『隋書』)을 總裁로 삼고, 令狐德棻·岑文本(『周書』), 李百藥(『北齊史』), 姚思廉(『梁·陳史』) 등에게 五代史를 찬수하도록 명령하였다. 이들은 동 10년(636) 완성하여 태종에게 進書하였다.

(3) 李百藥은 博學하고 大才를 가졌을 뿐만 아니라, 부친 李德林의 『齊史』를 완성하였다. 이백약은 7세에 이미 屬文을 이해하였다. 부친의 讌集에 侍立하였다가 빈객들이 徐陵의 글을 해독치 못하자, 그는 명확히 답변하여 좌중을 놀라게 하였다. 부친 이덕림은 본관이 趙郡으로 명문귀족의 후예였다. 그는 北齊에서 中書舍人·侍郞, 北周에서 內史上士·御正下大夫, 隋에서 內史令을 역임하여 황제의 조칙을 담당하는 요직을 역임하였다.

아울러 그는 문벌귀족으로 국사를 찬수하였다. 국사의 찬수는 위진남북조시대 귀족들의 주요 역할중에 한가지이었다. 즉, 그는 북제 때에, 이미 修國史로 『齊書』 27권을 찬수하였고, 隋文帝의 命令으로 그것을 38권으로 확충하였다. 이백약은 부친의 저작 『제서』 38권은 물론, 북제 崔自發의 『齊紀」, 王劭의 『齊志』 등을 참고하고 부친의 歷史觀인 「天命論」을 수용하여 『북제서』를 찬수한 것이다.

(4) 이백약은 당태종의 지명에 따라 館修하였을 뿐만 아니라, 자신의 逆境중에 쌓은 역사관을 운영하여 『북제서』를 완성하였다. 博學·大才의 그는 개황년간에 태자 속관, 곧 東宮通事舍人·太子舍人·東宮學士로 활동하였고, 朝廷의 고관 楊素, 牛弘 등의 애호를 받았으며, 五禮를 찬수하고 律令을 제정하였으며, 음양서를 편찬하기도 하였다. 아울러 부친 이덕림이 한 것처럼, 臺內의 奏議文·表를 많이 작성하였다.

그러나 수문제 仁壽 말년 楊廣(煬帝)이 揚州에 出鎭하여 그를 幕僚로 벽소하였으나, 이백약은 칭병하고 부임치 않았다. 양광은 이에 악감을 가지고 즉위한 후에, 그를 桂州司馬로 좌천시켰다. 제왕의 그릇이 이렇게 작아서야 수왕조가 장구하게 발전할까 하는 의심이 나는 조치였다. 그후 양제는 황제권을 강화하는 조치의 하나로 文帝 때의 州縣制를 郡縣制로 바꾸었는데, 그때에 지방관의 佐史·幕僚가 상당히 퇴출되었을 것으로 생각된다. 이리하여 이백약은 해직되어 향리에 돌아왔다.

그는 大業 5(609)년 다시 발탁되어 魯郡 臨泗府 步兵校尉에 나아갔다가 동 9(913)년 會稽에 充戍되었다. 이윽고 建安郡丞에 제수되어 烏亭에 도달했을 때에, 宇文化及의 煬帝 살해사건이 발생하여 농민봉기가 최고조에 달하였다. 이때에 이백약은 강남의 반란집단 沈法興에게 잡혀 그의 掾이 되었다가, 법흥이 李子通에 실패하여 자통의 中書侍郎·國子祭酒에 나아갔다. 이윽고 杜伏威가 이자통을 평정하고, 그를 行臺 考功郎中에 임용하였지만, 誣陷으로 간히었다가 「釋窮賦」를 지어 申理·復職되었다. 이러한 이백약의 無力한 유랑은 그의 부득이한 활동이었음은 말할 것도 없다.

사정이 이러할 때에, 唐高祖가 江南에 使者를 보내어 招撫함에, 이백약은 杜伏威에게 入朝할 것을 권고하여 수용되었다. 그러나 두복위는 중간에 변심하고, 그의 行臺僕射 輔公祏과 함께 백약을 살해코자 하여 石炭酒를 마시게 했으나, 도리어 백약이 숙환을 제거하였다. 복위는 백약이 살아 있는 것을 알고 보공석에게 살해하도록 사주했으나, 이번에는 복위의 양자 王雄誕이 그를 보호해 주어 겨우 면제되었다. 그 후 보공석은 唐王朝와 두복위에 배반하고 백약을 자신의 이부시랑으로 삼았다. 이런 이백약의 곤경은 반란집단의 영수들이 박학·대재인 그를 자신의 브레인으로 삼아 자신들의 목적을 달성하려는 사정에서 저질러진 것이었다.

한편 당고조는 이백약이 이전에 두복위를 설득시켜 入朝한다고 했는데, 또 다시 보공석과 함께 반란을 일으킨 것이라고 오해하여 악감을 가졌다. 그후 당고조는 보공석을 평정하고 두복위가 보공석에게 백약을 살해하라는 서신을 받고 오해가 풀렸지만, 그를 徑州에 유배시켰다.

이상 장황하게 이백약의 逆境을 설명하였다. 問題는 그가 학문이 넓고 깊어 才名이 있었기 때문이었으며, 그는 이러한 역경중에 많은 경험·교훈을 얻었을 것으로 생각된다. 그것은 태종이 정관 원년 백약의 才名을 중시하여 그를 불러 中書舍人을 제수하고 安平縣男을 봉하여 五禮와 律令을 수정케 한 사실에서 이해된다.

아울러 동 2년 그가 후술하는 바와 같은 「封建論」을 저작하였다. 그것은 부친 덕림으로부터 학습한 바의 「天命論」에 입각한 국가의 통치 및 자신의 처신을 술회한 것이다.

또한 이백약은 『북제서』를 편찬한 이외에, 賦 10餘篇·詩 20餘 首를 찬수하였다. 특히 그는 「請放宮人封事」에서 태종이 부역을 가볍게 하고 상벌을 신중히 하며, 몸소 절검하였다고 칭송하였다. 아울러 「安置突厥議」를 제출하여 定襄에 都護府를 설치하여 唐治下의 突厥人의 관리를 청원하였다. 또한 그의 詩·賦 등은 唐初期에 일정한 영향을 주어 文學史上에 있어서 한 자리를 차지하였다. 따라서 이러한 그의 文才는 『북제사』 편찬에 중요한 기초이었다.

이제 『북제서』의 편찬과 내용에 대하여 살펴보자.

이백약은 부친 李德林의 역사편찬을 계승하여 『북제서』를 완성하였다. 그것은 『四庫全書』 總目提要에서 이백약은 마치 姚思廉이 부친 姚察의 사업을 이어받은 것과 같다고 한 사실과 劉知幾가 이백약은 부친의 舊錄이외에도 다른 책을 참조하여 50권으로 확충하였다는 지적에서 알 수 있다.

이러한 『북제서』의 體例는 다른 기전체 단대사에서 볼 수 없는 특수한 사정을 볼 수 있다. 그것은,

첫째로 『북제사』의 시작, 곧 齊元을 高祖(歡, 곧 神武)로부터 시작한 것이다. 이덕림이 북제에서 태사령으로 국사를 찬수할 때에, 陽休之와 魏收가 선후하여 감수하였다. 兩人은 북제의 기원에 대하여 서로 의견이 맞지 않았다. 즉, 양휴지는 북제가 文宣帝로부터 시작하였으니, 天保, 곧 문선제로 한정하여 시작해야 한다는 것이었다. 그러나 위수는 고조가 四胡를 평정하여 北齊의 기원을 마련하였다는 점에서 고조로부터 시작해야 한다는 것이었다.

이덕림은 위수의 견해에 찬동하여 周公 旦이 섭정하여 원년·2년으로 칭하였고, 魯隱公이 즉위치 않고 원년을 지칭하였다는 사실에 입각하여 고조로부터 기록하였다. 그리고 고조와 세종에 대하여 이덕림은 天保以前이니 前史, 곧 『魏書』에 넣는다면 어디에 넣을 것인가가 곤란하다고 하였다. 이 양론은 그후 끊이지 않았지만, 이백약이 부친의 견해를 받아들여 고조로부터 서술한 것이다. 결국 이백약은 陳壽가 『三國志』를 서술할 때에, 曹操를 帝紀에 넣었던 방법을 채용한 것이다.

이리하여 『북제서』는 『三國志·晉書』처럼, 국가의 건립·발전과정을 한눈에 살펴볼 수 있는 편리함을 제공하였던 것이다. 실제로 高歡은 북제 건설의 기초를 닦았고, 平原王에 나아가 동위 정권을 실제로 운영하여 그 당시 그를 "高王"이라고 불렀던 사실은 그러한 사실을 반증해 준다.

둘째로 『북제서』는 班固의 『漢書』를 모방하여 "論曰·贊曰"을 넣고 帝紀의

후에 魏徵의 總論을 넣어 史評 곧 史論 부분이 특이하다. 그리고 帝紀의 경우, 傳論 바로 앞에 해당하는 황제의 이력을 종합하여 편리하다. 여기서 『한서』의 사론을 본받은 것은 체례상 불가피한 것이었다. 위징의 총론은 『북제서』가 관수사서이기 때문에 총재의 견해를 포함할 수도 있다는 점에서 이해된다. 황제의 이력을 종합한 것은 독자에게 편의를 제공하려는 찬수자의 배려라고 생각된다.

셋째로 『북제서』는 후인들의 補缺이 많다는 점이 특이하다고 할만하다. 『북제서』는 당 중엽으로부터 점차 殘缺이 많아져 후인들이 끊임없이 결함을 보충하였다는 것이다. 宋初에 이르러 『북제서』는 50권중에 단지 17권 만이 이백약의 원문이고, 나머지는 후인들이 이연수의 『북사』와 唐人의 史鈔중에서 서로 관련된 紀傳을 이용하여 결함을 보충하였다고 한다.

이 결함에 대해서는 구체적 이유나 배경을 밝혀주는 자료는 현재로서는 없는 것 같다. 현재 유행하고 있는 『북제서』에는 후인이 보충한 각 권의 첫 부분에 주석표시를 붙이고 교감하고 있다. 이러한 補缺에 대하여 錢大昕은 명확히 밝히고 있다. 그는,

① 『북제서』 50권 중에 18권이 원문이라고 하였다. 즉, 권 4·13·16·17·18·19·20·21·22·23·24·25·41·42·43·44·45·50이 그것이다. 그런데 권 50 恩倖傳은 傳序와 傳贊이 諸帝의 廟號를 지칭하여 원문의 특점이 있고, 傳文은 『북사』에서 나왔지만, 아울러 『북사』의 타당치 못한 부분을 刪節하여 원문이 아니다. 따라서 이백약의 원문은 17권에 지나지 않는다는 것이다.

그러나 필자의 소견으로 보면, 권 50의 傳序 및 傳贊은 이백약의 원문인 듯 싶다. 그것은 錢氏가 傳序·編纂은 이백약의 원문이라고 하였고, 그것은 원문이라는 권 44, 유림전과 권 45, 문학전의 傳序·傳贊이 『북사』와 다르지 않으며, 원문이 아니라는 권 46·47·48·49의 傳序는 『북사』와 같다는 점에서 볼 때에 그렇다. 아울러 원문이라는 권 43의 史論은 다른 열전의 "사신왈"과는 달리 "論曰"이라 하였으니, 의문이 생긴다.

② 帝紀 권 8의 "論曰"에 대하여 錢氏는 문선제의 "論曰"이외에 7帝紀의 "論曰"이 망실되어 후인이 『북사』에 의거하여 보충하였으며, 이백약의 사론

은 "사신왈"이지만 대체로 校書者가 전후편의 사례에 의거하여 "사신왈"을 "론왈"로 고친 것이라고 하였다.

③『북제서』帝紀의 廟號는 당태종의 諱를 피하였다. 동시에 찬수한 요사염의『양·진서』, 영호덕분의『주서』에는 "世"字를 채용했고, 避諱는 고종 때부터이지만, 이백약만 피휘하여 "世"字를 채용치 않았다고 하였다. 이 부분은 현재 유행하고 있는『북제서』에는 高澄을 世宗이라 하고 武成帝를 世祖라고 하고 있는 점에서 살필 수 있다. 따라서 전씨의 지적은 三朝本 내용을 보고 한 언급인 듯 싶다.

그 밖에 전씨는『북제서』의 내용을 상세하게 검증하여『북사』등의 자료를 통하여 결함을 보충한 내용을 밝혔고,『북제서』「교감후기」에도 매우 상세한 상황을 설명하고 있다. 본고는 사론을 고찰하려는 의도이니, 이 부분은 錢氏의 연구 성과가 상세하여 편리하다.

이상과 같은 사정에서 劉知幾는『북제서』는 이덕림의 舊錄 38편과 他書를 雜採하여 이루어 진 것이라고 비판했다. 그러나『북제서』는 전체적으로 볼 때에, 口語를 많이 사용하여 생동감이 있으며, 서술 상에서 보면, 嚴勤한 측면이 있어 중국역사사가들이 힘써 노력한 우량 필치를 볼 수 있다고 하였으며, 유물주의자들은 반란사건을 많이 기록하여 좋은 자료라고 칭찬하고 있다. 그러나 필자는『북제서』의 풍부한 起事事件의 기재는「천명론」과 관련되어 있는 것으로 이해된다.

이에 저자는「『북제서』사론을 통하여 본 주편자 李百藥의 歷史觀」을『전남사학』제13집(1999년 12월)에 개재하였으니,『북제서』편찬설명을 비롯하여 김정암의『중국사학사』, 장순휘의『중국사학가전』, 창수량의『중국사학명저평개』등에 소개되어 있는『북제서』와 이백약에 관한 내용을 참조하여『북제서』주편자 이백약 등의 역사관을 살펴보자.

가) 國家 盛衰觀

이백약은『북제서』권 4, 帝紀 4, 傳論에서,

A. 高祖는 四胡를 평정하여 위엄과 권위를 세상에 뒤덮었다. 鄴에 천도한 후에 비록 主人과 名器가 따로 있었을지라도, 정치는 모두 스스로 號令으로

행하였다.

B. 顯祖는 순리적으로 鴻業을 계승하여 내외가 협력·복종하고 朝野의 群心이 촉망하였다. 황제는 처음 정치에 뜻을 두어 수년동안에 상당한 성과를 거두었다.

C. 그후로 황제는 황음무도하여 일이 극히 건잡을 수 없었고 昏邪·殘暴함의 그와 같음이 근래에 없었다. 國祚가 길지 않음은 실로 이러한 병폐로부터 연유하여 후손이 모두 끊어졌으니, 진실로 또한 재앙을 남기는 자이었다고 명확히 논평하였다.

위 자료를 분석해 보자.

A의 경우. 5세기 초반기 북위말 四胡, 곧 尒朱氏 政權을 평정하여 그의 권위와 위엄이 떨쳤다. 그렇지만 고조, 곧 高歡과 孝武帝와의 사이에 알륵이 생기어 황제는 西遷하여 宇文泰에게 의지하였다. 이에 고환은 孝靜帝를 옹립함으로써, 東·西魏 政權이 북중국에 형성되었다. 이때에 高歡은 丞相·太原王·柱國大將軍으로 동위의 정치, 군사상 실권을 장악·행사하였던 것이다.

B의 경우. 顯祖 文宣帝는 高歡의 第 2子로 文襄王 高澄의 동생이다. 모친 婁王后가 그를 잉태하였을 때에, "赤光이 실내를 비추었다"고 하였고, 출생 후에, "鱗身重顆"했으며, 齊王에 封할 때에, "밤에 침실이 낮과 같이 빛났다"고 하며, 황제에 즉위한 날에, "京師에서 赤雀을 잡았다"는 등의 과도한 참위사상을 주입하여 高洋의 稱帝는 天命에 따르는 것임을 대서특필하였다. 특히 同書·卷의 贊에는 문선제의 즉위는 帝籙, 곧 帝王名簿錄에 따라 즉위했음을 밝혔다. 따라서 이런 사실은 이백약이 「天命論」에 입각하여 『북제서』를 찬수하였음을 엿볼 수 있다.

이상에서 말하는 天命이란 무엇인가? 天은 중국 先秦 사상에서 절대적 인격신이다. 天의 의지에 따라 만물의 생성과 소멸·풍흉·상벌·흥망성쇠·개인의 운명 등 자연계·인간계의 모든 것이 결정된다는 것이었다. 殷紂王은 그가 專制하여 天의 버림을 받아 망하고, 새로이 천명을 받은 서주의 통치자들은 敬德을 주장하였으며, 이는 다시 鄭子產의 寬猛相濟, 孔子의 德治, 董仲舒의 德刑並用 등의 정치사상으로 자리 잡았다. 이런 사상은 班彪의 「王命論」

을 낳았고, 이것이 『漢書』를 찬수한 班固의 역사철학이 되었다. 다시 말하면, 班彪는, "堯舜은 天의 曆數에 따라 命을 받고 四海를 밝게 구제하여 대대로 德을 쌓았다. 湯·武에 이르러 天의 의지에따라 백성을 복종시켰다. 劉氏는 堯의 國祚를 이어 漢을 세웠다. 따라서 帝王의 國祚는 德行으로 좌우된다. 즉 많은 공로와 두터운 이익을 누적시키면, 백성이 그 恩德을 받게 되고, 天神이 이에 감응하여 천하를 그에게 돌아가게 한다. 즉, 上下·貴賤·貧富에는 命이 있으니, 이것이 天道라는 것이다. 따라서 災殃은 사람으로 말미암는다"는 것이다. 아울러 그는 漢이 일어난 이유를 漢高祖(帝王)가 "帝堯의 후예이고; 體貌는 많이 기이하며; 神武하여 徵應이 있고; 寬大·仁恕하며; 사람을 알고 잘 임용하여 부린다는 다섯가지를 제시하였다. 그 위에 성실하여 신임·모략이 있으며; 아랫 사람의 의견을 듣고 받아들이며; 좋은 것을 보면 이르지 못한 것과 같이 하며; 자신이 인재를 채용하고; 충간을 흐르는 물처럼 받아들여 실행한다는 것이다. 결국 모든 것이 天이 수여한 것이지, 人力이 아니라는 것"을 대서특필하였다.

그리고 북제·수 시대에 활약한 李百藥의 부친 李德林은 「天命論」을 찬술하였다. 즉, "帝王의 神器, 곧 帝位는 曆數에 귀착한다. 天이 그 德을 생기게 하고 天時에 따르게 하는 것을 命이라 한다. 이것은 확실히 불변하는 것으로 人力으로 능히 알 수 없다"는 것이다. 이처럼 天命은 항구불변이라는 논리에 가탁하여 수의 형성, 통일 등의 발전을 논증하고 그것은 오직 天命에 따라 운행되어 결코 인력으로 항구하게 할 수 없다는 것이다.

이백약은 이런 부친의 「천명론」을 완전히 수용·강조한 「封建論」을 설파하였다. 즉, 皇王은 上玄 곧 天의 명령을 받는다. 이들은 이미 帝籙에 기록되어 있고, 각기 興運이 따로 있다는 것이다. 아울러 國祚의 長短을 天時와 정치의 興衰에 관련되어 있어서 그 成敗·得失은 皇王 각자의 역할에 따르는 것이라고 하여, 당태종의 봉건의지, 곧 世襲刺史制를 再考할 것을 촉구하였다.

또한 이러한 이백약 부자의 「天命-封建論」은 북제 황권을 강조하는데 있어서 논리적 근거로 제시된 것이다. 실제로 受命한 문선제가 고환이 이룩한 王業을 계승한 위에 鮮卑百保의 설치·西伐·州郡縣 幷省 등의 조치를 통하여 帝業을 이룩함으로써, 상당한 성과를 거두었다.

C의 경우. 그러나 문선제는 재위 10년 중 후반기부터 荒淫無道·昏邪·殘暴하여 國祚가 길지 않고 후예가 없는 餘殃者이었다. 여기서 問題는 그가 天命을 받고도 그가 왜 이렇게 크게 변했을까 하는 것이다. 이를 「천명론」으로 해석할 수 없다는 논자도 있으나, 필자는 이 부분 또한 「천명론」의 일부분으로 해석할 수 있다고 본다. 그것은,

⑴ 천명론은 기본적으로 天人關係를 말하고,

⑵ 孔子의 正名思想의 반대급부 곧, "君不君則不君……"의 이치를 생각하면, 그렇게 생각되는 것이다.

⑶ 아울러 이백약은 부친이 「天命論」에서 "吉凶은 사람으로 말미암는 것이지 요행이 스스로 만들어지지 않는다"라는 人爲, 곧 人謀 부분을 계승하여 그의 「봉건론」에서 隋의 두 황제는 君德이 없어 世道가 쇠퇴하였고, 군사력으로 천하를 평정했으나, 군사활동이 그치지 않아 백성이 康寧치 못하였다고 하였다.

아울러 그는 『周易』의 "天地盈虛 與時消息 況惟人乎" (곧 천지가 가득 차고 비워지며, 때에 따라 消息하는 것이니, 하물며 사람에 있어 서랴)라는 구절을 인용하여 天地의 變化에따라 神·人이 변화할 수 밖에 없다는 논리를 제출하여 시대에 알맞게 변화하여야 한다는 것을 강조하였다. 따라서 문선제처럼, 천명을 받은 통치자가 천명 그대로 정치를 행하면 國祚가 장구할 것이지만, 그렇지 않고 통치자가 황음무도·혼사·잔폭하면 국가가 무너져 그는 餘殃者가 된다는 점을 「천명론」중에 포괄하여 설명하는 것도 틀리지 않는다고 생각한다.

이러한 사실은 이백약의 「북제서」 帝紀 곳곳에서 살펴볼 수 있다. 예컨대,

ⓐ 문선제가 邢韶에게 태자의 字를 짓게 했는데, "正道"라 했다. 이에 황제는 "正"을 "一止"로 해석하여 후손이 없겠다고 하였다. 형소는 두려워 다시 짓겠다고 청구했지만, 황제는 "天也"라 하여 부득이 천명에 따를 수 밖에 없다는 입장을 취하였다. 아울러 문선제는 동생 孝昭帝에게 "빼앗으려면 빼앗겠지만, 죽이지는 말라"고 당부하였다.

ⓑ 濟南王은 삼촌 효소제와 서로 해치지 않기로 약속하였다. 그때에 望氣者가 鄴城에 天氣가 있다고 보고하였다. 효소제는 그 말을 듣고 제남왕이 재기할 것이라는 말로 해석하여 살해하였다. 그런데 그때에 鄴城에 무성제가 있었고 후에 그가 황제로 되었으니, 천명을 받은 자는 이미 인력으로 어찌할 수 없다는 것이다.

ⓒ 효소제는 학교의 설립, 賢才의 채용 및 關西를 평정 등 원대한 야망을 가졌지만, 실제로 보복되는 바 있어서 사망하여 齊의 기초가 여기에 멈추었다. 그리하여 황제의 욕망은 컸지만, 하늘이 허락하지 않았다는 것이다.

ⓓ 특히 武成帝·後主는 교만하고 방자하여 恩倖을 통한 亂政을 비롯하여 華林園에 貧村舍를 짓고 乞食하는 등 聲色의 비용을 조달하고자 자행한 賣官·鬻爵, 충신을 살해하는 등, 奇想天外의 행각을 연출한 無愁天子이었다. 이런 사정에서 河清末 무성제는 커다란 고슴도치가 수도 鄴城을 공격·파괴한 꿈을 꾸고는, 境內의 고슴도치를 모두 잡도록 하였다. 유식자들은 고슴도치와 후주의 명성이 협력하였으니, 亡齊의 징조라고 했다.

ⓔ 아울러 어린애들이 양손에 새끼를 잡아 그것을 머리 위에 올리고 뛰면서, "高末, 高末……"이라고 노래 불렀다. 여기서 "高末"은 고씨의 운수가 끝이라는 것이다.

ⓕ 그 밖에 문선제가 清河王과 趙郡王의 살해한 잘못을 指斥하였다. 즉, 청하왕 高岳은 고조의 從祖弟로 동위-북제의 건설과 발전에 공로가 컸고 威名 또한 높았다. 그는 平秦王 歸言이 어렸을 때에, 의지할 곳이 없어 고조의 부탁으로 그를 키웠지만, 엄하게 訓導하였던 것 같다. 결국 그는 청하왕이 薛氏女를 경박하다는 이유로 추방한 사실을 가지고 백성의 여식을 강간하였다는 죄를 꾸몄다. 문선제는 왕을 질책하고, 다시 귀언으로 하여금 핍박·사망케 하였다.

이백약은 이 일을 현조가 왕의 작은 잘못을 가지고 지척하여 사망케 했으니, 황제의 실덕이라 하였다. 아울러 그는 悖德者가 忠節者의 작은 일을 가지고 치졸하게 해친 황제의 허물을 비판하였다. 이백약은 天道란 無親이라는 「천명론」적 입장에서 현조를 비판하였던 것이다.

그리고 조군왕 高叡는 종실로 이미 太尉에 올라 북제의 유력한 인물이었다. 그는 太后의 恩倖 和士開와의 亂行을 참지 못하고 그를 출외시키려다 실패하고, 태후에 직접 충간하였지만 살해되었다. 이백약은 이 사실에 대하여 「천명론」에 따라 殷末 三仁의 피해 후에 殷亡한 것처럼, 북제의 멸망이 예견되는 사건이라는 것이다. 즉, 亂政을 혁파하려는 국가의 元勳을 살해했으니, 북제의 멸망은 시간문제라는 것이다. 아울러 태후의 從欲主義를 들추어 비판했으니, 빼어난 식견이라 아니할 수 없다.

이상과 같은 여러 사례에서 명확히 살펴본 것처럼, 이백약은 天命을 받은 황제가 그 제시하는 바의 원칙에 입각하여 정치를 행하면 國祚가 장구하게 발전할 것이지만, 無愁天子처럼 從欲主義에 빠지면, 결국 황제는 도망가다가 죽고 나라는 망한다는 입장에서, 북제의 여러 황제의 부정적 측면을 논평한 것이다.

또한 魏徵은 五代史 찬수의 總裁로 북제의 七帝에 대하여 總論하였다. 즉,

① 神武는 패업의 기초를 닦고, 文襄은 東下, 곧 華北을 안정시켰으며, 文宣帝는 북제를 열어 才志로 下僚를 明察하고, 文武 名臣이 그 힘을 다하여 內外를 충실하게 하였다.

② 문선제는 마침내 荒淫·敗德하여 폐제의 수명이 길지 않았고, 효소제의 웅략도 이루지 못하였다.

③ 무성제는 능멸하여 내외가 무너져 天道는 바꾸어지지 않는다고 말했지만, 吉凶은 사람으로 말미암는 것이니, 도리어 大略을 세워야 한다는 것이다.

④ 後主는 토목공사, 후궁·궁녀의 끝없는 선발로 奢侈와 亂政을 자행하여 영토·재정상 강대하던 나라가 빈곤해져서 과도한 취렴, 매관·매직, 忠良의 忽待 등, 그가 하고자 하는 바를 다하여 공로를 세우려 하는 자 없고, 북주에 의지하려는 동향까지 발생하여 북주 무제에게 일거에 평정되고 말았다. 결국 황천은 親함이 없고, 오직 德으로 보좌하는 것이며, 天時는 地理와 같지 않고, 地理는 人和만 같지 못하다는 것이다.

⑤ 북제의 패망은 "대개 또한 사람으로 말미암은 것이지, 오직 天道뿐만 아니다"라고 論評하였다.

이러한 논평에서 위징은, ①, ②에서 북제는 천명을 받고 창건·발전하였지만, 문선제가 그 후반부터 황음무도하여 餘殃을 남겨 폐제, 효소제에까지

이르렀다. ③, ④, ⑤에서 천명을 받았다는 무성제, 후주의 난정을 폭로하고, 高齊의 종말을 총결하였다. 이상 위징의 논평은 앞서의 상세한 분석내용과 중복되어 생략한다. 결국 위징은 이백약처럼, 북제의 멸망을 천명사상에 입각하여 "天道뿐만 아니라 人爲 곧 人謀에 따른 것임"을 강조하고 있다.

이에 관련하여 周文英씨는 이백약의 傳論이 너무 과분하게 「천명론」에 입각되었기에, 위징은 부득이 총론에서 북제의 패망은 "사람으로 말미암는 것이지 다만 천명만이 아니다"라고 한 것이라고 하였다. 그리고 謝保成씨는 "위징이 「천명론」을 극복하고 "由人", 곧 人爲·人謀를 강조하는 進步史觀을 전개한 것이라고 대서특필하였다. 倉, 謝 兩氏는 유물론의 관점에서 당연히 「天命論」을 부정 혹은 회피하려 할 것이지만, 이 논의는 그것을 회피·배제할 수 있는 문제는 아니다. 그것은,

(1) 위징은 오대사 찬수의 총재이고, 『수서』를 찬수할 때에, 이덕림전에 「천명론」을 장장 4페이지에 걸쳐 기록하였다. 이것은 그가 「천명론」에 동의하여 소개한 것이다. 이백약은 앞서 말한 것처럼, 부친 이덕림의 舊錄과 관점을 수용한 위에 「봉건론」까지 撰述한 점에서 보면, 그것이 그들의 관념중에 확실하게 內在되어 있다는 것은 말할 나위 없다.

(2) 위징이 총결한 "齊氏의 敗亡, 대개 또한 사람으로 말미암는 것이지 어찌 다만 천도만이 아니다"라는 구절에 대한 해석상의 문제이다. 저자는 이 구절을 "齊氏의 패망은 대개 또한 사람으로 말미암는 것이지, 天道만이 아니다"라고 해석하여 북제의 멸망은 天道만이 아니고 사람으로 말미암아 이루어진 것이라고 해석한다. 위 論者들이 "匪唯天道"를 "천도가 아니다"라고 誤譯했거나, 유물론적 인식 상에서 그것을 빼고 해석한 것 같다. 그렇지만 「천명론」은 앞서 말한 것처럼, 天人關係로부터 나온 것이고, 正名의 반대급부에서 고려해 보면, 천명·인모를 별개로 생각할 수 없는 것이다.

(3) 進步의 개념에 관한 문제가 있다. 필자는 進步란 이전의 상황보다 진일보한 사정을 말한다고 생각한다. 이는 사회적 현상을 혁파·개혁하여 이룩한 보다 발달한 사회를 가리킨다. 이 점에서 볼 때에, 위징의 진보적 관점으로 수말의 반란을 평정하고 당왕조의 기초를 닦아 이른바 「貞觀의 治」를 이룩

하였다는 말이 된다. 이때에 위징은 당태종에게 제시한 정치관점이나 忠諫의 내용이 문제일 것이다. 그 내용은 매우 장황하여 별도 專論이 필요하다. 결론만 말하면, 이전에 있었던 정치관점을 위징이 체득하고 隋末의 농민전쟁을 스스로 목도한 사정 등의 역사적 경험·교훈 중에서 군주의 明暗·儉素·納諫·賢德者 選任 등에 대하여 조리있게 진술하고, 당태종이 그것을 수용하여 성과를 이룩한 것이다.

물론 결과적으로 수말의 반란으로 조성된 인구의 流亡·국토의 荒廢로부터 여러 가지 정치·경제 등 각 방면에 걸쳐 추진된 조치·정책으로 진보된 것만은 사실이다. 그렇지만 위징이 제시한 여러 조치·정책은 그가 새로이 개발하거나 革新·改善한 것이 아니라, 先秦이래의 정치사상을 복구한 것이었다. 필자는 이점에서 진보라는 용어를 사용하는 것이 實在와 합치하는 상황일까 하는 의문에서 선뜻 수용하기에 거부감을 느끼는 것이다.

예컨대, 당 초기의 태종과 그 관료들은 수말의 반란으로 황폐한 국가를 재건하고자, 수문제 시기의 번영, 곧 「開皇의 舊」를 복구하려는 것을 목표로 삼았다. 따라서 당 초기의 통치자들은 과거의 번영을 목표로 삼음으로써, 보수적 입장과 방략을 통하여 정치·사회·경제·문화의 각 방면에 걸친 재건, 나아가서는 발전을 도모하여 「貞觀의 治」와 같은 궤도상에서 「開元의 治」를 이루어, 隋煬帝 大業初와 唐玄宗 天寶末에 戶口가 900만 호, 5,000만여 명에 이르렀던 것이다.

(4) 당 초기에 思想上의 발전은 보이지 않는다. 훨씬 후대인 남송시대 朱子의 政治理想인 "存天理·去人欲"이라는 천명관이 온존하고 있다. 이것은 魏徵이, "齊氏의 敗亡은 대개 또한 사람으로 말미암는 것이지 오직 천도만이 아니다"라고 말한 내용과 의미상 별다른 차이가 없다. 이 점에서 보아도 위징·이백약의 관념중에 「천명론」을 회피·배제할 수는 없다.

다만 위 論者들이 위징은 역사찬수를 통하여 亡國에서 鑑戒를 얻어 현실정치에 도움을 준다는 修史－取鑑－贊治라는 입장을 가졌다는 관점에는 동의한다. 그것은 영호덕분이 "鑑戒"를 삼을만한 정사 찬수의 요청에서 볼 수 있을 뿐만 아니라, 중국의 역사학이 『尚書』이래 "以史爲鑑"이라는 經世觀點에서 발전되어 왔기 때문이다.

나) 對北齊官僚觀

1) 孫騰은 咸陽 石安人이다. 조부 通은 沮渠氏의 중서사인이었다. 동 정권이 북위에 귀부하자, 그도 북위에 들어와 북변에 거주하였다. 조부 통은 옹주자사, 부친 機는 기주자사로 각각 추증되었다. 즉, 북위시기에 한화정책으로 낙후한 胡化漢人이었다. 손등이 이주영-고환 집단에서 군공으로 현달하여 父·祖에 대한 막대한 贈職을 한 것을 보면, 북조 후기 정권의 유력자로 급부상한 것이었다.

손등은 고조의 심복이고 시중·상서좌복야·태위를 역임하였지만, 致富에 열심하여 汚名이 드높았다. 고조의 질책을 받았으나, 끝내 고치지 않았다. 손등은 고조가 이주조와 형제의 맹약을 맺고, 북진의 亂民을 통령케 되었을 때에, 이주조와 계속 협조하려는 고조에게 保身과 앞일을 忠諫하여 고환정권의 기틀을 마련하는 데에 주요 계기를 제공하였다. 이백약은 傳論에서 貪汚부분을 들어내지 않고, 손등이 高祖에게 충간한 역할만을 높이 평가하였으니, 의사는 후인에게 그러한 관료상을 권계하려는 것이었다.

2) 高隆之는 본성은 徐氏였는데, 자신은 高平人이라고 하였다. 고조가 좌명인 그를 종제로 삼자, 발해수인을 칭했다. 부친 幹은 魏의 白水郡守를 역임했는데, 姑壻인 고씨가 양육하여 그 성을 따른 것에 근거한 것 같다. 고융지의 현달로 통주자사를 추증하였다. 그는 학문은 없었으나, 신체가 장대하고 志氣가 있어 북위말 정계에 진출하여, 고환을 섬겨 鄴京을 경영하고, 토지의 均給에 노력하는 등의 공로로 시중·이부상서·상서좌복야 등 관직을 역임하였다. 그는 현달하여 貪財·聚斂하였지만, 이백약은 그의 지력으로 鄴京를 경영하는 등의 공로만을 높이 평가하였다.

아울러 그는 고융지가 무학이지만, 文雅를 숭상하고 晉紳 名流를 예우하고 諸子를 훈양하는 것을 표창하였다. 또한 명문 博陵 崔孝芬과 통혼이 거절되자, 최의 죄를 구성·피해 준 부분을 들어냈다. 따라서 이백약의 의사는 그러한 관료상을 발전시켜야 할 것임을 권계하려는 것이었다.

3) 司馬子如는 河內 溫人으로 귀족출신이었지만, 永嘉亂으로 낙후되었다. 그는 북위말 혼란에 처하여 이주영-고환을 섬겨 상서령·사공에 이르렀다.

그는 재물을 탐하여 취렴하였지만, 이백약은 그가 文武의 역량이 없었으나, 깊은 의기가 있고 윗사람을 잘 섬겨 재상에 이르렀던 것과 제자를 훈도하여 義方을 이룬 것을 높이 평가하고 있다. 특히 제3자 膺之가 호학하고 명류를 예우하였으며, 제5자 幼之가 素行이 있어 청정하여 자립한 것을 표창하였다. 따라서 이백약은 傳論에서 탐오부분을 들어내지 않았으니, 그의 의사는 修己治人의 유학을 닦고 구현하여 사회질서를 발전시켜야 할 것임을 勸戒하려는 것이었다.

4) 孫搴은 樂安人이나 父祖때에 낙후된 듯하다. 그는 謹學하여 文才가 있었지만 덕망이 없었다. 형소가 그에게 독서를 권했을 때에, "내 정병 3천으로 수십만의 적병을 대적하겠다"고 호언하였다. 손건은 文墨으로 고환의 좌우에서 신임을 얻었지만, 폭음으로 사망하였다. 고환은 손건의 文才를 신임하고 그가 폭음으로 사망한 것을 애도하였다. 따라서 이백약의 의사는 상사를 받들어 공로를 세우는 것과 文才보다는 덕성을 가져야 할 것임을 권계하려는 것이었다.

5) 高乾은 산동의 名族 渤海 蓨人이다. 북위말 이주씨의 횡포에 효장제가 이주영을 살해하였으나, 보복받아 시해되자, 산동귀족은 破家하여 輔國하는 계기로 삼아 일어나 고환정권을 건설하였다. 고건은 성품이 明悟하고 위엄이 있으며, 지략이 뛰어났고 진퇴가 아름다웠다. 그는 효장제로부터 河北大使를 제수받고, 고환과 信都에서 동맹하여, 이주씨를 평정하여 司空에 이르렀다. 이때에 효무제는 고환과 알륵을 빚어 部曲을 설치하고, 關西의 賀拔岳-宇文泰에게 의지코자 하였다.

고건은 고환과 화합치 못한 황제의 무력함을 회의하여 고환에게 수차에 걸쳐 황제에 오르도록 권고하였다. 그러나 고환은 周成王에 대한 周公의 입장을 견지하고자, 효무제에게 고건의 책략을 밀고하여 효무제로 하여금 그를 살해케 하였다. 결국 고건은 君·相사이의 모순·알륵 중에 고환에게 정치적 우위를 확보해 준 희생물이었다.

이백약은 고건이 근왕하여 장제의 원수 이주씨를 평정한 것을 장하다고 표창하고, 동생 昂, 季式이 거느린 部曲兵이 큰 공로를 세워 고씨가 고환정권에 공로가 큰 가문임을 칭찬하였다. 그러나 그들이 고환의 元從이 아닌 점에서, 효무제의 손을 빌려 고건을 살해한 것은 枉濫의 極이라고 질책하였다. 따라서 이백약의 의사는 호한합작으로 시대를 匡濟해야 할 고환이 충심을 날조하여 자신의 정치 사회적 기반을 군힌 것을 질타하여 후인을 경계하려는 것이었다.

6) 杜弼은 西晉의 "杜武庫" 杜預의 후손이다. 그는 일찍부터 儒雅하고 寬恕하며 吏職에 정통·청결하였으며, 王佐의 재능을 가졌다. 그는 관료의 염결치 못함을 탄핵하고, 특히 勳貴가 만민을 약탈하는 內敵으로 규탄하여 기강 확립을 청원했다. 그는 玄學에 밝아 『新注義苑』을 저술하여 일가를 이루었다. 특히 그는 顯祖가, "治國에 누구를 채용할 것인가"라는 질문에 대하여, 그는, "鮮卑는 車馬客이니 반드시 중국인을 등용해야 한다"는 직언을 하여 도리어 악감을 샀다. 마침내 발광한 문선제는 그를 살해하고, 그의 자식들까지 원방에 유배시켰다.

이백약은 두필이 학식이 堅明하고, 발언이 當正하여 기강을 바로잡고 그의 정치이상을 담은 『新注義苑』을 펴내는 등, 국가를 반석 위에 올려놓으려는 입장을 표창하였다. 아울러 그는 군주를 잘못 만나 졸연히 殺害·破家되었으니, 직언의 어려움을 들어내었다. 따라서 이백약의 의사는 이런 直諫이 지극히 어렵지만, 관료가 힘써 구현할 것임을 권계하려는 것이었다.

7) 李元忠은 趙郡 栢人으로 증조 李靈이래 名門이었다. 그는 家傳하는 經史는 물론, 醫方까지 정통하여 高利債 문서를 불태워 부채를 면제시키는 등, 輕財重義하고, 貧富貴賤을 불문하고 치료하여 여망이 있는 인물이었다. 남조군 태수였다가 장제 시해 소식을 듣고 귀향하여 고환을 맞아 信都에서 기병하고, 尒朱羽生을 격파하여 太常卿·州中正에 나아갔다. 中正은 종형 瑾에게 양보하고, 고징이 동서주자사를 위임하자 사양하였다. 이백약은 이원충이 知足을 알고 진퇴의 도리가 可觀이었음을 표창하였다. 따라서 이백약의 의사는 귀족관료의 표상인 사대부 윤리를 명확히 제시하여 권계하려는 것이었다.

8) 渤海 封隆之는 名族 출신이었다. 부친 回가 이주씨에 피해입어 설원할

기회를 엿보았다. 고건이 그에게 國恥의 설원을 말하자, 그는 동의하여 함께 國恥·家怨의 설원을 결의하고, 융지를 자사에 추대하여 백성을 진심으로 위무하는 등의 성과를 거두었다. 그리고 고조가 신도에 이르자, 아들 子繪에게 맞아들이게 하고 동맹·기병하여 이주씨를 평정한 공로로 시중·기주자사를 역임하였다. 아들 자회는 고환 승상부주부·중서사인·본주자사를 역임하였는데 善政하였다. 이백약은 봉융지가 고건과 함께 국치를 설원하여 이주씨를 격멸한 것을 표창하고, 특히 자회의 才德 兼備를 높이 평가하였으니, 의사는 관료상을 제시·권계하려는 것이었다.

9) 盧文偉는 范陽 涿人으로 北州의 冠族, 곧 名族出身이었다. 그는 經史를 섭렵하고 州主簿로 刺史 裵延儁에게 督亢陂의 보수를 요청하여 백성을 안정시켰고, 효장제 사망이래 고건과 상호 연락한 것을 감안하여 고환이 그를 수용하였다. 그는 약간 취렴도 했으나, 백성이 고통하지 않았고, 輕財重義하였다. 아들 詢祖는 門才가 뛰어나 名人 邢卲가 중시하였다. 이백약은 노문위가 志尙·輿望 있는 귀족으로 칭찬하면서도 취렴부분은 명확히 들추고 있다. 아울러 그는 순조가 才地를 자부하고 상황판단을 잘한 것을 표창하였으나, 요절한 것을 동정하였다. 결국 그의 의사는 노문위-순조 부자의 관료상을 제시하여 통치자의 도리를 권계하려는 것이었다.

10) 崔瞻은 淸河 東武城人으로 명족 출신이었다. 그는 부친 長孺와는 달리 총명·강학하여 망언을 하지 않았다. 文詞가 아름다워 북제에서는 물론, 남조에서도 탄복하여 맡은 바 직무에 稱職하였다. 특히 才地를 자긍하여 일시의 명망을 얻었다. 이백약은 이런 최첨을 일시의 영수로 표창하였으니, 관료상을 제시·권계하려는 것이었다.

11) 張耀는 上谷 昌平人으로 명족출신이었다. 그는 貞謹하여 吏職에 능하였다. 특히 韓軌의 長史로 유일하게 淸白하였다. 상서좌승으로 경비를 충실히 하는 등 稱職하여 顯祖로부터 淸貞平職·溫恭廉愼하다고 칭찬받았다. 따라서 이백약의 의사는 그를 고인의 풍모가 있는 良臣으로 표창하여 권계하려는 것이었다.

12) 陽斐는 北平人으로 명족 출신이었다. 그는 유민을 안정시켰고, 梁에

사신으로 파견되었을 때에는 南叛한 羊侃의 몇 차례에 걸친 면회를 거절하였다. 盧潛은 范陽人으로 명족 출신이었다. 그는 志尙이 있어 자사로 선정하고 백성의 어려움을 해결하여 주었으나, 陳의 북벌에 함몰되었다. 이백약은 이들의 충절을 良臣이라고 표창하였으니, 의사는 그 관료상을 권장하려는 것이었다.

13) 崔彦玄은 淸河人으로 명족 출신이었다. 성품이 淸靜 寡欲하여 幹貞한 정치를 행하였다. 그 당시 관료들이 청탁 뇌물로 內職을 선호했으나, 그는 아랑곳하지 않았다. 따라서 이백약은 그를 대대로 덕망을 닦은 인물로 표창하였으니, 그의 의사는 그러한 관료상을 권장하려는 것이었다.

14) 盧叔武는 盧文偉의 從子이었다. 청백으로 都官尙書·太子詹事를 역임하였다. 그는 妻子를 飢寒에 떨게 하면서도 輕財好施하였다. 북주 宇文神擧가 그의 名德을 기리고자 장례를 치러주었다. 이백약도 그의 원대한 뜻을 표창하고 권장하려는 것이었다.

15) 陽休之는 北平人으로 명족 출신이었다. 그는 儁爽하여 북진 반란시기에 일족의 보전에 힘썼고, 政道에 밝아 숙종의 採訪에 明賞罰·愼官方·禁淫事·恤民惠를 제시하였으며, 선정하여 尙書右僕射에 이르렀다. 祖珽에게 『御覽』을 찬수토록 권고하여 한인귀족의 관계진출을 크게 넓혔다. 그는 앞서 말한 것처럼, 齊의 연원을 天保를 상한으로 삼고자 하였으나, 魏收와 異見이었다. 북제의 인물로 북주 무제의 平齊 후 入關者 18인중에 끼어있다. 이백약은 양휴지가 官位와 輿望上으로 이름높은 인물로 當時의 儒宗으로 표창하였으니, 의사는 그러한 관료상을 권장하려는 것이었다.

16) 袁聿修는 陳郡 陽夏人으로 명문 출신이었다. 識鑒이 있어 청정 과욕하여 淸郎으로 지칭되었다. 인사담당관리로 청정함이 어려웠으나, 자신의 安危를 생각하여 權貴의 청탁을 물리치지 못하였다. 이백약은 이 부분을 들추어 명확히 지척하였으니, 의사는 원율수의 나약함을 지척·경계하려는 것이었다.

17) 羊烈은 太山 鉅平人으로 명족 출신이었다. 그는 通敏하고 玄學으로

知名하였다. 종형 羊侃의 南叛에 일족 보전에 노력하였고, 州主簿·步兵校尉·左民郎中·陽平太守로 稱職·能名하였으며, 酷吏 畢義雲과 本州大中正을 놓고 다투었는데, 양인이 다툴 때에, 그가 들춘 그 家風은 포상할 만 하였다. 이백약은 그를 아름다움을 두루 갖춘 賢人으로 표창하였으니, 그의 의사는 그의 관료상을 제시·권장하려는 것이었다.

18) 崔長孺는 淸河 東武城人으로 명족 출신이었다. 高歡·高乾이 信都에서 기병하자, 찾아가 諮議參軍으로 檄文 등을 작성하고 황문시랑·서주자사를 역임하였다. 부곡 100여명을 지급받기도 했다. 성품이 豪慢하여 財色에 빠져 원망이 많았고 형제와 화목도 못했다. 그는 경박하여 高澄을 얕보다가 陳元康과 혼인약속을 하고서야 겨우 무사했다. 그 후 魏收의 사신행차를 예우하자, 위수는 그의 矜門意識을 비아냥거리다가 원망받았다. 위수가 『위서』를 찬수하자, 그를 사마천·반고에 비유하여 아부했다. 이백약은 최장유가 재능은 있었으나, 긍문이 자못 심하여 덕성이 없음을 질책하였으니, 의사는 위·최 양인의 경박함을 경계하려는 것이었다.

19) 魏蘭根은 鉅鹿人이다. 그는 儀貌가 장대하였고, 群書를 博覽하여 識悟하였다. 그는 北鎭의 불안한 政局을 해결하는 방략으로 "改鎭爲州"를 주장했으나, 수용되지 못하였다. 尙書로 유민의 안치를 위해 노력하였다. 그러나 그는 이주영을 모살하려는 소식을 尒朱世隆에 알려주었고, 이주영이 살해되자, 자신의 죄를 황제가 알까 두려워 결국 고건에 귀부했고, 전패제는 이주씨가 옹립하였으니, 폐립해야 한다고 주장하였다. 이처럼 위란근은 공명으로 자립했으나, 附會를 잘하여 淸論上 비판받았다. 이백약도 그의 방략을 칭찬했으나, 요행을 바라고 부회하였다고 비판하였으니, 그의 의사는 正道가 아니면 개인은 물론, 국가사회가 혼란해질 것임을 경계하려는 것이었다.

20) 陳元康은 廣宗人이다. 그는 機敏·幹用하고 성품이 柔謹하고 世事에 밝았다. 고조·세종을 잘 섬겨 大行臺郎中·尙書右丞·尙書令 등을 역임했다. 많은 재물을 수납하여 放債·交易하여 청론상의 비판을 받았다. 세종의 위기를 몸으로 막다가 피해입었다. 이백약은 그가 지능·재간으로 주인을 잘 섬긴 것을 표창하였으니, 그의 관료상을 권장하려는 것이었다.

21) 張亮은 河內人으로 幹用하였다. 그는 이주영·이주조를 섬겼는데, 고환이 그에게 이주조를 죽이고 항복할 것을 권유했다. 장량이 차마 그렇게 하지 못함에, 이주조가 알고 자결하자, 시체를 안고 통곡했다. 고환은 그를 칭찬하고 우대했다. 후경이 반란을 일으킴에, 그를 추격하여 7성을 함락하는 등의 무공을 세웠다. 그러나 재물을 탐하여 廉潔하지 못함이 자주 드러났다. 이백약은 傳論에서 그의 탐재부분은 들어내지 않고, 주인에 대한 충절을 높이 평가하였으니, 의사는 武官의 武勇像을 제시·권장하려는 것이었다.

22) 許惇은 高陽 新城人으로 淸識·敏速·能名하였다. 齊州, 揚州刺史·度支尙書를 역임했다. 그는 대중정을 희망하여 名人 邢詔를 지방관으로 내보내고 자신이 중정에 나아갔다. 동열의 간접 비판을 받았지만, 학식이 없어 함구할 따름이었다. 이백약도 그의 학문이 낮은 것을 들추었으니, 의사는 후학에게 권학을 제시·권계하려는 것이었다.

23) 封述은 渤海 蓨人으로 명족 출신이었다. 그는 幹用하여 州主簿·三公郎中을 역임하여 平幹으로 칭찬 받았다. 麟趾格 등의 율령제정에 참여하였고, 平允한 정치를 폈다. 그러나 재산을 쌓고도 친밀한 친지조차 구하지 않아, 인색하다는 비판을 받았다. 그는 범양 盧莊·롱서 李士元에게 聘財를 주면서, 그 여식을 子婦로 맞이할 정도이었다. 이백약 또한 뇌물로 재물을 쌓고도 인색한 것을 비판하였으니, 의사는 名利란 끝없고 뜬 구름인 것을 경계하려는 것이었다.

24) 源文宗은 西平 樂都人으로 虜姓중의 高門출신이었다. 학문을 섭렵하여 郡守·太子洗馬·刺史를 역임하였다. 趙彦深에게 良道를 제시하였다. 平齊직후 입관자 18명중의 한사람으로 北周에서 司成下大夫, 隋에서 刺史를 역임하였다. 특히 그는 貴遊하는 子弟로 민첩하고 幹局이 있어 貴要의 門에서 노닐어 附會를 잘 했다고 평가받았다. 이백약은 그가 부회를 잘하여 칭찬받았다는 것을 들어냈으니, 의사는 부회가 正道가 아님을 비판·경계하려는 것이었다.

25) 段榮은 姑臧 武威人으로 胡化漢人이었다. 고조 婁皇后 弟郎으로 신도기의에 참여하고 누차 전공으로 行臺右丞·刺史를 역임하였다. 그는 겸손하

여 혼척으로 영달함을 꺼려하고 선정했다. 아들 段韶는 계략으로 많은 군공을 세웠다. 그는 받은 작위를 계모에게 郡君의 수여를 요청하였고, 繼母弟에게 양보하였다. 이백약은 단씨는 지혜·공로로 현달하여 여망이 있었음과 단영이 그 문호를 열고, 아들 소는 그것을 넓혔음을 표창하였으니, 그의 의사는 관료상을 제시·권계하려는 것이었다.

26) 堯雄은 上黨人으로 胡化漢人이었다. 그는 용감하고 騎射를 잘 하였고 輕財重氣하였으며, 簡要한 정치를 하였다. 宋顯은 燉煌人으로 胡化漢人이었다. 果敢·幹用하였고, 이주씨-고조를 도와 공로가 컸다. 이백약은 이들이 무략으로 큰 공로를 세운 것을 표창하였으니, 그의 의사는 무관상을 제시·장려하려는 것이었다.

27) 皮景和는 琅邪 下邳人이었다. 그는 騎射를 잘하여 고조의 親信으로 싸울 때마다 전공을 세워 殿中尙書·侍中에 오르고 河西郡開國公에 봉해졌다. 暴顯·鮮于世榮·綦連猛·元景安·獨孤永業 등도 같은 부류에 속한다. 특히 傅伏은 북주 무제의 平齊때 二旬을 버티다가 투항하였다. 무제는 그에게 일찍 투항치 않은 이유를 묻자, 자신은 삼대동안 齊氏의 의식을 입고 먹어 능히 죽지 못하였으니, 부끄럽다고 호소했다. 무제는 신하된 자의 도리라고 표창하고 앞으로의 충성을 당부했다. 이백약은 이들이 때를 만나 충절을 다하여 귀하다고 평가하였으니, 그의 의사는 올바른 무인상을 제시·권장하려는 것이었다.

28) 斛律金은 勅勒部 출신으로 효문제의 한화로 낙후된 부족이었다. 그는 敦直하고 騎射를 잘하여 고조의 元從으로 북제 초에 막대한 공로를 세운 명장이다. 그리하여 그의 영달은 물론, 일문에서 三皇后 二太子妃가 나왔고 三公主를 맞이하여 그 존숭·은총이 그 당시에 견줄 자가 없었다. 이백약은 전론에서 그가 후사 결정에 간여하여 주살되었다고 하였지만, 傳文에 그런 사실은 없고, 그의 사망연대는 後主 天統 3년으로 되어 있으니, 『북제서·북사』의 이 부분은 후인이 잘못한 첨삭이 아닌가 의심된다.

아들 斛律光은 騎射에 탁월하는 등, 무예로 지명하였다. 對北周戰의 명장으로 북주에서 두려워하였던 장수이었다. 그는 오만하고 강퍅하여 祖珽의 작은 실수를 봉변 주고, 恩倖 穆提婆는 그의 庶女와의 통혼코자 하였지만, 거절받아 악감을 가졌다. 결국 韋孝寬의 전술에 휘말려 주살되었다. 이백약은 전국시대 趙의 郭開가 명장 李牧을 참살시킨 前例를 들어 후대의 君子에게 경계할 것을 촉구하였다. 그의 의사는 무수천자의 졸렬함, 대인관계의 신중함, 恩倖의 폐해와 국망을 거울로 삼을 것을 경계하려는 것이었다.

29) 賀拔允은 神武 尖山人이다. 동생 하발악, 하발승과 함께 그 당시 명장이었다. 고환의 신도 기병에 참여하여 군공으로 사도·상서령에 올랐다. 그러나 그는 효무제와 고조와의 모순·알륵중에 관서의 하발악과 은밀히 연락하다가 결국 피해받았다. 그후 효무제는 서천하여 우문태에게 의탁하였다. 이백약은 그가 지식이 얕아 유종의 미를 거두지 못하였다고 평가했으니, 그의 의사는 무인으로 知足하지 못하고 저지른 행동임을 경계하여 經史의 섭렵을 촉구하려는 것이었다.

30) 慕容紹宗은 前燕 慕容皝 제4子 恪의 후손이다. 그는 용모가 恢毅하고 말이 적으며, 담략이 깊었다. 처음 그는 이주영·조를 섬겼다. 이주조에게 그는 고조를 경계할 것을 당부했지만, 듣지 않고 실패하였다. 누차의 전공으로 병주자사에 올랐다. 이주씨 실패 후 고조가 중용하였다. 侯景의 南叛을 추격하다가, 결국 폭풍에 휘말려 사망하였으니, 將兵들과 조정에서 애석해 했다. 이백약은 그를 項羽가 范曾의 계책을 채용치 않아 실패한 사실에 비유하여 知人之感은 있었지만, 마침내 액운을 만나 사망하였음을 동정하였다. 그의 의사는 무력 있는 忠義之士를 표창하여 권장하려는 것이었다.

다) 時代觀.

『북제서』 50권중 열전은 42권이고 특수 열전, 곧 類傳은 후반부의 7권이다. 거기에는 儒林傳을 비롯하여 文苑傳, 循吏傳, 酷吏傳, 外戚傳, 方技傳 그리고 恩倖傳이 들어있다. 이들 유전은 대다수 열전이 유사한 인물들을 모아놓은 것과는 달리, 더욱 명확하게 부분별로 정리하였고, 특히 각 유전은 서문과 논찬이 있어서 찬수자 이백약의 시대관 곧 정신면모를 더욱 명확히 들어내고 있다. 그러나 7개 類傳중에 儒林傳, 文苑傳 만이 이백약의 원문이다.

은행전은 앞서 살펴본 것처럼, 傳文은『북사』의 그것을 刪削하여 구성된 것이며, 傳序·贊만이 그가 찬수한 것이었다. 그리고 그 밖의 4개 유전은 후인의 보궐이기에 行論에서 제외하였다.

A. 儒林傳. 이백약은 동 서문에서,

① 儒家가 人君을 도와 교화하고 聖人은 天道를 밝히고 인륜을 바르게 하는 까닭에 제왕은 예로부터 이 도리로 말미암았다.

② 고조는 북진의 난, 잔혹한 이주씨의 정치로 말미암아 무너진 예악과 인의의 기풍을 되살리고자, 명교의 지위를 제고하는 데에 힘썼다. 즉, 起逆한 范陽 盧景裕·趙郡·李同軌·中山 張雕·勃海 李賢 등 名儒를 禮로 모셔와 諸子의 師友로 삼았고, 天保, 大寧 이후에도 名儒를 발탁하여 황태자·제왕을 교수하게 하였다.

③ 북제 일대에 濟南王을 제외한 諸帝·諸王들은 교만·방자하고 음일하여 학문을 멀리하고 聲色과 같은 娛樂과 戰爭을 좋아하여 儒雅의 기풍이 피폐되었다. 勳貴에 상주면서도 국자박사는 虛名에 지나지 않아 국자학의 생도는 수십 명뿐이고, 貴遊子弟로 通經하여 정계에 진출한 자는 오직 博陵 崔子發·廣平 宋遊卿뿐이었다.

④ 한가지 다행인 것은 조정의 법이 寬大·簡易하고 정치강령이 疏闊하여, 燕趙地域에서 유학을 닦아 정계에 진출하려는 무리가 많은 것이었다. 또한 제도상으로 諸郡에 학교를 설치하고 박사, 조교를 두어 經을 교수한 것이었다. 그러나 생도를 逼遣하였을 뿐만 아니라, 官人과 州郡에서까지 이들을 사역시켰으니, 豪富·士類는 학교를 회피하였다.

⑤ 大道가 이미 숨어 名教로 입신·건국치 못하고 風俗이 純粹하지 못하였으니, 어찌 추락치 않고 넓혀져, 그 사람이 있으랴고 指斥하였다.

다시 말하면, 이백약은 고환과 여러 황제는 제도상으로 名儒를 초빙하여 제자를 교수하고 중앙·지방에 학교를 세워 인재를 선발·채용하는 조치를 강구하였다. 그러나 天子·諸王·宗室 出身이 학문을 멀리하고 교만·음일하였고, 생도로 진출하는 것조차 회피하여 유학이 진흥되지 못하였다. 실제로 濟南王이외에 유학을 펴려는 황제가 없었고, 효렴·수재로 진출하는 자는 적었으며, 명유를 벽소하여 충원할 뿐이었다는 사실을 살펴볼 수 있었다.

따라서 이백약의 의사는,

ⓐ 大道 유학의 학습·수양·구현없이, 어찌 나라가 발전 할 수 있으랴는 것이다.

ⓑ 名儒로 겨우 태학박사·국자박사·조교에 진출하였던 10여명을 서술하여 유학의 기풍을 넓혀 풍속을 교화하고, 인륜질서를 구현할 것을 권계하려는 것이었다.

ⓒ 실제로 이백약은 정관 초에 太子右庶子에 나아가 태자 承乾이 학문을 게을리 하는 것을 빗대어 「贊道賦」를 저작하여 태자의 학문 정진을 독려하였고, 당태종도 그의 글을 보고 관료가 그렇게 하여야 한다고 칭찬하였다.

ⓓ 당태종 때에, 오대사 찬수의 의도인 "龜鑑" 곧 "以史爲鑑"을 구현한 것이었다. 즉, 북제는 학문 부진으로 교만·음일에 빠져 북주에 평정된 역사 경험·교훈을 통하여 당왕조의 興重儒學을 촉구·강조하려는 것이었다.

B. 文苑傳. 이백약은 동 序文에서,

① 天人關係를 밝히는 문학은 漢魏 400년 동안 세 번 변하였고, 그 궤도는 혼잡하고, 哀調를 띠어 아름답지 못하였다.

② 문성제·후주 시기에는 황제의 욕정 때문에, 淫聲·亡國의 音이 퍼졌다.

③ 더욱이 후주는 四門을 열어 文士를 받아들였다.

④ 天保이래 楊愔, 李德林 등 문학의 선비가 기밀을 장악하여 후주는 문학을 자못 애호하였다. 특히 祖珽이 문림관을 세워 수많은 문학지사를 수용하여 『御覽』을 찬수하였다.

⑤ 祖孝徵이 정치적으로 실각한 이후로는 韻聲이 애조를 띠었다고 지적하였다. 더욱 傳贊에서 문학이 음란에 빠지고 永言이 화려하였으니, 우아하면 나라가 바르게 되고, 哀調이면 나라를 망친다고 하였다.

결국 이백약은 천인관계를 밝히는 문학은 정치에 나쁜 것은 아니어서 後主가 文學之士를 동원하여 『御覽』을 편찬한 것은 잘못된 것이 아니고, 다만 문학이 음란하고 애조를 띠어 망국의 요인을 조성하였던 것을 비판하였다. 따라서 그의 의사는 우아한 문학의 발전을 제창·권장하려는 것이었다.

C. 恩倖傳. 이백약은 동 序文에서,

① 북제말 和士開, 穆提婆, 韓鳳 등 恩倖들이 西域 雜技를 유행시키고, 갖가지 정치농단 그리고 황음무도한 奇行에 지불되는 막대한 성색의 비용을 해결할 수 없는 상황을 만들었으니, 이로 말미암아 북제의 멸망은 진실로 마땅하다고 결론지었다.

② 고조·세종 때는 정치에 뜻을 두어 문무관료가 협조하고 精簡한 신하가 많았지만, 郭秀라는 小人이 있어 明德에 손상을 입혔다. 천보 5년 이후 황제가 狂悖하였고, 大寧이후 姦佞이 침투하여 왕업이 기울어졌으니, 佞倖, 곧 恩倖이 그들이다. 이에 恩倖傳을 만든다고 하였다.

③ 환관의 불법 비리 또한 齊亡의 요인으로 고려하여 은행전에 붙인다고 했다. 그리하여 이백약은 小人인 恩倖·宦官의 도리가 장대하게 발전하여 나라가 危亡하는 징조가 드러나고, 군자의 도리가 소멸되면 조정이 혼란해진다고 論贊하였다.

따라서 그의 의사는 正人·君子를 채용하여 국가 사회를 운영해야지, 은행·환관과 같은 소인을 채용하여, 그들이 추구하는 從欲主義에 빠지면, 국가 사회는 무너진다는 역사적 경험·교훈을 제시하여 경계하려는 것이었다.

따라서 結論으로 『北齊書』는 당태종 정관 초에 李百藥이 부친의 舊錄, 王劭의 『齊志』 등과 부친의 歷史觀을 입각하여 찬수한 중국 흠정 正史중의 하나이다. 북위말 고환의 등장으로부터 東魏-北齊政權에 걸쳐 약 50여 년의 역사를 기전체 단대사로 엮었는데, 본기 8권, 열전 42권으로 구성되어 있다. 또한 『북제사』는 50권 중에 18권만이 이백약이 찬수하였지만, 그 당시 오대사 찬수로 감계를 얻어 혼란을 극복한다는 조류와 그 자신의 수말-당초에 겪은 바의 역경에서 얻은 역사적 경험·교훈을 통하여 작성된 傳文을 근거로 傳論, 傳贊을 분석하여 그의 역사관을 모색해 볼 수 있었다.

그 결과, 가) 이백약은 부친의 「天命論」과 자신의 「封建論」을 통하여 東魏-北齊의 興衰를 논설하였다. 즉, 문선제는 天命을 받아 고조, 세종이 닦은 바의 王業을 토대로 帝業을 열고 州郡縣 行政機構를 조정하고, 鮮卑百保 등의 일련의 조치를 실행함으로써, 국가의 기반을 확립하여 강성한 북제를 건설하였음을 논증하였다. 그리고, 그는 부친의 「천명론」에 따라 제왕의 神器,

곧 帝位는 曆數에 따라 결정되는 것이지, 人力으로 어떻게 할 수 없다는 것이다. 그리하여 하늘의 의지에 따라 만물의 생성과 소멸·풍흉·상벌·흥망성쇠·개인의 운명 등 자연계·인간계의 모든 것이 결정된다는 것이다. 또한 그는 부친의 「천명론」을 강조한 자신의 「봉건론」에 따라 皇王은 하늘의 命令을 받는다고 하였다. 이들은 이미 帝籙에 기록되어 있고 각각 興運이 따로 있다는 것이다.

아울러 國祚의 장단은 天時와 정치의 흥쇠에 관련되어 있어서 그 성패와 득실은 皇王 각자의 역할에 따르는 것이라고 하였다. 이백약과 위징은 여러 가지 사례를 통하여 천명을 받은 황제가 하늘이 제시한 바의 원칙에 따라 정치를 행하여만, 國祚가 長久하게 되는 것임을 논증하고, 後主와 같은 無愁天子처럼 從欲主義에 빠지면 결국 황제는 도망가다가 죽고 나라는 망한다는 입장에서 북제의 여러 황제를 논평하였다. 즉, 天道가 깊고 멀어 바꿀 수 없지만, 吉凶은 사람으로 말미암는 것이라 하였다. 특히 後主의 亂政으로 마침내 북제의 패망은 "대개 사람으로 말미암는 것이지, 天道만이 아니다"고 논평하였다.

그런데 사보성 등 유물론자들은 이 구절에 대하여 誤譯 혹은 忽視하여 進步史觀이라는 의견을 제출하였다. 그러나 이 구절은 天道와 人謀를 동시에 중시하여 그것을 국가의 흥쇠에 관련지어 설명하고 있다. 유물론자들은 당연히 「천명론」이나 참위·미신을 배격할 것이지만, 본래 인간에게는 物·心兩面이 있고, 당 초기에 정치는 수문제의 「開皇의 舊」를 복구하는 데에 있었으며, 훨씬 후대인 南宋 朱子의 정치이상인 "存天理·去人欲"은 魏徵이, "齊氏의 패망은 대개 또한 사람으로 말미암는 것이지 오직 천도만이 아니라"는 내용과 의미상 별다른 차이가 없다. 따라서 이덕림의 국가성쇠관은 受命者의 修德을 강조하고 天理에 따라 治國해야지, 그렇지 않고 正道를 위배하여 人謀를 추구하면, 마침내 受命한 제왕의 업이 動搖·沒落된다는 것이다.

나) 이백약 제시한 관료상은,

① 文武兩兼的이었다. 그들은 행정, 군사상으로 막대한 공로를 세운 것이다. 그들은 經史를 학습·구현할 것을 勸戒하였다.

② 名利에 밝은 附會하는 인물에 대하여 지척하여 권계로 삼았다.

③ 事理에 밝아 上司를 잘 섬긴 자를 표창하였다.

④ 인색한 封迹, 자격도 없는 자의 대중정에 오름을 비판하고, 유학의 학습·구현을 당부하였다.

⑤ 평소에는 물론, 특히 난세에 積德할 것을 제창하였다.

이백약이 이러한 관료상을 제출한 것은 귀족의 혈통주의의 폐쇄성을 극복하고 문무양겸적 관료로 更生하여야 하며, 특히 유학을 권계하려는 의도이었다.

다) 이백약이 제시한 시대관은,

ⓐ 儒林傳에서 儒家는 人君을 도와 교화하고, 聖人은 天道를 밝히고, 人倫은 바르게 하는 까닭에 제왕은 이 도리를 강조하였다고 하였다. 고환·문선제 초기에는 名儒를 발탁하여 皇太子·諸王을 교수시켰다. 그러나 濟南王이외에 황제·제왕은 교만·방자하고 淫逸하여 학문을 멀리하였다. 북제에는 학교는 있었으나, 富豪·士流가 회피했다. 이에 大道가 이미 숨어 名教로 건국치 못하고 풍속이 순수치 못했으니, 나라가 망하지 않으랴 하고 指斥하였다. 이것은 大道 儒學의 학습·구현 없이 나라가 발전할 수 없다는 것이다. 따라서 이백약의 의사는 당조의 통치자, 후학들에게 儒學을 일으켜 중시할 것을 주장·권계하려는 것이었다.

ⓑ 그는 文苑傳에서 天人關係를 밝히는 文學이 북제에서 황제의 欲情때문에 哀調를 띠어 음란해져서 亡國의 音이 되었다고 지척하였다. 따라서 그의 의사는 文學이 優雅하면 나라가 바르게 되고, 哀調를 띠면 나라가 망한다는 옛말을 빌려 우아한 문학의 발전을 제창·권계하려는 것이었다.

ⓒ 그는 은행전에서 恩倖인 和士開·穆提婆·韓鳳 등은 정치를 농단하고, 황제의 황음무도로 인도하였음을 指斥하였다. 즉, 奸佞한 小人의 道理로 名德을 손상시킨 것이다. 宦官의 不法·非理 또한 齊亡의 한 원인으로 지적하였다. 그리하여 은행·환관 등, 小人의 道理가 長大하게 발전한다면, 危亡의 징조가 드러나고, 君子의 道理가 소멸되면, 朝政이 혼란해 진다는 전통적인 정치관점을 통하여 小人을 억제하고 君子를 채용하여 국가를 운영할 것을 권

고하였다.

따라서 그의 의사는 從欲主義에 빠지면, 국가 사회는 무너진다는 역사적 경험·교훈을 제시하여 경계하려는 것이었다.

결국 이백약은 『북제서』에서 「천명론」-「봉건론」에 입각한 국가성쇠관, 유학의 德目을 구현하는 관료관과 시대관을 제시하여 "以史爲鑑"의 經世史學家의 한자리에 군림하였다.

『북제서』는 판본이 많지만 1974년 북경중화서국 교감본이 현재 유행하고 있다.

제4절 令狐德棻·岑文本의 『周書』 찬수 설명과 역사관

1. 『周書』는 영호덕분·잠문본이 館修한 欽定 正史인 二十四史중의 하나이다. 영호덕분은 武德 5(622)년 唐高祖에게 근래의 正史가 없어 龜鑑으로 삼을 만한 자료가 없고, 왕실의 二祖(李虎, 李昞)의 공적이 있는 周·隋의 문헌이 망실되고 있는 사정을 말하여 역사찬수를 청원하였다. 당고조는 그의 의견을 수용하여 善政을 도모하고 名臣의 공적을 세운다는 의도로 六代史 편찬을 명령하였다. 이때에 궁중에 史館을 설치하고 영호덕분을 총재로 삼아, 姚思廉, 蕭瑀 등이 魏, 周, 北齊, 梁, 陳, 隋의 역사를 분담·찬수케 하였다. 그러나 이때는 당조의 초창기로 多事하여 이 편찬사업은 성취되지 못하였다.

당태종은 貞觀 3년에 魏徵을 總裁로 삼아, 『隋書』(魏徵)·『周書』(令狐德棻·岑文本)·『梁·陳書』(姚思廉)·『北齊書』(李百藥)의 五代史를 찬수케 하여 동 10년에 완성하였다. 북위의 역사는 그 당시 『魏史』(魏澹), 『魏書』(魏收)가 있어 찬수를 유보하였다.

이렇게 편찬한 『주서』에 대하여 劉知幾는 牛弘의 미완성 『周書』 18권을 윤색하였다고 비판하였다. 그러나 『四庫全書』 總目提要에는, "德棻은 簡牘을 傍證으로 채용했으니, 착실함이 있었다"고 하였다. 그리고 高振奉은 『주서』에 蘇綽傳의 「六條詔書」를 비롯하여 大誥·宇文護傳중에 母子間에 왕래서신·庾信傳중에 「哀江南賦」 등의 생생한 자료가 있어 역사연구에 많은 도움을 준다고 하였다. 특히 趙翼은 『周書』의 사실 서술은 “繁簡이 마땅하고 文筆이 극히 簡易하면서도 굳세다”고 평가하여 우수한 敍法으로 찬수했음을 지적하였다. 아울러 後梁 君臣事蹟을 『주서』에 포함시켜 梁朝의 주요 사실을 보존하였다. 물론 『주서』에는 列傳 권 18, 24, 26, 31, 32의 5권이 全缺이어서 후인이 『北史』 등을 참조하여 보충하였다는 등의 결점이 있다. 그러나 『주서』는 館修한 欽定 正史로써, 북조후기 서위-북주 역사연구의 기본자료이다.

그리고 『주서』의 찬수자 영호덕분과 잠문본은 수말의 반란시기를 직접 목도한 경험이 있고, 현상타개를 위해 노력한 지식인이었다. 즉, 영호덕분은 宜州 華原人으로 燉煌 宜城 출신이다. 조부 令狐整은 북주의 대장군, 부친 令狐熙는 隋 鴻臚卿을 각각 역임했다. 그는 文史에 정통하여 수양제 대업말 長城長에 제수되었지만, 혼란한 시대라 하여 취임치 않고 시세를 관망하였다. 이윽고 李神通이 長安에 총관부를 설치함에, 덕분은 그의 記室로 당조의 기병에 참여하였다.

그는 고조가 입관하자, 대승상부 기실로 발탁하였고, 당고조 무덕초에 起居舍人·秘書丞에 올랐다. 그는 수말 대란후 천하의 經籍이 망실될까 염려하여 천하에 遺書를 구매, 비각에 보존할 것을 청원하여 수년만에 찬연하게 갖추었다. 또한 앞서 말한 것처럼, 근대 正史의 찬수를 건의하였다.

아울러 그는 고종과의 王道·覇道에 대한 논의에서 보듯이 政道에 정통하였고, 國子祭酒에 이르기까지 역사편찬 등, 찬수활동에 큰 공로를 세웠다. 그의 저작은 『주서』찬수를 비롯하여 『晉書』·『藝文類聚』·『五代史志』·『太宗實錄』·『高宗實錄』 및 新禮와 新律令의 찬수에도 참여하였다.

한편 岑文本은 南陽 출신이다. 그는 성품이 민첩하고 姿儀가 있었으며, 經史를 널리 섭렵하고 담론을 잘 하였으며, 才名이 있었다. 그가 14세 때에, 부친 之象이 邯鄲令으로 소송당하여 申理치 못하고 司隸臺에 투옥되었다. 그는 부친을 위하여 간절히 明辯하고 「連花賦」를 지어 설원하였다. 수말에 郡의 秀才로 벽소되었으나, 혼란기라 하여 응하지 않았다.

이윽코 本鄕에서 蕭銑이 기병하고, 그를 벽소하여 中書侍郎으로 삼아 동집단의 文翰을 담당케 하였다. 그때에 唐의 河間王 李孝恭이 荊州를 평정하였는데, 唐의 장사들이 형주지역을 大掠코자 하였다. 이에 잠문본은 "수왕조가 無道하여 군웅이 일어났고, 천하는 眞主를 기대하고 있습니다. 지금 蕭銑의 君臣과 江陵의 父老는 귀부코자 하니, 실로 위험을 버리고 안정코자 하는 까닭입니다. 왕께서 반드시 병사를 풀어 약탈케 한다면, 진실로 鄙州를 소생시키지 못하고, 또한 江·嶺南의 向化之心이 저지될 것입니다"하고 만류하였다. 이효공은 잠문본의 청원을 수용하고, 그를 형주별가·행대 고공랑중에 벽소하여 강·영남 평정을 성공하였다.

그는 唐에서 中書令까지 역임했지만, 검소·청빈한 생활을 하고, 사치를 경계하였으며, 신중·근신하였으며, 일족의 화목을 도모하고 맡은 바 임무를 성실히 수행하였다. 예컨대, 정관 11년 그는 당태종을 따라 낙양궁에 이르렀는데, 이때 洛·穀水가 범람하여 큰 피해가 발생하여 황제가 걱정하였다. 이에 잠문본이 水害는 음양의 통상적인 이치이니, 하늘의 견책이 아니다. 따라서 황제는 사직을 생각하여 明選擧·愼賞罰·進賢才·退不肖·聞過直改·從諫如流하는 바와 같은 군주의 통상적인 도리를 행하여 전화위복해야 한다는 封事를 바쳤다.

『주서』 편찬에 있어서 그의 역할은 傳論, 곧 각 卷末의 "史臣曰"을 정리한 것이었다.

이상 『周書』의 구성과 규모, 찬수자의 이력에 대하여 살펴보았다. 결국 『주서』는 영호덕분이 처음부터 찬수를 주지했고, 태종 때에 잠문본과 崔仁師가 참여하여 완성되었다.

이에 저자는 본고는 『주서』 편수자들의 역사관을 살펴보려는 의도로 작성하고 있다. 잠문본이 傳論을 찬술하였지만, 그것은 영호덕분, 최인사가 작성한 傳文을 근거로 역사적인 인물이나 사건에 대하여 논평하였으므로 영호덕분·잠문본 兩人의 역사관으로 정리하는 것이 타당할 것이다.

이제 저자는 『주서』를 통하여 본 영호덕분·잠문본의 역사관을 『전북사학』(제21·22합집, 1999년, 12월)에 개재하였으니 정사 『주서』에 관한 편찬설명을 비롯하여 김정암의 『중국사학사』, 장순휘의 『중국사학가전』, 창수량의 『중구사학가명저평개』 등의 『주서』와 주편자 영호덕분·잠문본에 관한 소개한 내용을 참고하여, 『주서』 帝紀·后妃傳·宗室列傳을 통하여 兩人의 國家盛衰觀, 列傳 32권에 등장한 인물을 분석하여 兩人의 對北周官僚觀, 그리고 열전의 뒷부분에 보이는 後梁의 君臣·孝義·儒學·文學 및 異域傳의 傳文·序文·史論을 분석하여 兩人의 時代觀을 모색하여 보았다.

2. 『周書』 令狐德棻·岑文本의 國家盛衰觀

令狐·岑 兩氏는 『周書』 帝紀의 史臣曰에서,

A. 西魏의 曆數가 장차 끝나려 하자, 群雄들이 일어나 王命을 放棄하고 反逆하여 天道를 어겼다.……天命이 정해져 있는 법인데, 어찌 지나칠 수 있으랴! 태조는 聖스런 氣運을 열어 義勇을 규합·동맹하여 일거에 怨讐를 섬멸하여 제업을 넓혔다. 태조는 高氏의 甲兵을 물리쳐 領土上, 東으로 伊·瀍水, 西로 巴蜀, 南으로 江漢, 北으로 沙漠에 이르렀다. 그는 文物制度上으로 六官制를 再建하고 德·勇을 병용하였으며, 勳貴와 賢者를 함께 채용하여 遠近의 백성을 안정·화합케 하였다. 이러한 태조의 공로는 不出世的인 英姿를 가진 그가 天神의 수여한 冠時의 雄略으로 經文·緯武하여 이루었다. 한편 태조는 楮宮을 평정하고 居民을 포로로 삼았으며, 柔然이 歸命했으나, 그 종족을 주살하였다.

B. 孝閔帝는 天運으로 왕업을 계승하였으나, 擅權하는 宇文護를 猜忌하여 도리어 禍를 면하지 못하였다. 明帝는 寬仁·遠道하고, 博聞·睿哲하여 功臣을 예우하고 九族을 敦睦시키며, 恭儉하고 文儒를 숭상하였으며, 군주의 德을 갖추었다. 우문호가 정치하여 마침내 그에게 독살되었으니, 애석하다.

C. 고조(무제)는 우문호가 전권하고, 孝武帝 西遷 이래 동서의 대결하는 상황에서 즉위하였다. 그는 遠謀로 擅權者 우문호를 제거하고, 高齊를 평정하여 화북을 통일하였다. 즉, 고조는 몸소 勞心焦思하여 백성과 士卒을 우선하고 그들과 거처를 함께 하였으며, 富國·富民·强兵하는 정책을 펼친지 5년만에 성대한 功業을 이뤘다.

D. 고조는 황태자가 受命天子의 역량이 없음을 알았지만, 宗社의 중대함을 돌아보고, 晉武帝처럼, 사랑에 막혀 결국 즉위하였다. 마침내 宣帝는 昏虐

으로 군림하여 道理에 어긋나고 방자한 행위를 하여 천하가 그 毒素에 피해를 입었다. 先帝의 宮人이나 宗室 夫人을 핍박하여 음란을 자행하고, 사치와 황음무도한 행위는 이루 헤아릴 수 없었다. 황제는 善한 것은 조금도 없이 반드시 버리고, 惡한 것은 크고 작은 것 가리지 않고 모두다 행하였다. 그리하여 그의 과오는 모든 필기자료를 모아 써도 다 기록할 수 없었다. 한 가지 다행인 것은 목숨을 보전하고 자식대에 이르렀다.

E. 靜帝가 衰殘한 왕업을 계승했으나, 隋氏의 왕업이 융성하게 일어나 어찌할 수 없었으니, 先帝 餘殃이지, 어린 아이의 罪過가 아니라고 명확히 지적하였다.

이상의 자료를 帝紀의 傳文을 통하여 분석해 보자.

A의 경우

① 태조는 사람을 잘 알아보고 任用·管理를 잘하였으며, 儒學을 숭상하고 忠諫을 잘 수용하였으며, 정치·군사에 정통하여 능히 영웅·호걸을 장악하였으니, 한번 그를 본 자는 모두 그의 명령에 복종하였다. 그는 用兵術에 뛰어났고 素朴하여 虛飾을 숭상치 않았으며, 항상 옛 문물에 근거하여 풍속을 개선코자 하였다. 이러한 태조에 대하여 영호·잠 兩氏는 우문태가 天命을 받은 사실에 대하여 천명론자들이 통상적으로 채용한 것처럼, 讖緯·迷信 思想을 통하여 그를 영웅화 하였다.

예컨대, "태조(우문태)의 모친 왕씨가 그를 잉태하고 아들을 낳아 昇天하다가 이르지 못한 꿈을 꾸었다. 탄생하자, 흑색 氣運이 아이의 몸아래를 덮었고, 장성하자 신장이 8척이나 되고, 모나고 넓은 이마, 아름다운 수염이 나왔고, 붉은 빛이 얼굴에 있었으며, 등에 까만점이 있고, 변신하면 盤龍의 형용이 있어 사람들이 공경하면서도 두려워 하였다"는 것이다. 이는 신화에 지나지 않지만, 태조 우문태가 보통 사람과는 다르게 天命을 받은 자의 자태, 특히 龍에 비유하고 있다는 점에서 그런 것이다.

② 이른바 북위 효문제의 한화정책으로 말미암아 胡漢 최상층부를 제외한 차하계층은 낙후되었다. 특히 북진에 남아있는 장병들은 북위를 건설하였고, 柔然의 남하를 막는 국가의 방패였다. 遷洛후 이들은 정치 사회적으로

몰락상태에 빠져 반란을 일으켰다. 그 가운데 尒朱榮, 高歡과 같은 지도자들은 새질서를 건설코자 하였다.

태조 宇文泰 또한, "어려서부터 큰 법도를 갖추어 생업에 종사치 않으면서, 재산을 가볍게 여겨 베풀기를 좋아하고, 현명한 士大夫와 사귀기를 좋아하는"그런 인물이었다. 즉, 그는 豪傑로 義勇을 모아 무장집단을 거느렸다. 그는 20세가 채 못되어 부친을 따라 鮮于脩禮, 葛榮集團을 거쳐 尒朱榮 集團에 귀부하였다. 처음 그는 이주영의 시기·핍박을 받아 스스로 신원하고 북진의 반란 평정에 군공을 세워 關西大行臺 左丞, 夏州刺史에 나아갔다. 이때 고환은 정권을 장악하여 이주씨를 평정하고, 관서대행대를 휘하에 끌어 넣고자, 侯莫陳悅을 敎唆하여 유력자 賀拔岳을 제거하였다.

그러나 趙貴 등, 賀拔岳을 추종하던 무리들이 태조를 奉戴하여 후막진열을 평정하고 고환과 대립하였다. 한편 태조 우문태는 효무제가 고환과 알력 끝에 귀부해 오자, 그를 맞아 이른바 서위정권을 건설하고 大丞相으로 정치 군사를 주도하여 正統(當)性을 확립하였다.

③ 태조는 처음 沙苑·弘農에서 동위군의 침입을 격퇴하였다. 그러나 543년 望山 전투에서 대패하여 이른바 "廣募豪右 以增軍旅"의 조치를 단행하여 鄕兵을 군사적 기반으로 하는 府兵制를 편성하여 강력한 군사력을 결성하였다. 이 군사력의 최고 지휘자들이 8柱國 12大將軍으로 이른바 관롱지역의 "武力·才智가 있는 자"라는 關隴集團의 핵심멤버이었다. 이 군사력으로 江陵, 巴蜀을 평정하고 동위-북제의 군사력에 대치하고, 마침내 무제가 북제를 평정하여 화북을 통일하였던 것이다.

아울러 태조는 蘇綽 등, 賢士大夫의 보좌를 받아 六條詔書, 律令을 제정하고 虜姓의 再行과 賜姓 그리고 六官制를 시행함으로써, 부강한 서위정권을 발전시켜 동으로 東魏(북제), 남으로 梁과 더불어 鼎立의 국면을 구축하였다. 이러한 서위에서 추진되었던 정책이 북주에서 충실히 시행된 점에서 볼 때에, 북주정권을 확립하는 기초이었던 것은 말할 나위없다.

④ 兩氏는 우문태와 같은 현명하고 덕망있는 인물에게 임무를 부여하여 혼란을 극복하고, 백성, 나라를 안정·화합시킨 일연의 과정이 天命에 따라 성취한 것으로 돌리고 있다. 예컨대, 태조는 효무제에게 후막진열을, "良臣

(하발악)을 살해하여 天理를 위배한 자"로 낙인찍고, 그 토벌을 청원하는 表를 올렸다. 또한 태조는 후막진열에게 서신을 보내어, "위로 하늘을 두려워하지 않고, 아래로 땅에 부끄러움이 없어야 한다"고 지적하였다. 따라서 태조는 자신이 天命을 받아 후막진열-고환을 평정하여 정치 사회질서를 재건하겠다는 의지를 나타낸 것이다.

⑤ 여기서 楮宮은 춘추시대 楚의 別宮으로서 後梁 元帝가 기거하였다. 554년 태조 우문태는 于謹·楊忠에게 군사를 주어 江陵을 함몰하여 약탈과 살육을 자행하였다. 이때 많은 문화재까지 소실되고 10만포로를 장안에 송환, 노역에 동원하였다는 것을 지적하였다. 영호·잠 兩氏는 비록 강릉함몰이라는 사건이 權道에서 나왔을지라도 德敎에 벗어났다고 指斥하고, 이것으로 말미암아 주왕조의 國祚가 영구치 못하였다고 평론하였다. 따라서 영호·잠 兩氏의 의사는 受命者와 王朝의 曆數는 이미 정해져 있는 것을 인정하였다. 즉, 태조의 명령으로 이루어진 江陵·柔然 歸附者의 함몰이라는 人謀는 曆數의 단명한 宇文氏 政權을 표현하는 것이었다.

B의 경우

① 황제는 결단력이 있고, 晉蕩公 宇文護의 집정을 매우 시기하였다. 李植 등이 황제 주위에 입시하여 황제에게 우문호를 주살토록 청원하였다. 이에 황제는 宮伯 張光洛과 상의했으나, 그는 도리어 우문호에게 고발하여 이식 등은 출외·살해되고, 황제는 유폐·독살되었다.

② 西魏 恭帝가 孝閔帝에게, "德이 있는 그대에게 天命이 내렸으니, 선양한다"고 하여 魏周 역성혁명은 天命에 따른 것임을 명확히 표출하였다. 효민제는 이에 태조가 닦은 왕업을 계승하였으니, 天運에 따르는 것이라고 하였다.

③ 魏周革命 때에, 태조의 諸子는 幼冲하고 軍功이 높은 훈귀들은 等夷의 의지로 천하를 차지하려는 동향이 보였다. 이때에 태조의 顧命을 받은 우문호가 于謹 등의 협조를 얻어 주왕조를 열었다. 이리하여 우문호는 股肱으로 서주 成王에 대한 周公의 지위에 나아갔다. 그러나 그는 학술이 적고 소인들과 함께 정치를 행하여 폐제까지도 서슴치 않았다. 따라서 영호·잠 양씨의

의사는 태조의 顧命者 우문호가 天道를 위배하여 擅權하였으니, 그가 무제에게 주살당한 것은 도리어 마땅하다고 비판·권계하려는 것이었다.

④ 明帝는 성품이 寬仁하여 九族을 篤睦케 하였으니, 군주의 도량이 있었다. 好學하여 많은 서적을 박람하였으며, 屬文에 능하고 문체가 溫麗하였다. 그는 즉위하여 公卿이하 文學者 80여명에게 羲·農이래의 經史 500여권을 모아 『世譜』를 刊行하였다. 따라서 영호·잠 兩氏의 의사는 명제의 명석한 군주된 도리를 표창한 것이었다.

⑤ 명제가 武成 2년 4월 우문호가 사주하여 보낸 독약을 먹고 조칙을 내릴 때에, "우문호의 명령은 곧 天命이다"고 비아냥대고 있다. 따라서 영호·잠 兩氏의 의사는 실권자의 擅權을 지척하여 경계하려는 것이었다.

C의 경우

① 황제는 침착하고 智謀가 있었다. 처음 우문호의 擅權을 모르는 체하였다. 고조는 치밀하게 계획하여 우문호를 주살한 후에, 親政하고 精勵한 정치를 실행하였다. 즉, 그는 明察하여 恩惠는 작았지만, 法은 嚴正하고 호령이 적절하여 臣民이 복종하였다. 복장은 간소하고 후궁을 축소하였으며, 군사력을 강화하였다. 전쟁에서는 앞장서고 신을 벗어 병사에게 주었으며, 잔치에서는 壯士에게 勸酒까지 하였다. 아울러 大事에 결단력이 있어 사졸들이 死力을 다하여 약한 국력으로 北齊를 평정하였고, 장차 突厥과 江南을 평정하여 一統코자 하였다.

② 효무제 서천 이래 고환은 孝靜帝를 옹립하고 鄴에 천도하여 아들 高澄으로 하여금 輔政케 하고, 자신은 晉陽에서 정치 군사를 주도하였다. 한편 우문태는 고환과 알륵 끝에 망명해 온 황제를 옹립하였으니, 정통(당)성을 확립하였다. 그러나 우문태는 동위에 비하여 영토·인구·군사·문화적으로 훨씬 열악한 사정에서 앞서 말한 바와 같이 府兵制를 확립하여 對魏齊戰의 기반을 쌓았다. 그 위에 북제의 북제정치상의 胡漢對立·疲弊를 이용하고, 韋孝寬의 전략대로 명장 斛律光을 제거하여 平齊에 성공하여 화북을 통일하였다.

③ 무제는 건덕 원년 7월 平齊 때에, 친히 6軍을 통령하여 天罰을 공손히

행하겠다고 하였으니, 受命한 천자 武帝가 天命을 받들어 평제하겠다는 조칙이었다.

④ 아울러 수명천자 무제는 우문호를 주살하고 웅대한 지략으로 大道에 따라 부국강병에 정성을 다하여 마침내 祖宗의 숙원인 平齊에 성공한 것을 찬양하였다.

⑤ 그 밖에 周氏는 天命을 받은 것으로부터 고조에 이르기까지 代數로 4임금을 지났다고 하여 북주 왕조는 태조가 수명한 것으로부터 閔帝, 明帝, 武帝의 4황제를 거쳤다는 것이다. 아울러 兩氏가 宣帝의 受命한 사실을 기록치 않은 것은 그의 폭정에 기인한 것으로 보인다.

D의 경우

① 황제는 동궁이었을 때에, 고조는 그가 왕통을 이을 수 있는 자격이 없음을 간파하고 매우 엄하게 다스렸다. 심지어 태사의 交替도 시사하고, 동궁의 속관에게 태자의 언행에 대하여 기록하여 보고케 하였다. 그는 즉위하자, 그 욕망를 드러내었다. 父帝의 궁인을 핍박하여 음란하고, 천하의 여식을 골라 후궁에 충당하였으며, 모든 일에 자긍·교만하고 충간을 거절할 뿐만 아니라, 배척·살해까지 하였다. 그는 禪位한 후에는 더욱 교만·사치·후궁살해·일락에 빠져, 정치는 환관에 위임하였다.

그 위에 화려·장엄한 궁전을 짓고, 스스로 높히며, 국가의 법령은 자의로 개정하고, 天을 자칭하여 天臺를 만들어 호사하였으며, 성씨·조상의 칭호·관명을 개정하였으며, 근신을 배척·시기하였으며, 재산에 인색하여 賞賜는 없고 궁인·후비를 막론하고 天杖으로 다스려 공포분위기를 조성하였다. 따라서 영호·잠 양씨의 의사는 망난이 황제 선제를 지척·경계하려는 것이었다. 아울러 앞서 말한 것처럼, 兩氏가 태조이래 4황제가 受命者이고, 宣帝는 受命치 않은 사실을 제시한 것으로 보인다.

② 무제는 태자의 무능을 혁파하지 못하고 장차 위기에 대처할 방도로 楊堅의 보좌와 五王의 就國을 고려하였지만 잘못된 조치이었다. 즉, 무제는 양견 등, 府兵 將領의 공로를 이용, 平齊하여 화북을 통일하는 큰 위업을 이루었다. 이에 무제는 유공자를 우대한 위에, 양견의 장녀를 황태자비로 맞이하

였다. 무제의 입장은 황태자가 天命을 맡을 자가 아닌 것을 고려하여 諸將중에 유력한 양견과 통혼함으로써, 황제권을 보전하려는 사려깊은 遠謀(?)이었던 것이다.

③ 宣帝가 오왕, 곧 趙王 宇文昭·陳王 宇文純·越王 宇文盛·代王 宇文達·滕王 宇文逌를 就國케 한 조치는 무제가 계획하였지만, 本枝를 자르고 削出한 사실을 지적하였다. 즉, 선제가 종실 오왕을 就國케 한 사실은 서위-북주의 理想的인 周禮主義를 복구한다는 조치로 보인다. 그렇지만 북주의 무장들은 태조이래 휘황한 군공을 세우고 국가의 원로 대신이 되어 있었다. 그 위에 그들은 태조이래 等夷關係, 곧 대등한 관계를 설정하고 있어 일단 기강이 해이되면, 어려운 국면을 초래할 형편이었다. 이런 사정에서 선제가 오왕을 都城의 울타리 밖으로 내보내 취국케 한 것은 잘못된 조치였다.

④ 고조(북주 무제)는, "政術을 넓히고자 朝廷의 걱정을 징벌하고 宗子維城의 원대한 도리를 망각하여 겉으로 숭상하고 안으로 猜抵하였으니, 配天해야 할 왕업을 동요케 하였다"고 지척하였다. 따라서 영호·잠 兩氏의 의사는 무제의 허물이 周亡의 徵兆이었다는 것을 지적하여 경계하려는 것이었다.

⑤ 선제가 오황후를 세운 것은 기괴하여 역사상 일찍이 없었던 일이었다. 선제의 입장은 유력한 원훈과 통혼하여 그들이 강대한 諸將을 장악하고 국정을 보좌케 하는 방편, 곧 황제권을 강화하려는 것이었는지 모른다. 그러나 영호·잠 兩氏는 그것은 도리어 后族의 지위를 높이고 세력을 강화하여 제위를 기웃거리게 하도록 하였다고 보았다. 즉, 天中大皇后 楊氏의 부친 양견이 북주정권을 장악하고 마침내 수조를 열었고, 天下大皇后 尉遲氏의 조부 위지형은 명분상으로 반양견 반란을 일으켰는데, 그는 왕조창건을 기대했다. 그리고 靜帝 황후 사마씨의 부친 司馬消難은 명분상 반양견 반란을 일으켰지만, 여의치 않아 陳에 망명하였다. 따라서 선제의 五王就國, 五皇后의 책립은 도리어 주왕조 발전을 저해하여 그 멸망을 촉진시킨 조치였다는 것이다. 따라서 兩氏는 선제의 폭정을 특필·지척하여 북주의 興殃者로 지목하여 경계하려는 것이었다.

E의 경우

① 兩氏는 創業·守成하는 군주가 異姓의 보좌 뿐만 아니라, 宗室의 도움이 필요한 것이었지만, 주왕조에서 그것이 이루어지지 못한 것을 지척하였다. 예컨대, 태조 제5자 齊煬王 宇文獻은 문무를 겸비하여 북제가 두려워한 인물이었다. 마침내 선제의 시기를 받아 억울하게 살해되었다. 그후에 제왕의 문무속관이 지방관에 많이 이르렀다는 점에서 그가 현명하였다는 것이다. 이로써 영호·잠 兩氏는 君子는 周의 國祚가 영구치 못할 것을 알았다고 하였으니, 무제의 잘못을 지척하여 경계하려는 것이었다.

② 종실 宇文胄(우문태의 長兄 邵惠公 顥의 孫子)는 周末 영주자사로 위지형에 호응하여 義軍을 일으켰지만, 功業을 이루지 못하여 슬프다고 동정하였다. 그리고 宇文亮(우문태의 형 導의 장자)은 庸才로 자신의 덕망과 역량을 돌아보지 않고, 기병·실패한 것을 애석하다고 동정하였다.

③ 兩氏는 漢王室을 기울게 한 것은 王氏이지만, 북주의 國祚를 손상시킨 것은 楊氏라고 명확히 지적하면서, 주왕조의 멸망의 근원은, "符契에 부합한 것일까? 위문제가 발표한 一詔에 따랐을 뿐이라!"고 하였다. 이는 양견의 受命 收受與否는 말하지 않고, 다만 외척으로 魏文帝의 외척을 배척한 조칙을 거울로 삼아 주왕조의 왕권을 탈취하여 수왕조를 열었던 역사적 사실을 비판한 평론이다.

④ 그 위에 魏徵이 양견의 수왕조 창건은 "천의 도움"이라고 명확히 지적하고 있는 것을 보면, 영호·잠 兩氏가 양견이 천명을 받은 사실을 말하지 않은 것은 주왕실에 대한 그들의 애착에서 나온 논설로 생각하지 않을 수 없다.

결국 영호·잠 兩氏는 주왕조 멸망은 태조가 江陵·柔然을 평정·유린으로 왕조의 기틀이 동요되었고, 우문호의 전횡, 무제의 착오로 양견의 지위를 재고시켰으며, 특히 무제의 착오와 선제의 황유무도, 그리고 종실 유력자의 무기력함과 그들의 피해에 따른 것임을 명확히 설명하였다. 이상과 같은 사례를 통하여 살펴볼 때에, 영호·잠 兩氏의 역사관 특히 국가성쇠관은 天命과 그에 관련된 人謀에 따라 운영된다는 것이었음을 명확히 살필 수 있었다.

이상에서 말하는 天命이란 무엇인가?

天은 중국 先秦 사상에서 절대적 인격신이다. 天의 의지에 따라 만물의 생성과 소멸·풍흉·상벌·흥망성쇠·개인의 운명 등, 자연계·인간계의 모든 것을 결정한다는 것이었다. 殷王의 專制에 따라 天의 버림을 받아 망하고 새로이 天命을 받은 서주의 통치자들은 敬德을 주장하였고, 이는 다시 鄭子産의 寬猛相濟, 孔子의 德治, 董仲舒의 德刑幷用 등의 정치사상으로 자리잡았다. 이런 사상은 班彪의 「王命論」을 낳았고, 이것이 『漢書』를 찬수한 班固의 역사철학이 되었다.

다시 말하면, 班彪는, "堯舜은 天의 曆數에 따라 命을 받고 四海를 밝게 구제하여 대대로 德을 쌓았다. 湯·武에 이르러 天의 의지에따라 백성을 복종시켰다. 劉氏는 堯의 國祚를 이어 漢을 세웠다. 따라서 帝王의 國祚는 德行으로 좌우된다. 즉, 많은 공로와 두터운 이익을 누적시키면, 백성이 그 恩德을 받게 되고, 天神이 이에 감응하여 천하를 그에게 돌아가게 한다. 또한 上下·貴賤·貧富에는 命이 있으니, 이것이 天道라는 것이다. 따라서 災殃은 사람으로 말미암는다"는 것이다.

아울러 그는 漢이 일어난 이유를 漢高祖가, "帝堯의 후예이고; 體貌는 많이 기이하며; 神武하여 徵應이 있고; 寬大·仁恕하며; 사람을 알고 잘 임용하여 부린다는 다섯 가지를 제시하였다. 그 위에 성실하여 신임·모략이 있으며; 아랫사람의 의견을 듣고 받아들이며; 좋은 것을 보면, 이르지 못한 것과 같이 하며; 자신이 인재를 채용하고; 충간을 흐르는 물처럼 받아들여 실행한다는 것이다. 결국 모든 것이 天이 수여한 것이지, 人力이 아니라"는 것을 대서특필하였다.

그리고 북제·수시대에 활약한 李德林은 「天命論」을 찬술하였다. 즉, "帝王의 神器 곧 帝位는 曆數에 귀착한다. 天이 그 德을 생기게 하고 天時에 따르게 하는 것을 命이라 한다. 이것은 확실히 불변하는 것으로 人力으로 능히 알 수 없다"는 것이다. 이처럼 天命은 항구불변이라는 논리에 가탁하여 隋의 성립, 통일 등의 발전을 논증하고, 그것은 오직 天命에 따라 운행되어 결코 인력으로 항구하게 할 수 없다는 것이다. 따라서 태조 우문태가 북위 반란을 평정하고 여러 조치로 혼란을 극복하고 백성을 안정·화합케 하여 왕업의 기초를 닦았으며, 북주의 여러 황제가 그것을 계승한 사실을 모두 天命에 따르는 것으로 보았던 것이다.

이런 「천명론」에 관련되어 있는 것이 英雄史觀이다. 예컨대, 張嘉璠은 『주서』에서 영호·잠 양씨가 영웅사관을 힘써 선양하였다고 비판하였다. 또한 謝保成은 『수서』 찬수자 魏徵이 「천명론」을 비판하고 人謀 部分을 강조한 사실을 가지고 進步史觀을 가졌다고 하였다. 그 밖에 牛致功, 盧華語 등은 「천명론」을 부정, 포기 또는 회피하는 논설을 하고 있다. 『주서』에 보이는 「천명론」에 관한 전문적인 논설은 필자가 과문한 탓으로 아직 살펴보지 못했다.

저자로써는 사보성씨 등, 논자들의 기본입장은 위징의 역사관과 같이 영호·잠 兩氏의 역사관도 같은 입장이라고 생각된다. 그것은 「천명론」을 영웅사관으로 설명하고 있기 때문이다. 예컨대, 근래 中華書局에서 출판된 二十四史의 「出版說明」에 그에 대한 구체적 내용을 엿볼 수 있다. 물론 이것은 전문적 논문이 아니지만, 그것은 현대 중국의 주요 출판사업으로 중국 사학계의 입장을 대표한다고 볼 수 있는 점에서 수용하여도 틀리지 않다고 생각되기 때문이다.

이상 몇몇의 유물론자들이 평가한 논설은 당연히 「천명론」을 비판할 것이지만, 근본적으로 인간에게는 物·心 兩面이 있고, 유심·유물론을 각각 적용하기 보다는 양면을 함께 살피는 것이 옳다고 생각한다. 영호덕분·잠문본 양인을 비롯한 唐 초기의 역사편찬자들은 황제의 출현, 왕조의 쇠망에 대해서 天命과 人謀의 측면을 참위·미신사상에 입각하여 정리하고 있다. 필자는 이점에 대하여 비판하기 보다는 시대적 한계성으로 정리하는 것이 타당할 것으로 본다. 그것은 훨씬 후대인 송대에도 南宋 朱子의 정치이상, "存天理·去人欲"은 魏徵이, "北齊의 敗亡은 대개 또한 사람으로 말미암는 것이지 오직 다만천도만이 아니다"라는 내용과 의미상 별다른 차이가 없기 때문이다.

다만 사보성씨 등 위의 논자들이 修史를 통하여 鑑戒를 찾고, 그것을 통하여 정치에 도움이 되게 한다는 修史－取鑑－贊治의 입장은 필자도 좋은 견해로 생각·수용한다. 그것은 중국의 역사관, 곧 『尙書』 이래 "以史爲鑑"이라는 經世史學의 일환으로 이해되기 때문이다.

결국 영호·잠 兩氏의 국가성쇠관은 「천명론」과 그에 관련된 人謀에 따라 운영되었고 그 의도는 "以史爲鑑"의 鑑戒史觀의 일환으로 중국 사학사상에 위치하고 있는 것이다.

3. 令狐德棻·岑文本의 對周官僚觀과 時代觀.

가. 兩氏의 對周官僚觀

1) 선비인 賀拔勝·岳 형제는 장자의 기풍·용략을 가지고 공로를 세웠다. 특히 이들의 공로는 마치 陳涉은 실패하였지만, 漢이 일어나는 계기를 이룬 것처럼, 賀拔岳의 關西大行臺 설치 등 군사적 공로와 희생에 의지하여 태조 우문태가 왕업을 개창한 것을 대서한 것이었다. 그리고 하발악이 방비를 허술하게 하다가 피해를 입은 사실을 애도하였다. 아울러 兩氏는, "피폐된 것이 있지 않으면, 군주가 어찌 일어나랴"는 순환사관을 들어냈다. 따라서 兩氏의 의사는 순환사관에 입각하여 후인에게 충절자의 활동과 역할 그리고 신중한 언행을 표창하였으니, 후인에게 勸戒하려는 것이었다.

2) 胡化漢人 寇洛은 후막진열이 고환의 사주를 받아 하발악을 살해하고 그 휘하를 장악하려 하자, 長者로써 하발악 휘하 부장을 결집하여 무장집단을 편성하였다. 선비인 于謹은 문무에 출중하여 구락의 집단결집에 주요 역할을 하고, 강릉함몰 등, 적잖은 공로를 세운 우문태-북주정권의 원훈이었다. 호화한인 李弼은 원래 후막진열의 부장이었으나, 그가 하발악을 살해하는 것을 보고 우문태에 의지하여 후막진열 평정에서부터 서위건설, 동위에 대한 군사활동 등, 막대한 공로를 세웠다.

영호·잠 兩氏는 이들이 시대를 구제할 방략을 가지고 우문태 정권을 건설·발전시킨 동량임을 표창하고, 이들을 유덕한 君子로 평가하여, "君子가 있지 않으면 어찌 능히 나라를 이룰 것이랴"라고 하였다. 아울러 일부 호한 상층부에게만 유리한 姓族詳定 등, 효문제의 한화정책을 간접적으로 비판한 측면이 있어 보인다. 따라서 兩氏의 의사는 문무양겸의 관료가 시대를 지도해가는 유력 인물임을 표창하여 후인들을 권계하려는 것이었다.

3) 호화한인 趙貴는 북위말 충의로 義勇을 결집하고 하발악의 피해에 제

장과 더불어 무장집단을 편성하고 우문태를 추대하였으며, 관중의 험요에 의지하여 천하 삼분의 계략을 세워 서위정권을 세우는데에 공로가 컸다. 匈奴 大人 출신 獨孤信은 북위말 호걸로 하발악 집단에 편성되었다가, 조귀 등과 함께 우문태 정권을 건설한 원훈이었다. 북주의 권신 우문호의 독주에 항거하다가, 조귀와 함께 피해입었다. 선비 대인 출신인 侯莫陳崇은 북위말 역전의 무장으로 우문씨 정권의 원훈이다. 영호·잠 양씨는 이들이 遠大한 武略을 가지고 막대한 공로를 세운 동량으로 표창하여 한고조의 원훈 蕭何, 光武帝의 원훈 李通에 비유하였다.

아울러 兩氏는 趙貴·獨孤信이 우문태 집단의 等夷關係를 펴서 우문호의 전제를 막으려다 실패한 사실을 애도하였다. 특히 독고신의 周·隋·唐 3代에 걸쳐 外戚된 역량을 대서하였다. 따라서 兩氏의 의사는 이들의 공로와 현달을 옹호하고 우문호의 전제가 북주 발전에 도움이 되지 못하였음을 지적하여, 積善해야 慶事가 따른다는 善惡觀을 후인에게 권계하려는 것이었다.

4) 호화한인 梁禦는 하발악을 따라가 우문태를 추대하는데에 참여하는 등, 많은 군공으로 상서좌복야에 현달하였으나, 국가의 안전을 보지 못하고 사망함을 아쉬워 했다. 선비인 若干惠와 王德은 果毅로 이름이 알려져 공로가 많았지만, 자신들의 뜻을 다 펴지 못하였다. 영호·잠 兩氏도 이들이 공로를 세워 입신할 기회를 만나고 그만한 역량을 가졌지만, 그 이상 자신의 뜻을 펴지 못한 것이 애석하다고 동정하였다. 따라서 兩氏의 의사는 이들이 큰 공을 세워 현달할 수 있는 역량과 시기를 만났음에도 불구하고, 그렇게 되지 못한 것에 대하여 인자한 자는 반드시 용감하다는 옛말의 효험을 통하여 권계하려는 것이었다.

5) 王羆는 경조왕씨 출신이고 서위건설, 對東魏·柔然戰에 공로가 많았고 선정하였다. 아들 王述 또한 家風을 손상시키기 않았으니, 칭찬할만 하였다. 太原 祈人 王思政은 효무제의 서천 계기를 마련하고, 공로와 충절이 막대하여 그의 위망이 국내외에 진동하였다. 동위와의 전투에서 실패하여 갇히는 몸이 되었으나, 장한 뜻과 고상한 품위를 보전하여 기념할만 하였다. 영호·잠 양씨는 두왕씨의 충절을 높이 평가하였으니, 의사는 후인들에게 이들의

충성심, 특히 敵地에서 고상한 품위를 가진 것을 본받아 잘못된 공명심을 버릴 것을 권계하려는 것이었다.

6) 대인 達奚武·侯莫陳順, 慕容氏 豆盧寧·宇文貴, 그리고 호화한인 楊忠·王雄 등은 태조 우문태 정권의 무장들로 많은 군공을 세운 국가의 무사요, 조정의 禦侮者들이었다. 영호·잠 양씨는 우문태를 도와 小關, 沙苑 등지에서 동위의 침입을 격퇴한 공로를 周瑜의 赤壁의 책략에 비유하여 표창하였으니, 의사는 후인들에게 이들과 같은 충절을 권장하려는 것이었다.

7) 낙랑인 王盟, 선비인 賀蘭祥·尉遲綱·叱列伏龜·閻慶 등은 처음부터 우문태의 親黨으로 마침내 은택아닌 재능으로 현달하여 우대받았다. 영호덕분·잠문본 양씨는 이들을 서한의 淮泗功臣, 光武의 南陽功臣에 비유했으니, 의사는 관료란 군사적 공로, 선정으로 현달하고 추숭해야지, 은총으로 추숭해서는 안된다는 것을 권계하려는 것이었다.

8) 尉遲逈은 代人으로 선비의 별종이다. 그의 모친이 우문태의 누이 昌樂大長公主이고, 손녀가 선제 5황후중 한사람이었으며, 梁의 益州(巴蜀)를 평정하는 등, 공로를 세워 현달한 북주의 원훈이었다. 양견이 고명을 받아 장차 수조를 창건하려 하자, 그는 반양견 기치를 높이 들었다. 그러나 그는 忠勤을 다 발휘치 못하였다. 王謙과 司馬消難도 위지형과 유사한 입장에서 반양견기치를 내걸었으나 실패하였다. 영호·잠 양씨는 이들이 翟義·諸葛誕의 무리처럼, 마음을 쉽게 바꾸어 실패하였음을 지적하였다. 따라서 兩氏의 의사는 不事二君의 충성심을 펴려면 두마음 없이 오로지 애국해야 한다는 것을 후인에게 권계하려는 것이었다.

9) 명족 河東 柳慶은 氣節을 가졌고 청백한 정치를 편 修己治人의 구현자이었다. 그 위에 실권자 우문호에게 不阿하여 일시적 침체를 면치 못했으나, 천년 만년에 그 위망을 떨쳤다. 영호·잠 양씨는 유경이 사대부적 윤리를 구현한 사실과 周惠達·楊寬이 두마음을 품지 않는 충근함을 표창하였다. 따라서 兩氏의 의사는 이런 사대부의 윤리를 구현해야 개인의 위망을 얻고 국가발전을 기대할 수 있음을 후인들에게 권장하려는 것이었다.

10) 武功 명족 출신 蘇綽은 동위와 대결하는 열악한 처지에서 賢才의 채용을 포함하는 六條詔書를 제정·시행, 부병제의 확립, 둔전의 실시, 六官制 채용 등, 서위－북주의 문물제도를 막대한 역량을 쏟아 제정함으로써, 우문씨 정권의 기반을 확립하였다. 영호·잠 양씨는 이런 소작의 공로를 크게 표창하고 그의 후사의 영달을 평가하였다. 따라서 兩氏의 의사는 관료의 충절과 예우, 문벌귀족의 생활태도에 대하여 후인들에게 권계하려는 것이었다.

11) 명족 隴西 李賢은 지략과 충용으로 막대한 공로를 세웠다. 그의 형 李遠, 동생 李穆 또한 막대한 공로를 세워 일족 10여명이 현달하여 西京盛族으로 그들을 추종할 자가 없었다. 兄子 李植은 우문호의 전권을 비판하고 제거하려다 실패하여, 효민제가 시해되고, 죄는 부친에까지 연루되었다.

영호·잠 양씨는 이식의 행위로 황제가 안중에 없는 우문호를 義方이 없이 제거하려다가, 도리어 황제와 李遠·植 부자의 피해를 가져온 것을 비판하면서도, 이식의 충성을 평가하였다. 따라서 兩氏의 의사는 충성은 義氣만 가지고 이룰 수 없는 것이고, 지략·충용을 겸비하여야 함을 후인들에게 권계하려는 것이었다.

12) 흉노출신 赫連達, 선비 출신 韓果·庫狄昌·梁椿·梁臺, 周室 素族 宇文測, 호화한인 蔡祐·常善·田弘 그리고 한인 명족 출신 辛威 등은 화란시기에 막대한 공로를 세워 현달하였다. 그 위에 이들은 仁恕하고 공로를 뽐내지 않았으며, 善政하는 良臣들이었다. 영호·잠 양씨는 이들이 입공－현달－위망을 제고한 것을 아름다운 良吏라고 표창하였으니, 의사는 문무양겸적인 관료상을 후인들에게 권계하려는 것이었다.

13) 호화한인 史寧·權景宣, 代人 陸騰·賀若敦은 후한시대 耿恭·馬敦처럼, 慷慨·氣節이 있었다. 하약돈은 적지에서 糧途를 단절하여 부대를 무사히 귀환시키는 등 막대한 공로를 세웠다. 그러나 그는 기절이 있어 혁혁한 무공을 세우고도 우문호에게 시기받아 피해입었다. 사령과 권경의는 장수의 재목으로 뽑혀 공로를 세웠다. 그러나 사령은 재물을 탐하여 아름다운 뜻을 훼손하였고, 권경의는 말년에 교만하여 권위를 상실하였다. 육등은 志氣·名節이 있어 신명을 보전하였다. 영호·잠 양씨는 기절있고, 강개한 인물이 혁혁한 무

공을 세우고 현달, 선정한 것을 칭찬하였다. 또한 兩氏는 하약돈·사령·권경의를 지척하고, 육등을 표창하였으니, 의사는 기절이 있어 강계한 무반들이 名節을 쌓아야 할 것임을 권계하려는 것이었다.

14) 王勇은 대인, 侯植은 호화한인으로 굳세고 결단력있는 자태를 가지고 막대한 군공으로 현달하였다. 대체로 文士는 溫恭의 지조를 가졌으나, 마음 약한 것이 폐단이고, 武夫는 기질이 표한하여 爭功하여 끝내 그 명위를 보전하기 어려운 것이다. 예컨대, 후식은 果毅하여 우문호의 장기적 전제를 비판하고 황제의 친정을 희망하였지만, 그에게 피해를 입었던 것이다. 영호·잠 양씨의 의사는 관료가 문무양겸이어야 하고, 명절을 쌓아야 명위를 보전할 수 있다는 것을 후인에게 권계하려는 것이었다.

15) 호화한인 竇熾는 문무양겸의 유력인물로 善政하고, 막대한 공로를 세운 서위－북주의 원훈이었다. 양견의 주수혁명이 성사될 즈음, 누대로 우문씨에 은혜를 받았다고 하여 그 혼자 양견에게 勸進치 않았다. 于義는 李穆과 함께 서위－북주의 원훈이었다. 명위상 고귀했으나 양견에 협조하였다. 영호·잠 양씨는 이들이 자기네 역량을 총동원하면 양견과 싸워 그 성패를 헤아릴 수 없었을 것이라고 비판하였다. 우문씨의 봉록을 먹었으면 우문씨를 위하여 신명을 바쳐야 함을 말한 것이다. 따라서 兩氏의 의사는 竇熾처럼, 북주에의 최소한의 충성을 표시하지 못하고 일신·일가의 명위보전을 획책하는 것은 人臣의 도리가 아닌 것임을 권계하려는 것이었다.

16) 天水 趙善·元定·楊㯹·裵寬·楊敷 등, 호한 양족의 유력인사들은 서위－북주의 對北齊·梁(陳)의 전투에서 막대한 공로를 세워 현달하였다. 특히 조선은 孝友, 양부는 氣節로 성과를 거두었다. 양표는 奇功을 세웠으나, 마침내 오만해져 대비를 하지 않고 적을 경시하다가, 북제에 항복하였다. 영호·잠 양씨는 원정, 양관의 실패는 王師의 부진으로 돌렸지만, 遠謀없이 실패·투항한 양표에 대하여 軍律의 중요성과 준비된 군사활동을 하지 못한 것을 지적하였다. 따라서 兩人의 의사는 국가는 강대한 군사력을, 장수는 전략·전술의 역량을 갖추어 만일의 사태에 대비할 것을 후인에게 권계하려는 것이었다.

17) 산동명족 滎陽 鄭孝穆·博陵 崔說·謙·崔猷, 關中名族 河東 裵俠, 河東 薛端·薛善은 효무 서천을 전후하여 入關하고 우문태 정권의 건설과 발전에 막대한 공로를 세워 현달하였다. 즉, 정효목은 流民을 위무하여 정치 사회를 안정시켰다. 최겸은 막대한 변공을 세웠고, 최설은 일족을 잘 다스려 화목하고 名義로 爲政하여 성과를 올렸으며, 최유는 稱帝·建元 등 국가의 방략을 개진하여 유력하였다. 배협은 忠勤으로 윗사람을 섬기고 廉約·修身했으며, 또한 善政하였다.

설단은 吏部 등 顯要職에 나아가 강직한 인사행정으로 기강을 바로잡는 데에 큰 공로를 세웠다. 설선은 동위에 대한 전쟁에서 공로가 큰 문무양겸적인 良將이었다. 특히 풍익에 屯田·冶鐵監으로 우문태 정권의 군사·경제적 기반을 확보하는데에 큰 공로를 세웠다. 다만 그는 황제의 친정을 희망하여 우문호의 전제를 비판한 齊軌를 우문호에 고발·함몰시켰다.

영호·잠 양씨는 문무양겸적인 이들 명족출신의 공로를 높이 평가하고 실권자에게 의부·아부하여 일신·일족의 발전을 획책한 설선을 지척하였다. 따라서 兩人의 의사는 修己治人의 사대부 윤리를 구현하여 입신양명할 것과 正道가 아닌 비리 및 탐욕스런 언행은 도리어 일신·일족을 파멸시킬 것임을 후인에게 권계하려는 것이었다.

18) 산동 명문 출신 滎陽 鄭偉·淸河 崔彦穆은 본적지를 떠나왔으나, 탁월한 재능을 발휘하였다. 王士郎은 북제를 섬기다가 위험중에 入關하여 충의를 상실하였으니 배반자이었다. 令狐整은 器幹이 있어 향리에서 중시되었고 막대한 공로를 세워 현달하였으며, 實權者를 피하여 위망을 보전하였다.

영호·잠 양씨는 이들이 修己治人의 유학의 이념을 명확히 구현한 것을 표창하고 일신의 안위를 고려한 망명, 배신을 지척하였다. 따라서 兩氏의 의사는 사람, 특히 관료는 유학을 닦아 順理·望德으로 轉禍爲福을 판별·구현하여 국가 사회를 안정시키는 것을 사명으로 해야지, 그렇지 않고 일시적 명리에 어두우면, 그 汚名이 靑史에 아롱질 것임을 권계하려는 것이었다.

19) 上谷의 명족 寇儁은 儒者의 志操가 있어 善政하였고, 영천 韓褒는 忠厚한 선정으로 명망을 얻었으며, 하남 趙肅은 平允한 선정을 베풀었고, 청하

張軌는 성품이 순수·겸양하여 善政을 넓혔으며, 양군의 李彦은 선정하여 중앙 정계에서 위망을 얻었다. 태원 郭彦은 蠻夷를 위무하여 北國에서까지 명위를 들어냈다. 그리고 하동 裵文擧는 명족 출신으로 대대로 淸德을 쌓아 겸양의 기풍이 있었다.

영호·잠 양씨는 이들이 선정하여 일신·일가의 위망을 높였고, 유학의 덕목을 구현하여 善政할 것임을 상기시킴과 동시에 북주의 인재선발의 우수성을 표창하였다. 따라서 兩氏의 의사는 후인들에게 통치란 마땅히 유학을 학습·구현해야 할 것임을 권계하려는 것이었다.

20) 武功의 명족 蘇亮 등은 총민·박학하고 章奏를 잘하여 막부, 중서계통에서 아름다운 문체를 들어내고 선정하였다. 柳虯는 하동명족 출신으로 經史를 널리 섭렵하여 해박하였다. 廢衣·疎食도 개의치 않고, 名利를 버려 비아냥도 받았지만 自若하였다. 그는 史官에 부임하여 폐제의 일을 기록할 것을 우문태에게 주장하여 성취하였다. 영호·잠 양씨는 이들이 재략이 있어 선정을 베푼 관료임을 표창하였다.

특히 유구는 사관으로 사마천이래 역사찬수의 주요한 전통인 "不虛美·不隱惡"을 구현하여 經世史學을 당 초기에 사학자들에게 전달함으로써, 그의 사명을 다하였다. 영호·잠 양씨는 소량, 유규 등의 재략있는 선정을 표창하고 사관 유규의 입장을 대서특필하였다. 따라서 兩人의 의사는 후인들에게 국가의 인재선발의 중요성을 강조하고, "不虛美·不隱惡"의 직필법을 통한 감계와 경세사학이 자신들의 자화상임을 드러내어 권장하려는 것이었다.

21) 京兆의 명족 韋瑱은 총민하고 도량이 있어 향리에서 그를 공경하였다. 그는 문무양겸으로 州將·行臺左丞으로 어려움을 잘 해결했다. 또한 그는 望族 출신으로 鄕兵을 통령하고 조주자사로 오랑캐를 위무 안정시켰다. 杜杲는 명족 京兆 杜陵人으로 經史를 섭렵하고 簡略으로 문무의 요직에서 두각을 나타냈다. 특히 남조 진과의 외교관계 즉, 진문제의 成王 陳頊이 梁에 인질로 가 있다가 서위의 강릉 함몰로 장안에 옮겨와 있었다. 진욱의 귀환 및 국경문제 등을 해결하는데 공로를 세웠다. 이처럼 關右의 명족 출신 韋瑱·杜杲·辛慶之·皇甫璠·王子直 등은 經史를 섭렵하고 騎射를 잘하는 등, 武略도

익혔다.

이들은 정계 문무관직에 진출하여 선정하고 오랑캐를 위무하여 국경을 안정시켰으며, 대외관계를 원활히 처리하는 등 국가발전에 방략을 제공하여 공무를 처리하였다. 아울러 그들은 검소하고 가업을 융성시켜 보전하였다. 영호, 잠 양씨는 이들의 생활을 표창하였으니, 의사는 후인들에게 관료상을 제시함으로써, 명족에게 시대 변화에 따라 종래의 혈통주의에서 벗어나 문무양겸과 같은 생활태도의 변모를 요구하려는 것이었다.

22) 尉遲運은 북주의 원훈이자, 외척으로 無道한 황태자의 선도를 담당하였다. 그때 위왕 宇文直이 반란을 일으키자, 이를 평정하는데에 공로가 있었다. 太原 명족 출신 王軌, 종실 宇文孝伯·神擧 등 태자 속관들은 태자의 잘못을 숨기지 않고 모두 황제에게 진언하여 개선을 촉구하였다. 이 일에 대하여 태자는 악감을 가져, 즉위후에 이들을 살해하고 말았다. 명족 琅邪 顔之儀는 名人 顔之推의 兄이다. 서위의 강릉함몰 때에, 입관하여 황태자(선제)의 侍讀·御正中大夫로 선제의 무도한 정치를 충간하여 양견이 승상이 되려는 음모를 분쇄하고자 노력하였다.

영호·잠 양씨는 선비는 오로지 충효를 갖추어야 할 것을 강조하고 이들 몇 사람은 그것을 잘 지켜 社稷之臣이 되었음을 표창하였으며, 특히 외척 출신 위지운이 관직과 작위를 은총에 의지하지 않고 공로에 따라 진출한 것은 아름답다고 칭찬하였다. 따라서 兩人의 의사는 후인들에게 외척을 포함한 모든 관료들에게 충효겸비의 관료상을 제시·권계하려는 것이었다.

23) 江南의 명족 琅邪 王褒·南陽 庾信은 經史를 섭렵하고 속문에 정통하였다. 이들은 서위의 강릉함몰 때에, 장안에 들어와 문학의 신하로 內史下大夫·司憲中大夫·剌史 등을 역임하면서 선정하였다. 특히 유신의 「哀江南賦」는 걸작으로 이름높다. 고진봉은 영호·잠 양씨가 이 작품을 비롯하여 우문호의 모친과의 왕래 서신 그리고 후량열전을 주서에 포함시킨 것은 그 당시 문학의 발전상과 요사염의 『양·진서』에 빠진 후량의 군신에 관한 사적을 보충하였다는 점에서 큰 가치가 있다고 하였다.

그리고 兩氏는 先秦에서 北周에 이르는 문학상의 발전상을 약술하고 문장이 華麗·淫逸的인 강남의 풍조보다 "華而能壯, 麗而能典"함을 제창하였다. 따라서 兩氏의 의사는 "華而不實"한 駢文體에 대하여 화려하면서도 장엄하고, 법도에 알맞게 저작되어야 하는 것을 주장하여 그 변혁을 권계하려는 것이었다.

24) 武陵王 蕭紀 휘하의 蕭撝·大圜 등은 남조 梁의 위망자들이었다. 이들은 經史를 섭렵하고 才名이 있었으며, 선정하여 가정·국가를 융성케 했다. 宗懍은 남양인으로 경사를 섭렵하고 幹局·才士로 원제의 칭찬을 받았다. 강릉함몰로 장안에 들어가 정치에 참여할 희망이 있었으나, 왕포·유신 등과 함께 다만 文學之臣으로 보냈다. 劉璠은 沛國人으로 경사에 정통하고 지방관으로 선정하였다. 그의 『梁典』 30권은 屬辭比事로 정리하여 佳史라 일컬어졌다. 하동 柳霞는 진퇴에 절도가 있고 孝門으로 널리 유명하였다. 그는 양왕조에 충성을 다하고 新主에도 예를 다하여 賢者로 추숭되었다.

영호·잠 양씨는 파촉평정·강릉함몰로 많은 사대부가 장안에 들어왔으나, 많이 채용치 않은 것을 애써 드러냈다. 따라서 兩氏의 의사는 서위－북주에서 경사를 섭렵한 유력한 강남인을 채용하지 않은 것을 비판하고 그런 현상은 唐初에도 마찬가지라는 입장을 피력하여 그 개선을 통치자에게 요청하려는 것이었다. 아울러 후인들에게 인재선발은 차별 없이 유능한 賢才를 채용할 것을 권계하려는 것이었다.

25) 伊川人 李延孫은 웅무한 장수의 재략이 있어 鄕兵을 통령하고, 京兆 韋法保와 함께 동위－북제의 침략을 저지하였다. 또한 河南人 韓雄, 宜陽人 陳忻, 任城人 魏玄 등도 무략을 닦아 우문태정권의 간성으로 동위세력을 저지하는데에 막대한 공로를 세워 현달하였다. 영호·잠 양씨는 이들의 무공을 표창하였으니, 의사는 후인들에게 난세의 관인상을 제시·권계하려는 것이었다.

26) 上洛人 泉企는 仁義·至節이 있어 향병 3천명으로 逆臣 蕭寶夤의 반란을 격퇴하였고, 아들 元禮와 仲遵은 경사를 섭렵하여 마침내 武人으로부터 사대부의 功業을 이루었다. 安康人 李遷哲, 黨城人 楊建運, 安定人 席固, 上洛人 陽雄 등은 환난시기에 군공을 세워 현달하고 작위를 보전·향유하였다.

영호·잠 양씨는 이들이 문무겸비하여 거둔 爵祿과 그 보전을 표창하였으니, 의사는 후인들에게 표창할 만한 관료상을 제시·권계하려는 것이었다.

이상 영호·잠씨가 唐初의 관료들에게 제시한 관료상을 종합하면 다음과 같다.

① 대체로 文武兩兼的이었다. 즉, 처음 그들은 騎射를 잘하고 武略으로 공로를 세워 현달하였다. 아울러 그들은 善政하고 名節을 지켜 君子로 추숭되었으니, 그 대표가 8주국 12대장군이었다.

② 이들은 恩澤이 아닌 공로로 현달코자 하였고, 良臣으로 名節을 보전하였으며, 貪汚·驕慢·無防備한 자를 指斥하였다.

③ 한편 蘇綽, 盧辯과 같은 문관측 관료들은 국가의 제도를 보완하고 善政하며, 名節을 지키고 社稷之臣으로 修己治人의 유학을 학습·구현하였다.

④ 柳虯, 劉璠은 遷固이래 "不隱惡 不虛美"를 구현하여 경세사학의 전통을 이었다.

⑤ 후량의 文學之臣이 入關하였으나 현달치 못하여 북주의 尙武的 정치사회를 반영하였다.

⑥ 특히 兩氏는 선진이래 북주에 이르는 문학의 발전사정을 약술하고, 위진남북조시대의 "華而不實"한 騈文體의 "華而能壯(典)"을 추구하여 그 폐단을 개선코자 하였다.

⑦ 그 밖에 실권자에 아부한 薛善을 지척하고, 侯植, 李植의 충절을 표창하고 방략없는 충절을 들어내 애석함을 표시하였다.

따라서 兩氏는 이러한 북주의 관료상을 표출함으로써, 귀족이 혈통주의에서 文武兩兼的 관료로 更生할 것을 제시하여 勸戒하려는 것이었다.

나. 令狐德棻·岑文本 兩氏의 時代觀.

A. 儒林傳. 兩氏는 동 序文에서 유학의 발전상을 약술하였다. 즉, 일찌기 劉漢은 기반없이도 經術을 숭상하여 그 국조가 장구하였다. 위진시대는 淸談·玄風이 일어나 국가의 기강이 크게 무너졌다. 그것은 군신의 역할을 바르게 하고 귀천을 밝게 구별하여, 아름답게 교화하여 풍속을 바꾸는 功能이 있는 儒學을 숭상하는 것만 같지 못한 것이기 때문이다. 고로 유학의 뜻이

크다. 북위말 반란으로 선왕의 옛 법도가 없어졌다.

태조가 天命을 받들어 經術을 아름답게 생각하고 盧景宣으로 하여금 서주의 六官制·五禮 등, 옛 제도를 보수케 하고 長孫紹遠에게 파괴된 六樂을 바로 잡게 하였다. 아울러 고조(북주 무제)가 유학을 일으키는 데에 힘쓰고 能安生 등을 특수하게 예우하여 유학을 일으키고 풍속을 개선케 하였다.

예컨대, 명족 범양 盧景裕는 고환의 고징 등 諸王의 스승이었고, 그의 동생 盧景宣은 우문태를 도와 서위의 六官制를 제정하였으며, 그의 동생 盧景仁은 북주 무제의 스승이었다. 그리고 오흥 무강인 沈重은 총명하고 성장하여 유학 등 群書를 전심으로 학습하고 『詩·禮·左氏春秋』에 밝았다. 그는 梁에서 오경박사·중서시랑·상서를 역임하였다. 북주 무제는 그가 明經行修한다는 말을 듣고 宣納上士 柳裘를 보내 禮로 징발하여 露門館에서 황태자에게 유학을 강론케 했는데, 장안의 諸儒가 추대하였으니, 그 당시의 儒宗이었다. 그의 찬술한 책들은 그 指要를 얻어 그 당시에 널리 유행하였다. 즉, 『周禮儀』 31권 『儀禮義』 31권, 『禮記儀』 30권, 『毛詩儀』 28권, 『喪服經儀』 5권, 『周禮音』 1권, 『儀禮音』 1권, 『禮記音』 2권, 『毛詩音』 2권 등이 그것이었다.

그 밖에 盧誕 등 6명의 유학자의 이력을 소개하였다. 또한 영호·잠 양씨는 앞시대에 六藝에 정통한 선비의 政術에도 兼通하였지만, 근래 一經만을 아는 자는 時務에 어두어 貧賤에 빠진 일이 있었다고 하였다. 양한시대에는 經術을 중시하고 律令을 경시하여 通顯者는 공경이나 군현에 이르렀다. 沈重 등의 학문은 육경만이 아니고 天官·律曆·陰陽 등에 이르기까지 널리 정통하여 일대의 儒宗이었다.

이상과 같이 영호·잠 양씨는 진한이래 유학의 흥망과 효용성 등을 논의하고 통치자의 학문에 대한 관심을 제기하였다. 따라서 兩氏의 의사는 유학의 중요성을 재강조하고, 그것의 발전이 국가의 발전에 직결된다는 입장을 제시하여 후세인들 특히 唐의 통치자들에게 유학의 발전을 도모할 것을 제창하려는 것이었다.

B. 孝義傳. 영호·잠 양씨는 서문에서 孝는 어버이를 섬김으로부터 시작하여 생활의 자료이고, 義는 합당함이 있어야 사람이 의지하여 德을 이루는 것이라고 전제하였다. 고로 堯·舜·湯·武王도 제왕의 지위에 있으면서도 지

극한 덕망에 이르게 하여 그 풍속을 돈독하게 하였고, 孔·墨·荀·孟子는 正道를 넓혀 그 풍속을 권장하였다. 따라서 이것, 곧 孝義로 仁人·君子가 일으켜 교화하여 폐단을 구제하는 것이라고 하였다. 결국 영호·잠 양씨는 이처럼 효의를 중시하여 강조하고 李裳·張元 등 7명의 이력을 소개하고 평론하였다.

즉, 李裳·柳檜는 위기에 不屈하여 그 壯한 뜻을 폈고, 柳雄亮은 대천의 원수를 살해하였다. 경조 杜叔毗는 억울하게 죽은 형을 위해 보복하고 우문태에게 사죄하였다. 우문태는 그의 뜻이 장하다 하고 특별히 사면하였다. 兩氏는 특히 지성이면 천지도 감응한다는 속담을 말하여 특필하였다.

예컨대, 하북인 張元은 釋典에 정통하고 經史 또한 섭렵하였다. 그가 6세 때에 조부는 그가 여름철에 열이 심하자, 샘에 들어가 목욕시키고자 함에, 대낮에 몸을 가린 옷을 벗을 수 없다고 사양하여, 조부의 노고를 덜게 하였다. 장원의 옆집 은행이 자기 집에 많이 떨어졌다. 이때에, 아이들은 경쟁하여 주어갔지만, 장원을 주은 것을 그 주인에게 돌려주었다.

마을 어느 집에서 강아지를 버리자, 그가 보고 거두어 집에 가져왔다. 그의 숙부는 꾸중하고 버리려 하자, 그는, "살아있는 것은 그 性命을 중시하는 것이요, 자연히 죽는 것은 어쩔 수 없지만, 버려서 죽으면 도리가 아닙니다. 만약 보고 거두어 기르지 않아 죽으면 인자한 마음이 없는 것이니, 이에 거두어 기르려는 것입니다"고 대답하여 숙부가 허락하였다. 그후 강아지 어미가 죽은 토끼 한마리를 그의 앞에 물어다 놓고 갔다.

그가 16세 때에, 조부가 失明되자, 「藥師經」을 7일 동안 외우며 조부의 눈이 밝기를 기원했다. 7일이 지나자 꿈에 한 노파가 나타나 3일후 네 조부 눈에 차도가 있을 것이라고 하였다. 과연 3일후에 조부의 눈이 밝아졌다.

그후 조부, 부친에 대한 효성이 지극하여 향리에서 모두 경탄하였다. 縣博士 楊軌 등 200여명이 그 상황을 상소하자, 황제는 그 閭門에 大孝의 旌表를 세워 칭송케 하였다. 영호·잠 양씨는 인륜의 근본인 효의의 중요성을 설파하고 서위-북주시대 효의에 빼어난 인물의 이력을 소개하여 표창한 것이다. 따라서 兩氏의 의사는 인류사회의 큰 근본인 효의를 널리 펼쳐 교화하여야 國泰民安할 것임을 제창하려는 것이었다.

C. 藝術傳. 그 당시 藝術의 분야는 陰陽·天文·易術·醫術·巫卜에 이르기까지 광범위하였다. 영호·잠 양씨는 예술의 功能을 긍정하여 『주서』에 입전하였다. 즉, 혼란한 때에 천명을 받아 왕업을 닦은 태조는 학술있는 선비가 적어 技藝에 능한 자도 수용하였으니, 技藝에 趙文琛·음양에 庾季才·의술에 姚僧垣 등이 일시의 우수자들이다. 따라서 兩人은 姚勝垣 등 6명의 이력을 기록하여 예술전을 『주서』에 입전하였다.

예컨대, 요승원은 吳興 武康人이고 『양·진서』를 찬수한 요찰의 부친, 요사염의 조부이다. 이 가문은 귀족이라기 보다 역대로 醫術을 가업으로 하였다. 9世祖 信이 吳의 太常, 부친 菩提는 의약에 정통하여 양무제에 예우받았다. 승원은 양원제를 섬기고 강릉함몰로 입관하여 북주에서 의술로 명망이 있어 황제, 황실, 현관을 잘 돌보아 그 당시에 추숭되었다. 그가 수집·교감한 『集驗方』 12권은 그 당시 유행하였다.

아울러 兩人은 仁義는 크고 예술은 넓다고 하였다. 다만 『詩·書·禮·樂』을 닦고 상실하면 그 피해는 적으나, 方術·技巧를 닦고 상실하면 그 피해는 크다고 하면서, 예술은 正道가 아님을 논평하였다. 따라서 兩人의 의사는 예술은 감히 포기·철폐할 수는 없는 것이나, 과도하면 문제가 있다는 것이다. 따라서 兩人은 어디까지나 正道인 儒學을 기준으로 삼아 치국·치민해야 할 것임을 제창하려는 것이었다.

D. 後梁君臣傳. 후량은 양말 후경난으로 梁이 황폐한 사이에 진패선이 陳을 건설함에, 양원제가 세웠다. 그러나 서위 우문태는 554년 우근·양충 등을 보내어 강릉을 함몰하여 괴뢰정권 후량을 건설하고 蕭절을 후량 군주에 임명하고 문무관료를 설치하여 형주지역을 통치함으로써, 對西域·陳의 방어요충을 구축하고 總管을 파견하여 그 정치를 간섭·지도하였다. 즉, 후량은 서위·북주·수의 附庸國이 되었던 것이다.

영호·잠 양씨는 『주서』에 후량 군신전을 별도로 입전하여 그 자료를 보전했다. 후량은 독립국이 아니고 서위·북주의 부용국으로 唐 初期 오대사 찬수자들이 논의하여 후량은 서위·북주·수 황제의 명령을 받아 통치한다는 명분을 중시하여 『주서』에 입전한 듯하다.

아울러 『주서』 찬수자의 한사람인 잠문본은 그의 조부 善方이 후량의 중서사인·이부상서를 역임한 사실을 보면 그의 고국이었다. 따라서 후량 군신(3主·25臣)의 事蹟을 『주서』에 입전한 사실은 오대사 편찬의 조정과정에서 잠문본의 의사가 반영된 측면을 무시할 수 없다. 그리고 명확한 증거는 없지만, 서위-북주는 선비족 국가라는 측면에서 영호덕분이 후량 군신 사적을 『주서』에 입전할 것을 수용한 것이 아닌가 싶다.

따라서 兩人의 의사는 후량군신의 활약상 즉, 앞서 말한 庾信, 蕭大圜 등 인물을 포함한 후량 출신들이 겨우 文學之臣으로서 현달치 못한 관료상과 부용국 출신이라는 차별과 같은 어려움을 제시하여 후인들을 경계하여 賢德者의 채용을 제창하려는 것이었다.

E. 異域傳. 영호·잠 양씨는 이역전을 『주서』에 입전하여 북주시대의 대외관계를 약술하였다. 즉, 先王이 中國은 諸夏요, 밖은 夷狄이라고 구분하고, 내외에 德을 심는 것은 아름답고, 땅을 넓히는 것은 비루한 일이라 지척하였다. 북주는 喪亂(북위말 반란 혹은 五胡 諸國이래의 혼란)을 계승하여 武功으로 사방을 평정하고 權道로 三方(북제·진·후량)을 안정시켰다. 그러나 국가재정상 곤란하여 北狄과 통혼하고 西戎과는 通好하였다. 아직 三吳地域(陳)과 百越地域을 평정치 못하였다. 兩氏는 북주의 위엄이 미친 지역의 풍화는 크다고 하여 夷狄地域의 교화가 중요하다는 것을 제시하였다.

그리하여 교화 여부에 따라 구분하여 異域 上에 고구려·백제·저·계호 등의 이력을 소개하였고, 걱정거리였던 돌궐·토욕혼·고창 등, 서역제국을 별도로 입전하였다. 前者는 중원국가가 貪財하여 탄압·수탈하면 그들은 반발·침범하고 약하면 복종한다. 後者중에 특히 北狄은 중국에 피해를 준 일이 오래되었다. 따라서 兩氏의 의사는 중국은 국가의 득실을 고려하고, 그들의 강약을 살펴 그들이 침범해 오면 위엄으로 정벌하고, 복종해 오면 이해·득실로 招撫할 것 즉, 和親·征伐의 병용을 제창하여 후세인 특히 唐王朝 통치자들에게 권계하려는 것이었다. 아울러 이것은 先秦이래 중국의 對外觀이었으니, 兩氏는 그것을 다시 강조하여 제창하려는 것이었다.

이상 영호·잠씨가 당초의 통치자들에게 제시한 시대관(처세술)은 다음과 같다.

① 유림전에서 인륜질서를 밝히는 유학의 학습·구현이 국가발전의 척도임을 강조하여 통치자에게 興重儒學을 제창하려는 것이었다.

② 효의전에서 孝義는 백성을 교화하고 폐단을 구제하는 大道이고, 사대부 윤리의 大本으로 德化의 기초라고 강조함으로써, 가정과 국가 사회에서 반드시 선행할 과제임을 제시하여 제창하려는 것이었다.

③ 예술전에서 예술은 그 효과상으로 유학에 비하여 적지만, 폐지할 수 없고, 그것을 正道로 사용할 것을 제창하려는 것이었다.

④ 후량군신전에서, 文學之臣인 후량 출신이 북주의 정계에서 현달치 못한 것을 힘써 들어냄으로써, 북주의 상무적인 정치 사회상을 반영하고, 인재채용은 지역과 학문영역을 탈피하여야 할 것임을 제창하려는 것이었다.

⑤ 이역전에서 소수민족은 탄압·수탈하면 반항·침범하니, 德으로 교화하고 국가의 득실과 그들의 강약에 따라 和親·征伐을 善用하는 전통적 대외관을 재강조하여 제창하려는 것이었다.

결국 양씨는 儒學을 興重하여 孝義를 일으키고, 賢德者를 채용하며, 소수민족을 敎化 혹은 攻伐할 것을 제창하려는 것이었다.

따라서 결론으로

『周書』는 唐高祖 武德 5년 令狐德棻이 황제에게 鑑戒를 삼을만한 正史의 찬수를 요청하여 岑文本, 崔仁師의 보조를 받아 찬수되었다. 이들은 닦은 바의 經史이외에, 수말의 반란을 직접 목도하여 역사적 경험·교훈을 가지고 西魏-北周 57년간의 역사를 紀傳體 斷代史로 찬수하였다. 『주서』는 帝紀 8권, 列傳 42권으로 구성되어 있다. 필자는 영호덕분과 최인사가 작성한 傳文을 근거로 삼아 평론한 잠문본의 傳論을 분석하여 영호·잠 양씨의 역사관을 살펴보았다.

그 결과 첫째, 兩氏는 「天命論」에 입각하여 西魏-北周의 흥쇠를 논설하였다. 즉, 宇文泰는 天命을 받아 龍의 형상을 지닌 영웅으로 義勇을 규합하여 무장집단을 편성하고 반대세력을 격파하여 관중에서 府兵制·六官制 등 일연의 조치를 시행함으로써, 국가의 기초를 확립하였다. 그리고 兩氏는 북주의 5황제가 천명을 받아 우문태의 왕업을 계승한 북주의 흥쇠상황을 기록·논평하였다.

天命이란 제왕의 神器, 곧 帝位는 曆數에 따라 결정되는 것이어서 인력으로 할 수 없다는 것이다. 즉, 天의 의지에따라 만물의 생성과 소멸·상벌·흥망성쇠·개인의 운명 등 자연계와 인간계의 모든 것이 결정된다는 것이었다. 한편 兩氏는 班彪의 「王命論」·李德林의 「天命論」을 수용하고 受命者의 修德을 강조하고, 失德하면 配天치 못하여 受命하여 이룬 王業조차 동요·몰락을 초래한다는 것을 지적하였다. 즉, 우문태가 강릉을 함몰하고, 歸命한 유연의 종족을 주살한 것을 비롯하여, 天命을 빙자한 우문호의 擅權이 있었다. 그리고 무제는 양견과 같은 무장들을 옹호하여 외척으로 삼고 황태자의 보도에 실패하고도 마침내 즉위케 하였다. 특히 선제가 五王을 就國시키고 五皇后를 세우는 등 황음무도하여 與殃者로 配天치 못하였음을 힘써 들어냈다.

이러한 「천명론」에 입각한 역사관에 대하여 유물론자들은 천명 부분을 빼거나 부정하고 人謀部分을 강조하고 있다. 그들은 당연히 「천명론」을 비판할 것이지만, 근본적으로 인간에게는 物·心 양면이 있고, 송대에도 주자의 정치이상, "存天理·去人欲"은 魏徵이 "齊氏의 敗亡은 대개 또한 사람으로 말미암은 것이지 다만 오직 천도만은 아니다"라는 언급과 비교해 보면, 의미상 별다른 차이가 없다. 따라서 天命과 人謀를 동시에 고려해야 한다고 생각한다.

다만 그들이 修史－取鑑－贊治라는 입장은 "以史爲鑑"의 經世史學의 일환으로 이해되어 동의한다. 따라서 兩氏의 국가성쇠관은 受命者의 修德을 강조하고 天理에 따라 治國하고, 그렇지 않고 正道에 위배되는 人謀를 추구하면, 마침내 受命한 王業이 동요·몰락한다는 것이었다.

둘째, 영호·잠 양씨는 문무양겸의 관료를 표창하여 관료가 유가 덕목의 학습·구현할 것을 권장하고, 무충절을 배격하는 경세적인 관료상을 勸戒하려는 것이었다.

셋째, 영호·잠 양씨는 儒學, 孝義를 넓혀, 賢德者를 뽑아 德政을 펴고 소수민족을 教化 혹은 攻伐하며, 悖逆보다는 正道를 제창하였다.

결국 兩氏는 『周書』에서 「천명론」에 입각한 국가성쇠관, 유학의 德目에 알맞는 관료관과 시대관을 제시하여 "以史爲鑑"의 經世史學家의 한자리에 군림하였다.

『북주서』는 판본이 많지만 1974년 북경중화서국 교감본이 현재 유행하고 있다.

제5절 姚察·思廉의 『梁書』와 『陳書』 찬수 설명과 역사관

1. 『梁·陳書』는 隋·唐初에 姚察·思廉父子가 편찬한 欽定 正史 二十四史중에 二史이다. 그것은 502년 蕭淵이 梁을 건설한 것으로부터 589년 隋高祖의 平陳에 이르기까지 88년간의 梁·陳의 두 王朝史를 각각 紀傳體 斷代史로 찬수한 것이다. 요찰의 부친 勝垣은 梁·北周의 名醫로 이름이 높았다.

요찰은 부친의 배려에 힘입어 經史를 篤學하고, 특히 『漢書』에 정통하여 『漢書訓贊』 30권을 찬수하여 역사가의 자질을 드러내었다. 그는 梁元帝의 原鄕令, 陳初 著作郎으로부터 陳後主 때에는 吏部尙書에 올라 淸潔한 관직생활을 하였다. 아울러 그는 立仕한 후, 곧 역사찬수에 참여하였고, 이미 陳宣帝 末부터 梁史 編纂을 담당하였다. 589년 隋高祖는 平陳한 후에, 그에게 秘書丞을 제수하여 梁·陳史를 편찬케 하고, 군신들에게, "我平陳唯得此人"이라고 칭찬하였다.

大業 2년(606) 梁·陳史 찬수를 끝내지 못하여 아들 思廉에게 계속하여 찬수하도록 遺囑하였다. 요사염은 부친에게서 『漢書』를 배우는 등 篤學하여 經史에 정통하였고, 양제의 허가를 받아 속찬하였다. 당고조 무덕 4년 令狐德棻의 건의로 六代史 찬수를 명령하였지만, 당왕조의 초창기로 성취하지 못하였다. 요사염은 당태종 정관 3년 魏徵이 총재하여 周·北齊·梁·陳·隋의 5代史의 館修 중에 梁陳 二史를 완성하였다.

그는 隋末 代王 侑의 侍讀으로 唐軍이 궁정에 들어와 王을 위협하려하자, 李淵을 指斥하여 忠義之士로 표창받고, 唐의 太子洗馬·散騎常侍를 역임하였다. 요사염은 부친의 舊稿와 劉璠의 『梁典』 등의 舊史를 刪削·增補하여 정관 9년 완성하여 豊城縣男과 포상을 받았다. 이런 『梁書』는 本紀 6卷, 列傳 50권, 『陳書』는 本紀 6卷, 列傳 30卷으로 각각 구성·찬수되었다. 문물제도 부분은 당태종 정관 16년 令狐德棻(長孫無忌)등이 편찬한 『五代史志』에 포함되어 있다.

아울러 역사상 『梁·陳書』에 대한 칭찬과 비평이 엇갈리고 있다. 즉, 먼저 비판받는 점은,

ⓐ 姚思廉 父子는 故國 梁·陳 高祖의 국가 창건시의 非違, 骨肉相爭 皇位爭奪 등의 악한 측면을 감추고 포장하였다.

ⓑ 부친이래 친밀하고 같은 처지에서 隋唐에 仕宦한 虞奇·荔 등을 佳傳으로 꾸몄다.

ⓒ 조부 요승원의 의학방면의 활동을 疎落하고 요찰의 이력을 數千字에 걸친 長文으로 기록하였다. 이 점은 그 당시 낮게 평가된 그 家門의 이력을 감추어 經史를 닦고 통치자 계층임을 과시하려고 하지 않았나 하는 의심을 일으킨다. 이런 약점은 사소한 것이고 貴族制를 추구하던 시대적 한계성이라고 생각한다.

반면에 『梁·陳書』는 장점이 많다. 그것은,

① 요찰부자는 名人이었다. 즉, 요찰은 陳 吏部尙書로 청결한 관직생활을 하였고, 隋文帝로부터 그 언행이 당시에 비길자가 없다는 극찬을 받았다. 요사염은 篤學·寡欲하여 당고조로부터 忠義之士로 평가받고 당태종에게 直言·無隱하며 『梁·陳書』를 완성하여 獻書하였다.

② 기전체 사서의 일반적 약점인 중복이 있지만, 대체로 司馬遷이래의 "不隱惡 不虛美"와 直筆의 전통을 계승하였다.

③ 魏晉隋唐 時代에 널리 유행하던 "華而不實"한 騈文體를 지양하고 古文體를 통하여 『梁·陳書』를 찬수하였다. 이리하여 陳子昻으로부터 시작되었다는 고문운동이 실제로 요씨 부자에까지 소급시켜야 한다는 주장이 나오고 있다.

④ 요씨부자가 활동한 梁·陳·隋時期에 佛敎가 성행하여 각 방면에 영향을 주었지만, 高僧傳을 넣지 않고 無神論者 范縝에 대한 貶辭가 없다.

⑤ 繁冗한 것을 省去하여 감계작용을 일으키게 하였다.

결국 『梁·陳書』는 많은 장점·특색을 가져 상당한 품격이 있는 흠정 정사이다. 이런 『梁·陳書』에는 각 권말에 기전체 단대사의 體例 중 하나인 史論, 즉, "陳吏部尙書姚察曰", 요사염의 "史臣曰" 그리고 위징의 總論이 포함되어 있다.

저자는 『양·진서』 사론을 통하여 본 요찰·사렴부자의 역사관』을 『중국사연구 제9집』(2000년 5월)에 개재하였다. 이런 방법은 당왕조 초기 관수5史 중에 중국 사학명가 요씨부자의 사학명저 『양·진서』는 공자 『춘추』의 『子曰), 『좌씨왈』, 『태사공왈』, 『사신왈』의 연장으로 편찬상의 방향이라고 생각한다. 이제 중국 正史 『양·진서』의 『출판설명』을 비롯하여 김정암의 『중국사학사』, 장순휘의 『중국사학가전』, 양익향·손향란 주편 『청대사부서발선』, 창수량주편 『중국사학명저평개』 등에 보이는 요씨부자와 『양·진서』에 관한 편찬설명과 주편자 요씨부자의 사론 곧 『史臣曰』을 통하여 본 요찰·사렴부자의 역사관 즉, 『양서』 본기 6권과 『진서』 본기·황후·후비 6명, 태자 3명에 관한 『사신왈』을 통하여 국가성쇠관, 열전 39권의 『사신왈』을 통하여 관료관, 그리고 유림전이하 열전 10권의 『사신왈』을 통하여 시대관을 살펴 보았다.

2. 姚察·思廉父子의 國家盛衰觀

가) A. 요씨부자는 『梁·陳書』 本紀의 史論에서,

① 南齊末에 東昏侯가 昏虐으로 君臨하니, 하늘이 그를 버리고 神이 성내었으며, 무리들이 반란을 일으키고 親戚이 이탈하였다. 고조는 英武·睿哲하여 樊·鄧에서 義士를 일으켜 暴·凶을 제거하고 만방의 추대를 받아 군림하였다.

② 冊曆을 주관하여 통치를 장악하고, 四門을 열어 賢士를 불러 모았으며, 十亂의 감계를 받아들여 의리있고 정직한 방도를 강구하였다. 文學을 일으키고 校祀를 보수했으며, 五禮를 다스리고 六律을 정하였으며, 정치에 통달하여 정치업적을 이루어 원근을 안정시켰다. 그 위에 천지에 상서로움이 있어 매년 지속되었다. 사방을 정복하여 국위를 떨치어 그 재산·보물 그리고 그곳 백성이 王府에 가득차고 궁중에 들어왔다. 삼사십년동안에 성대함을 이루었으니, 魏晉이래로 없었던 일이다.

③ 말년에 이르러 恩倖들에게 정치를 위임하였다. 朱异의 무리들은 威福을 자행하고 붕당을 꾸며, 정치가 뇌물로 이루어져 賞罰에 節度가 없는 등,

조정의 법도가 혼란하였다. 이리하여 小人의 道理가 커졌다. 賈誼가, "가히 痛哭할 일이다"고 한 언급이 있는데, 이들의 언행은 또한 이런 사정을 비평한 것이었다.

④ 드디어 羯族 도둑떼가 하늘(天子)까지 덮치어 그 틈에 엄습하여 굳센 독수리 깃털이 궁중에 뿌려져 궁실이 황폐해지고 백성이 도탄에 빠졌다. 슬프도다! 天道가 어찌 이리 가혹하랴! 비록 曆數가 여기서 마쳤다고 하더라도 대개 또한 人事가 그런 것이었다.

B. ① 梁太宗은 聰敏하고 天才를 가졌으나, 戚臣에게 제압받아 마침내 피해 입었다.

② 世祖 元帝는 총민하여 好學·才辯이 있었으며, 웅대한 才能·英特한 方略을 가졌지만, 재앙을 걱정치 않아 무너졌다.

③ 梁末에 기강이 무너지고, 喪亂이 누차 일어나 天曆이 지나갔다.

나) A. ① 陳高祖는 英略·大道가 있어 변화에 대처함이, 漢高祖·魏武帝의 버금이었다. 西道가 함물됨에, 天人을 정성스럽게 통하게 하였다. 王僧辯은 伊尹의 재능이 없어서 동궁의 분통함을 헛되게 결합시키고 貞陽이 秦兵을 빌려 보내듯, 穆瀛의 슬픔을 생각치 않았다.

② 고조는 현묘한 이치를 알고, 末運을 어루만져 乘勢에 편승한 橫流, 곧 반대자를 구원함으로써, 제왕의 발자취가 이로부터 시작되었으니, 어찌 黎升陑를 평정한 것뿐이랴! 고로 만물이 시대에따라 변화하는 초기에 백성은 돌아와 구가하고 漢王朝는 짐을 풀어버리는 것과 같이 지나갔으니, 지난 시대의 방략이 어찌 아름다우랴!

B. ① 陳世祖는 艱難 중에 繼位하여 힘써 儒術을 펴고, 검소한 정치를 폈으나, 성과가 없었다.

② 廢帝는 인군의 역량이 없어 폐위되었다.

③ 高宗은 인군의 역량이 있어 姬旦의 지위에서 繼位하고 회남지역을 회복하려다가 방략이 없어 실패하여 국경은 크게 위축되었다.

④ 陳後主는 황태자였을 때부터 令德이 들어나 왕업을 이었으니, 天人의

興望을 얻은 것이었다. 禮樂과 刑政이 古典을 準據하였고 六藝를 깊게 넓혀 四門을 널리 열어 待詔의 무리를 많이 모았다. 해외에 名望을 떨쳐 朝貢이 끊이지 않았다. 魏正始·晉中朝이래 통치자는 文學에 빠지고, 行政은 小吏에게 위임되어 陳에 이르렀다. 後主는 이를 이어받아 개선치 않았던 고로, 施文慶·沈客卿의 무리가 軍國의 要務를 오로지 담당하였다. 이들은 자신들의 營利에 어두어 國計를 세우지 않아, 宗家의 法度가 피폐되고 재화가 발생하였다. 이것 또한 액운을 만나, 국가 器物(紀綱)이 변천했으니, 이것은 人事가 번창치 않는 것 뿐만 아니고, 대개 天意가 그런 것이었다고 논평하였다.

위 내용을 『梁·陳書』의 본기의 『사신왈』을 本紀를 통하여 분석해 보자.

가. A ① 梁高祖는 獻皇太后·文皇帝 사망에 효성을 다하였다. 또한 臺內에 寺·殿을 지어 어버이를 기렸다. 그는 어려서 篤學하여 儒·玄에 정통하고, 『諸子孝經義·周易講疏·老子講疏』 등 200여권을 저작하였다. 또한 그는 樊·鄧에서 天命을 받고 義師를 일으켜 하늘이 버린 南齊를 멸망시키고, 群臣들의 추대를 받아 제왕에 군림하였다. 즉, 요찰부자는 양무제가 天命을 받고 齊 대신에 梁을 건설하였음을 대서하였다.

아울러 요씨부자는 이 사정을 참위·미신으로 미화하였다. 예컨대,

ⓐ 양쪽 엉덩이뼈가 튀어나와 있었고, 右手에는「武」字가 있었으며, 거실에 있을 때는 雲氣가 있었다.

ⓑ 고조가 襄陽에 있을 때에, 항상 오색영롱한 氣運이 회전하여 그 형상이 마치 蟠龍과 같았고, 그 위로는 紫氣가 일어나 보는 자가 기이하게 여겼다.

ⓒ 이처럼 양고조는 天命을 받고, 學問에 정통하며, 문무의 역량을 두루 갖추었다. 남제말 동혼후가 神과 사람이 원망하는 정치를 행하고, 실제로 정치는 소인배가 담당하여 정치명령이 여러 곳에서 나와 혼란에 빠졌다. 이에 양고조는 영원 3년 2월 戊寅에, 襄陽에서 기병하여 梁을 세워 齊를 代替하였다.

ⓓ 아울러 요씨부자는 齊元后가 양고조에게 "上天의 休命", 곧 天命을 받을 것과 齊의 백관 그리고 太史令 蔣道秀가 天文 符讖 64條를 바쳐 勸進하였

다는 것을 서술하였다. 그리고 양고조는 즉위하고, 天命은 한 宗族에게 있는 것이 아니라고 하여 受命을 自任한 사실을 명확하게 들어내었다.

② 요사염은 양고조가 前代의 어느 제왕과 같이 검소하고 국가의 문물제도를 정비하였으며, 현명한 선비를 모아 정치 업적을 이뤄 나라를 안정시켰다는 것을 말하였다. 아울러 그는 사방에 武威를 떨쳐, 재산·보물이 쌓여 국가가 魏晉이래 처음으로 강성하였음을 대서특필하였다.

③ 梁時代 恩倖의 대표는 朱异이다. 그는 經·老를 정통했으니, 남의 언행에 대한 底意를 간파·아첨하여 신임을 얻었다. 예컨대, 양무제가 侯景을 받아들이어 河南을 회복코자 하는 뜻을 알아차리고 많은 관료들의 반대를 무릅쓰고 황제에게 권하여 받아드리게 하고 자신은 은총을 얻었다. 그러나 후경의 반란으로 梁은 무너졌다. 그리하여 요사염은 양무제가 30여년간 쌓아올린 강성한 국가가 恩倖들의 小人道로 말미암아 무너졌던 사실을 賈誼가 「過秦論」에서 진시황이 천하를 통일하고 嚴刑·峻法으로 묶었지만, 秦二世의 無方略으로 國亡한 사실에 비유하여 지적하였다.

④ 갈족 후경은 북위말 반란시기에 酋長으로 高歡에 귀부하여 마침내 東魏 건설의 유공자였다. 그는 高澄의 후계를 마땅치 않게 생각하여 西魏에 의탁하려다 실패하고, 梁에 河南의 땅을 들어 귀부하자, 양무제 전후사정을 검토하지 않고 수용하였다. 이 문제로 梁과 北齊의 국제관계가 어려워져, 결국 梁은 후경을 귀환시키고자 했으나, 그 사이에 후경이 눈치 채고 도리어 蕭正德·王偉의 도움으로 남경을 함락하고 온 국가를 황폐화 시켰으니, 이것이 후경반란이다. 요사염은 양고조가 소인 朱异의 방책(?)을 수용하여 天道曆數가 가혹하게 다하여 끊어졌고, 人事 또한 양왕조의 曆數를 다하게 했다는 「天命論」을 통하여 국가의 성쇠를 논설하였다.

B. ① 양고조가 후경반란으로 희생되고 옹립한 簡文帝는 經史와 玄學에 정통하여 『禮大義』 20권, 『老子義』 20권 등을 저작하였다. 결국 후경에게 피해입었다. 즉 대보 2년 10월 壬寅에, 태종 간문제가 감금되자, "梁의 正士 蘭陵 蕭世纘은 立身·行道가 시종하여 같았는데,.......운수가 이에 이르렀으니, 天命 또한 여하히 하랴"고 통탄하였다. 따라서 요사염은 간문제가 父帝

양고조의 졸책으로 야기된 후경반란에 옹립되어 겨우 2년만에 피해입게 된 사정을 天命으로 돌렸으니, 梁의 國祚와 황제의 피해는 불가피한 상황임을 勸戒하려는 것이었다.

② 世祖 元帝는 양고조의 第七子이다. 그는 총명하고 才辯으로 그 당시에 우두머리였다. 그는 聲色을 좋아하지 않고, 당시의 裵子野 등 賢者들과 交遊하였다. 그가 壽陽에 있을 때의 꿈에, "天下가 장차 혼란하여 王 또한 반드시 관련될 것이다"고 했는데, 등에 사마귀가 생겼다. 무당노파가 이것을 보고, "이것은 크고 貴하게 될 징조이니, 마땅이 가히 말할 수 없다"고 하여 장차 후경반란을 평정하고 황제에 나아갈 것임을 말한 것이다. 따라서 요사염의 의사는 황제는 帝籙에 있고 그것은 참위·미신을 통하여 밝히려는 것이었다. 아울러 요사염은 元帝가 凶禍를 고치지 못하고 邪說을 두려워하지 않아 西魏의 강대한 침략을 받았으니, 비록 帝王이라고 할지라도 正道가 아닌 邪說의 虛妄한 것임을 경계하려는 것이었다.

③ 양말 왕승변과 진패선은 후경반란을 평정하여 혼란을 일단 극복하였다. 그러나 兩人은 정권투쟁을 전개하였다. 즉, 왕승변은 北齊 上黨王(武成帝)이 貞陽侯 蕭淵明을 귀환시켜 梁의 후사로 삼고자 하였다. 그러나 진패선은 이에 반대하여 왕승변을 습격·살해하고 소연명을 추방하였으며, 세조의 第七子 方智를 옹립하였으니, 梁의 敬帝이다. 敬帝는 재위 2년동안 진패선이 왕조를 건설하는데에 꼭두각시의 역할을 수행한 셈이었다. 따라서 요사염의 의사는 天曆에 있는 梁의 天命이 다하고 진패선이 受命한 사실을 특필하여 경계하려는 것이었다.

나. A. 陳高祖는 진실로 天人에 통하여 후경난 등 양말의 반란을 평정하고, 검소·공경하는 등의 德望을 쌓아 왕조를 열었다. 요찰은 진고조가 천명을 받고 반란을 평정하여 진왕조를 건설하였음을 특필하였다. 아울러 이 사실을 참위·미신으로 미화하였다. 예컨대,

① 진고조의 本貫은 長城 下若里人이다. 그의 8代祖 陳達이 永嘉亂 때에 長城에 이주하고, "이곳 산천이 이처럼 秀麗하니 마땅히 王者가 일어날 것이다. 이백년 후에 내 子孫중에 이 운수를 받을 것이다"고 하여 世居한 이래

長城이 本貫이 된 것이다.

② 고조는 얼굴에 해가 비치면 龍顔이었다. 그의 母親은 하늘이 數丈이나 열린 꿈을 꾸고 잉태했다는 것이다.

③ 진고조가 양말 후경란을 평정하고자, 始興의 호걸을 모으고 侯安都, 張偲 등의 귀부자 등과 함께 무장집단을 편성하여 南康에서 출발하였다. 그때 南康 二十四灘에서 龍이 보였다.

④ 진고조가 즉위한 후, 南康의 언덕에서 白龍이 보였다.

⑤ 梁敬帝가 皇王은 본래 一族만이 나아가는 것이 아닌 것이니, 진고조에게 帝籙에 있는 그대가 하늘의 休命을 받을 것을 말하여 선양하였고, 진고조는 자신이 수명한 사실을 선포하였다.

B. ① 세조는 고조의 兄子로 진왕조 건설에 막대한 공로를 세웠다. 고조의 諸子는 아직 어려서 국가 초창의 어려움을 감당치 못할까 보아 고조는 세조에게 承統토록 하였다. 요찰은 功勞·儒術이 있고, 恭儉한 세조가 승통한 사실을 합리적인 것으로 평가하였다. 따라서 그의 의사는 梁이 北周, 北齊라는 强敵틈에 끼어있고, 후경난으로 황폐한 국가 사회의 기초확립·발전을 위해서는 타당한 조처인 것을 제시하려는 것이었다.

② 廢帝는 王位의 承統이 천착되지 못한 상태에서 세조의 계통으로 승통시켜 황위의 안정을 획책·계위케 하여 즉위했다. 그러나 폐제는 나약하고 인군의 역량이 부족하여 宣太后가 폐위시키고 고종을 옹립하였다.

③ 고종은 大道·簡略이 있었고 양말에 북제에 들어갔다가 다시 북주로 옮겨 많은 艱難을 겪고, 경험·교훈을 얻어 輿望者로 부각되었다. 그는 폐제 섭정의 위치에서 황제에 옹립되었다. 그는 진의 강역이 협소한 것에 유의하여 北伐하여 상당한 성과를 얻었다. 그렇지만 국내문제는 매우 열악하여 장기간 전쟁을 부지하기 어려웠다. 결국 북제에 큰 타격을 받아 진왕조 쇠망의 근본적 원인을 제공하였다. 따라서 요사염의 의사는 지략없는 영토확창과 적을 방어하는 방략이 없는 것을 지적하였으니, 후인을 경계하려는 것이었다.

④ 후주는 처음 天人의 輿望을 얻어 왕업을 계승했으나, 小人·文學에 빠

져 人事가 昌盛하지 못하고 天意에 부응치 못하여 隋에 평정되었다. 후술하는 바와 같이, 張貴妃의 恣意·擅權을 통하여 진왕조는 역사의 뒤안길로 사라졌다. 요사염은 조국 진왕조를 존중하여 그 주권자를 소극적으로 비판하였다.

그리고 魏徵은 五代史 撰修의 總裁로 요찰·사염 부자의 『梁·陳書』 帝紀에 근거하여 梁·陳의 諸帝에 대하여 總論하였다. 즉,

ⓐ 양고조는 天命을 받아, 東昏侯가 저지른 天倫에 어긋난 폭정을 극복하여 王道를 넓히고, 儒·玄學을 장려하여 안정을 이루었음을 평가하였다. 아울러 그는 양고조가 말년에 名利에 어두워 浮華·釋尊을 숭상하고 姦佞者를 신임하였으며, 후경을 제어치 못하였음을 비판하였다. 즉, "하늘이 돕는 것은 信義요, 사람이 돕는 것은 순종이다" 는 『易』의 언급을 인용하여 고조가 재앙을 신의·순종으로 해결치 않아 天人에 도움을 상실하여 나라는 망하고 황제는 죽음을 면치 못하였다고 지적하였다. 따라서 위징의 의사는 受命한 양고조가 天人의 도움으로 성대한 국가를 이루었지만, 말년에 황제로서의 언동을 잘못하여 天命을 상실하였음을 勸戒하려는 것이었다.

ⓑ 太宗 簡文帝는 박학하고 문학에 관심이 많았으나, 그것은 "華而不實"하고 문체가 지극히 음란·화려하여 마침내 교활한 후경에게 피해 입었으니, 아늑한 蒼天(天帝)의 의지를 가히 물을 수 있으랴고 지적하였다. 따라서 위징의 의사는 간문제가 正道가 아닌 "華而不實"하고 음란한 문학으로 어려움을 타개할 수 없음을 지적·경계하려는 것이었다.

ⓒ 원제는 국난을 맞아 앉아서 변동을 살펴서 자신을 도모하고, 후경을 제거하는 것보다 昆弟를 살육하는 짓을 先行하였으며, 시기심이 많고 무례하였다. 그 위에 그는 후경을 평정하고도 서위의 침입을 받아 피해 입었다. 上天이 鑑戒를 내려주는 것인데, 이것이 어찌 남의 손을 빌릴 것이며, 天道, 人事를 가히 속일 수 있으랴! 비록 입으로 六經을 읊고 마음으로 百家에 통하였으며, 孔子의 학문과 周公의 재능을 가졌을지라도 더욱 교만해지고 재앙이 증가되는 것이니, 어찌 양왕조와 강릉의 멸망을 구제할 것이랴고 지적하였다.

위징은 원제가 本末·公私·善惡·親疎, 天命과 人物의 우선순위를 모르고 六經과 百家를 정통했지만, 교만하여 수명자의 역활을 다하지 못한 것을 지척하였다. 따라서 그의 의사는 事物의 輕重·次例·本末, 특히 天命을 깨달아 受命者가 天道에 따라 修德하여 통치할 것을 勸戒하려는 것이었다.

ⓓ 敬帝는 末運을 만나 政刑을 自意로 할 수 없고 賢臣의 보좌가 없었으니, 어찌 天命을 사양하지 않을 수 있을 것인가라고 반문하였다. 결국 위징의 의사는 양왕조의 天曆이 다 지난 사정에서 새 受命者에게 轉位할 수밖에 없다는 사실을 제시·경계하려는 것이었다.

ⓔ 陳高祖는 시골 寒微한 집안에서 출신하였으나, 영특한 奇略으로 후경을 평정하여 양실을 도와 끊어진 天綱, 곧 통치상의 天命을 이어 국가를 안정시키고 옛 것을 상실치 않았으며, 賢德者를 심복으로 삼아 孫權·劉備처럼, 北齊·周와 함께 천하 3분의 형세를 이루었다는 것을 평가하였다.

ⓕ 진세조는 天子, 곧 受命者로 經綸을 쌓고 德刑을 함께 채용하여 良主의 치적을 이루었다는 것을 표창하였다. 그것은 德이란 殷의 멸망에 대한 경험·교훈으로부터 "以德配天"을 西周의 통치자들이 정치구호로 내걸어 정치사상으로 발전 되었으니, 天命의 변조된 양태이라는 것이다.

ⓖ 진고종은 주공·이윤의 뜻이 없어 폐제를 보좌치 않고 受命者로 즉위한 것을 비평하였다. 아울러 위징은 그가 통치자로 영역을 확대하였지만, 승리에 교만한 군주가 피로한 백성을 무리하게 동원하면, 망한다는 원칙, 곧 天理를 알지 못하여 진의 왕업이 추락되었다고 비판하였다.

ⓗ 진후주는 깊은 궁중에서 성장하여 국가와 백성의 艱難을 알지 못하여 곧바로 淫邪한 기풍이 일어나, 정치는 小人에게 위임되었다고 비판하였다. 또한 그는 후주가 처음에 天地의 理致에 合當한 布政을 하려 했지만, 끝을 잘못 맺었다고 평가하였다. 즉, 그는 中庸·正道의 재능을 가지고 입으로는 仁義를 외쳤지만, 마음은 분주히 嗜欲으로 달려, 결국 天理가 멀어졌다고 비난하였다.

진일보하여 그는 옛 사람이 망국의 군주는 才藝가 많다고 하였는데, 梁·陳·隋의 군주를 보면, 헛된 언급이 아니라는 것을 믿겠다고 평가했다. 아울러 그는 教義의 根本을 숭상치 않고 淫麗한 문장을 편백되게 숭상하였다.

다만 이러한 경솔·거짓된 행동이 길어지면, 亂亡의 災禍를 구제할 길이 없다고 지적하였다.

따라서 위징의 의사는,

㉠ 梁·陳의 諸皇帝는 天命을 받아 국가를 創建하고 繼位하여 통치하였다.

㉡ 受命한 황제는 正道인 儒學을 장려하여 국가 사회를 안정시켜야 하는 것임을 강조하였다. 그리하여 玄學을 비롯하여, 不實·淫亂·華麗한 文學을 배척하였다. 즉, 正道인 儒學의 德目을 학습하여 통치자로써의 德望을 구현하는 길이외에, 다른 길이 없음을 제시하였다.

㉢ 군주의 猜忌·無禮·驕慢을 경계하고, 통치자의 끊임없는 修德과 그 具現만이 국가의 무궁한 발전이 보장되며, 국가사회에 봉착한 어려움을 극복할 수 있다는 유가적 입장을 제시하였다.

㉣『詩·書·易』등 儒學의 經典이나 역사적 경험·교훈을 제공하는 언급 등을 제시하여 鑑戒的 經世史學의 관점을 勸戒하려고 하였다.

한편 요사염은 后妃의 德望과 諸王의 封建을 國祚에 관련시켜 論說을 전개하였다. 첫째 후비에 대하여,

① 요사염은 후비가 황제의 風化를 도와 황태자를 生産·養育하고 덕망으로 六宮을 성대하게 하는 것이니, 아름답다고 하였다. 예컨대, 고조의 丁貴賓, 곧 穆皇后를 표창하고, 妬忌가 심한 世祖의 徐妃를 “스스로 섬멸되었느니 마땅하다”고 비평하였다.

② 그는 진고조가 天命을 받고 恭儉하여 後宮을 증가시키지 않았다고 평가하였다. 고조 宣皇后 張氏는 書契를 잘하고,『詩·楚辭』에 통하였다. 세조 沈皇后, 고종 柳皇后는 고조가 天理에 따라 王化를 변모·찬조했으니, 크다고 하였다. 즉,『시경』에「關雎」의 덕망을 표현하고『易經』에 乾坤의 기초를 들어냈으니, 夫婦關係는 인도상의 큰 道理라는 것이다.

③ 반면에 張貴妃는 貧賤한 출신이었으나, 10세 입궁하여 후주의 은총을 입고 황태자를 낳아 귀비를 책봉받았다. 그녀는 총민하여 황제의 은총을 받았다. 그녀는 鬼道로 후주를 현혹하고 궁중에 淫祀를 만들고 외인과 접촉하

여 여러 일을 알고 황제에 고하여 한층 총애를 받았다. 자신의 친척을 많이 임용케 하였다. 平陳 때에, 晉王 廣이 살해하고 靑溪의 中橋에 添牓하여 그의 죄상을 폭로하였다.

특히 위징은 오대사 찬수의 총재로 요사염이 筆削한 陳亡의 要因, 곧 張貴妃의 죄악을 상세하게 폭로하였다. 즉, 장귀비는 후주 즉위 초에 始興王 叔陵이 반역하여 황제가 傷處를 입었을 때에, 황제를 모시었다. 이로부터 장귀비는 은총을 받고 후주와 함께 장엄·화려한 궁중에서 호사생활을 하였다. 이때 후궁·궁녀는 千百을 헤아렸는데, 이들은 장귀비와 공귀빈의 미모를 神仙에 비유하여 미화하였다. 후주는 정치에 태만하여 대신은 배제되고, 宦官 蔡脫兒·李善度 등에게 정치를 위임하여 장귀비에게 결제케 하였다. 장귀비는 잘못이 없어 더욱 은총을 받았다. 아울러 후궁의 친인척의 불법이 많아졌다. 대관으로 장귀비에 따르지 않는 자는 身命을 扶持하지 못했다. 이리하여 환관·아첨배들이 내외로 상호 결탁하여 갖가지 비리가 자행되었고, 뇌물이 공공연히 授受되었으며, 賞罰이 통상적 도리를 벗어났으며, 기강이 어지러이 무너졌다고 논평하였다.

위징이 이처럼 장귀비의 죄악을 폭로한 것은,

ⓐ 그의 감계를 통한 경세사학의 입장을 명확히 정리한 것이요.

ⓑ 요사염이 조국 진왕조의 흑막을 筆削한 것을 보강하여 총재의 역할을 다한 것이었다.

따라서 위징의 의사는 덕망을 가져 황제의 왕화를 협찬해야할 후비의 잘못을 폭로하여 후인들을 勸戒하려는 것이었다.

둘째 요찰·사염 부자는 諸王·宗室의 봉건에 대하여 중시하였다. 그것은,

ⓐ 昭明太子 등 황태자들이 學問을 닦아 德性을 쌓고 孝行하며, 나라와 백성의 艱難을 걱정한 사실을 표창하였다.

ⓑ 양고조가 옛 제도를 모방하여 諸王을 封建함으로써, 국가의 기초를 공고케 하였다는 사실을 평가하였다. 아울러 제왕들이 총명하고 지조가 있어 학문을 닦아 德政을 펴고 백성을 惠化하였으며, 검소하고 공명을 세웠으며, 蕭綸이 누차 犯法하다가, 마침내 크게 각성하여 공로를 세운 사실 등을 들추

어 제왕과 종실의 봉건을 거듭 표창하였다.

ⓒ 후경반란을 맞아 제왕이 많은 피해를 입은 사실을 동정하였다.

ⓓ 진고조의 아들 昌·曇朗 등은 총민하고 큰 뜻이 있어 큰 공로도세워 막강한 藩屛이었으나, 早期에 사망하였음을 애도하였다. 진의 종실 陳慧紀 등은 봉건적 번병으로 발탁하여 상당한 공로를 세워 유익하였다.

ⓔ 세조의 9왕 고종의 29왕 후주 11자를 모두 번병을 삼아 근본을 공고히 하고 융성케 하였다. 그 가운데 審陽王 伯山은 아름다운 風采·德氣가 있어 일대의 令藩이었다. 특히 岳陽王 叔愼은 국가의 위기에 봉착하여 적을 맞아 싸웠으나, 뜻을 이루지 못하였지만, 옛 忠烈하다가 致命한 것 같이 壯烈하였다. 결국 요사염은 제왕 종실을 봉건하여 국가의 발전, 國祚의 장구히 함을 좋은 방략으로 평가·표창하였다. 따라서 요사염의 의사는 수명한 황제의 협력자로서 후비를 세워 황실을 번창시키고 황(태)자와 종실을 지방 방백에 내보내고, 중앙 顯職에 발탁하며, 그들의 德(善)으로 국가에 이바지할 것을 勸戒하려는 것이었다.

이상에서 말하는 天命이란 무엇인가?

天은 중국 先秦 思想에서 절대적 인격신이다. 天의 의지에 따라 만물의 생성과 소멸·풍흉·상벌·흥망성쇠·개인의 운명 등, 자연계·인간계의 모든 것을 결정한다는 것이었다. 殷王의 專制에 따라 天의 버림을 받아 망하고 새로이 天命을 받은 서주의 통치자들은 敬德을 주장하였고, 이는 다시 鄭子産의 寬猛相濟, 孔子의 德治, 董仲舒의 德刑幷用 등의 정치사상으로 자리잡았다. 이런 사상은 班彪의 「王命論」을 낳았고, 이것이 『漢書』를 찬수한 班固의 역사철학이 되었다.

다시 말하면, 班彪는, "堯舜은 天의 曆數에 따라 命을 받고 四海를 밝게 구제하여 대대로 德을 쌓았다. 湯·武에 이르러 天의 의지에따라 백성을 복종시켰다. 劉氏는 堯의 國祚를 이어 漢을 세웠다. 따라서 帝王의 國祚는 德行으로 좌우된다. 즉, 많은 공로와 두터운 이익을 누적시키면, 백성이 그 恩德을 받게 되고, 天神이 이에 감응하여 천하를 그에게 돌아가게 한다. 즉, 上下·貴賤·貧富에는 命이 있으니, 이것이 天道라는 것이다. 따라서 災殃은 사람으로 말미암는다"는 것이다.

아울러 그는 漢이 일어난 이유를 漢高祖가, "帝堯의 후예이고; 體貌는 많이 기이하며; 神武하여 徵應이 있고; 寬大·仁恕하며; 사람을 알고 잘 임용하여 부린다는 다섯가지를 제시하였다. 그 위에 신임이 있고 성실하며 모략이 있으며; 아랫사람의 의견을 듣고 받아들이며; 좋은 것을 보면, 이르지 못한 것과 같이 하며; 자신이 인재를 채용하고; 충간을 흐르는 물처럼 받아들여 실행한다는 것이다. 결국 모든 것이 天이 수여한 것이지, 人力이 아니라는 것"을 대서특필하였다.

그리고 북제·수시대에 활약한 李德林은 「天命論」을 찬술하였다. 즉, "帝王의 神器 곧 帝位는 曆數에 귀착한다. 天이 그 德을 생기게 하고 天時에 따르게 하는 것을 命이라 한다. 이것은 확실히 불변하는 것으로 人力으로 능히 알 수 없다"는 것이다. 이처럼 天命은 항구불변이라는 논리에 가탁하여 隋의 성립, 통일 등의 발전을 논증하고, 그것은 오직 天命에 따라 운행되어 결코 인력으로 항구하게 할 수 없다는 것이다. 따라서 태조 우문태가 북위 반란을 평정하고 여러 조치로 혼란을 극복하여 백성을 안정·화합케 하여 왕업의 기초를 닦았고, 북주의 여러 황제가 그것을 계승한 사실을 모두 天命에 따르는 것으로 보았던 것이다.

이런 「천명론」에 관련되어 있는 것이 英雄史觀이다. 예컨대, 宋衍申은 『梁·陳書』에서 요사염 부자가 영웅사관을 힘써 선양하였다고 비판하였다. 특히 謝保成은 『수서』 찬수자 魏徵이 「천명론」을 비판하고 人謀 部分을 강조한 사실을 가지고 進步史觀을 가졌다고 하였다. 그 밖에 牛致功, 盧華語 등은 「천명론」을 부정, 포기 또는 회피하는 논설을 하고 있다. 『梁·陳書』에 보이는 「천명론」에 관한 전문적인 논설은 필자가 과문한 탓으로 아직 살펴보지 못했다. 필자로써는 사보성씨 등, 논자들의 기본입장은 위징의 역사관과 같이 姚氏父子의 역사관도 같은 입장이라고 생각된다. 그것은 「천명론」을 영웅사관으로 설명하고 있기 때문이다. 예컨대, 근래 中華書局에서 출판된 二十四史의 「周書出版說明」에 그에 대한 구체적 내용을 엿볼 수 있다. 물론 이것은 전문적 논문이 아니지만, 그것은 현대 중국의 주요 출판사업으로 중국 사학계의 입장을 대표한다고 볼 수 있는 점에서 수용하여도 틀리지 않다고 생각되기 때문이다.

이상 유물론자들이 평가한 논설은 당연히 「천명론」을 비판할 것이지만, 근본적으로 인간에게는 物·心 兩面이 있고, 유심·유물론을 각각 적용하기 보다는 양면을 함께 살피는 것이 옳다고 생각한다. 요씨부자를 비롯한 唐 초기의 역사편찬자들은 황제의 출현, 왕조의 쇠망에 대해서 天命과 人謀의 측면을 참위·미신사상에 입각하여 정리하고 있다. 필자는 이점에 대하여 비판하기 보다는 시대적 한계성으로 정리하는 것이 타당할 것으로 본다. 그것은 훨씬 후대인 송대에도 南宋 朱子의 政治 理想인 "存天理·去人欲" 조차 위징이 말한, "齊氏의 敗亡이 대개 또한 사람으로 말미암는 것이지 오직 천도만이 아니라"는 의미와 별다른 차이가 없기 때문이다.

다만 사보성씨 등 위의 논자들이 修史를 통하여 鑑戒를 찾고 그것을 통하여 정치에 도움이 되게 한다는 修史-取鑑-贊治의 입장은 필자도 좋은 견해로 생각·수용한다. 그것은 중국의 역사관, 곧 『尙書』이래 "以史爲鑑"이라는 經世史學의 일환으로 이해되기 때문이다.

결국 요씨부자의 국가성쇠관은 「천명론」과 그에 관련된 人謀에 따라 운영되었고 그 의도는 "以史爲鑑"의 鑑戒史觀의 일환으로 중국 사학사상에 위치하고 있는 것이다.

2. 姚氏父子의 對梁陳官僚觀

『梁·陳書』에 등재되어 있는 문무관료는 列傳 56卷 名이나 된다. 이들을 명확히 구분할만한 기(표)준은 없지만 A) 양진의 건설·발전에 유공 현달한 부류 B) 명신·양신의 부류 등으로 분류할 수 있다.

A. 梁·陳의 건설·발전에 유공-현달자들

1) 范陽人 張弘策은 양고조 문헌황후의 종부제로 양고조와 함께 노닐고, 고조의 幕僚로부터 양건설의 핵심분자로 散騎常侍에 진출하였다. 그의 세력은 컸으나, 빈객을 예우하고 봉록을 散施하였다. 呂僧珍은 東平人으로 寒賤한 출신이었지만, 양고조를 만나 양왕조 건설에 공로를 세우고 左衛將軍으로 황제의 숙위를 총괄하였다. 무더운 여름철에도 옷을 벗지않아 칭찬받았

다. 滎陽人 鄭紹叔은 양고조와 함께 기병하여 司州刺史·散騎常侍에 올랐다. 그는 입신이 淸正하고 忠節이 있어 정치업적이 뛰어났다. 요찰은 장홍책이 敦厚·愼密하고 여승진의 엄숙한 숙위와 정소숙의 충절을 표창하였으니, 그의 의사는 군주에 대한 신하의 충절이 관료의 기본임을 후인들에게 권장하려는 것이었다.

2) 宗夬는 南陽人으로 淸正한 인물로 荊州諮議參軍으로부터 同郡 柳坦·樂藹과 함께 蕭穎胄에 의부하였다가, 양고조의 기병에 참여하여 御史中丞·太子左衛率에 진출하였다. 요찰은 이들이 양고조와 멀리 떨어진 荊州에서 귀부하여 有功·顯達한 것을 표창하였다. 따라서 그의 의사는 무너져가는 제왕조보다 양왕조의 건국 공신임을 평가한 것이니, 양왕조의 정당성을 제시하려는 것이었다.

3) 義興 陳慶之는 본래 양고조의 추종자로 北魏 南侵을 격퇴함에 공로가 있었다. 그는 將家 出身이 아니었으나, 奇略을 쌓아 세운 군공으로 刺史에 이르렀다. 中昌人 蘭欽도 군공으로 자사에 이르러 惠政하였다. 요사염은 이들이 세운 공로를 藺頗·李牧 등, 앞시대의 名將의 버금으로 한시대의 榮光이었다고 표창하였으니, 그의 의사는 관료는 백성에 善政하고 외적의 침입을 격퇴하는 역량을 습득·구현할 것을 촉구하려는 것이었다.

4) 廣陵 杜僧明, 義興 周文育은 용력있고 騎射를 잘 하였다. 梁末에 교주자사 蕭穎胄의 무리한 명령에 반발하였다. 진고조가 高要에 이르자, 이들은 귀부하여 交州 토벌에 공로를 세우고 후경을 평정하여 각각 자사에 이르렀다. 始興人 侯安都는 書傳을 섭렵하고 기사를 잘하여 향리의 雄豪로 진고조를 따라 후경·북제군·王琳을 격퇴시키는 등, 그의 武功이 막대하였다. 그러나 그는 날로 驕慢·橫暴하여 진세조와 마찰을 빚어 결국 모반죄로 피해입었다.

이에 요사염은 杜·周 양인을 명장 염파·이목 등에 비유하고, 후안도는 마침내 교만·방자하여 비록 반역은 하지 않았을지라도 멸망에 이르렀음을 지적하였다. 따라서 그의 의사는 공로·현달자가 언행을 삼가할 것을 권계하려는 것이었다.

5) 巴蜀 酋豪의 侯瑱은 용맹하여 한 때에, 후경, 왕승변을 섬겼으나, 마침내 진고조에 귀부하여 태위·자사에 이르러 북제·북주군 격퇴에 막대한 공로를 세워 현달하였다가 병몰하였다.

長社人 歐陽頠는 言行·事理에 밝고 家産을 형들에게 위임하고 麓山寺에서 經史를 학습·정통하였다. 그 형의 强勸으로 양말에 정계에 진출하여 진고조에 귀부하고, 후경 평정에 막대한 공헌을 하였다. 廣州刺史에 이르러 동생, 盛·邃가 함께 刺史에 올라 名望이 남방에 드높았다. 그가 모은 生口·珍貴品을 국가에 헌납하여 군국에 도움을 주었다.

秦郡人 吳明徹은 후경의 반란 때에, 고조에 귀부하여 후경·왕림을 평정하여 領軍將軍·湘州刺史로 北伐에 나서 本郡을 회복하였다. 북주의 평제 직후 매우 급히 북주를 공격했으나, 마침내 실패하고 포로가 되어 장안에서 울분으로 사망하였다.

요사염은 후진 구양위가 天命을 받은 진고조를 도와 현달하였음을 표창하고, 오명철은 장수로 실책하여 진왕조의 멸망원인을 만들었다고 지척하였다. 따라서 요씨는 장수의 군공·현달을 표창하고 아울러 방략없는 장수의 실패를 진왕조 멸망에까지 관련시켰다. 따라서 그의 의사는 국가의 장수는 지략·戰略(술)에 탁월할 것을 권장하려는 것이었다. 그렇지만 필자는 오명철의 실패를 진망의 원인으로 돌리는 것은 과도한 것이라고 생각한다. 그것은 앞서 살핀 바와 같이, 진후주의 실정만 보아도 알 수 있기 때문이다.

6) 新安人 程靈洗는 용력있어 무리를 모아 도적을 격파하고, 왕승변을 도와 후경을 평정하였으며, 진고조에 대항했으나, 결국 귀부하였다. 그는 왕림·북주군을 격파하는 공로를 세웠다. 그는 성품이 엄격하여 휘하에 각박하여 작은 죄로 주살하였다. 다만 병졸과 甘苦를 함께 하였고, 필요할 때에, 재물을 베풀어 병사가 의지하였다. 요사염도 정령세가 장병과 국가를 위하여 엄격하고 私利를 취하지 않는 것을 표창하여 임전한 장수의 장점으로 들어냈으니, 그의 의사는 군을 굳세게 하여 적군을 방어·격퇴하는 장수의 표상을 장려하려는 것이었다.

7) 巴東 徐世譜도 용감하여 水戰을 잘했다. 鄕人을 영도하여 후경 평정에

공로를 세우고, 강릉함몰에 侯瑱에 의부하여 진고조를 도와 왕림에 항거하였다. 扶風 魯悉達은 효행하고, 빈궁자를 구제하였으며, 왕림에 항거하였다. 그는 富貴했지만 驕慢치 않았고 辭賦를 좋아하고 賢才를 예우하였다. 臨川 周敷는 豪族 出身으로 담력이 있고 輕財·重士하여 무리를 영도하였다. 왕림에 대항하고 周迪을 평정하였다.

穎川 荀朗은 후경반란 때에, 무리모아 항거하고, 部曲에게 의식을 베풀어 큰 세력이 되었다. 북제의 침략을 격퇴하고, 왕림에 항거하였다. 汝南 周炅은 후경반란에 유공했으나, 왕림에 의부했다가 결국 포로가 되었다. 세조가 특사하여 후에 江北의 失地 회복에 이바지하였다. 요사염은 이들이 향리에서 무리를 모아 일어나 공로에 따라 현달한 것을 아름답다고 평가하고 勢利에 따른 그들의 행동을 비루한 것이 아니다고 두둔하였다. 따라서 그의 의사는 이들의 행동을 통하여 진왕조 창건의 정당성을 제시하려는 것이었다.

8) 天水 趙知禮는 文史를 섭렵하고, 진고조의 참모로 활동하여 중서시랑에 올랐다. 濟陽 蔡景歷은 효행이 있고 俊爽·好學하였다. 후경에 억류된 간 문제를 구하려다 실패하여 후경의 문건을 담당했다. 후경평정후 중서시랑으로 민첩하였고 여러 황제에게 예우받았다.

沛國 劉思知는 好學하여 經史를 섭렵하여 양말에 中書舍人으로 고조 수선 때에, 儀注·衣服吉凶制를 제정했고, 세조의 명령으로 고조이래 起居注를 勅撰하였다. 고종이 상서령으로 보정하자, 그는 상서좌복야 到仲居 등과 함께 矯詔로 고종을 동궁에 보내려다가 사건이 발각되어 옥사하였다.

요사염은 진고조의 창업에 일찍 귀부하여 文翰 방면에 유공한 사실을 평가하였다. 劉師知는 經史를 널리 통달하였으나, 임기응변에 어두어 비록 세종을 위한 節義이었으나, 마침내 극형을 받았으니, 지혜가 없다고 비판하였다. 따라서 그의 의사는 경사를 학습·정통하여 현달하였지만, 너무 우직한 것보다 시세를 관망하여 지혜로운 언행이 필요한 것임을 권계하려는 것이었다.

B. 梁·陳의 君子·名臣·良臣들

1) 蕭穎達 南齊 吏部尚書 穎胄의 동생으로 양고조 기병에 동참 현달하였

다. 譙郡 夏侯詳은 남제 刺史이었다가, 양고조 기병에 동참했고 天監 初에 북위 침범을 굳게 방비하다가, 병을 얻어 弟·姪들에게 국가의 큰 은혜를 갚지 못하고 죽으니, 충절을 다할 것을 당부하였다. 天水 楊公則은 南齊에서 선정하였고, 양고조 기병에 동참하여 상주에서 막료를 郡著姓에서 뽑아 불법을 차단하였다. 그는 敦厚·慈愛하고 재산을 兄子에게 위임하였다. 막부에 있을 때에도 독서를 하여 사대부에 칭찬을 받았다. 南郡 鄧元起는 담력있고 베풀기를 좋아했다. 양고조 기병에 동참하였고 형주자사로 선정하였다.

요찰은 소영달 등이 양고조의 기병에 동참한 사실을 평가하고 소영달 숙질의 후사 몇 하후상 등이 모두 현달하였음을 성대하다고 평가하였다. 특히 하후상의 謹厚함과 양·채의 廉潔함을 君子가 취할 바라고 표창하였다. 따라서 그의 의사는 이들의 군자적 언행, 관료상을 제시하여 권장하려는 것이었다.

2) 河東 柳惔 등은 양고조에 동참하여 현달하였다. 요찰은 이들에 대하여 군자로 표창했다. 즉 漢時代 竇融이 河右에서 漢에 귀부하여 盛族이 된 것처럼, 유염은 그 시기를 잘 만나 가문과 성망을 드높였고 忱은 지혜롭고 큰 공을 세워 유염에 뒤지지 않게 하였다는 것이다. 따라서 그의 의사는 혼란시에 지혜를 통하여 일신·일족의 번성을 도모하는 자도 君子에 포함시켜 그 표상을 제시·권계하려는 것이었다.

3) 南鄕 范雲은 남제말 국자박사였다가 양고조가 건강에 진입·벽소받아 沈約과 함께 양왕조 창건에 이바지 하였다. 吳興 沈約은 호학하여 群書에 정통하였다. 어려서부터 양고조와 친분이 두터워 양건설에 절대적 공로를 세워 양조 최고행정책임자에 올랐다. 그는 검소하고 음주치 않았다. 그는 『晉書·宋書』 帝紀 등 많은 저작을 남겼다.

요찰은 한고조가 張良·陳平에 의지했던 것처럼, 범운·심약은 양고조의 기병에 동참하여 제업을 찬성하였음을 표창하였다. 특히 범운은 군국기무에 헌신하였고, 심약은 학문에 정통하고 이름은 사마천·동중서의 다음이었다. 일대의 令名이 위대한 자들이었다는 것이다. 따라서 그의 의사는 양건설에 있어서 양인의 공로, 특히 심약의 역사적 공로를 제시하여 후학들에게 권장하려는 것이었다.

4) 濟陽 江淹은 호학하여 봉조청에 나아갔다가 宋 建平王을 따르다가, 남연주에서 광릉령 郭彦文에 연좌되어 투옥되었다. 강엄은 자신을 申理하는 상서를 올려 석방되었다. 제말에 비서감에 제수되자, 사퇴했지만 면제되지 못했다. 양고조의 건강 진입에 도망갔다가 벽소되어 이부상서·산기상시를 역임하였다. 『齊史』 10志 등 많은 저술이 있었다. 樂安 任昉은 호학하여 남제에서 중서시랑, 양에서 황문시랑을 역임하고, 『雜傳·地記』 등을 저작하였다. 그는 청결한 관직생활을 하여 은혜를 입은 자들이 그의 어린 아이들을 돌보았다.

요찰은 양한시대는 經術, 근세에는 文辭로 인재를 선발하였다고 전제하고, 江·任 양인이 辭藻가 장려하고, 명위가 보존되었음을 마땅한 것이지만, 이들이 先覺·舊恩(국가에 공로 현달)이 없어 현달치 못한 것은 물론, 자손이 빈천에 처한 것을 평가하였다. 따라서 그의 의사는 양진귀족제의 폐단을 제시하여 권계하려는 것이었다.

5) 陳郡 謝朏는 특별한 공로없이 남제에서 侍中·中書令을 역임하고 지방관에 나아가 동생에게 인사에 간여치 말라는 조언을 하고 자신은 취렴하여 비난받았다. 그러나 梁初에 侍中에 나아갔다. 요찰은 사비가 충의자가 아니면서 양초에 현달하였음을 비아냥거리고 弟子 謝覽의 善政을 표창하였다. 따라서 그의 의사는 양진귀족제에 있어서 선거상 퇴폐상을 지적하고, 관료의 사명을 재확인하여 권계하려는 것이었다.

6) 琅耶 王亮은 名家子로 宋 부마도위, 齊의 이부상서·상서좌복야를 역임하였다. 東昏侯에게 아부하여 죽음을 모면하고, 양고조가 수도에 진입함에 홀로 환영치 않았다. 元日의 조회에 칭병하고 불참하여 서인으로 강등되었다. 范縝의 충간과 任昉이 上奏로 비서·중서감에 발탁되었다.

吳郡 張稷은 효성·재략이 있었다. 남제말 동혼후를 毒夫로 몰아 起家·居隱한 입장을 밝히고, 고조에 의부하여 현달하였다. 변방 鬱州刺史에 나아가 방비없이 州人에게 피해입었다. 그는 치부치 않고 봉록은 일족·친우에 散施하였다.

琅耶 王螢은 宋 부마도위, 남제말 첨사·중영군으로 崔慧景에 패전하였다가 겨우 돌아왔다. 그때 양고조가 건강에 진입·발탁하였고 天監 15년 좌광록대부에 나아가 印工이 그의 도장을 6회만에 만들었으나, 不實하여 보수하여 사용했다. 그러나 그는 6일만에 갑자기 사망하였다.

요찰은 왕량이 난세에 位勢를 보전하였으니, 그 취사함이 삼인과 다르겠는가? 그가 佐命이 된 것을 부끄럽게 여겨 스스로 피패케 하였으니, 불행조차 아니었다. 『易』에, "의하여 할 바인데 이를 의거하였으니, 몸은 반드시 위험해진다"라고 하더니, 왕량의 진퇴는 의거한 바를 잃었다고 평가하였다. 그리고 장직이 난세에 임기응변한 것과 변주에 응번치 못하고 피해 입은 것을 동정하였다. 아울러 왕형의 印章 鑄造上의 잘못은 그 행동의 불손을 지척한 것이었다. 따라서 그의 의사는 난세(역성혁명)에 언행·처신의 신중함을 권계하려는 것이었다.

7) 沛國 王國珍은 남제말 刺史였다가 동혼후가 건강을 지키게 했는데, 배반하여 양건설에 공로를 세워 지방관에 나아갔고 정치 업적이 없었다. 扶風 馬仙琕은 예주자사로 양고조의 항거하다가, 건강이 함락되자 투항하였다. 양고조가 그를 중용하자, 그는 많은 전공을 세웠다. 馮翊 張齊는 왕국진과 동혼후를 제거하였다. 그가 태수자사에 나아가 무식이었으나, 정치는 淸正하였다. 요찰은 왕국진의 이중성을 지적하고, 마선병의 인의를 칭찬하였다. 따라서 그의 의사는 그가 비록 무식하지만, 실천하기 어려운 인의를 구현한 君子라는 사실을 제시·권계하려는 것이었다.

8) 義陽 張惠紹·廣平 馮道根·華山 康絢·歷陽 昌義之는 처음 양고조에 의부했으나 공로가 가벼웠다. 이들은 북위와의 공방에서 막대한 공로를 세워 현달하였다. 요찰은 이들의 공로–현달을 타당한 것이라 지적하였다. 따라서 그의 의사는 武官이 충절·전략(술)을 통하여 국가에 이바지해야 할 것임을 권계하려는 것이었다.

9) 琅耶 王瞻·王志·王峻 등은 남제말 양고조에 의지하여 제·양혁명에 입공하여 중서령·이부상서·시중·산기상시·황문시랑 등 현직을 역임하였다. 요사염은 王氏는 姬姓으로부터 진한시대까지 자손이 영민하였다. 동진의 王

導가 江左를 經綸한 이후 대대로 현직에 올라 盛族이 되었다고 평가하였다. 그리고 吳郡 張充은 처음 지조가 없었으나 늦게나마 대오각성하여 銓選에 廉平하여 名望을 얻었다. 河東 柳惲은 多藝로, 蔡撙은 方雅로, 江蒨은 품격으로 이름을 얻어 모두 양실의 名士이었다고 표창하였다. 따라서 그의 의사는 통치자가 통치역량을 학습·구현해야 하는 것임을 제시하여 후인들을 권계하려는 것이었다.

10) 東海 徐勉은 好學·淸辯하였다. 양고조가 예우하여 중서시랑·시중·이부상서 등을 역임하고 五禮를 찬수하였으며, 자손에게 청백한 생활을 당부하였다. 요찰은 서면이 발분하여 수신하고 언행을 삼가했으며, 교유를 선택한 위에, 흥왕시기에 經術로 현달하고 정성으로 군주를 섬겨 先王의 道를 기초로 삼았으니, 양의 宗臣으로 성대하였다고 표창하였다. 따라서 그의 의사는 經術을 통하여 국가발전에 이바지할 것을 제시·권장하려는 것이었다.

11) 濟陽 范岫는 효성이 있고 국자박사·어사중승·상서를 역임하였다. 그는 廉潔하고 進退에 예의가 있었다. 北地 傅昭는 산기상시에 올라 淸正하고 私利를 도모치 않았다. 蘭陵 蕭琛은 朗悟·才辯이 있어 양고조를 도와 왕조건설에 큰 공을 세워 황문시랑·어사중승·탁지상서·시중을 역임하였다. 그는 音律·書·酒를 좋아했고, 특히 서책을 가까이 하였다. 吳郡 陸杲는 高名하고 剛直하여 죄민상서·사도 좌장사·양주대중정을 역임하였다. 요사렴은 이들이 처음 뜻을 일관하여 청신한 것을 표창하였다. 소침 육보는 才名으로 저명했고, 특히 그는 蕭琛이 제양혁명에 큰 역할을 하였으며, 육보가 성품이 강직하여 憲臺에 權倖을 피하지 않았던 것을 대서특필하였다. 따라서 그의 의사는 바람직한 관료상을 제시·권장하려는 것이었다.

12) 吳郡 陸倕는 勤學하여 태학박사·태자중서자·중정에 올랐다. 彭城 到洽은 才學이 있어 국자박사·태자중서자를 역힘하였다. 平原 明山賓은 名利·經學에 정통하여 국자박사·산기상시·중정에 올랐다. 陳郡 殷鈞은 孝誠이 있고 事理가 바르며, 교유함이 靜簡하였다. 시중·오병상서를 역임하였다. 요찰은 이들을 名臣으로 표창하였다. 즉, 육수는 문리를 널리 섭렵하고, 도흡은 몸소 강직했으며 명산빈은 儒雅 篤實하였고 殷鈞은 貞素 括和하였으며, 陸

襄은 효성이 지극하였다는 것이다. 따라서 그의 의사는 관료상을 제시하여 권장하려는 것이었다.

13) 河東 裴邃는『左氏春秋』에 능하고 봉조청으로부터 예주자사를 역임하였다. 그는 思略이 깊고, 정치는 寬明하여 평판이 좋았다. 譙郡 夏侯亶은 효성이 있고 자사·산기상시를 역임하였다. 그는 풍모가 아름답고 관후한 기량이 있었으며, 문사를 섭렵하고 선정하였으며, 봉록과 賞賜는 친고에게 베풀었다. 京兆 韋放은 태수로 선정하고 자사로 북벌하였다. 그는 성품이 弘厚·篤實하였고, 輕財·好施하였으며, 여러 동생들과 雍睦하였다.

요사염은 이들을 양실의 명신으로 표창하였다. 즉, 배수는 辭采가 일찍 들어났고 思略이 깊었다. 하후천은 호학하여 明辯했고 하후단은 好士·愛士했으며, 위방은 弘厚·篤行하여 才勇을 폈다. 이들은 문무양겸적인 인물이었다는 것이다. 따라서 그의 의사는 문무에 양겸적인 관료상을 제시하여 권장하려는 것이었다.

14) 河東 裴子野는 好學하여 博識하였다. 그는 府參軍으로부터 현령을 선정하고 先親의 업을 계승하여『宋略』20권을 춘추필법에 따라 찬수하였다. 중서시랑에 까지 승진했으나, 田宅이 없고 봉록은 散施하여 처자는 기한에 떨었다. 요찰은 孔子가 말한 四科중에 經(德行)에서 시작하여 質朴하지만, 德이 작은 文學에서 끝나는 것이다고 전재하고 經學을 근본으로 하고 문에 통달한 자는 裴子野라고 표창하였다. 따라서 그의 의사는 經·文學을 정통하되, 경학을 더욱 중시할 것을 권계하려는 것이었다.

15) 陳郡 袁昻은 남제 안성왕 행참군으로부터 비서승·황문시랑·어사중승을 역임하였다. 그는 양고조에 항거하여 명령을 받지 않자, 황제는 동혼후가 하늘이 버린 자로 자신이 나라를 구제할 것을 명받았음을 간곡히 말하고 협조를 요청했다. 이에 그는 부득이 양조에서 시중·이부상서·우복야·예주대중정을 역임하였다.

요사염은 역성혁명시기에 고조에 항거하여 충절을 훼손치 않은 것을 백이·숙제에 비교하여 표창하였다. 그러나 그가 양조에서 대관에 이르는 것을 아름답지 않게 평가하였다. 그 자신이 양왕조의 사환함을 부득이 한 것으로 해명하고 있으니, 不事二君이라는 儒家德目에 대한 면죄는 될까 하였다. 따라서 요씨의 의사는 불사이군의 도리, 특히남조 문벌귀족의 不忠臣을 제시·권계하려는 것이었다.

16) 東海 王僧孺는 好學하여 태학박사·태수·부장사를 역임하다가 면직되었다 다시 王府 자의참군에 나아가 譜史의 撰修를 담당하여『十八州譜』710권,『百家譜』15권,『東南譜集抄 10권, 문집 30권, 등을 찬수한 것이 그것이다. 彭城 劉孝綽은 총민한 神童으로 태자사인·황문시랑을 역임하고 이부랑으로 비단 一束을 받았다가, 소송받아 좌천되었고 비서감으로 卒官하였다. 그는 일찍이 성명을 가졌으나, 성품이 강직하여 타인과 화합치 못했지만, 辭藻上 그 당시의 宗長이었다.

요찰은 왕승유는 巨學이고 유효작은 辭藻上 원로였지만, 그들의 성품이 剛直·不阿하며, 富貴를 희망치 않아 현달치 못한 것을 비판하였다. 따라서 그의 의사는 통치자가 언행상 관대·인자한 것을 제시·권계하려는 것이있다.

17) 吳郡 張緬의 동생 纘은 秘書郎에서 起家하여 누천 탁지상서에 올랐다가 湘州刺史에 나아가 선정하였다. 그는 후경이 건강을 함락할 때에, 杜岸에 속아 소릉왕 蕭紀에 동맹하고 악양왕에 적대하였다가 양에 피해입고 말았다. 요찰은 장찬이 화합치 못한 제왕 틈에 끼어 충절도 지키지 못한 체, 앙화가 자신에 끼치고 곧이어 강릉함몰의 싹이 나왔다고 하였다. 찬의 품격은 마침내 양의 혼란을 재촉했으니, 애석하다고 평가하였다. 따라서 그의 의사는 사대부, 관료의 통치역량을 연마하여 선정할 것을 제시·권계하려는 것이었다.

18) 남제 예장헌왕 蕭嶷의 弟子 蕭子恪·子範·子顯 등은 남제에서 영달했다. 제양혁명 직후 이들 형제는 양고조를 알현하자, "同一家"하 하고, 그 일족을 중용하였다. 그리하여 자각은 이부상서, 자범은 비서감 자현은 시중·이부상서를 역임하였다.

요찰은 한위·위진혁명은 德으로 이루어 앞시대의 종실을 억압하여 백성의 여망을 억제하였다. 劉宋에서는 廢姓했고 南齊는 劉宋의 戚屬을 모두 섬멸하였다. 그리하여 國祚가 길지 못하였다. 양고조는 그것을 답습치 않고 蕭

子恪의 형제를 재능에 따라 중용하였으니, 고조의 넓은 아량이 전시대를 뛰어넘었다고 표창하였다. 따라서 그의 의사는 이전 왕조의 종실도 유력한 인물이면, 중용하는 것이 필요한 것임을 권계하고 요씨의 조국 양왕조를 미화하려는 의도를 들어내려는 것이었다.

19) 會稽 孔休源은 효행이 있고 經史를 섭렵하여 중서사인·어사중승을 역임하였다. 그는 지조가 있고 검약하고 학문 문예를 연마하였으며, 권귀에 아첨하지 않아 천하의 일을 자신의 사명으로 삼고, 愼密하여 국법을 추호도 범하지 않아 신임받았다. 濟陽 江革은 총명하고 독서에 전념하였다. 그는 봉조청으로부터 태수·소부경 등을 역임하여 선정하였다. 그의 성품은 강직하여 조정의 잔치때마다 참여하여 정치 득실·권귀를 포폄하여 권세가들의 疾視를 받자, 관직을 버리고 귀가하여 애첩을 두지않고 文酒를 즐겨 숭상받았다.

요찰은 양고조가 정치에 깊은 관심을 갖자, 공휴원이 때를 만나 자신의 역량을 발휘하고, 강혁이 聰敏·良直하여 한 시대의 성명을 이루었다고 표창하였다. 따라서 그의 의사는 明君에 直臣이 있음을 제시·권계하려는 것이었다.

20) 陳郡 謝擧는 經史를 섭렵하고, 玄理·釋氏에 더욱 정통하였다. 시중·상서령에까지 승진했다. 廬江 何敬容은 名家子로 비서랑으로부터 산기상시·이부상서·시중·좌우복야를 역임하였다. 晉宋이래 재상은 모두 文義로 안일하게 보냈지만, 그는 홀로 번잡한 국사에 쉬지않고 전념하였다. 이때 蕭琛 같은 자를 경박하여 그를 조롱했으나, 개의치 않았다.

요찰은 魏 正始 년간 西晉·南朝時代에서는 玄虛·放誕을 숭상하여 정치는 令史에 위임되었지만, 끝내 비속이 되고 말았다. 이에 조정에서는 經典이 추락되고, 小人道가 펼쳐져 북족의 남하를 가져왔다고 하였다. 何國禮가 학문에 정통한 사실까지 조롱되는 야박한 풍속이었으니, 애석하다고 玄學·淸談을 비판하였다. 따라서 그의 의사는 정치는 현학이 아니고 유학의 정도에 따라야 할 것임을 권계하려는 것이었다.

21) 吳郡 錢唐 朱异는 五經을 섭렵하고 禮樂에 밝았으며, 文史·雜藝까지

정통하였다. 그 당시 제도상 25세에 기가했으나, 그는 21세에 기가하여 태학박사·시중을 역임하였고, 그가 사망함에 양고조는 넘치는 포상·증직을 추가해 주었다. 그는 30년간 權要에 앉아 군주의 의사를 탐지하여 충성하니, 특별한 은총을 얻은 것이다. 예컨대, 후경이 귀부해오자, 고조는 그를 수용코자 했으나, 백관은 모두 반대하였다. 이에 朱异는 황제의 의사에 의부하여 후경을 수용케 하였으나, 마침내 후경은 반란을 일으켜 황제는 죽고 국가는 멸망하였다.

會稽 賀琛은 經史를 학습하여 상서좌승·산기상시를 역임하였다. 그는 백관의 사치, 치부, 세역징수의 불법 등 국가의 당면문제를 황제에게 忠諫했으나, 양고조는 수용치 않을 뿐만아니라, 하침을 공박하여 앞으로 忠諫者가 없어 양고조의 전제가 심화되어 國滅의 국면을 가져왔다.

요찰은 夏侯勝이, “선비는 經術에 밝지 않는 것을 걱정하고, 經術에 밝으면 현달한다”는 언급을 전제하였다. 그리고 주이·하침은 천미한 출신이나 經術로 일어나 현달하였다. 그런데 주이는 은총으로 현직에 나아가 누렸다. 그러나 외적의 침략을 받았으니, 이는 주이로 말미암은 것이다. 더구나 그에게 벌을 가하기는커녕, 그가 사망하자, 넘치는 증직을 주었으니, 君子는 후경반란이 일어나지 않을 수 없음을 알았다고 비판하였다. 따라서 그의 의사는 간사한 말은 귀에 거슬리고, 충간은 입에 쓰다는 것, 곧 신하의 忠佞을 잘 판별하여 수용하여 통치하는 군주를 희망하고 그런 사정을 제시·권계하려는 것이었다.

22) 북위 종실 元法僧은 魏 徐州刺史로 북진반란에 칭제했으나, 반란이 안정되자, 그는 위험을 느껴 남에 망명하여 융성한 대접을 받았다. 泰山 羊侃은 부친의 희망으로 南叛하여 중용되었다. 요사염은 원법승의 무리가 양에 입주하여 은총을 입었으니 아름답다. 양간 등은 후경 반란을 맞아 충성을 다하여 나라를 받들었다. 양간은 위험에 임했지만, 굽히지 않고 의로움을 지켜 목숨을 바쳤으니, 옛 순절이란 이런 것이었다고 표창한 것이다. 따라서 그의 의사는 신하가 발탁되어 예우를 받고 致命했으니, 나라의 위기에 순절해야 할 것을 제시·권계하려는 것이었다.

23) 河內 司馬褧은 經·禮에 정통하여 凶禮 制定 때에 결정했다. 상서좌승·어사중승에 나아갔으나, 그 이상 현달치 못하고『家禮儀注』112권을 남겼다. 彭城 到溉는 총민·청백하였다. 관직은 산기상시·시중에 올랐다. 가문이 화목하고 형제간 특히 우애가 깊었다. 沛國 劉顯은 총민한 神童으로 중서시랑·상서좌승·국자박사를 역임하였다. 南陽 劉之遴은 群書를 박람하여 산기상시·상서좌승·형주대중정을 역임하였다. 후경반란에 귀향하다가 사망했다. 요찰은 이들이 유학·문학에 정통하고도, 이 정도에 그친 정계진출을 개탄하였다. 따라서 그의 의사는 양말의 침체부진, 관료의 무기력을 지적하여 후인들에게 권계하려는 것이었다.

24) 琅耶 王規는 오경에 정통하여 태자 속관·시중·상서에 올랐고『續漢書』200권을 주석했다. 王承은 부친 暕, 祖父 儉과 함께 국자박사에 나아가 3세에 國師에 나갔고 태수로 선정하였다. 劉潛은 형제들이 서로 勤學하여 대성했다. 그는 현령·상서좌승·도관상서를 역임하였다. 요사염은 이들이 학문으로 영예가 들어났고 그 위에 興運에 편승하여 각기 재용을 폈으니, 아름답다고 하였다. 아울러 이들이 문사·문장으로 현달한 것을 표창하였다. 따라서 그의 의사는 문학은 경학과 함께 통치자와 겸습해야 할 것임을 제시·권장하려는 것이었다.

25) 北地 傅岐는 國子 明經生에서 정위정·중서사인·건강령을 역임했다. 북제는 소연명에게 화평을 요구케 하고, 朱异가 찬성·주장하여 일이 성사되었지만, 후경이 반란을 일으켰다. 그때에 태복 부기는 좀 다른 의견을 제기하였다. 즉, 고징의 이 謀事는 옛과 달리 약하지 않을 처지이니, 貞陽侯 소연명을 보내 청화한 것은 그와 후경을 교환하자는 것이었다. 이에 후경이 의심하여 반란을 일으킬 것이니, 請和는 불가하다고 주장했으나 채택되지 못했다. 요찰은 모의하는 자는 빈틈이 없다. 부기는 소연명의 거짓 화평을 알고 모사했으니, 이에 부기의 의견을 따랐더라면, 후경의 반란은 일어나지 안했을 것인가? 愼子가, "한마디에 의지하면 천하가 흐트러진다"고 하였으니, 이를 말하는 것인가 라고 주이의 실책을 비판하였다. 따라서 그의 의사는 통치자가 教唆보다는 사변적으로 판단·판별할 것과 간사한 자를 멀리할 것을 경

계하려는 것이었다.

26) 吳郡 張嵊은 지조있고 方雅했으며, 淸言하였다. 비서랑으로부터 산기상시·태부경·수양태수를 역임하였다. 그는 후경이 건강을 포위함에, 郡兵 수천인을 동원하여 지원에 나섰지만, 결국 자신 자제 10여명이 희생되었다. 요사염은 先哲은 義를 귀하게 여겼다. 곧 孟子는 하고자 하는 것은 의로운 것이고 둘을 섬기려면 불가한 것이니, 의로움을 취하는 것이라고 했다. 장승의 2, 3子가 순절을 하여 양에 충신이 있는 것을 표창하였다. 따라서 그의 의사는 장승 일가의 양왕조에 대한 충성을 제시·권계하려는 것이었다.

27) 太原 王僧辯은 양말 후경난을 평정한 명장으로 졸책, 곧 北齊의 위협을 해소시키는 차원으로 소연명을 옹립하려다가 결국 라이벌 陳霸先에 실패하였다. 요사염은 왕승변이 왕통을 북제의 위협하 支庶로 이으려 하였으니, 충의를 행한 것인가? 충의가 어찌 이리도 먼가? 국가 중흥의 도리가 이미 훼손되고 자신을 위한 계책도 부족하여 스스로 섬멸되었으니, 슬프다고 동정하였다. 따라서 그의 의사는 국가의 대신으로 신중하고 정당한 국사의 처리가 중요함을 제시·권계하려는 것이었다. 아울러 앞서 말한 것처럼, 진패선이 受命天子로서의 정당성을 제시하려는 것이었다.

28) 南陽 胡僧祐는 武幹이 있어서 태수에 나가 선정하였고, 承聖 2년 西魏의 공격을 받고 용감히 싸우다가 장렬하게 전사하였다. 彭城 徐文盛은 부친 慶之의 휘하병 수만인으로 후경난 평정에 나서 秦州刺史에 올랐으나, 싸우지 않고 제장의 공격주장에 허락치 않아 세조에게 피해 입었다. 京兆 杜則은 杜預의 후손으로 家業이 전해져 충정한 가문이었다. 후경반란 평정·대북제전에 공로를 세웠다.

요사염은 호승우가 冗官으로 파직하다가, 순절하여 忠烈이라고 표창하였다. 그리고 서문성은 처음 공적을 세웠으나, 관직을 탐내어 위계를 쓰고 충절을 보이지 않아 不義라고 비평하였다. 아울러 두칙은 문무를 겸비하고 진퇴를 잘 알아 현저한 공로를 세웠으니, 중흥 공신으로 표창하였다. 따라서 그의 의사는 국가의 위기에 충절을 세워야 하는 것을 제시·권계하려는 것이었다.

29) 彭城 劉季連은 남제말 자사에 나아갔고, 동혼후가 그를 위장군으로 불렀지만, 길이 막혀 應命하지 못했다. 계운은 동혼후의 실덕을 듣고 교만·자긍해져 휘하의 원망을 샀고, 결국 양 천감 4년 蜀에서 藺道恭의 부친을 살해했는데, 결국 道恭에게 살해되었다. 濟陰 陳伯之는 남제말 예주자사로 양고조의 회유를 받았으나, 믿지 않고 방자하자, 휘하 朱龍符 등이 擅權하였다. 그 후 백지는 표리에 적을 만나 魏에 귀부하여 평남장군에 올랐으나, 다시 남귀하여 서예주자사에 나아갔다.

요사염은 유계연이 문리의 소절을 가지고 자기 보전도 하지 못하여 혼란한 것을 지척하였다. 그리고 진백지가 소인으로 군자의 명위를 이용하여 群盜를 속여 빼앗았으니, 어찌 능히 오래 갈 것이랴고 그 소인의 언행을 비판하였다. 따라서 그의 의사는 군자와 소인은 차이가 있어 소인은 大義를 모르고 利害에 따라 반복하여 신의가 없다는 것을 제시·권계하려는 것이었다.

30) 巴山 黃法모는 후경난에 향리에서 무리를 모아 반항하고 자사로 왕림, 북제군을 격파하였다. 濟北 淳于量은 간략있고 궁마에 능하였다. 양말 상동왕 국상시·참군으로 荊州蠻을 평정하고, 왕승변을 따라 후경을 평정하였으며, 진고조에 귀부하여 왕림을 격퇴시키는 등의 공로로 정북대장군에 영달하였다. 吳興 張昭達은 倜儻하고 輕財하여 의기를 숭상하였다. 그는 후경을 평정하고, 고조에 귀부하여 왕림을 격퇴 등의 공로를 세워 대장군에 올랐다. 그의 성품은 엄격·각박했으나, 명령을 받고 출정할 때에는 주야로 配道했고 승리할 때에는 공로자를 반드시 추천했으며, 의식은 장병과 함께하여, 이로써 휘하가 그에게 의지하였다.

요사염은 황법모·순우양 등이 양말의 혼란으로 사람들이 향배가 명확하게 하지 못할 때에, 향배의 이치에 정통하여 현달하였으니, 지혜롭다고 칭찬하였다. 장소달은 세조를 도와 많은 어려움을 극복했으니, 이들을 良臣·良將이라고 표창하였다. 따라서 그의 의사는 양신·양장, 곧 관료상을 제시하여 후인을 권계하려는 것이었다.

31) 吳興 胡穎·安陸 徐度·吳郡 杜稜·吳興 沈恪 등은 고조에 호응하여 후경·왕승변·왕림 등의 평정과 진왕조 건설에 공로를 세워 현달하였다. 요사

염은 이들이 막대한 공로를 세워 현달하고 우대받은 것을 표창하였으니, 의사는 환란시의 관료상을 세시·권계하려는 것이었다.

32) 琅耶 王沖은 양의 비서랑·자사를 역임하고 진의 태자소부·단양윤으로 율령을 參撰하였다. 陳郡 袁敬은 純孝·篤學하여 양의 비서랑으로부터 진의 사도좌장사·도관상서·예주대중정을 역임하였다. 琅耶 王通은 明經에 발탁되어 비서랑으로부터 태자사인·산기상시·이부상서·상서좌복야·남서주대중정을 역임하였다. 經史를 섭렵하여 청간한 王勱는 賦詩에 淸正하여 황제에 칭찬받고, 淸白吏로 급사황문시랑에 나아갔다. 陳郡 袁樞는 독서하여 양 비서랑으로부터 기가했다. 후경반란이 일어나자, 귀향 두문불출했다. 그는 박학하여 옛 제도에 정통했다. 진의 이부상서·단양윤을 역임하였다. 그는 근신·주밀하고 청백으로 自居하였다.

요사염은 이들이 貴遊 子弟재로 일찌기 淸官에 올라 황제를 보좌한 것을 아름답다고 칭찬하고, 특히 王勱·袁樞의 언행이 옛 名士의 품이 있다고 표창하였다. 따라서 그의 의사는 관료상을 제시·권계하려는 것이었다.

33) 吳興 沈衆은 宗族, 依附者 오천인을 모아 후경 평정에 공로 세웠고, 진의 중서령에 올랐다. 陳郡 袁泌·吳郡 陸山才·琅耶 王質·京兆 韋載 등은 經史를 섭렵하고 진에서 현달하였다. 요사염은 鄧禹가 文學, 杜預가 儒學에 기초하여 軍功으로 유명한 사실, 東晉에서 顧永 郗鑒의 무리가 書生이었지만, 敵에 항거하여 社稷을 보위하고, 마침내 현달한 사실을 들추었다. 이에 비추어 양말에 문인들이 후경에 반항하여 진고조를 지원하고 현달한 사실을 표창하였다. 따라서 그의 의사는 국가의 위기에 臣者의 도리를 제시·권계하려는 것이었다.

34) 吳興 沈炯은 儁才로 국상시로부터 吳令에 나아갔다. 왕승변의 사도종사중랑·어사중승을 역임하고, 진에서 산기상시로 군국 大政에 참여하였다. 會稽 虞荔은 총민하고 지조가 있었으며, 오경에 정통하고 청백으로 自居하였다. 모친에 효성을 다하였다. 태자중서자·양주중정을 역임하였다.

요사염은 양왕조에 벼슬하고 50세에 이르기까지 미관말직에 머므르다가 勸進할 때에, 취지를 드높혔으니, 문인의 우대함을 믿겠도다! 虞荔의 籌策은

審密하여 그 정성을 다하였으니, 세상을 밝히는데에 유익하였다고 표창하였다. 따라서 그의 의사는 경학·문학의 학습·구현이외에 세상을 밝힐 방도가 없음을 제시·권계하려는 것이었다.

35) 彭城 到仲擧는 立身이 淸正하여 저작좌랑으로부터 기가하여 시중·상서우복야에 현달했다. 會稽 韓子高는 미천한 출신이었지만, 산기상시에 올라, 輕財·禮士하여 의지하는 자 많았다. 모반에 연루되어 賜死되었다. 晉陵 華皎는 小吏출신이지만, 司州刺史·산기산시에 올랐다.

요사염은 이들이 기량은 적었으나, 文帝가 時弊를 구제코자, 신분을 가리지 않고 중용했다. 화교는 艱難중에서도 숨기지 않고 그 힘을 정성스럽게 발휘하여 충성하였다. 두중거·한자고 또한 臣節에 지나침이 없다고 표창하였다. 따라서 그의 의사는 군주의 賢者 重用과 臣者의 도리를 다하는 것이 중요함을 제시·권계하려는 것이었다.

36) 陳郡 謝哲은 언행이 寬厚하여 士君子의 중시를 받았다. 양에서 비서랑으로 기가하여 진의 이부상서·예주대중정·중서령을 역임하였다. 蘭陵 蕭乾은 성품이 雅正하여 明經으로 왕참군에서 중서시랑·태수를 역임하였다. 陳郡 謝某는 풍신이 淸雅하여 양 비서랑·진 중서령·예주대중정을 역임했다. 吳郡 張種은 雅貞하여 府掾으로부터 정위경·상서·중서령을 역임하였다.

琅邪 王固는 淸正하고 文詞를 섭렵하여 비서랑·시중·태중대부를 역임하였다. 그는 효성이 있고 淸淨·寡慾하였다. 會稽 孔奐은 好學하여 秀才로부터 황문시랑·어사중승·양주대중정·태자첨사를 역임하였다. 그는 正直하고 請託을 두절시켰다. 蘭陵 蕭允은 詩賦·經史를 섭렵하여 언행이 합당하여 왕참군으로부터 태자서자·황문시랑을 역임하였다.

요사염은 이들이 청정하고, 文雅로 격동기에 성명하였음을 표창하였으니, 의사는 경사를 섭렵·구현하는 관료상을 제시·권장하려는 것이었다.

37) 吳郡 陸子隆은 강개하여 功名에 뜻이 있더니, 후경난에 향리에서 무리를 모아 평정에 나섰다. 周迪 등의 반란을 평정하여 刺史에 나아가 선정하였다. 吳興 錢道戢은 孝行·幹局이 있었고 武功으로 태수·자사에 올랐다. 吳興 駱牙는 相貌가 비상하고 모친이 세조를 잘 받들어 장수에 나아가 용감히 싸

워 후경·주적 등을 평정하는 데에 군공을 세우고 산기산시·자사에 올랐다.

요사염은 陸子隆 등이 종족, 의부자를 모아 집단을 편성·통령하여 군공을 세워 지방장관에 나와 공적이 들어났으니, 아름답다고 칭찬했다. 아울러 駱牙는 세조가 天命을 받은 것을 알았으니, 張良에 버금이라 할까? 그가 上司를 섬기는 것은 먼저 그것을 알고 禮를 다하였다고 평가하고 군자는 識鑒이 弘遠해야함을 조언하였다. 따라서 그의 의사는 관료(공직자)의 장래 비전을 모색하여 매진할 것을 제시·권계하려는 것이었다.

38) 吳興 沈君理는 風儀가 아름답고, 經史를 널리 섭렵하여 識鑒이 있었다. 이부시랑·오군태수로 幹理가 있었다. 시중·이부상서·상서좌복야를 역임하였다. 여식이 황태자비로 되는 것을 사양했다. 琅耶 王瑒은 器局이 있어 비서랑으로부터 시중·탁지상서·중서령을 역임하였다. 吳郡 陸繕은 雅正하여 왕참군으로부터 중서시랑·시중·좌복야·양주대중정을 역임하였다.

요사염은 이들이 經에 "進退可觀時에 그 威儀가 둘이 아니다"고 했는데 그런 雅道의 인물로 표창하였다. 따라서 그의 의사는 관료상을 제시·권계하려는 것이었다.

39) 汝南 周弘正은 10세에 『주역·노자』에 정통하여 태학박사로부터 기가하고 국자박사를 역임하였으며, 釋典·玄言에도 정통하여 의심과 막힘이 없었다. 陳郡 袁憲은 총민·호학하고 아량이 있어 비서랑으로부터 시중·태자첨사를 역임하였다.

요사염은 이들이 사대부로서의 雅量이 있고, 玄言을 잘하여 일대의 國師라고 표창하였다. 원헌은 義를 따라 행하였으니, 가상하다고 칭찬하였다. 따라서 그의 의사는 國師의 표준을 제시·권계하려는 것이었다.

40) 河東 裵忌는 총민하여 史傳을 섭렵하여 고조를 따라 征討때마다 공로를 세워 위장군·예주자사를 역임하였다. 吳郡 孫瑒은 척당하고 모략이 있으며, 經史를 섭렵하였다. 후경난·蠻族·왕림 토벌에 공로를 세워 巴·郢·湘州 刺史를 역임하였다. 그는 효성이 있고 형제간에 우애가 있었으며, 친구에 재물을 베풀었다.

요사염은 양말 혼란시기에 고조가 기병하여 배기가 동참하고, 손창이 문무 간략이 있어 의부자가 많았다는 것을 칭찬하였다. 그러나 그가 성품이 편벽되어 빈번히 죄를 면제받았다는 것을 지적하였다. 따라서 그의 의사는 이들의 관료상을 후인들에게 제시·권계하려는 것이었다.

41) 東海 徐陵은 어려서 屬文에 능하고 12세에 老莊에 정통한 위에 史籍을 박람하였다. 왕부참군으로부터 통직산기상시·이부상서·태자소부·시중을 역임하였다. 그는 器局이 審遠하여 進退가 可觀이었고 성품이 淸簡하였으며, 봉록은 친족에게 散施하였다. 동생 徐孝克은 周易生으로부터 五經에 통하고 史籍을 박람하여 태학박사에서 기가하였다. 그는 국자박사·국자제주·도관상서를 역임하였다. 그는 성품이 맑고 베풀기를 좋하하여 기한을 면치 못하여 황제가 돌보았다.

요사염은 서릉이 총명·현달한 것은 亮直이 있기 때문이라 하고, 孝克이 수신, 양친 봉양한 것을 표창하였으니, 의사는 후인들에게 君子의 도리를 제시·권계하려는 것이었다.

42) 濟陽 江總은 어려서 총민하고 지성이 있어 왕부참군으로부터 태자중서자·서주대중정·시중·산기상시·이부상서를 역임하였다. 그는 義를 篤行하고 寬大하였으며, 好學하고 특히 5, 7言詩에 능하였다. 吳興 姚察은 효성이 있고 부친 勝垣의 배려로 儒學을 학습·정통하였다. 그는 撰史에 참여하여 동궁관·중서시랑·이부상서를 역임하면서 梁陳史의 찬수에 힘을 기울리다가 결국 마치지 못하고 아들 요사염에 위촉하였다. 그의 성품은 효성스럽고 人倫·識鑒이 있었으며, 겸손하여 자긍함이 없었다. 특히 문장에 뛰어나 後主가 일대의 宗長이라고 표창했다. 일대의 유명한 徐陵조차 아들 儉에게 그를 모범으로 삼도록 하였다. 『漢書訓纂』 30권 등 많은 책을 찬수하였다.

요사염은 江總이 辭采上 모범임을 표창하였다. 그리고 그의 부친 요찰이 令德·人倫을 가추고 『九流·七略·史記』 등, 많은 역사서적에 정통하여 인사의 우두머리로 縉紳의 모범이었다. 이미 관직이 현달하여 국가제도상 의심이 있을 때에, 후주는 요찰의 의견을 모두 따랐다고 대서특필하였다.

따라서 그의 의사는 경사·문학을 중시할 것, 특히 부친의 업적을 과다하리만치 詳說하였지만, 부친과 자신이 역사를 애호·편찬한 것을 자긍했으며,

역사의 중요성을 제시·권계하려는 것이었다.

43) 南郡 宗元饒는 好學하여 주주부로부터 상서좌승·어사중승을 역임하였다. 그는 성품이 공평하여 법을 잘 운영하여 범법자를 잘 개도하였다. 남강내사로 선정하였다. 그는 고조이래 3대동안 기밀을 장악하여 잘 처리하였다. 衡陽 毛喜는 好學하여 후참군으로부터 급사황문시랑·겸중서사인으로 군국기밀을 장악하고 淸正한 정치에 안변책을 개진하는 등의 선정을 하여 江東이 10여년간 全生케 하였다. 蔡徵은 총민하고 幹理가 있어 태학박사·중서사인·중영군을 역임하였다. 그는 國事에 정통하고 口辯이 좋았다.

요사염은 이들의 선정·충절·총민함을 표창하고 채징이 擅權하다가 스스로 무너진 것을 동정하였으니, 의사는 관료상을 제시·권계하려는 것이었다.

44) 蘭陵 蕭濟는 好學하여 經史에 정통하여 비서랑으로부터 중서시랑·탁지상서를 역임하였다. 吳郡 陸瓊은 총민하고 事理가 있었으며, 五言詩에 능하였다. 秀才로부터 중서시랑을 역임하였다. 그는 성품이 겸손하고 비록 顯官에 이르렀으나, 더욱 겸양·검소하여 봉록은 종족에게 散施하였으며 늘 知足하였다. 吳郡 顧野王은 好學하여 이미 7세에 오경의 대략을 이해하였으며, 태학박사·황문시랑·광록경을 역임하고 『玉篇』 30권 『輿地志』 20권 등을 찬수하였다.

北地 傅縡는 好學, 屬文에 능했고, 7세에 이미 古詩賦 10여만언을 暗誦하였다. 그는 산기상시·태자속관을 역임하였다. 그의 문장은 典麗하였고 성품이 敏速하여 군국대사도 정통하였다.

요사염은 소제·육경이 재학으로 이름이 있고, 고야왕이 박학했으며, 부재가 총민하여 영달한 것을 일대의 英靈이라고 표창하고, 부재가 진퇴에 밝지 못하여 후주에게 주색이 과도하여 동혼후에 비유하여 충간하다가 피해를 입은 것을 동정하였다. 따라서 그의 의사는 관료의 박학·충간을 제시·권계하려는 것이었다.

45) 蘭陵 蕭摩訶는 용감하고 담력이 있으며, 결단력이 있었다. 그는 후경 등을 평정하여 본현령 파산태수·초주자사를 역임하였다. 하약필이 진군해오자, 진후주가 그에게 독전하다가 隋軍에 잡히고 말았다. 그는 진실한 장자이

었으나, 지략이 없었다.

汝陰 任忠은 계략이 많아 후경 왕림 토벌에 공로가 많아 예장태수, 霍·豫州刺史를 역임하였다. 그는 隋軍이 몰려오자, 속전속결을 주장하고 출전하여 실패하였다.

魯廣達은 어려서 강계있고 공명에 뜻을 가져 선비·빈객을 규휼하여 의지하는 자 많았다. 아울러 많은 部曲을 거느렸다. 진에서 동해태수, 豫·巴·合州刺史를 역임하였다. 隋將 하약필과 대적하여 용감히 싸우다가 감당치 못하여 아들 孝辯과 함께 장렬하게 전사하였다.

요사염은 소마가를 그 당시에 良將이라 하였으나, 지략이 없는 필부의 용기를 가진 자라고 비평하였다. 또한 임충은 용감하고 결단력이 있었지만, 마음속에 두마음(반복)을 가져 군주를 속여 그 악함을 스스로 밟았으니 슬프다고 동정했다. 노광달은 전적으로 충성하여 의로움에 따라 자신의 몸을 돌보지 않았으니, 진시대의 良臣이라고 표창하였다. 따라서 그의 의사는 무장의 충절상을 제시·권계하려는 것이었다.

C. 姚氏父子의 時代觀.

1) 孝行傳. 姚氏父子는 經에, "무릇 孝는 德의 根本이다"고 하고, 孔子가, "무릇 聖人의 德은 무엇이 孝에 더 보탤 수 있으랴" 라고 한 언급을 인용하여 효행은 백성에 위대한 것으로 국가가 먼저 시행해야 할 백가지 행동의 근본이며, 至極한 人倫이라고 前提하였다. 아울러 『詩經·小雅·蓼莪』의 지극한 효성을 들추었다. 또한 양고조는 풍속을 교화하고 폐단을 혁파코자 孝治하였다. 즉, 매번 詔敕을 발표하여 멀리 있는 孝子들에게까지 旌表를 주어 勸奬하여 매호로부터 전국에 펼쳐 教化를 이루었다. 보고 들은 孝行을 표창하려 하지만, 남아있는 것은 몇 가지 없다. 지금 遺逸될 것을 대비하고자, 梁의 庾黔婁 등 16명과 陳의 殷不害 등 5명의 善行을 모아 묶는다고 하였다.

예컨대, 新野 庾黔婁는 그의 부친이 사도주부로 징벽되었으나, 취임치 않는 高節이 있었다. 그는 어려서 孝經에 정통하여 주위 사람들이 경탄하였다. 그는 본주 주부에서 기가하여 현령에 진출하여 善政하였다. 즉, 현의 변두리에 있던 포악한 호랑이 떼가 모두 사라졌는데, 사람들은 그의 仁和에 감동한 것이라고 하였다. 남제말 부친 庾易가 현령에 부임한지 10일이 못되어 惡疾에 걸렸다. 이때 금루는 갑자기 마음이 놀라고 땀으로 온몸을 적셨다. 그 날로 관직을 버리고 귀가하니, 집안사람들이 놀랐다.

부친의 병이 2일째에 의원이, "병의 차도는 이른 아침의 대변을 보면 안다"고 하였다. 부친은 배탈로 자리에 누운 것이었다. 그는 부친의 발병이 심상치 않다고 보고, 北辰에 자신이 부친을 대신하여 앓고 죽을 수 있도록 정성되게 기도했으나, 공중에서 더 연기할 수 없다는 소리가 들려왔다. 그 부친 사망에 과도하게 애통하였다. 시묘살이를 하던 중에, 秦郡 蕭穎胄가 그를 벽소하였으나, 固辭하고 탈복하여 西臺 尙書儀曹郞을 제수받았다.

또한 양 益州刺史 鄧元起가 府長史·巴西太守로 삼았다. 그때 성안에는 珍寶가 산적하여 원기가 요좌들에게 나누어 주었으나, 그는 원기의 권고를 물리쳐 한 가지도 갖지 않았다. 이윽코 그는 촉군태수에 제수되어 선정하여 백성이 의지했다. 원기가 촉에서 사망하지, 部曲들이 흩어졌다. 이에 금루는 그의 屍身을 스스로 殮하여 향리에 가져가 장사 지내주었다. 그 후 황태자 侍讀으로 殷鈞·到洽·국자박사 明山賓 등 태자 속관들과 함께 오경을 강의하였다. 그후 산기상시·형주대중정에 올랐다.

요사염은 孔子가, "효행하여 몸을 훼손하여도 성품이 소멸되지 않는다"는 언급을 통하여 喪事를 제정하였다고 하였다. 高柴·仲由는 성스런 가르침에 따르고, 曾參·閔損은 효도에 경건·공경하였다. 혹은 미음을 입에 넣지 않고 피눈물로 지성을 다하는 것이다. 마침내 몸이 훼손·사망에 이른다는 것이다. 梁陳의 효행자는 이러한 효행을 구현하였다고 표창하였다. 따라서 그의 의사는 백행의 근본인 효행은 가정·국가사회의 기본적 윤리로 구현해야 하며, 국가는 이를 권장하여 교화하는 것이 국가발전에 관건임을 권계하려는 것이었다.

2) 儒林傳. 요씨부자는 동 서문에서 儒學의 발달과정을 약술하였다. 즉, 儒學은 옛 六學에서 말미암고, 이것은 왕이 敎化하는데에 典籍이다. 앞 聖人은 天道를 밝히고, 人倫을 바르게 하는 것이니, 정치의 일정한 법도이다. 秦始皇의 焚書坑儒로 이에 육학이 없어졌다.

漢은 儒學을 넓히고자, 學校 설치하고 유학자를 우대하여 성황을 이루었으니, 經學으로 賢良을 뽑아, 봉록주어 통치에 참여시켰기 때문이다. 그러나 東漢末 黃巾의 叛亂으로 말미암아 유학이 침체되고 말았다. 曹魏 正始이래 玄學을 숭상하여 발달되었던 사정에서도 荀顗·摯虞의 무리들이 新禮를 刪定하고 관직을 개선하였지만, 풍속을 바꾸지 못하였다. 이로부터 중원은 무너지고 의관들은 없어졌다.

宋齊에 이르러 國學이 설치되고 勸學하였지만, 아직 미흡하여 조정에는 大儒가 적었으니, 유학이 폐지된지 오래이기 때문이었다. 양고조는 유학이 발전하지 못한 것을 민망하게 여겨 碩學을 불러 五禮를 정비하고 六律을 정하여 斗曆을 정하고, 度量衡을 바르게 하였다. 특히 天監 元·七年에 經術의 발전을 촉구하여 학교를 세워 明山賓 등, 유학자를 예우하여 생도를 교육시켜 우수자를 발탁·관리에 임용한다는 조칙을 내려 황태자·제자·종실·귀유자자의 교육시켜 善治할 것을 당부하였다. 아울러 양고조는 釋尊을 행하여 유학의 도가 성대하였고, 伏曼容·何佟之·范縝 등이 배출되었다.

그리고 陳에서는 창업의 어려움으로 유학에 관심을 갖지 못하다가 세조 이래 학관이 설치되었지만, 活成化 되지 못하여 梁의 남은 유학자가 있었다. 이에 梁에서 15명, 陳에서 13명의 儒者를 모아 묶었다. 예컨대, 平昌 伏曼容은 어려서 고독하게 모친 형과 함께 南海에 客居하였다. 그는 篤學하고 『老子·周易』에 정통하여 門徒를 모아 講學하였다. 그가 표기부행참군에 나아갔을 때에, 宋明帝가 『周易』을 좋아하여 조정의 신하를 淸署殿에 모아놓고 그에게 執經케 하였다. 그는 본디 풍체가 아름다워 황제는 항상 그를 嵇叔夜를 닮았다고 하더니, 吳人 陸探微에게 叔夜의 초상을 그리게 하여 하사하였다. 사도참군에 나아갔다가, 袁粲의 휘하 江陵令·尙書外兵郎, 남제에서 황태자 시강·중서시랑·중산대부를 역임하였으며, 왕검 등과 함께 「喪服義」를 제정했다. 명제가 유술을 좋아하지 않아 귀가하여 生徒에게 講說하였다. 양초에 사마, 태수로 예우받았다. 그의 저작은 『周易·毛詩·喪服集解』, 『老·莊·論語義』 등이 있었다.

요찰은 이들 유학자들이 옛 叔孫通·桓榮같은 기개가 있고, 유학에 정통하여 股肱에 이르고 稽古를 잘 하였다고 표창하였다. 요사염은 經術을 학습·구현하는 것이 인륜과 지극한 정치를 하여 나라에 충성하는 길이라고 전제하였다. 沈文阿 등은 전적으로 經典을 수업받아 일대의 鴻儒이었다. 특히 문아는 초창에 예의를 제정하였으니, 숙손통의 亞流이었다고 표창하였다. 따라서 요씨부자의 의사는 인륜질서인 유학의 학습·구현에 있음을 강조하고 후세의 통치자들에게 유학을 일으키고 거듭 중시하여 국가의 발전을 도모할 것을 권계하려는 것이었다.

3) 文學傳. 요씨부자는 동 序文에서 문학의 발달상을 약술하였다. 즉, "『周易』에 人文으로 천하를 변화시켜 이루는 것을 본다"고 했는데, 孔子는, "그 문장이 빛난다"고 하여 문장의 중대함을 강조하였다. 楚漢이래로 辭人이 세상에 나와 이들 부류가 융성하였다. 이들은 크면 憲章을 만들어 王道를 협찬하고, 작으면 文理를 청정케 하는 것이니, 禮樂을 법으로 하고, 인륜상으로 고금을 통하여 아름다운 것과 악한 것을 서술함에 있어서, 이것(文學)보다 숭상할 것이 없다.

옛 司馬遷·班固의 書에는 司馬相如傳이 있는데, 그는 漢의 국가 중대사에 간여치 못하였지만, 대개 그 문장이 뛰어나기에 취한 것이다. 또한 반고는 장로전을 찬수하였으니, 그 능한 문장을 취하여 入傳한 것이다. 범엽은 『후한서·문원전』에 기제한 인물은 예악을 經으로 하고 국가를 위호하여 고금을 통한 美惡을 서술하였으니, 그의 문장이 아니면 불가한 일이었다. 따라서 통치자는 그 義를 敦烈케 하여 縉紳이 배워 그 도리를 모두 귀하고 숭상케 하였으니, 고금에 능히 바꿀 수 없는 것이었다.

양고조는 널리 儒雅者·文善者를 모집하고 경연대회를 개최하여 포상하였다. 이런 사정을 후세에 남기고자, 梁의 文學者 25명, 陳의 문학자 14명의 이력을 모아 묶었다.

예컨대, 吳郡 錢唐 杜之偉는 유학, 특히 三禮에 정통 가문에서 출신하였다 그는 어려서 민첩 정밀한 재주가 있었다. 이미 七歲에 『尙書·詩·禮』에 통하였다. 15세에 문사 및 의례·고사에까지 박람하여 복야 徐勉이 중시하였다. 양시대 동궁학사로 劉陟과 「政道·富教」를 찬수했다. 그는 儁才로 유명하여 廊廟의 器라고 추숭했다. 후경 반란에 숨었다가 진고조가 기실참군을 삼은 것으로부터 중서시랑·홍로경·태중대부를 역임하였다. 그의 문장은 浮華치 않고 溫雅하고 朴淸하였다고 하였다.

요찰은 위문제가 옛 문인은 명절을 스스로 오로지 하여 성령을 묘하게 발휘한다. 크면 후왕을 凌漫케 하고, 작으면 朋黨을 없앤다. 굴원·賈誼의 부류가 배척된 것은 일시의 재능자가 당한 災禍이었다. 양진시대의 문사들은 辭藻가 아름답고 억압받지 않았으니, 아름답다고 표창하였다.

또한 요사염도 孔子가 論한 四科중 德行을 시작, 文學을 끝마침으로 삼아 중시하였다고 하였다. 杜之偉 등이 각기 아름다운 才用을 발휘하여 두지위가 뛰어났다고 표창하였다. 따라서 요씨부자의 의사는 문학은 經史와 함께 인륜을 갖추고 선악을 구분하여 감계하는 데에 있어서 필요하여 이를 일으켜 국가사회의 발전을 모색해야 할 것임을 권계하려는 것이었다.

4) 處士傳. 요찰은 동 序文에서 處士에 대하여 설명하였다. 즉, 『周易』에, "君子는 遁世하여도 답답치 않고 독립하여도 두렵지 않다"고 한 언급이 있다. 이에 해당하는 인물로 孔子는 長沮·桀溺과 같은 隱者를 일컬었다.

옛 은자는 역성혁명 때에, 수치스런 일을 듣고, 高高하게 帝王을 양보하여 萬乘天子를 욕되게 생각하고 사망하여 후회함이 없다. 이것은, 곧 도리를 중시하고 삶을 가벼이 여기며, 세간에서 탈피하려는 자를 우수자라 한다. 그는 벼슬을 구하고 관리에 의지하여, 거처는 편하게 하고, 그 뜻을 구하며 거처가 오염되더라고 그 얼굴색을 부끄럽게 하지 않는다. 이를 이른바 市場·朝廷에 숨은 大隱이라고 하니, 그 다음이다. 혹은 나체로 발광하고 盲瘖으로 세상과 단절하며, 禮樂을 버리고 도리를 위반하며, 효성·자애함을 참아 규휼하지 않는다. 이는 온몸에 해롭지 않고 大雅의 道를 얻었으니 그 다음이다. 묵묵히 살아가는 은자에게 곧고 행복함이 있는 것이다. 몸이 죽어가는 난세에 이익을 다투는 자가 어찌 同年이라고 하랴!

孟子는, "지금 사람들에게 있어서 爵祿을 얻는 것은 그 삶과 같다고 하고 그것을 잃으면, 죽은 것과 같다"고 말하였다.

또한 『淮南子』에, "사람은 모두 물이 그친 곳에서 거울을 얻고 흐르는 물에서는 얻을 거울이 없다"고 하였으니, 무릇 淸한 것을 濁하게 하고, 貪慾을 억제하여 경쟁을 그칠 수 있다면, 오직 隱者이도다! 자고로 제왕은 그 도리를 숭상치 않음이 없었다. 비록 堯舜은 巢夫·許由에 굴복치 않고 周武王이 伯夷·叔齊에게 처지지 않을 지라도, 漢高祖가 黃·綺에 길게 읍하며, 광무제가 법도에 따라 嚴·周를 이해한 이래로 그러한 사람이 있었다. 양왕조의 성세에 이렇게 도덕이 들어나 학예상 가히 모범이 있었다. 고로 13명의 그들을 모아 처사편을 저작한다는 것이다.

예컨대, 陳留 阮孝緖는 7세에 從伯父의 後嗣가 되고 祖母 死後 많은 재산을 상속받게 되었으나, 조금도 받지 않았다. 이를 들은 자들은 감탄하여 마지않았다. 그는 부친 彦之가 人倫을 닦도록 충고하자, "赤松子 許由를 따라가 살면서 세속의 번거로움을 면하고자 합니다"고 대답했다. 이로부터 그는 밀폐시킨 방을 거처로 하여 누구도 그 얼굴을 보지 못하였다. 친구들이 "居士"라고 불렀다.

외형 王晏이 현재 貴顯者이지만, 장차 실패할 것을 알고 항상 숨어 상면치 않았다. 그가 주살되자, 친척이 모두 두려워함에 효서는, "친하되 당파를 짓지 않았으니, 어찌 연좌될 것인가"고 하였는데, 마침내 면제되었다. 南平王이 그 이름을 듣고 글을 보내 出世할 것을 요청했으나, 벼슬을 거부하여 가지 않았다.

그리고 建武末에 청계궁의 동문이 연고없이 스스로 무너졌다. 큰 바람이 일어나 동궁문밖 수양버드나무가 뽑혔다. 어떤 이가 효서에게 그 이유를 물었다. 그는, "淸溪에는 皇家 舊宅이 있다. 齊는 木行, 東은 木位이니, 지금 동문이 스스로 무너진 것은 나무(齊)가 쇠퇴함이로다"고 답변하였다.

鄱陽 忠烈王妃는 효서의 누이였다. 왕은 그와 노닐기를 희망하였으나, 도주하여 끝내 상면치 않았다. 많은 재물을 보냈으나, 일체 받지 않았다. 사람이 괴이하게 여기면, "내 처음부터 원하지 않는 것이니, 받지 않은 것이다"고 대답하였다.

그는 항상 石像을 供養했는데 약간 손상되었다. 마음속으로 보수코자 했는데 한밤을 지나자, 갑자기 완전 복구되었다. 사람들은 이상하게 여겼다. 문도들이 그의 德行을 기리고자, 諡號를 「文貞居士」라고 하였다. 그의 저작 『七錄』 등 25권이 그 당시에 유행하였다.

요찰은 세상에서 처사가 속인다고 하는 것은 순전히 헛된 이름을 도둑질하고 적용함이 없이 그 성과를 짊어지기 때문이라고 하였다. 만약에 諸葛璩의 학술이나, 원효서의 簿伐은 그가 진취하려면 어찌 어려웠으랴 미침내 은거하였으니, 진실로 그 성품일 따름이다고 평가하였다. 따라서 그의 의사는 隱者의 언행에서 無慾·淸淨·無防隘의 인간 眞性을 기록·전달하여 후인에게 無貪慾·知足 등 인간의 청결한 품성을 권장하고 탐욕 등 혼탁한 야성을 경계하려는 것이었다.

5) 知足傳. 요사염은 同 序文에서 前代이래의 知足에 대하여 약술하였다. 즉, 『周易』에, "亢, 곧 自尊이란 나아갈 것은 알지만, 물러나는 것을 알지 못하는 것이요, 존재하는 것을 알지만, 망할 것은 모르는 것이다. 進退·存亡을 알고 그 정당한 것을 상실치 않는 자는 오직 聖人일 뿐이다"고 하였다. 傳에, "만족한 것을 알면 욕되지 않고, 그칠줄을 알면 위험하지 않는다"고 하였다.

그런즉, 무릇 進退를 알지 못하면 知足에 도달할 수 없어 위태롭고 욕된 것에 연루되어 기약한 달에 이르는 것이다. 옛 사람이 나아갈 길은 세상을 편하게 힘써 구제하여, 넓은 도리로 사나운 풍속을 개선하는 것이다. 그리하여 나아가면 광명의 은총이 쉽게 바뀌지고, 어리석은 자가 말라서 몰락하여 물러나는 것은 굳센 절개를 곧게하기 어려운 고로 庸曹의 기탄하는 바이었다.

비록 禍敗·危亡이 耳目에 닥칠지라도, 거볍게 여겨 고답적으로 대하는 것은 前史에도 작았다. 漢의 張良은 공로를 세웠지만, 몸은 관직에서 물러났고, 병으로 누어도 좋은 음식도 물리쳤으며, 樂毅·范蠡가 顚倒하여 狼狽본 것에 비하면 우수하다. 그 후 薛廣德은 禮로써 거취를 정하였으니, 칭찬할만하였다.

魚豢은 『魏略』 知足傳에 管·胡에 田·徐를 넣었으나, 그 道는 근본적으로 다르다. 謝靈運은 『晉書』 「知足傳」에 먼저 晉時代 文士의 피난자들이 자못 그 사람이 아닌 것을 논하였고, 오직 阮思曠이 숨어 욕되었다고 하였다. 『宋書』 「知足傳」에는 羊欣·王微 등이 모두 그 亞流였다. 남제때 沛國 劉瓛은 봉록을 사양하고 道를 가지고 뜻하는 바를 펴고자, 吉·貧賤·富貴를 초월하였으니, 높은 유학자의 행위였다. 양왕조에서 小人道가 소멸되어 賢士大夫를 예우하여 힘써 뜻을 지키게 하였는 즉, 그 당시에 잊어졌으니, 혹은 늙고, 혹은 뜻과 욕심이 작아, 國史에 있는 知足의 언행을 모아 「知足傳」을 만든다는 것이다.

예컨대, 吳郡 顧憲之는 秀才로부터 태자사인·무군주부·건강령을 역임하였다. 어떤 이가 소를 잃어버리고 가져간 자를 알고 상호 자기소라고 우겨 결판이 나지 않았다. 고헌지는 소를 풀어 집으로 가도록 했다. 간사한 자는 굴복했고 사람들은 顧를 信明이라 했다.

그는 남제 초에 형양내사에 나갔다. 교화시키고 蠻族의 장례를 조정하였다. 行會稽郡事에 나갔는데, 山陰 呂文度라는 자가 제무제에게 은총이 많아 餘姚에 저택을 짓고 종횡하자, 헌지가 이르러 이를 척결하였다. 문도의 장모가 사망하자, 사람들이 다투어 조문을 하였으나, 그는 문상치 않았고, 문도는 깊이 악감을 가졌으나, 마침내 상해치 못하였다.

行婺州事 때에, 사도 경릉왕이 宣城 등 3縣에서 屯田을 세우고자, 수 백리의 산택을 封禁해서 백성의 땔감 채취를 금지하였다. 헌지는 간절히 봉금의 부당함을 개진하여, 王은, "君의 이러한 德音을 듣지 않을 수 없다"하고, 즉시 봉금을 풀었다.

그리고 그는 영원초에 예장태수에 나아갔다. 곧은 여인 萬希가 靑孀에 無子로 시모에 더욱 효성하였다. 부모가 개가시키고자 함에, 죽음으로 불허하여 헌지는 포상하여 그 節義을 표창하였다. 양초에 태중대부에 올랐다. 헌지는 비록 누차 지방관을 역임하였으나, 資産이 없어 飢寒을 면치 못하였다.

요사염은 고헌지·도계직은 養老하였고, 蕭某素는 벼슬살이 할 마음이 작어 가냘픈 인간세상에 다른 바가 있었다고 표창하였다. 특히 요사염은 「知足論」을 논설하였으니, 그것을 자신의 생활신조로 삼아 모범을 보인 것이다. 따라서 그의 의사는 관료가 名利를 버려 知足할 것을 권장하여 淸新한 국가사회를 건설할 것임을 권계하려는 것이었다.

6) 良吏傳. 요찰은 同 序文에서 양리의 통치에 대하여 약술하였다. 즉, 漢宣帝는, "정치의 공평과 소송의 합리는 오직 어진 二千石에 따른다"고 하였

다. 또한 前史에도, "지금의 군수는 옛 제후이다"라고 하였다. 지방관의 직무는 親民으로 德性을 이끌어 禮를 정돈하여 풍속을 개선하는 것은 모두 반드시 이것으로 말미암는다는 것이다.

남제말 혼란기에 정치는 群小에 옮기고, 賦調는 구름처럼 일어났으며, 요역이 無道하였고, 秀才는 거의 權門에 의탁하여 서로 貪虐·聚斂 하였으니, 열악한 백성이 침탈되어 천하가 동요하였다. 양고조는 백성들의 어려움을 알아 불법·비리를 숙청하여 안정을 되찾았다. 몸소 검약하고 지방관의 廉潔을 강조하였으며 선정을 촉구하였다. 이에 양리 7명의 이력을 제시·구현할 것임을 권계하려는 것이었다.

예컨대, 新野 庾蓽은 10세에 부친상을 맞아 애통하여 몸을 크게 훼손하여 鄉里에서 칭찬받았다. 주주부에서부터 群書를 널리 섭렵하여 秀才로 안서주부에 나아갔다. 南齊 永明중에 산기시랑에 올랐다. 鬱林王이 물러나고 형주별가에 나아가 본인은 청탁을 물리치고 검소한 생활을 하여 妻子는 飢寒에 떨어도 개의치 않고 기강을 바로잡고 백성을 편리케 하였다. 명제는 표창하고 향리에서는 영예롭게 생각했다.

양초에 표기공조참군으로부터 상서좌승에 올랐다가 회계군승·행군부사에 옮겼다. 이때는 역성혁명 직후로 사회 경제는 황폐하고 흉황이 연이어 백성의 살기 어려워 떠돌게 하였다. 유필은 이들을 초무하여 합리적으로 다스리고 몸소 검소하였다. 태수는 그의 검소함을 듣고 賞賜했으나, 그는 사양하여 받지 않았다. 그는 西楚의 望族이었다. 향인중에 樂藹이라는 幹用이 있는 자와 경쟁하여 자신은 行會稽事에 머물렀는데, 樂은 공훈으로 어사중승에 진출하자, 크게 수치를 느끼고 울분이 쌓여 발병하여 사망하였다. 양고조는 그의 청빈함을 듣고 賞賜하였다.

요찰은 良吏가 백성을 효제로 교화하고 농상을 권하여 경박한 자를 忠厚하게 하면, 백성은 국가에서 금지하는 것을 알기 때문에, 정치가 잘 되고 국가는 발전한다는 것이다. 그리하여 前代에 循吏가 있는 것이다. 한무제는 부(병)역을 빈번이 일으켜, 간사함이 일어나 공평치 못하고 가혹하여 원망이 넘쳤으니, 기강·사회·경제가 무너진다는 것이다. 따라서 그의 의사는 양리의 도리를 넓혀 정치 사회에 활력을 불어넣고 황제는 양리에 대한 승진·처우에 대하여 관심을 가져야 국가 사회가 발전할 것임을 제시·권계하려는 것이었다.

7) 諸夷傳. 요사염은 同 序文에서 양 주변의 소수민족에 대하여 약술 하였다. 즉, 海南 제국은 중국과 멀리 떨어졌고 서역은 접경하였다. 한무제때에 日南郡을 설치하여 제국이 조공해 왔다. 동한 환제때에는 大秦 등이 사자를 보내 조공해 왔다. 晉時期에 중국과 통한 자는 작아 기록이 없다. 宋齊에 이르러 10여국이 조공하였다. 梁時代에 조공이 크게 성황을 이루었고 중국의 正朔을 받들었다.

東夷는 朝鮮이 크다. 그들은 箕子의 교화를 얻어 그 器物에 禮樂이 있었. 魏時期에 조선의 동에 馬·辰韓이 중국과 통하였다. 송제에 고구려·백제가 貢職을 통하였다. 서북의 여러 戎族(소수민족)은 張騫과 甘英의 활동으로 중국에 조공해와 널리 알려졌다. 魏晉時期에는 북족의 남하로 혼란에 빠져 胡胡間·胡漢間의 갈등·살육이 전개되고 중국의 대외관계는 무너지고 顚倒되었다. 양왕조는 天命을 가져 그들이 정삭을 받들고 조정에 사자를 보내와 조공한 나라는 九池 高昌 등 8개국 이었다.

요사염은 海南·東夷·西北의 여러 소수민족이 각각 강역이 있었다고 하였다. 그들은 중국의 영역이외에 있어 그들 풍속 등을 탐구하기 어렵다. 양고조는 그들을 德으로 敎化하여 매년 조공이 이르렀다고 하여 양조의 대외조치에 대하여 표창하였다. 따라서 그의 의사는 중국의 주변 소수민족은 禮樂이 없어, 중국이 그들을 敎化시켜 조공하고 정삭을 사용케 함으로써, 중국적 세계질서를 확대해 가야 할 것임을 제시·권계하려는 것이었다.

8) 逆臣傳.(『양서』 권 55, 56, 『陳書』 권 35, 36은 역신전이라는 명칭은 없지만, 내용상 역신들이다.) 역신은 양의 예장왕 등 제왕과 후경, 陳의 宗親 叔陵과 伯固 그리고 周迪 등을 말한다.

① 양고조의 제2자 예장왕 蕭綜은 남제 건안왕이었다가, 북위에 귀부하여 시중, 태위, 고평공, 단양왕에 책봉되었다. 이런 소종의 행위는 명백한 반역 행위였다.

② 양고조의 제8자 무릉왕 蕭紀는 익주자사이었다가, 후경이 반란을 일으

키자, 근왕병을 일으켜 신자의 도리를 펴야했지만, 도리어 반란을 일으키고 僭號까지 사용하여 할거하다가 후경에게 평정되었다.

③ 臨川 貞惠王 第3子 臨賀王 蕭正德은 간사하게 후경을 인도하여 건강 함락을 도와 양왕조의 최후를 맞게하는 원인을 제공하였다.

④ 소명태자의 제2자 河東王 蕭譽는 후경이 반란을 일으키자, 동참·후원하였으나, 왕승변에 실패 살해되었다.

⑤ 진고종 제2자 시흥왕 陳叔陵 등은 고종의 총애를 받고 湘·揚州刺史로 갖은 포악한 짓을 다했으나, 사면 받고 고종 사망에 후주를 살해하려다가 실패하여 결국 陳仲華에게 살해되었다. 그리고 진세조 제5자 伯固는 서주자사에 나아갔으나, 정치를 몰라 사냥이나 하고, 가진 불법비리를 일삼았다. 마침내 숙릉에 동참하였다가 亂兵에게 살해되었다. 요사염은 이들의 행위를 西周初의 管·蔡의 징벌에 비유하고, 孔子가, "부귀는 사람이면 누구나 하고자 하는 것이지만, 無道하게 얻으면, 거기에 처할수 없다"는 언급을 인용하여 위로 제왕에서 백성에 이르기까지 嫡庶·長幼라는 人倫 秩序를 어겨 패역한 사실을 지적하였다. 따라서 그의 의사는 藩王이 근본적인 도리를 저버리고 도모한 패역을 경계하려는 것이었다.

⑥ 朔方人 侯景은 효용하고 담략이 있었으며, 기사를 잘 하였다. 北鎭의 반란이 발생하여 갈영과 이주영이 알륵하고 있을 때에, 후경은 이주영에게 발탁되어 갈영을 생포하는 큰 공로 세워 정주자사·대행대에 발탁되고 복양군공을 책봉받았다. 그후 고환에게 귀부하였다가, 고징과 알륵 끝에 하남들어 남조 양에 귀부하였다.

양고조는 백관의 반대를 무릎쓰고 朱异의 책략으로 수용하여 하남왕에 봉하여 북제의 남침을 저지케 하였다. 그후 복제는 양에 소연명을 귀환시키려 하였는데, 이 일이 후경의 귀환을 촉진시켜 후경의 입장이 곤란케 되었다. 후경은 王偉의 책략으로 반란을 일으켜 남조 양의 정치 사회 경제를 황폐화하고 양무제는 대성에 갇혀 餓死하고 말았다.

요사염은 도리와 운세는 항구한 것이 아니어서, 후경은 간특하게 반란을 일으켜 강을 건너 궁궐을 함몰하였으니, 재화는 황제에 미치고 해독은 퍼지고, 황위를 도둑맞은 화를 이루었다. 나라가 장차 망하려면, 반드시 하늘에서 妖孽이 내려오는 것이니, 비록 人事라고 할 수 있지만, 도리어 天時에 따르는 것이다.

옛날 오랑캐 羿가 夏를 혼란케 하였고 犬戎이 周를 곤욕을 주었으며, 漢은 王莽·董卓이 재해를 뿌렸고, 晉은 王敦·桓玄이 제화를 만들었지만, 지금 羯敵 侯景은 그 혹독함이 지나쳤으니, 슬프다고 동정하였다. 따라서 그의 의사는 양고조가 잘못 후경을 수용하여 황제가 죽고 나라가 망하는 사정을 제시하여 후인을 경계하려는 것이었다. 다만 앞서 말한 것처럼, 후경의 誤國, 梁의 피폐를 天時, 곧 天命에 가탁하였으니, 요사염은 「천명론」에 입각하여 역사를 찬수하는 것이다.

⑦ 豫章 熊曇朗은 후경이 반란하자, 의부하여 강력한 무장 집단을 이루었다. 진초에 후진이 예장에 주둔하자, 그는 겉으로 복종했으나, 후진을 도모코자 했다. 진이 점차 안정됨에, 熊은 왕림에 호응하여 주문육을 패퇴시켰다. 그러나 왕림이 패주함에, 주적 등 역신들과 내분하여 주적에 실패하여 피난했으나, 촌민이 그를 참하였다.

그리고 臨川人 周迪은 담력이 있고 활을 잘 쏘았다. 후경란에 宗人 周續이 임천에서 기병하여 큰 세력이 되었으나, 續은 교만해져 渠首들이 그를 살해하여 주적을 주인으로 옹립하였다. 양경제는 그를 자사로 삼았으나, 진이 건립됨에 그는 남천에서 할거코자 했다. 진세조는 그를 안남장군으로 삼아 周敷 등과 함께 熊을 격파케 하였다. 이에 왕림·주적·웅담랑·東陽 留異·晉安 陳寶應 등이 상호 반복하여 결국 陳이 이들을 격파하는데에 성공하였다.

요사염은 양말의 제난에 군흉들이 다투어 일어나 郡邑·巖穴의 우두머리, 村屯·隖壁의 豪右는 剽掠으로 강성해졌다. 진고조는 화란을 평정하고 周迪 등은 비록 興運이 처하였을지라도, 도리어 뜻은 혼란스러웠다. 熊은 간특·번복하여 이멸되었으니 다행이었다. 진·유는 세조와 혼인으로 관계를 돈독하게 하였으나, 流族에 처해졌으니, 어찌 威制라 할 수 있을 것이며, 대개 德으로 감싸야 하는 것이다. 마침내 背恩·附意하여 각자 다른 뜻, 곧 제왕이 되려는 뜻을 가졌다. 그들이 미혹·암혼한 소치로 그들의 宗族까지 도륙되었으니, 마땅하다고 평가했다.

따라서 그의 의사는 혼란기에 흥운을 타서 무장집단을 편성하고 장차 제왕이 되려하다가, 종족까지 소탕된 사실을 제시·권계하려는 것이었다. 즉, 이들이 天命을 받지 못하고 미혹·암혼한 체로 할거하였으니, 앞서 말한 것처럼, 天命을 받은 진고조·세종에 의하여 평정되었다는 「천명론」의 입장에서 陳의 정당성을 보충한 것이다.

따라서 結論으로, 오늘날 유행하고 있는 『梁·陳書』는 중국 흠정 정사인 기전체 단대사 二十四史중의 二史이다. 이 책은 당태종 정관 3년부터 동 9년까지 魏徵의 총재하에 요사염이 부친의 舊稿와 자신이 목도한 수말 반란에서 얻은 역사적 경험·교훈을 통하여 館修하였다. 필자는 姚察 思廉父子가 평론한 史論을 傳文에 근거하여 그들의 역사관을 정리하였다.

그 결과,

1. 요씨부자는 班彪의 「王命論」과 李德林의 「天命論」에 근거하여 梁陳의 흥망을 논하였다. 즉, 梁高祖는 蟠龍의 형상을 지닌 受命者로 義師를 일으켜 昏虐하여 天이 버린 齊 東昏侯를 물리쳐 왕조를 건설하였다. 그는 賢士를 우대하고 학교를 열어 經學을 존중하였으며, 冊曆·五禮·郊祀·六律을 보수·재건함으로써, 정치 사회를 안정을 확보하고, 蠻族이 조공을 해오는 등, 魏晉이래 성대함을 이루웠다. 그러나 말년에 朱异 등 恩倖에게 정치를 위임하는 등, 小人道가 장대하여 정치 기강이 무너지고, 羯族 侯景을 수용하여 마침내 황제는 죽고 국가는 망하는 결과를 가져왔으나, 후계자들은 그 혼란을 극복치 못하였다.

그리고 陳高祖는 白龍의 형상을 가진 眞命天子로 후경 등의 반란을 평정하여 진왕조를 세우고 문물제도를 정비하여 국가의 안정을 도모하였다. 아울러 어린 諸王들 대신에 世祖에게 承統케 하여 국가 발전을 희망하였다. 그러나 受命한 高宗은 백성의 어려움보다는 나라의 협소한 것을 고려하여 열악한 국세를 고려하지 않고, 北伐을 단행하였지만, 결국 실패하여 진왕조의 쇠퇴 원인을 제공하였다. 그 위에 後主는 처음 天人의 輿望을 얻어 承統하였으나, 小人道가 펼쳐지고 음일한 문학에 빠져, 人事가 昌盛·天意에 副應치 못하여 隋에 병탄되었다.

『양·진서』 帝紀를 總論한 魏徵은 受命한 양진 황제들이 不實한 통치, "華

不實"하고 음란한 문학을 배척하였다. 아울러 儒學의 학습·구현을 강조하여 역사적 경험·교훈을 제시하였다. 또한 위징은 진후주가 장귀비와 펼친 人謀를 들추어 陳亡의 餘殃者로 지목하였다. 이것은 요사염이 人謀와 天意가 번창치 못하여 진왕조는 망하였다는 의사를 더욱 명확하게 부각시켰다. 그 밖에 요씨부자는 后妃의 德望과 先秦이래 종실 제왕의 封建이 國祚를 장구하게 하는 방편임을 재확인하였다.

天命이란 제왕의 神器, 곧 帝位는 曆數에 따라 결정되는 것이어서 인력으로 할 수 없다는 것이다. 즉, 天의 의지에따라 만물의 생성과 소멸·상벌·흥망성쇠·개인의 운명 등 자연계와 인간계의 모든 것이 결정된다는 것이었다. 요씨부자는 班彪의 「王命論」·李德林의 「天命論」을 수용하고 受命者의 修德을 강조하고, 失德하면 配天치 못하여 受命하여 이룬 王業조차 동요·몰락을 초래한다는 것을 지적하였다. 즉, 양고조가 주의 졸책을 수용하여 후경의 귀부를 허락하였으나, 마침내 황제는 죽고 나라가 망하는 계기가 되었다. 그리고 진고종의 무모한 북벌, 진후주-장귀비의 종욕주의로 천명을 상실하여 수에 병탄되었음을 대서특필하였다. 즉, 요사염(위징)이 人事·天意가 昌盛치 못하여 진왕조가 패망했다는 것이다.

이러한 「천명론」에 입각한 역사관에 대하여 유물론자들은 천명 부분을 빼거나 부정하고 人謀部分을 강조하고 있다. 그들은 당연히 「천명론」을 비판할 것이지만, 근본적으로 인간에게는 物·心 양면이 있고, 송대에도 주자의 정치이상, "存天理·去人欲"은 魏徵이 "齊氏의 멸망은 대개 또한 사람으로 말미암는 것이지 오직 다만 천도만이 아니라"는 언급과 비교해 보면, 의미상 별다른 차이가 없다. 따라서 天命과 人謀를 동시에 고려해야 한다고 생각한다.

다만 그들이 修史-取鑑-贊治라는 입장은 "以史爲鑑"의 經世史學의 일환으로 이해되어 동의한다. 따라서 요씨부자의 국가성쇠관은 受命者의 修德을 강조하고 天理에 따라 治國하고, 그렇지 않고 正道에 위배되는 人謀를 추구하면, 마침내 受命한 王業이 동요·몰락한다는 것이었다.

2. 요씨부자는 양진의 관료에 대하여 평론하였다. 즉,

ⓐ 文武兩兼적 관료상을 모색하였다. 역성혁명, 남북교쟁중에 유공자를 君子·良臣으로 표창하고 미화하였다.

ⓑ 勝者忠臣 敗者逆賊이라는 전통적 관념을 들어내었다. 역성혁명 때에 宗族을 결집하여 呼應, 혹은 對抗한 사실에 대하여 天命에 관련시켜 새왕조에 의지하여 공로를 세운 자를 표창하고 반항하여 실패한 자를 지척한 것이 그것이다.

ⓒ 관료가 私事로운 개인의 名利를 떠나 進退할 것을 표창하였다.

ⓓ 관료가 유가의 德目을 학습·구현한 것을 평가하였다. 예컨대, 敦厚(睦)·愼密(重)·儉素·救恤·廉潔·清潔·仁義·儒雅·質朴·不阿·剛直·寬仁·信義·公平 등이다.

ⓔ 군주와 관료가 賢德한 인재를 예우할 것을 촉구하였다.

ⓕ 군주 관료의 지혜있는 국사처리·언행을 촉구하였다.

반면에 ① 관료가 공로를 세워 현달하여 驕慢·橫暴·愚直·無知·偏僻·奸邪한 것을 경계하였다.

② 관료의 진퇴불명·무방략·무충절을 배격하였다.

③ 관료가 군주를 欺瞞하는 것을 지척하였다.

④ 장수가 지략이 없어 패전한 것을 비판하였다. 특히 오명철이 대북주전에 실패하고 포로가 된 점을 陳亡에까지 관련시킨 사실은 과도한 평가인 것 같다. 물론 요씨부자는 조국 양진을 애국했던 이유이겠지만, 북주의 강성과 진말의 피폐상을 보면, 오명철의 잘못을 확대한 것이라고 생각된다.

3. 요씨부자는 類傳에서 시대관을 제시하였다. 즉,

ⓐ 孝行을 인륜의 근본, 덕의 근본으로 이것을 표창하여 국가 사회 가정의 교화·발전을 제창하였다.

ⓑ 유학은 天道를 밝히고 人倫을 바르게 하는 학문으로 이를 학습·구현하여 충성함으로써, 국가 사회를 발전시킬 것을 촉구 하였다.

ⓒ 隱者의 無慾·淸淨한 생활을 표창하여 통치자가 名利에서 떠나 살 것을 제창하였다.

ⓓ 吉凶·貧賤·富貴를 초월하는 삶을 표창하여 관료가 名利를 버리고 知

足·清新할 것을 촉구하였다.

ⓔ 국가의 관료는 親民하는 德性을 기르고, 良吏의 도리를 넓혀 국가 정치의 발전을 촉구하였다.

ⓕ 국가는 禮德을 弘布하여 주변 소수민족을 敎化시켜 朝貢해 오고 중국의 正朔을 사용하는 중국적인 세계질서의 확대를 제창하였다.

ⓖ 藩王의 悖逆과 逆臣의 행위를 배격하고, 天理에 합당한 君道를 펴야만 국가 사회가 발전할 것임을 제창하였다.

결국 姚氏父子는 『梁陳書』에서 「天命論」에 입각한 국가성쇠관, 유학의 德目에 알맞는 관료관과 시대관을 제시하여 "以史爲鑑"의 經世史學을 추구함으로써, 正名의 世界, 곧 儒學의 理想鄕을 건설하고자 하였다.

『양·진서』는 판본이 많지만 1974년 북경중화서국 교감본이 현재 유행하고 있다.

제6절 魏徵의 『隋書』 찬수 설명과 역사관

史論은 역사가가 역사적인 사건이나 인물에 대하여 내린 평론을 말한다. 중국사에 있어서 이 부분은 先秦 이래 오늘날까지 매우 중시되어 왔다. 그것은 우리 인류에게 역사적 경험·교훈을 제공하여 안목을 넓히는 데에 좋은 영역이기 때문이다. 이 사론은 劉知幾가 말한 것처럼, 『春秋左傳』의 "君子曰"로부터 시작하여 司馬遷의 "太史公曰", 班固의 "贊", 陳壽의 "評", 李延壽의 "論", 范曄의 "史臣曰" 등, 기전체 史書와 司馬光 『資治通鑑』의 "臣光曰"과 같은 평론이다.

隋王朝는 魏晉南北朝時代의 정치 사회적 혼란과 북방 민족의 남하 등을 극복한 강성한 시대이었지만, 겨우 38년이라는 짧은 역사를 마감하였다. 일반적으로 隋의 멸망은 양제의 원정과 토목공사 등의 폭정과 같은 人謀때문에 발생한 반란으로 돌리고 있다. 태종·위징 등, 唐初의 통치자들은 이 반란을 평정하고 여러 가지 조치를 통하여 정상 상태로 되돌리려고 노력하여 이른바 「貞觀의 治」라는 성세를 이룩하였다.

특히 『수서』를 편찬한 위징은 수말 반란 시기에, 李密의 반란 집단에 참여하여 상황을 직접 목도하였고, 마침내 당태종의 조수로 "以隋爲鑑"을 모색하여 자신의 經世 意志를 펴서 당왕조의 기반을 마련하였다. 여기서 말하는 "以隋爲鑑"이란 隋時代에 전개된 여러 가지 혼란 상태를 명확히 살펴서 정상 상태로 되돌림으로써, 그것을 경험·교훈으로 삼자는 중국의 經世 史學의 本軌道이다. 최근 중국에서 위징 서거 1350주년을 맞아 『論魏徵』이라는 논문집을 출판하였다. 이는 경세 사학 관념을 통하여 중국인의 안목을 넓히고 중국의 당면 문제를 극복하는 정신 면모를 일신하자는 노력으로 보인다. 이런 측면에서 위징의 역사 인식을 일별하는 노력은 상당한 의미가 있는 작업으로 생각되어 『隋書』의 史論을 통하여 위징의 역사 인식을 살펴보려는 것이다.

오늘날 유행하고 있는 『수서』 85권은 위징 등이 찬수한 본기 5권, 열전 50권과 영호덕분 등이 편찬한 남북조·수의 제도사 부분인 『五代史志』 30권이 합쳐져 있다. 이러한 사정에서 필자는 『수서』의 성립과 그 내용을 간략하게 살펴보고, 본기와 열전 각 권말의 "사신왈", 곧 史論 및 類傳의 序文과 史論, 그리고 『북제서』, 『양서』, 『진서』에 기재된 위징의 總論에 대한 의미를 고찰하여 위징의 역사 인식을 모색해보자.

1. 『隋書』의 찬수와 그 내용

『수서』는 당태종 정관 초년에 위징 등이 館修한 흠정 기전체 단대사의 하나이다. 그것은 대체로 楊堅이 581년 北周의 靜帝로부터 선양을 받아 隋를 창건한 때로부터 618년 李淵이 隋의 恭帝로부터 선양을 받을 때까지 38년간의 역사를 엮었다.

이러한 『수서』의 편찬은 몇가지 배경이 있다.

첫째, 당고조·태종이 역사 편찬 기구를 설치함으로써, 館修國史가 성립되어 私撰, 곧 역사가 개인의 찬수를 대체한 것으로부터 시작된다. 館撰은 이미 동한 시대에 蘭臺에서 『漢書』를 편찬한 것이라든지, 북위 태무제 때에 崔浩의 총재하에 찬수한 『國記』 30권, 그리고 北齊 文宣帝가 궁중에 史館을 설치하고, 관원도 배치하여 魏收로 하여금 『魏書』를 편찬케 함으로써, 그 형태를 드러냈다. 이런 관수국사는 시기에 따라 잠시 설치되고 역사상 지속되지 않았다는 점과 奉勅撰의 官撰이면서도 史館에서 찬수자의 의지에 따라 편찬되었다는 점에서 완전히 국가 기구에 의한 역사 편찬이라고 하기에는 아직 빠른 것이었다.

수왕조 때에는 정부 기구에 史官이 없었고, 고조 때 魏澹의 『魏史』, 王劭의 『齊書』 등의 역사 편찬이 이루어졌지만, 역시 왕조 차원의 사업은 아니었다. 그리고 수양제는 역사 찬수에 관심이 없었다. 이런 상황에서 수말의 반란이라는 사태를 직접 목도하고 정치, 사회, 경제적 질서를 재건하려 했던 당고조·태종을 비롯한 唐初의 통치자들은 역사를 중시하여 館修史學을 시작하였다. 이는 이후 중국 역사상에서 줄기차게 추진된 관수사학의 출발점이 되었다.

둘째, 당초의 통치자들은 다시는 농민 반란이 일어나지 않게 하려는 정책 구현의 한 조치로써, 국사 편찬을 추진하였다. 즉, 무덕 5년(622) 中書舍人 令狐德棻은, "梁陳의 근대 이래 鑑戒를 삼을 만한 正史가 없고, 二祖(李虎, 李柄)의 경력이 있는 周隋의 자료가 없어지고 있습니다"라고 하여, 魏·齊·周·隋·梁·陳의 六代史의 편찬을 청구하였다.

이에 唐高祖는 그의 청원을 받아들여, "史官의 기사는 그 득실을 토론할 수 있고, 지난 시대의 사정을 많이 알면, 장래에 도움이 된다"하고, 영호덕분을 총재를 삼아, 그에게 『周書』를 편찬케 한 것을 비롯하여 蕭瑀에게 『魏書』, 封德彜에게 『隋書』, 崔善爲에게 『梁史』, 裵矩에게 『齊史』, 그리고 姚思廉에게 『陳史』를 각각 찬수케 하였다. 그러나 고조 무덕 5년이라면 수말의 반란이 아직 평정되지 못한 상태에서 사업이 잘 진척되지 못하여 혁파하였다.

아울러 당태종은 각지의 반란 집단을 평정하고 역사 편찬을 명령하였다. 즉, 魏徵을 총재로 삼고, 위징 등으로 하여금 『隋書』, 令狐德棻·岑文本 등에게 『周書』, 李百藥 등에게 『北齊書』, 姚思廉 등에게 『梁·陳書』 등, 이른바 五代史를 찬수케 한 것이었다. 이때에 魏의 歷史는 魏收의 기전체 단대사 『魏書』와 魏澹의 편년체 『魏史』가 있어 다시 작업할 필요가 없었기 때문에 제외하였다. 五代史는 정관 10년에 완성하여 태종에게 進書하였는데, 태종은 이들을 포상하고 역사 편찬을 높이 평가하였다.

셋째, 위징은 통치자를 자임하여 경세 사학으로서의 『수서』를 편찬하였다. 그는 어려서 孤貧했지만, 웅대한 뜻을 가지고 생업보다는 출가하여 道士

가 되어 時勢를 관망하였다. 즉, 시세가 혼란할 것임을 깨닫고 새 시대의 도래를 기대한 것이었다. 그는 많은 서적에 정통하였다. 수말에 점차 혼란해지는 상황을 보고, 縱橫之說을 닦았다. 그는 宋祈가 거짓으로 道士로 칭하였다고 평가한 것처럼, 武略은 없으나 才智로써 천하의 혼란을 정상 상태로 되돌리는 데에, 자신의 역할을 하고자, 많은 서적을 섭렵·정통하여 유력한 주인을 찾을 준비를 한 것이었다. 그는 李密·唐高祖·竇建德·李建成 그리고 唐太宗을 섬겼다.

수양제 大業末 武陽郡丞 元寶章이 거병하여 이밀에 호응하고, 위징을 불러 書記를 담당하게 했다. 이밀은 보장이 위징을 매우 칭찬하자 불러 보았다. 위징은 이때에 이밀에게 十策을 개진하여 자신의 큰 뜻을 이루고자 했다. 이밀은 위징의 대책을 기이하게 여겼지만, 채용하지는 못하였다. 그때에 王世充이 洛口에서 이밀을 공격하였다. 이에 위징은 長史 鄭頲에게 이밀은 승리에 도취해 있지만, 將兵중에 死傷者가 많고, 財政이 없으며, 유공자에게 포상치 않았으니, 대적하기 어려울 것이라면서 신중한 작전을 당부했다. 그러나 鄭은 위징의 계책을 통상적인 발언으로 취급하고 말았다. 결국 이밀이 실패하고 唐에 투항하자, 위징도 그를 따라 入唐하였다.

위징은 唐에서 오랫동안 채용되지 못하자, 스스로 山東地域을 慰撫할 것을 청원하였다. 당고조는 그를 秘書丞으로 발탁하여 黎陽에 보냈다. 이때 여양에는 李世勣이 이밀에 호응코자, 무리를 모아 놓고 있었다. 위징은 이세적에게 글을 보내 회유하여 歸唐시키는데 성공하였다. 즉, 위징은 이밀이 皇天의 도움을 받은 唐에 귀부하였는데, 英誠있는 그대가 잘못하면 일신까지도 보전키 어려우니, 의심치 말고 唐에 귀부할 것을 권고하였다. 이세적은 사자를 唐에 보내 귀부할 의사를 전하고, 창고를 열고 군량을 운반하여 淮安王 李神通의 군대를 먹였다. 이처럼 위징은 무장 역량은 없었으나, 才智·武略으로 큰 공로를 세워 唐에 충성하여 점차 정치적 기반을 쌓아갔다.

그러나 그때에 竇建德이 남하하여 黎陽을 함락하고 위징을 포로로 잡아 起居舍人으로 삼았다. 이윽고 당태종이 건덕을 격파하자, 위징은 다시 裵矩와 함께 入關하였다.

황태자 이건성은 太子洗馬 위징을 예우하였다. 위징은 태자의 공로는 적고, 이세민의 공로는 막대하여 지위가 견고하지 못함을 보고, 태자에게 공로 세울 것을 종용함과 동시에, 자신이 산동의 劉黑闥을 위무하여 성사시켰다. 또한 태자에게 여러 차례 이세민을 일찍이 제거할 것을 권고하였다. 그러나 玄武門事件을 계기로 建成·元吉은 실패하고 세민은 황태자에 나아갔다. 이세민은 위징을 불러, "네 우리 형제를 異間했으니, 무엇 때문인가"하고 질책하였다. 위증은, "황태자가 만약 위징의 말을 따랐더라면, 반드시 오늘의 禍는 없었을 것입니다"라고 대답하였다.

이세민은 본래 위징을 名人으로 생각하였던 터이라, 그를 충신이라고 칭찬하여 太子詹事主簿로 삼고, 즉위하여 諫議大夫로 발탁하고 鉅鹿縣男에 봉하여 河北을 慰撫케 하였다.

태종은 즉위하여 政道에 精通하고자, 수차 위징에게 득실을 물었다. 위징은 經國의 재능이 있고, 성품이 강직하여 굽히지 않았으며, 태종은 그의 忠諫을 虛心하여 받아들였다. 위징은 자신을 알아주는 군주를 만난 것을 즐거워하여 힘써 충간하였는데, 알면 반드시 말하는 그러한 忠良의 신하였다. 따라서 위징은 이런 태도로 『수서』를 찬수한 것이다.

넷째, 唐 初期에 많은 편찬 사업이 추진되어 많은 성과를 거두었다. 이런 편찬 사업은 『수서』 찬수의 중대한 배경이 아닐 수 없다. 隋高祖 開皇 3年 牛弘은 혼란한 남북조시대에 문장·서적의 散失된 정황을 말하고, 장차 서책을 갖추어 학문을 진흥시키고자, 獻書 運動을 전개할 것을 청원하여 상당한 성과를 거두었다. 이에 참고 자료가 상당하였다. 예컨대, 王劭의 『隋書』 80권을 비롯하여 『開皇起居注』, 『大業起居注』, 牛弘의 「朝儀禮」 그리고 「隋律」, 『隋大業律』 등이 그것이다. 이러한 자료는 비록 資料의 집성에 불과한 것이지만, 당 초기 많은 저작 활동에 커다란 영향을 끼친 것은 말할 나위 없다.

특히 위징은 貞觀 2년 秘書監·參預朝政에 승진하여, 북방 민족의 남하로 典章이 散失되어 혼잡한 것을 극복하기 위하여, 태종에게 학자들을 끌어들여 四部書를 교정할 것을 청원하여 찬란한 성과를 거두었다. 그 자신도 『群書治要』 등, 많은 저작을 남겼다. 여기서 말하는 四部書란 무엇일까? 그것은 先秦 이래 많은 서적 특히, 牛弘이 전개한 헌서 활동 이후 수집된 도서와 무덕 5년 王世充을 평정한 뒤에, 낙양 등지에서 수거한 도서·고적 등이다.

그리고 唐 이전에 서적 분류 방법으로 劉歆의 『七略』, 魏 비서감 荀勗의 『新簿』, 劉宋 王儉의 『七志』, 梁 元孝緖의 『七錄』 등이 있었다.

현재 『隋書·經籍志』를 누가 정리했는가는 아직 밝혀지지 않았으나, 여기의 4部書는 위징이 비서감으로 교정한 것이라고 하는 것이 옳다. 아울러 經籍 各部의 서문의 문체와 논조를 통하여 보아도 그렇다는 것을 알 수 있다. 결국 위징이 아직 통일되지 못한 도서의 분류 방법을 학자들을 동원하여 정비하였던 것이다. 그리하여 14,466部 89,666卷을 왕검의 七志 등의 분류 방법을 참조하여 經·史·子·集의 四部書, 곧 『隋書·經籍志』로 정비함으로써, 이것이 『五代史志』 편찬의 근거를 마련한 것이었다. 또한 이런 분류 방법은 『新唐書·藝文志』, 『宋史·藝文志』, 淸의 『四庫全書』 등에 계승되었으니, 위징의 공헌은 실로 큰 것이었다. 따라서 위징의 이러한 書誌學上의 공헌은 그 자신의 政論 展開는 물론, 『수서』 편찬에도 중요한 기초·배경이 되었던 것이다.

다섯째, 위징은 조수들의 도움을 받아 『수서』를 편찬하였다. 당태종 정관 3년 위징은 秘書監·參預朝政의 지위에 있었다. 참예조정이란 직위는 비서감의 역할을 수행하면서 조정의 중신회의에 참여하는 合意議事制의 요원이다. 따라서 위징은 황제의 자문을 비롯하여 비서감으로써, 사부서 교정의 지휘, 오대사 찬수의 총재 및 『수서』의 찬수 등의 막중한 업무를 추진하였다. 이리하여 위징은 경학·역사·문자에 유능하였던 孔穎達, 許敬宗, 李延壽 등의 보조를 받아 『수서』를 찬수하였다.

따라서 위징은 그의 조수들과 함께 班固 이래 紀傳體의 體例에 따라 자료체집, 서술 방법, 원칙 등, 세부 사항을 확정하고 本紀 列傳의 史論, 類傳의 序文과 "史臣曰", 곧 史論을 작성하고 조수들의 傳文을 增補·刪削·潤色·考證하고 활동을 지도하여 『수서』를 완성하였던 것이었다. 아울러 그는 『양서』, 『진서』, 『북제서』의 總論을 저작하여 簡正한 良史家의 영예를 얻었던 것이다.

이상과 같은 사정에서 편찬된 『수서』 55권은 本紀 5권, 列傳 35권, 類傳 15권으로 구성되어 있다. 오늘날 유행하고 있는 『隋書』는 위의 55권 이외에 『五代史志』 30권이 포함되어 있다. 그 가운데 「경적지」 4권은 위징이 찬수하였고, 그 대부분은 정관 15년 영호덕분의 청원에 의하여 于志寧·李淳風·韋安仁·李延壽 등이 참여하여 처음에는 영호덕분, 후에 長孫無忌가 감수하여 찬수한 것이며, 後晉時期에 그것을 『수서』에 포함되어 출판·유행한 것이다. 따라서 「경적지」 4권은 『오대사지』 편찬의 주요 배경이었다.

『수서』의 판본은 많지만 현재 1974년 북경 중화서국 점교본이 유행하고 있다.

이리하여 魏徵의 歷史 認識의 역사인식을 살펴보려면, 먼저 史論은 역사가가 역사적인 사건이나 인물에 대하여 내린 평론을 말한다. 중국사에 있어서 이 부분은 先秦 이래 오늘날까지 매우 중시되어 왔다. 그것은 우리 인류에게 역사적 경험·교훈을 제공하여 안목을 넓히는 데에 좋은 영역이기 때문이다. 이 사론은 劉知幾가 말한 것처럼, 『春秋左傳』의 "君子曰"로부터 시작하여 司馬遷의 "太史公曰", 班固의 "贊", 陳壽의 "評", 李延壽의 "論", 范曄의 "史臣曰" 등, 기전체 史書와 司馬光 『資治通鑑』의 "臣光曰"과 같은 평론이다. 까닭에 隋王朝는 魏晉南北朝時代의 정치 사회적 혼란과 북방 민족의 남하 등을 극복한 강성한 시대이었지만, 겨우 38년이라는 짧은 역사를 마감하였다. 일반적으로 隋의 멸망은 양제의 원정과 토목공사 등의 폭정과 같은 人謀 때문에 발생한 반란으로 돌리고 있다. 태종·위징 등, 唐初의 통치자들은 이 반란을 평정하고 여러 가지 조치를 통하여 정상 상태로 되돌리려고 노력하여 이른바 「貞觀의 治」라는 성세를 이룩하였다. 특히 『수서』를 편찬한 위징은 수말 반란 시기에, 李密의 반란 집단에 참여하여 상황을 직접 목도하였고, 마침내 당태종의 조수로 "以隋爲鑑"을 모색하여 자신의 經世 意志를 펴서 당왕조의 기반을 마련하였다. 여기서 말하는 "以隋爲鑑"이란 隋時代에 전개된 여러 가지 혼란 상태를 명확히 살펴서 정상 상태로 되돌림으로써, 그것을 경험·교훈으로 삼자는 중국의 經世 史學의 本軌道이다. 최근 중국에서 위징 서거 1350주년을 맞아 『論魏徵』이라는 논문집을 출판하였다. 이는 경세 사학 관념을 통하여 중국인의 안목을 넓히고 중국의 당면 문제를 극복하는 정신 면모를 일신하자는 노력으로 보인다. 이런 측면에서 위징의 역사 인식을 일별하는 노력은 상당한 의미가 있는 작업으로 생각되어 『隋書』의 史論을 통하여 위징의 역사 인식을 살펴보려는 것이다. 오늘날 유행하고 있는 『수서』 85권은 위징 등이 찬수한 본기 5권, 열전 50권과 영호덕분 등이 편찬한 남북조·수의 제도사 부분인 『五代史志』 30권이 합쳐져 있다. 이러한 사정에서 필자는 『수서』의 성립과 그 내용을 간략하게 살펴보고, 본기와 열전 각 권말의 "사신왈", 곧 史論 및 類傳의 序文과 史論, 그리고 『북제서』, 『양서』, 『진서』에 기재된 위징의 總論에 대한 의미를 고찰하여 위징의 역사 인식을 모색코자 하는 것이다.

2. 魏徵의 歷史觀

가) 魏徵의 國家盛衰觀

위징은 『수서』 帝紀 史論에서,

A. 高祖는 外戚으로 顧命을 받았지만, 의논상 허용되지 못하여 주왕실의 옛 신하들이 모두 분개하였다. 王謙은 三蜀의 험요에 의지하여 반란을 일으켰지만, 그 달을 넘기지 못했다. 尉遲迥은 齊地域에서 거병했으나 일전으로 망했다. 이것은 곧 人謀에 그치는 것만이 아니고 도리어 天의 도움이었다. 이러한 기운에 편승하여 周鼎을 옮겼다.

B. 고조는 南朝 陳을 평정하여 사방을 통일·경영하였다. 몸소 절검하고 요역을 공평히 하였으며, 창고를 충실하게 하고, 법령을 제정·시행하였다. 이에 군자가 모두 그 삶을 즐거워하고, 소인은 그 산업을 평안케 하였으며, 강자는 약자를 능멸치 않고, 대중이 소수를 포악하게 대하지 않았다. 인물이 殷富하여 朝野가 환영하여 20년 동안 천하는 무사하고 안정되었다.

C. 다만 고조는 학술이 없어서 아랫사람을 잘 부리지 못하였고, 寬仁하는 도리가 없었으며, 각박한 자질을 가져 말년에 그 풍기가 번져 갔다. 아울러 그는 符瑞를 좋아하고 大道에 어두웠으며, 哲婦의 말을 듣고, 사특한 신하의 말에 현혹되어 은총으로 嫡長子를 폐하여 부탁할 곳을 잃었다. 이에 父子의 도리는 파멸되고 昆弟의 이간질을 열어 서로 싸워 본가지를 잘랐다. 그리하여 고조의 墳土가 마르기도 전에, 자손이 도륙되고 墳墓가 파괴되었으니, 천하는 이미 隋의 것이 아니었다. 아깝도다! 그 쇠퇴의 근원과 亂亡의 징조는 고조로부터 일어나서 양제에서 이루어졌으니, 그 유래가 멀어서 일조 일석

에 일어난 일이 아니었다. 祀祭도 하지 못하고 홀연히 무너졌으니, 불행하다고 할 수조차 없구나 라고 비판하였다.

D. 양제는 이미 吳會를 평정하고, 匈奴를 정벌하여 昆弟중에 그 공적이 뛰어났다. 양제는 그의 언행을 꾸며 황후의 은총을 얻어 탈종에 성공하였다. 또한 그는 즉위하여 국가의 부강함에 의지하여 욕심을 드러내 殷周의 제도를 狹隘하다 하고, 秦漢의 규모를 숭상하였다. 아울러 그는 재능에 의지하여 자신을 높이고 오만하여 名德을 어지럽혀, 안으로 평온치 못하고 밖으로 응결하여 간편한 것 같이 하였으며, 관복을 성대하게 하여 그 간사함을 꾸미고 충간하는 관리를 없애어 잘못을 엄폐하였다.

그는 황음무도하여 법령을 많이 만들어 四維가 끊어지고, 형벌은 陰險·怪異하여 骨肉·忠良을 주살하였으며, 賞을 받은 자는 공로를 볼 수 없고, 살해된 자는 罪를 알지 못하였다. 또한 그는 교만하고 성내서 누차 군사를 움직였고, 토목사업은 그치지 않았으며, 朔方에 빈번히 나아갔으니, 3차에 걸쳐 요동을 정벌하고자, 깃발이 만리에 뻗쳤으나 실패하였다. 따라서 징세는 백가지요, 교활한 관리는 백성을 침해하여 사람이면 누구나 그 명령을 감당할 수 없었다. 그는 급한 명령이나 포악한 법조문으로 요란케 하고, 엄형준법을 행하였으며, 甲兵의 武威로 감독하니, 이로부터 천하가 떠들썩하여 사람이 애오라지 살 수 없었다.

E. 이윽고 楊玄感이 漁陽에서 반란을 일으키고, 흉노가 雁門에서 천자를 포위함에, 황제는 중원을 포기하고 揚越地域으로 멀리 갔다. 이틈에 奸宄함이 일어나 강·약자는 서로 능멸하고, 교통이 막혀 통하지 않아 황제의 마차가 돌아오지 않았다. 징발되어 간 병사들은 기근으로 죽어 골짜기에 빠진 자가 10중에 8·9이었다. 이에 稱王·稱帝者가 등장하니, 작으면 백천으로 무리지어 城邑을 공격·노략질하였다. 이에 사람이면 누구나 반란을 생각치 않는 자 없어, 온 세상 사람들은 서로 원수가 되고, 좌우의 사람이 모두 적국이 되었다. 마침내 萬乘의 지존이 匹夫의 손에 죽었다.

백성은 感恩하지 않고, 謹王하는 지방관이 없었으며, 子弟는 함께 도륙되고 해골은 버려 묻지도 않았으며, 사직이 전복되고 본가지가 절단되었으며,

우주가 무너지고 생령까지 도탄에 빠져 몸은 상하고 국가가 멸망함이 이같이 심하지는 않았다. 『尚書』에 “하늘이 지은 孽, 곧 폐단은 오히려 위반할 수 있을지라도 스스로 지은 폐단은 가히 숨길 수 없다”고 했다. (그리하여 위징은) 隋室의 존망을 보면, 이 말이 徵驗이 있어 믿을 만한 것이로다(라고 평론하였다.)

F. 恭帝가 막대한 곤경을 만난 것은 일인의 失德으로 천하가 무너졌기 때문이다. 도적들이 무리지어 봉기하고, 탐욕·무자비한 자가 길을 막아 드디어 南巢로 갔고, 彘에 유배되어 돌아오지 못했다. 공제가 堯舜과 같은 名君의 발자취를 지키려 하지 않았으랴 마는 범용한 그가 가히 얻을 수 있으랴라고 논평하였다.

이 자료를 『수서』의 傳文을 통하여 상세하게 분석해 보자.

자료 A의 경우

ⓐ 수고조는 그의 부친 忠이 서위 부병의 將領중 大將軍의 一人으로 서위·북주시대 명문, 곧 군사귀족으로부터 출신하였다. 아울러 그는 북주 무제의 平齊 때에 제3總管으로 큰 공로를 세워 북주시기에 위망이 컸다. 이때에 무제가 楊堅의 장녀를 황태자비로 맞이함에 그의 권위는 더욱 높아졌다.

ⓑ 그러나 서위 건설의 8주국 12대장군은 鄕兵을 기반으로 하는 부병체제의 상위 계층으로 그들 사이의 관계는 종속이라기보다는 等夷關係에 있었다. 宣帝 사망하자, 劉昉·鄭譯 등이 矯詔를 만들어 大丞相으로 하여금 국정을 장악케 하였다.

ⓒ 이에 북주의 종실과 諸將들은 양견의 독단을 반대하여 시기·음모·반란을 전개하였다. 양견은 五王 등, 종실을 회유·처단하고 諸將을 회유하였다. 이때에 河間王 楊弘은 고조의 종조제였다. 周末 趙王 宇文昭가 고조(양견)를 모해하려는 것을 방어했고, 돌궐을 격파하는 등, 수조의 창건·발전에 공헌했다. 觀德王 楊雄은 고조의 族弟이다. 북주말 북주 종실의 반발을 대처하는 데에 큰 공로를 세웠고, 수초에 정치를 잘 이끈 “四貴” 중의 한 사람이었다. 위징은 이들 二王의 공로를 높여 宗子維城으로 隋天下에 헌신하였음을 논설했다.

특히 尉遲逈은 相州, 王謙은 益州, 司馬消難은 鄖州에서 각각 對楊堅反亂을 전개하였다. 사마소난은 南朝 陳에 망명하였다. 양견은 韋孝寬·梁叡 등, 제장을 동원하여 상주의 위지형 집단과 익주의 왕겸집단을 각각 평정하여 정권을 안정시키고 곧이어 북주 정제로부터 선양받아 수왕조를 열었다.

ⓓ 위징은, "수조의 창건은 人謀에 그치는 것만이 아니고, 오히려 하늘이 돕는 바이었다"고 하여, 이른바 중국 전통 사회의 역사관인「天命論」을 제기하였다.

여기서 말하는 天命이란 무엇인가? 天은 중국 先秦 사상에서 절대적 인격신이다. 天의 의지에 따라 만물의 생성과 소멸 및 풍흉·상벌·흥망성쇠·개인의 운명 등, 자연계·인간계의 모든 것이 결정된다는 것이었다. 殷王이 專制로 인하여 天의 버림을 받아 망함에, 새로이 天命을 받은 西周의 통치자들은 敬德을 주장하였다. 이러한 정치 이상은 鄭子産의 寬猛相濟, 孔子의 德治, 董仲舒의 德刑幷用 등의 정치사상으로 자리잡았다. 아울러 이런 사상에서 班彪의「王命論」을 낳았다.

즉, 班彪는, "堯舜은 天의 曆數에 따라 命을 받고 四海를 밝게 구제하여 대대로 德을 쌓았다. 湯·武에 이르러 天의 의지에 따라 백성을 복종시켰다. 劉氏는 堯의 國祚를 이어 漢을 세웠다. 따라서 帝王의 國祚는 德行으로 좌우된다. 많은 공로와 두터운 이익을 누적시키면, 백성이 그 恩德을 받게 되고, 天神이 이에 감응하여 천하를 그에게 돌아가게 한다. 말하자면 上下·貴賤·貧富에는 命이 있으니, 이것이 天道라는 것이다. 따라서 災殃은 사람으로 말미암는다"는 것이다.

아울러 그는 漢이 일어난 이유를 漢高祖가, "帝堯의 후예이고; 體貌는 기이하며; 神武하여 徵應이 있고; 寬大·仁恕하며; 사람을 알고 잘 임용하여 부린다는 다섯가지를 제시하였다. 그 위에 신임·성실함·모략이 있으며; 아랫사람의 의견을 듣고 받아들이며; 좋은 것을 보면, 이르지 못한 것과 같이 하며; 자신이 인재를 채용하고; 충간을 흐르는 물처럼 받아들여 실행한다는 것이다. 결국 모든 것이 天이 수여한 것이지, 人力이 아니라는 것"을 대서특필하였다. 결국 그는 西周 이래의 天命思想을 이용하여「王命論」으로 재조명하였다. 이것이『漢書』를 찬수한 班固의 역사철학이 된 이래 중국 전통 시대의 주요 역사관으로 채용되었다.

특히 北齊·北周·隋時代에 활약한 李德林은 「天命論」을 찬술하였다. 즉, “帝王의 神器, 곧 帝位는 曆數에 귀착된다. 天이 그 德을 생기게 하고 天時에 따르게 하는 것을 命이라 한다. 이것은 확실히 불변하는 것으로 人力으로 능히 알 수 없다”는 것이다. 이덕림은 이처럼 恒久不變的 天命 논리에 가탁하여 隋의 형성·통일 등의 발전을 논증하고, 그것은 오직 天命에 따라 운행되어 결코 인력으로 항구하게 할 수 없다는 것을 논증하였다. 위징이 『수서』를 편찬할 때에, 이러한 이덕림의 「천명론」을 많은 지면에 걸쳐 수록하였으니, 「천명론」이 그의 역사관과 동일한 것임을 웅변하는 것이다.

실제로 위징은 『수서』 高祖紀에서 楊堅이 天命을 받은 眞命天子였음을 여러 곳에서 참위·미신 사상을 통하여 언급하고 있다. 예컨대,

① 고조가 馮翊 般若寺에서 탄생하였을 때에, 庭園에 紫氣가 가득 찼다. 河東에서 왔다는 비구니가 이 아이는 보통 사람과 달라 세속에 처할 수 없다고 하면서 별관에서 양육하겠다고 하였다. 그후 모친이 고조를 안았을 때에, 아이의 머리에 뿔이 나와 있었고, 몸에 비늘이 있는 것을 보고 놀라 아이를 방바닥에 떨어뜨렸다. 그때 여승이 입실하여 이미 내 아이를 떨어 뜨려 놀라게 하였으니, 천하를 晩得할 것이라고 말했다. 아이의 이마 위에 5柱 8頂이 있고, 눈에서는 광채를 내뿜었으며, 손바닥에 “王”字가 쓰여져 있었다.

② 우문태가 어린 양견을 보고 이 아이의 風骨이 代人을 닮지 않았다고 탄복한 이래 명제, 우문호가 그의 相貌를 보고 시기·의심하여 살해코자 했다. 齊王 宇文獻과 王軌는 양견이 反相을 가졌으니, 일찍이 제거할 것을 청원하였다. 무제는 정녕코 그에게 天命이 있다면, 여하히 할 수 있겠는가 라고 하여, 어떤 조치도 취하지 않았다.

③ 선제는 양견에 대한 무함을 듣고 양황후에게 族滅을 말하고, 양견을 불러 동정을 살펴 의심나는 점이 있으면, 곧 살해하도록 했으나, 고조가 태연자약하여 위기를 모면하였다. 또한 趙王 宇文昭가 고조를 살해코자 하자, 元冑가 적극 보호하여 위기를 극복하였다는 등의 기록이 보인다.

이상과 같은 『수서』상의 기록 이외에도, 위징의 관념속에 「천명론」이 생동하고 있다는 사실을 부정할 수 없다. 예컨대,

ⓐ 위징이 李密을 따라 唐에 귀부하고, 山東의 招撫를 자청하여 黎陽에 이르러 호걸 徐世勣을 회유하여 歸唐시키고 있다. 이때 그는 서세적에게 李密은 하늘이 唐王朝를 돌보아 주는 것을 알고 귀부하였다고 종용하여 성사시켰다.

ⓑ 위징이 당태종에게 제시한 帝王의 修養의 標準이라 할 수 있는 「諫太宗十思疏」, 「十漸不克終疏」 등을 포함한 政論 중에도 「天命論」이 보이고 있다. 즉, 西周가, "順天革命, 聖七百祚", "元首乘天地景命"이라는 등의 구절이 그것이다.

ⓒ 위징은 『북제사』 帝紀를 總論하고, "齊氏의 멸망은 실로 사람으로 말미암았고, 또한 天道만이 아니다"라 하였다. 이것은 李百藥이 북제 문선제도 수고조처럼, 천명을 받은 천자라는 사실을 참위·미신 사상으로 꾸민 『북제서』 帝紀의 내용을 魏徵이 수용하고 總論한 것이 그것이다. 즉, 문선제는 모친 婁太后가 그를 잉태하였을 때에, "赤光이 실내를 비추었고"; 그를 齊王에 封했을 때에, "침실이 밤에 낮과 같이 빛났으며"; 그가 즉위한 날에, "경사에서 赤雀을 잡았다" 등의 과도한 참위사상을 주입하여 高洋의 칭제는 天命에 따른 것임을 특필하였다.

아울러 위징은 梁武帝가, "진실로 天이 끝이 있다"고 하고, 侯景에게 비참한 최후를 맞은 사실에 대하여, "天人의 도움을 상실하고 그 능히 이것에서 면하랴"고 지적하였다. 이것은 姚思廉이 양무제도 문선제·수고조처럼, 출생하였을 때에, "양쪽 엉덩이 뼈끝이 불룩 나와 있으며, 양손에 '武'字가 쓰여 있었다"는 것이고, 襄陽에 이르렀을 때에, "그가 있는 곳에 항상 오색 기운이 회전했고 그 모양이 마치 盤龍과 같았으며, 그 위로는 紫氣가 일어났다"고 하여 天命을 받은 자임을 특필한 내용을 수용하여 總論하였다.

또한 姚思廉은 陳高祖도 "日角龍顔"으로 천명을 받은 자임을 특필하였다. 『진서』의 찬수를 총재한 위징은, "진고조가 농촌에서 일어났으나, 웅걸한 자태가 있어 皇靈의 도움으로 신속히 天曆을 옮겼다"고 하여 진고조가 천명을 받은 자임을 재확인하고 있다.

결국 위징이 이러한 사실을 많이 채용하고 있다는 것은 그도 또한 다른 오대사 편수자들과 같이 天命을 믿고, 그의 天命觀을 운영하여 『수서』의 찬수·오대사를 총재하였던 것을 말하는 것이다.

그런데 南朝 梁의 劉峻은 高才가 이닌 惡人이 현달하는 정황, 그리고 儒·佛·仙教의 다양한 사상이 발전하던 위진 남북조시대에 도가의 입장, 곧 원래 命이란 死生, 貴賤, 理亂, 吉凶, 禍福은 天賦한 것이라고 하고, 현실 정치 사회를 비판하였다. 문제는 이 논의만으로 이것을 이 시기의 역사관으로 보기에는 불충분할 것 같다. 즉, ① 당태종 때에 오대사 찬수는 위징의 총재하에 「왕명론」-「천명론」에 따라 館修하였다. ② 당고조의 육대사 찬수에 참여하였던 蕭瑀는 유준의 논설이 先王의 道를 손상하고, 性命의 이치를 파괴하며, 길흉, 화복은 사람으로 말미암아 일어나는 것인데, 하나처럼 命으로 해석하는 것은 잘못임을 지적하여 그 당시 儒學者들에게 지지를 받았다. ③ 특히 유준은 도가적 입장에서 命을 해석하여 興重儒學의 정책의 방향과 달라 수용되기 어려웠다고 생각한다.

자료 B의 경우

ⓐ 隋高祖는 이른바 관롱집단의 군사력을 강화하여 魏晉 이래의 북족의 남하에 따라, 분열과 혼란의 국면을 통일·결속하였다.

ⓑ 수고조는 제도상 3省6部制·州縣二級制·二科選擧制·府兵制·輸籍法을 시행함으로써, 위진 이래 문벌귀족으로 하여금 그 존재 형태의 변경을 강요하였다. 아울러 돌궐을 격퇴하고, 민생의 생업을 보증하였다. 따라서 수고조는 정치, 사회, 경제, 군사 등, 여러 방면에 精勵한 치적을 펼친 보기 드문 良主로 강성한 통일국가를 이루어 수양제 초에 190郡, 1255縣, 890萬戶의 盛世를 나타내었다.

자료 C의 경우

ⓐ 반면에 수고조는 天性이 시기심이 많고 학술이 없으며, 寬仁하는 아량이 적었고, 정치적 大體에 정통하지 못하여 忠臣·義士가 자신의 충절을 다 바칠 수 없었다. 賀若弼·虞慶則 등이 주살되었으며, 高熲 등의 名臣이 시기를 받아 물러났던 것이다. 그 위에 그는 자신의 탄생 설화에 감동되었는지, 佛教를 篤信하고 그 홍보에 많은 노력을 하였다. 반면에 『詩』, 『書』를 좋아하지 않고 학교를 폐지하여 살벌한 우민 정치를 기도하였다.

ⓑ 그는 자신의 검소한 생활을 본받지 않은 태자를 미워하여 투기가 강한 獨孤文獻皇后와 음험한 楊素의 말을 들어 태자를 폐위하고, 오직 태자가 되려는 일념으로 자신을 꾸민 이중인격자 楊廣을 태자로 삼았다. 이리하여 고조는 『춘추』의 大義를 저버렸다.

ⓒ 위징은 이러한 奪宗事件으로 말미암아 마침내 황자들 사이에 권력투쟁이 전개되어 도륙되었음을 指斥하였다.

특히 그는 수고조의 문헌황후의 두 가지 잘못을 명확히 지척하였다. 그 하나는 문헌황후가 양제의 탈종에 깊이 간여한 사실에 대한 것이다. 즉, 양광이 부황제·모후가 싫어하는 것을 자신은 하지 않는다는 仁孝한 측면을 드러냈을 때에, 황후는 고조에게 易太子를 말했고, 楊素에게 易太子의 의사를 표시하여 진행시켰던 것이다. 이 사실에 대하여 위징은 황후가 마음이 均一하지 않아 총애를 황태자로부터 양제에게 옮겨 宗社를 傾覆하게 했다고 하여 奪宗·隋亡의 주요 책임을 그녀에게 돌리고, 저 유명한 "惟家之索 于鷄之晨"이라는 언급을 인용하여 指斥하였으니, 그의 의사는 가정·국가의 후계자 문제를 신중히 처리해야 할 것임을 경계하려는 것이었다.

다른 하나는 高祖가 9族, 곧 종실과 더불어 篤睦치 못한 것 또한 그 책임을 문헌황후에 돌리고 있다. 따라서 위징은 종실의 화합, 가정·諸子의 문제는 황후가 처리해야 한다는 입장을 표현한 것이다. 실제로 고조는 昆弟와의 사이에 篤睦치 못하였으니, 騰穆王 楊瓚은 시기를 받아 갑자기 죽었고, 蔡王 楊智積은 스스로 죽은 것이 다행이라는 비평을 받았다. 아울러 易太子事件으로 고조의 4子가 피해를 입었다. 제3자 秦王 楊俊은 사치·호사하고, 역태자에 동요하여 폐비하였고, 漢王 楊諒과 蜀王 楊秀는 楊廣의 奪宗에 반발하고 起兵하였다가 실패하여 廢庶人이 되었다. 이에 대하여 위징은 고조가 父子之義를 끊어 결국 수망의 조짐을 만들었다고 명확히 지척하였다. 또한 예로부터 적장자를 폐하여 실패한 자 적지 않았다고 하였다. 따라서 위징의 의사는 태자의 자리는 중요하여 쉽게 바뀔 수 없음을 강조하고, 통치자의 寬仁하는 도리이며, 통치자는 학식 등의 통치 역량을 갖추어야 할 것임을 권계하려는 것이었다.

아울러 위징은 공작 정치까지 실현하여 군자의 도리보다는 小人의 道를 편 수고조의 狹隘性이 隋亡의 징조가 되었다는 것을 명확히 지적한 것이다. 그리하여 위징은 『詩』에, "殷鑑이 멀지 않으니, 夏后之世에 있다", 곧 殷의 통치자들이 夏의 역사적인 경험·교훈을 수용하지 못하고 나라를 망쳤다는 언급을 제시하였다. 따라서 위징의 의사는 天命을 받은 황제는 天道를 깨닫고 항상 자기 修養을 倍加시켜야 國祚가 장구해지고, 백성은 그 생존을 노래하는 것임을 勸戒하려는 것이었다.

자료 D의 경우

ⓐ 양제는 어려서 총명·기민하고 호학·다재하였으며, 儀表가 당당하여 고조와 황후의 총애를 받았다. 그는 589년 50만 대군의 元首로 南朝 陳을 평정하고, 그 佞臣을 살해하고 府庫를 緘縫하고 조금도 私取하지 않아 널리 천하인의 칭송을 받았다. 특히 그는 사치와 妾媵을 싫어하는 고조와 모후의 은총을 얻고자, 蕭氏夫人과 화목하고 嬖倖者와 樂器를 물리쳤으며, 첩실 자식을 양육치 않고, 中使·卑僕이 집에 오면, 그들을 후대하여 仁孝하다는 칭송을 얻었다. 아울러 張衡·宇文述·楊素·楊約를 통하여 탈종에 성공하였다.

ⓑ 그러나 양광은 황태자에 나아가 음란·무도함을 드러내었다. 즉, 고조의 후궁을 범하고, 즉위하여 궁실을 치장하는 등의 무궁한 사치를 추구하고, 주변 소수 민족에 대하여 그들이 事大하여 오면 厚待하고, 공손치 못하면 토벌하였다. 玉門關·柳城에 屯田을 일으키고, 사방을 순유하여 郡縣에 獻食케 하여 그 豐厚한 자는 발탁하고, 도리어 검소한 자는 죄주었다. 국정은 아첨배들에게 위임하고, 신하를 시기하고 자신의 의사에 합당치 않으면 族滅하였다. 正道를 말하는 신하에게 분개하여 죄없이 피해입은 자가 많았다. 토목공사와 원정을 끊임없이 전개하여 鄕邑은 퇴폐되고, "人相食"하는 비참한 상황이었으나, 황제는 돌보지 않았다.

이런 사정에서 소황후는 양제 즉위 이전에는 잘 보좌하여 화목하였지만, 즉위후에 몇 차례 忠諫을 하여도 듣지 않아 포기하였다. 元德太子는 군주의 역량이 있었으나, 수명이 짧았고, 齊王은 총명했으나, 교만하여 어떻게 사망했는지 조차 알 수 없었다. 양제 또한 從欲主義로 諸子에 관심이 없었다. 위징은 이런 사실에 대하여 "슬프다"라고 평론하였으니, 의사는 수양제의 패륜을 지적하고 후인들을 경계하려는 것이었다.

자료 E의 경우

楊玄感이 일으킨 반란을 계기로 전국적으로 126개 대소 반란 집단이 多發하여 내전이 치열하게 전개되었고, 마침내 이연·이세민이 唐天下를 이루었다. 사정이 이처럼 전개되어 갔음에도 불구하고, 황제는 수도 장안에 귀환치 못하였고, 근신들은 반란을 은닉·엄폐하였지만, 황제는 도리어 그것을 희망하였다. 공로를 세운 자에게 賞조차 주지 않았고, 백성이 죄없이 도륙되었다. 이에 천하 백성은 분개·원망하여 隋天下는 역사의 뒤안길로 사라지고, 양제는 필부 우문화급에게 살해되기까지도 깨닫지 못하였다.

이상과 같은 양제의 부도덕한 人謀部分에 대하여, 앞서 말한 것처럼, 魏徵은 『尙書』의 "하늘이 지은 폐단은 오히려 위반할 수 있지만, 사람이 지은 폐단은 피할 수 없다"는 점과, 『傳』에 "吉凶은 사람으로 말미암는 것이고, 災殃은 망령되이 만들어지지 않는다"는 언급을 인용하여 人謀는 하늘과 有關한 것임을 명확히 설명하고 있다. 따라서 人謀는 天命과 함께 설명하여야 한다.

그 위에 이덕림은 그의 「天命論」에서, "명철한 군주는 원대함을 생각하여 防微하고…吉凶은 사람으로 말미암는 것이지, (하늘이) 요망하게 스스로 만들지 않는다"고 명확하게 제시하였다. 즉, 군주는 天理에 따라 모든 일을 처리하여야 하고, 그것을 위배하면, 곧 천명은 옮길 것임을 명시한 것이었다. 그리고 『수서·양제기』에는 天命이나 讖緯思想을 이용하여 煬帝의 운명을 예견하고 있다. 예컨대,

① 開皇 20(600)년 11월 양광이 황태자 책봉을 받을 때에, "천하에 지진이 일어났고, 수도에 큰 바람이 불고, 눈이 내려 백성의 집이 많이 파괴되었다"고, ② 양제 大業 元年 6월 甲子에, "熒惑(帝王의 星座)이 太微에 들어갔다"고, ③ 동 3년, "彗星이 奎에 보였다"고, ④ 동 4년 9월 "혜성이 五車에 나타났다"고, ⑤ 동 8년 3월 고구려 遠征중에, "두 마리의 큰 새가 보였는데, 朱足이나 遊泳은 自若하였다"고, ⑥ 동 12년 2월 甲子 저녁에, "큰 두 마리 새가 흡사 독수리 같았는데, 大業殿에 날아 들어가 御幄에 멈추어 있다가 날이 밝아 날아갔다"고 하였다. ⑦ 특히 양제 사망 3개월 전, 곧 大業 13년 11월에, "갈가마귀가 幄場에 둥지틀고 살았는데, 쫓아도 끊이지 않았다", "형혹이 太微에 들어갔다", "햇빛이 흐르는 피처럼 사방으로 흩어졌다"는 등의 기록이

보인다.

이런 묘사는 양제가 통상적인 도리에 어긋나는 행동과 서로 교체·호응하여 藝術上으로 天怒·人怨의 효과를 낳았고, 이것을 認識論의 각도에서 분석하면, 봉건적 宿命論과 迷信思想의 반영이라고 할 것이다. 따라서 위징의 의사는 양제가 비록 天命을 받았을 지라도 그에게 정해진 숙명이 있으며, 그가 天道에 어긋나는 종욕주의적인 무도한 행동·조치를 강행함으로써, 하늘이 버린 바의 昏君이 되었다는 것이다. 아울러 그는 양제가 天怒·人怨的인 수많은 참위·미신적인 징조가 흉측하게 나타났음에도 불구하고 깨닫지 못하여 마침내 匹夫에게 살해되고 국가는 패망하였다고 하였으니, 隋氏의 멸망은 齊氏와 마찬가지로 人謀로 말미암은 것이고, 天道만이 아니라는 것을 권계하려는 것이었다.

자료 F의 경우

수양제 一人의 失德으로 천하가 무너지고 혼란하여 破局을 맞아 길이 막혀, 夏桀王처럼 天命을 잃고, 南巢, 곧 廬江縣 居巢城으로 추방된 것과 西周厲王이 황음무도한 행동으로 彘에 귀양가 돌아오지 못한 역사적 사실에 비유하여 與殃者임을 드러내 지척한 것이다. 아울러 범용한 恭帝가 파국을 해결할 수 없는 것은 부득이한 사정으로 隋天下가 唐天下로 교체되었다는 것이다.

따라서 위징의 의사는 천명을 받은 수고조가 강성한 국가를 건설하였지만, 관료를 시기·의심·주살하고, 遼東征伐·화려한 仁壽宮의 건설·易太子하여 亂亡의 징조를 일으켰고, 탈종으로 계위한 양제는 무도한 정치 즉, 원정·토목공사·순행으로 농민 전쟁이 전개되어 수왕조는 역사의 뒤안길로 사라졌다는 사실을 제시하여 통치자들에게 권계하려는 것이었다.

그런데 현대 중국의 몇몇 論者들은 수의 멸망은 人謀에 의한 것이고, 이를 대서특필한 魏徵은 進步史觀을 가졌다고 주장하였다. 즉,

㉠ 趙胤蘭은 天命, 天道가 흥망에 관계없고, 唐의 정통성 때문에 설정되었다고 하였다.

㉡ 謝保成은 위징이 天命은 가히 지탱할 수 없다는 無神論的 觀點에서 배척하였다고 했다. 아울러 위징은 전통적 命定論에서 탈피하여 진화·변화를

긍정하고 천명을 포기하였으니, 위징은 천명을 배척한 진보사관을 가졌다는 것이다.

ⓒ 牛致功은 위징이 천인 감응적 역사관에서 탈피하여 "以隋爲鑑"의 鑑戒史觀을 폈고, 주변 소수 민족과 議和를 주장했으니, 天命을 포기·부정한 진보사관을 제출한 것이라고 하였다.

ⓓ 盧華語는 위징이 천명을 경시하였다고 하여 부분적으로 천명을 인정하였다. 아울러 그는 人事를 중시하였는데, 그것은 위징이 덕망과 은혜를 베풀 것을 주장한 것에서 알 수 있다. 따라서 위징이 천명을 회피하였다고 논술하였다.

그러나 필자는 이들의 몇몇 논설에 대하여 찬성할 수 없다. 왜냐하면,

ⓐ 이덕림의 「천명론」에는 天人關係를 명시하였고,

ⓑ 위 논자들은 天命·天道 부분을 빼놓고 人謀 부분만 해석하여 강조하였다. 위징은 隋高祖·梁高祖·北齊 文宣帝·陳高祖가 천명을 받은 "眞命天子"임을 명확히 각 本紀에 들추어 보였고, 특히 수고조의 왕조 창건은 하늘의 도움이라 하였으며, 북제의 멸망은 "실로 사람으로 말미암은 것이니, 天道만이 아니다"고 명확히 제시하고 있다. 그리고 수양제는 曆數, 곧 天運이 자신에게 있다고 자긍하여 왕업의 艱難을 홀시하고 恤人치 않았으며, 해외에 위엄을 펼쳤다.

아울러 양제는 天이 수여한 바의 혼백을 빼앗겨 그 災禍를 더하고, 群盜와 백가지 災殃이 함께 일어났으니, 스스로 百神의 輿望을 끊고, 그 망함을 가볍게 여겨 잊어버린 것이었다고 指斥하였다. 그리고 위징은 災殃이 群盜로부터 일어나 양제는 필부에게 살해되었으니, 원래 잘 끝마치려 했지만, 符命의 文書에 합치된 것 같다고 동정하였다. 이러한 위징의 의사는 天命을 받은 바의 煬帝가 從欲主義에 빠져 본인은 물론, 수왕조의 멸망을 가져왔다고 하였으니, 후인이 경계로 삼을 것을 제시하려는 것이었다.

ⓒ 위징을 비롯한 오대사 찬수자들은 無神論者들이 아니고 참위·미신 사상을 황제 출현 및 왕조의 패망과 관련하여 수많은 자료를 인용하고 있다.

ⓓ 盧華語씨가 天命을 부분적으로나마 인정한 것은 그것을 빼고 위징을 비롯한 오대사 찬수자들의 입장을 설명할 수 없다는 태도로 생각한다. 앞서

누누이 설명하였던 것처럼, 「천명론」은 人謀의 기반으로 굳게 자리잡고 있었고 운영되었던 것이다.

ⓔ 한편 盧氏는 "重人事"의 논리적 근거로 "褒德施惠"를 내걸었다. 그러나 이러한 德은 일찍이 西周의 통치자들이 殷亡을 감계삼아 "以德配(輔)天", 곧 敬德을 강조한 이래 중시되어 왔던 사상이었다. 아울러 이러한 사상은 위징 등이 당 초기에 오대사를 찬수하던 시기에 어떠한 質的인 변화가 없었을 뿐만 아니라, 송학을 완성한 주자의 정치주장인 "存天理·去人欲"은 위징이 말한 「천명론」의 내용과 별다른 質的 差異가 없다.

ⓕ 牛致功은 위징이 주변 소수 민족에 대하여 議和를 주장한 사실을 가지고 天命을 부정·포기하고 인사를 중시하였다고 하였다. 본래 중국 주변 소수 민족과 漢人과의 접촉은 殷周時代로 거슬러 올라가 살펴볼 수 있다. 처음 중국인은 주변 소수 민족에 대하여 禮義를 모르는 오랑캐로 멸시하였다. 그러나 서한 초기의 公羊學者들은 漢人도 禮義가 없으면, 夷狄과 다름이 없다는 입장이었다. 이는 진보적 측면이 있지만, 사려깊은 지식인 이외에는 수용하지 않았다. 위징은 『수서』를 찬수함에 있어서 隋의 二帝의 원정·순행이 수망의 주요 요인인 점을 평가하고 鑑戒的 입장에서 議和를 주장한 것이었다. 따라서 위징이 제기한 대외 소수 민족에 대한 議和는 황제의 위용을 과시하는 순행·전쟁보다는 人事, 人謀를 중시하는 입장으로 생각된다.

ⓖ 유심주의 논자들의 입장은 유물주의자들에게 당연히 부정·배격되고 최소한 회의할 것이지만, 근본적으로 인간에게는 物·心 兩面이 있다.

ⓗ 進步라는 개념자체에도 문제가 있다. 진보란 적어도 이전의 상황보다 진일보한 사정을 말한다. 즉, 사회적 현상을 개혁 혹은 혁파하여 이룬 보다 발달한 상황을 가리킨다. 만약 위징이 사관을 진보적이라면, 그들은 「貞觀의 治」를 그 사례로 제시할 것이다. 그것이 수말 반란으로 국가 사회가 동탕하여 국토는 황폐화 한 상황을 크게 발전시킨 것은 사실이다.

그러나 「정관의 치」란 당 초기의 통치자들이 開皇의 옛 것을 재건하고, 儒學을 興重하는 등의 조치를 취하여 이룬 성과이었다. 이런 開皇의 옛 것, 곧 隋의 文物制度 및 儒學을 興重하는 제도와 그 원리 및 윤리 질서는 先秦·秦漢時代 이래 발전되어 온 것이고, 새로이 추진한 조치는 아니었다. 이점에서 위징의 사학을 진보사관이라고 하기보다는 사보성씨가 처음 말한 감계사관이라고 하는 것이 옳다.

게다가 사보성씨가 위징 등, 唐 初期 오대사 찬수자들이 修史－取鑑－贊治를 추구하는 감계사관이라고 지적하고 그 이후 논자들이 이 입장을 수용하고 있는 점을 살펴볼 수 있다. 필자는 이 감계사관이 『尙書』 이래 "以史爲鑑"의 경세 사학 관점이라는 점에서 동의한다.

나) 魏徵의 對隋官僚觀

위징은 "隋朝多士"라 하여 수왕조에 인재·관료가 많았음을 말하고 이들을 열전 35권에 배열·정리하였다. 수조의 관료는 文武兩兼的이었다. 이들은 隋의 國祚가 길지 않아 二帝에 걸쳐 혹은 周隋 二王朝에 걸쳐 활동하고 있다. 이들은 북조 후기로부터 武則天까지 약 170여년간의 시기에 정치·군사적으로 활동한 이른바 關隴集團이라는 군사적 지배력이 관철되었던 특이한 시대에 활동하였기 때문에 그러한 특성을 지니게 되었던 것으로 생각된다. 이에 『수서』 열전의 傳文은 너무 장황하여 위징의 史論을 설명하는 입장에서 고찰할 것이다. 행론상 (I)의 부분에는 名·良臣; (II)의 부분은 非名臣·非良臣의 사론을 모아 정리하여 보았다.

A) 隋王朝 官僚에 대한 입장 (I)

(1) 高熲은 渤海 蓨人으로 명족 출신이었다. 그는 隋王朝 創建·平陳·隋 初期의 문물제도 창제에 막대한 공로를 세우는 등, 수고조를 정신적으로도 보좌하여 "眞宰相"으로 표창받았다. 아들이 太子 勇의 사위로 易太子 事件 때부터 猜忌·疎斥되었다. 양제는 그가 朝政을 비방한다는 誣陷을 듣고 살해하였다. 위징은 그의 죽음을 애석하다고 동정하였으니, 의사는 고조의 猜忌心·寬仁의 大道가 없음 그리고 양제의 무도함을 指斥하고, 후자에 대하여 경계하려는 것이었다.

(2) 蘇威는 京兆 武功人으로 명족 출신이고, 그의 부친은 우문태를 도와 서위의 정치 군사적 기초를 세우는 데에 큰 역할을 한 蘇綽이었다. 소위는 수의 발전을 자신의 사명으로 생각하여 納言으로 많은 활동을 하면서 淸儉·通德을 실현하였다. 양제의 邪慝함으로 말미암아 正言을 다하지 못하였다.

위징은 유력한 인물의 正言을 받아드리지 않은 양제의 졸견을 指斥하였으니, 그의 의사는 후자에 대하여 경계하려는 것이었다.

⑶ 李德林은 趙郡 李氏의 漢中房, 곧 博陵安平人으로 명족 출신이다. 그는 北齊의 中書侍郎·北周 內史下大夫·隋의 內史令으로 활약하였다. 그 당시 산동지역을 대표하는 인물로, 平齊후 入關하여 周隋革命, 隋初의 문물제도 창제에 많은 업적을 쌓았다. 그러나 평진후 고조의 시기를 받고 배척되어 「天命論」을 저작하여 申願하였으나, 재신임을 얻지 못하였다. 위징은 그가 자신을 알아주는 군주를 만나지 못했음을 애석하다고 동정하였으니, 그의 의사는 고조의 寬仁하는 도리가 없음을 지척·경계하려는 것이었다.

⑷ 趙煚·趙芬은 天水人으로 善政하고 知足하였으며, 長孫平은 忠諫하여 仁慈함을 들어냈고, 元暉는 明敏하여 善政하였으며, 韋師는 孝行·淸白하여 善政하였다. 그리고 楊尙希·楊异는 宗室중에 英明하였으며, 蘇孝慈·李雄·張煚은 精簡하였다. 위징은 이들의 官僚像이 開皇 初 群臣의 면모로 제시하였으니, 그의 의사는 이러한 관료상을 후인들에게 勸戒하려는 것이었다.

⑸ 명족 출신 京兆 杜陵 韋世康은 吏部尙書·荊州大總管을 역임하였고, 洸·藝·冲 등, 동생들과 큰 공로를 세웠고, 특히 숙부 韋孝寬은 북주의 명장으로 북제와의 對決·平齊에 큰공을 세웠다. 위징은 이들의 공로를 茂盛하다고 표창하였으니, 의사는 그 관료상을 후인들에게 勸戒하려는 것이었다.

⑹ 名族 出身 河東 柳旦은 惠政하고, 柳肅은 直言·忠誠하였으며, 柳雄亮은 名節이 있고, 柳謇之는 儒雅하고 雅望하였으며, 吐谷渾·突厥과의 화친에 공로를 세웠다. 柳昂은 학교를 세워 弘道하였다. 특히 柳昂이 弘道에 힘쓴 사실을 특필하였으니, 위징은 관료로써 유학을 학습하여 애국하는 길 이외에 다른 방도가 없음을 제시하였으니, 의사는 후학들에게 학문에 매진할 것임을 권계하려는 것이었다.

⑺ 安定 牛弘은 篤學하여 禮部·吏部尙書를 역임하였다. 그는 百皇의 득실을 채집하여 황제에게 제공하고, 隋의 발전을 기대했다. 隋의 二帝로부터 시종 신임을 받았으니, 大雅君子, 곧 名人이었다. 그런데 우홍의 자식들은 재능이 없었다. 위징은 우홍의 관료상을 표창함과 동시에 그러한 명인의 자식들이 재능이 없고 의로움을 범하여 가풍을 추락시켰던 일을 들추었으니, 의

사는 후인들을 권계하려는 것이었다.

(8) 宇文慶·李禮成·元孝矩 등은 본래 양견의 심복으로 수왕조 창건에 공로를 세워 현달하였다. 위징은 이들이 현달하여 厚秩을 후손에게 물려주어 우수하다고 표창하였으니, 의사는 혼란 시기에 처한 관료상을 제시·권계하려는 것이었다.

(9) 長孫覽은 虜姓의 명문 출신이다. 從子 長孫熾와 長孫盛은 周隋時期에 突厥에 대한 문제의 전문 지식을 가졌고 문무양겸이었다. 특히 長孫盛은 돌궐의 可汗을 입조시켰다. 위징은 그의 탁월한 역량을 표창하였으니, 의사는 후인에게 이러한 관료상을 권계하려는 것이었다.

(10) 河東 韓擒은 將家 출신이다. 그는 담략이 있고 웅걸하며, 문무양겸적인 인물이었다. 특히 平陳의 선봉장으로 영특한 무략을 발휘·입공하고 수신하였다. 賀若弼은 큰 뜻이 있고, 문무양겸의 무장이었다. 특히 平陳에 큰 공로를 세웠다. 그의 부친 賀若敦이 말을 잘못하여 북주 실권자 宇文護에게 猜忌를 받고 살해되었다. 刑場에서 아들 弼에게 입조심을 당부했다. 그러나 그는 마침내 자신의 공로를 자긍하여 말조심을 하지 않아 양제에게 시기받고 주살되었다. 따라서 위징은 양인의 守成 여부를 드러내 權威意識·自慢이 아닌, 正道인 儒學의 덕목을 행하는 관료상을 제시하였으니, 의사는 그것을 권계하려는 것이었다.

(11) 代人 達奚長孺는 효용하고 웅략이 있어 작은 병사로 대군을 격파하여 장하다는 칭찬을 받았다. 代人 賀婁子幹은 驍武하여 돌궐 격퇴에 입공하였다. 京兆人 史萬歲는 전략 전술에 뛰어나 尉遲逈의 平定·平陳하는 등의 大功을 세웠다. 그러나 고관의 뜻을 거슬려 죄없이 살해되었으니, 위징은 애석하다고 동정했다. 劉方은 京兆人으로 담략이 있어 南蠻을 平定·招撫하였다는 것을 표창하였다. 따라서 위징의 의사는 무관의 충절을 표창하고, 지나친 자긍심을 경계하려는 것이었다.

(12) 京兆覇城人 王長述은 문무양겸하여 지방관으로 善政·平陳에 유공하였다. 선비인 伊婁謙은 배반한 高駿의 허물을 관용하여 國師의 풍모가 있었다. 博陵 崔彭은 고조의 숙위를 20년이나 담당하여 시종 謹嚴·剛毅하였다. 위징은 이들의 至公的인 관료상을 칭찬하였으니, 의사는 후인에게 그것을 제시

하여 권계하려는 것이었다.

⑬ 雲中人 杜彦은 용감하고 騎射를 잘하여 위지형 평정·평진에 큰 공을 세웠고, 秀容의 稽胡 尒朱敞은 尒朱榮의 族子로 權機가 있고 知足하였으며, 邊患의 처리에 지혜가 있었다. 鮮卑인 周搖는 무예를 갖추고 법도가 있어 고조에게 발탁되어 質直한 처신을 했다. 獨孤楷는 謹厚하고 騎射에 능하여 전공을 세우고, 고조의 친신으로 惠政·恤人하였다. 鮮卑人 乞伏慧·侯莫陳穎은 군공을 세우고 지방관으로 善政하고 꾸밈이 없었다. 따라서 위징은 이들의 至公的 관료상을 제시하였으니, 그의 의사는 그 관료상을 권계하려는 것이었다.

⑭ 명족 출신 范陽 盧愷는 북주 우문호가 뇌물받고 商人을 관료로 채용하는 것을 간언했으니, 칭찬할 만하다. 명족 출신 돈황 令狐熙는 본주 장관으로 惠政하였고, 河東 薛胄는 총명하고 群書를 박람하여 지방관·형부상서로 善政·平允하였다. 宇文弼은 문무겸비하여 善政하고 輿望者로 양제의 無道를 비판하다가 주살되었다. 張衡은 河內人으로 志尙이 있었고, 양제의 奪宗의 방도를 제공했다. 그는 죄없이 양제의 오해받고 면직받아 朝政을 비방하여 自盡시켰다. 이들은 처음에 有功·善政했으나, 끝을 잘못 맺고 있다고 비판하였다. 따라서 위징의 의사는 관료가 시종일관하여 충성할 것을 권계하려는 것이었다. 아울러 그는 정관 11년 태종에게 「十漸不克終疏」를 올렸고, 『수서』에서 이들 盧愷 등의 충성하고도 마침내 시기받고 피해입었던 역사적 경험·교훈을 태종에게 충간하였으니, 이것은 앞서 사보성씨가 말한 것처럼, 위징은 修史－取鑑－贊治의 목적을 구현하려는 것이었다.

⑮ 명족 출신 范陽 盧思道·河東 薛道衡 그리고 趙郡 李孝貞은 文雅하여 才名이 남북에 떨쳤다. 平齊 때에 入關하였지만, 周隋에서는 현달치 못하였다. 후술하는 바와 같이 유학과 문학에 質朴한 기질이 있어 治道에 유용했음에도 불구하고 그들이 현달치 못했다. 위징은 隋의 二帝가 寬仁하는 道理를 갖추지 못한 것을 아쉽게 생각하고, 문학 방면의 발전도 추구해야 한다는 것을 제시하였으니, 이런 사정을 후세인들에게 권계하려는 것이었다.

⑯ 平原 명족 출신 明克讓은 儒雅하고 群書를 박람하여 해박하였다. 그는 북주 저작랑·수 태자사인을 역임하고, 『古今帝代記』 등을 찬수한 隋 初期

동남지방의 대표 인물이었다. 鉅鹿 명족 출신 魏澹은 經史를 섭렵하고 문체가 뛰어났다. 그는 황제의 명령에 따라 魏收의 『魏書』를 補完한 『魏史』를 찬수하여 역사가의 정신 면모를 제시하였다. 위징은 이들이 중국 동남 지역의 대표 인물이고, 역사 찬수에 특별한 역량이 있었음을 표창하였으니, 의사는 이를 역사적인 자화상으로 제시한 것이고, 후인들에게 이러한 관료를 채용할 것을 권계하려는 것이었다.

(17) 명족 출신 博陵 崔仲方은 北周末 고조에 勸進하고 18事·平陳策 등을 건의하였다. 于仲文은 虜姓의 명문 출신이다. 그는 문무를 겸비하였고, 그 위에 영특한 武略이 있었다. 위징은 薩水敗戰의 책임을 宇文述에게 돌리고 있다. 段文振은 北海人으로 문무겸비하고 담략있는 장부였다. 그는 강직하여 군공으로 현달했으나, 항상 知足하였다. 위징은 이들의 至公的 관료상을 제시하였으니, 후인을 권계하려는 것이었다.

(18) 太原 王韶는 문무 양겸적 인물로 주로 황자인 양광·양준을 보도하고, 그들이 공로를 이루도록 詳密한 뒷받침을 하여 고조로부터 칭찬받았다. 劉行本은 剛直·不阿하여 위지형에 항거하고, 태자의 과오를 직간하였다. 安定 梁毗는 강직하고 群書를 박람하였다. 그는 平允하여 權臣 楊素에 抗辯·不阿하고 직간을 잘했다. 양제에게 수용되지 못하고 시기받자, 분개하다가 사망했다. 河東 柳彧·天水 趙綽은 經史를 섭렵하고 강직하여 아부치 않았다. 大理直·治書侍御史에 나아가 法을 공평하게 운영하여 국가의 보배로 厚待받았다. 위징은 이들의 剛直·不阿함과 같은 至公的 官僚像을 들추었으니, 의사는 최고 통치자 황제의 면모를 제시하고, 諫官인 자신의 정신 면모를 그린 자화상이었다. 아울러 그는 후인들에게 바람직한 관료상을 제시·권계하려는 것이었다.

(19) 廬江 樊子蓋는 幹局있고 정직하여 平陳·江南 統治에 善政하는 등의 공로를 세웠다. 史詳은 朔方人으로 문무양겸적 인물로 右衛將軍·鴻臚卿을 역임하였고, 수말 반란에 유공했다. 代人 楊義臣은 壯士이었다. 그는 군공으로 朔州總管에 이르렀고, 漢王 楊諒의 반란도 평정하였다. 鮮卑人 元壽는 문무양겸적 인물로 尙書左丞·太府卿을 역임하고 刺史로 청렴하였다. 劉權은 彭城人으로 고조 때에 蘇州刺史, 양제 때에 司農卿을 역임하였으며, 특히 수말

반란 때에, 群盜를 위무하였다. 李圓通·來護兒·陳陵 등은 賤出이었지만, 일시의 壯士들로 수말 반란에 충성하였다. 이들은 수의 충신들로 공로는 비록 이루지 못했으나, 위징이 표창하였으니, 바람직한 관료상을 제공·권계하려는 것이었다.

⒇ 九江人 周羅睺는 驍勇하여 망국 출신이나 무공으로 현달하고, 수말 반란 평정에 실패·전몰하였다. 天水人 王仁恭은 누차의 군공으로 馬邑太守에 이르렀고, 수말 반란 때에, 突厥의 使嗾받은 劉武周와 싸우다가 전몰하였다. 鮮卑人 吐萬緖는 武略이 뛰어나 平陳하고, 돌궐을 격퇴하였다. 양제에게 군사활동을 중지하여 민생을 돌볼 것을 청원했으나, 마침내 시기 받자, 울분하다가 사망하였다. 童純은 隴西人으로 驍勇하여 漢王 楊諒의 반란 평정, 돌궐 격퇴하였다. 수말 반란 때에 모함받아 살해되었다. 趙才는 張液人으로 驍勇하고 騎射를 잘하여 右候衛大將軍에 이르렀다. 그는 虞世基에 대항하고 양제에게 수도에 귀환하여 사태를 수습할 것을 청원하다가 감금되고, 마침내 울분하다가 사망하였다.

그리고 명족출신 趙郡 李愕은 文學·義行·幹識이 있어 禮學의 부흥을 奏請·施行하여 많은 성과를 거두었다. 위징은 이들을 수조의 충신으로 표창하였다. 특히 이악을 廊廟의 서까래·北辰과 같은 인물로 칭찬하였으니, 의사는 正道인 儒學을 통하여 통치하여야 반란이 일어나지 않고 장구한 국조가 이어진다는 의지를 제시하여 권계하려는 것이었다.

(21) 于義는 虜姓의 高門 出身으로 지조를 숭상하고 好學했다. 북주 선제에게 정치 기강을 바로 잡기를 권고했다. 결국 양견에 협조하여 일족이 수조에서 현달하고 보전하였다. 豆盧毓은 몸을 돌보지 않고 의로움을 따랐으며, 陰壽는 망해가는 수에 충성하였다. 위징은 수조의 모범된 관료상을 제시하였으니, 의사는 그들의 관료상을 후인들에게 권계하려는 것이었다.

B) 隋王朝 관료에 대한 입장 (II)

① 隴西 李穆과 安定 梁睿는 周王室의 공신들이다. 주수혁명 시기에 이목은 양견을 반대하다가 태도를 바꿔 勸進하여 太師에 추승된 위에 一門 100여명이 儀同 이상에 제수되어 그 당시에 貴盛하여 "西京盛族"이라 하였다.

양예 또한 주수혁명 시기에 양견편에 가담하여 蜀에서 거병한 王謙의 반란을 평정하였다. 이들은 북주에서 특수한 은총을 받고 양견의 창업을 도왔던 것이다. 위징은 이들이 周室의 동량이면서 배반한 사실을 지적하였으니, 의사는 不事二君을 범한 과오를 경계하려는 것이었다.

② 劉昉은 서위의 공신 자제로 성품이 간사했다. 선제의 은총을 받고도 周室을 배반하고, 양견으로 하여금 矯詔를 받게하여 周隋革命을 수행하였다. 鄭譯은 명족 滎陽人으로 명족 출신이다. 그는 학식이 있고, 鍾律에 정통하였으며, 騎射를 잘하였다. 이들은 주수혁명의 단서를 제공하였으나, 자신들이 혁명을 주도하거나, 수조에서 樞要를 장악치 못하여 모역하다가 주살되었다. 위징은 晏嬰이, "한 마음으로 가히 百君을 섬기지만, 여러 마음으로는 가히 한 군주도 섬기지 못한다"는 언급으로 指斥하였으니, 의사는 후인들을 경계하려는 것이었다.

③ 安定人 梁士彦·朔方人 宇文忻은 壯士로 유공하여 이름을 얻고 현달을 기대하였다. 王誼·王世積·虞慶則·元冑 등은 수조 창건에 유공하여 현달하였지만, 더욱 큰 명리를 희망하였다. 결국 이들은 고조의 시기를 받고 疎斥·誅殺되었다. 위징은 고조의 寬仁하는 도리가 없음과 양사언 등이 충성심이 없는 것을 동시에 지척하였으니, 의사는 그 君臣像을 후인들을 권계하려는 것이었다.

④ 弘農人 楊素는 큰 뜻과 奇略이 있어 수조 創建·平陳·江南의 慰撫 그리고 突厥을 격퇴한 일대의 영웅이었다. 한편 그는 간사하여 황제·황후에 아첨하고, 양제의 탈종을 도와, 수조 멸망의 근원을 조성한 인물이었다. 동생 楊約 또한 교활하여 수망의 원인을 제공하였다. 위징은 이들의 후손이 끊어진 것은 도리가 있는 마땅함이라고 폄척하였으니, 의사는 후인을 경계하려는 것이었다.

⑤ 代人(본성은 선비 俟豆歸) 宇文述은 공로로 현달하였으나, 신하의 도리를 알지 못하여 군주에 맹종하였고, 武略이 탁월치 못하여 양제의 1차 고구려 원정에 실패하여 30만명이나 희생시켰다. 위징은 무략이 없어 대패한 우문술을 지적하고, 양제의 무도함을 징계하였으니, 의사는 후인들을 경계하려는 것이었다.

⑥ 會稽 虞世基는 文華로 발탁되어 양제의 대우를 받았지만, 탐욕한 양제와 더불어 안정을 생각지 않고 충간을 물리쳤으며, 공작정치를 행하여 자신과 나라을 망쳤다. 河東 裴蘊은 명족 출신이다. 그는 姦險·附會를 잘하고, 어사대부로 실권을 잡고 威福을 자행하였으니, 재앙을 면치 못하였다. 裴矩는 처음 幹局이 있고 謙謹했으나, 양제의 야망에 希旨하여 양제로 하여금 西域에 진출케 하였다. 그리하여 그는 關隴地域이 소란스럽게 되었던 원인을 제공하였다. 위징은 이들이 현달하고 그 지위를 보전코자, 황제에 希旨하여 나라를 망친 것을 지척하였으니, 의사는 후인들을 경계하려는 것이었다.

⑦ 宇文愷(宇文炘의 동생)는 대대로 將家이었으나, 그는 호학하여 群書를 박람하였고, 특히 기예가 많아 仁壽宮을 너무 화려·장엄하게 꾸며 고조를 실덕케 하였고, 양제가 망신하는 危亂의 근원을 제공하였다. 위징은 끝없는 인욕을 드러내게 한 우문개를 지척하였다. 따라서 그의 의사는 敎唆·技巧를 부정하는 유학적 교양을 가진 그의 정신 면모를 후세인에게 제시하여 경계하려는 것이었다.

⑧ 太原 王劭는 명족 출신으로 好學하여 『齊書』, 『隋典』을 찬수했지만, 그 체통이 번잡하였다. 陳郡의 명족 袁充은 符瑞를 경영하고 天道를 厚誣하였다. 이들의 이런 작태는 수고조에 아부하여 현달코자 한 것이었다. 위징은 이들이 현달하지 못한 것을 애석하다고 동정하고, 그들이 현명하고 덕망이 있는 자가 유학에 정진하지 않고, 추세한 부덕함을 비판하였으니, 의사는 후인을 경계하려는 것이었다.

⑨ 하동 柳述은 명족 출신으로 고조의 공주에 장가들어 특별한 공로·역량 없이 현달하고 교만하여 마침내 양제에게 피해 입었다. 위징은 柳述의 공로 없이 현달함과 수고조의 무리한 은총을 함께 비판하였으니, 의사는 후인을 경계하려는 것이었다.

⑩ 隴西 李安·哲 兄弟는 고조의 친신으로 양견을 부친이라 했다. 이들은 고조의 주위에서 심복으로 공로를 세우고 현달하였기 때문에, 고조 또한 그들의 지위를 보증했다. 위징은 부자간의 도리는 이런 것이 아니라고 비판하였으니, 의사는 후인을 경계하려는 것이었다.

⑪ 衛玄은 器識이 있어 수에서 현달하였다. 수말 반란 때에 취렴하고 정치

는 돌보지 않았다. 따라서 위징의 의사는 관료가 끝까지 충절로 그 위상을 보전할 것임을 권계하려는 것이었다.

⑫ 楊玄感은 宰相 楊素의 장남으로 나라의 은총을 거듭 입은 동량이었다. 위징은 그가 반란을 일으켜 형제들이 가혹하게 살해되었다고 비판하였다. 이 사론에서 위징은 수양제의 폭정으로 야기된 수말의 반란을 평정하고 다시 중국을 통일한 唐의 정통성·정당성을 확립코자 하였다. 즉, 위징은 風雲兒 李密이 宇文化及을 격파하고 王世充을 저지하여 사방에 그 위엄을 드높였다. 비록 하늘의 도움을 얻지 못하였지만, 웅대한 이름을 떨친 사실을 장하다고 평가한 것이다. 아울러 위징은 이밀, 양현감을 『수서』 말미의 「역신전」에 배열치 않았다. 이런 위징의 의사는 이미 앞서 명확히 살핀 바와 같이 從欲主義的이고 폭력에 가까운 통치를 하여 천명을 빼앗긴 양제에게 충성하기보다는 수왕조에 대항한 양현감을 동정한 것이다. 말하자면 양현감이 수왕조에 도전하여 반란을 일으킨 할거집단에 동참하고 만약 하늘의 도움을 얻지 못하면 상황을 깨닫고 당조에 귀부하여 建唐活動에 참여한 자신을 비롯한 당왕조의 君臣들에게 정당성을 부여하려는 것이었다.

이상 위징이 제시한 官僚像을 종합하면 다음과 같다.

(1) 문무양겸적인 관료상을 제시하였다. 관료는 經史의 학습·구현은 물론, 天文·藝術에까지 정통하고, 그 위에 武略을 닦아 勇敢하고 騎射를 잘하며, 국가의 문물제도를 만들고 정비하며, 武功으로 현달한 관료를 표창·권장하였다. 비록 賤出이라도 효용하고 공로있어 현달한 것을 표창하였으니, 이 점은 진보적이라고 할 만하다.

(2) 위징은 수의 二帝가 학술과 관인하는 大道가 없어 시기·주살된 관료를 동정하여 군신의 도리를 갖추어야 國祚가 장구할 것임을 강조하였다.

(3) 위징은 忠諫·知足·淸白·英明·簡貞·直言·不阿·剛直·名節·雅望·儒雅·弘道 등, 儒學의 德目을 학습·구현하여 善政을 장려하였다.

(4) 그는 관인의 自慢·權威意識·奸邪함을 경계하고, 名利를 쫓아 추세하고 황제에 希旨·盲從하며, 聚斂하여 致富하는 것을 指斥하였으며, 공로와 자격 없이 은총을 부여하는 것을 비판하였다.

⑸ 위징은 反隋活動을 전개한 楊玄感을 逆臣傳에 넣지 않고, 그의 後嗣없음을 동정하였으니, 하늘이 버린 황제에 대한 충성에 대하여 회의한 것이며, 당왕조 君臣의 建唐活動에 정당성·정통성을 부여하려는 것이었다.

결국 위징은 수왕조의 관료가 文武兩兼的이고, 문무백관은 經史를 학습·구현하고 武略을 가지고 맡은 바, 책무를 다 해야 할 것임을 권계하려는 것이었다.

다) 魏徵의 時代觀

위징은 『수서』 말미에 誠節傳 등, 類傳 15권을 찬수하였다. 이것은 사마천의 『史記』이후 기전체 단대사의 중요한 부분이었다. 즉, 儒學·文學·外戚·誠節 등, 중국 전통 왕조에서 중시하였던 문제에 대한 동류 인물들의 행적을 기록하여 역사 찬수자의 견해를 정리한 것이다. 이를 각 항목별로 정리하여 위징의 時代觀(혹은 處世術)으로 살펴 보았다.

A. 誠節傳. 위징은 선비의 입신양명은 仁義에 있다고 전제하였다. 仁道가 不遠하면 殺身하여 仁을 이루고, 義는 삶을 버려 취하는 것이라 하여, 夏의 龍逢을 비롯하여 殷의 比干, 晉의 向雄처럼, 어려움에 처하였지만, 몸을 생각지 않고 위엄을 보고 목숨을 내놓는다는 것이다. 동 類傳에는 이런 인물 16명의 이력을 모아 수록하였다.

예컨대, 皇甫誕은 漢王 楊諒의 并州總管府 長史로 일대의 명인이었다. 그때 양제가 탈종하여 즉위함에 한왕은 반란을 일으키려 하였다. 황보탄은 누차 충간하였지만 받아주지 않자, 그는 눈물을 흘리며 죽음을 무릅쓰고 충간함에, 한왕은 그를 감금하였다. 이때 한왕의 주부 豆盧毓이 그를 출옥시켜 함께 한왕을 제거하려 했으나, 실패하여 살해되었다. 양제는 그에게 柱國을 추증하고, 弘義公을 봉하였으며, 시호 明을 주어 표창하였다. 이들에 대하여 위징은 楊諒·楊玄感·李密이 반란을 일으킨 사실을 밝혔다. 그리고 그는 皇甫誕·馮慈明 등은 위험에 처하여 죽음을 돌보지 않고 용감히 의로움을 드러낸 사실을 표창하였다.

한편 獨孤盛·元文都·盧楚 등은 양제를 하늘이 폐한 것도 모르고 충절을 지켰으니, …… 국가의 혼란에 충신이 있다는 말이 진실하다고 논평하였다.

그는 성절자의 용기를 칭찬하고 그것을 신민의 마땅한 도리라고 평가하였다. 그러나 하늘이 현덕치 못한 수양제를 폐하였으니, 그에 대한 충절에 대하여 회의적 뉘앙스를 제기하였다. 따라서 위징의 의사는 앞서 말한 양현감의 史論처럼, 唐의 정통성·정당성을 확립하려는 의도를 제창하려는 것이었다.

B. 孝義傳. 위징은 『孝經』에서 孝는 군자가 힘써야 할 근본이고, 근본이 세워지면 도리가 나오는 것이니, 孝悌가 仁의 근본이라고 한 언급을 강조하였다. 즉, 모든 것의 紀綱으로 孝를 내세워 국가를 다스리는 기초, 곧 宗社를 보전하고, 祿位를 장구하게 하는 등의 사회질서를 안정시키는 것임을 설명한 것이다.

예컨대, 趙郡 李德饒는 어려서 총민, 호학하여 향당에서 존경받았다. 약관에 校書郎·直內史省으로 文翰을 장악하였다. 감찰어사에 나아가 貴戚도 성역없이 규찰하였다. 대업 3년 司隷從事로 사방을 순찰할 때마다 비리·불법을 설원해 주고 孝悌를 표창하였다. 비록 현달치는 못했으나, 덕행으로 위망이 높았다. 성품이 지극히 효성스러웠지만, 곤궁하여 번번이 종일 먹지 않고, 십순을 옷을 벗지 않고도 양친을 봉양하였다. 장례에 5일간 물 한 모금 먹지 않고 애통하여 피를 몇 되나 쏟았다. 장례일이 嚴冬으로 눈이 쌓였으나, 홑옷·맨발로 따라가 몇 번이나 기절하였다. 장례에 참석한 천여명 가운데에 눈물을 흘리지 않는 자 없었다. 후에 정원수에 甘露가 내리고, 움막에 비둘기가 둥지를 틀었다. 納言 楊達이 하북을 巡省할 때에, 그 움막에 이르러 조문하였다. 이로 말미암아 그가 거주하는 마을 이름을 孝敬村·和順里라 고쳤다. 수말 반란 시기에 양제가 발해의 格謙의 무리를 초무코자, 덕요를 파견했으나 피해를 입었다.

그의 동생 德佋 또한 효의가 있었다. 大業末 離石郡 司法書佐에 나아가 군수 楊子崇에 대우받았다. 唐軍에게 자승이 피해입자, 애통해 하고 唐軍이 이르러 대장군에게 장례할 것을 요청하여 허락받았다.

이처럼 위징은 史論에서 예로부터 孝義가 愛敬하는 이치를 넓히는 도리라 하고, 이덕요 등이 孝義의 지극함을 표창하였다. 위징은 효제의 지극함이 아니고는 神明, 곧 천지간에 떠받드는 정신이 통하겠는가 라고 평가하였다. 따라서 위징의 의사는 기초 질서인 효제를 양성·구현하여야만, 가정·사회·국가가 안정되고 발전될 것임을 제창하려는 것이었다.

C. 循吏傳. 위징은 훌륭한 정치인이란, 仁·義·禮를 잘 펼치는 자라고 전제했다. 즉, 부모가 愛子하고 兄이 愛弟하는 것처럼, 근본적으로 사람은 공경하면 즐거워하고, 사랑하면 친해지는 것이니, 牧民官은 교화를 잘해야 한다는 것이다. 수고조는 『詩』, 『書』를 몰라 道德을 숭상치 않고, 전적으로 법령에 의지하고 엄격히 사찰하여 寬仁하는 큰 도리가 펼쳐지지 못하였다. 양제가 이를 계승하여 기강이 무너져 四維가 떨치지 못하였고, 시기·주살하고 상벌이 嚴明치 못하여 廉潔함을 구할 수 없게 되었다. 그럼에도 불구하고 『수서』에는 순리 10여명에 관한 기록이 보인다.

예컨대, 公孫景茂는 河間 阜城人이다. 호학하여 經史를 섭렵하였다. 개황 초에 고조가 政術을 탐방하고 息州刺史를 제수하자, 그는 법령을 淸靜케 하여 백성을 교화했다. 평진 때에는 軍士중 질병자가 많아 봉록을 떨어 1,000여명을 구제하였다. 늙은 몸으로 道州刺史로 나아가 백성의 생업을 돌보고 잘못을 훈도하여 男耕·女織을 권장하는 등의 德政을 펴서 "良牧"이라 칭찬받았다. 대업 초 87세로 사망하자, 그가 역임한 바, 諸州의 吏人들 천여명이 장례에 참여하였고, 혹시 참여치 못한 자는 葬地를 향하여 통곡하며 野祭하고 갔다.

위징은 물은 잘 다스리면 평평해지고, 물이 평평하면 제방의 손상이 없는 것처럼, 사람이 안정되면 憲章을 범하지 않는다는 옛말을 인용하여 梁彦光·公孫景茂 등이 淸廉·直道·至誠으로 백성을 다스린 것을 표창하였다. 따라서 위징의 의사는 수고조·양제의 치국을 指斥하고 오직 名教로 교화하여야 國祚가 장구하고, 사회질서가 온존하며, 백성이 생업을 노래한다는 이치를 제시하였으니, 후인들에게 제창하려는 것이었다.

D. 酷吏傳. 위징은 국가란 仁義·禮制를 根本으로 삼아 교화하고 법령·형벌은 末尾로 삼아야지, 그렇지 않고 가혹하면 망한다고 전제하였다. 아울러 그는 군주에게 禮가 없으면, 군자와 소인이 피해입고, 간사함이 발생하며, 겸양이 없어지고, 살벌하여 마침내 반란이 일어나 국가는 망한다. 수양제의

폭정이 바로 그런 것이라고 指斥하였다. 『수서』에는 혹리 8명의 이력을 기록하여 그 포악상을 폭로하고 있다.

예컨대, 燕榮은 華陰 弘農人이다. 그의 성품은 剛嚴하였다. 靑州總管에 나아가 五伯을 선발하여 공작 정치로 간사한 도적을 그치게 하였다. 수고조는 그를 칭찬하고 백관에 作詩하여 송별케 하였다. 그는 幽州總管에 나아가, 매우 엄혹하여 范陽 盧氏 등, 그곳의 귀족을 罵倒·彈壓·酷使·殺害하는 이른바 공포정치를 폈다. 위징은 방어를 잘하는 자는 번거로운 방책이 없고, 섭정하는 자는 엄행이 없다고 전제하여, 정치는 寬猛相濟·德刑幷用의 원칙을 통하여 실현할 것을 제시하였다. 隋의 二帝와 그 관리는 잔인하여 인명을 경시하였으니, 백성은 국가의 기초라는 원리조차 몰라서 대의명분이 상실되었다는 것을 지척하였다. 따라서 위징의 의사는 隋의 二帝, 酷吏와는 달리 仁義를 펴야 백성이 생업을 구가하고, 안정한 사회를 이루어야 長久한 國祚를 누릴 수 있다는 사실을 제창하려는 것이었다.

E. 儒林傳. 위징은 儒란 그 가르침이 커서 利物함이 넓다고 전계하였다. 父子사이를 돈독하게 하고, 君臣사이를 바르게 하며, 충절을 숭상하고 인의를 중시하며, 겸양을 귀하게 하고, 貪鄙를 천시하며, 政化의 본원을 열고, 백성의 이목을 뚫는 것이니, 백성의 손익은 이에 일관되어 있다는 것이다. 비록 세상이 혼탁할지라도 이것은 추락하지 않고, 나라를 다스리고 경영함이 한때만이 아니었다. 이러한 부류들은 봉록이 없다고 할지라도 부유하고, 그 도리를 품는 자는 지위가 없어도 존중된다고 평가하였다.

수고조는 말년에 오로지 법치하고 학교를 폐지하였으며, 양제는 잠시 興學하였지만, 弘道하는 실질이 없어 불의에 빠졌다. 그리하여 『傳』에, "學者는 장차 번성하고, 不學者는 장차 몰락한다"고 하였으니, 국가의 성쇠는 이에 관련되어 있다는 것이다. 위증은 『수서』에 유림 14명의 이력을 모아 유림전을 만들었다.

예컨대, 河南 洛陽人 元善은 오경을 정통하고 『좌씨전』에 밝아 수고조는 그를 "人倫의 儀表"라고 칭찬하였다. 劉綽은 搢紳의 우두머리로 해박하여 天文까지 정통하였으니, 수백년 이래 그 사람뿐이었다. 그리고 劉炫은 정통한 유학자로 때를 잘못 만나 구렁텅이에 빠졌으니, 애석하다는 것이다. 따라서 위징의 의사는 隋의 二帝가 유학을 흥륭시키지 못한 결과로 수망의 주요 요인이었다는 것을 指斥하여 提昌하려는 것이었다.

이러한 儒林傳과 관련되어 있는 것이 『수서·경적지』이다. 앞서 살펴본 것과 같이 위징은 經·史·子·集으로 분류한 「경적지」의 서문에서 經籍의 중요성을 명확하게 결론짓고 있다. 즉, 經籍이란 機神의 妙旨요, 聖哲의 能事인 까닭에 天地를 經, 陰陽은 緯로 하여 기강을 바르게 하고, 도덕을 넓히며, 仁을 드러내서 利物하여 善하게 하는 것이니, 배우는 자는 장차 번성하고 배우지 않는 자는 몰락한다. 즉, 『詩』는 溫柔·敦厚하게 하고, 『樂』은 廣博·易良케 하며, 『書』는 疏通·知遠케 하고, 『易』은 潔靜·精微케 하며, 『禮』는 恭敬·莊敬케 하고, 『春秋』는 屬辭比事하기 때문이라는 것이다. 결국 위징이 「경적지」를 찬수한 의도 또한 유학전의 史論처럼, 유학을 흥륭시켜야 국가가 장구하게 발전할 것임을 제창하려는 것이었다.

F. 文學傳. 위징은 爲上者는 德教하고 位下者는 충성하며, 文(學)은 군주를 도와 백성을 화합케 한다고 전제하였다. 수고조는 萬機를 관장하고 호령은 朴實케 하고자, 浮華한 기풍을 제거하고, 양제는 禮文을 학습했으나, 그 풍기를 변경시켜 뜻이 교만·음란해졌다. 이들의 학문은 우수하나 끊어지지 않고, 재능은 높지만, 현달치 못하였다. 이에 그 이름은 없앨 수 없어 문학자 18명의 이력을 모아 문학전을 찬수하였다.

특히 위징은 유학전 서문에서, "文質의 형식과 내용이 조화를 이루면 매우 아름답다"고 평가하였다. 또한 그는 史論에서 양제시기에 문학이 驕淫한 것이 隋亡의 중대한 요인임을 징계하고, 문학의 청신한 측면을 추구해야 국조가 장구하고 사회가 안정된다는 의사를 제시하였으니, 의사는 후인에게 제창하려는 것이었다.

G. 隱逸傳. 위징은 隱逸이 비록 특수한 도리이지만, 또한 군자의 道라 하고, 天命을 받은 바의 제왕에게도 그들이 賢明하고, 정직한 지조, 곧 無用한 것으로 사용케 하고 無爲한 것으로 하지 않는 것이 없도록 하였다고 지적하였다. 이에 은일자 5명의 이력을 모아 은일전을 만든다.

예컨대, 趙郡 李士謙은 자연적 純德에 살고자 명예를 듣고도 즐거워하지 않았다는 것이다. 위징은 그들의 언행과 그들이 無用에 처하여 있으면서도 사회질서의 안정에 이바지한 것을 표창하였으니, 의사는 은일이 필요하면 身隱보다 道隱이 유익함을 후인에게 제창하려는 것이었다.

H. 藝術傳. 藝術이란 그 당시 陰陽·醫術·相術·巧思 등을 말한다. 위징은 이것이 前代 이래 百家의 말로 그 현묘함을 기록한 異聞이라 하고, 이것 또한 勸戒에 사용할 만한 자료라고 하였다. 이에 그는 庾季才 등, 십여명의 이력을 모아 예술전을 찬수하였다.

위징은 예술이 聖人의 가르침이라 폐지할 수 없는 것으로 일시의 묘함이 있다고 하였다. 아울러 그는 許智藏을 칭찬하고, 蕭吉은 陰陽을 誣誕함에 가깝게 말한다고 비판하였다. 따라서 위징의 의사는 예술보다는 正道, 곧 經史의 덕목을 구현하여 경세에 사용할 것을 제창하려는 것이었다.

I. 外戚傳. 위징은 역대 외척이 모후의 권세로 현달하여 德이 없어도 풍후한 대접을 받아 교만하였고, 그것으로 실패한 자가 많았다고 전제하였다. 이에 외척 5명의 이력을 모아 외척전을 만들었다. 獨孤文獻皇后·蕭皇后의 가정에는 옛 터전이 있었으나, 그 권세로 유지하지 않았겠는가 라고 비평하였다. 따라서 위징의 의사는 외척 또한 덕망을 쌓고 국가에 유공해야 할 것임을 제시하여 제창하려는 것이었다.

J. 烈女傳. 위징은 婦人의 德은 溫柔함에 있고, 節操를 세워 이름을 남기는 것은 貞烈을 자료로 하는 것이라고 하였다. 온유함은 仁의 근본이요, 정열은 義의 자료인 것이니, 仁義에 의하지 않으면, 온유·정렬은 나타낼 수 없다고 전제하였다. 성쇠에 改節치 않는 아름다운 뜻은 즐거운 일이니, 이에 烈女 15명의 이력을 모아 열녀전을 만들었다.

그리하여 위징은 부인이 유순하여 중용의 경지에 서서 극단에 이르지 않아야 한다고 설명하였다. 따라서 위징은 放恣·淫亂한 부인을 지적하고, 온유함과 정렬의 부인을 본받아야 할 것임을 제시하였으니, 의사는 부인의 그것을 제창하려는 것이었다.

K. 東夷傳.(본 類傳에는 序文이 없다.) 위징은 史論에서,

ⓐ 聖人은 때때로 고구려 등, 異俗에 설교하여 중국과 통하였다. 朝鮮에는 기자가 만든 8조금법이 천여년간 끊이지 않고 있다. 요동에 있는 여러 나라는 經術을 숭상하고 文辭를 즐기며, 京都에 留學하여 先哲의 遺風을 보전하였다.

ⓑ 수고조는 개황말 요동에 출병하였으나, 天時가 불리(장마)하여 공로가 없었다.

ⓒ 양제는 3차에 걸쳐 고구려원정을 단행하다가 자신과 나라를 망쳤다. 위징은 兵志에서, “德을 넓히려는 자는 번창하지만, 땅을 넓히려는 자는 망한다”는 언급을 인용하여 양제가 교만하여 부강에 의지하여 四夷를 경계치 않은 것을 指斥하였다. 따라서 위징은 주변 소수 민족에 대해서도 유학의 덕성을 넓혀 위무하여 스스로 事大해 올 것을 구해야지, 교만하여 무력으로 정복하는 것은 無用하다는 것을 지척하였으니, 의사는 후인에게 제창하려는 것이었다.

L. 南蠻傳. 위징은 百越은 일찍부터 漢人과 더불어 잡거하고 斷髮, 文身하고 호전적이라고 소개하였다. 양제는 원방의 오랑캐를 우대하여 회유했지만, 진기한 보물을 구하려는 목적이었다. 그의 원정은 광대하여 공로는 있었으나, 중국을 피폐시켰다. 위징은 『傳』에, “聖人이 아니고서 밖을 평안케 하려면 반드시 나라안이 혼란해진다”는 언급을 인용하여 양제의 南蠻 遠征을 지척하였다. 따라서 위징은 국내통치는 물론, 사방의 소수 민족에 대해서도 儒家의 德政을 통하여 慰撫해야 그들이 事大할 것임을 제시하였다. 또한 수양제가 사치를 위한 珍寶를 구하고자 한 원정의 無用함을 비판하였다. 따라서 그의 의사는 덕치를 통한 원만한 대외관계의 구현을 제창하려는 것이었다.

M. 西域傳. 위징은 중국은 역대로 소수 민족을 撫納했다고 전제하였다. 그들과 사이를 개방·교통하는 자는 宏放한 君主·好事하는 臣下로 말미암는다. 漢時代 張騫과 班超가 그들이다. 양제는 裵矩의 『西域圖記』를 보고 天子로 玉門關에 나가는 등, 잦은 巡遊로 천하는 騷然해지고 백성은 어찌 살 수 없게 하였다.

아울러 위징은 현재 그들의 朝貢이 단절되었으니, 그의 無用한 巡遊와 遠征을 지척한 것이었다. 따라서 위징은 중국의 황제는 소수 민족에 대하여 威嚴·德望으로 그들을 회유할 것과 무용한 원정으로 유용한 국내의 치국을 해쳐서는 안되고, 마땅한 도리를 펴야 함을 제시하였으니, 의사는 그러한 상황을 제창하려는 것이었다.

N. 北狄傳(本 類傳은 序文이 없고, 돌궐·거란 등에 대한 기록임.) 위징은 四夷중에 北狄이 중국의 걱정거리였음을 전제하고 獯粥·獫狁·氐·羌·匈奴·鮮卑와의 교섭을 설명했다. 아울러 북족의 남하와 정권 특히 北齊·周와 突厥과의 화친을 논술하였다. 그런데 양제는 무도하여 그들을 예우하자, 그들이 교만하여 禍亂를 당하였고, 그들은 太原·渭內에까지 이르렀으며, 마침내 內憂外患으로 성장하여 비록 天道의 성쇠가 있을지라도 국가는 망하였다고 지척하였다. 따라서 위징의 의사는 국내외에 대하여 德治하는 大道를 펼쳐야 국가는 장구하고, 민생이 樂業할 것임을 제창하려는 것이었다.

O. 逆臣傳.(역신전이라는 명칭은 없지만, 내용상 그렇다.) 위징은 군주가 天命·臣民·正名을 알아야 한다고 전제하고 역신의 죄를 밝혀 후세 군자들에게 자신의 뜻을 밝힌다고 하였다. 그리하여 위징은 宇文化及 등은 正名·分을 알지 못하여 天地가 용납치 않고 사람과 귀신이 함께 분개하는 행동을 저질렀다고 지적하였으니, 의사는 君臣, 諸王의 修德을 제창하려는 것이었다

이상 위징이 제시한 시대관은 다음과 같다.

(1) 父子·君臣의 도리를 돈독하게 하고 정치상의 근본인 유학의 학습과 그 구현을 강조하여 誠節·孝義·循吏를 표창하여 권장하고, 法·刑을 중심으로 하는 酷吏를 배격·경계하였다.

(2) 君主의 도리와 백성을 和合·朴實케 하는 문학을 권장하고 그 음란함을 지척·비판하였다.

(3) 無用에 처해 있으면서도 사회안정에 이바지하는 逸民의 身隱보다 道隱을 표창하고, 藝術은 성인의 가르침이고 유용한 부분이 있어 폐지할 수 는 없으나, 正道를 구현함만 같지 못하다는 것을 강조하였다.

(4) 외척도 특혜없이 덕을 쌓고 공로를 세워 현달해야 한다.

(5) 부인의 溫柔·節操·貞烈을 仁義로 삼아 盛衰에도 改節치 않는 것을 표창하고, 그 방자·음란함을 지척·배격하였다.

(6) 四夷, 곧 東夷·南蠻·北狄·西戎에 대하여 禮·德으로 議和하고 無用한 巡遊와 遠征을 지척·경계하였다.

(7) 君臣의 도리·天命을 알 것임을 촉구하고 逆臣의 죄악을 폭로하였다.

결국 君臣, 藩王이 함께 正名의 世界, 곧 儒家의 理念을 구현할 것을 제시하여 제창하려는 것이었다.

따라서 結論으로, 오늘날 유행하고 있는 『수서』는 당태종 정관 10년 위징 등이 황제의 명령을 받들어 館修하였다. 당 초기의 황제들과 群臣들은 수말의 대반란을 직접 목도하고 혹은 참여하여 역사적 경험·교훈을 통하여 통치의 실효성을 提高하고자, 위징의 총재하에 오대사, 곧 周·北齊·梁·陳·隋史를 찬수하였다.

저자는 『수서』의 본기와 열전 그리고 유전의 서문·사론을 傳文에 근거하여 분석하였다. 그 결과,

첫째, 위징은 반표의 「왕명론」, 이덕림의 「천명론」에 근거하여 수왕조의 성쇠를 논증하였다. 즉, 양견을 천명을 받은 진명천자로 내세워 참위·미신사상으로 분식하였다. 그리하여 그는 북주말 문무 관료의 협조하에 위지형 등의 반란을 평정하고 수조를 건설하였음을 대서특필하였다. 그 위에 高熲·蘇威·李德林·賀若弼 등의 보좌를 받아 중앙과 지방행정을 정비하고, 부병제·수적법 등의 조치를 취하여 突厥·南朝 陳을 평정하여 강성한 국가를 이루었다. 그러나 수고조는 『詩』, 『書』 등의 유학과 寬仁하는 도리를 알지 못하고 참위·미신을 좋아하여 공신을 시기·살육하고 哲婦와 楊素 등의 말을 듣고 특별한 잘못이 없는 태자를 폐위하고 悖倫兒 楊廣을 태자로 옹립하여 수망의 징조를 만들었다.

양제는 과거제 이외에 의도적으로 巧飾·工作으로 奪宗에 성공하여 이른바 天命을 받았지만, 곧 淫亂, 황음무도하여 후궁과 궁녀를 늘리고 遠征·土木工事·巡遊 등, 從欲主義에 빠져 天命을 빼앗기고 하늘이 버린 자로 匹夫宇文化及에게 피살되고 말았다.

유물주의자들은 응당 天命을 부정하거나 포기하고 적어도 경시하여 수고

조·양제의 人謀部分을 중시하여 修史－取鑑－贊治한 위징이 進步史觀을 가졌다고 과장하였다. 그러나 인간은 근본적으로 物·心 兩面이 있고, 수당시대에 「천명론」 이외에 다른 역사관이 없으며, 정치사상상에 어떠한 질적 변화를 살펴볼 수 없었다. 특히 남송의 주자의 정치구호인 "存天理·去人欲"은 위징이 제시한 「천명론」과 내용상 별다른 질적 차이가 없다. 아울러 進步란 「貞觀의 治」를 말할 것이나, 위징이 제시한 방략은 그가 창안한 것이 아니고 先秦 이래 전통적 문물제도의 재건·정비 이외에 어떤 혁신적인 측면이 없다.

따라서 위징은 진보사관을 가진 것이 아니고, 「천명론」·참위·미신 사상을 가지고 선진 이래의 "以史爲鑑"의 경세 사학 전통을 唐初에 재건한 인물이었다. 결국 그의 국가성쇠관은 受命한 帝王의 修德을 강조하고, 天理에 따라 治國하여야 하며, 正道를 위배하여 人謀만을 추구하면, 마침내 受命한 帝王의 業이 동요·몰락한다는 것이다.

둘째, 위징은 당왕조의 통치자들에게 文武兩兼의 관료를 良臣으로 표창하고, 관료가 忠諫, 儒雅, 淸白 등의 儒家의 德目의 학습·구현을 권계하였으며, 새 受命者에의 협찬을 기대하였다. 아울러 관료의 無忠節과 進退의 不明을 指斥하였다. 그리하여 그들은 유가적 이념 혹은 이상향에 따라 人謀를 배격하고 天道에 따르는 정치를 촉구하여 경세적인 관료상을 제시하여 권계하려는 것이었다.

셋째, 위징은 당왕조의 통치자들에게 誠節, 孝義, 節義, 循吏를 표창하고, 禮德에 의한 소수민족의 敎化하며, 酷吏, 遠征 그리고 번왕의 패역보다 정도를 따라야 할 것임을 제창하려는 것이었다.

총괄하면, 위징은 『隋書』의 史論에서 「天命論」에 입각하여 국가성쇠관을 말하고, 유학의 덕목에 부합하는 관료관과 시대관을 제시함으로써, 전통적 經世史學家로 군림하여 正名의 世界, 곧 儒家的 理念을 구현하는 理想鄕을 구현코자 하였다.

이상과 같이 당초기 館修5史의 각 주편자의 찬수의도와 역사관을 구체적을 살펴보았다.

『수서』는 판본이 많지만 1974년 북경중화서국 교감본이 현재 유행하고 있다.

第7절 李延壽의 『南·北史』

당대에 쓰여진 기전체 사서로는 이연수가 저작한 『南史』와 『北史』가 있다. 『남사』 80권은 南朝의 宋·齊·梁·陳 네 왕조의 역사를 기록한 사서이고, 『북사』 100권은 北魏·北齊·周·隋 네 왕조의 역사를 기록하고 있다. 이들 두 권의 책은 모두가 기전체로서 表와 志는 없으며, 대체로 당시에 이미 있었던 남북조(수 포함)의 8사(『송서』·『남제서』·『양서』·『진서』·『위서』·『북제서』·『주서』·『수서』)를 기초로 하여, 각 왕조의 단절을 없애고 복잡한 남북조 역사를 종합적으로 기술한 일종의 통사이다. 이 책은 기존의 남북조 8사를 근거로 하였는데 두 책이 유포된 뒤로는 오히려 거꾸로 『남사』와 『북사』에 의거해 8사의 유실된 부분을 보충해야 할 형편에 이르게 되었다. 그러나 양자는 상호보충 할 수 있는 관계이지 어느 한쪽을 무시해서는 안되는 것이다.

이연수는 그의 부친인 李大師가 지향한 통일적인 저술사상을 계승하고 남북조사를 분열·할거 시대로 보는 관점을 취하지 않았다. 그는 『남사』·『북사』에서 남북조의 모든 황제를 일괄적으로 本紀에 편입하였고, 華夷의 구분을 강조하지 않았으며, 더욱이 '索虜', '島夷' 등의 용어를 사용하지 않았다. 그의 책은 삼국·위진남북조 시기에는 민족 대융합이, 수·당 시기에는 전국이 통일을 지향하며 전개되었다는 역사적 요구를 반영하고 있었다. 또한 이연수는 각 분열·할거 정권의 입장에 얽매이지 않고 전체적인 국면을 두루 살피면서 남북조를 총람함으로써, 기존의 남북조사를 기술한 역사서가 각 왕조의 교체시기에 대하여 곡필하거나 두둔하였던 관점을 비교적 많은 부분에서 바로 잡았다. 이는 『남사』와 『북사』의 가치를 높이는 매우 귀중한 부분으로서, 당 초기에 편찬된 8部의 사서 중에서 가장 주목할 만한 사서로서 평가할 수 있는 근거이기도 하다.

『남사』와 『북사』는 이연수가 16년 동안 혼자의 힘으로 완성하였기 때문에 사찬이라고 할 수 있다. 다만 이연수는 원래 史官이고 그가 이용한 사료는 史館의 자료로서 특히 史館에서 완성해 놓은 『五代紀傳』을 자료로 『남사』와 『북사』를 완성하였다. 그는 『남사』와 『북사』를 史館에서 사찬하였고, 또한 책이 완성된 후에는 감수국사, 제상, 황제에게 보내어 이에 대한 검열을 받고 인가를 얻은 연후에 비로소 세상에 유포하였다. 그러므로 『남사』와 『북사』는 수 이전의 사찬 사서와는 성질이 다른 사찬이라 할 수 있다. 이는 史館에서 역사서를 편찬하게 함으로써 사서 편찬에 국가권력이 개입할 수 있도록 제도적 장치를 마련하고 있던 당의 修史制度에 크게 영향을 받았음을 보여주는 것이다.

『남·북사』는 판본이 많지만 1974년 북경중화서국 교감본이 현재 유행하고 있다.

이제 수·당 史館제도의 의의와 그 한계를 보면, 수당시대에 史館을 설치하여 사서를 편찬하는 제도가 확립된 것은 중국 史館제도가 발전한 결과이고, 중앙집권세력의 강화와 문화 전제주의가 강화된 결과이다. 사관에서는 국가의 인력·물력·권력의 뒷받침 아래 수많은 유가 학자들을 모으고, 각종 사료를 광범위하게 수집하여 사서를 편찬하도록 하였다. 이는 개인적으로 사료를 수집하고 정리하면서 부딪칠 수 있는 여러 가지 곤란을 극복하게 하고, 아울러 사서 편찬 기간을 단축시킴으로서 적당한 시기에 사료를 정리하고 보존하는데 편리하도록 하였다.

그러나 史館에서 편찬된 사서는 봉건왕조로부터 통제를 받으며 이루어졌기 때문에 관찬 위주로 서술되었고, 또한 관에서 사서를 편찬한 것인 까닭에 관을 위한 사서 편찬이라는 결과를 낳았다. 따라서 사서의 편찬 목적은 역사적 교훈을 후세에 남김으로써, 통치의 안정과 봉건질서를 보다 공고히 유지하는데 있었다. 또한 재상의 감수를 거치게 함으로써 편찬과정에 수많은 견제 장치를 마련하는 결과를 가져왔는데, 이는 사서 집필자로 하여금 이러한 견제를 벗어나 객관적으로 저술할 수 있는 기회를 박탈하였다. 그러므로 史館에서 사서를 편찬할 때 그 속도가 빠르고 사서의 분량이 방대하긴 하지만 내용이 질적인 측면에서는 한계가 있고, 관변사상이 가득 들어있을 뿐 아니라, 편찬 체제상에서 어떠한 참신성도 있을 수 없었다. 역사학은 끊임없이 전진 발전해야지 영원히 어느 한 수준에서 머무를 수 없는 것은 당연한 이치이다. 이상에서 볼 때 당 이후 역사학의 주요 성과는 관변 史館에서 편찬한 사서가 아니라 개인이 편찬한 사서에서 주로 나타났다.

당대 역사학의 발전과정에서 창조적인 새로운 공헌을 이룬 것은 『史通』을 개인적으로 편찬한 유지기와 『通典』을 저술한 杜佑를 들 수 있다.

제3장 劉知幾와 그의 『史通』

제1절 역사학의 시작으로서의 『史通』

『사통』은 중국 최초의 역사학 전문서적이다. 『사통』의 출현은 중국 역사학이 번영의 단계로 진입하였음을 보여주는 지표이다. 역사학 이론의 창출은 반드시 수많은 사람들의 장기간에 걸친 실천적인 노력을 기초로 한다. 이는 唐 이전의 역사학은 아직 이론 창출을 위한 실천 단계에 있었음을 말하는 것이다. 삼국·위진남북조 시기에 중국역사학이 하나의 학문으로 되기 위해서는 반드시 자체의 이론적 체계를 갖출 필요가 있었다. 그 이론은 실천으로부터 나올 수 있는 것이며, 또한 실천에 대하여 지도적 작용을 하는 것이다. 그러나 당대 이전까지만 하더라도 역사학 이론을 전문적으로 다룬 저서는 출현하지 않았다.

이러한 의미로 볼 때 중국 고대의 역사학은 『사통』의 출현시기에 이르러 비로소 완전하고 진정한 의의를 갖춘 역사학으로 발전되었다고 할 수 있다. 그러므로 梁啓超는 일찍이 "左丘明·司馬遷·班固·荀悅·杜佑·司馬光·袁樞 등이 있은 연후에 중국에서는 비로소 史가 있게 되었고, 劉知幾·鄭樵·章學誠이 있은 연후에 중국이 비로소 史學이 있게 되었다"라고 지적하였다. 사마천의 『사기』는 사서 편찬학상에서 하나의 이정표를 세운 것과 같고, 유지기의 『사통』은 역사학 이론상에서 하나의 금자탑을 세운 것과 다름없다. 따라서 『사통』은 당 이후 역사학 발전을 추진하는 원동력이었고, 사서편찬 작업과 역사학 연구에 크나큰 공헌을 하였으며, 오늘날에 이르기까지 여전히 귀중한 가치를 지니고 있다.

『사통』은 상고시대 이래 당초에 걸쳐 나타난 사서편찬 사업 및 역사학 이론상에서 거둔 성과를 모두 결집하였다. 이 책은 역사적 사건을 기술한 것이 아니라 역사서에 기술되어 있는 역사적 사실에 대한 관점, 태도, 방법 등에 대하여 평론하고, 기존의 사서의 내용상의 장단점을 분석함과 동시에 유지기 자신의 견해와 주장을 제시하고 있다. 까닭에 과거 목록서에는 『사통』을 전문적인 사학 평론서로 분류해 놓고 있다. 史評은 사서에 대한 평론과 역사적 사실에 대한 평론 두 종류로 나눌 수 있다. 사실 이러한 두 종류의 사평은 당대 이전에 이미 나타났으나, 史篇의 말미에 부과되었거나 단편적으로 언급되었을 뿐 『사통』과 같이 체계적인 전문 저서의 형태로 나온 것은 아니었다. 그러므로 유지기는 중국사서평론의 시조로서 존경을 받는 것이다.

제2절 『사통』의 편찬 배경과 그 내용

유지기(661~721)는 당조의 전성기이자 통치집단 내부의 알력이 매우 심각한 시대에 활동하였다. 그는 20여년 동안 史館에서 많은 사서를 편찬하였지만, 대부분 자신의 독창적인 견해에 따를 수 없었고, 소지충, 종초객 등 監修國史의 직책을 겸한 대신에 의해 통제되었다. 史官이지만 자신의 주장에 따라 사서를 편찬할 수 없었기 때문에, 자신의 관점에 따라 역사서를 편찬하는 것이 불가능하였던 것이다. 이에 유지기는 史館의 속박에서 벗어나 관직에서 물러남으로써 개인적 저술로 자신의 역사학 관점을 드러내고 싶어 했다. 이러한 그의 사상과 역사에 대한 관점을 대표하는 것이 바로 그가 사관의 통제와 속박을 벗어난 후 완성한 『사통』이다.

유지기가 활동한 시대는 이씨 황실집단과 무후 집단사이에 정권장악을 위한 정치투쟁이 전개되어 끊임없는 궁정 정변이 나타났다. 유지기의 일생은 高宗, 中宗 睿宗, 武后, 中宗, 睿宗, 玄宗 등 수많은 황제의 치세 시기를 거쳤다. 이 과정에서 그는 지배집단 내부의 쟁란과 알력 및 잔혹한 투쟁에 대하여 자연히 깊은 환멸을 느꼈을 것이다. 그가 장기간 임직한 史館은 구중궁궐의 깊은 곳에 위치하였던 까닭에 지배집단 내부에서 벌어진 투쟁은 그에게 상당한 영향을 미쳤음이 분명하다. 이러한 현실의 정치투쟁은 유지기로 하여금 지배계급 내부의 모순에 대해 어느 정도의 인식을 갖게 하였고, 그가 더욱 심도 있게 역사를 이해할 수 있도록 했다. 까닭하여 그는 당 이전의 역사학에 대해서도 전면적이고 결정적인 비판을 가할 수 있게 되어 '疑古'·'惑經'을 제창하였는가 하면, "선을 드러내고 악을 폄하함에, 어떠한 압력도 피하지 않는" 사서 편찬의 정신을 제창하였다. 또한 그는 사서 편찬과 저술 상에서 갖추어야 할 수많은 중요한 원칙과 건설적 의견을 제시하였다. 아울러 모든 역사가가 반드시 갖추어야 할 기본조건을 제시하기도 하였다. 이러한 것들은 『사통』의 주요 내용으로 구성되어 있다.

『사통』은 내·외의 두 편으로 나누어지며 각기 10권으로 이루어져 있다. 內篇 39편 중 『體統』·『紕繆』·『弛張』 3편은 이미 망실되어 현재는 그 제목만 남아 있을 뿐 그 본문은 없다. 까닭에 현존하는 내편은 36편인데, 주로 사서의 체례와 편찬에 대하여 기술하고 있다. 外篇 13편은 史館을 설치한 연혁과 사적의 원류를 논술함과 동시에 옛 인물들에 대한 장단점을 평가해 놓았다. 『사통』의 매편은 모두 명확한 범위와 논점을 갖추고 있고, 동시에 내·외 양편은 서로 연계되어 있을 뿐만 아니라, 서로 보충이 가능하도록 이루어져 있다. 유지기가 『사통』을 저술한 목적은 과거의 역사학 방법이론상의 무원칙과 혼란을 바로잡는데 있었다. 그런 까닭에 『사통』전편은 비판적 체제를 견지하여 "옛 철인을 상당히 비판하고, 기꺼이 이전의 잘못을 서술하였던 것이다." 그리고 『사통』은 그 중점이 역사 편찬학 전반에 대해 매듭지어 검토하는데 있었고, "史를 주로 다룬" 것이다. 그러나 『사통』에는 史 이외에 철학과 문학에 대한 논술도 있어, 언급된 범위는 매우 광범하였는데, 실제로 『사통』은 객관적 세계 전체에 대한 관점을 거의 포함하고 있다.

제3절 『사통』이 중국역사학에 끼친 영향

『사통』은 먼저, 당 이전 사서의 체례에 대하여 처음으로 비교적 전면적 분석과 종합을 단행하였고, 고대 이전의 편찬 방법에 대하여 개괄하였다. 우선 그는 사료의 기록과 사서의 편찬이라는 두 가지 작업이 반드시 分工合作하여야 한다고 보았다. 사료는 당대의 史館이 기록한 당시의 언행과 사건으로서 기거주와 실록 등으로 이들 사료의 내용은 광범위해야 할 뿐만 아니라 상세하여야 한다고 지적했다. 이렇게 하여 史館에서 작성한 자료는 제1차 사료가 되고, 후대의 사가는 이들 제1차 사료 및 기타 도서에 근거하여 사서를 저술하는데 역대의 正史類가 이에 해당한다고 하였다. 그리고 이 경우 사서 편자는 반드시 뛰어난 학식과 역사를 꿰뚫어 볼 수 있는 재능이 있어야 한다고 주장하였다.

유지기는 西漢에서부터 당 초기까지 중국 사서에서 주류를 이룬 체제로 『좌전』으로 대표되는 편년체와 『한서』로 대표되는 단대사 기전체를 들었다. 그는 이 두 사서의 체제를 '2체'로 칭하면서, 더 나아가 이들의 장단점을 각기 지적하였다. 편년체의 경우 사실을 기재함에 있어 일월에 따라 순서를 정하고, 시대의 선후에 따라 연속 배치하여, 중국과 外夷가 시·공간상 함께 다루어지고, 이들의 사적을 빠짐없이 모두 기술함에 일목요연하여 좋다고 평가하였다. 그러나 인물을 기재할 경우 상세함과 소략함에 균형을 맞추기 어려워 이러한 것을 전문적으로 상세히 기록할 수 없다고 하였다.

즉 편년체는 자질구레하고 세밀한 것을 빠뜨리지 않으나 山丘와 같은 중대한 것까지도 방기하고 있다고 지적하였다. 기전체의 경우 紀는 중대한 사건을 포고라 하고 傳은 세미한 일들을 상세히 서술하며, 表는 대대손손의 勛爵을 배열하고, 志는 앞의 紀·傳·表에서 빠진 부분을 총괄하여, 크건 작건 간에 모든 사실들을 빠짐없이 기술하였다고 평가하였다. 그러나 동일한 사실이 여러 편 속에 분산되고, 사실의 전말이 여러 편 속에 단편적으로 나타나 서로 이어지지 않으며, 앞뒤로 여러번 기술되어 있어, 인물을 기록함에 있어서 전후를 구분하기 어렵게 배치되어 있는 문제가 있다고 지적하였다.

편년체와 기전체 모두 각기 장단점을 가지고 있어 유지기는 이중 하나를 폐하는 것은 실로 어렵다고 지적하였다. 이는 유지기가 고대 사서를 편찬하는 방법에 대하여 사서 편찬의 실제적 상황에 부합하도록 내린 총결론이라 할 수 있다.

한편 유지기는 기전과 편년의 두 체로 서술된 사서를 흠정정사로 총칭하고, 흠정 정사 이외의 기타 각종 사서를 '雜術'로 통칭하였다. 이는 고대 사적의 분류 상황을 전면적으로 개괄한 것이었다.

또한 유지기는 통사는 규모가 방대하고 연대가 매우 장기간에 걸쳐 있어 후대인이 이를 본받기가 어렵다고 보고, 통사 저술에 반대하고 단대사를 편찬할 것을 주장하였다. 이상과 같은 유지기의 영향은 매우 커서 당 이후의 사서 편찬자 대부분이 직·간접적으로 그의 주장을 받아 들였다.

둘째 유지기는 고대의 史館이 실록을 집필할 때 보여준 우수한 전통을 발양할 것을 주장하였다. 즉 그는 直書를 제창하고 曲筆을 반대하였으며, 사서

편찬시 객관에 충실한 저술 태도를 견지할 것을 강조하였다.

직서와 곡필이라는 두 필법의 대립은 실제로는 통치계급 내부의 서로 다른 집단간의 모순과 투쟁이 사학상에 곡절되어 반영된 것이다. 유지기는 통치자를 聖君賢相과 亂主賊臣으로 크게 구별하면서, 반드시 실제에 근거하여 전자는 褒揚하고 후자는 貶斥하여야 한다고 생각하였다. 그러나 여기서 말하는 유지기의 직서는 지주계급이 어떻게 피통치계급을 착취하였는가에 대해서 직필할 것을 가리키는 게 아니다. 그가 말하는 직필은 현재 우리들이 주장하는 '역사의 면모를 여실히 반영하는' 직필과 본질적인 차이가 있는 것으로 유지기의 계급적 성향에서 결정된 것이다. 그러나 이러한 직서 정신은 선악의 구분이 불분명하고 통치계급을 일률적으로 찬양하는 사서 편찬 방식에 비하면 한층 진보한 것은 사실이며, 일정한 과학성을 갖추고 있는 것이다.

셋째 유지기는 축적되어온 역사학 유산을 비판적으로 계승하는 태도를 취할 것을 주장하여, 성현 및 그들의 경전을 맹신하지 않고 이들 전통관념에 대해 과감히 비평하였다. 그는『사통』『模似篇』에서 "무릇 사서를 기술하는 자는 서로 본받아야 함에, 예로부터 그렇게 했다." "史臣이 역사를 기록함에, 言辭는 浩博해야 하거늘, 만일 앞시대 賢哲이 남겨놓은 성과를 학습하지 않는다면 어떻게 후세인들에게 훌륭한 사서를 남겨줄 수 있겠는가?"라고 힐책하였다. 여기서 소위 '模似', '相效', '似范前哲'은 곧 역사학 유산의 계승을 의미하는 것이다. 그렇다면 어떻게 계승할 것인가? 유지기는 우선 "옛 사실을 博聞하고 많이 알아야 한다"는 점을 제기하였다. 박문이란 바로 經·史·別錄은 물론이고, 판본이 다른 책까지도 빠짐없이 수집하여야 함을 의미하는 것이다. 그러나 단순히 박문이라 하여 '많은 노력을 하는 것이 최선'이라거나, 사료를 널리 모으는 것만이 최선을 아니라고 지적하였다. 무엇보다도 사가 자신이 장서를 담아두는 상자가 되어야 하고 그 중 좋은 것을 택하여 따를 줄 알아야 하며, 이에 의해 타인을 감화시킬 필요가 있다고 주장하였다.

앞 시대의 역사학 업적을 계승하는 문제에 있어서 유지기는 널리 많이 듣고, 좋은 것은 널리 택하며, 상세한 부분까지 두루 탐구하고, 그 오류를 변별해야 함을 지적했으며, 아울러 시대의 변화에 따라 옛사람이 이루어놓은 업적을 모아 서로 꿰어나가되 변화가 있으면 옛것에 얽매이지 않고 이를 모방할 것을 주장하였다. 정확하고 투철하다고 할 수 있는 그의 이러한 견해는 오늘날에 이르러서도 여전히 참고할 만한 가치가 있다. 더욱 귀중한 것은 유지기는 자신의 이러한 관점을 소위 성현 및 그들의 경전을 대하는 태도를 관철시켜, 성현의 언사나 경전이라 할지라도 반드시 비판적으로 계승하는 태도를 취하되 맹목적으로 따르지 말 것을 주장한 점이다.

넷째 유지기는 사학가는 '史才'·'史學'·'史識'이라는 세 가지 능력을 반드시 갖추어야 한다는 점을 제기하고 이와 더불어 역사가를 양성하는 기본방향을 제시하였다. 유지기가 말하는 '사재'가 가르키는 것은 사료를 장악하고 이를 조직적으로 운용하는 능력이자, 체례를 운용하고 사건과 언사를 기술하며, 사가의 사상과 관점을 표현하는 본령인 것이다. 그는 사가는 사적인 편찬방법을 알고 있어야 함을 물론이고 이외에도 사건의 서술방법과 표현상 언어의 기교를 체득해야 한다고 생각하였다.

사건에 대한 서술은 "요점만 간략하게 기술하는 것을 주로 삼고, 문장은 간략하되 이를 통해 서술된 사건의 내용은 풍부해야 하며, 字句를 생략하여 문장을 간략하게 하면서, 자구로 표현되지 않더라도 사서에 대한 시작과 끝이 충분히 반영되도록 해야 한다."라고 주장하였다. 서술상의 언어는 "사서를 저술하기 위해 문장을 작성함에 쓸데없는 말을 빼버리고, 貞實한 것만 채록해야 한다"고 하여 역사 용어의 운용에서 문학적으로 과장된 언어를 남용해서는 안된다고 지적하였다. 이러한 능력은 모두 '사재'에 포함된다.

'史學'이 가리키는 것은 多聞博聞하고 사실의 진위를 탐색하는 것을 통하여 얻어진 풍부하고 정확한 자료 및 이와 관련된 지식이다. '史識'은 역사 사실에 대한 견해와 관점을 가리킨다. 즉 오늘날 말하는 '사상성'으로 필기구를 잡고 직서를 함에 "악을 엄폐하지 않고, 이를 쓸데없이 과장하지 않으며", "곡필로 시류에 아부하지 않고", "아첨하여 주인을 추켜세우지 않는" 등, 역사가가 갖추어야 할 고상한 품덕과 용감한 정신인 것이다. 이상의 '3장' 중에서 유지기는 '史識'이 가장 중요하고 가장 함양하기 어려운 것이며, 그 다음이 '史才', 그 다음이 '史學'이라고 생각했다.

다섯째 유지기는 천명이 인사에 결정적인 작용을 한다는 것을 부정하고,

역사가는 역사상의 治亂興亡을 논술함에 있어 인사를 위주로 기술할 것을 주장하였다. 그는 예를 들어가며 국가의 망한 원인은 천명 때문이 아니라 군주의 혼미함과 난폭, 그리고 무도함이라는 인사상의 원인에 근거한다고 주장하였다. 유지기는 불완전하지만 천명론을 비판하고 역사는 인간에 의해 정해진다는 설을 주창한 것인데, 이것은 역사철학의 측면에서 그가 세운 공헌이라고 할 수 있다. 이로 인해 사서의 질적 수준을 끌어올리고 통치자의 천명설과 우민정책을 재어하는데 중요한 영향을 끼쳤다. 그러나 인사를 중시한 그의 관점은 결코 논리가 확고부동한 것이라고는 볼 수 없다. 그는 그의 계급적 입장과 당시 과학수준의 한계로 역시 유심·유물주의·무신론의 이론적 기초를 수립할 수는 없었다. 기껏 공자가 천명·귀신을 말하지 않았다는 "怪力亂神, 宣尼不語"의 구절을 인용하여 자신의 이론적 근거로 삼거나 혹은 사상적 판단이나 문헌고증에 의거하여 운명결정론을 비판하였을 뿐이다. 따라서 이 같은 운명결정론을 반대하는 그의 논리도 상당한 한계를 지니고 있었다. 또한 『사통』중에는 개별적 영웅의 기능을 지나치게 과장한 부분이 있는데 이러한 유심주의 영웅사관은 그의 유신론과 일맥상통하는 것이다.

유지기는 지주계급의 사학가이므로 그가 제기한 일부의 진보적 주장에는 이따금 봉건성의 찌꺼기가 베어있다. 예를 들면 직서를 주장하면서도, "史官은 자신의 군주와 부모를 언급할 때는 반드시 은휘를 많이 하여 표현해야 함에, 비록 이 경우 충분히 직서를 하지 않더라도 거기엔 명분과 예교가 들어있는 것이다"라고 했다. 이는 그가 유교관념의 속박을 타파하지 못했음을 보여주는 것으로서, 그의 직서 주장의 신뢰성을 크게 감소시키는 부분이다.

그러나 결과적으로 볼 때, 유지기는 중국역사학에 대해 가장 먼저 전면적이고도 체계적이며, 종합적 분석을 시도한 인물임에 틀림없다. 또한 중국 최초의 사학전문 저작물인 『사통』을 저술하였음은 분명하다. 그는 중국에서 역사학 비판의 기초를 다졌고, 중국사학사상 선인들의 업적을 계승·발전시켜 과거를 이어 미래를 개척하는데 중대한 역할을 하였다. 그의 수많은 역사학 견해와 주장을 후대의 역사가가 채용하였을 뿐 아니라, 오늘날에 이르러서도 여전히 빛을 발하고 있고 본받을 만한 가치를 지니고 있다. 따라서 유지기는 중국 최초의 가장 걸출한 역사학 이론가이며, 그가 중국 역사학에 끼친 공헌은 매우 위대하다고 평가할 수 있다.

『사통』이전부터 사평은『戰國策』,『晏子春秋』의 서문에 劉向의 도덕적인 논평이 있었고,『사기』로부터 다양한 비판의 가능성 열렸다. 범엽은 論뒤에 전체를 요약하는 운문의 贊을 붙였고, 劉協은『文心雕龍』에서 체계적이고 비평적인 논술이면서도 문체형식의 이론, 기법은 물론, 문학작품에 비평을 시도하였다. 여기서 유지기가 영향을 받은 것이다. 그러나『사통』이전에는 사서의 비평과 연구가 주된 관심사였던 저술이 없었는데 그 이유를『사고전서총목제요』에서는 집중적인 심사숙고와 폭넓은 지식없이는 불가능한 것이기 때문이라고 하였다.

『사통』의 내용이 대해 간략하게 개관을 제시해 보면 아래와 같다.

① 사가의 분류

⑴ 제1편 六家篇: 모든 사가를 6종류로 나누어 모범적인 저술 아래 그 유래에 따라 저술을 분류하였다. 이렇게 분류하는 것은 경서부분에서는 漢아래의 관행이었지만, 각 家에 내린 유지기의 평가는 새로이 시도된 것이다. 尙書家(記言家), 史記家(通古記傳家), 漢書家(斷代記傳家)는 비판적이고, 春秋家(記事家), 國語家(國別家)에는 중립적 태도였으며, 左傳家(編年家)를 칭찬하였다.

⑵ 二體篇: 『좌전』의 편년체 서술과『사기』의 기전체 서술의 장단점 비교했는데, 기전체 서술은 편년체 서술로는 할 수 없는 훌륭한 言行을 일목요연하게 개관할 수 있다. 편년체는『한서』처럼 모든 부분에 걸쳐 상세한 서술이 가능하지만『사기』처럼 중복과 잘못 분류될 가능성이 많다고 보았다.

⑶ 외편의 첫부분: 역사와 역사서술의 유래가 시대순으로 정리하였다.

⑷ 史官建置篇: 上古에서 유지기 자신의 시대까지 역사서술을 위해 설치한 관직들 서술하고,

⑸ 正史篇은 그 기간에 나온 사서들을 개별적으로 정리했는데, 유지기는 각 저술에서 자신의 비평적 견해를 수시로 개진, 사관과 사서에 대한 귀중한 기술을 많이 포함하였다.

② 개별적인 技術문제로 최초의 두편 다음에 表의 불필요성, 더 많은 종류의 志의 필요성, 列傳·本紀속의 인물선정의 잘못 등에 관해 다른 견해도 제시하였다. 또한 서술에 있어서 개별적인 문제도 주제별로 한편씩 내편에서 상세하게 비판하였다. (載言, 論贊, 序例, 題目, 雜術, 辨職, 自敍 …) - 여기에서 역사서술에 있어서 문체의 간결성 강조하였다. 아울러 前人의 견해를 무비판적이고 기계적으로 받아들이는 태도 비난하였다. 그리고 자료의 비판적 검증 요구하였다.

③ 이전 사서에 대한 의의와 비평에 대하여 ⓐ내편에는 사서의 특정한 면을 개별적으로 비평하고, 외편에는 사서 전체에 대해 여러 측면에서 비평하였으며, 의고편, 혹경편 - 『상서』와 『춘추』를 부분적으로 의심. 이 두 편은 거의 신성불가침으로 여겨졌던 경전들이었기 때문에 후세학자들의 공격의 표적이 되었다. 신좌편 에서 『곡량적』과 『공양전』의 단점 5條, 『좌전』의 장점 2條 열거하였고, 잡설편에서 『춘추』에서 『隋書』에 이르는 역대 사서 가운데 미흡한 점과 모순점의 인용 논평하였으며, 忤時篇에서 당시의 史官制度 비판하였다. 전체적으로 보면 유지기 이전 시대의 사서에 대한 부정적인 비평하였다.

(1) 歷史理論家로서의 劉知幾는 ① 사료는 항상 엄밀하고 신중하게 검사되어야 한다고 주장하였다. ② 地方志와 여러가지 다른 비역사적인 기록들의 사료적 중요성 환기히고, ③ 당시의 史官制度 반대하였는데, 그것은 당초까지도 사서는 기본적으로 한 사가가 편찬 하는 것이 상례이었는데, 태종때 正史로서 『晋書』가 처음으로 학자들의 공동작업으로 편찬하였다. 이러한 사실은 중국 사학사에 중요한 전환점. 正史는 사서편찬 관부의 관료적인 명령체계의 틀안에서 편찬. 총책임자는 監修國史로 재상이 겸하였다. 그러나 유지기는 이런 제도자체에 반발하여 辨職篇에 "사서 찬술을 감독하고 통제하는 것은 가장 어려운 일이다. … 감독의 자리에 있는 사람들은 恩幸貴臣이다. 그들의 인품은 어리석고 천하며 그들은 포식한 후 기분좋게 산보나 할 뿐 하는 일이란 잡담과 서명하는 것이 전부이다 … 또 어떤 사관도 자신의 작은 능력을 헤아리지 않고 경솔하게 붓을 휘두르지만 사람들은 그것을 알

지 못한다 … 책이 완성되어 繕寫되면 편찬자의 명단에 그들의 이름이 올라 황제에게 奉呈하는데 참여하게 되고 爵과 賞이 내려지면 그것을 받기 위해 서로 다툰다."고 비꼬았다. 결국 사관 개인의 무능력과 탐욕에 대한 비판하였다. 또한 역사편찬국에서 자신의 활동을 불가능하게 만드는 이유라고 지적라고, 一事를 기록하거나 一言을 기재하려고 할때마다 붓을 놓고 서로 눈치를 보아야하며 문제의 사건을 기록해야 할지 말아야 할지 알지 못하니 백발이 되어도 사서에 아무것도 기입하지 못한다. 옛날에는 자료들이 일정한 절차에 따라 체계적으로 수집되었으나 지금은 사관 자신들이 개별적으로 관청과 지방에서 자료를 수집한다. 사관들이 숲의 나무처럼 많기 때문에 포폄이 하나 내려지자마자 곧 사람들에게 알려지게 되며 편찬자들은 이때문에 위협받는 일이 많다. 편찬책임자(監修官) 사이의 의견차이 때문에 일관성있는 원칙을 관철하는 것이 불가능하다. 감수자는 의무(범위와 내용에 관한 개개의 서술 조정, 각 사관에게 그것을 할당, 전체 서술의 기본윤곽을 확정하는 것)를 수행하지 않기 때문에 찬술만 지연되고 많은 세월이 걸린다고 개탄하였다. 아울러 인습적인 유가사상으로부터 비교적 해방되려고 애썼다. 『淮南子』, 『竹書記年』, 『山海經』등 정통적인 유가경전이 아닌 문헌에 더 가치부여하여 유지기의 개방적인 정신과 부합한다. 그러나 그의 인물평가와 도덕적 관념등을 살아있는 본심은 확신이 찬 유가이었다. 재능있는 역사가가 되기 위해서는 才·學·識을 겸비해야 함을 강조하였다.

한편 유지기에 대한 비판도 만만치 않다. 唐代의 柳燦은 유지기가 古 聖賢에 대한 존경심이 결여되었음을 비판하였고, 宋代의 宋祁는『新唐書』유지기 열전의 논찬에서 "그는 古人을 비판하는 재주는 뛰어났지만 스스로 역사편찬하는 재주는 없었다."고 지적하였다. 유가들이 존중해 온『상서』『춘추』 같은 저술을 비판한 것도 악평하였다.

그리고 유지기는 史書의 人物評價에 대하여 論贊의 形式을 평가했는데, 논찬은『춘추』에서 사건의 서술과 함께 개인 및 국가 행위에 대한 비판적인 논단과 평가 추구하였고, 역사에 대한 이 도덕적 입장은 사마천에 의해 계승되었다. 사마천에 의해 시작된 正史에서 인간에 대한 편찬자의 판단과 평가는 독특한 지위 차지하였다. 유지기는 여기서 모든 논찬 부분에 공통적인 표현으로 '논찬'이란 말이 도입되었다고 주장하였다.

이런 평가목적은 "인간의 선을 권장하고 악을 경계하며 도덕적 교훈을 수립하는 것."(直書篇), "사가의 목적은 한 왕조의 인물의 득실을 서술하여 천년이 지나도 그 영목을 남기는 것"(曲筆篇) 즉 논찬은 인간의 역사에 있어서 찬양할 가치가 있는 것과 비난할 만한 것을 명백히 밝히는 것으로 목적은 역사의 심판을 위한 것이었다. 또한 불분명하고 의심스러운 문제를 해명하기 위해 극히 명백하고 자명한 서술에 논찬 붙이는 것은 불필요한 것이다.

아울러 논찬서술의 원칙은 동일한 사건을 중복 언급해서는 안된다. 해당 인물의 성격과 행동의 의미를 간략한 말로 압축된 형식으로 설명하는 것으로 논찬은 간결해야 한다는 것이다.

또한 品藻 곧 評價로서의 分類와 等級이 필요하다.(『품조편』 즉 평가로서의 분류는 사서중 가장 적합한 부분에 배열하는 범위에서 인물을 평가해야 한다. 예컨대,

① 본기·세가·열전은 제왕·諸侯家 및 일반개인을 위해 설정하고, 이 기본 순서를 위반하는 것을 혹독히 비난하였다. 유지기에 의하면 다양한 인물들의 열전은 그 경력의 성격 또는 인물의 도덕적 수준에 상응하여 분류되어야 한다고 주장한 것이다. ② 한편 속에서의 전기 배열 순서에도 관심을 가졌다. 중요 사가들은 서술, 논찬 뿐만 아니라 배정 자체만으로도 알 수 있도록 한 인물의 윤리적 평가를 내리기 때문이었다. ③ 평가로서의 등급은 도덕의 도식 속에서 공적에 따라 그 평가에 상응하는 인물의 등급을 정하는 문제이다. 古今人表(『한서』): 傳承시대에서 秦말기까지 1955명이 시대순으로 나열. −편찬자에 의해 그들의 도덕과 지식 수준에 의해 9등급 곧 上上의 聖人, 上中의 仁人, 上下의 賢人, 中上·中中·中下, 下上·下中·下下의 愚人으로 나누었다. 유지기는 이 표를 비판하였다. 즉 고금인표가 등급과 관직을 알아볼 수 없게 하였다는 것이다. 아울러 狹書細字가 『한서』의 전체적인 형식을 많이 손상하였다는 것이다. 아울러 개개의 분류에 대해서는 "벽돌이 값지게 평가되고 보석이 천시되었다."고 이 표가 불합리하다는 것이다. 그러나 유지기의 한계는 표에 대한 유지기의 비판은 거의 기술적인 세부사항이나 그 밖의 사소한 문제와 관련. 기본적으로 유지기는 찬자와 동일한 입장으로, 인간을

그런 등급평가체계에 기계적으로 끼워 넣을 수 있으며 또 넣어도 좋으냐는 의문은 없었고 오히려 그 가능성을 자명한 전제처럼 생각했다. 인간을 도덕적·등급적으로 평가할 수 있느냐 하는 평가 그자체에 대해서는 회의를 제기 못함. – 유지기는 "사가가 올바른 평가를 수행하고 인물의 流品을 심별할 능력이 있어 군자와 소인이 그들의 취향에 따라 구분되고 上智와 中才가 등급에 따라 나뉘어진다면, 권성징악 및 선의 촉진으로 不朽할 것이다."라고 하며 논의 마치고 있다.

또한 유지기는 역사서술의 客觀性 곧 史觀과 權力에 대하여 중국의 역사편찬과 역사서술에 있어서의 '객관성'이라는 관념은 '본래 그것이 어떠하였는가를 보이려는' 노력이나 역사적 사건의 고유가치에 대한 인식에서 나온 것이 아니며 사가가 처한 권력과의 밀접한 관련 속에서 형성된 것이다. 중국의 사가들은 항상 절대군주의 압력 속에 있었으며 그런 위협속에서 진실을 고집하는 경우 가혹한 운명을 감수하지 않으면 안되었다. 유지기는 "세상을 살아가는 데는 장애가 많으니 實錄을 발견하기 어려울 뿐이다."라고 한탄하였다.

그러나 역사편찬의 중요한 임무는 군주와 권력자의 행위의 선악을 불문하고 直書하여 이 심판자적인 경고를 통하여 후세의 군주와 권력자를 악으로부터 지키는 것이다. 이것은 객관적인 역사서술의 기본관념도 역시 근본적으로는 도덕철학적인 역사 관념에 입각한 것임을 알게 해준다.

제4장 唐末·五代 사학

제1절 杜佑의 『通典』

1. 政書體의 시작으로서의 『通典』

唐代이전 『左傳』과 『史記』의 편찬으로 편년체와 기전체의 편찬체례가 확립된 이후 사서편찬 방법상에서 새롭다고 할 만한 아무런 큰 변화도 나타나지 않았다. 이 두가지 편찬방식은 모든 역사 상황을 기술하는 사서의 기본체제였다. 그리고 劉知幾의 『史通』은 사학이론을 전문적으로 다룬 저술로서 독자적인 한 영역을 형성하면서 두드러진 성과를 올렸다. 그러나 『사통』은 기본적으로 이론상에서 선학들의 역사학 성과를 종합한 것이고 한편으로는 유지기 자신의 사서편찬에 관한 견해가 일부 제시되어 있기도 하지만, 체례상 큰 줄기에서 볼때 편년체와 기전체의 범위를 완전히 타파한 것은 아니었다. 唐代에 종래의 사서 편찬과는 구별되는 독자적인 편찬방법에 의해 쓰여진 것으로 杜佑의 『通典』을 들 수 있다. 이 책은 '政書體' 역사서술 체례의 기초를 세웠을 뿐만 아니라, 專門史를 저술하는 새로운 길을 개척하는 것으로서 사학사상 중요한 위치를 점하고 있다.

중국에서 전장제도를 기재한 문장과 서적의 기원은 매우 이르다. 『사통』『書志』에 이르기를, "무릇 刑法, 禮樂, 風土, 山川 을 기록한 文籍은 『三禮』에서 비롯된다. 班固와 司馬遷은 역사를 기록할 때 별도로 書志의 항목을 두어 기록하였다. 그 기록된 바를 고찰하면 대부분이 『禮經』을 본받고 있다. 또한 紀傳외에 아직 기록하지못한 片文이 있으면 이를 備錄하였다"라고 지적하였다. 『사기』에서 8書를 창제한 이후 역대로 이를 서로 모방한 수많은 기전체 정사는 모두 서지를 두어 전장제도를 기록하였다. 그리고 『隋書』『經籍志』중에 수록된 '舊事', '職官', '儀注', '刑法' 등의 항목은 모두 독립된 서지의 전문적인 저작이었다.

唐 劉秩의 『政典』도 이러한 서지 저작물의 일종이다. 유질은 당대의 저명한 사학가인 유지기의 아들이다. 그는 개원 말기에 『周禮』의 六官制 방식을 모방하여 經書, 史書 및 百家의 주장을 수집하여 분류하고 순서를 매겨 『政典』35권을 저술하였다. 그러나 두우 이전의 서지는 횡적인 측면에서 볼때, 경제·정치·문화 등 여러 방면의 전장제도를 횡적으로 연계지어 연구하지는 못하였고, 食貨類의 경제문제를 제일 첫머리에 배치한 것과 같은 찬수의도는 더더욱 아니었다. 또한 종적으로는 역대 전장제도의 전후 연혁 관계에 대하여 서로 호응되게 기록하지를 못하였다. 아울러 수많은 서지의 대부분은 단지 一朝一代의 전장제도만 기록하고 있을 뿐이었다. 어떤 흠정 정사에는 서지가 없는 것도 있으며, 어떤 경우는 서지 부분이 들어있기는 하지만 체제가 서로 일치하지 않은 것도 있다. 따라서 전체적으로 보아 두우 이전까지만 하더라도 고금을 관통하는 전장제도에 대한 기술이 이루어지지 못했을 뿐이었다. 그것의 변화는 전혀 기술되지 않았음을 알 수 있다.

동시에 그 편찬의 목적도 일반적으로 "전해들은 것을 기록하는 데 도움을 주고", "널리 볼거리를 제공하는" 수준에 머물러 있어 일종의 자료 모음집과 같은 성격을 지닐 뿐이고, 두우가 "정치에 작용하기 위한다."는 명확한 편찬 목적에서 기술한 것과 같은 것은 아니었다. 따라서 두우 이전에 기록된 전장제도의 내용에는 유용하거나 무용한 것이 번잡하게 섞여 있고, 天文·律曆·五行·瑞異 등까지 기록될 정도로 잡다하였다. 이렇게 볼때에 두우 이전 서지의 편찬은 완전한 '政書'의 체제를 갖추지 못하였다고 할 수 있다.

두우는 바로 劉秩의 『政典』에 영향을 받았는데, "그 취지를 뜻깊게 음미하며, 조목이 미진하다고 생각되는 부분은 널리 바로잡는다"라고 지적하였다. 이는 곧 두우가 『정전』을 본보기로 하여 역대 전장제도의 연혁을 정리하였음을 보여주는 것으로, 그는 36년간의 노력을 기울여 『통전』을 완성하여 당덕종 貞元 17년(801) 조정에 헌상하였다.

『통전』200권은 역대의 전장제도를 기술하고 있는데, 그 범위는 위로는 黃·虞로부터 아래로는 唐 天寶 연간까지이다. 그리고 肅宗·代宗 이후에 나타난 전장제도의 연혁에 대해서는 注에 그 내용을 싣고 있다. 이 책은 食貨, 選擧, 職官, 禮, 樂, 兵刑, 州郡, 邊防 등 모두 8개 부분으로 구성되어 있다. 각 부분 아래는 또 몇 가지의 작은 목록이 개설되어 있다. 예를 들면 食貨 부분은 田制·鄕黨·賦稅 등 18개의 子目으로 나누어져 있다. 이들 子目의 구성은 각 왕조의 선후를 經으로 하고, 재도에 관련된 大事記·奏疏·詔·制 등을 緯로 삼아 편성하여, 각기 수록해야 할 내용을 선택하여 각 제도의 古今 간의 연혁과 변천을 기술하였으며, 아울러 내용과 관련된 前代人들의 논의를 '說曰'·'議曰'·'論曰'·'評曰' 등의 형식으로 덧붙이면서 자신의 주장과 견해를 첨부하였다.

전편 중에서 특히 당대의 것을 가장 상세히 기록하고 있지만 전체적으로 볼때에, 『통전』은 중국의 역대 전장제도를 기록한 최초의 전문적 통사라고 할 수 있다. 또한 이 책에는 전설시대에서 唐 德宗년간의 정치·경제·군사·문화 등의 방면에 대량의 자료를 싣고 있음과 동시에 이에 대한 치밀한 분석과 각 분야의 내용에 대한 원류를 분명히 밝히고 있으며, 내용에 대한 검색도 용이하게 되어 있다. 따라서 『통전』은 唐 이전의 역사를 연구하는 데에도 중요한 사서로 평가 할 수 있다.

이 밖에 『통전』은 사서에 저자 注를 다는 방식을 발전시켰다. 班固의 『漢書』 연표 10편과 地理 藝文 2지에서 처음으로 저자의 주를 달기 시작하였다. 『통전』중에 특히 주목해야 할 것은 細注의 운용이다. 그의 주는 대체로 다섯 종류로 나눌 수 있다. 첫째 음과 뜻을 해석하는 것, 둘째 과거의 문헌을 제시하는 것, 셋째 역사적 사실을 보충하는 것, 넷째 다른 의견을 명백히 밝히는 것, 다섯째 사료를 고찰하는 것이다. 이러한 세주는 본문의 부족을 보충할 뿐만 아니라 자료의 출처를 지적하여, 비교 고찰하기에 편리한 것으로 특히 사료의 고찰에 있어서 두우의 엄격한 학문정신을 보여주었다. 두우의 이러한 학문정신과 방법은 후세에 준 영향이 매우 컸다. 司馬光이 『資治通鑑』을 저술하고 별도로 『考異』를 지은 것은 두우의 이러한 방법의 계승과 발전이라고 말할 수 있다.

또한 『통전』은 고대의 진귀한 사료를 보존했다. 두우는 『통전』을 편찬할 때에 五經과 여러 사서, 그리고 漢魏六朝人들의 문집과 奏疏를 널리 수집하였고, 특히 당나라의 公的·私的 저술에서 가장 많이 인용하였다. 적어도 248종이나 된다. 두우는 이러한 풍부한 문헌에 근거하여 역대 경제제도, 정치제도 및 변방 각 민족에 대한 사료를 체계적으로 정리함으로써, 학자들의 연구와 자료 보존에 편의를 주고 있다.

2. 『通典』의 편찬목적

두우의 일생은 현종·숙종·덕종·순종·헌종 등 6대의 치세를 거쳤다. 그러므로 그는 젊었을 때 開元과 天寶의 성세를 직접 보고 들었다. 당시는 唐朝의 전성시기로서 경제가 번영하고 문화가 발달하였으며, 사회는 안정되고 국세는 강대하였다. 그러나 그가 일생에서 가장 활발한 활동을 벌인 시기는 안사의 난 이후로, 10여 년의 전란으로 광대한 당시의 중원지역은 엄청나게 파괴되어, "人煙이 끊어지고, 천리를 가도 한적한 것과 같은 수많은 지방에서 생산이 거의 정지되는 지경에 빠져 있었다. 당시 唐朝의 정치·경제·군사 역량은 엄청나게 위축되었고, 중앙정부의 역량을 능가하는 수많은 번진세력의 할거로 종래 중앙집권적 정치 국면은 번지할거의 형세로 바뀌게 되었다.

뿐만 아니라, 종래 唐朝의 강성과 위력을 두려워하였던 변경의 소수 민족도 흥기하여 回紇·土番·南詔는 끊임없이 중원을 침입하여 唐朝에 엄청난 위협을 안겨주었다. 이러한 형세는 唐朝 통치자들에게 심각한 문제의식을 불러일으켰다. 즉 어떻게 해야 당조를 풍전등화의 지경에서 구출해내고, 안정된 통치와 더불어 이전의 강성한 국면을 회복할 수 있느냐 하는 것이 당시의 중요한 과제였다. 두우도 당시의 지배층으로서 이러한 문제에서 자유로울 수는 없었다.

두우는 "『통전』을 찬수함에 실로 수많은 言辭를 연계 짓고, 諸人의 事迹을 모아 정치에 도움이 되도록 하였다."라고 지적하였다. 이것이 그가 『통전』을 편찬한 목적이다. 즉 역대 전장제도의 연혁과 그것의 실시와 폐지의 득실을 연구하고, 아울러 통치 경험을 총체적으로 반영함으로써 당시의 정치에 활용할 수 있도록 하기 위해서 그는 『통전』을 서술하였다. 아울러 『통전』을 통하여 '부국안민'과 정치의 안정, 唐朝의 강성을 회복하기 위한 방법을 구하기 위해서 그는 『통전』을 편찬한 것이다. 그러므로 그의 『통전』은 '유용한 실학'이지 헛되이 자신이 알고 있는 바를 확인하기 위한 것과는 거리가 멀었다. 그 당시 左補闕인 李翰은 『통전』의 『序』를 지으면서 『통전』의 저술의 목적은 '立事', '經邦', '致用'을 위한 것이라고 지적하였다. 이는 전체적으로 『통전』이 唐왕조의 봉건통치를 옹호하는데 기여하기 위하여 편찬되었고, 이것이야말로 두우 『통전』의 정신적 의도를 드러낸 것이라 할 수 있다.

『통전』은 역사상에서도 "오늘날의 귀감이 되는" 역할을 확실히 하였다고 할 것이다. 두우가 증명한 정치이론들은 "養을 먼저하고, 教를 나중으로 하며", "禮를 먼저하고 刑을 뒤로 했으며", "官을 설치하여 治民하고", "內를 안정하게 하여 外를 구축하게 하는" 것인데, 이는 이후의 통치에 심원한 영향을 미쳤다. 두우는 토지 문제에 대하여, "겸병을 억제하여야, 재화가 족하고 양식이 풍족하게 하며, 이렇게 하면 백성이 안정되고 정치가 두루 미치게 된다"라고 주장하면서, "豪人의 占田이 과도해 지는 것"을 반대했다. 또 賦稅 문제에 대해서는 세금을 줄일 것을 주장하였다. "적게 거두는 것은 節用에 달려있으니", "우선 급하게 집행해야 할 비용이 아닌 경우는 액수를 줄이고, 經常비용의 액수를 고정시킬 것"을 주장하였다. 또한 그는 "事를 헤아려 官

을 두고, 官을 헤아려 人을 두며, 官으로 하여금 그 人을 稱하게 하고, 人은 그 位를 虛하게 해서는 안 된다"고 주장하였다.

그리고 중앙과 지방의 관계에 대하여, "君은 尊하고, 臣은 卑하며, 干은 강하고 枝는 약해야 한다"라고 주장하였다. 까닭에 그는 봉건제를 폐하고 군현제를 행하는 것은 "事가 서로 의지하는 것"과 같은 이치로서 역사 발전의 필연이라고 인정하였다. 이러한 주장들은 당시의 역사적 조건에서 볼때, 생산력의 회복과 발전, 그리고 인민 생활의 안정이란 측면에서 모두 유효하고 정확한 주장이었다. 또한 이러한 주장들은 두우가 총체적인 역사 경험을 통하여 당시의 현실 상황에 맞게 제기한 것들이다. 이처럼 옛것을 서술하는 것이 현재를 위한 것이라는 그의 관점은 경세치용의 학문 태도와 학문 방법을 위하여 충분히 수긍할 가치가 있는 것이다.

3.『通典』의 체례

두우의『통전』은 食貨를 첫머리에 배치하고, 그 다음에는 選擧－職官－禮－樂－刑－州郡－邊防의 순서로 배열하였다. 곧 두우는 경제, 정치, 문화, 교육의 각 부분은 연계되어 있는 것으로 인식하면서, 그 중에서도 경제를 '本'이자 기초로 보았던 까닭에『통전』의 제일 첫 번째 항목으로 배치하였다.

한편 종적인 측면에서 두우는 고금의 전장제도를 통관하고 있었는데, "백대를 망라하여 모든 것을 종합하여 조목을 세워 이를 꿰었다"고 한 것에서 이를 엿볼 수 있다. 또한 그 출발점은 곧 "장차 정치에 작용하여 국가에 의롭게 쓰이게 하고자 한 것이다"라고 하여 현실에 활용하도록 하기 위하여『통전』을 저술하였음을 알 수 있다. 이를 위하여 그는 기술할 내용을 취사선택했는데, 고대의 것이라 하여 각종의 전장제도를 무조건 전부 수록한 것은 아니다. 食貨 등 여덟게 항목은 "나라를 부하게 하고 백성을 안정되게 하는" 것에 관련되어 있기 때문에, 이에 대해서는 계통적이고 심층적으로 논술하였다. 그리고 天文, 律曆, 五行, 藝文, 瑞異, 釋老의 類에 대해서는 비록 옛사람들이 이러한 항목을 서로 모방해가며 기술해 놓고 있다고 할지라도 이러한 항목의 내용이 "經國, 禮法, 政制에 관한 것이 아니면 수록하지 않았고, 무익한 것은 버렸다"고 하였다. 이는 곧 두우가 이러한 書志 政書體

의 사적의 편찬을 위해 일련의 이론적 원칙을 세워 두었음을 의미한다. 그 결과 『통전』이 사서 중의 하나의 전문 체제로 발전하게 된 것이다. 이는 역사 편찬학에 기여한 두우의 창조적 공헌이자, 그가 중국사서의 편찬에 새로운 길을 개척한 것이다. 아울러 두우는 신비주의적인 五行說에 대하여 완전히 빼버리고, 褒貶에 대하여 전혀 하지 않았다. 그리고 봉건제 사회에 대하여 食貨에서 시작하여 選擧, 職官을 그뒤에 禮, 樂, 兵刑을 배열하여 중국 고대 중세사회의 주요 사항을 잘 전달하고 있는 점에서 유익한 영향을 주었다.

『通典』의 영향은 매우 깊고 넓다고 할 수 있다. 南宋代에 정초는 『通志』 200권을 편찬하였는데, 이 책은 고금을 관통하는 기전체 통사로서 그 중에서도 최고로 탁월한 점은 역대의 전장제도와 문물을 기술한 20략 부분이다. 그런데 이 20략은 바로 『통전』을 기초로하여 쓰여진 것이다. 또한 宋·元연간의 사학가인 마단림이 편찬한 『文獻通考』348권은 『통전』의 체례를 모방하여 이를 더욱 확충한 것이다. 이에 『통전』·『통지』·『문헌통고』를 합하여 '三通'이라 불렀다. 3통의 후속으로 적지 않은 사람들이 3통 속편류의 사서를 편찬하였다. 淸朝 乾隆 년간에 이르러서는 『續通典』, 『續通志』, 『續文獻通考』를 찬수함으로써 삼통의 속편이 만들어지게 되었는데, 여기에는 3통을 이어 明末까지의 전장제도가 기록되어 있다.

이와 동시에 淸朝에서는 『淸(皇朝)通典』, 『淸通志』, 『淸文獻通考』를 관에서 찬수하였는데, 여기에는 淸朝에서 乾隆期에 이르는 시기의 전장제도와 문물을 전문적으로 기록하고 있다. 이렇게 唐에서 淸에 이르기까지 '9통'이라 칭해지는 전장제도와 문물을 기록한 사서가 성립된 것이다. 그리고 1921년 劉錦藻는 『淸續文獻通考』400권을 편찬하였는데, 이는 상술한 『淸文獻通考』와 서로 맞물려 乾隆에서 宣統 3년에 이르는 시기의 각종 전장제도와 문물을 기술한 사서로서, 위의 '9통'과 더불어'10통'으로 불리고 있다. 이상에서 볼 때, 『통전』이 저술된 이후 이를 잇는 저작물이 끊임없이 저술되었고, 마침내 일종의 유기체로 고금의 政書체계를 관통하게 되어 후대인의 역사연구에 체계적이고 전면적인 자료를 제공하는 역할을 하였다.

한편 이상의 것 외에도 『통전』의 공헌으로 꼽을 수 있는 것으로서, 『통전』

은 수많은 진보적 역사관을 제기하였고, 중국 사학사상의 발전을 촉진했다는 점도 주목할 필요가 있다. 두우는 경제가 정치문화의 근본이자 기초라는 관점에서 출발하여 역대의 田制, 賦稅, 錢幣, 漕運, 鹽鐵 등 제도의 연혁과 변천을 체계적으로 기술하였다. 또한 농업경제 상황이 국가의 치란과 흥쇠를 결정하는 요인이라고 그는 생각하였다. 이는 당시 唐나라가 안고있는 실제적인 문제의 소재를 바로 짚은 부분이라 할 수 있다. 또한 이는 唐代에 이르기까지 발전·변화 원인에 대한 가장 심층적인 분석으로서, "백성의 大事는 農에 있다"라고 제기한 『國語』에 비하여 훨씬 심오하고 구체적인 지적이었다.

두우는 천명과 귀신에 대하여도 언급했는데, 『통전』「禮篇」의 첫머리에서, "성인은 하늘의 뜻에 따라 토벌하고, 五刑을 만들었다"라고 기술하였다. 그러나 이러한 기술은 주로 피통치자에 대한 언사로서 唐朝의 재배를 유지·옹호하려는 필요에서 나온 일종의 설교이다. 실제 두우는 국가의 위기와 사회의 변화에 대해 사회내부 그리고 인사 및 물질적인 측면 등에서 그 원인을 찾았지 이를 천명의 당위성에 의해 빚어진 것으로 생각하지는 않았다. 그가 "모든 것은 人事에 의한 것인데, 어찌 天時만을 믿을 것인가"라고 지적한 것이나 역대 正史의 모든 志에 기술된 음양오행 및 상서·재이의 기록을 『통전』에 싣지 않았던 것도 두우가 천명과 귀신의 작용을 중시하지 않았음을 보여주는 것이다.

『통전』중에는 또한 역사진화론의 관점이 매우 풍부하게 들어있다. 두우는 古는 무조건 옳고 今은 그렇지 않다라고 하는 상고주의를 반대하고, 역사는 발전하는 것으로서 옛날에 옳은 것이라 하더라도 지금은 그렇지 않으며, 今이 古를 능가한다고 생각하였다.

그러나 두우는 봉건지배층에 속하는 인물이기 때문에 그의 저서는 자연히 출신 배경의 한계를 받지 않을 수 없었다. 예컨대 그는 봉건적 지배질서를 옹호하는 예의제도인 『禮典』을 서술하면서 전 책의 반이나 되는 분량을 할당하였다. 그러나 그러한 禮制가 당시 전부 시행된 것이 아니었기 때문에 지금 보면 사료적 가치조차 거의 없다. 그가 『兵典』중에서 역대 군사제도에 대해서 소략하게 하고 전쟁의 결과만을 나열한 것도 부정적인 측면의 한 예를 면치 못한다. 강자의 입장에서 번잡하고 쓸데없는 것만 두루 다루고 있는데, 이것은 이전 사람들이 이미 논했던 것들이었다. 이러한 점들이 『통전』에서 나타나는 명백한 결점이다.

제2절 오대 후진의 『舊唐書』편찬

五代(907~960)는 위로 唐朝와 접하여 있고, 안사의 난 이후 번진 할거세력이 발전한 결과로 형성되었다. 唐末에 일어난 황소의 대규모 농민봉기가 실패하였지만 번진의 할거를 소탕할 수는 없었다. 도리어 할거세력은 농민봉기를 진압하는 과정에서 공고해지고 확대되었다. 까닭에 중원지구에는 梁·唐·晉·漢·周 五代가 교대로 출현하였고, 중원 이외의 지역도 吳·南唐·吳越·楚·閩·南漢·前蜀·後蜀·荊南·北漢의 10국으로 분열하였다.

이들 크고 작은 왕조들은 모두 역사학을 수단으로 운용하여 정권을 공고히 하고 세력을 발전시키는 것이 필요했다. 이에 唐代 형성된 設館修史 제도는 五代에 계승되었고, 어떤 방면에서는 더욱 발전하였다. 따라서 오대 10국의 館에서 편찬한 사서도 적지 않았다. 五代의 각 황제는 모두 『實錄』을 찬수하였는데, 『宋史』「藝文志」에 의하면 모두 13부 257권이나 되고, 겨우 11년간 존속한 後晋도 『舊唐書』를 편찬하여 오늘에 전하고 있어, 사학에 적지 않은 업적을 이룩했다. 이는 五代가 唐代의 史館제도를 계승했을 뿐만 아니라 唐朝의 史館이 축적한 사료를 이용한 결과이다.

당왕조(618~907) 중국사회가 성쇠에서 쇠락의 시기로 전항하기 시작한 시기이다. 오대 후진시 사관에서 편찬한 『구당서』는 비교적 체계적으로 당대의 역사를 기록한 현존하는 최고의 사서이다. 본서는 원래 명칭이 『당서』인데 북송 구양수·송기 등이 편찬한 『신당서』와 구별하기 위해서 『구당서』라 칭했다.

원래 후당시기 『구당서』의 편찬에 필요한 적지 않은 준비를 하였지만, 직접적으로 후진 고조 천복 6(941)년에 정식으로 편찬을 시작하여 開運 2(945)년 편찬을 완성하여 황제에게 제출하였으니 4년에 걸쳐서 책을 완성한 것이다. 『구당서』는 원래 재상 趙瑩이 감수를 맡았다. 그는 인원의 조직·사료의 수집과 체제의 확정에 대하여 적지 않은 의견과 규정을 제출하였다. 이후 재상 桑維翰, 劉昫 등이 계속해서 감수를 맡았다. 그러나 『구당서』 편찬시 가장 큰 역할을 한 사람은 張昭遠, 賈緯 등이었다. 『구당서』를 완성하였을 때에, 마침 劉昫가 당사의 감수를 맡고 황제에게 바쳤기 때문에, 劉昫 撰이라는 표제를 달았던 것이다.

『구당서』의 작자는 당대가 끝난 이후 대량의 당대사료, 특별히 당대 전기의 사료를 접할 기회가 있었다. 그러나 『구당서』는 할거와 혼전이 분분하였던 환경 속에서 당시간 내에서 갑자기 완성된 사서였다. 작자 또한 사학에 대한 독특한 견해와 재능이 없어 당대 사관의 저술을 그대로 따른 것이 많고 가공이 적으며, 꼭 필요한 편집(취사선택)을 하여 정리와 개괄에 있어서 부족한 점이 많다. 예컨대 당대 사관이 당시의 제왕장상을 비호하고 숨겨 기피한 저술이 『구당서』에는 고쳐지지 않고 그대로 반영되어 있다. 또한 적지 않은 곳에서 운용된 今上, 我, 臣 등의 글자도 모두 당대 사관의 어투이다. 「順宗本紀」, 「劉仁軌傳」의 평론도 곧 직접적으로 당의 사관 한유, 장박, 위술의 문자를 인용한 것이다. 더욱이 『구당서』에는 실제적으로 당대에서 후진에 이르는 적지 않은 사가의 간법이 반영되어 있다는 것을 알 수 있다.

당왕조는 중국역사에서 비교적 강성하였다. 이 시기는 주로 경제가 번영한 시기이고, 통일적 다민족의 국가가 진일보하여 더욱 강고하고 장대해져서 국내 각 민족의 정치, 경제, 군사와 문화의 발전을 추진시킨 역량은 무엇이었는가? 隋末의 농민 대기의가 수왕조의 통치를 붕괴시킨 것은 이것을 증명해 주는 유력한 증거이다. 예컨대 농민군은 수관료와 산동사족을 모두 죽여라고 한 것처럼, 위진이래의 통치의 계급기초인 士族과 豪族세력에게 심각한 타격을 주어 그들은, 이름은 비록 향리에 드러났지만, 몸은 빈천을 면치 못하였다는 상황에 빠져 일축부진함에 따라 새 발전의 단계로 진입하게 되었다.

『구당서』의 작자는 당대 계급투쟁의 역사를 말살하였다. 특별히 후진의 창건자인 石敬瑭의 부친을 포함하여, 오대의 많은 통치자는 모두 당말의 농민기의를 진압하여 起家하였다. 까닭에 작자의 역사관은 『구당서』에 극도로 심각한 영향을 주었다. 즉 그들은 수말의 농민기의에 대해서 근본적으로 부정하는 태도를 취하며, 농민을 盜賊이라고 하고, 이연, 이세민 등을 英雄으로 태평성세를 이루었다는 방식이었다.

당대 중기에 토지 겸병이나, 번진의 분열할거에 대하여 관용을 베풀거나, 적당히 얼버무리는 태도를 견지하며, 형세상 혼란을 능히 다스릴 수 없다고 인식하였으며, 당왕조는 관대한 위무정책을 취하였다. 아울러 『구당서』의 관점은 오대의 정치 풍기를 충분히 반영하고 있으며, 특별히 후진 왕조의 입장을 서술하였다.

『구당서』가 근거한 사료는 당대전기의 사료가 비교적 많다. 중요한 것으로는 吳兢, 韋述, 于休烈, 令狐峘 등이 잇따라서 찬술한 『唐書』 130권이 있는데 당초에서 당대종시기에 이르는 역사사건이 비교적 완전하게 서술되어 있다. 또한 당고조에서 당문종에 이르는 각조의 실록이 있다. 당후기의 사료는 얻을 수 있는 것이 비교적 적어 단지 『武宗實錄』 1권과 기타 자질구레한 재료가 있을 뿐이다. 게다가 『구당서』의 편찬시간이 짧아, 대체적 아주 미세한 당대 사료로 책이 완성되어, 재료의 점유와 편집, 체제의 완전, 문자의 정결 등의 방면이 후기와 전기가 크게 다르다. 목종이후의 본기 내용은 번잡하며, 「曆志」, 「經籍志」의 서술도 현종까지만 있을 뿐이고, 열전중 당대말기의 인물에 대한 기록도 누락된 것이 많으며, 또한 일인 양전, 하나의 문장이 중복되는 현상이 존재하고 있다. 이것은 모두 『구당서』가 비교적 조잡함을 설명해 주는 것이다.

그러나 『구당서』에 서술되어 있는 사실은 비교적 상세하고, 보존하고 있는 사료도 비교적 풍부하여 독자들이 역사적 사건의 과정을 이해하고 구체적 정황을 파악하는 데에 도움을 줌으로써, 후대에 중시되었다. 예컨대 「順宗本紀」에는 王叔文 집단이 집권기간 중에 실시한 정치개혁에 대해 비교적 구체적으로 기록되어 있다. 당목종 이후의 본기의 내용이 비교적 조잡하다 할지라도, 후대인들에게 필요한 사료적 가치가 풍부한 사료가 비교적 많이 보존되어 있다. 예컨대 龐勛기의, 黃巢기의는 「懿宗本紀」, 「僖宗本紀」중에 비교적 상세하게 기록되어 있다. 열전부분에 방훈의 열전이 없고 「黃巢傳」은 매우 간략하기 때문에, 이러한 기록은 더욱 귀중하다. 소종·애제시기의 기록에는 번진, 환관의 발호에 대한 기록이 비교적 상세하게 서술되어 있어 당왕조 멸망시의 구체적 정황을 알 수 있다. 까닭에 송사마광이 저술한 『자치통감』의 「당기」 부분은 대체적으로 『구당서』를 채용하여, 비교적 상세하고 명확하게 기사를 작성한 것이다.

『구당서』에는 또한 풍부한 사료가치가 있는 문장이 채록되어 있다. 예컨대 「呂才傳」, 「蘆藏用傳」에는 양인의 반미신의 중요논문이 나누어 기록되어 있다. 「賈耽傳」네는 그가 상주를 올려 편찬한 『地理圖志』 두 편의 표가 등재되어 있다. 이것은 중국사상사와 지리학사에 일정한 지위가 있는 문헌이다. 또한 예컨대 傅奕, 狄仁傑, 姚宗등의 열전 중에는 그들의 불교반대의 문장이 등재되어 있어, 당대 불교의 성행이 정치, 경제, 사회에 끼친 중대한 영향 및 세속 지주의 불교반대 투쟁을 가히 고찰할 수 있다. 이런 종류의 문장은 『구당서』 이후에 출현한 『신당서』에 사료를 많이 보충하여, 志, 表, 그리고 당대후기의 열전부분이 비교적 상세하다고 할지라도, 『구당서』의 문장과 기사를 종종 지나치게 생략하여 독자들로 하여금 구체적 정황을 이해하는 것을 어렵게 하였다. 그리고 『구당서』에 기록된 대량의 문장이 『신당서』에서는 때로는 삭제되고, 때로는 너무나 단편적으로 압축되어 역사문헌의 원래 면모가 적지 않게 변화되었다. 까닭에 『구당서』에 보존된 사료에 대해 『신당서』는 그 가치를 대체할 수가 없게 되었다.

『구당서』의 판본은 많지만 1974년 북경 중화서국 교감본이 현재 유행하고 있다.

제4편 宋元시대의 사학의 확립과 전개

제1장 송대의 사학

제1절 고대 사학의 극성시기

唐末 대규모 농민봉기의 소탕과 오대 10국의 할거 혼전의 시기를 거치면서, 위진 이래의 世族豪門은 마침내 역사의 흔적으로 남게 되었다. 당대의

科擧取士에는 가문의 제한을 받았지만, 송조의 과거는 오직 문장만을 논하고 가문을 묻지 않았다. 이로 인해 取士의 숫자도 확대되었다. 송조의 대지주·대상인 집단은 과거나 관직 및 공훈을 통하여 특권을 획득하였는데, 그들은 중앙집권을 강화하여 그들 자신의 기득권익을 보호해 줄 것을 요구하였다.

송대에는 경제 기반이 당대보다 더욱 확대되었으며, 경지면적과 인구도 크게 증가하였다. 과학기술도 발달하여 활자인쇄·화약·나침반 등이 보편적으로 응용되었다. 이 가운데 인쇄술의 발달로 인해 서적이 활발하게 간행되었다. 이는 사서의 보존과 전파를 위해서, 또 사학의 발전을 위해서도 중요한 물질적인 조건을 제공하였다. 이것은 송대 사가들의 시야와 사고를 넓혀주었다. 그 결과 사학연구의 범위가 확대되고, 새로운 사학 관점이 생겨나 사서의 새로운 체제가 고안되었으며, 사서 수량의 급격한 증가가 필요해 졌을 뿐만 아니라, 그것이 가능하게 되었다. 따라서 송대의 사학은 두드러진 성과를 이루어 전대 사학을 집대성하였다. 이는 후대 사학이 미치지 못하는 바여서 중국 고대사학의 극성시기에 이르렀다.

송조 정부안에는 起居院, 時政記房, 日曆所, 實錄院, 國史院, 會要所 등이 설치되어 있었다. 기거원은 起居注를 작성했다. 당대에도 기거랑과 기거사인이 제왕의 언행을 기록하여 기거주를 만들었지만, 송대에는 하나의 전문기구로 발전하였다. 시정기방은 시정기를 찬수했다. 송대에 담당하는 관리가 7명이나 되어 하나의 전문기구로 발전하였다. 일력소의 임무는 일력을 기록하는 것으로, "저작랑과 저작좌랑이 이를 담당하였는데 정권을 담당하고 있는 재상의 政記, 左右史의 起居注를 모아서 편찬하였다. 당말 오대에 이미 일력이 있었으나 송대만큼은 중시되지 않았다. 송대의 일력은 매우 방대하여 수천 권에 이르렀다. 실록원은 실록의 편찬을 관장한다. 송조는 북송 태조부터 남송 이종까지 14대 모두 실록을 찬수하고 있고, 그 중에는 수차례의 改修를 거친 실록도 있었다. 송대의 실록은 『송사』『예문지』에 기록되어 있는 것만도 3,300여 권이나 되어, 그 수량이 아주 많았음을 알 수 있다. 그러나 현재에는 『송태조실록』 20권만이 전해지고 있다.

기거주·시정기·일력·실록의 관계는 宋人 汪藻가, "옛날에 나라가 있으면 반드시 역사가 있다. 고로 西塌 앞에서 논의한 이야기는 시정기에 있고, 錄注 아래서 견문한 사실은 기거주에 있다. 이를 분류하여 순서를 정한 것이 일력이고, 이를 편찬한 것이 실록이다."고 표술하였다. 송조는 당조보다 일력을 중시하였는데, 그 수사과정에서 일력을 편찬하는 과정이 하나 더 추가되었던 것이다. 원시자료를 정리하여 반제품인 日曆을 먼저 만들 연후에 비로소 실록과 국사를 편찬했던 것이다.

송조는 국사원이라는 전문적인 관서를 두어 역사서를 편찬하였다. 국사원은 재상을 감수국사로 삼았고, 朝官을 修撰으로 京官을 直官으로 보임하여 본조사와 전조사를 편찬하는 책임을 지고 있었다. 여기서 작성된 국사는 송 멸망 이후 원조의 승상 脫脫이 『송사』를 짓는데 저본이 되었다. 송조 국사의 기재는 북송이 상세하고 남송의 기록이 소략했는데, 이를 근거로 작성된 『송사』 역시 그러하였다. 송의 국사원은 전조사인 오대사와 당대사도 편찬하였다. 오대사는 오대의 사관에서 편찬한 여러 황제의 실록을 저본으로 삼아 官修였으므로 2년 7개월만에 완성되었다. 이 『오대사』는 그 자료가 비교적 많고 서술이 상세하다는 장점을 지니기는 하나 문장이 장황하고 논의가 평범하다는 단점도 지닌다. 또한 당시 북송 통일사업이 아직 완성되지 않아서, 10국의 史事에 대한 기록과 문헌자료가 매우 부족하였다. 이에 송인종 때에 이르러 구양수가 다시 『五代史記』를 사찬하였다. 후대 사람이 두 책을 구분하기 위해 전자를 『구오대사』라 칭하고, 후자를 『신오대사』라 부렀다. 『신오대사』는 24사 중에서 당조 이후에 만들어진 유일한 私撰正史라는 특징을 지녔다. 구양수는 송기와 함께 『신당서』를 찬수하기도 했다. 『구당서』의 소략함을 보충하기 위해 찬수 되었는데, 송기는 열전 부분을 찬수했고, 구양수는 기, 지, 표 부분의 찬수와 전체 편찬을 총괄했다. 특히 『구당서』에서 소략하게 다루었던 당 후반기를 보충하였는데, 전체적으로는 간결하게 정리하였다. 그러나 『구당서』를 너무 지나치게 삭제하였다는 결점을 지니고 있었으며, 문장에만 관심을 두고 고증은 소홀히 하여 사실이 화려하기는 할 뿐 분명하지 않다는 결점을 지니고 있었다.

송조 중앙정부 내에는 또 會要所가 있었다. '회요'는 政書體 사서의 일종이며, 당안재료를 모아 놓은 것이다. 이것은 『통감』과는 달리 斷代를 정하여,

一代의 전장제도만을 기록하고 있다. 회요는 당대에 창시되었는데, 송대에 이르러 회요의 편집을 중시하여 續修·重修의 令을 내린 것이 10여 차례 이상에 달하였다. 편찬된 책만 2,200여 권에 달하였다. 회요는 편년체인 실록과 다르고 기전체인 국사와도 다르다. 분야를 나누어 종류별로 분류하고 성격에 따라 한 시대의 전장제도의 자료를 배열하여, 찾아보기가 매우 편리하다. 원대 편찬된 『송회요』는 실록과 일력은 물론 안으로는 중앙 6부에 속한 것과 밖으로는 지방 諸路의 監司에 있는 당안까지 모두 망라하여 수집한 것이다. 이밖에 南宋時에 徐天麟이 『한서』와 『후한서』를 토대로 작성한 『서한회요』와 『동한회요』가 있다. 이러한 전대의 회요는 舊史의 범위를 넘어서지는 못하지만, 분야별·종류별로 묶어서 정리한 것이기 때문에 찾아보기 매우 편하고, 자료 검색에 유용하다.

송대의 수사기구는 이처럼 전례 없이 잘 갖추어져 있었기 때문에 역사학의 발전이 이루어졌다. 북송 사마광의 『자치통감』은 편년체를 발전시키고 완성하였고, 남송 袁樞의 『통감기사본말』은 사건과 시간을 중심으로 삼은 편년체 및 인물을 중심으로 한 기전체와 함께 삼위일체가 되어서, 중국의 전반적인 역사상황을 기술하는 중요한 사서 체제 가운데 하나가 되었다.

송대에는 또한 方志의 체제가 확립되었다. 방지는 지역을 명명하고 지역을 범위로 삼으며, 역사와 지리를 분류하여 기술하여 사회와 자연을 함께 중시하고, 또 고금에 두루 미치도록 한 지방의 全書이다. 당대 이전에도 地志書가 적지 않았으나 지리서의 범위 내에 국한되어 있고, 강조되는 것은 版圖와 地理만을 중요시하였다는 점에서 차이를 보인다. 방지는 지방의 상세한 정황을 기술하는데, 方이라는 것은 이전의 事跡을 알게 해 주고, 志라는 것은 지금의 土物을 확인시켜 준다. 그래서 통치를 하는데 도움이 되는 자료를 제공하는 작용을 하기 때문에 일종의 통치를 돕는 책이라 할 수 있다. 지방지는 지역을 중심으로 행정구역에 따라 횡적인 방면에서 정황을 기술하고 있기 때문에, 왕조를 중심으로 시간의 순서에 따라 종적인 방면에서 역사적 사건을 기술하는 사서와 서로 교차되어 역사의 전모를 반영한다. 까닭에 방지는 흡정 정사나 별사에는 없는 다량의 자료의 보존하고 있어 史의 빠진 곳을 보충했다.

금석학도 송대에 확립되었다. 『古器物圖錄』이 유명하다. 옛 기물을 저록하는 체제를 창안한 곳이 있다. 銘文을 저록했을 뿐만 아니라, 기물의 도상과 그 크기의 대소를 베껴서 중략과 용량 및 수장하고 있는 집안과 출토 지점까지 상세히 기록하였다. 남송의 정초는 『통지』 20략 중에 「金石略」을 두었는데, 유물을 이용하여 역사적인 사건의 진실을 밝히고, 문헌과 실물을 서로 비교 검증할 것을 강조하였다.

송대는 또한 목록서가 발달하고 번영하였다. 그때까지 전해지는 것으로 陳振孫의 『直齋書錄題解』와 晁公武의 『郡齋續書志』 등이 있다. 청대에 편찬된 『사고전서총목』은 고급의 사서를 15류로 구분하였다. 正史, 編年, 紀事本末, 別史, 雜史, 詔令奏議, 傳記, 史鈔, 載記, 時令, 地理, 職官, 政書, 目錄, 史評 등으로 구분하였는데, 이들 체제는 이미 송대에 모두 갖추었다.

송대 사학의 빼어난 특징은 사상 내용상에서 봉건윤리를 선양하고 동시에 천인감응의 신학이나 미신에 대한 비판적인 태도에 있다. 이런 특징은 『신오대사』 중에 분명히 표현되어 있다. 이는 理學의 흥기와 관련된다. 理學은 유가철학이며, 전통유가사상이 송·명에 이르러 발전한 형태이다. 宋儒는 경학을 연구하여 의리를 분명하게 설명하고, 性命을 논하는 것을 위주로 하였기 때문에, '이학'이라는 이름이 붙였다. 朱熹에 의해 집대성되었다. 이학가들은 우주만물의 생성의 이치를 탐구하고 理氣와 哲理를 논하였는데, 그 목적은 그들이 주장하는 정치관계와 윤리관계의 합리성과 영구성을 논증하기 위함이었다.

『구오대사』는 전통적인 천명·응보설을 많이 사용하여 송 왕조의 정통성을 설명하였다. 반면 『신오대사』는 자연현상과 人事를 구분하고 있다. 『신오대사』는 특히 선악을 포폄하는데 신중을 기하였다. 즉 紀와 傳에서 은연중에 포폄을 행하고 있다. 『춘추』의 필법을 본받아 이용하여, "君君·臣臣·父父·子子"의 유가사상을 널리 알린 것이다. 이런 점에서 여러 왕조를 섬긴 무리들을 "염치가 없다"로 폄하하고 있다. 그는 오대를 禮와 樂이 무너지고 삼강오륜의 도가 끊겼으며, 난리를 진압하기 위해 무기를 들었던 극히 어지러운 시대로 인식했다. 이러한 사정에서 편찬한 『신오대사』는 송조의 시대적 필요에 합치되었다. 북송 왕조는 구양수가 사찬한 이 사서를 조칙을 내려

국자감에 맡게 간행토록 하였다. 남송 때 이학이 성장하자, 구양수의 史는 더욱 존중되었고, 『구오대사』는 쇠퇴하였다. 그러나 설거정의 『구오대사』도 장점이 있으니, 그것은 사건의 서술이 상세하고 풍부하여, 사료적 가치가 비교적 높다는 점이다. 심지어 사마광이 『자치통감』을 편찬하고, 胡三省이 『자치통감음주』를 지을 때, 전적으로 설거정의 사에만 의거하고 구양수의 사는 취하지 않았다. 현존 『구오대사』는 淸代에 흩어져 있는 것을 다시 모와 복원한 것으로 결코 완전한 원서는 아니다.

송대 이학의 흥기와 사학이 봉건윤리의 선양을 중시한 결과로, 오대의 '혼란함'이 모두 제거되었다. 일련의 봉건윤리관념을 일으켜 세워서, 사람들의 사상과 행동을 이 개념 속에 속박시키고자 애썼던 것이다.

송대 사부서의 수량이 중국사학사에서 가장 많았으며, 그 증가속도는 진대외는 비할 바가 아니고, 이후 원·명·청 3대도 미치지 못할 정도였다. 역사상 위진남북조 시기는 사서가 대량으로 출현한 시기이며, 사적의 증가속도도 몹시 빨랐다. 그러나 이 시기에 쓰여진 사서는 대부분이 전해지지 않고 있다. 송대의 사적은 이와 같지는 않았으니, 수량뿐만 아니라 내용의 질도 비교적 높았다. 17史의 專名은 이때 이루어졌는데, 이것은 당시에 영향이 가장 크고, 사적 중에 으뜸이 되는 17부의 흠정 정사를 가리킨다. 당시 송조 정부는 일찍이 사신으로 하여금 校勘에 참여하게 하고, 국자감에서 끊임없이 조판 간행하게 하였다. 이후 17사라는 이름이 출현·유행하게 되었다.

사서의 대량 편찬과 인쇄의 전파는 다양한 사서를 사람들의 앞에 한꺼번에 쏟아내었고, 내용의 복잡함과 두서의 번잡함은 필연적으로 會通의 요구를 낳았다. 송대 사학은 내용의 광범성, 새로운 연구영역의 개척, 각각의 분야의 학문의 분화와 자립, 또한 사람들이 역사사물간의 연계 및 역사사물의 원류의 진화와 발전의 방향을 인식하는데 필요한 조건을 제공하였다. 따라서 송대는 사학이론상에 있어서도 회통의 주장을 제출하였다. 또한 걸출한 역사가도 많이 배출하였다. 『사고전서총목』의 통계에 의하면, 그 저작이 유전되어 지금에까지 이르는 사가는 130여 명에 달한다.

제2절 송대 正統논쟁

(이 부분의 논설은 본래 고 민두기 선생님께서 스스로 자신의 후학들과 함께『중국인의 역사인식』상·하권을 펴내서, 저자가 공부할 때에 많은 도움을 받았기에 이 교재에 개재하면서 이 책으로 고마움을 드린다.)

1) 정통사상의 연원

① 春秋公羊學의 大一統觀念: 孔子의 正名思想에서 유래. (정명사상은 당시에 대한 하나의 반동이었다. 사설과 폭행이 난무하고 제도가 붕괴되고 전체 사회질서가 점점 정치 괴도에서 이탈되어가는 것을 보게 됨에 따라 구세의 의지를 표현한 것이 정명사상이다. 정명사상의 기본 내용은 천자의 직무에는 반드시 천지의 실질이 수반되어야 하며 일체 典章과 制度의 시행도 천자에 의해 이루어져야만 비로소 국가의 정치가 혼란되지 않는다는 것이다. 만일 제후가 월권으로 정치를 운용하면 국가질서는 간단히 파괴되고 만다. 아울러 정치에서는 왕실을 받들고 제후를 억제하는 것으로 나타남. "春秋"에서 공자는 "大一統"으로 표현. 수평적 정통관념, 횡적 관계를 기준으로 말한 것. (천하에는 오직 하나의 정통왕조만이 있을 뿐이며, 그 나머지 왕호를 칭하는 정권은 윤위, 참위이다.)

② 五德終始說: 鄒衍의 陰陽五行 사상에서 유래. (天人相關의 이론을 나타냄) 즉 오덕(金·木·水·火·土)은 다섯 종류의 자연의 힘을 대표하며 각각 융성과 쇠퇴의 운수를 갖추고 있어 해당 자연의 힘이 융성할 때 일체의 天道와 人事는 그 지배를 받으며 그 힘이 쇠퇴해지면 다른 새로운 힘이 일어나 그것을 대신하게 됨. 왕자는 하늘의 명을 받아 오덕의 운행에 따라 屈起하게 되며, 그 통치지위는 하나로 이어지는 정통원류로부터 옴. 수직적 정통관, 종적 관계에 의해 설명했다. 수평적 정통관념과 수직적 정통관념의 결합은 진이 제국을 통일하면서 이루어짐. 진의 제국 통일은 사상 통일 촉진시킴. 한대 이후 유가와 제학이 하나로 융합되어 정권의 흥기가 오행의 교체에 의지하며, 천하는 하나의 천자에 의해 다스려져야 한다는 사고 확립됨. (역대 왕조 창업자들은 정권탈취 초기 거의가 정통에 호소하여 합법적 통치지위 얻으려 하였다.

2) 제1차 정통 논쟁

① 陳壽의 『三國志』에서 시작-魏를 정통, 蜀을 僭竊者로 삼았고, ② 元 楊維楨의 正統論은 『삼국지』가 『춘추』에 잘못을 범했다고 비판하였으며, 習鑿齒의 『漢晉春秋』에서는 촉한을 정통으로, 四庫全書總目提要에는 진수와 습착치의 정통론에 대해 비평하였지만, 이치를 볼 때에는 진수의 잘못이 명백하나 세력으로 따져보면 습착치가 촉한을 황제로 말하기는 쉬운 일이나 진수가 촉한을 황제로 하려한다며 거역하는 것이기 때문에 어려운 일이다. 陳壽는 자신이 晉武帝의 신하였는데 진무제가 위의 정통을 이어받았으니 위를 僞朝로 하면 이는 晉을 비정통왕조(僞朝)라 하는 것이 되는데 당시대에 그렇게 하는 것이 가능했겠는가?" 정통론과 시대적 배경이 밀접한 관련이 있다는 것을 보여주고 있다.

3) 문화적 관점에서의 정통지위 논란한 사람이 唐의 皇甫湜인데, 그는 ① 『東晉元魏正閏論』에서 동진, 북위 두 왕조에 대한 정통논의하여 정통에 대한 시각-地勢의 넓고 좁음에 의하여 결정될 수 없다고 지적하였다. 예컨데 한 구석에서 안정을 유지한 동진에 정통 지위 부여한 이유는 조상의 미풍과 善政이 행해지고 있다고 여겼기 때문이라고 했다. 그러나 북위는 중원에 자리 잡고 있으나 정통이 아니다 왜냐면 야만적이기 때문이라고 하여 편협하다.

4) 宋代 正統論의 形成背景: 송대의 정통 이론은 전대의 그것과 비교해 볼 때 더욱 구체적이며 실제적인 성격을 갖고 있다. 이러한 정통론이 왜 송대에 발생하게 되었을까? 그것은 五代의 혼란에 대한 鑑戒이다. 즉 오대시대는 중국 역대 정국 중에서 가장 혼란된 시기 즉, 君臣의 義, 華夷 관념 희박하였고, 정통관념은 藩鎭割據의 형세에 대하여 정면으로 반대한 것이었으며, 이는 충의와 염치가 사라진 사회에 대한 최대의 반동이었다.

송대 春秋學이 盛況하였다. 그것은 慶曆 연간부터 經學 중시되고, 송대의 경학은 춘추류가 가장 많았으며, 춘추 筆法의 사학상의 褒貶으로 발전하였고, 『춘추』의 핵심은 명분중시, 왕실존중, 반역자 筆誅하는 것에 알맞았다. 결국 정통론의 형성은 필연적으로 춘추학과 관련되었다. 정치·사회적 배경으로 송대의 정통론자들의 논의 대부분이 역사 편찬과 연관되었고, 이들의 당면과제가 정통의 원류를 규명하는 것이었다. 또한 송의 국제적 지위는 저락한 상태(빈번한 외환, 納弊, 和議). 정통론의 형성은 당시 민족적 굴욕감 표현. 즉, 송이 정통이 있음을 강조되었다. 사회 환경이 사대부 중심의 忠義의 기풍이 특별히 농후하였다.

송대 正統論의 내용은 仁宗·神宗代에 정통론자 집중되었는데, 이때는 요와 천연의 맹을 맺은 직후였다는 사실은 송의 세력이 약화됐다는 것을 보여줌. 시대적 자극에 대한 반응: 중국 정통사상이 대한 본격적 논의가 시작되었다. 『冊府元龜』는 북송전기 정통에 대한 조정의 입장 대표(太組~眞宗) 五行學說에 기초하였고, 정통의 해석이 통치자의 주관에 따라 취사선택. 正統왕조로 周·漢·魏·晋·北魏·北周·隋·唐;後唐·後晋·後漢·後周를 閏僞로; 秦·촉·오·제·양·晋·동위·후량을; 僭僞로 오호십육시대의 劉淵, 石勒을 들었다. 張方平의 『南北正閏論』에서는 오행설을 강조하면서 國勢와 지리적 형세기준으로 해석하였고, 歐陽蓚 - 五德說에 의한 정통해석 반대: 治亂의 사실을 규명하기 위해 정통론 전개.: 정통 - 周·秦·漢·魏·晋·北周·隋·唐·五代: 역사에 대해 상대적 관점에서 해석 시도하였다. 정통 단절론 제시하였는데, 종전의 정통을 논한 사람들 모두가 정통을 서로 계승하여 단절되지 않는 것으로 봄으로써 그 결과 왕조가 끊어져서 정통을 속하게 할 곳이 없어지면 함부로 딴 것을 갖다 붙여 그것을 잇게 하니 그 논의가 왜곡되어 소용되지 않는다." 결국 정통에 탄력성 부여.: 역사적 사실을 기준으로 정통의 지위논의 주장(논리전개의 기초를 정의와 도덕의 정당성 위에 두는 것인데 도덕이 부족할 경우에는 그 事蹟을 살펴서 논의). 「正統辨」에서는 결국 한·당·송을 제외하면 정통이 없음을 주장했는데 이 주장은 남송대 주희에게 영향을 주었다. 章望之 - 구양수가 曹魏, 後梁을 정통으로 한것은 잘못이라고 구양수 이론에 이의제기(『明統說』)(『覇統說』) 제창하였는데, 예컨데 위와 후양은 군주를 시살하고 천하를 얻었으며 '패통'되어야 한다. 蘇東坡는 「後正統3首」로 논리구성의 기초는 名과 實의 구별에 있음. '正'이란 천하의 不正을 바로 잡는 것이며 統이란 천하가 통일되지 못한 것을 통일하는 것으로 천자의 實은 있지만 그 지위가 없거나 천자의 名은 있으나, 그 덕이 없다면 군자가 천하에 존재한다고 해도 어찌 통일되었다고 할 수 있겠는가 라는 것이다. 정통논의에 대해 회의 품음인즉, 정통이란 일종의 명목일 뿐 한 왕조의 우열은 史家 스스로 판단을 내리면 된다고. 司馬光은 정통의 원류의 구분에 대해 회의하였다. 즉, 정통은 천하를 통일한 왕조를 가리킨 것이지만 중국은 歷史로 분할의 국면이 통일의 국면보다 많았다. 그래서 구양수의 絕統論 찬성하고 장망지의 '霸統'에는 반대하였다. 구양수·장망지·소동파 등에 비해 실제적 성격이 강하다. 즉, 사실이 이어지도록 하기 위해 『자치통감』편저작 魏·南朝·五代를 紀年에 넣었는데, 이는 주희의 비판대상이었다. 실제로 사마광의 정통 왕조는 주·진·한·晋·수·당이라고 주장하였다.

주희는 『통감강목』에서 無統시기 설정하여 사마광의 『자치통감』에 대한 불만에서 출발하였다. 즉 사마광이 無統의 시기에 하나의 연호를 세워 계속함으로써 은연중에 특정한 정권의 정통적 지위를 인정한 것은 잘못이다. 무통시기에는 여러 정권을 병書하여 主客을 나누지 않았는데 이는 사마광보다 진보적이었다. 주희 이후의 정통관은 거의 이에 따랐다. "正統"이란 "천하가 하나 되고 제후가 朝勤을 하며 獄訟의 처리가 모두 국가에 돌아오는 것"이라고 하여 정명사상·명분을 중시하였다. 또한 주희 이후부터 정통론에 점차 민족주의적인 사고방식 주입됐는데, 이는 시대적 배경 때문이었다. 즉 송조가 남쪽으로 도망간 때부터 시작하여 여러번 외족의 침략을 받아온데서 기인하였다. 여기에서 남송이 촉을 중시한 이유가 나타남). 민족주의적 정통관은 元代이후 뚜렷이 나타났다.

5) 결론

정통사상의 한계로는 중국 正史에 기록되는 本紀의 기록에 대한 것이 중국의 분할시기에는 의견이 분분하다. 비록 구양수, 주희가 節統, 無統등의 이론을 제창했으나 이 한계를 해결하지는 못했다. 정통론의 의의는 송대의 정통론은 당시의 시대적 배경 아래에서 형성됐는데 이 사실은 사학적으로는 중국 사가의 자각을 의미하며, 정통론이 史學思想의 논의를 일으켰다는 것은 사학사상을 받아들이는데 비판적 시각을 갖고 있었다는 것을 의미가 있다. 정통론은 중국의 전통적 사학 안에서 중요한 위치를 차지하는 사상으로서 춘추전국시대 이후 중국의 사가를 지배한 주요 사조의 하나이다.

따라서 송대 史學에서의 義理觀念은 史學을 經學化 곧 經과 史를 일체화하여 理學의 영역안에 史를 포함시켜 등장하였다. 본래 經學의 연구대상은 心·性·理·氣이고, 史學의 연구대상은 典章·制度·人物·善惡을 살피는 것이며, 경학은 현실의 사물에 근거해만 그 理가 비로소 근거를 두며, 史學은 六經의 六道에 근본을 둘 때 衆理의 목적이 통한다. 따라서 경학은 道의 理, 史學은 道의 用이었다. 사마광 사학에서 의리관념이 인도적 정신 표출되었는데, 국가의 흥망, 백성의 근심·기쁨의 서술이 그것이다. 이는 儒家의 도덕관념과 부합, 경학가의 의리관념과 일치. 여러곳에서 성패와 득실의 관건을 파악하여 서술하여 후세의 참고로 제공하였다. 이 과정에서 편협한 감정과 범속한 도덕관념 초월되어 이성적인 大智, 大仁, 大勇, 大義에 바탕이 되었다. 朱熹는 "사마광의 득실 논의는 仁과 理에 합당하다."고 하였다.

본래 이는 春秋大義에 의한 포폄에서 나왔다. 즉 구양수는 선악의 포폄 특히 강조하여 春秋大義의 書法과 義例를 본받으려는 의도를 가졌다. 예컨대 『新五代史』에서 "말하건데, 네명의 찬탈한 군주를 삭제해버리지 않는 것이야말로 『춘추』의 의를 잘보여 주는 태도라 할 수 있다. 성인이 『춘추』에서 의도한 바가 매우 의미심장하였으므로 능히 勸戒가 정성스러울 수 있었으며 말을 하는 것이 신의로워 이러한 연후에 선악이 분명해질 것이다. 대저 그 죄를 후세에 드러내려면 그 사실을 없애버리지 않고 기록해야 한다."고 지적하였다.

주희는 『춘추』의 선악포폄을 당시의 구체적인 사실을 통하여 성패와 득실, 치란과 흥망을 설명한 것으로 이해, 표면적으로 포폄을 드러내어서 그 뜻을 나타내려 한 것은 아니다. 포폄은 단지 의리에 불과한 것으로써 사리에 통하면 자세히 그 뜻이 나타난다. 『자치통감강목』 서술시 태도는 事理 가운데 포폄을 드러내고 치란 가운데 득실을 나타내 객관적 사실로써 흥망의 도리를 설명하였다.

주희 사학의 의리관념을 보자. 宋代의 史家는 의리로써 진리를 탐구하고 시비를 결정하기 위해 노력하였다. 특히 주희가 이러한 관점 강조. 『자치통감강목』에서 주희는 순전히 의리의 관점에서 사학 평가. "사서를 읽는 태도를 말하자면 사서내용을 살피는 방법은 단지 고금의 변화를 두루 이해하며 또한 의리의 得實處만을 보는데 있다." 또한 『사기』에 대한 불만 표출하였다. 『원화답조기도서』에서 주자는 "옛적의 사서를 읽는 자는 그저 사실을 기억하고 文詞를 수집하여 글을 짓는데 사용하려는 것일 뿐이었다. 근래의 학자들은 그 형세의 이해와 사정의 득실을 고찰하는데 힘쓰고 있다. 특히 사마천의 『사기』를 좋아하여 『논어』, 『맹자』를 읽지 않을지언정 『사기』는 읽고 있는 실정이다. 그러나 『사기』의 한 두 문장을 들어 보건데 戰國시대 이후에 유행했던 식견에 불과하며 정당한 것이라고는 공자를 존중한 점일 뿐이었다. 그것도 다만 공자의 표면만을 보아 그 거죽만을 좋아했을 따름이다."고 하였다 아울러 사학에서 사실 기술時 큰 문제의 본질파악이 중요하기 때문에 지엽적 일을 상세히 논의하는 것은 지양해야 된다고 주장하면서 의리는 반드시 대국적 문제와 관련지어 생각한 것이다. 범조우의 『당감』은 의리의 입장에서 득실을 논하는데 정확하고 객관적이었으나 춘추시대의 도덕적 측면에 치중하였음을 지적. 마땅히 大道와 大義로서 시비를 단정하는 것이 진정한 의리이다.

이러한 주희 사학의 한계는 『자치통감강목』의 사학적 가치는 『사기』보다 훨씬 뒤진다. 사학의 틀안에서 의리를 중시한 것이 아니고 의리만으로 사서를 저울질한다면 斷爛朝報가 될 위험성이 많다. 『공양전』과 『곡량전』에 비해서 『좌전』은 의리에 대한 의지를 깨닫지 못했다고 비판하였다. 이것은 그의 주장과는 모순. 왜냐하면 『공양전』과 『곡량전』은 포폄의 의리(도덕적 근거), 『좌전』은 사실서술의 의리(사리에 근거)이기 때문이었다.

아울러 經史合一의 의리관념은 程이·范祖禹가 창도하고 朱熹 계승하였다. 전후 200여 년간 사학은 道學의 영향 하에서 사학중의 의리가 도학의 핵심을 흡수하여 도학 중의 事가 사학에 의지하여 발휘했다. 특히 정이천의 사학사상은 '經'의 의리로서 사실을 論하는 것이었다. 『춘추』는 史중의 經이며 經은 道며 道는 理이고 理는 세상을 다스리는 본원이다. 이 가운데서 만사와 만물을 보면 만사만물이 理를 지니지 않은 것이 없다. 예컨대 百王의 법도도 하나의 理이니 이 도에 근본을 두고 이 理에 따르면 史는 곧 經과 한가지로서 경세에 이용될 수 있다. 를 기술하는 자는 오직 의리가 있는 곳을 기술해야 하는데 이때 경과 사는 서로 보완 작용하였다. 범조우의 『당감』은 이천의 의리관념에서 영향 받아 저술했다. 經의 義理란 점에 史의 義理를 참작하여 비판 전개한 것이다. 결국 경사합일의 사학 방법은 理學의 방법의 하나인 '體', '用'이라는 범주 사용한 것이다.

제3절 북송 전기 『新·舊五代史』, 『신당서』 편찬

1) 『구오대사』의 원래 명칭은 『오대사』 혹은 『梁唐晉漢周書』이며, 모두 150권이다. 송태조 개보 6(973)년 4월에 편찬하기 시작하여 동7년 윤10월에 이르러 완성되었으며, 薛居正이 감수를 맡고 盧多遜·李芳 등이 함께 찬수하였다. 후에 구양수 『오대사기』가 나와 『신오대사』라 칭하고, 설사는 『구오대사』라 일컬어졌다. 원서는 이미 실전되었으며 현행본은 청 건륭 4년의 집본이다. 『舊五代史』 편찬의 시기는 북송왕조가 건립 된지 오래되지 않았고, 통일 전쟁 또한 진행 중에 있었지만 사회는 점점 오대 10국의 혼란국면을 벗어나고 있었다. 이러한 중요한 역사시각에 있어서 趙光胤을 우두머리로 한 지주계급 통치집단이 통일적 정권의 중대임무를 강화하고 발전시켰다. 『구오대사』의 편찬의 목적은 오대 분열할거의 경험, 교훈 속에서 역사적으로 참고할만한 것을 찾아 송왕조 통일을 강고하게 하는 데에 있었다. 『구오대사』를 편찬한 설거정(912~981)은 후당시기에는 진사였으며, 후진, 후한, 후주시기에도 관직이 형부시랑에 이르렀다. 그는 송초 문하시랑평장사·사공에 올라 『오대사』의 편찬을 책임졌을 때에 기본적으로 송초 통치자의 입장과 정치요구를 체현하였다. 이 저작 일편이 이루어졌을 때, 송태조 조광윤은 중시하였으며, 오대통치자의 급속한 멸망에 대한 인상을 매우 심각하게 표명하였다.

『구오대사』가 서술되었던 역사시기는 중국 봉건사회 중의 일차 대규모의 분열할거의 시기였다. 907년 朱溫이 칭제하며 일어난 시기부터 960년 북송이 건립되기까지의 50여 년간 중원 지역에는 5개 왕조가 전후로 잇따라 있었으며, 중원 이외에는 10개의 왕국이 있었다. 이를 오대십국이라 일컬었다. 그러나 그 중에는 당시 중국의 국경내에 있던 거란 등의 소수민족이 건립한 정권은 포함되어 있지 않다. 이 시기 중국 각지에는 할거정권 사이에는 극렬한 군벌혼전이 전개되어 빈번한 왕조의 경질이 출현하였다. 사회경제도는 엄중한 타격을 입어 광대한 농민은 심각한 재난에 처하게 되었다. 『구오대사』에는 이 시기의 사회동란의 면모가 반영되어 있어, 분열과 상호찬탈적 할거정권에 대하여 어느 정도의 불만과 견책이 표현되어 있다. 초보적인 통일을 회복한 후주의 세종 柴榮을 일대의 영특한 군주라고 찬양하였다. 또한 『구오대사』의 작자는 오대의 분열현상과 각개 왕조의 흥망에 대해 설명할 때에 종종 천명 혹은 제왕장상의 개인적 품격 속에서 그 원인을 찾아 역사관점을 제시하였으며, 철저하게 통치계급의 입장에서, 사실을 왜곡하거나 미화시키려 하였다. 『구오대사』가 기본상 채택한 사료는 오대의 사람들이 편찬한 각종 실록이다. 이러한 실록은 馮道도 기골이 없고, 일생을 분열할거의 군벌에게 의존하였으나 오히려 그는 도리를 힘써 이행하고 고풍이 있어서 대신의 체통을 가졌다고 논술한 것처럼, 중대한 결함을 범하였다. 또한 『구오대사』의 편찬자는 계급적 편견 속에서 농민의 투쟁 활동을 총체적으로 말살, 왜곡하여 역사의 진행을 전도하였다. 이외에도 『구오대사』에는 기타의 많은 결함이 있다, 예컨대 재료는 번잡하고 개괄이 체계적으로 되지 않았으며, 관점도 통일되지 않았고, 대다수의 문장들 또한 高名하지 않아 독자들이 구체적 정황을 이해하기가 매우 어렵다. 그러나 사료가치 측면에서 『구오대사』의 편찬자들이 모두 친히 오대의 역사적 장면을 경험하여 역사적 사실을 직접 보고 들을 수 있었기 때문에, 비교적 풍부한 원시사료가 보존되어 있다. 반대로 구양수의 『신오대사』에도 중요한 사료가 많이 보존되어 있다. 반대로 구양수의 『신오대사』에도 중요한 사료가 많이 보존되어 있어, 이 양자는 상호 보충이 가능하다.

양송시기에는 『신·구오대사』가 병행한 것은 앞서 언급한 것처럼 이학의 발전과 관련하여 송왕조의 정통성과 의리관념을 중시하는 사정에서였다. 후에 『신오대사』의 성행으로 말미암아 금장종 태화7(1207)년 설거정의 『오대사』를 깍고, 구양수가 찬수한 것을 사용하라고 명령하였다. 원대에 이르러 『구오대사』는 점점 세상에 나오지 않게 되었다. 청 건륭 중에 사고전서관을 열었을 때에, 원본을 찾을 수가 없었다. 관신 소진함 등이 『永樂大典』중 기록을 모으고, 『冊府元龜』, 『資治通鑑考異』 등의 책에서 인용한 『구오대사』의 재료를 다시 이용하여 보충하고, 원래 면모의 7, 8할을 대체적으로 회복하였다. 동시에 도한 기타의 史籍, 類書, 文集, 五代碑碣 등 수십 종의 전적 중에서 유관한 자료를 집록하여 고이하고 주석을 붙였으며, 지금의 집본 『구오대사』 正文과 더불어 상호 보충·인증하여, 적지 않은 방면에서 원시의 내용이 풍부하게 보존되어 있다.

『구오대사』의 판본은 많지만 1974년 북경 중화서국 교감본이 현재 유행하고 있다.

2) 『新五代史』는 송 구양수의 찬으로, 원명은 『五代史記』이었다. 본기 12권, 열전 45권, 고 3권, 세가 및 연보 11권, 사이부록 3권으로, 총 74권이다. 후량 개평 원년(907)에서 후주 현덕 7(960)년까지 총 53년의 역사를 기록하였다.

歐陽脩의 字는 永叔으로 江西 廬陵(지금 吉安)人인데, 송 진종 慶曆 4(1007)년에 태어나 신종 희령 5(1072)년에 죽었다. 그는 송인종 경력 3(1043)년 諫官이었을 때에 范仲淹이 영도한 慶曆新政 활동에 참가하였다가 후에 지방관으로 폄척되었다. 지화 원년(1054)에야 조정으로 돌아올 수 있었는데, 한림학사에 임명되어 『신당서』를 주편하였다. 『신오대사』 편찬 시기에 명확한 기록이 없어 그는 尹師魯, 梅聖兪 등에게 믿을 만한 것을 살피도록 하였다. 결국 경우 3(1036)년에 편찬 작업에 착수하여 황우 5(1054)년에 기본적인 원고를 완성했는데, 18년 정도의 시간이 걸렸다.

그는 역사란 국가의 법전이라고 말하였는데, 사서에서 군신의 선악과 백가지 일을 폐지하고 세우는 것을 더불어 기록하는 목적은 권계를 드러내어 후세에 보이기 위함이었다. 그는 『구오대사』가 이러한 점에 완전하지 못하며, 번거롭고 외람되어 충실하지 못한 바가 있어 그러한 작용을 일으키지 못하였다. 포폄의 의례는 『신오대사』의 주요한 지위를 차지하는데, 春秋筆法을 사용하여 오대 역사에 포폄을 진행하고, 통치질서를 유지 보호하는 논리였다.

각 왕조의 통치에 대하여 구양수는 이 때에 천하가 크게 어지러워 중국의 재앙에 있어 찬탈과 시해가 잇달았다. 오대 53년 동안 5성 13군이 바뀌었고, 망국 시해된 자가 8명으로, 길어봤자 10여 년이고 대개는 3·4년 만에 망하였으니, 군주를 두는 것이 관리를 바꾸는 것 같고 나라를 바꾸는 것이 집을 전하는 것 같은 정황이 출현하였다. 이런 국면은 당 안사의 난 이후 중앙집권제도가 파괴되면서 지방 번진이 대지주 호강 세력의지지 아래 擁兵하여 할거하며 한 지방을 獨覇한 사정으로부터 말미암았다. 당일 황소의 농민대기의의 위력은 당왕조를 훼손하고 번진 할거세력에 심각한 타격을 주었다. 그러나 황소기의 실패로 끝났다. 기의를 진압하는 가운데에 형성된 군벌이 새로운 할거세력을 이루었다. 당조 멸망 후 그들은 계속해서 한 지방에 패점하며, 서로 찬탈하며 공격하여, 중국 역사상 5대10국의 짧은 분열의 국면을 조성하였다. 『신오대사』의 작자는 이러한 분열 할거 현상을 채취하는 데에 부정적인 태도였다. 다만 지주 계급 입장에서 오대 분열할거의 계급과 사회의 원인을 바라보지 않을 수 없었다. 까닭에 그는 이러한 단계의 역사 경험을 통하여 분열 할거의 원인에 대해 도덕의 파괴에 의한 것으로 보았다. 또한 오대의 혼란의 근본원인에 대해 예의가 날로 폐해지고 은혜가 날로 엷어지는 풍습이 오래되어 드디어 크게 무너졌다는 것이다.

『신오대사』에서는 도덕을 선양하고 있는데, 이는 일체의 정치제도를 능가하는 결정적인 요소이다. 이는 구양수가 완전히 사람들의 도덕에서 사회 발전의 원인을 찾고 있음을 표명하는 것과 같다. 사실 오대 분열할거의 원인은 사람들의 도덕관념의 해이에 있는 것이 아니라, 번진이 당시 호강 대지주의 가산에 의지하여 분열할거세력을 조성하였기 때문이다. 구양수는 도덕관을 절대화, 신성화하여 물질과 정신의 관계를 전도하였는데, 그 목적은 통치이론을 강화하는 데에 있었다.

「천명론」을 선양함에 있어 『신·구오대사』가 모두 표현하고 있으나 형식은 같지 않고, 본질만은 일치한다. 북송 초기 『구오대사』 편찬 시에 「천명론」의 선양을 중요시했는데, 공공연히 이른바 제왕이 운수에 응하는 것은 반드시 천명에 있다고 본 것이다. 천명이 제 왕을 만든다는 데에 의거하여, 『구오대사』 제왕본기에서 天命 및 祥瑞, 災異를 크게 선양하고 있는데, 朱溫이 출생시에 거주하는 바의 초가집 위에 붉은 기운에 일어났다는 방식의 기록이 있다. 북송 중기라는 역사 조건에서 편찬된 『신오대사』는 그러한 분열할 거세력이 정권을 찬탈하는 근거가 「천명론」임을 부정하였는데, 구양수는 위기가 사면에 깔리고, 농민기의가 끊임없이 폭발하는 정황 하에서 이런 「천명론」이 쉽게 영웅과 민초에 이용되었음을 인식하였다. 그가 역사상의 영웅과 민초는 종종 요사스럽고 상서로움에 스스로 의탁하여 대개 그것으로 어리석은 대중을 기만하고 현혹하니 사용한 바는 무엇이었는가 라고 강조하였다. 대개 일어나는 자는 공덕의 축적된 바가 있는 것이 아니고 도적질하고 상인층에서 왕후가 일어났으니 사람들이 또한 즐겁게 전해졌겠는가 라고 반문하였다. 까닭에 『신오대사』는 오대 통치자의 천명, 상서, 재이에 의거하여 정권을 찬탈한 바를 삭제하고, 이른바 맑은 바람이 일어나니 구름 드리워지며, 일월이 나오니 횃불이 숨 고루 도다. 고로 眞人이 일어나면 천하가 화합동화한다는 것을 선양하였다. 천명이 趙宋으로 돌아왔음을 강조하였지만, 『구오대사』에 천명이 끊임없이 전이된다는 관점에는 어긋났다.

구양수 『신오대사』에서 천명에 대해 기록함이 비교적 적고, 사람의 작용에 대해 기록함이 비교적 많았다. 그는 명확히 사람의 일은 하늘의 뜻이라는 논조를 제시했는데, 인심이 아래에 기쁘지 않으며 천의가 위에서 노한다. 사람의 이치가 아래에 거슬리지 않으면, 천도가 위에서 따른다는 것이다. 반복해서 천의가 곧 인의임을 논증하였다. 여기서 말하는 인의는 광대한 농민의 희망을 가리키는 것이 아니라 소위 天意를 체현하는 帝王將相의 희망을 가리키는 것이다. 『신오대사』는 인사가 곧 천의임을 강조하는데, 소수 제왕장상이 역사의 창조자로 그들만이 능히 통치를 할 수 있다고 증명하였다. 이는 완전히 영웅사관을 선양한 언급이었다.

편찬 체제에 있어 『신오대사』는 또한 『구오대사』의 편배 방법을 개변하였다. 『구오대사』는 양서·당서 등의 책을 나누어 한 왕조 한 역사로 하여 각 체계를 이루었으나, 『신오대사』는 왕조의 한계를 타파하고, 5왕조의 본기, 열전의 편배를 나누지 않았으나, 『신오대사』는 열전을 나누어 각도 「家人傳」, 「死節傳」, 「一行傳」, 「雜臣傳」 등을 만들었다.

구양수의 『신오대사』 편찬은 『구오대사』보다 후에 이루어졌으나 『구오대사』 편찬자가 보지 못했던 자료가 있는데, 그는 종종 소설, 필기 등의 기록에서 채용하여 『구오대사』 중에 없는 역사사실을 보충한 것이다. 王景仁, 郭崇韜, 安重誨, 李茂貞, 孔謙, 王彦章, 段凝, 趙在禮, 范延光, 盧文紀, 馬胤孫, 姚顗, 崔棁, 呂埼, 楊渥 등의 열전은 모두 약간의 사실이 보충되어 있는데, 비교적 생동감 있는 情節을 끼워 넣어 작은 것으로 큰 것을 보게 하여 독자로 하여금 오대의 인물과 사건을 명료하게 이해하는 데에 깊이를 더해 주었다. 역사 자료면에서 볼 때 『신오대사』와 『구오대사』는 서로 보충적이었다.

『신오대사』의 판본은 많지만 1974년 북경 중화서국 교감본이 현재 유행하고 있다.

3) 『新唐書』는 송인종 경력 4(1044)년에서 가우 5(1060)년에 歐陽脩, 宋祁, 范鎮 등이 공동으로 편찬하였다. 본기 10권, 지 15권, 표 15권, 열전 150권을 포괄하여 모두 225권이다.

송기(998~1061)는 진사 출신으로 일찍이 지제고, 한림학사 등의 관직을 지냈고, 항주, 호주, 성덕군 등에서 지방관을 지냈다. 송기는 대략 경력 4년에 『신당서』의 편찬을 시작하였는데, 7년이 지난 뒤 북송 왕조가 사람을 파견하여 文稿를 묶기를 재촉하니, 그가 말하기를 살피건대 올 가을에 열전은 가능하며, 본기, 서지는 내년 봄에나 완성할 수 있다고 예상하였다. 실제로는 가우 3년(1058)에 이르러 150권에 이르는 열전의 원고를 가지런히 하였다. 그는 지, 기, 표 3개 부분은 완성하지는 못했다. 지와 표 부분은 범진, 여하경 등에게 분담하여 편찬의 책임을 주었다. 다만 본기는 편찬할 사람이 없어 전서가 완성되지 않았는데, 지화 원년(1054)에 송인종이 다시 구양수에게 편찬을 주관하도록 하였다.

구양수(1007~1072)는 당시 정치적 지위가 송기보다 높았고 사회적 영향도 컸다. 1042년 송인종이 범중엄이 慶曆新政을 추진할 때에, 구양수를 간관에 임명하여 신정에 활동에 참가케 하였다. 범중엄이 재상에서 파직된 이루 그 또한 폄척되어, 揚州, 應天府 등에서 9년간 지방관으로 있었다. 후에 다시 조정으로 돌아와 한림학사에 임명되어 『신당서』를 주관하여 편수하였다. 만년에 추밀부사, 참지정사 등의 요직에 임명되었다. 실제 전서는 그가 주관할 때에 최후로 완성되었다. 책이 완성되자, 구양수는 송기가 당서에 들인 힘이 비교적 많아 서명을 구분하여 기·지와 표는 구양수의 찬으로, 열전은 송기의 찬으로 표시하였다. 문자의 품격을 보면 본기와 「選擧」·「儀衛」 兩志와 본기의 찬어와 지·표 서문은 의심의 여지없이 모두 구양수가 지은 것이다. 특히 그가 지은 찬어·서문에는 몇 가지 그의 정론 문장이 들어 있는데, 그의 역사관이 집중 반영되어 있다.

『신당서』가 편찬된 기간은 나라를 세운지 100년쯤으로 북송 왕조가 위기에 싸여 각종 사회모순이 모두 격화되던 때였다. 처음 송태종 때에 王小波, 李順의 기의가 폭발하였다. 그 후 대지주의 토지 겸병이 날로 심해지고 또 면세, 면역 특권을 누림으로, 광대한 농민이 파산하여 갈수록 빈곤해졌다. 『신당서』가 편찬될 당시 하남, 하북, 산동, 산서, 섬서, 사천, 호북, 호남, 강서 등지에서 모두 농민기의가 폭발하였다.

이 점은 특별히 『신당서』 작사의 농민기의에 대한 태도에서 선명히 반영되었다. 한편으로는 당왕조의 농민기의를 진압한 경험 교훈을 총결하여 북송왕조에 역사경험을 던져주었다.

작자는 천명을 선양하고 있는데, 제왕장상이 역사벌전을 결정한다고 고취하고, 이로써 당왕조의 흥성과 쇠망을 총결하였다. 편찬의도는 북송 왕조의 지주계급의 통치를 유지 보하하려는 것이었다. 『신당서』의 편찬 체제는 자기만의 특징이 있다. 우선 『신당서』는 지·표 두 부분을 매우 중시했는데, 송은 대체로 당의 제도를 계승하였기 때문에, 구양수 등은 지·표에 특별히 힘을 쓴 것으로, 당대의 전장제도를 총결함으로써, 송왕조에 참조하여 사용될 수 있도록 하기 위해서였다.

『신당서』에는 예전 사서에 없는 「의위지」, 「선거지」, 「병지」가 증가되어 있다. 작자가 새로이 이런 志를 증가한 것은 북송 왕조의 수요를 반영한 것이다. 예컨대 작자는 「의위지」에서 군주를 존중하고 신하를 복종시키는 것을 말하고 있는데, 이는 예의를 통해 지주계급의 통치질서를 유호하기 위한 것이다. 「선거지」에서는 당대 과거제도의 변화를 총결하였는데, 이는 인재의 배양과 선발을 위한 역사 경험을 제공하고 있다.

또한 북송왕조의 통치 시기는 민족모순이 얽혀 있었다. 이런 형세는 북송 통치 집단에게 군사제도의 연구에 부득이 주의하게 하였다. 이것이 『신당서』

작자가 「兵志」를 세운 사회적 근원이다. 「병지」에서 작자는 부병제가 변하여 절도사의 병사로 되었음을 인식했는데, 이는 당왕조의 중앙집권이 쇠하게 된 원인의 하나이다. 즉 당왕조 병제의 폐치와 득실에 있어서 어느 정도는 부병제가 공고한 국가 통일과 중앙집권을 가능케 하였던 것으로 보고, 그것이 무너지면서 번진 병제의 위험과 해로움이 있게 되었다는 것이다. 그러나 『신당서』의 작자는 「병지」에서 당대 전기에 부병제가 당왕조 국방을 공고히 한 작용을 중시하지 않았는데, 이는 북송 지주계급의 정치적 수요와 떨어져 있었기 때문이다. 북송 왕조는 전연의 맹 이후에 중국 경내의 요, 서하의 통치집단과는 일정한 타협을 통해 물러났으나 농민기의는 역량을 집중하여 방지했으니, 나라 안을 지키고 변경을 허술케 한다고 할만 하다. 『신당서』의 「병지」는 바로 이러한 정책에서 출발하여 당대의 군사제도를 총결한 것이다.

『신당서』 작자가 지, 표를 편찬하여 일정한 사료를 보존하였다. 「선거지」, 「병지」는 당조의 과거제와 병제의 변화에 관한 자료를 계통적으로 정리하였는데, 당대 정치 군사제도 연구에 일정한 방편을 제공해 준다. 「식화지」는 증가하여 5권으로, 『구당서』 「食貨志」에 비해 양이 많으며 또한 비교적 계통이 있고 조리가 있게 대량의 사회경제사 자료를 보존하였다. 「지리지」는 당왕조 지리연혁을 중시하여 서술하였으며, 군부설치, 산물분포, 수리흥폐 등의 상황이 기록되어 있다. 적잖게 『구당서』 「지리지」에 없는 자료를 보충하고 있다. 「천문지」와 「역지」의 분량은 『구당서』의 3배 이상으로 당대 유행한 7종의 역법이 기록되어 있다. 특별히 귀중한 것은 역법 사상 중요한 지위를 점하는 大衍曆의 曆意, 곧 역법 이론이 보존되어 있다는 점이다. 「예문지」는 『구당서』 「경적지」를 비교해 보면 서목이 매우 많이 증가하여 이백, 유종원 등의 저작이 적잖게 보충되었다. 『신당서』는 「재상표」, 「방진표」, 「종실세가표」, 「재상세계표」 등을 증편했는데, 비록 사실의 착오나 누설이 많기는 하지만 가히 갖추고 조사하는 작용을 하도록 하였다.

다음으로 『춘추』 필법을 모방하고 있는 점이다. 『신당서』 작자는 이른바 忠誠, 奸邪, 順從, 反逆에 대한 포폄을 행한 것이다. 이는 『구당서』에 있는 類傳을 기초하여 「卓行」, 「姦臣」, 「叛臣」, 「逆臣」 등의 類傳을 증가하고, 아울러 차서를 새롭게 배열했다. 『구당서』에는 「충의전」이 제5에 배열되어 있으나, 『신당서』는 이를 고쳐서 제 일로 하였는데, 『구당서』의 紀는 차서에 법이 없다는 것을 표시하여 바로잡은 것이다. 『구당서』는 합전함에 있어 대체로 동일시기에 지위가 가깝거나 동일가족을 합쳤는데, 『신당서』 작자는 충성, 간악, 선악이 구분되어 있지 않다고 인식하고 교정하고 있다.

이밖에 『신당서』는 『구당서』보다 늦게 찬수하면서 『구당서』에 빠져있는 사료를 열전 중에 기록하였다. 안사의 난 이후 사료의 흩어져 상실된 것이 적지 않았고 목종 이후에는 관찬실록이 없어 송기 등이 당 후기 인물을 위해 열전을 세울 때에, 小說, 筆記, 家譜, 野史 등의 자료를 많이 채용하였다. 동시에 적지 않은 당대 말기 인물의 열전을 증가시켰다. 그리고 소수민족의 종족, 부락에 대한 기록에 있어 『신당서』는 『구당서』에 비해 많으면서 또 상세하다.

『신당서』의 판본은 많지만 1974년 북경 중화서국 교감본이 현재 유행하고 있다.

제4절 『資治通鑑』 硏究

1. 中國史學名著 『資治通鑑』과 史學名家 司馬光

(1) 『資治通鑑』은 司馬光이 北宋 中期에 황제의 명령을 받아 편찬한 방대한 저작이다. 이 책에 포함되어 있는 시대는 周 威烈王 23(기원전 403)년으로부터 後周 世宗 顯德 6(959)년에 이르기까지 1362년간이나 되고, 이 사이에 흥망한 왕조만 하여도 周, 秦, 漢, 魏 晉, 隋, 唐, 五代 등 16國이나 된다. 이 책이 이처럼 방대하기 때문에 사마광은 조수 劉恕, 劉攽, 范祖禹 등을 선택하여 19년간이라는 장구한 시간을 사용하여 편찬하였다.

사마광은 북송 중기 契丹 西夏의 침입과 무기력하고, 윤리도덕이 침체해져, 장차 오대의 혼란이 재현되지 않을까 하는 위기의식 속에서 『通志』를 서술하여 英宗에게 바쳤다. 황제는 매우 칭찬하고 歷代 君臣事蹟을 편찬하라고 하였고, 神宗은 『資治通鑑』이라는 書名을 하사하고 서술할 것을 명령하였다. 이에 사마광은 政務와 『자치통감』편찬을 병행하였다. 젊고 패기에

찬 신종이 王安石을 채용하여 개혁을 단행하자, 사마광은 洛陽으로 물러나 『자치통감』을 찬수하였다. 사마광은 孔子 이래 直書, 是非褒貶의 역사관을 계승·발전시키고, 鑑戒精神을 선양하여 황제에게 통치의 자료 즉 中國史上 국가의 盛衰, 백성의 休戚을 총괄하여 제공하였다. 이 점에서 『자치통감』을 帝王의 교과서라고 한다.

사마광은 正史, 雜記 등 3백여 종류에 달하는 책을 참조하고 『通鑑考異』 등을 별도로 편찬하여 오직 忠君하는 입장을 나타내었다. 사마광은 그가 편찬한 『자치통감』을 신종황제에게 바칠 때에, "이제 臣은 피골이 상접하였고 눈이 잘 보이지 않으며, 이는 몇 개 남지 않았고 정신마저 쇠미합니다. 이 책에 臣의 정력을 다 바쳤습니다"고 그의 심정을 술회하였다. 말하자면 그는 정치의 일선에서 물러나 자신이 다하지 못한 사명을 『자치통감』을 찬수하는 데에 몸과 마음을 다바쳐 최선을 다한 것을 말하였다. 이처럼 사마광이 힘들여 편찬한 『자치통감』에 대한 평가는 매우 높다. 예컨대, 『자치통감』을 音注한 胡三省은 "임금이 『자치통감』을 모르면 다스리고자 하지만, 資治의 근원을 알지 못하고, 혼란을 싫어하여도 혼란을 방지하는 術數를 알지 못한다. 신하된 자가 『자치통감』을 알지 못하면 위로 임금을 섬길 수 없고 아래로 백성을 다스릴 수 없다. 자식된 자가 『자치통감』을 알지 못하면 도모하여도 몸은 반드시 욕된 것에 먼저 이르르고 일을 하려 하여도 후에 족히 미치지 못한다"고 평가하였다. 『사고전서』 총목에는 "망라한 책은 크고 풍부하여 그 규모는 방대하고 思考는 精密하다"고 극찬하였다.

이러한 칭찬과 걸맞게 북송이후 역대왕조에서는 『자치통감』에 대한 연구열 또한 작렬하였다. 즉, 李燾의 『續資治通鑑長編』처럼 『자치통감』을 이으려는 저작, 주희의 『資治通鑑綱目』처럼 『자치통감』을 개편하려는 저작, 호삼성의 『資治通鑑音注』처럼 『자치통감』을 주석하려는 저작 그리고 王夫之의 『讀通鑑論』처럼 『자치통감』을 논단하려는 저작 등 많은 저작이 쏟아져 나왔다. 일본에서는 『자치통감』의 영향을 받아 『本朝通鑑』, 朝鮮初에는 『東國通鑑』 등이 나와 애독되었다.

현대 중국에서 梁启超, 陳垣 등이 『자치통감』에 대한 평가를 하였고, 특히 陳垣은 애국주의적인 『通鑑胡注表微』를 저작하였다. 아울러 모택동, 주은래,

등소평과 같은 지도자들이 『자치통감』을 높이 평가하고 그 보급을 강조한 결과, 沈志華·張宏儒主篇 『文白對照全譯資治通鑑』(수정본, 1993, 개혁출판사) 『資治通鑑辭典』까지 출판되고 수많은 우수 논문이 쏟아져 나와 그 연구성과를 소화하기조차 어려울 정도이다. 즉, 南宋이래 通鑑學이 성장하여 발전한 것이다. 또한 일본에서도 『자치통감』의 연구성과는 상당하다. 다만 우리나라에서는 여말에 少微 江溶이 『자치통감』을 節錄한 『資治通鑑節要』가 유행되었으며 근래에 몇몇 석학들이 이 책을 번역하고 있을 뿐, 『자치통감』에 대한 史學的 연구는 아직 없는 것 같다.

(2) 司馬光의 성장과 활동

사마광의 고향은 陝西省 夏縣 涑水鄕이었다. 이 지역은 중국역사상 상고에서부터 문화가 발생하던 지역으로 湯임금이 夏의 桀王을 격멸한 지방이었고, 춘추시대이래 魏·秦·漢의 安邑縣에 소속되어 있었다. 현재 사마광의 고향은 하현의 몇 개 농촌장원이 있는 高堠里 坡底村으로 생각된다. 司馬氏는 東漢末 名將 司馬懿의 동생 司馬孚의 후손 北魏 征東大將軍 司馬陽을 섬서성 하현 속수향에 장사지낸 일에서 비롯한다. 그후 속수향 고후리에 대대로 거주하던 望族이었 같다. 그 후 사마씨는 가문의 법도가 쇠미하여 농사일에 종사하였다. 이들 사마씨는 唐末·五代까지는 별로 두각을 나타내지 못하였다. 사마광의 고조 司馬林과 증조 司馬政은 향리에서 氣節이 있는 사람이었다고 하였으니, 무슨 관료 가문은 아니었다.

사마씨가 알려지기 시작한 것은 사마광의 조부 司馬炫이 북송 초에 進士에 합격, 輝州 富平縣令에 진출하여 大治를 이루었던 것에서 비롯한다. 부친 司馬池는 정심, 성의로 正道를 터득하여 進士로부터 정계에 진출하였다. 부친은 효자였다. 그는 眞宗 景德 2년(1005) 殿試에 나갔다가 불안하던 끝에, 머뭇거리던 친우가 모친 사망소식을 전해주어 곧 귀향하여 장례를 마치었다. 그 후 사마지는 진사에 합격하고 河南府 永寧縣 主簿로부터 睦州 建德縣衛·鄭州 防禦判官·光州 光山縣令·太常博士를 역임하였다. 이 기간에 청렴하게 관직생활을 하면서 백성을 위하는 정치에 전력을 기울였고, 광산현령 때 사마광을 낳았다. 그는 仁宗 天聖 7년(1029) 樞密使 曹利用의 추천으로

群牧司判官에 나아갔다가 조씨의 비리를 비판하고 아부하지 않아 결국 그의 독직사건에 말려들지 않고 생명을 보전하였다. 그후 환관의 추파를 물리치고 開封府 推官을 거쳐 鳳翔府 知府에 나아갔다. 이때에 책임 관리의 잘못에 대해 자신이 책임지고, 歧陽鎮 순찰자들의 잘못을 처단하였다. 그는 知杭州에 나아가서는 지방호강과 결탁한 관료를 잘 다스려 칭찬을 받았다. 결국 그는 인종 慶曆 원년(1041) 12월 晉州府 知府로 순직하였다. 이처럼 사마지는 "一代의 名臣"으로 자신이 맡은 바 임무를 다하였다. 그의 친구 龐籍은 "그는 평생 상관을 정직하게 받들고 친구에게는 간절하며, 타인에 대하여 면전에서는 엄격하지만 돌려보내고는 표창하였다. 그가 베푼 정치는 요행을 막아 기강을 바로 잡으며, 권력과 힘있는 자에게 아부하지 않고 약한 자를 돌보았으며, 명예를 좋아하지 않았다"고 술회하였다. 이런 그의 성품과 사상은 사마광에게 적잖은 영향을 주었다. 그의 첫 부인 曹氏는 자녀 없이 사망하였다. 그의 후처 聶氏는 秘閣校理 聶震의 여식으로 현명하고 화목하여 좋은 가풍을 이루어 鄕黨에서 평판이 좋았다. 큰아들이 司馬旦이요, 둘째 아들이 司馬望으로 요절하였으며, 셋째 아들이 사마광이었다. 여식은 博陵崔氏에 출가했다. 사마광의 당숙 司馬浩는 소년시절에 詩·書를 배웠으나, 科擧시험에 합격하지 못해 가사를 돌보았다. 사마광에게 가장 영향을 준 것은 형 사마단이었다. 그는 부친의 門蔭으로 秘書省 校書郎으로부터 知縣·知州·太中大夫 등 관직을 역임하고 神宗 熙寧 8년(1075)퇴직하여 고향 파저촌에서 양로하였다. 그는 "정직하고 민감하며, 비록 작은 일이라도 반드시 깊이 생각하고 법도에 맞지 않으면 선택하지 않았다. 그가 베푼 정치는 大體가 있어 이치에 맞고 편리했다"고 평가되었다. 그는 동생 사마광과 특별히 우애가 깊어 낙양으로 물러난 동생을 찾아보고 사마광 또한, 매년 한번 정도는 찾아 뵈웠다. 哲宗 元祐初에 사마광이 門下侍郎으로 불림을 받았으나, 수용하지 않으려 했다. 이때에 그의 형 旦은 "네 일생동안 堯舜의 도리를 펴서 나라님을 위하여 노력했다. 이제 그 좋은 기회를 만났는데 도리어 나아가지 않으련가"하고 권하였다. 이에 사마광이 형의 말씀을 수용하고 부임할 것을 결심했다.

그러면 사마광의 소년기 생활은 어떠하였는가?

그의 字는 君實, 號는 迂叟·迂夫로 세상에서는 涑水先生이라 하였다. 그는 眞宗 天禧 3년(1019) 10월 18일에 태어났다. 그의 부친 사마지가 광산현령에 재직하던 때이었기에, 이름은 光山縣의 "光"字를 채용한 것이라 한다. 그는 우수한 가정에서 부모, 형에게 교육을 잘 받아 순조롭게 성장하였다. 그는 6세 때에 어머니로부터 덜 익은 복숭아 껍질을 벗기도록 지시받았다. 그는 누이에게 벗겨 달라하고 밖에서 친우와 함께 놀았다. 그의 누이는 자신의 몫만 벗기고는 집에 가 버렸다. 이에 하녀가 그 껍질을 잘 벗겨 주었다. 그는 집에 가지고 가서 자신이 복숭아껍질을 벗겼다고 거짓말을 하였다. 곧 아버지가 이 일을 아시고 "어린애가 이런 황당한 거짓말을 하는가"라고 훈계하였다. 사마광은 이런 일이 있은 후부터 다시는 거짓말을 하지 않고, 깊이 반성하여 "誠"을 자신의 신조로 삼았다. 한편 그는 成人다운 행동을 하였다. 어느 날 그는 같은 또래 마을 아이들과 집에서 놀이를 하고 있었다. 한 아이가 조심하지 않아 물을 가득 채운 큰항아리에 빠졌다. 이때에 다른 아이들은 모두 놀라 도망갔다. 사마광은 냉정하게 생각하고 큰돌을 들어 항아리를 깨고 독에 빠진 친우를 구했다. 이 일은 멀리 개봉부에까지 알려져 사람들은 칭찬하고 화가는 이 광경을 그려 보급하였다. 오늘날에도 이 故事는 전해져 교육자료로 활용하고 있다. 그는 이미 6세때부터 독서하기 시작하였다. 그는 7세에 『春秋』를 청강하고 흥미를 가졌고 가족들에게 『左傳』의 내용을 설명하였다. 스스로 학문에 마음을 다하여 학습하였다. 심지어는 번번히 배고픔과 추위·더위를 잊고 독서하였다. 그는 역사를 좋아하여 책을 읽고 의미가 통하지 않을 때에는 몇 번이나 각고하며 통독하고 잠 못 이룬 때가 많았다. 이렇게 정밀하게 독서하여 얻은 문장은 일생동안 잊어버리지 않았다. 그는 15세에 이르자, 통하지 않는 책이 없을 정도로 經史 등 서적을 두루 섭렵하였다. 이리하여 소동파는 "사마광의 문장은 西漢風이 있어 깊고 순박하다"고 칭찬하였다. 아울러 그의 학문하는 태도는 『자치통감』을 찬수할 때에, 낮에 힘써 쓰다가 시간이 부족하면 잠자지 않았다고 스스로 회고하였으니, 모든 사람들에게 귀감이 될만하다. 사마광은 성품이 온순하고 인정이 많았으며, 검소한 생활을 하였다. 그는 16세때에 부친이 문음으로 벼슬토록 지시했으나, 형에게 양보하였다. 이처럼 사마씨의 부모는 자애롭고 자녀는 효도하며 형제는 우애, 공경하는 가풍을 이루었다. 특히 부친의 친우, 龐籍·張存·孫之翰 등은 사마광을 자식처럼 사랑하였다. 방적은 그의 관료생활을 적극 뒷받침해 주었고, 장존은 그를 사위로 삼아 그의 성장을 도왔으며, 손지한은 그 당시 唐史의 전문가로 사마광에게 많은 영향을 주었다. 사마광 또한 부친의 친우를 부모처럼 공경하고 보은에 힘썼다. 사마광은 20세에 진사에 진출하고 결혼하여 정치·사회생활을 시작하였다. 그의 부인 장씨는 검소하고 현숙하여 남을 칭찬하였으며, 남의 단점을 감싸주고 장부에게는 관대한 정치를 당부하였다. 즉, 부인은 현모양처이었다. 사마광은 훗날 부인의 사망을 애통해하고 〈敍清河郡君〉을 지어 부인의 덕망을 기리고 자손들로 하여금 본받게 하였다. 그가 20세에 진사에 합격하여 황제가 베푸는 聞喜宴에 참가하였다. 이 잔치에 참석자는 紅花佩를 쓰게 되어 있었다. 그는 홀로 그것을 쓰지 않았는데, 친구가 황제께서 하사한 것을 쓰지 않을 수 없다고 권하자, 홍화한 가지만 꽂아 썼다. 그는 재상이 되어서도 감히 고기를 먹지 않고 비단옷을 걸치지 않았다. 그가 낙양에서 한가한 생활을 할 때에, 同門 范鎭이 방문하여 선물로 준 혁대 한 벌을 죽기 전까지 사용하였다. 또한 그의 처 장씨가 사망하자, 낙양에 겨우 3頃의 토지가 있었는데, 그것을 팔아 부인을 안장하였다. 그는 아들 康에게 "내 본래 한미한 가정에서 태어나 청백으로 일관했다"면서 검소한 생활을 훈계하여 근검·청백한 생활을 당부하였다. 이러한 그의 검소한 생활은 북송 중기 탐관오리가 횡행하던 때에, 다른 사람의 모범이 되고 자신을 악에서 구제하는 방편이었을 것이다.

그는 관직생활을 시작하면서 부모에 대한 효도까지 겸하여 실천하였다. 1038년 부친 사마지는 知同州였다. 이에 사마광은 同州의 인근 華州判官을 요청하여 자신의 직무를 수행함과 동시에 물론 부친을 도왔다. 그리고 同年 石揚休가 同州推官에 부임하자, 함께 龍興寺碑를 탐방하였다. 이때에 그는 同年 石에게 부친을 보좌할 것을 당부하였을 것이다. 이듬해에 부친이 知杭州에 옮기자, 사마광은 인근의 蘇州判官을 희망하여 부친을 돕고자 하였으나, 부임하기 전에 모친상을 만났다. 그는 장례를 마치고 항주에 가서 그 곳 풍속을 파악하였다. 때마침 북송은 서하와 전쟁이 벌어져 전국에서 戰馬를 거두고, 특히 兩浙地方에서는 弓手를 뽑도록 하였다. 이에 사마광은 부친을 대신하여 양절지방의 사정을 들어 궁수 선발이 합당하지 못하다는 글을 올려 해결하였다. 그 다음해에 부친이 知晉州로 전임되었지만 사망하였다. 이에 형 旦과 함께 고향에서 장례를 마치고 喪禮期間 5년간을 보내게 되었다. 이 기간은 사마광의 일생에서 큰 전환을 가져왔다. 그는 同年 孟翱가 고향 하현의 현위로 와 있어서 세상 돌아가는 것을 들을 뿐이었다. 이때에 사마광은 많은 서적을 섭렵하고 특히 〈十哲論·四豪論·賈生論〉을 저작하여 실제로 역사연구를 진전시켰다.

1044년(인종 경력 4년) 사마광은 5년 동안의 부모상을 마치고 武成軍判官事에 나아갔다가, 이듬해에 韋城縣令에 부임하였다. 그는 명인들을 만나고 經史를 섭렵하면서 史論 저작에 박차를 가하여 史論 機權論을 비롯하여, 才德論, 廉頗論, 龔君實論 그리고 〈史評〉18편을 저작하였다. 사마광은 1046년(인종 경력6년) 大理評事로 내직에 들어왔고, 곧 國子監 直講을 겸하여 諸生에게 經術을 교수하였으며, 大理寺丞에 옮겼다. 이에 그는 전국의 재판에 관한 일을 체험하고 국자감, 秘閣 서적을 열람하였으며, 諸生과 접촉함으로써, 견문을 넓혔다. 실제로 1047(경력7)년 貝州에서 王則의 반란이 일어나 쉽게 진압되지 않았다. 방적이 추밀부사에 전임하자, 그는 王則의 병란에 대하여 동참자를 분화·와해시킬 것과 고관을 파견하여 진압할 것을 건의하여 성과를 거두었다.

이러한 사정에서 그는 국내외문제에 대하여 관심이 깊어졌고 역사가로 고민하고 역사적으로 추구하여 현상을 극복하려 하였다. 907년 唐의 멸망으로부터 오대 53년간에 5姓 13君이 있었다. 5왕조의 수명은 길어야 10여년 심지어 3, 4년에 불과하였다. 그 동안 현인군자는 모두 없어지고, 남은 자는 용열하고 불초한 자, 교활한 자 그리고 이익을 추구하여 나라를 팔아먹는 자 뿐이었다. 즉, 군주 신하 등 사람의 발자취는 난무하였다. 이런 혼란국면의 근본적인 원인에 대하여 구양수는 "예의가 날로 피폐되고 恩愛가 날로 야박해져서 마침내 습속이 되어 크게 파괴된 것으로부터 연유한다"고 하였다. 960년 趙匡胤은 陳橋의 兵變을 통하여 周宋革命에 성공하고 정치, 사회, 군사적인 개혁을 통하여 극복하려 하였다. 예컨대 ① 지방 절도사의 병권을 회수하고 군사권을 중앙에 집중시켜 禁軍을 강화하고 廂軍을 약화시켰다.

② 재상의 권한을 나누어 행정·군사·재정을 분담시켜 서로 견제케 하였다. 지방행정도 知州와 通判을 두어 권력을 나누고 분산시켜 서로 견제케 하였다. ③ 관료제를 확립하였다. ④ 중앙의 금군을 날로 증가시켰다. ⑤ 특히 中唐이후 租佃制가 발달하여 토지가 고도로 집중되어 갔다. ⑥ 그 위에 국민적 정서를 순화시키는 禮樂이 정비되지 않고 필요시에 예악에 대하여 강조하였다. 이런 일련의 정책은 북송 중기까지 변화없이 추진되었지만, 송조의 쇠퇴상은 점차 깊어만 갔다. 즉, 군사권을 중앙에 집중하고 이른바 문치주의 정치를 실시하였으나, 약체 宋軍은 내란을 일으키면서도 거란·서하의 침략에 효과적으로 대처하지 못하였다. 그것은 송왕조가 자연적 재해나 병란에 대비하는 방안으로 모병하였기 때문에, 군대내부의 위계질서나 기강을 세울 수 없었다. 더욱 심각한 사실은 거대해진 군대를 운영키 위해서는 국가재정이 70%이상을 낭비하는 사정, 對契丹 西夏戰에 실패하여 지불하는 막대한 歲幣가 농민에 전가되는 것이었다. 이에 대한 근본적인 개선이 필요하였다. 그리고 중앙과 지방관리에 대한 권한의 분리와 상호 견제케 하는 정책은 결국 황제 전제권한의 강화를 가져 왔지만, 붕당이 야기되고 관료계에 기강이 해이해져 그 개선이 시급하였으며, 그 틈에 환관세력 또한 고개를 들어 황제권은 도리어 무너져 갔다. 결국 사마광은 試館閣校監, 同知太常禮院, 諫官 등으로 활발한 활동을 전개하였다.

이제 몇 가지 구체적인 사례를 살펴보자.

1) 가우 원년(1056) 사마광은 幷州通判州事로 知州 龐籍과 함께 3차에 걸쳐 상소하여 황제 후계자 선정을 촉구하였다. 본래 인종황제에게 3황자가 있었으나, 모두 요절하였다. 백관도 황제의 심기를 고려하여 어느 누가 감히 후사문제를 내놓지 못하였다. 충직한 唐介와 范鎭이 논의한 일이 있지만, 백관이 호응하지 않아 문제되지 않았다. 그러나 이번에는 황제의 몸이 극히 쇠약하여 건강이 크게 문제되었다. 한편 사마광은 인주를 순찰하던 중에 변장이 망루건설을 건의하자, 가볍게 수용하였다. 그러나 순찰자가 깊숙이 서하 쪽에 들어가 그들의 공격을 받아 참패한 사건이 발생하였다. 이를 麟州事件이라 한다. 지주 방적은 모든 책임이 자신에 있다고 하여 사마광을 보호하

였다. 이 사건으로 말미암아 사마광은 크게 반성하고 자신이 책임지려는 노력도 했지만 허사이었다. 그는 방적과 그 부인을 친부모처럼 봉양하고 그의 자식들을 친동생처럼 구휼하였다.

이 사건 후 사마광은 太常博士, 祀部員外郎, 直秘書閣, 判吏部南曹로 인종 황제 후사문제를 적극 추진하여 환관 任守忠의 반대를 물리치고 趙宗實(후에 영종)을 황태자로 삼게 함으로써, 그의 위축된 사명감을 회복하여 더욱 황제의 보좌에 힘썼다. 사마광의 주요 요지는 〈賈生論〉에서 보듯이 국가에 후계자를 정하는 일은 무엇보다 중대하다는 것이었다.

2) 인종 皇祐 2년(1050) 8월 황제가 신임하던 환관 麥允言이 사망하였다. 황제는 "윤언은 군공이 있으니 특별히 의장을 갖추어 주어라. 이후에는 그것을 예로 삼을 수 없다"고 하고, 그를 사도·절도사에 추증코자 하였다. 이때 사마광은 작호·제사·세습 등의 임무를 담당하는 同知太常禮院에서 근무하였다. 그는 孔子가 "천자의 그릇과 명의는 남에게 빌려줄 수 없다"는 원칙을 근거로 환관의 장례로 말미암아 예법을 파괴하는 것은 안된다는 것이었다.

3) 인종 황우 3년(1051) 황제는 그 당시 실권자이요 太師, 英國公이었던 夏竦이 사망하자, 시호 文正을 주었다. 이때 사마광은 周公과 같은 국가의 동량, 덕행자에게 주는 시호가 문정이라면서 하속은 권술에 능하고 동료간을 이간질하였으며, 생활은 부패했고 인심을 얻지 못하였다는 이유로 굳게 반대하였다. 황제는 국가의 禮制를 파괴하는 일이라고 주장하는 그를 억압할 수 없어 결국 개정하여 文庄을 수여하였다.

4) 영종 치평 4년(1067)신종 황제가 張方平을 參知政事에 임용코자 하였다. 이때 사마광은 張이 병법도 모르면서 서북면의 대관에 나아가 적에게 참패하였다고 지적하고 반대하였다. 그러나 황제와 재상이 張을 비호하자, 사마광이 굳게 탄핵하였고 張은 자신이 불안하여 외직을 희망하여 남경지부에 나갔다. 결국 사마광의 입장은 불초한 관리에 대하여 탄핵하고 잘못을 감정으로 처리해서는 안된다는 것이었다. 아울러 그는 관료는 국가에 공적을 쌓지 못하면 고하를 막론하고 탄핵해야 국가는 기강이 바로 서고 발전한다는 것이었다.

5) 사마광은 영종 치평 2년(1065) 龍圖閣直學士, 判流內轉, 右諫議大夫에 나아갔다. 북송 초기이래 누적된 폐단 중에 門蔭은 관료요원과 유식계층의 증가, 그리고 기강 해이 등을 초래하였다. 사마광은 門蔭者에게 經典시험을 부가하자고 주장하였다. 그들의 통치역량을 강화하여 실제관료로 채용하여 누적된 폐단을 극복하자는 방안이었다

6) 사마광은 인종 嘉祐 6년(1061) 守起居注, 同判尙書禮部, 同知諫院에 올랐다. 이때에 그는 政論인 군주의 三德, 三道 및 五規를 仁宗에게 바쳤다. 군주의 三德은 仁·明·武이다. 仁은 고식적이 아니라 禮治를 실행함이요; 明이란 군주가 사물을 냉혹히 살피는 것이 아니라 是非를 분명히 하는 것이요; 武는 강제로 무단하지 않고 사건에 따라 능히 단정하는 것이다. 이 삼자 사이에 있어서 仁은 사상적 기초이고, 明과 武는 정책과 책략으로 하나라도 없으면 안된다. 이는 그 당시 정치 不在의 상황에서 제출한 것이다. 즉 사마광이 仁宗의 우유부단한 사건처리에 대하여 針對한 것이다. 그는 일국의 군주는 반드시 자신의 主見을 가지고 마땅히 끊어야 할 것을 끊어야 한다는 것이다. 까닭에 武를 강조한 것으로 옛제도에 얽매어 있는 상황에서 탈피하여 적극적으로 사회적 폐단을 개선하자는 것이었다. 그리고 三道는 任官, 信賞, 必罰이었다. 그는 嘉佑 6년(1061) 8월 17일 五規 즉 保業, 惜時, 遠謀, 防微, 務實의 사상을 상주하였다. 保業이란 어떻게 하면 송왕조의 강산을 확보하여 오래도록 안정되게 다스릴 것인가를 강구하는 것이다. 자손의 교만한 생활이 문제이니, 이를 경계해야 한다면서 秦과 漢, 隋와 唐을 그 예로 들고 옛것을 거울로 삼아야 한다는 것이다. 惜時란 곧 태평한 시기에 아름다운 것을 부추겨 주고 피폐된 것을 보충해야 한다는 것이다. 國家, 個人運命, 事物에는 모두 興衰가 있는 것으로 子孫중에 어진 자를 가리어 근엄하게 지켜야 하는 것이니, 이것이 守成의 요체라는 것이다. 즉 백성은 국가의 기반이요, 예법은 주춧돌이요, 공경들은 동량이요, 백관은 덮개요, 장수는 담장이요, 갑병은 관건이라는 것이다. 수성하는 군주는 승평한 시기에 綱紀를 세우고 펴서 만세의 기반을 정하는 것이 필요하고, 그렇지 않으면 곧 厄患이 들어 한탄해도 쓸데없는 것과 같다는 것이다. 遠謀란 태평한 때에 비상한

때를 생각한다는 것이다. 눈앞의 편안함보다는 장래에 어려움에 대비하여 절약하는 것처럼, 모든 일을 이렇게 함으로써 만세에 치안을 생각한다는 것이다. 防微란 치국함에 있어서 미미한 것을 방지하고 번지는 것을 막는다는 것이다. 그는 '미미한 것을 다스리려면 힘은 적게 들고 효과는 많으며, 무성한 것을 다스리려면 힘은 많이 들지만 효과는 적다'면서 명석한 군주는 이런 이치를 깨달아 나쁜 싹을 없애 被害·禍亂을 방지해야 된다는 것이었다. 그리고 그는 務實의 내용으로 仁, 孝, 禮, 政, 刑, 賢, 審官, 納諫, 治兵 등을 제시했다. 즉, "국가를 안정시키고 백성을 이롭게 함이 仁의 實質이요; 기초를 보전하여 자손에 전하는 것이 孝의 실질이요; 귀천을 판별하고 기강을 세우는 것이 禮의 실질; 상하가 화목하고 멀리 있는 자와 친한 것이 樂의 실질; 시비를 정하고 좋아하고 싫어함을 밝히는 것이 政의 실질; 간사함을 힐책하고 포악하고 혼란함을 금지하는 것이 審官을 실질; 안정과 위험을 도모하고 治亂을 살피는 것이 納諫의 실질; 용감하고 과단성이 있는 자를 선발하고 전투를 익히게 하는 것이 治兵의 실질이다"고 설명하였다. 이는 북송의 사회적 폐단을 혁파하여 진일보 발전을 획책한 주장으로 사마광의 충성 바로 그것이었고, 사려 깊고도 탁월한 정치가의 식견이었다.

7) 사마광과 왕안석 두 사람은 거의 동시대 인물이고 같은 진사출신이다. 그들은 상면치 않았을 때에는 서로 흠모하였고, 사마광은 왕안석을 知制誥에 추천까지 하였다. 그러나 두사람은 등주 살인사건 처리와 新法을 둘러싸고 대립하였다. 전자는 추남 韋阿大와 미인 阿云이 결혼했지만, 남편이 추남인 것을 실망한 아내가 남편을 살해한 사건이다. 아운은 범죄 후 자수하여 2등 감형조치 되었다. 이 사건 처리에 대하여 왕안석은 법대로 잘 되었다고 하였지만, 사마광은 인륜·도덕상 중대한 문제로 중죄로 다스려야 한다는 것이었다. 후자는 희령 3년(1071) 사마광이 왕안석에게 신법폐지를 요구하는 서신을 보냈을 때에, 왕안석은 "道不同"이라 하고 三不足說을 제기하였다. 여기서 두 사람의 추구하는 입장·도리가 다른 것을 볼 수 있다. 사마광은 禮가 국가사회의 기본골격으로 이것을 구현함으로써, 국가사회가 흥륭할 수 있다고 보았다. 그가 제기한 中和論 또한 예의 범주에서 벗어나지 못한다.

즉 禮는 인륜도덕이고 德 곧 정직함은 곧 中和로 실현된다는 것이다. 즉 德은 才를 統禦하고 才의 獨走를 억제하는 것이기에 조화와 유지를 가리키는 中和의 실현이 곧 道의 달성이라는 것이다. 따라서 사마광은 조화와 유지를 가리키는 中和를 통하여 ⓐ 才勝德하는 소인의 치세를 지양하고 ⓑ 君子가 추구하는 덕을 구현하며 그의 형 사마단이 지적한 바와 같은 요순시대 곧 태평성세를 이루려 하였던 것이다. 예컨대, 智伯이 德이 부족하여 실패하였다는 것이었다.

이런 입장에서 사마광은 앞서 말한 바와 같이 군주의 3德, 3道, 5規를 제창하고 실현코자 知制誥를 피하고 諫官, 侍講, 學士 등의 직책을 선호하여 송왕조의 문물제도를 개선하고 불법 비리를 탄핵 규탄하는 입장을 견지하였던 것이다. 그 위에 그는 혁신적인 왕안석에 대하여 보수적이지만 몇 가지 개혁방안을 가지고 있었다. 즉,

1) 사마광은 북송 중기에 당면한 정치 사회적 문제를 유가사상을 통하여 해결할 수 있다고 보았다. 그것은 ⓐ 인재채용상, 經術에 정통하여 편벽되지 않고 大體를 깨달은 자를 賢德者로 보아 채용하는 것이었다. 예컨대, 그가 몇 차례 門蔭者에게 經意를 묻는 시험을 보도록 주장한 것이 그 예이다. 그가 철종초 明經科를 설치하고 아들 康이 명경으로 관료계에 진출한 사실은 결코 우연한 일은 아니다. 특히 10科取士法 곧 師表, 諫諍, 將帥, 監司, 經筵, 顧問, 著述, 聽訟, 斷獄, 財賦上의 전문인물을 선발할 것을 주장하였다. ⓑ 人事管理上, 李定이 왕안석의 문인으로 모친상에 참여하지 않고 신법을 남방의 모든 사람이 좋아한다고 기만한 사실을 규탄한 것처럼, 관원의 고과평정, 안찰을 위해 仁惠, 公直, 明敏, 廉謹과 거꾸로 苛酷, 驕佞, 昏懦, 貪縱을 표준으로 할 것과 관료정원제를 실시해야 한다고 주장하였다.

2) 사마광은 재부의 절약과 검소한 생활로 재정을 해결할 수 있다고 보았다. 그것은 ⓐ 황실의 사치, 넘치는 증여와 상사, 그리고 소모를 줄이자고 하였다. ⓑ 범람하는 冗官을 정리함으로써, 재정 소모를 줄이자는 것이다. 그리하여 사마광은 청묘법 등 여러 신법의 폐지를 주장했고, 철종 원우초에 그가 신법을 폐지하였다. 다만 그는 차역법을 백성의 질고라고 보고 流民問

題 등을 해결코자 募役法을 제창하여 왕안석의 면역법의 정신이 되었다.

3) 사마광은 막대한 冗兵보다 精兵을 양성하고 백성을 안정시켜 군수물자 보급을 안정시켜 군사상의 문제를 해결할 수 있다고 보았다. ⓐ 군대의 정원제 ⓑ 상하 등급관계 곧 기강을 세워야 한다고 하였다. 그리하여 그가 知永興軍에 나아가 義勇과 屯兵설치를 반대하고 遺表에서 신법폐지와 더불어 변장의 탐오와 환관이 군사권을 장악하면 혼란이 야기되는 것이니, 환관의 군사권 개입을 방지할 것을 요청하였다. 이리하여 사마광은 신법에 극력 반대하여 ① 왕안석 같은 소인배와 함께 할 수 없다는 입장에서 樞密副使의 임명을 6차에 걸쳐 거절하였고, ② 구법당이 속속 파직되거나 지방관리로 出外하는 사정에서 신법은 진보나 혁신이 아니고, 中和의 정신을 파괴하는 소인 왕안석은 邪術로 관계하고 법에 의지하며, 조상의 법도를 파괴시키고 도리가 아닌 학문과 위선적 언행으로 백성을 속이는 "民賊"이라고 통렬하게 비판하였다. 결국 그는 洛陽으로 물러나 앞서 영종과 신종이 명한 바 『자치통감』 편찬에 그의 역량을 다할 수 있는 기회를 맞이하였던 것이다.

그 동안에 신법에 관한 여러 잡음과 혼란이 야기되자, 신종은 모든 관료들에게 조정의 시비·득실을 논하게 한다는 조서를 내렸다. 이에 사마광은 낙양으로 물러난 이래 소인이라는 禍를 면하고자 꼭 다문 입을 열었다. 그는 국가의 대권을 왕안석에게 위임하고, 자신을 한가하게 방치한 황제의 잘못을 숨김없이 토로하고 6조의 朝政 得失을 개진하였다. 그것은 즉, ① 청묘전이 실시되었지만 백성의 부담을 날로 무거워지고 관청에도 소득이 없다. ② 上戶의 부담을 下戶에게 전가하니, 결국 부랑자가 양성된다. ③ 국가는 시장을 설치하여 백성과 더불어 이익을 다투니, 실제로는 관청의 물품을 소모한다. ④ 중국이 잘 다스려지지 않아 오랑캐가 침략하여 얻은 것은 적고 잃은 것은 많다. ⑤ 保甲을 모아 흉기 쓰는 법을 가르치니, 백성이 피폐되고 요란해졌다. ⑥ 미친 듯이 날뛰는 자를 믿어 망령되게 水利를 일으키니, 백성이 피곤해지고 시간을 낭비한다. 이상 여섯 가지 잘못 중에 청묘법과 면역전이 더욱 심하다는 것이다.

2. 『資治通鑑』의 編纂

(1) 『자치통감』의 편찬배경을 살펴보자.

첫째, 사마광은 후술하는 바와 같이 孔子 이래 줄기차게 발전되어 온 經世史學의 전통을 이어받아 『자치통감』을 편찬하였다.

둘째, 唐宋時代에 이루어진 대량의 편찬사업은 『자치통감』의 저작에 주요한 배경이 되었다. 당태종은 館修國史라는 체제를 도입하여 『晉書』를 비롯하여 『周書, 北齊書, 隋書, 梁書, 陳書』의 5史의 편찬하였다. 그리고 『唐六典·通典』과 같은 政書類 등 대규모의 史書가 편찬되었다. 아울러 虞世南의 『北堂草書』, 歐陽洵의 『藝文類聚』, 高士廉의 『文辭博要』, 徐堅의 『初學記』 등 방대한 類書編纂이 이루어졌다. 이들은 고대의 사물에 대하여 문필가의 문화적 작품이 많지만, 천문·지리·인사·기물 등을 살펴 역사연구에 참고가 되었다. 이런 역사책과 類書는 안사반란 이후 당말·오대의 정치, 군사적 혼란으로 말미암아 크게 散失되었다. 그러나 趙宋의 중국통일 이래 송왕조는 민간에 대하여 수차 求書活動을 전개하고 편찬사업을 시행하였다. 예컨대, 『新唐書·新五代史』, 각 시대 『會要』 등 역사책과 『冊府元龜, 太平御覽, 太平廣記, 太平寰宇記』 등이 그것이다. 『宋史·藝文志』에 의하면, 신종시기에 이미 1,906부 26,289권이나 편찬되었다. 이상과 같이 편찬사업은 당송시대에 문화사업의 결과이다. 아울러 이런 방대한 사업은 역사적 경험·교훈을 통한 鑑戒, 經世致用을 중시하는 역사전통을 계승하여 『자치통감』과 같은 방대한 저작의 중요 편찬배경이었다.

셋째로, 당후기이래 성행한 春秋學은 사마광에게 큰 영향을 주어 『자치통감』을 편찬하는 주요 배경이 되었다. 안사반란 이후 당왕조는 급속히 쇠퇴기로 접어들었다. 아울러 거란, 탕구트 등 주변민족의 흥기와 함께 그들과의 접촉이 빈번해졌다. 특히 당왕조의 수도 長安은 서북에 치우쳐 있었고 탕구트의 침입에 어려움을 겪었다. 그 위에 동남의 江淮地域은 생산이 크게 증가하여 당왕조가 의지하였지만, 수도 長安으로부터 멀리 떨어져 있었다. 이러한 사정에서 통치자나 지식계층은 위기의식을 갖게되었다. 춘추학은 이런 현상을 극복하는 방향에서 강구·재건되었다. 당후기 趙廣, 炎助 등은 『春秋

集傳贊例』 10권을 편찬하고 救亂코자, 충의를 말하고 儒佛仙 3家의 득실을 고찰하여 疑古하는 기풍을 일어났다. 그리고 당말 오대에는 인륜질서가 파괴되어 거란에 매국이 자행되어 不君, 不臣, 不人의 발자취가 난무하였다. 이리하여 송왕조의 사대부들은 위진남북조, 수당시대는 『春秋』에 의거하지 않아 그러한 혼란상이 야기되었다고 비판하고 『춘추』의 정신 곧 大義名分, 尊王攘夷 그리고 是非褒貶을 회복해야 혼란을 극복할 수 있다고 믿었다. 이러한 사정에서 구양수, 사마광 등이 춘추학을 닦고 역사편찬에 나아간 것이다. 구양수는 이런 『춘추』의 관념에 입각하여 薛居正의 『舊五代史』를 개수하여 『新五代史』를 편찬하고 『舊唐書』를 개수하여 『신당서』를 편찬한 것이다. 특히 사마광은 앞서 말한 것과 같이 그가 유년기에 역사를 좋아하고 『춘추』를 가족에게 설명하였으며, 많은 서적을 박람하였다. 이런 사실은 그의 국가관, 역사관에 『춘추』의 대의명분이 투영되고 역사적 경험·교훈을 감계로 삼았을 것이다. 그리하여 그가 찬수한 『자치통감』은 책이름과 내용상에 춘추학에서 나온 우수하고 감계적인 경세전통이 살아있다.

넷째, 사마광은 송대 역대황제의 적극적인 역사에 대한 관심과 저작에 관한 지원으로 『자치통감』을 저작하였다. 태조 조광윤은 오대의 혼란상을 몸소 체험한 사려 깊은 군주였다. 王夫之가 "조광윤은 사대부를 우대하여 성공하였다"고 말한 것처럼, 그는 문화, 역사지식을 중시하였다. 그는 역사책을 읽고 성패의 득실에 관한 경험·교훈을 총결하였으며, 문무관료들에게 독서를 강조했을 뿐만 아니라 도서의 수집과 출판에도 노력하였다. 그는 『唐會要』, 『五代會要』 등을 편찬 반포하였다. 역사를 존중하는 태조의 조치는 이후 황제들의 모범이 되었다. 태종은 『太平御覽』 등, 진종은 경덕 2년 9월 王欽若 등에게 역대 군신사적을 편찬토록 하여 그 책이름 『冊府元龜』를 하사하였다. 그리고 인종은 경우 1년 (1061) 삼관비각에 명령하여 남북조 7사를 교감케 하였으며, 宋祁와 歐陽修로 하여금 『신당서』를 찬수하게 하였다. 이울러 송왕조는 史館을 중심으로 起居院 등 修書局을 설치하여 修史體制를 완비하고 역사책을 편찬케 하였다. 이처럼 송왕조의 역대 황제가 修史局을 설치하여 역사편찬을 적극 추진하고 經筵의 주요 내용으로 채용하여 역사에 관한 관심과 역사연구에 지원을 아끼지 않았다.

그밖에 과학기술 특히 활판 인쇄술의 발명·사용으로 대량의 역사책이 인쇄 배포되어 『자치통감』 제작에 편리한 조건을 제공하였다.

이상과 같은 역사적 배경 하에서 19년이라는 장구한 시간을 사용하여 英宗, 神宗의 배려와 격려를 받은 위에, 물적인 지원을 받고 특히 助手들의 적극적인 도움으로 『자치통감』을 찬수하였다. 그의 조수로 劉恕, 劉攽, 范祖禹이었고, 檢字에 아들 司馬康이, 수정작업에 黃庭堅 등이 참여하였다. 이제 그의 조수들의 이력과 『자치통감』 저술에 대한 공로를 살펴보는 것이 필요하다.

劉攽은 형 劉敞과 함께 진사로 문장이 뛰어나고 현명하여 "靑江二人"이라 했다. 부친 劉立之는 爲民을 최우선으로 하는 循吏이었다. 형 유창은 劉知幾가 말한 역사가의 품성으로, 史學, 史識, 史才를 갖춘 인물이었다. 그러나 그는 왕안석의 정치 입장에 동조하였고 왕안석의 정치 이상이 담긴 『三經新義』의 이론적 기초를 제공하였으며, 佛老의 연구를 좋아하였다. 그는 新舊 兩黨의 정치 투쟁상 중립을 취한 純儒이었다. 한편 유반은 오직 道를 묵수하고 보수 입장을 견지하며, 왕안석과 대립하여 지방관에 좌천되었다. 이리하여 사마광은 조수 趙君錫이 부친상으로 수서참여가 불가능하자, 유반을 조수로 추천하여 수서국에 포용하였다.

劉恕는 京兆 萬年人이었다. 그는 총명하여 한번 독서하면 곧 암송하였다. 13세에 『춘추』를 닦아 賢良方正科에 진출코자 했지만 보류하고, 18세에 진사과 經義 시험에서 장원이었는데, 이때 사마광은 知貢擧이었다. 그는 청주 거록주부, 진주 화천령을 역임하였다. 그는 역사를 좋아하여 紀傳 이외 諸子, 稗官小說에 이르기까지 섭렵하지 않은 책이 없었다. 그는 사마광이 영종의 조칙을 받아 『통지』의 속편 곧 『자치통감』을 저작할 때에, 修史局에 들어와 漢魏 이후의 역사편찬을 위임받아 역사상의 차이와 오류를 정밀하고도 상세하게 고증하였다. 유서는 처음 왕안석과 친분을 가져 중용고자 했으나, 그는 재정에 관한 일은 알지 못한다 하여 그와 대립하고 마침내 결별하였다. 비서승으로 사마광을 도와 『자치통감』을 찬수하다가 끝내지 못하고 원풍 원년(1078) 9월 사망하였다.

그리고 范祖禹의 이름 祖禹는 모친의 꿈에 전한시대 장군 鄧禹를 보고 낳았다 하여 붙여진 것이다. 어려서 고아로 從祖이자, 사마광의 친구 범진이 친자식처럼 길렀다. 그는 문을 잠그고 독서하여 이른바 "천하선비"로 진사갑과에 진출하였다. 왕안석이 국정을 담당하여 그를 중용코자 했지만, 그와 대립하여 왕안석은 국정을 더럽힌다고 지척하고 신법의 피해를 논단하였다. 그는 사마광이 낙양으로 물러나 『자치통감』을 편찬할 때에, 15년동안 사마광을 도왔다. 사마광이 낙양에서 운용하는 문자는 모두 범조우에게서 나왔고 크고 작은 일은 그와 상의하였다. 사마광은 『자치통감』을 완성하자, 그를 秘書監 正字에 추천하였다. 따라서 사마광이 선발한 조수들은 그와 정치 주장이 같고 관점에 동의하던 인물이었다. 아울러 그들은 중국사학에 조예가 깊은 인물들이었다. 그리하여 사마광은 이들 조수들을 황제에게 천거하여 함께 『자치통감』을 편찬하였으니, 그는 매우 좋은 조건을 가졌던 것이다.

(2) 사마광은 어떤 의도로 『자치통감』을 편찬했을까?

그의 〈進資治通鑑表〉에,

㉠ 오로지 국가의 흥망성쇠에 관련된 것을 취하고, 생민의 휴척에 연계되어 있는 것을 묶어서 ㉡ 선한 것을 법으로 삼고 악한 것을 勸戒코자 하여 편년 한 책을 만들었다. ㉢ 선후배로 하여금 인륜을 높이고 조잡하고 정밀한 것을 혼합치 않게 하려는 것이었다고 명확히 기록하였다. 그리고 같은 表에는 ㉣ 연해와 같은 자료들 가운데에서 숨겨진 악한 것을 들추어내고 크고 작은 것을 가려냈다. ㉤ 황제에게 당부한 언급으로 ㉠, ㉡의 내용을 강조했다. ㉥ 그리하여 지극한 정치를 이루고 백성이 그 福을 입게 하여 자신의 의도를 펴게 해줄 것을 요청하고 있다. 따라서 사마광은 국가의 대소사를 결정하는 황제에게 ⓐ 국가의 흥망성쇠와 백성의 휴척에 관계되어 있는 정치자료를 제공하여 ⓑ 황제가 그 선악·득실을 판별하여 勸戒로 삼고 ⓒ 長幼의 人倫을 높이고 정밀하고 조잡한 것을 혼합하지 않게 한다. 곧 황제로 하여금 『춘추』의 대의에 따라 포폄법으로 撥亂反正하려는 것이었다.

그런데 신종은 사마광으로부터 『자치통감』을 받고 〈獎諭詔書〉를 내렸다. 같은 〈조서〉에는 사마광이 포폄법에 따랐음을 칭찬하였다. 이 〈조서〉에 대하여 高振鋒氏는 "『자치통감』이 호번한 기전체보다 紀次에 법도가 있고 논의가 명확하여 懲勸에 채용할 수 있을 뿐만 아니라 역사 사실에 대한 포폄의 법에 의거하여 통치자에게 借鑑을 주어 사용하기에 편리하다"고 해석하였다. 그리고 고씨는 〈진자치통감표〉의 편찬의도 중에 ①, ②의 내용과 『자치통감』의 『資治通鑑』 권 69, 魏紀 1, 魏文帝 黃初元年 4月 "臣光曰"에 보이는 사마광의 편찬 의도를 소개하였다. 두 자료는 문자의 출입이 있을 뿐이라고 하였다. 그리하여 사마광의 편찬 의도 세 가지를 제시하였다. 그것은 즉, ① 오로지 역대 왕조의 정치상 흥망과 백성생활의 好壞를 기록했다. ② 그 국가의 흥쇠와 백성의 휴척중에 선악은 응당 독자에게 좋은(나쁜)경험을 주는 것이나 의도는 勸戒에 있다. ③ 『춘추』의 포폄의 법을 세워 撥亂反正하는 공구로 삼는 것을 反對하였다고 하였다.

여기서 고씨가 제시한 ①, ②는 〈진자치통감표〉에 보이는 ㉠, ㉡의 내용과 같아 별 문제 없다. 그러나 ③항은 저자가 해석한 ㉢의 내용과 정반대이다. 왜 이러한 차이가 생겼을까? 저자가 접할 수 있었던 수편의 논문에도 고씨와 유사한 내용의 서술을 발견할 수 있었다. 그러면 어디에서 이러한 차이가 나왔을까? 그것은 같은 〈조서〉의 내용중 사마광의 의도 ㉠, ㉡(혹은 고씨의 ①, ②)부분의 내용은 생략하고 나머지 "非若春秋立褒貶之法撥亂世反諸正也"(춘추의 포폄의 법을 세워 혼란을 다스려 정상궤도로 되돌리게 하는 것만 같지 못하다.)의 해석상의 문제가 나온다. 이에 대하여 근래 중국에서 유행하고 있는 『文白對照全譯資治通鑑』에서는 "不是像那春秋據大義立褒貶之法除亂世反爲正常軌道也"(춘추의 대의에 입각 포폄의 법을 세워 난세를 없애 정상괘도로 이르게 하는 것이 아니다.)고 하였다. 결국 "非若"을 "不是"로 번역하여 정반대의 논의가 전개되었다. 이 조문의 해석이 먼저 필자의 잘못이라고 한다면, 위 〈詔書〉의 포폄법에 의거했다는 神宗의 언급이나, 저자가 해석한 〈進資治通鑑表〉의 의도 ㉢항의 내용을 해석할 방법이 없다. 만약 문백대조의 백화문으로 해석하는 과정에서 일어난 착오, 혹은 그 이전부터 보이는 중국 학계의 誤譯에서 발생한 착오라면 위의 〈진자치통감표·조서〉와 같은 내용과 차이가 없앨 수 없다. 게다가 사마광은 앞서 살핀 바와 같이 ① 어려서 『춘추』를 배우고 좋아하여 귀가하여 설명하였다. ② 북송 중기는 당말·오대를 이어 춘추학이 발전되었던 시기이다. 그가 『자치통감』 開篇에서 이런 名分을 강조한 것은 우연한 일이 아닌 것이다. ③ 〈通鑑外記序〉, 『進稽古錄表』에 의하면, 사마광이 춘추필법을 견지하고 있었음을 발견할 수 있다. ④ 중국 사학계는 공자이래 감계적인 경세사학이었다. 감계의 목적은 경세에 있다는 점에서 볼 때에도 사마광은 따로 새로운 체제나 필법을 개발하지 않고 기존의 편년체, 춘추필법을 빌려 편찬하였던 것이다. 따라서 사마광의 유심주의 입장을 반대하는 유물주의 관점에서 나온 해석이라고 하여도 그 의미가 통하지 않으니, 비판적 수용을 전제로 해석하여야 된다고 생각한다. 왜냐하면 춘추의 필법에 따라 체례에 입각하여 同修者들과 함께 편찬하였기 때문에, 그들의 옹색한 입장을 양해하는 분위기가 아니었던 사정이 있었던 것 같다. 이상과 같은 이유와 논증을 통하여 볼 때에, 저자의 견해가 잘못이 없는 것 같다.

결국 사마광의 『자치통감』 편찬의도는 ㉠ (과거의 역사에서 명확히 드러나지 않았던) 국가의 興亡盛衰와 백성의 休戚 곧 즐거움과 슬픔을 명확하게 들추어내서 황제에게 제공하고 ㉡ 황제가 그 선악득실을 판별하여 勸戒로 삼을 것을 기대하였다. ㉢ 공자가 『춘추』의 대의에 입각하여 포폄의 법으로 혼란을 제거하고 정상궤도로 되돌리려 하였던 것처럼, 황제가 그런 태도를 구현할 것을 기대한 것이었다.

3. 『자치통감』의 찬수원칙

사마광은 앞서 말한 바와 같이 황제의 기대에 부응하고 자신의 의도를 구현하고자, 『자치통감』 찬수에 몇 가지 원칙을 정하였다. 이는 〈진통지표〉, 〈진자치통감표〉 등에 보인다. 이를 종합하여 말하면 다음과 같다.

① 『左傳』을 이었다. 『左傳』은 춘추경의 해설서로 魯의 隱公으로부터 哀公 14년까지 242년간의 편년체 魯史이었다. 사마광이 『춘추』를 잇지 않은 것은 성인을 잇는 무례함을 면제받고자 한 것이라고 한다. 이는 공자를 존숭한다는 의미 이외에 다른 뜻이 없는 듯하다. 따라서 荀悅의 簡易한 편찬방식을 수용하였던 것을 보면, 간이한 편년체 사서를 편찬하려는 의도를 가졌기 때문이다. 이에 대하여 日人 三浦氏는 성리학 발전의 영향으로 공자－좌구명－사마광의 전통적 사학 전통을 회복하고 기전체 사서에 대한 정통적 편

년체 사서의 복권이라 하였으니, 사실에 가까운 논설이라고 생각한다.

② 通史의 원칙이 있었다. 사마광은 歷代 君臣事蹟을 편찬하라는 황제의 요청을 실행하고, 호번한 기전체의 열람키 어려움을 극복하려는 의도에서 통사를 편찬한 것이다. "通"이란 상하 좌우 종횡으로 관통한다는 의미이다. 그리하여 日人 三浦氏는 통사란 역사가 왕조의 흥망에 따라 단절되는 것이 아니고 왕조는 교체하여도 역사적 세계는 계속된다는 의식 속에서 미래에 대한 조망에 따라 과거의 사적을 재편성하는 史書라고 정의하였으니, 사실과 가까운 해석이다. 그것은 역사상 사마천의 "通古今之變"으로부터 紀傳體通史, 政書體『通典』, 會要體『唐會要』 등이 역사성쇠를 총결하려는 의도에서 찬수되었다는 사정을 보면, 명확하기 때문이다. 사마광은 이런 通識 관념을 수용하여 編年體斷代史의 약점을 극복하여 편년체통사 『자치통감』을 편찬하였다. 이리하여 사마광은 최초의 편년체통사를 편찬한 인물이 되었다. 따라서 청말 민국초의 양계초는 『자치통감』을 "일대의 창작" 이라고 극찬하였던 것이다.

③ 경위와 규모를 명확히 하였다. 『자치통감』은 16왕조 1362년(戰國에서 五代까지) 역사에서 연월일을 經으로 국가를 緯로 획정하여 經緯를 정하여 규모와 구성방법 곧 體例를 명확히 하였다.

④ 사마광은 正統을 중시하지 않았다. 원래 정통이란 『춘추』로부터 출현하여 혈연상 嫡庶, 사상상으로 정통과 이단, 분열할거상에서 正統과 閏統을 구분하여 왔다. 북송 중기에는 안으로 당말·오대의 혼란의 해독이 청산되지 못하고 밖으로 거란·서하의 침입하에서 그것은 성리학이 추구하는 의리론과 결합하여 正(閏)統論, 無統論, 明統論이 제기되었다. 漢晉 사이의 정통에 관한 문제는 돌출하였다. 이런 사정에서 사마광도 시대적 영향을 받아 위진남북조시대중에 동진 남조의 황제를 "帝", 오호 북조의 황제는 나라 이름을 붙여 某主라고 하였다. 이점에 대하여 후술하는 바와 같이 朱子는 『자치통감』에 정통이 명확하지 못하다고 비판하였다. 그러나 사마광은 앞서 말한 것처럼, 국가의 흥쇠와 백성의 즐거움 슬픔에 관련된 자료로부터 그 선악·득실을 판별하여 군주에게 감계로 삼게 하고 『춘추』의 포폄의 법으로 撥亂反正하게 하려는 것이었다. 이런 사마광의 찬수 의도는 정통론과 배치된다.

사마광 역시 정통론에 대하여 회의하고 국가의 대소, 민족구분, 강약, 인의 도덕 여부, 중원지역 장악 여부 등을 통하여 正(閏)統을 구분하기 힘들다고 토로하였다. 아울러 그는 漢魏革命은 曹氏가 興衰를 살펴 생민의 즐거움 슬픔에 노력한 결과라고 생각하였다. 이런 사실은 사마광이 시대의 한 조류인 정통론을 거역하기보다는 자신의 찬수 의도는 적어도 『춘추』의 大義에 입각한 것으로 褒貶의 법으로 撥亂反正하게 하는 것이라는 점을 분명히 한 것이었다.

⑤ 인물과 사물에 대하여 포용하는 원칙이었다. 누차 반복하여 말한 사마광의 편찬 의도와 걸맞게 모든 것을 포괄하고 모든 생각은 일치시킨다는 입장에서 서술한 것이다. 예컨대, 춘추전국시대 제자백가 사상은 결국 각 사상이 상호 出入하여 잡가가 출현하였다. 동중서의 정치사상은 그것을 대표할 뿐만 아니라 중국 양천년 역사상의 통치이념 및 사회적 질서관념으로 교조이었다. 그리고 官逼民叛에서 야기된 농민반란에 대하여 반란군의 노략질, 관군의 잔혹한 진압을 적나라하게 서술하였다. 그리하여 이 부분의 서술은 흠정 正史의 수준을 초과하여 우수하다. 반면에 天人相應說의 속박에서 벗어나 미신적인 색채를 감소시켰다. 예컨대 天道, 鬼神, 災祥, 卜書, 妖妄, 豫言 등이 그것이다. 이런 원칙 하에서 사마광은 조수들이 작성한 長篇을 刪削, 增補, 改修하였던 것이다.

이상과 같은 찬수 원칙 하에서 그는 엄밀한 서술상의 범례를 정하였다. 그것이 『通鑑釋例』이다. 이것은 『四庫全書』에 12例가 전수되어 있다. 근래에 36例가 전부 수록된 『통감석례』가 발견되었다. 그것은 『사고전서』의 12례와 비교할 때, 증가시킨 부분이 있으며, 심지어 不同한 곳이 있어 신뢰도가 떨어진다. 그러나 이 자료는 『자치통감』의 체례, 취재, 행문의 원칙을 이해하고 사마광의 저술사상을 연구하는 데에 홀시할 수 없다. 이런 『통감석례』는 천자, 열국, 왕제, 봉작 왕즉위로부터 반란에 이르기까지 36항목이다. 이것은 후술하는 바와 같이 『春秋集傳纂例』에 입각하여 작성한 것이다. 이것은 같은 『纂例』가 군주의 즉위, 제사, 상서 등 12항목을 춘추필법으로써 감계로 삼으려고 찬수되었기 때문이다.

또한 『자치통감』에서 사용한 역사적 사실을 기록하는 書法은 追述法, 類

書法, 從述法 등을 사용했다. 이런 서법에 대하여 별도의 명칭을 붙여 連載, 附書, 補書法이라고도 한다. 이런 서법은 앞서 제시한 편찬 의도와 원칙을 구체적으로 표현하는 문장이기 때문에 문학적인 표현은 처음부터 배제하였다. 그것은 顧炎武가 『자치통감』은 資治를 목적으로 하였음으로 군주가 알아야 할 사항이 아니기 때문이다고 한 것에서 알 수 있다. 적어도 유지기 이전 위진남북조, 수당시대에는 문학적 교양을 갖춘 문벌귀족과 그 후예들이 修史를 담당하였다. 이런 현상에서 문제가 되는 것은 역사가 "繁華而失實"이라 하여 역사 사실의 서술을 소홀히 하였다는 것이다. 이는 경세치용적 감계를 제공하려는 역사의 목적에 어긋났다. 따라서 후술하는 바와 같이 사마광은 공자이래 直筆과 유지기가 말하는 簡要·用晦·眞切할 것을 통찰하고 先秦文, 兩漢文, 六朝文, 隋唐文을 용해하여 서술하였다. 즉, 사마천이래 "不隱惡·不虛美"를 구현한 것이다. 특히 그는 약 삼천조목에 달하는 『通鑑考異』에서 자료를 감별하고 진위를 판별함으로써, 직필·실록의 정신을 들어내었다. 따라서 田中氏가 사마광은 왕안석 신법 때문에 정계에서 밀려난 울적한 심경에서 저작한 謗書라는 매도를 면제할 수 있다는 언급은 흥미롭다. 아울러 『자치통감』의 문장은 節度와 調和를 갖추어 냉정하고 담담하게 객관적으로 역사를 서술하였으니, 中庸的인 中和主義의 표출이라고 극찬한 田中氏의 언급은 적절한 표현이다. 따라서 사마광은 직필·실록의 역사 전통을 이어받아 통치에 통틀어 귀감이 될 만한 정치적 자료를 모아 숨기거나 헛되게 미화하지 않고 그 선악·득실을 판별하여 통치자에게 제공한 것이다.

4. 『자치통감』이 어떻게 편찬되었는가를 살펴보자.

治平 4년 사마광이 황제에게 『通志』를 바치자, 영종은 그것을 이어 歷代君臣事蹟을 편찬하도록 명령하였다. 아울러 황제는 王邸의 도서를 하사하고 궁중 三館의 도서를 이용할 것을 허가함으로써, 사마광은 秦이후 舊史, 小說, 簡牘 등 자료수집의 편의를 제공받았다. 또한 황제 는 崇門院에 修史局을 설치하고 종이, 필묵 등을 지원하였다. 특히 황제는 그에게 스스로 助手 劉恕, 劉攽, 范祖禹를 선발케 하여 역사를 찬수하게 하는 은총을 주었다.

『자치통감』에서 인용된 자료는 매우 많다. 『사고전서』 총목에서 보면, "그 책에서 망라한 서적은 풍부하고 방대하여 생각이 정밀함은 앞시대 이미 없었다"고 하였다. 그리고 사마광이 통감서목에서 그가 사용한 자료는 "연해처럼 크고 번잡하다"고 하였으며, <진자치통감표>에서 "신의 정력을 이 책에 다 바쳤습니다"고 회상하였다. 즉, 사마광은 엄격하게 자료를 선택하여 필사적인 노력으로 『자치통감』을 찬수하였음을 상상해 볼 수 있다. 그가 사용한 서목은 3백 수십종을 헤아릴 수 있다. 그러나 사용한 서목 숫자는 조사자에 따라 차이를 보이고 있다. 예컨대, 高似孫은 222家, 張須는 296家, 『사고전서』총목에서는 322家로 시대적으로 차이가 있다. 실제로 陳崇光氏가 조사한 것에 의하면, 359家이었다.

사마광은 이러한 서목을 이용하여 조수인 劉恕, 劉攽 그리고 희령 3년에 修史局에 들어 온 范祖禹와 함께 『자치통감』을 찬수한 것이다. 그러나 찬수 분담에 관한 문제는 쟁론이 분분하다. 예컨대, ① 晁說之는 양한시대는 유반(공보), 위진남북조는 유서(도원), 당오대는 범조우가 담당하여 각각 찬수하였다고 하였다. ② 徐度는 양한은 유공보, 당은 범순부, 오대는 유도원이 당담 찬수하였다는 것이다. ③ 호삼성은 양한은 유공보, 위진남북조는 유반, 당은 범순부가 담당 찬수하였다. ④ 전조망은 양한 위진남북조는 유반, 당은 범조우, 5대는 유서가 담당하여 찬수하였다는 것이다. 이를 종합하면, 유반이 양한시대 범조우가 당시대를 담당했다는 것은 대체로 일치하는 견해이다. 다만 위진, 남북조, 오대시대의 분담상의 異見이 있다. 저자는 찬수 분담상 시대의 출입이 상당히 크고 작업량이 균형적이지 못한 것 같다고 생각한다. 이러한 찬수상의 분담문제는 근래에 들어와서도 아직 해결되지 않았다. 즉, 1961년 6월 翦伯贊氏가 전조망의 입장을 확인하자, 閻簡弼, 卞僧慧氏가 반론을 제기하였다. 그리고 논자들이 많아서 宋衍申氏는 이 문제는 고정적일 수 없고 시간·인사상의 변화에 따라 조절될 수 있다는 입장을 밝혀 유보론까지 제출되었다. 그렇지만 논설중에 설득력 있는 견해도 있다. 즉, 倉修良氏는 前五代(오호, 남북조, 수시대)와 後五代의 장편을 유서가 분담하였다는 것이 그것이다. 그 근거는 ① 사마광이 유서 아들의 관직취임을 청원하는 箚子에서 그의 精博함이 아니었더라면 成書할 수 없었다는 사마광의 언급에 근거하고 있다. ② 사마광이 오대의 임무를 묻는 범조우에 유서의 임무라고 대답한 점이다. 그리고 유서가 『십국기년』을 짓고 사마광이 그 後序를 썼다. 필자는 이것으로 창씨의 입장에 동의한다. 다만 유서가 1074년 『자치통감』의 완성을 보지 못하고 사망하였다. 이에 범조우가 나머지를 보충하였던 것 같다. 그것은 범조우가 사마광과 함께 계속 낙양에 머물러 찬수활동을 하였다는 점에서 그렇게 생각된다. 범조우가 담당한 나머지 오대부분이 얼마나 되는지를 알 수 없다. 그렇지만 방대한 唐紀 600권을 저작한 위에 『唐鑑』을 찬수하였던 것을 보면, 많은 분량은 아니라고 생각된다. 따라서 전, 후 오대 장편은 유서의 담당으로 인정해도 무리는 아닐 것 같다. 그 위에 위진시대는 누구의 분담인가 확실치 않다. 이 시기는 북송시대 의리론에 의한 정통논의가 분분하던 시기이다. 따라서 편찬의 총책임자 사마광이 담당하였던 것으로 고려된다. 그리하여 위진시대는 사마광; 남북조, 수는 유서; 당시대는 범조우 그리고 오대시대는 유서가 각각 분담하여 찬수하였을 것이다. 그 위에 사마광은 修史局을 운영하면서 史論(주로 "臣光曰")을 정리하였던 것이다.

그러면 편찬의 구체적인 방법은 어떠하였던가?

연해처럼 많은 자료를 분석하여 장편을 작성하는 작업은 쉽지 않다. 그리하여 자료수집－총목작성－장편－완성의 단계를 거치는 방법을 사용했다. 혹자는 이 과정에 "조성편", "광본"을 넣기도 한다. 이 방법을 구체적으로 살펴보자. 그 조수들은 사마광의 지시에 따라 먼저 총목을 작성하였다. 이것은 마치 우리가 논문작성시에 수집한 대량의 자료를 분석하여 카드를 만들고 같은 종류의 카드를 모아 항목을 정하는 것과 같다. 이 단계는 시간의 선후에 따라 특별한 제목으로 자료를 분류·배열하는 작업이다. 그 다음의 단계는 장편이다. 이것은 항목을 전후좌우로 일목요연하게 체계화하여 작성한 논문 초고인 것이다. 이것은 편찬원칙상 사마광이 "차라리 번쇄할지라도 생략하지 말라"고 한 것처럼, 아주 상세하게 편집한 편년사이었다. 예컨대, 범조우가 작성한 唐紀 長篇은 처음 600권이나 되었다. 이처럼 총목을 거쳐 장편이 작성되면 마지막으로 사마광이 그가 정한 원칙과 의도에 따라 작성되었는지를 검토하여 削除, 潤色, 移動, 考證을 통하여 취사를 결정하여 원고를 완성한다. 이 마지막 완성단계는 사마광이 담당하고 이 단계에서 『통감고이』가 정비되었을 것이며, 총목은 사마광이 지시에 따라 만든 것으로 이를 모으고 점검하여 『통감목록』 30권이 작성되었던 것이다. 따라서 송연신씨 등이 말하는 "조성본"이나 "광본"은 장편 작성 과정상의 메모에 해당하는 것이다. 그것은 사마광이 『자치통감』을 진서한 후에 낙양에 數棟을 메울만한 초고가 있었기 때문이다.

아울러 조수들은 사마광과의 견해차이에서 자신들의 저작도 내고 있다. 예컨대, 사마광은 태종이 훌륭한 통치를 하여 전제정치의 귀감이 된다는 입장에서 그의 脫宗을 大書特筆하지 않았다. 그러나 범조우는 太子와 諸子의 도리를 논단하여 탈종을 부각시키려 했다. 결국 사마광의 입장에 따라 唐紀長篇을 작성하였다. 그러나 범조우는 그러한 기강, 명분을 중시하는 입장에서 『唐鑑』을 찬수하였다. 이처럼 유서는 『通鑑外記』, 『十國紀年』을 찬수하였으니, 『자치통감』의 부산물이었다. 결국 사마광과 그 조수들은 『자치통감』 294권을 찬수하여 영종·신종이 바라던 대사업을 완성하였다. 사마광은 앞서 말한 『通鑑釋例』 1권, 『通鑑考異』 30권 이외에, 『通鑑目錄』, 30권, 『通鑑擧要錄』 80권, 『稽古錄』 30권, 『曆年圖』 5권을 찬수하여 名臣의 면모를 내 보였다. 후에 『통감목록』과 『통감고이』는 『자치통감』의 범례로 강령에 해당되어 원본에 함께 편집하여 유행되었다. 『통감거요록』은 『자치통감』의 주요 내용을 정리한 책이다. 『계고록』은 독자가 읽고 후학을 가르치는 데에 편리하다. 그리고 『역년도』는 사마광이 국정을 총람하는 황제가 호번한 『자치통감』을 보기에 힘들 것을 생각하고 찬수했다. 이러한 책들은 모두 『자치통감』과 함께 읽어봐야 할 것이다.

5. 중국사학사에 있어서 『資治通鑑』의 위치

(1) 先秦이래 중국에서는 역사학이 발달하였다. 淸 中期 章學誠은 경세치용의 사학 정신은 유구한 역사가 있어서 많은 史觀, 史學者, 史學名著가 있었다고 지적하였다. 이러한 경세사학은 장구한 발전을 해왔기에 쉽게 정리하기 어렵다. 또한 이미 정리한 책이 나와 있기에, 본고는 『자치통감』의 역사적 위치를 간략하게 소개하는 입장에서 설명할 것이다. 간단이나마 정리하자면 시대구분이 필요하다. 그 발전단계는 ① 夏殷周이래 춘추전국시대는 경세사학의 형성기. ② 양한시대를 경세사학의 제1 발전기 ③ 당송시기를

경세사학의 제2 발전기 ④ 명청시기를 경세사학의 제3 발전기 ⑤ 근현대시기를 경세사학의 완성기의 5단계로 분류할 수 있다.

중국사에서 上古 夏殷周時代를 三代라 하고 일찍부터 문화가 발달되어 황금시기라고 한다. 그 문화의 결실이 바로 古典이고 이는 후세의 모범이 되었다. 중국고전은 여러 학설이 있지만, 공자에 의하여 刪定된 五經이 그것이다. 『易』에 "지난 일을 밝혀 오는 일을 안다"고 했는데, 이는 곧 역사를 이해하여 높은 수양을 쌓아 앞날을 인식할 것을 요청하는 말이다. 또한 『詩』에는 "殷鑑이 멀지 않았으니, 夏后의 세상이 있다"고 하였다. 이는 곧 夏殷의 역사에서 경험과 교훈을 흡수하여 정치상 다시는 지난번에 범한 착오를 피해야 한다는 것이다. 그리고 『尙書·洛誥』에 "作冊逸"이라는 언급이 보인다. 冊은 簡片, 簡策으로 문서이고 逸은 佚로 『國語』, 『左傳』 등에 보이는 "尹佚, 史佚"과 같은 史官이었다. 周成王은 기록자 곧 史官 尹佚에게 백성이 통치하는 방법을 물었을 때에, 그는 왕이 신중히 다스려야 백성이 복종하여 桀紂와 같이 실패하지 않는다고 하였다. (『淮南子·道應篇』) 즉, 상고시대에 이미 역사로써 감계를 삼았고 史官이 발달하여 역사를 기록하고 왕의 자문에 응대하였던 사실을 알 수 있다.

춘추시대에 들어오면, 周王을 共主로 하는 봉건질서가 파괴되어 "禮樂征伐이 天子(周王)로부터 나온다"는 원칙이 무너졌다. 이리하여 춘추시대에는 제후들은 尊王攘夷를 내세워 覇者를 칭하고 주왕은 제후의 소환을 받들기까지 하였다. 대부는 제후국의 정치를 좌우하였고 그 군주를 시해하는 일이 허다하였다. 예컨대, 崔杼가 齊敬公을 시해하였고 季氏가 魯君을 내쫓아 齊에서 죽게 하였다. 그렇지만 백성은 그 대부에게 복종하고 제후들은 개의치 않았다. 더욱이 춘추시대와 가까운 시대에 살았던 孟子는 孔子가 不君, 不臣, 不人의 발자취가 난무하는 사정을 개탄하고 天子의 일로써 『춘추』를 지으니, 亂臣賊子가 두려워하였다고 술회하였다.

이른바 天子의 일이란 史官이 서술한 천자의 賞善罰惡을 말한다. 『춘추』는 춘추시대에 稱王한 吳楚를 "子"라고 폄척하였다. 그리고 踐土의 會는 사실상 晉文公이 周王을 所見한 것이었지만, 『춘추』에서는 天子가 洛陽에서 수렵하였다고 諱言하였다. 이런 『춘추』의 내용은 경세의 표준으로 공자가 제시하여 혼란을 극복하자는 것이었다. 아울러 『춘추』는 유가의 경전 가운데 하나로 역사상에 줄곧 존중·발전하였다. 결국 공자의 경세정신 곧 『춘추』의 필법은 중국사학사의 원칙으로 준수되었던 것이다.

兩漢時代는 중국경세사학의 제1 발전기이다. 이 시대는 秦의 통일을 이룬 이래 중국 역사상 다시 통일되어 중앙집권적 전제지배체제가 확립되었던 시기이다. 이러한 통일에 발맞추어 중국 경세사학의 대가 司馬遷과 그의 명저 『史記』가 출현하였다. 사마천은 〈太史公自序〉에서 공자가 『춘추』를 찬수한 경세의 뜻을 특필하고 天人關係를 탐구하여 人事를 중시하고 고금의 변화 곧 치란흥망의 변화과정을 살펴봄으로써, 사회 혼란의 규율을 탐색하여 일가의 언론을 만들었다고 하였다. 그리하여 그는 『사기』의 體例를 本紀, 世家, 書, 表, 列傳으로 배열하여 인물을 중심으로 서술하고 각 卷末에 "太史公曰"을 넣어 경세적 大義를 통하여 是非褒貶함으로써, 孔子의 경세치용적 역사관점을 체현하였다. 이것은 班固가 사마천의 『사기』를 평가하여 "不隱惡·不虛美"를 구현한 實錄이라고 한 것에서 엿볼 수 있다. 이러한 『사기』는 기전체 역사의 모범이었고 그 위에 通史라는 특징을 아울러 가지고 있다. 이것은 사마천이 추구하는 고금의 변화를 通括한다는 입장이 들어있다. 이에 관련하여 許能云氏는 역사가는 역사 서술의 宗志(道通), 역사 서술의 기초(博通) 그리고 역사 서술의 관점과 방법(變通)을 가져야 하는데 "通"이란 이러한 通識이 형성·발전한 우량 전통이라고 하였다. 이러한 許氏의 관점은 통사인 『史記』의 관점을 추구한 것에서 나왔다. 예컨대, 사마천은 "지금 세상에 살아도 뜻은 옛 도리에 두는 까닭에 스스로 거울이 된다"고 하여 경세사학의 근본 뜻을 구현하였다. 『史記』는 한 걸음 더 나아가 그 당시의 정치에 대하여 상세히 기록할 뿐만 아니라 직서(직필)하여 평가하였다. 예컨대, 『史記·河渠書』에 의하면, 사마천은 역사자료에 근거하여 水利에 대하여 이해하고 스스로 治水에 참가하여 水利史 全篇을 서술하였다. 즉 禹王의 치수로부터 李憑, 西門豹, 鄭國의 치수관개사업을 서술하고, 수리사업이 水利(灌漑), 災害, 國計, 財利 등 국가의 흥망성쇠, 백성의 憂樂에 큰 관계가 있음을 지적하여 그 興修를 촉구하였다. 이러한 서술방법은 당시의 정치를 비판하였기 때문에 자신의 울결을 풀기 위에 찬수한 "謗書"라는 비판도 있다. 그러나 『사기』의 필법은 『춘추』의 대의에 입각하여 撥亂·反正코자 하는 經世史學의 구현이요 사마천이 그린 자화상이었다.

반고의 『漢書』는 『史記』의 世家를 없애고 書를 志로 바꾸었으며, 太史公曰을 論曰, 贊曰로 바꾼 정도의 차이가 있다. 가장 중대한 차이는 서한왕조의 일대의 역사를 찬수한 것이다. 그리하여 한왕조의 정통성을 세우고 呂太后本紀를 없애는 등 기전체의 약점을 개선하였다. 반고의 사학관점도 『사기』에 이어 경세사학인 점은 변함이 없다. 예컨대, 『漢書·丘恤志』는 수리사로, 『사기·하거서』와 흡사하다. 즉, 그는 수리가 국가이익에 관계된다는 입장에서 賈讓의 治河策을 상세히 기록하였다. 그리고 그는 賈誼傳, 晁錯傳, 董仲舒傳을 배열하여 그들이 論하고 綴한 바를 篇으로 들어냄으로써, 世變을 주의하여 "明鑑戒"하고자 했고, 고금을 통하여 "溫故知新"을 나타냈다. 그리하여 勸善徽惡을 표명하는 등, 경세사학을 발전시켰다.

이런 『한서』는 기전체 단대사라는 특점이 있다. 이 점은 鄭樵가 "일대의 역사만을 찬수하였던 까닭에 상하를 관통하는 "通"의 관점이 없어졌다"고 비판하였다. 그러나 『한서』의 체례는 다음 왕조의 정당성, 정통성을 제고하고 길들이기 어려운 遺臣들을 왕조권력에 포괄한다는 차원에서 왕조 초기에 편찬되어 곧 기전체 단대사가 성립하였다. 그리하여 『한서』는 기전체 단대사의 모범이 되었다.

한편 編年體 史書는 『左傳』에서 비롯된다. 그것은 左丘明이 魯나라의 역사를 서술한 편년체 사서이다. 東漢末 獻帝는 앞서 말한 기전체의 약점을 보완할 史書의 필요에서 荀悅에게 찬수하게 하였다. 순열은 『좌전』의 체례를 본받아 『漢紀』 30권을 찬수하였다. 그의 사학관념은 경세적 성격이 매우 강하였다. 그것은 그가 자료를 수집할 때에, 주의한 방면에서 볼 수 있다. 그것은 그가 주의한 방면은 다음 다섯 항목이다. ① 윤리관념을 선양하는 자료 (達道義) ② 祖宗의 공훈, 덕행, 법식에 관한 자료 (彰法式) ③ 역대 흥망성쇠의 경험·교훈에 관한 자료 (通古今) ④ 군신의 공로를 드러내는 자료 (著功勳) ⑤ 賢能者를 표창하는 자료 (表賢能) 등이다. 다시 말하면, 『한기』는 『春秋』에 근거하고 있다. 즉 국가의 法式으로부터 鑑戒, 廢亂, 治平, 兵略, 精華, 休祥, 災異, 華夏之事 등 국가사회의 전반과 대외관계까지 포함한 것이었다. 이러한 취재의 기준은 감계를 위한 것이다. 감계의 목적은 결국 경세치용에 있다. 이 점에서 볼 때에, 순열의 역사관점 또한 경세사학의 범주에서 벗어나지 않는다. 그리고 순열의 『한기』의 특점은 편년체단대사라는 점에 있다. 아울러 이점은 이후 편년체단대사의 성립을 가져오는 계기가 된 것이다.

위진남북조시대에는 기전체단대사 및 편년체단대사가 발전하여 한 왕조에서 一書, 一紀의 二體가 단대사 역사체례로 자리잡았다. 예컨대, 기전체단대사로 『後漢書, 晉書, 宋書, 齊書, 魏書』가 출현하였고, 편년체단대사로 『後漢紀』, 『晉紀』가 출현한 것이 그것이다. 아울러 이 시대에는 기전체단대사가 매우 돌출한 것이 특점이다. 그것은 이 시대가 귀족제사회이고 貴族(士族)이 정치, 사회, 경제, 문화 등 각 방면을 주도했기 때문이다. 특히 귀족은 혈통에 근거하여 정치 사회적 지위를 보전하였다. 그리하여 그들은 조상의 혈통을 중시하고 譜諜과 함께 조상의 官歷을 잘 소개할 수 있는 列傳을 포함하는 기전체 단대사를 선호하였다. 또한 그들은 經史를 학습하여 지방과 중앙의 정계에 진출하여 정치, 사회를 주도하였을 뿐만 아니라 역사 편찬에 적극 참여하여 그들의 혈통을 보전하는 데에 힘썼다. 이런 맥락에서 薛聰이 孝文帝가 郡姓을 제정할 때에, 군성에 진입을 고집했고 魏收의 곡필시비가 나타나 太原 王松年, 范陽 盧斐 등이 배척되었던 것이다. 그밖에 위진남북조시대에 裵松之의 『三國志注』가 찬수되어 이후 史注學이 성립되는 계기가 되었다.

唐宋時代는 중국 경제사학의 제2 발전기이다. 이 시대 경세사학의 특점은 館修史學을 들 수 있다. 이는 위진남북조시대에 역사 편찬을 귀족이 독점하여 심지어 곡필시비까지 출현하였던 현상을 극복하고 나아가 역사 편찬의 과정에 황제권이 개입함으로써 황제권을 제고함은 물론 귀족의 정치 사회적 지위를 격하시켜 황제권에 포괄하려는 입장에서 취해진 조치로 보인다. 예컨대, 隋文帝는 魏收의 『魏書』가 倫序가 상실되었다고 평가하고 간략한 『魏史』를 찬수케 한 것이다. 이는 시대적으로 귀족이 퇴락하고 황제권이 점차 강화되던 시기에 이루어졌다는 사정에서 볼 때에, 館修史書의 일보 진전된 사정으로 고려할 수 있을 것이다.

唐初期에 강구된 館修國史는 그 연원이 깊다. 유지기에 의하면, 黃帝 이래 修史機構가 있었다지만, 이는 정부문서 기록을 말하는 것일 것 같다. 그것이 확실한 것은 동한시대 蘭臺, 東觀이 있었는데 이것이 史館의 선구일 것이다. 반고가 바로 蘭臺令史로서 『한서』를 편찬한 것이다. 그러나 이것은 그 후 발전되지 못하고 정부에 사관은 있었지만 유명무실했고 私纂이 발전하였다. 北齊때에 史館이 있어 魏收가 그 곳에서 『魏書』를 찬수하였다. 이때의 史館組織은 宰相이 監修를 담당하고 그 아래에 著作郞, 著作佐郞, 修史臣, 校書郞 등이 修史에 참여하였다. 唐時代에는 관수자의 선발 등 상세한 조례가 있었고 궁중의 풍부한 자료가 있어 편의하였으나, 통치자나 감수자의 간여 여부가 관건이었다.

한편 당고조, 태종은 수말의 반란을 평정하고 당을 건설하여 중국을 재통일하였다. 그들은 수양제의 대원정, 대토목공사 등의 폭정으로 야기된 수말의 대반란에서 노도와 같은 농민군의 저항을 목도하고 많은 역사적 경험·교훈을 얻었다. 이런 사정에서 당고조 무덕 4년(621)년 令狐德棻이 고조에게 "근래에 正史가 없으니 어떻게 鑑古하겠습니까" 라고 하여 5代史 찬수를 건의하였다. 이에 고조는 〈修五代史詔〉에서 "修史는 儀類를 製成하여 권선징악하고 옛것을 많이 알아 장래에 감계하게 한다"고 하여 北周, 北齊, 梁, 陳, 隋의 5대사를 찬수토록 하였다. 그리고 당태종은 〈修晉書詔〉중에서 역대 修史는 "彰善癉惡하지 않음이 없다", "褒吉懲惡"하는 것이라 하여 감계를 강조하였다. 7년 후 蕭瑀, 魏徵 등이 6代史를 완성하여 바쳤다. 이에 태종은 열람하고 "짐이 앞시대의 역사학을 살펴보니 선한 것을 표창하고 악한 것을 병폐로 배척하여 장래의 경계로 삼을 만하다. 전대의 왕의 득실을 살피는 것은 신체에 있어서 龜鏡이라"고 하였다. 이러한 당고조, 당태종의 사학관점은 공자이래 전승되어 온 다름 아닌 경세치용적 감계사상이었다. 이리하여 당태종은 스스로 "以史爲鑑", "以史補治"를 제창하였다. 특히 당태종은 친히 『晉書』를 찬수하고 위징 등은 궁중의 수서국에서 찬수하여 관수국사를 이룩하였다. 이리하여 위진남북조시대에 문벌귀족이 역사 찬수를 독점하던 국면을 타파하여 황제권을 제고하는 데에 일정한 역할을 하였다. 아울러 이러한 관수국사는 지속되어 唐·五代·宋(遼, 金)·元·明의 9史의 흠정 기전체단대사를 찬수하는 주요 방법이었다.

그러나 이런 관수국사는 통치자 감수국사자의 태도에 따라 내용이 달라질 수 있다는 약점도 노출되었다. 이점에 대하여 中唐 역사이론가 劉知幾는 관수국사의 폐단 곧 재상이 감수국사로 정치적으로 일을 처리하고 한 사건을 기록하려면 서로 눈치를 보며, 서로 서로 미룬다는 등의 폐단을 지적하고 개선할 것을 촉구하였다. 아울러 그는 歷史家가 지녀야 할 史學·史識·史才 등 자질을 제시하였다. 특히 유지기는 『史通』을 저술하여 선진 이래의 史官의 置閉, 體例 및 역사서적을 종합·비판하여 역사이론을 정립함으로써, 역사편찬의 규범을 제시하였다. 다시 말하면 그는 참위사상을 비판하고 『춘추』의 大義에 입각하여 是非褒貶으로 撥亂反正하게 하는 경세치용적인 감계사상 위에서 直筆하고 實錄할 것을 강조하였다. 아울러 그는 "時以勢異", "勢" "人事爲主"의 관점을 제출하였다. 이런 그의 여러 가지 사학이론은 후세 사학자에 막대한 영향을 주었다. 후술하는 바와 같이 장학성은 史德을 논하였는데, 이것은 유지기가 말한 사학가의 3대 자질을 보충하였다. 또한 청말 민국초의 양계초는 이를 구체적으로 논증하여 역사가와 역사 독자들에게 자질, 태도를 깨우쳐 주었다. 따라서 위의 劉之英氏가 유지기는 중국사학사의 開創者, 存基者라고 존중한 것은 옳은 견해이다. 결국 유지기는 疑古·惑經하여 비판도 받았으나, 경세사학상에서 역사이론을 종합·정리하였던 위대한 역사가이었다. 앞서 말한 바와 같이 위진남북조시대에는 문벌귀족이 修史를 담당하여 역사문장이 "繁華而失實"이어서 경세사학에서 멀어졌다. 또한 공자이래 직필이 강조되어 隋初에는 곡필로 이름 높은 魏收의 『魏書』에 대해 "穢史"라 하여, 魏澹에게 『魏史』를 찬수케 하여 직필을 강조하였다. 특히 역사이론가 유지기는 이러한 전통을 발전시켜 역사문장은 簡要·用晦·眞切할 것을 주장하고, 표절과 고어의 사용 그리고 정치 사회적 모순을 감추고 서술치 않는 것을 반대하였다. 말하자면 사마천이래 제창되어 온 "不隱惡·不虛美"의 전통을 구현한 것이다. 이러한 유지기의 주장은 政書體 『通典』 및 會要體 『唐會要』 등에 영향을 주었다. 또한 사마광은 유지기의 견해를 수용함은 물론, 전통적인 경세사학의 입장을 추구하였기 때문에 더욱 절실한 문제이었다.

그리고 唐代 사학사에 있어서 거대한 성과의 하나는 杜佑의 『通典』이다. 唐의 발전에 걸맞게 사학이론을 총괄하여 유지기의 『사통』이 나왔다면, 정치제도의 완성으로서의 두우의 『통전』이 출현하였다. 주지하듯이 안사란 후, 당왕조는 번진의 발호, 당쟁, 환관의 발호 등 정치, 사회, 군사적 위기에 봉착하였다. 이때에 일부 유학자들은 대의명분을 부르짖고 기강확립을 강조하였다. 이런 시대 조류에 따라 趙廣, 炎助 등이 춘추학을 발달시켰다. 杜佑는 劉知幾, 劉秩 父子의 영향을 받아 『통전』 200권을 찬수하였다. 앞서 유지기는 사마천의 『사기』이래 書志의 폐단을 평가하고 都邑志, 方物志, 氏族志 등을 증수할 것을 제창하였다. 아들 유질은 經史, 諸子의 학설을 모아 『周禮』의 六官制를 근거로 『政典』35권을 찬수하였다. 두우는 이 책을 검토하고 경제, 예의 등 부문별로 미진했음을 파악했다. 그리하여 그는 書志部分을 따로 분리하여 독립적인 역사 체례를 만들었다. 이는 기전체 사서 발전의 필연적인 결과이었다. 이런 『통전』과 같은 체례를 政書體라 하고 이후 十通이 출현하는 배경이 되었다. 두우는 종래의 정치상의 規幹을 가지고는 당왕조의 당면문제를 극복할 수 없다고 보았다. 그리하여 그는 경제관점을 중시하여 食貨典을 머리에 놓았다. 그는 ㉠ 人間, 穀物, 土地를 정치의 3대 관건으로 보고 ㉡ 국가의 재정이 풍족하면 가정이 풍족하다. ㉢ 세금의 경감과 절용을 강조하였다. 그리고 절용의 방법으로 급하지 않는 경비, 군사비용과 경상적인 비용을 줄일 것을 제창하였다. 이처럼 두우는 食貨를 중시하였는데, 이것은 『통전』을 代序한 李翰이 "두우는 국가를 부강케 하는 일을 자신의 사명으로 하였다"고 한 언급에서도 알 수 있다. 이런 두우의 경세관점은 사마광에게 큰 영향을 주었다. 그리고 두우는 食貨 다음으로 選擧, 職官, 禮, 兵, 刑, 邊方 등 部門을 배열하고 각 부문별로 평론하였다. 이런 찬수방법은 "장차의 정치에 도움이 되게 한다"는 그의 편찬의도에서 비롯된 것이다. 또한 두우가 『통전』의 배열상 食貨를 首位에 넣고 五行 등 전통적으로 중시된 신비적, 비합리적 부문을 배제하였던 점이 돋보인다. 이는 혁신이라기보다는 옛것을 참작하여 경세하자는 입장이었으니, 공자이래 경세사학의 테두리에서 벗어난 것은 아니었다. 그밖에 蘇冕의 『唐會要』가 출현한 이후 10종 會要가 등장하였다. 자료취재는 正史의 범위를 초과한다. 그리고 "會要"라는 용어 개념이 "通"에 해당된다. 이는 역사연구에 풍부한 자료를 제공하지만, 체례가 불완전하고 각 부문별 長短, 詳略이 커서 가치상 하자가 있다. 결국 회요체도 경세사학에 속한다고 하지 않을 수 없다.

앞서 詳述한 사마광의 『자치통감』 이외에 宋代에는 역사학이 크게 성황을 이루었다. 鄭樵의 『通志』 200권, 馬端臨의 『文獻通考』 150권, 朱子의 『資治通鑑綱目』 59권 등이 그것이었다. 정초는 황제로부터 "會通의 뜻이 크다"고 칭찬 받았던 것처럼, 광범위하게 百家의 학문을 통하여 찬수하였다. 이러한 『통지』에는 회통 이외에도, 실록의 저작태도를 보이고 있다. 즉 정초는 반고가 기전체 관점을 가지고 災異說이나 임의적으로 포폄하는 것에 반대하여 실록을 강조함으로써, 경세사학을 구현하였다. 마단림은 황제로부터 "그가 考据하는 자료는 經史를 우익으로 하여 治道를 稗益하였으니 어찌 천시하랴"고 극찬 받은 것처럼, 두우의 『통전』을 본받아 〈田賦考·四夷考〉 등 24考의 『문헌통고』 348권을 편찬하여 역대 왕조의 흥망성쇠를 탐구코자 하였다. 그는 "勢"의 관점을 진전시켜 연고를 중시하고 시대변화를 추구하였으며, "按"을 설정하여 자신의 역사적 의견을 제시하였다. 그는 회통적 입장에서 송의 실패원인과 변법을 분석하였다. 이런 그의 저작태도는 공자의 『춘추』 이래 전승되어 온 경세사학을 구현한 것이었다. 또한 주자는 성리학의 완성자로 그의 정치철학상 지위는 至高하였다. 송대 경학가들이 天理綱常의 영구성을 주장하였다. 呂祖謙은 經과 史를 동시에 중시하여 德을 축적함으로써, 치용하려는 입장 곧 역사는 經學의 附庸이라고 보았다. 또한 葉適은 실사구시를 주장하고 직필을 중시하였다. 주자는 춘추필법에 입각한 大經大法을 밝히려는 입장에서 『資治通鑑綱目』 59권을 찬수하여 사마광의 입장을 개선하려고 하였다. 그가 가장 문제로 삼았던 것은 『자치통감』에서 正統이 명확치 못하다고 비판하였다. 결국 『자치통감강목』은 주자학의 번창과 함께 중시되었고 오히려 『자치통감』을 압도하였다. 그리고 남송 효종때에 李燾는 사마광의 장편법을 계승하여 『續資治通鑑長篇』을 찬수하였다. 황제는 李燾가 사마광을 본받는 것을 부끄럽게 생각지 않는다 고 칭찬하였다. 또한 남송말 袁樞는 『자치통감』이 호번하여 독서에 불편함을 느껴 열독에 편의를 제공하고 治道에 도움을 주고자, 『通鑑紀事本末』 42권을 찬수하였다. 이 기사본말체는 기전체 편년체와 더불어 중국 역사상 역사 편찬 체례로 널리 사용되어 왔다. 그밖에 王應麟은 『通鑑地理通釋』, 호삼성은 元初 벼슬을 포기하고 『資治通鑑音注』를 편찬하여 『자치통감』의 단점을 해결하는 데에 커다란 공헌을 하였다. 한편 『자치통감』은 일본에 전달되어 『大年鏡·金鏡·水鏡·增鏡』 등 鏡類의 역사서적이 편찬되었다. 특히 강호시대 林羅山 父子가 『本朝通鑑』을 관수함으로써, 일본에서 경세사학이 중시되고 대의명분을 존중하는 요긴한 역사책으로 채용됨에 따라 일본 역사학 발전에 그 사명을 다하였다. 이처럼 『자치통감』을 계승, 개수, 주석하려는 역작이 출현하여 이른바 통감학이 성립발전을 거듭하였던 것이다.

明淸時代는 중국 경세사학의 제3 발전기이다. 明時代에는 황제의 전제주의가 고도로 강화되었고 황제권이 크게 강화되었다. 특히 주원장이 많은 관료를 살해하고 문인을 좋아하지 않았다. 그리고 성조 영락제의 정난의 난을 계기로 환관이 징치의 실세로 등장하여 정치가 불안하였다. 이런 사정에서 직서한 실록과 감계를 존중하는 경세사학의 발전은 어려웠고 형식상 관수사학이 추진될 뿐이었다. 『元史』의 편찬이나 『영락대전』의 편찬사업이 보이지만, 그 가치를 높이 평가하지는 않은 것 같다. 그렇지만 청초에는 경세치용의 역사학이 크게 발전하였다. 그 대표인물과 성과는 顧炎武의 『日知錄·天下郡國利病書』, 黃宗羲의 『明夷待訪錄·明儒學案』 그리고 王夫之의 『讀通鑑論·宋論』 등이다. 그들은 옛것을 널리 섭렵하여 지금에 통하게 하여 현실정치를 포함하는 경세치용에 관심을 두었다. 그리하여 군주전제제도의 개혁, 민족의 대립, 학술 변천 등 제 방면의 문제를 논술하여 새로운 의의를 모색하였다. 고염무는 고금의 원류, 근세의 국정에 주의하면서 정치, 풍속, 학술, 문화 등 다방면에 관심을 기울였다. 그리고 그는 지방의 名望家가 정치에 참여하여 胥吏의 폐정을 지척해야 한다고 하였다. 또한 그는 『천하군국이병서』를 저작하여 중국 각 지방의 인문지리에 관련사항을 집록하였다. 결국 그의 저작활동은 경세치용에 있었던 것이다.

황종희는 『명이대방록』에서 그의 政論과 史論을 긴밀히 결합시켜 고금의 역사를 종론하여 군주전제를 맹렬하게 비판하였다. 즉, "지금 또한 임금을 주인으로 삼고 있으니 天下는 客이다. 주인은 자손을 위해 창업한다고 하고 천하의 골수를 빼앗아 천하의 자녀가 흩어질지라도 一人의 淫樂을 받드는 것을 당연시하여 이것은 내 산업의 貨食이라 했으니, 천하의 해독은 군주뿐이다. 지금은 천하인이 그 군주를 怨惡하여 마치 寇仇와 같이 보고 이름하여 獨夫라 하였으니, 진실로 그가 한 바이다. 군주는 오직 홀로 一人, 一姓으로 천하를 사사롭게 하랴"고 지적하였다. 이것은 봉건사회의 군주가 천하를 개인의 재산으로 생각하고 백성을 탄압·착취하여 백성은 그 군주를 寇仇·獨夫로 지적하여 군주가 "君臣意義"를 파괴한다고 비판한 것이다. 그는 또한 "工商皆本" 등을 제창하여 통치자의 의지, 구현을 촉구하였다.

왕부지 또한 사학을 경세의 학문이라고 제창하였다. 그는 『자치통감』의 서명에 포함한 의미를 해석하였다. 즉 "資治"란 治亂을 아는 것뿐만 아니라 救治를 力行하는 자료를 삼는 까닭이라고 했다. 그의 의사는 "자치"를 이른바 역사지식을 이해할 뿐만 아니라 救治를 역행하는 지능을 증가시키는 것이라는 것이다. 이른바 "鑑"은 감계이다. 이것은 역사에 대하여 진실로 인식하는 역사연구를 요구한 것이고 역사상의 정치득실을 추구하여 그가 얻은 것은 반드시 그 발자취를 거슬러 올라가 찾아봐야 한다는 것이었다. 그의 의사는 역사상의 정치득실과 경험·교훈을 총결하여 수요에 제공한다는 것이다. 이른바 "通"이란 通識을 말하는 것이다. 즉 풍부한 역사지식을 운영하여 통치자가 "自肅", "懷仁"을 잘하게 하는 것이었다. 그의 『독통감론』은 경세사학의 명저로 허다한 論古說今의 내용으로 충만되어 있다. 그 내용은 전제군주제도를 반대하고 정부 각 기구의 직무를 충실히 할 것, 君臣·民族의 大義 등을 대서·특필하였다.

청 초기의 사학자들은 경세사학을 크게 진전시켰다. 明史館 館臣을 비롯하여 공평한 직필을 추구하여 "천하의 公書·萬世의 信史"를 요구하였다. 全祖望은 학문을 널리 섭렵했고 특히 사학에 정통하였다. 그는 백성의 동정을 살피고 권선징악, 직필을 추구하여 경세사학을 진일보 발전시켰다. 그의 저작 『宋元學案·鮚埼亭集』은 경세적 입장에서 저작한 책이다. 이것은 그가 〈勢論·氣節論·民本主義〉를 제창하였던 것에서 알 수 있다.

萬斯同은 사학의 거장이다. 그의 선조는 9세동안 明代 정계에서 활약하였다. 그 중 4대가 명에 충성하여 목숨을 바쳤고 부친 萬泰 또한 항청운동을 전개했다. 만사동은 反淸救民의 의사로 경세사학을 추구하였다. 그는 정치적으로 군주전제에 반대하고 역사상 실록·직필을 강조하였으며, 館修를 반대하고 會通의 방법을 추구했다. 그의 『歷代史表』는 번잡한 것을 간결하게 정리하여 개략적인 내용을 파악하는 데에 많은 도움을 주었다. 趙翼은 『二十二史箚記』를 저술하여 考證을 중시하였으니, 경세사학을 추구하였다.

그리고 錢大昕은 역사적 경험교훈을 총결하고 『二十二史考史』를 편찬하여 정치상 군주전제를 폭로하고 백성의 질고에 동정하여 탄압수탈을 공격하고 군주의 納諫을 제창하였다. 아울러 그는 사학사상 곡필을 반대하고 사실에 근거한 直書를 주장하여 실사구시의 경세사학을 제출하였다. 淸 中期에 등장한 章學誠은 "史學은 空言이 아니고 六經과 같으니 著述은 지금을 버리고 옛것을 구하거나 인사를 버리고 천성을 말하라면 못한다. 학자가 이런 의의를 알지 못하면 사학을 말할 수 없다"고 하여 六經은 역사이고 그 主旨가 경세에 있다는 것을 논설하였다. 그리하여 그는 "典古, 通今, 會通을 강조하고 사학은 역사발전에 따라 變通을 가져야 한다"고 주장했다. 또한 그는 直筆 實錄을 주장하고 史德을 제창하여 역사가의 의식 태도 곧 역사가의 단정한 심술을 제시하여 역사학 발전에 큰 영향을 주었다.

한편 明淸時代에 『자치통감』연구 또한 성대하였다. 薛應旂의 『宋元資治通鑑』 157권, 王宗沐의 『宋元資治通鑑』 64권 등이 있다. 陳桱의 『通鑑續編』, 楊仲良의 『皇宋通鑑長編紀事本末』, 陳邦瞻의 『宋·元史紀事本末』 등이 있다. 그리고 후술하는 바와 같이 명말에 嚴衍·談允厚의 『資治通鑑補』 294권의 巨著가 있다.

청대에는 앞서 말한 왕부지 이외에 『자치통감』을 중시하는 이가 많았다. 徐乾學은 萬斯同, 閻若據, 胡渭 등 당시 명류학자들을 모아 『資治通鑑後編』 184권을 편찬하였다. 畢沅은 『續資治通鑑』 220권을 저작했다. 이 책은 30년이나 걸려 찬수하였지만, 학자들은 『자치통감』을 잇는다고 한 점에서 비판하고 있다. 그것은 年號를 大書하고 나누어 註釋하여 『綱目』을 잘못 배우지 않았나 하는 오해가 있기 때문이다. 그리고 陳鶴의 『明紀』 60권, 夏燮의 『明通鑑』 90권이 있고, 『綱目』을 이은 것으로 『通鑑綱目三編』 40권 등이 있다. 錢大昕은 『通鑑注辨正』 2권, 陳景云의 『通鑑胡注擧正』, 趙紹祖의 『通鑑注商』

을 각각 저작하여 胡注의 잘못을 바로 잡았고, 『綱目』에 대하여 陳景云의 『綱目訂誤』, 張庚의 『綱目釋地糾謬』 등을 저작했다.

중국의 근현대는 경세사학의 완성기이다. 중국은 청 건륭시기가 지나자, 통치가 부패되어 내란이 심각했고 외환으로 말미암아 주권이 표류상태에 빠졌다. 이에 공자진 등 경세가들은 국가와 민족을 구제하고자, 경세실용을 제창하여 정치를 쇄신하고 流民·邊防問題를 해결하고자 하였다. 사학계에서도 경세사학이 발달하였고 후에 구체적으로 서술할 것이어서 서술할 필요 없다.

한편 근현대에도 『자치통감』에 관한 연구 또한 괄목할만하다. 특히 『자치통감』 註釋이 활발히 진행된 점이다. 그것은 앞서 말한 것처럼, 『자치통감』이 나온 이래 호삼성의 『자치통감음주』로부터 明 만력년간의 嚴衍의 『資治通鑑補』, 1851년 장경인의 『嚴永思先生通鑑補正略』(通鑑補正略), 馮惠民氏의 『通鑑嚴補輯要』, 그리고 陳垣의 『通鑑胡注表微』 등 명작이 출판된 것에서 알 수 있다. 호삼성의 『음주』는 『자치통감』正文에 대한 意味, 地理에 대하여 주석하였던 것으로 『자치통감』을 읽는 데에 매우 유익하다. 특히 호삼성은 원초의 몽고족 통치하에서 민족적 울분을 오대 후진이 거란에게 臣事한 사실에 빗대어 표출하였다. 이는 경세적 애국적인 역사정신이었다. 이러한 『音注』를 더욱 보충하여 주석한 책이 엄연의 『자치통감보』이다. 엄연은 明 嘉慶人으로 萬曆年間의 秀才였다. 그는 經史를 섭렵한 후 41세부터 『자치통감』을 읽고 20년동안 주석·보충하여 『자치통감보』를 저작하였다. 엄연의 補正은 대체로 『자치통감』의 正文을 補正한 것과 주석을 다시 보정한 것으로 구분할 수 있다. 전자는 『자치통감』의 기록 중에 사실이 빠졌거나 보편적이지 못한 표현을 간략히 보충하였다. 후자는 부록과 비고가 있다. 부록은 비록 두 가지 사실이 서로 합치되지 못하여 의심이 나면, 두 가지를 그대로 놓아두고 저작한 것이다. 그리하여 엄연은 24항을 설치하여 보정하였다. 24항은 正統, 殘統, 僭主의 이름, 年號, 甲子, 謬誤, 紊亂, 錯雜, 重復, 拘執, 誣枉, 政事의 漏落, 詔勅의 남음, 문장의 남음과 너무 줄이고 깍음, 名賢의 卒, 隱逸, 賢媛, 藝術, 二氏, 災異, 史斷, 注解, 附錄 등이다. 談允厚는 病漏, 病復, 病紊, 病雜, 病誤, 病執, 병무(病誣) 등 칠병(七病)을 지적하였다. 또한 19세기 중엽 淸 嘉慶 年間 장돈인은 『자치통감보』가운데 『자치통감』 正文을 安輯하여 補正했다. 이 책이 『엄영사선생통감보정략』(통감보정략)이다. 그 후 장씨는 「보정략」 중에서 누락이나 착오가 있으면 계속 보정했다.

아울러 1981년 풍혜민씨는 『자치통감』, 『자치통감보』 및 『통감보정략』의 내용을 더욱 철저하게 검토하여 증보하였다. 그리하여 그는 『통감엄보집요』를 찬수하였다. 또한 1956년 『資治通鑑』 標點本이 나왔다 이 책은 元刊 胡三省의 注本을 底本으로 삼고, 장동인의 『資治通鑑簡本識要』 장영의 『資治通鑑校勘記』 雄羅宿의 『胡刻資治通鑑校字記』 그리고 엄연의 『資治通鑑補』와 이에 근거한 『胡刻通鑑正文校宋記』를 참고하여 간행하여 현재 유행하고 있다. 그리고 1994년 장옥규는 『資治通鑑疑年錄』을 출판하였다. 장씨는 이 표점본을 기초로 하여 誤訛, 誤衍, 誤脫, 失次, 鼠亂, 違例 등 6항목의 正文 錯誤를 분류하고 착오의 원인을 탐구하고, 前人의 교감·오류 등 888조를 설정 조정하였다.

한편 1962년 陳垣은 『資治通鑑胡注表微』 20편을 저작하였다. 이 책의 앞부분 史法은 ① 本朝 ② 書法 ③ 校勘 ④ 解釋 ⑤ 避諱 ⑥ 考證 ⑦ 辨誤 ⑧ 評論 ⑨ 鑑戒 ⑩ 勸戒篇으로 구성되어 있다. 그리고 뒷부분 史事는 ① 治術 ② 臣節 ③ 倫紀 ④ 出處 ⑤ 邊事 ⑥ 夷夏 ⑦ 民心 ⑧ 釋志 ⑨ 生死 ⑩ 貨利篇으로 배열하였다. 陳垣은 중국 군벌 정부의 무능에 대하여 폄척하였다, 즉 호삼성은 "(이민족에게) 신첩 노릇한 치욕은 後晉과 宋 뿐이었다. 아 슬프다"고 하였다. 진원은 이 부분을 호삼성이 망국의 한을 품은 채, 이민족의 지배하에 있던 사대부가 망연히 글자의 뜻만을 새기고 있지 않았음을 발견한 것이다. 그는 같은 입장에서 호삼성의 뜻을 확실히 밝히고자 (때로는 오류를 바로 잡으면서) 호삼성의 注가운데서 100條를 골라 그 주된 뜻에 따라 20편으로 분류하여 정리하였다. 그는 인용서만도 266종을 참고하여 독실한 치학 정신을 구현하였다.

그리고 현대 중국의 지도자 主席 毛澤東을 비롯하여 周恩來 鄧少平 등이 『자치통감』을 매우 중시했다. 그리하여 최근 발간된 『資治通鑑辭典』의 부록에 의하면, 중국에서 발행된 서목 40여권, 논문 340여편, 대만 홍콩에서 간행한 책 20여권, 논문 80여편을 볼 수 있다. 이렇게 많은 연구성과는 통치자들의 관심에 큰 관련이 있을 것 같다. 특히 등소평은 『자치통감』을 백화체로 번역하게 하여 널리 읽도록 하였다.

이 책이 『문백대조전역자치통감』이다. 이리하여 『자치통감』이 편찬된 이래로 그 계승, 주석, 개수, 논단이 줄기차게 이루어져 바야흐로 통감학이 완성된 것이다.

따라서 結論으로, 저자는 이제까지 사마광과 그의 저작『資治通鑑』의 편찬, 중국사학사에서의 그 위치에 대하여 살펴보았다. 즉, 사마광은 지금 陝西省 夏縣 高堠里 賴底村 출신이다. 조부 司馬玄이 진사에 진출한 것으로부터 그의 가계가 알려지기 시작하였다. 부친 司馬池는 진사로부터 光山縣令, 知杭州 등을 거친 "一代의 名臣"이었다. 사마광은 형 사마단, 모친 섭씨 그리고 부친의 친우 방적·장존·손지한 등의 도움으로 학문적, 정치적으로 성장하였다. 특히 그는 역사를 사랑하였다. 『춘추』를 배우고 가족에게 설명하였다. 그의 성품은 온순, 후덕하고 검소하였다. 그는 20세에 진사에 합격하고 부친의 이웃 고장에서 부친을 도우면서 관직생활을 하였다. 1041년 모친상, 곧이어 부친상을 맞아 고향에서 상례를 치렀다. 이 5년 동안에 많은 서적을 섭렵하고 특히 史論으로 十哲論, 四豪論, 賈生論을 저작하였다.

사마광은 同知太常禮院, 右諫議大夫, 守起居注, 同知諫院 등의 관직을 선호하여 학습한 經史知識과 역사적 경험교훈을 통하여 역사의 주제자인 황제를 보좌하고자 하였다. 그리하여 그는 인종의 후사문제, 환관의 죄상 등 국가의 발전에 위배되는 불법을 탄핵하는 데에 그의 모든 힘을 모았다. 특히 그는 政論 곧 황제가 갖추어야 할 仁, 明, 武의 三德과 任官, 愼賞, 必罰의 三道, 그리고 保業, 惜時, 遠謀, 防微, 務實의 五規를 인종, 영종, 신종, 철종에 바쳐 북송의 정치 사회적 발전을 기대하였다. 그리고 사마광은 북송 중기의 총체적인 폐단을 극복하는 데에 經術에 정통한 인재를 채용하고 재부의 절약, 冗官, 冗兵의 도태, 관료와 군대의 정원제 등을 실시함으로써, 가능하다고 보았다. 그리하여 왕안석을 "民賊"으로 규정하고 신법의 폐지를 적극 주장하였다. 그러나 신종이 왕안석의 신법을 채용 시행하자, 이전부터 명령받은 『자치통감』을 조수들과 함께 찬수하였다.

결국 사마광은 孔子이래 발달되어 온 正·通史 등의 經世史學 전통을 이어

받아 春秋學이 성행하고 인쇄술이 발전하여 많은 서적편찬이 이루어지던 상황에서 황제의 적극적인 지원을 받아 『자치통감』을 편찬하였다. 그는 胡繁한 역사책 가운데에서 ㉠ 국가의 흥망성쇠, 백성의 휴척에 연계되어 있는 것을 묶어 황제에게 제공하고 ㉡ 황제로 하여금 그 선악득실을 판별하게 하여 권계하며 ㉢ 長幼간에 人倫을 높이고 조잡한 것과 정밀한 것을 섞이지 않게 하였다. 곧 『春秋』의 大義에 입각하여 褒貶의 법으로 혼란을 제거하여 정상궤도로 되돌리려 하였던 것이다. 이런 그의 의도에 대하여 중국학계에서는 원문의 백화문으로 번역하는 과정에서의 착오로 사마광이 마치 춘추필법을 배제한 것처럼 보이지만, 그것은 〈獎諭詔書〉 및 〈進資治通鑑表〉에 드러난 편찬의도를 홀시하는 결과가 아닌가 한다.

제5절 司馬光史論에 나타난 歷史觀

1. 먼저 북송 중기 사마광은 劉恕, 劉攽, 范祖禹 등의 도움을 받아 19년 동안에 편년체통사 『資治通鑑』 294권을 찬수하였다. 이 책에 사마광의 사론(臣光曰) 119항, 앞사람의 사론 99항 모두 218항이 배열되어 있다. 필자는 몇 년 전에 『자치통감』을 연구과제로 삼아 한편의 논문을 작성할 때에, 사론 부분이 너무 방대하여 유보하였다.

이런 사론에 대한 연구성과는 상당히 괄목할만하다. 宋晞가 사론의 간명한 史實을 붙이고, 褒貶去取의 유래를 밝혔다. 魯立剛·趙伯平 등은 사론을 포함한 『자치통감』의 중요내용에 대하여 논설하였다. 黃盛雄은 『자치통감』 사론에 대하여 사마광의 心目, 史論述例, 論國策, 論君道, 論臣節 등으로 구분하여 정리하였다. 또한 潘英은 사론 200항에 대하여 사건의 배경과 내용을 소개하고 평론하였다. 陶懋炳은 『자치통감』과 『稽古錄』의 사론을 총괄하였는데, 사론마다 왕안석의 신법과 관련여부 등 북송시대의 정치 군사 사회의 상황과 관련시키고 자신의 견해를 전면적으로 피력하였다. 특히 季平은 사마광사론에 대하여 비판적으로 수용한다는 입장에서 禮를 準則으로 삼아 나라를 다스리고, 민생에 관대하게 하며, 신의로 교린한다는 등의 사론의 관점을 정리하였다.

대략 이상과 같은 사론연구는 훌륭한 성과이지만, 매우 방대하여 이해하기 쉽지 않아 簡明하게 정리할 필요성이 있다. 또한 필자는 최근에 당태종 시기에 찬수한 梁·陳·周·北齊·隋의 五代史 찬수자들의 사론(史臣曰)에 나타난 魏徵, 姚察·思廉父子, 李德林·百藥父子, 令狐德棻·岑文本, 房玄齡 등의 역사관을 모색해 보았다.

이런 사정에서 필자는 사마광의 사론 중에서 중요하고도 유익한 것을 선택하여 그것을 君臣의 人品과 君臣의 統治像으로 재구성하고, 그 사론의 내용과 연구성과를 그의 政論에 입각하여 분석·종합함으로써, 그의 역사관을 정리해 보았다.

2. 君主의 人品

사마광은 군주의 政論으로 三德 곧 仁·明·武를 제시하였다. 仁이란 어버이가 자식을 사랑하듯 항구적으로 백성을 기르는 것을 말한다. 教化를 일으켜 정치를 닦고 백성을 기르며, 만물을 이롭게 하여야 가히 仁이라 한다. 明이란 교묘하게 속이거나 가혹하게 살피지 않아 道義를 알게 하고 安危를 인식하게 하며, 賢愚를 구별하고 是非를 판별하여야 가히 明이라 한다. 武란 강하게 맞서고 사납게 이르지 않으며, 오직 道理가 있어 결단하여도 의심하지 않고 간사하여도 느낄 수 없으며, 아첨하여도 옮기지 않아야 가히 武라고 할 수 있다. 고로 어질고 밝지 못하면 싹의 여린 것을 보고도 가꾸지 않는 것과 같다. 이상 삼자를 모두 갖추면 나라는 다스려 강해지고 그 하나가 없으면 쇠퇴하고 그 둘이 없으면 위험하며, 그 셋이 모두 없으면 망한다. 이것이 군주의 삼덕이다. 이런 삼덕에 관련된 德目으로 明辨·恭儉·仁愛·嚴格과 그 반대적인 優柔不斷·闇蔽·耐量·驕慢·奢侈·酒色 등을 열거할 수 있다. 이에 알맞은 사론을 선택하여 그 내용과 연구성과 등을 종합적으로 살펴보았다.

A) 明辨: 군주는 명달하여 신하의 사정을 꿰뚫어 보고 사태를 과감하게 판단·집행해야 왕업을 성취하고, 반대로 膽識이 결핍되면 암폐, 우유부단에 빠진다.

1. 「漢高祖가 丁公을 주살하다.」

丁公은 項羽의 장수였다. 유방이 그와의 싸움에서 불리하여 賢人끼리 고통주지 말자고 함에, 그는 포위를 풀고 물러갔다. 그 후 항우가 멸망되자, 정공은 고조를 만나 보았다. 그러나 한고조는 그가 項王에게 불충하여 천하를 잃도록 했다고 비판하고 주살하였다.

臣光曰: 군웅이 할거하여 군주가 확정되지 않았을 때에는 투항자가 누구이든지 받아들인다. 그러나 천하가 정해지면 온천하의 백성이 신하로 되지 않는 자 없다. 진실로 예의를 밝게 하지 않고 이를 내보이고, 신하된 자는 두 마음을 품고 큰 이익을 바란다면, 국가가 능히 오래도록 안정되랴! 이런 고로 대의를 끊어 천하인이 모두 밝게 하고, 신하된 자가 불충하면 용납될 수 없다는 것을 알게 하여 사사로운 은혜를 맺으려는 자는 비록 자신을 살려주었다고 할지라도 관대하게 처리할 수 없도록 해야한다. 불충한 한 사람을 죽여 만인을 두렵게 하려 했으니, 그 생각이 깊고도 멀다고 하지 않으랴! 자손이 4백년 하늘의 福祿을 누렸으니 마땅하도다.

이 사론에 대하여 黃盛雄은 정공의 志節없음을 비판하고 신하에게 예의를 보여주었다고 보았다. 潘英은 한고조의 정공살해는 한 사람을 죽여 만인을 두렵게 하려는 深遠한 權術이라고 평론하였다. 陶懋炳은 군주가 딴 마음을 가진 신하를 배척하고 "忠臣은 두 임금을 섬기지 않는다"는 언급을 강조한 宋의 開國이래 나타난 여론을 사론화 한 것이라고 평가하였다.

2. 「漢昭帝가 霍光의 無罪를 알았다.」

上官桀 부자가 丁外人을 封侯하고자 했고, 다시 그를 광록대부로 천거했으나, 곽광이 번번히 불허하였다. 이에 蓋長公主, 상관걸 부자, 桑弘羊 및 燕王 劉旦 등이 곽광을 제거코자 모의했으나, 14세 소제가 잘 살펴서 진상을 갈파하고 "대장군은 충신이요. 선제께서 나를 돌보라고 부탁했다. 누구든지 다시 대장군을 모략하면 그 죄를 묻겠다"고 엄하게 힐책하였다.

李德裕論曰: 군주의 최고 德은 추호라도 명백하게 관찰하는 것이다. 이 점은 周成王, 漢高祖, 漢文帝, 漢景帝 또한 이와 같지 못하였다. 周公이 管蔡의 반란에 동방원정을 한 것처럼, 간사한 것을 잘 살펴야 어떠한 사악한 것도 모두 거려질 수 있는 것이니, 한소제는 이와 같았다.

이 사론은 사마광이 이덕유의 논설에 동의하여 인용하였다. 황성용은 한소제가 영민하여 明察하였고, 곽광은 군주를 속일 수 없어서 진심으로 섬겼으니, 군신이 화목하는 기초는 군주의 明에 있다고 평론하였다. 반영은 소제의 명변에 관한 기록을 곽광의 조작이 아닌가 의심하였고, 이덕유가 한소제를 周成王·漢高祖·文帝·景帝보다 평가한 것은 과장이라고 비판하였다. 따라서 사마광은 그의 삼덕에 관련하여 한고조가 한 천하를 이룬 후 찾아온 은인을 불충으로 다스렸고, 한소제가 간사자를 문책하여 사태를 안정시킨 사례를 제시하여 군주가 시비를 明辨할 것을 勸戒하였다.

B) 恭儉: 이는 군주의 德業에 속한다. 군주가 덕을 넓히면 창성하고 위배하면 방자하고 혼란케 된다. 군주의 덕업에는 자신을 위하여 공검하고 남에게 신의를 지키며, 백성에게 仁愛하는 것이 도리이다.

1.「河間王의 총명」

河間王 劉德은 儒學思想에 의거하여 正樂과 문물제도 30여 조를 바쳤다. 그의 逝去에 大行令이 漢武帝에게 총명하고 지혜로움을 獻이라고 한다면서 시호 獻王을 주청하였다.

班固贊曰: 편안함을 누리려면 毒酒를 생각하고, 덕이 없고도 부귀하면 不幸이다. 그는 漢이 일어나 孝平帝에 이르러 제후왕은 백에 이르렀지만, 거의 방자하여 교만·음란하고 도리를 잃었다. 아울러 그는 오직 도리를 넓혀야 하고, 현명하고 덕망이 있는 인재를 뽑아 높여야 한다고 하더니, 河間獻王이 그것에 가깝다.

이 사론에 대하여 황성웅은 제왕이 덕을 넓혀야 번성한다는 입장에서 군주 자신이 공검하고 타인에게 신의가 있으며, 백성에게 인애해야한다고 하면서 한제후왕의 방자함을 비판하였다. 반영은 하간왕이 총명하고 예지가 있던 것은 틀림없다. 그러나 B.C 130년의 일이니 이때의 제후왕은 대체로 本分을 지키고 僭越한 사건들이 없었다고 보고, 반고의 논찬을 비판하였다. 그러나 필자는 반고가 제후왕들이 하간왕과 같이 총명하였더라면 왕망이 찬탈하지 못하였으리라고 보고, 제후왕들이 무력하여 본연의 의무를 다하지 못한 사실을 비평한 사론으로 본다.

2. 「周武帝」는 北齊를 평정하고 궁궐의 장려함은 宗廟의 규모를 넘는 것이니 모두 허물어라. 조각하고 장식한 물건을 모두 빈민에게 주어라. 修繕하고 새로 만드는 것 모두는 간단하고 소박함에 힘써라. 또한 幷·鄴의 장려한 여러 堂殿을 이에 따라 처리하도록 하라고 명령하였다.

臣光曰: 周武帝의 선행은 다른 것보다 뛰어났다. 다른 사람들은 승리한 후 더욱 사치를 하였으나, 그는 승리 후 더욱 절약하였다.

이 사론에 대하여 반영은 篤論이라고 보고 진실로 夭亡하지 않다고 평론하였다. 도무병은 『周書』 武帝本紀 使臣曰에 令狐德棻은 唐臣으로 주무제를 억제한 듯한 언급은 당태종을 찬양하려 한 것이라고 보았다. 또한 그는 사마광이 禮官出身이었기 때문에 승리하면 사치하는 것을 반대하고, 승리하면 더욱 절검하는 것을 칭송한 것이라고 평가하였다. 따라서 사마광은 한하간왕이 지혜있고 총명하며, 주무제가 승리하고도 더욱 절검한 사실을 표창하여 군주의 공검을 勸戒하였다.

C) 인애: 이는 앞서 말한 군주의 덕업에 속한다.

1. 「劉裕가 南燕을 평정하고 도륙을 恣行했다.」

유유가 남연을 정복하고, 王公이하 3천여 명을 죽이고, 몰수한 가정의 인구는 1만이나 되었다. 慕容超를 建康으로 호송하여 참수하였다.

臣光曰: 유유는 남연의 백성을 위무하고 개혁보다는 도리어 도륙을 자행함으로써 그의 분노만 폭로하였다. 그의 소행은 苻堅이나 姚興만 못하여 그가 사해를 평정하여 대업을 이루지 못한 것은 마땅하다. 비록 지혜·용기는 있었으나, 仁義의 마음이 없어서 이렇게 되었다고 어찌 말할 수 있으랴!

이 사론에 대하여 황성웅은 인애가 있으면 국가의 장구한 이익에 합치하지만, 그것이 없으면 인심을 모을 수 없고 국가가 공고해지지 못하게 되는 것이며, 智勇·威勢에 의지하면 근본이 결핍되어 일단 변고가 발생하여도 와해된다고 설파하였다. 반영은 유유가 私慾·貪功하기 위하여 도륙하였다고 보고, 智·仁·義가 없던 인물이라고 분노하여 평론하였다. 또한 도무병은 사마광이 처한 시대가 遼와 西夏 등의 위협이 있었지만, 亡國의 위험은 없던 송대에 보국안민에 관심을 가졌던 반면에, 왕부지는 抗淸鬪爭이 실패한 상황에서 漢이후 唐이전까지, 오직 宋氏만이 중국의 主人이었다고 평가하여 민족주의의 입장과 희망을 후대에 맡겼다. 따라서 그는 사마광이 지혜로운 논설을 하였다고 평가하였다.

2. 「關羽와 張飛」

장비는 영특·용감하고 사대부에 대하여 禮를 갖추었으나, 兵士에는 관심이 없었다. 관우는 兵士에 대하여 관심을 보였으나, 士大夫에 대해서는 도리어 오만하였다. 漢王은 그에게 늘 병사의 엄벌·살해를 경계하였다. 때마침 孫權과 江州에서 싸움이 일어났는데, 출군 직전에 將領인 張達과 范强이 張飛를 살해하고 손권에 투항했다.

陳壽評曰: 관우와 장비는 萬人의 敵을 감당할 수 있는 虎將이고, 모두 國中에 훌륭한 선비의 風貌를 가졌다. 다만 관우는 강퍅·자만하여 스스로의 재주와 지혜, 그리고 용기와 힘에 의지하였고, 장비는 포악하여 은혜를 베풀지 않았다. 양인 모두 자신의 약점으로 수명을 손상하였으니 이것은 통상적인 理致에 합당하다.

사마광은 진수의 史評에 동의하여 인용하였다. 황성웅은 立身에 審愼하고 淸平한 治道는 반드시 단정한 인재가 필요하여 군신이 사사로움이 빠지면 몸을 해치고 나라를 망칠 것임을 경계한 사론이라고 평가하였다. 따라서 사마광은 인애를 공검과 함께 군주가 갖추어야 할 덕목으로 보고, 인애가 없어서 유유는 천하통일의 대업을 이루지 못하고, 장비는 장수의 도리를 다하지 못한 것을 경계하였다.

D) 엄격과 우유부단: 사마광은 병사를 중요한 국책의 하나라고 보고, 그 장수는 엄격해야 하고 군주는 우유부단하지 않고 명석하게 결단하여 사건을 처리함으로써, 국가와 민생의 안정을 강조하였다.

1. 「李廣과 程不識을 논한다.」

李廣은 효기장군이 되어 雲中郡 和林에 주둔하고, 程不識은 軍騎將軍이

되어 雁門郡 代縣에 주둔하여 지켰다. 두 사람은 군사를 잘 지휘하기로 유명하였다. 이광은 행군을 일정한 편제와 행렬이 없고, 야간의 순번과 문서는 매우 간단하였으며, 단지 적군을 감시하는 정찰 초병을 보내 군영이 습격되지 않도록 하여 병사들은 자유로웠다. 반면에 정불식은 군사 편제를 정숙케 하고 대열과 포진을 강구하며, 야간에는 순찰을 강화하였다. 병사는 문서를 명확히 정리하고 시행하였기 때문에, 의사대로 쉬지 못하여 고통스러웠지만, 위험은 만나지 않았다.

臣光曰: 보통인의 性情이 모두 안일한 것을 좋아하고 즐거워하는 것이며, 禍나 損害와 같은 위험이 접근하는 것을 알지 못하니, 병사들은 이미 정불식의 엄격하고 번거롭게 통솔하는 것을 알고 이광을 따라 작전하는 것을 원한다. 이런 형세에서 기강이 자칫 문란해지면 적군이 돌연 습격하는 것을 방어할 수 없는 약점이 있다. 결국 군대의 통령은 또한 엄격하게 해야할 따름이니, 이광의 통병법은 전군이 복멸하는 결과를 거의 면할 수 없지만, 정불식의 통병법은 따르면 비록 싸워 승리할 수 없더라도 실패하지는 않을 것이다.

이 사론에 대하여 황성웅은 전쟁이란 위험하고 국가의 흥망에 유관되어 있어 정불식의 입장이 옳고 이광의 용병술은 나쁜 결과나 영향을 면하기 어렵다고 보고, 사마광의 논설에 따랐다. 반영은 사마광의 논설을 篤論이라 하고 있다. 또한 도무병도 사마광이 송의 開國將相이 정부로부터 많은 시기를 받았고 南宋에서 더욱 심하였다. 宋代 농민전쟁에 대하여 募兵으로 대치하였지만, 폐단이 많아 사마광도 冗兵을 지척하였다. 또한 도무병은 군대의 통솔은 법규와 기강이 무너지면 나라가 망한다는 사마광의 논설을 평가하였다.

2. 「한원제를 평가한다」

한원제는 태자 때부터 儒家의 經典을 좋아하고 寬厚, 博學, 勤愼하였지만 후에는 음주, 안락에 빠졌다.

班彪贊曰 어려서 유학을 좋아하였고, 즉위 후에는 貢禹·薛廣德·韋賢成·匡衡 등 유생을 불러 임용하고 정치를 그들에게 위임했다. 다만 儒家經典에 薫陶되었음인지 優柔不斷하여 漢宣帝의 대업은 이로 말미암아 쇠퇴하였다.

그러나 그는 관후하고 능히 사람을 용납하였으며, 절검을 숭상하고 태도가 온아하여 고대 군왕의 풍모가 있었다.

이 사론은 사마광이 반표의 논찬을 인용하여 한원제를 비판한 것이다. 황성웅은 한원제의 우유부단함을 明辨의 반대의미로 담식에 넣어 설명하고 있다. 한소제는 한선제의 왕업을 계승코자 유생을 승상으로 삼았으나 황제의 신임자는 石顯이었다. 그는 한원제 일대에 用事하여 승상은 할 일이 없었다. 한원제는 참은을 믿고 간사한 자를 채용하여 진실로 한실이 점차 쇠퇴하는 관건이 되었다. 고로 반표가 한원제는 고대 제왕의 풍모가 있었다고 평가한 것은 그가 漢臣이었기 때문이라고 생각되고, 한원제는 명신의 보좌조차 스스로 떨쳐서 陵夷의 君主 곧 中才이면서 수양하지 않고 목전의 사치와 안일에 빠져 국가가 무너져도 알지 못하는 군주라고 아니할 수 없다고 반영이 평론하였다. 따라서 사마광은 정불식의 엄격한 통병법을 평가하고, 한원제의 우유부단한 능이의 군주임을 비판하여 통치자를 권계하였다.

E) 암폐: 이는 앞서 말한 군주의 膽識 곧 사물을 꿰뚫어 보고 과감하게 행한다는 반대의미의 사론이다.

1. 「堯母門」

劉比陵(漢昭帝)이 鉤弋宮에서 14개월만에 출생했다. 한무제는 堯임금이 14개월 만에 출생했다는 말을 듣고, 지금 조첩호가 그런 아들을 낳았다고 하여 구과궁문을 요모문으로 개칭토록 하였다.

臣光曰: 군주된 자는 한 가지 행동과 조치라도 신중하지 않을 수 없고, 마음속의 일은 반드시 표현하여 천하인이 모두 알아야 한다. 그때에 황후와 태자가 건제하였는데, 한무제는 도리어 장차 구과궁문을 요모문이라고 개칭한 것은 명의상으로 타당치 못하다. 왜냐하면 간사한 무리들이 황제의 심경을 미루어 헤아려서 그가 매우 총애하는 어린 아들을 황위 계승자로 생각게 한다면, 황후와 태자에 위험이 생기기 때문이다. 마침내 巫蠱의 禍亂이 발생했다.

이 사론에 대하여 황성웅은 한 무제가 雄大한 才略을 가졌지만, 은총에 가려져 不明·闇蔽되었기 때문에, 마침내 무고화를 불렀다고 평론한 사마광에 동의하였다. 반영은 군주의 信言·信行을 권계하려는 것이라고 평론하였다. 또한 도무병도 사마광의 政論인 五規 중의 重微 곧 미미한 것을 중시하여 사전 예방에 관련시켜 한무제를 견책한 것을 견해가 있다고 보았는데, 그것은 사마광이 禮制를 강조하여 長幼·嫡庶를 바꾸는 것을 반대하였기 때문이다. 아울러 사마광의 논설은 똑바로 송왕조 개국의 역사적 경험과 교훈에 관련되어 있었기 때문에, 사마광이 강조한 禮制에 관하여 또한 비난할 수 없다고 평가하였다.

2.「隋高祖는 특출한 아들이 없었다.」

처음 文帝와 獨孤文獻皇后는 서로 敬愛, 尊重하여 妾生이 없어서 嫡庶의 다툼이 벌어질 염려가 없었다. 수문제는 북주 皇室의 諸王勢力이 미약하였던 것을 거울로 삼아, 몇몇 아들들에게 重鎭을 장악케 하여 諸王의 권력을 황제와 서로 대등하도록 하였다. 또한 문제는 만년에 부자 형제가 분분히 서로 시기하는 것을 방지하고자 다섯 아들 모두 임종치 못하도록 했다.

臣光曰: 辛伯이 周桓王에게 "안으로 총애하는 희첩과 황후의 지위가 상호 대등케 하고 밖으로 총애하는 중신과 황제가 하나같이 호령케 하며, 적자·서자가 서로 필적케 하며, 큰 도성과 국가의 세력이 서로 필적하게 한다면, 이는 動亂의 근본 원인이다"고 진언하였다. 그러나 같은 어머니의 골육으로도 또한 능히 상호 알륵, 권력 쟁탈을 면치 못했다. 신백의 이야기를 고찰하면, 수문제는 다만 한 가지만 흡수하고 다른 세 가지는 실패하였다.

이 사론에 대하여 황성웅은 암폐에 배열하고, 수문제가 황위계승을 불안해 하였던 점에서 君道의 名分에 넣었다. 반영은 수당제실에 경탈자가 많아 사마광은 신백이 말한 한 가지를 얻었다고 했으니 옳다고 보았다. 수문제의 은총자는 없지만 楊素라면 잘못이다. 양소의 무단은 은총이 아니다. 수문제가 4가지를 범했으니, 國祚가 길지 못한 것은 마땅하다고 평가하였다. 도무병은 신백의 논의를 이치가 있는 명언으로 보고, 魏徵이 명철한 부인의 말을 듣고 사악한 신하의 말에 현혹되었으며, 은총에 빠져 적장자를 폐하여 천하는 이미 隨의 것이 아니었다는 논찬을 인용하여 수문제가 국가의 근본대계를 세우지 못했다고 비판하였다. 필자도 이 사론이 명분에 관련되어 있다고 보지만, 수문제가 암폐되어 신백의 논의를 한 가지도 제대로 채용하지 못하였다고 보고, 이 사론을 암폐에 배열하였다. 따라서 사마광은 한무제가 구과 궁문을 요모문으로 개칭하였는데, 이것이 간사한 자에게 이용되어 巫蠱의 禍를 불렀고, 수문제의 잘못된 조치로 隨亡의 맹아가 된 것은 군주의 암폐로 말미암은 것으로 보고 통치자를 경계하였다.

F) 협량: 이는 군주의 器量에 속하고, 기량에는 교긍·시기·협량 등을 넣을 수 있다. 곧 군주의 言行과 思考는 국정에 관련되어 있어 군주의 수신이 필요하다.

1. 「于禁이 모욕을 받고 병사하였다」

우금은 관우에게 포로로 잡혔다가, 손권이 위문제에게 신하를 일컫고, 우금을 석방하여 魏로 돌려보냈다. 위문제는 우금을 안원장군으로 삼고, 鄴에 있는 조조의 古陵을 배알하도록 하였다. 황제는 먼저 사람을 陵屋에 관우가 싸움에서 이기고, 방덕이 분노하며, 우금이 항복하는 그림을 그리게 하였다. 우금이 도착하여 그림을 보고, 병이 나서 죽었다.

臣光曰: 우금은 수만명의 병사를 거느리고 패하자, 죽지 않고 목숨을 구하여 적에게 항복하고 후에 다시 돌아왔으니, 위문제는 그를 폐하거나 죽이는 것이 옳았다. 능옥에 그림을 그려 모욕을 주었으니, 이는 군주가 할 일이 아니다.

이 사론에 대하여 황성웅은 예제에 넣었고, 반영은 위문제의 군주답지 못한 것을 지적하고 국가의 정치를 어린이의 유희처럼 하였다고 하여 위 문제가 군주의 大度를 갖추지 못하였다고 비판하였다. 도무병은 사마광이 신하에게 죄가 있으면 법에 따라 처벌하는 것이 예법에 합당하고, 또 도리상 당연히 엄명한 상벌을 실행할 것을 제창한 것이라고 보았다. 반대로 법에 따라 처형하지 않고 멋대로 모욕을 주면 비록 죄를 지었더라도 부당하다고 평가하였다.

2. 「趙光奇의 집에 면세하였다.」

당덕종은 사냥하다가 농민 조광기의 집에 이르러 농민이 황제의 명령은 신용이 없다. '이전에 兩稅 이외에는 일체 거두지 않는다'고 했는데, 양세 이외의 세역이 양세보다 많아서 기쁘지 않다고 직언하였다. 덕종은 그 해 그 집 세역을 면제하도록 명령하였다.

臣光曰: 덕종은 나라가 망하는 도리를 모르고 조광기의 직언을 듣고도 백성의 질고를 인정하지 않고, 다만 한 집의 당년 세역을 면제하였다. 사해는 광대하고 백성은 많은데, 어떻게 사람마다 천자를 향하여 상황을 설명할 수 있을 것이며, 戶戶마다 모두 요역과 부역을 면제할 수 있으랴!

이 사론에 대하여 황성웅은 군주의 明斷이 없다고 보았다. 안사난 후 용렬한 군주가 계속 출현하였는데, 특히 덕종은 배우지 않아 政術이 없고 협량이었다고 비판하였다. 반영은 덕종이 암폐되어 군주노릇을 못한 것을 비판한 사마광의 질책은 誠言이라고 평론하였다. 도무병은 사마광이 野史에서 이 일을 채집하여 기록했으니, 그의 안광이 타오르는 것 같다고 칭찬하였다. 이 논의의 깊은 뜻은 백성이 모반하면 나라는 망한다는 도리를 제창한 것이다. 따라서 사마광은 위문제와 당덕종의 협량을 비판하고, 군주가 수양하고 도량인 大度·公平·存道·廣德의 의지로 통치할 것을 제창한 것이다.

G) 교만: 군주가 천하를 통제하기 위하여 賢士·豪傑을 모아 宏雅한 기량을 쌓아야 하고, 그렇지 않고 교만하면 좋지 못한 결과를 가져오는 것이다.

1. 「曹操가 교만하여 뽐내었다.」

조조가 荊州를 점령하고, 신체는 왜소하고 행위는 방탕하였지만 사리에 통달하고 명석하며, 과단성이 있었던 張松을 우대하지 않았다. 그는 劉璋에게 교만한 조조와 관계를 끊고 유비와 친할 것을 권고하였다.

習鑿齒論曰: 일찍이 齊桓公은 자신의 공로를 현란케 하여 즉각 아홉 나라가 배반했고, 조조는 잠시 교만하여 천하를 나누어 3국 정립의 형세를 이루게 했다. 그들은 어렵게 수십년간 경영한 사업을 순간적으로 훼손·폐기해 버렸으니 어찌 애석하지 않으랴!

이 사론에 대하여 황성웅은 驕矜을 버리고 공검한 군신의 인품을 강조하였다. 반영은 유비의 익주점령이 삼분의 계기요, 張松은 그 三分之勢에 관련되어 있었다. 사마광이 습착치의 사론을 인용하여 교만을 경계하였다.

2. 「秦王 苻堅을 평가한다.」

後秦王 요장이 사람을 보내 부견에게 옥쇄를 보내줄 것을 요청하자, 부견이 대노하여 꾸짖어 보내고 탄식하였다. 곧 이어 요장은 부견을 매장하고 壯烈天王의 시호를 주었다.

臣光曰: 역사인물에 대한 논자는 모두 진왕 부견의 멸망이 모용수, 요장을 살해하지 않은 데에 연고가 있다고 인식하고 있다. 그러나 사마광은 부견이 누차 성리하여 교만한 연고라고 인식하였다. 魏文侯의 망국에 관한 질문에 대하여 李悝가 정복전쟁의 승리는 군주를 교만하게 하고, 교만한 군주가 피로한 군중을 다스렸으니, 멸망하지 않을 도리가 없다고 대답했다. 진왕 부견은 이와 흡사하다.

이 사론에 대하여 황성웅은 군주의 공검한 도리를 말하여 교긍을 지적한 것이라고 보았다. 반영은 부견이 小人을 좋아하고 大計를 不顧하여 마침내 실패하였다고 평론하였다. 또한 도무병은 사마광이 부견의 교만, 방종을 지척하고 일관되게 위업의 보존과 守成을 긴밀할 것으로 강조하였다. 그는 군주가 안민에 힘쓰지 않고, 간쟁을 받아들이지 않아 정치가 강팍해지면 간웅이 생심한다는 것이다. 까닭에 이런 사마광의 견해는 높고도 밝다고 평가하였다. 따라서 사마광은 조조가 大度·恭儉치 못하고 교만하여 천하통일의 기회를 상실하였으며, 전진왕 부견이 누차 승리한 끝에 교만하여 동진정벌에 실패하였고 제국이 와해되었음을 경계하였다.

G) 奢侈: 군주는 德業을 쌓아 통치해야 하고, 그렇지 않으면 사욕과 사치에 빠져 마침내 나라가 망한다는 도리를 일깨웠다.

1. 「唐明皇이 사치를 숭상했다.」

당현종이 연회를 베풀 때에 먼저 太常의 雅樂 등 음악과 악대를 설치하여 연주케 하고, 궁녀와 백필의 말이 함께 춤추며 황제에 축수케 했으며, 물소·코끼리에 춤추며 예배케 하였다. 安祿山은 관람한 후에 매우 기꺼워하였다.

臣光曰: 聖人은 도덕으로 하는 일이 아름답다고 보고, 인의로 즐거움을 삼는다고 했다. 까닭에 그들이 초가삼간에 살면서 사나운 음식을 먹는 검소한 생활을 하더라도 수치로 생각하지 않고, 사치를 경계하여 백성의 어려움을 걱정한다. 당현종은 스스로 천하태평이라고 인식하고 부귀, 사치에 힘써 휘황찬란하게 했다. 그러나 신변에 있는 강도가 제왕의 보좌를 기웃거리는 줄도 몰라서 최후로 황제는 도망했고 백성은 도탄에 빠지고 말았다. 까닭에 군왕의 호화, 사치생활은 강도를 불러들이는 것과 같다.

이 사론에 대하여 황성웅은 사치를 경계하고 공검하는 군도를 펴야한다는 사론으로 보았다. 반영은 당명황이 태평으로 오인치 않고 善政하여 사치를 숭상하지 않았더라면, 안록산이 어찌 반란을 일으켰으랴고 사마광을 평론하였다. 도무병은 사마광의 관점에 동의하고 이 사론은 그가 송인종이래 올린 章奏와 함께 검소함을 숭상하고 사치를 제거하며, 더욱 화려함을 警戒·針對하였다고 평가하였다.

2.「李泌의 理財는 道理가 아니다.」

元友直이 장차 淮南 錢帛을 長安에 운송코자 하니, 李泌은 장차 그것을 전부 內庫에 옮기려 했다. 이 때에 덕종은 누차에 걸쳐 지방에서 재물을 거두어들이고 각 道에 명령하여 재상이 알 필요는 없다고 경고하였다.

臣光曰: 군주는 천하를 자기의 일가라도 생각하고 천하의 재산은 자신의 소유라고 여긴다. 천하의 재산이 풍부하여 천하의 백성을 길러 번창하니 자기는 즐겁다는 것이다. 어떤 군주는 결국 개인적인 창고를 운영하니, 이는 보통사람의 비루한 행동이다. 옛 사람이 빈궁한 사람은 절검을 배우지 않고도 절검하는 인품을 자연히 갖춘다고 했다. 일반적으로 재산이 부유하면 사치하는 욕망이 근본적으로 산생된다.

이 사론에 대하여 황성웅은 덕없이 私財를 쌓아 百弊가 있고 一利도 없는 사치에 빠질 것이 아니라, 공검할 것을 당부한 사론이라고 보았다. 반영은 덕종이 용렬하고 배우지 않아 政術도 없으며, 협량·고집으로 정치를 그릇친 사실을 지척한 것이라고 평론하였다. 또한 도무병은 사마광의 관점에 동의하였는데, 사마광이 천하와 함께 풍부해 질 것을 주장하여 덕종이 내고를 설치한 사실을 비판하였다고 평가하였다. 따라서 사마광은 당명황이 사치하여 안사반란을 불렀고, 당덕종이 따로 內庫를 가져 민생의 안정보다 사욕을 들어내 간사자·환관의 폐단을 불러 일으켰음을 경계하였다.

H) 酒色: 군주는 덕목을 수양하여 정치를 수행해야 하고, 그렇지 않고 은총·주색·안일에 빠지면 국가는 망친다.

1.「漢武帝가 李廣利로 하여금 군대를 거느리게 했다.」

大宛王은 漢은 자기네에게서 멀고 도로가 험난하여 자위할 수 있으며, 흉노가 천산북로에서 소요를 일으키고 있는 것을 보고, 그들은 寶馬를 보존하고자 한의 청원을 거절하고 사신을 살해한 위에 보물을 빼앗았다. 한무제는 대노하여 정벌을 결의하고 총애하는 이부인의 오라비 이광리를 貳師將軍으로 삼아 기병 6,000명과 수만 명의 병사를 징발하여 토벌하게 했다.

臣光曰: 한무제는 자기가 총애하는 이부인의 오라비를 封侯하고자하여 이광리를 장군으로 삼아 대완을 정벌케 하였다. 그의 意思는 국가를 위하여 공로를 세우지 않으면 封侯할 수 없다는 고조이래의 約定을 변경하지 못한다는 것이었다. 다만 軍國의 대사는 국가의 안위, 민생의 생사에 관계되어 있음에도 불구하고, 무제는 현명하고 어리석음을 판별치 않고 자신이 좋아하는 사람을 봉후하는 근거로 삼는 것이다. 따라서 한무제는 봉후의 원칙을 잘 처리하는 견해가 있었으나, 장수를 임명하는 데는 마땅한 바가 없고 과분하다.

이 사론에 대하여 황성웅은 이민족에 대하여 덕으로 회유되지 않으면 도리와 시기에 알맞은 정복을 해야 한다고 보았다. 그러나 필자는 후궁의 요청으로 守法은 했으나, 유력자를 얻지 못하였기 때문에 여색으로 보았다. 반영은 군주가 천하인의 입과 눈을 속여 守法치 않음을 지적했다. 또한 도무병은 이 논의를 사마광이 保國과 安民에 착안하여 무제의 用人과 征伐은 백성의 희생과 그 위에 봉후를 고려한 것을 지적하였으니 정밀하다고 평가하였다.

2.「魯爽이 난세에 평소처럼 행동하였다.」

劉義宣이 반란을 일으켜 남하할 때 魯秀·魯爽 등이 가담했다. 孝武帝는 좌군장군 薛安都, 용양장군 宗越 등에게 歷陽을 방어케 하여 양측이 대치하였다. 황제는 다시 장군 沈慶之를 보내 장군들을 독려하여 魯爽을 토벌케 했다. 설안도가 과음한 그를 추격하자, 곧 말에서 떨어졌다. 그의 좌우 수종인이 노상의 머리를 치자, 사졸들은 사방으로 도망했다.

李延壽曰: 흉악한 자가 능히 성공하는 것은 세상의 도리가 혼란하기 때문이다. 노상은 평소에나 있을 법한 행동을 가지고 혼란한 사회에서 행하여 스스로 실패를 취했으니, 필연적인 이치로다.

이 사론에 대하여 반영은 어찌 말할 수 없는 황당한 일이라고 질책하였다. 따라서 사마광은 한무제가 총애하는 자를 위하여 역량없고 무절제하며, 공사도 구별하지 못하는 자에게 중책을 주어 수만의 군사를 전몰·실패케 되는 것을 경계하였다.

결국 사마광은 군주의 명변, 공검, 인애와 같은 인품을 닦아 과오를 범하지 않고 통치하는 역량을 키워 장차 나라를 다스리는 유가의 修己에 관련된 德目을 사론을 통하여 제창하였다.

3. 君臣의 統治像

통치에 관련된 사마광의 政論은 三道와 五規를 제시하였다. 三道는 任官·信賞·必罰이었다. 군주는 유덕자·문학자·정술자·용략자·明禮(法)者로 하여금 각각 교화·고문응대·수장·장수·예(법)을 주관케 하는 등 아래로 醫卜·百工에 이르기까지 관료의 자질을 헤아려 제수하고 그 능함을 헤아려 직책을 준다. 공로가 있으면 그 봉록·포상을 추가하지만 관직은 옮기지 않는다. 반대로 공로가 없으면 강등·면직시키고 다시 능한 자를 구하며, 형벌로 귀양보내고 살해하되 관대하게 처리하지 말라고 주장하였다.

또한 사마광은 仁宗 嘉佑 6年(1061) 8월 17일에, 五規 곧 保業·惜時·遠謀·防微·務實의 御臣의 관점을 上奏하였다. 保業이란 옛 것을 거울로 삼아 왕업을 보전하는 것이다. 惜時란 승평한 시기에 綱紀를 세워 계속적으로 독려하는 것이다. 遠謀란 태평한 때에 비상한 때를 생각하는 것이다. 防微란 치국함에 있어서 미미한 것을 방지하고 번지는 것을 막는다는 것이다. 그리고 務實은 仁·孝·禮·樂·政·刑·求賢·審官·納諫·治兵 등을 제시했다. 즉 국가를 안정시키고 백성을 이롭게 하며(仁), 기초를 보전하여 자손에 전하며(孝), 귀천을 판별하고 기강을 세우며(禮), 상하가 화목하고 멀리 있는 자와 친하며(樂), 시비를 정하고 좋아함과 싫어함을 밝히며(政), 간사함을 힐책하고 포악함·혼란함을 금지하며(刑), 언행을 살펴 임용하고(求賢), 재능과 공로를 헤아리며(審官), 안정과 위험을 도모하고 治亂을 살피며(納諫), 용감하고 과단성이 있는 자를 선발하고 전투를 익히게 하는 것(治兵)이라고 설명하였다.

이는 북송의 사회적 폐단을 혁파하여 진일보 발전을 획책하려는 주장이었고 사마광의 충성 바로 그것이었으며, 사려 깊고도 탁월한 정치가의 식견이었다. 이런 정론에 따라 그의 統治像에 관한 사론은 명분·용인·교화·신의·충량·불충신, 그리고 外交原則 등을 열거할 수 있다. 이 덕목에 알맞은 사론을 선택하여 그 내용과 연구성과 등을 종합적으로 살펴보자.

A) 名分: 이는 인륜상의 본분이고 마땅히 행하여야 할 직분이니, 사마광은 국가의 주요한 구성원이 국가의 이념에 따라 직분을 수행하는 원칙, 규정에 입각하여 국가발전에 힘쓸 것을 제창하였다.

1. 「周威烈王 姬午가 晉大夫 魏奢·趙籍·韓虔을 諸侯로 삼았다.」

원래 封建은 周公旦이 창안한 西周의 통치조직으로 주왕은 일족과 공신을 제후로 삼아 그들에게 領土·國民·統治權을 주어 다스리게 하였던 제도였다. 이때 諸侯는 周王에게 朝覲과 納貢하며, 왕의 정벌·방어·반란진압과 같은 國事에 참여하는 등 왕의 制度를 준수해야 하였다. 그것은 禮로 규정되었다. 天子·諸侯·大夫 등 봉건귀족은 각기 군사력·의장대·장례·토지점유 등에 있어서 엄격한 差等이 있었다. 만약 이런 禮가 파괴되면, 천자는 응당 응징하여 봉건질서를 유지·보호해야 하였다.

臣光曰: 나는 천자의 직책은 禮敎를 지키는 것보다 큰 것이 없고, 예교는 지위를 구분하는 것보다 큰 것이 없으며, 지위를 구분하는 것은 명분을 바르게 하는 것보다 큰 것이 없다고 들어 알고 있다. 禮敎는 군신간에 구별이고, 명분은 公·侯·卿·大夫 등의 官爵이다. 四海는 넓고 백성은 많지만, 모두 천자의 절제를 받는 것이고, 천자는 삼공을, 삼공은 제후를, 제후는 경·대부를, 경·대부는 士와 백성을 각각 통치한다. 이는 수목의 줄기·뿌리와 가지·잎새가 있어 서로 보호하는 것과 같다. 『春秋』에서는 제후를 낮추고 주왕실을 존중하여 周王室官吏의 지위가 높지 않더라도 그 직책 중에 순서를 배열하여 제후의 위에 있게 하였으니, 이로써 보면, 孔子는 군신의 관계를 힘써 주의한 것이다.

夏桀·商紂가 포악하여, 商湯·周武王 같은 明君으로 바꿔도 백성이 귀부하는 것은 천명을 받은 것이니, 군신간의 명분은 신하가 마땅히 節義를 지켜 죽어도 변절치 않는 것을 말한다. 까닭에 예교 중에 큰 것은 명분 곧 지위의 고하를 구분하는 것이다. 이른바 예교란 귀천을 구분하는 데에 있고, 친하고 섞글은 것을 차례 짓고 만물을 헤아리는 것이다. 일정한 名位가 아니면 드러나지 않고, 제왕이 의식 때에 器物이 아니면 형상되지 않는 것이다. 다만 명위를 천명으로 삼아 이것을 기물로 구별하여야 상하가 찬란하게 기강이 있게 된다. 이것이 곧 예교의 큰 法道이다. 따라서 명분과 기물이 모두 망하면, 어찌 예교가 홀로 존재하랴!

옛날 숙부 于亥가 衛를 위하여 큰 공로를 세워 천자의 封地를 사양하고 도리어 繁纓(말갈이 장식)을 청구하였다. 공자는 명위와 기물을 독점해야지 절대로 다른 사람에게 빌려줄 수 없다고 단정하였다. 이것은 군왕 직권의 상징이요, 정치를 처리하는 데에 원칙을 견지하지 않으면 국가는 또한 위기에 빠져 망하게 될 것이기 때문이다.

魯의 季氏·齊의 田常·楚의 白公勝·晉의 智伯은 그들의 세력이 모두 커서 충분히 제후를 쫓아내고 자립할 수 있었다. 그들이 감히 이렇게 하지 못한 것은 그들이 천자의 명위를 간사하게 범했다는 이유로 천하의 토벌을 불러오지 않을까 하는 두려움 때문이다. 지금 三晉은 그 군주를 포악하게 멸시하여 晉을 쪼개었지만, 천자인 주왕이 능히 군대를 파견하여 정벌치 못하고, 도리어 그들에게 작위를 내려 그들을 제후의 대열에 끼워 넣었으니, 주왕조의 명분이 변변하지 못하여 다시는 지켜질 수 없어 내버린 결과가 되었다. 이에 주왕조 先王의 예교가 상실되어 버렸구나!

삼진이 비록 강성할지라도 천하의 토벌을 돌아보지 않고 예교를 침범하는 일을 하려고 했다면, 주천자의 비준을 청구하지 않았을 것이다. 천자를 향하여 분봉을 청하지 않고 자립하는 것은 반역의 신하이다. 지금 삼진은 천자에게 분봉을 청하고 천자가 또한 허락하였으니, 이는 천자의 명령을 받아 제후로 된 것이다. 누가 능히 그들을 토벌할 수 있으랴! 고로 삼진이 제후로 배열되었으니, 삼진이 예교를 파괴한 것이 아니라, 천자가 스스로 예교를 파괴한 것이다. 이에 君臣간의 禮教가 이미 파괴되었으니, 천하는 지혜와 무력으로 서로 雄長 곧 覇權을 다투기 시작하였다.

이 사론은 사마광의 유명한 『名分論』이다. 황성웅은 기강이 무너지면 신하의 기웃거리는 마음이 발생하여 簒弑僭越에 빠져 쉽게 망하는 결과가 나오기 때문에, 난신적자의 야심을 경계코자 한 논설이라고 보았다. 반영은 경박하게 自喜하지 않고 大節을 혼란케 하지 말 것을 경계한 사론이라고 평론하였다. 또한 도무병은 宋神宗의 極贊을 받은 『명분론』은 사마광이 그 요긴함과 해로움을 궁구하여 예법을 제창하고 명분을 중시하여 전제황권을 옹호한 사론으로 평가하였다. 그러나 송대에는 전제주의가 강화되어 군주를 존중하고 신하를 억제하였으며, 관직을 분리하여 명분과 실리를 혼동케 되고 마침내 폐단이 성장하여 紀綱이 문란하기에 이르렀다. 그 때에 사마광은 예관이 되어 누차 명분과 예법에 대하여 인종황제에게 상소하였다. 그리고 遼, 西夏의 강병이 국경을 압박하던 때에 폐단을 힘써 배척하고 新法을 반대하여 制置三司條例司를 폐지할 것을 주장하여 완고분자로 주목되었다. 그러나 그의 논리는 일정한 도리가 있었기 때문에 그는 전적으로 틀렸고, 王安石은 일체 옳다는 논법은 성립치 않는다고 평가하였다.

2. 「漢의 諸侯王들이 王莽이 덕이 있다는 글을 바치다.」

왕망은 제후왕들을 폐하여 평민으로 삼았다. 특히 廣陽王 劉嘉는 符命을; 魯王 劉閔이 神書를; 中山王 劉成都가 公德을 칭송하는 글을 각각 왕망에게 바쳐 모두 列侯를 책봉받았다.

班固論曰: 漢朝 건립초에 秦이 망한 원인이 황실의 고립에 있음을 경계하여 자제들을 왕으로 높이고 燕國·齊國·趙國 등 10개의 封國을 세웠다. 각 봉국의 경계는 서로 인접하여, 동방·북방·남방 3면의 변경을 에워싸고, 밖으로는 흉노와 南趙國과도 접하고 있었다. 天子는 모두 15郡을 직접 관할하였다.

그러나 제후는 본래 왕족의 말류로 도리에 벗어나고 법을 어기며, 모반·반역함으로써 자신을 해치고 봉국을 잃게 되었다. 고로 文帝는 齊國과 趙國을 분할하였고, 景帝 때에 7국의 반란을 만나, 다시 제후들을 억압하고 그 관원을 감소시켰다. 武帝 때에 모반이 있어서 左官律, 附益法 등을 만들었다.

哀帝, 平帝 때에 이르러 모두 먼 자손들이 뒤를 이어 親屬關係가 멀어졌고, 세력이 富者들과 별로 차이가 없었다. 王莽은 황제를 칭하고 符命을 반포하였다. 漢諸侯王들은 漢室에 충성은커녕, 왕망에게 머리가 땅에 닿도록 공손히 절을 하고 璽綬를 바치면서 오직 후사가 끊길까 두려워하여 그의 공덕을 칭송함으로써 환심을 구하였다.

이 사론에 대하여 황성웅은 大政의 簒弑僭越, 國策 封建으로 보았다. 반영은 봉건의 변화, 오덕종시설의 만연으로 왕망의 찬위가 순리로 성취되고 광무제도 符命의 방조로 帝業을 이루었으니, 이는 반고·사마광도 모른 역사이해의 어려움이라고 평가하였다. 따라서 사마광은 국가의 창업이 국리민복을 위한 도리라는 것을 제창하고 『명분론』으로 주의 예제가 파괴되어 패권을 다투는 전국으로 이행되었으며, 한제후왕들이 명분을 상실하였기 때문에 왕망이 한왕조를 찬탈하였다고 평론하여 국가 사회의 주요한 명분을 항구적으로 지킬 것을 제창하였다.

B) 用人: 신하는 군주를 보필하여 정치를 행한다. 군주는 위에서 명령하고 신하는 아래에서 행하여 틈이 없이 배합해야 정치는 정상궤도에 오르고 국가가 발전한다. 국가의 정치는 복잡다기하여 치도를 얻은 군주가 賢能한 인재를 뽑아 타당하게 조직·운영하여 그들의 힘을 다하게 해야한다. 안민을 위하여 바른 군자를 뽑고 소인을 멀리해야 한다. 사마광은 치란의 도리는 현능자를 뽑아 덕치를 하는 것이라고 밝혔는데, 이것이 君道이고 賢能者란 正直忠信하고 聰明勇敢한 선비를 가르킨다고 주장하였다.

1. 「三晋이 智伯을 滅하다」

智氏의 세력이 가장 강성하여 韓·魏·趙 3家는 항상 압박을 받았다. B.C 534년 智伯이 趙家에게 토지의 할양을 요구했다. 趙家가 이에 응하지 않자, 智家는 韓·魏 2家와 함께 趙家를 포위·공격하였다. 趙家는 韓·魏 2家에게 몰래 사신을 보내 지백을 공격하고자 설득하여 마침내 지씨 일족을 모두 살해하고 지씨의 영토를 3家가 분할하였다. 그 결과 晋은 韓·魏·趙 3家에 의하여 분할·통치되었다.

臣光曰: 智瑤의 멸망은 才가 德을 이겼기 때문이다. 무릇 재와 덕은 다르다. 재는 덕을 돕는 요소이고, 덕은 재를 통제(솔)하는 요소이다. 따라서 재덕을 겸비한 사람을 聖人, 재덕이 모두 없는 사람을 愚人, 덕이 재를 이기는 사람을 君子, 재가 덕을 이기는 사람을 小人이라 부른다. 인재를 선발하는데서 성인·군자를 얻을 수 없다면, 소인보다는 차라리 우인을 얻는 것이 낫다.

왜냐하면 군자는 재간을 가지고 선을 행하지만, 소인은 재간을 가지고 악을 행하기 때문이다. 우인은 비록 악행을 하고자 하나 지혜와 힘이 미치지 못해 사람들이 능이 제어할 수 있다. 그러나 소인은 그 지혜와 용기로 간악함과 포악함을 능히 행할 수 있다. 예로부터 亂臣賊子는 모두 재가 뛰어나지만 덕이 부족한 자들로 智伯도 예외가 아니다. 따라서 국가를 다스리는 자는 재와 덕의 2개의 표준으로 인재를 선택해야 한다.

이 사론에 대하여 황성웅은 군자를 뽑아 탐욕스런 소인을 멀리하라는 사론으로 보았다. 반영은 재·덕이 본래 서로 관련되어 있지 않지만, 재는 善과 악을 구제한다고 보고, 재를 결코 비하시킬 수 없음을 지적하였다. 또한 도무병은 사마광이 덕을 중시한 것처럼, 오늘날의 인재선발에도 먼저 그 인품을 살피는 것이 보편적이다. 그러나 愚人을 취할망정 小人은 취하지 말라는 것은 편견이다. 愚人이 上位에 있으면 뭇 소인들이 목적을 달성하기 때문이라고 평가하였다.

2. 「劉裕가 鎭惡에게 關中을 위임하고 다시 沈田子에게 뒷말을 하여 혼란케 했다.」

유유가 관중의 옛 땅을 회복하였다. 王鎭惡의 공로가 가장 컸기에 남방의 장령들은 모두 그를 시기하였다. 沈田子와 傅弘之는 여러번 유유에게 "왕진악의 집은 관중에 있어서 그를 완전히 신임할 수 없다."고 모략하였다. 유유는 제반 준비를 하고, 私的으로 심전자로 하여금 감시하도록 하였다. 아울러 속담에서 '맹수는 여러 여우만 같지 못하다'고 하였으니, 너희 10여 명은 왕진악을 두려워하여 이루지 못하랴고 부추겼다.

臣光曰: 옛 사람이 "사람을 의심하면 쓰지 말고, 사람을 썼으면 의심치 말라"고 하였는데, 유유는 이미 왕진악에게 관중을 진수하도록 위임해 놓고 또한 심전자에게 뒷말을 하였으니, 그들을 도발시켜 서로 다투어 혼란케 한 것이다. 일시적이나마 신중치 않아 豊邑·鎬京의 古都가 다시 적에게 돌아가 버렸으니, 순황이 겸병은 용이하지만 응결은 어렵다고 한 말이 상대가 되는구나!

이 사론에 대하여 황성웅은 임용하면 결코 시기하거나 의심할 수 없음을 지적하였다. 반영은 유유가 帝業을 열고자 북벌하였으니 결코 민족영웅일 수 없다고 하여 앞서 말한 것처럼, 왕부지가 한이후 당이전 중국의 주인은 宋氏뿐이라는 관점에 반대하였다. 또한 도무병은 유유가 부하를 시기하여 화란을 심었으니, 그의 행동은 군주의 도리에 위배되어 견책한 것이라고 보았다. 아울러 송왕조에서 관료들을 상호 견제케 했으니, 이를 비판하는 의도 또한 포함되어 있다고 평가하였다.

3. 「崔祐甫의 用人을 평가한다.」

崔祐甫가 재상에 올라 200일이 못되었으나, 새 관직을 받은 자가 800명이나 되었다. 황제가 최우보에게 사람들 중에 卿이 등용한 사람은 경과 친한 사람이 많다고 하는 말이 있다고 의심하였다. 그는 만약 평시에 알지 못하면 어떻게 그의 재간과 덕행을 알아 등용할 수 있겠습니까 라고 대답하자, 황제는 그렇게 여겼다.

臣光曰: 사람을 쓰는 자는 친하고 친하지 않는 것과 알고 모르는 것을 문제삼지 않고, 오직 현명한가 그렇지 않은가를 살필 뿐이라고 하였다. 그 사람이 현명하지 않은데도 친하고 아는 사람이라고 하여 등용한다면 이는 공정함을 잃은 것이요, 또 그 사람이 현명한데도 친하고 아는 사람이기 때문에 임용하지 않는다면, 이 또한 공정함을 잃은 것이다. 어떤 사람이 어떤 이를 현명하다고 하면 비록 자기는 그 사람을 알지 못하여도 우선 등용하였다가, 그가 아무런 공로가 없으면 물러가게 하고 공로가 있으면 승진시킨다. 또한 그를 추천한 사람에게도 추천받은 사람이 유능하면 상을 내리고 그렇지 못하면 벌을 내린다. 이렇게 승진시키고 물러가게 하는 것과 상주고 벌주는 것이 모두 衆論에 따라 할 뿐이요, 자기의 사사로운 욕심을 조금도 없게 하는 것이다. 진실로 이러한 마음으로 일한다면 어찌 현명한 이를 버리고, 관직에 알맞은 사람을 등용하지 못하는 것을 걱정하랴!

이 사론에 대하여 황성웅은 인재는 公的으로 많은 사람들 가운데서 선발할 것을 제시한 사마광의 관점에 동의하였다. 반영은 사마광의 용인의 술법이 정밀하지만, 최우보의 厚顔·欺誑인 것을 논하지 않은 약점을 실수라고 지적하였다. 또한 도무병은 사마광이 『名分論』에서 "衆論으로 추천 받아 公的으로 선발한다"는 명언을 인용하여 논설한 것을 평가하였다. 아울러 그는 사마광이 관청의 상호견제, 책임전가 등의 폐단을 침대하려는 의도라고 평가하였다. 따라서 사마광은 용인의 원칙으로 『재덕론』을, 유유의 잘못과 최우보의 용인사례를 제시하여 공평하게 현덕자를 발탁할 것을 제창하였다.

C) 교화: 이는 立國의 근본으로, 이에 대하여 공자는 치국의 도리, 맹자는 국가의 병략으로 삼았다. 사마광도 이를 중시하여 교화하여야 淳厚·剛正한 풍속이 생기고 군자는 自愛하고 소인은 自畏해야 국가의 綱常이 실추되지 않는다고 보았다. 까닭에 사마광은 교화를 국가의 급무, 풍속은 천하대사라고 지적하였다. 용렬한 군주는 이를 홀시하지만, 明智한 군자는 깊이 고려하여 이익, 공로를 이룬다고 제창하였다.

1. 「叔孫通이 禮를 制定하였다.」

한고조가 장락궁을 낙성함에, 제후·관료들이 典禮에 따라 축하하였다. 叔孫通이 예의와 규칙을 제정할 때에 대체로 秦의 옛 제도를 약간 증감하여 계승하였다.

臣光曰: 예의 功能이 크도다! 그것을 개인의 신상에 사용하면 움직여 조용해지니 곧 규범이요, 가진 바의 행위는 곧 완비되어 결함이 없었다. 그것을 가사에 사용하면 내외가 정연하여 분별이 있고 九族은 화목한다. 그것을 향리에 사용하면 長幼사이에 윤리가 있고 풍속이 교화되어 청명하게 된다. 그것을 봉국에 사용하면 尊卑의 질서가 있고 政令으로 통치하면 성공하여 안정된다. 그것을 천하에 사용하면 제후는 귀순·복종하며, 법제와 규율은 정숙·엄정하게 된다. 그것을 거의 사용치 않으면 연회의식이나 門戶에서 질서를 유지하랴! 이러한 때에 만약 능히 大儒가 이르러 그를 보좌하고 대유와 함께 禮制를 사용하여 천하를 다스렸다면, 그의 공업은 훨씬 진일보 발전하였겠도다! 아깝다. 숙손통의 그릇이 크게 작업에 있어서랴! 그는 다만 예제

중에 찌꺼기를 도둑질하여 필요 없이 만들었으니, 시세에 의부하고 풍속에 영합하며 은총을 구한 것이다. 아울러 선대의 군왕이 건립한 예제를 파기시키고 진흥치 못하였으니, 지금에도 사람들이 침통한 국면에 이르지 않았다고 하기 어렵구나! 大儒는 자신의 원래 큰 법도와 규칙을 파괴하지 않고 일시의 공로와 이익을 추구하랴!

이 사론에 대하여 황성웅은 예로써 치국한다고 보고, 예를 제정하는 것을 중시한 것이라고 보았다. 반영은 사마광의 論禮는 너무 과도하다고 지적하고 예란 모든 것이 아니고 美德을 보충하는 것이라고 평론하였다. 또한 도무병은 그는 禮分과 紀綱을 강조하기 위하여 大儒와 禮論을 사용하여 증거를 증가하였다고 평가하였다. 필자는 사마광이 속유 숙손통이 제정한 예제는 강비에 불과하지만, 역사상에 관철된 것을 아쉬워하여 大儒의 예제 제정을 기대한 것이라고 보았다. 아울러 비록 속유 숙손통의 예제일지라도 예의의 공능을 중시한 것을 엿볼 수 있었다.

2.「晉武帝가 삼년상을 독실하게 수행했다.」

관료들이 황제에게 정상적인 복장과 식사를 하도록 청하였다. 그러나 진무제는 자신이 유가출신으로 자신의 효심을 내보이면서 삼년상을 독행하였다.

臣光曰: 위로 천자로부터 아래로 백성에 이르기까지 모두 부모에 삼년상을 지키는 것이니, 이것은 先王의 예의로 규정된 것이고, 영구히 변경할 수 없는 원칙이었다. 漢武帝는 옛 제도를 고쳐 예법을 파괴하여 부자사이의 은덕을 단절하고, 군신사이의 정의를 훼손하였다. 진무제에 이르러 오직 홀로 자신의 천성으로 잘못을 규탄하고 올바르게 하여 실행하였으니, 가히 비범한 賢君이라고 칭할 수 있다.

이 사론에 대하여 황성웅은 예로서 나라를 다스리는 것을 강조하였다고 보았다. 반영은 예를 중시한 사마광은 진무제를 현군으로 올려놓았는데, 이는 구법당의 영수 사마광의 고루한 지식으로, 그를 송의 명신이라고 한다면 오류라고 지적하였다. 또한 도무병은 진무제는 역대 제왕 중에서 현명한 군주가 아닌데, 그를 사마광이 칭찬한 것은 예의를 중시하고 시대사조를 반영한 까닭이라고 보았다. 따라서 사마광은 예로써 나라를 다스린다는 정론에 입각하여 숙손통의 예제 제정과 비판받고 있는 진무제가 삼년상을 독행한 사실에 의지하여 비범한 賢君이라고 표창함으로써, 예제가 파괴되면 나라가 망한다는 『명분론』을 권계하였다.

D) 신의: 공자는 사람마다 갖추어야 할 덕행으로 붕우와 함께 사귀려면 신의가 있어야 한다고 지적했다. 사마광도 군주 또한 신의를 지켜 이를 천하에 펴면 백성이 교화되고 政令이 잘 시행되어 장점이 커지고 나라는 발전한다고 제창하였다. 이 신의는 군주의 인품으로 정리할 수 있지만, 통치상 신의의 측면이 훨씬 중요하여 본장에 넣어 설명한다.

1. 「衛鞅이 나무를 옮겨 백성에게 信義를 보였다.」

秦孝公이 위앙을 수용하여 부국강병을 단행하기 직전에 민심을 얻고자, 남문앞에 三丈의 통나무를 세워놓고 그것을 들어서 북문앞에 세운 자에게 十金을 상주겠다고 했으나, 사람들이 半信半疑함에, 오십 금의 큰상을 다시 약속하였다. 어떤 자가 오십 금을 수상하였다. 변법시행 후 백성들은 그 불편함을 탄원하였고, 때마침 태자가 법을 범하자, 부득이 태사 公孫賈를 징계하였다. 백성들은 이 소식을 전해듣고 법령을 준수하였고, 진은 부강하여 천하통일의 기반을 닦았다.

臣光曰: 무릇 신의란 군주의 지극한 보배(法寶)이다. 국가는 백성에 의지하여 보위되고 백성은 신의에 의지하여 보호되는 것이다. 신의를 강구치 않으면 백성을 복종시킬 수 없고, 백성이 없으면 국가를 유지할 수 없다. 까닭에 고대에 왕도를 성취한 자는 천하·이웃나라·백성·가족을 속이지 않는다. 上下가 서로 믿지 못하면 서로 마음이 떠나 함께 낭패하고 만다. 이런 공손앙의 유세는 가히 각박한 것이지만, 서로 쟁탈하는 전국시기에 신의를 심어 인심을 거두어들이려 하였는데, 항차 천하가 통일된 금일의 정치를 담당한 자에 있어서랴!

이 사론에 대하여 황성웅은 군주의 도리는 守信에 있다고 보았다. 반영은 신의는 국가와 사람에게 지극한 보배로 군신이 함께 약속을 잘 지켜 기만치 않으면 태평에 이른다고 평론하였다. 또한 도무병은 사마광이 앞서 말한 三道처럼 신상필벌을 행하여 천하에 큰 신의를 펴는 것이 그의 일관된 정치주장이며, 역사를 논함에 있어 또한 여러 차례 의론했으니, 모두 침대적이라고 평가하였다.

2. 「唐憲宗이 王弁을 유인하여 살해했다.」

당헌종시대에 河·朔이 복종하자, 병란이 소강상태에 접어들었는데, 왕변이 반란을 일으켰다. 당헌종은 왕변을 開州刺史에 임명하고 환관을 파견하여 임명장을 주기 전에 그의 護從人員을 줄이고 중도 徐州에서 그를 따르는 자들을 도망가게 한 후 그를 살해했다.

臣光曰: 王遂는 백성의 搜括을 잘하는 才能으로 관찰사에 발탁되었지만, 그의 施政은 가혹·포학하여 兵變이 일어난 것이다. 당왕조가 근주관찰사에 충실한 자를 임용하였다면, 王弁의 병변을 평정함은 용이할 것인데, 하필 천자의 조서로 사람을 유인하여 王弁을 주살하랴! 하필 作亂者는 겨우 王弁 등 오명뿐인데, 일천 오백 명이나 연고없이 살해할 수 있으랴! 까닭에 이후의 사졸은 어찌 시기하지 않을 것이며, 장수 또한 어떻게 능히 그들의 사병을 統帥하랴! 將帥와 사병이 서로 적대시하여 서로 한 곳에서 殘殺하면, 성패는 곧 누가 먼저 움직이는가에 달려있는 것이어서 禍亂은 어느 때에 능히 그칠 것이랴!

이 사론에 대하여 황성웅은 信義·守信을 강조하였다고 보았다. 반영은 용렬한 황제가 위신을 져버린 失信이요, 환관에게 피해 입은 中興君主라고 할 수 없다고 지적하였다. 이는 사마광이 넘치는 재능을 가진 현명자를 존중하며, 도리를 구하는 군주를 중흥의 군주라고 하였으니, 반영이 守信하지 못한 당헌종의 잘못을 지적한 평론이다. 또한 도무병은 사마광이 아랫사람, 이웃 소수민족에 대하여 守信을 일관되게 주장한 사실을 보고, 이 사론은 송인종 이래 풍기문란에 대한 것이라고 평가하였다. 따라서 사마광은 상앙이 신의로 민심을 얻어 변법을 시행하여 통일기반을 마련하고, 당헌종이 守信하지 못한 살못을 지적함으로써, 국가의 통치상 신의의 중요성을 제창하였다.

E) 납간: 사람은 누구나 과실이 있기 망정이고 군주도 마찬가지여서 두려움이 없으면 고치기 어렵다. 군주는 백관 특히 충신의 말을 들어야 하고, 대신 또한 적당한 시기에 충간하는 才識을 가져야 한다.

1.「留侯가 諸將이 謀叛한다고 한 것은 좋은 諫言이다.」

한고조가 공신 20여명에게 포상하여 열후나 제후로 삼는 封賞을 하였지만, 남은 사람들은 밤낮으로 공로를 다투어도 봉상치 않았다. 고조가 낙양 남궁밖 백사장에서 모반하고 있다는 말을 듣고 유후의 계략대로 잔치를 베풀고 私感이 있던 雍齒를 봉후함에, 병사들은 "옹치와 같은 자도 侯가 되는데, 우리는 무슨 걱정을 하랴!"고 안심하였다.

臣光曰: 고조가 겨우 천하를 얻어서 누차 자신의 사랑과 증오에 따라 주살하고 봉상하였다. 장량은 이런 상황에서 충성스런 諫言을 하여 고조의 심사를 바꿔 편파적인 과실이 없도록 하여 아랫사람에게 의심과 공포의 마음을 없애고 국가에 걱정을 없게 하였으며, 이익이 후세에 미치도록 하였다. 장량이 이같이 하였기 때문에, 諫言을 잘 하였다고 할 수 있다.

이 사론에 대하여 황성웅은 일에 따라 충간하는 것이 충성과 臣節이라고 보았다. 반영은 사마광의 관점에 동의하고, 그런 인물 張良을 才智·忠臣之士라고 표창하였다. 또한 도무병은 이 논설로 사마광이 사람을 복종시키고, 사마촌의 好奇, 사마광의 務實하는 緣故를 알 수 있다고 평가하였다.

2.「賀琛이 네 가지 일을 開陣했다.」

산기상시 하침이 양무제에게 4件을 건의했다. ① 지방수령의 수탈에 대하여 부세를 감면하고, ② 지금 천하 관리들의 탐욕, 사치에 대하여 청백리를 보내 폐단을 제거하며, ③ 간사한 자의 백성 학대에 대하여 민심을 안정시키고, ④ 절약하고 백성을 휴양생식해야 한다. 이는 원대한 富國의 방략이었지만, 양무제는 도리어 자신의 국가 통치에 잘못이 없다고 하면서 불쾌하게 여겨 하침을 반박하였다.

臣光曰: 양무제가 좋은 종말을 맺지 못했음은 당연하다. 양무제는 하침의 간쟁에 대하여 도리어 대노하여 자기의 단점을 변호하고 자신의 장점을 뽐냈다. 하침에게 사치·탐오·포악한 관리의 이름을 질문하고 요역의 과중과 비용을 증거하는 구체적인 항목을 들추라고 힐문함으로써, 회답하기 어렵게 하여 그를 곤란케 하였다. 그러나 하침의 간쟁은 간절하고 솔직하며 격렬한 말로써, 누구도 감히 그의 말에 대하여 거절하기 어려웠다. 이로써 간특한 소인은 눈앞에서 보아도 보이지 않고 중대한 결책은 전도·착오되어 알 수 없으며, 자신의 명성은 욕되고 국가는 전복되었으며, 제사는 단절되어 천하인의 조롱을 받았으니, 어찌 슬프지 않으랴!

이 사론에 대하여 황성웅은 執禮로 보았다. 반영은 사마광에 동의하면서도 하침이 천하의 모든 관리가 사치한다고 하지 못하고 물러났음을 지적하였다. 또한 도무병은 사마광이 이 사론으로 양무제의 전쟁패배를 견책하고, 그 실마리는 간쟁의 거절함에 있다고 했으니, 견해가 있다고 보았다. 아울러 그는 도리에 어긋난 양무제가 臺城에서 굶어죽을 때에, "스스로 내가 얻어서 스스로 내가 잃었도다." 라고 통탄하였으니 의미심장하다고 평가하였다. 따라서 사마광은 일에 따라 충간하여 충성을 보인 장량과 하침을 평가하여 納諫하면 나라가 흥성하고, 拒諫하면 나라가 망한다는 것을 제창하였다.

F) 상벌: 앞서 말한 것처럼 신하를 통령하는 방법으로 信賞必罰을 제창하였다. 입법은 국가의 대사요, 법령은 公平하고 明直함이 필요하다. 다만 법률의 정신이 달성되어야 한다. 건전한 법령은 정상적으로 집행해야 작용이 발휘된다. 고로 법의 집행은 신중하고 공평·합리적이어야 하며, 형벌의 면제와 사면은 법률의 정당성을 파괴하는 행위이다.

1. 「山濤를 사면하고, 李熹를 포상하다.」

司隷校尉 李熹 등이 官稻田을 점유했는데, 劉友만을 주살하고, 산도 등은 사면하는 한편 이희는 공명정직한 재판관이라고 포상하였다.

臣光曰: 정치의 근본은 刑罰과 褒賞에 달려 있다. 진무제는 산도를 사면하고 이희를 포상하여, 刑·賞의 이치를 모두 잃었다. 또한 4명의 신하가 같은 죄를 지었는데 유우만을 주살하고 산도 등의 죄를 묻지 않은 것은 권세 있는 사람을 피해 미천한 사람에게 (법을) 베푸는 것으로 가히 정치라 할 수 있으랴! 창업의 처음에 정치의 근본을 세우지 않고 장차 후세에 사업을 계승하게 하려는 것은 역시 어렵지 않으랴!

이 사론에 대하여 황성웅은 상벌이란 공평하게 관철되어야 할 것임을 강조하였다. 반영의 논의는 사마광과 같다. 또한 도무병은 서진은 門閥世族에 의존하여 건국하였고, 이들 세력이 정치를 좌우하였기 때문에 다원화하였으며, 禍亂이 동시에 발생하여 마침내 멸망되었다. 이에 그는 사마광이 공평과 상벌의 분명을 강조하고, 親·不親함을 가리지 않는 것이 나라를 오래 유지하는 지름길이라는 탁견을 평가하였다.

2.「唐肅宗이 6等으로 죄를 정했다.」

안록산의 반란에 가담한 자들에게 李峴의 신중론을 받아들여 사형, 자살 권고, 2등의 곤장형, 귀양, 폄관 등 六等으로 정했다. 達奚珣 등 18명이 사형, 陳希烈 등 7명은 자살했다. 숙종은 張說, 張洎 등의 사죄를 면제시키고자 하였다.

臣光曰: 군주의 신하된 자는 이미 군왕의 임명을 받아 국가에 몸을 위탁하고 국가를 위해서 죽음을 각오하여야 하는 것이니, 곧은 충성은 둘일 수 없다. 진희열 등은 王侯, 將相, 皇親이나 國戚으로천하가 태평하던 때에 황제의 過失에 대하여 충고하여 권하는 말 한 마디 안했고, 국가의 위기를 구제하기는커녕, 곧 시세에 영합하여 부귀를 도모했다. 안록산이 반란을 일으키자, 그들은 가족을 염려하여 몸을 팔고, 적에게 稱臣하였으며, 반역자 안록산을 위해서 계책까지 제출하였다. 顔杲卿·張巡같은 충신들은 태평한 시대에 조정 내외에서 배척을 받고 몸은 천한 직업에 있었으나, 천하에 대란이 일어나자, 적막한 성중에서 몸을 포기하여 최후로 적에게 참혹한 죽음을 당했다. 조정은 왜 충신에 대하여 이와 같이 각박하게 하고 간사한 자들에 대하여 이와 같이 관후하게 대접하랴!

이 사론에 대하여 황성웅은 상벌의 신중과 신하의 덕성으로 죽어도 두 임금을 섬기지 않는다는 것을 강조한 사론으로 보았다. 반영은 안사반란 후 吏民을 어루만지지 못하고, 적장이 용맹하여 할거국면이 이루어져 슬프다고 지적하였다. 한편 도무병은 사마광이 전제황권과 윤리를 강화되어 "충신은 두 임금을 섬기지 않는다", "남의 祿을 먹으면 남의 일을 위하여 죽는다" 등의 그 당시의 사조에 따라 忠逆을 전면적으로 평론하였다고 보았다. 따라서 사마광은 진무제가 불공평하고 도리에 어긋난 상벌을 실행하여 영가난을 초래하였고, 당숙종이 안사난 후 忠逆에 대한 상벌과 대우가 도리에 맞지 않아 당의 쇠망을 재촉한 사실을 제시하여 그의 신상팔벌의 원칙을 권계하였다.

G) 忠良: 국가는 명군과 명신이 협력하여 역량을 집중해야 정치가 좋아진다. 충량한 대신은 군주를 보좌하여 決策·實行한다. 군주의 과실을 선도해야 하니, 충량이 없으면 현군이라도 나라를 다스릴 수 없다. 그러므로 대신의 능력과 操行이 중요하다. 충량은 국가의 대의를 중시하고 小節을 경시한다. 상황을 판단하여 정책을 수립하고 忠諫, 審愼, 愛君이 필요하다.

1. 「荀彧은 管仲보다 앞서는 仁에서 살았다.」

순욱은 조조를 도와 한왕조의 조정을 구제하고 천하를 안정시켰으며, 의병을 일으켜 충성하였다. 그러나 그가 조조의 야심에 협조하지 않자, 조조는 섭섭하여 그를 시중으로부터 승상부의 막료로 삼았다. 그는 壽春에 잔류하여 독약을 마시고 죽었다. 순욱의 품덕은 고상하고 행위는 단정하며, 지모가 있고 현능한 선비를 추천하기를 좋아하여 그 당시인들은 그의 죽음에 대하여 애석하게 생각했다.

臣光曰: 공자는 인덕을 평가하는 것을 비상히 중시하여 유달리 管仲의 仁德을 칭찬하였다. 순욱은 조조를 보좌하여 그를 일으키고, 현능한 인재를 추천·임용케 하고 군대를 훈련하며, 軍國과 時務를 결단하며, 책략을 제정하고 사방을 정벌하여 승승장구케 했다. 순욱의 공로는 역시 관중만 같지 않으랴! 그의 인덕은 관중보다 上位로다! 杜牧은 도리어 비판하였지만, 순욱은 蕭何와 같은 대접보다는 富貴를 탐내지 않고 생명을 희생하여 명성으로 바꾸었으니, 추세하는 정치인의 귀감이라고 하기 어려우랴!

이 사론에 대하여 황성웅은 사마광에 동의하여 순욱을 漢忠臣으로 보고, 愛君하는 臣節을 표창하였다. 반영은 사마광에 동의하고 순욱을 조조와 같은 부류로 본 두목의 언론을 오류라고 보았다. 또한 도무병은 사마광이 王道를 숭상하고 覇道를 배척치 않아 保民하는 공로와 시비를 논함으로써, 순욱이 조조를 보좌하여 제세·안민하는 공로를 강조하여 그가 관중보다 仁에서 살았음을 上位라 하였으니, 이런 언론은 배송지·범엽의 논설을 발전시킨 것이라고 보았다. 이에 倫理와 綱常을 강조하던 송시대에 사마광이 荀彧을 위해 변호한 것은 예의를 유지하고 보호하려는 의도였다고 도무병은 평가하였다.

2. 「房玄齡은 唐의 忠臣이다.」

太宗의 名臣 房玄齡은 老病으로 위급하였지만, 轎子에 앉아 太宗에게 고구려원정을 만류했고, 자식들에게 지극한 황제의 은혜를 일깨웠다. 더욱이 次子 房遺愛는 太宗의 高陽公主에 장가들었다. 태종은 그의 임종 직전에 문병하고 고별하였다.

柳芳曰: 방현령은 태종을 보좌하여 천하를 평정하고 삼십년동안 현명한 재상으로 활약하였다. 그의 事迹은 적지만 도덕은 또한 고도의 경지에 이르렀다. 까닭에 太宗이 禍亂을 평정함에 있어서 房·杜 兩人에게만 공로에 그치지 않고, 王珪와 魏徵은 諫諍을 잘했으며, 李世勣과 李靖은 領兵과 作戰을 잘하여 천하를 태평케 하였다고 칭찬하였으니, 장차 功勞는 군주에게 돌아갔다. 방현령은 唐朝 일대의 元老로 指稱되고 있으니 매우 適宜하다.

이 사론은 사마광이 유방의 논의에 동의하여 인용하였다. 황성웅은 방현령이 高節이 있고 군주와 相成하는 志節이 있다고 표창하였다. 반영은 당태종이 천하를 평정하고 外征할 때에 房·杜의 留守하였으니, 唐一代의 賢相이라고 평가하였다. 따라서 사마광은 한충신 순욱의 살신성인과 당태종과 함께 천하를 평정한 당충신 방현령이 留守하였음을 제시하여 臣節인 忠誠을 제창하였다.

H) 불충신: 재능이 있으나 실천하는 일이 없고, 관직은 있으나 놀고 먹으며, 國命을 절도하고 나라를 전복하는 행위자를 말한다.

1. 「牛僧孺가 太平을 거짓으로 말했다.」

皇帝가 태평을 묻자, 牛僧孺는 "오랑캐의 침범과 流民이 없음을 들어 비록 천하의 大治는 아닐지라도 小康이라고는 할 수 있습니다. 만약 폐하께서 다릴 태평을 추구한다면 우리들의 능력으로는 미칠 수 없습니다"고 대답하였다. 그는 退朝 後 동료들에게 지위를 걱정하였다.

臣光曰: 황제가 현명하고 신하가 충성스러우며, 상부의 명령을 하부에서 잘 따르고 훌륭한 인재들이 벼슬을 하며, 奸邪한 무리들이 쫓겨나고 禮樂이 잘 닦여지며, 刑政이 바르게 이루어지고 사악한 도적이 사라지며, 병기를 사용하지 않고 사방의 제후와 오랑캐가 복종하며, 집집마다 풍부하고 사람마다 편안한 것을 일러 태평시대의 모습이라고 하는 것이다. 그러나 안으로는 환관·절도사의 전횡, 그리고 驕兵 때문에 혼란하였지만, 이러한 시대를 태평시대라 했으니, 우승유의 말은 거짓으로 현혹한 것이 아니랴! 문종이 올바른 정치를 추구하던 때를 맞아 우승유는 재상의 자리에 있으면서, 나아갈 때는 눈앞의 안일을 탐내었고 물러날 때는 임금을 속이고 세상을 현혹하여 명예를 도적질한 것이니, 이보다 더 큰 죄가 있으랴!

이 사론에 대하여 황성웅은 우승유를 탐욕으로 국명을 절도한 불충신이라고 지척하였다. 반영은 欺君·誣世하여 이름을 도둑질한 비충신이라고 배척하였다. 또한 도무병은 이 사론으로 보면, 사마광이 보수 완고분자가 아니고, 충분한 힘을 발휘하여 정치적인 폐단을 개혁하기를 희망하는 사람이었다고 평가하였다.

2. 「馮道를 평가한다.」

馮道는 孝順·謹愼하여 五代의 역대 조정의 將軍, 宰相, 三公, 三師의 직위에서 청정·검박·관용·대도하여 그 당시인들은 덕행·도량의 측면에서 그를 중시하였다.

歐陽修論曰: 예의는 백성을 통치하는 근본 방법이요. 염치는 몸을 안전하게 하고 명령을 세우는 기본적인 節操이다. 선비는 자신의 몸을 돌보지 않고 차마 수치·모욕을 당하며 구차하게 살 수 없는 것인데, 李氏의 높고 큰 品節을 듣고도 어찌 부끄러움을 알지 못하랴!

臣光曰: 天地에 地位가 있어 성인이 이를 본받아 예를 제정하고 법을 세웠다. 가정에는 부부가 있고 밖에는 군신이 잇다. 신하란 여인이 두 남자를 섬길 수 없듯이 충성하려면 두 군주를 받들어 섬길 수 없는 것이다. 어떤 사람이 오대와 같은 혼란기에 신하의 절조가 상실되지 않았다고 할 수 없는데, 풍도 한 사람만 죄주라고 할지도 모른다. 충신이란 국가의 쇠퇴·패망에 대하여 곧 죽어도 진실로 절조를 지켜야 한다. 지금 풍도를 존귀함과 은총에서 논하면 태사·대부·태보의 삼사를 초과하고, 권력과 책임으로 논하면 최고 재상으로 국가의 존재는 그의 손과 입에 달려 있어 권위로 공로없이 봉록을 받았다. 국가가 망하여도 죽음을 면제받고자 하여 새 군주를 영접·배알하고 제위에 나가도록 권하였다. 국가의 흥망성쇠가 한 사람에게 달려있어 풍도의 영화와 부귀는 의연히 옛과 같지만 그는 간신이다. 그는 전왕조의 재상이었으니 그의 충성은 도리어 앞의 군주를 배반하여 적을 받들어 섬기는 것인데, 정성껏 충성하라! 까닭에 풍도의 착오라고만 할 수 없고, 그 당시의 군주 또한 책임이 있도다!

이 사론은 원래 구양수가 志節을 강조하여 평론하였는데, 사마광이 풍도의 잘못과 그 당시 군주의 잘못 또한 크다는 사실을 보충하여 거듭 평론한 것이다. 이 사론에 대하여 황성웅은 풍도가 지절과 예의가 없다고 지적하였다. 반면에 반영은 사마광의 평가를 지나치다고 보았다. 즉 오대 혼란시대에 풍도가 그렇게 밖에 할 수 없던 사정을 옹호하고 있다. 이는 현대의 격동기에 살았던 반영 자신의 시대상을 반영한 평가인듯 하다. 또한 도무병은 사마광이 풍도를 도덕 윤리적으로 견책하고, 군주의 밝지 못함에서 忠奸이 나온다고 지적했다. 그리고 송시대에 성리학이 완성되어 윤리 강상은 그의 핵심이 되었고 구양수·사마광이 풍도를 논한 것은 똑바로 이런 사조의 사학방면에 반영이라고 보았다. 왕부지는 『讀通鑑論』에서 또한 풍도를 견책하였지만, 다만 풍도가 세종의 친정을 힘써 지지한 것을 논의했으니, 이는 그 당시 형세의 반영이라고 평가하였다. 따라서 사마광은 우승유가 태평을 강변하여 군주를 속이고 국명을 절도하여 당쟁의 격화로 당왕조 쇠퇴를 가속화 하였고, 풍도가 공로 없이 권위로 새 군주와 영접한 간신이며, 그 당시 군주 또한 책임이 있다고 하여 불충신을 지척·경계하였다.

1) 外交原則: 고대 중국의 문화는 높아 주위의 사방 이웃들은 모두 야만으로 보았다. 夷夏의 왕래는 일종의 특별한 상황이었지만 군주는 그들을 알고 있어야만 국가의 발전을 기약할 수 있었다. 중국은 天朝로 自居하여 문화 이외에 역량 또한 강대하여 사방 이웃국가에 대하여 외교는 평등할 수 없었고, 上國으로 對下하는 왕래만 있었던 특수한 형태였다. 中國은 根本이고 蠻夷는 末로 그들이 복종하면 德으로 회유하고, 배반하면 威嚴으로 위협한다는 원칙으로 그들과 교섭하였다. 이는 전통적인 華夷觀이었다.

1.「劉敬이 冒頓單于와 婚姻할 것을 건의하였다.」

匈奴의 冒頓單于가 북쪽 변경을 수 차례 괴롭혀, 高祖가 그 대책을 劉敬에게 물었다. 이에 유경은 公主를 선우에게 시집보내 흉노를 外戚 곧 劉氏로 삼자는 화진책을 건의하였다. 그러나 呂皇后의 반대로 실행하지 못했다.

臣光曰: 建信侯 劉敬은 冒頓이 잔혹하여 仁義로 설복할 수 없다고 보고, 또 혼인을 맺고자 하였으니, 왜 앞뒤가 이렇게 다르랴! 무릇 골육의 情意와 尊卑하는 차례는 오직 인의를 가진 사람만이 알 수 있는 것이다. 어떻게 통혼으로 선우를 설복할 수 있으랴! 개대 선대의 제왕들은 오랑캐를 제압할 때 복종하면 德으로 회유하고 배반하면 위업으로 위협하여, 혼인의 방법을 쓰지 않았다. 또한 선우는 그 아비를 금수처럼 사냥했는데, 어찌 장인 있어서랴! 건신후의 계책은 조잡하다. 하물며 魯元은 이미 趙后가 되었는데, 어떻게 빼앗아 그렇게 하랴!

이 사론에 대하여 황성웅은 夷夏사이의 화이관을 재확인하였다고 보았다. 반영은 유경의 견해가 漢의 굴복임과 동시에 國恥의 奇計이며, 遁辭로 퇴로를 자구하는 행위라고 지적하였다. 또한 도무병은 사마광의 이 논평이 민족정기를 가진 선비임을 나타내고 북송의 邊境의 形勢 및 開國政策과 유관하다고 평가하였다.

2.「太宗이 薛延陀와의 통혼약속을 파기했다.」

薛延陀 眞珠可汗이 조카의 아들 突利를 보내 聘禮로 말 오만필, 소와 낙타 일만마리, 羊 ㅅ십만을 바치자, 태종은 답례로 풍부한 賞賜를 베풀었다. 이때 契苾何力은 그들과 통혼이 불가피하다고 하자, 태종은 그들과의 약속을 저버릴 수 없다고 반대했다. 이에 何力은 그들의 내부문제, 군신관계, 후계문제, 등을 가지고 만류하자, 결국 태종은 외민족들의 예의없음을 지적하고 빙례·통혼을 정지시켰다.

臣光曰: 공자는 차라리 음식물과 군대를 버릴망정 신의는 버릴 수 없다고 지적했다. 당태종은 설연타와 통혼할 수 없음을 탐지하여 처음 통혼을 응답치 않아야 할 것을 응답하고는 强勢에 의지하여 상대방에게 배신하였고 곧 설연타를 멸망시켰으니, 수치스러운 일이었다. 군주의 호령은 능히 신중치 않을 수 있으랴!

이 사론에 대하여 황성웅은 信義와 守信을 강조한 사론으로 보았다. 반영은 외교상의 失信을 공자의 언론으로도 알 수 있다고 보아 사마광에 동조하였다. 또한 도무병은 사마광의 논설이 강한 것에 의지하여 신의를 버리는 것을 반대하여 제왕의 명령은 반드시 신중해야 한다는 것을 강조하고, 어떤 이유를 내세워 하는 것은 안 된다고 하였으니 모두 취할 만하다. 또한 이 사론은 西漢 때 사신 傅介子가 樓蘭王을 보물로 유인하여 갑자기 살해함으로써, 신의를 버린 사론과 대조하였다. 아울러 사마광의 언론과 그 당시의 형세는 밀접한 관계가 있다. 북송은 唐朝와는 달라 그 당시의 정치가들은 대체로 이웃을 안정시키는 일로써 방어만을 헤아리고 和議도 함께 추구하여 힘써 안정을 취할 뿐이었다. 이는 명청시대에 王夫之가 抗淸鬪爭에서 실패한 상황에서 劉裕를 漢이후 唐이전에 중국의 주인은 오직 宋氏뿐이었다고 표창한 것처럼, 민족주의를 표시한 사실과는 다르다고 평가하였다. 따라서 사마광은 유경의 건의가 중국 전통적 화이관에 저촉되지만, 강한 중국이 소수민족을 능멸하여 그들의 원한을 사서 침략당하는 것보다는 외교원칙과 신의를 지켜야 중국의 내외가 안정된다는 사실을 권계하였다.

결국 군신의 통치상은 명분을 세워 보존하고, 교화하며, 현능하고 충량을 뽑아 납간하고 신의를 근본으로 신상필벌하며, 대외관계는 신의에 입각하고 전통적인 외교원칙을 준수해야 나라가 발전하며, 그러지 못하면 나라가 쇠퇴하여 망한다는 사실을 권계하고 제창하였다.

따라서 結論으로, 저자는 사마광의 史論 218항 중에서 30여 항을 선택하여 君臣의 人品과 君臣의 統治像에 대하여 정리하였다. 군주의 인품에 관한 그의 政論은 仁·明·武의 三德이었다. 이 삼덕에 입각한 德目이라 할 수 있는 明辯·恭儉·仁愛·嚴格에 관한 사론과 경계하는 항목이라 할 수 있는 優柔不斷·闇蔽·狹量·驕慢·奢侈·酒色에 관한 사론이 준주의 修身에 관한 觀念 곧 역사관이었다.

君臣의 統治像에 관한 그의 政論은 任官·信賞·必罰의 三道와 五規였다. 이 삼도와 오규에 입각한 덕목이라 할 수 있는 名分·用人·敎化·信義·納(忠)諫·賞罰·忠良·不忠臣 그리고 外交原則에 관한 사론이 禮로 다스리고 민생을 돌보며, 주변 소수민족에 신의로 대하고 威德으로 慰撫해야 국내외의 통치가 좋아질 것이라는 통치에 관한 관념 곧 역사관이다. 이는 결국 修己·治人의 儒家의 덕목에 따르는 鑑戒 곧 經世史學의 觀點이었다.

한편 사마광의 『자치통감』 편찬의도는 국가의 흥망성쇠와 백성의 즐거움·슬픔을 서술하여 통치자로 하여금 그 善惡과 是非得失을 판별하되, 혼란을 극복하여 정상상태로 되돌리는 『춘추』 포폄의 법에 따라 판별하여 통치에 勸戒로 삼으려는 것이었다. 이러한 편찬의도는 사론상에 명확하게 드러나 있다. 결국 사마광은 중국 經世史學의 高峰으로 우뚝 서서 通鑑學이 성대하게 발전하는 기반을 정립하였고, 그의 사론은 가치 있는 경세적인 사례라고 단정하여도 과언은 아닐 것이다.

제6절 남송 호삼성의 『자치통감음주』

『자치통감』은 편찬되자 곧 목판에 새겨 간행되었다. 따라서 『자치통감』은 비교적 빠르고 광범하게 배포되었다. 이에 얼마 안되어 『자치통감』에 대한 주석서들이 출간되었다. 이중 오늘날까지 『자치통감』에 대한 가장 좋은 주석본은 호삼성의 『資治通鑑音注』이다.

호삼성은 송조가 멸망한 후 산중에 은거하여 두문불출하며 저작활동에 전념했는데, 그는 남송의 유민으로서 대단한 민족절개를 가진 사학자였다. 그는 어려서부터 아버지의 뜻을 받들어 『자치통감』에 주석을 달기로 했다. 그리하여 元 지원 22년 乙酉(1285)에 『자치통감음주』를 완성하기에 이르렀는데, 原名은 『新注』였다. 그 당시는 송이 멸망한지 10년 정도였으나 여전히 원조의 연호를 사용하기를 꺼려해서 '乙酉'라고 하였다.

호삼성은 自序에서 그가 『자치통감』을 주석함에 있어서, "기사의 본말과 지명의 異同, 주현의 建置와 분리 합병, 제도의 연혁과 축소·확대 등의 모든 이유를 대략적으로나마 서술하였다"라고 표명하였다. 『통감』의 원문에서 언급하고 있는 名物제도, 지리 연혁, 그리고 동식물에 대하여 아무리 번거롭더라도 모두 주석을 달았다. 『자치통감』은 편년체로 연도에 따라 사건을 기술하였으므로 한 사건의 전후 인과관계가 항상 몇 년간에 걸쳐 분리 기술되었으므로 독자들은 그들 상호간의 연관을 놓칠 수 있었고, 또 전후를 확인하기가 대단히 불편하였다. 까닭에 호삼성은 주석에서『통감』기사의 전후관계를 명확히 지적하는데 매우 주의를 기울였다. 또한『음주』는 또『통감』원문에서 잘못된 곳과 빠진 곳을 지적하고 교정하였다.

무엇보다도 가장 소중한 것은 호삼성이『음주』에서 자신의 민족적 절개와 애국정신을 표현한 것이다. 그는 송 멸망 이후에도 송을 잊지 않고 원조의 연호를 쓰려고 하지 않았으며 주석문에서 송조를 '我朝', '本朝', '我宋'이라고 호칭하고 무기력한 석경당을 거란의 臣妾에 비유하여 20세기 초반에 일본에 대한 애국을 제창하였다. 이는 원조의 통치자에게 허용될 수 없는 것이었다. 그리하여 원말『음주』를 여러 차례 활판으로 간행할 때 많은 곳에서 사람들에 의해 '송' 혹은 '송조'라고 고쳐졌고 다만 몇몇 곳에서 누락하여 원래 모습이 보존되어 있을 뿐이다. 호삼성은 주석문에서 항상『통감』원문을 해석하는 형태로 망국의 아픔을 표현하고 나라를 팔고 투항한 민족의 배반자를 질책하였으며 원조 통치자들의 피비린내 나는 잔학한 행위를 공격하였다.

그러나 이러한 박학한 애국사학자도 대단히 오랫동안 잊혀져 왔다.『송사』와『원사』에는 모두 호삼성의 전기가 없으며 그의 일생에 대해 아는 사람도 극히 적었다. 청대에 이르러서야 주목을 받기 시작하였다. 陳垣이『通鑑胡注表微』를 저술하여 호주에 대해서 체계적으로 분석 연구하고 구체적으로 소개함으로써 비로소 호삼성의 사상, 학문, 그리고 호주의 가치가 천하에 분명하게 알려지게 되었다.

제7절『자치통감』계열의 사서

『자치통감』이 출현한 후 북송 때부터 사람들은 계속 그 체제를 따라『통감』의 서술 범위 이외의 사실을 편찬하여『통감』과 서로 조합하여 완성하여 상고에서 명대에 이르기까지의 일련의 통감체 사서 체계를 형성하였다. 이러한 계열에서 주요한 저작은 다음과 같은 것들이 있다.

1. 北宋 劉恕의『통감외기』

劉恕는 사마광이『자치통감』을 편찬할 때 그를 보조하였다. 유서는『통감』

이 전국시대 이전과 오대 이후의 역사를 다루지 않은 것을 일종의 결점이라고 보았다. 까닭에 그는 周 위열왕 23년 이전의 역사를 『通鑑前紀』라는 이름으로 편찬하였다. 또한 오대 이후 즉 북송 전기의 1朝 4宗 108년의 역사를 『通鑑後紀』로 편찬하여 『자치통감』의 시간적 서술범위를 확충하여 진정으로 고금을 관통하는 편년체 통사를 만들려고 하였다. 그 뒤 그는 風痺症으로 오른손이 마비되자 자신은 구술하고 아들인 劉羲仲에게 기록하게 하여 '전기' 10권을 편찬하여 『通鑑外記』라고 명명하였다. '후기'를 편찬할 계획을 세울 즈음 그는 병으로 몸져눕게 되었다. 또 고향인 강서는 수도인 개봉에서 멀리 떨어져 있어서 '실록'과 같은 자료도 전혀 얻을 수 없었으므로 중단할 수밖에 없었다.

『통감외기』10권은 『包犧以來紀』1권, 『夏商紀』1권, 『周紀』8권으로 구성되어 있다. 또 『目錄』5권이 있는데, 연도를 날줄(經로) 삼고 사건을 씨줄(緯)로 삼아 위에는 朔閏의 天象을 열거하고 아래에는 『외기』의 권수를 열거하여 사마광의 『통감목록』의 체제와 완전히 동일하게 하였다. 『사고전서총목』에서는 "『외기』는 상고사에 대해서 믿을 수 있는 것은 크게 쓰고, 다른 견해가 있거나 잘못된 것 혹은 아주 막연한 기사들은 주로 처리하거나 작은 글씨로 기록하여 구별할 수 있도록 하였다. 『목록』은 共和 이후에 대해서는 『사기』의 연표에서 편년한 것에 따랐고, 공화 이전에 대해서는 모두 연도를 의심스럽게 여겨 이를 표시하지 않았는데 대단히 신중한 자세라고 할 수 있다"라고 논하였다.

전설 속의 상고사를 편년체의 체제로 기술하는 것은 기본적으로 쉬운 작업이 아니었다. 유서의 『통감외기』는 사마광이 삭제해 버린 초고를 간직하며 준비한 것이라고 하는데, 이것은 또한 『좌전』의 사료를 사용하지 않고, 『국어』를 기본으로 하여 기타의 고서를 모아서 이루어진 책이다. 그러므로 사실도 그다지 정확하지 못하며, 특히 고증도 깊이 있거나 치밀하지 못하였다. 그래서 송말 원초의 金履祥은 이 책이 사료를 선택할 때 기이한 것을 좋아하고 지나치게 잡다하여 후세에 전할 수 없다고 지적하고, 따로 『通鑑前編』18권, 『擧要』3권을 편찬하여 유서의 잘못을 교정하려고 하였다. 그러나 그 책 역시 억측하거나 견강부회하고 근거가 없는 곳도 적지 않아서 유서의

『외기』보다 낫다고 할 수 없었다. 그 이유는 전설과 신화에 속하는 상고사를 편년체의 믿을 수 있는 역사로 엮어 내기가 어려웠기 때문이다. 그러나 어쨌든 『자치통감』 이전의 역사가 통감체 사서의 기술로 간신히 공백상태는 면했다고 할 수 있다.

2. 남송 李燾의 『續資治通鑒長編』

이 책은 『통감』을 이어 『통감』이후의 역사를 서술한 최초의 통감체 사서이다. 전적으로 사마광의 『통감』체제에 의거하여 북송 태조 건륭 원년 (서기 960)부터 흠종의 정강 연간(1126) 까지의 1組 8宗의 역사를 서술하여 위로는 『통감』과 연속되게 한 북송사였다. 이것은 李燾가 40년 동안의 노력으로 모은 대량의 북송사료를 엮어서 『통감』의 뒤를 이어 저술한 사학 대작이었다. 그러나 이도는 스스로 겸손하게, "이 책은 『속자치통감』이라고 할 수 없으며 겨우 『속자치통감장편』이라고 할 수 있을 따름이다"라고 단정하였다. '장편'이라고 명칭한 것은 분명히 자료의 수집에서 '번잡하게 될지언정 소략하게 하지는 말자'는 의도가 있었던 것으로 단지 겸손함만으로 '속통감'의 이름을 피하려고 한 것은 아니었다.

이도의 『속자치통감장편』은 남송인이 쓴 북송사로서 시대가 가까워 사료가 비교적 진실에 가깝다. 이점만 가지고 말한다면 이 책은 사마광의 『자치통감』을 능가한다고 할 수 있다. 『속자치통감장편』은 분량이 방대하였으므로 이도는 당시 일부분을 완성하면서 곧 조정에 진상하였다. 그 중의 신종·철종·휘종·흠종 4조의 책은 일찍이 秘書省이 『통감』과 같은 종이의 필사본으로 한 부를 만들었으나 책 전체를 활판본으로 인쇄하지는 못하였다. 까닭에 『장편』은 전해 내려오면서 나날이 감소하다가 원조이후가 되면 더욱 희소하게 되었다. 청조에서 『사고전서』를 편집할 때 『영락대전』 속의 인용문을 모아 전체 520권으로 만들었다. 거기에는 휘종과 흠종의 각권과 熙寧과 紹聖 사이의 7년간의 일이 빠져 있다. 그러나 전체적으로 없어진 부분이 그렇게 많지 않아서 송사를 연구하는 데 귀중한 사료로서의 가치가 상실된 것은 아니다.

3. 남송 李心傳의 『建炎以來系年要錄』

이 책 역시 『자치통감』의 체제를 모방한 것으로, 내용은 이도의 『속자치통감장편』을 이어 남송 최초의 황제 고종 趙构의 일대(1127~1162) 36년의 역사를 기술한 것으로 전체 200권으로 되어 있다. 사실을 상세히 서술하였고 방대한 서적을 인용하였으며 고증이 치밀하다. 이 책은 일찍이 활자로 인쇄되었으나 전해지는 것이 매우 적다. 원대에 『송사』, 『요사』, 『금사』를 편찬할 때 세간에 알려지지 않은 책들을 많이 수집하였는데, 이미 이 책은 보이지 않는다. 명대에 이르러 遺本을 다시 찾았으나 후에 다시 없어지고 말았다. 청조가 『사고전서』를 편찬할 때에는 『영락대전』속에 있는 것을 수집하였는데 역시 200권으로 이것이 현재 전해지고 있어서 이 시기의 송사를 연구하는 중요한 자료이다.

4. 청 徐乾學의 『資治通鑒後編』, 청 畢沅의 『續資治通鑒』

이도의 『속자치통감장편』의 서술내용은 위로 사마광의 『자치통감』과 이어지고, 이심전의 『건염이래계년요록』은 다시 위로는 이도의 『장편』과 이어지는데, 두 책의 체제 또한 『통감』을 모방한 것이었다. 그러나 "널리 사료를 모으고 기록하여 후세의 저술가를 기다린다"거나, "서로 다른 많은 것들을 다 채록하여 후대에 논하여 바로잡을 것을 기다린다"는 것을 저술의 목표로 했으므로 모두 스스로 '속통감'이라고 명명하지 않고 '장편' 혹은 '요록' 이라고 하였다. 이후 장편의 체제와는 달리 스스로 '속통감'이라고 자처하는 것도 나타났는데, 곧 명대인 薛應旂의 『宋元資治通鑑』157권과 王宗沐의 『宋元資治通鑑』64권이다.

청대 강희 년간에 형부상서였던 강소 昆山人 徐建學(1631~1964)이 사학자인 절강 鄞縣의 万斯同, 德清의 胡渭, 산서 태원의 閻若璩 등을 초빙하여 『자치통감후편』을 편찬하였는데 모두 184권이다. 그 기사는 위로는 『통감』을 이어, "송태조 건륭 원년에서 시작하여 원순제의 지정 27년까지 기술하였다. 대체로 사적의 상세하고 소략한 것, 앞 뒤 문제에 고증이 필요한 것은 모두 사마광의 체제에 의거하여 『고이』를 지어 절충하였다. 諸家의 의론에서 상세히 밝힐 수 있는 것은 모아서 각 조 아래에 붙여 기록해 놓았다. 중간에 자신의 의견을 덧붙였는데, 역시 사마광의 전례에 따라 '臣乾學曰' 이라고 표시하였다." 이 책은 『통감』을 이은 편년체 송원사 이다.

당시 서건학은 황제의 명을 받고 『淸一統志』 편찬사업을 주관하고 있었으므로 송원 이래의 郡縣舊志를 많이 보았다. 그가 초빙한 염약거 등도 역시 유명한 인물로서 지리학에 뛰어났다. 까닭에 『자치통감후편』에 실린 지도는 특히 치밀하고 정확하며, 몇 가지 사실에 대한 교정과 보충 역시 그 전 사람들이 미치지 못했던 부분도 있었다. 아울러 『사고전서』에서도 저록하였는데, 왜냐하면 그 성과가 설응기나 왕종목보다 훨씬 뛰어나다고 간주했기 때문이었다. 그러나 이 책의 결점도 적지 않아 '속통감'의 정본이라고 칭할 수는 없다.

이에 건륭 시기 호광총독이었던 필원(1730~1797)이 사람들과 서건학의 이 『자치통감후편』을 평가하고 새롭게 수정하였다. 당시의 유명한 사학자 邵晉涵, 錢大昕, 章學誠 등이 모두 이 일에 참여하여 20년 동안 4차례에 걸친 원고를 수정하여 마침내 건륭 말년 『속자치통감』220권을 완성하였다.

이 책은 위로는 사마광의 『자치통감』과 이어지는데 송부터 원까지 송·요·금·원의 역사를 편년으로 기술하였다. 또 『통감고이』의 전례에 따라 『고이』를 저술하여 사료 선택의 기준을 명백히 밝혔다. 그러나 그 『고이』는 따로 책으로 만들지 않고 본문아래 주석으로 처리하여 보기에 편리하도록 하였다. 필원의 『속자치통감』은 단 한가지 점에서 사마광의 『통감』과 차이가 있는데, 그것은 책 속에 '신광왈' 하는 형식의 논평이 없다는 것이다. 필원 등은 "사실에 의거하여 정확히 쓴다면 선악은 자연히 드러난다. 역사서의 논평은 탁견이나 특별한 식견을 가지고 옛 사람들이 발견하지 못한 것을 발견하거나 후학들이 들어보지 못한 것을 개발하지 못한 채, 보통 사람들이 일상적인 말로 堯를 칭송하고 桀을 비난하듯이 아무렇게나 말할 수 없다. 또한 의식적으로 기이한 것을 좋아하여 현실에 맞지 않는 편벽된 곳으로 들어가 옛날 사람들이 말하는 석가모니의 설법같이 말이 다하여 이어서 쉬는 것처럼 할 수 없다. 아울러 문사들이 비문을 짓듯 이미 존재하는 사실을 銘으로 소리내는 따위는 모두 군더더기 일 뿐이다"라고 지적하였다.

필원의『속통감』은 서건학의『통감후편』보다 백년이나 뒤에 나왔다. 이도의『속자치통감장편』, 이심전의『건염이래계년요록』 등과 같은 중요한 사료를 서건학의 시대에는『영락대전』 속에서 아직 모아서 내지 못했기 때문에 그가 참고 할 수 없었다. 그러나 필원이 책을 편찬할 때에는『사고전서』가 완성된 후였으므로 이러한 중요한 사료들을 볼 수 있었다.『속통감』이 참고로 인용한 서적은 100여 종에 이르러 이용한 자료도 비교적 완비되어 있었다. 또 송·요·금·원의 4조의 정사를 기준으로 삼았으므로 요·금의 중요한 사실은 빠진 것이 하나도 없었다. 원사에 대해서도 역시 자료를 수집하려고 노력하였는데, 이것은 과거에 송을 상세히 서술하고 요·금·원을 소홀히 한 경향으로부터의 변화를 의미하는 것이기도 했다. 그러나 필원의 시대에는 원사에 대한 연구가 아직 발달하지 못하였고 그 책이 참고한『원사』역시 명대에 체 1년도 안되어 황급히 완성한 흠정정사이었기 때문에, 사실의 누락과 오류가 대단히 많았으므로『속통감』역시 송을 상세하게 기록하고 원을 소략하게 기록하는 것을 면하기가 어려웠다. 그래서 책에서 송의 기사가 5/6을 차지하고, 원의 기사는 겨우 1/6에 지나지 않았다. 이것이 이 책의 큰 결점이다. 그러나 비교해서 말하면 필원의『속자치통감』은 '속통감'의 저작 중에서 뒤에 나온 것이 우수하다는 말대로 확실히 그 이전의 저작들보다 수준이 높았고 감히 '속통감'의 저작이라고 말하기에 타당하다고 할 수 있다.

5. 청 陳鶴의『明紀』, 청 夏燮의『明通鑑』

이 두 책은 모두 위로『속자치통감』을 이은 통감체 명대사이다. 서건학과 필원은 청조의 강희·건륭때의 사람이었고 그들이『통감』을 잇기는 하였으나 모두 겨우 원대까지였고 명대까지 연속시키지는 못하였다. 이것은 연대가 지나치게 엄격하여 文字獄이 빈번히 일어나서 명대사를 기록하는 것은 금기사항에 해당되어 위험이 초래되었다. 청말 咸豊, 同治연간에 이르러 문장에 대한 검열이 점차 완화되면서 진학과 하섭은 비로소 각각 개인적으로 통감체 명대사를 편찬하게 되었다.

진학의『명기』는 60권으로『明史』와『明史稿』를 근거로 하고 여러 사람들의 기록도 참고로 하였으나, 지나치게 삭제한 것이 많아 사실의 기술이 극히 완전하지 못하였다. 『고이』도 있었지만 완성하지는 못하였다. 하섭의 『명통감』90권과 전편 2권, 附編 6권은 『명사』의 논조를 완전히 따르지 않고, 인용한 사료도 비교적 풍부했고, 수집한 야사도 수 백종에 이르렀다. 또 명조의 『실록』도 다소 참고하여 내용도 『명기』에 비해 상세하였고 사료로서 참고할 가치도 풍부한 것이었다. 역시 따로 『고이』를 지었는데 본문 밑에 나누어 주로 달았다. 그러나 하섭은 『명실록』 전체를 본 것은 결코 아니었고, 원순제가 宋恭帝의 아들이라는 등의 야사 속의 근거 없는 이야기를 항상 경솔하게 믿었으며, 심지어 귀신이 응보하였다는 사건도 때때로 실었다. 책 속의 평론에서는 또 『通鑑輯覽』에 보이는 건륭제의 '御批'에 근거한 것이 많았던 것도 사람들을 불만스럽게 하였다. 비록 이러한 문제가 있기는 했지만 진학과 하섭의 사서는 결국 통감체를 명사의 서술에까지 확대한 것으로 고대부터 명대까지의 통감체 역사서 개열을 형성하는데 기여했다. 이것은 중국의 역사학을 풍부하게 한 것으로 역사학자들에게 상당한 편리를 제공했다.

이상에서 서술한 북송 유서의 『통감외기』에서 청대 하섭의 『명통감』까지의 책들은 모두 사마광의 『통감』의 체제를 모방하여 자료를 수집하여 『통감』 이전이나, 혹은 이후의 역사사실을 계속 편찬한 것으로 『통감』과 이어지는 한 계열의 책들이다. 이외에도 『통감』의 사료를 가지고 스스로 새로운 체제를 만들어 새로운 체제를 갖춘 저술도 있었는데, 남송 원추의 『통감기사본말』과 주희의 『통감강목』이 이런 종류에 속한다.

第8절 남송 袁樞의 『통감기사본말』과 朱熹의 『통감강목』

원추는 『통감』을 즐겨 읽었고, 『통감』의 내용과 사마광의 사상관점을 예찬하였다. 그러나 그 또한 옛사람을 맹목적으로 믿지는 않고 과감히 『자치통감』을 개편하였는데, 그가 창조정신이 풍부한 사학자였음을 엿볼 수 있다. 『통감』은 지나치게 내용이 방대한데다가 책의 체제인 편년체 역시 고유의 단점을 가지고 있었다. 편년체는 연도에 따라서 사건을 기술하는 것으로 하나의 사건은 여러 해 동안에 걸쳐 분산 기술되고, 게다가 이 기간 동안 필연적으로 다른 역사적 사건도 기술할 수밖에 없었다. 이렇게 하나의 사건이 처음부터 끝까지 연속적으로 기술될 수 없었다. 그러므로 몇 권의 『통감』을 읽어야만 비로서 사건의 전 과정을 이해할 수 있으므로 읽기가 어려웠다. 원추가 해결한 방법은 "사건별로 구별하여 그 내용이 연결되도록 하는 것"이었으니, 곧 사건을 중심으로 개편했던 것이다. 그는 『통감』 속에 분산 기술된 전국시대부터 오대까지의 역사적 대사건을 239개의 항목으로 분류하여 각각 표제를 달고 따로 66가지 사건을 부록으로 달아, 전국시대의 三家分晉을 시작으로 하고 오대 周世宗 淮南정벌을 끝으로 하는 300가지의 크고 작은 사건으로 서술하였다. 각 사건은 『통감』의 원래 연도에 따라 원문을 베끼고 시작과 끝을 갖추어 독립된 편으로 만들어 그 사건의 전 과정을 이어지도록 서술하여 사건에 따라 성격을 풍부하게 하고, 읽기 편하게 하였다.

『통감기사본말』은 자료의 선택이 『통감』의 범위를 벗어나지 않았다. 원추 스스로 전혀 증보한 것도 없었고 원문조차 크게 변동시키지도 않았으므로 책의 사료적 가치는 『자치통감』보다 못하였다. 그러나 잘 베끼는 것도 창작이 될 수 있다고 했듯이 원추는 『통감』의 내용을 잘 알고 있었기 때문에, 자료의 귀납, 취사선택과 배열에 공을 들였고, 창조정신이 풍부하였으므로 사서편찬학에 있어서 새로운 체제인 기사본말체를 창조하였다. 기사본말체의 연원은 중국최초의 역사서인 『상서』 속의 『고명』 편에서 한 사건의 시말을 기록한 것이었다. 그런 하나의 독립된 체제로서의 편년체, 기전체와 나란히 중국 역사서의 주요 체제 중의 하나가 된 것은 원추의 『통감기사본말』부터이다.

기사본말체의 출현은 이전까지 전체 역사 상황을 기술한 사서가 줄곧 기전과 편년의 체제에만 한정되어 있던 상황을 변화시킨 것이다. 그것은 요점을 부각시켜 역대의 중요 사건을 전부 포괄할 수 있었고, 또 역사적 사건을 발전 순서에 따라 기술하여 수미일관 되고 중복도 없었다. 그것은 앞서 두 체제의 장점은 종합하고 단점을 보완한 까닭에, 이전에 없었던 체제였으며 근 현대 역사서의 체제인 章節體에 더욱 접근한 것이었다. 따라서 그것은 중국 역사편찬방법상의 큰 발전이었으며 중국의 역사편찬학을 새로운 수준으로 제고시킨 것이었다.

원추의 역사 편찬학에 대한 공헌은 대단히 두드러진 것이었지만, 그의 사상이나 관점은 어떠한 진보된 측면도 없었다. 원추의 역사적 안목도 대단히 편협하여 주로 군사와 정치의 범위를 벗어나지 못하였고, 사회와 전장제도의 중요성을 간과하였다. 원추는 역사상 치란 흥망의 표면적인 현상만 보았을 뿐 치란과 밀접한 관련을 갖는 제도의 시행을 보지 못했고 더구나 경제적인 근본 원인은 더더욱 보지 못했다.

그러나 기사본말체는 제목 하나가 독립된 편을 이루고 있어서 보통 동시기의 각 사건의 관계를 살필 방법이 없으므로 편년체 사서를 읽어야만 이 문제를 해결할 수 있다는 단점을 가지고 있었다.

주희와 제자 조사연은 『자치통감』의 사실이 지나치게 상세하고 서법도 완전치 못하다고 보고 유가의 綱常名敎에 기본을 두고 『통감』의 내용을 축약하여 『資治通鑑綱目』59권을 편찬하였다. '綱'이란 시간 순서에 근거하여 써나가는 사실의 대강으로 『춘추』의 經과 같은 것이다. 제목 역할도 하면서 사실이나 인물에 대한 작자의 시각을 표현하는 것이기도 하다. '目'이란 강의 구체적인 서술로서 『좌전』의 傳과 같은 것이다. 이 책은 소위 춘추필법을 사용하여 오직 포폄과 권선징악의 입장에서만 문장을 서술하였으며, 특히 정통관념을 강조하였다.

주희가 『자치통감』의 사료를 가지고 편찬한 『통감강목』은 중국 편년체 사서중의 또 하나의 체제인 綱目體를 열었다. 이러한 체제는 강과 목이 있어 조리가 분명하고 요점이 간단 명료하여 열람하기가 자못 편리했던 것으로 일종의 통속적이고 간편화된 사서체제였다. 강목체 사서는 일찍이 사회에 광범하게 전파되었는데 역사를 처음으로 공부하는 사람들로 하여금 구체적이고 명확한 역사지식을 얻도록 하였던 것이다. 그러나 그것은 초학자에게 편리하다는 점을 제외하면 사료적 가치는 없다고 할 수 있다. 또 봉건사상으로 충만해 있어 유물사관에 정면으로 배치되어 빼버린 것으로 민국 초년이후 곧 도태되어 버렸다. 아울러 이 정통관념은 의리론이 그 근간으로 양송시대에 이에 관한 논의가 활발하였다.

제9절 范祖禹의 生涯와 歷史觀

1. 범조우(1041~1098)는 北宋의 전제황권이 점차 무너져 가던 神宗·哲宗 시기에 활동하던 인물이었다. 그는 司馬光이 명저 『資治通鑑』을 편찬하던 때에 劉恕·劉攽과 함께 書局에 들어가 『唐長編』을 찬수하였고, 유서가 사망함에 『五代長編』을 속찬하였다. 특히 그는 사마광과 異見이 있었던 唐太宗의 현무문 사건과 武則天의 중·예종 폐위에 관한 사항 등 300여 편의 史論을 집성하여 『唐鑑』 12卷을 편찬하였다. 그가 살던 시대의 학자들은 그가 唐王朝 약 300년 간의 흥망성쇠를 깊이 밝혔던 사실을 존중하여 「唐鑑公」이라고 하였다.

그는 인종 가우 8(1063)년 진사에 합격하였으나, 10년 후인 33세에 사마광이 『資治通鑑』을 찬수하는 書局에 들어갔다. 저간의 10년 간의 이력은 보이지 않고 있는데, 이 기간은 중앙 각 부서의 임무와 학문에 관한 연수기간이었던 것 같다.

그는 다른 관료들이 중외의 하급 관으로부터 승진한 것과는 달리 『資治通鑑』찬수에 십 수년 간 노력하고 『唐鑑』을 찬수하여 역사의 흥망성쇠에 정통하였던 까닭에 희망하던 州郡장관보다는 秘書省의 正字, 正言, 侍講·諫議大夫·給事中·禮部侍郎·翰林侍講學士와 같은 禮官·諫官에 즐겨 취임하여 임무를 수행하였다. 그는 신·구법당의 당인을 초월하여 中庸을 지향하던 강직한 正人君子였다. 그를 신임하고 지지해주던 宣仁太皇太后가 사망하고, 이전에 올린 바의 忠諫의 내용이 재집권한 신법당에게 이용되어 知陜·永·賀·化州에 폄척되어 전전하다가 철종 원부 원년(1098) 9월 죽음을 받았고, 휘종 숭령 2년(1103) 원우당인비에 연명·각인되는 치욕을 면치 못하였다.

이제 저자는 범조우의 생애를 설정하여 그의 이력과 인품, 그리고 그의 정론을 분석하고, 『唐鑑』찬수 사정과 의도를 추구하며, 그가 제시한 약 20편의 광의의 역사 사실인 『故事』와 그 사론을 검토하여 「범조우의 생애와 역사관」(『역사학 연구』, 2002)을 접근해 보았다.

2. 범조우의 生涯와 政論

가. 범조우의 생애

범조우는 范鎭의 장형 鍇의 손자이다. 그의 字는 淳甫이고, 또 다른 字 夢得은 그의 출생 일화로부터 나왔다. 즉 그의 출생직전 모친의 꿈에 비상한 거인이 침실에 들어와 漢 將軍 鄧禹라고 하는 말을 듣고 깨어났다. 이에 항렬 祖에 禹를 붙여 이름 祖禹를 짓고 夢得을 一字로 삼은 것이다. 범조우는 실제로 유복자였고 가정이 빈곤하였기 때문에, 叔祖 范鎭이 물질적·학문적으로 적극적인 지원을 아끼지 않고 양육하여 성장하였다.

북송시대 范氏는 범진으로부터 百祿과 조우에 이르기까지 3대동안이나 禁林 곧 翰林院에서 황제의 諫官으로 활동하여 당시의 선비들이 우러러 사모할 만하다고 평가를 받았다. 이들의 이력을 살펴보는 것이 순서일 것이다.

華陽人 范鎭은 겸퇴하는 선비로 진사에 진출한 것으로부터 재상 龐籍의 추천을 받아 起居舍人·知諫院으로 ① 병사의 숫자가 너무 많아 국가 경비의 70%를 차지하고 있다는 사실과 국가기구인 中書·樞密·三司가 상호 견재에만 힘써 국가의 재용이 곤핍함을 면치 못하고 있다고 지적하였다. ② 契丹의 침략에 대하여 곤궁한 백성을 冗兵으로 채용하는 잘못을 개선할 것을 요구하였다. ③ 상인들의 고리채와 왕공·관인의 장례의 호화 등을 지적했다. ④ 한림학사로 친우 사마광과 함께 濮王(英宗의 生父) 추존문제를 제기하고 集論을 전개하였다. 범진은 평생을 사마광과 함께 즐겁게 노닐고, 그들의 의논이 한 입에서 나오는 것과 같았다. 살아서 서로 傳을 쓰고 죽으면 碑銘을 짓자고 약속하여 지켰다.

범진은 청백하고 사람에게 반드시 정성을 다하여 남의 과오를 말하지 않았다. 나라의 大議를 결정할 때에는 비록 皇帝의 앞일지라도 大節 곧 죽기를 사양하지 않고 굴복함이 없었다. 아울러 그는 의로움을 독실하게 행하고 宗族人을 먼저 보조하여 준 후에 자손을 길러야 한다고 했다. 그리고 향리에 있을 때에 혼인·장례를 주관하고 행방불명된 차형 范鎡와 그 아들을 찾아 그 자손과 그들의 은인을 돌보았다. 이런 名人 범진은 아들이 없었다.

범진의 兄 范鍇의 아들이요, 조우의 伯父인 百祿은 진사에 급제하고 才識

兼茂科에 발탁되어, ① 영종 治平中(1064~67)에 濮議보다는 큰 수해대책을 강구할 것을 청구했다. ② 신종 희령 7년(1074) 知諫院에 올라 한해대책을 마련했으며, ③ 철종 즉위하여 中書舍人에 올라 사마광이 차역법을 복구하려 하자, 뇌물이 횡행할 것을 염려하여 그 정지를 청원하였다. ④ 원우 원년(1086) 형부시랑으로 살인죄인의 貸死制 등을 개선했다. ⑤ 이부시랑으로 서리의 폐단을 제거키 위해 인원의 반감을 반대했다. ⑥ 시독, 한림학사로 황제에게 사물의 正邪를 구별하는 20항목을 제시하였다. ⑦ 龍圖閣學士 兼開封府로 민사·감옥 등에 성심을 다해 죄인을 없애고자 힘썼다. 그의 아들 祖述도 潁川에서 酒稅를 관장하고, 獄掾으로 두 死刑囚를 살려 州人들이 그를 神이라고 일컬었다.

범조우는 叔祖 범진의 지극한 도움으로 문을 안에서 걸어 잠그면서까지 독서하여 진사에 급제하고, 남의 일에 간여하지 않았다. 수도에 이르러 그가 교유한 인물은 그 당시에 이름 있는 사람인 것을 보고, 범진은 그 도량을 인정하여 "천하의 선비"라고 평가하였다.

사마광이 범조우를 서국의 요원으로 발탁한 것은 범진과의 막역한 친구였다는 점을 배제할 수는 없을 것이다. 또한 그는 사마광이 "지혜와 지식은 밝고 민첩하며, 학문을 좋아하고 글에 능통하며, 의지를 굳세고 바르게 지켰다." 라고 평가한 것처럼, 인품과 학문상에서 名士이었다. 특히 그의 叔祖 범진이 이미 구양수의 『新唐書』찬수에 참여하고 그 필법을 전수받았기 때문에, 그가 역사의 필법을 습득하고 역사적인 안목을 가졌다는 이유였을 것이다.

신종 원풍 7(1084)년 12월 사마광은 봄조우 등고 함께 15년에 걸쳐 완성한 『資治通鑑』을 받들어 바치고, 역사찬수의 경험이 풍부하지만 관력이 낮은 그를 비서성 正字에 추천하였다. 이 때 왕안석이 아직 집정하고 있었는데, 그는 범조우를 적대시하지 않고 도리어 애지중지하여 범조우와 친밀한 동생 왕안국을 보내 신법파에 끌어들이고자 하였다. 그러나 범조우는 가서 말하지 않음으로써, 신법에 찬동하지 않는다는 것을 분명히 하였다.

그런데 그 당시 낙양에는 이전에 재상을 역임하고 사마광과 우인이었던 富弼이 거주하고 있었다. 그는 본래 엄격한 성품을 가진 인물로 문을 폐쇄하고 외부인과의 접촉을 드물게 하였다. 그러나 범조우에 대해서는 유달리 후

대하였다. 그는 병환이 깊어지자, 범조우를 불러 그가 작성한 密疏를 주었다. 그 내용은 대체로 왕안석이 나라의 앞날을 그르친 것과 신법의 폐단을 논평한 것이었는데, 그것은 절실하게 개탄한 언론이었다. 왕안석이 집정하던 그 당시에 다른 사람들은 모두 상주할 필요가 없다고 하였지만 범조우는 상주하였다. 이 부필의 유소는 신종 사망 직전으로 어떤 작용을 했는지 아직 확실치 않지만, 철종 원우 초에 선인황태후의 구법 회복에 계기가 되지 않았나 한다.

그러나 범조우가 부필의 유소를 상주했다고 하여 그를 구법당으로 지목할 수 없다. 왜냐하면 범조우는 당파를 초월하고 『中庸』을 추구하였기 때문이다. 즉 군자는 혼자일 때에 삼가하고 부끄럽지 않는 언행을 하며, 나아가 현인·성인에 이르도록 수양을 쌓아야 한다. 군자는 『中庸』의 誠으로부터 출발하여 선한 것을 좋아하고 악한 것을 싫어하며, 소인은 반대로 악을 좋아하고 증오를 잘한다. 까닭에 군자는 『대학』의 도리 즉 성의·정심·격물치지·수신제가·치국평천하의 단계를 거쳐야 성인이 된다. 성인은 정성으로 천하를 다스린다. 아울러 인간의 성품은 仁과 義인데, 이는 모두 정성에서 나오기 때문에, 孝誠·忠誠·恭誠·善誠인 것이다. 결국 군자는 『中庸』의 忠恕를 닦고 실행해야 요순과 같은 성인의 도리에 들어간다는 것이다. 따라서 그는 正人君子로 부탁 받은 유소를 상주했던 것이다.

그 후 범조우의 관료생활은 간의대부·급사중·예부시랑·한림시강학사를 역임하며 후술하는 바와 같은 정론을 제시하여 황제보도와 중민의 각도에서 활약하였다. 그는 매우 소박·검소하였고, 洛·蜀의 당인들이 서로 공격·살해할 때에 범선생은 홀로 당파를 세우지 않고 洛·蜀에서 거닐었다. 또한 그는 해박한 식견으로 황제의 보도에 힘쓴 결과 선인태황태후의 신임을 받았다. 반면에 그는 많은 일을 논설하여 자신이 연좌될 수 있음을 예견하였다. 즉 황태후가 철종의 유모를 선택할 때에, 황제는 몸을 아끼고 선인태황태후는 황제를 몸소 보호할 뿐이라고 언급한 일이 있는데, 이것이 신법파에게 이용되어 마침내 賀州에 유배되었고, 化州에 옮겨 사사되고 말았다. 그러나 범조우는 賀州에 유배당하여 궁성에서 나올 때에, 거주민과 父老 등이 금패를 바치자, 모두 사양하여 그들은 울며 떠났다고 한다. 또한 化州의 백성들은 선생의 인품과 충성에 감동되어 북산에서 제사를 지냈다고 한다.

한편 범조우는 『神宗實錄』을 편찬하였는데, 이는 선인태황태후가 神宗은 효행이 뛰어나고 정치를 근면하게 하였다고 평가하고 주선하여 이룬 것이다. 그 규모가 크고 원대하며, 記注가 호번한 자료를 간략히 하여 실록 200권과 事目 10권을 헌상하였다. 『신종실록』을 편찬함에 있어서 범조우가 주의한 것은 왕안석의 과오를 서술하여 신종황제의 성스러웠던 점을 밝혔다. 그러나 철종이 친정하고 왕안석의 신법을 재실시할 때에, 왕안석이 사위 蔡卞이 범조우를 증오하였다. 결국 범조우는 嶺表에 폄척되고 化州에서 사사되었으며, 채변은 『신종실록』을 신법당에 유리하게 가필하였다.

그런데 남송 고종의 隆祐皇后가 神·哲宗 실록의 편찬을 제시함에, 황제는 虞部員外郎인 범조우의 아들 范沖을 宗正少卿 兼直史館으로 삼아 간신들에게 훼손된 양조의 실록을 改修케 하였다. 이에 범충이 희령의 밝은 통치와 원화의 복고를 논하고, 소성이래 번거럽게 얽힌 사실에 대하여 본말의 선후를 판별하여 모두 연유가 있게 하였다. 아울러 왕안석 변법의 죄과와 蔡京 등이 나라를 그릇되게 한 과오를 극언하여 황제가 칭찬하고 수용하였다. 범충은 양조의 『實錄』·『考異』·『辨誣錄』을 찬수하여 저간의 사정을 밝혔다. 따라서 범충은 현덕자로 송왕조의 역사를 보편적이고 간략하게 개수하여 부친인 충신 범조우의 업적을 드러냈으며, 억울하게 사사된 부친의 원한을 갚은 효자였다. 따라서 그는 正道를 걷다가 초연히 일생을 마친 正人君子이었다.

나. 범조우의 政論

사실상 범조우의 관료생활은 원풍 8(1085)년 7월 신종이 사망하고 비서성 正字로 『論喪服儉葬疏』를 바친 일로부터 철종을 거쳐 휘종 원부 원년(1098) 9월 죽음을 받을 때까지 13년 간이다. 이 기간동안에 일백 수십 편의 箚子·疏·狀·表·策·翰林詞草 등의 문필이 있고, 사마광 등을 대신하여 작성한 글도 상당히 많다. 그 내용은 문연각 『사고전서』의 『범태사집』 35권에 수록되어 있다.

『범태사집』에 보이는 箚子·疏 등의 자료에 의하면, 그의 정론은 한 마디로 經世를 자임한 것인데, 그것은 황제의 輔導와 重民으로 요약된다. (A) 황제를 보도하기 위하여 ① 권학 ② 검소생활 ③ 예교 ④ 인재천거 등을 주장하고, (B) 重民을 위하여 ⓐ 務農 ⓑ 法度 ⓒ 寬刑 ⓓ 救濟 등을 제창하였다. 이들에 대하여 구체적으로 살펴보자.

A) 황제의 보도

(1) 勸學: (a) 범조우는 원우 3(1088)년 8월 22일 『勸學箚子』를 올렸다. 즉 무릇 폐하께서 호학하면 천하의 군자들은 모두 흠모하여 조정에 나오기를 원하여 (폐하의)덕업을 도와 태평에 이르게 할 것입니다. 폐하께서 만약 호학하지 않으면 천하의 소인이 모두 마음을 움직여 조정에 나와 속임과 아첨으로 폐하를 섬겨 부귀를 훔치고 권리를 오로지 할 것입니다. 군자는 오로지 의로움을 추구하고 소인은 오로지 이익을 도모하는 것입니다. 군자가 지위를 얻으면 그가 배운 바를 행하려 하지만, 소인을 채용하면 그가 하고자 하는 바를 하는 것입니다. (까닭에) 군자를 채용하면 다스려지고 소인을 채용하면 혼란해 지는 것입니다. 군자와 소인 모두 폐하께서 부르시기에 다릅니다. 아울러 배움은 소년 시기에 해야 합니다. 『論語』는 성인의 언행 요체를 기록하여 몸을 닦고 나라를 다스리는 신하의 도리를, 『尙書』는 제왕의 정치 궤도를 제시하였습니다. 결국 제왕은 소년시기로부터 『論語』에 보이는 몸을 닦고 나라를 다스리는 도리와 『尙書』에 보이는 제왕의 정치 궤도를 배우며, 군자를 채용하여 덕업을 닦고 다스려 태평에 이르도록 해야 하는 것입니다. 제왕이 배우지 않고 소인을 채용하면, 그들은 아첨으로 부귀를 훔치고 권리를 오로지 하여 혼란해 지는 것입니다라고 권계하였다.

(b) 아울러 범조우는 원우 3년(1088) 4월에 『進經書要言箚子』를 올렸다. 즉 『尙書』와 『孝經』에서 요긴하고 절실한 훈계로 신하의 충성과 다스리는 도리 219항목을 채록하여 황제에게 바치고 그것을 좌우에 두고 살펴 경계로 삼을 것을 당부한 것이다.

따라서 『권학차자』는 제왕이 나라를 다스리는 도리를 배워 알아야 소인을 배척하고 군자를 채용하여 나라를 흥성시킬 수 있는 것임을 강조한 政論이었다. 아울러 이런 정론을 강조하고 실제의 정치를 돕고자 『상서』와 『효경』의 要言을 발췌하여 바친 것이다.

⑵ 검소한 생활: 범조우는 원우 2년(1087) 4월 4일 『上太皇太后崇儉戒奢疏』를 올렸다. 즉 황제의 성스런 성품이 안정되지 않았을 때에 검소한 것을 보면 검소한 생활을 하고, 사치하는 것을 보면 사치하는 것입니다. 옛 제왕·황후들은 검소한 생활을 미덕으로 알고, 사치하는 것을 커다란 악으로 삼았으니, 태황태후께서는 그 미담을 본받아야 합니다. 사치는 천하가 피폐되는 결과를 가져오는 것이니, 미리 예방해야 하는 것입니다. 아울러 태황태후가 어린 황제의 본보기가 되는 것이니, 옛 제왕·황후의 검소한 미덕을 본받아 실천하여야 할 것입니다. 그러므로 국가의 부강은 태후·황제의 하기에 달려 있다는 것을 권계하였다. 따라서 범조우는 윗사람이 검소한 생활에 모범을 보여야 할 것을 주장하였다.

⑶ 검소한 喪禮: 원풍 8년(1085) 6월 7일에 『論喪服儉葬疏』를 제출하여 신종의 장례를 맞아 그 후장을 경계하였다. 즉 범조우는 장례란 누구나 면할 수 없다면서 위로 황제가 예를 좋아하면 백성이 감히 공경하지 않을 수 없다고 전제하였다. 또한 자신은 장례를 검소하게 치르는 것이 성현의 교훈이고, 장례를 사치스럽게 치르는 것이 세속의 과오라고 하는 것을 들었다고 지적하였다. 춘추시대 宋의 華原이 그의 군주를 위하여 후한 장례를 치렀으나, 군자들은 신하의 도리가 아니라고 평가한 것을 들추었다. 아울러 한시대 산릉에 금은보화를 많이 쌓았지만, 이것은 도적의 과녁이 되었다는 사실에 대하여 張釋之·劉向이 잘못한 과오라고 논평했는데, 이를 세상 사람들은 밝은 지식이라고 평가하였다. 따라서 범조우는 상례 또한 호화찬란하면 도적의 과녁이 될 뿐 힘써 검소할 것을 제창하였다.

⑷ 인재천거: 범조우는 원우 5년(1090) 1월 19일 『薦士箚子』를 제출하였다. 즉 신하의 나라에 대한 충성은 현명자를 천거하는 데에 있고, 국가에 짊어지는 큰 죄과는 현명자를 은폐하는 일이라고 보았다. 그 당시 한림승지 蘇頌이 李定을 어사로 추천하는 草制를 3차에 걸쳐 긍정치 않은 것과 같은 강직한 신하를 두려워해야 한다는 것이다. 그는 인재천거의 입장은 涑水門人으로 사마광의 인재채용 범주를 벗어나지 않고 더욱 엄격하였다. 그가 인재를 천거한 사례는 11회이고 소인을 논한 문장이 3사례가 보인다. 이를 종

합해 보면 다음과 같다.

즉 君子는 현량방정하고 맑으며, 학문을 전공해야 한다. 지향하는 것이 고결해야 하고 문장이 아름다우며, 문학을 이해하는 아름다운 선비들의 영수이며, 현명하고 순종하는 자이었다. 또한 학관에서 추천한 자를 군자로 보고 발탁할 것을 청원하였다. 아울러 선정하는 자의 승진을 요구하였다. 그밖에 방술에 널리 통하고 용약하여 정심한 자의 발탁도 청구하였다. 반면에 독직자나 소인, 그리고 환관에 대하여 국가의 큰 도적·백성의 큰 좀으로 낙인찍어 이들은 황제의 성덕에 큰 손실을 끼치는 자들이니, 추방하고 그들이 저질은 잘못을 개선 할 것을 청구하였다.

따라서 범조우가 인물을 천거한 방안을 종합해 보면, 1) 낙후된 자들에 대하여 특차 발탁을 청구하였다. 2) 지방의 명망있는 자와 문학이행자들을 발탁하여 중앙과 지방의 학관에 보내 인재를 양성케 하고, 그 인재를 발탁하여 나라를 다스려야 한다. 3) 칭직자와 방술자를 발탁하고, 승진하는 현재주의를 추구했다. 4) 소인과 환관을 배척해야 나라의 발전을 기대할 수 있다. 특히 현명자를 숭상하는 입장에서 司馬康의 집에 봉록을 주고 구휼하는 등의 특별한 은혜를 청구하였다. 이 점 또한 신법파가 훗날 범조우를 구법당에 연루시켜 유배·사사하는 주요 요인이 아닌가 한다. 그러나 이는 중용을 지키는 명사의 신념에 넘치는 인재관이였다. 왜냐하면 그가 추천한 인물은 모두 오래지 않아 자신과 동열에 올랐고, 추천하고도 모르는 체하여 그의 결백성이 있었기 때문이다. 따라서 그의 인재추천은 더욱 돋보이고 당파없는 충성스런 그의 통치관과 국가관을 표현한 것이다.

결국 범조우는 제왕이 군자를 뽑아 채용하고 소인을 배척해야 한다는 인재관을 가졌다. 효행은 인륜의 가장 중요한 것이요 백 가지 행동의 기본이기 때문에, 군주와 효우하는 군자가 함께하여 다스릴 것을 주장하였다. 그 결과 신민의 덕성이 정밀해지고 풍속이 순후해지는 것이라고 보았다. 까닭에 그는 군주를 보좌하는 데에 孝와 같은 것이 없다고 지적하고, 趙君錫·鄭穆·鄭 㿖 등을 추천하였으며, 그들에게 중용을 당부한 것이다.

B) 重民

(1) 務農: 범조우는 원우 2년(1087) 7월 1일 『論農事箚子』를 제출하였다. 즉 향촌이 안정되면 公私와 大小事가 번거롭지 않는 것입니다. 군주가 백성을 사랑한다는 것은 그들의 노고를 알고, 그 곤궁함을 구휼하는 것을 말하는 것입니다. 천하인이 노고하지만 항상 궁곤한 자는 농민입니다. 까닭에 주공은 『無逸』을 지어 주성왕에게 농경의 간난을 경계하였습니다. 궁궐·차마·복식·기용은 천하 백성의 고혈이 아닌 것이 없으니, 백성을 사랑하지 않을 수 없는 것입니다. 천하는 거대하기 때문에, 군주의 마음이 안정되어 있으면 천하는 안정되고, 그렇지 않으면 천하는 불안정한 것입니다.

또한 군주가 인자하게 안식하면 천하에 은혜입는 자 많아지는 것입니다. 폐하께서 먹고 입을 때에 천하에는 배고파도 먹지 못하고 추워도 입지 못하는 백성들이 있다는 것을 생각하십시오. 까닭에 지성으로 화목한 기운을 일으켜야 하는 것입니다. 풍년이 들면 백성이 넉넉해져 천하는 태평할 것이니, 폐하께서는 농정에 유의하여 小民을 은혜롭게 하여 보호하여야 하는 것입니다. 이처럼 농경의 간난을 경계하고 농민의 생활에 유의해야 천하가 태평할 것임을 강조하고 있다.

아울러 범조우는 원우 2년(1087) 12월 20일 『乞不限人數箚子』를 제출하였다. 즉 옛 성인이 배고픈 백성을 구제하는 일을 먼저 수행할 과제로 설정하여 백성의 性命을 구제하였다고 전제하고, 그 법을 갖추어 시행할 것을 당부했습니다. 예컨대 宋代이래 유민이 많이 발생하였는데, 백성이 기근에 이르지 않도록 하는 조치를 마련하고, 다만 나타난 孤窮者 1,200명 뿐만 아니라, 전국의 배고픈 백성을 모두 구제할 것을 청구하고 있다.

따라서 농업사회에 있어서 황제의 최대 임무는 농민을 토지에 안착시켜 본분을 다하게 하는 것이다. 이들이 파산·몰락하여 유민화하면, 먼저 군주는 농경의 간난에 관심을 가지고 그들을 궁곤치 않게 하고, 기왕 발생한 유민에 대한 방책을 세워 조속히 안정시킬 것을 강조한 정론이다. 다만 구체적인 方策이 없다.

(2) 法度: (a) 범조우는 원우 4년(1089) 9월 18일 『上殿論法度箚子』를 제출

하였다. 즉 나라를 다스리는 도리는 하나같이 조종의 법에 알맞게 되돌려야 하는 것입니다. 희령 초에 선제(신종)는 힘써 태평에 이르는 정치를 배풀 것을 생각하여 祖宗의 법도를 빛나게 하고자 왕안석을 채용하였습니다. 그는 사사로운 지혜로 많은 사람들의 의논을 위배하였고, 여혜경·노포의 무리들은 祖宗의 옛 정치를 변혁하는 변법을 시행하였습니다. 그 결과 천하는 불편하였습니다. (예컨대) 원풍 중에 唐王朝의 옛 제도를 채용코자 했지만, 통치자들조차 신종황제의 근본 뜻을 이해치 못하였고 정치제도는 중복되어 번거롭고 쓸모 없이 되었으며, 그 이전의 간편함이 모두 없어졌습니다. 이는 왕안석의 사특한 지혜로 간편한 옛 법도만 무너뜨려 폐단이 더욱 커졌기 때문이었으니, 나라의 법도를 함부로 고쳐서는 안 된다는 것을 경계한 것이다.

ⓑ 범조우는 원우 8년(1093) 11월 16일 『論邪箚子』를 올려 신법 재실시 책동을 봉쇄코자 하였다. 즉 희령 초에 왕안석·여혜경 등은 신법을 만들고 三不畏를 외쳐 祖宗의 옛 정치를 모두 변경시켰습니다. (그들은) 많은 소인들을 끌어들여 선제의 훈구신료를 그릇되게 배척했고, 아울러 충성되고 올바른 선비를 버려 채용하지 않는 것은 물론, 도리어 그들을 제거하였습니다. 또한 선제에게 변경에서 용병케 하여 외역의 원망을 샀습니다. 희령 7, 8년에 천하는 근심하고 고통했는데, 백성들이 이리저리 떠돌아다녔습니다. 다행히 선제의 성스런 지혜로 깨달아 왕안석을 파직케 하고 여혜경을 추방했으며, 그들이 끌어들인 소인들도 제거하였습니다. 결국 폐하는 항상 사직을 위하여 소인이 나라를 기울게 하여 위태롭게 하는 것을 경계하고, 집정 대신을 밝게 교유하시며, 소인이나 그들 중 외변에 있는 자는 피폐시켜 다시는 채용치 않아야 천하가 안정될 것임을 지적하였다.

따라서 범조우는 신법의 내용보다 변법은 부당하고 신법파인사들이 소인으로 사특하고 무지하여 나라가 기울어져 위태롭게 되는 것도 모른다는 것을 경계하였다. 이 논설 또한 범조우가 신법파의 과녁이 되고 원우구법당으로 지목된 것이 아닌가 한다.

⑶ 寬刑: ⓐ 범조우는 원우 4년(1089) 5월 23일 『乞寬刑箚子』를 올려 蔡確을 엄형에 처할 것을 주장하였다. 즉 채확은 安陸에서 정치를 비방하는

賦詩十章을 짓고 당고종이 천후에 양위코자 하자, 郝處俊이 간절하게 충간하는 상소에서 천후를 배척했는데, 언사가 남을 해치는 내용이었습니다. 이 두 가지 사안에 대하여 諫官인 范祖禹와 劉安世 등이 연속하여 채확의 죄를 판정하도록 청구하여 그가 영주에 폄척되었습니다. 그 때 재상 范純仁이 그를 구제코자 하였지만 범조우는 강하게 반대했습니다. 즉 大姦을 제거함은 실로 사직을 위한 계책이고 폐하의 사적인 희노에따라 결정할 문제가 아닙니다. 천하인을 위하여 인내와 사랑이 필요합니다. 채확은 흉패한 인물로 재상의 지위를 절도하고 위복을 지어내 선제를 속였으며, 누차 대옥을 일으켜 선량을 모함하고 배척했습니다. 그러므로 채확의 이름을 듣는 자는 누구나 두려워하지 않는 자 없습니다. 그는 조정의 명기를 사사로운 물건처럼 사용하여 사당을 결성하고 이익을 탐내었습니다. 요임금은 한 사람을 벌주어 천하인을 복종케 하고, 首惡을 제거하고 나머지는 사면하였으니, 이는 형벌을 과도하게 사용하는 것은 人情을 不安케 하기 때문입니다. 채확의 죄는 그렇게 간단하지 않습니다. 폐하께서는 그의 간사한 죄를 알지 못하십니다. 한 사람의 흉악한 자가 선정을 명분으로 사대부를 연달아 추방시키는 그런 인물입니다. 그를 사면하고 복직시키면 인정이 불안해지고 천하가 진동할 것이니, 추방함을 늦지 않게 하십시오 라고 당부하였다.

ⓑ 범조우는 원우 4년(1089) 6월 『上殿箚子 二道』를 올렸는데, 그 중 하나가 『辨邪正』이다. 즉 간사한 것은 바른 것을 헤치지만, 바른 것은 반드시 사사로운 것을 제거하는 것입니다. 간사한 것과 바른 것은 병립할 수 없고, 군자는 소인이 일으킨 혼란을 이기기 어려운 것입니다. 군자가 지위에 있으면 악정이 없고, 소인이 지위를 얻으면 선정이 없는 것입니다. 따라서 폐하는 군자와 소인을 판별하여 충량을 채용하고 사악한 자를 퇴출시켜야 하는 것입니다. 대신이 邪正에 밝지 않으면 그 사람을 얻지 못하여 폐하를 보필하지 못하는 것입니다. 폐하는 이를 경계하여 보편적인 마음으로 현명자를 구하고 바른 사람을 불러 대신으로 삼으며, 소인을 물리쳐야 하는 것입니다. 이것이 폐하가 지성으로 정치의 이치를 구하는 뜻인 것입니다 라고 권계하였다.

따라서 범조우는 간신의 邪正을 판별하는 것은 쉽지 않고 사악한 일의 폐해는 적지 않은 것이니, 이를 밝게 살피어 나라를 발전시켜야지, 감언이설하는 간특한 신하를 경계할 것을 거듭 강조하였다.

(4) 백성구제: 범조우는 다음과 같은 몇 가지 箚子를 제출하여 백성을 구제하는 데에 힘썼다.

(a) 범조우는 원우 9년(1094) 3월 『恤民箚子』를 제출하였다. 즉 폐하께서는 즉위이래 백성을 측은히 여겨 사랑하고 재난이 일어나면 각지에 사자를 보내 아낌없이 구휼한 사실이 앞시대에는 없었습니다. 그러나 천하에 배고픈 백성은 수 만명에 달하고 금년 곡물이 익지 않았으니, 어찌 계속 증가하지 않겠습니까? 백성이 안정되지 않으면 나라는 불안하고, 백성이 화합하는 것이 하늘의 의지에 따르는 길입니다. 폐하는 백성을 자식같이 길러야 하는 것인데, 지금 백성이 기근을 당하여 곤궁하니 그들을 구제하는 것을 나라의 급한 업무로 삼아야 할 것입니다 라고 주장하였다.

(b) 원우 4년(1089) 7월 20일 『論常平箚子』를 올렸다. 즉 지금 천하의 걱정은 나라에 축적이 없기 때문에, 수·한해가 들면 기근으로 백성들은 도망하고 서로 잡아먹으며, 버리고도 모자라 남의 물건을 도둑질하는 등의 범죄에 빠지는 자들을 헤아릴 수 없이 많습니다. 청묘법이 혁파되고 상평창이 복구되지 않아 농민은 풍년이 들어도 비용을 위하여 마구잡이로 판매하여 곤궁해지는 것입니다. 폐하께서는 황실의 창고에서 금전을 내어 백성을 자식처럼 돌보는 마음으로 배고픈 그들을 구제하는 데에 성심을 베풀어야 하는 것이니, 상평창을 복구하여야 할 것입니다. 아울러 동년 7월 23일 『再論常平箚子』에서도 나라를 다스리는 근본은 농업을 힘쓰는 데에 있고, 농업을 힘쓰는 근본은 곡물을 귀하게 하려는 것입니다. 아울러 공자는 백성의 축적이야 말로 나라의 큰 근본이요, 백성의 큰 생명이라고 하였습니다. 황제는 금전을 내서 백성을 구제하고 상평창을 세워 백성을 구휼해야 합니다 라고 지적하였다.

(c) 원화 4년(1089) 5월 『論城豪箚子』를 올렸다. 즉 경성의 성호를 수 천명을 동원하여 개수한다고 합니다. 화폐는 호부에 소속되지 않는 것이 없고, 재부는 백성에게서 나오지 않은 것이 없는데, 그것을 가지고 성호를 개수하

는 일이 어찌 애석한 일이 아닐 것이며, 잘못된 일이 아니겠습니까? 호의 깊이 2장 5척, 넓이 251步는 卞河의 3배나 되어 앞시대에 없던 일입니다. 선제 때에 宋用臣이 경성의 개수를 빌미로 많은 백성의 노동력과 재물을 사용한 위에 관청의 재물까지 착복한 일도 있었습니다. 어찌 반드시 무익한 것을 넓혀 손해되게 할 것입니까? 경성의 외문 정문에 편문이 있는데, 甕城을 증가하여 축조할 필요가 있겠습니까? 지금의 대신들은 덕을 닦지 않고 성호를 넓히려는 일에 급할 수 있겠습니까? 결국 성호를 넓히는 것은 백성의 노고를 가중시키는 일입니다. 동서남 편문 옹성의 工役을 중지하고 호의 넓이 ⅔를 감소시켜 왕성의 규모를 바르게 하고 백성의 힘을 아끼며, 국용을 절약해야 합니다 라고 경계하였다.

ⓓ 원우 4년(1089) 5월 14일『再論城豪箚子』를 올렸다. 즉 천자가 옹성에 거주하는 것은 공경대신이 황제를 욕되게 한 것입니다. 또한 국용이 어려운 때에 무익한 비용을 어떻게 조달할 것입니까? 자칫 기강문제가 발생할 것이니, 신이 언급한 바와 같이 시행하십시오 라고 당부하였다.

따라서 이상 4종의 箚子는 범조우가 나라의 근본은 백성이기 때문에, 국가는 그들에게 관대한 정치를 베풀어 그들이 도망가거나 도둑질하지 않게 하기 위한 근본대책을 강구해야 한다는 것을 일깨운 것이었다. 또한 나라의 재부를 축적하는 상평창을 설립하여 그들의 곤궁을 구제하고, 성호를 함부로 넓히지 않아야 백성에게 은혜로운 혜택이 되는 것임을 강조한 것이다. 따라서 이것은 범조우가 자신의 충성을 드러내고, 나라의 발전을 희망한 것이다.

이상과 같은 범조우의 정론은 箚子·狀·表·疏 등으로 皇帝에게 제출하였다. 그의 정론은 중국 上古이래 전통적으로 내려오는 기본적이고 보편적인 범주에서 벗어나지 못한 것이었다. 그러나 그는 황제권이 강화되었지만, 관리의 파렴치한 통치가 자행되고 신·구법파가 대립되는 상황 속에서 황제를 보도하고 重民하는 입장에서 충성스런 간쟁과 방략을 제출하고 현명자를 추천하는 등의 忠臣으로써의 역할을 다한 것이다.

3. 범조우의 『唐鑑』撰修와 歷史觀

가. 『唐鑑』과 그 찬수의도

범조우는 학문이 높고 밝은 지식이 있었으며, 범진의 추천을 받아 일찍이 사마광과 함께 『資治通鑑』을 편찬하였다. 그가 담당한 부분은 『唐長編』이었고 유서의 사망으로 『五代長編』을 속찬하였다. 이 때에 그는 사마광의 조수로 그가 정한 원칙에 따라 13년 간 낙양에서 찬수한 것이다. 또한 그는 이제 살펴보려는 『唐鑑』 이외에 『章學』 8권, 『仁皇政典』 6권이 보이지만 이들 책은 政書이다.

범조우는 송철종 원우 원년(1086) 2월 28일 『당감』 12권을 황제와 섭정인 선인태황태후 고씨에게 바쳤다. 『唐鑑』이 찬수된 사정은 명확하지 않다. 처음 범조우가 사마광의 편찬 원칙에 따라 편찬한 『唐長篇』은 6,7백여 권을 헤아렸다. 그 산삭·가필·개수·윤식을 담당한 사마광은 그것을 크게 산삭하여 81권으로 조정하였다. 이 과정에서 범조우가 작성한 『唐長篇』의 대부분이 채택되지 못했을 것이다. 이에 범조우는 편년체로 구성할 수 없었기 때문에, 그는 조목조목 정비하여 300여 항목으로 재조정하고 각각의 항목마다 사마광의 『신광왈』처럼, 자신의 평론 『신조우왈』을 부가하여 史評(論)体로 편찬한 것이다.

『唐鑑』의 찬수의도는 『唐鑑序』, 『進唐鑑表』, 『又上(唐鑑)太皇太后表』 등에 보이고 있다. 여러 글에 보이는 편찬의도가 약간씩 차이가 있어 이를 정리해 보면 다음과 같다.

먼저 범조우는 隋나라가 망하고 唐이 일어난 연고를 제시하여 논리를 전개하였다. 즉 수나라는 군대를 빈궁하게 하고 세역을 포악하게 징발함으로써, 백성을 해치고 학대하여 그들은 참지 못하고 일어나 함께 수나라를 멸망시켰습니다. 당나라는 한 무리의 군단으로 관중을 취하고 반년이 못되어 천하를 장악하였습니다. 수나라가 그렇게 쉽게 무너진 것은 다스림이 혼란함으로 바꾸어졌기 때문입니다. 이처럼 당나라가 쉽게 흥성한 것은 군주가 밝고 신하가 충성하여 안으로 백성이 안식하고 밖으로 사방의 변방을 포함하였으며, 만물의 이치에 통달하였기 때문입니다.

아울러 그 자손들이 앞사람의 근로함을 잃어버리면 위로 하늘이 싫어하고 백성들이 떠나는 것이니, 이는 천하가 피폐되어 무너져 작은 땅도 보전하지 못하게 되기 때문입니다. 나라를 다스리는 것은 군자로 말미암고, 혼란은 소인으로 말미암지 않는 것이 없으니, 모두 베풀어 방책을 드러내야지 감출 수 없는 것입니다.

『尙書』에 상왕조는 하왕조를, 주왕조는 상왕조를 감계로 삼아야 한다고 했으니, 지금 송왕조는 당왕조의 역사적인 사실을 감계로 삼는 것이 가장 좋을 것입니다. 앞일은 뒷일의 스승인 것처럼, 흥망성쇠의 성패는 모두 세미한 것에서 일어나는 것이니, 당일대의 성패와 득실을 감계로 삼아 미연에 방지하고, 총명을 넓혀 덕업을 발휘해야 할 것입니다. 이에 위로 당고조 무덕 원년(618)으로부터 아래로 소선제 천우 4년(907)에 이르기까지 무릇 290년 간의 군주의 賢明 如否, 신하의 邪正, 得失의 발자취와 그 선악 효용을 채집하여 『唐鑑』 12권을 편찬하여 바칩니다 라고 되어 있다.

결국 범조우의 『당감』 편찬의도는 멀리는 『尙書』와 孔子이래의 역사적 사건이나 인물에 대한 선악득실을 시비포폄하여 권계로 삼아 경세에 유익케 한다는 경세사학의 범주에서 벗어나지 않는다. 특히 범조우가 『唐鑑序』에서 隋가 망하고 唐이 일어나는 연고와 자손이 근로치 않으면 하늘이 싫어하여 백성이 떠나고 나라는 부지할 수 없다는 입장을 내비쳤다. 이에 대하여 吳懷貴는 人事와 天理가 나라의 흥쇠를 결정한다고 보고, 성인군자가 『중용』의 誠으로 다스린다는 심학관점을 드러냈다고 하였는데, 필자 또한 동감이다. 다만 天理는 송대 도학사상의 절대불변의 이치를 가르키는 것으로 上代이래 唐初까지의 天命論보다 도리어 강화된 것이 아닌가 한다. 또한 明代의 弘治本 『唐鑑重刊序』을 쓴 白昻은 『唐鑑』이 당시대의 역사를 의리상 지극히 보편적으로 선악과 시비를 밝혔으니 송왕조 뿐만 아니라, 그 후 천백세 후에도 감계가 되어 世道에 補益이 된다고 평가하였다. 이는 비록 天意가 興衰를 결정한다는 신비적인 부분이 있지만, 『唐鑑』이 감계정신으로 찬수되었고 경세적 역사정신을 체현한 名著임을 표창한 것이다.

결국 범조우의 편찬의도는 사마광이 『資治通鑑』을 편찬한 의도 곧 나라의 흥망성쇠와 백성의 슬픔·즐거움이 될만한 자료를 모아 그 선악과 시비득실을 판별하여 권계로 삼게 하되, 『春秋』의 시비포폄의 법으로 혼란상태를 다스려 정상상태로 되돌리는 것만 같지 못하다는 것과 다르지 않다. 따라서 범조우는 앞에 제시한 『中庸』의 誠으로 修己治人한다는 입장을 견지하여 『唐鑑』을 찬수한 것이다.

나. 『進故事』에 보이는 범조우의 역사관

『당감』의 사론에 관하여 논자들이 지적한 사실은,

① 역사적 사실을 통하여 지금의 정치 사회적 현실을 풍자·비판하였다. 즉 현명자의 임용·납간·신상필벌을 강조하고 공로를 탐내어 병력을 남용하고 무를 더럽히거나, 사치는 반드시 혼란해진다는 전통적인 감계사상이 중심이 되었다.

② 혁신보다는 祖宗의 법도를 따르는 것이 영구히 백성을 보전하는 도리라고 못박고 때에 따라 적당하게 제정한다는 입장이었다.

③ 백성이 나라의 근본이고, 근본이 튼튼하면 나라는 편안하다는 『상서』의 관점에 근거하여 重民에 관한 사론이 많다. 다만 民變에 반대하여 봉기군을 도적으로 내몰고 있다.

④ 송대 이학의 발전 결과 의리관념이 명확히 드러나고 있다. 즉 당태종의 현무문 사건에서 세민은 형을 죽이고 태자의 지위를 빼앗았으며, 동생의 부인 양씨를 후궁으로 수용하였으니, 임금과 형제를 업신여기어 군신·부자·존비·장유의 도리에 어긋났기 때문에 용서할 수 없는 과오라고 지척하였다. 또한 무칙천이 자식인 중종과 예종을 물리치고 즉위하여 그녀가 행한 정치는 "帝在房州(東宮)" 곧 황제가 房州(東宮)에 계시는 데에 자행하였기 때문에, 이는 『춘추』의 필법에 어긋나는 亂政이라고 비판하였다.

나아가 그는 이들 사건으로 말미암아 당왕조의 통치자들이 修身·齊家·治國·平天下의 도리와 인의도덕을 닦지 않아 당일대에 찬탈이 많았고 閨門에 법도가 없어서 다스려 평안한 날이 적었으며, 혼란한 날이 많았다고 총결하고 있다. 이런 사정에서 남송 효종이 講官과 더불어 "『자치통감』을 읽고 있으면 사마광의 재상의 도량을 알 수 있고, 『당감』을 읽고 있으면 범조우의 臺諫의 수단을 알 수 있다"고 하는 언급이 나온 것이다.

한편 범조우는 자신의 건강도 좋지 않고 자신을 알아주면서 지지해 주던 선인태황태후의 노쇠에 따라 자신의 정치적 생명이 다하기 전에 황제에게 약 20항목의 故事 곧 광의의 역사 사실을 바쳐, 거기에 나타난 최소한의 政論을 제시하여 송왕조의 발전을 기대하였다. 필자는 아직 『당감』을 독파하지 못하여 이 『進故事』의 내용을 (1) 사치경계와 검소권장, (2) 나라를 다스리는 방략, (3) 상벌의 엄명, (4) 충간의 수용 등으로 나누어 분석함으로써, 그의 역사관에 접근해 볼 것이다.

(1) 사치경계와 검소권장

(a) 한고조 7년(B·C200) 丞相 蕭何가 동궐·북궐·전전·무고·태창을 세웠다. 한고조가 그 장려함을 보고 매우 성내어 소하에게 천하가 흉흉하고 노고함이 수년이 지속되어도 성패가 아직 정해지지 않았는데, 어찌 궁실을 이처럼 과도하게 단장하였는가? 이에 소하는 천하가 아직 정해지지 않했기 때문에, 궁실이나마 이렇게 해야할 것입니다. 또한 천자는 사해를 일가로 하는 것이니, 장려하지 않고는 위엄이 없을 것이고, 이후에 증축도 없을 것입니다 라고 대답하자, 황제는 즐거워하였다.

『신조우왈』 우임금은 비루한 궁실에서 거쳐하였으나, 공자가 이름답다고 칭송하였습니다. 시인들은 주선왕이 처음 즉위하여 또한 궁실을 검소하게 하고 종묘는 작게 하여 중흥을 이루었다고 노래하였습니다. 소하는 도리로 한고조를 보좌하지 않고 망한 진나라의 사치를 이어 받도록 했습니다. 창업군주의 한 마디 말이나 한 가지 행동은 자손의 본보기가 되는 것으로 한무제가 千門 만호를 일으키게 한 까닭이었습니다. 신은 송태조가 궁전을 치장하여 그의 儉素한 덕망이 한고조보다 원대하지 못할가 두렵습니다 라고 경계하였다.

(b) 唐太宗이 낙양궁에 행차하여 侍臣들을 향하여 수양제는 이 궁전을 지어 백성에게 원망을 샀다고 지적하면서, 지금 모두 똑바로 宇文述과 같은 무리들이 안으로 아첨하고 밖으로 총명을 은폐한 연고로 말미암은 것이니 경계하지 않을 것입니까 라고 비판하였다.

『신조우왈』 옛 周公, 召公이 周成王을 도운 대화는 夏桀·商紂를 경계로 삼지 않음이 없고, 그 신하가 바친 위망에 대한 언급이 끊임없이 입에 오르내렸습니다. 고로 천하 국가를 얻어 안정시킬 수 있는 것입니다. 당태종은 수양제의 망국의 연고를 보고, 친히 궁원에 이르러 아첨과 엄폐의 잘못을 가지고 백관들을 경계하였습니다. 무릇 상대의 망한 이유를 알만한 즉, 내 존재함을 도모하여 감히 태만히 할 수 없는 것이니, 이것이 三王이 일어난 이유인 것입니다 라고 지적하였다.

ⓒ 아악과 속악은 모두 太常에 예속되었고, 명당의 정통한 음율은 태상에서 관장하였으니, 예악의 담당부서는 응당 雜伎를 관장할 수 없다. 그런데 개원 2년(714) 또 다시 좌우 교방을 설치하여 속악을 가르치게 하고, 악공 수 백인을 선발하여 스스로 가르치는 법을 이원에서 왜곡시켜 皇帝의 이원제자라 하였다. 또한 궁녀를 가르쳐 학습케 하였고 기녀를 선발하여 의춘원에 두었으며, 그 가정에 급료까지 지급하였다. (이에) 예부시랑 장정규와 산조위 원초객이 황상께옵서는 춘추가 한창으로 마땅히 경술을 숭상하고, 단아한 선비를 가까이하며, 꾸밈이 없음을 숭상하고 음란한 음악이나 유협을 좋아하는 것을 경계해야 합니다고 충간했다. 황제는 비록 수용하지 않았을지라도 言路를 열고자 하였으니, 모두 칭찬하여 기렸다.

『신조우왈』은주왕은 망국의 음악과 음탕한 춤을 만들어 그 나라를 망쳤습니다. 당명황은 즉위 초에 聲樂에 관심을 가졌던 고로 그 말년에 음악과 사치에 빠졌으며, 마침내 대란에 일어나 천하를 망쳤습니다. 인군이 좋아할 바는 가히 삼가하지 않을 수 있겠습니까? 무릇 태상은 천하의 예와 교묘의 음악을 관장하는 곳입니다. 순임금은 백이에게 예를, 夔에게 음악의 직무를 각기 관장하도록 명하였습니다. 명황이 음악을 좋아하는 것은 아악과 속악을 서로 섞이지 않게 하여야 하였습니다. 나라의 祖宗이래 教坊의 宴樂을 선휘원에 예속시켰지만, 곧 그것을 폐지하고 태상에 소속시켰습니다. 이는 鄭·衛의 음란한 음악으로 예를 관장하는 국가 부서를 망가뜨린 짓이었으니, 국가 스스로 관제를 손상하는 것이었습니다 라고 경계하였다.

ⓓ「당명황이 사치를 숭상했다.」

처음 현종이 연회를 베풀 때에 먼저 태상에서 아악을 연주케 하고, 그 후에 고취곡·호인악을 설치하였으며, 教方을 京兆府 장안과 만년 두 현에 두고 거기에 산악 및 잡희를 설치했다. 또한 산모양의 山車라는 배에 악대를 태워 연주케 했고 궁녀에게 춤추게 했으며, 백필의 말이 춤추도록 하여 황제에 축수케 했다. 물소·코끼리에 춤추며 입장하여 예배케 하였다. 安祿山은 관람한 후에 매우 기꺼워했으며, 후에 낙양을 공격하고 악공을 수색하며, 악기·舞衣·舞馬·물소·코끼리 등을 모두 낙양에 이르도록 명령했다.

『사마광론』 성인은 모두 도덕으로 아름답다고 하고, 인의로 즐거움을 삼는다고 했습니다. 까닭에 그들이 비록 왕왕 초가삼간에서 누추하게 살면서 조잡하고 사나운 음식을 먹더라도 그 간단하고 누추한 것을 수치로 생각하지 않는 것입니다. 다만 자신의 생활이 크게 사치하여 백성을 수고롭게 하고 손상하게 하지 않을 가를 주의하는 것입니다. 당현종은 스스로 천하태평이라고 인식하고, 후환이 이르지 않을 것이라고 생각하였습니다. 그는 이목을 즐겁게 하는 오락에 빠져 가무를 극히 정교히 하면서 제왕의 부귀는 모두 자신만 못하게 하여 앞에도 후에도 없게 하려고 매우 휘황찬란하게 만들었습니다. 그러나 도리어 신변에 있는 강도가 제왕의 보좌를 기웃거리는 줄도 몰라서 최후로 황제는 도망했고 백성은 도탄에 빠지고 말았습니다. 이로써 알 수 있는 것은 군왕이 만약에 호화하고 사치한 생활을 추구한다면, 다만 능히 강도를 불러들이는 것과 같은 것입니다라고 지척하였다.

따라서 범조우는 소하가 미앙궁을 호화 장려하게 치장을 비롯하여 낙양궁의 호사 등이 수양제가 멸망한 연고이었다는 것을 지척하였다. 또한 당명황은 은주왕이 망국한 연고를 망각하고 국가기구를 손상시켜 사치, 음란한 鄭·衛의 聲樂에 빠져 나라를 망쳤던 사실, 그리고 군주가 호화하고 사치하면 강도를 불러들이는 짓이라는 사실을 몰랐다는 사마광의 평론을 옮겨 기록하여 지척하였다. 결국 그는 사치를 경계하고 검소한 생활을 제창한 것이다.

⑵ 나라를 다스리는 方略

범조우는 다음 몇 가지를 나라를 다스리는 방략을 내 놓았다.

ⓐ 동한 광무제 건무 8년(32) 황제는 스스로 隗囂를 공격하여 평정하자, 그는 西城으로 도망하였다. 이에 大司馬 吳漢과 征南大將軍 岑彭을 보내 포위하였다. 이때에 公孫述의 장수 李育이 장병을 동원하여 외효를 구제하고

上邽를 지켰다. 황제는 建威大將軍 耿弇에게 공격하도록 명령하였다. 한편 穎川의 도적이 沒屬縣에 침입했고 하동태수와 병사가 반란을 일으켰다. 황제는 상규로부터 이른 새벽부터 밤늦게까지 어가를 달려 환궁하였다. 환궁하기에 앞서 황제는 장군 彭書에게 군령을 내렸다. 즉 두 성이 만약 떨어지면 곧 장병은 남쪽을 공격하고, 촉인이 고통을 모르면 隴右를 평정할 것이며, 병사를 출병할 때마다 蜀을 바라보고 두수(머리털수염)을 백색으로 하도록 명령하였다.

『신조우왈』 동한 광무제는 군대로 천하를 평정하여 한왕조를 중흥하였습니다. 아직 외효가 롱우를 점거하였고 공손술이 촉에 웅거하고 있었기 때문에 군대를 멈출 수가 없었습니다. 광무제는 군사의 고통을 싫어했지만, 비록 모략과 맹장이 많아 도리어 한번 병사를 출동 할 때마다 머리털 수염을 흰색으로 하라고 하였습니다. 그의 근심과 두려움이 이와 같았으니, 대체로 백성의 질고를 깊이 알고 용병이 천하에 피해를 준다는 사실을 경계한 것입니다라고 평론하였다.

ⓑ 漢昭帝가 짐은 작은 몸으로 종묘를 확보하여 보전하고 전전긍긍하여 새벽부터 저녁까지 옛 제왕의 일을 닦고 천하는 『효경』·『논어』·『상서』의 지향하는 뜻을 통하여 보전하였다. 그것조차 밝다고 할 수 없어 三輔의 군수와 태상에게 현량 각 2명, 郡國은 文學과 高才 각 1명씩을 천거하도록 명령하였다.

『신조우왈』 삼가 周成王을 보좌코자 太保·太傅·太師를 두었고, 태자를 보좌코자 바른 일·바른 말·바른 도리를 가르치게 하기 위하여 少保·少傅·少師를 설치하였습니다. 황제는 학관을 두고 예를 배워 어버이·연장자·현명자·귀한 자가 어질고 신의를 지키며, 지혜있게 언행하고 귀천자의 등급을 정하여 참람한 행동을 하지 못하게 하는 도리를 강구하도록 하였습니다. 이것이 나라를 다스리는 도리이었습니다. 지금 한소제가 군국에 현량·문학·고재를 천거케 한 것은 옛 성인의 법도를 본받아 지극한 통치를 이루려는 뜻으로 보고, 나라를 다스리는 요체는 현명자를 선발하여 다스리게 하는 방법이외에 다른 도리가 없음을 제시한 것이다.

ⓒ 唐明皇이 東封하고 돌아오는 길에 宋州에 이르러 시종관, 자사 등과

더불어 루상에서 연회를 베풀었다. 자사 寇泚가 참여하였다. 황제가 張說에게 앞서 몇몇의 지방에 사신을 누차 파견하여 관리의 선악을 살피게 하였다. 지금 봉선행사로 말미암아 諸州를 순행하면서 상황을 살펴보니, 신하들이 나에게 부탁할 바가 많았다는 것을 알았다. 懷州 자사 王丘가 희성, 魏州 자사 崔沔이 소박한 포장을, 濟州 자사 裴耀卿이 수 백마디의 표를 올리는 것이 외에는 없었다. 황제는 이들을 표창하고 술을 하사하였다.

『신조우왈』 한무제가 혹독한 관리를 좋아하여 채용하자, 董仲舒는 가혹한 자를 수령으로 채용할 수 없다고 만류하였습니다. 무릇 한 군수가 될만한 그 사람을 채용치 않으면 천리의 땅에 사는 사람이 그 해독을 받는 것입니다. 한 현령이 될만한 그 사람이 아니면 백리의 땅에 사는 사람이 그 해독을 받는 것입니다. 천하의 백성을 다스리고자 하면 모두 수령의 선택을 급하게 한 것만 같지 못하는 것입니다. 唐明皇은 동에서 봉선하고 귀환하는 길에 회·제·위·송주를 통과하였습니다. 이 때에 황제는 모두 어진 수령을 표창하였는데, 姚崇과 宋璟이 재상으로 수령을 잘 선임하였던 효과이었습니다.

(d) 범조우는 司馬遷의 『樂論』을 제시하였다. 즉 음악을 통하여 평안·정직·애호·신의·환락·자연스러움·위엄을 얻고자 하였다. 그것은 이익과 욕심이 적어지고 뜻이 밝고 화내지 않기 때문이다. 따라서 음악으로 마음과 몸을 다스리면 장엄함과 공경함이 나오며, 그렇지 않으면 공경하지 못하고 교만이 생기는 것이다. 음악이 지극하면 和하고 예가 지극하면 順하는 것이니, 안과 밖으로 順하면 서로 우러러보고 다투지 않으며 오만해지지 않는 것이다. 덕망이 휘황하고 이치가 있으면 순종하지 않을 수 없는 것이다. 예악을 깊이 살펴 그것에 따라 조치하면 천하에 어려움이 없는 것이라고 지적하였다.

『신조우왈』 군자란 사마천의 『악서』에 보이는 자이니, 선왕의 법도를 전하고자 『악론』을 제시하였습니다. 근본적인 예악은 精微한 것입니다. 孔門에서 제시하는 『대학』의 3강 8목이 있는데, 학자는 이를 통하여 자기의 몸을 닦아 남을 다스리는 것입니다. 또한 이것이 군주가 마땅히 유의할 점인 것을 강조하여 헌상합니다 라고 지적하였다.

(e) 漢順帝 때에 누차 災異가 보이는 것에 대하여 天災는 사람의 허물로 말미암아 일어나는 것이 아닌 것을 밝혔다. 예컨대 바람은 하늘의 위엄과

노여움으로 호령하는 것이니, 군주로 하여금 충성스럽고 두터운 정치를 깨닫게 하는 경계라는 것이요, 비가 오지 않으면 장차 보리를 헤치는 것이니, 곡물이 결실을 맺지 못하면 배고픈 자가 10의 3~4에 이르게 된다는 것과 같은 것이다. 폐하는 진실로 은덕을 넓혀 백성을 구제해야 한다. 요임금은 9년 간의 홍수를 만났지만, 10년 간의 저축으로 세역을 가볍게 하여 재해를 방지하였다. 따라서 폐하는 일찍이 덕택을 베풀었으니, 순리대로 하는 것뿐이다.

『신조우왈』 신은 인종황제께서 『洪範』에 조예가 깊어 災異가 있을 때마다 두려워하여 스스로 수양하고 반성하여 반드시 그 단서를 구하였던 것을 알고 있습니다. 근세 학자는 이를 폐지하고 익히지 않았지만, 군주는 천도를 받들어 순종하고 유의하지 않을 수 없습니다 라고 경계하였다.

(f) 한문제 때에 賈誼는 三代의 예를 설명하여 그 시대가 장구하게 된 것은 太子를 보익케 한 것에 있다고 보았다. 晁錯은 인류가 공명을 존중하여 드러내고 이름을 만세 후에 떨치려면 술수를 알아야 한다고 보았다. 까닭에 ① 군주는 신하를 통제하여 그 백성을 다스리는 사실을 안다면 백관은 복종한다. ② (신하의)말을 듣고 일을 수용해야 한다는 사실을 안다면 속여 은폐하지 않는다. ③ 만민을 안정시키고 이익되게 하여야 한다는 사실을 알면 천하는 반드시 따르게 되는 것이다. ④ 충효를 알게 한다면 신하의 언행은 갖추어 지는 것이다. 이 네 가지 사항을 조착이 皇太子에게 급한 일이라고 지적한 것이다.

『신조우왈』 가의는 『詩·禮』에 근본이 있다고 보아 군주가 예의를 알아야 한다고 보았고, 조착은 刑名에 근본을 두었던 까닭에 군주가 술수에 능통해야 한다고 주장하였던 것입니다. 삼대의 군주는 예의로 다스렸던 고로 아래 백성이 정성으로 부응했습니다. 진한시대의 군주는 술수로 다스렸으니, 아래 백성을 속여 부응케 한 것입니다. 군주는 백관을 통제하고 그 말을 듣고 일을 수용하여 일이 착란하게 되면 모두 술수를 행하여 다스려야 할 것으로 알고 있지만, 성인의 도리는 둘이 아니고 오직 하나 至誠일 뿐임을 알지 못한 것입니다. 이는 당태종조차 권모술수로 신하를 접대한 것을 수치로 생각한 것과 같으니, 하물며 三代의 군주에 있겠습니까 라고 지적하였다.

ⓖ (이 항 또한 사건의 개요는 없다.)

『신조우왈』 당은 천보의 반란으로부터 전쟁이 그치지 않았고, 오대의 후주 세종 현덕 연간에 이르기까지 대략 215년간 천하가 분열하여 8, 9개 나라들이 일어나 백성은 군사활동으로 피폐되었습니다. 주세종은 웅무의 재능을 가지고 재위 6년 동안 남정북벌하여 비록 기강은 조금 진작되었을지라도 큰 공로를 이루지 못하였습니다. 송태조는 천명을 받아 참월한 혼란을 깎아 평정한 연후에 천하를 통일하고, 대체로 하늘이 장차 태평의 기운을 열어 성인에게 수여한 것이니, 주세종의 정벌한 공로는 실제로 송왕조 개창의 기초이었습니다. 결국 전전긍긍하지 않고 가히 지킬 수 있으랴고 지적하였다.

ⓗ (이 항은 사건의 개요가 없다.)

『신조우왈』 옛날 至治의 시기에 麟鳳이 郊藪에 있고 龜龍이 官沼에서 노닐면 河에서 圖, 洛에서 書가 나왔다고 합니다. 순임금 때는 봉황이 九成宮에 날아와 위엄을 갖추었고, 文王 때는 기산에서 성인이 나왔다고 꾀꼬리가 울었습니다. 한무제는 雍祠에 행차하여 五畤에서 뿔하나의 짐승을 얻어 상서로운 일이라 보고 元符라고 改元하였습니다. 신이 원부 연간 나라의 사정을 보건데, 회남 衡山의 獄이 발생하여 그 일에 연좌되어 죽은 자가 수만으로 원망을 샀습니다. 흉노를 평정코자 출정했으나 천하는 소연해지고 창고는 공허해졌습니다. 또한 빈민은 유망하고 화폐를 개선하였지만, 상인의 이익을 빼앗는 등 가혹한 정치를 자행하여 마침내 범법자는 그 숫자를 헤아릴 수 없이 많았습니다. 아울러 혹독한 관리가 위세를 떨쳐 백성은 도탄에 빠졌으니, 어찌 천지의 和氣가 일어나고 기린이 나온 까닭이겠습니까?

魯哀公 14년(B·C482) 大野의 西狩가 노에서 나올 때가 아니라고 보고, 『春秋』에서 獲麟 곧 노나라의 망함을 서술한 것입니다. 한무제는 뿔하나 달린 짐승을 얻어 有司의 권고로 개원하고 봉선했으니 심했습니다 그려. 또한 이는 백관이 아첨하여 이루어진 것이니, 후세 제왕 중에 공로를 탐내어 병력을 남용하고 武를 더렵혔다고 하였으니, 이는 엄형준법으로 통치하려는 자는 반드시 진시황·한무제라 말할 것입니다. 대체로 시황제는 무도하였고 한무제는 또 그에 가까웠기 때문입니다 그려. 그 행사를 고찰해 보면 오직 무제만의 과오이겠습니까? 그 신하가 아첨하여 이루어진 것입니다. 맹자가 長

君 곧 성인이 된 군주는 그 죄를 적게 하는 것을 싫어하고, 逢君 곧 영합하는 군주는 그 죄를 크게 하는 것을 싫어한다고 했으니, 한의 백관들이 어찌 그렇지 하지 않았겠습니까 라고 지적하였다.

따라서 범조우는 광무제가 용병의 폐단을 경계하고, 한소제가 전전긍긍하여 인재를 잘 선발하여 나라의 법도를 지키고 다스리는 도리를 통하여 통치한 것을 평가하였다. 또한 당명황이 어진 재상을 선택하여 어진 수령으로 하여금 지극한 통치를 이루도록 지지한 것을 칭찬하였다. 아울러 음악의 중요성을 제시하고 순리에 따라 권모술수가 아닌 지성으로 통치해야지, 사치하여 무도하거나, 공로를 탐내어 병력을 남용하고 武를 더럽히는 일이나, 엄형준법이나, 그리고 신하의 아첨으로는 불가한 것임을 경계하였다.

⑶ 상벌

ⓐ 한무제는 건원 3년(B·C138) 어느 날 미행하고 날이 밝아 아침에 남산 밑에서 사냥하였다. 이에 농사짓는 백성이 모두 욕지거리를 하자, 곽두의 현령이 이들을 잡았지만, 황제의 눈에 띠어 사면되었다. 또한 이른 밤에 백곡의 객점에 이르러 주인에게 죽을 구하자, 주인이 죽이 없다고 하고 황제를 간사한 도적으로 의심하여 소년들을 모아 공격하려 하였다. 주인노파가 황제의 인상을 보고 보통사람이 아니라고 생각하여 늙은 남편을 제지하고, 객은 비상인이고 또한 방비함이 있을 것이니 도모할 수 없다고 말했다. 주인이 듣지 않자, 노파는 주인에게 술을 마시게 하여 묶어 놓자, 소년들은 모두 흩어졌다. 노파는 곧 닭을 잡아 객에게 식사를 대접했다. 황제는 다음날 궁중에 돌아와 노파를 불러, 황금 천근을 하사하고 그 남편을 羽林郎으로 삼았다.

『신조우왈』 인종 황우 2년(1050) 4월 황제가 邇英閣에 나아가 『한서』·『동방삭전』을 읽었습니다. 무제가 수차 미행했다는 대목에 이르러 인종황제는 제왕이 출외할 때에는 엄격해야 하는 것인데, 어찌 이처럼 용이한가 라고 물었습니다. 이에 侍讀 丁度가 무제 때에는 승평이 오래되었고, 문·경제의 기초에 의지하여 뜻을 무궁하게 하고 욕심은 끝이 없었기 때문이라고 대답하였습니다. 인종은 만약 안녕할 때에, 위망을 경계할 것을 생각한다면 어찌 후회가 있겠습니까 라고 지적하였다. 이에 신은 무제가 천하의 지존이고 遊俠도 좋아하여 逆黨들을 곤궁케 하고 몇 번이나 위태롭게 했다고 생각합니다. 그 행사를 살펴보면 충분히 길이 경계로 삼을 만하다고 하였으니, 이는 인종황제의 德音이 만세에 전할만한 훈계입니다라고 상찬한 것입니다.

ⓑ『史記』『吳世家』에 오왕 9년 公子 光이 楚를 토벌하여 근거지 鍾離를 정복하였다. 처음 초의 변방 양씨 처녀와 오의 변경 여자와 뽕나무를 사이에 놓고 다투어, 결국 두 여인은 상대방의 집을 서로 멸망시켰다. 초의 양국 변읍 장이 이 소식을 듣고 오의 변읍을 공멸하자, 이에 오왕은 성내어 마침내 초를 토벌하여 두 도시를 정복하고 돌아갔다.

『신조우왈』 변경의 일은 항상 미세한 일에서 일어나는 것입니다. 두 여자가 뽕나무를 사이에 두고 다툰 일로부터 오초가 서로 공격하게 된 것입니다. 한나라이래 변방을 지키는 관리는 요행으로 공로·포상을 기대하여 미세한 것을 가지고, 이웃·적을 성내게 하여 병화 곧 전쟁에까지 이르게 하였습니다. 그러나 어떤 군주는 어리석어 나라가 피폐해진다는 사실조차 모르는 경우가 많았으니, 이를 경계하지 않을 수 있겠습니까 라고 지적하였다.

ⓒ 당태종은 사형수를 휴가하여 귀향시키고 기한을 맞추어 조당에 이르면 그들을 사면하였다.

『신조우왈』 당태종은 천하의 사형수를 용서하고 모두 기한을 맞추어 돌아왔으니, 이는 지극히 인자하고 사람을 사랑하며, 지극히 정성스러워 사물을 감동케 한 이유이었습니다. 『尙書』에 好生之德 곧 살리는 것을 좋아하는 덕성은 민심에 합치된다고 했으니, 이는 당태종을 가리킵니다 라고 상찬하였다.

따라서 범조우는 황제란 위엄과 호생지덕이 있어야 하고, 변경의 장수가 공로를 탐내는 것을 감찰하며, 포상은 공로에 따라 공정하게 실시할 것을 권계하려 한 것이다.

⑷ 간쟁

ⓐ 당태종이 일찍이 조회를 파하고 성내어 반드시 이 농사꾼 놈을 죽여야겠다고 큰소리쳤다. 문덕장손황후가 황제에게 누가 폐하의 비위를 거슬리게

하였습니까 라고 물었다. 황제는 魏徵이 조정에서 만날 때마다 나를 욕보이고 있다고 실토했다. 황후는 조정의 복장으로 갖추어 입고 조정에 나아갔다. 황제는 놀라 황후가 어찌하여 이런 차림입니까 라고 묻자, 황후는 신첩은 군주가 밝으면 신하가 정직하다고 들었습니다. 지금 위징의 정직함은 폐하의 밝음으로 말미암은 것입니다. 이런 고로 첩은 감히 하례할 수 없습니다 라고 충언하였다. 황제는 곧 즐거워하였다.

『신조우왈』 시인은 후비가 군자를 보좌하고 현명자를 구하여 직무를 수행케 하는 것을 아름답다고 하였습니다. 나라가 장차 일어나려면 반드시 선량하고 어진 배필이 있어 경계하여 군자로 하여금 덕을 이루게 하는 것입니다. 장손황후가 태종을 깨닫게 하였으니, 가히 현명하다고 할 것입니다 그려 라고 상찬하였다.

ⓑ 동한 광무제 건무 초에 任延을 武威 태수로 삼고 친히 정치를 잘 돌보면 관직을 높여 명예를 상실하지 않게 하리라고 종용하였다. (이에) 임연은 황제에게 신은 충신이란 사사롭지 않고 사사로운 신하는 충성되어 바른 것을 행하지 못하고 보편적인 것도 받들지 않는다고 들었습니다. 신하의 절도는 상하가 함부로 서로 좇아다니는 것은 폐하의 복이 아닌 것입니다. 정치를 잘하면 관직을 높이는 것이 도리이니, 신이 감히 조칙을 받들지 않겠습니까 라고 함에, 황제는 경의 말이 옳다고 탄식하였다.(이 항은 『신조우왈』이 없다)

ⓒ 당태종은 본래 군대로 천하를 평정하여 비록 이미 다스렸을지라도 사방 오랑캐를 경략하는 것을 잊지 않았다. 위징은 잔치에 입시하여 破陣武德舞는 머리를 숙여 돌아볼 수 없고, 慶善樂에 이르면 장난감을 만지는 것처럼, 싫어 할 수 가 없다고 풍자하여 절실하게 아뢰었다.(이 항 또한 『신조우왈』이 없다.)

ⓓ 당숙종은 태자 때에 항시 羊고기를 잘 먹었다. 명황이 태자로 하여금 나누어 먹도록 했다. 태자는 나누고 칼에 묻어 있는 부스러기까지 깨끗이 먹어치우려 하자, 황제는 즐겁지 않게 보았다. 이에 태자가 서서히 그것을 먹으니 황제가 매우 즐거워하고 태자에게 福祿도 마땅히 이같이 愛惜함이 있어야 한다고 타일렀다.

『신조우왈』 明皇은 태자에게 한줌의 부스러기를 버리지 않고 백성을 긍

흉히 여기는 것은 가색의 간난을 아는 것이라 할 만하다고 愛惜하게 여기는 마음을 가르쳤습니다. 그러나 그는 스스로 극단으로 사치하였고 재물을 똥이나 흙처럼, 낭비하여 마침내 천하가 대란에 이르렀으니, 어찌 그것을 자식에게 밝게 하라고 하면서 자신은 어두운 생활을 했을까요? 『尙書』에 간난을 알지 못하는 자가 오직 간난을 행하라고 강요한다고 하였으니, 당명황을 두고 이르는 말입니다 그려! 따라서 범조우는 당명황 자신이 가색의 간난을 알고도 극도의 사치를 자행하면서 태자가 그것을 모르는 사실을 책망하고 福祿을 보전할 것을 권할 수 있겠습니까 라고 지적하였다.

따라서 범조우는 현명한 황후가 황제를 보좌하는 것이고, 황제는 관리를 의심하지 말고 선정자를 승진시키고 포상하여 다른 관료의 모범이 되게 해야 하는 것이다. 신하는 군주에게 사방을 경략하기 보다는 문을 숭상하여 안정시키는 것을 강조하여야 한다. 아울러 당명황이 자신의 극단적인 사치를 깨닫지 못하고 오히려 태자에게 가색의 간난을 일깨우려는 것은 성립될 수 없다는 사실을 경계하였다.

이상과 같이 범조우는 『당감』을 편찬함에 있어서 隋는 망하고 唐이 일어나는 연고 및 당일대의 성패와 득실을 평론하여 송 뿐만 아니라, 천백세 후에도 감계가 되고 세도에 보익이 되도록 정성을 다하였다. 즉 백성과 조정의 법도를 중시하고 역사적 사실로 현실을 비판·풍자하였다. 특히 사마광과 『신·구당서』 찬자들이 현실을 수용하는 입장과는 달리, 송대의 의리관념에 따라 이세민의 현무문 사건을 대의명분에 어긋나 용서할 수 없는 일이고, 황제가 방주(동궁)에 계시는 데에 무칙천이 통치를 자행하였기 때문에, 『춘추』의 필법에 어긋나는 난정이라고 비판하였다. 아울러 범조우는 사치를 경계하고 검소를 권장하였다. 또한 황제와 태자는 통치자로 孔門의 예악을 닦고 백성의 질고를 알아 현명자를 선발하여 수양하고 전전긍긍하면서도 順理와 至誠으로 다스려야 한다. 또한 위엄과 호생지덕을 펴서 신상필벌하고 간쟁을 수용하여야 할 것임을 권계하고 제창하였다.

따라서 결론으로, 저자는 범조우의 생애와 『당감』에 대하여 검토하여 그의 역사관을 살펴보았다. 그 결과, 正人君子 범조우는 제왕이란 경전을 학습하여 통치의 자질을 확보하고 현명자를 채용하여 至治를 이루는 등 황제를

輔導하는 데에 힘썼다. 아울러 그는 나라의 근본인 농민의 유랑을 막고, 상평창 설치·부역의 최소화·조종의 법도를 개폐하지 말고 고치려면 시의에 알맞게 하며, 大姦을 경계하고 엄형으로 다스릴 것을 주장하는 등 황제가 重民하는 데에 필요한 政論을 제시하였다.

『당감』은 隋나라가 망하고 唐나라가 일어나는 연고를 분석하여, 宋은 唐 일대의 성패와 득실을 감계로 삼아 무궁한 발전을 기대하였는데, 송왕조는 물론 천백세 후에도 감계가 되고 世道에 보익이 되었다는 평가를 받았다. 실제로 범조우는 그의 政論에 입각하여 많은 사론을 제시하였다. 『당감』의 史評 306편이 그것이지만, 이 작업은 방대하기 때문에 차기의 과제로 유보하였다. 특히 송시대의 의리관념에 입각하여 현무문 사건은 군신과 부모형제를 업신여기는 행위로 군신·부자·존비·장유의 도리에 어긋나 용서할 수 없다고 지척하였다. 또한 황제가 방주(동궁)에 계시는 데에 무칙천이 통치를 자행하였기 때문에, 이는 『춘추』의 필법에 어긋나는 亂政이라고 비판하였다.

그리고 『진고사』에서 범조우는 그의 정론에 입각하여 사치를 경계하고 검소한 생활을 권장하고, 군주가 백성의 질고를 알아 현명자를 뽑아 선정하며, 군신이 함께 전전긍긍하며 수성에 힘써야 한다고 촉구하였다. 아울러 吉兆나 신하가 아첨하는 것을 차단하고 황제의 위엄과 호생지덕을 베풀며, 신상필벌과 간쟁을 수용하여 선정할 것을 제창하였다.

따라서 정인군자 범조우는 황제의 보도와 중민을 정론으로 내세우고, 의리관념에 입각하여 당태종의 현무문 사건과 무칙천의 통치를 승인하지 않았다. 또한 황제는 신상필벌과 간쟁을 수용하여 통치할 것을 제창한 경세사학가였다.

第10절 정초와 그의 『通志』

1. 鄭樵의 생애

鄭樵(1103~1162)의 자는 漁仲이고 송 福建路 興華郡 興華縣(지금 복건 보전) 사람이다. 정초의 조상은 모두 지식인 관료였으나 높은 지위에 오른 사람은 없었다. 정씨는 그곳의 명망 높은 집안이었으나 정초가 스스로 '田家

子', '天地間 一窮民'이라고 했던 것으로 봐서 이 가문은 후에 쇠락하였음을 알 수 있다. 그러나 정초의 부친인 鄭國器 때에 이르러서도 적지 않은 토지가 있었고, 지조와 陂租의 수입도 있었던 것으로 보아서 정초는 중소지주 가정 출신이었다고 해야 할 것이다. 따라서 그는 교육을 받고 문화를 누리며 은거하여 저서를 통해 입신할 수 있는 경제적 기초가 있었던 것이다. 정초는 16세 때 부친이 죽자 이후 오직 독서에 전념하였는데, "夾漈山에 초당을 짓고 세상사를 등지고 오직 연구하며, 저술하는 것을 업으로 삼았다"고 하여 후세 학자들이 그를 '협제선생'이라고 일컬었다.

정초의 뜻은 "옛사람의 책을 읽어 백가의 학문에 정통하며 六藝의 문장을 읽고 연구하여 날개를 달고 싶다. 이렇게 일생을 보낼 수 있다면 여한이 없을 것이다."는 것이었다. 그는 과거를 보지 않았고 과거시험에 쓰이는 문장을 실학이 아니라고 반대하였다. 그는 일찍이 세 차례의 '孝廉'으로 천거되고 2차례의 '遺逸'로 천거되었으나 모두 나아가지 않았다. 그러나 정초도 민족의 운명에 관해서는 관심을 가졌다. 그의 나이 24세 때에 금나라 군대가 汴京을 함락시켜 휘종과 흠종을 포로로 잡아 북쪽으로 데려가고 송의 황실이 남천하자, 수많은 인민들의 抗金의 정서가 대단히 고양되었다. 이 때 정초는 일찍이 그의 堂兄인 鄭厚와 연명으로 簽樞密院事 宇文虛와 給事中 江常에게 글을 올려 "生靈의 분노에 의거하여 조종의 치욕을 씻고자 한다"며 항전을 주장하였다. 또한 毛遂가 自薦한 고사 처럼 "厚의 형제는 죽음을 무릅쓰고 功과 名과 義과 知己를 구하고자 하니 각하께서 할 일을 주시기 바란다"고 요청하면서 자신의 재간으로 국가에 봉사하고 싶은 뜻을 표시하고, 우문허와 강상과 제휴하기를 희망하였다. 우문허와 강상은 비록 그들을 칭찬하기는 하였지만 등용하지는 않았다. 나이가 젊고 자부심이 강하였던 정초는 자신의 애국심을 발휘할 기회를 얻지 못하자, 곧 "산림 속으로 들어가" 협제산 속에서 저술에 전력을 기우렸던 것이다.

정초는 자신이 "30년 동안 저술하였고, 10년 동안 책이 있는 곳을 찾아 수집하였다"고 자술하였다. 정초는 중소지주로서의 경제적 기초를 가지고 있었으므로 어느 정도 사회의 하층과도 접촉이 비교적 용이하였고, 그가 많은 서적을 모두 읽었지만 책에만 얽매이지 않고 주의 깊게 조사 연구하고 현장을 고찰하여 실제와 연계시킬 수 있었다. 그는 자신의 연구를 진행하는 과정에서 실제정황을 고찰하여 감성적인 지식을 얻는 것의 중요성을 인식하게 되었다.

까닭에 "유생들은 들판의 사정을 모르는 경우가 많고 농부들은 또 『시』와 『서』의 의미를 알지 못하여 두 가지가 서로 결합되지 못하였고 마침내 동식물학(鳥獸草木의 학문)이 전수되지 못하였다"고 지적하였다. 이에 그는 독서인은 현실적 지식이 풍부한 농민들과 결합하여 '실학'을 해야 한다고 주장하였다. 그는 일종의 비교적 과학적이고 진보적인 학문 방법을 발견하게 되어 오직 책에만 의존하고 책만을 고집하는 사람들을 비판할 수 있었다.

정초는 꾸준히 독서하고 또 주의 깊게 현지를 고찰하였으므로 비교적 완전한 지식을 얻을 수 있었고, 그의 사상에도 유물론적 요소가 형성될 수 있었다. 그는 학문의 범위가 넓었으며 각종 학문에 대해서도 깊은 연구를 하였다. 정초는 각종 사물의 상호관계, 특히 어떤 사물의 原流와 線索, 변화와 발전에 대해서 어느 정도 인식하게 되면서 그의 사상은 변증법적인 요소도 가지게 되었다. 까닭에 정초는 '會通'의 이론을 제시할 수 있었다. 그는 여러 차례 "회통의 의미란 크도다"라고 말하였다. 까닭에 그는 실행 방면에서도 "위로는 황제 伏羲부터 아래로 오대에 이르기까지 천하의 책을 모두 모아 한 권의 책으로 만드는 것"을 자신이 분투해야 할 목표로 삼았다. 따라서 그의 궁극적인 목적은 고금의 각종 서적을 종합하여 그 시대의 백과전서를 편찬하는 것이었다. 그는 자신의 평생의 많은 저술을 모두 정리하여 "50세에 전체를 포괄하는 한권의 책을 만들려고 하였다." 정초의 이러한 의도는 실현되었다고 할 수 있는데, 그것이 바로 자신의 대표작인 『통지』 이다.

그러나 정초가 책을 『통지』를 헌상한 시기는 남송에서 투항파가 득세한 시기였다. 이때 금에 저항한 민족영웅 악비가 살해되었고, 송고종은 秦嶺과 회하 이북의 영토를 할양하여 금에 대해 신하의 예를 갖추었다. 韓世忠 등과 같은 항전파 장군들은 조정에서 배척되었고, 투항파의 대표적 인물인 진회가 군정의 대권을 장악하고 있었다. 다시 말해 고종 조구를 위시한 당권파의 투항적 입장이 완전히 드러났던 것이다. 그런데 정초는 상소문에서 여러 차례 고종과 진회 집단의 암흑 통치를 무슨 '中興'이니 '明時'니 하며 칭송하였다. 특히 고종이 그를 소견하고 그에게 『통지』를 편찬하는 것을 허락하자 더욱 감격하여 눈물을 흘리면서, "고대의 제왕들이 학술을 책임진 이래로 이처럼 고명한 경우는 없었으며 종래 미천한 선비가 至尊을 알현한 사실도 이처럼 세심한 경우가 없었습니다. 이 시대의 대사건으로 온 천하에 알려질 것입니다"라고 표창하였다.

남송 투항파의 우두머리에 대해 더할 수 없는 칭송을 하였는데 이것은 정초의 잘못된 처신이었다고 하지 않을 수 없다. 그가 "산림속에 은거하여 깊은 산 속에 들어가 사람들과의 내왕을 끊었으므로" 만년에는 현실 정세에 대한 판단능력을 상실할 수밖에 없었고 그 결과 청년시대에 결연하게 민족의 운명에 대해 관심을 가지고 몸 바쳐 순국하려 했던 정치적 열정도 상실하였고, 또 당시의 암흑과 같은 정치의 현실에 대해서도 제대로 알지 못하여 항의나 불만도 없었던 것이다. 결론적으로 정초의 학문적 자세와 학술사의 업적은 찬양 할 수 있지만 그의 정치적인 입장이 전후 변화한 것이나 그 원인은 사람들이 거울로 삼아 경계할 점이라 할 것이다.

반면에 정초가 투항파집단이 끌고간 송조를 칭송하고, 자신의 능력을 알아주는 투항파도 한 점의 양심(속죄의 역사편찬)이 있는 것을 평가하고 투항파의 입장을 관용하였을 것이라는 측면에서 이런 악평은 너무 심한 것이 아닌가 한다.

정초의 저술은 많았으나, 아깝게도 대부분이 소실되어 현존하는 것은 겨우 『통지』, 『夾漈遺稿』, 『爾雅注』, 『詩辨妄』, 『六經五論』 및 약간의 잡다한 문장뿐이다.

2. 『통지』의 체제와 내용

『통지』는 帝紀 18권, 后妃傳 2권, 年譜 4권, 略 52권, 世家 33권, 宗室傳 8권, 列傳 98권, 載記 8권, 四夷傳 7권으로 모두 200권이다. 기록한 시대는 전기, 연보, 약 등 종류별로 약간의 차이가 있어, 상한은 모두 상고로부터 시작하고 하한은 어떤 것은 수까지로 되어 있고, 또 어떤 것은 당까지나, 모두 전후를 관통하는 것이므로 『통지』는 사기 이후의 또 하나의 기전체 통사이다.

『통지』의 연보는 곧 흠정 정사의 연표이다. 『통지』의 연보는 삼황에서 시작하여 당고조 무덕 원년까지 다루었다. 그의 『통지』의 연보에는 『춘추』이전은 世譜로 하여 世系만 나열하고 『춘추』이후의 사실만 연보로 하였는데, 魯隱公 원년부터 연도별로 표를 만들었다.

『통지』의 '略'은 정사의 書志에 해당한다. 정초는 자서에서 "신은 천하의 대학술을 총괄하여 그 강목을 분류하여 略이라고 명명하였는데 20략 입니다. 수백 년간의 헌장과 학자들의 업적이 모두 여기에 있다"라고 하였다. 20략은 『氏族略』, 『六書略』, 『七音略』, 『天文略』, 『地理略』, 『都邑略』, 『禮略』, 『謚略』, 『器服略』, 『樂略』, 『職官略』, 『選擧略』, 『刑法略』, 『食貨略』, 『藝文略』, 『校讎略』, 『圖譜略』, 『金石略』, 『災祥略』, 『昆蟲草木略』 이다. "略은 그 大綱을 나열한 것"이라고 했는데, 곧 역대의 전장제도와 학술문화를 문류로 나누고 그 강목을 분류하여 그 변화과정을 탐구한 것이다. 예·악·형법과 같은 제도와, 육서·칠음·예문·교수와 같은 학술을 논술하여 그 기원과 변화를 기록한 것이다. 또한 20략은 상고에서 당대, 어떤 곳에서는 북송시대까지 다루었다. 『통지』20략의 내용은 두우의 『통전』보다 내용이 뛰어난 성과중의 하나이다. 정초는 스스로 그의 『예략』, 『직관략』, 『선거략』, 『형법략』, 『식화략』에 대해, "무릇 이 5략은 앞 사람의 전을 기본으로 한 것으로 다른 역사 서적의 문장을 배낀 것이 아니다"라고 지적하였다. 그러나 기본적으로 두우의 『통전』과 같은 구전을 근거로 하여 번잡한 것은 삭제하고 요점은 보존하여 이루어진 것이므로 스스로도 이 5략은 "한·당의 학자들도 들어 알고 있었던 것이다"라고 인정하였다. 지금의 시점에서 『통지』 이전의 사서를 조사해 보았을 때 15략 중에서 『천문략』, 『지리략』, 『예문략』, 『재상략』, 『악략』 등의 항목은 이미 이전 사서에 있었고, 『시략』, 『기복략』은 이미 禮의 내용에 속하는 것이며, 도읍·씨족·방물의 3지를 세우자고 한 것은 유지기의 『사통』에서 먼저 제출했던 의견이다. 그렇다면 정초가 독창적으로 만들어낸 門類는 『육서략』, 『칠음략』, 『교수략』, 『도보략』, 『금석략』 등의 5략으로서 이 5략은 분명히 정초가 새로 개발한 전문 문화사 영역이라 할 수 있다.

20략의 두드러진 성과는 '천하의 대학술을 총괄하여 그 강목을 분류 한 것'으로서 광범하게 수집한 역대의 자료를 기초로 하여 종합정리하고 20략으로 구분하여 매략마다 또 문류를 구별하여 조리를 정연하게 한 것이다. 예를 들어 「곤충초목략」에서는 온 세상의 수많은 종류의 동식물을 草類, 蔬類, 稻粱類, 木類, 果類, 蟲魚類, 禽類, 獸類로 나누어 강목을 설정하여 일목요연하게 분류하였다. 정초는 전장제도와 학술문화를 문류로 분류하여 조리가 분명하게 하여 조사하기 편하게 했다. 그 뿐만 아니라 더욱 중요한 것은 사물의 성질을 판명하는데 도움을 주었으며 각 문류마다 원류와 변화를 고찰하여 그 기본 원리를 파악하여 각각 하나의 학문 분야를 형성했다는 것이다.

예컨대 『씨족략』에서는 성씨를 32류로 구분하고 각 성씨의 유래를 분석하여 다음과 같은 결론을 내렸다. 즉, "사람이 출생하면 성을 주었고 토지를 분배하면서 씨를 명하였다." "3대 이전에는 성씨가 나눠져 2개였는데, 남자는 씨로 호칭하였고, 부인은 성으로 호칭하였다. 씨는 귀천을 구분하는 것으로 귀한 자는 씨가 있었으나 천한 자는 씨가 없었다. 성은 혼인을 구별하는 것이므로 씨가 같고 성이 다른 자는 혼인할 수 있었으나, 성이 같고 씨가 다른 자는 혼인할 수 없었다. 3대 이후에는 성씨가 합쳐져서 하나가 되어 모두 혼인을 구별하는 기준이 되었고 지리가 귀천을 밝히는 기준이 되었다." 고 정의하였다. 이것은 지금도 중국 성씨의 기본원리를 연구할 때 선진의 종법제도 및 그 흥망성쇠를 이해하는 열쇠로서 이용될 수 있다는 지적이다. 정초는 또 씨족학보의 성쇠와 관리 등용제도가 밀접한 관계가 있음을 명확히 지적하기도 하였다.

그는 문류를 구분하여 연구하는 방법을 대단히 강조하여, "학술이 발달하지 못한 것은 원류가 구분되지 못했기 때문이다."라고 평가하였다. 그는 문류를 구분해야만 전문 학문이 형성될 수 있으며 아울러 각 학문을 자극하여 수준을 제고시키고 발전시킬 수 있음을 지적하였다.

『통지』20략 중에는 『도보략』1권이 있는데, 그 당시에 상존해 있던 각종 지도, 천문도, 역사인물상 및 각종 문화제도의 설명도 등 206권이 있다. 그리고 이미 망실된 각종 도보 175건도 기록하고 있다. 정초 스스로 자신의 『도보략』은 "두 가지 종류를 기록하였는데 첫 번째는 지금 존재하고 있는 것은 모으지 않을 수 없는 것이고, 두 번째는 없는 것을 기록한 것으로 지금

없는 것은 찾아 구하지 않을 수 없는 것이기 때문이다."라고 지적하였다. 정초는 도보의 역할을 중시하였다. 그는 학문에서는 반드시 도보와 문장을 같이 중시해야만 정확한 실상을 파악할 수 있다고 주장하였다.

송대에는 문물이 많이 출토되었는데, 고대의 器物과 그것에 새겨진 문자를 저록하고 해석하는 서적도 출현하기 시작하였다. 정초는 예민하게 역사연구에서 금석명문과 같은 문물 사료가 지니는 가치에 주의를 기울였다. 까닭에 『통지』속에 『금석략』1권을 넣어 "삼황오제 시대의 泉幣, 三王의 鼎彝, 진대의 石鼓, 漢魏의 豊碑" 등을 기록하고, "위로는 蒼頡 石室의 문장과 이래로는 당대의 책에 이르기까지 각각 사람들을 열거하고 땅을 명명하였다." 그것은 역사적 사실을 밝히는데 금석문물의 역할이 중요함을 강조한 것이고, 중국 금석학의 확립에 기여한 것이었다.

20략 중 『곤충조목략』2권은 각종 동·식물의 명칭 및 그 체형, 생리, 용도 등을 기록한 것이다. 정초가 이 략을 편찬한주된 목적은 실학 정신을 발양하기 위한 것이었다. 그는 송대에 성행한 義理學에 반대했으며, 또한 문장의 갈고 다듬는 것만을 일삼는 辭章學도 반대하였다. 까닭에 그는 『통지』속에 『곤충초목략』을 두고 깊이 있게 고찰하여 실제적 지식을 얻어야 한다고 주장하고, 서적을 통한 지식은 실천과 결합되어야 확실한 것이 된다고 주장하였다.

『통지』의 帝紀, 后妃傳, 世家, 宗室傳, 列傳과 載記 등은 이 책의 紀傳部로서 삼황 때부터 수까지의 역사인물의 전기인데 『사기』로부터 『남사』, 『북사』 등 15부의 정사 및 기타 저작을 가감하여 베낀 것이다. 唐史와 五代史는 송조의 대신이 편찬한 것이었으므로 정초는 "미천한 신하가 감히 의논할 수 없다"고 생각하고 『통지』의 하한을 수까지로 한정했다. 『통지』의 이 부분은 기존의 역사서를 베낀 것이므로 제1차 사료가 아니며 가치도 떨어진다. 그러나 기존 사서에 대한 가감과 개편을 하는 과정에서 정초의 사학사상과 편찬방법이 담겨 있으므로 역시 주의해야 할 점이 있다.

『통지』의 기전 부분의 편찬방법은 역사인물의 제왕, 후비, 봉국제후, 종실, 일반관료와 서민, 비정통왕조의 군신 등의 6가지로 나누고 각각 제기, 후비전, 세가, 종실전, 열전, 재기로 나누어 기록한 것이다. 각 종류의 인물은 왕조를 강으로 삼아 시간 순서에 따라 배열하여 전후가 분명하고 연대를 관통하면서 조리가 분명하여 찾아보기가 대단히 편리하다. 또 『사기』와 『한서』 등의 '合傳' 형식을 바꾸어 일률적으로 分傳으로 나누었다. 그리고 정초는 망라한 인물들의 자료에 대해서도 서로 비교하여 좋은 것을 취하여 보충하였다. 춘추시대 각국의 인물에 대한 『통지』의 전기는 대부분 『사기』의 원서에는 없었던 것으로 정초가 다른 사서에 근거하여 보충한 것이다. 따라서 『통지』의 기전 부분은 기존 역사서를 초록하여 이루어진 것이기는 하지만, 기존 역사서의 내용을 가감하고 개편하여 연대 순서로 서술하여 중복을 피하였다. 그러므로 『통지』는 사서 편찬 방법상에서 성과가 있었다고 할 수 있으며 사학사에서도 그 나름의 위치를 차지하고 있는 것이다.

이상을 종합하면 『통지』는 연보, 20략, 그리고 기전의 3부분으로 구성된 백과전서식 통사라고 할 수 있다. 그것은 중국 최초의 기전체 통사인 『사기』의 체제를 계승한 것이지만 포함된 내용은 『사기』보다 훨씬 광범하고 특히 20략의 서술에는 독창적 견해와 탁월한 식견이 나타나 있다. 따라서 청대의 사학자 장학성은 『申鄭』에서 정초가, "3천 년간의 자료와 책을 바탕으로 독창적인 견해로 저술했으며 역사가의 기풍을 이으면서도 자신의 기준을 마련하여 일가를 이룬 것이라 할 수 있다."고 찬양하였다.

편찬학상에서 『통지』가 이루어 낸 성과는 중국사학의 발전에도 일정정도 영향을 끼쳤다. 청 건륭 연간에 조정에서 『통지』의 속편으로 『續通志』640권을 편찬하였는데, 대체로 『통지』의 체제를 모방하여 본기, 열전, 20략으로 나누었으며 다만 세가와 연보는 넣지 않았다. 뒤에 다시 『淸通志』126권을 『속통지』의 속편으로 국가에서 편찬하였는데, 기전과 연보는 생략하고 오직 『통지』의 20략의 체제에 근거하여 20략만 보존한 것이었다. 대체로 '10통' 중에서 후대의 저작들은 대체로 『통지』의 성과를 일부 흡수한 것이다.

20략이 『통지』의 핵심이었으므로 그 부분의 뛰어난 업적을 사람들은 중시하였고 『통지』의 다른 부분에 대해서는 주의를 덜 기울였다. 까닭에 20략이 가장 먼저 단행본으로 출판되었다. 송말 원초의 마단림은 단행본으로 된 20략만 보고 『통지』전체는 보지 못하였으므로 그는 이 『鄭夾漈通志略』을 『문헌통고』 『경적고』의 史部書의 故事類 속에 수록하였다. 후대 사람들은 또 『통지』를 두우의 『통전』, 마단림의 『문헌통고』와 더불어 '3통'이라고 하고, 심지어 어떤 사람은 『통지』를 전장제도와 典志 政書類 속에 포함시키기도 하였다. 『통지』는 전체를 놓고 보면, 이것은 정치서가 아니며 기전체 통사라고 할 수 있으므로 이것은 올바른 관점이라 할 수 없다. 그것은 사회 각방면의 역사적 사실을 전체적으로 기술한 것으로 전문서인 『통전』이나 『문헌통고』와는 종류가 다른 것이다.

3. 『통지』의 의의와 한계

『통지』의 편찬 방법은 '회통'의 정신을 잘 체현한 것이었다. 그것은 비단 역대왕조의 치란흥망사를 기재했을 뿐만 아니라 천문, 지리, 동물, 식물, 문자, 음운 등의 학술 영역도 언급하였는데 이것이 곧 '會'이다. 또 각종 사료를 분류하여 시대순으로 정리하고 배열하여 각종의 학술의 기원을 탐구하고 그 변화과정을 연구하여 전후시대를 연결시켜 고찰하였는데, 이것은 바로 '通'이다. '회통'은 수천년 동안의 온갖 사물과 사건을 망라하고 분류한 것으로 역사를 전후 연관된 과정으로 보고 고찰한 것이다. 이것이 정초가 가진 사학사상의 주요한 내용이다. 까닭에 그는 『사기』와 같은 통사를 높이 평가하였고 『한서』·『후한서』·『삼국지』 같은 단대사를 대단히 부정적으로 평가하였다.

그러나 정초가 회통을 강조한 것은 사람들이 혼란스럽고 복잡한 사례들에서 두서를 찾아내어 유례를 구분하여 단대사로부터 해방되어 통사로 나아가길 바랬던 것이고, 또 사람들이 전체 역사적 과정을 문류로 구별하여 역사의 연속성을 찾아내기를 희망한 것이었다. 거기에는 문제를 전면적이고 상호 연계적이며 발전적으로 보려는 변증법적 요소가 포함되어 있으며, 초보적이나마 역사발전의 법칙을 탐구하려고 한 것이라고 할 수 있다. 사마천은 "자연(하늘)과 사회(인간)와의 관계를 궁구하고 고금의 변화를 관통하여 일가의 견해를 이룬다"고 했고, 유지기는 "위로 왕도를 궁구하고 아래로 인륜을 말하며 모든 사건과 사물을 총괄하고 천년의 역사를 포함한다"고 했다. 두우는 『통전』에서, 사마광은 『자치통감』에서 역시 사물의 시작과 끝의 근본을 표현했는데, 대체로 이것들은 모두 회통의 사상을 포함하고 있었던 것이다. 그러나 그들은 모두 정초처럼 그렇게 명확히 회통의 중요성을 강조하거나 그것을 역사의 근본 법칙이라고 보지는 않았다.

따라서 정초는 앞 시대의 다른 사람들에 비해서 한 걸음 더 나아간 것이고, 중국 고대사학의 발전에 공헌한 것이다. 당시 송대의 봉건적 생산관계는 아직 생산력의 발전에 따른 요구에 적응할 수 있었고 지주계급도 아직 몰락계급으로 전락하지는 않았으므로, 송대 역사가인 정초도 사학 이론에서 독창성을 발휘하여 역사연구를 더욱 심화시킬 수 있었던 것이다. 정초의 진보적 사학사상은 그의 비판정신에도 나타났다. 그는 전통적 학술관과 당시 유행하던 학술사상, 학문방법에 대해서 비판하고 독창적 견해를 발표한 것이다.

예컨대 정초는 類의 개념 외에 緣故의 개념 제시하였다. 그 변혁과 성쇠의 故는 복잡하게 얽힌 것을 소상하게 이해하고 그 근원을 캐고 끝까지 규명하여 가지 않으면 진실로 쉽게 할 수 있는 말이 아니다. 文이란 믿을만하고 증거가 있으면 따르고 서로 어긋나고 의심스러운 것은 기록하지 않는 것을 말한다. 獻이란 옛 기록의 타당성 여부를 바로잡을 수 있는 것과 역사 기록에서 옳고 그름을 증명할 수 있는 것은 수집하여 기록하는 것을 말한다. 이는 정초의 사료 처리 관점과 구별될 뿐만 아니라 더욱 나아가 신비주의적 역사관, 영원불변의 역사관 및 순환론적 역사관과 분명히 경계를 짓는 것이었다.

또한 그는 천인감응의 신학적 미신을 부정하였다. 까닭에 그는 스스로 『통지』『재생략』을 지어 "오직 사실을 기술할 뿐 오행상응의 설을 삭제한 것은 요사스러움을 없애기 위한 것이었다"라고 말했다. 그리고 『천문략』을 지었던 것은 "학자들로 하여금 象을 남겨서 民時를 부여한 의미를 알게 하여 요망의 근원을 두절하려 한 것"이었다. 그는 천문성상과 일식, 지진, 홍수와 가뭄 등과 같은 자연현상에 대하여 유물론의 과학적 입장을 가졌던 것이다.

고대 역사학의 좋지 않은 전통주의 하나가 포폄을 임의로 하는 것이었는데, 심지어 역사적 사실을 왜곡하는 경우도 있었다. 정초는 이것을 '欺人之學'이라고 배척하였다. 그는 "기전 속에서 이미 선악이 다 실려 있어 충분히 경계가 되는데 기전의 뒤에 또 포폄을 할 필요가 있겠는가"라고 하였다.

정초는 봉건 지주계급의 사학가였고, 그의 역사서술의 목적은 봉건통치 계급에 복무하기 위한 것이었다. 그는 『기예방무서』에서 조정에 그가 "법제를 찾아 기록하는" 『통사』를 저술하여 "역대 국가의 기강과 규모로 삼을 수 있게 될 것"을 비준해 줄 것을 간절히 청구하였다. 그는 일찍이 조칙을 받들어 역사를 편찬하는 관방 사학자가 되려고 노력하였다. 이러한 그의 태도와 입장은 그의 진보적 사학사상을 극도로 제한하지 않을 수 없었다. 그는 '회통'을 강조하여 "물이 바다로 모이지 못하면 물은 범람하고 길이 하로 통하지 않으면 길이 막힌다". "천하의 이치는 모이지 않을 수 없고 고금의 도는 통하지 않을 수 없다"고 했는데, 그 목적은 "주공의 뜻을 알고", "공자의 가르침을 선양하여" 전통적인 봉건사상과 제도를 더욱 더 쉽게 수용할 수 있도록 하는 것이었다. 그 계급적 본질은 대단히 명백하였다. 정초는 이러한 계급적 한계에 구속되어 회통의 사상을 역사의 발전 원인과 역사 발전 법칙을 탐구하는 것으로 발전시킬 수 없었고 오직 사료의 집대성과 사건의 전후를 연계시키는 것에 머물고 말았던 것이다.

또 정초는 인간사를 재이에 부회하는 신학적 미신을 비판하였지만, 『통지』 속에 천인감응을 선양하는 글을 많이 남겼다. 그는 비록 재상과 미신에 대해 비판하기는 했지만 대단히 제한적이고 불철저했던 것이다.

정초는 포폄을 반대하였는데, 모든 역사서에 포폄이 없을 수 없는 것이므로 결국 어떠한 기준에 입각하여 칭찬하고 비난하는가 하는 것이 문제였다. 그는 공자의 『춘추』와 주공의 명교를 표준으로 한 포폄에 반대하지 않았을 뿐 아니라 실제로는 그도 역시 칭찬하고 비난하였다. 그가 '포폄의 설'에 반대하고 정확한 역사를 제창한 것도 뚜렷한 한계가 있었던 것이다. 그는 이러한 사상을 사실대로 역사를 기록하여 역사 본래의 모습을 회복 시켜야 한다는 수준까지 발전시키지 못했고 또 발전시킬 수도 없었다.

정초의 사학사상의 한계와 계급성이 있다고 해서 사학사에서 그의 위대한 작업을 부정하는 것은 아니다. 그는 봉건지주계급의 권력자도 아니었고 관방 사학자도 아니었다. 그의 주장은 관방의 지지나 주목도 받지 못하여 남송의 조정에서는 다만 그가 헌상한 저작을 "비부에 소장하라고 명령"했을 뿐이며 그를 위해 출판을 명령한 적도 없었다. 이러한 관계로 그의 저작 속에는 귀중한 사상적 유산이 약간이나마 포함되어 있는 것이며, 특히 역사 편찬 방면에서는 그보다 앞선 사람들보다 새로운 것을 제공했음은 확실한 것이다. 그는 공헌한 바가 있는 고대의 사학자이고, 사학사에서 그의 위치도 마땅히 긍정적으로 평가해야 할 것이다.

제2장 元代 사학

제1절 원대 사학 서설

원조는 송·금·서하 정권이 정립해 있던 분열적 국면을 매듭짓고, 전 중국의 통일을 실현하였다. 시험적으로 중국 영토의 기초를 다졌고 중국의 다민족 국가의 형성을 촉진하였다. 그러나 원조는 몽고귀족들이 무력으로 정복하여 건립한 왕조이다. 이에 고리대 착취 등 가혹한 경제 수탈이 이루어졌고, 엄중한 민족압박과 정치압박이 있었다. 원조는 4等人制를 실행했는데, 즉 민족적 차이와 정복된 선후에 따라서 사람을 4개의 민족등급으로 구분했다. 몽고인, 색목인, 한인, 남인이 그것이다. 이러한 몽고귀족의 잔혹한 통치는 전체 중국의 농업생산과 학술문화를 크게 손상시켰으며, 사회발전도 방해하였다. 어떤 방면에서는 심지어 후퇴도 보였다.

몽고족보다 훨씬 발달된 한족문화에 대하여 원조 통치자는 한편으로는 파괴하고, 한편으로는 어쩔 수 없이 모방하고 받아들였다. 역사학 방면에서도 한족 왕조를 모방하여 사서를 관수하였다. 세조 쿠빌라이 中統 2년(1262)에 몇몇 한인 관료들의 건의를 받아들여 조칙을 내려 원조의 실록, 국사와 前朝의 역사를 편찬하였다. 원대에 찬수된 실록, 국사는 모두 秘書로 취급하고 밖으로 전해지지 않아 뒤에 모두 망실되었다. 그 국사는 몽고어로 '톱치안(脫卜赤顔)'이라 불렀는데, 위구르 體 몽골문자로 서술하여 완성하였다. 이것이 『몽골비사』로 지금까지 전해져 온다.

또한 중통 2년에 王鶚은 우승상 史天澤으로 하여금 국사를 감수하고, 좌승상 耶律鑄와 평장정사 王文通으로 하여금 요·금 2사를 감수할 것을 청하였고, 세조 쿠빌라이는 그것을 따랐다. 다시 송이 망하자 송사의 편찬을 개수하였다. 그런데 요·금·송은 병존하던 정권이라 어디를 정통으로 삼느냐

하는 문제가 논란이 되었다. 결국 원순제 지정 3년(1343)에 脫脫은 도총관의 신분으로 "삼국에 각각 정통을 부여하고, 각각 그 연호를 따른다고 독단적으로 결정하여", 이견을 조화·절충하여, 요·금·송을 각각 1史로 편찬했다. 까닭에 3史義例 문제에 관한 장기간의 논쟁을 종식시켰다. 요·금·송조는 본래 각기 실록과 국사를 편찬하여, 底本을 이용할 수 있었기 때문에 용이하게 3사를 완성하였다. 지정 3년 3월에 史局을 개설하여, 지정 5년 10월까지 겨우 2년 반의 시간을 걸려서 『송사』, 『금사』, 『요사』를 완성하였다.

그러나 짧은 기간에 편찬되었던 고로 편찬이 거칠 수밖에 없었다. 송·요·금의 국사나 실록의 舊文을 제대로 다듬지 않은 채 많이 베꼈고, 사료에 대해서 취사선택도 하지 않았다. 까닭에 『송사』는 문장이 장황하고 두서가 없으며, 『요사』와 『금사』에는 누락된 것이 많았으니, 이후에 3사를 중수한 사람이 적지 않았다. 명대 柯維麒는 『宋史新編』 200권을 편찬해냈고, 王洙는 『宋史質』 100권을 저술하였으며, 王惟儉은 『宋史記』 250권을 지었다.

이 밖에 원문종 때 당·송회요를 본떠서 『經世大典』을 저술했는데, 원대의 관변문서를 모아서 편찬한 것으로 전해지지는 않는다. 원대는 또 관에서 『元典章』 60권을 편찬했는데, 원영종 이전의 법령제도를 기록한 것으로 지금도 남아 있다.

원대 관에서 편찬한 서적 가운데 『大元一統志』는 어느 정도 언급할만한 가치를 지닌다. 줄여서 『元一統志』라고 한다. 원세조 쿠빌라이 지원 23년에 만들기 시작하여 지원 28년에 완성되었는데, 한 자의 토지와 한 사람의 백성도 모두 版籍에 편성했던 고로 이를 책으로 만들어 一統을 밝히는 것이 마땅하다는 것이 편찬의 목적이었다. 이후 원조는 또 『雲南圖志』, 『甘肅圖志』, 『遼陽圖志』를 얻어서, 『원일통지』의 중수하였다. 『원일통지』는 송의 方志의 전례를 계승하고 행정구역을 단위로 하여 전국을 중서성 1곳, 행중서성 10곳이 관할하는 로·부·주·현의 상황을 기술하였다. 항목은 建置沿革, 坊廓鄉鎮, 里至, 山川, 土産, 風俗, 形勢, 古迹, 官迹, 人物, 仙釋으로 나뉘어져 있다. 편찬목적이 통치를 옹호하는 것이었기 때문에 봉건통치집단을 찬양하고 숙명론과 忠君守節 등의 봉건사상을 선양하였다. 이러한 체제는 이후 『明一統志』·『淸一統志』 등에 영향을 주었다.

원대인 중에서도 몇몇 개인이 필기류를 남기고 있는데, 陶宗儀의 『南村輟耕錄』이 대표적이다. 사료적 가치가 있는 저서는 주로 송 遺民에 의해서 이루어졌다. 호삼성의 『자치통감음주』, 金履祥의 『通鑑前編』, 馬端臨의 『文獻通考』가 그것이다.

제2절 馬端臨의 『文獻通考』

마단림의 부친 馬廷鸞은 일찍이 남송의 우승상 겸 추밀사를 역임했다. 마단림은 19세에 부친의 음덕으로 承事郎에 이르렀고, 이듬해 漕試에 합격했다. 그러다 23세에 남송의 멸망을 맞아하였다. 부친이 죽고 세월이 흘러 마단림은 천거를 받아 慈湖書院의 山長이 되었고, 柯山(書院山長)으로 옮겼다. 마단림의 부친인 마정란은 일찍이 송조의 國史院編修官, 實錄院檢討官 등의 직을 겸임하여, 많은 종류의 經·史·子·集의 저작을 편수하였다. 마단림은 이러한 부친으로부터 철저한 지도를 받아 역사서술 활동의 기초를 튼튼하게 다졌다. 그는 대관료·대지주의 가정에서 성장하여 생활조건이 우월했고, "집에 鼎鼐(재상)의 譜가 전해졌고, 어릴 때부터 館閣의 諸書를 뒤적였다. 부친이 재상을 지내 전장제도에 밝았다. 때문에 마단림이 문헌자료를 수집하거나 名流學士의 논의를 청취하며, 典章文物 및 그 연혁을 이해하는 면에서 매우 편리한 조건을 가지고 있었다.

마단림은 역대의 치란흥망과 전장경제는 모두 마땅히 서술하고 연구해야 하는 것으로 여겼다. 이러한 것을 서술한 것으로 두우의 『통전』이 있었으나 미흡한 면에 없지 않았다. 이에 마단림은 젊은 시절부터 이미 자료를 다시 정리하여 『자치통감』과 서로 표리를 이룰 만한 전장제도사를 편찬할 뜻을 가지고 있었다. 약 20여 년의 시간을 걸려서 원성종 대덕 11년(1307)에 이르러 책을 완성하였다.

『문헌통고』는 두우의 『통전』의 기초 위에 씌어졌다. 전서는 모두 348권이며 24개 부문, 곧 田賦, 錢幣, 戶口, 職役, 征榷, 市糴, 土貢, 國用, 選擧, 學校, 職官, 郊社, 宗廟, 王禮, 樂, 兵, 刑, 經籍, 帝系, 封建, 象緯, 物異, 輿地, 四裔로 나누었다. 여기에는 봉건사회의 경제·정치제도에서 상부구조, 의식형태에 이르기까지의 내용을 모두 열거하고 있다. 24개 부분 중에서 經籍, 帝系,

封建, 象緯, 物異 5개 부분은 『통전』에 없는 논술로 새롭게 더한 것이다. 나머지는 모두 『통전』의 기존방식을 따른 것이다. 그러나 당현종 천보 이전부터 事迹의 미비한 점을 보탰고, 상세하지 않은 門類는 자세히 설명하였다. 또 천보 이후 송의 嘉定末에 이르기까지 이어서 완성하였다.

『문헌통고』의 분류 항목에 있어 경제·재정에 속하는 것이 전체의 1/3을 차지하고 있어 마단림의 식화에 대한 이해가 넓었음을 알 수 있다. 또 宋制가 매우 상세해서 대부분 『宋史』의 各志에서 빠진 것을 많이 담고 있다. 까닭에 『문헌통고』는 횡적·종적 방면에서 모두 『통전』보다 해박하고 상세하며 극히 풍부한 자료를 보존하고, 게다가 수미가 일관되고 조목조목 분석하여, 옛것을 연구하는 사람들이 부문별로 고찰하는 데 매우 편리하다.

『문헌통고』는 고금의 전장제도를 관통하는 1권의 통사이다. 그것은 정초의 『회통』의 사상을 계승하고, 아울러 크게 발전시켰다. 『通考』와 『通志』는 한결같이, '通'자로 그 宗旨를 나타내었다. 동시에 마단림 또한 회통의 여부로 사가를 평가하는 척도로 삼아서, 반고를 비판하고 사마천을 추켜세웠다. 또한 정초와 마찬가지로 분류방법에 매우 주의했다. 그의 『문헌통고』는 遠古로부터 南宋 말엽에 이르기까지 각종 전장제도와 그 연혁을 모두 다루고 있고, 총 24개 부분으로 나뉜다. 각 부분은 또 각기 子目이 있고, 본말과 선후의 차례와 순서에 비추어 배열하였는데, 綱目에도 序가 있으며 조리가 정연하다. 이것은 정초의 회통의 관점을 계승한 것이다. 그러나 마단림의 회통은 정초보다 더욱 나아가고 한층 깊었다. 그는 비록 회통의 정신을 가지고 역사자료를 편찬하고 배열했을 뿐만 아니라, 역사문제 자체를 연구함으로써, 회통을 일종의 역사연구의 관점으로 발전시켰다. 예컨대 그는 정치상으로 봉건주의 중앙집권의 점차적인 강화의 문제에 대하여 회통의 관점을 사용하여 논술을 진행하였다. 즉 마단림은 진·한이 '봉건'을 소멸하고 중앙집권을 강화하는 과정을 차례 차례로 논술하고 있다. 화폐제도에 있어서도 회통의 관점을 운용하여 논술하였는데, 화폐발전의 단계성 및 각 발전단계의 지표에 주의를 하고 있다. 이처럼 회통과 더불어 단계구분방식을 통하여 역사사물의 발전과정을 탐구하여, 그 법칙성의 방향을 보여주는데 접근하였다. 이것은 매우 진보적인 역사학 관점이며, 역사학의 방법이다.

한편 災祥을 천인감응의 표현으로 받아들인 미신에 대해 마단림은 「物異考」를 통해 살피고 있다. 여기서 마단림은 오랫동안 존재한 재상의 설에 대하여 회의적인 태도와 아울러 비판적인 태도를 취했다. 마단림은 역대의 夭·祥에 대한 해석은 穿鑿附會로서, 억지로 상응하는 점을 찾고 있으나, 통하지 않음이 깊다고 하였다. 이른바 요·상은 일상적인 것과 다른 보기 드문 자연현상일 따름이며, 그는 마땅히 그대로 '물이'로 불러야 한다고 주장했다. 그러나 마단림의 천인감응적 신학과 미신에 대한 비판에는 정초가 가지고 있는 간결함과 철저함이 없다. 마단림은 비록 '오행재상의 설'에 대하여 회의를 나타내고, 결코 믿을 수 없다는 것이라고 깨달았음을 표명했지만, 한편으론 그것도 쓰임새가 있다고 인식했다. 그래서 재상의 설에 대한 비판은 "굽은 것을 바로 잡으려다 지나쳐 도리어 휘게 되어서는" 안되며, "본래 상응하는 현상이 없다고 여겨서도" 안되며, "천변은 두려워할 만한 것이 못된다고 해서도" 안 된다고 주장했다. 이것은 마단림이 정치상으로 봉건제왕에 대한 환상을 갖고 있었기 때문이다. 이처럼 오행지설에 대한 마단림의 비판은 뚜렷한 한계를 보이고 있다. 그래서 그가 기록한 物異에 관한 대량의 기록은 또한 믿을만한 기록과 전설에 附會한 것이 서로 뒤섞여 있고, 심지어 董仲舒, 劉向, 劉歆 등의 유심주의적 해석도 보존해 남기고 있다.

아울러 마단림은 봉건제 사회에 대한 설명을 하였다. 예컨대

㉠ 목차의 종류: 봉건 전제주의 국가의 경제제도 곧 田賦考, 錢幣考, 戶口考, 職役考, 정각고, 시적고, 土貢考, 國用考 봉건 전제주의 국가의 정권기구와 選擧考, 學校考, 職役考 신분적인 차등형식의 제도, 그리고 郊社考, 宗廟考, 王禮考, 樂考 국가의 기구에 대하여 설명하였다. 또한 그는 兵考, 刑考 意識형태에 관한 것, 經籍考 역대 帝王世系와 국가조직 형태의 변천에 관한 것, 帝系考, 封建考 각종의 이상현상 및 지리에 관한 것, 그리고 象緯考, 物異考, 輿地考와 한족 이외의 민족과 국가의 四裔考가 그것이다.

이는 마단림이 이 목차를 통해 봉건 사회의 구성 부문을 모두 나타내고 있는 것을 의미한다. 아울러 이것은 사회현상과 사물의 발전 가운데서 본말이 되고 선후가 되는 위치를 조사하여 나열하는 방법이다. 그러나 그는 아직 이들 전체 상호간의 내재적 연관을 논하지 못하고 있으며 더 나아가 생산과

민중의 역사적 작용도 논하지 못하고 있다.

한편 『문헌통고』에는 어떠한 민족관념이나 애국정신을 전혀 드러내고 있지 않다. 그는 조정의 복멸과 민족의 존망에 대하여 무관심했으며, 어떠한 애국적 행동도 없었다. 그는 송대의 제도를 기술함에 있어서 끝까지 다루지 않고 송영종의 嘉定末에 이르러 종말을 고하였다. 가정 3년부터 몽고가 대거 금을 공격하여 멸망시키고, 이어서 다시 대거 송을 공격하여 멸망시켰기 때문에, 남송의 가정 이후의 역사 사건들은 몽고 귀족과 관련이 매우 밀접하여, 서술 내용이 원조 통치자의 미움을 일으키기 쉬웠다. 이런 까닭으로 일부러 가정 이후의 역사 서술을 회피한 것이다. 까닭에 『문헌통고』는 원조의 통치에 대해서 털끝만치도 해로움을 끼칠 곳이 없었다. 또 상하 수천 년 25대의 전장경제를 하나로 꿰어, "절도가 있고 조리가 있으며, 나라를 다스리고 백성을 편안케 하는 데에 도움되며", "대대로 교육에 보탬이 되어서", 원조가 천하를 통치하는 일종의 도구로 쓸 수 있었기 때문에, 원조 정부는 자치 2년(1322)에 "사람을 시켜 베껴서 책을 메고, 관에서 목판을 새겨 널리 보급하였다". 베낄 때에도 마단림을 청하여 친히 교감하도록 하여 착오가 없게 하였다.

실로 마단림과 그의 『문헌통고』는 사료의 보존, 역대전장제도의 회통, 역사편찬학 및 역사서술방법의 측면에서는 성과도 있었고 공헌한 점도 있었다. 그러나 그가 원조 통치하에서 순순히 따랐던 그러한 비굴한 태도 및 『문헌통고』가 원조에서 담당한 '有用之學'으로서 실제작용 또한 숨길 수 없는 것이며, 또한 지적하지 않을 수 없는 것이다.

제3절 宋, 遼, 金 3史의 편찬

1) 『宋史』는 원말에 편찬되었다. 승상 脫脫과 阿魯圖가 선후로 편찬을 주재하였으며, 張起巖, 歐陽玄 등 7인이 총재관을 담당하였다. 본기 47권, 지 162권, 표32권, 열전 255권으로 되어 있으며, 모두 496권으로 24史 중 그 분량이 가장 방대한 일부의 관찬사서이다. 원세조는 『송사』를 편찬할 것을 명령하였고, 후에 袁桷 또한, 요, 금, 송의 유서를 구하여 역사편찬을 奏請하였으며, 虞集 또한 명령을 받들어 요, 금, 송 3사의 편찬을 주재하였다. 원왕

조 내부의 송사의 편찬 체제에 대한 주장이 동일하지 않아, 일파는 宋을 世紀로 하고, 요, 금을 載記로 하는 것을 주장하고, 요, 금을 北史로, 송태조에서 정강시기까지를 宋史로, 건염이후를 南宋史로 할 것을 주장하여 쌍방이 논지를 견지하여 결정되지 못하였기 때문에, 오랫동안 책을 완성하지 못하였다. 원조 말년이 되면서 사회의 혼란이 극렬해지고, 계급모순도 첨예화되어 대규모의 농민전쟁이 배태되고 있었다. 원순제는 앞 시대의 치란 흥망의 이유에 의거하여, 후세에 감계로 삼고자 하였으며, 통치를 유호하고자, 1343년 요, 금, 송 3史를 편찬하게 하였으며, 요, 금, 원 각각 하나의 역사를 만들도록 결정하였다. 『宋史』는 기, 전, 표, 지이 이미 완비되어 있었던 기초 상에서, 단지 2년 반의 시간이 지나, 1345년 책이 완성되었다.

24史 중에 『송사』의 卷秩은 매우 거대하고 많다. 2000여 명의 열전은 『구당서』 열전에 비하여 몇 배가량이나 되는 분량이며, 지의 분량은 24史 중 유일무이하게 독보적인 지위를 차지하고 있다. 「식화지」14권은 『구당서』 「食貨志」 7배에 달한다. 「병지」12권은 『신당서』 「병지」의 12배이다. 「예지」 28권은 24史에 수록된 「예지」의 절반을 점유하고 있다. 이러한 현상은 결코 우연한 것이 아니다. 송대는 자주 농민기의가 폭발하고 지주계급 내부의 모순이 심화되었으며, 중국 경내의 소수민족이 건립한 정권인 요, 하, 금, 원이 끊임없이 침투하여, 송왕조 내부가 명확하게 주전파와 주화파로 나뉘어 투쟁이 일어난 시기였기 때문이다.

이러한 계급모순, 민족모순과 지주계급 내부의 모순이 첨예하게 교착된 상황 하에서 전제주의 중앙집권제도가 중대한 발전을 얻게되었다. 이것은 주로 송대 정권, 군권, 제권의 고도집중과 도학(또는 이학)의 흥기로 표현되어 진다. 경제발전상에 있어서, 물론 정치제도와 생산관계의 엄중한 장애를 받기는 하였지만, 송대의 사회경제는 현저한 진보를 이룩하였다. 그것은 농업, 수공업, 야금, 무기제조, 방직업, 자기업과 국내외무역의 발달, 행회제도의 성행, 성시경제의 번영, 지폐 및 회태의 유행 등으로 표현된다. 송대는 과학기술상에서도 중대한 성취가 있어, 화약의 사용과 인쇄의 성행 등의 예를 들 수가 있다. 이로 말미암아 양송시대의 사회생활, 특별히 정치, 경제, 군사, 문화는 예전과 비교해서 풍부하고 복잡다단했다고 설명되어 진다.

『송사』는 송대의 역사에 관련된 대량의 기록들이 보유되어 있다. 예컨대 「식화지」중에서 양송 사회경제 발전의 개황과 중국 각 민족, 각 지역사이의 경제관계의 강화를 볼 수도 있지만, 또한, 노동농민이 창조한 역대의 거대한 물질, 재부의 초월과 그들이 받은 가혹한 착취의 정황을 볼 수도 있다. 「천문지」, 「율력지」, 「오행지」 등에는 물론, 천인감응류의 사료로 충만 되어 있지만, 여전히 수많은 천문기상의 자료, 수많은 과학적 근거 및 지진 등 자연재해에 관한 풍부한 사료가 보존되어 있다.

『송사』와 일반 흠정 정사는 모두 공통된 부분이 있는데, 이들은 곧 계급투쟁을 말살하고 제왕장상을 찬양하며, 「천명론」을 선양하였다. 그러나 『송사』에 반영된 시대특징 및 원말 계급투쟁의 구체적 환경 속에서의 『송사』편찬자의 입장과 사상경향은 종래의 사서와 구별되는 특별한 점이다. 이는 곧 『송사』가 처음부터 끝가지 존숭하는 기본사상이 程朱理學이기 때문이다. 사학자 전대흔 또한 『송사』는 가장 도학을 추숭하고, 朱子를 우두머리로 삼았다고 설명하였으니, 이는 실제와 부합하는 것이다.

『송사』의 편찬 중에 중요한 작용을 일으킨 일부의 인물은 모두 도학의 충실한 시도였다. 또한 『송사』의 편찬 원칙은 先儒의 性命說이며, 먼저 이치에 이른 후에 문사에 힘쓰며, 도덕을 숭상하고 공리를 추방한다는 것이다. 이러한 원칙 하에서 구양현이 『송사』에 결정한 체제와 그가 편찬한 논, 찬, 서 및 「進宋史表」에는 모두 집중적으로 도학의 사상이 관철되어 있다.

『송사』는 도학을 고취하여 「道學傳」을 창립하였을 뿐만 아니라, 程朱의 學을 추숭한다는 것을 표방하여 도학을 시비판별의 표준으로 삼았다. 이러한 표준에 근거하여 『송사』에서는 도학가의 저작과 논점을 대량 서술에 이용하였으며, 일부 도학가는 제왕장상을 찬양하였다. 여기에는 통치자가 孔子學, 특히 道學에 의지하여 통치질서를 유지하려는 의도가 반영되어 있다.

도학의 지도하에서, 도학가들이 고취한 천리를 존재시키고 인욕을 없앤다는 종류의 설교는 광대한 농민과 기타의 노동농민이 일어나지 못하도록 압박하였다. 경제상에 있어서 송대는 엄중한 토지겸병 현상이 개시되었으며, 대지주 계급은 무한대로 토지를 점유하고, 전국의 절대부분의 토지를 집중적으로 소유하여, 때로는 매년의 收租米가 심지어 일백만석 이상에 이르기도 하였다. 광대한 농민은 조그만 토지를 점유하거나 혹은 완전히 토지를 상실하였고, 가혹한 지조와 부세·요역의 착취를 견디어 내야 했다. 까닭에 농민기의가 많이 일어났는데, 그 특징은 첫째로 전과는 다르게 매우 잦았다는 것이며, 거의 중단됨이 없이 지속되었다는 것이다. 王小波, 李順, 宋江, 方臘, 鍾相 등의 기의가 유명하였다. 둘째는 농민의 토지에 대한 요구가 현저하게 드러났다는 것이다. 예컨대 왕소파는 빈부가 불균함을 질책하는 것이고, 이제 너희를 균등하게 할 것이라는 구호를 외쳤으며, 종상도 귀천을 같게 하고, 빈부를 균등하게 하라는 깃발을 들고 일어나, 사회제도의 해악을 공격하고 송대역사의 어떤 진행과정을 추동하였다. 『송사』의 편찬자는 도학의 입장에서 출발하여 통치 질서를 영원불변의 천리로 미화하여 압박과 착취에도 이치가 있어야 한다고 고취하여, 종종 수단과 방법을 가리지 않고 농민기의의 역사적 지위를 말살하였다.

王安石은 중국 11세기 개혁가이다. 그러나 『송사』 「신종기」에는 사마광 등의 반대입장이 보인다. 즉 송신종이 왕안석을 임용하여 변법을 실행하는 것을 공격하여, 조종의 법과 아름다운 뜻이 파괴되어 다하였다. 이로부터 사특하고 간사한 자들이 날로 나와 정치를 어지럽히니, 인심이 떠나고 화란이 일어났다는 것이다. 이와 같이 왕씨의 학문은 바르지 못하고, 사람들의 심술을 해쳐, 마침내 나라가 무너질 것이라고 비판하였다. 결국 신법은 실패하였다. 또한 『송사』는 도학을 추숭하여, 도학을 입론의 표준으로 삼아 고취하였다.

일반적으로 『송사』의 편찬자는 도학을 중시하여, 문자에 수식을 가하지 않았으며, 사료의 편집·사실의 고정·전서의 체제 등의 방면에서는 많은 결점이 존재하여, 『송사』는 24史 중 가장 번잡하고 혼란스럽다고 이야기되고 있다. 『송사』는 북송부분이 상세하고, 남송 중엽 이후는 기록이 간략하였다. 『송사』에는 또한 상당한 모순부분이 있는데, 예컨대 일인 양전이나, 열전이 없는데 열전이 있다고 설명한 것이나, 한 가지 사실에 대한 여러 가지 견해가 있으며, 紀와 傳·傳과 傳·表와 傳·傳文과 傳論의 사이의 모순 등이 그것이다.

『송사』의 판본은 많지만 1974년 북경 중화서국 교감본이 현재 유행하고 있다.

2)『遼史』116권은 元 脫脫 등이 찬수한 것으로, 요정권 200여 년(907～1125)의 역사를 기록하였다. 그 중에는 遼 이전의 거란족과 요말 耶律大石이 건립한 西遼의 역사도 있다.

거란은 중국 역사상의 오래된 소수민족 중의 하나로,『위서』,『수서』등의 사서에 모두 열전이 있다. 당말 군벌의 찬탈과 여러 농민기의의 결과, 중원과 남방 각지에 5대 10국이 건립되었는데, 거란 귀족 耶律阿保機도 북방에서 요왕조를 건립하였다. 이는 거란 귀족이 중심이 되었지만, 일부분 한족 지주와 기타 각족의 상층 집단이 참여하여 이루어진 연합정권이다.

요왕조와 역대 정권은 모두 사관을 설치하여,「기거주」,「일력」을 찬수하고 실록을 편찬하였다. 여러 차례 찬수된 실록은 최후로 야율엄이 종합 편찬 교정하여 책을 이루었는데, 후인이 耶律儼 실록이라 칭하였다. 야율엄은 析津(지금 북경)사람으로 본서에 열전이 있다. 그 부친 耶律仲禧는 요왕조에서 관리를 지낸 한인으로 본래 성은 이씨로 야율은 賜姓이다. 야율엄 관직은 참지정사, 지추밀원사, 감수국사에 이르렀다.

야율엄의 실록은 기, 지, 열전 등의 부분이 포함되어 있음을 살필 수 있는데, 후에 기전체『요사』를 지을 때 기초로 삼았다. 금왕조는 두 차례에 걸쳐『요사』를 찬수하였는데, 모두 이 책을 기본으로 삼았다. 제 일차 찬수는 요 희종 시대로 耶律固, 蕭永祺가 선후로 집필 찬수할 때에 전해지지 않았다. 제2차는 요장종 시대로 移剌履, 唐懷英 등 13인이 찬수하여 태화 7(1207)년 陳大任이 최후로 완성하였다. 후인이 진대임의『요사』라 칭하였는데, 그것은 체제 이외에 찬수가 거의 끝났기 때문이었다. 그 주요한 것은 금왕조가 어떤 왕조의 계통을 계승하였는가 하는 문제가 미해결이었다. 까닭에 진대임의『요사』또한 금왕조의 비준을 얻어 간행될 수 없었다.

원대 중통 2(1261)년과 지원 원년(1264)에 요, 금 2史에 대한 수사 의논이 있었다. 남송이 멸망한 이후에는 다시 요, 금, 송 3사에 대한 역사찬수를 의논하였다. 앞서 말한 체제가 미정이었기에 60여 년간 세월만 보내었다. 결국 3史 중『요사』의 찬수시간이 가장 짧았는데, 단지 11개월(지정 3년 4월에서 동 4년 3월까지) 걸렸다. 이 찬수는 耶律儼의 실록과 陳大任『遼史』를 기초로 하고『자치통감』,『거란국지』및 各史의「거란전」등을 참조하였는데, 약간 수정하여 편배하였다. 본기 30권, 지 32권, 표 8권, 열전 45권, 국어해 1권, 모두 116권을 편찬하였는데, 이것이 현재의 『요사』이다.

원 통치자가 『요사』를 찬수한 목적은 다른 사서와 마찬가지로 인군의 감계를 돕기 위한 것이며(「진요사표」), 앞시대 왕조의 농민에 대한 통치 경험과 교훈을 총결하여 그들의 통치를 유호하기 위해서였다. 『요사』 작자들이 보기에 왕조의 흥폐존망은 통치계급 및 그 대표인물에 의해서 결정되었다. 그들은 요왕조 후기에 강한 것이 변하여 약한 것이 되어 최후에 여진 귀족에 의해 대신케 된 주된 이유는 통치집단 내부의 상하가 이심하고, 참월이 일어나 근본을 위축케 하였기 때문이라고 인식하였다. 따라서 『요사』는 통치집단 내부의 수차례의 반란을 모두 상세히 기록하고 감계로 삼았다. 요왕조의 통치가 추번하게 된 것은 각종 농민에 대한 그들의 잔혹한 압박과 박삭으로 말미암았다는 기록이 많았다.

이른바 요왕조 멸망의 경험과 교훈을 총결한다는 기초 위에 『요사』 작자들은 공맹의 도리를 선양하였는데, 특별히 君君, 臣臣의 正名을 강조하였다. 그들은 한편으론 공신, 명장을 표창하였는데, 동시에 또 「간신전」 2권, 「역신전」 3권을 세웠는데, 열전 45권의 1/9을 차지한다. 그들은 이것은 『춘추』의 선악을 함께 기록하여 권계를 표현하여 원왕조의 통치를 유호하고자 하였다.

『요사』는 요왕조 통치자를 미화하였다. 「태조기」에서는 야율아보기를 초이능로 묘사하고, 그의 출생의 때에, 방에 신비로운 빛과 기이한 향기가 있었고, 몸은 3세의 아이와 같았다고 설명하였으며, 죽을 때에 큰 별이 휘장 앞에 떨어지니 붉고 검은 기운이 하늘을 덮었다고 기록하였다. 또한 그가 죽기 수 년 전에 하나의 예언을 하였는데, 자기가 위로 천명을 이어받아 황제가 됨을 표시하고, 자기의 죽는 시간을 예견하였다는 것이다. 이러한 묘사는 미신적 색채가 충만한 것인데, 이는 「천명론」을 사용하여 거란 귀족의 통치를 변호한 것이다.

요왕조 통치자를 미화하기 위해 『요사』는 종종 일련의 역사 사실을 왜곡하거나 꺼려 숨기고 있다. 전쟁에 있어서 종종 요의 승리만을 기록하고 그 실패는 말하기를 꺼려하였다. 원이 『요사』를 편수할 때 진실한 것을 인식하고 넣는 것과 사료를 고찰하고 정정하는 바가 없었고, 다시 기, 지, 표, 전 사이의 검토함이 매우 적어 전후가 중복되고, 사실의 착오·탈루와 자기모순이 있는 곳이 매우 많았다. 심지어 하나의 사건이 두 사건으로 되어 있고, 한 사람이 두 사람 혹은 세 사람으로 되어 있다. 이런 혼란 현상은 24史 가운데에서 현저한 것이다. 예컨대 「성종기」, 「도종기」에 기록된 覇州 백성의 처 王氏가 무리를 요망하게 현혹함으로 주살하였다는 기록과 香河縣 백성 李宜兒가 左道, 곧 바르지 못한 도리로 무리를 현혹함으로 주살하였다는 등의 기록은 농민이 끊임없이 종교의 엄호 아래 기의활동을 진행하였음과 아울로 부녀도 영수였음을 반영하고 있다. 遼道宗이 내린 여러 지방은 도적을 방비하라는 명령은 요왕조 통치자가 농민기의에 대해 두려워하고 이를 방지하고자 하였음을 알게 한다.

『요사』를 살펴보면, 당시 초원에 농업이 발전하고, 수공업 인구가 증가하여, 점차 농업취락과 성시가 출현하였음을 살필 수 있다. 특별히 선후해서 건립된 상경과 중경 그리고 남경(지금 북경)은 긴밀히 연결되어 광활한 지역의 경제와 문화가 통하도록 하였다.

그밖에 「영위지」, 「예지」는 거란 부락의 建置, 分布 및 유목민족의 풍속관습의 재료를 제공하고 있다. 「지리지」와 「백관지」는 당시의 지리 建置와 농목구 통치 기구의 개황을 기록하고 있다. 「本紀」, 「部族表」, 「屬國表」, 「異國外記」 등에서는 거란 이외의 각족 역사 및 내외관계사의 참고 자료가 보존되어 있다.

『요사』의 판본은 많지만 1974년 북경 중화서국 교감본이 현재 유행하고 있다.

3) 『金史』 135권은 본기 19권, 지 39권, 표 4권, 열전 73권으로 되어 있다. 이는 여진족이 건립한 금왕조의 흥망시말을 기록한 사서이다. 여진족은 중국에서 가장 오래된 민족 중에 하나이다. A.D 12세기 초 여진은 요를 멸하고 서하를 심복으로 삼고, 송과 더불어 남북으로 대립하는 금조를 건립하였다. 금은 지금의 북경을 중심으로 하여 약 120년 간 북방을 통치하였으며, 중국 역사에 많은 영향력을 행사하였다.

일찍이 원세조 중통 2년(1261)에 국가가 망해야 역사를 쓴다는 관례에 착안하여 요, 금 2史를 찬수하기 시작하였다. 얼마 되지 않아 남송이 망하자 또한 요, 금, 송 3史를 편찬케 하였다. 원순제 지정 3년(1343)에 이르러 송, 요, 금을 각각 정통으로 한다는 결정이 내려져, 승상 탈탈을 도총재관으로 임명하여 역사의 찬수를 주재하게 하였다. 다음해 11월『금사』가 완성되었으나, 이 시기에 탈탈이 이미 재상에서 물러나 새로운 재상 아로도가 도총재관을 계승하여, 그가 왕에게『금사』를 상주했다. 역사 편찬에 참가한 인원중 가장 큰 역할을 한 사람은 歐陽玄(1283~1357)이다.

『금사』의 완성이 이처럼 빨랐던 이유는『금사』의 편찬에 참고할 수 있었던 자료들이 비교적 풍푸하였기 때문이었다.『금사』가 참고하였던 사료는 먼저 實錄이었다. 금은 건국 이후 역대왕조의 규정을 모방하여 금의 여러 왕조의 실록을 찬수하였다. 이러한 실록은 금의 멸망시 원 장령 張柔가 모두 북으로 가지고 갔다. 중통 2년, 그는 이 실록을 사관에 건네주었다. 전란으로 이 실록의 일부가 망실되었으나, 衛紹王 일조의 실록은 중통 3년 王鶚이『楊雲翼日錄』,『陳老日錄』등에 근거하여 보수하였다.

이전에, 금말 문인 元好問은 금실록을 이용하여『금사』를 편찬하였으나, 완성하지는 못하였다. 그러나『中州集』및『壬辰雜編』에 적지 않게 그가 수집한『금사』사료가 보존되어 있어『금사』편찬을 위한 중요한 참고자료가 되었다. 또 금말 문인 劉祁는 직접 금의 멸망을 목도하여 변경 2천여리를 돌아다니다가 고향 渾源으로 돌아온 이후『歸潛志一書』를 편찬하였다. 작자가 관찰한 인사를 기록하였는데, 이는 금말 문인 및 사회정황을 이해하는데 참고할만한 가치가 있는 책이다.

『금사』는 비교적 체계적으로 여진족이 발전하는 역사를 기록하였다. 더욱이 여진 및 그와 관련된 각 민족의 초기의 정황을 자세히 알 수 있다. 본서의 志는 비교적 상세하게 완비되어 있어, 우리들이 금시대 각 항의 제도, 행정구역, 자연현상 등을 연구하는 데에 적지 않게 유용한 자료를 제공하였다.

그러나『금사』는 서사방면에 있어서 적지 않은 결함과 착오가 존재하고 있다. 이외에도 송, 요, 금 3史의 관계는 책끼리 참고한 사료가 같지 않고, 찬수자가 각 정권을 비호하고자 하였기 때문에 동일한 사건에 대한 기록이 서로 차이가 있다. 그러므로 사건의 전모와 진상을 이해하기 위해서는 각서를 서로 비교하여 참고하여야 한다.

『금사』의 판본은 많지만 1974년 북경 중화서국 교감본이 현재 유행하고 있다.

제5편 명청시대 사학의 발전

제1장 명대 사학

제1절 명대 사학의 개괄

원말 농민 대봉기는 元朝의 통치역량을 파괴하고 明朝가 등장하도록 하였다. 이에 자작농의 수가 증가하였고 노예도 대부분 농민전쟁 중에 농민이 되었다. 명조의 일련의 정책으로 인해 일정정도는 생산자의 적극성을 제고하여 明初의 경제가 회복·발전할 수 있게 했다.

명대 중엽에 이르러 전체 농업과 수공업의 생산수준은 모두 앞 시대를 초과했다. 자본주의 萌芽를 나타내고 있었던 것으로, 중국 봉건사회는 이로부터 그 후기 단계에 진입한 것이다. 송대 이래 생산력의 발전을 추동한 봉건적 지주소작제(租佃制)는 이에 이르러 극한점에 달하였다. 이는 '유민'을 초래했고, 농민과 공상업 직인의 폭동을 야기시켰다. 지주계급 내부는 경제적·정치적 이익을 더욱더 추구하고자 하였다. 이러한 사회모순은 첨예하고 복잡해져 갔다. 통치자는 그 지배를 유지하기 위해 봉건 중앙정권을 진일보 강화시켜 皇權 절대專制의 형식으로 봉건지배를 강화시켜 봉건전제를 극도의 높은 수준에 달하게 했다. 명조는 중앙집권체제를 강화하였는데, 이는 백성에 대한 엄격한 통제에도 표현되었다.

한편 각종 국가기구를 제외하고도 동시에 '부드러운 칼'도 사용하였다. 명조는 唐·宋에 비해 더욱 완비된 학교제도와 과거제도를 시행했다. 과거고시는 오로지 『四書』에만 국한하였고 고시에서 문장을 짓는데 다만 朱熹의 주에 근거해서 풀이하는 것만 허용하여 "성인을 대신해 立言할" 것이고 절대로 자기 견해를 허용하지 않았다. 사상이 완전히 程·朱學의 범위에 금고되었다. 명대 중기에 이르러 王守仁이 南宋 陸九淵의 心學 사상을 계승 발전시켜 陽明學派 혹은 姚江學派라는 것을 수립하기 시작했다. 양명학의 실질은 명조 중엽 빈부의 투쟁이 한층 더 격화된 상황하에서 사람들이 표면뿐만 아니라 내심 깊은 곳에서도 반란의 염두를 소멸하고 전제의 잔포한 통치에 복종하도록 기도함에 있었다. 명대 중엽 이후 육왕의 주관 유심주의가 성행한 결과는 학술계가 책을 묶어 두고 보지 않으며 마음·性을 공론하여 심심풀이 담론에 뿌리가 없고 말할 만한 학술이 전혀 없어 사상의 빈핍은 극한에 이르렀다.

명조의 사상통치는 선비에 대하여 科擧와 利祿으로 유인하여 이학의 속박, 심학의 영향을 추진한 것을 제외하고도 폭력 위협을 가했으니, 그것은 筆禍의 형벌로 얽어매 선비를 박해하고 "그 지위를 벗어나 생각하지 않게" 했다. 李贄(卓吾)의 박해가 전형적인 예이다. 이지는 기전체 역사저술인 『藏書』와 『續藏書』를 지었다. 『장서』는 전국시대로부터 원대에 이르는 800여 명의 역사인물의 전기를 실었고, 『속장서』는 전부 명조 인물의 전기이다. 두 책의 전기문 자체는 대개 역사 正史 등 역사서 중에서 뽑아 기록한 것이었지만, 이지는 허다한 비평어와 평론을 덧붙었다. 그는 孔子를 비판하고 秦始皇을 높이는 등 봉건사회의 전통적 우상과 이학 교조에 대한 회의와 비판을 표현했다. 이로 인해 체포·투옥되고 박해를 받아 죽음에 이르렀던 것이다.

제2절 李卓吾의 『藏書』

李卓吾의 號는 卓吾, 篤吾, 宏甫, 溫陵居士이다. 그는 嘉靖 34년(1552) 복건의 鄕試와 省에試에 합격하여 擧人이었다. 嘉靖 35년 河南省에서 관리 생활 시작하고, 嘉靖 39년 南京國子監의 博士, 북경의 禮部司務, 南京刑部員外郎 역임하였다. 그러나 관리 생활에 염증 느끼고 만력 5년(1577) 雲南의 挑安知府에 임명되었으나 이때 老佛사상에 심취하였다. 만력 8年 관직 사직하고 麻城 거주하고 焦竑과 교류하고 『焚書』등을 저술하고 비판하였으며, 마테오 리치와 만났다. 만력 26年 『장서』 간행했으나, 張問達의 탄핵상소문으로 투옥되었다.

이탁오의 『장서』68권은 전통 형식을 따라 本紀와 列傳으로 나누고, 戰國時代부터 元 말까지의 중요인물 800여명 수록(1권~8권 세기). – 열전의 내용은 세분하여 기록하였다. 저작 목적은 "사람의 是非는 처음에는 정론이 없었다. 사람이 남을 시비하는 것도 역시 정론이 없다… 앞의 三代는 논하지 않겠지만 후삼대는 漢·唐·宋이니, 그 간의 천백여 연간에 유달리 시비가 없는 것은 어찌 그때 사람들에게도 시비가 없었기 때문이겠는가? 모두 공자의 시비를 시비로 생각해서 아직 시비가 없었던 것이다 … 무릇 시비의 다툼은 歲時와 같은 것이니 어제의 是가 오늘의 非가 되고 오늘의 非가 내일의 是가 된다 … 보려거든 마음대로 하라. 단지 공자의 정론으로 상벌을 행하지만 않으면 좋을 것이다." 이 글은 사학 연구에서 시대성과 실제 정황을 고려해야 한다는 것을 보여줌으로써, 맹목적 전통답습 탈피코자 하였다.

그 내용으로 世紀(1권~8권) 治亂의 인과관계 상세히 해설하고, 개개의 인물 기록에 덧붙인 자신의 評語 통해 사학에 관한 자신의 견해 표출하였으며, 역사적 인물에 대한 시각은 당대에 대한 영향과 업적에 따라 정통에서 탈피하여 결정하였다. 즉 일반인에게 역사를 거울삼도록 하기 위해 진시황을 천고의 한 황제로, 항우를 천고의 영웅으로 내세워 진보적인 입장을 분명히 하였다. 列傳은 춘추전국부터 元말까지 역사 인물을 8대류(大. 名, 儒, 武, 賊, 近, 外臣)으로 나누고 매류를 다시 세분하여 因時大臣, 因辱大臣, 結主大臣, 容人大臣, 忠誠大臣으로 나누고 다시 近·外臣으로 나누기도 했다. 여기에서 그의 역사 연구의 근면성, 정밀성을 엿볼수 있음. ex) 근신 – 환관, 嬖幸, 方士, 외신 – 時隱外臣, 身隱外臣, 心隱外臣, 吏隱外臣으로 구분하였다. 인물에 대하여 漢에서 元까지 史家라 부를 수 있는 역사가로 사마담, 사마천, 반포, 반고, 진수, 범엽, 최호, 위수, 요사령, 이연수, 오긍, 유지기, 송기, 정초, 구양현, 구양수, 사마광 등을 단지 詞作者와 行業儒臣 일뿐이라고 지척하였다. 唐의 高力士(小心宦官)는 국가에 공을 세운 현신이라 평하였다. 그러나 당시의 전통 史家들은 고력사의 명백한 잘못은 없었지만 막강한 권력을 가지고 망국의 세력으로 성장하였으니 역사가로서 당연히 그 잘못을 있는 그래도 서술해야 했다. 馮道(以隱外臣)는 송초 理學家들 이후부터 부정적 평가받았지만, 이지는 "50年간 그가 비록 네 왕조를 거치면서 12君과 아율씨의 거란을 섬겼지만 백성은 마침내 戰禍의 고통을 면하였으니 이것은 풍도가 安養을 힘쓴 결과이다."라고 평했다. 이러한 그의 사관은 기성 도식을 이어받은 것이 아니며 따라서 일반 도학자들에 게는 수용될 수 없는 것이었다. 정이, 주희의 덕업 유신에 넣지 않고 행업유신이나 문학유신에 끼워넣었다. 이것은 이지가 그들을 멸시했다는 증거이다. 결국 이지는 『장서』에서 도학가의 위치를 하락시키기 위해 노력하였다.

특히 '評語' 기술의 특징으로 근거 자료로 正史, 8백여 인물중에서 79名에게만 평어 기술하였다. 개별적 인물에 대하여 사마천, 반고등 사가들의 견해 차용하기도 하였고, 현대 사학의 견지에서 볼때도 그 가치는 명대의 어떤 사가들의 논점도 훨씬 뛰어넘고 있다. 『장서』간행됨으로써, 전통적인 가치기준과 판단기준에 모순되는 견해 제기한 것이다. 명말의 전통적인 사대부에게는 驚天動地의 중대사이고, 이지의 입장에서는 한시대의 획을 긋는 것이다. 또한 『장서』속의 역사인물들은 이지의 비평을 거쳐 새로운 면모를 보임. 즉, 후대의 사대부들도 이지의 학설을 완전히 배척한 것이 아니라, 그들을 새로운 시각으로 보게 되는 계기가 되었으며 이것이 사학연구를 더욱 활발하게 하였다.

李贄의 『續藏書』의 구성은 '열전'만으로 27권을 구성하였다. 내용은 開國名臣, 開國功臣; 殉國名臣; 靖難名臣; 靖難功臣; 內閣輔臣; 勳封名臣; 經濟名臣; 淸正名臣; 文學名臣; 理學名臣; 忠節名臣; 孝義名臣; 郡縣名臣 등의 官階, 操守, 學術을 소개하였다. 그는 인물에 대하여 색다른 평가를 하였다. 즉 宋濂은 명대에 心學의 宗組로 인식하고, 송렴은 그의 文名을 이용하여 문학활동 전개함으로써, 정치적 영향력과 학문적 지위 증가했으나, 나라안팎 인사들의 부추김에 따라 자만하다가 결국 손자 宋愼이 호유용의 모반에 참여했기 때문에 죽었다. 즉 이지는 송렴의 몰락에 합당한 견해 피력한 한 것이다.

方孝孺는 독학자이므로 이지는 그를 好評하지는 않았지만 그의 죽음에 대해서는 건문제가 어려운 일에 죽음을 마다않는 선비만 양성할 줄 알았지 보필하는 선비는 키울줄 몰랐다고 하면서 건문제를 비판하였다. 義僕 阿寄, 義倡 邵金寶 등을 명신에 포함시켰다는 것은 이들을 높게 평가했음을 알수 있는데, 명대 중엽 이우 士風은 침체하였고 윤리도덕은 땅에 떨어졌으며 일반 사대들은 모두 거짓된 인·의·충·효로 가득차 있지만 낫놓고 기역자도 모르는 아기와 창기출신인 소금보는 충의로 살았으므로 그 행실은 거짓으로 일관된 지식인과는 궤를 달리하는 것이라고 평가한 것이다.

그는 역사서술에 광범위한 참고 자료 이용하여 객관적 시각을 가지려고 노력하였으며, 기본적으로는 사마천과 같은 역사가들의 필법을 따르고 있다. 이런 태도로 보아 그가 보는 역사는 縉紳이나 官僚, 귀족만을 위해 봉사하는 것일 수는 없다고 생각하였음을 알 수 있다. 아울러 그는 논찬에서 救民, 治國, 平天下에 공헌했는지의 여부를 표준으로 하고, 책임을 지지 않고 고고한 척하는 이학자 특히 명리에 사로잡힌 명신·대신 등에 대해서는 비난하였으며, 君君, 臣臣, 父父, 子子 등을 이해하지 못했으면서도 묵묵히 충의를 다했던 일반백성에게도 주의하였다.

그는 六經皆史說을 제창했는데, 그것은 명대의 사학은 태조의 필화사건 때문에 실록은 있어도 國史는 없었다. 따라서 새로운 이론, 견해 결여되고 있었다. 家史와 稗史가 성행하였어도 대부분 옛것을 빌어 그 시대를 풍자하거나 은폐하는 식이 많아 수많은 史籍들이 옳은 듯하며 옳지 않은 면이 많았다. 이지는 사적이나 사료를 취급할 때는 말속에 있는 분명한 내용과 견해를 터득해야 함을 강조하였다. 이는 六經皆史의 중요성 인식한 것이다.

이처럼 경직된 상태로 인해 명대의 학술문화는 역사학을 포괄하여 비록 그 저술의 수량이 적지는 않았지만 학술사상과 편찬방법의 창조 쇄신에 있어 한·당·송에 비할 수가 없었다. 명조는 홍무 원년, 즉 원을 멸한 그 다음 해에 『원사』 편찬을 시작하여 188일만에 159권을 완성하였다. 다시 홍무 3년 2월에 또 다시 사관을 열고 143일에 걸려 나머지 53권을 편찬하였다. 이후 명조는 嘉靖·萬曆 연간에 宋版 17史 및 『宋史』·『金史』·『遼史』에다 따로 「元史』를 보태어 합각했는데, 이에 '21사'란 이름이 출현하게 되었다. 『원사』는 주로 원조의 官纂 典籍을 대조 초록한 것인데, 이러한 원대에 기록된 사료는 현재 많이 전해지지 않고 있다. 어느 정도 사료적 가치가 있기는 하나 부실함이 없지 않게 보인다. 까닭에 『원사』에 대한 개수·교정·보충한 저작이 많이 나오게 되었다.

명조는 본 왕조의 국사를 편찬하지 못하고 겨우 여러 황제의 『실록』만이 그 역사가 되었다. 최후의 황제 思宗의 실록은 원래 결여되었는데 역시 뒷사람의 輯補가 있었다. 청대에 관찬 『명사』에는 淸初의 역사사실에 대해 숨기고 말하지 않았으나, 『명실록』으로 모두 상세히 할 수 있다는 점에서 중요시된다. 명대에는 또 관찬으로 『大明一統志』가 있는데 천하 군현의 지리 형세를 기록하였다. 이 밖에 郡縣志도 많이 편찬했는데, 郡邑에는 志가 없는 곳이 없었다. 명대 지방지는 수량 면에서는 많다고 할 수 있으나 그다지 진전된 면은 없었다.

명대의 관찬으로 또 『永樂大典』이 있다. 이는 類書로서 韻의 항목에 따라 글자를 배열하고 글자 아래 音韻과 뜻풀이에 대해 상세한 주를 달며, 篆·隸·眞·行·草 각종 자체를 덧붙여 기록했다. 또 이 글자로 구성된 成語·典故 내지 각종 문학·사학의 기재를 수록했다. "운으로 글자를 통어하고 글자로 사실을 관련지은" 것이다. 이는 중국 문화사에서 가장 이르고 가장 큰 백과사전으로서 모두 22,211권이며, 또 凡例 목록이 60권으로서 장정하여 11,9505책, 약 37,000여 만 자가 되었다. 경·사·자·집에 불경·道藏·戲劇·平話·의약·수공기술·농예 등의 분류를 포괄하여 수집한 것이 극히 풍부했다. 원저의 部·篇·문단 전체를 모두 따다가 구분해 편입시키고 개변을 가하지 않았는데, 이에 의존해 송·원 이전의 전적으로서 후래에 없어진 것을 많이 보존할 수 있었다.

사찬 서적도 여러 권 나왔으나, 대개 앞사람의 體例를 답습했거나 속작 혹은 개칭 편찬하여, 약간 오류를 고치고 빠진 것을 보충하여 사실을 증가시키고 글을 줄었지만, 그다지 새로운 것은 없었다.

한편 명대인이 기록한 역사적 이야기 기록은 매우 많았는데, 일종의 稗史雜說이다. 小說家의 일종으로 발전하여 명대에 이르자 문인 학사나 가난한 선비 儒者들은 전해오는 이야기를 망라하고 사실마다 반드시 기재하여, 기록된 稗史雜記는 그 종류가 번다하게 되었다. 이 같은 서적의 내용은 사심이 끼고 날조가 많으며 가볍게 들어 착오가 많고 괴이함을 좋아하여 황당함이 많은 결점이 있으나, 그 가운데도 허다한 진귀한 자료가 보존되어 있다. 청대에 이르러 명대의 패사잡설은 내용이 광범하고 사실은 반드시 기록하며,

특히 후금의 흥기, 만주족의 침입 따위에 관해서는 기재도 많았다. 이는 청조의 체면에 지장이 있고 청 조정의 금기에 저촉되므로 배척을 받고, 심지어는 패역·날조로 지목되어 완전 파괴되거나 부분적으로 파괴되었다. 이러한 명대인의 패사잡설은 명·청사 연구에 충분히 중시해야 할 또 하나의 자료 출처이다. 다만 명대의 이 같은 패사는 사학사상과 편찬방법 측면에서도 무언가 뚜렷한 성취는 없었다.

제3절 『元史』의 편찬

『원사』 210권은 중국역사상 원대의 흥망과정을 비교적 체계적으로 기록한 사서이다. 홍무 원년(1368) 명태조 주원장은 『원사』를 찬수하도록 명령하였다. 제2년 李先長이 감수를 맡고, 宋濂, 王禕가 총재를 맡고, 趙壎 등 16인이 찬수를 맡아 역사편찬실을 열어 『원사』를 편찬하였다. 겨우 188일 사이에 원순제 일대를 제외하고 본기, 지, 표, 열전 모두 159권을 완성하였다. 이후 歐陽佑 등 12인이 사방으로 돌아다니며 원순제 일대의 사료를 수집하여 홍무 3년(1370)년 다시 역사편찬실을 열어, 이내 宋濂, 王禕 등이 총재를 맡고 朱右 등 15인이 편찬에 참가하여 143일간 본기, 지, 표, 열전 등 모두 53권을 편찬하였다. 이후 전후 2서를 합쳐 모두 210권을 완성하고 편찬하였는데 단지 331일이 걸렸다. 「송렴목록후기」에 의거하면 홍무 3년 7월에 책이 완성되었음을 알 수 있다.

『원사』가 그렇게 신속하게 완성될 수 있었던 원인은 원왕조 각대의 실록, 『經世大典』, 「功臣列傳」 등 관에서 편찬한 전적을 참고할 수 있었기 때문이다. 『원사』 등 전적의 편찬자들의 정치관점은 모두 유가의 도학사상을 신봉하여 이것으로 기준을 삼았다. 즉 그들은 앞 왕조의 남겨진 역사자료를 처리할 때에 사상관점과 내용안배에 있어 근본적인 개정을 가하지 않았다. 이로 말미암아 『원사』의 편찬자들은 많은 원대사료의 모습을 그대로 보존할 수 있었다.

원대 역사를 연구할 때에, 『원사』는 필수 불가결하게 중요한 기본 사료이다. 순제 일대를 제외한 47권의 본기는 실전된 원왕조의 역대 실록을 요약하여 내용이 비교적 풍부하며, 연월일의 편재를 비롯하여 정치, 경제, 군사, 사회생활 등 각개방면을 포괄하는 대사기이다. 또한 사료가치와 확실성도 비교적 크다. 일부의 구학자들이 『원사』에 대하여 본기는 사례가 부합되지 않는다거나, 내용이 번잡하다는 등의 질책을 가하였는데, 이는 일종의 편견이다. 58권의 지, 8권의 표 등은 사료는 순제시기를 제외한 절대부분을 원문종 때에 편찬한 『경세대전』에서 채용한 것으로 이 책이 현재 대부분 산실되었으나, 그 내용을 『원사』의 각 지 중에서 살필 수 있다. 97권 열전은 대부분 원왕조에서 편찬한 전기에서 자료를 얻었다. 이 관에서 편찬한 전기는 가전, 신도비, 묘지 등을 근거로 하여 이루어진 것이다. 이로 말미암아 정확성의 정도에 있어서 기, 지는 비교적 차이가 많으나 그중 많은 생동적이고 구체적인 자료가 포함되어 있어, 이 점에 있어서 기, 지는 『원사』중 최고라고 할 수 있다.

『원사』는 촉박하게 책을 완성하고, 여러 사람의 손을 거침으로 말미암아 편찬방면에 있어 적지 않은 착오가 있었다. 예컨대 동일하지 않은 황제의 후비의 명단을 동일한 황제의 후비처럼 처리하여 후비 표 중에는 처첩과 나란히 배열하였다. 이외에도 번역명이 통일되지 않고, 연대나 사실 등도 착오가 상당히 많다. 원사는 후대인들에 의해 몇 차례 중수가 시도되어 몇 종의 비교적 좋은 서가 나오기도 하였다. 그러나 중수한 서는 『원사』가 비교적 원시의 기본 자료를 지니고 있으므로 이를 대신할 도리가 없다.

『원사』의 판본은 많지만 1974년 북경 중화서국 교감본이 현재 유행하고 있다.

제2장 명·청 교체기의 사학

제1절 근세 사학의 중흥시기

소수민족에 불과하던 만주족이 마침내 중원의 패자가 되어 주인이 되었을 때, 가장 큰 문제 중의 하나는 민족모순이었다. 본래 명조 전복을 목적으로 했던 농민봉기군도 명 정부와 연합하여 청에 항거하였다. 따라서 이들의 抗淸투쟁은 민족보위 전쟁이며, 정의로운 명분을 가지고 있었다. 한족 지주계급의 몇몇 인물 즉 사가법, 고염무, 전숙락, 장황언, 구식사, 왕부지 등은 투쟁에 참가하였고, 굳은 지조를 굽히지 않고 장렬한 희생까지 한 대표적인 인물들이다. 그러나 무장 항청투쟁이 실패 한 후 이들은 일체 청과 협력하지 않았다. 그들은 은거하여 붓을 무기로 삼아 고국의 문헌을 정리하였고, 중화와 오랑캐의 구별을 널리 알리며, 민족사상과 애국정신을 선양하여 힘을 다해 민족 부흥을 위한 이론적 근거를 제공하였다.

그들은 명 멸망의 원인을 분석하면서 봉건전제에 대한 비판을 넘었다. 또한 기존의 송·명 理學과 心學을 비판하고 경세치용의 실학을 주장하였다. 그들은 역사 공부를 제창하여 옛날을 이용해 오늘날을 계획하며(引古籌今), 옛것에 해박하고 오늘날을 통해 진화론의 관점에서 역사를 연구했다. 사학사상의 활발한 도약으로 말미암아 이 시기는 사학 방법과 역사서 편찬 방면에서도 많은 혁신이 있었다. 예컨대 황종희는 학술사 체재(學案體)를 확립하였고, 왕부지는 중국의 사론을 발전시켰으며, 고염무는 考證(考據)학풍을 개척하였다. 그러므로 명·청 교체기의 사학은 대단한 성취가 있어서 생기가 넘쳐나고 그것이 지향한 방향도 진보적인 것이었다. 중국의 전근대 사학은 원·명시기의 상대적 침체를 거쳐 다시금 활기를 띠었고, 중국 사학 발전의 역사상에 하나의 독자적 시기를 이루었다.

이 시기의 사학 성취에 대해 아쉬운 점은 그 진보적 정신과 실질이 청대에 결코 계승·발휘될 수 없었다는 것이다. 청조가 안정적 기반을 다진 후에 청대의 사학은 실제와 유리된 고증이란 한 길로 나아간 것이다. 그렇지만 진보적 사학 유산은 인멸되지 않고 청말 舊民主主義 혁명운동이 흥기할 때에 이르러 거대한 사회작용을 발휘하였다. 양계초는 "……그들이 만주에 반항한 장렬한 행동과 언론으로 말하면, 이때에 이르러 만주 조정의 손에 중국인이 면목을 죄다 잃어서 마침 그 책임을 추궁하려는 중이었기 때문에 선배의 책을 읽고 갑자기 200년간 마비되었던 민족의식을 각성하게 되었다"고 술회하였다.

명·청 교체기의 사학의 대표적 인물은 황종희·고염무·왕부지이다. 그들은 걸출한 사상가이자 역사가였으며, 청대 이래 진보적 학자들은 그들을 '淸初 三大儒'라고 일컬었다. 그들의 공통적이고 돌출한 특색은 民族氣節이 풍부한 것이고 아울러 이로부터 갖가지 진보적인 사상관점이 산출되어 사학에서 거대한 성취를 얻었다는 점이다. 이들은 항청 투쟁에 참가했으며 그들이 내건 깃발은 "군주에 충성하는 것"이기도 하고, "조상의 왕조를 잊지 않는 것"이기도 하고 하였다. 또한 항청은 당시 광대한 인민의 민족 압박에 대한 투쟁과 일치하는 것이기도 하였다. 고염무는 국가와 천하를 구분하여 "국가가 망하는 것과 천하가 망하는 것이 있다. 국가의 멸망과 천하의 멸망은 어떻게 구별할 것인가? 성씨가 바뀌고 연호를 고치는 것을 망국이라 하고, 仁義가 꽉 막혀 짐승을 몰아 사람을 잡아먹고 사람이 서로 잡아먹는 것을 천하의 멸망이라 일컫는다. 국가를 보존함은 그 군주와 신하, 고기를 먹는 자들이 도모할 일이고 천하를 보존함은 천한 匹夫들도 함께 책임이 있는 것이라"고 하였다. 그는 '천하의 흥망은 필부도 책임이 있다'는 신념에 근거하여 항청 투쟁에 참여했으며, 아울러 이미 '충군'의 범위도 초월하였다. 이들은 大漢族主義나 봉건적 삼강윤리 관념에 구속되지 않은 민족기절을 갖고 있었던 것이다.

제2절 黃宗犧와 浙東사학

황종희(1610~1965)는 명조 멸망 후 항청 운동을 전개하였고, 항청운동이 실패하자 붓대를 무기로 삼았으며, 문자의 옥과 금서령에 맞서서 학술연구에 전념하면서 민족 부흥을 도모하였다. 그는 민족 기절이 풍부한 역사가이자 사상가의 한 사람이며, '역사를 읽는 자가 없고 이로 말미암아 인재가 날로 퇴보하였으며, 우활한 유학자를 면하려면 반드시 역사를 겸하여 읽어야 한다'고 지적하였다.

"역사 사실을 알아 정통하지 않으면 안된다"는 부친의 명에 따라 그는 21사를 읽고 교정하였으며, 그의 역사 학습은 명대 학술계가 책을 묶어 두고 보지 않으며 유람·담론을 일삼는 병폐를 교정하여 실용화하려는 것이었다. 황종희는 명대의 문헌을 정리하고 명말의 항청 역사를 기술했는데, 그 목적은 민족사상을 선양하고 인민들로 하여금 일어나 청에 반대하고 명을 회복하도록 인도하며, 그의 정치 주장을 위해 역사적 근거를 제공하는 데에 있었다. 또한 역사를 연구하고 역법과 지리에 유의한 것은 마치 고염무가 경을 연구하고 음운에 유의한 것과 같이 학술사에서 하나의 발명이었다.

황종희의 가장 주요한 사학 서적은『明儒學案』이다. 이것은 명대 학술사상을 전적으로 기술한 斷代 철학사인데 모두 62권이었다. 그것은 명대 철학자의 사상과 언행에 근거하여 그들의 학설 및 학파 원류를 분석하고 200명 정도의 철학자들이 17개 學案으로 구분한 것이다. 그런데『명유학안』이 사학사에서 갖는 주요 가치는 그것이 포함한 사상 관점에 있는 것이 아니라, 그것이 확립한 편찬 방법에 있다. 그것의 자료 채집은 풍부하고 정수를 고르고 상세히 말하여 각 학자의 특색을 게시하고 그 참 모습을 전하며, 명대 유학자 200여 명을 한 책으로 종합하여 각 학파가 주장하는 학설의 정밀한 의미와 원류의 분리·통합을 기술하고 명대 300년 학술을 개관한 것이었다. 따라서 이로 인해 학안의 체제를 창립하고 중국 전근대 학술사의 편저 방법이 확립되었다는 점이다.

황종희는『명유학안』저술 후 송과 원의 학술을 연구할 목적으로『宋儒學案』과『元儒學案』의 편집에 들어갔는데, 17권만 쓰고 사망하였다. 그후 그의 아들 백가와 제자 양개원·고식이 참여하여『梨洲黃氏原本』을 만들었는데 미완성 초고였다. 그뒤에도 역사가 전조망과 황종희의 현손 황장 및 그 아들 황평불, 최후에는 왕재재와 풍운호가 원고 전체를 하나로 합쳐 간행하여『宋元學案』100권을 만들었다. 이 책의 완성까지는 150~160년의 시간이 걸렸으며 참가한 인원만도 8명이나 되었다. 그러나『宋元學案』은 무엇보다도 그 편찬방법이『명유학안』에 비해 더 진보하고 세밀했으며, 내용도 더 광범하고 풍부하게 송과 원의 학술사상을 연구한 주요 저작이라는 점이다. 이같은 학술사 체제의 기초를 다진 자가 황종희이며, 그의 중국 역사편찬학에 대한 공헌은 창조성을 갖춘 것이다.

황종희는 명대 통치계급 내부의 가장 부패한 세력인 환관 집권세력을 규탄하는 데서 출발하여 한 걸음 더 나아가 봉건군주를 지탄하고 첨예하게 군주 전제를 비판하였다. 그는 자신이 저술한『明夷待訪錄』에서 봉건군주 전제의 죄악과 본질을 폭로하고 "천하의 큰 해가 되는 것은 군주일 따름"이라고 지적하였다. 봉건군주 전제에 대한 그의 비판은 관점이 선명하며 대담하고 첨예하여 소박한 민주사상을 띠고 있다. 까닭에 중국 근대 자산계급의 민주혁명에 대해 황종희가 적극적 영향을 낳았던 것이다. 그러나 황종희는 결코 전체 봉건제도를 부정하지 않았고, 단지 개혁을 통해 군주권을 제한할 것을 요구하였다. 따라서 황종희는 봉건군주 전제에 대한 비판은 물론 적지 않은 민주성의 정화를 띠고 있어 실로 귀하였지만, 그 출발점과 귀결점은 모두 봉건주의의 범위를 초월 할 수 없었으며, 아울러 봉건 통치 사상과 대항할 수 있는 사상체계를 형성할 수는 없었다.

아울러 황종희는 역사연구를 제창하였는데, 사학에서의 성취는 매우 크고 영향도 컸다. 이에 대해 전조망은 "명 중엽 이후 강학의 기풍은 극히 피폐하여 性과 天命을 고상하게 담론하고 바로 禪의 경계에 들어가 책에 묶어 두고 보지 않았으며, 조금 평범한 자는 學究가 되니 모두 근저가 없는 무리였을 뿐이다. 선생이 처음 학문은 반드시 경술에 근거해야 한다고 말한 후 공허한 것에 빠지지 않고 반드시 역사서적에 증명한 다음에 충분히 실무에 대응하였다. 사실대로 근거를 갖고 의지할 수 있으니, 종전의 講堂의 고질은 일변하게 되었다."고 지적하였다.

절동에서 황종희의 뒤를 이어 사학에서 성취를 얻은 자는 만사동·전조망·장학성·소진함 등이다. 그들은 모두 절동인이며 사학 명가로 "性과 天命을 말하는 자는 반드시 역사에서 연구해야 하고" 학문은 반드시 사실의 工效에서 나타내야 한다는 특성을 갖추었다. 그들은 '절동사학'이란 명칭을 갖게 되었으며, 황종희는 이 학파의 개조로 기리었다. 황종희의 직계라고 할 수 있는 사람은 만사동과 전조망이다.

만사동은 황종희의 촉망받는 제자였는데, 청에 벼슬하는 것을 원치 않았다. 그는 명의 遺民을 자처하며 명사의 편집에 진력함으로써 고국 생각을 기탁하였다. 그는 포의로 역사 편찬에 참가하였으며, 청의 봉록은 받지 않았다. 그렇지만 『명사』편찬을 위해 필생의 정력을 바쳤으며, 고도의 민족 기절과 사학에 충실한 책임감을 표현하였다.

전조망은 황종희를 사숙하고 아울러 황씨 사학의 전통을 일부 계승하였다. 또한 그의 증조와 조부가 항청 투쟁에 참가하였지만 처한 시대가 같지 않아 황종희처럼 강렬한 민족사상을 가질 수가 없었다. 그는 청조가 한창 융성하던 시기에 활동하였으며, 청의 봉록을 먹고 청의 은혜로운 명을 받았으며, 봉건 도덕을 준수하여 청왕조에 충성하였다. 그는 절동의 항청 투쟁과 명말 항청 인물에 대해 공개적으로 부정하고 비난·배척하였다. 그가 보기에 절동의 항청은 하늘의 뜻을 위반한 헛수고의 거사이며 항청 인물의 불굴의 행동은 어리석고, 지나친 것이었다. 대신에 그는 자신이 저술한『鮚埼亭集』에서 '충신', '의사', '효자', '열녀'를 표창하며, '충효절의'를 표창하고자 하였다. 전조망은 그것으로 인물을 칭찬하고 비난하는 표준으로 삼았으며, 봉건적 삼강 윤리를 선양함은 그가 남명 역사사실을 기술한 출발점이자 귀숙이었다. 전조망은 사학자로서 역사사실에 충실하고 붓을 잡아 바른 대로 쓰는 직필정신의 영향을 깊이 받았다. 그는 명말 청초의 역사사실에 대해 한편으로는 "널리 수집하는 데에 힘을 아끼지 않고" 稗官野史를 본 것이 가장 많았다. 한편 그는 선택과 고증에 유의하여 여러 학자의 기재의 착오를 논박하여 바로잡았다.

제3절 顧炎武 및 그의『日知錄』

고염무(1613~1682)는 자가 寧人인데 학자들은 亭林 선생이라 일컬었다. 그는 강남의 대가문 출신으로 청년 시기부터 정치에 대해 관심이 깊었고, 지식인의 정치 모임에 참여하여 개량을 주장하기도 하였다. 그의 生母는 청병에게 오른팔을 잘리었고, 養母는 명 멸망 후 단식으로 순절하면서 그에게 "다른 나라의 臣子가 되지 말것이며, 대를 이은 나라의 은혜를 저버리지 말고 선조가 남긴 훈계를 잊지 않는다면 나는 지하에서 눈을 감을 수 있을 것이라"고 당부하였다.

그는 항청운동이 실패로 끝나자 천하를 유랑하였는데, 하루도 학문을 폐기한 적이 없었다. 그는 망국의 고통을 지고 명 멸망의 교훈을 총괄하고자 구세의 처방을 탐구하였다. 그의 학문연구는 "경술을 밝히고 인심을 바로잡으며 난세를 다스림으로써 태평을 일으키는 일"을 위한 것이었다. 그는 "역사서의 저작은 과거에 비추어 지금을 훈계하는 수단이다"라고 주장하였다. 그는 "몸소 실행함에 부끄러움을 갖고, 글은 널리 학습할 것"을 제창하고, "옛날을 끌어다가 지금을 계획하며", "세상을 다스리고 실용을 이루는" 것을 자기의 종지로 삼았다.

'通儒'라는 호칭을 받았던 그는 청조 여러 관료들의 추천을 거절하고 죽어도 청정과 협력하지 않을 것을 밝혔으며, 그렇게 살았다. 고염무는 민족 기절이 강하고 굳고 곧은 불굴의 志士·仁人의 한 사람이었다. 그는 『天下郡國利病書』를 저술하였는데, 이 책은 전국의 산맥·기후·河流 및 각 省의 지리를 논술하고, 지방의 이익과 병폐를 지적하며 경제 발전을 연구한 것이었다. 또한 『肇域志』를 저술하였는데, 지리 형세와 요새를 전문적으로 논술하였다.

그러나 고염무가 스스로 언급했듯이 평생의 뜻과 사업이 담긴 책은 32권짜리 『日知錄』이다. 그가 책의 이름을 『일지록』이라 한 것은 30여 년간 학문을 좋아해서 형성한 저작이며, 결코 쉽사리 써낸 즉석의 札記가 아니라고 여겼기 때문이었다. 『일지록』은 考據의 방법을 이용해 쓴 책으로 "한 사실을 논하는 데 반드시 증거를 들며 더욱이 단편적 증거로 자족하지 않고 반드시 아주 널리 채택하여 증거가 갖추어진 다음 스스로 그 소신을 표명하였다." 그의 考據는 실사구시였고, 경세치용과 옛날을 인용해 지금을 계획하는 일을 일종의 수단으로 삼았으며, 고거만을 위한 고거를 하지 않았다.

청대 고거학의 선구자였던 고염무는 경세치용과 옛날을 인용해 지금을 계획하기 위한 학문을 주로 연구하였는데, 애석하게도 이런 진보적인 정신이 청대에 결코 계승 발휘될 수 없었다. 후일 청대의 고거 학풍은 크게 성행하였으나 도리어 고거를 하며, 옛날을 인용해 지금을 계획하지 않고 '경세'를 '피세'로 바꾸었다. 이는 청 조정의 문화전제 곧 금서령, 문자의 옥에 의한 압제와 교살의 결과였다.

양계초의 평론에 의하면, 고염무는 객관적인 측면에서 사무의 조리를 연구·고찰하였고, 학문 연구 방법을 개척하였으며, 학술의 부분을 개척하였다. 그러나 무엇보다도 고염무는 평생 경세치용의 학문에 유의하고, 학술의 깊고 순수함과 인격의 숭고함을 갖추고 있었기 때문에, 청말에 이르러 그의 정신이 후인들에 의해 부활하게 되었다.

제4절 王夫之 및 그의 역사평론

왕부지(1619~1692)는 자가 而農, 호가 姜齊였다. 명 만력 47년에 태어나 청 강희 31년에 사망했다. 학문연구 분위기가 농후한 지주 가정에서 태어났다. 그는 서적 지식과 실제 지식의 상호 검증에 유의하였다. 그는 항청 투쟁이 실패로 끝날 것을 내다보고 은거하였다. 그는 청의 민족동화 정책에 저항하기 위해 성명을 바꾸고 유랑하며 곤궁과 고통을 겪었다. 그러면서도 줄곧 기절을 굳게 지켰는데, 이는 단순한 소극적 避禍가 아니라 다른 형식의 반청 투쟁으로 전환해 간 것이었다. 즉 문자로 무기를 삼아 저술과 교학 활동을 통해 사상·문화면에서 애국정신과 민족사상을 선양하여 이후의 광복을 위해 조건을 준비하는 것이었다. 그는 세상을 떠나면서 스스로 그 묘비를 적어 '明 遺臣 왕부지의 묘'라 하도록 당부하였는데, 이 유언으로 무신론 사상을 체현한 셈이다.

왕부지는 史論書로 『讀通鑑論』30권과 『宋論』25권을 지었다. 그 기본은 朝代와 역대 제왕의 재위 순서에 따라 각 시기의 중요 역사사실을 평론한 것으로, 일반적 사론 집성이 아니고 체계적이며 조직적인 사론 傳著였다. 그것은 역사상의 중요 사건에 대해 한 건 한 건 평론하고 편마다 모두 자기의 견해가 있어, 층층이 분석하며 그 채찍으로 독려함이 미묘한 경지에 이르렀다. 그 중에는 역사사실의 원인에 대한 해석, 역사사실의 변천에 대한 종합서술, 역사사실의 영향에 대한 탐구가 있다. 그는 사료의 관점을 서로 결합한 형식을 취해 역사적 사실 변화의 규율을 탐색하고 약간의 역사 운동의 변증법을 드러내 보였다. 따라서 중국 사론을 발전시키며, 또한 사학에서의 사론의 지위를 제고하였다. 이는 왕부지의 중국사학에 대한 공헌의 하나이다.

왕부지는 사학이 경세치용의 학문임을 제기하고 사람들이 앞사람의 경험교훈을 획득하여 목전의 실천에 응용하게 하고자 했으며, 그렇지 않으면 사학은 존재의 의의를 상실하는 것이라고 주장했다. 그의 말에 따르면, "역사에서 귀중한 것은 과거를 서술함으로써 미래 사람의 스승으로 되는 것이다. 역사를 공부하는 사람이 기재가 부질없이 번거롭기만 하고 경세의 대략이 드러나지 않아서 뒷사람이 그 득실의 핵심을 얻어 본받고자 해도 방도가 없다면 역사는 어떤 쓸모가 있겠는가"라고 지적하였다. 또한 그는 "역사를 책으로 쓰는 것은 일의 실행에 나타난 증거인 것이다. 그러니 반드시 추진해 실행할 수 있고 싸워서 극복하고 지켜서 견고히 하며, 법을 행하여 백성이 편하게 생각하고 諫言을 올려 군주가 듣고 따르는 것이니, 사이비 인의의 공담으로 단지 과오만 빚고 성과가 없는 것을 채택하지 않는 다"는 것이다.

그러므로 그는 사학이란 역사상의 경험과 교훈을 거울삼아 사람들이 목전의 실천을 검사, 지도할 수 있게 하여 경세로써 치용하는 것이다고 주장하였다.

그는 또한 민족의 이익이 다른 일체보다 높다고 생각했다. 그러므로 역사상의 漢奸·매국노·민족 투항파에 대해 그는 깊이 증오하는 마음이 매우 절실하여 정의로 성토를 했다. 또한 그는 한·당·송·명은 치세이고, 다스림을 서로 잇고 도리를 서로 이어 받은 중화의 큰 계통이고 정통이었으며, 그 안에 들지 않은 진·삼국·수·오대·원 등은 난세로서 모두 정통에 속하지 않는다고 보았다. 왕부지의 이같은 "중하의 큰 계통"이라는 신 정통론은 비한족이 중원에서 지배를 수립하는데 대한 합법 지위를 근본적으로 부인한 것이다. 그렇다면 민족 압박 정책을 실행한 청조도 당연히 정통의 대열에 속하지 않고 그 통치는 비합리적인 것이라고 보았다. 그러므로 왕부지의 신정통론은 실제로는 그의 반청 민족사상의 일종의 이론화였다.

왕부지는 그의 유물주의 사상 관점을 사회·역사 고찰에 응용해 곧 진보적 역사관을 산출했다. 그는 "理가 氣에 의거한다"는 명제에 근거해 역사의 變易은 일종의 현실을 제약하는 성질이 있는 객관 역량에 의해 결정되는 것이다. 따라서 그것의 객관적 필연 추세가 있고 사람들의 주관적 의지로 이전되지는 않는다고 생각했다. 그는 역사변혁이란 이미 사람의 의지로 이전시키지 못하는 객관적 필연 추세가 있다고 보았다. 또한 왕부지는 "천지의 조화는 날로 새롭다"는 명제와 같은 필연적 추세의 전체적 방향을 탐색하였다. 그는 역사발전의 전체적 추세, 전체적 방향이 야만으로부터 문명으로 나아가며, 후대에 이를수록 전대에 비해 더욱 문명화되어 역사가 진화하는 것이라고 주장하였다. 요컨데 그는 3대는 당·이 이전의 문명에 비해, 춘추는 3대 문명에 비해, 그리고 당대는 춘추시기에 비해 문명이 더 나았다고 주장하였다. 왕부지의 이런 논술은 그 가운데 비록 문제가 없지는 않으나 그 기본 정신은 진화론이며 역사 발전의 전체적 추세에 부합하는 것이었다. 그는 역사는 전진한다. 즉 시대가 늦을수록 그 사회는 더 문명화되었다고 믿었다. 사회적, 정치적 그리고 기타의 제고를 포함해서 기타의 器라는 범주에 속하는 모든 현상은 과거의 형태와 현재의 그것이 다르며 따라서 과거는 현재를 위한 기준이 될 수는 없는 것이다. 그는 "과거에 집착해서 그것을 높이 평가하면서 현재를 경멸하고 멸시하는" 사람들을 혐오했다. 노인은 어린아이로 다시 젊어질 수는 없다. 인간의 본성을 포함해서 모든 것은 끊임없이 변화하고 있다. 현재는 과거보다 나으며 미래는 현재보다 더욱 좋아질 것이다. 각 시기는 각자의 특성을 가지고 있다. 시기가 변화할 때마다 환경은 달라진다. 현재의 필요에 맞게 사회적 또는 정치적 제도를 채택하는 것이 최선이다.

아울러 왕부지는 순환사관 즉 전쟁과 평화의 시기 또는 一治와 一亂의 순환론을 논박코자 한 것처럼 보인다. "극도의 亂世 속에 治世가 나온다고 할 수는 있겠지만 극도로 훌륭한 치세 속에서 난세가 나온다고 어찌 말할 수 있는가?" 그는 중국사를 왕조에 관계없이 세 개의 긴 변화시기로 나누었다. 그는 또한 역사에서의 진화는 '원리'뿐만 아니라 '자연스러운 경향(勢)'에 의해서 지배되는 양식를 따른다고 보려 했다. 헤겔과 마찬가지로 그는 역사는 하나의 경향 또는 방향을 따라서 계속적으로 그리고 질서있게 그 자신을 전개한다고 믿었다. 그는 역사에 대한 모든 神聖的 또는 마술적 해석을 단호히 거부했다. 나아가 왕부지는 역사과정에 대한 작용요소로서의 운명, 행운 그리고 다른 모든 신비적이거나 초자연적인 힘을 부인했다. 그는 역사를 중국의 고대 신비주의로부터 해방시키려고 까지 했다고 말할 수 있는 것이다.

왕부지의 선명한 역사 변혁 사상과 진화 관점은 중국 전근대사학자 가운데서 전에 없던 것이었으며, 중국 전근대에 달성할 수 있는 최고 이론 수준을 달성하였다. 그는 역사 진화론의 관점을 운용하여 역사사실을 평론한 성취도 매우 컸다. 중국 사학을 과학으로 발전시키는 측면에서 그는 공헌이 있었던 것이다. 그의 강렬한 애국주의와 민족사상은 나중에 舊民主主義 혁명운동에 대해서도 일정한 영향을 낳은 적이 있다. 그는 사학은 반드시 경세치용을 해야 하며, 역사는 당시의 일에 연계되어야 하고 학문 연구는 실천적 목적을 갖고 있어야 함을 제창하였다. 그는 사론을 발전시키고 사론이 중국 역사서 중에서 갖는 지위를 제고시켜 역사연구를 깊은 경지에 들어가도록 추진하였다. 그러므로 왕부지는 유물주의적 사상가일 뿐 아니라, 동시에 한 사람의 걸출한 역사가였다.

그렇지만 왕부지도 시대를 뛰어넘지는 못하였다. 그는 계급적 편견을 가지고 있었으며, 그로 인해 줄곧 농민 봉기군에 대해 적대시하는 태도를 취했다. 따라서 인민 대중의 역량에 의지하여 이를 조직하고 민족압박에 저항하는 투쟁을 효과적으로 진행할 수 없었으며, 그의 애국주의와 민족사상도 큰 제약을 받았던 것이다.

그의 위대성을 평가하는 진정한 척도는 1898년의 개혁가요 순교자적 譚嗣同이 그의 청년기의 개혁사상의 많은 부분을 그의 저작에서 얻었다는 사실이다. 지난 19세기 말 이래로 왕부지의 저작은 민족주의자와 혁명적 중국인에게 영감의 원천이었다. 1908년 이후 얼마간 왕부지는 문묘에서 제사의 대상이 되기도 했다. 그의 『독통감론』과 『송론』은 民國時代 거의 모든 학생들에게 읽혀졌다고 한다. 아마도 청년시절 모택동이 그에 대해 관심을 가졌고 長沙의 船山學社라는 학회와 관련이 있었던 것 때문이겠지만 1962년 11월 18일에서 26일 사이엔 장사에서 90명 이상의 학자가 참여하여 왕부지의 서거 270 주기를 기념한 대규모 학술 토론회가 개최되었다. 대부분의 참가자는 그를 유물주의 사상가로 칭송했지만 몇몇은 그의 유심주의 잔재를 비판하였다. 그가 계급투쟁의 개념을 갖지 못하였고 張獻忠의 반란에 참가하기를 거부했다는 것, 일반적으로 농민 반란에 아무런 동정을 갖지 않았다는 것이 이 토론회의 일치된 의견이었다.

왕부지는 민족주의적(종족적) 측면이 강하다. 史論에서 정통론 논박–'統'은 왕조의 계승과 함께 민족의 통일까지 의미하는데 중국은 분열된 때가 많았고 이 민족에 의한 지배도 많았다. 따라서 정통론은 사실에 의해 부정되었고 따라서 무시할 수 있다. 예컨대 宋濂의 『원사』 편찬은 그가 華夷의 구분을 인식하지 못한 결과라고 평하고 夷狄은 漢族에 의해 禮로써 대우받아서는 안 되며 한족이 이적을 속이고 죽인 것은 나쁜 일이 아니라고 하였다.

그의 역사서술의 원칙으로 역사란 현실사회에 실제적으로 얼마간 이용될 수 있어야 하며 미래를 위한 길잡이나 경고가 되어야 한다. 또한 역사서술의 목적의 하나는 역사에서 成敗의 원인을 분석하는 것이다. 역사적 인물의 정신을 연구하는 것이 필요하며 역사가는 만일 자신이 자신의 연구대상의 자리에 서게 되면 어떻게 할 것인가를 상상해볼 필요가 있다. 아울러 포폄은 공정해야 한다. 판단을 내리기 전에 역사가는 자신의 사고가 신중하게 이루어졌을 뿐 아니라 합리적이고 실제적 가치가 있는가를 확신해야 한다. 그리고 역사가는 다른 사람들이 항상 자신의 일반화를 따를 것이라고 기대해서는 안 된다. 그밖에 역사 서술의 문체는 명확하고 정확해야 하고, 사설과 해석은 요령있게 서로 엮어져야 한다고 주장하였다.

제3장 淸代 사학

제1절 『明史』의 편찬

청조의 극단적 봉건전제제도는 사학 발전에 많은 제약을 가져왔다. 이러한 가운데 『명사』 편찬 작업이 순치 2년(1645)부터 이루어지게 되었다. 당시 대세가 확정되지 않았고 자료는 없어지고 흩어졌으며, 청정부도 옛 왕조의 역사사실을 편찬하는데 무관심했으므로 이번의 『명사』 편찬은 자료 수집, 문자 편찬 면에서 성과가 모두 크지 않았고, 역사 편찬 작업은 모르는 사이에 중지되었다. 이후 康熙帝 때에 명사관을 열고 대규모로 『명사』를 편찬했다. 萬斯同, 黃百家, 潘耒 등도 참가하였다. 당시 만사동은 고국의 역사를 편찬함으로써 고국에 보답하려 했으므로 한편으로는 史館에 들어가지 않는 입장을 견지하고 또 한편으로는 서원문의 집에 머물며 布衣로서 역사 편찬에 참여하여 『명사』의 체례를 기초하고 사관 찬수관의 초고를 심사하여 『명사』의 실제적인 심사·결정자가 되었고, 또 스스로 『明史稿』 한 부를 지었다. 만사동은 최후에 총재 王鴻緖 집에 머물었는데, 강희 4년에 만사동이 왕홍서의 집에서 사망하자, 그의 『명사고』 원본은 곧 왕홍서 수중에 떨어졌다. 왕은 만씨의 원고 및 서원문이 감수한 『명사』 초고를 삭제·정정하고 합병한 다음 자기 작품이라고 공언하며 양차로 나누어 청 조정에 올렸는데, 이것이 나중에 각본이 있어 성행된 『橫雲山人明史稿』이다. 이후 그것을 초고로 삼아 옹정 13년(1735) 『명사』 332권의 편찬을 완성하고, 아울러 건륭 4년(1739) 판목에 새겨 간행되었는데, 이것이 현행의 『명사』이다. 『명사』는 명대에 확정된 '21'史에 추가되고 다시 『구당서』가 보태져 '23'사가 되었다. 건륭 40년에 이르러 『永樂大全』 중에서 『구오대사』를 편집해 낸 후에 청 조정의 무영전에서 이런 역사서를 합각하여 마침내 '24'사라는 확정된 명칭이 있게 되었다.

『명사』 편찬의 시간은 충분하고 또 세 차례의 정정을 거쳐서야 비로소 최종적인 원고를 확정했으므로, 재료 채택은 상당히 풍부하고 사실 기록은 상세하고 확실하여 어떤 기재는 심지어 『명실록』에도 없는 것이었다. 동시에 24사 중 최후에 쓰여진 역사서로서 그 기전체의 체례도 비교적 완벽하고 타당한 것이었다. 「曆志」에는 삽도가 보태졌고, 당시 曆象·算學에 대한 연구 정황을 반영했다. 또 「예문지」에는 명 일대의 책만 기재하고 앞 역사서에 기록한 것은 싣지 않아 단대사의 체례에 부합하였다. 책 속의 여러 열전에 기록한 인물들의 분리·통합과 안배는 비교적 요령을 얻었는데, 『명사』는 수십 인이 한 가지 일을 함께 했으면 한 사람을 올려 傳을 두고 함께 일한 자는 각기 따로 專傳이 있더라도 이 일은 다시 상세히 서술하지 않고 다만 이 이야기는 어떤 사람의 전 속에 있다고 했다. 「七卿年表」와 「閹黨傳」, 「流賊傳」 등을 새로 창립했다.

이러한 『명사』에 대해 청대 학자들은 대체로 호평을 하고 있는데, 이는 『명사』가 청 조정의 관찬으로 황제의 흠정 역사서였기 때문에 그들이 평론하는 데도 꺼리는 점에 있음을 면치 못했던 까닭이었다. 『명사』에는 농민봉기와 각 민족 인민의 저항활동에 대한 적대시와 비방이 도처에 충만하며, 수탈 계급이 인민을 진압한 이른바 '무공'을 힘껏 찬송하고 삼강윤리 名敎를 선양하여 사람들이 책 속에 수립된 봉건 예교의 표준에 부합하는 이른바 '모범'을 본받게 하고자 했다. 특히 청이 명의 계통을 이었음을 선전하고 있다. 『명사』에는 숨기고 회피함이 많았다. 예컨대 建州 女眞에 관한 허다한 역사 사실은 숨겨져 없어졌다. 청조의 선조가 종래 명조에 臣屬 관계가 없었고 명의 封號를 받은 적이 없으며, 건주 지구가 종래 명조의 판도에 속하지 않는다는 것을 표명하려 기도한 것이다. 또한 명말의 남명 정권에 대해 인민의 저항의식을 유발할까 두려워하여 『명사』는 남명 3왕을 附傳 속으로 격하시키고 남명의 역사사실에 대해 기재하지 않거나 말을 해도 상세히 하지 않았다.

이런 점에서 명사를 연구하는데, 『명사』는 명백히 이용하기에 충분하지 않는 점이 있다. 이에 사람들은 『명실록』을 중시하나 이 역시 꺼리고 회피하여 진실을 잃은 곳이 있다. 이런 점에서 명사의 대가 吳晗은 談遷의 『國榷』

을 추숭했다. 담천은 명청 교체기의 역사가로 30여 년에 걸쳐『국각』108권, 모두 500여 만 자를 편찬했다. 이 책의 장점은 재료 채택이 광범하여 명의 列朝 실록과 숭정 邸抄에 의거한 것을 제외하고 여러 학자의 저술을 모두 100여 종을 채집했으며, 또 좋은 것을 골라 따르는데 유의했다. 그리고『國傕』이란 책의 사료 가치는 높은 것이니,『명실록』의 꺼리고 회피함이 없고 또 청에서 편찬한『명사』가 숨긴 건주의 역사사실을 사실대로 기록하여 두 책이 미치지 못한 점에 있었다. 동시에『국각』은 청대에 간행되지 않아서 청인이 멋대로 고치고 삭제하는 것을 겪지 않았다. 그러므로 명사의 연구에『국각』은 중시할 만한 가치가 있는 책이다.

『명사』의 판본은 1974년 북경 중화서국 교감본이 현재 유행하고 있다.

제2절 청의 문화전제

청조정의 봉건문화 전재주의는 물론 상술한 지식인에 대한 농락과 회유 수단을 포함하지만, 더욱 주요한 것은 역시 잔포한 고압 수단을 사용한 것이니, 이는 바로 문자옥을 일으킨 것이다. 문자옥의 억울한 사안은 강희·옹정·건륭 3조가 가장 심했는데, 3조는 도합 134년이란 시간이 경과되어 만들어 낸 문자옥 사안도 108회라는 많은 수를 달했다. 그 가운데 강희 2년의 莊廷鑨의 明史獄, 강희 50년의 戴名世의『南山集』獄과 옹정 7년의 呂留良獄 등 사안은 사학을 겨냥함으로서 역사가를 박해하고 사학을 속박하는 것이었다. 청대의 수많은 문자옥 사안 중에는 물론 어떤 것은 문자 속에 청 조정에 대한 불만과 명조에 대한 생각을 노출하여 야기한 것이다. 그러나 그것은 적지 않은 사람은 문자 가운데 확실히 '悖逆'과 조소 매도의 의도가 결코 없었음에도 불구하고 피살의 화를 초래하기도 했다.

이는 물론 전제적 제왕의 흉악 잔인을 폭로했지만 또한 의식형태 영역에서의 황제의 절대 권위를 확립하기 위한 것이며, 일종의 공포 분위기를 조성함으로써 士人을 위협하여 그들로 하여금 종일 전전긍긍하는 가운데 처해 사람들마다 스스로 위태롭게 생각하고 감히 조정의 정치를 의논하지 않으며, 감히 역사를 연구사지 않고 더욱이 감히 근대의 일을 말하지 않게 하기 위한 것이다. 이 같은 엄중 혹독한 문화전제주의의 고도의 압박 하에서 지식인들은 기껏 팔고문에 몰두했으며, 만일 학술 연구를 한다면 다만 묵은 종이 더미 속에 몰두하여 근대의 역사 사실은 묻지 못하고 학술과 실제가 이탈하는 길로 나아갔다. 이는 청대 건륭·가경 시기 考據學이 성행한 원인 중 하나이다.

청대는 한편 천하의 도서를 광범하게 징수하여 엄중하게 견별하고 청 조정의 통치에 불리한 저작 혹은 편장에 대해 완전 파괴나 부분적 파괴를 가했는데, 이것이 '징수 속에 금지를 깃들인다'는 것이다. 동시에 四庫全書館을 열어서 원저의 '어긋나고 거리끼는' 곳을 멋대로 고친 다음 『사고전서』에 편입시켜 표준본으로 삼아 발행했으니, 이는 '편찬 속에 금지를 깃들인' 것이다. 이에 청대에는 文苑 중에 유린되지 않은 곳이 거의 없었고 서적 중에 일체의 이른바 '어긋나고 거리끼는' '패역하는' 곳은 거의 모조리 삭제되어 버렸다. 건륭 37년에 청 조정은 전국에 서적을 수집하도록 조칙을 내렸다. 이는 '옛 것을 고찰하고 문을 숭상한다'는 훌륭한 이름을 넓힘으로써 낙후된 만주족에 대한 한인의 경멸을 제거하는 동시에 또 책의 징수에 금지를 깃들여, 책을 수집하고 편찬하는 수단을 운용해 한인의 저작 중 청 조정의 통치에 불리한 일체의 문자를 불태워 파괴하고 제거했다. 청 조정이 서적을 검사하고 파괴하는 목적은 원래 명말 청조의 사실의 자취를 매몰하고 한인의 반청 사상을 소멸시키는 것이었다. 그러나 건주 여진과 항청의 역사사실을 기피함으로 말미암아 또 '남송인의 책에서 금을 배척하고, 명초 사람의 책에서 원을 배척한 것조차도 그 이치에 어긋난 것은 당연히 삭제해야 하고 비방에 관련된 것은 당연히 고쳐야 했던' 것이다. 그 결과 송·명대인의 저작 중에 있는 '虜廷', '入寇' 등의 글자 사용이 다같이 꺼리고 회피함에 저촉되어 '北廷', '邊塞 入塞'로 지우고 고쳐 써 한인의 민족관념의 유발하는 것을 면제시켰다.

나중에 改易과 釐正의 대상은 일체의 봉건윤리·도덕에 어긋나고 거리끼는 것으로 확대되었다. 검사 범위도 명말 청초에서 위로 송·원으로 소급하고 아래로 그 당시의 저작에 이르렀으며, 야사·문집, 주·읍 지방지·민간 극본·천문 占險의 책까지 이르렀다. '어긋나고 거리끼는 패역한 책'으로 색출된 책에 대하여 처리하였는데, 하나는 그 책 전체를 파괴하고 만약 목판 조각이 있으면 그것도 함께 파괴하여 단 한 글자와 지면도 남기지 않는 것이다. 다른 하나는 그 가운데 몇 권, 몇 편의 꺼리고 회피하는 것에 관련된 것을 뽑아 파괴하며, 또 하나는 '참작해 빠꾸며', '자구를 개정하여' 멋대로 고치고 첨가하는 것이다.

건륭제는 동시에 또 『사고전서』의 편찬을 명령했다. 모든 채집해 바친 도서와 조정의 원래 있던 장서는, 새로 『영락대전』 속에서 집출한 逸書를 포괄해 함께 상세히 심사·확정하고, 이를 간행해야 할 책, 필사해야 할 책 및 목록에 보존할 책 세 종류로 나누었다. 무릇 간각해야 할 책, 필사해야 할 책은 모조리 다시 필사해서 사본 형식으로 『사고전서』를 집성하여 『사고』 '著錄書'라 일컬었는데, 모두 3,460종, 79,339권이며, 36,300책을 필사하여 경·사·자·집 4부로 나누었다. 매 부는 또 약간의 類로 나뉘어 모두 44류이었다. 매 유 가운데는 어떤 유별이 번다하면 또 子目을 나누었다.

모든 초록자가 서고에 넣은 도서에 대해 또 각지 提要 한 편을 지어 책 앞에 써넣었다. 이 같은 제요는 고증 저자가 책 속의 큰 뜻을 간추려 제시함과 아울러 그 득실을 평했는데, 그 제요를 나누면 사고 각 서적의 卷首에 앞세워 원본 제요가 되고 책 앞 제요라 일컫기도 했다. 이를 합치면 總目提要가 되었다. 당시 청 조정이 '비속하고 오류가 있어' 책은 채택할 만하지 않지만 그 서명은 완전히 없앨 수 없다고 여긴 책은 『사고전서』 속에 넣지 않고 그 서명만 보존하여 총목 각 부류의 뒤에 덧붙였으며, 아울러 간명한 제요를 만들어 앞으로 전해지고 고찰, 정정할 용도에 도움이 되도록 하였다. 이것이 『사고』의 '存目書'로서 모두 6,793부, 95,551권이었다. 『사고』의 각 저록서와 존목서의 제요는 그 뒤 總纂官 紀昀에 의해 개정 증보되고 정제·획일화하였으며, 융합 관통되어 한 책으로 모아 편집되었다. 이것이 『사고전서총목』으로 모두 200권이다. 기윤은 또 따로 『사고전서간명목록』 20권을 편찬했는데, 다만 어떤 책 몇 권이라고만 기재하고 어떤 왕조 어떤 사람의 편찬이라 주를 달고 아울러 그 책의 줄거리를 간략히 서술했다.

『사고전서』는 대체로 건륭 이전의 중국 전근대의 중요 저작을 포괄했으며, 전근대 중국에서 전근대 세계에 이르기까지 최대의 종합적 총서였다. 중국의 옛 서적은 西漢 유향·유흠으로부터 한 번 교정 정리한 후 후대에 비록 늘 교정 정리하는 일이 있었다 해도, 규모가 이번처럼 큰 것은 없었다. 이번에는 옛 서적의 진위, 다름과 같음, 득실에 대해 모두 일일이 변별 증명했으며, 대개 명백히 원저자이면 『사고전서총목』에 어떤 시대, 어떤 사람의 편찬이라고 쓰고, 명백히 위작자이면 옛 本題는 어떤 시대, 어떤 사람의 편찬이라고 썼다. 『사고』에 수록된 각 서적에 대해 각기 시대로 차례를 삼고 역대 제왕의 저작을 각 시대의 서두에 앞세우며, 그 나머지는 작자의 과거 합격의 해, 생졸의 해로 배열했다. 다만 저작을 주석한 것이면 주석한 책 뒤를 따르게 하여 주석자의 시대 선후를 논하지 않았다. 횡적인 면은 도서를 4부 44류와 약간의 자목으로 나누어 각 서적의 내용에 대해 심사를 거쳐 제요를 짓고 다시금 종류별로 배치시켜 분류가 타당성을 얻었다. 이전에 대충 서명을 따라 대략 분별하여 분류하던 것과는 전혀 비할 수가 없었다.

그러나 『사고전서』는 청 조정의 문화전제하에 도서·문헌에 대해 징수와 편찬에 금지를 깃들인 산물이라, 명목은 학술을 위한 것이지만 실은 학술문화에 대한 근절과 박해였다. 또한 『사고』의 서적 수록은 치우치고 전면적이지 않았다. 『영락대전』 속에서 일서를 집록하면서도 집록해야 하는데 하지 않거나 혹은 수집했다가 다시 버리고 『사고전서』에 수록하지 않은 것이 많았다. 동시에 『사고』에 수록된 모든 책은 원서가 필사본이든 각본이든 막론하고 일률적으로 인력·물력을 아끼지 않고 전부 다시 필사하여 새 필사본을 『사고전서』에 모아서 넣었다. 이 과정에서 부분을 뽑아 파괴하며 멋대로 개정하는 과정을 거친 필사본을 정본으로 삼아 원래의 각본이나 원래의 필사본을 대체하여 천하로 하여금 다시 인쇄해 전해지게 하였다. 이는 '필사 속에 금지를 깃들이는' 것이라 할 수 있다. 한편 교정도 소홀함이 많아 『사고』는 착오와 탈락이 몹시 많고, 비슷한 글자를 잘못 쓴 문장은 너무나 많았다.

여하튼 『사고전서』의 일서 집록·분류·고증 등의 작업은 학술계에 대해 깊고 절실하며 현저한 영향을 미쳤다. 나중에 건륭·가경시대에 고증학의 출현은 『사고전서』의 편찬과 대단히 밀접한 관계가 있었다.

제3절 건·이 역사고증학의 종합적 서술

강희·옹정·건륭 시기는 청조가 한창 융성한 시기였다. 사회 경제적 발전과 정치적 통일과 안정은 학술문화의 번영을 위한 기초를 제공했다. 청조도 역대 왕조와 마찬가지로 역사편찬 기구를 설립하고, 관에서 완비된 起居注와 실록을 편찬했으며, 국사관은 또 실록 등 재료에 근거하여 국사를 편찬했다. 청 조정은 그 체례에 대해 규정을 마련하였다. 이는 사관에서 관이 편찬한, 완비되고 체계적인 당대사 자료이지만, 청대는 전대와는 달리 이전의 관찬 실록을 선비가 전하고 필사하는 것만 윤허하고, 청대 실록과 국사는 궁중 및 사관에 깊이 소장하여, 대신전·유림전·문원전 등을 제외한 나머지는 모두 간각하지 않고 또한 인민이 전하고 필사하는 것을 허용하지 않았다. 이는 민간에 대하여 당대사 자료를 봉쇄하고 사람들에게 현실정치에 참견하지 못하게 하려는 조치의 하나였다.

이 시기는 봉건문화 전제주의가 창궐한 시대였다. 법률은 삼엄하고 문자옥의 사안은 잇달아 일어나 개인이 당대의 일을 저술하는 것은 걸핏하면 재난을 입었다. 동시에 명의 멸망에서 이때까지 이미 100년이 지나 명의 遺老 대학자는 거의 죽어 사라지고 뒤에 등장한 역사가는 모두 새 왕조에서 생장하고 심지어는 청의 봉록을 받아 청조에 대한 원한도 자연히 경감되어 소실되었다. 이에 명·청 교체기 사학 중에 나타난 강렬한 민족사상, 경세치용의 정신, 봉건전제에 반대하는 민주사상은 바로 계승, 발휘되기가 매우 어려웠다. 또한 청 왕조는 학술영역에서 의도적으로 宋學을 제압하고 漢學을 부식하였다. 송학, 즉 송·명 이학은 이·기와 심·성을 연구하여 의논을 특징으로 한다. 한학, 즉 고거학파는 한 대에 기원했기 때문에 그 이름이 붙었는데, 전문적으로 옛 서적을 정리하고 명물·훈고를 연구하며, 고증해 정정하고 빠진 것을 찾으며, 또 '樸學'이라고도 일컬어지니 질박한 학문이란 뜻이다. 그러므로 고거학이 크게 융성하여 사학계에서 전체 학술계에 이르기까지 주도적인 지위를 차지하였다.

건·이 학자들의 학문연구의 범위는 매우 넓었으니, 그들은 고염무의 '글을 널리 학습한다'는 훈계에 의거하여 대개 경학, 사학, 문학, 음운, 천문, 지리, 산학, 금석, 판본, 목록 등 모두가 그들의 고거의 대상이었다. 그들은 명대 이전의 옛 서적을 정리하는 방면에서 대량의 작업을 했으며, 그중 사학 방면의 주요 성과는 다음과 같다.

(1) 옛 서적의 교정과 주석, 옛 사실의 고증

중국 사학은 기원이 오래이고 갈래가 길어서 많은 역사서적이 저술 연대가 오래 되었으며, 사용된 글자의 뜻과 어법은 후래 와는 다름이 많고 기록된 典章과 옛 사실도 늘 뒷사람이 밝히기 어려웠다. 그러므로 고사를 학습, 연구하는 데는 먼저 한 차례 옛 서적을 주석하는 작업이 필요하였다. 그런데 옛 서적의 주석은 또 교감을 기초로 한다. 청대인은 주석할 때 먼저 교감을 기초로 하여, 교감작업이 비교적 치밀하게 이루어졌다.

교감학은 건·이 학자들의 특기로서 그 방법은 대략 세 가지가 있다. 첫째는 같지 않은 판본을 상호 교정하는 것, 특별히 송·원 각본이나 정교한 필사본 따위의 善本書를 얻는 것인데, 이는 시대가 이르고 착오가 적어서 이를 이용해 조사 비교하면 곧 현행본이 전해지며 간각되는 데서 생긴 착오나 함부로 고쳐진 것을 교정해 낼 수 있고 그런 다음 정정을 한다. 둘째는 동일한 책의 다른 판본에 의거하지 않고 오로지 본서 주에서 증거를 찾아내 교정을 진행하는 것이다. 이는 일종의 살아있는 서적 교정법으로서 본서의 각 편에 사용된 문자·어법 및 전후 문장의 뜻, 전체 體例 등 각 방면에서 차이를 찾아 그 실마리를 발견하고 따라서 어떤 곳에 틀린 자가 있고 누락된 문구가 있는지 감정한다.

이상의 두 가지 교감법은 모두 한 책이 후일 전해져 간각된 판본의 착오를 교정하여 원서의 옛 모습을 힘써 회복하고자 했으며, 그 교감 범위는 문구의 다음과 같음, 장절·단란의 위치가 어떤가를 찾는 데에서 벗어나지 않았다.

마지막으로 원서 자체의 내용상의 빠지고 생략한 것을 검출해내고 원서 작자의 소홀·모순·착오 부분을 정정하는 것이다. 이 같은 교감법은 또한 본서 안의 '內證'과 본서 밖의 '外證'에서 검증하는 두 가지 방법으로 구분된다. 이 같은 교감법은 원서에서 역사사실을 기재하는데 나타난 오류나 遺漏를 조사 정정하니, 이는 광의의 교감이며 도한 고증이라 칭할 만하다.

청대 학자, 특별히 건·이 시기 여러 학자들은 고서의 오류 정정, 주석, 拾遺, 의문 변별 따위의 교감·고증 작업에 대해 매우 정밀하고 전문적이어서 허다한 사람들이 심지어는 필생의 정력을 투입했다. 이로 인해 청대의 고거대가들은 과거의 어떤 시기보다 많았으며, 역사서적을 교정 주석하고 고증한 수량도 매우 많고 성과도 탁월했다.

(2) 緯書의 변별과 逸書의 집록

중국 고서 중에는 위서가 매우 많아, 심지어 장지동은 '일단 진위를 가리면 고서는 그 절반이 없어진다'고 지적했다. 郭沫若은 어떤 연구를 하든지 재료의 감별이 가장 필요한 기초 단계라고 지적한 바 있다. 사료의 진위를 확정하는 것, 특별히 고서 중의 위서를 분별해 밝히는 것은 확실히 역사연구 중의 대단히 중요한 작업이다. 왜냐하면 고서는 우리의 옛 역사연구의 주요 자료의 출처이기 때문이다. 중국의 위서를 변별하는 등의 고증학은 한시대부터 있어왔는데, 청시대에 와서 더욱 융성하였다.

위서를 식별하는 방법은 주요한 것이 네 가지가 있다. 첫째는 앞 시대 목록서에 수록된 적이 있는지, 혹은 타인의 저작중에 언급된 적이 있는지 여부를 조사한다. 둘째는 책 속에 기록된 사실이 작자가 처한 시대와 서로 부합한지 여부를 고찰 조사한다. 셋째는 책 속에 표현된 사상이 그 시대와 서로 부합하는지 여부를 고찰 조사한다. 마지막으로 책 속의 언어·문체가 작자가 처한 시대의 문장 격조와 서로 부합하는지 여부를 조사한다.

청대 학자의 위서 변별의 성과로 학술계에서 가장 영향이 컸던 것은 청초 閻若璩가 『고문상서』가 위작임을 고증한 것이라고 할 것이다. 그는 『尙書古文疏證』이란 책을 저술했는데, 128조의 증거를 제시하여 『고문상서』 25편과 『孔安國傳』이 모두 뒷사람의 위작임을 증명한 것이다.

건륭 연간 『사고전서』를 편찬할 때에 이르러 학자들은 고서에 대해 일일이 상세히 조사해 진위를 변별했다. 『사고전서총목』에는, "대개 원서임이 분명한 것은 어떤 시대 어떤 사람 편찬이라 적고, 위조임이 분명한 것은 어떤 시대 어떤 사람 편찬이라고 적혀 있다고 적어" 대량의 위서를 식별해 냈다.

한편 위서는 비록 뒷사람이 옛사람에 가탁한 위작품일지라도 흔히 그 존재가치를 갖기도 하여 일률적으로 경시할 수는 없다. 특별히 한·당 이전에 위조된 고서는 가치가 여전히 높다. 이는 객관적으로 뒷사람을 위해 많은 위·진 이전의 자료를 보존하여 대단히 귀중하다.

逸書의 집록 작업도 건·가시기 학자들의 뛰어난 점이다. 고서가 없어지는 현상이 심해지면서 송대부터 일서를 찾아 집록하는 작업이 시작된 바 있다. 책 한 부가 비록 없어졌더라도 다른 책 속에 도리어 그것을 인용한 것이 있을 수 있었다. 이렇게 인용하여 기록한 문구·단란을 수집하여 정리함으로써 원서의 면모를 회복하거나 혹은 그 일부분을 회복하고자 시도할 수 있었는데, 이것이 바로 '일서의 집록(輯逸)'이다. 건·가시기에 집록해 낸 일서 가운데 적지 않은 것이 가치가 매우 높은 명저였다. 이를테면 사부 중에 남송 李燾의 『續資治通鑑長篇』 520권, 李心傳의 『建炎以來系年要錄』 200권, 『東觀漢紀』 등을 들 수 있다. 청대 학자들은 특히 우서, 역사저작, 史注 등에서 옛 일서를 점검·정리해 냈다. 한편 잃어버린 글을 수집하는 것이 이미 다 이루어지면 또 원서의 체례·원류를 고증하여 고심해 정리 배열해야 하며, 순서를 주관적으로 정할 수는 없고 원서의 옛 모습의 회복을 추구하였다.

(3) 개작·보작, 옛 역사의 분담 편찬

모든 역사서 자체는 모두 부족한 곳이 없을 수 없었다. 이로 인해 역대에는 모두 어떤 옛 역사서에 대한 불만으로 인해 개정 편찬을 진행하는 사람이 있었으며, 청대 유학자에도 이 역시 이 일에 종사하는 자가 많았다. 흠정정사에 대한 개작이 많았는데, 그 중에서도 『송사』·『원사』 등 잡박하고 소루한 책이 더욱 그러하였다. 특히 청대인이 원사를 연구한 성취는 매우 컸다. 즉 洪鈞은 서방의 사료를 이용하여 『원사』를 고증하고 보충하여 중국학자의 지식 영역을 확대하고 외국 저작을 이용해 역사를 연구하는 한 가닥 새 길을 개척하였다.

어떤 것은 정통 관념에서 나와 어떤 봉건 왕조를 위해 정통을 다투는 데 뜻을 둔 개작도 있다. 『계한서』, 『서위서』, 『속당서』 등이 그러한 부류에 해당한다. 또한 한 시대의 역사에 작자가 여럿 있는 경우 합쳐서 필사한 역사서가 출현하였다. 이른바 합쳐서 필사한 역사서는 두 가지 이상의 역사서를 위해 한 편으로 종합하고 그 다름과 같음을 밝혀 독자가 뒤져 검토하는 노고를 줄였다. 『南北史合注』, 『新舊唐書合抄』 등이 그러한 부류이다. 또한 옛 책에 있는 것에 대해서는 새롭게 편집 배열하고 번잡함을 삭제하여 간결함을 따르며 오류를 정정하고 빠진 것을 보충하는 따위를 진행했으며, 그밖에 또 옛 역사서에 대한 보충저작이 있는데 이는 그 없는 것에 대해 빠진 것을 보충한 것이다. 아주 일찍부터 표·지가 흠정정사에 빠진 것을 보충하는 작업을 하는 사람이 있었으며, 혹은 이미 있는 표·지에 대해 계속 보충하고 고찰 정정을 진행하기도 했다. 청대 이르러 학자들은 일서를 집록하고 빠진 것을 보충하며 고증하는 것을 능사로 했으며, 표와 지를 보충하는 저작은 마침내 성대하여 장관이었다. 또 청조의 관에서 편찬한, '3통'에 접속한 책 등이 있는데, 이것도 옛 역사서에 대한 일종의 보충 저작으로 간주할 수 있고 補作의 역사서 부류로 귀속시킬 수 있다.

이 밖에 나눠 편찬한 책이 있다. 청대에는 옛 역사를 정리하는 범위가 확대하고 심화됨에 따라 지방에 치우쳐 패권을 다투던 정권의 역사사실을 분리해 전문적으로 정리 서술하는 사람이 있었는데, 이것이 분리 편찬하는 역사서이다. 吳蘭修의 『南漢紀』, 吳廣成의 『西夏書事』 등이 이러한 부류이다.

이처럼 건·가시기 사학의 주요 내용은 교감, 주석, 위서 변별, 일서 집록, 옛 역사서의 개작·보충 저작이었는데, 요컨대 명 이전의 고서를 정리하는 것이고 그 학문 연구 방법은 뛰어난 고거에 의한 것이었다. 이는 전체 청대 사학의 주류였다. 그러므로 양계초는 '대개 고증학이 없으면 청의 학문은 없다'고 했다. 그들의 논증은 충분하고 논리는 엄밀하였다. 건가시기의 여러 학자들은 이 같은 방법을 운용하여 고서를 정리하여 휘황한 성과를 얻었다.

그러나 건·가시기의 고거학자들은 필경 청대의 가혹한 문화전제주의의 산물이다. 청 조정이 유연·강경책을 함께 시행하여 위협하고 이익으로 유인하여 지배하였기 때문에 총명하고 재능·지력이 있는 선비는 부득이 명대 이전의 묵은 종이 더미 속에 매몰되어 전적으로 옛 학문을 연구하고 전적으로 책에서만 문장을 지으며 현대의 역사사실을 묻지 않고 완전히 사회현실에서 이탈했다. 이에 청대에는 그 당시의 전문 역사서가 출현하지 못했고 소설 筆記는 적지 않게 출현하였다. 동시에 청대인의 고서 정리는 목적도 오늘날을 위해서, 실용을 위해서가 아니었으며, 독서를 위해서 독서하고 고거를 위해서 고거를 함으로써, 또한 완전히 실제를 이탈한 것이었다.

그러므로 魏源은 건·가시기의 고거학은, '훈고·음성을 다투어 연구하고 손톱으로 가르고 쪼개며 천하의 총명과 지혜를 금고하여 모조리 무용한 길로 나가게 한다'고 지적한 바 있다. 고거는 단지 역사연구의 수단의 하나일 뿐이지만, 건가 시기 학자들은 도리어 사료 고증을 사학 연구의 목적으로 삼고 사료학을 곧 역사학으로 생각했다. 실제를 이탈한 까닭에, 고거를 위한 고거를 했으며, 이는 건가시기 학자들로 하여금 연구 대상의 선택, 연구 과제의 확정 면에서 경중과 완급을 가리지 않고 완전히 번쇄한 고증 속에 빠지게 했다. 이는 단지 수목만 보고 산림을 보지 못한 셈이었다.

제4절 건·가시기 사학 고증의 3부 명저

錢大昕의 『二十二史考異』 100권, 王鳴盛의 『十七史商榷』 100권, 趙翼의 『二十二史札記』 36권은 건가 시대 사학 고증의 3부 명저이다. 전·왕·조는 모두 봉건지주이고 또 봉건관료였다. 그들의 학술 관점과 사상 의식은 봉건통치의 수호를 사명으로 삼는 것이어서 삼강오륜·名敎의 전통 관념은 매우 강렬했다. 조익의 천명 사상은 대단히 농후하여, '3대 이후 국가의 흥망은 완전히 천명에 달렸으며 반드시 도리있는 자가 천하를 얻는 것이 아니고 도리없는 자가 천하를 잃는 것도 아니라'고 했다. 요컨대 그들은 모두 정도는 달라도 유심주의적 봉건 미신을 선양하고 어떤 부분에서는 심지어 옛 사람에 비해 더욱 낙후했다. 전대은·왕명성은 불교와 도교를 미워했는데, 왕명성은 역사서 중에 불교·도교의 사실의 자취를 기재하는 것에 대해서도 모조리 반대하였다.

滿·漢의 한계가 분명하고 문자옥이 끊임없이 출현하는 시대에 한인은 관위가 더욱 높을수록 위험도 더욱 컸다. 자기의 절실한 이익에 관련해서 건·가시기 학자들, 이를테면 왕·전·조 같은 유파는 당시의 정치 현실에 대해 당연히 불만이 있었을 것이고, 그들의 저서의 글자 이면과 행간에서 어떤 때는 또한 완곡한 비평을 찾을 수 있다. 그러나 전체적으로는 현실사회를 회피하는 태도를 채택하고 분수에 안주하여 본분을 지키는 것도 자연스러웠다.

그러나 전대은·왕부지·조익는 모두 건·가시대에 태어나 생활은 우월하고 장서는 풍부한 환경을 지녔다. 이로 인해 그들은 옛 역사를 고증하고 고서를 정리하는 방면에서 확실히 적지 않은 작업을 했다. 그들은 '옛 사람을 옹호·중시하고', '뒷사람을 깨우쳐 인도하며', '실사에서 진실을 추구하는' 것을 원칙으로 삼아 전면적으로 역대의 正史를 연구 토론함과 아울러 자기의 저작을 써내었다.

세 책이 모두 역대 정사에 대해 고거를 진행한 저작이지만, 다만 내용에서 어디에 치중했는지에 측면에서 또한 각기 다른 점이 있다. 전대흔의 『이십이사고이』는 문자의 교감과 사물과 그 이름의 訓詁, 전장 제도의 고찰 해석에 상세하고, 더욱이 지리, 官制, 연대의 고찰·정정에 중점을 두었다. 왕명성의 『십칠사상각』은 흠정정사에 대한 교감·고증의 진행, 즉 이른바 '잘못된 글자를 개정하고, 빠뜨린 글을 보충하며, 더 들어간 글을 없애고, 또 그 가운데 전장 제도·일의 자취를 들어 어둡고 막힌 것을 해석하고 틀리고 뒤섞인 것을 자세히 조사하는' 것을 제외하고 또 여러 역사서의 우열 및 그 작자에 대한 평론이 있다. 그러나 이들은 모두 '학문의 길은 공허한 데서 추구하는 것이 실제에서 추구하는 것보다 못하며, 의논·포폄은 모두 공허한 글일 뿐'이라고 제창하였기 때문에 그들의 글에서도 무슨 심각하고 신선한 사상 내용을 표현한 것은 없었다.

한편 조익은 다른 점에 있었다. 그의 『이십이사차기』는 비록 역대 정사에 대해 교감·차이 고증·주석 따위의 작업을 하기는 했으나 개별 사건이나 자구에 대한 고증에만 한정하지는 않았다. 그가 주제를 선정한 방식은 비교적 넓고 또 흔히 큰 곳에서 착수하여 상호 연계된 재료를 집중적으로 모아 역사상의 중요 역사사실을 종합적으로 천명함과 아울러 평론을 할 수 있었으며, 매우 강력한 종합 능력이 있었다. 거기에는 분석이 있고 논의가 있어 관점은 매우 선명히 표현되어 작자의 주관적 의도를 꿰뚫고 있다. 전장 제도·옛날 사실에 대한 평론이 『차기』의 주요 내용인데, 이 점이 전·왕 두 책과 다른 점이다.

역사사실을 고증·평론하는 것은 '치란흥쇠의 까닭'을 고찰하는 것이며, 역사적 경험과 교훈을 총괄할 의도를 포함한다. 다만 조익의 경세치용 사상은 사회 현실을 직접 비판하지는 못했고 그의 역사 평론 속에 목전의 현실에 대한 완곡한 비평이 포함되어 있는지도 그다지 명백하지 않다. 그는 기타

건·가시기 학자들과 마찬가지로 기본적으로 여전히 고증을 위해 고증을 하고 역사학을 위해 역사학을 했는데, 다만 전·왕과 비교해서 같지 않은 것이 있을 뿐이었다. 그러나 그는 의식적으로 고염무 등의 경세치용을 하며 옛날을 인용해 지금을 계획하는 전통을 계승하려 했으니, 이는 그 당시에 이미 매우 대단한 일이었다. 『차기』는 편찬 체례 면에서 역대 흠정 정사의 득실을 체계적으로 평론하였다는 점에서도 중요하다. 특히 신·구 『오대사』의 편찬 및 두 책의 다름과 같음, 우열을 상당히 전면적으로 기술했다.

그러나 전·왕·조의 세 책의 최대 가치는 여전히 그것들이 역대 흠정 정사의 기재에 대해 차이를 고찰하고 오류를 변별하여 잘못을 바로잡아 주석하는 일을 진행하여 힘써 그 진실을 추구하는 데에 있다. 전·왕의 역사 고찰은 일체 관련 있는 서적과 실물을 수집하는 데 유의하고 소학, 지리, 금석, 판본, 음운 등의 학과를 범하게 운용해 이를 보조 도구로 삼아 문제를 해결했다. 조익은 '주로 흠정 정사의 기·전·표·이 속에서 상호 참조, 교감하고' 전적으로 각 역사서의 본서 자체를 갖고 서로 증거를 원용했으며 다른 책을 아울러 다루지는 않았다. 그들의 재료 출처는 완전히 같지는 않았지만 그들은 모두 장기간이 노력을 통해 대량의 재료를 축적하기를 강조했으며, 그런 다음 다시 자기의 견해를 제시해 자신의 저작을 저술했다. 이는 귀납법의 운용이다. 이러한 건·가시대의 역사 고증의 명저 3부는 우리들로 하여금 비교적 정확한 사료를 손에 넣게 하는 측면에서 확실히 비약이 있는 것이다.

제5절 章學盛의 『文史通義』

장학성은 고거가 성행했던 건·가시기에 태어나 독자적으로 기치를 세워 사학이론의 탐색에 진력하고 유지기와 정초의 사학이론을 계승 발전시켜 중국 전근대 사학이론의 집대성자가 되었지만, 그이 학설도 그 당시에 또한 중시되지 못했다. 장학성은 건륭 3년(1738)에 태어나 가경 6년(1801)에 사망했는데, 스스로 "집안은 가난하고 어버이는 연로하여 과거를 지망하지 않을 수 없었다"고 했다. 그러나 줄곧 관료가 되지 않고 완전히 남을 위해 책을 편찬하고 幕客이 되거나 혹은 서원의 강의를 맡는데 의지하여 생계를 꾸렸다. 그는 사학의 원리와 체례에 대한 연구에 필생을 진력하여 저술은 매우 풍부했으며, 적지 않은 정밀한 견해를 제시하고 앞사람이 발견하지 못한 것을 발견하여 전근대 사학의 발전을 위해 새로운 길을 개척했다.

『문사통의』는 장학성의 대표작이다. 그것은 藝林을 고려하고 고금의 학술을 포폄하며 가필·삭제의 큰 의미를 토론하여 문장과 사학을 관통했는데, 특히 사학에 치중했다. 이 책은 건륭 37년에 짓기 시작했으나 그가 세상을 떠날 때까지도 최후로 원고가 확정되지 않았으며, 또한 정식으로 목록을 편성하지도 않았다. 이에 현재 전하는 『문사통의』는 두 가지가 있는데, 하나는 王宗炎이 집성한 것이다. 왕종염은 장씨의 저술 전부를 "내외 두 편으로 나누고 內篇은 子目을 넷으로 구별하려고 했다. 즉 『문사통의』에서 무릇 문장을 논한 저작을 부속시키고, 『方志略例』에는 무릇 방지를 논한 저작을 부속시켰다. 그리고 『교수통의』, 『史籍考敍錄』을 포함하였다. 그 나머지는 銘·志·敍·記의 글은 그 관련된 것들을 택해 수록하여 外篇으로 삼고 『湖北通志傳稿』를 덧붙였다." 1922년 오흥 유씨의 가업당 간각본, 『장씨유서』 50권은 바로 왕종염이 편찬한 목록에 근거하여 보충 정정해서 편찬한 것이다.

한편 장학성의 차자 華紱은 "남은 것이 아직 많고 또 선친께서 원래 편집한 편차와 서로 다른 것이 있는데 당연히 다시 고쳐 옛 모습을 회복해야 한다"고 하여, 開封에서 따로 『문사통의』를 감정하여 내편 5권과 외편 3권으로 하고, 또 『교수통의』 3권을 먼저 조판에 넘겼다. 그 결과 『문사통의』는 두 가지 판본이 전해지고 있다.

장학성의 학술사상은 내용이 매우 풍부했다. 사학사에서의 그의 공헌에는 주로 아래 몇 가지 측면이 있다. 즉 ① '사학이 경세의 수단'임을 제창하여 고거의 성행에 대해 비판적 태도를 채택하였다. 건가시기에는 고거학이 크게 성행하여 한 시대를 풍미했다. 장학성은 고거학의 작용에 대해 충분히 긍정했으나, 학술면에서 독립적 사고를 하여 독자적 가치를 세울 수 있었지만, 당시의 풍기를 판단 기준으로 삼지 않았다. 그는 당시 추세에 거역하여 고거 성행에 따른 폐단에 대해 절실히 정곡을 찌르는 비판을 진행했다. 그는 고거의 작용을 과장하는데 반대했으니, 고거를 '최고 원칙'으로 치켜세우고 고거가 '천지의 할 일을 다함에 충분하여' 유일한 학문이라고 생각하는 데에 반대했다. 그의 지적에 의하면 "정리 편집하고 배열하는 것은 역사 편찬이라

하며, 상호 참조해 찾고 검토하는 것은 역사 고증이지, 모두 '사학'이 아니라" 고 지적한 것에서 알 수 있다.

그는 학술면에서 당시 고거학의 극성으로 현실로부터 엄중히 이탈한 학풍을 겨냥하여 매우 명쾌하게 '학문은 경세의 수단'이라는 구호를 제기할 수 있었다. 경세는 바로 사회 현실을 위해 봉사하는 것이며 실용에 절실함이 있다는 것이다. 장학성은 "다만 사실에 의거하여 直書해야 하며 까닭 없이 함부로 수식해서는 안되고", "사람의 전기를 쓰는 데에는 그 사람과 꼭 같고 사실을 서술하는 데에는 그 사실과 꼭 같아야 한다"는 것이다. 동시에 그는 또 근세는 상세히 하고 먼 과거는 간략히 하는 원칙을 제시했는데, "史部의 책은 근세를 상세히 하고 먼 과거를 간략히 하니 여러 학자들이 그와 같았으며", 그 당시를 알지 못하고 옛날을 좋아한다고 말하며 掌故에 통달하지 못하면서 경술을 말한다면 수식된 문장, 어림짐작하는 학문으로서 비록 극히 정밀하고 능숙하더라도 그것이 실용에 맞지 않는 것도 분명하다."는 것이다.

이 밖에 그는 또 "학업은 장차 경세의 수단이며 세상에서 소홀히 하는 것을 보고 만회를 해야 한다"고 생각했다. 경세치용의 사상은 장학성의 사학이론의 핵심이며, 또한 그의 '6경'은 모두 역사라는 학설, 記注와 撰著 두 종류로 역사서적의 구분, 지방지 이론 등 학술주장 속에 관철되고 있다.

② '6경은 모두 역사(六經皆史)'라는 학설을 제기하여 사학의 지위를 제고하였다. 일찍이 전대흔은 "경과 역사가 어찌 두 가지 학문인가!"라고 고함치며 강력하게 사학을 위해 지위를 다툰 적이 있다. 그런데 장학성은 진일보하여 '6경'은 모두 역사임을 제기하였다. 이 말은 『문사통의』 전체의 서두에 나오는 첫 구절로 삼았다. 이전에도 '6경이 모두 역사'라는 설이 있었으나 경이 역사를 포괄한다고 말한 것이며, 실제로는 여전히 경을 존중한 것이었다. 반면 장학성은 경을 역사서의 범위 안에 집어넣고 역사서가 경보다 먼저이며 역사서가 경을 포괄했다고 지적하였다. 장학성은 6경은 모두 역사서이며 역사서는 도리어 6경에서 다 끝나지는 않으니, 역사서는 경에 비해 더욱 큰 의의와 범위가 있다고 보았다. 그는 심지어 "천지간에 가득하며 무릇 무수한 저작에 관련된 것은 모두 사학이다"라고 생각했다. 이는 결국 봉건사회에서 숭배하는 6경을 더 이상 없는 지극히 높은 보좌로부터 끌어내려, 경을 존중

하고 역사서를 억제하며 경을 첫째, 역사서를 둘째로 하는 전통 관념을 타파하고 사학의 지위를 대대적으로 끌어올렸으며, 또한 사학 연구와 사료 수집의 범위를 확대하고 역사가의 시야를 넓게 터놓았다.

③ 역사서적을 찬술과 기주 두 부류로 구분하여 새로운 역사서의 체례를 제시한 것이다. 장학성은 유지기와 정초의 관점을 계승함과 아울러 발전시켜 역사 서적을 두 종류, 찬술과 기주로 구분하기를 제의했다. 찬술은 저작된 역사서이고 독자적인 판단의 학문으로 一家의 말을 이룰 수 있으니, 역사가의 저작이며 일종의 학문이다. 그런데 기주는 편집한 역사서이고 배열한 책으로서 단지 옛 사실을 가지런히 정리한 것이니, 사료를 모아 엮은 것이고 일종의 功力이다. 그는 "옛 사람은 하나의 일에 반드시 몇 부분의 학문을 갖추었는데, 저술과 비교 분류(比類) 두 부분이 그 개요이다. 반씨가 『한서』를 편찬한 것은 일가의 저술이고, 유흠·賈護의 『漢記』는 비교 분류이다. 사마광이 『자치통감』을 편찬한 것은 일가의 저술이라 하며, 두 유씨, 범씨의 『자치통감장편』은 비교 분류이라"고 지적하였다.

그는 기주가 과거의 일을 기록, 보존하여 사람들의 두뇌 안에 간직한 '지혜'와 같다고 보았다. 까닭에 그것을 모두 구비하여 빠짐 없기를 요구하였다. 이것은 무릇 사료란 모두 집성하여야 하는 것이기 때문에, 일정한 체례가 있어 '방정'으로 표현되고 변동이 없어야 한다는 것을 지적한 것이다. 그런데 찬술은 과거로 인해 미래를 미리 알아 사람의 '신통'과 같은 것이니, 재료에 대해 판단 선택, 취사를 해서 일가의 말을 이룰 수 있어야 한다는 것이다. 까닭에 체례는 일상에 구애되지 않아야 '원만'하게 표현되고 변화하여 한결같지 않는 것이라고 지적하였다. 요컨대 찬술과 기주는 같지 않다는 것이다.

찬술과 기주의 관계는 "두 부분이 본래 서로 의지하여 방해가 되지 않으며", "분류 배열의 일을 하는 자는 반드시 저술의 뜻을 알아야 한다. 배열된 재료는 저술가가 나와 의거할 것을 얻고 그것을 꾸며 종횡으로 변화시킬 수 있다. 비교 분류의 정밀함에 의해 저술에 혹시 소홀함이 있음을 조소해서는 안 된다는 것을 안다면 좋은 것이다. 대개 저술이 韓信의 用兵에 비유된다면 비교 분류는 蕭何의 군수품 수송에 비유되는 것이니, 둘은 확실히 하나가 빠져서는 안 된다."는 것이다. 그러나 둘은 또한 하나로 혼합되어서도 안 된다고 지적하였다. 또한 이것은 찬술과 기주 사이에는 선후 경중의 구별이 있음을 지적했다. 그는 역사 서적을 찬술과 기주, 두 종류로 구분하고, 두 가지에는 고하의 구별이 있어 역사 편찬과 역사 고증은 단지 기주일 뿐이고 아직 사학이라 칭할 수 없음을 지적하여, 또한 고거를 최고 원칙으로 삼아 고거가 천하의 할 일을 다하기에 충분하다는 관점을 유력하게 반박한 근거이었다.

또한 편년과 기전 두 가지 전통의 주요 역사서 체재에 대해 매우 상세한 평론을 했다. 그는 기전과 편년을 그 자체에 각기 장단점이 있다고 생각했다. 그리고 紀事本末體가 일종의 비교적 이상적인 역사서 체례라고 지적하면서 크게 찬양했다. 그는 또 通史를 존중하여 통사의 편찬을 명백히 논술했다. 따라서 장학성은 『사기』·『통전』·『통감』 등 통사 저작의 성취를 찬양하고, 디욱이 크게 공격받던 정초를 변호하여 『申鄭』편을 지어 정씨의 『통지』를 긍정했다.

역대 역사서 체재의 변천·득실을 총괄하는 기초 위에서 장학성은 일종의 새로운 역사서 체제를 건립할 것을 주장했는데, "기전체를 이어받으면서 기사본말의 법을 참고로 하고 圖譜의 예를 첨가하고 서·지의 명목을 삭제했다." 장학성이 제출한 새 역사서 체제는 기·전·표·도 네 부분을 포괄해 그림과 글이 함께 풍성하다. 그 중에 '전'도 기전체의 '전'과는 같지 않아서 일어 따라 편의 이름을 붙여 인물, 사실, 말을 기록할 뿐만 아니라, 또한 제도와 문헌도 기록했다.

그는 역사서의 양적 확대로 인해 두루 상세히 장악하기는 어렵고 이로움을 급히 받을 수 없는 폐단이 말할 수 없는 지경에 이르렀다고 비평하였다. 그는 이를 만회할 방법으로 여러 역사서의 목록 다음에 따로 '別錄' 한 편을 만들어 덧붙여야 한다고 주장했다. 그는 별록을 이용해 원서의 목록과 함께 체계있게 정리하면 바로 옛 역사서의 요점을 끌어다 옛 역사서의 곤경을 구제할 수 있다고 생각하였던 것이다.

④ 방지학의 이론체계를 건립하기 시작해 방지학의 발전을 추진하였다. 청대에 방지의 편찬 풍조가 크게 성행하여 전국의 각 省·府·州·縣마다 거의 방지가 없는 곳이 없었다. 그러나 건가시기까지 방지학은 여전히 자신의 이

론체계를 형성하지 못하고 있었다. 한편 장학성은 방지가 역사서의 체재로 보았다.

장학성의 방지 이론은 우선 방지의 성질을 분별해 밝히는 것이었다. 그는 방지의 성질이 지방의 전체 역사서야 하며 전통적인 견해에 갇혀 그것이 진리 전문이라 생각되어서는 안 된다고 보았다. 또한 "방지가 지리 전문서가 아님을 알면 산천·都理·坊表·명승지는 모두 모아 지리에 넣어야 하며 편목을 나눠 차지하여 손과 주인의 의리를 잃어서는 안 된다. 방지에는 국사가 그것을 택하고 잘라낸다는 것을 안다면 인물은 역사서의 傳보다 상세해야 하며 대략을 줄여 기록해서는 안 된다. 藝文은 書目을 상세히 기재해야 하며 시문을 분류 선택해서는 안 된다. 방지에서는 史部가 깍아내야 하는 것임을 안다면 胥吏의 공문서에 문사의 수식적인 말은 모두 소용이 없으며, 체재는 역사서의 법(史法)을 본받아야 한다." 장학성은 "방지에는 세 책을 설정해야 한다"고 주장했다. 기전 정사의 체재를 본떠 「志」를 만들고, 律令·典例의 체제를 본떠 「掌故」를 만들고, 文選과 文苑을 본떠 「文徵」을 만들어, 세 가지를 상보적으로 행하여 하나가 빠져도 안되고 합쳐서 하나로 하는 것은 더더욱 안 된다는 것이다. 이 세 책 외에 그는 또 "사소하고 비속한 說部의 갈래를 붙여서 「叢談」을 만들어", 받아들이기에는 어울리지 않고 버리면 애석해 할만한 그런 재료를 배당했다. 그는 『湖北通志』라는 지방지를 저술한 바 있는데, "산천·물산·풍속·인문과 政教로서 시행된 것, 중요 전적으로 중시된 것은 모두 여기에 배열시켰던 것"으로 전한다. 이로 인해 방지는 국사의 편찬을 위해 의지할 만한 근거와 풍부한 재료를 제공할 수 있게 되었으며, 사람들이 지방지를 인식하는데 큰 편의를 제공했다.

장학성은 또한 방지의 편찬작업이 어떻게 진행되어야 하는지에 대해서도 구체적으로 언급하였다. 어떻게 만들 것인지에 대해서 '10가지 논의'를 제기했다. ① 직책을 논의하고, ② 고증을 논의하며, ③ 신빙성을 구하는 것을 논의하고, ④ 글을 구하는 것을 논의하며, ⑤ 傳의 例를 논의하고, ⑥ 書法을 논의하며, ⑦ 전거 인용을 논의하고 ⑧ 판단·절제를 논의하며, ⑨ 標題를 논의하고, ⑩ 外篇을 논의하는 것이다. 어떤 것은 봉건 예교를 준칙으로 삼은 것이기도 하지만, 그것은 방지 편찬 과정에서 필연적으로 부딪칠 문제와 반드시 주의해야 할 사항을 지적했고, 또 약간의 해결 방법을 제시했다. (필자는)아울러 중앙정부의 자료나 역사와의 유기적 관련을 필요로 하는 것이 아닌가 한다.

이처럼 장학성의 사학에 대한 공헌은 거대한 것이었다. 그러나 장씨는 봉건제도의 유지를 사명으로 삼았다. 경세치용의 학풍의 제창을 한 목적은 학술로 하여금 봉건정치에 더욱 잘 봉사하게 하려는 것이었다. 그는 방지의 연구와 편찬에 힘을 기울여 방지가 "풍속 교화에 도움되고", "정치를 보충하는" 작용을 발휘하도록 극히 강조하였다. 즉 봉건 예교의 선양에 힘쓰고 있다. 이런 점에서 장학성의 사상이 당시에도 진보적이 아니었음을 알 수 있다. 장학성은 또한 청조 통치를 옹호하는 사상과 입장을 표현하기도 했다. 장학성이 승인한 유민은 즐겨 새 왕조의 유순한 백성이 되어 새 왕조에 대해 어떤 불만도 없는 자를 가리키며, 그렇지 않으면 참된 유민이 아니었다.

장학성은 사학이론에서도 '史德'說을 제기해서 역사연구자는 '역사가의 덕성이 있어야 한다'고 제창했다. 그는 덕이란 저술자의 心術을 말한다고 하였다. '심술'은 바로 입장·관점이다. "대개 좋은 역사가가 되려는 자는 하늘과 사람 사이의 관계를 신중히 분별하여 그 하늘을 다하고 사람을 보태지 않아야 한다. 그 하늘을 다하고 사람을 보태지 않는 데에는 비록 이를 수 없더라도 참으로 그것을 알기만 해도 저술자의 심술에 어울리기에 충분하다."는 것이다. 또한 "그 하늘을 다하고 사람을 보태지 않는" 심술이 있으면 바로 '사덕'이 있는 것이다. 이러한 '사덕'은 저술자가 반드시 일체 감정의 간섭을 배제하고 시시각각 봉건윤리 도덕을 이용해 자기 저술을 지도하는 자세를 견지하는 것이다. 그는 또 이것이 역사가가 반드시 따라야 할 최고 원칙이라 생각했다. 그러므로 '덕'이라는 높은 수준으로 끌어올린 것이다.

장학성의 史德은 "史가 소중히 하는 것은 의리(義)이며 갖추는 것은 사실(事)이고 의지하는 것은 문장(文)이다 … 사실은 제환공, 진문공의 사건이며 장은 사관의 문장이고, 의미는 공자가 은밀히 취하셨다 … 식견(識)없이는 그 의미를 결단하지 못하며 … 역사의 식견을 갖출 수 있는 자는 반드시 史德을 알아야 한다. 덕이란 저자의 心術을 말한다." 이 글에서 장학성은 '義'를 '사덕'이라 지칭, 정치·윤리적 관점에서 공자의 '의미(義)' 해석하였다. 또한 사학이 일종의 전문직 학문이 될 수 있는지 없는지는 사서편찬자가 사건과 문징 이외에도 역사의 의미를 얻을 수 있는지 없는지를 보고서 단정해야 하고 이같은 의미를 역사가 자신으로 말하면 別識心裁를 구비해야 함을 강조. 별식심재를 일종의 심령적 능력이며, 사마천·반고이후 역사가들은 별식심재가 없고 사건과 문장만을 추구한다고 비판하였다. 아울러 '학문을 좋아하고 깊이 생각하여 마음속을 그 의미를 안다.'는 사마천의 말을 항상 인용하였다. 이것은 별식심재와 서로 표리가 되어 장학성의 역사지식론의 중요한 구성요소가 되었다.

이런 점에서 장학성이 봉건통치를 옹호하는 역사가임을 알 수 있다.

제2부

중국근대사학사조와 그 유파

제1장 근현대 사학의 개괄

제1절 근대사회 대변동과 사학

중국고대에는 "亂世에는 역사가 많다"라는 말이 있었다. 봉건적 중앙집권이 비교적 강고하고 안정된 시기에는 학술사상은 통치자의 엄격한 통제를 받아 항상 一家가 獨尊하는 국면이었다. 중요한 것은 사학이 장기간의 안정 중에는 발달하지 못하고, 오히려 대혼란 시기에 사학이 발달했다는 점이다. 그 예로 춘추전국시기에 제자백가의 역사관념이 발달하였고, 진한시기에 賈誼와 司馬遷과 같은 대역사가와 『사기』와 같은 저술이 나왔으며, 魏晋南北朝時代에는 사학이 발전하여 史書의 수량과 체제가 다양했을 뿐만 아니라, 내용이 通史·斷代史·典制史·傳記·譜牒·風俗志·地方志 등에까지 확대되었다. 명청시기에는 계몽색채를 가지고 있는 황종희·왕부지·고염무 등이 출현하여 사학이 발전하였다.

아편전쟁후 외국의 침략으로 중국은 반식민 반봉건 상태였고, 자급자족을 위주로 하는 자연경제는 날로 파괴되었다. 외국상품의 충격하에 국내의 자본주의 요소가 빨리 발전하였으나, 단 기형적인 형태로 발전하게 되었다. 근대사회의 경제·정치변화와 상응하여 사학도 역시 時勢와 西學의 수입으로 변화하기 시작하였다.

2천년을 이어온 중국사학은 비록 부단히 발전하기는 하였지만, 성질에 있어서 봉건문화의 범주를 벗어나지 못하는 것이었다. 그러나 근대의 사학발전의 주류는 자산계급 방향으로 변화하는 추세이고, 역사연구의 목적은 봉건통치를 提高하는 "資鑑"에서 사회의 현실 문제 및 새로운 생산관계와 계급의 이익에 봉사하는 방향으로 변화하여 "民史"·"社會文明史"·"人類資治通鑑" 등을 편찬하여 "帝王教科書"를 대체하라는 요구가 날로 높아만 갔다. 오랫동안 사학계에서 통치지위에 있었던 形而上學·오직 옛것을 숭상한다는 관념은 다시는 받들어지지 않았고, 歷史變易觀과 進化論이 날로 유행하였다. 帝王將相이 중심이 되는 舊史는 날로 깨뜨려지고, 역사연구의 범위는 인류의 생활과 밀접한 관련을 갖는 정치·경제·사회·문화·외교 등 각 방면으로 확대되었다. 현실과 직접관련된 것이 사학계에서 探討의 중심이었고, 많은 사람들이 근대의 과학적인 치사방법을 받아들이고 운용하였다. 사서의 체계와 문자의 표현형식도 날로 대중화되고 통속화되는 추세였다. 그리하여 5·4운동 후 마르크스주의의 전파로 중국의 사학은 변화하였다.

중국사학의 근대사회에서 가장 중요한 변화의 하나는 經學의 附庸的 지위에서 탈피하여 과학화되고 독립화 되었다는 점이다. 중국 고대에서 史는 각종의 인류지식을 포괄하는 총칭이었고, 史官은 통치자를 대표하여 모든 문화지식을 농단하였다. 漢代에서 清까지 봉건통치자는 전제제도를 공고히 하기 위하여 儒家의 經學을 一尊으로 정하였다. 결과 모든 봉건학술의 層次的인 構造와 主從關係가 성립되어 사학과 기타의 학술은 經學의 附庸으로 강등되었다.

봉건사학의 경학에 대한 의부성은 일면으로는 春秋筆法을 숭상하고, 經世의 깊은 전통을 강구하게 하였고, 동시에 또 그 본신의 독립적 발전을 막았다. 근대사회 진입 이후 봉건제도의 붕괴에 따라 봉건정치의 정신적 지위와 이론적 기초이던 경학은 과거의 지위를 상실하여 날로 쇠퇴하였다. 그리하여 사학은 경학의 부용적 지위에서 탈피하여 독립의 길을 걷기 시작하였고, 사학의 사회작용과 독립적 지위는 날로 사람들의 중시를 받았다. 자산계급 사학의 흥기 후 사학의 중요성은 매우 강조되었는데, 梁啓超는 "史學은 학문의 가장 넓고 요점인 것이며, 國民의 明鏡이고, 애국심의 원천이다. 지금의 歐洲 민족국가가 발달하고, 列國의 문명이 날로 발전한 까닭은 史學의 功力이 그 半을 차지한다"고 강조하기도 하였다.

六經皆史說과 이런 관점은 모두 사학을 제고시키려는 요구이지만, 단 출발점은 크게 다르다. 전자는 사학을 중히 여기기는 하였으나, 대부분이 經史가 同源의 관점에서 출발하여 나타난 것이다. 즉 經史의 작용이 같다는 것이다. 이는 經史一體化를 강조하거나 혹 사학을 경학의 궤도로 들여 넣으려는 것이었다. 그러나 사학이 근대에 많은 중시를 받은 것은 그 학과의 독립성의 인정을 전제로 한 것이었다. 예로 王國維는 학술연구는 이해관계를 초월하여 도덕·정치의 수단으로 보지 말아야 한다고 하였다. 신문화운동시기의 민주와 과학사조의 흥기에 따라 이런 관념은 학술계에 더욱 퍼져 나갔다. 이런 풍조는 2천년 전통학술 구조의 견고한 틀이 깨지고 있다는 의미이다. 그 실질은 일반적으로 사학의 功用을 부인하는데 있지 않고, (사학이) 봉건정치의 어용공구로 충당되던 전통을 근본적으로 변화시켜 경학 혹 봉건정치 요소의 속박에서 벗어나 一門의 독립된 학과가 되어, 그 사회작용을 발휘함으로써 더욱 새로운 자산계급의 현실이익에 봉사하는 것이다. 이런 정황은 세계각국의 학술에 있어서 중세에서 근대로 이행되는 과정중에 나타난 것이다. 그 예로 일본의 근대자산계급은 明治政府의 學術 혹 信仰의 자유에 대한 박해에 반대하여 학술의 독립을 누차 주장하였다. 왕국유는 학술연구는 우선 유학의 가치관념 체계를 타파해야 한다고 주장하였다. 그는 또 忠君·愛國·勸善·懲惡에 많이 의지하는 治學의 宗旨를 개변해야 한다고 요구하여 "학술의 발달은 그 독립에 있다. 중국 현재의 학술계가 일면으로 中外之見을 타파하고, 일면으로는 정치의 수단이 되지 않으면 모두 날로 발전하지 않겠는가"라고 반문하였다.

"歷史를 위한 歷史를 하는" 태도의 학술연구는 완전히 정치 혹 현실이익에서 초탈하려는 희망으로, 이런 관점은 현재에서 보면 정확한 것이 아니고, 또 실제에 부합되지도 않는다. 단 당시에 반전통관념의 제시는 구시대 학술이 지나치게 봉건정치에 의부했던 것의 극복과, 독립된 의식의 결핍이라는 폐단에 대해 일종의 필요한 훈계와 矯枉(구부러진 것을 바로잡음)으로 중국 근대 학술형태와 사학이 學科 독립으로 확대되어 발전하는데 적극적인 推動작용을 하였다. 당연히 근대사학의 학과 독립은 상당한 시간이 경과하여 발전·완성된 것이다. 대체로 5·4 이전의 이런 경향은 끊임없이 강조되었지만, 經史가 이시기에 서로 혼합되어 있어 사학발전은 경학의 테두리에서 완전히 탈피하지 못한 상태였다. 그 예로 魏源·康有爲·章太炎·劉師培 등은 史學家인 동시에 經學家였다. 5·4 후 舊 經學이 역사무대에서 退出됨에 따라 사학은 진정으로 독립·발전할 수 있었다.

반봉건·반식민상태의 중국은 자본주의가 충분히 발달하지 못하고 자산계급의 정치·경제상 연약한 지위 때문에 문화형태 또한 건전하지 못하였다. 이시기의 자산계급 사학은 비록 근대화하는 추세였으나, 봉건적인 문화의식도 잔존하였다. 그리고 성숙된 근대사학체계를 세워야 할 방법이 없었고, 단지 서방 사학이론의 대량수입과 이식하는 것을 목표로 하여 서방 자산계급 사학에 대해 깊은 의부관계를 형성하여 독창성이 결핍되었다. 근대사회는 민족모순과 계급모순으로 봉건문화와 자산계급 문화, 서학과 중학, 민족문화와 제국주의 문화, 농민계급의 사상과 지주계급 통치사상간에 격렬한 모순이 발생하여 史家들의 사상은 다원적인 모순을 보이기도 하였다.

중국근대는 민족의 위기로 인하여 愛國·救亡思潮가 많이 나타나 사학의 발전에 영향을 주었고, 이로부터 애국관념을 임무로 하는 사학관념이 번창하였다. 서방의 충격으로 많은 사람들의 심리에는 自尊과 自卑의 이중적 심리가 형성되어, 중국인은 서학에 대해 欽慕와 疑慮의 태도가 동시에 출현하였고, 서방의 침입이 극렬할 때에는 疑慮의 심리가 더욱 강렬하였다. 이는 양계초·장태염 등이 서학을 수입하고 國粹를 보존하는 구호를 외쳤던 이유이다. 傳統文化의 慣性이 근대사학에 미친 영향은 더욱 명확하다. 전통학술은 經·史·子·集 4부로 대별할 수 있다. 그 層次는 經이 가장 上位이고, 다음으로 史·子·集이고, 내용에서는 經과 史가 서로 근접하고, 子·集은 混雜하였다. 유가관념의 지배와 봉건 과거제도의 수요로 인해 일반의 지식인들에게 영향이 가장 컸던 것은 經史로 나머지는 小道로 간주되었다. 경학이 봉건정치중의 특수한 지위로 인해 사회의 변화시에 경학은 가장 먼저 그 파급을 받았고 아울러 반응을 나타냈다. 유학이 고대사회에서 兩漢 經學·宋明理學·淸代朴學으로 변화한 원인은 바로 여기에 있다. 아편전쟁 후 漢學과 宋學은 반격을 받고 今文學이 흥기하였는데, 이는 경학이 사회 대변동중에 自我를 調整하고 있음을 반영한다. 강유위와 위원·공자진 등이 금문학을 주장하였는데, 강유위와 양자의 用意에는 비록 차이가 있으나, 그들은 모두 그것을 이용하여 자산계급 君主入憲을 실현하는 것이었다. "改制"를 희망하여 古老의 經學으로 하여금 새로운 생명을 발출케 했으나, 심지어 孔子敎를 세워 그것을 國敎로 삼자는 주장까지도 하였다. 그러나 사학은 새로운 사회 적응과 새로운 능력을 나타내게 되었고, 經學이 쇠락할 때 舊知識分子는 자연히 오랜 전통을 가지고 있는 사학으로 관심을 집중하게 되었다. 어떤 사람들은 "금일에 서양의 제학과와 통할 수 있는 것은 오직 史學뿐"이라는 것을 인정하고, 서학의 이론과 방법을 받아들이고 여기에 전통사학을 근대사회의 필요한 학술형태로 개조하여 治史하는 추세였다. 이 경향은 20세기 초에 더욱 돌출된 것이었다.

이외에 근대사학의 고찰은 사회대변동 중에 적극작용을 하였다. 근대중국의 계급과 각 政派는 모두 사학의 功用을 매우 중시하여 그것을 각자의 정치주장에 이용하였다. 사학이 근대사회에서 진보적인 사조발전에 끼친 영향은 낮게 평가할 수 없다. 그 대표적인 예가 魏源의 『海國圖志』와 黃遵憲의 『日本國志』 등이다. 그리고 梁啓超·陳天華·李大釗 등의 저술 등은 크게 영향을 미쳤다. 따라서 사학의 사회정치·경제·문화생활에 대한 이러한 영향은 매우 중시되어야 한다.

제2절 근대사학발전의 과정과 특징

중국사학 변혁의 근대화 추세는 내용상으로, ① 역사연구가 중국 근대사회의 특징을 반영하기 시작하였고, 더욱이 제국주의와 중화민족의 모순, 봉건주의와 인민대중의 모순이 중대한 역사의 투쟁과제였다. ② 사학의 형태는 점차 봉건성에서 자산계급성 및 과학화로 변화되었다. 이를 구체적으로 3개의 각도에서 보면, ① 사학사상의 변화로, 각 시기의 사학사조와 역사철학 및 史家가 治亂·興衰와 각종의 역사사건·인물에 대한 평가의 표준 등이다. ② 사학연구 방법의 변화로, 중심의 전이·범주의 확대·각종 전문영역 연구의 심화와 계통화 등이다. ③ 사학방법의 변화로, 편찬학·사료의 감별처리 기술 및 분류의 엄밀화 등이다.

상술한 표준으로 1840-1919년 사이의 중국사학의 발전단계를 2단계로 구별할 수 있다. 1단계는 아편전쟁에서 1890년대까지로 중국사학 근대화의 배태기라 할 수 있다. 즉 사학이 봉건사학에서 탈피하여 자산계급 사학으로 발전하는 과도기이다. 이시기를 전후로 나누면 전기는 1860년대까지로 봉건사회의 내부위기가 중첩되고 민족모순과 계급모순이 첨예하여 사상문화의 영역에 새로운 동향이 나타나게 되었다. 사학에서는 古据史學이 유행하고, "經世"意圖의 사학연구 풍토가 점차 성행하여 時事를 불문하였고, 好古信古의 구습을 바꿔 현실문제를 중시하여 역사를 연구하려는 경향이었다. 후기는 서방 자연과학의 수입으로 문화관념의 更新이 나타나고 있다. 洋務機構와 宣教師의 출판물중 진화론 등이 간략하게 언급되고 있다. 그들이 編譯한 史著의 형식과 방법은 근대적인 요소가 많았다. 이와 동시에 海禁이 解除되고 東西의 연계가 날로 밀접해져 中外歷史의 상호영향을 중시하여 전통사학의 峽隘性을 탈피하였다. 그리하여 세계사·외교사·중외관계사의 연구와 외국 史地實地의 고찰에 힘써 근대중국이 서방의 선진문화를 이해하고 학습하는 과정을 촉진시켰다.

2단계는 1890년대－5·4운동을 전후한 시기로 중국 근대사학의 확립기라고 할 수 있다. 이기도 역시 전후기로 구분할 수 있는데, 전기는 1890년대에서 民國初에 이르는 시기이다. 개량파와 혁명파가 무술유신과 신해혁명을 일으켜 사상영역에 계몽사상을 선전하여 서학의 수입의 범위가 전보다 확대되었다. 사학이론중 진화론·지리환경론·사회과학 방법론 등은 사학계에 큰 영향을 미쳤다. 양계초가 『中國史敍論』 『新史學』 등을 발표하여 봉건사학의 병폐를 맹렬히 비판한 후, 자산계급 사학이 국내에서 신속하게 전파되었고, 그 영향은 날로 커갔다. 후기는 서방의 각종 학술이 수입되어 학자들은 적극적으로 서방의 역사철학·사학방법 등을 소개하고 이식시켰으며, 계속 봉건사학을 비판하는 동시에 근대 사학이론의 건설 특히 방법론의 探討에 종사하였다. 그 대표적인 예가 양계초와 호적 등이다. 5·4 운동후 사학 방법론의 探討를 중시하는 풍조가 중국사학 근대화에서 얻은 진전의 확실한 표지라는 것은 의심할 여지가 없다. 뿐만 아니라 어떤 학자는 또 근대적 방법을 운용하여 대량으로 발견된 사료와 지하에서 출토된 유물에 대하여 정리하고 연구하였으며, 古史의 記載에 대해 새로운 批判과 考辨을 하여 중요한 성과를 얻었다. 이 시기 중국 사학사상 시대를 획분하는 변화가 발생하는데, 그것은 바로 마르크스 사학의 전파이다. 이후로 자산계급의 사학은 날로 발전의 주류가 되지 못하는 듯 하였다.

중국사학의 발전과정은 서방의 자본주의 국가와 차이가 크다. 서방국가의 근대화는 대부분 경제발전과 문화변동에서 정치변동의 순서로 진행되었고, 모든 과정이 길게는 몇 백년에 걸쳐서 진행되어, 근대민족문화(사학 포함) 체계가 비교적 완고한 기초상에서 건립되었다. 그러나 중국은 자본주의가 발달하지 않아 아편전쟁 후 나타난 사회변동은 내부 생산관계의 발전이 직접 발발시킨 것이 아니고, 서방의 침입과 세계 자본주의 조류의 충격하에 발생한 것이다. 고로 중국의 근대화 과정은 군사 → 경제 → 정치 → 문화라는 비정상적인 과정을 겪어야 했다.

변법운동의 실패 후 어떠한 사람은 그 실패의 원인이 중국의 "백성의 지혜가 열리지 않았다"는 사정에 있다고 했다. 이는 또한 "民力을 고취하고, 民智를 열며, 民德을 새롭게 한다"는 것을 약간 중시한 자산계급 문화선전운동이다. 충분한 물질적 준비와 정신적 준비가 결핍된 근대화 과정은 자산계급의 근대화 건설을 매우 조잡하게 만들었다.

결과 중국 근대사학의 2가지 특징이 결정되었다. ① 중국근대 자산계급 사학은 비록 매우 빨리 흥기하였으나, 단 모든 起落의 과정은 비교적 짧고 정상적인 발전을 하지 못하였다. ② 중국 근대사학은 사회변동의 영향을 받아 매우 강렬한 정치적 색채를 띄고 있다. 정치문제의 이상적인 돌출은 학술상에 반영되어 강렬한 정치지향과 사회정치사조의 刻印이 나타나고 있다. 현실정치를 탐토하여 사회의 실제문제를 해결하는 답안을 구하여 정치를 고무시켰는데, 사학에도 그러하여 근대 중국의 龔自珍·魏源·王韜·梁啓超·章太炎 등은 사학가인 동시에 정치가 혹 사상가였다.

제3절 근대사학사조와 유파

學術思潮란 간단히 말해 일정한 시기 사회에서 보편성의 治學傾向을 나타낸 것이다. 이는 하나의 폭 넓고 깊은 시대의 요구인 社會群體의 심리현상을 반영한 것이다. 그것의 출현은 당시의 사회·정치·경제·문화·외래충격 등 여러 가지의 복잡한 요소가 서로 자극하여 나타난 결과이다. 동시에 또 전통세력의 적극 혹 소극적인 영향을 받는 중에 일정한 시대와 민족의 풍속이 형성되는 것이다. 사회의 변천은 학술사조의 끊임없는 변화와 起伏을 推動하고, 학술사조의 형성 및 그 발전의 慣性 또한 사람들의 의식과 사회활동에 일정한 反作用을 한다. 學術流派란 어떤 학과의 연구자중에 같은 학술취지 혹 師弟關係로 인하여 독특한 治學觀點·方法·風格을 갖는 學術群體가 형성된 것을 말한다.

학술사조와 유파는 관계가 있기도 하고 구별되기도 한다. 일정한 학술사조는 그에 상응하는 학술유파를 만들어 내기도 하고, 유파의 발전은 때때로 학술사조를 형성하기도 한다. 또 동일한 학술사조에서 몇 가지 학술 견해가 다른 다른 유파를 띄기도 한다. 학술사조와 유파의 발전은 그 시대와 밀접한 관계를 가진다.

중국 근대의 사학사조와 유파의 고찰은 간단화 할 수 없으며, 정치사 혹은 사상사의 개념으로 파악할 수 없으며, 당연히 그 학과의 특점에서 출발하여 각종의 현상에 대하여 구체적으로 분석해야 한다.

아편전쟁에서 신해혁명시기까지의 학파를 애국주의 사학사조라 한다. 이는 일면 타당하기도 하지만, 이 개념은 정치사상 방면의 내용을 나타낸 것이지 학술사조 혹은 사학사 本身의 특점을 말하는 것은 아니다. 20세기초 개량파와 혁명파간에 사학영역, 특별히 中外革命史 연구에서 격렬한 논쟁이 발생하였다. 단 그 논쟁점은 중국에서 개량을 실시할 것인가 혁명을 실시할 것인가라는 정치문제이지, 사학의 기본이론·방법·발전방향 등을 언급한 것은 아니었다. 동시에 개량파 인물과 혁명파 인물은 어떤 역사문제에 대한 시각은 달랐으나, 양자가 독특한 治史風潮를 갖고 있는 유파로 형성되었다고 보기에는 어렵다.

사학발전의 본신에서 보면, 중국 근대에서 진정하게 형성된 주요 사학사조는 經世治用史學思潮·新史學思潮·國粹主義史學思潮·疑古史學思潮·封建復古主義史學思潮 등이다. 이러한 사조들이 차례로 흥기한 것은 대부분이 일반적인 학술사조에 의부한 것으로부터 점차 독립된 사학사조로 형성되는 과정을 겪었다.

경세치용 사학사조는 아편전쟁 전후에 發興되어 경학·사학·문학·철학 등

각계영역에 넓은 영향을 미친 종합적인 학술사조이다. 이는 清 乾嘉이래 治學이 실제에서 이탈하는 풍조에 대한 반동으로 나타났다. 이 사조는 根本·引古籌今을 제창함으로써 천하흥망을 책임지는 임무를 치학정신으로 하고, 사회의 현상과 문제를 해결하는 것을 목적으로 하였다. 19세기 말 20세기 초 이 사조는 비록 사학계에 어느 정도 영향을 주기는 하였으나, 가장 생기가 있었던 것은 자산계급 신사학사조이다. 이 사조는 중국사학사상 독립적이고 근대적 의의가 있는 사조로 그 표지는 사학을 독립성이 있는 일문의 학과가 되게 했다는 것이다. 이 시기에 국수주의 사조는 국수를 보존할 것을 제창하였다. 이와 신사학의 다른 점은 국수주의는 정치문화의 특징을 갖고 있어서 단순한 사학사조가 아니라는 점이다. 단지 그 학술주장·치학방법 등이 사학사상에 모두 집중적으로 표현되고 있을 뿐이다. 5·4운동 후 가장 돌출한 사조는 古史辨派이다. 崔述·康有爲 등의 疑古學術思想을 계승하고 신문화운동의 세례를 받은 그들은 서방의 과학적 방법을 운용하고, 사회학과 고고학 지식을 흡수하여 古書古史에 대하여 대담하게 회의와 고변을 하여 일정 정도상 史料學의 근대화를 추진하였다.

이시기 주목할 만한 것은 마르크스사학의 전파이다. 20~30년대에 社會史大論戰을 경과하여 견고한 마르크스 사학을 건립하여 중국의 역사과학을 건설하는 기초를 奠定하였다.

중국의 전통사학은 원래 봉건통치와 경학에 대해 배우 강한 의부성을 갖고 있어 그 사학관념의 핵심은 봉건의 "治道"를 探討하는 데에 있었다. 고로 歷代史家는 進步與否를 막론하고 모두 治亂興亡의 道를 알리려고 治史하였다. 학술사조가 왕왕 정치사조에 의부함으로써 사학의 思潮와 流派는 또 경학사조와 유파에 의부하여 자기의 독립성이 매우 결핍되었다. 2천년의 고대 史學史上 史學思潮와 流派라고 칭할 수 있는 것은 浙東史學과 乾嘉史學이나, "浙東之學은 性命을 말하되 반드시 역사에서 구하였다"고 하여 乾嘉史學과 經學은 더욱 유착되어 모두 經學 혹은 理學의 속박에서 벗어나지 못하였다.

근대사회 진입후 舊文化의 잔존과 사회 대변동에 따른 정치투쟁은 사학에도 큰 영향을 미쳤다. 여기에 또 서학이 전래되어 복잡한 양상을 띠게 되었다. 그리하여 근대의 사학사조와 유파는 장기간 깊은 정치투쟁의 색채를 띠었고, 또 서방근대 사학유파가 가지고 있는 완정되고 세밀한 역사철학 혹 과학이론 체계를 형성하기도 하였다. 5·4 이전은 더욱 이러하였다. 이런 점은 중국사회가 봉건사회에서 半植民·半封建社會로 변화하는 시기의 중국근대문화 특성을 반영한다.

제2장 아편전쟁시기의 經世致用 史學思潮

제1절 晚淸 史學主潮의 演變

1. 淸代 考据史學의 盛衰

淸代 學術主潮는 청초의 경세치용·건가고거학·만청시기 경세학 중흥 등 많은 변화를 거쳤고 사학의 발전 또한 이와 같다. 明亡 이후 민족기절의 遺民들이 明代에 心性을 空談하던 폐단을 거울로 삼아 경세실학을 제창하였다. 역사에서도 옛 것을 끌어들여 현실에 소용되게 하였다. 즉 역대 治亂·興衰의 연고와 특히 明亡 원인을 찾고 사회를 개혁할 방법을 탐색하여 反淸과 故國을 회복코자 하였다. 그들의 주장은 크게 공명되어 광범한 史學思潮에 투영되었다.

청초 경세학자의 사학활동은 3종이 있었다.

a) 黃宗羲를 중심으로 하는 浙東學派 : 당시 문헌의 정리수집과 明史 저술에 힘써 황종희의 『明史案』, 『明儒學案』, 萬斯同의 『明史稿』 등;

b) 顧炎武를 중심으로 하는 浙西學派 : 經史考釋과 古今·山川·地理·風俗·制度의 분석에 힘써 고염무의 『日知錄』 등;

c) 王夫之를 대표로 하는 학파: 역사철학과 역대 치란·흥쇠·득실을 탐구하여, 그의 저작은 史論으로 『春秋世論』, 『讀通鑑論』, 『宋論』 등이다.

이중 왕부지 저작은 사후에 掩沒되어 淸 道光年間에 비로소 인쇄되어 영향이 크지 않다. 황의 계통으로는 章學誠이 있으며 고염무의 考据學은 크게 발흥하였다.

考据學은 청대에 正宗學術 지위를 차지하였는데 이는 심각한 시대배경이 있다. 청통치자들이 중국에 들어와 한족 지식분자의 민족반항의식을 억압하고, 각종 수단으로 학술사상 영역을 장악하였다. 順治 2년 馮銓 등으로 하여금 개관하여 修史케 한 이후 天啓·崇禎年間에 수차례 실록과 사료를 징집하였다. 이런 일은 첫째 地主·文人의 수요를 농락하고, 私家의 修史보다 관청에서 이를 장악하여 통치에 불리한 각종 "歧說"을 제거하였다. 아울러 "博學宏詞科"도 설치하여 징소하였다. 둘째 봉건전제의 위력을 폈는데 文字의 獄을 크게 일으켜 통치에 불만인 士人들을 살육하여 수백명의 희생자를 냈다. 이리하여 청초 이래 사회현실의 특징은 "經世致用"으로 史學은 영락의 위기에 처하였다. 학술은 통치질서를 위해 행해져 청정부가 극력 제창하는 三綱五常의 程朱學 이외에 정권의 역량을 이용하여 時事를 不問하는 학술연구에 집중되었다. 그리하여 『古今圖書集成』, 『四庫全書』 등이 간행되었다. 이는 청정부가 지지하고 承平이 지속되고 경제가 비교적 번영하고 학자들에게 중국 고대문화를 계통적으로 정리하는 데에 비교적 좋은 환경을 제공하여 이룩된 것이다. 이때 章學誠은 經世致用을 힘써 부르짖고 전적으로 考索하는 학풍을 반대하여 사학이론상 독특한 견해를 제출했으나 당시에 時宜에 합치되지 않아 성행치 못하였다.

乾嘉考据學은 또는 朴學 혹은 漢學이라 칭하였다. 그의 治學은 漢儒의 治經인 訓詁方法을 이용하여 고적을 정리 교정하고, 고대의 명물·제도를 분석하였고, 그의 정신은 博古·稽古를 특징으로 하였다. 이때의 사학은 대량의 古史와 고전문헌에 대하여 분석·校注·考訂 보정하는 성과를 거두었다. 이러한 乾嘉考据史學은 實學을 표방하였고, 이런 실학은 청초 고염무 등이 제창한 "經世實學"과 큰 차이가 있다. 고염무의 실학은 ① 현실문제를 탐구하였다. ② 實行을 중시하였다. ③ 실제조사를 중시했다. ④ 증거를 중시하는 등의 원칙에 따라 발전되었고, 乾嘉時代에 이르러 考据學은 날로 번쇄해져 반대하는 목소리도 커져갔다. 그것은 지리멸렬한 治學方法과 학술계의 파괴작용 때문이었다. 그 외 錢大昕·包世臣 등이 등장했으나 史學은 있었으나 史才가 없어 성황을 이루지 못하고 쇠락하게 되었다.

2. 晚清社會의 危機와 經世學術

考据史學은 사람들의 비평을 받고 자신의 폐단 외에 엄중한 사회위기로 쇠락했다. 乾隆時代의 융성 국면은 사회내부의 모순으로 嘉道間에 이르러 상황이 크게 변하였다. ① 봉건통치가 번거로워졌다. 건륭말년 이후 통치집단은 날로 부패하여 계층·민족모순이 점차 첨예하였다. 사치와 뇌물공행으로 官逼·民叛이 일어나 유민·농민전쟁이 빈발하여 청조의 통치가 흔들렸다.

② 外患이 날로 심해졌다. 서방자본주의 침략이 전개되었는데, 일찍이 산업혁명을 성취한 영국이 중국무역의 역조를 타개할 방법으로 아편 밀무역을 행하여 아편전쟁이 일어났다. 淸英 양국은 남경조약을 맺었으나, 불평등조약으로 중국은 독립주권을 상실하고 反植民 反封建的인 상태로 전락되었다. 이러한 상황에 대하여 첨예한 비판이 전개되었다. 龔自珍·李兆洛·包世臣 등이 그들이다. 이들 경세학자들의 최대 특점은 實事·實效·實功을 강구하여 시대가 임한 각종 급박한 실제문제를 해결코자 하였다. 아편전쟁전후에 구체적으로 청조봉건통치의 위기를 挽救하려는 학술활동으로 표현되었다. 이리하여 財政·兵制·銀荒·海防·塞防·吏治·農政·河工·漕運·鹽法·水利·流民 등의 문제에 연구가 집중되어 經世實用이 다시 제창되었다.

3. 전통사학 내부의 분화

淸初와 晚淸의 經世致用의 史學思潮는 사회동탕중에 나타났다. 즉 經世致用思潮의 영향하에 전통사학 내부는 점차 분화되는 추세였다. 校勘·考訂·補正의 풍토는 의연히 성행하여 많은 著作이 나왔다. 그러나 訓詁·考證學者에 대한 공격이 龔自珍·魏源·兪正燮 등에 의하여 개시되었다. 이들은 그 당시 봉건제도의 위기와 통치집단의 부패에 대하여 일정한 인식을 가졌고, 사회비판과 지주계급의 개혁사상을 가졌다. 이들의 방향은 經世에 뜻을 두는 治史였다. 아편전쟁 전후 전통사학의 분화는 지주계급 내부 각파의 사학이 학술 趣旨나 방향이 다른 것을 표현할 뿐만 아니라 治史風氣의 변화를 반영하는 것이다.

① 史學思想上 傳統的 歷史觀中에 진보적인 變易觀은 날로 중시되었다. 특히 공자진·위원은 이에 의거하여 역사 진화의 이론을 제출하였다. 그들은 古今經學의 『公羊春秋』의 "三世說"을 사용하여 역사변화의 순서를 해석하였다. 그리하여 魏源은 역사란 太古·中世·末世로 변화 왕복하는 무궁한 과정이라 하였다. 이들은 극력 歷史變易觀의 근본 목적을 말했는데 사회 역사는

부단히 변화하는 것이고, 그리하여 봉건정치·경제질서의 법은 또한 반드시 시기에 따라 변화하여 봉건통치의 長治久安을 능히 보존한다는 것이다. 그들의 사회개혁은 봉건제도의 근본을 저촉치 않는 것으로 계급적인 한계성을 갖는 것이다. 뿐만 아니라 서양근대 진화론이 중국에 들어오기 이전에 역사변혁관은 진보적이지만 崇古·復古的인 관념이 부단히 존재하였다.

② 治史方法上에 있어서 史論이 중시되었다. 이들은 古今治亂의 연고를 논설하여 時政을 비판하고 자신의 정치주장을 제출하였다.

③ 역사연구의 내용상 乾嘉 이래 博古의 풍조가 일변하여 현실정치·경제·군사에 관련되는 문제에 집중되고, 특히 당시 邊防과 유관한 西北史地·世界史地·當代史에 집중되었다. 이리하여 經世派 史學家의 사학활동은 성질상 비록 봉건문화의 범주를 초월치는 못하였지만, 淸朝 正宗史學의 정신과 특점과는 다르다. 그것은 실질상 지주계급 내부에서 통치지위를 차지하는 전통 사학관념과 형식에서 불만·부정적으로 출발한 것이며, 동시에 중국사학의 발전이 근대의 변화기로 진입하는 표지였다.

제2절 西北史地學의 興起

1. 西北史地研究 풍기의 형성

중국 근대의 서북사지학은 19세기 중엽 경세치용 사학사조의 직접 추동하에서 발전하였다. 이는 실제적 학풍으로 晩淸 歷史地理學의 진보를 촉진시켰다. 이에 대한 전문적인 연구는 청초의 梁份에 소급된다. 그는 江西人으로 康熙年間에 서북지역을 답사하여 『西陲亥步』·『圖說』·『西陲今略』을 저술하여 河州·甘州 등 지역의 형세·부락유목 등을 서술하여 邊政의 자료로 제공했다. 이와 동 시기에 東北 黑龍江地區의 상황도 저작되었는데 楊賓의 『柳邊紀略』 등이 있다.

청대중엽에 新疆 등이 평정되어 이 지역에 대한 저작이 많이 나왔다. 그것은 乾隆年間 官修의 『盛京通志』를 비롯하여 洪亮吉의 『天山客話』, 西淸의 『黑龍江外紀』 등이 있고, 遼金元史의 연구저작이 나왔는데 錢大昕의 『元史考異』 등으로 서북사지에 대하여 고증할 수 있게 되었다. 또한 이런 사가의 저술은 많지 않고 見聞雜錄이나 遊記에 지나지 않으나, 서북사지학 발전에 상당한 영향을 주었다. 19세기 이후 서방자본주의 세력이 中亞·西亞 일대를 침략하여 서북변경의 점차 불안해졌고, 이 지역에 대한 安邊對策이 필요하여 사지학이 발전하였다. 그 대표가 祁韻士·徐宋·龔自珍·心垚 등이다. 祁氏는 山西人으로 乾隆 進士였다. 그는 관직을 그만두고 서북사지학 연구에 일생을 바쳤다. 그의 저작으로 『蒙古王公表傳』·『皇朝藩部要略』·『西陲要略』 등을 저술하여 內外蒙古 西藏等地의 王公事跡·산천·지리·견문 등에 대한 상세한 기록을 하여 이 지역에 대한 명백한 經世意圖를 가졌다.

徐松은 順天人으로 嘉慶 進士이다. 그는 관리로써 『伊犁總統事略』·『新疆識略』·『新疆賦』 등을 저작했다. 그는 학문은 넓게 하고 實地考察을 중시했다.

龔自珍은 浙江人으로 道光 進士이다. 그는 『蒙古圖志』·『一統志』 등을 저술하여 西北塞外 부락의 연혁 등을 기록하고, 이 방면의 지식을 운영하여 실제문제를 해결토록 했다. 특히 1820년의 『西北置行省議』는 西北邊政의 불안상태에서 行省設置를 건의하고, 신강의 경제·邊防에 대하여 구체적으로 논술하였다. 그 당시 이 지역은 잘 다스려지지 않았고, "羈縻"方略이 적용되지 못하여 內地의 無産民을 옮겨 유민문제를 해결하자는 것이다. 이런 의견은 사회상 큰 영향을 주었다.

沈垚은 浙江人으로 道光府 學廪生이었다. 그는 평생 西北史地에 저작을 할뿐이었다. 예컨대 『六鎭釋』·『西遊記禁山以東釋』·『塞北紀程』 등이다. 北魏의 六鎭에 대한 정확한 考定을 하였고, 金山 以東의 교통·산수·지리에 대한 傳人의 착오를 해결하였으며, 그는 漢 이래의 역대에 西域經營의 史實을 열거하여 新疆의 안정이 중국 국방과 영토통일에 있어서 의의가 매우 중대하다고 설명하였다. 아울러 당시 신강의 상황을 설명하여 邊政을 강화할 것을 주장했다. 공자진과 심요의 주장은 현실에 대하여 매우 針對性이었다. 그 밖에 程恩澤·兪正燮·張穆·河秋濤 등이 있었다. 그들 사이에는 공동의 학술 취향이 있었고, 상호 深討·단점을 보완하여 공동노력을 하였다. 즉 ① 그들의 史地 研究는 모두 강렬한 경세치용의 정신을 가졌다. 그들의 西北輿地·水道變遷·民情風俗 등에 대한 實地考察·考證으로 그 당시 급박한 邊政問題 해결에 좋은 방안을 제출하였다. ② 그들은 朴學에 정통하였고, 乾嘉 이래 考据學의 성과를 운영하여 문헌상 史地와 實地 勘察을 중시하였다. 이리하여 아편전쟁 전후 서북사지의 연구는 이미 일종의 風氣와 時事에 대한 강한 침대性의 전문학술이 되었고, 遼金元史의 섭렵과 그 소수민족을 다루었으며, 공동학술의 西北史地學派가 형성되었다. 그 중에 최대의 성취는 張穆과 河秋濤이다.

2. 張穆과 『蒙古遊牧記』

張穆은 山書人으로 道光의 優貢生이다. 그의 뜻은 邊防을 중시하여 중국 주권을 발전시켜야 한다는 애국정신으로 저술활동에 종사했다. 『蒙古遊牧記』는 蒙古 각 盟族·遊牧地區 沿革·산천·지리·驛站·중국 왕조와의 관계 등에 관한 방대한 저작이었다. 張氏는 篤實을 위주로 治學하였다. 그는 『蒙古遊牧記』를 저작하면서, 진실로 그 지역의 현상과 역사를 반영코자 했다. 즉 역사상 蒙古族은 일찍부터 중화민족의 일원이었다. 그들은 『舊唐書』에서부터 보이고 점차 강대하여 元帝國을 건설했으며, 그후 계속 중국과 관계가 깊다. 淸의 軍事支柱中의 하나이고, 그 兵力과 거주지 위치는 북부변강의 안정과 관계가 깊다는 것이다.

『蒙古遊牧記』의 주요 착안점은 "古今을 통하고 史籍을 헤아려 邊防을 밝힌다"는 것이다. 더욱 주의할 점은 당시 침략성이 강한 러시아에 대한 針對性을 상기시켰다. 또한 經世思想에서 출발하여 장씨의 西北地區는 충분히 중시할 자연경제 조건, 즉 水·水草·牧畜·農田水利 등에 일정한 참고자료를 제공하였다. 그리하여 『蒙古遊牧記』는 邊防과 경제에 관한 진보사상을 제출했다. 그리고 『蒙古遊牧記』는 편찬상에서

① 一部 史志體 著作이지만 그 내용과 범위는 일반 史志를 초과하여 舊志를 발전시켰다. 즉 각 부족의 지리·설치연혁·고금의 史迹·문물·,山川水道·지리·역사 등 史志體의 新生面을 개척했다.

② 明·淸·蒙古 各部의 연혁을 위주로 하였으나, 그 이전의 역사도 기술하여 몽고지구에 대한 완전한 역사 개념을 알도록 하였다.

③ 자료 운영상 集解·고증의 방법을 사용하여 넓으나 넘치지 않게 하였다.

즉, 文官史料 이외에 口碑資料도 수집하고 前人의 연구도 흡수하였고, 실제 탐사도 했다. 그러므로 몽고유목기는 중국 제일부 계통적인 蒙古地志이고, 그 출현은 遼·金·元 3史의 궐함을 보충하고, 淸代 蒙古 各部의 연혁 변천과 사회풍모를 제공하였으며, 張氏의 활동으로 그는 근대 西北史地學 발전상 돌출한 지위에 올랐다.

3. 何秋濤의『朔方備乘』

何씨는 福建人으로 道光進士이고, 西北史地學을 經世의 學으로 삼아 저작하여 張穆과 비견되는 인물이다. 저작으로『朔方備乘』외에『王會篇箋釋』·『校正元親征錄』등이 있는데. 그중『朔方略乘』은 취재가 넓고 고증이 정밀하여 경세의 목적이 선명하다.

즉 내용이 "聖訓"·諸欽定書·聖武述略·紀事本末·記·諸書考定·辨正·表 등으로 중국의 東北·몽고·신강·中亞·東歐에 걸쳐 각지의 사정에서 淸俄關係까지 기록했다. 何氏가 이 책을 저작할 때 러시아의 강한 南下政策이 진행되어 反侵掠의 국방사상이 강렬하게 반영되었다. 또한 漢·唐·元·淸前期의 武功을 선양하여 청조통치자에게 강한 믿음을 고취하고, 邊防·御海를 강조했으며, 아울러 사람들에게 역대왕조의 北邊을 경영하던 경험을 비롯하여 북부변강의 用兵上 지형과 中外關係 등 필요한 지식을 제공하였다. 더욱 중요한 것은 張氏의 연구를 이용하여 유효한 邊防 조치를 제정하고, 그 당시 외국의 정세도 (러시아·역사·지리·인구·문화·종교·습관·문산 및 中俄關係까지) "知夷制夷"의 자료를 제공하였다. 이런 기록은 러시아의 침략성을 폭로하고 사람들의 국방의식을 제고하는 데에 큰 작용을 하였다.

『朔方備乘』은 西北史地의 연구에 대하여 적지 않은 방면에 전인의 성취를 돌파하여 발전시켰다. ① 그것은 方志外紀의 體를 겸하여 西北史地 연구범위를 초과하였다.

② 연구방법은 매우 정밀하여 지리에 그치지 않고, 변경 각 부족의 역사·습관·원류 등을 종합적으로 채용하였다.

③ 前人의 연구성과를 총결지었다. 그리고 전인의 착오를 바로 잡고 보충했다.

④ 그렇지만 同書도 시대와 계급적인 한계성이 존재한다. 고증상의 武斷이 있고, 봉건사상에서 출발하여 "宣聖德"이나 "天威", 기사상 봉건 正統觀에 따라 "欽定" 등의 표현이 있으나, 이런 약점은 저작자 본인의 주관 이외에 시대의 국한성이다.

결국 당시 학자들의 애국·경세정신으로 邊疆史地 硏究가 國用에 기대하는 저작이었다.

제3절 세계를 보는 外國史志의 탐구

1. 反侵略에서 세계에 눈을 뜨다

아편전쟁시기 중국 사학계는 외국 史志硏究에 열을 올렸다. 이는 중국사학에 새 혈액을 주입한 것일 뿐만 아니라, 서양 근대사상 문화방면을 수입·소개하여 중요한 교량역할을 하여 중국인으로 하여금 세계를 인식케 한 최초의 동향이었다. 이는 분명한 변화로 근대 영국·프랑스·일본 등의 東方學·蒙古學의 발흥은 모두 이들의 침략정책과 관계가 있다. 중국은 그들의 침략으로 민족위기가 날로 엄중하던 때에 나타나 중국인의 세계를 이해하려는 풍조·강렬한 애국희망에 따라 이루어져서 시종 관철되는 욧점은 강렬한 민족의식이었다. 중국인의 서방에 대한 연구는 처음에는 러시아 위주이었다. 이는 그들의 침략 곧 黑龍江·오소리강 지역의 남하에 따른 것이고, 道光年間 兪正燮에서 시작된다. 그는 安徽人으로 道光 擧人이고, 『癸巳類稿』·『癸巳存稿』 등이 邊防에 관한 것이다. 아편전쟁 전야에는 영국 식민주의자의 중국 침략이 예기되어 영국의 정황이 주목되어, 何大庚의 『英夷說』이 나왔고, 연이어 서방국가를 소개하는 최초의 것은 謝淸高의 『海錄』이 있다. 이는 그가 편력한 남양·인도양에서 구미에 걸치는 열국에 관한 기록이다. 특히 서방 자본주의 국가를 간단히 기록했는데, 책중에는 유럽국가 기구의 정교함, 그들의 南洋地區 침략활동을 기록했다.

이 시기 영국에 관한 기록은 蕭令裕의 『記英吉利』와 葉鍾進의 『英吉利國夷情記略』이 있다. 兩人은 모두 時務를 연구하는 인물로 廣東의 中外貿易 정황을 보고 진행했으나 아편전쟁전 중국인의 영국 등 서방국가에 대한 인식

수준을 어느 정도 반영한 것이다. 러시아는 침략성이 강하고, 영국은 일정한 감성지식이 있다는 식으로 그들의 연구는 중외관계를 연구하는 이외에 邊防·海防을 강구한 것을 중시하고 건의한 것이다. 예컨대 蕭令裕는 "오랑캐로 오랑캐를 제압한다(以夷制夷)"; 林則徐·魏源의 "오랑캐로 오랑캐를 공격한다(以夷攻夷)", 그리고 葉鍾進의 "外情을 탐색한다" 등의 책략이 그것이다.

이상과 같이 아편전쟁 전야 중국인은 세계지식에 대한 탐구는 개시되어 외국 자본주의의 침략을 반대하는 근대 특점을 내보였다. 그러나 견문이 좁아 열악하고 견강부회하였으며, 광범한 영향을 형성되지 못하여 外國史地 연구는 맹아단계였다. 아편전쟁 이후에는 "御夷의 方策"이나 "開眼하여 세계를 보라"는 신사조가 등장하였고, 임칙서와 姚瑩가 대표자이다. 양인은 抗英鬪爭에 직접 참가하였고, 살인·약탈 특히 청군의 실패 등에서 처음에는 "報復"을 다짐했으나, 곧 兩人은 "눈을 뜨고 세계를 보라"는 진보주장을 하였고, 적극 세계의 역사지리를 연구해 나갔다. 예컨대『洋事雜錄』(구미 각국의 역사·현상·견문기록) 등이 있었고, 특히 영국의『世界地理大全』을 해석하여『四洲志』를 출판했는데 세계 30개지구 국가의 역사와 지리를 개관한 것이다. 이로서 중국인의 세계에 대한 인식이 상당히 진척되었다. 이 단계는 아직 초보 단계이었다.

2. 中國 第一部 世界史地志『海國圖志』

湖南出身 魏源은『海國圖志』외에『聖武記』·『元史新編』·『古微堂集』등이 있다. 위원의『해국도지』는 처음 中外著述을 널리 수집·증보하여 50권(후에 100권으로 증보)은 세계에 관한 지식을 집성하였다. 이는 아편전쟁 실패의 통한을 거쳐 세계를 이해하려는 갈망의 大勢가 일어날 때에 계몽적 역할을 하였고, 史學上에 世界史地硏究에 기초를 세웠다. 그 작용은 ①『해국도지』는 이론상 세계사지를 연구하는 시대적 의의와 방법문제를 제출했다.『四庫全書』에 雜史 혹은 地理의 附庸으로 外國史地가 기록되었으나, 위원이 필요성을 연구한 이래로, 그리고 明末 서양세력의 진출로 외국의 자료를 채용할 필요가 발생하였고, 각국의 지리·역사정황을 계통적으로 연계하고 대비하여 기록했으며, 종교와 中亞紀年 曆法을 비교 고찰하여 "인류 전체를 합

하고 비교하여 고금을 통하여 관찰"하는 근대 史學方式의 단서였다.

② 편찬상 『해국도지』는 자신의 저작 結句를 형성했다. 그는 經世致用的인 사학사상에서 출발하여 당시의 침략반대·대응방략 정보자료의 海防全書로 편성했다. 내용상 ㄱ) 自選部分은 總敍·"오랑캐의 장기를 배워 오랑캐를 제압한다(師夷長技以制夷)"는 책략을 기록했고; ㄴ) 자료 집성부분은 당시 얻을 수 있던 외국사지자료·서양기술·각국의 상황 등을 유기적으로 구성했다.

③ 『해국도지』의 劃時代的 의의는 막혀 있던 중국인에게 새로운 근대세계 개념을 부여하였다. 즉 세계에 대한 지식·자본주의의 상업·철도·은행·학교·신문 및 의회제도·선거제도·행정·징세·외교·민주주의 등 여러 면모를 소개했다. 더욱 귀중한 것은 세계역사 발전에 따라 "四夷를 잘 배워야 그들을 제압하고 그렇지 않으면 제압된다"는 규율을 제출하여 "師夷長技"을 주장했다. 이는 그가 世界史地를 연구한 결과 얻은 救國方策이었다. 『해국도지』는 일본·서방국가에도 일정한 영향을 주었고 번역되었다. 또한 내용상 적지않는 착오가 있지만 世界史地 연구에 있어서 기초를 세웠으며, 中外關係史 등 연구에 지리·雜史 附庸의 역사를 만들어 史學의 分枝를 형성·발전시켰다.

3. 梁廷枏과 徐繼畬의 世界史地 연구

魏源 이후 汪文台 등이 활동했으나, 가장 주의할 만한 인물은 梁·徐 양인이다. 梁氏는 廣東人으로 道光 副貢生이다. 그의 많은 저작중 『海國四說』·『合省國說』 등이 있고; 徐繼畬는 山西人으로 道光 進士이다. 『瀛環志略』은 그 대표작이다. 이들 저서는 상당히 방대하여 외국사지 연구는 진일보했다.

① 그들(梁·徐)은 『四洲志』와 다르며, 또한 『海國圖志』와도 다른 자료를 모아 찬수하였다. 이는 그 당시 외국사지의 저작이 대부분 일관성이 부족한 것은 방법상으로 전통적인 史體 영향下에 역대 정치연혁을 서술하고, 그 다음에 지리·종교·문화·경제·풍속 등을 기록하였다. 『瀛環志略』과 『海國圖志』는 비록 함께 世界史志에 속했으나, 체제가 근엄하다. 즉 『해국도지』는 자료 집성으로 책중에 각가의 설이 존재했고, 중복이 있으며, 충분히 소화되지 못

한 체 기록하여 논단 결핍도 있다. 그러나 『영환지략』은 자료를 잘 소화하여 세계 약 80개국의 지리·역사·경제 등과 각국의 중대 정치사건·商務關係·英美法 등을 중시해서 근대 세계역사 지리의 면모를 명석하게 분석 제공했다.

② 내용상 『海國四說』과 『瀛環志略』은 서방국가의 정치·경제·군사·문화의 정황 외에 자본주의와 민주정치제도를 기록했다. 특히 『合省國說』에서 梁氏는 그 당시 최선진의 미국의 민주공화제를 중점 서술하여 總統輪換制·議員選擧制·三權分立制 등을 언급했으며, 『영환지략』에서 영국의 의회제를 설명하고, 大憲章이 영국 立憲制의 역사연원이라고 하였다. 이러한 소개는 天朝制度가 서방의 근대세계와 확실히 다른 것을 나타낸 것이다. 동시에 외국사지연구는 현실적인 反侵略思想 전통과 결합하여 西方 열강의 침략성과 그 兵勢 强弱과 외교 등의 정황을 진보적으로 고찰한 것이다. 그밖에 아편전쟁 원인이 아편이라는 것 이외에 양국의 무역을 문제 삼는다든지; 영국의 부강원인은 식민지 수탈·자본주의 내용을 소개하기도 했으며; 미국은 合衆國으로 민주선거제는 法制를 堅持한 것으로 인정하였다. 더욱이 梁氏가 『合省國說』에서 지리환경·정치·민정, 3방면에서 미국의 민주공화제와 그 건립의 원인을 제출했으며, 미국 자본주의 경제발전으로부터 민주의식이 인심에 깊이 들어가는 역사고찰에서 중국의 답안을 찾았다.

총괄해 보면, 중국 근대사지연구는 아편전쟁을 전후하여 형성되었다. 그것은

① 아편전쟁 시기에 형성된 "눈을 떠 세계를 보라"의 시대사조의 요구에 따라 흥기했다. 이런 외국사지 연구의 발흥은 세계 면모의 인식과 反侵略鬪爭의 전개를 촉진시켰고 서양학문 수용의 길을 열어 서양의 민주사상이 들어와 모종의 선전작용을 하였다.

② 그것은 근대 의의를 갖는 사학발전의 추세를 나타냈다. 外國史地의 연구는 근대사회 진입후 중국인이 외국침략에 반항하는 중대한 역사과제를 반영하였으며, 과거 중국사학이 봉건사회 특히 帝王將相을 중시하는 상황을 벗어나 새 사회 형태 즉 자본주의 정치·경제·군사·문화·사상의 국면을 접촉 개척하였다. 그러나 현실적으로 문제가 복잡하여 일본의 뒤로 처졌다. 즉 이 시대 외국사지연구는 복잡한 사상투쟁을 반영했다. 그것은 완고한 보수관료

들의 반대이다. 魏源 등이 내건 "師夷長技"나 "오랑캐는 가히 적으로 삼을 수 없다(夷不可敵)"는 사상이 수용되지 못했던 것이다.

제4절 휘황한 當代史 저술

1. 私家가 當代史를 찬수치 못하는 "禁區"를 돌파했다

봉건사회 當代史 연구는 전제통치가 장악하였고, 일반 士人들의 사상은 옛 것을 믿고 좋아하는 유가전통 관념으로 역사연구는 古書·古事硏究에 치우쳐 있고, 당대사의 찬수는 날로 官方에서 농단했다. 더욱이 "文字獄"으로 당대사 연구는 "禁區"로 되어 황무지였다.

청조 중기에 이르러 私家의 저술중에 필기·잡록 이외에 적게나마 明淸史가 규모있는 것은 官修의 『開國方略』·『淸通典』 등이었다. 이런 저작은 부분적으로 淸史資料를 보전한 것이나 통치집단의 의지로 찬수되어 稱頌·粗雜·曲筆部分이 있다.

아편전쟁 전후 날로 쇠락한 청정부는 사상문화영역의 장악이 점차 쇠퇴했다. 군사·재정적으로 위기에 봉착했다. 淸史硏究로 사회경제의 근본 약점을 추구하여 당대사 연구는 이로부터 개시되었고, 최초에는 史家가 당대사를 연구하고, 특히 청인 전기의 자료를 계통적으로 수집·정리하였다. 이 방면에서 우선 錢儀吉의 『碑傳集』은 國史館소장의 인물의 열전, 민간에 보이는 자료를 널리 수집하여 560餘家를 정리하였다. 그는 사실을 열거하여 경세치용에 보탬이 되게 했다. 이는 방대한 자료로 史實을 정정하고 보충하여 政見을 발표했다. 그 후인들의 증보판 등이 나왔다.

李元度는 湖南人 道光 擧人이다. 『國朝先正事略』 60권을 저작했다. 이는 名臣·名儒·經學·文苑·遺逸·循良·孝義 등 7門으로 나누고, 正傳500; 附見者 608인을 기록했다. 그는 자료 운영상 "널리 보고 신중하게 취한다"를 주장했다.

李桓은 湖南人으로 布政使를 역임했다. 『國朝耆獻類征初編』 720권을 저작했다. 이는 宰輔·鄕貳·詞臣·諫臣·郎署·疆臣·司法·忠義 등 19類로 편집했다. 체례에 엄금한 곳이 있다. 청대인들은 전기자료를 대규모로 수집·정리하

여 당대사 연구의 "禁區"를 돌파했으나 큰 제한이 있었다. 이것은

① 이런 類書는 자료집성으로 수록한 전기는 親朋好友의 傳記를 위주로 하여 武斷·牽强附會·揚善隱惡 등의 폐단이 있었다.

② 저작의 사상은 기본적으로 봉건 전통관념을 벗어나지 못하여, 봉건 윤리덕행을 표창하여 當代史의 기록이 揚善을 위주로 되었다.

2.『聖武記』는 淸史의 開創的 연구이다

魏源의『聖武記』淸代 軍事政治史이다. 그는 대량의 자료를 수집하여 저작했다. 그는 아편전쟁 패전 소식을 접하고 悲憤 異常하여『聖武記』를 저작했다.『성무기』14권중 前 10권은 紀事本末로 淸의 堀起 入關까지의 주요 戰史를 기록하고, 藩鎭·敎匪 등을 기록하였으며; 後 4권은 武功余記·分兵制 등을 기록하여 練兵·用兵 등 군사 문제에 관한 주장을 제출했다. 그는 사회상의 위기를 해결하는 방법으로 청대의 성쇠·성패득실의 연고를 기록함으로써 자료로 삼자는 것이다. 예컨대 白蓮敎徒의 반란은 결국 실패하고 農民起義를 진압하는 전공자를 기록하는 한편; 청조의 부패상·계급모순 등을 폭로하여 현실정치를 비판도 하였다. 그리고 청조의 복잡한 변경 민족에 대하여 둔전·광산개발 등의 방법으로 邊防을 강화해야 한다는 주장도 하였다.

또한『성무기』는 영국의 침략에 대하여 그 침략활동의 형식·특점을 분석하고, 동시에 "以夷攻夷"와 "師夷長技" 등의 책략을 제출하면서, 여하히 戰·和·守를 행할 방도를 내세웠다. 이는 모두 애국주의 경향과 강렬한 현실감의 표현이다.

『성무기』의 편찬은 晩淸時期의 당대사 연구에 대한 개창하는 의의가 있다. 淸朝軍事史의 私家著述로 관청의 실록·方略·正史 외에 적지 않은 地方志·私家記錄 등을 포괄하여 그 관점과 재료상에 보면 官修書를 돌파한 점이 있다. 또한 강렬한 經世色彩가 있고, 국내외에 많이 유포되어 이후 私家의 淸史硏究가 촉진되었다. 물론 착오가 있고 심지어 착오된 것을 다시 인용하기도 하였으나, 특히 자료를 널리 채집하여 청조 통치자를 칭송을 많이 하여 아직 상당한 속박을 받았던 것을 볼 수 있다.

3. 아편전쟁사 연구의 번창

이 시기 당대사 연구의 분위기하에서 아편전쟁사 연구가 돌출하였다. 아편전쟁후 중국은 점차 半封建 半植民狀態에 접어들어 외국자본주의의 침략과 국가주권의 실추하에 위기·민족 멸망의 구제를 염두에 두고 많은 저작이 이루어졌다. 예컨대 魏源의 『道光洋艘寇海記』, 梁廷枏의 『夷氛聞記』, 夏燮의 『中西紀事』가 그것이다. 일차 아편전쟁에 관한 것, 中英 통상내용·전쟁정황·양차 아편전쟁의 과정에 관한 기록이다. 이들 저작들은 대체로 강렬한 애국주의·민족의식을 표현했다. 어떤 것은 친히 견문을 기록하고, 영국의 침략군이 저지른 죄행을 고발하고, 금연운동과 전쟁중에 중국인 공로자에 대한 기록, 三元里 抗英활동과 그 투지를 찬양하여 민중에 저장된 거대한 反侵略力量을 표현하기도 하였다. 더욱이 淸廷投降派의 민족 이익의 매매와 청군의 부패상을 지책하여 아편전쟁의 실패원인을 제시하였다. 그밖에 各 자본주의 국가의 모순을 이용하여 "以夷制夷"하자는 주상도 보이고 있다.

이상과 같은 연구성과는 근대 중화민족과 외국자본주의 국가 침략세력과의 기본적인 모순을 반영하는 것이고, 이런 상황을 歷史敍述로 승화하였다. 예컨대 黃恩彤의 『道光撫夷紀略』은 아편전쟁과 남경조약을 간략하게 기록하고, 자신의 賣國罪名을 씻고 영국 군사침략을 "申寃"하여 극력으로 투항파 관료를 미화하고 있다. 그리고 贅漫野叟의 『庚申氛夷紀略』은 더욱 황당하였는데, 아편전쟁은 서방자본주의 열강의 침략을 가져온 재난으로 기록하여, 이들은 애국사학가의 박척을 받았으니 투항파의 졸렬한 행동을 폭로한 것이다. 이러한 정황은 청조의 부패폭로를 억압하는 의도하에서 기록되기도 한 것이다.

다만 당대사 연구에 생기를 불어넣었다는 점과 봉건부패 정부에 대한 폭로와 비판을 하였다는 점에서 일정한 의미가 있다. 그리하여 생생한 당대사의 자료는 오늘날 아편전쟁사의 연구에 주요 근거로 삼아야 한다.

제3장 洋務思潮 영향에서의 史學

제1절 洋務思潮와 史學

1. 洋務史學 發生의 歷史的 背景

두 차례의 鴉片戰爭을 겪으면서 外國의 資本主義 상품경제의 수입과 충격으로, 中國에 資本主義의 객관적 조건이 발생하면서 歷史의 趨勢가 나타났다. 특히 太平天國 運動과 제2차 鴉片戰爭은 소위 '內憂外患'이라는 심각한 事實을 만들었고, 封建 統治者들에게 새로운 出路를 찾도록 함과 동시에 당면한 통치위기를 구제하도록 하게 했다. 그러나 國內外的 形勢의 거대한 변화에, 통치집단중의 一部의 사람이 西方 資本主義 國家의 '長技'를 學習해야 한다고 주장하였고, 先進의 軍事裝備와 軍工産業을 도입하여야 하며, 하나(一隊)의 近代化된 軍隊組織을 만듦으로써, 剿賊과 御海의 2가지 목적을 이루면서 봉건 통치를 견고히 維護토록 했으니, 소위 "洋務運動"이 바로 이러한 사상의 영향아래 전개되어 발생한 것이다.

19세기 60~70년대로부터 洋務를 주장하는 封建官僚의 主導로 全國에 많은 官辨企業이 앞다투어 건립되었다. 이러한 企業들은 주로 新式 軍事工業이었고, 많은 工人들을 고용하였으며, 이들 工場들은 대체로 西方의 近代企業의 組織과 形式으로 生産을 進行하였고, 舊式 官營工場의 手工業하고는 같지 않았으니, 바로 資本主義 성격을 띤 企業이었다.

이후 洋務派 官僚들은 일련의 民用企業 계열들을 설립하였으니, 이를테면 輪船招商局 등 20여개 근대기업이 발생하기에 이르렀고, 民族 資本主義가 여기에서 발생하기 시작하여 全國에 洋務의 熱風이 크게 불었다.

이때를 洋務派의 首領人物들은 "洋務의 聖時(盛時)"로 인식하기도 하였으나, 또 다른 지식인들은 '洋務'論者에 대하여 批判하였다. 馮桂芬은 앞서서 "西學을 채용하여 洋器를 제어하자"고 주장하였고, 王韜는 "洋務가 곧 최대의 時務이고 急務이다"고 극력 주장하였으며, 또 薛福成은 『籌洋芻議』에서 洋務를 평가하는 類의 建議를 提出하였다. 이들의 洋務思潮에는 소위 "安內와 外論", "富國强兵論", "借法自强論" 등이 공통적으로 나타났고, "朝野가 함께 모두 洋務가 能事"이라고 하였다.

사실 洋務思潮는 鴉片戰爭이래 30여년간에 士大夫 가운데서 新歷史 條件 아래에서 經世思想이 胚胎하였고 發展과 具體化가 이루어졌다. 이는 당시의 淸政府의 政治, 經濟, 軍事, 外交 등에 집중적으로 반영되었고, 社會 意識形態의 많은 領域에도 影響을 주었을 뿐 만 아니라, 史學領域 등도 적지 않은 洋務의 필요성이 나타나고 있으며, 洋務思潮와 그 이로운 史學活動에도 반영되었다. 이러한 史學活動을 統稱하여 "洋務史學"이라 한다.

2. "새로움은 더하고, 옛 것은 변함없다"는 洋務史學

鴉片戰爭 이후 中國의 사회성격과 中外關係에 수천년래 미증유의 큰 변화국면이 발생하였다. 洋務派 統治集團과 士大夫階層의 有識人士들은 우선 이러한 현실을 正視하고 承認하며, "變局"의 歷史觀을 提出하였다. 이러한 역사관이 바로 洋務史學의 指導思想이 되었다.

1864년 王韜가 『代上蘇撫李宮保書』에서 정식으로 闡明한 "古今의 變局"論이나, 薛福成의 "바야흐로 中外의 勢는 古今의 變局이다"라는 논설 등은 모두 未曾有의 국면이 하늘이 시켜서 그렇게 된 것으로 中國은 閉門하여 받아들이지 않을 수 없는 속수무책이라고 인식하였다. 또한 그들은 "中國의 歷史가 開闢이래 '天道가 수천 년에 한번 큰 變化가 있으며, 수백 년에 한번 작은 變化'가 있는 것"이라고 인식하였고, '鴻荒의 天下가 변하여 文明의 天下가 되었고, 다시 封建의 天下가 변하여 郡縣의 天下가 되었으며, 지금에 이르러서는 華夷隔絶의 天下가 변하여 中外聯屬의 천하로 발전'하는 과정에 있다고 하였다. 이러한 "變道의 思想"은 近代 初期 龔自珍과 魏源 등의 "歷史變易觀"으로 繼承되고 發展하였다. 이러한 時局觀은 封建 頑固派의 "道不變論"과 서로 대립되는 歷史觀이었다. 이로서 人類 歷史가 低級으로부터 高級으로 발전하는 時代 變革觀念과 全世界 形勢의 새로운 認識의 角度에서 시작하여, 近代 中國에서 발생한 巨大한 變化를 觀察·探究함으로써, 一定의 "突變"을 認定하고, 人類 歷史發展의 質變을 承認한 것으로, 若干의 進化史觀의 因素를 포함하였다. 따라서 불완전한 것은 中國傳統의 歷史變易觀이었다.

변화발생의 원인을 탐구함에서 運會, 혹은 氣數, 天, 天道위에서 史觀의 循環을 완전히 떨쳐 버릴 수 없는 것이었다. 洋務史學은 바로 이와 같은 모순이 交織한 "變局" 이라는 역사관의 제약아래에서 封建 傳統 史學이 資産階級 史學으로 轉型하는 과도기적인 몇 가지 특징들을 가지고 있다.

(1) 洋務史學은 封建傳統史學의 封閉隘性을 다소 改變시켜, 역사연구의 영역을 확대시켰다.

사람들은 外交史의 編纂이나, 外國史의 考察, 혹은 科技나 軍事史 연구에서 모두 興亡의 이유를 말하거나 成敗得失을 밝히는데 그치지 않고, 더 나아가 世界的인 광활한 時空範圍로 확대하고, 中外 歷史의 普遍的 聯系와 相互影響의 雙方過程을 深討하였다. 이 시기의 刊行物에서, 外國史 考察에서는 天下大勢를 議論하고 救國의 眞理를 찾으며, 軍事類 史書에서는 兵事 軍制나 戰史·兵法을 論하며, 科技類 史書에서는 凡西方의 算學, 化學, 電學, 醫學, 機器 製造 등 發展的 歷史를 詳述하였다. 이러한 史書類들은 封建 史學이 王朝 中心的인 內向性 傳統格局을 타파할 뿐만 아니라 近代 史學의 새로운 途徑을 開闢코자 하였다.

(2) 近代 中國社會 변화의 새로운 특징을 반영하였다.

史學研究의 重心은 外向性으로 전향되기 시작하였고, 새로운 연구 氣風이 開創되었다. 外交史는 未曾有의 變局과 對外開放의 현실을 正視하고, 外交大事를 기록하였다. 外國史 考察은 近代 中國이 西方으로 向하기 위해 學習하는 歷史潮流에 順應하였고, 더욱 더 世界를 보기 위해 開眼하고 世界로 가기 위한 시대적 요구를 體現하였다. 科技, 軍事史 著述은 바로 "富國强兵의 計略"을 探究하는 産物이었다. 그래서 이들은 "시대에 따른 變化" 라는 洋務史學의 內容으로, 半殖民地·半封建社會의 시대적 특징을 반영하였고, 또 傳統史學이 歷史條件의 變化에 適應하고 계속 演進한 결과이었다.

洋務史學을 總綱한 "中體西用論"은 西學의 발전과 中學의 보존이라는 두 가지 意味를 內包하고 있다. 이는 本質上 矛盾狀態로 당시의 特定의 歷史環境 속에서 兩者가 어쩔 수 없이 뒤섞여서 相存하였다. 따라서 洋務思潮의 "中體西用論"의 影響아래 洋務史學도 마찬가지로 "새로움을 증진하는데 힘쓰기는 하나 옛 것을 변하지 않는" 矛盾狀態이었다.

半殖民地·半封建社會의 特定 歷史條件 아래에서 洋務史學은 一面, 얼마

간의 封建 舊史學의 余緒를 답습하였고, 循環史觀의 "復古"意向을 나타냈다.

이 1時期에 빈번히 나타난 太平天國 革命과 기타 各族 人民起義를 진압했던 歷史經驗에서, 소위 "中興의 業"과 "中興明臣"을 칭찬하고, 清廷의 "中興의 治"와 "中興史"를 歌功·頌德하기 위하는 것이 主旨로서, 안으로 鎭壓, 밖으로 相安·無事를 求하고자 하여 淸朝 封建統治를 계속 유지하자는 것이었다. 바로 曾國藩, 左宗棠, 李鴻章이 대표적인 洋務派 統治集團의 "剿賊"主張과 史學의 屈折을 경험하였다.

外交史에서는 또 다른 측면, 즉 洋務派가 中外關係를 통한 歷史의 考究를 企圖하고 있음을 반영하였다. 또한 "中外相安"의 政策을 찾고, 이러한 外交政策에 의거한 史學活動을 提供하였다. 그들은 洋務史學의 "전혀 옛것을 변화시키지 않는다"는 근본목적을 표현하였고, 또 다른 일면으로는, 近代 時勢變化에 의해 洋務史學은 歷史變局觀이 理論의 근거가 되어 畢竟에는 "모두 힘써 새로운 것을 증가한다"는 傾向과 特徵이 나타났다.

이러한 새로운 洋務史學의 내용은 하나의 事實로 表明되었고, 어떤 새로운 形式을 찾게 됨과 동시에 적합한 洋務運動 정치와 經濟的 需要를 찾게 되었다.

洋務思潮가 극히 複雜한 것과 같이 洋務史學도 마찬가지로 많은 成分이 組合되어 이루어졌다. 洋務史學的 著作者들을 살펴보면 中央 官員들뿐만 아니라 洋務大臣, 洋務派 幕僚, 그리고 一般 知識人들이 해당된다. 또 그 사상 경향을 살펴보면, 洋務派와 早期 改良派로 크게 兩翼으로 나뉘어 진다. 그렇지만 그들의 政治態度와 階級利益은 서로 같지만은 않으나, 단 西方을 學習하거나 富國强兵의 洋務思潮를 求함에 있어서는 兩者는 서로 대립하지 않고 相通하고 朝野에서 呼應하며 洋務運動의 理論과 實踐에서 공동 服務하였다.

洋務史學의 基本的 出發點은 張之洞이 지적한 바 대로 "지금의 治用을 통한다"고 하여 "世變을 살펴 가히 今日의 자료를 취한다"는 것이었다.

洋務史學이 비록 多層的이고 多成分의 意識形態이었다고 하더라도, 그 內容에는 이미 資産階級 改良派 史學에 접근해 있으며, 전체적으로 볼 때, 그것은 洋務派 通治集團 意志의 확립에 의한 것이며, 그 실질은 새로운 것으로 옛것을 보위하는 形式이며, 封建主義를 계속 維護하는데 목적이 있다. 資本

主義의 "用"과 封建主義의 "體"가 調和될 수는 없는 것으로 洋務史學의 변화는 바로 이러한 複雜한 文化現象이 드러난 것이다.

제2절 中興史와 外交史의 編纂

洋務運動의 基本政治 綱領은 "安內和海"의 "自强新政"을 建立하는 것이고, 이 "安內和海"綱領의 필요성은 당시에 "中興史"와 外交史 著作에서 적지 아니 출현하였다. 19세기 중기 淸朝 封建統治는 두 차례의 鴉片戰爭과 太平天國 農民革命의 큰 타격을 받은 후에 政治에 큰 危機를 받았을 뿐만 아니라 封建 學術文化에도 막중한 타격을 받았다. 그러나 舊思想·舊文化가 모두 한 차례의 타격으로 歷史의 舞臺에서 사라질 수는 없는 것이었다.

同治年間에 封建統治의 필요성에 적응하기 위해 날마다 衰落해 가는 封建道德 문화의 신념으로 일부 봉건 지식인들은 소위 "中興史"연구에 종사하였다.

1860년대 초부터 90년대 말까지 "中興"의 歷史를 記述하거나 연구한 著作이 빈번하게 出刊되었고, 洋務運動의 熱氣아래 封建史學의 回流가 형성되었다.

中興史 著作에 종사하거나 참여한 封建學者들은, 위로는 中央官員과 洋務大臣으로 부터, 아래로는 地方官吏와 一般 知識人에 이르기까지 대단히 많았다. 나중에 이들의 趨勢가 어찌되었던 간에 "中興史"의 指導思想을 研究하거나 記載한 것은 모두 공통적으로 "통치에 이르는 법"을 試圖한 것이며, 위기에 봉착한 封建統治를 구하고자 한 것이었다.

이들 中興史 著作들은 全國性 記載가 많으며 地方性 記載도 있었다. 이 一時期의 "中興史"著作은 적어도 600여종에 이르고, 地方志와 기타 著作중의 有關 記錄까지 합한다면, 그 숫자는 헤아릴 수 없이 많다. 그것들이 內包하고 있는 內容을 대체로 몇 가지로 나누어 보면,

첫째, 太平天國 革命 및 기타 農民起義를 鎭壓하는 經過를 記載이다. 淸政府가 설치한 方略 館詔派의 奕訢등이 主編한『欽定剿平奧匪方略』등 著作들은 모두 御筆制序의 官方記載로서, 淸朝 內務府의 刊行이다. 五種 方略들은 모두 年月日로 배열되어 章奏文牒을 모아 편집한 것으로 淸軍이 太平天國革

命을 鎭壓하는 과정을 詳細히 記錄하였고, 各族의 民族起義 過程을 詳述하였으며, 倡亂, 또는 匪亂의 진압과정에 대해 詳述하였다. 또 淸軍 將領과 地方官吏들이 편찬한 易孔昭의 『平定關隴紀略』과 周義亭 등의 半官史志의 저술도 있다. 이들 著作들은 一般的으로 武功記의 形式으로 年代順으로 淸軍이 各地의 人民起義를 武裝 鎭壓하는 經過를 記載하고 있다. 어떤 것은 左宗棠 系統을 頌揚과 大智大勇을 稱頌하거나, 어떤 것은 曾國藩의 "功業"을 稱頌하는 內容을 담고 있다. 其他 錢위의 『吳中平寇記』 등 地方性 記載들도 마찬가지로 各地에서 人民起義를 鎭壓하는 淸廷에서 派出한 大小 反革命의 頭目들의 各地 人民起義를 진압하는 과정을 수록하고 있다.

둘째, "中興의 業"과 "中興名臣"의 頌揚

이와 관계있는 方面의 著作을 살펴보면, "庥明(왕의 보호)를 鼓吹하고, 盛美를 導揚"하는 것이 없지 않으며, 위로는 "皇考深恩"하고, 아래로 "聖朝厚德"을 기리며, 當代의 빛나는 武功과, 人才의 盛美, 朝廷의 中興偉業을 적극 頌揚하고 있다.

洋務派 政論家이자 外交家인 薛福成은 일찍이 曾國藩 幕僚에 있을 때 『中興敍略』를 썼는데, 曾國藩이 太平天國革命을 成功的으로 鎭壓하는 中興偉業을 謳歌하였다.

洋務派 統治集團의 幕僚이었던 朱孔彰의 『中興將帥別傳』 등의 記錄들이 대체로 曾國藩이나 胡林翼, 左宗棠, 李鴻章 등의 "群公輩出"의 時勢에 "命世의 英"을 稱頌하는 내용을 기록하였다. 또, 王闓運의 『湘軍志』나, 王定安의 『湘軍記』 등의 著作도 地主 武裝軍인 湘軍이 太平軍을 鎭壓한 '戰績을 서술하고, 功烈을 기록'하는 데에 目的을 두고 있으며, 동시에 地主 武裝의 存亡得失의 契機와 "常勝의 理"의 探究에 있다.

1. 封建 忠義·節烈의 士에 대한 表彰

太平天國革命의 暴風은 中國의 거의 절반을 휩쓸었고, 淸軍과 地主武將은 太平軍의 심한 打擊으로 많은 死傷과 損失을 입었다. 이때 淸朝를 救命코자 했던 地主階級 忠臣 孝子 節夫 烈婦 등을 表彰하고, 封建 倫理道德을 제창하고자 하였고, 咸豊 11년 가을에는 褒忠局을 설치하여 『兩江忠義錄』 등의 저술을 만들었다. 이것도 人物 傳記 종류의 하나이다. 이들 著作에서는 올바른 人心과 封建倫理觀念을 敎化하고 목숨을 버려 나라를 구하는 封建 道德을 說敎하고 있다. 아울러 革命을 鎭壓하는데 成功한 淸軍將士에 대한 勸戒와 反革命 武裝力量의 强化로 封建地主階級의 江山을 保持코자 하였다.

"中興史"는 한줄기 史學 逆流의 突出이며, 近代 歷史條件 아래에 封建主義 正統史學의 回復과 延續이다.

● 歷史思想에서 볼 때, "中興史"의 著作者들은 "天時", 혹은 "天命"을 강조하고, "中興의 治"는 "天心厭亂"의 필연결과이라고 하여, 완전히 天命史觀의 진부한 말을 하였다.

● 編輯體例에서 볼 때, "中興史"의 體裁形式은 紀事本末, 編年, 傳記, 譜牒, 筆記, 日誌, 文牒이 있고, 紀事本末體의 "方略"이 위주가 되었다.

이러한 史書들은 本朝史事를 많이 기록하고, 歌功頌德이 主旨가 되었다. "中興史"著作의 體例는 모두 國史와 表裏關係에 있으며, 章奏하고, 見聞을 採集하고, 遺秩을 수집하고 纂錄하여 "中興史" 著作은 內容은 물론 形式에 있어서 모두 封建主義의 正統史學의 範疇에 속한다.

2. "夷務"와 外交史 編纂

鴉片戰爭 이후 "天朝上國"(卽, 中國)은 外部世界의 사람과 단절상태를 타파하고, 淸朝 統治者들은 現實을 正視하고 外國人과 交通하며 '夷務'와 이에 관련된 夷務問題의 外交史著를 연구하기 시작하였다.

近代에 正式으로 記述된 外交關係 史書 중 夏燮의 『中西記事』로부터 실질적으로 시작했다고 보아진다. 이는 제2차 鴉片戰爭 기간중의 中外 關係史를 기술하였다. 이후 英國 宣敎師의 著作을 譯書한 王韜의 『華英通商史略』 등 많은 著作들이 나왔다. 이들은 鴉片戰爭으로부터 淸末의 近代 外交史料에 이르기까지 비교적 完備되어 보존되었다.

淸朝 統治階層중의 洋務派集團은 外國人과 交流함과 동시에 外交史料의 備案과 外交史 編纂을 매우 重視하였다. 總理衙門 成立 初期에 洋務派의 首領 文祥은 즉시 指示하여 『洋務紀事本末』을 編纂케 하였다. 總理衙門에는 明文規定이 있는데, 洋務派 官僚가 外交를 處理하기 위하여 해외로 파견될

때는 반드시 日記를 쓰고, 定期 寄回하도록 하였다. 듣고 본 것이나, 특히 對外 交涉事는 일일이 자세히 기록하여 國人이 읽은 후 능히 各國 事情을 잘 알 수 있도록 하였다. 이러한 결과 志剛의『初使泰西記』등 洋務派 外交大臣의 日記가 대량으로 많이 만들어졌다. 이들 外國에 나간 使臣의 日記는 清朝 外交官들의 世界 各國에 대한 認識을 反影할뿐만 아니라 半殖民地의 外交活動도 여실히 記載하였다.

이들의 외교사를 통해 清朝 外交官들의 世界 各國의 인식을 반영했을 뿐만 아니라, 半植民地的 外交 活動을 기록하였는데, 일종의 日記體的 近代 外交史料이다. 이들 外交史著중에서 비교적 體例을 이룬 史著는 洋務派 官僚인 王之春의『國朝柔遠記』을 먼저 꼽을 수 있다. 이것은 同光中興 때에, 洋務運動의 필요성에 의해 강력한 政治的 色彩를 띤 것으로 中外 交涉의 發端이 되었다.

대부분의 外交 史料와 史書들은 洋務派의 對外 羈縻 外交路線의 영향아래 씌어진 것이다. 따라서 洋務派 統治集團의 特有한 外交思想이 反映되었다.

1) "柔遠·撫夷"論

郭嵩燾, 王之春 등은 그들의 著作에서 "和戎"의 外交主張을 명확히 闡述하였다. 郭嵩燾는 인식하기를 西方列强이 中國에 와서 通商을 하므로 中國 土地와 人民에게 不利하다고 하였고, 이들에 대해 "撫"의 方法으로 대비해야 한다고 하였다. 또한 그는 歷史에서 根據를 찾아 道義 恩澤의 道義的 外交觀念에 의해 "至誠으로 夷狄을 待해야 한다"고 하였다. 따라서 그들의 주장은 그들 侵略者들에게 "성의를 다해 서로 交涉해야 한다"고 하였다.

그들의 傳統的 羈縻外交觀에서 벗어나 侵略者들과 "相接"해야 함을 주장하였고, 이러한 결과 咸豐 10년 9월 和議(北京條約)를 체결하였는데, 이러한 喪權辱國의 條約은 당연히 많은 사람의 반대에 부딪혔다. 사실상 遠距離 國家를 懷柔하고, 外國 侵入者를 感化시켜, 中外의 相安을 얻어냄은 帝國主義 强權外交 時代에 다만 자기 欺瞞에 불과하며, 投降主義의 앞잡이가 되는 것이었다.

2) "春秋盟會"論

洋務派는 古史의 傳統的 外交 智術을 取하여, 當代의 說明과 定義를 덧붙여, 外國과 '聯合·結盟'의 外交思想으로 발전시켰다. 가령 『使西日記』는 曾紀澤과 吳雅娜가 만나서 聯日의 外交策略을 제시하였는데, 이는 옛 合縱의 義를 본받은 것이다. 王之春은 『國朝柔遠記』에서 '以夷制夷'의 外交策略을 제시하여 옛 制度를 빌려 오늘에 提示했다. 그래서 王之春과 기타 洋務派官員들은, 列强間의 存在하는 矛盾을 이용할 것을 생각하거나, 혹은 外國의 力量을 借用할 것을 企圖했는데, 가장 중요한 한가지를 忽視하였다. 즉, 中外 力量의 對比와 列强의 中國에 대한 侵略에는 큰 차이가 있었다. 이와 같이 '戰國策'이나 '春秋盟會' 등 傳統 外交觀念은, 帝國主義의 弱肉强食의 侵掠行動에 비교한다면 결과는 필연적으로 制夷는 이루어지지 않고 오히려 夷制를 당하게 되었다.

外交史著들은 많은 近代 外交事件과 外交活動들을 記載하였고, 또한 모두 일정의 史料的 價値를 갖고 있다. 가령 王之春의 『丘朝柔遠記』는 제2차 鴉片戰爭 이후의 國際軍과의 同心協助된 내용을 기재하였고, 志剛의 『初使泰西記』은 使節團과 英國 外務部와의 談判의 내용을 記載하였고, 張德彛의 『隨使法國記』는 天津敎案 발생 후 法國의 傳敎士와의 관계에 대해서 記載하였다.

外國의 侵略勢力이 날이 갈수록 中國의 邊疆과 內地에 깊숙이 侵入하고, 封建 統治者들이 自己의 權力의 行使가 날이 갈수록 어려워지자, 自己의 統治力이 몰락하는 危機를 피하고자 하였다. 封建統治者들은 할 수 없이 어느 정도 對外的인 抗爭을 하게 되는 一面도 있었다. 이 外交史 記載中에는 이러한 면도 反映되어 있다.

제 일시기의 外交史 編纂 思想은 상당히 복잡하며, 심지어는 서로 모순상태를 나타내기도 하였다. 그것은 아편전쟁 이래 夷務의 끊임없는 발생과 확대된 史實을 反映하고, 중국과 外部世界와의 交流와 聯系의 필요성을 강조하며, 또, '對外羈縻'와 '遠人의 懷柔', '四方의 蠻夷가 中朝에 向化한다'는 등의 傳統的 外交觀念에서 새로운 歷史課題를 槪括하고 있다. 그들은 변화무쌍하게 변화하는 國際政勢와 종횡무진의 外交格局을 "戰國策", "合縱連橫",

"春秋盟會"類의 傳統的 外交智述로 資本主義列强의 弱肉强食의 侵略行動을 解釋하고 있다. 이러한 상황은 對外 開放의 初期狀況을 설명해 주는 것으로, 封建傳統觀念의 束縛을 깨뜨릴 수 없는 것으로 그 編纂內容은 基本的으로 封建史學의 範疇에 속했다.

그러나 編纂體例에서는 外交史에서 좁은 의미의 一朝一代의 帝王 중심의 傳統的 局面은 타파되었고, 近代的 社會 特徵의 史學 發展의 新趨勢가 갖추어져 있었다. 동시에 政治史 分野에서도 새로운 面이 발생하였는데, 外交史도 본질적으로는 政治史인 만큼 이미 封鎖形態에서 開放形態로의 過渡期이며, 政治史 硏究에도 새로운 길이 열렸다. 제 일시기의 外交史 著述은 이후의 中外關係僕의 연구에 전면적인 연구를 일으키게 안는 先導的 役割을 하였다.

제3절 富國强兵의 科技史와 軍事俟著의 探求

1. 科技史 譯著의 發軔

洋務運動時期에 사람들은 科學發展의 主張을 제기하기 시작하였다. 가령 國外의 각종 科學知識을 소개하거나, 새로운 科學技術을 학습하며, 一群의 工場과 鐵路事業 등을 추진하였다.

洋務運動중에 설립된 江南 製造局 附設 飜譯館에서는 많은 西方의 近代 科技書籍들을 비교적 계통적으로 飜譯하여 出刊하기 시작하였고, 洋務運動으로 軍事工業이 進行되어 감에 따라 많은 軍事와 工業의 書籍 등이 出刊되었으며, 이외에도 적지 않은 基礎科學的 格致의 書가 出刊되었다. 이러한 科技譯著의 大量出版은 中國에 西方 自然科學의 傳播를 擴大하는 것이고 守舊의 社會氣風을 변환시키는 데에 큰 促進作用을 하였다.

이러한 基礎위에, 外國 傳敎士들이 著述한 西方 科技史著들도 中國에 傳入되기 시작하였다. 艾約瑟의『希臘數學考』가『中西句見錄』에 連載되는 등 數學과 天文學 分野의 著述이 줄을 이었고, 이외에도 象緯, 歷數, 格治, 器機 등 방면의 著述과, 西方 算學, 化學, 電學, 醫學 및 器機製造 등이 出刊되었으며, 歷代 中國의 科學史의 整理와, 또 西洋의 科學과의 比較 등을 主題로

하여 出刊되었으며, 제 一時期에는 傳記性의 科技史 著作도 出現하여, 1886년 諸可寶의 『道人傳三編』을 始初로, 各 方面의 自然科學者들의 傳記를 소개하였다.

이외에도 陳作霖의 『中國機器學家考』에서는 古來의 創造發明者의 事迹을 研究하고, 中國 古代 科技의 發明등에 대해서 소개하였으니, 이는 歷史研究에 있어서 新領域을 開拓하였다.

2. 軍事史書의 出現

阿片戰爭 이후 中國은 內外로 戰爭이 빈발하였다. 淸은 內賊의 소탕과 外的으로 '御侮'가 急先務로 되었던 고로 軍事力이 제 일의 政治力이 되었고, 近代化된 軍隊를 만들어 强兵治國에 도달하는 것이 목적이었다. 이러한 治國은 强兵이 根本思想이 되어 指導理念이 되어 많은 軍事著作이 나왔다. 李鴻章 등 洋務派官僚들은 兵學과 西方의 近代 軍事學 著作의 飜譯 紹介를 특히 중시하여, 江南 製造局飜譯館, 天津器機局, 天津水師學堂, 모두 당시에 중요한 官辦西方의 兵學飜譯出版機構이었다. 『江南製造局飜譯館譯書提要』의 統計에 의하면, 飜譯하여 出刊한 西書가 160여종이고, 이 가운데 軍事와 直接 관계있는 譯書가 33종이었다. 1894년 甲午戰 이후 中國은 직면한 帝國主義 列强의 侵略危機에, 不得不 再次 '富國强兵의 計'를 수행하였다.

張之洞이 우두머리가 된 洋務派集團은 治國의 根本을 强兵에 두고, 一面 西法을 採用하여 文武學堂을 設立하고, 中國歷史의 兵事와 外國의 軍政, 律法, 格致 등을 學習하였다. 著名한 論述로서는 『勸學篇』이나, 『書目答問』으로서 士人들의 必讀書가 되었다.

이렇게 많은 軍事學 譯著중 軍事史書가 일정한 比重을 차지하였고 그 內容은 分類해 보면, 크게 戰史, 軍史, 兵史로 3分해 볼 수 있다. 이를 분야별로 살펴보자.

1) 戰史

西方의 史學界에서는 戰史 研究를 매우 重視하였고, 近代이래 戰史는 西方 軍事學校에서 必須敎科가 되고 있다.

鴉片戰爭 후 中國의 戰史著作 역시 점차 增加趨勢에 있었다. 初期에는 淸朝 武功을 稱頌하는 官修作이었는데, 이후 私家 撰史의 實錄性質의 戰史著作이 계속 出刊되었다. 가령 魏源의 『道光洋艘征撫記』 등의 著書들은 統治者들을 稱頌하는 一色의 官修戰史 方式을 깨뜨려 버리고, 近代 戰史의 새로운 氣風을 열었다.

洋務運動 時機에 더욱 戰史에 대한 硏究가 重視되었는데, 소위 剿匪하는 記錄的 戰史는 除去하고, 太平天國과 其他 各族 人民起義의 歷史 經驗의 教訓이외에 當代 國內外의 戰史의 反映하였는데, 특히 수차의 전쟁을 經過하면서 著作들이 점차 많아졌다.

이들 著作들은 여러 戰役의 발생과 시작, 결과를 자세히 분석하여 세밀히 描寫하고 記載하여, 戰爭 經過의 큰 輪廓을 詳述하여 戰爭의 중요한 參考資料가 되게 하였다.

2) 軍史

王闓運의 『湘軍志』와 王定安의 『湘軍記』는 湘軍이 太平軍 起義를 진압하는 戰史 뿐만 아니라, 湘軍의 發生起源, 水陸營制, 兵法謀略 등이 論述되어 있다. 兩書는 各其 長短點이 있으나, 모두 湘軍史를 연구하는데 중요한 參考書이다. 이들 軍史 著作들은 清 政府가 强國의 軍事와 같이 訓練을 해야 할 필요성에 의해 著作되었다. 많은 地方官僚와 洋務派 大臣들이 모두 軍制의 變化와 列朝의 軍史得失을 整理하기를 희망하였다.

甲午戰爭의 失敗 후 많은 사람들이 兵은 地形과 人勢에 따라 변해야 한다고 주장하며, "西法을 채용하여" 軍隊를 組織하고, 외국의 침략과 압박에 저항해야 한다고 주장하였다. 따라서 西方 各國의 兵制의 著作이 一時的으로 많이 流行하였다. 『地球萬國兵制』나, 『西國軍制考』 등의 著作은 영, 미, 프, 독, 러 등 국가의 兵制를 다루고, 『西國陸軍制考略』에서는 위로는 구라파 古代의 兵制와 兵事를 다루고, 아래로는 近世國家에서 募兵과 成軍의 法을 研究하였던 것으로 프, 영, 독, 러시아 4국의 兵制의 起源과 兵制의 各 事項을 상세히 서술하고 있다.

3) 兵法史

歷代의 兵家 戰略 戰術을 記述한 史著를 通稱하여 兵法史라 한다. 兵略을 詳述한 專門書籍은 太平天國 時代에 이르기까지 없었으나, 淸朝가 對內 鎭壓의 必要性에 의해 우선『兵法集鑑』,『防戍集成』,『武備輯要』類의 專門書를 出刊하였다. 특히 湘軍將領 胡林翼은 太平天國軍과 作戰을 하기 위해 古代 戰略 戰術의 得失을 評價하여『讀史兵略』12卷을 集成하기도 하였다.

甲午戰爭 後, 張之洞은 兵法學을 "大體는 思精하다"고 認識하고, 마땅히 學堂에서 兵法學科를 增設하여야 한다고 하고, 科程에서 第一은 兵法史略學인데, 歷代 史鑑을 구하여 兵事方略을 강의함으로써 古代 戰爭歷史 經驗의 著作이 많이 形成되었다.

軍事史書의 出現은 近代戰爭의 實際 필요성에 적합한 것이고, 洋務運動 時期에 治軍 自强思想이 史學上에 反映된 것이며, 近代史學과 時代的 관계가 强烈히 社會作用한 것이다. 이 一時期의 軍事史 硏究는 軍事史 연구에 있어서 累積된 資料의 初步段階이나, 필경에는 近代史學 領域에서 중요한 分派의 하나인 學科－中國 軍事史가 시작되게 된 것이다.

제4절 世界로 向하는 外國史의 考察

1. '世界를 보는 눈을 떠서' 世界로 향함

洋務運動 初期 發生 段階에, 外國의 歷史와 地理 方面의 知識이 주로 外國 敎會組織과 洋務 出版機構를 媒介로 하여 中國의 士大夫 階層 中間에 전파되었다.

가령 同文館, 江南 機器製造局 附設 飜譯館, 益智書會 등에서 일찍이 編譯出版된 冊으로『列國歲計政要』,『西國近事匯編』등 世界 歷史 著作을 들 수 있는데, 사람들에게 西方國家의 '自强開化의 成迹'을 理解하게 하는데 어느 정도 參考價値가 있었다.

이어 洋務運動이 成熟되어 감에 따라, 洋務派와 그 知識人들이 '西史'가 洋務와 外交를 展開할 실제적인 필요성에 의해 感化를 받았다. 이에 그들은 결연히 世界로 향하고자 外國의 歷史와 地理 및 現狀을 考察하고 연구하였다. 당시 外國에 留學하였던 사람들이나, 游歷, 또는 出使者들의 游記와 日記가 大量으로 나옴에 따라 外國에 대한 見聞과 知識이 소개되어 外國史를 考察하는데 先導的 役割을 하였다.

15世紀 말에 시작된 新航路와 '地理大發見'은 西方人의 視界를 크게 했고, 世界史의 編纂이 하나의 模樣으로 可能케 되었으며, 洋務運動時期에 中國은 開放을 하지 않으면 안되게 되어 中國 知識人들은 閉鎖的인 門戶를 벗어나 世界 各國의 眞面目을 認識하기 시작하였다. 또한 中國人들의 世界史 編纂도 比較的 實際 知識의 基礎위에서 이루어져, 實際의 考察이 重要한 特徵이 된 外國史의 硏究가 이루어졌다. 王韜의 『法國志略』과 『普法戰記』, 黃遵憲의 『日本國志』 등이 바로 이 時代의 代表作들이다. 이들 外國史의 撰者와 硏究는 中國人들의 世界的 認識의 새로운 水平이 되었으며, 近代 世界史硏究의 新段階가 되었다.

鴉片戰爭時期의 世界史 硏究者들, 가령 林則徐, 魏源 등으로부터 시작하여 洋務運動 時期의 外國史 硏究者들은 近代 資本主義 工業生産 이후에 날로 輸入되는 西洋의 影響과 아울러, 强烈한 變法을 요구하던 士大夫와 知識人들은 이미 思想的으로 資産階級 改良派의 行列에 接近하였다. 이들은 近代世界를 分析하고, 특히 西方 資本主義의 필요성을 인식하였다. 이들 外國史의 著作者들은 身分들이 서로 달라 學者, 外交官, 技術者들로 구성되어 있으나, 그들은 모두 洋務運動의 적극적인 參與者이었다.

王韜(1828~1897)는 일찍이 프랑스를 두 차례 여행하여 地理와 그 社會狀態를 비교적 자세히 이해하고, 프랑스史를 쓰기로 念頭에 둠으로써 『法國志略』이라는 冊을 著述하게 되었고, 동시에 世界時勢에 충분한 관심을 가지게 된 것이다.

黃遵憲은 日本에서 4년여 生活을 하며, 日本의 明治維新과 西方國家에 대한 學習을 하여 『日本國志』를 出版하여 日本歷史와 現狀을 소개하였다. 특히 維新이래의 政治, 軍事, 經濟 등 각 방면에 걸친 改革狀況을 자세히 소개하였다. 薛福成은 英國, 프랑스 등 4개국에 使節로 나가 있으면서 西洋 國民의 美風良俗등을 소개하는 『四國日記』를 썼다. 徐建寅은 일찍이 獨逸 주재 參贊으로 있으면서 그들의 工藝技術과 銃砲등을 살피고, 各國 政治의 得失

을 相互 深討하였다. 이와 같이 洋務時期 중의 中國의 知識人들과 先覺者들은 外國史를 考察함으로써 그들의 興起와 世界의 進步的 思潮의 요구를 반영하였다.

2. '借法自强'과 外國史의 考察

洋務運動時期의 世界史 編纂과 硏究는 몇 가지 特徵을 가지고 있다.

첫째, 제 一時期의 著作들은 일반적으로 世界 各國史의 知識과 槪況을 紹介하는데 거리가 멀고, 상세하지 못하였으며, 대체로 外國 近代歷史 및 現狀의 記載에 偏重하고 있다.

王韜가 編纂한 『法國志略』은 "古代 部分은 簡略化하고, 近代 部分은 상세히 기록하며, 遠距離는 버리고, 近距離는 기록하는 것"을 原則으로 하였으며, 당시 報刊 및 기타 西洋人의 著述로 부족한 부분을 보완하였다. 王韜는 法國의 歷史를 紹介하는데 主力했는데, 그가 볼 때 法國은 西方의 國家 중에서 가장 일찍 中國과 交流한 國家로써, 制度, 法律, 文物이 아름답고 유럽에서 가장 우두머리라고 인식하였다. 그리고 『普法戰紀』는 普魯士와 法國간의 當代史이다. 王韜는 新聞記者의 敏捷性으로, 당시 日間紙와 口譯材料, 기타 文獻을 망라하여 채집하고, 모아서 冊을 만들었다. 『日本國志』는 日本의 古代로부터 現在까지 3천여 년의 歷史를 記錄하였다. 이 冊은 "古代 部分은 簡略化하고, 近代 部分은 상세히 기록하며, 遠距離는 버리고, 近距離는 기록하는 것을 原則으로 西法을 涉獵하여 자세히 比準하는" 原則으로 明治維新의 發生原因을 探究하였고, 日本 明治維新 時代의 政治 經濟制度를 詳細히 硏究하였고, 中國 變法自强의 龜鑑으로 삼고자 하였다. 『德國合盟紀事本末』은 1815년 이후 1871년까지의 政治 沿革을 記述하였다. 徐建寅은 認識하기를, "獨逸은 유럽의 中原에 있으며, 文物 風俗등이 유명하며, 그 政治 沿革이 상세하다"고 하였다.

이상에서 살펴보듯이, 첫째 中國人들이 撰譯한 外國 歷史 著作은 '通今致用' 즉 현재의 致用에 주관점을 둔다는 近代 史學의 특징을 나타내고 있다.

둘째 내용적으로는 資本主義 社會 內部의 각 分野에 더욱 깊이 관심을 가져, 西方 近代 政治體制와 物質文明을 가려서 中國人들이 西方을 學習하고,

借法自强코자 하였다. 王韜, 黃遵憲, 薛福成, 徐建寅 등은 世界를 周游하고, 見聞을 開拓하였으며, 이전에 經驗하지 못하였던 資本主義라는 새로운 社會形態를 實際로 考察하고 硏究하여 君主 立憲政體를 建立함으로써 西方과 日本國家의 富强의 原因과 연결하여 中國 自强의 根本적인 道로 삼고자 하였다. 따라서 그들은 君主立憲制의 기초, 즉 資本主義 政治의 國會와 議院制度에 대해 一致하여 贊同하였고, 資本主義 政治에서 法律의 作用에 대해서 重視하였다. 또한 그들은 西歐國家가 執行하고 있는 法律制度가 中國과 相反되어 '保民하여야 輔君'한다고 보았다. 따라서 이러한 結果가 中國이 매우 쇠퇴해 지는 原因이 된다고 보았다. 이외에도 西方 近代物質文明이 이 時機의 外國史 考察의 대상이 되어, 中國의 兵器工場을 세우게 하는 절박한 學習의 內容이 되었다.

이와 같은 外國史 考察과 硏究는 당시 國內 政治 形態에 아무런 저항없이 積極的인 影響을 주었다. 立憲君主制에 대한 紹介와 宣傳이 實際로 資産階級 改良派의 政治的 主張으로 反映되었고, 이후 康·梁 維新變法의 政治實現에 직접 開發作用을 하였다.

셋째 제 一時期의 外國史 硏究에는 모두 世界的 意義가 있고, 이들 著者에는 國際時事와 天下大勢의 議論이 저변에 깔려 있었다. 洋務運動 이전에 記載된 外國史地의 저작은 비록 世界史地 의 著作이라고 할지라도, 中國이 世界의 中心이다는 觀念을 벗어나지 못하였다. 즉 世界史地에 대한 開化시킨 著作은『海國圖志』와『瀛環志略』등은 먼저 들 수 있다. 洋務運動과 지구를 통달하려는 "形勢는 根本的으로 誤謬의 觀念을 깨뜨렸다. 이의 外國史地의 著作者들은 세계에 대해 눈을 뜨도록 하였고, 國際 事務의 現實舞臺에 關心을 갖도록 하였다.『普法戰紀』에서도 王韜는 世界大勢에 대해 "歐洲 列强의 大勢의 實狀"에 대해 자세히 記述하였다. 黃遵憲의『日本國志』에서도 日本의 歷史에 대해서 硏究한 이외에 世界大勢의 흐름에 대해서도 눈을 뜨도록 하였다.

이들 外國史 著作들은 내용에 있어서 비교적 深度있게 다루었을 뿐 만 아니라 編纂 體例에 있어서도 더욱 완비를 갖추었다. 이전의 著作에 비교해 國內 世界史地의 著作의 內容은 廣範圍하게 各國의 史地와 國俗, 物産과 一

般社會 情況을 涉獵하였다. 洋務運動 時期에 外國史地에 대한 考察과 硏究上의 特徵은 近代 中國이 世界로 향하는 過程에서의 새로운 段階에 해당한다. 즉, 未曾有의 變局속에서 中國人들은 별다른 선택의 여유가 없이 부득이 고통을 받아들이지 않을 수 없었다. 다만 西方을 學習하고, 借法自强하는 것이야 말로 오직 유일한 出路이었던 것이다. 洋務運動과 資本主義의 發生과 發展은, 이러한 歷史發展의 需要에 부합하였다. 그러나 洋務運動의 '오랑캐의 장기를 배운다'는 根本目的이 오히려 붕괴되는 封建統治를 견고히 하자는데 있었다. "西學"이 일단 中國에 들어 온 이후로 西學은 부단히 調整과 深化를 거쳤는데 그 발전 趨勢는 洋務運動 主持者들이 바라는 바 대로 진행되는 것은 아니었다. 西方의 科技工藝와 西方의 政治 經濟 敎育制度를 진일보 학습하였다.

鴉片戰爭을 전후로 하여 世界史地의 硏究는 주로 中國人民의 侵略을 반대하는 時代潮流를 반영하였다. 洋務運動時期의 世界史地 硏究는 近代 中國이 西方을 學習하는 歷史 課題를 더욱 많이 표현하였다. 그것은 世界史地 硏究의 新局面을 開拓하였을 뿐만 아니라, 中國 史學의 近代化를 이룩하는데 貢獻하였고, 思想 文化史的 視覺에서 보건대 近代 中國의 歷史認識을 世界史的 次元으로 段階를 높이었다.

제5절 光緖朝時代의 元史學

1. 光緖朝의 元史學과 그 流派

光緖朝中葉 元史와 西北地理 硏究가 再次 發達하였다. 그것은 經世派가 西北史地學의 端緖를 제공하였고, 民國間에 新考證派가 蒙元史를 硏治하기 시작하였다는 풍조가 열렸으며, 中國 近現代 蒙古學이 形成되는 推動作用을 하였다.

光緖朝 때 나타난 元史 硏究熱은, 이미 學術的 緣故가 形成되어 있었고, 現實的 動因이 있었다. 學術的으로 살펴 볼 때, 明初에 두 차례에 걸쳐 官修編纂된 『元史』가 史料 蒐輯이 不完全할 뿐 만 아니라, 撰修面에서도 대단히 만족스럽지 못한 불완전한 것이었다. 그러던 것이 光緖年間에, 그 동안 사람

들이 忽視하였던 史料 秘本과 西方으로부터 傳來된 有關史料의 獲得으로 인해 크게 관심이 증가하게 되었고 興趣 또한 매우 크게 증가하였다.

太平天國起義의 실패 후, 淸 統治는 소위 "同光中興"의 時期에 접어들었다. 그러나 "中興"의 이름과는 다르게 虛弱한 本質은 드러났고, 帝國主義 侵略은 面前에 왔는데, 淸 政府는 軍事上으로 敗北를 거듭했으며, 外交上의 失利는 거듭 발생하였다. 특히 러시아와의 外交條約은 欺瞞이 많아서 中國 東北과 西北地區의 큰 領土가 戰爭없이 喪失되었다. 光緖年間의 中俄伊犁交涉과 기타 몇 개의 勘界議定書는 中國 西部의 7만여 평방미터 領土를 喪失케 하였다. 이와 같이 날이 갈 수록 國土가 喪失되는 상황에서 愛國人士들은 憂慮하여 自保策을 마련하고자 하였다. 이리하여 西北地理에 대해 硏討하기 시작하였고, 疆域沿革의 變遷을 究明하여 邊界交涉과 用途의 資料로 이용코자 하였다. 또 淸의 西北地區가 모두 元時代의 옛 領土인 것으로, 蒙元史地가 날이 갈수록 學術界에서 관심이 높아진 것이다.

光緖朝 때의 元史硏究는 그 方式에 있어서 대략 두 가지로 정리해 볼 수 있다.

첫째 元史의 考證과 文獻 整理의 爲主로서, 史料考證派라 부를 수 있겠으며, 代表的 人物로 盛昱과 李文田, 洪均 등 6,7명에 이른다. 이들의 硏究活動은 주로 元史史料의 蒐集, 校勘, 考證, 註釋方面에 집중되어 있다. 이들의 政治傾向은 서로 일치하지 않았다. 盛昱, 李文田 등은 比較的 保守的이며, 文廷式과 沈曾植은 뒤에 維新傾向의 著名한 帝黨人物이었으나, 단 國家가 危機에 처했을 때, 時局과 中外交涉에 十分 관심을 가졌던 인물들이었다.

둘째 『元史』의 改編을 위주로 하는 改寫派로 代表的 人物은 屠寄 등 3명이다. 3명중 曾廉; 柯劭態는 『新元史』를 저작하고 政治思想이 비교적 保守的이었으며, 屠寄는 『蒙兀儿史記』를 지었고 史學思想은 비교적 進步的이었다. 治學方法에 있어서는 屠寄와 柯劭態 모두 考證派와 비교적 깊은 淵源을 가지고 있고, 史料考證에 있어서도 비교적 많은 일을 하였으며, 이 책의 學術價値도 비교적 높다. 前時代의 元史硏究와 비교해 볼 때 光緖朝 때의 元史硏究는 두 가지의 새로운 특징을 가지고 있다. ① 視野가 비교적 開闊하였다. 당시 海禁이 크게 열림에 따라 中外使節의 왕래와 文化 交流가 날이 갈수록 빈번해지면서 이들 學者들은 西方의 有關史料를 받아들이고 운용하기 시작하였다. ② 研究範圍가 부단히 擴大되었고 아울러 새로운 領域과 史地學의 分枝가 開拓되었다. 가령 西域史, 中西交通史, 南海交通史, 邊疆小數民族史 등을 들 수 있다. 모두 이러한 發展趨勢를 反映한 것이라 하겠다.

光緖朝의 元史學은 직접적으로는 民國이후의 蒙古學과 西北地理研究를 啓導하였다. 가령 屠寄와 柯劭態의 蒙元史 著作은 民國年間에 당시의 學術界에 대단히 큰 影響을 끼쳤다. 이와 같이 光緖朝의 元史研究는 실로 中國 蒙元史學 發展史에 있어서 하나의 先導的 役割을 한 중요한 시기라 하겠다.

2. 元史文獻에 대한 考證派의 整理 研究

『元史』계통에 대한 考證은 淸 乾嘉年間에 시작되었는데, 代表的으로 錢大昕의 『元史考導』와 王輝祖의 『元史本證』이 이에 해당된다. 錢의 著書에서는 『元史』에서 다룬 年代, 官制, 地理, 蒙古 氏族과 世系 등을 考察하였고, 汪의 著書에서는 訂誤, 訂遺, 訂名 3부분으로 나누어 잘못 된 부분을 고치고 정정하여 『元史』에서 紀, 傳, 志, 表로 記載한 것을 서로 비교 분석하고, 그 가운데 誤謬를 논증코자 하였다. 光緖朝의 考證派 元史學者들은 이러한 傳統 方法을 계승하여, 아래의 몇 가지 방법으로 元史史料에 대하여 整理 考訂하는데 集中하였다.

(1) 『元朝秘史』에 대한 考釋

無名氏 撰 『元朝秘史』(本名 『蒙古秘史』)는, 蒙古族에 대한 現存 가장 빠른 歷史書이며, 동시에 文學 巨著이다. 13世紀에 中葉에 만들어진 이 책은 元代에는 禁書로,"脫卜赤顏"이라 칭하였는데, 明初에 와서야 겨우 漢譯되어 後世에 전해졌다. 내용은 蒙古族의 起源과 成吉思汗, 窩闊臺汗時期의 事迹을 記載하여, 蒙古 初期社會 歷史와 言語·文字에 대한 貴重한 資料가 되고 있다. 이후 明代의 譯本 이후 점차 사람을 重視하는 傾向이 두드러지게 나타나고 있다. 이러한 史書들에 대한 註釋들을 살펴보면, 주로 地理方面에 많이 關心이 집중되어 나타나고 있다. 그 주요 내용을 살펴보면,

첫째 各種 資料를 勘案해서 疏通譯名을 기록하였다. 『元朝秘史』 系에 同

名異譯의 상황이 너무 많이 나타나고 왕왕 統一되지 않았던 것이다.

둘째 資料 중에 나타난 地名과 地理 方位, 形勢와 沿革을 考證해 볼 때, 모두 後人들이 閱讀하고 理解하는데 하나의 方便을 제공하였다. 그러나 이들 研究者들은 모두 蒙古語를 알지 못하였을 뿐만 아니라, 引用된 史料가 舊籍에서 나타나지 않으면 牽强附會한 경우가 많았다.

(2) 『聖武親征錄』에 대한 校注

『聖武親征錄』 또는 『皇元聖武親征錄』은 蒙古語의 『脫卜赤顔』을 編譯하여 이룬 것으로, 주로 成吉思汗과 窩臺汗의 事迹을 기록하였다. 『元史』중의 太祖, 太宗 2대를 太半 取材하였다. 錢大昕은 비교적 일찍이 이 책의 價値를 제기하였고, 道光年間에 張目, 何秋濤도 이 책에서 抄本을 얻었다. 여기서 주의할 만한 비교적 가치있는 책은 沈曾植의 校注이며 권장할 만하다.

(3) 『蒙古源流』에 대한 疏證

『蒙古源流』의 原名은 『汗等寶貝史納』으로, 明末 蒙古人 薩囊徹辰의 著書이다. 1662년에 쓴 이 책은 1777년 滿洲文으로 다시 한문으로 飜譯되었다. 이 책과 『元朝秘史』, 『蒙古黃金史』는 모두 蒙古의 3대 歷史 名著이다. 作者는 自稱 『古昔蒙古汗等源流大黃冊』 등 7종의 蒙, 藏文 資料에 의해 記錄하였으며, 안으로 佛教의 전파과정과 蒙古族의 起源, 그리고 蒙古 各汗 世系와 作者 本人의 經歷을 기록하였다. 그중 가장 관심을 끄는 것은 元이 망한 후 蒙古 地區의 政治, 經濟, 喇嘛教 傳播, 封建領地 歐分, 各部間의 戰爭의 記載, 무엇보다도 俺答汗과 鄂爾多斯部의 事迹의 상세한 기록, 明時代에 蒙古 各汗의 活動과 王統 世系 등이 고찰할 만한 가치가 있다고 하였다. 단 이 책에도 誤謬가 다소 발견되고 있다.

이외에도 蒙古地區에서 많이 발견된 글이나, 碑刻 등에 校注 혹은 考訂이 이루어져 있다. 考證派가 蒙元史料에 대한 整理研究는 주로 乾嘉朴學의 방법을 踏襲하였는데, 그 중 가장 유명한 것이 校勘法과 對音法이다. 校勘法은 乾嘉學者들이 史料를 整理할 때 가장 基本的으로 많이 사용한 방법이다. 蒙元史料는 적지 않이 많이 蒙古文으로부터 譯書되었는데, 添削·脫漏 등 오류가 나타나고 있다.

여기서 주의를 기울일 것은, 光緖朝 때 元史 學者들이 이미 外文史料를 이용하여 연구하기 시작하였다. 특히 洪鈞과 그의 著書『元史譯文證補』가 여기에 적절하다 하겠다. 外文資料의 採集에 있어서『元史譯文證補』의 특징은, 우선 각종 資料를 세밀히 비교 鑑別한 基礎위에 최선의 것을 따랐다는 것이다. 다음으로, 다른 漢文 史籍에 비해 비교적 약한 부분이 있는 점이다. 漢文史籍中에 비록 蒙古史料가 대량으로 보존되어 있으나, 여러 가지 역사적 원인으로 蒙古 初期의 文化가 비교적 낙후된 점, 그리고 西北의 여러 蒙古宗藩汗國과 元廷의 若卽若離의 관계는, 蒙古 初期 歷史 및 西征軍事 활동, 西北 4大汗國 世系와 史蹟, 西北 宗藩의 元廷에 대한 戰爭, 西北地理의 情況이 蒙古 帝國 境內의 각종 복잡한 민족과 종교 등으로 인해 모두 漢文 史籍에는 많이 기록되지 못했는데,『元史譯文證補』의 내용에는 어느 정도의 결함이 보완되어 있고, 국내 학계에 발견치 못했던 成吉思汗의 長子 術赤의 事跡등 蒙古 史料를 제공해 주고 있다.

이상의 고증에서 살펴 볼 때, 洪鈞은 乾嘉朴學의 방법을 계승한 것은 제외하더라도 西文史料의 특징을 그의 譯에 근거로서 채택하였을 뿐만 아니라 비교적 많이 주의를 기울였다. 첫째로 中西史料의 對勘·比較에서 나타나는 문제점, 즉 漢文 記載할 때 西書의 誤謬를 바로잡고, 혹은 西書로서 漢籍의 失手를 바로 잡고, 혹은 中西資料로서 서로 補完하였다. 둘째 譯文과 調査할 때 서로 參證하였다. 이러함에도 洪鈞은 西書 史料를 選擇할 때 封建 傳統史觀의 영향을 받았음으로, 政治, 軍事史를 중요시 하고 經濟制度, 古代 東西交流 등 重大史實을 忽視하였다. 이외에도『元史譯文證補』의 飜譯에서도 史事의 考證에서 어느 정도 誤謬가 발견되고 있다. 하여간 洪均은 中國 史學界에서 가장 먼저 西方의 資料를 이용하여, 中國의 事實을 증명한 공로는 크다. 또한 국내 학자들이 蒙古史를 硏治함에 있어서 모두 "元朝史"나 "中國蒙古史"의 한쪽 범위를 벗어나지 못하였으나, 이제는 "元史學"이라고 칭할 수 있게 되었다. 따라서 '蒙古學'의 세계적 의의라고 한다면 洪鈞의『元史譯文證補』의 출현으로부터 시작되었다.

이외에도 丁謙의 元史와 西北地理연구도 비교적 西方史料로 중요하다. 元

史研究는 西方史料 및 몇 가지 近代觀念을 흡수함으로써 光緒朝 元史學은 乾嘉 朴學傳統의 계승으로부터 점차 근대 蒙古學 발전의 추세를 반영하였다.

3. 曾廉과 柯劭態의 『元史』 改寫

光緒朝 이전에 『元史』를 重修에 힘을 기울인 중요한 사람은 邵遠平, 錢大昕, 魏源등 3인이었다. 曾廉과 柯劭態의 『元史』 改寫는 모두 이러한 사람들의 기초 위에서 진행된 것이다.

曾廉은 『元史』를 改編하여 『元書』 102卷을 만들었다. 『元書』의 내용은 대체로 『元史』의 범위를 벗어나지 않는다. 또한 柯劭態는 『新元史』를 刊行하였다. 그 내용과 구성은 『元史』와 거의 같다.

曾廉과 柯劭態 두 사람의 정치적 입장은 모두 보수적이었다. 封建 頑固派의 입장에서 曾廉은 封建制度와 그 學術 文物의 몰락을 애통해 했고, 維新變法에 대해서도 반대했으며, 일체의 西學·西藝에 대해 반대했다. 마찬가지로 그들의 史學觀念도 모두 守舊하였다. 즉, 그의 著書에 나타난 사상은 天命思想으로 天下의 治亂興亡이 모두 天意의 體現이라 하였다. 다음으로는 儒術治世의 封建文化觀을 고취하였다. 儒學을 인식하기 위하여 최고의 完美된 사회 정치와 人倫秩序를 體現코자 하였다. 가령 柯劭態는 『新元史.篤行傳』에서 封建的教化을 宣揚하였고, 曾廉은 『元書』에서 『春秋』의 義를 행하고 싶다고 했다. 따라서 이들 著書에서는 일체의 기회에 封建綱常思想, 忠孝節義가 선양되고 있다.

따라서 曾廉과 柯劭態 두 사람은 史學觀念도 비교적 가까워서, 史書 編纂時에도 같은 약점이 나타나고 있다. 즉,

첫째 正史를 모방한 듯한 느낌이 있으며, 兩書 모두 資料의 出處에 注가 없는데, 이것은 바로 부득이 그 사용가치를 크게 떨어뜨리는 것이다.

둘째 史料 取捨時 政治를 중요시하고, 經濟를 경시하였다는 점이다.

그러면 『元史』와 『新元史』가 다른 점은 가장 중요한 것이 取材의 廣狹과 研治 功力의 深淺이다.

4. 屠寄와 『蒙兀儿史記』

淸末에 『元史』 改寫 著作中, 屠寄의 『蒙兀儿史記』의 功力은 가장 깊고 가장 큰 특색을 지니고 있다. 屠寄의 『蒙兀儿史記』와 기타 『元史』 改寫 著作을 비교해 보면, 세 가지 점에서 현저한 특색을 가지고 있다.

첫째 舊 『元史』의 斷代史를 깨트리고, 蒙古族의 通代史를 創編하였다. 明代에 편찬한 『元史』뿐만 아니라 後代에 編寫한 元史가 대부분 元朝의 歷史의 範圍를 벗어나지 못하였는데, 『蒙兀儿史記』는 中國 제일부 紀傳體 蒙古族 通史이다. 屠寄는 『蒙兀儿史記. 凡例』에서 말하기를 "本書에서 시작하여 本書에서 끝낸다. 元 一代만을 고집하지 않음으로 元史라고 할 수 없으므로 『蒙兀儿史記』라고 한다고 했다. 一部는 蒙古族 通史이며, 『蒙兀儿史記』의 記事는 시간에 따라 서술되어 있으며, 『元史』 본래 薄弱한 蒙古族 起源과 先元 四朝史의 서술이 강조되었으며, 동시에 元亡 이후의 蒙古族 活動 情況도 가능한 섭렵하였다.

둘째 中外의 史料를 광범하게 수집하고 前人의 연구성과를 집대성하였다. 屠寄는 국내의 자료는 물론, 外文史料 方面까지 광범위하게 자료를 수집하였다. 또한 屠寄는 각종 史料와 當代 학자들, 가령 錢大昕, 魏源, 徐松 등의 연구 성과인 著作들을 참고하여 활용하였는데 取捨를 신중히 하고, 失手와 誤謬를 糾正코자 하였다.

셋째 自撰·自注로서 考證이 精密하고 詳細하다. 기타 『元史』 改寫著作들과 비교해 볼 때, 『蒙兀儿史記』의 고증은 가장 精密하고 詳細하다. 이 책의 編寫에는 '自撰自注'의 方式을 채택하였는데, 史料 史實의 考證에 있어서 모두 精詳하였다. 『蒙兀儿史記』의 고증 범위는 매우 넓어서 史實, 年代, 人名, 世系, 封爵, 謚號, 職官, 地理, 封地, 部族 族源과 族屬 등을 包括하였다. 그중 가장 錯誤가 큰 부분이 地理部分이다. 그는 특히 地理 部分에 우수한 功力이 두드러져 보인다. 屠寄는 평생 地理의 沿革을 연구하고, 通經, 그리고 歷史와 兵事를 매우 중시하였다.

屠寄는 무술변법 전후에 사상경향이 維新改良이었고, 辛亥革命 때에는 家鄉地區의 光復活動에 參加하였던 고로 그의 史書에는 적지 않이 進步的 관점이 표현되어 있다. 그는 『蒙兀儿史記』에서 "西力東漸의 民族危機에 國亡을 坐視할 수 없으며, 百姓이 榮光을 찾아야 한다"고 하였다. 뿐만 아니라 資産階級 民主思想에서 출발하여 『蒙兀儿史記』는 元朝의 腐敗政治現象을 解剖하여 封建專制制度의 不平等함과 "家天下"制度를 비판하였고, 蒙古 貴族 統治者들은 일에 어리석고 일체가 武斷이라고 말하고, 政法을 모르는 자들이라고 말하였다. 治學 方法上에 있어서 『蒙兀儿史記』의 가장 큰 특징은 '目治' 즉, 實際 考察에 있으며, 史料와 考古 材料 등을 결합하여 사용하는데 노력하였다. 光緒朝 때 元史 硏究는 中國 蒙元史學의 발전에서 承先啓后의 작용을 하였고, 국제적으로 "東方學", "蒙古學"界도 역시 상당히 명성을 향유하였다. 이리하여 蒙元史學의 발전은 이미 하나의 근대 학술 조류에 진입을 개시하였다.

제6절 傳敎士의 史書 編譯과 그 영향

1. 近代 初期 傳敎士의 史書 編譯

傳敎士들은 우선 소위 '上帝의 福音'을 전파하여, 基督의 宗敎思想을 선전코자 하였다. 그러나 清政府의 傳敎의 禁止政策과, 中國의 儒學이 중심이 된 전통문화의식의 異端宗敎 神學에 대한 배척으로 전파작업은 막대한 애로를 겪게 되었다. 따라서 이들은 부득불 다른 방법을 사용치 않을 수 없었으니, 중국인들이 비교적 흥미를 가지고 있는 西方知識을 소개함으로써 종교사상의 영향을 확대시키고자 하였다.

1833년 傳敎士 郭實臘(K·K Guzlaff)은 『東西洋考每月統紀傳』의 「創刊計劃書」에서 출판물의 선전을 통해 中國人에게 西方의 技藝와 科學과 准則을 이해시킴으로써, 中國人들의 높은 排外思想을 解消시키고자 하였다. 다음해 11월 廣州에서 성립된 傳敎士가 참여한 "在華 實用知識傳播會"도 바로 이러한 맥락에서 이해된다. 사실상 傳敎士들의 西方 知識의 紹介로 적지 않은 編譯史地 讀書物들이 전래되기도 하였다. 그들은 『察世俗每月統紀傳』 등의 잡지들을 통해 西方 혹은 世界史地 知識을 紹介하고, 有關書籍의 編譯出版에 착수하였다. 1837년 제2차 "在華 實用知識傳播會"의 年會의 내용을 살펴

보면, 計劃 出版된 24종의 서적중 史地가 10여 종에 이르며, 世界簡史, 國別史, 商業史, 殖民史, 西方文學史, 및 世界地理, 各國游記 등이 포괄되었다.

그러나 近代 初期에 傳敎士들의 編譯史書에 대한 文化活動은 普遍的으로 중시되지 못하였고, 그들의 著述에는 史地類의 比重이 아주 적었다.

1810년부터 1867년까지 來華 新教 傳敎士의 中文著述 目錄統計를 보면, 약 760여종 출판물이 있는데, 대부분이 종교 부문의 독서물에 해당되고, 人文科學과 自然科學에 속하는 부문이 약 6% 정도이며, 엄격한 의미의 歷史分野의 譯書는 약 20여종에 불과하였다. 그 중 비교적 관심을 가지고 볼만한 것은,

1)『東西史記和合』, 2)『美理哥合省國志略』, 3)『貿易通志』, 4)『地理全志』, 5)『大英國志』 등 몇 종류를 들 수 있다.

이들 著書에는 傳敎士들이 中國에 적지 않이 地理의 新知識과 西方國家의 歷史와 기타 정황을 소개하고 있다. 이들 著書들은 봉건적 폐쇄생활을 했던 中國人들에게는 하나의 新世界이었으며, 진보적 知識人들에게는 충격을 주는 것이었다. 이러한 심각한 영향아래 근대초기 중국의 세계사 연구는 이루어졌는데, 이들의 내용을 槪括해 보면,

1)『東西史記和合』: 英國의 傳敎士 麥都思(W·H·Medhurst)의 編著. 中國史書와 聖經 比喩해 配列했으며, 中國 歷史와 聖經에서 서술하고자 하는 바 적지 아니 부합한 바를 증명코자 노력했다.

2)『美理哥合省國志略』: 裨治文의 編著. 가장 일찍 美國史地를 中文으로 紹介한 著書로서 上篇은 美國史地, 政治, 經濟, 教育 등을 槪述하였고, 下篇은 당시 美國 소속의 41州를 나누어 간략히 소개하였다.

3)『貿易通志』: 郭實臘의 編譯. 商業史, 世界各地의 商業現狀 및 貿易과 관계있는 交通運輸, 貨幣信用, 關稅制度, 契約 등을 서술하였다.

4)『地理全志』: 英國 傳敎士 慕維廉의 編譯. 당시 國內에 紹介된 西方 地理學 知識의 比較的 계통적인 作品이다.

5)『大英國志』: 慕維廉 編譯. 앞 7권은 英國 歷朝의 중대한 件事를 紹介하였고, 제8권은 英國의 憲政, 宗教, 教育, 經濟, 구倣, 地理를 간략히 소개하였다. 이상으로 살펴 볼 때, 近代 初期 中國人의 世界史地 知識은 많은 부분이

바로 西方 傳教士를 매개로 하여 얻어진 것들이었다.

2. '廣方言館'에서 '廣學會'로

제2차 鴉片戰爭 이후, 不平等한 「天津條約」과 「北京條約」을 통해 西方 傳教士들은 傳教의 特權을 취득함으로써, 그들의 流入과 勢力은 급격히 팽창하였다. 그들은 文化, 出版事業을 통하여 各種 傳教事業을 날로 확대시켜 진행하였다. 제일시기에 傳教士의 中學活動, 특히 史書編譯은 주로 두 가지 경로를 통해 진행되었다.

하나는 淸 政府의 洋務集團이 만든 官方機構인 京師同文館, 上海廣方言館, 江南製造局飜譯館등에 진입하여 編譯事業에 종사하는 것이다. 이에 傳教士들이 編譯한 書刊들은 이러한 방면에서 世界大勢을 이해하고, 西方史와 各種 新知識을 흡수하는 중요한 來源이 되었다. 19세기 말에 이르러 비교적 活躍이 큰 教會의 出版機構는 적어도 12개 이상이었고, 出版物은 수백 종에 이르렀다.

이럼으로써 廣學會의 影響力도 날이 갈수록 커졌다 하겠고, 여기서 특히 史學活動이 많았던 사람들은 林樂知(Young John Allen)와 李提摩太 두 사람이 있다. 그러나 1900년 무렵의 傳教士들의 활동은 점점 축소되었다. 義和團運動과 戊戌變法을 전후로 하여 그들의 영향력과, 出版物의 讀者들은 급격히 감소하였고, 중국의 史學活動과 政治的 勢力, 특히 社會的 影響力이 급격히 감소하게 되었다.

둘째는, 教會組織과 그 出版機構에서 활동을 하는 경우이다. 이 경우 가장 두드러지는 것이 바로 廣學會가 典型인데, 英國 長老會 傳教士 韋廉臣이 1887년에 만들었다. 처음에는 "同門書會"라고 했는데, 1892년 "廣學會"라고 改稱했다. 基督教가 中國에서 운영한 비교적 歷史가 길고, 規模가 가장 큰 出版機構인 것으로 중요 骨幹人物로는, 林樂知, 慕維廉, 艾約瑟, 李提摩太 등이 유명한 傳教士이었다. 廣學會에서 刊行한 書刊에는 史書가 상당량을 차지하였다. 1905년에 등록된 "廣學會書目"을 예로 살펴보면, 이미 출판된 258종의 도서중 史地書가 近60여종에 이르러 總數의 1/5에 이르렀고, 내용도 世界史地, 國別史, 政治史, 戰爭史, 社會風俗史, 宗教史, 人物傳記 등 각 방면을 섭렵하였다.

여기에서 지적할 수 있는 것은, 19세기의 60~70년대 이후 傳敎士들에게 비교적 보편적으로 중시되어 갔는데, 그들이 진정으로 史學의 硏究에 어떤 興趣를 느껴서 한 것은 아니고, 어떤 某種의 필요성에 의해 이루어 진 것이다. 적지 않은 傳敎士들의 눈에 中國人들의 최대의 특징이 바로 學門과 그들이 수립한 榮譽를 중시하는 것으로, 이들 帝國主義 사람들은 出版物을 이용하게 된 것이다. 고로 宣傳의 最大 有效方式이 바로 經學과 史學의 熱氣를 이용하는 것이 된다.

中國 儒學과 基督敎 神學사이에는 매우 큰 차이가 있다. 傳敎士들이 시도한 『聖經』을 儒經에 가미한 "耶蘇가 곧 孔子"라는 방식은 牽强·附會로서 대부분의 中國士人들이 받아들이기 어려운 것이었다.

傳敎士의 史書 編譯事業은 19세기 말기 10년간이 最高峰에 달하였다. 이 기간에 政治舞臺 위의 資産階級과 그 지식인들은 西方에서 救國의 眞理를 찾고자 하였고, 中國을 富强코자 하는 熱情으로 西學 西書에서 思想的 影響을 받음으로써, 啓蒙宣傳의 理論으로 진행코자 하였다.

여기에서 특히 살펴 볼 만한 가치 있는 사람은, 林樂知와 李提摩太의 史學活動이다.

林樂知는 美國 監理敎 宣敎師이었다. 1860년 中國에 도착하여, 傳敎活動을 하였으며, 江南製造局 飜譯館에서 譯書作業을 하였는데, 아울러 『敎會新報』를 創刊하였다. 廣學會가 성립된 후에는 辦理로 뽑혔으며, 많은 中外歷史에 관계있는 譯書를 刊行하였다. 中外報道와 評述 등 編成에 비록 誤謬는 있으나, 적지 않은 原始資料를 보존하고, 李鴻章의 戰時 軍中 電文과 秘密文書와 당시 歐洲人들의 評論 등을 포괄하고 있어서 甲午戰爭을 연구하는데 일정의 참고가치를 제공해 주고 있다.

李提摩太는 1870년 英國 浸禮敎會의 傳敎目的으로 入國하였다. 그는 일관되게 出版物을 이용하여 중국의 政治에 간여해야 한다고 주장하였다. 그의 譯著들은 일반적인 宗敎의 範圍를 벗어나서 혹은 政治를 論하거나, 혹은 時局을 論했는데, 특히 주의를 기울일 것은 史學을 이용하여 宣傳했다는 점이다.

사실상, 1900년 이후 傳敎士들의 史學活動은 이미 쇠퇴의 내리막길로 접어들었다. 義和團運動을 經過하면서 적지 않은 傳敎士들은 義和團運動의 진압과정에서 좋지 못한 이미지를 가졌고, 특히 英美의 일부 新傳敎士들은 中國人들의 마음속에 "西學傳播者"의 形象이 크게 변하게 되었다. 동시에 1900년 이후 國內 政治思潮 主流가 점차 원래의 資産階級 改良主義로부터 혁명으로 전환하였다. 이에 中國人民과 知識人중에서 孤立되어 갔다. 따라서 그의 出版物의 讀者도 점차 감소하였다. 또 더욱 주의를 기울일 것은, 제일차 시기에 많은 青年들이 歐美와 日本 留學을 마치고 歸國하였다는 점이다. 이로서 中國에는 東西文字와 西學에 대해서 상당히 修養을 가진 知識人層이 출현하였다. 그들은 새로운 歷史 조건아래에서 中外文化 交流의 중요한 媒介로서 충당되었고, 더구나 西文 著作을 직접 소개하였고, 日文著作을 飜譯함으로써 西學과 근대 史學을 간접 수입하였다. "5.4"를 전후로 口味에서 歸國한 知識人들은 西學에 대해 규모를 더욱 크게 계통적으로 수입을 진행하였으며, 西方의 傳敎士들은 완전히 前日의 西書를 飜譯 紹介하던 獨占的 地位를 喪失하였다.

이상에서 보건대 近代 中國의 史學에 있어서 傳敎士들의 活動의 消長은 中國의 政治勢力과 특히 社會影響의 起落과 서로 一致하고 있었다.

3. 傳敎士 史學의 思想的 傾向

비록 來華 傳敎士의 思想이 일치하지 않고 情況이 각기 다르며 史學的 觀點도 서로 같지 않으나, 대부분의 傳敎士들의 史書를 分析해 보면, 그들이 표현코자 하는 공통적 史學思想의 경향이 있음을 알 수 있다.

첫째 적극적으로 宗敎的 神意史觀을 宣揚하였다. 가령 慕維廉은『大英國志』에서 인간사에서 흥망성쇠는 모두 上帝가 결정권을 가지고 있으며, 만약 神의 榮光에 奉事하지 않으면, 上帝가 怒하시고 국가도 장차 망하게 된다고 했다. 고로 歷史를 編纂하고 歷史를 講義할 때도 모두 당연히 이의 原理를 闡明할 필요가 있었다. 이 방면에 있어서 가장 典型的인 것은 美國의 公理會 傳敎士 謝衛樓(D·Z Sheffild)의 編譯인『萬國通監』이다. 이들은 基督敎에서 말하는 原罪說과 더불어 宗敎의 意識形態, 그리고 歐洲 16세기의 宗敎改革

運動이 만들어 낸 資産階級의 封建 反對鬪爭의 序幕, 사람들의 사상적 해방, 그리고 各國의 社會的 進步와 變革의 원인을 전부 基督教 지체 위에서 해석하고 있다.

둘째 공공연히 植民主義의 '有理·有功'論을 고취하는 것이다.

林樂志는『全地五大洲女俗通考』에서, 武力으로 사람을 복종시키는 것은 근대 文明諸國의 常性으로 바로 합당한 것이라고 했다. 그러나 英國이 세계 각지에서, 특히 東方의 侵略이 '戰功'이라고 칭찬한 것은 事理에 합당치 않다.

이와 같은 史實을 왜곡하는 手法은 2차 鴉片戰爭중에 '事理에 어둡지 않다'로 받아 들여져 통상이 거절되고 戰爭의 발단이 되기도 하였다. 또 적지 않은 傳敎士들이 오만하여서 스스로를 優等民族이라고 自居하였으니, 世界人을 3分하여 최상의 文明人이 白人種이고, 다음이 中國, 印度 등 半開化人이고, 最下人이 未開化된 黑人이라고 하였다. 따라서 그들은 白人種은 半開化人과 未開化된 有色人種에 대하여 일종의 開化할 責任을 지니고 있다고 하였다. 그리하여 列强의 '保護'아래 '開化'와 '教導'를 해야 한다고 하였다.

이러한 林樂志 등이 殖民侵略을 '有理·有功'이라고 적극적으로 宣揚하는 것은, 中國이 印度와 같은 殖民地로 변하기를 바라는 사상을 가지고 있었다. 이들이 大量으로 東來한 背景에는 西方의 資本主義가 世界 各地에서 商品輸出과 廉價의 原料 掠奪活動과 확실한 관계를 갖고 있었다.

셋째 西方 資本主義者들을 文化人으로 備定하여 傳敎士들은 그들의 世界觀을 近代政治와 文化意識으로 표현하여 적지 아니 害를 주었다. 다만 傳敎士들이 가지고 온 資本主義 精髓의 部分, 특히 資産階級의 民主主義 개념은 확실히 중국에 일정의 啓蒙作用을 하였다.

넷째 傳敎士들은 中國을 완전한 封建的 形態를 유지하는 것을 원하지 않아서 中國을 일정한 형태의 資本主義로 실현키 위해 西方 列强의 經濟擴張과 새로운 近代 文物의 導入 등이 이루어져야 한다는 認識을 가졌다.

이상의 내용을 볼 때, 傳敎士들은 特殊한 신분으로 近代 中西文化의 交流에 있어서 二重의 지위를 차지하고 있어서, 一面 殖民理論을 宣傳하고, 또 다른 一面으로는, 近代 西學을 전파하였다. 그들이 意圖했던 내용과 宣傳의

內容은 비록 前者가 爲主가 되었으나, 그 객관적 작용은 오히려 後者가 대단히 컸다.

傳敎士들이 소개한 世界史地의 知識과 西學은 제일시기의 中國人들이 절박하게 요구했던 外部世界와 西方으로 향하는 救國眞理의 必要性에 適合한 것이었다. 그들이 열심히 宣揚한 宗敎 神學史觀과 殖民理論은 오히려 냉랭한 것이었다.

4. 傳敎士의 史學活動과 西方 史學의 輸入

傳敎士가 編譯한 史書가 비록 世界史地 知識의 일반적인 소개에 속하나, 西方 史學理論과 方法에 있어서 意識的인 檢討는 매우 적었다.단 이들이 資本主義 國家에서 왔고, 西方文化의 影響力에 있었기 때문에, 그의 史學觀念과 史書 編纂方式도 불가피하게 다소 近代的 特徵을 띠게 된 것이다.

비교적 일찍 西方 史學을 紹介한 사람은 慕維廉인데, 1856년 刊行한 『大英國志.凡例』에서 말하기를, "英史 體例와 中國은 같지 않은데, 中國은 史官을 세우고, 注와 實錄을 만들어서 歷代의 歷史를 撰修하며, 章程을 모두 갖추었다. 반면 西洋의 國家들은 史官이 없으며, 士民이 모두 國事를 記載하였다"고 했다. 따라서 中西 史書는 紀年 方法에 있어서 같지 않을 뿐 만 아니라, 記事 내용도 달라서, 中國史는 人物 傳記가 詳細하며, 西史는 本紀는 있으나 列傳이 없고, 一代의 政敎·刑兵이 일에 大小가 없고 모두 紀에 속했다. 이러한 體例로 近代 初期의 來華한 傳敎士들의 史學에는 某種의 자연스럽지 못한 中西文化가 섞인 色彩를 反映하고 있었다.

19세기 70~80년대 이후 출현한 傳敎士 史著는 더욱더 많이 직접 西方 史書의 編纂體例를 採用하였다. 이들은 모두 中國의 傳統的인 史書體例의 방식이 아닌 章節體를 채택했고, 어떤 경우에는 많은 新式 圖表를 이용하기도 하였다. 이것은 西方 近代 史學이 分析을 重視하는 發展的 趨勢인 것이다.

이와 동시에, 傳敎士 史著는 西方 近代 史學의 觀點과 硏究方法을 引用하였다. 단 19세기 90년대 후반 그들의 史著에는 이미 서로 다르게 進化觀點이 어느 정도 받아 들여 지고 있었다.

19세기 中葉 이후, 西方 社會學, 人類學, 民族學, 考古學 등이 서로 연계되

어 발생했고, 그 研究方法과 成果는 歷史學에 상당한 영향을 주었고, 일부 傳敎士의 史著에 發展的 趨勢가 反映되었다. 가령 林樂知의 『全地五大洲女俗通考』는 社會學과 民族學의 방법을 운용하였고, 時代區分에 있어서도 당시의 일반적인 新體制인 上古, 中古, 近世의 개념으로 사용하였고, 사회의 문명정도에 따라 未敎化, 敎化, 文明敎化 3시기로 사용하였다.

近代 考古學 理論과 方法의 運用면에 있어서는, 비교적 돌출된 著作이 李思의 『萬國通史』이다. 李思는 西方學者로서 "考古學이 諸古史에 適合하다"는 것을 충분히 인식하였다. 특히 考古資料와 文字史料가 서로 결합하여 古史를 硏治하는 방법을 人類의 초기의 歷史, 文獻이 存在치 않은 歷史硏究에 도움을 준다고 인식하였다. 즉 中國 古代國家에서 말하는 盤古, 三皇, 伏羲, 神農 등 諸事에 考古學의 힘을 빌려 上古社會의 狀況을 알릴 수 있는 材料가 될 수 있는 것이다.

來華 傳敎士의 史學活動은 近代前期 西方史學이 中國에 輸入한 주요 途徑 중의 하나이다. 비록 이 輸入이 傳敎士들에 의해 말해 진 것이라고는 하나 傳統的 中國 史學觀念에 衝擊과 變化를 주고, 中國 史學의 表現內容과 形式을 풍부하게 하며, 中國 史學의 近代化을 促進시켰다는 데에 일정한 적극적 意義가 있었다.

제4장 20세기 초의 新史學 사조

제1절 西方史學의 輸入과 中國史學의 近代化

1. 西方史學 轉入의 最初 經路와 內容

신사학 사조의 발흥은 서방 근대사학의 진보조류의 충격 및 그 史學理論이 중국에 전입된 후 격발된 적극적인 반응이다. 따라서 진일보해서 신사학 사조의 성질과 특점을 인식하려면, 반드시 서방사학이 중국에 수입된 경로 및 그 내용과 영향에 대하여 고찰을 해야 한다.

서방사학의 중국에로의 전입은 최초에 근대 선교사의 사학활동을 통한 것 이외에 중국인이 편찬한 외국 史地著作도 하나의 매개 경로였다. 근대 초기에 중국의 外國史地 연구자는 서방사학의 이론과 방법에 대하여 중시하지 않아, 진정한 이론과 방법상에서 서방사학의 정화는 결코 중국에 전입되지 않았다. 그러나 서방사학의 중국 전입과정에서 일으킨 작용은 홀시할 수 없다. 예컨대 魏源의 『海國圖志』는 당시 중국에 전입된 서방 역저와 선교사 사저의 원모습을 유지토록 하여 서방 史地書의 전파범위 확대와 영향에 커다란 작용을 하였다.

중국의 근대 외국 사지 연구자중에 서방사학의 특점에 주의하고 이를 취한 사람은 王韜이다. 그는 1890년 간행된 『中訂法國志略』에서 中西의 史書를 대비하여 서방 근대사서가 사회면을 고찰하는데 우수한 점이 있다는 것을 알았다.

19세기말 서학의 진일보한 수입에 따라 서방사학은 국내학자들의 지대한 관심을 받았고, 그들이 편찬한 외국사 저작은 모두 근대사학의 관점을 설명하였다. 周維翰의 綱目體 세계사인 『西史綱目』은 그 전형적인 예로서, 당시 수집할 수 있는 외국 역저들이 많이 인용하였다. 여기서 작자는 근대사학과 자연과학관점을 흡수하여 설명을 가하였고, 특히 地球原始 등의 문제에 대하여 체계적으로 연구하였다.

예컨대 "地球原始"라는 제목에서 작자는 Kant의 "星雲說"을 인용하여 지구의 형성과정을 해석하고 있다. 또한 고대 사회역사와 인류생활정황을 논증할 때 그는 서방 근대 지질학과 고고학 지식을 운용하여, 고대 인류가 "初生의 世" → "野番의 世" → "酋長의 世"와 "君主의 世"로 발전해 갔다고 설명하였다.

또한 그는 인류의 음식·거주·언어·종교 등의 방식 및 그 변화의 사회발전에 대한 영향에 관하여 많은 가치있는 사상을 제출하였다. 예컨대 그는 귀신·종교관념의 출현은 인류 지혜의 발전상황과 반비례한다고 인식하였다. 즉 사람이 어리석을 수록 귀신에 대한 이야기가 많아지고, 지혜로울수록 귀신에 대한 이야기가 없어진다는 것이다.

이상에서 서방사학의 중국에로의 전입은 처음에는 주로 일단의 외국 史地著作(譯著 포함)을 통했고, 그 내용은 대개 사서 편찬체제와 엉성한 근대사학관점에 국한되어 있었다. 아울러 체계가 없었고 일종의 자발적인 수입단계에 있었다는 것을 알 수 있다. 그러나 이러한 새로운 사서의 표현형식과 관점은 진보적인 지식분자들의 관심을 끌었다.

예컨대 康有爲는 嚴復의 『天演論』譯稿를 보기 이전에 이미 『萬國公報』 등의 서적·잡지에서 근대과학 지식과 진화관념을 접수하여, 마침내 『公羊』 "三世"說로서 껍데기를 싼 역사진화론 사상체계를 구축하였다. 唐才常도 『史學論略』에서 西史의 장점을 빌려 중국 봉건사학의 옛날을 중시하고 지금을 소략하는 것, 군주를 중히 여기고 백성을 가벼이 여기는 것, 전제통치 등의 여러 폐단을 비평하였다.

2. 社會學과 歷史學

서방의 사학이론이 비교적 계통적으로 중국에 수입된 것은 19세기말 이후이다. 그러나 이러한 수입은 그 처음엔 왕왕 직접 史學 자체를 통하지 않고, 적극적으로 서방 근대철학과 사회정치학설을 흡수하여 자산계급의 현실정치에 복무하는 과정에서 들어온 것이다. 그중 사회학의 논리와 방법은 전통사학에 대하여 커다란 충격을 주었다.

사회학은 19세기중엽에 흥기한 서방의 사회과학으로, Comete의 창시후 Spencer을 거쳐 인류학·人種志學을 포함하는 학과로 점차 발전하였다. 이러한 새로운 학과의 산생은 서방 자산계급이 사회 내부구조와 그 변화과정의 연구를 통하여 각종 사회현실문제를 해결하려는 바램을 반영한다.

서방 사회학의 흥기와 발전은 정치무대상의 중국 자산계급 지식분자들에게 흡수되었다. 그들은 이러한 학설의 연구를 통하여 사회정치를 실천하기를 바랬다. 사회학을 중국에 제일 먼저 소개한 嚴復은 1895년 『原强』에서 간략히 Spencer의 사회학 및 그 관점을 언급하였고, 그후 Spencer의 The Study of Sociology를 譯述한 『勸學篇』에서 상세히 사회학이 과학의 한 부류가 된 이유 및 사회학의 효용과 연구방법을 논증하여, 체계적으로 Spencer가 건립한 사회학의 기본 사상을 설명하였다.

20세기초에 중국에 사회학을 소개한 글과 譯作이 날로 증가하였다. 예컨대 1902년 章太炎이 번역한 일본 岸本武能太의 『社會學』은 중국에서 최초로 출판된 보편사회학 저작의 완역본이다. 한편 京師法政學堂과 같은 학교에서는 사회학과정을 전문적으로 설치하는 등 이제 사회학은 어느 정도 전파되었다.

사회학은 사회의 발전과 작용의 법칙을 탐구하는 학과로, 그 정신이 역사학과 일치하여 연구에 의거한 것은 모두 역사사실이며, 인류의 사회생활을 고찰대상으로 삼는다. 이런 까닭에 사회학의 산생은 곧 서방 사학계의 중시를 받았고, 그 이론과 방법도 역사연구영역에 포함되었다. 역사학과 사회학의 결합은 19세기 후기 서방사학의 발전추세로, 이러한 추세는 중국 근대에도 똑같이 반영되었다.

사회학이 중국에 전입된 후에 역사학과의 결합은 더욱 긴밀해졌다. 예컨대 嚴復이 번역한 영국 Edward Jenks의 『A History of Politics』는 사회학 방법을 운용하여 인류사회의 각종 형태의 사회발전사를 고찰한 것으로, 사회학과 역사학이 결합한 범례이다.

서방 사회학이 초기 중국의 자산계급 사학에 끼친 영향중에서 가장 중요한 것은 사회진화에 관한 이론이다. 嚴復의 진화론에 대한 소개는 그 사회학의 의의를 특히 강조하기 시작하였다. 『天演論』 중에서 인용된 사회학 의의상의 진화론(사회다윈주의)은 당시 중국이 처한 민족위기 등과 부합되어 커다란 사회적 공감을 주었다. 동시에 사학계에 새로운 역사인식의 무기를 제공하여, 자산계급 사학가들은 사회진화의 관점에 비추어 중국사의 復古觀과 循環史觀을 비판하였다.

구체적으로 역사를 고찰할 때 그들은 여러 종류의 사회형태발전설을 제출하였다. 예컨대 강유위는 『論語注』 중에서 인류사회는 獨人→ 酋長 → 君臣 → 立憲 → 共和로 진화한다고 주장하였다. 양계초는 『中國專制政治進化史論』중에서 사회학관점에 근거하여 정치제도를 族制·酋長·神權·封建·專制·立憲君主 및 革命民主 등 6개의 진화순서에 따른 政體로 고찰하였다.

이와 동시에 사회학중의 인종학관점도 광범위하게 역사연구에 인용되었다. 人種志學은 Spencer의 사회학이론중에 중요한 위치를 점하고 있고, 그의 『社會學原理』는 인종지학의 재료에 근거하여 전체 사회학의 이론체계를 제일 먼저 시험하였다. 이러한 인종학관점은 명확히 사회다윈주의 경향을 띠었으나, 많은 중국인들에게 인류역사의 基点으로 인식되었다. 예컨대 양계초는 『變法通議』와 『新史學』 중에서 역사를 온갖류의 경쟁의 역사로 인식하였다. 이러한 인식들 중에서 특히 章太炎이 주목된다. 그는『序種姓』에서 근대 인류학과 인종학의 관점을 흡수해, 성씨의 연구를 통하여 중국 고대 인종의 유래, 華夏族의 형성 및 胡漢姓氏가 서로 섞인 복잡한 역사사실로부터 그 상호 융합의 자취를 연구하였다. 이는 연구방법상의 적극적인 의의를 갖는다.

사회학의 전입은 당시 중국 사학계에 "歷史科學"사상이 싹트는데 촉진작용을 하였다. 즉 사회학이 탐구하는 사회발전법칙 및 거기에서 얻어진 과학적인 이유는 구사학의 좁은 틀을 벗어버리고 신사학을 건립하려는 중국 진보사가들을 크게 고무시켰다. 양계초의 경우 역사학을 사회발전의 인과율을 탐구하는 학문으로 인정하였는데, 이는 사회학 이론의 영향을 받은 것이다.

이밖에 Comete이래 사회학이 창도한 실증방법·비교역사법 및 고고학·언어문자학·민속학 등등의 연구방법과 성과도 중국 학자들의 중시를 받았다. 예컨대 章太炎은 역대 언어학 지식을 빌려 역사를 고찰하였고, 嚴復도 中西역사문화의 비교연구에 관심을 가졌다.

결국 19세기말, 20세기초 서방사회학의 수입은 중국의 전통사학관념·지식구조의 갱신, 역사시야의 확대, 자산계급사학의 확립에 대하여 적극적인 작용을 하였다.

3. 近代史學 專門理論의 輸入 및 그 影響

19세기 후기 서방사학이 점차 독립된 학과를 형성함에 따라 많은『歷史研究方法手冊』·『歷史研究導論』類의 전문 지도서가 출현하였다. 이런 책의 유행은 근대사학 이론의 전파와 보급에 지대한 작용을 하였다. 20세기초 신사학이 급속히 흥기하는 조류속에서 이러한 개론식의 사학이론 저작도 중국에 번역 소개되어 사학계 진보학자의 보편적인 환영을 받았다.

처음 이런 종류 사서의 수입은 대부분 일본에서 번역되어 들어 온 것이다. 汪榮寶는 일본 근대사학의 원로인 坪井九馬三의『史學研究法』강의와 久米邦武 등이 편역한『史學概論』에 근거하여 근대사학의 목적·정의·연구법 및 그 상관된 학문을 간략히 서술하여, 중국의 "新史學"건립에 인도작용을 하였다. 당시 중국 사학계 가장 영향이 지대했던 것은 浮田和民의『史學原論』이었다. 이 책은 서방 저명학자의 설을 널리 채용하여, 계통적으로 근대사학의 기본 원리와 방법을 설명하여 호평을 받았다. 이러한 사학 전문이론 저작의 번역출간은 중국 근대 서방사학의 수입이 이미 자각의 단계에 접어들었음을 나타낸다.

20세기 초년 중국 사학계에 대해 가장 영향이 컸던 것은 東西方의 3개의 근대사학 사조였다.

(1) 실증주의 사학

實證主義는 19세기 자연과학의 발전에 따라 출현한 철학사조이다. 실증주의의 임무는 "實證"의 방법을 사회연구에 응용하여 각종 복잡한 사회현상의 법칙을 밝혀내는 것이다. 이런 사상은 실증주의 사회학과 역사학의 창립에 이론적인 기초를 제공하였다. 19세기 중엽 실증주의 발전에 중대한 공헌을 한 사람은 Buckle로, 그는 사람은 자연계의 일부로 어떤 인류사회의 발전도 자연법칙과 정신법칙의 제약을 받는다고 인식하였다. 그는 대표작 『History of Civilization in England』에서 체계적으로 "歷史科學"의 사상을 건립하였고, 아울러 "理性探求"의 근대역사학의 발전을 촉진하였다. 20세기초 서방 실증사학의 중국에 대한 영향은 주로 이 책을 통해서였다.

실증사학중에서 가장 주목을 끈 관점은 다음과 같다.

① 역사학은 과학이어야 한다는 주장이다. 역사의 발전은 정신법칙과 자연법칙의 지배를 받으므로 자연과학 방법을 역사 연구영역에 도입하여 사회민중(민족)을 주의 고찰하여, 그 법칙을 찾아내면 역사학도 물리학처럼 정밀한 과학이 될 수 있다는 것이다.

② 인류사회의 존재 및 그 발전은 물질환경과 정신조건에 의해 결정된다. 즉 Buckle는 고금을 통하여 인류의 문명은 "歐洲文明"과 "非歐洲文明"로 양분되는데, 전자는 주로 정신법칙의 지배를 받아 자연을 극복하는 특징을 띠고; 후자는 주로 물질법칙의 지배를 받아 자연에 제약을 받는 상황을 드러낸다고 인식하였다.

이러한 관념은 비록 기계론과 "구주중심"론의 착오 요소를 포함하고 있지만, 당시엔 사람들의 이목을 크게 끌었다. 신사학 사조의 흥기과정중에 많은 사람들이 "역사과학"의 주장에 찬동한 것은 확실히 실증주의 사학사조의 영향과 관계가 있다.

(2) 독일의 민족주의 사학

근대 독일사학은 독일 민족국가사상의 흥기와 독일 통일운동시기에 산생되어, 역사 사명감의 자극을 받아 농후한 민족주의 색채를 띠었다. 전체 19세기의 독일 사학계에서 Hegel을 대표로 하는 유심론파; Niebuhr와 Ranke를 대표로 한 객관론파; Croysen과 Sybel 및 Treitschke를 중심으로 한 민족자유론파; Burckhardt를 대표로 한 문화사파가 가장 영향이 컸다. 그중 문화사파를 제외하고 나머지 3파는 모두 민족주의 경향을 띠어, 그들의 사학은 민족국가사상을 고취시켰다.

예컨대 Hegel은 게르만민족 중심주의을 부르짖었고, 또 "서구역사중심론"의 체계적인 창시자였다. 따라서 그는 『歷史哲學』에서 단지 게르만민족만이 "높은 정신원칙의 책임자"라고 인식하였다.

독일 근대사학이 비록 영국이나 프랑스에 비해 늦었으나, 객관파사학, 랑케의 체계적인 연구와 전파를 거쳐, 한차례 서방을 풍미한 후 근대 서방사학의 주류가 되었고, 아울러 일본과 중국의 사학계에 전파되었다. 그 사학의 민족주의 경향은 20세기초 민족위기시기에 처해 있는 중국학술계의 공감을 얻었다.

독일의 민족주의사학의 이론관점도 사람들에게 접수되었는데, 그 전형적인 사람이 梁啓超이다. 그는 『新史學』중 역사와 인종관계를 논증할 때 인종을 "歷史人種"과 "非歷史人種"을 구분하여, "전자는 타 인종을 침식하여 세계역사무대를 농단하고; 후자는 타 인종에게 침탈당해 역사상의 지위를 타인에게 점유당한다. 따라서 수천년 이래 각 종족의 흥망성쇠의 자취를 서술하는 것이 역사의 성질이며, 그 흥망성쇠의 이유를 서술하는 것이 역사의 정신이다"고 하였다.

20세기초년 중국의 사학계를 고찰해보면 당시의 민족사 저작에서 독일 민족주의사학의 영향을 발견할 수 있다. 예컨대 劉師培의 『中國民族志』는 중국 역사상 각 민족의 興衰 및 그 전쟁·융합을 위주로 서술하고 있다. 당연히 이러한 상황의 출현은 당시 국내 민족위기 및 "反滿"혁명형세의 발전과 관계가 있다.

(3) 일본의 문명사학

일본의 "文明史學"은 明治初年 "文明開化"을 부르짖은 자산계급 사회계몽 운동시기에 산생 및 유행하였는데, 이는 프랑스의 Guizot와 영국의 Buckle의 문명사학 저작 및 Spencer의 사회학이론의 영향을 받아 형성된 일본 자산계급의 조기 사학으로, 그 대표자는 福澤諭吉과 田口卯吉이다. 그들은 격렬히 봉건사학을 비판하고, 인류문명진보의 因果關係를 연구할 것을 주장하였다.

일본의 문명사학의 풍조는 19세기 말경에 점차 중국에 흡입되었다. 康有爲는 『日本書目志』중에서 『文明要論』·『日本開化小史』 등과 같은 일본 문명사 저작을 인용하였다. 또한 양계초는 『新民叢報』중에 「東籍月旦」을 발표하여 국내에 일본 문명사학 저작을 전문적으로 소개하였다. 이와 동시에 일본 문명사학 저작의 漢譯本이 중국에 부단히 출현하였다. 예컨대 田口卯吉의 『中國文明小史』는 1905년초에 이미 4차례나 출판되기도 하였다.

문명사학의 전입은 20세기초 극심한 변화의 단계에 처해 있던 중국 사학계에 상당한 자극을 주었다. 예컨대 福澤諭吉이 "日本無國史"설로 일본의 봉건사학을 맹렬히 비판한 것은 확실히 당시 중국에 흥기한 봉건구사학 비판 풍조에 일정한 촉진작용을 하였다.

당시 중국에 流傳된 일본 문명사 저작은 모두 歷史 因果關係의 연구에 치중하였다. 예컨대 田口卯吉은 『中國文明小史』에서 기계적으로 축적된 사료의 나열에 반대하고, 인류문명 발전의 주요 실마리를 연구하여 진화의 원리를 밝혀야 한다고 주장하여 중국학자들에게 많은 계시를 주었다. 이밖에도 서방 근대사학의 전문이론의 수입은 새로운 사학개념과 연구방법을 획득토록 하였다. 예컨대 사료개념의 확대 및 분류·수집·감별과 고증방법은 언어학·고문서학·지리학·고고학 등 유관 학과의 연구성과와 보조수단을 충분히 운용하였고, 아울러 실제 조사와 종횡비교·관찰 등을 중시하였다. 그러나 대부분의 사가들은 중국 전통사학, 특히 乾嘉考据方法을 그대로 사료고증 등에 답습하여, 이러한 상황이 5.4운동 전후에야 비로소 변화되었다.

제2절 新史學 思潮와 資產階級 史學의 確立

1. 新史學 思潮의 興起

20세기초 중국 사학계에 생기발랄한 신사학 사조가 흥기하였는데, 이것의 출현은 참신한 시대 의의를 가졌다.

19세기 70년대부터 근대 機器工業이 중국에 출현함에 따라 민족자본주의가 힘든 발전의 길을 걷기 시작하였다. 즉 甲午戰 후에 "洋務自强"의 파산은 官辦 혹 官商合辦을 商辦으로 전환시켰고, 민간투자에 대한 제한을 완화하였다. 동시에 中日간의 馬關條約이후 민족위기의 형세는 민족공업의 "實業救國"을 촉진시켜, 이때부터 국내에 공업흥기의 풍조가 일어났다. 19세기 말에서 20세기 초에 민족자본주의가 발전함에 따라 자산계급은 독립된 정치역량을 형성하여 역사무대에 등장하기 시작하였다. 자본주의제도를 건립하기 위하여 개량파와 혁명파는 戊戌維新과 辛亥革命을 일으켰고, 신문발간 등을 통하여 서방 근대사회의 정치와 철학이론을 수입해서 계몽선전을 진행하여 本階級의 의식영역에서 주도적인 지위를 확립하였다. 신사학 사조의 흥기는 당시 국내 자산계급 문화계몽운동의 중요한 방면이었다.

신사학 사조의 형성은 먼저 자산계급의 봉건사학에 대한 불만과 이러한 상황을 바꾸려는 요구로부터 시작되었다. 예컨대 嚴復은 君公·帝王의 일은 비록 하찮은 것이라도 반드시 기록하지만, 민생·풍속은 비록 중요하나 기록하지 않는다. 이런 까닭으로 强弱盛衰의 연고를 끝내 헤아릴 수 없다"고 "前史의 체제"를 비판하였다. 그러나 이러한 비평은 모두 영세하여, 아직 사학계에 광범한 영향를 일으키진 못하였다.

신사조의 진정한 흥기는 20세기초, 특히 1901년과 1902년 梁啓超의 『中國史敍論』과 『新史學』 발표 이후이다. 이 두편은 2천여년의 봉건사학에 대하여 체계적으로 맹렬히 비판하여, 二十四史는 二十四姓의 帝王들의 족보에 불과하고; 그 기재된 것은 "권력자의 흥망성쇠의 일"과 통치집단내부의 권력쟁탈에 지나지 않는다고 하였다. 이러한 비판은 봉건사학의 핵심인 帝王中

心主義와 봉건정통사관의 성질을 파악하여 상당한 의의를 가진다. 그는 이에 근거하여 "史界革命"을 부르짖고, 자산계급의 면모에 비추어 전통사학을 개조하고, 날로 변화하는 근대사회에 필요한 적당한 "新史學"을 건립할 것을 요구하였다.

梁啓超의 봉건사학의 비판과 "史界革命"구호의 제출은 당시에 대단한 사회적인 공감을 얻었다. 『新史學』 발표 후에 馬君武는 "중국엔 公史가 없다"고 하였고; 黃炎培는 "중국엔 역사가 없다"고 한탄하였다. 또한 劉實, 趙必振과 같은 많은 학자들이 봉건전제주의를 비판하였다. 이러한 비판은 근본상에서 봉건사학의 기초를 동요시켰다.

20세기초 중국 사학계의 봉건사학에 대한 비판은 자산계급 개량파와 혁명파 뿐만 아니라 西學의 영향을 받은 開明된 봉건학자들에게도 있었다. 이것은 "신사학"의 주장이 이미 사학계에서 광범한 호응을 얻었다는 것을 의미한다.

2. 新史學의 宗旨

자산계급 사학가들은 봉건사학에 대하여 맹렬한 타격을 가한 동시에 새로운 사학을 건립하려는 주장을 제출하였다. 이러한 주장은 가장 근본적으로 봉건통치 이익을 위하여 복무한 구사학의 상황을 개변할 것을 요구하였고, "국민"을 위하여 역사를 쓸 것을 제창하였다. 즉 사학은 "국민의 거울"(참고)이 되어 애국심을 고취시킴으로써 국민을 단결시키고 사회문명을 추진해야 한다고 인식하였다. 때문에 양계초는 "역사는 인류의 진화현상과 그 公理·公例를 밝히는 것이다"는 참신한 명제를 제시하고, 복잡한 얽힌 역사현상중에서 역사발전의 因果律을 찾아내야 한다고 강조하였다.

신사학의 이러한 宗旨를 둘러싸고 자산계급 사학가들은 다음과 같은 구체적인 요구를 제시하였다.

① 관점상에서 서방 진화론과 역사관을 지도이념으로 삼고, "一治一亂"의 전통 舊史觀에 반대하였다. 예컨대 양계초는 "역사계에서 우주를 관찰하면 그 성장과 진보가 끊임없이 계속되기 때문에 그 몸은 불완전하고 그 진보는 마치 나선형 같아, 이 이치를 밝히는 것이 역사의 진상을 아는 것이다"고 인

식하였다. 또한 그들은 자산계급의 가치척도로 역사사건과 인물의 功過·是非를 재평가하였다. 예컨대 曾鯤化는『中國歷史』에서 伯夷·叔齊가 周武王의 商 정벌을 諫한 사실을 평론할 때, "백성을 위하여 橫暴한 商紂를 친 행위를 '不仁'이라고 말한 伯夷·叔齊를 賢人이라 받드는 것은 중국의 진화에 대한 커다란 방해물이다"고 인식하였다. 이러한 시각은 그들이 신사학으로 역사 사실과 인물을 평가하는 표준을 건립하려 했다는 것을 반영한다.

② 내용상에서 봉건사학의 帝王·將相 중심과 정치사 중심의 구조를 돌파할 것을 주장하고, 기재와 연구범위를 인류생활의 각 방면으로 확대하였다. 예컨대 汪榮寶는『史學概論』에서 "인간사회는 가장 복잡한 현상이다. 따라서 인간사회의 모든 산물은 모두 역사의 요소이다"고 지적하였다. 이와 동시에 그들은 經世致用의 목적에서 역사연구의 중심을 현실생활과 밀접한 當代史 방면으로 옮겨 사람들의 현실생활에 귀감을 제공해야 한다고 주장하였다.

③ 방법상에서 전통사학 방법의 속박을 벗고 충분히 理學·人類學 등 각종 현대과학의 새로운 성과와 방법을 흡수하여, 역사학을 과학의 한 부류로 만들어야 한다고 주장하였다. 그들은 예컨대 王國維처럼 과거의 사학은 "사회 중에 흩어져 있는 사실을 모아 놓은 사료일 뿐 역사가 아니다"고 강조하였다. 따라서 그들은 연구중에서 한편으로 역사 인물과 주위 환경 및 기타 사건의 상호 영향작용에 주의하여 고립적으로 문제를 보는 것을 피하고; 또 한편으로 부동한 시대의 실제에 근거하여 "그 정신행동의 서로 다른 점을 상세히 관찰한 연후에 합당한 품평을 하여" 今人의 사상에 억지로 맞추거나 古事를 억지로 구하는 것을 회피하였다. 비록 자산계급 사학가의 계급적 한계 때문에 역사 발전법칙을 밝혀 사학을 과학으로 만들지는 못했지만, 그들이 제출한 역사학의 "과학화"주장은 사학사상의 일대 진보였다.

④ 표현형식상에서 舊史體를 모방하는 것에 반대하고, 새로운 것을 창조할 것을 주장하였다. 신사학은 "국민"을 위해 복무한다는 목적에서 출발하여, 史書 표현의 통속화와 대중화 방면에서 노력하였다. 특히 당시의『中國白話報』와 같은 자산계급의 출판물은 "歷史" 혹 "歷史故事"라는 '特別欄'을 만들어 통속적인 언어로 中外의 역사지식을 소개하였다.

신사학 주장의 제출은 자산계급이 관점·내용·형식상에서 전면적으로 전통사학을 개조하여, 자신들 계급에 필요한 적합한 문화의식형태를 만들려는 바램을 반영한다. 더욱이 이러한 목적을 실현하기 위하여 陳黻宸은 史家에게 국정 전반을 의결하고 기록하는 "獨權"을 부여할 것을 건의하였다. 이러한 생각의 의의는 단지 사관의 권한 확대 문제가 아니라, 실제상 국민에게 직접 책임을 지고 독립적으로 기타 권력의 제재를 받지 않고 民情을 탐방하고 여론을 감독하는 등의 직능을 가진 기구로 건립하려 했다는데 있다.

3. 新史學의 初步的 實踐

신사학 사조의 직접 영향하에서 많은 진보사가가 근대사학의 관점에서 역사를 다루어, 초보적인 성과를 취득하였다.

(1) 근대사학이론에 대한 소개와 연구

신사학 사조가 흥기한 후 "과학"적인 방법을 운용하여 역사를 다룰 것을 제창하였기 때문에, 사람들은 점차 근대사학 이론과 방법의 중요성을 깨닫아 관련 譯作과 저술이 출현하였다. 예컨대 梁啓超의 『中國史敍論』·『新史學』·『中國歷史硏究法』처럼 전문적으로 사학이론을 깊게 다룬 논저들이 날로 증가하였다. 이밖에 외국사·세계사 편역저작 및 新體 史著의 서론중에 왕왕 일반 근대사학 이론을 소개하는 전문란이 있었다. 이렇게 소개된 사학 전문이론은 당시 자산계급의 사학이론과 방법에 커다란 촉진작용을 일으켰다.

(2) 새로운 史體의 中國通史 편찬 시험

傳統舊史을 개조하기 위한 신사학의 요구에 비추어 새로운 중국통사를 편찬하려는 생각을 제출하였는데, 그중 梁啓超, 章太炎, 陳黻宸 등의 編史 방안이 주목된다.

梁啓超는 1901년에 중국통사를 써 애국주의의 발달을 도우려고 하였다. 그의 『中國史敍論』은 통사의 서론 부분으로, 그 체제는 크게 정치부분(朝代·민족·지리·재정·정당 등 12편 포함), 문화부분(언어문자·종교·문학·교육 등 8편 포함), 사회 및 생산부분(가족·상업·화폐·산물 등 13편 포함)으로 3分하여 서술하여 했다. 이에 그 체제는 典志體와 紀事本末體制를 모두 갖추었다.

章太炎은 심리학·사회학·종교학 등 제 新理를 융합하여, 각종 전통사체의 장점의 기초상에서 신사체를 창립하려고 하였다. 그는 제왕을 중심으로 한 舊史의 면목을 일소하고, 『通志』의 뜻을 본받아 古今制度의 연혁을 서술하려 했다. 동시에 기사본말체를 채용하여 "記"로서 中國史上의 중대 사건을 논술하는 등 새로운 종합 史體를 개발하였다.

陳黻宸은 봉건전제와 제왕중심 사관을 반대하는 것에서 출발하여 구사체를 개조할 것을 주장하였다. 특히 그는 구사체중의 "本紀"를 폐지하고, 제왕과 평민 모두를 평등하게 列傳에 포함시켰다. 그가 설계한 중국통사는 8表·10錄과 12傳을 포함하고 있는데, 그 중에 中外歷史의 연계와 평민사회생활의 고찰을 강조하여 진보적인 자산계급 사학관점을 표현하였다.

위와 같은 주장은 비록 대부분 책으로 완성되지는 못하였으나, 체제 목록 중에서 보면 그들의 통사연구는 모두 역대 문물제도와 연혁·변천의 고찰을 중시하고 시야를 넓혀 많은 후인들의 역사연구를 불러 일으켰다.

(3) 자산계급의 현실 정치투쟁의 필요와 밀접히 결합하여 中外 역사연구를 전개하였다.

이 시기에 자산계급사가들은 모두 사학을 충분히 이용하여 자기의 정치 주장을 선전하였고, 아울러 직접 현실투쟁에 복무한 史著를 저술하였다. 이러한 史著는 ① 자산계급의 정치관점을 천명하고; ② 자본주의의 실현을 위하며; ③ 자산계급 자신의 정치활동을 기재한 史著 등이었다.

신사학 이론의 건설과 사학의 실천상에서 취득한 초보적인 성취는 자산계급 사학의 진정한 흥기를 표시한다. 이로부터 중국의 사학은 하나의 새로운 발전단계에 접어들었다.

제3절 新史學의 創始者 梁啓超

1. 梁啓超의 史學 經路

학술상에서 양계초의 흥미는 광범하였으나, 특히 관심을 가진 부분은 史學이었다. 그는 중국 근대에서 제일 먼저 신사학을 창도한 인물로, 봉건사학에 대해 맹렬한 비판을 하였을 뿐만 아니라, 사학의 실천을 통하여 체계적으로 사학이론체계를 건립하여 자산계급 신사학의 확립에 기초를 제공하였다.

양계초 일생의 사학활동은 대체로 다음과 같은 발전, 변화단계를 거친다. 15세 전에는 순전히 봉건 정통교육을 받았다. 이 기간중에 엄격하고 체계적으로 익힌 전통학술은 그에게 國學의 뿌리를 심어주어 민족문화의 자신감을 갖게 하였다. 학습방법상에서 그는 특히 清代 乾嘉考据學의 영향을 받아, 그의 사학이론중 사료감별기술에 대한 많은 부분은 乾嘉考据學에서 취하였다.

16~25세는 中西學을 함께 받아들이는 시기이다. 1890년 『瀛懷志略』과 江南製造局이 번역한 西書를 읽고 점차 세계 각국의 일을 알았다. 그해 가을 전통학술과 歷代 典章制度를 연구하였고, 동시에 "번역된 서양 책"을 섭렵하여 서학의 학술을 함께 받아들였다. 이 때문에 이 시기에 양계초는 자산계급 개량주의 세계관을 형성하였다. 당연히 이 기간중에 획득했던 사학지식은 한계가 있어, 양계초의 학술사상은 일종의 "不中不西"·"不今不古"상태에 있었다. 예컨대 張之洞에게 보낸 편지중에서 中西調和의 개량주의 교육방침을 주장하였다. 이러한 "中西가 뒤섞인" 학술사상 경향은 이후에도 여전히 표현되어, 양계초사학의 특징중의 하나가 되었다.

26세 이후에는 주로 서학을 흡수하였다. 특히 일본 망명기간중에 지식구조상에 일대 갱신이 있었다. 그도 이제는 모범으로 받들던 儒學에 대하여 대담하게 비평하고 신사상을 창출할 것을 주장하였고, 동시에 서학을 중국에 수입할 것을 제창하였다. 이 기간 중에 양계초의 서학에 대한 이해는 비록 깊지 않으나, 범위가 넓어 『論學術之勢 左右世界』같은 서학을 소개하는 많은 글을 썼다. 또한 이 기간 중에 서방 근대사학 이론의 연구와 흡수에 주력하였다. 그는 1901~1902년에 연속해서 『中國史敍論』·『新史學』을 발표해서 봉건사학을 맹렬히 비판하고 "史學革命"을 제창하여 체계적으로 사학의 효용·역사철학 등 자산계급 사학의 주장들을 설명하여, 초보적인 사학이론체계의 기본 골격을 구축하였다. 이런 주장은 후일 그의 역사를 연구하는 방침이 되었다.

양계초의 상술한 경력은 그에게 中西 사학을 함께 취해 신사학의 이론체계를 건립할 가능성을 제공하였고, 또한 그의 학술사상이 항상 신구가 서로 얽혀 모순에 빠지게 하였는데, 특히 이러한 경향은 만년에 명확히 드러났다. 5.4운동 이후 양계초는 한편으론 그가 평생을 연구한 사학이론 및 사학실천의 깨달은 바를 총결하는데 힘써『中國歷史硏究法』및 그 補編을 썼고, 또 한편으론 중국통사와 학술사상사방면의 연구와 저술에 종사해 저명한 학술저작을 발표하는 등 생애 마지막 10년의 학술왕성기에 들어섰다. 그러나 사학사상사 방면에서는 오히려 예전에 숭상했던 진화론과 역사인과율에 회의를 느끼기 시작했다. 이러한 사상모순은 그가 처한 시대와 계급의 한계를 반영한 것이다.

2. 梁啓超의 史學理論體系

양계초의 사학이론체계는 중국 근대 자산계급 사학의 형성발전중에 중요하고 전형적인 의의를 갖는다. 이러한 이론체계는 1902년『中國史敍論』과『新史學』발표 무렵에 초보적으로 형성되어 점차 완성되어 갔고, 1921년과 1926년『中國歷史硏究法』및 그 補編을 발표한 후 집대성되었다. 그것은 서방 근대사학이론과 방법을 위주로 하였고, 동시에 중국 전통사학의 방법(乾嘉考据方法)을 개조·흡수하여 건립하였다.

양계초의 사학이론은 자산계급 사학의 효용성을 선명하게 관철하고 있다. 그는 사가는 응당 史實을 기재하는 기초상에서 역사변천의 인과관계를 설명하여, 君史와 정치사를 주체로 한 舊史의 구조를 타파하고, 역사의 시야를 전체 인류에게로 넓혀 인류진화의 "公理·公例"를 밝혀야 한다고 인식하였다.

양계초는 "사학의 객체는 과거와 현재의 사실이며, 그 주체는 作史讀史者 마음속에 품고 있는 哲理이다"라고 파악하였기 때문에, 그의 사학이론의 종지는 사람과 그 인식의 대상이 되는 역사간에 관계를 설명하는 것이다.

역사연구의 객체는 인류의 과거이기 때문에 자연과학처럼 실험수단을 써서 직접 연구를 진행할 수 없음으로 인류가 남긴 문자 혹 실물사료를 통하여 간접적으로 연구할 수 밖에 없다. 여러 가지 원인 때문에 사료에 반영된 역사사실은 대부분 불안정하므로, 역사연구의 곤란성과 특수성은 이러한 불완전하고 사실과 거리가 있는 사료를 통하여 과거를 인식하는데 있다. 양계초는 서방 근대사학 관점을 참고로 하여 새로운 사료관념을 건립하고 구사가 기재한 사료의 관습을 바꾸어 지질학·고고학·인종학 등의 최신 연구성과를 충분히 흡수할 것을 주장하였다. 그는 서방 근대학자가 각국 신화자료를 이용하여 각 민족의 조기사상과 종교문학관념의 정황을 연구하는 것을 소개하고, 신화중으로부터 고대 지방풍속과 사회심리를 연구할 것을 주장하였다. 이와 동시에 그는 새로운 사료분석법을 제출하여, 비문자기록과 문자기록의 2대 사료는 각기 장단점이 있음으로 응당 결합해서 사용해야 한다고 인식하였다. 이러한 사료학관념은 바로 양계초가 자산계급 이성으로 거듭 구사료를 감정하고 새로운 사료 가치관을 건립하려 했던 요구를 반영한다.

광범위한 사료수집은 당연히 역사연구의 전제이지만, 연구결과가 어떠한가는 역사를 연구하는 자의 주관 인식능력에 달려있다. 이 때문에 양계초는 역사연구의 주관에 대하여 史家四長(史德·史學·史識·史才)說을 답습하였다. 양계초는 德·學·識·才의 순서로 자산계급 史德觀을 표현하였고, 사가는 반드시 "公平한 마음"을 가져야 한다고 요구하였다. 이러한 기초상에서 學識才가 비로소 정상작용을 발휘한다. 四長의 구체적인 내용은 근대사학의 특징을 나타내고 있다. 예컨대 그가 말한 "學"은 舊史家가 언급한 풍부한 文史修養 뿐만 아니라, 허다한 사학과 관련된 근대 신흥학문과 자연과학지식을 가리킨다. 이러한 사학주장은 자산계급 사학가의 넓은 기상을 표현한다.

양계초는 진화사관의 지도하에 역사를 연구할 것을 주장하였다. 그는 세계만물은 모두 보편적인 진화상태중에 처해 있다. 인류사회의 진화는 주로 인종·민족·국가간에 우열승패의 투쟁을 통하여 실현된다는 것으로, 이러한 관점은 확실히 사회다윈주의의 영향을 받은 것이다. 그는 역사진화는 일정한 나선형 상승과 파도 기복이 구불구불한 운동과정을 거친다고 인식하였다.

양계초의 역사철학에 대한 설명은 결코 역사진화의 이러한 관점을 승인하여 머물지 않고, 역사표상 뒤에 숨어 있는 각종 역사진화에 대한 제약과 역량에 대하여 연구를 진행하였다.

양계초는 역사진화의 기본 제약을 2가지로 분류하였다.

(1) 心力, 즉 인류 역사활동을 지배하는 심리의식이다. 양계초는 개인심리가 확대되어 단체심리가 되어 사회에 영향을 끼치지만, 후자는 전자를 빌려 집중적으로 표현된다고 지적하였다. 즉 역사진화의 제 심리요소중에서 孔子

와 같은 영웅위인의 심리가 가장 중요하다고 하였다.

(2) 物力, 즉 역사활동 진행중에 객관적으로 존재한 각종 현실 물질조건 내지는 상층구조방면의 제한 요소이다. 그중 양계초가 항상 언급한 중요한 것은 다음과 같다.

① 地理作用으로 인간의 소질·생산활동·물질생활에 영향을 끼친다. 예컨대 중국문명의 조기출현, 역사상 남북정권의 대치, 소수민족과 漢族과의 관계는 지리와 밀접한 관계가 있다.

② 인종요소로 서방 인종사관의 영향을 받아 양계초는 세계사상 각종 인종은 모두 틀리나, 그중 백인이 가장 우수하다고 인식하였다. 인종이 다르기 때문에 동서방 역사의 다름과 서방세계가 동방보다 강한 원인의 하나가 조성되었다.

③ 문화전통의 역량이다. 이것은 역사진화에 대하여 추진 혹은 억제작용을 하는 "文化公業"이다

양계초의 사학이론체계중에는 서방 근대 "과학방법"을 운용하고, 중국 전통의 乾嘉考据方法을 개조하여 새로운 방법론을 건립하는 것이 포함되어 있다. 이러한 방법론에는 4가지 내용이 포함되어 있다.

㉠ 사료수집법. 공인된 문헌과 실물자료 뿐만 아니라, 시야를 추상사료·裏面史料에 까지 넓혀야 하며, 특히 동류 혹 비슷한 사항을 종합·비교하는 방법을 취해야 한다고 강조하였다.

㉡ 사료감별법. 양계초는 正誤와 辨僞의 2가지 방법을 제시하였다. 정오의 방법은 유력한 反證을 드는 것이며, 辨僞는 고금 辨僞例의 기초상에서 乾嘉考据學者의 本證·傍證 등의 방법과 史迹의 來源·성질·찬자의 주관동기 등의 방면에서 기재의 진위를 구별하여 사료의 실제 가치를 판명하는 체계적인 사료고증법이다.

㉢ 史事의 분석과 차례법. 이것은 사료가 반영한 史實을 전체 관계와 동태과정중에 두고, 종합 분석과 순서를 정하는 방법으로, 변증법적 요소를 가지고 있다.

㉣ 역사저작을 저술하는 법. 전통사서의 장점을 흡수하고, 새로운 기술수단(도표제작)을 부단히 흡수할 것을 주장하였다.

결국 양계초의 사학이론체계는 주로 역사연구의 주체(史家), 객체(史料)와 사가가 의지하는 연구수단(역사철학과 사학방법론)의 3방면에서 조성된 것이다.

그러나 구조상에서 양계초의 사학이론체계는 그의 철학인식론상의 한계와 동시에 주관적 유심주의 방법론에 편중된 중대한 결점을 포함하고 있다.

3. 梁啓超史學의 時代的 特徵

양계초사학은 구체적으로 다음과 같은 특징을 갖는다.

1) 多元論의 경향. 양계초의 사학이론은 철학 지도사상으로 말하면 唯心主義的이나, 때때로 일종의 다원주의 경향이 표현된다. 예컨대 그는 "역사는 인류 자유 의지의 창조품"이라고 강조하지만, 또 한편으로 역사운동의 과정 중에서 심력작용은 반드시 물질의 제한을 받는다고 말하였다. 역사발전에 영향을 주는 각종 요소를 작용을 분석할 때, 양계초의 사학사상은 상당한 변증요소를 드러낸다는 것이다. 예컨대 영웅과 군중, 심리와 사회환경의 역사작용을 언급하여 "양자간에는 상호 모순과 방해의 현상이 항상 존재한다"고 지적하였다. 또한 지리환경의 역사에 대한 작용은 인류문명의 발전정도와 반비례하고, 영웅의 역사작용도 이와 같다고 하였다.

양계초 사학이론의 다원주의경향은 당시 서방사회학 중에 사회유기론의 영향과 관계가 있다. 그는 유심주의의 一元的 歷史動力論으로 허다한 역사현상에 대한 해석을 할 수가 없어 부득이 다원주의로 보충하여 역사발전을 제약하는 여러 요소, 특히 心物 兩者의 역량중에서 역사의 인과관계와 발전추세를 찾아내려고 하였다는데 주의해야 한다.

2) 개방형의 구조. 이점은 2개 방면으로 표현된다. ① 양계초는 역사학에 자연과학을 포함하여 기타 학과의 신이론과 신성과를 흡수하여, 그의 지식구조를 보다 완전하게 하였다.

② 양계초는 사학이론·방법 혹은 연구결론을 부단히 갱신하여 항상 생기와 활력을 갖도록 하였다.

3) 不穩定性. 양계초의 사학이론체계는 확실히 불온정성을 갖는다. 예컨대 그의 역사철학은 본래 진화론의 기초상에서 건립되었으나, 후에 진화론을 완전히 부정하지는 않았지만 그 활용의 범위를 크게 축소하였다. 이러한 불온정성은 그가 처한 시대·사회와 계급이 그의 사학이론중에 각인되었기 때문이다. 즉 양계초는 19세기 과학주의 사조의 영향을 받아 "公理·公例"의 원칙을 구했으나, 19세기 말에서 20세기 초에 생명철학·실용주의·신칸트주의 등의 영향을 받아, 그의 후기에 진화론 및 인과율에 대하여 회의를 품게 되었다.

이밖에 양씨 개인의 정치실천도 그 사학사상의 동요에 중요한 원인이 되었다. 양계초는 전기에 자산계급 개량주의의 대표 인물로 역사에서 "公理公例"의 원칙을 찾았었다. 그러나 후기에 개량주의 정치실천이 누차 실패하고, 신봉했던 진화론으로 역사를 해석할 수 없게 되자 과거의 주장에 대하여 회의가 발생하였다.

양계초 사학사상의 상술한 변화는 간단히 사학사상의 후퇴라고 말할 수는 없다. 중국에 전파된 진화론은 역사인식 수준을 크게 제고하였다. 그러나 이러한 생물학의 관점으론 인류사회발전의 원인을 해석할 수 없어, 필연적으로 폐기될 수 밖에 없었다. 따라서 양계초 후기 진화론의 동요는 진화론이 현실과 사학실천중에서 파산한 사실을 반영하지만, 또한 그 중에 역사의 인식이 심화·복잡해 가는 일면을 포함하고 있다.

양계초 사학이론체계의 불안정성은 또한 중국 근대 자산계급 사학의 특징을 규정하고 있다. 중국 근대의 자산계급 사학은 일종의 반식민지 반봉건 문화의식형태를 띠어, 한편으로 상당한 봉건문화 잔여를 가지고 있었고; 또 한편으로 서방 근대사학이론을 흡수할 때 완전한 소화가 부족하여 新舊가 얽혀 있는 상태가 나타난다. 이러한 학술사상의 양면성은 반식민지 반봉건 사회 조건하에 있는 자산계급 문화의 불건전한 특징의 하나이다.

4. 梁啓超의 歷史硏究 成就

양계초는 자산계급의 사학이론의 건설에 뛰어난 공헌을 했을 뿐 아니라, 근대 방법을 운용한 역사 연구방면에도 대단한 성취를 이루었다. 그중 가장 주목되는 것은 中國通史와 학술사상에 대한 연구이다.

양계초는 1901년 『中國通史』를 쓰려는 뜻을 세운 후 비록 여러 원인으로 완성하지 못하였으나, 『中國通史』목록과 많은 관련 글을 남겼다. 그의 『中國史敍論』과 『中國歷史硏究法』은 모두 계획중이었던 『中國通史』의 제1권이었다. 이밖에 『地理及年代』·『中國歷史上民族之研究』 등도 모두 通史의 편찬과 관계가 있다. 이러한 논저를 통하여 양계초는 중국역사에 대하여 새롭고 정밀한 견해를 발표하였다.

예컨대 『太古及三代載記』중에서 그는 진화의 관점으로 중국 원시사회의 기본 상황 및 원시사회에서 계급사회로의 過渡을 고찰하였고, 신화와 전설을 고증·분석해서 봉건 史家의 上古社會에 대한 미화와 일부 서방인에게 널리 퍼져 있던 '中國人種文化西來說'을 반박하였으며, 중국문화의 다원화 기원 및 융합·통일의 과정을 논증하였다.

그는 『春秋載記』와 『戰國載記』에서 春秋戰國을 역사상 戰亂紛爭·兼併·覇政에서 통일시대로 가는 과정으로 고찰하여 秦이 6國을 통일한 의의를 충분히 긍정하였다. 이는 양계초가 예민한 역사적 안목을 가지고 있다는 것을 나타낸다.

양계초의 先秦史에 대한 논술은 비록 이시기의 전체 역사변혁에 대하여 과학적인 해석을 하지는 못하였지만, 舊史 문헌중에 충만해 있던 신비스러운 분위기를 일소하고 생동활발한 역사의 본 모습을 어느 정도 회복시켰다. 『中國歷史上民族之觀察』·『中國歷史上民族之研究』중에서 그는 대량의 사료에 근거하여 중국 境內 및 漢族을 주체로 한 각 민족의 부단한 융합·발전의 실마리를 풀어 중화민족의 형성과 발전의 역사를 드러냈고, 민족융합이 중국 경제문화 발전에 일으킨 촉진작용 및 전망을 지적하였다.

『中國文化史』社會組織篇은 양씨의 중국사회에 대한 시각을 잘 반영하고 있다. 그는 근대 사회학의 이론을 흡수하여 중국 상고사회가 母系에서 父系로 발전했다고 고찰하였고, 혼인제도의 변화와 宗法制度에 대하여도 상세히 논술하였다. 그러나 양계초는 자산계급학술과 정치관점의 속박을 받아 중국 혼인제도는 "남녀평등의 원칙을 완전히 승인하였다"고 하였으며, 秦이후 중국엔 계급이 존재하지 않았다고 하는 등 역사적 사실에 위반된 착오를 일으키기도 하였다.

학술사상사의 연구에 양계초는 대단한 정력을 바쳤다. 그는 인류사회와 역사에 대하여 가장 넓고 지속적으로 영향을 끼치는 것은 학술사상이라고 하였다. 이 때문에 그는 『論學術之勢力左右世界』·『中國近三百年學術史』 등 많은 연구저서를 써서 주목을 받았다.

예컨대 『論中國學術思想變遷之大勢』중에서 그는 3천년의 중국사상사를 7단계로 나누어 개괄적으로 논술하였다. 즉 春秋戰國의 百家爭鳴, 秦漢시기의 獨尊儒術, 魏晋南北朝의 玄學의 유행, 隋唐의 佛學, 明淸시대의 학술의 발전 등에 대하여 많은 의견을 개진하였다.

또한 양계초는 『先秦政治思想史』에서 先秦 各家의 정치학설을 그 철학사상·경제사상 및 당시의 정치법률제도와 연계해서 고찰했다. 동시에 先秦思想을 희랍·로마사상과 비교하여, 중국의 先哲은 "인류 현세생활의 법칙을 연구하는 것을 중심으로 했다"고 하여 중국 고대사상의 특징을 지적하였다.

양계초가 학술사상사 연구방면에서 가장 명성을 날린 역작은 『淸代學術槪論』과 『中國近三百年學術史』이다. 兩書는 모두 청대 학술사를 논하였으나, 내용면에서 『淸代學術槪論』은 乾嘉考据學과 晩淸 今文經學의 興衰를 위주로 하였고; 『中國近三百年學術史』는 黃宗羲와 같은 淸初 각 학파의 開創人物을 특히 자세히 논하였다.

양계초의 위의 兩書는 舊體 學術史 著作과 비교해서 다음과 같은 구체적인 특징을 갖는다. ① 一代의 학술을 관통해서 고찰하는데 치중하였다. 예컨대 『中國近三百年學術史』에서 淸代 학술이 淸初의 經世致用에서 乾嘉시기의 考据學으로, 다시 晩淸시기의 經世學 부흥으로 변천하는 과정을 서술하여 일대 학술발전의 실마리를 찾았다. ② 학술사의 고찰범위를 확대하였다. 兩書는 淸代 漢學·宋學·今文經學 등 각파의 儒學 외에 史學·言語文字學·樂曲學·曆算學 등도 상당히 연구하여, 각 학술영역의 발전 상황을 비교적 전면적으로 반영하였다. ③ 각파 학술의 사회정치문화와 학술사조의 배경을 분석하는 것을 중시하였다. 예컨대 역사적인 방법으로 문제를 관찰하여 閻若璩가 청대 일류학자로 공인받는 것은 그의 『古文尙書疏證』이 儒經의 맹목숭상을 타파하고 새로운 학문풍조를 열었다는데 그 원인이 있다고 지적하였다. ④ 당파에 얽매인 편견을 극력 방지하여 지론이 공평하였다. 즉 양계초는 학술사 저술에 있어서 "초연하고 객관적인 정신으로 논해야 한다"고 주장하여 청대 각파 학술의 평가를 공평하게 하였다.

양계초는 중국사학사 연구에 의견을 내세운 사람중에 하나이다. 예컨대 그는 『中國歷史研究法』(補篇)중에서 사학사의 연구대상과 그 기본내용은 적어도 4개 방면을 포함해야 한다고 주장하였다. 즉 ⓐ 史官. 史官의 기원, 역대 사관 建置와 修史制度의 沿革 및 그것의 사학에 대한 영향을 연구해야 한다. ⓑ 史家. 역대 중요 史家와 史書을 연구하고, 특히 새로운 사서는 그간의 계승관계를 설명하고, 아울러 史體변화와 사가의 관점을 고찰해야 한다. ⓒ 사학의 형성과 발전. 전통사학평론과 사학이론의 발전 및 사학발전의 작용과 의의를 연구해야 한다. ⓓ 사학의 추세. 새로운 진전과 존재문제를 연구하여, 그 가능한 발전모습과 방향을 지적해야 한다고 하였다.

또한 그는 중국 고대의 사학 발전은 대체로 司馬遷 『史記』前의 제1期; 사마천에서 唐初의 제2期, 즉 私家撰史의 전성기; 唐에서 明의 제3期, 官修史 전성시기; 淸의 제4期로 나눌 수 있다고 인식하였다. 이러한 논술은 중국 사학사 학과의 건립에 초보적인 기초를 세웠으며, 후래의 학자에게 커다란 계시를 주었다.

제4절 資産階級의 外國史研究

1. 戊戌變法時期의 外國史 紹介와 研究

근대이래 사회대변동과 동서교통의 발전은 사회생활환경에 거대한 변화를 일으켜, 중국 고대역사만 참고하는 것은 한계가 있어, 근대세계사의 연구중에서 "참고할 사학"을 얻어야 비로소 급변하는 사회실제에 적용할 수 있었다. 이 때문에 무술변법 전후에 자산계급 개량파는 적극적으로 외국사저서를 탐독하여 세계대세를 이해할 것을 제창하였고, 동시에 제한된 세계지식을 운용하여 관련된 논저를 집필하였다. 아울러 上海에 大同譯書局을 설립하여 『意太利俠士傳』·『地球十五大戰役』 등의 譯著를 출판하여, 그들의 구국과 변법주장을 천명하였다.

예컨대 양계초의 『波蘭滅亡記』는 Poland가 自强을 도모하지 않고 大國에 의지하여, 끝내 러시아·프로이센에 분할되어 멸망한 사실을 간략히 서술하였고; 湯覺頓은 『俄土戰紀』 번역중에서 Turkey 패배의 주요 원인이 내정의 부패와 외교의 부진에 있다고 분석하고, 특히 "그것과 중국의 정세가 서로 비슷하다"고 지적해 사람들의 憂國의식을 개발하였다.

이 시기 개량파의 영수인 康有爲의 외국사 연구는 주목된다. 강유위는 1888년후 누차 편법을 上書하고, 아울러 서방 진화론과 今文經學 『公羊』의 "三世"說의 관점을 혼합하여 자산계급 개량주의의 사상체계와 역사관을 건립하였다. 그는 유신주장을 천명하기 위하여 각국의 변법사실을 연구해 몇 부의 외국사저작을 집필해서 무술변법기간에 光緒帝에게 바쳤다.

『俄彼得變政記』는 강유위의 각국 變政考중 유일하게 공개 간행된 저술이다. 그 중에 Peter大帝가 러시아의 빈곤낙후된 상황을 개변시킬 결심을 하고, Sweden·Holland·英·佛·獨 諸國을 방문하여 각국의 선진기술과 정치·법률제도을 학습하여 "地球를 震動"한 과정을 소개하였다.

『日本變政考』에서는 특히 明治政府가 실행한 維新 變法조치를 상세히 다루고, 아울러 이러한 개혁조치의 작용·利弊와 의의를 분석해 이를 중국의 실제정황과 결합시켜 변법유신의 구체적인 건의를 하였다.

강유위는 광서제에게 각국의 變法史를 소개하고, 변법을 강력히 추진하기를 희망하였다. 그는 "중국의 변법은 러시아를 본받고, 君權變法은 Peter을 본받아야 한다"고 인식하였다.

『日本變政考』 중에서 강유위는 어떻게 변법을 진행할 것인가의 문제에 대하여 자기의 주장을 제출하였다. 그는 일본은 중국과 지리적으로 가깝고, 문화·풍속·國情이 서로 비슷하니 일본 명치유신의 성공경험을 본받으면 된다고 하였다. 이 때문에 명치유신이 취한 각항의 신법과 단계를 상세히 소개하고, 光緒帝에게 公議를 널리 수렴하여 制度局을 설립하고, 封建官制를 개혁해 유신인사를 대거 기용하여 신법을 추진하고, 국내 자본주의 공상업과 근대 문화교육사업을 적극적으로 발전시켜야 한다고 요구하였다.

강유위는 각국 변법사로 광서제를 계도하는 동시에 『波蘭分災記』 등의 外國史著를 집필하여 어떤 한 국가의 흥망사·쇠락사와 혁명사실의 소개하면서 변법의 결심을 하였다.

『波蘭分災記』는 Poland가 정치부패로 인하여 歐洲의 대국에서 점차 쇠퇴해 마침내 강국에 의해 분할·멸망되는 역사를 서술하였다. 강유위는 Poland 멸망의 주요 원인은 ① 귀족과 대신들이 우매·완고해 극력으로 개혁과 애국인사를 억압하여 점차 쇠약부진하는 경지에 빠졌다. ② 침략성이 매우 강한 제정러시아를 쉽게 믿고 의지하여, 마침내 뇌물을 받은 귀족대신들이 공개적으로 Poland를 분할한데에 있다고 하였다.

이상에서 강유위는 외국사저중에서 엄중한 민족위기에 처한 중국은 반드시 유신변법해야 한다. 그렇지 않으면 쇠약 멸망하거나, 혁명이 폭발할 것이다고 반복해서 논증하였다. 이러한 책은 광서제의 변법 결심을 촉진시켰고, 百日維新 기간에 발표된 詔令과 조치중 어떤 것은 『日本變政考』에서 직접 계시를 받은 것이다.

2. 辛亥革命時期의 外國史 編譯과 研究

자산계급의 외국사 편역과 연구는 20세기 초년에 고조되었다. 당시의 각종 신문잡지·출판물과 서적목록의 광고가 펼쳐졌고, 심지어 많은 외국사 논저가 동시에 여러 종의 번역본으로 혹 여러 잡지에 출간되기도 하였다. 이러한 논저는 그 내용이 세계사·國別史·정치사·전쟁사·학술사상사 및 인물전기 등 다양하였으나, 그중 다음 3개 방면에 가장 집중되었다.

(1) 亡國史의 편역연구

이는 당시 외국사 관련논저중 가장 수량이 많은 유형으로, 1900년에서 1911년간에 출판된 망국사논저는 50종 이상이었다. 그 중에 널리 알려진 것은 殷鑒社編 『近世亡國史』, 黃海鋒朗의 『世界亡國小史』 등이다. 또한 중국의 주변국가 망국사도 많은 관심을 보여 夏清馥이 편역한 『印度滅亡戰史』, 毛乃庸 譯 『越南亡國慘說』 등이 출간되었다.

망국사 편역과 연구의 성행은 근본상에서 이 시기 엄중한 민족위기의식에서 격앙된 것이다. 庚子(義和團)事變 後 제국주의의 공개적인 중국 분할은 애국 사학가들로 하여금 분분히 망국사 편역과 연구에 종사토록 하여, 망국의 전철의 밟지 않도록 하였다.

예컨대 양계초의 『越南亡國史』는 프랑스 식민지당국이 월남 인민에게 행한 폭정과 민족반항에 대한 잔혹한 진압 정황을 서술하였고, 殷鑒社編 『近世亡國史』는 조선·월남·인도 인민의 비참한 망국의 경우를 상세히 논하여 모든 국민들이 자강하여 망국을 면하도록 경계했다.

멸망한 나라의 망국의 원인을 탐구하는 것이 망국사 저작의 공통된 특징이다. 예컨대 많은 作者들은 모두 自强하지 않고 外力을 빌려 立國을 도모하는 것이 망국의 중요 원인이다고 지적하였다. 즉 이집트, 폴랜드, 조선이 이와 같은 유형이다. 또 어떤 작자는 정치제도방면에서 국가의 강약의 원인을 분석하여, 전제통치는 반드시 국가들 쇠약시킨다고 지적하였다. 이러한 논술은 모두 淸朝의 봉건통치와 외세에 아첨하는 방침을 비난한 것이다.

당시 각 제국주의열강이 세력을 확장하여 약소국가를 잠식·병합하였기 때문에 망국사 저작은 제국주의 침략수법을 상세히 폭로한 것도 있었다. 예컨대 李芝圃의 『朝鮮亡國史』에서 영국이 이집트, 러시아가 폴랜드, 미국이 필리핀 멸망시킨 새로운 수법들을 상세히 언급하였다. 이 때문에 반드시 제국주의의 여러 가지 "滅國의 新法"에 대하여 엄중히 경계함으로써 그 침략의 음모를 좌절시키려고 했다.

(2) 立憲史의 편역 연구

1901년 淸朝는 庚子事變 후 국내 계급모순을 완화시키고, 中外의 여론을 무마하고 동요 실추된 통치를 유지하기 위하여 소위 "新政"의 실행을 선포하였다. 이에 개량분자, 특히 민족자산계급의 상층 인물들은 戊戌政變 이후 상당한 동안의 침묵을 거친 후 다시 입헌의 희망을 품기 시작했다. 1904~1905년 러일전쟁에서 立憲 小國 일본이 대국 제정러시아를 격파한 것은 중국의 朝野를 진동시켜, 마침내 淸廷은 1906년 입헌을 예고하자 각지에 입헌단체가 건립되었다. 해외에 있던 강유위·양계초도 "帝國憲政會"·"政聞社" 등을 건립하여 호응하였다. 그러자 개량사조가 점차 활발해지기 시작했다.

입헌개량 사조의 발전은 필연적으로 사상문화영역, 그중 史學을 포함하는 선상에서 반영되었다. 이 시기 개량파가 적극적으로 『英國憲法史』·『明治維

新四十年政黨史』 등과 같은 각종 立憲史를 편역 출판한 활동은 더욱 이점을 설명하고 있다. 이러한 개량파의 입헌사에 대한 연구는 대부분 英·日·獨 등 君主立憲國, 특히 英·日에 집중되었다. 또한 어떤 입헌파는 입헌사의 편역을 통하여 그들의 정치주장을 선전하고, 아울러 청 최고통치집단에게 영향을 끼치기를 바랬다. 예컨대 1903년 張謇이 일본을 방문한 후 일본의 유신 성공에 고양되어 번역 출판한 『日本憲法』·『日本議會史』 등이 그 좋은 예이다.

이러한 저작을 통하여 개량파는 立憲은 강성해지만, 專制는 반드시 망한다는 관점을 적극적으로 선전하였다. 아울러 완고세력의 입헌 방해에 대해 이를 비판하고, 사람들에게 중국의 입헌 실행을 위하여 노력해 줄 것을 요구하였다.

조속한 입헌을 촉진하기 위하여 개량파는 외국사 연구중에서 여러 사실을 열거하고, 낡은 것을 답습하므로 생기는 해독을 설명하였다. 예컨대 Holland(네덜란드)는 고루한 옛법을 사수하고 개혁을 하지 않은 결과 國勢가 날로 쇠퇴해졌다고 하였다. 심지어 양계초는 "조선 망국의 최대 원인이 전제적인 宮廷에 있다"고 하였다. 입헌 미실행을 조선 망국의 최대 원인으로 간주하고, 이와 동시에 개량파들은 입헌의 장점을 영국과 일본의 구체적인 예를 들어 설명하였다. 결국 개량파들이 각국의 변법사 연구에 힘쓴 것은 중국의 개량경로상에 구체적인 방략을 제공하는데 있었다.

(3) 혁명사와 독립사의 편역 연구

20세기초 자산계급 혁명사조가 흥기함에 따라 진보지식분자들은 혁명을 널리 선전하였고, 많은 외국 자산계급혁명을 소개하는 『美國獨立史』·『意太利建國史』·『希臘獨立史』 등의 저작을 편역 출판하였다.

이러한 외국 혁명사와 독립사 저작중에서 혁명파는 혁명 수단으로 救國의 묘약을 찾자고 요구를 하였다.

혁명파는 근대 서방 각국에서 일어난 혁명독립운동을 두루 살펴 모두 봉건전제통치의 압제가 민권을 격발시킨 것이라고 인식하였다. 그들은 프랑스 대혁명의 예를 들어, 그것이 세계 정치·군사·경제·문화 모두에 심각한 영향을 끼쳐, "18세기의 구천지를 일약 19세기의 신천지로 돌입케 했고, 세계문명사를 일단락 진 대변혁이었다"고 지적하였다. 아울러 자산계급혁명의 길을 걸을 것을 요구하였다.

신해혁명시기의 혁명사 편역 저작을 살펴보면, 외국 독립사에 대한 소개가 혁명사보다 더 많은 데 여기에는 심각한 원인이 있다. 즉 당시의 중국은 열강의 침략과 이민족(滿淸)통치하에 있어, 민권독립의 쟁취가 최우선 과제였다. 당시의 혁명파는 대부분 프랑스혁명에 찬성하였지만, 구체적인 운동중에서 왕왕 미국식 혁명경향을 나타냈다. 예컨대 秦力山이 『中國滅亡論』에서 "미국은 7년의 혈전 끝에 마침내 독립을 얻어 세계 제일등 공화국이 되었다"고 칭찬하였다. 이것은 상술한 원인과 관계가 있는 것이다.

이밖에 혁명파의 구미혁명사에 대한 연구중에서 사상적 약점을 발견할 수 있다. 예컨대 많은 작자들은 비록 프랑스혁명의 역사작용을 긍정했으나, 그 대동란과 대유혈 방식, 특히 중산적 자산계급과 소생산자층에 기반을 둔 자코뱅(Jacobins)黨의 자산계급 혁명민주 專政을 이해하지 못하였고, 또한 대자산계급을 대표로 한 지롱드(Girondins)黨의 정책에도 많은 편견을 나타냈다. 이것은 바로 중국 자산계급의 취약성을 반영한 것이다.

신해혁명시기의 외국사 편역과 연구가 상술한 3개 방면에 집중된 까닭은 우연이 아니라, 실제적으로 중국 근대 舊民主主義革命시기 자산계급 救亡思潮의 3개 사상 단계와 발전의 궤적을 반영한 것이다.

망국사의 연구는 엄중한 민족위기의 자극하에서 산생된 애국인사의 급박한 救國의 바램을 체현한 것이다. 이러한 바램은 근대 중국의 모든 진보사조의 激發点이며, 자산계급 愛國救亡思潮의 제일단계이다. 이 시기에 망국사 편역에 종사한 사람들에는 자산계급 개량파와 혁명파 및 일부 애국사상을 갖은 지주계급분자가 포함되어 있다. 그들의 사상은 비록 다르나, 애국구국·열강의 침략을 반대하는 선상에서 공통점을 가지고 있다. 망국사 연구저작이 이 시기에 수량이 특히 많은 원인은 주로 이 사상단계의 사회기초가 비교적 광범했다는 데에 있다.

입헌사의 연구는 근대 자산계급 愛國救亡思潮 발전의 제이단계로, 입헌사 연구는 주로 자산계급 개량파 혹 후래의 입헌파가 열중하였다. 그들의 史著는 개량주의로서 민족위기를 극복하려는 시도를 반영하고 있고, 또한 인민

혁명을 두려워하여 君主立憲으로 혁명사조 및 그 민족자산계급 상층의 이익을 대표로 한 계급실질을 제압하려 했다.

혁명사와 독립사의 연구는 근대자산계급 愛國救亡思潮 발전의 제3단계이다. 자산계급 개량파는 유신변법의 실패에서 오직 혁명 수단으로만 자산계급 민주공화국을 건립할 수 있다는 교훈을 얻었다. 그들의 혁명사와 독립사 연구는 바로 이러한 목적을 둘러싸고 전개되었다. 이 사상단계는 구민주주의 혁명시기에 자산계급사상 발전이 도달한 최고봉이다.

이러한 3개의 사상단계는 항상 상호 교차, 심지어 상호 대립 투쟁하는 다층구조를 가져 신해혁명시기에 망국사·입헌사와 혁명사의 연구가 한 시기에 함께 나타나는 현상을 조성하였다.

3. 近代 中國의 世界認識 經路上에서의 飛躍

일종의 의식형태 현상이 되기 위해서 역사연구는 항상 당시 사회투쟁의 제약과 영향을 받는다. 이 시기 자산계급 개량파와 혁명파의 외국사 연구중에 표현된 인식상의 색다른 추세는 바로 이점을 반영한다.

개량파가 입헌사 저작중에서 적극적으로 군주입헌을 흡수할 때, 혁명파는 그에 대하여 신랄한 비판을 하였다. 宋敎仁은 『日本內閣更迭感言』 중에서 일본은 단지 이름만 입헌국으로 그 정치실권은 薩摩長州系 政客의 수중에 있으며, 그 헌법도 이러한 인물의 의지를 체현한 것이라고 인식하였다. 그는 독일에 대하여 『普國官制』에서 그 제도가 "專制國과 다름이 없어", 본받을게 없다고 지적하였다.

동시에 혁명사 연구상에서 개량파는 혁명에 대해 공포와 적의를 나타냈다. 양계초는 『羅蘭夫人傳』에서 프랑스대혁명에 대하여 "公德과 실력이 없는 인민이 파괴의 길을 걸어 國脈을 끊었다"고 왜곡해 소개하였다.

외국사 연구중에 상술한 2종의 대립관점의 투쟁은 1906년에 이르러 고조되었다. 이해 9월 淸廷이 입헌을 예비한 후, 개량파는 『新民叢報』에 강유위의 『法國革命史』를 연속 간행하여 혁명에 대해 신랄한 공격을 진행하였다. 그는 "프랑스대혁명은 인류 相殘의 대악몽에 지나지 않는다. 만약 중국이 혁명을 행하면 반드시 상잔하게 되고, 끝내는 외국의 침략을 받아 종족이 모두 몰락하게 된다"고 하였다.

이 글이 발표된 후 章太炎은 汪東에게 『正明夷「法國革命史論」』을 쓰게 하여 반격하였다. 왕동은 프랑스대혁명의 여러 가지 사실을 분석하여, 프랑스대혁명이 비록 부족한 점이 있으나 舊弊를 일소해 마침내 개혁을 달성했다고 인식하였다.

상술한 정황은 자산계급 각파의 정치역량이 모두 史學의 사회효능을 중시하고, 사학을 운용해 자기의 정치주장을 하여 사회상에 광범한 영향을 산생시켰다는 것을 표명한다. 그들간의 외국사 연구상에 전개된 논쟁은 세계관과 당대 사회에 대한 인식을 촉진시켰다. 많은 사람이 외국사 편역 저작을 읽은 후 사상에 큰 감동을 받았다. 이것은 이 시기의 외국사 편역과 연구는 신사상의 전파, 특별히 救亡 혹 혁명을 준비하는 사람들을 고무하는 방면에서 상당히 적극적인 작용을 하였다.

이와 동시에 이 시기의 외국사 연구는 폭과 깊이에서 전에 비해 크게 발전하였다. 중국 근대의 외국사 연구는 아편전쟁시기에 발단되었고, 최초의 저작은 『海國圖志』·『瀛環志略』 등이며, 그 대상은 대부분 英·美·러시아가 주였다. 게다가 연구자의 서방인식은 대부분 피상적이었다. 양무운동시기 出使하는 관원의 증가와 유학생의 파견으로 인하여 중국인의 서방세계에 대한 인식이 한층 제고되었다. 19세기 후기 王韜의 『普國戰記』 및 黃遵憲의 『日本國志』와 康有爲의 『日本變政考』 등이 출판되었으나, 여전히 중국인의 세계인식에 대한 요구를 만족시키지는 못하였다. 20세기 초에 이르러 비로소 상황이 크게 바뀌었다. 이 시기에 많은 유학생이 대량의 외국 역저를 들여와 중국내 자산계급 지식분자군의 산생과 발전을 촉진시켜, 중국과 근대세계간의 거리를 신속히 축소시켰다. 이것은 중국 자산계급의 정치상의 성숙시기이며, 근대 중국의 세계인식 경로상의 비약단계이다. 신해혁명시기 외국사의 편역 연구는 바로 이 한 시대의 특징을 반영한다. 그것은 대부분 직접 外文을 번역하였기 때문에 연구가 점차 엄밀해졌으며, 범위도 확대되었다. 또한 그것은 세계 각국 역사 및 사회생활에 대해 광범한 이해를 요구하였기 때문에 "學理"상에서 탐구가 이뤄졌다. 예컨대 전문 번역지 『譯書彙編』에서 "각종 경영구조는 본래 학리상에서 추정하지 않은 것이 없다"고 지적하고, 관련된 구미·일본의 최신 "學理"書를 번역해 "천하에 선물할 것"을 요구하였다. 이러한 사상의 지도하에서 『泰西學案』·『英國外交政略史』 등의 외국사 저작이 출현하였다. 그리고 어떤 정치사 저작은 사상문화 정황의 소개를 중시하였다. 예컨대 『法蘭西革命史』는 프랑스 자산계급 계몽시기의 학술사상을 일일이 소개 서술하였다.

당시 사학계의 외국사 편역은 왕왕 소화에 치중하지 않아 부정적인 요소가 혼합되어 있기도 하였다. 예컨대 『西力東侵史』중에서 작자는 사회다윈주의를 적극적으로 선양하여, 심지어 영국이 인도를 병탐한 침략행위에 대해서 탄복하기도 하였다. 이것은 제국주의 침략의도를 내포한 地理環境決定論과 種族史觀을 선전한 것으로, 그 해독은 말할 필요가 없다.

제5절 新式 歷史教學과 教科書의 編纂

1. 清季學堂의 興起와 歷史課程 設置

20세기 초 역사교육의 흥기는 중국 근대사학의 새로운 방향과 의의를 표시한다.

歷史教學의 중시는 孔子가 私人講學을 개창한 이래 중국 고대의 우수한 전통이었다. 근대 이래 經學과 과거제도가 날로 몰락함에 따라 역사 교학은 점차 중요한 지위를 획득하여 새로운 발전 태세가 출현하였다. 이러한 신국면의 출현은 먼저 清末 學堂의 흥기와 밀접한 관련이 있다.

1895년 胡燏棻이 變法自强疏중에서 학당을 설립하여 인재를 양성하자고 주장한 이래, 다음해 李瑞棻이 황제에게 「請推廣學校折」을 상소하여 전국적으로 府州縣學·省學·京師大學 三級學校를 개설할 것을 건의하였다. 무술변법기간에 강유위·양계초 등 자산계급 개량파들이 다시 봉건 교육제도를 개혁할 것을 제출하였다. 즉 서양·일본을 본받아 小學·中學·專門高等學校와 大學을 설립하여, "백성의 교육수준을 제고시키는" 교육을 보급하자고 주장하였다. 洋務派의 張之洞도 京師에 大學堂, 道府에 中學堂, 府縣에 小學堂을 세워야 한다고 인식하였다. 이러한 형세하에서 1905년 清政府는 마침내 정식으로 과거제를 폐지하고 학교를 설립하여, 1905년 각종 공사립 신식학교가 4222개소, 1911년에는 52348개소에 이르렀다. 이런 신식학당의 과정에는 '史學'과목이 모두 설치되었다.

학교에 역사과정의 설치는 淸代 阮元이 學海堂을 창건하여 史學을 전수한 이래, 惜陰書舍·龍門書院 등 각지의 서원에 經史專科 科目이 개설되었다. 무술변법 전에 강유위·양계초는 書院 혹 學堂을 이용하여 자산계급 유신교육을 진행하였는데, 역사도 중요 課程이었다.

예컨대 강유위의 萬木草堂은 일찍이 "萬國政治沿革得失"·"中國政治沿革得失"을 설치하고, "考据學"아래에 "萬國史學" 등의 과목을 개설하였고; 양계초도 湖南時務學堂에서 歷朝의 掌故沿革得失을 박람케 하고, 『日本國志』 등을 반드시 읽어 서방 국가의 근대헌법을 이해하도록 하였다. 이러한 것은 신식 역사교학의 흥기에 일정한 객관 조건을 창조하였으나, "新政" 전에는 통일된 學制 規定과 課程 설치가 이루어지지 않았다.

학당의 역사교학이 전국 범위에서 체계적으로 실시된 것은 20세기 초이다. 1901년 "新政"중에 "癸卯學制"를 정식으로 발표하여, 初等과 高等小學, 中學堂, 高等學堂, 大學堂에 모두 歷史課程을 설치할 것을 규정하였다. 1903년 「奏定學堂章程」에서는 더 나아가 각급 歷史課程의 교육요구를 명확히 규정하였다. 예컨대 초등소학의 역사과목은 학생들에게 "중국 문화의 유래 및 善政을 알게 해 忠愛의 근본을 양육하고, 先賢의 발자취를 본받을 것"을 요구하였다. 이러한 것은 다음과 같은 교학 목적에 도달하려는 淸政府의 생각을 반영한다. ① 역사를 읽고 애국심을 고취시켜 청조의 통치를 공고히 하려 했다. ② 當代史의 교육을 중시하여, 시무에 밝은 인재를 양성하려 했다. ③ 세계사의 교육을 중시하여, 부국의 뜻을 도모하려 했다.

상술한 역사교육사상의 지도하에서 "癸卯學制"는 서양 학제를 채용하여 역사과정의 설치를 더욱 체계화시켰다.

당시 대학의 역사과목은 基礎課程외에, 外交史·法制史·史學硏究法 등 전문과정이 설치되어 있었다. 이러한 전문과목은 자산계급 학술의 세밀한 분류의 산물로, 分科 教學의 과학성과 과정설치의 규범화를 체현한 것이다.

分科가 세밀해졌기 때문에 새로운 歷史課程이 증가하였고, 강의 범위도 넓어져 교학 내용이 더욱 풍부해졌다. 예컨대 "中國史學硏究法"중에서 학습하는 중국 사학의 大概를 몇 개 제시하면, 역대의 彊域·국력 강약의 비교·古今 地方 盛衰와 地勢 輕重의 변천·官制의 得失·역대 選擧의 득실·度量衡의 변천·賦稅 利弊의 비교 등으로, 연구 대상이 인류사회 생활의 모든 방면이었다. 즉 정치·외교·교육·과학·학술·종교·物産·지리·인구·병제·형법·재정·농업·공예·상업·교통·禮儀·풍속 등 모두가 역사교학의 내용이 되었고, 특히 경제요소와 문화요소의 역사 발전중에서의 작용을 중시하였다. 이것은 기존에 독점적 지위를 차지했던 정치사 중심의 전통에 타격을 주었고, 동시에 역사 연구 범위의 확대와 내용의 심화를 의미하며, 아울러 역사교학에 대해 보다 높은 요구를 제출하였다.

師範學堂은 상술한 필수과목 외에 역사교수법을 배웠다.그 때 각류의 역사교수법은 대개 자본주의 국가에서 유래한 것이다. 예컨대 1901년 南洋公學師範은 일본의 木通 口勘次朗의 『綜合教授法』을 번역하여 학과교수법을 국내에 소개하였다. 서방 근대 역사교학법의 전문적인 소개는 1904년 『教育世界』에 실린 「歷史教授法」에서 비롯된다. 그 내용은 역사 교수의 목적·재료·방법과 역사연혁 등을 포함하고 있었고, 역사과가 다양한 가치를 가지고 있다는 것을 인식하였다. 서방 역사교육 사상의 수입은 신형 역사교과서의 편찬과 교학방법의 진보에 이론을 제공하였다.

2. 歷史教科書의 出現과 發展

淸末 역사교학 진보의 또 하나의 중요한 표현은 학교 역사교과서의 산생과 성행이다. 淸 同治·光緒年間에 기독교회는 부설 학당에 학당교과서위원회를 조직하여, 算學·종교·윤리·구미역사 등의 교과서를 편찬하기 시작했다. 청말 "新政"추진 후에 신식 교과서가 점차 대량으로 출현하였다. 이전의 사회와 구서원에 널리 보급된 역사서적은 『二十四史』·『御批歷代通鑑輯覽』 혹 아동교재류 뿐이었다. 張之洞은 이러한 구서적의 불편함을 느끼고, 이를 簡本으로 편집하는 것을 兩湖書院의 과정으로 삼았다. 陳慶年도 正史를 교재로 편집할 때 紀傳을 부분적으로 나누어 편제할 것을 제의하였다. 이것은 구식 역사서적을 신식학당의 교학에 필요한 것으로 개혁하려는 추세를 반영한다.

신학교의 흥기에 따른 학교교육의 급속한 발전은 새로운 역사교과서의 편찬을 사회의 보편적인 수요로 만들었다. 1902년 文明書局에서 丁寶書의 『中國歷史』 2冊 등을 펴낸 이후, 계속해서 商務印書館에서 庄兪의 『歷史』 4책 등을 출판하였다. 1903년 京師大學堂은 "사학교재를 편찬할 때 編年을 위주로 하여 번쇄한 것을 삭제하고 핵심만 남기는데 힘써야 한다"고 편집방침을 발표하고, 동시에 『京師大學堂中國通史講義』 등을 편찬하였다. 이러한 역사교과서에는 학당이 스스로 편찬한 것, 書局의 발행한 것, 개인과 官이 편찬한 것도 있었으나, 대부분 일본교과서를 번역한 것이었다. 각지의 신흥학교의 역사교재 편찬을 만족시키기 위해 부득이 외국서적을 번역해 교재로 사용하였다. 1903년 京師大學堂이 발행한 『暫定各學堂應用書目』에 의하면 중국 사학부분의 교재는 鮑東里의 『史鑒節要便讀』 등 외에, 대부분은 普通學書室이 번역한 『普通新歷史』·陳毅가 번역한 市村瓚治郎의 『支那史要』 등과 같은 일본교과서였다.

그 중에 주목할 것은 那珂通世의 『支那通史』와 桑原騭藏의 『東洋史要』이다. 이 책들은 비교적 일찍 중국에 전입되었고, 아울러 가장 영향이 컸던 역사교과서였다. 『支那通史』는 上世·中世 2부로 나누어 上古에서 宋까지를 서술한 중국통사로, 羅振玉은 이를 "간략하지만 포괄적이다"라고 극찬하였다. 『東洋史要』는 중국사를 위주로 한 亞洲地區史로, 양계초 등에게 "조리있게 정돈돼 있어 중학 교과서용을 합당하다"고 호평을 받았다. 이러한 외래의 일본 역사교과서는 근대학자의 소개와 전파하에서 전국 각지에 전해져 날로 영향이 확대되었다. 이와 동시에 어떤 학자들은 일본 교과서는 새로운 지식을 포함하고 있으나 오류가 많으니, 뜻있는 사람은 스스로 책을 펴내라고 주장하기도 하였다. 그러나 중국인이 최초로 편찬한 일부 교과서를 보면 대부분 일본 교과서의 영향을 받았고, 심지어는 原著을 단지 개편만 한 것도 있었다. 이것은 청말 역사교과서가 국외에서 도입한 것에서 자신들이 편찬한 것으로 넘어가는 시기의 특징이다. 그때 중국인이 편찬한 영향력 있는 역사교과서는 曾鯤化의 『中國歷史』·夏曾佑의 『中學中國歷史教科書』와 劉師倍의 『中國歷史教科書』였다.

曾鯤化의 『中國歷史』체제는 당시 동서방 文明史의 영향을 받아 "국민정신을 날줄로 하고, 사회형태를 씨줄로 하여 가장 밀접하게 관계된 사실을 체계화 하였다". 또 그 내용은 각 시대의 교육·예술·정치·외교·지리·종교·풍속 등 인류 사회생활의 각 방면을 광범위하게 다루고, 특히 인류 진화의 대세와 盛衰隆替의 원인을 탐구하였다. 이 책은 출판후 『浙江湖』 제7기에서 "중국 사학계를 개창한 대작"이라는 신학계의 評價를 받았다.

夏曾佑는 "民智決定論"과 "教育救國論"을 제창하여, 『中學中國歷史教科書』를 저술하였다. 그는 今文經學과 서방 자산계급 사회진화론과 결합된 역사 진화관점으로 중국 고대역사를 上古(원시-周末)·中古(秦-唐)·近古(宋-淸)의 3대 시기와 傳疑·化成·極盛·退化·更化 등 7개의 소시기로 나누어 관통하였다. 이 책은 隋 이전만을 다룬 반쪽짜리 通史이지만, 封建 正史와는 완전히 다른 참신한 면모를 가지고 있었다. 고로 대단한 평가를 받아, 양계초는 "중국역사에 참신한 견해를 가진 우수한 고대사"라고 칭찬하였다.

劉師倍의 『中國歷史教科書』는 "중국 24史는 교과에 부적합하고, 근래의 각 교과서도 너무 간략하여 활용하기에 적합하지 않다"라는 생각에서 쓰여졌다. 이 책은 비교적 사회생활의 각 방면에 주의하여, 예컨대 고대의 田制·農器·商業 등 경제발전과정에 대하여 상세히 논술하였다. 특히 고대 禮樂 및 典章制度중에서 사회변화의 상태를 고찰하였다. 또한 이 책은 고대 문헌 사료의 해석에 있어서 진화론과 일본 문명사관의 영향을 받아 인류진화의 이치를 밝혔다.

이 시기의 역사교과서를 종합해 보면 수량과 종류가 많아 진 것 이외에 향토사·병법사와 時務掌故 교과서 및 『中國史研究法』과 같은 보조교재가 출현하였다. 또 편찬 내용상에서 시대적인 영향을 받아 다음과 같은 새로운 특징을 가졌다. ① 사회 역사진화의 인과관계와 인류문명 발전의 상황에 대하여 중시하기 시작했다. 예컨대 劉師倍의 『中國歷史教科書』는 과거 舊史가 정치사에 편중된 전통을 타파하고, 계급제도·宗法制度·풍속·재정 등과 같은 사회생활 각 방면의 진화발전의 정황에 주목하여 舊史 개조방면에서 유익한 시도를 하였다.

② 역사교학으로 구국하려는 編纂思想이 출현하였다. 그들은 역사와 애국심의 밀접한 관계를 이용하여 사람들에게 민족 자존심과 자신감을 불러일으

키려 했다. 예컨대 1902년 출판된 『蒙學中國歷史教科書』의 편집 대의는 "근래의 망국의 아픔에서 학식을 배워 國恥를 설원하는 것"이라고 하고 있다.

편찬형식에서 이 시기의 역사교과서는 대부분 章節體 혹 장절체에 가까운 課를 표제로 한 편찬형식을 채용하였다. 장절체는 서방에서 유래한 新史書의 체제이다. 근래이래 자본주의시대의 대량 생산은 과거의 협소한 관념을 개변시켰기 때문에, 자산계급 역사가는 시야를 사회 역사의 각 방면으로 넓혀 역사학을 종합성 학문으로 인식하기 시작했고; 동시에 사회생산력과 과학기술의 급속한 발전은 사회 분업전문화와 체계화를 촉진시켜, 문화영역에서 학술이 발달 진보할수록 분과가 더욱 세밀하고 엄밀해졌다. 이러한 변화는 역사 편찬방법의 진보를 이끌었다. 서방 자산계급 사학가는 歸納法의 계발하에서 먼저 전통의 敍述體를 엄밀한 篇·卷·章·節을 갖춘 章節體로 개조하여 역사 발전과정중에서 종횡으로 교착하는 인과관계를 표현하는데 적절토록 하였다. 장절체는 실제상에서 귀납논리를 史書 편찬상에서 체현한 것이다. 장절체는 서방 근대사학 표현형식중의 하나로, 처음엔 외국 교회조직과 출판기구를 매개로 중국에 들어왔으나, 이후엔 대부분 일본을 거쳐 수입되었다.

주목할 것은 자산계급 사학가와 진보학자들이 서학을 흡수하는 과정중에서 주동적으로 장절체 사서를 선택하고 도입하여 사회에 소개 보급한 것이다. 예컨대 양계초는 「東籍月旦」에서 『中等東洋史』·『支那通史』 등 일본 장절체 역사교과서를 중점적으로 소개하였고, 강유위도 『日本書目志』에서 日人이 번역한 장절체 세계사와 國別史 교과서를 열거하였다. 이러한 서방과 일본의 新體 史著는 중국학자에게 상당한 영향을 주어 자산계급의 역사편찬방법을 학습하여 장절체 사서를 譯著·개편·自撰하여 출판케 함으로써 봉건 전통 사서체의 독점국면을 타파하고 중국 사학의 발전에 영향을 끼쳤다.

章節體의 흥기는 또한 역사편찬학 발전의 결과이다. 중국의 사서체제는 주로 編年體·紀傳體·紀事本末體로 三分된다. 그 중에 "일에 따라 篇을 만드는" 기사본말체는 장절체와 비슷하여 새로운 사서 편찬체제를 만드는데 기초가 되었다. 근대 장절체가 주목을 받은 것은 제왕중심의 봉건 舊史觀이 몰락하고 자산계급 사학이 흥기하는 史風 전환의 추세를 반영한다. 즉 자산계급은 현대 인류생활의 복잡화하고 역사적 안목이 넓어짐에 따라 시대적 수요에 적합한 새로운 사체가 절실하였다. 장절체의 수입은 이러한 사회문화생활의 수요를 순응한 것이다. 장절체는 강의교재로 그 내용이 일목요연하여 初學에 적합하였을 뿐만 아니라, 근대학자의 배양을 거쳐 중국 史苑의 중요 사서체제로서 환영받았다.

결국 청말 역사교학의 변천과 발전은 신사학 사조의 굴절로서 중국 전통사학의 근대화 과정중에서 중요한 작용을 일으켰다. 즉 청말 각지의 興學熱중에서 역사과정 설치가 체계화되고, 기초과학과 인접학과가 상호 보완한 것은 자산계급 학술 세분화의 특징을 반영하며, 아울러 역사교학의 체제화가 상당한 정도에 이르렀다는 것을 나타낸다. 역사교학의 발전은 역사 연구자와 자료를 상대적으로 집중시켜 전문화함으로써 사학 연구의 수준을 한층 제고시켰다. 교학과 연구의 상호 촉진은 근대 역사학과의 건설과 발전을 촉진하였다. 다음으로 청말 역사교학중에서 출현한 대량의 교과서는 신흥의 자산계급 역사편찬방법을 채용하여 중국 역사편찬학의 발전을 촉진시켜, 전통사학의 근대화에 영향을 끼쳤다. 또한 청말 역사교학의 근대 의의는 "教育救國"의 역사 사명을 맡았다는데 있다.

반드시 지적해야 할 것은 청말 각지의 역사교학은 청 정부의 "中體西用"의 교육종지에 속박을 받아 정상 발전에 상당한 영향을 받았다는 것이다. 이것은 반식민지 반봉건 구문화의 특징과 한계성이다.

제5장 辛亥革命時期의 國粹主義 史學風潮

제1절 國粹史學의 形成

1. 國粹派와 國粹史學

"國粹라는 二字는 옛부터 증거가 없다"는 것으로 근대의 특수한 역사조건하에서 나온 산물이다. 아편전쟁 후 서학의 동점에 따라 사람들은 전통문화를 "中學" 혹 "古學"이라 칭하여 외래의 "西學"·"新學"과 구별하였으나, 초기부터 국수라는 명칭을 사용한 것은 아니었다. 國粹라는 칭호가 중국의 고유문화가 된 것은 일본에서 전래된 후이며, 1888년 일본인 三宅雄次郎이 『日

本人』에 "國粹를 보존하고 西歐化를 반대한다"는 것을 부르짖어 중국학자들의 共鳴을 일으켰다. 梁啓超는『淸議報』를 만들어, "東亞의 학술을 發明하여 亞의 粹를 보존한다"라는 것을 그 宗旨의 하나로 표방하고 있다. 이 亞粹 두 자는 분명히 국수에서 탈피하고 있다.「신축조약」체결 후 일부의 지식분자들은 국학을 창도하여 사람들의 보국심을 고무시키려고 하여 국수주의는 날로 발전하였다.

1902년 黃純熙는『政藝通報』에「保存國粹主義」란 一文을 발표하였고; 1903년 소보안 사건 후 "排滿革命"의 기치는 날로 확대되어 국수사상의 영향도 날로 커져갔다. 1905년에는 "國學保存會"가 설립되어『國粹學報』가 출판되었다. 1906년 章太炎 출옥 후 渡日하여 환영대회에서 "國粹를 써서 種性을 激動하고, 愛國的인 熱腸을 증진한다"는 것을 제창하였다. 이후 그는『民報』등을 통하여 국학의 진흥에 노력을 다하였다. 그후 국수주의 사조는 크게 성행하여 신해혁명까지 학술사상계에 상당한 聲勢를 차지하였다.

국수주의가 하나의 학술사조가 됨으로써 그 기본대열을 형성하였다. 그 대표적인 인물로는 章太炎·鄧實·黃節·劉師培·馬敍倫·陳去病 등이 국수파의 중견이고, 국학보존회 회원이 그 기본 골간이었다. 국수파 기본성원의 특징을 보면, ① 이들의 사회적 지위는 높지 않았고, 일반적으로 학교 혹은 언론계의 중간지식분자이다. ② 이들은 거의 兩廣·江浙 등 외국의 침략이 가장 일찍이 있었던 곳에서 생활하여 민족의 위기에 매우 민감하였고, 대부분이 반제와 민족독립의 요구를 절박하게 갖고 있었다. 이들은 時事와 황종희·고염무·왕부지 등의 영향을 받아 강력한 혁명의식을 소유하여 南社 혹 동맹회 등의 반청조직에 참가하였다. ③ 그들은 전통교육을 받아 국학의 근본이 깊었고, 또 서학에 관한 서적을 읽어 근대사상의 영향을 어느 정도 받았다. 이러한 것이 그들로 하여금 한편으로는 자산계급의 경향과, 다른 한편으로는 봉건성을 띠게 하여 국수파 학술사상의 복잡성과 모순성이 나타나게 되었다. 그들 중에는 자산계급개량주의를 받아들여 봉건지식분자로부터 자산계급과 소자산계급으로 변화하여 후에 자산계급 혁명파가 된 자도 있고(장태염·馬君武·진거병·柳亞子 등); 어떤 이는 계속 자산계급 입헌파와 밀접한 관계를 유지하기도 하였다. 물론 끝내 봉건지식분자의 입장을 탈피하지 못한 이도 있었다.

국수파가 창도한 국학은 학술연구의 형식을 주로 한 것이다. 국수파의 대부분은 章學誠·龔自珍 등의 "六經皆史"說을 찬성했고, 제자백가와 각종의 고대학문 또한 史에서 나오지 않는 것이 없다고 인정하였다. 그들 중에는 심지어 "무릇 역사란 群籍의 총칭이요 무릇 천하의 서적은 종교, 정치, 교육을 불문하고 역사에 예속하지 않는 것이 없다. 이리하여 역사는 群籍의 임금이다"라고 인정하여 史學을 獨尊·無二의 위치에 올려놓는 이도 있었다. 장태염은 "史"로서 國粹를 개괄하였으며, 사학의 중요성을 매우 강조하였다.

국수파가 이와 같이 史를 推崇하는 이유는 무엇인가?

첫째로 당연히 이들은 고대의 經史에 대한 이해가 있어, 조국과 민족문화에 대한 열애와 자신감이 있었다. 그리고 사학에 대하여 특히 좋아하는 감정을 가지고 있었다. 그러나 중요한 것은 봉건사회 내부 구성의 변동의 결과이다. 즉 자본주의 맹아의 발전과 봉건제도의 쇠락에 따라서 경학은 점차 쇠퇴하였다. 이후 경학 혹 유학 내부에 부단한 분열과 투쟁이 발생하였는데, 王陽明의 心學과 程朱 道學의 충돌, 陽明學派에 대한 泰州學派의 개조 등이 그 예이다.

청대는 대부분의 학자들이 고서의 原意(通經)를 얻기 위하여 경을 연구의 대상으로 하였지 현실정치의 수요에 근거하여 새로운 발휘를 한 것은 아니었다. "六經皆史"설은 바로 이러한 배경하에 날로 유행한 것이다. 장학성 등이 주장한 六經皆史의 본의는 경학의 지위를 올리거나 낮추는데 있는 것이 아니라, 경학이 쇠퇴할 때(經世의 색채가 감약될 때) 經史가 서로 보충함으로써 봉건통치 이론을 새롭게 강화시켜 "致用"하는 데에 있는 것이었다. 과거에는 경학이 특수한 작용을 하였으나, 무술변법을 전후하여 "廢除科擧"의 소리가 날로 커지고, 1905년 과거의 정식폐제에 따라 현실사회에서 의탁할 것을 상실하여 사학과 동등한 지위로 떨어졌으며, 심지어는 날로 史學의 附庸이 되었다.

국수파는 六經皆史를 계승하여(經史并列의 구호), 더 나아가 史가 "群籍의 君"이고 고금 학술의 "總歸"이며, 모든 학문의 수위에 놓아야 한다고 주장하여, 봉건시대 舊學이 사회 대변동의 충격하에 근대를 향해 변화하는 추세를 체현하였다.

2. 國粹史學의 靈魂 – 民族主義

민족주의는 국수파 학술사상의 주된 관건이고, 그것은 또 사학사상의 영혼이라 말할 수 있다. 사학의 최대 功用은 민족주의를 闡揚하여 민족자존을 제고시키고, 민족의 興旺發達을 촉진하는 것이다. 따라서 그들 대부분의 저작은 종족 혹 씨족의 문제를 首位에 놓고 논술하고 있다.

국수사조의 산생은 먼저 제국주의 침략이 발생시킨 것이다.국수파의 대부분은 반청사상을 가지고 있었으나, 청대의 학술에 대하여 일괄적으로 배척한 것은 아니었다. 그 원인과 득실은 "소수민족이 중원을 무력으로는 정복했지만, 문화적으로 낙후 되어 중원지구 한족의 경제와 문화를 개변시키지는 못하였다"고 설명하고 있다. 그러나 근대의 서방침입자는 경제·군사상의 침력뿐만 아니라, 문화적으로도 중국을 마멸시키려 하였다. 그리하여 과거 소수민족이 중원에 입관할 때 "朝廟를 변경하여 다시 옥보를 바꾸어 그친다"란 말이 "지금 외족에게 모욕을 당한 것은 그 화가 반드시 종족의 절멸에 이르며 神靈이 消喪하여 千萬年을 뛰어넘어도 소생할 수 없다"로 바뀌게 되었다는 것이다.

이러한 인식을 출발로 그들은 사학을 무기로 하여 제국주의의 침략음모를 폭로하여 인민의 民族救亡認識을 환기시키려고 기도하였다. 그들은 열강으로부터 保國·保種하는 것은 침략에 반항하는데 있다고 하였다.

당연히 국수사학은 민족주의를 선전하였다. 이는 또 청의 민족압박통치에 대항하기 위해서였다. 특히 1903년 이후 매우 격렬하였는데, 그 주된 표현은, ① 舊 經史중의 소위 "夷夏의 防"과 종족혁명사상을 아주 명백히 하였다. ② 宋明의 抗元抗淸志士의 節氣를 표창하고 "種族大義"를 설명하였다. ③ 宋明 애국지사의 저작을 수집 편찬하였다. 위와 같이 한 목적은 한족의 민족의식을 고양시켜 淸廷을 추번하려는 데 있었다.

신해혁명시기의 국수파의 민족주의 선전은 역사상의 "反滿·復明"사상의 재연이 아니라 시대의 산물이다. 20세기 초 亞洲 대부분의 국가는 열강의 식민지에 처해 있었고, 도처에서 민족운동이 일어났는데, 이 운동의 추세는

亞洲에 민족국가를 건립하려는 것이었고, 이런 국가만이 자본주의 발전에 가장 적합하다는 것이었다. 중국에서의 정황은 더욱 복잡하여 자산계급 민주혁명이 농후한 "민족운동"의 색채를 띄고 있다. 이런 상황에서 국수파는 19세기는 민족주의시대이고, 20세기는 민족제국주의시대라고 주장하였다.

국수파는 민족문제를 논술할 때, 가끔 중국역사상의 소수민족과 근대 서방식민지 침략자의 界限을 혼유하여 大漢族主義 정서를 명확하게 드러내어, 자산계급 민족관념의 狹隘性을 표현하고, 심지어는 적지 않은 봉건적 의식을 포함하고 있는데, 이는 마땅히 비판받아야 한다.

제2절 國粹派의 歷史方法과 學術成就

1. 國粹史學과 西學

국수파 사학의 이론과 방법의 연원은 전통이고, 학문의 태도는 고염무·황종희 등의 영향을 받았다. 그들은 經世와 學術, 理義와 考据를 아울러 중시하여 經世實用을 그 귀결로 해야 한다고 주장하고 있다. 방법상에서 乾嘉學派의 嚴謹·朴實을 推崇하고 있다. 동시에 그들은 서방근대의 사학이론과 방법을 조심스럽게 흡수하였다. 국수파는 史를 논평하면 반드시 "古記云", "『春秋』의 曰" 등을 사용하고, "他人의 學을 사용하여 자신을 위하는 학문으로 한다"는 것을 크게 반대하였다. 그들은 古學古史의 문자를 사용하여 어떤 사람들은 그들을 "서방문화의 수입을 일체 반대하는" 사람들이라고 보기도 하였다. 그러나 실재로 신해혁명시기의 국수파는 서학에 반대하지 않았을 뿐만 아니라, 그 장점을 취하고자 하였다.

19세기말 20세기초 수입된 서양의 사학이론 중 가장 영향이 컸던 것은 진화론이다. 국수파는 대부분 진화론을 수용하여 사학연구 방법에 운용하였다. 그는 중국의 역사발전을 統一時代－小通時代－大通時代로 三分하였다. 그리고 선진시대는 중국역사상에서 진화가 비교적 빠른 시대이고, 진 이후의 진보는 완만하여 여러 방면에서 퇴화하였다고 인정하였다. 그는 중국 史書의 "熙朝", "盛世" 라는 기재를 비판하였다. 그는 중국사회가 진화가 완만했던 원인을 공고한 종법제도와 유가의 "禮治"가 사회발달을 막아 농업사회가 연속되고 장기화 되었다고 인정하고, “宗法·祭天·尊祖·崇儒·重禮·尙文의 舊襲을 버리지 않고서는 어떻게 중국을 구할 수 있겠는가”라고 지적하였다.

국수파는 서방의 사회학에 대하여 다소 찬성하는 경향이었다. 장태염은 사회학을 중시하여 국내에 소개한 사람의 하나이고, 劉師培와 鄧實은 사회학의 관점을 역사연구에 이용하는 것을 매우 중시하였다. 등실은 사회학 중 지리학의 관점을 이용하여 중국사회 및 그 역사 특징을 설명하였다.

서방근대 사학이론의 영향을 받은 어떤 국수파는 봉건사학에 반대하여 비판을 하였고, 봉건사학의 편찬방법 특히 王朝 斷代 分期法에 대해 날카로운 비판을 가하였다. 등실은 사회발전의 각도에서 역사의 변천을 고찰, 上古는 神權을 중시하는 “神史”; 中古는 군권을 존중하는 “君史”; 근세는 群治가 날로 흥한 “民史”가 흥했다고 지적하였다. 그는 서방자본주의 사학을 효과적으로 모방할 것을 주장하였다. 위와 같은 진보된 사학관점은 국수파의 역사연구로 하여금 봉건사학의 협애성에서 탈피하도록 하여 개괄적인 근대사학 풍기를 나타내었다. 유사배는 또한 근대적인 학술 분류법으로 선진 학술사의 새로운 길을 열었다.

종합해 보면 국수파는 모든 면에서 서양을 배척한 것이 아니고, 그들의 사학에는 적지 않은 서양적 요소도 있다는 것을 알 수 있다. 단 강력한 사상적 기반이 없어 전통문화와 서양문화의 장단점을 구체적으로 인식하지 못하고, 舊學에 치우치게 되어 불합리하게 舊學의 지위를 제고시켰다. 그들은 國學을 主管으로 하고 東西의 學을 객관으로 하여 西學으로서 中學을 증명해야 한다고 주장하였다. 많은 곳에서 “國粹를 보존한다”는 것을 강조하여 보수적이고, 혁신을 원치 않으며, 新學에 회의하고 위화감을 갖는 정서가 나타났다.

국수파가 일면으로는 서학을 흡수하고 일면으로는 회의를 표시한 것은 매우 모순된 것이나, 단 근대 중서문화 교류의 특수한 역사를 배경으로 조성된 것이다. 첫째로 사회형태와 문화적인 면에서 볼 때, 서방의 자본주의 침략은 문화적인 침략을 수반하였고, 이에 중국인이 반감을 가짐과 동시에 또 선진의 중국인은 서방의 것을 구하려는 상황이었다. 둘째로 19세기 말 서학의 대량으로 유입될 때 서방자본주의는 제국주의 단계에 진입하여 정치상은 반동적이고, 사회제도는 날로 폐단이 백출하였으며, 문화상 자본주의 전기의 생기를 상실하였다. 그리하여 서학은 제국주의 이익을 적나라하게 대표하는 것이 되어 더욱 많은 사람들은 서학이 중국을 진실로 구할 수 있는 것인가에 대하여 회의를 갖게 되었던 것이다.

2. 國粹史學의 學術成就

국수파는 治學의 방면에서 근대 서방의 진보관점을 흡수하여 독존유술의 封建文化 專制局面의 타파를 주장하고 "門戶의 타파"와 자산계급학술의 자유풍기를 제창하였으며, 아울러 乾嘉 이래의 音韻訓詁·校勘考證의 治學方法을 계승하여 사학에서의 성취가 적지 않았다.

1) 遺籍의 수집과 문헌의 보존

① 학술 혹 사료가치가 있는 없어진 遺文을 광범위하게 수집하여 편집·인쇄하였다. 그들은 "古人의 書을 간행하여 校讐를 제일로 한다"는 것을 강조하였는데, 그 간행한 고적에는 일반적으로 높은 판본가치가 있다. ② 遺聞을 수집하여 역사적 인물의 전기를 編寫하였다.

2) 세심히 연구하고 깊이 생각하며, 학술에 정통하였다

국수파는 치학은 당연히 "會通"을 힘써 구함으로써 "明體를 達用"해야 한다고 주장하여 學貴는 實에 의지하여 새로운 것을 창조하는 것이라고 강조하였다. 그들은 고대의 經史·語言文字·音韻訓고·政治制度 등 여러 방면에 광범위하고 깊이 있는 연구를 하였다.

3) 義例를 정하여 鄕志를 編纂하였다

地方志의 편찬은 중국에 오래된 역사가 있었다. 청대는 매우 발전하여 그 전성기를 이루었다. 단 이런 지방지는 내용과 형식 모두가 봉건정치의 수요를 체현하는 것이었다. 국수파들이 향토지는 인류의 진화의 흔적과 인과관계를 탐색하고, 移風易俗을 실행하여 사회를 개조하는 공구가 되어야 한다고 주장하였다. 그들은 향토지는 통속의 형식을 취해야 한다고 주장하였다. 그들은 체제상 구 지방지의 어떤 분류방식을 취하기는 하였지만 그 중에 새로운 형식을 주입하였다. 그들이 편찬한『廣東鄕土歷史教科書』는 매 지구의 吏治升降·民生의 번영과 쇠락·學術變遷 등이 中原의 治亂에 대한 영향 및 동서교통의 관계 등을 매우 비중있게 반영하였다. 이들은 또 江蘇·安徽 등의 향토역사교과서와 향토지리교과서 등도 편찬하였다.

제3절 國粹派의 民族文化論 및 그 한계

1. 文存은 곧 國存이고, 學亡은 곧 國亡이다

국수파는 "하나의 국가에는 그 국가의 語言文字가 있고, 그 語文이 망하면 나라가 망하고, 그 語言文字가 있으면 국가가 존재한다. 어언문자는 國界種界의 鴻溝(경계)이고 保國·保種의 金城鐵壁이다" 고 인정하였다. 그들은 국가가 자유가 없이 예속되면 國奴이고, 학문이 그러하면 學奴라고 단정하였다. 따라서 그들은 민족문화의 독립성을 보전하여 열강의 "滅國·新法"에 대항해야 한다고 강력히 주장하였다.

어떻게 하면 민족문화의 독립을 보전할 수 있는가? 국수파는 자연히 전통학술을 기초로 하고 있다. 그들은 黃帝·堯·舜·禹·湯·文·武·周公·孔子의 학문을 계승할 것을 요구했을 뿐만 아니라, 九流(전국시대 유행한 아홉 개의 학파)百家의 장점을 취할 것을 力倡하였다.

국수파의 이런 관점 및 "西學에 의지하여 中學을 증명하는" 양무파의 중체서용론과는 다르다. 양무파의 중체서용의 목적은 서학의 기예를 이용하여 봉건제도 및 그 의식형태를 공고히 하려는 것으로 그들은 단지 서학의 "才智·技能"만을 중시하였을 뿐이다. 국수파는 전통문화의 계승을 강조함과 동시에 근대적 관점으로 취사와 해석을 하였다. 즉 舊學은 민족과 국가의 이익을 그 귀결로 하는 것이고, 群學은 군주의 시비를 분별하는 것이다. 그들은 또 "在朝의 學"과 "在野의 學"을 구분하였는데, 전자는 봉건통치자의 어용공구이고, 후자는 천하를 흥망시키는 책임이 있다고 강조하여 후자의 입장을 옹호하고 있다.

국수파는 舊 經史중의 "民德"·"民權" 등의 의식을 찾아내는데 힘썼다. 황절은 서방의 민주제도는 중국의 古禮에 있는 것이라고 주장하였다. 그들의 시각으로는 서방자본주의의 富民의 術과 强國의 政은 중국전통의 학술중에 있는 것으로 단지 發揚이 廣大하여 민족이 부강하게 되었다는 것이다.

그들이 말한 국학은 古記에 있는 "國學"이 아니고, 다소 자산계급의 관점에 따라 개조되어 이상화된 국학으로, 그 실질은 자산계급의 국학이 봉건학술의 지위를 대신한 것이다. 그들은 "西學에 의지하여 中學을 증명하는" 범위를 넘어, "中學에 의지하여 西學을 긍정하는", 특히 서방 자산계급 민주정치의 합리성으로 진일보 하였다.

2. 國粹派의 歸趨

국수파 학술사상의 자산계급화로 동요와 한계성이 크게 존재하였다. 그들은 전통학술중의 정수와 필요 없는 것을 분명히 가리지 않아, 왕왕 禹·湯·文·武·周公·孔子를 동등하게 인식하였고, 심지어는 필요 없는 것을 긍정하기까지 하였다.

이런 시각은 당연히 당시의 봉건전제주의에 대한 부정과 반대이다. 단, 그 희망을 고대제도의 회복에 둔 하나의 반역사주의의 복고사상이라 할 수 있다. 국수파 대부분은 구 형식을 유보하여 민족문화의 특색을 지키자고 주장했고, 어떤 것은 비록 문체의 혁신을 주장했으나, 통속적인 형식을 취하였다. 국수파는 전통문화의 인습에 크게 심취됨으로서 내용과 형식 등이 구체제에서 탈피하지 못했다.

국수파 사학중의 이런 복고주의 경향은 봉건의식의 입헌파와 지주계급 구학자들로 하여금 심취하게 하였다. 舊文化와 단절을 못하는 현상은 바로 반식민지 반봉건의 사회여건에서 중국자산계급의 성질을 반영한 것이다. 즉 ① 자산계급은 제국주의 압박과 봉건주의 속박을 받아, 반봉건·반제국주의의 요구를 갖고 있었고; ② 경제·정치상의 연약성 및 봉건주의 제국주의와 경제관계를 완전히 단절하지 못하여 반제반봉건 의식이 철저하지 못했다.

신해혁명시기 국수파는 민족모순 상승시 침략을 반대하고, 민족압박을 반대하는 입장에 있었다. 단 민족모순 완화시 보수화 되는 경향이었고, 심지어는 전통문화의 보존을 위하여 봉건세력과 합류하기도 하였다.

5·4시기 국수파 대부분은 신문화 운동과 대립되는 위치에 있었으며, 尊孔

讀經을 고취하여 신문화와 마르크스주의를 반대하였다. 이후 국수주의는 다시 한번 흥기 하였으나, 단 봉건 복고주의문화의 하나로 추락하였다.

국수파는 심각한 역사적 계시를 남겼다. 중국근대사회 대변동으로 민족문화체계를 세워 세계발전의 조류에 적응해야 하는 과제에 있었는데, 이 과제는 자산계급이 완성해야하는 것이었다. 이시기 자산계급은 全般西化 혹은 西化의 경향과 전통문화를 위주로 해야 한다는 편향성을 가지고 있었는데, 국수파는 후자에 편향되었다. 중국 자산계급의 二重文化觀의 폐단 모두는 東西學의 장단을 과학적으로 인식하지 못한데 있었고, 특히 중국근대 사회의 특성을 이해하지 못하여 근대 민족문화체계와 구조를 수립하는 정확한 방법을 제시하지 못하였다.

제4절 國粹史學의 巨擘 章太炎

1. 章太炎의 史學觀點과 方法

장태염(1869~1936)은 浙江 余杭人으로 이름은 炳麟이고, 명말청초 고염무의 사람됨을 앙모하여 이름을 絳으로 바꾸었다. 그는 甲午戰 後 강학회에 들어가 『時務報』를 찬술하였고, 개량사상 등을 선전하였다. 그는 국수주의의 창조인이었고, 시종여일 강렬한 민족주의를 표방하였고, 민족주의를 발양시키는 공용으로 사학을 매우 중시하였다. 그는 사학의 흥폐는 국가민족의 흥망성쇠와 직접 관계된다고 인정하여 "一國文化를 연구하여 마땅히 歷史를 가장 중요시 해야한다"고 주장하였다. 그는 만년에 일본군국주의의 침략이 날로 심화되자 경사를 습독하여 민족정신을 보존하고자 강력히 주장하였다.

① 그는 歷史를 읽음으로써 사람들이 자기의 국가민족과 자기에 주어진 책임을 이해하여, 그에 마땅한 이상을 세워 마침내는 "祖德을 發揚하여 國本을 공고히 한다" 고 하였다. 그의 사학관점은 민족문화 진화사관으로, 이는 전통 경사중의 민족사상과 서방의 진화론·사회학 이론이 융합된 바탕 위에서 형성된 것이다. 그는 민족투쟁을 역사발전의 우선으로 보아 역사의 진화는 문화가 선진인 민족이 낙후된 민족을 부단하게 동화시키는 것으로 표현

된다고 인정하였다. 따라서 일개 민족 혹 국가의 존망·우열·발전은 그 語言文字·典章制度와 걸출한 인물의 작품 등의 요소에 의해 결정된다는 것이었다. 그는 청대 考据學의 훈련을 많이 받아, 치학은 "致用과 求是 二者를 합하여 一爐에서 녹인다"는 것을 주장했다. 그는 사실의 고증을 중시했고, 각종 사료에 대해 "그 同異을 고찰하고 그 是非를 살피며 마음에 세기는 이것이 正學者의 힘쓸 바이다"고 말했다.

그러나 그의 사학은 고거학의 영향을 받았으나 이에 구속되지는 않았다. 그는 正誤를 구했고, 治史는 마땅히 그 大體를 구해야 한다고 강조하여, 제도·형세·생계·예속·학술·문사의 변천에 대한 고찰을 중시하였다. 그는 역사교학 및 방법의 연구를 매우 중시했다. 그는 역사의 학습은 "먼저 역사의 本體를 밝히고 다음에 역사의 우열을 논하며 세 번째로 마땅함과 꺼림을 알아야 한다"고 인정하였다. 그는 역사의 학습은 自學을 위주로 해야한다고 주장하며 課堂 講授는 하지 않고, 학생이 완전히 自學하며, 교사는 단지 학습의 방법만을 지도하는 것이다.

2. 文化史의 研究와 歷史民族 大義의 闡發

장태염은 문화사연구에 중점을 두었는데, 특히 그는 중국고대 학술사상·전장제도 및 어언문자의 변화를 연구하는데서 표현되고 있다. 그는 중국문화의 기원과 선진에서 청대까지의 학술사상의 변화에 적지 않은 독특한 견해를 제시하고 있다. 그는 중국고대학술은 官이 농단하였고, 춘추 이후 이 국면은 점차 완화되어 私家의 학술이 분출되었다고 인정하였다. 그는 공자가 중국사학의 宗師이고, 道家의 노자는 중국철학의 鼻祖로 보았다. 또 法家를 術과 法으로 분류하였고, 『國故論衡』 중의 『原儒』·『原道』 편에서 선진 儒·道·明家의 기원과 각 학파의 사상요지 및 儒道·道法間의 관계에 대해 깊게 논술하였다.

만년의 국학 강연중, 모든 중국고대의 경학·철학·문학파의 연변과 各家·學派의 학술과 문체의 우열에 대해 종합적으로 평가하였다. 南朝의 학술풍습에 대해 전인들은 貶斥하였으나 장태염은 그러지 아니했다. 그는 『五朝學』 중 東晉에서 陳까지 오조의 사치풍조는 동한시기에 이미 출현한 것이라고 말하였다. 그의 『淸儒』는 청대 학술사를 평가한 명저이다. 그는 청대학술의 주류인 고거학의 폐단은 顧炎武에 의해 시작되었고, 閻若璩·張爾岐·胡渭 등이 계승했다고 인정하였다.

그는 청대 桐城派 문학과 常州 今文經學을 낮게 평가하여, 명확한 고문경학파 門戶의 견해를 표시했다. 그는 고대 전장제도의 연구를 매우 중시하여, 治史는 제도의 연변과 변천의 고찰을 중시해야 한다고 주장하여, 그의 저작 중 논술하고 있다. 법률제도는 당연히 중국의 실정에 따라서 제정하고, 맹목적으로 사람의 시각에 따라 제정하는 것은 불가하다고 하였다. 그는 『官制索引』을 만들어 『시경』 『상서』 등을 인용하여 고대의 관제를 고증하였고, 아울러 후세 제왕의 전제주의 수단을 폭로하였다. 그는 語言의 기원과 文字演變의 역사에 대해, 語言의 기원은 사물의 소리와 모양을 묘사하는데서 기원한다고 인정하였다. 문자의 기원은 圖畵에 있고, 최초의 문자는 상형문자이고, 이후 사회상의 사물 형태는 하루하루 많아져, 따라서 점차 形聲·轉注·假借 등의 새로운 造字法이 출현하였다는 것이다.

동시에 그는 중국고유의 변화과정과 음운학사를 깊이 연구하여 음운학설을 제출하였다. 每 국가 혹 민족은 모두 자기의 특성을 가지고 있고, 어언문자는 즉 이런 특성중 가장 중요한 표현의 하나로서, “語言文字가 망하면 性情이 끊어지고 族이 멸한다”라고 하였다. 고로 그는 사람들의 漢語의 폐기 주장을 반대하고, “方口新語”의 攻用을 주장하여 어언문자의 개혁을 주장하였다.

그는 문화사연구를 이처럼 중시하였는데, 이는 그가 어떤 종의 문화현상의 산생 모두는 그 객관적인 조건이 조성했다고 보았다는 것에 있다. 문화의 요구에 대한 민족의 심리는 서로 다르게 나타나게 된다. 따라서 그는 전통문화의 계승과 이해의 전제하에 근대사회 발전의 수요에 부합되는 새로운 형태의 민족문화를 건설하고자 하였다. 외족의 침입과 민족의 위기가 매우 엄중할 때 민족문화의 독립성과 부흥을 제창하여야 한다는 것이었다. 그리고 역사를 연구하고 학습하는 중에 민족애국정신의 길을 창도해야 한다고 하였다. “歷史民族의 義”를 찬양하기 위해, 장태염은 민족투쟁과 관련된 사료의 수집과 연구에 뜻을 두었다. 그는 명말 抗淸人士를 표창하였으며, 또 명청시대에 대한 官修史書의 事迹에 대한 意存隱諱에 대해, 특별히 『明實錄』 및 이와 관련된 明代人의 저술을 근거로 『淸建國別記』 8권을 편찬하여 청대 官修史書의 오류를 규정하였다.

민족혁명의 사상에서 출발하여 그는 근대사의 태평천국기의와 의화단운동을 충분히 긍정하였다. 『中國通史目錄』중 홍수전을 "考紀"에 넣어 진시황, 한무제 등 역대 저명한 제왕과 비교할 수 있다고 인정하였다. 의화단운동에 관해 당시 많은 사람들이 정확하게 인식하지 못하였으나, 장태염은 의화단의 "扶淸·滅洋"의 구호중에 "扶淸"의 二字는 취할 수 없는 것이라고 분석 설명하였다. 그가 직접 참여한 반청혁명에 관해 그는 더욱 극렬히 선양해 많은 혁명당원의 傳記·悲哀·哀事 들을 저술하였다. 만년에는 무창기의 사적을 수집하여 후세에 알리고자 하였고, 죽기 3개월 전에는 『焦達峯傳』을 출판하여 그 혁명업적을 찬양하였다.

그의 治學은 또한 전통문화에 과중하게 치중된 일면이 있다. 학술상 그는 항상 "삼가 家法을 지키는 연습이 매우 깊다"고 하여 일정한 보수성이 표출되고 있다. 그 예가 "석기시대"의 부정 등이다. "壁中古文"과 許愼의 『說文解字』를 숭상하여, 그는 甲骨金文 또한 믿지 않았고, 지하에서 출토된 商·周의 鐘鼎彛器 모두를 "作僞"라 배척하였다. 이런 보수적인 견해는 부득이 어떠한 역사문제의 심오한 연구에 영향을 주었다.

제6장 5·4시기의 史學思潮와 流派

제1절 資産階級 史學發展의 새로운 趨勢

1. 신문화운동과 사학의 발전

신해혁명으로 중국역사상의 최후의 봉건왕조를 깨뜨리고, 2000년의 군주전제제도를 타파했으나, 중국은 여전히 반봉건 반식민지의 상태였다. 민족자본주의의 발전에 따라 자산계급·소자산계급 지식분자의 隊伍가 더욱 확대되었고, 이와 동시에 신해혁명후 서방자산계급의 사회·정치학설과 문화사상의 광범위한 수입 또한 사람들에게 각종 사상무기를 제공하였다.

이러한 정형하에 民主와 科學의 기치아래 강대한 反封建의 新文化運動이

전개되었다. 5·4 신문화운동의 흥기는 20세기초 중국의 정치·경제적 요인 외에 서방의 각종 현대사조의 수입과 밀접한 관련이 있다. 5·4 이전의 지식분자는 민족위기를 해결하는 책략을 찾는데 있었고, 이후에는 주로 社會改造의 길을 찾는데 努力하였다.

5·4후 혁명 지사들은 자산계급의 사상으로는 중국을 위기에서 구할 수 없다고 인식하여 계속 새로운 길을 모색하였는데, 이때 전파된 것이 마르크스주의 학설이다. 그리하여 마르크스주의의 전파와 동시에 서방자산계급의 철학과 사회과학을 학습하려는 조류가 형성되었다.

2. 서방 현대 각 학파 사학의 전입과 그 영향

과학과 민주의 기치아래 학술문화 영역이 전에 없던 번영을 하였다. 그 예로 19C말 20C초 사상계는 서학의 흡수에 대해 주로 天賦人權論 등의 사회정치학설에 집중되었다. 사학계는 서학의 수입으로 百家爭鳴의 국면이 조성되었다. 이시기의 중국사학에 영향이 컸던 사학이론은 Dewey의 실용주의, Russel의 사회개량주의, Dyiesch의 신생기주의, Rickert의 신칸트주의, Bergson의 생명철학, 꽁트의 실증주의, Herder의 역사철학, Lamprech의 문화사관, Robinson의 종합사관 등이다.

Dewey와 Russel 등은 직접 중국에 초빙되어 강연 등을 했는데, 이 내용이 번역되어 『新青年』·『新報』·『新潮』 등을 통해 중국에 전파되었다.

이런 국면은 국내자산계급 사학사조와 유파의 형성에 일정한 작용을 하였다.

신해혁명시기에 신칸트주의가 전파되어 5.4 전후 국내에서 계속 유행하였다. 양계초는 晩年에 신칸트주의와 유심사관의 영향을 받아 역사발전의 객관성에 회의를 품었다. 호적은 실용주의를, 양수명은 생명철학을 선전하여 인류사회와 역사발전에 "精神" 혹 "意慾"이 있고, 이 정신 혹 의욕의 방향이 달라 인류사회와 역사발전이 다르게 나타난다고 하였다. 朱謙之는 新生機主義의 생물학이론을 선전하여, 사회발전의 원동력은 인간의 "本能"으로 역사상 모든 변동은 본능의 결과가 아닌 것이 없다고 하여, 단지 본능만이 역사행위를 지배한다고 하였다. 또 何炳松은 綜合史觀에서 출발하여 사회역사 발전의 객관성을 부인하고, 역사학은 하나의 과학이 될 수 없다고 선언하였다.

5.4전후 중국사학 발전의 특징은 신사학이론과 방법에 대한 탐구와 토론이 보편적으로 중시되었다는 점이다. 당시 사학계에 사학이론·역사철학·역사연구의 과정 등이 잇따라 개설되었다. 그 예로 北京大의 朱希祖가 主指하는 사학계는 蔡元培 교장이 제출한 "兼容幷包"의 방침에 따라, 이대교를 초빙하여 "唯物史觀硏究"와 "史學思想史", "史學理論" 등을 강의하게 했으며; 하병송을 초빙하여 Robinson의 『신사학』을 교재로 사학원리와 역사연구방법을 강의하였다. 이후 양계초등의 창도하에 사학사 또한 점차 하나의 체계적인 계통을 갖는 학과가 되었다.

이런 유의 歷史敎學의 개혁은 전통의 "國學問"의 협애적인 과정을 타파하고, 학생의 지식을 크게 제고시켰다. 동시에 자산계급 사학과 또한 사학원리, 사학방법 등의 전문저서를 출판되었다.

이는 서방사학이론과 방법이 이미 중국역사학계의 중시를 받아 자산계급 사학가는 자기의 사학이론을 과학적이고 체계적으로 만들려고 노력하였음을 설명한다.

이상을 종합해 보면 이시기 자산계급 사학의 이론연구와 탐구는 비록 20C초 새로운 사학사조 흥기시 계통적으로 유입된 것이나, 단 이는 一種의 移植性 공작이었다. 이들의 서방 근현대 사학이론을 흡수하고 학습할 때, 모든 과정이 매우 短促하여 인식의 선택과 소화가 결핍되어 그 피상적인 것만을 흡수하였고, 中西學의 장단점을 종합하지 못한 기초상에 체계를 건립하였다. 이로 인해 어떤 중대한 이론문제상에 왕왕 모순이 발생하고, 스스로 해독하기 어려운 경우에 빠지기도 하였다. 주의할 것은 어떤 자산계급 사학가는 서양고학의 治史方法을 운용하여 전통의 古史體系에 대하여 비판과 考辦을 진행하고, 구체적인 고사연구에서 탁월한 성취를 이루고 있다는 것이다. 여기서 말한 서양의 治史方法이란 주로 실증주의 방법론을 지칭한다. 실증론을 기본내용으로 하는 사학연구방법은 당시 사학계에 일어난 의고파, 고고파에 대해 중요한 영향을 주었다.

실증주의는 중국학자에게 흡수되고 개조되어 실증론은 중국전통사학과 결함을 찾게 되었다. 실증론은 "事實"과 "實證의 知識"의 객관주의를 강조함으로 인해 考据를 극도로 강조한 "求眞"의 청대 乾嘉學派와 합치되고, 실증론의 형식논리에 의한 고증수단과 건가학파의 엄격한 귀납분류법 또한 공통점이 있다. 따라서 양자는 비교적 좋게 결합하여 중국현대 사학사에 영향이 큰 고증학파를 형성하였다.

2. 新史料의 發現과 整理

5.4전후 중국자산계급 역사학의 발전은 대량의 신사료의 발현과 정리에서 표현되었다.

신사료는 다음과 같은 방면에서 발현되었다. ① 은허 갑골문자의 발현과 정리; ② 漢晋簡片과 돈황문헌의 발현; ③ 중국 歷史以前 유적지의 발굴; ④ 각지 금석고동기의 출토; ⑤ 內閣大庫와 군기처 檔案의 발견과 정리; ⑥ 태평천국 문헌의 발견과 정리 등이다.

이와 같은 대량의 자료발견은 과거 사료의 부족을 보충할 뿐만 아니라, 또한 지하문물재료를 증명하여 역사의 넓은 영역을 열어 학술연구에 새로운 조건과 근거를 제시하였다.

근대사회는 자본주의 생산의 발전과 과학의 진보, 게다가 귀납논리와 분류법의 推行으로 사람들의 시야를 넓혀 전통의 사료관을 개변시키고, 사료의 來源과 範圍를 크게 확장하고 심화시켰다. 이는 역사학 발전의 새로운 추세의 결정에 큰 영향을 지닌 것이다. 신사료의 발견과 근대 새로운 사학관점과 방법이 결합한 후, 자산계급 사학의 발전에 새로운 국면이 출현하였다. 특히, 자산계급학자들은 사료에 대해 계통화와 전문화 하였고, 또 역사학과의 분화와 交叉學의 흥기를 촉진하였다.

이시기 사학을 고힐강은 "중국사학이 가장 빠른 진보를 한 시기는 5.4운동 이후에서 항전전의 20년이다. 이 짧은 기간중에 중국의 사학은 파괴의 진보에서 건설의 진보로 전진하였고, 막연한 연구에서 전문화된 정밀의 연구로 진전했으며, 새로운 면이 계속 출현하여 궁하지 않고, 혹은 專門에서 通俗으로 발전하였고, 혹은 보통에서 전문으로 발전하였고, 그 門類는 다양하고 인적자원은 풍부해져, 기타 각종 학술을 모두 초월하게 되었다"고 개괄하였다.

제2절 反封建의 疑古史學

1. 辛亥革命 후의 復古主義 回潮

신해혁명 후 사상 문화의 영역에 복고주의로 회귀하려는 사조가 출현하였고, 원세개 독재시기 정치상의 帝制運動과 사회상 孔尊讀經의 복고사조가 유행하였다. 孔尊文化 단체의 대표적인 인물은 강유위·陳煥章 등으로 "복벽이 아니면 중국을 구할 수 없다"고 주장하였다. 사학에서도 그들은 봉건의 史學觀念과 修史方法을 견지하여 봉건 정통주의 윤리이념을 전파하였다. 『清史稿』는 완전히 舊史의 체제를 본받았을 뿐만 아니라, 내용상에서도 "崇儒·重道"하여 "修史하여 故君에 보답한다"는 것을 추구하여, 청실을 존중하고 민국을 억압하려 하였다.

그들은 同治·光緖를 至勤·至仁 등으로 표현하였으며, 거의 모든 것을 堯舜禹湯과 비교하여 聖君이라 칭하였다. 그러나 청대의 통치자의 폭정에 대하여는 은폐하였고, 인민의 항쟁에 대하여 土賊·海寇 등의 용어로 표현하였고, 武昌起義를 謀亂이라 표현하였다.

신문화운동의 흥기 후 봉건의 구문화 및 사학은 맹렬한 비판과 타격을 받았다. 그러나 劉師培·黃佩創 등은 "中國古有의 學術을 昌明한다"는 것을 宗旨로 하는 『國故』 월간을 전파하여, 신문화는 "孟敎를 보구하여 倫常을 갖춘다"는 사악한 설교이므로 國粹를 주장하여 봉건 복고주의를 강조하였다. 이 시기는 표면상 "新舊融合" "中西渾化"의 시기였다. 당시의 사회에는 두 가지 사조가 유행하였는데, 歐美의 진정한 문화를 수입하자는 사조와 중국의 진정한 문화를 창명하고, 또 동방문화를 창명하는 것이 중국인의 대임임을 생각하는 마음이 저절로 일어나야 하며, 나아가 유가의 근본정신으로서 지금의 중국문제를 해결하는 것이 요체라고 주장하는 사조이었다. 이 복고주의 사조 중에는 柳治徵 등이 만든 『學衡雜誌』에 "國粹를 昌明하고 新知를 융합한다"는 것을 고취하여, 도덕결정론의 문화사관을 선양하여 疑古派와 대립되는 信古派史學이 형성되었다.

2. 疑古派의 興起

의고사학은 5·4시기 반봉건의 민주와 과학의 유행 중에 흥기한 것이다. 신문화운동 초기 "사람들은 모든 舊 事物에 회의적인 태도를 갖고 있었으며, 비판을 받아들일 것을 요구하였다". 진독수·호적·오함 등은 사람들의 심리 중의 "至聖偶像"을 타파했으며, "萬世의 至論"의 經書의 신성함을 깨뜨려 봉건미신을 타파하고 사상을 해방하는 작용을 하였다.

疑古·辨僞의 풍기가 사학영역에서 크게 발전하여 많은 사학자의 사상으로 하여금 한 방향으로 나가게 한 것은 고힐강이 古史辨學派를 만든 후이다. 그는『讀書雜誌』에「與錢玄同先生論古史書」란 一文에서 "層累로 造成된 中國古史"란 관점을 대담하게 제출하여, 전통의 소위 중국고사는 완전히 후대인이 대대로 쌓고 쌓아서 만든 것으로, 아울러 객관적으로 진정한 역사가 아니라고 인정하였다. 그리하여 이런 사상은 호적·전현동 등의 지지를 받게 되어, 이러한 사학가들은 疑古派 혹은 古史辨派로 불리게 되었다. 그들은 "辨僞"·"考信"을 사명으로 여겨 중국 先秦에서 兩漢에 이르는 시기의 古史와 관련있는 古書에 관해 체계적으로 考辨을 하여 "聖道·王公의 空氣中에서 脫出하여 眞正한 古籍에 따른다"고 하여, 전통의 "가히 거주할 수 없는 古史"의 진면목을 폭로하였다.

의고사조는 중국의 역사상 古 혹은 經의 정통을 의심하는 새로운 역사조건 하에서 계승되고 발전한 것이다. 한 이후 왕충·마륭·유지기·구양수·정초·정이·주희·왕응건·송열·호응린 등은 經籍의 기재된 古史에 회의를 제출하였고, 아울러 고증하였다. 청대의 도제항·염약거·강유위·최술 등은 고사의 변위상에서 더더욱 발전하였다. 고힐강은 청대 고거학의 영향을 받아 古史古書의 眞僞에 회의를 품었고, 강유위는 "上古는 茫昧하여 稽考할 수 없다"고 하기도 하였다. 이러한 고사학파의 학설은 前代人이 古學術을 의심하는 유산을 계승하는 기초상에서 형성된 것이다. 동시에 사람들의 사상 관념이 끊임없이 근대화 되는 필연의 결과이기도 하였다.

5·4시기 실증주의와 存疑主義가 국내에 전파되어 반봉건주의가 유행하였고, 의고사상은 더더욱 학술계를 강타하였다. 이 사조는 학술상 20세기 초 봉건사학에 대해 맹렬히 비판을 가한 신사학을 계승하였을 뿐만 아니라, 또

제일 먼저 대대로 내려오던 三皇五帝 古史體系의 진위 등의 구체적인 학술 문제 해결을 명확하게 요구하여, 마침내는 자산계급 사학을 더욱 높은 단계로 추진시켜, 중국사학이 현대화 되는 통로를 열게 되었다.

의고파는 "종교성의 경전을 정리하여, 봉건박물관으로 보내 그의 존엄을 박탈하여 다시는 그 사상이 신시대에 계속 이어질 수 없게 해야한다는 것이다. 즉 존엄성을 인정받지 못하게 해야한다"고 주장하였다. 그리고 사학계에 있는 經學의 나머지 위엄을 제거하고, 古史領域에서 경학이 차지한 신비한 색채를 말살하여, 사학이 儒家 經學에서 탈피하여 독립된 학과가 되는 데에 공헌하였다.

또 진화사관의 전래와 실증주의의 방법으로 사료에 대해 "考信"과 "辨僞"를 강조하고, 실증의 지식을 강구하여 고대사료의 비판 이용함으로써 근본적인 변화를 하게 하여 중국의 고대 역사를 과학적으로 연구하여 장애들을 해소코자 하였다. 그리하여 그들은 고대역사의 실제에 접근할 수 있었다.

사료의 진위를 고찰하는 것을 중시한 방법론은 고사에 실용적인 가치가 있을 뿐만 아니라, 더욱 중요한 것은 사학가가 과거의 기재를 맹목적으로 따르지 않고, 사료의 진위를 고증을 통해 사실을 확인하였고, 아울러 이로부터 많은 사람들이 求眞·徵實의 과학적 태도와 방법을 배양하였다는 점이다. 그리하여 전통사학의 "述而不作"하는 정세를 유추하여 타파하고, 분석하여 비판하는 사학연구의 풍토를 수립하였다.

3. 疑古派와 信古派의 爭論

고힐강이 "層層으로 造成된 古史觀"을 제출한 후 信古學派의 격렬한 반대를 받았다. 그 대표적인 예가 柳掞藜와 胡董人·柳治徵 등으로 그들은 의고파의 단점은 "牽强·附會하여 亡妄되게 斷言한다"라고 비판하였다. 여기에 고힐강·전현동 등이 즉각 회답을 하여 疑古·辨僞의 입장을 견지하였다. 그리하여 사학계에 古史論戰이 전개되었다.

고힐강의 "層층으로 造成되어있는 中國古史"說은 시대가 후대로 갈수록 전설중의 고사의 기간은 더욱 길어지고, 전설중의 중심인물은 더욱 방대해져 어떤 사건의 정확한 진상을 알 수 없다는 것이었다. 그러나 전설중에서 알 수 있는 것은 어떤 사건중의 최후의 상황이다.

고힐강은 논전중 타파해야 할 4개의 전통관념을 제시하였다. 즉 민족 출현의 일원적 관념, 지역의 통일관념, 고사인화의 관념, 고대가 황금의 세계라는 관념 등이다. 그리하여 유가의 경전 및 공자의 학설에 대하여 체계적인 고변을 하여 堯·舜·寓·文·武·周公·孔子의 전통상고사 체계를 깨뜨려 상고사료의 비판적인 이용에 지대한 공헌을 하였다.

신고학파는 경전의 상식과 先儒의 학설을 견지하여 "經을 떠나고 道에 어긋나며 聖스러움이 없고 法이 없다"는 의고학설을 반대하였다. 信古派의 치학방법은 주로 유가의 "緖述하되 不作하고 옛것을 믿어 좋아한다"는 전통을 계승하여 "六藝를 믿어 고찰한다"는 태도를 취하여, 역대 儒家 傳授의 경전에 대하여 깊은 믿음을 갖고 의심하지 않고 모두 사료로 간주하였다. 신고파의 관점은 유치징의 『중국문화사』 중에 집중적으로 나타나고 있다. 그 대표적인 것이 三代至上의 문화사관이다. 이 책에는 대량의 유가경전을 이용하여 古制와 周禮는 중국 전통문화의 근본이고, 堯·舜·禹·湯·文·武시대는 至治의 盛世라고 인정하였다. 심지어 三代의 道德風尙을 수천년 후까지 국가와 민족이 오래되고 쇠망하지 않는 동력이라고 인정하기도 하였다. 周朝의 문명을 중국역사상 문명의 최고점으로 인정하고, 후세는 삼대에 미치지 못한다고 탄식하였다. 즉 "태고에서 진한에 이르는 시기에 중국의 문화는 창조·발전되었다. 漢 이후는 중국문화의 쇠퇴기이다. 비록 정치와 교육이 고대의 법을 따라 계속 발전되고, 또 사회의 사물 역시 창조 발명되어 인민이 진화하였음을 충분히 증명하는 것이나, 전체적으로 볼 때 政敎의 大綱은 고대의 범위를 탈피하지 못하였다. 비록 中國民族이 고유한 문화를 갖고 있고, 異民族을 同化시키나 그 융성한 발달은 太古 및 三代 秦漢과 비교하여 서로 차이가 많다"고 인정하였다.

그들은 漢 이래 문화쇠퇴의 원인을 농민기의에 의한 파괴, 科擧利祿의 誘惑, 종교와 신앙의 결핍으로 귀결하였다. 신고파의 성원 다수는 전통을 이해하는 입장에서 민족의 전통문화에 대하여 깊은 애정을 가지고 있었다. 이시기에 이들은 형식주의에의 편향됨을 가지고 있었다. 그들은 "차라리 疑古하여 상실하고 가히 옛것을 믿을 수 없으면 상실한다"라고 하였다.

제3절 考古派 史學의 繼起

1. 王國維의 考史方法과 實踐

"考史"는 북송 呂大臨이 간행한 『考古圖』에 처음 보이는 말로 "集古", "博古" 등과 유사한 의미를 가지는 말이다. "고고"를 학문연구 방법과 학문특성의 의미로 사용한 것은 양계초이다. 고고파 사학은 의고파 사학을 계승한 새로운 사학유파로 는 왕국유·진인각 등이 대표한다. 그들의 乾嘉朴學의 방법과 서양의 근대 과학방법을 융화하여 역사연구에 성공적으로 운용하였다. 그 논학의 大旨는 지하의 유물과 지상의 유서를 서로 辯證하고, 異族과 중국의 舊書籍을 서로 보증하며, 외래관념과 고유한 재료의 상호 參證 등이었다. 그들은 고사로서 고증하고 증명할 수 있다는 치학의 宗旨와 신념으로 맹목적으로 일체를 부정하는 의고파와는 다르게 徵實·求眞의 방법으로 사학의 최고수준에 도달하였다.

왕국유는 최고로 영향력 있는 학자였다. 그의 성취는 중국 자산계급 "新史學의 開山"이라고 칭송되었다. 이는 새로운 역사고증 방법과 밀접한 관계가 있다. 19세기 말 20세기 초 갑골·돈황문서 및 지하유물의 발견은 고사를 고증하는데 새로운 자료를 제공하였다. 왕국유는 지상과 지하의 재료를 같이 중시해야 한다고 인정하여, 소위 "二重證據法"을 주장하였다. 이는 지하의 신재료와 문헌의 기재를 相互보정하는 일종의 역사고증 방법이다. 전통의 문헌으로 문헌을 고증하는 연구법과 비교하여 특별히 지하재료의 證史價値를 중시하였고, 또 이런 종류의 가치를 문헌과 동등하게 중시해야 한다고 하여 사료의 인식에 새로운 돌파구를 마련하였다. 그리하여 고사연구에서 재료의 폭을 넓혀 사람들이 사료를 인식하고 고증하는데 참신한 관점과 방법을 제시하였던 것이다. 그는 "地下의 實物과 地上의 遺文을 취하여 상호 釋證한다"는 방법으로 『史記·殷本紀』 등 고서중에 기재된 삼대제왕 세계의 모두를 증명하였고; 진한사 방면에서 주로 史事의 考訂에 편중하여, 특히 漢晋木簡을 결합하여 漢郡과 西陲의 古地理에 대하여 考釋을 진행하였으며; 돈황의 문서를 이용하여 당대사 연구에 크게 공헌하였다.

왕국유의 고사고변은 시종 재료로서 의거하고, 거기에 실물사료의 부족을 보충하여 實제로 역사를 증명하고·여사로 실제를 고찰하며·옛것으로 새로운 것을 해석하며·새로운 것으로 옛것을 증명하였다. 이는 고고파 사학 연구의 가장 중요한 원칙이다. 이를 출발점으로 그는 먼저 재료의 비교분석을 통하여 문제를 발현하고 제출하였다. 그런 후 문자학·음운학 등의 전문지식을 이용하고, 귀납·연역·비교 등의 방법을 운용하여 혼합하고, 지상과 지하의 재료를 분석하여 관련된 문제의 시각과 인식을 획득하였다. 왕국유의 방법은 많은 학자들이 수용하여 국내 "新證學"이 출현하여 古物과 文獻研究를 결합한 논저가 대량으로 출판되었다.

곽말약은 "은허의 발현은 신사학의 開端이고, 왕국유의 업적은 신사학의 開山이라 말할 수 있다"고 말하였다.

2. 陳寅恪의 新考据學과 歷史研究

"史料가 없으면 역사가 없다"는 관점을 견지하였던 진인각의 치학의 범위와 방법은 왕국유와 서로 유사하여 "風義로 平生 師友間"의 관계가 이루어졌다. 그는 왕국유의 학술연구 내용과 방법을 세 가지 점으로 개괄하였는데, 이것이 바로 그의 논학 大旨이다.

첫째로 진인각은 사료의 完備와 鑑別을 매우 중시하였다. 그는 前代人이 남긴 역사기재 혹은 推述을 신중히 조사하여야 하며, 쉽게 그 유무를 단정할 수 없다고 하였다. 둘째로 그의 역사고증 방법은 건가학파의 정화를 계승하였다. 그의 역사고증은 사실을 증명하기 위한 것이지, 고증을 위한 고증은 아니었다. 따라서 그와 전대인의 다른 점은 校勘·鑑別·辨僞의 外考證 뿐만 아니라, 內考證을 중시하였는데 즉 事證이다. 사물의 진위와 시비를 고증한 이후에 신뢰 있고 증거있는 해석을 할 것을 강조하였던 것이다. 그는 "증거할 일이 많다"는 방법을 채택하였는데, 즉 많은 사물의 상호관계중에 착안하여 모 사물의 존재여부·발생·변화·발전의 과정을 관찰하는 것이었다. 그리고 시간·지점·조건 등의 정황을 주의하고, 여기에 종합적인 분석을 하여 비교적 합리적인 결론을 얻는 것이었다. 그리고 비교연구의 방법을 매우 중시하여, 사물의 특수현상 및 그 성질 여하를 상세히 아는 관건은 "縱貫하는 方面에서 그 源流를 해부·분류한다"고 주장하였다. 셋째로 시문과 소설로서 史

를 증명하고, 域外의 문자를 사용하여 史를 증명하는 것이 진인각 역사연구 방법의 중요한 특징이다. 그 예로 그는 수당사를 연구하는 과정에서 당대인의 필기·소설·시가 등 많은 자료를 활용하였다. 그는 唐詩를 正史에 기재된 착오의 규정, 역사의 진상을 설명, 異說을 別備, 상호증명, 闕漏의 增補 등에 가치가 있다고 하였다. 그리고 진인각은 재료를 중국뿐만 아니라 異域에서도 채집해야 한다고 하였다.

3. 李濟와 中國 現代考古學

고고학은 최초에는 사학의 한 분야였다. 전통의 금석학은 비록 중국 고고학의 전신과 기초로 인정되었으나, 발굴을 근거로 하고 인류학 지질학 등의 도움을 받는 근대 고고학 이론은 1920년대를 좌우하여 서방에서 수입된 것이었다. 외국인의 중국에서의 고고활동 영향이 비교적 컸던 것은 1914년 북평에 지질조사소가 설치된 이후로 그 대표적인 예가 스웨덴인 안데르센의 앙소문화 발견이다. 외국인은 중국의 고고학에서 중국의 문화 보물 등을 약탈하고 파괴하는 역할을 하기도 한 반면, 중국의 고고학자들은 유익한 啓發과 借鑑을 받았다. 그 후 고고학에 관련된 기관이 설치되어 정통의 금석학은 발굴을 기초로 하는 근대고고학으로 발전하였다.

근대고고학의 건립과정중 큰 작용을 한사람이 李濟이다. 그는 현대 고고학을 열었던 인물로 고고파 사학의 후기 대표인물이다. 그는 구미 유학후 귀국하여 1923년『新鄭人骨』을 출판하였고, 1925년 청화대학에서 인류학을 강의하였다. 1926년 중국학자의 신분으로 산서 하현 소둔촌의 앙소문화 유적지를 발굴하였고, 1929년 안양 은허 발굴의 책임을 맡아 그 후 10년간 15차례에 걸쳐 은허를 발굴하였다. 그는 이 일대는 商初 後半 盤庚이 遷殷하여 紂가 멸망할 때까지 都城이었음을 확정하였고, 또 商朝 제왕의 대묘와 왕조의 궁전 유적지를 발견하였으며, 출토된 많은 동기 목기 도기 및 기타 중요한 기물 등에서 대량의 갑골문자를 획득하였다. 이를 근거로 소둔문화·앙소문화·용산문화의 구체적 層位關係를 밝혀 중국 신석기 시대에 관한 고고학의 관건을 해결하였다. 은허에 의한 고사연구는 殷(商)의 역사는 전설이 아니고 實史임을 실증하였고, 상대사 및 상 전후의 고대사 연구에 중대한 공헌을 하였다.

왕국유 등 전기 고고파 사학은 비록 새로 출토된 古物上의 銘刻文字의 證史價値를 강조하였으나, 단 본질에서 말하면 역사의 문자기재 범위를 벗어나지 못하였다. 그러나 이제 등은 지면조사와 고고발굴을 통하여, 그리고 역사의 대부분인 즉 문자기록 외의 실물재료의 고증을 이용하여 사료영역의 개척에 있어서 크게 약진하여 역사연구의 과학성에 중요한 작용을 하였다. 그리하여 20년대 후 곽말약 여진우 등은 근대 고고자료를 충분히 이용하여 『중국고대사회연구』, 『史前期中國史硏究』 등의 논저를 저술할 수 있었다.

제4절 實用主義 史學의 流傳과 衍化

1. 胡適의 實用主義 史學觀點

실용주의는 제국주의 시대에 가장 넓게 유입된 유심주의 철학 유파의 하나이다. 5·4 후 실용주의를 국내에 선전한 대표적인 이가 호적이다. 그는 듀이의 영향을 받아 다원론의 역사관으로 많은 역사사실은 우연한 것이라고 하였다. 그는 역사 발전의 동력에 대해 主次를 不分하고, 또 역사발전의 근본원인 및 그 규율을 정확하게 인식하지 못하였다. 실제상 실용주의는 객관적 진리를 부정하고, 實在性이 사람의 주관적인 믿음을 결정한다고 인정하여, 인류의 의식은 第一性的인 것으로 최종적으로는 반드시 사상관념 결정론으로 귀결된다고 인정하였다.

호적의 유심사관은 실용주의 불가지론에 직접적인 원천이 있다. 실용주의자는 물질세계의 객관존재를 부인하여 사람 등의 객관사물 및 규율발전의 가능성을 부인하였다. 실용주의 방법에 관해 胡適은 그것을 "大膽한 假說, 小心한 求證" 이라 개괄하였다. 호적은 "대담한 가설"을 편면적으로 강조하여 "가설이 대담하지 않으면 새로운 발명이 불가능하다"고 말하였고, 심지어는 "가설은 대담할수록 더욱 좋다"고 인정하여 가설의 수요에 근거하여 "자유로이 재료를 만들 수 있다"고 인정하였다. 그는 역사를 하는데는 두 가지 방면이 있는데, 하나는 과학(엄격한 사료평판)이고, 다른 하나는 예술(대담한 상상력)이다고 하였다. 호적은 가설과 고증을 무한하게 과장하여 이런 방법을 작용은 無所不能한 바가 없는 "科學의 律例"라 칭했는데, 실천중에 간단편면의 약점이 존재해 형식논리의 범위를 완전히 탈피하지 못하였다. 治史中 호적은 단지 史籍의 整理·校勘·文字의 訓詁 등에 심취하여 一時一事의 사물을 考据하였으나, 단 그 성취는 큰 것이 아니었다. 호적의 실용주의 역사관은 유심주의이고 그의 방법론은 많은 결점이 있었다. 단 봉건학자와 비교하여 그는 가치가 있는 새로운 견해를 제시하였다. 호적은 봉건의 구학술에 대한 비판태도와 회의정신에 관해 가설을 대담하게 제출하여 현재인이 전대인의 전설중에서 해방되어 적극적으로 進取하게끔 고취하여, 모든 미지의 사상영역을 탐구하게 하였다. 호적이 제출한 철학사 연구의 세 가지 목적은 明變·求因·評判이다. 이 세개의 목적에 도달하려면 먼저 반드시 사료의 진위를 결정하여 조리있고 체계적인 "貫通"에 이르게 해야한다. 그는 "一種의 新見解를 세울 때마다 반드시 증거가 필요하다"는 것을 긍정하여, "역사의 안광을 이용하여 연구의 범위를 확대하고, 계통적인 정리를 통하여 연구자료를 체계적으로 정리하며, 비교의 연구를 이용하여 재료의 정리와 해석을 돕는다"는 견해는 매우 큰 의의가 있다.

2. 何炳松과 로빈슨의 新史學

5·4 후 실용주의의 대표인물중의 하나가 하병송으로 그의 학술활동은 사학에 집중되었다. 로빈슨은 미국실용주의 학파의 대표적인 인물로 그는 구주에서 성행하던 문화연구의 기초상에 "신사학"이론을 제출하여 역사는 가치있는 것이라고 선칭하였다. 하병송은 미국에서 신사학 관점의 영향을 받아, 귀국 후 북경에서 교수시절 『신사학』을 교재로 삼았고, 그 후에는 정식으로 중문으로 번역하였다. 그는 중국의 사학을 건설하기 위해서 반드시 현대사학의 추세를 먼저 밝혀야 한다고 하여, "더욱이 먼저 尤非先事紹介 現在西洋 新史學의 名著를 소개하지 않으면 이를 거울로 삼기에 부족하다"는 것을 주장하였다.

하병송이 소개한 로빈슨의 관점은,

① 단지 정치사 연구에만 치중하는 전통사학의 편향에 반대; ② 19세기 중엽이래 역사학을 과학으로 바꾸려는 주장에 반대; ③ 생물학·지질학·인류

학·심리학·경제학 등 현대 과학지식을 이용하여 역사연구 방법을 改進할 것을 주장하였다. 그리고 역사발전의 제약요소를 종합하여 고찰할 것을 요구하였다. ④ 사학의 功用은 인류진화의 사실을 인정하는데 있다고 보고, 현존하는 각종제도의 역사연원을 명백히 할 것을 주장하였다.

하병송은 歷史가 혹자를 褒貶하는 도구가 되는 것을 반대하고 현재를 위해서 과거를 연구해야 한다고 주장하였으며, 실용가치를 강조하여 역사는 유용한 것이 되도록 힘써야 한다고 하였다. 그는 사회역사 발전의 객관규율을 공개적으로 부인하였다. 이점은 역사 해석방법에 영향을 미쳐 역사 유심주의의 수렁에 빠져들었다. 그는 『역사연구법』에서 많은 사료의 고증의 문제를 토론하였으나, 다른 방면으로는 역사의 진상은 과학방법을 통하여 인식하기는 불가능한 것이라고 인정하였다. 그의 『서양사』는 중국에서 가장 먼저 나온 서방의 사학사에 대한 저술이다. 그 안에는 사학사의 연구대상을 서술하고, 서방사학의 기원과 연변을 소개하여 각시대의 사학관념의 흥폐를 지출하였다.

신사학은 유심주의 문화사관으로 사회변화를 일으키는 가장 근본적인 원인을 문화사상과 과학의 발명에 있다고 인정하였다. 『중국고사』 등의 저작 중에는 단지 과학가·사상가·문학가의 지위를 강조했고, 각 시대의 생산관계 계급투쟁 모두에 관해서는 논술하지 않았다. 그러나 그들의 영향은 홀시할 수 없는 것으로, 이 유파의 저술이 대량으로 출판되어 많은 사람들이 "신사학의 주장자가 가장 믿을 만하다"고 하였다. 그리고 하병송은 역사교육과 역사지식의 작용을 강조하였다.

신사학파의 기본주장은 역사연구는 사회과학을 기초로 하고, 인류학 고고학 등의 보조를 받는 것이고, 또 복고경향을 반대하여 지금이 과거에 우월한다는 주장을 하였다. 이런 진화의 시각으로 역사의 변화를 고찰하는 것은 인류역사를 하나의 끊임없는 성장과정으로 보아, 歷史의 功用은 우리들이 현재의 관점을 이해하고 미래의 관점을 추측하게끔 하는데 그 본신이 있다는 것을 명확히 하였다.

제5절 文化史硏究의 興起와 通俗史學

1. 東西文化 論戰과 中國文化史 硏究

5·4 시기를 전후하여 동서문화의 문제에 관한 논전이 크게 고조되었다. 1915년 『신청년』과 『동방잡지』는 동서문화에 관한 토론을 개시하여 그 쟁론은 약 10여년간 계속되었다. 동방문화와 서방문화의 관계에 대하여 혹자는 전통문화를 철저히 부정하고 전반서화를 주장하였고; 혹자는 중국문화 본위주의를 선양하여 전통문화, 심지어는 봉건주의 糟粕(찌꺼기)을 전면적으로 긍정하기도 하였다.

전반서화론자는 중국고대의 학술사상과 민족의 역사는 이미 國故로, 國故는 이미 사멸해 버렸다. 西化는 생장하는 것이고, 과학은 근세의 발명으로 고대 학술사상이 연변하여 나온 것이 아니다. 동방문화와 서방문화는 실질상 고대문명과 현대문명이다. 문명의 진화의 추세는 제2기에서 3기로 진화하지, 3기에서 2기로 퇴화하지는 않는다. 따라서 "西方文明의 路이 아니면 不可하다"는 것이라고 주장하였다. 이러한 전반서화론자의 대표적인 인물이 진독수로 그는 "서양민족은 전쟁을 본위로 하고 동양민족은 안식을 본위로 한다; 서양민족은 개인을 본위로 하고 동양민족은 가족을 본위로 한다; 서양민족은 법치를 본위로 하고 동양민족은 감정을 본위로 한다; 서양민족은 실력을 본위로 하고 동양민족은 虛文을 본위로 한다"고 하였다. 서양문명이 진정한 근세문명이고, 서양문명은 중국 고유의 문명에 비하여 선진임은 의심할 여지가 없는 것으로 중국은 당연히 이를 추구하여 救亡을 강구해야 한다는 것이었다.

전통문화론자들은 古는 今보다 좋고, 東은 西보다 높아 전세계는 "中國의 路은 孔家의 路"를 가야 하며, 미래문화는 중국문화의 부흥이라고 선칭하였다. 그 대표적인 인물이 杜亞泉으로 진독수와 논전을 진행하였다. 그는 동서사회 형성의 역사·지리환경은 다르고, 문명과 관념 또한 다르다고 인정하였다. 그는 서방사회는 "動的社會"이고, 중국사회는 "靜的社會"라 하고, 중국의 "정적문명"으로 "동적문명"의 폐단을 구제하여야 한다. 서방의 신문화와 사상은 "人心의 迷亂"하여, "國是의 喪失"과 "精神의 破產"의 국면을 조성한다는 것이다. 그는 유가 사상을 이용하고 "統整"과 "君道臣節名教綱常"으로 "國基"를 지켜, 중국의 고유문명이 크게 발양되도록 해야한다고 여겼다.

상술한 논쟁은 사람들로 하여금 문화사에 대한 흥취를 불러일으켰다. 어떤 사람들은 중국문화의 진상과 그 문화의 특성을 알려면 허심탄회하게 탐색하고, 편파적으로 해석하지 말아야 한다고 인식하여, 중국문화사를 체계적으로 연구하는 전문저서가 출판되었다. 그 대표적인 것이 柳詒徵의 『중국문화사』로 "中國文化史의 開山적인 著作"이라 칭해졌다. 20년대는 중국문화사 연구의 맹아단계이나, 1930년대는 중국문화사 연구가 크게 발전하여 수많은 논문과 저서가 출판되었다. 그 대표적인 예가 楊東蓴의 『本國文化史大綱』으로 왕조관념을 타파하고 역사를 정치·경제·지혜의 3대부분으로 나누어 서술하고, 경제의 해석을 이용하여 역사와 문화의 인과관계를 밝히려 하였다.

2. 通俗史學의 推廣

당시의 문화운동에 가장 활약한 방면은 문학혁명으로, 문학혁명은 문학의 내용과 형식을 포괄하여 사상혁명의 발전을 강력히 推動하였다. 문학혁명은 문언문을 반대하고 백화문을 제창한 운동에서 시작하였으며, 그 영향은 사학저작의 언어의 변혁에도 영향을 주어 呂思勉의 『白話本國史』와 같은 통속사학의 저서가 출현하였다. 동시에 귀족문학 반대하여 평민문학을 건립하자는 호소하에 많은 통속작품이 나왔는데, 그 대표적인 예가 蔡東藩의 『歷代通俗演義』이다. 이런 연의체는 사학의 대중화와 역사지식의 넓은 전파에 새로운 길을 열었다.

5·4 신문화운동 이후에 백화문이 문언문을 대신하고 통속의 독서물이 유행하였다. 호적은 백화를 주장하고, 동시에 『백화문학사』를 저술하였다. 여사면은 『백화본국사』를 저술하였다. 이는 간결하여 초보자에게도 편리하였고, 여기에 그는 새로운 방법을 이용하여 舊國史의 정신을 정리하고, 체계를 조리있게 연구하는 것에 큰 비중을 두어 사회와 역사의 변천·진화의 관점에 중점을 두었다. 내용중에 "역사란 인류사회의 沿革을 연구하여 그 변천과 진화의 인과관계를 인식하는 것"이라 말하였다. 이 변천과 진화의 관점에 의거

해 그는, 秦 이전을 上古; 唐 융성시기까지를 中古; 안사란부터 南宋까지를 近古; 元明에서 淸 중엽까지를 近世; 西勢東漸에서 신해혁명까지를 最近世라 칭하였다. 고힐강은 이들을 "풍부한 지식과 유창한 필조로 통사를 저술하여 통사방면에서 신기원을 열었다"고 평가하고 있다.

연의체의 역사 通俗讀書도 당시에 상당한 영향이 있었다. 채동번의 『중국역대통속연의』는 진시황시기부터 1920년까지 2166년의 역사를 서술하였다. 이의 성공점은 求眞의 기초에서 通俗 이해하고, 생동감있는 필력을 통해 역사의 진상을 체현하였다는 점이다. 연의체는 중국 특유의 민속풍격을 가지고 있는 통속의 史書體로 역사지식의 전파에 있어서 정사인 二十五史가 하지 못했던 작용을 하였다. 이런 독서물은 대부분이 문학표현 방법으로 운용하였으나, 단 반영된 역사내용은 기본상 진실된 것으로 역사지식의 보급을 더욱 촉진하였다. 이 시기 중국 역사 통속물의 영향은 날로 증가되었고, 또 근현대 중국사학과 현실사회의 연계가 더욱 밀접했던 이유 때문에 통속성의 史學讀書物은 중요한 선전작용을 하였다.

이상을 종합해 보면, 백화문의 보급과 대중의 연의체로 표현되어 쉽게 받아들일 수 있는 통속사학의 채용은 사학영역을 더욱 넓은 범위로 개척하였고, 새로운 형식으로서 구형식을 대체하여 역사지식을 넓게 전파한 것에 매우 큰 의의가 있다.

제7장 중국의 마르크스주의 사학

제1절 유물사관의 중국진출

1. 19세기 40년대에 마르크스와 엥겔스가 창립한 유물사관은 역사연구에 새로운 과학 우주관과 사상적 방법론을 제공하였다. 20세기초 중국의 『新民叢報』·『民報』등은 마르크스주의를 소개했고, 이 시기의 일본인이 번역 출판한 서적 즉 『근세사회사』·『사회주의 神髓』 등이 유행하였다. 중국은 이때 자본주의가 아직 발달되지 못하였고 무산계급도 매우 미약하였다. 러시아의 10월혁명은 세계를 크게 진동시켰고 중국의 지식분자들은 거기에 고무되었다.

2. 李大釗는 1919~1020에 『신청년』 등 잡지에 「我的 馬克思主義觀」 등 마르크스의 유물사관 등을 발표하고, 북경대학 등 학교에서 "史學思想史"·"史學槪論"·"唯物史觀硏究" 등 과정을 강의하여, 유물사관의 형성·新舊史觀의 근본 구분에 대하여 역사적인 고찰을 하고, 마르크스주의 유물사관으로 중국사회의 현상을 가지고 역사연구를 지도하였다.

3. 이대교는 생산력과 생산관계 경제기초와 상층건축의 원리를 유물사관의 두 요점에 귀납시켰다.

① 인류사회 생산관계의 조화는 사회의 경제구조를 구성한다. 그는 사회역사의 변천을 관찰하여 물질적 경제 사건으로 중심을 삼고, 이것이 마르크스 유물주의의 "특징과 요령"이라고 지적하였다. 이것에 의하면 "사회의 법률·정치·윤리 등 정신적 구조는 모두 표면상의 구조이다. 그의 하면에 경제적 구조가 있고, 그 일체의 구조가 된다. 경제 조직에 한번 변동이 있으면, 그들은 모두 함께 변동한다"고 하였다. 그는 강조하여 "종래의 역사가는 단지 상층에서 사회적 변화, 즉 역사를 설명하고자 하였지 기초를 고려하지 않아, 이런 방법은 능히 진정으로 역사를 이해할 수 없다. 상층의 변혁은 오로지 경제 기초의 변동을 어긋나게 하는 고로 역사는 경제 관계를 따르지 않고 설명하는 것을 불가능하다"고 하였다.

② 생산력과 생산관계 양자중에 생산력은 가장 활약, 가장 혁명적인 因素이다. 생산력이 한번 변하면 사회조직(즉 생산관계)은 그에 따라서 변화한다. 그러므로 기초구조의 변동을 촉진하는 최고의 動因은 "生產力"이다. "애당초 비록 생산력의 발전을 조장하였지만, 후에 발전의 역량은 사회조직에 능히 적응치 못하여, 그런 사회조직은 부득이 조장치 못하고, 그것을 속박·장애로 된다. 그리고 이런 생산력은 비록 그것을 속박·장애가 되는 사회중에 있을지라도 거듭 발전해 갈 것이다. 발전의 역량이 더욱 커지고, 그것과 더불어 그 사회 조직사이의 충동에 적응치 못하고 더욱 절박해져 결국은 구사회 조직이 붕괴되지 않을 수 없다. 이것이 곧 사회혁명이다"고 하였다.

4. 이대교는 계급과 계급투쟁의 이론을 명확히 서술하고 "계급은 각기 '경제적 역사적 범주'가 있고, 계급의 존재와 消亡은 인류사회 생산발전의 일정

한 역사 단계와 더불어 서로 연계되어 있고, 부동한 시대에 있어서 계급투쟁의 내용·성질 그리고 작용은 각기 서로 부동한 것이다. 생산력의 고도 발달에 따라 인류역사는 자본주의 사회에 진입하였고, 계급투쟁은 곧 사회개조·계급소실의 최후 수단이었다"고 하였다. 그것은 충분히 인민 군중이 역사적 창조자라는 이 歷史唯物主義的 기본 관점임을 긍정한 것이고, 아울러 개인의 역사작용에 확실한 지위를 주며, 단지 개인 역사 작용에 대하여 연구할 때에 반드시 "이때 그들의 사상 혹은 사업의 사회배경을 고찰하고 英雄·偉人史觀을 비판해야 한다"는 것이다. 위의 유물사관에 근거하여 봉건과 자산계급의 唯心史觀을 첨예하게 비판하고, 사람들이 추구하는 신권적·정신적·개인적·순환적 퇴화된 구사관을 불러들여 마르크스의 확실 명확한 유물사관을 수립하고, 아울러 거듭 중국 역사를 새로이 해석하여 구중국의 사회제도와 이것과의 상관관계가 있는 구도덕 구사상의 필연적인 관계를 설명해야 한다고 하였다. 이대교는 극대한 열정으로 마르크스주의의 유물사관을 선전 소개하여 중국사상계에 파종적인 작용을 일으켰다.

5. 중국 공산당의 또 다른 조기의 영도 인물 蔡和森은 프랑스 유학기간에 프랑스 판 『가정·사유재산·국가의 기원』을 독서 연구하였다. 1921년 귀국후 엥겔스 원저의 정신에 근거하고 세계역사의 재료를 참조하여 『社會進化論史』를 편찬하였고, 이것은 그가 전파시킨 유물사관의 일부 專著이다. 그것을 3편으로 나누어졌고 가정 국가 재산과 진화론 분별하여 서술했고, 그의 결론으로 "有史 이전 인류 演進의 질서"를 가하여 일부일처제의 가정과 사유재산 및 국가를 설명하고, 모든 인류는 역사상 종래 있었던 것이 아니고 原始公社의 해체과정중에서 생산된 것이다고 설명하였다. 사회 진화에 대한 역사과정의 분석을 통하여 생산관계는 생산력의 발전과 변화에 따른다는 것 즉, 국가 도덕 등의 상층건축은 경제기초의 변화와 변경에 따른다는 변증관계를 설명하여, 최후로 "資本主義的인 대생산은 장래 共産主義社會를 위하여 각종의 필요한 경제조건을 준비할 뿐만 아니라, 그것을 위하여 자기가 최대 다수의 근대 무산계급을 양성하는 것이다"고 하였다. 그것은 또한 「마르크스학설과 중국 무산계급」이라는 글에서 "종합혁명과 진화설"을 소개하였고,

유물사관의 해석을 중용하여 사회역사발전의 수단과 방법을 개조·推動코자 하였다.

6. 이와 동시에 李達은 일본 유학기간에 (1920년 전후) 『유물사관해설』·『마르크스 경제학설』 등을 번역하여 마르크스주의의 3개 조성부분을 계통적으로 소개하였다. 그는 정신사관과 유물사관을 비평하여 "사회생활의 반영은 곧 물질적인 생활역정이어서 완전히 생산력과 생산기술의 지배를 받는 것이며, 물질 생활의 역정중에서 소위 정신문화는 모두 물질적 생산관계중에서 산출되는 것이므로 생산력의 발달에 따라 발달하고 생산관계의 변천에 따라 변천한다. 또한 사회의 진보는 역시 생산력의 진보이다"고 말했다. 이런 사회 역사 발전에 대한 유물주의적 인식은 5.4이후 선진 지식인의 보편적인 인식이었다. 李達이 귀국후 계속하여 『무엇이 사회주의인가』 등의 글을 발표하여 일계열의 유물주의 원리를 전파하였다. 그는 『현대 사회학』에서 다시 대량 분량으로 사회발전 규율의 원리에 관한 유물사관을 명확히 서술하여, 인류사회는 이미 4종의 사회형태를 경험하였고, 현재는 사회주의 사회를 향하여 전진한다면서 이것이 "사회진화상 반드시 거쳐야 할 경로"라고 하였다.

7. 얼마 후 瞿秋白·渾代英·蕭楚女 등이 쓴 『사회과학개론』·『사회주의 대강』·『제국주의개론』에서 李漢俊의 대량의 번역문, 陳望道가 번역한 『공산당 선언』, 구추백의 번역작인 『레닌주의』 등은 모두 마르크스주의 유물사관을 선전함에 있어서 공헌을 하였다. 당시의 『新靑年』·『晨報』에는 "마르크스 연구" 專欄을 증가시켜, 일본의 마르크스연구성과도 게재하였다. 그리하여 1920~30년의 10년간 80종 역저, 10종의 전저, 그리고 허다한 논문이 제출되었다.

8. 주의 할만한 것은 그 당시 국민당에서 발간한 『건설』 등 잡지에는 廖仲愷·朱執信 등 민주혁명분자는 井田法에 관한 별론중에서 역시 유물사관적 원리를 운영하여 연구를 진행하였다. 예컨대 胡漢民은 마르크스 저작중에 유물사관의 주요부분을 포함시키고 역술하여 글을 쓰며 아울러 『중국 철학

사의 유물적 연구』·『유물사관 비평의 비평』 등의 글을 발표하여 유물사관으로 중국 역사와 철학사의 일련 문제를 해석한다고 자칭하였다. 그는 "유물사관이 나와 사회학·경제학·역사학·사회주의가 나왔다. 동시에 절대적 개혁이 있어 신기원을 이루어 허다한 사람들이 진화론 이해하지만 확실히 동등한 가치가 있다"고 승인하였다. 당연히 호한민 등 국민당인들은 마르크스 학설을 연구한 진정한 목적은 사회혁명을 예방하려는 것이다. 그렇지만 그들은 이미 일종의 학리로써 자인하였다. 그러면 그들의 간행물에서 부득이나마 마르크스 학설의 내용을 보도할 것이어서, 객관상으로 마르크스의 유물사관이 크게 전파되는데 유리하겠다.

9. 결국 5.4이후 단 기조에 이대교 이래 마르크스사상이 큰 조류가 되었고, 舊 民主主義의 전통하에서의 문화혁명은 신민주주의 성질의 문화혁명으로 전변하는 역할을 하였다. 유물사관의 광범한 전파는 역사학의 발전에 획기적인 의의를 갖는다. 이전의 봉건적 구사학은 겨우 정치를 중심으로 하여 역사를 왕조의 흥망성쇠나 제왕의 가보로 썼다. 자산계급의 신사학은 이전 편파·협소한 古道을 돌파하여 확실히 일정한 인류사회의 생활이 역사연구의 대상이 된다는 것을 확인하고 이것이 진보임에 틀림없다. 유물사관을 복잡·다기한 인류사회생활을 파악하는 주류로 먼저 사회적 기초구조, 즉 경제구조를 입수한 것으로부터 사회발전의 최후 動因을 생산력의 발전에 돌려 생산력과 생산관계의 상호작용에 미치게 하여 사회적 演進은 저급에서 고급의 자연적 역사과정이다는 것을 확인하였다. 이로서 역사학은 다만 진정으로 역사규율을 탐색하는 과학이 되었다. 5.4사시기 유물사관의 광범한 전파는 시대 전진의 방향과 주류를 대표하였고, 중국 마르크스주의의 탄생을 배양했다.

제2절 중국 마르크스주의 사학의 출현

1. 중국 마르크스주의 사학의 開創者·尊基人은 이대교(河北, 일본 와세다대 정치학과 留學)는 각종 사회주의 학설에 접촉·학습·연구하고 귀국후『신청년』 등 잡지에 투고·대학 등 강의·연구회 설립·중국공산당 건설에 참여

27년 4월 遇害되었다.

2. 이대교는 혁명가로 사학계에 영향을 끼쳤다. 1925년에 『시』·『사학적 철학』·『연구 역사적 임무』 등 저작, 1924년의 『사학요론』은 중국 제1의 마르크스주의 사학 이론의 專著이며 자매편격인 『사학사상사』도 있다. 여기에 그의 역사학·사관·해석방법·전대 사학비판 등을 실었다.

3. 이대교는 "역사의 이 같은 일은 인류생활의 行程이요, 인류생활의 연속이요, 인류생활의 변천이요, 인류생활의 傳演이었으며 생명이 있는 일(사건)이다"고 하였다. 24史·『資治通鑑』의 類는 그 실제는 역사적인 기록일 뿐이고, 인류생활의 行程의 부분적 축소판이며, "이같이 살아있는 역사의 본체는 아니다"고 하였다.(그리하여) 역사학은 응당 살아있는 역사로써 연구대상으로 삼아 "연구는 부단한 변혁중에 인생 및 그 부산물의 문화를 해야한다. 동시에 반드시 마르크스역사관으로서 과거의 역사연구를 지도하여야 한다"고 하였다.(not always)

4. 그는 마르크스주의의 역사관을 선전하기 위하여 두 가지 착오된 역사관을 분석 비판하였다. ㉠ 하나는 "政治史觀派"이고, 이런 관념적인 사람을 "주권자 혹은 주권에 관계된 자의 행동을 중심으로 사회의 변천을 고찰한다"고 지적하였고, 그 결과 필연적으로 "사회 문화 방면은 아울러 기록치 않고" 기록한 바는 "대체로 제왕·爵貴의 起居가 아니면 一家一姓의 계보"인 고로 결코 능히 역사상의 因果律을 얻을 수 없다. ㉡ 다른 하나는 "復古的인 循環" 歷史觀이다. 이대교는 그 당시 章士釗·梁啓超 등에 대하여 순환·복고적 유심사관을 산포하는 자라고 비판하고, 이런 오류인 관념을 비판, 타파하기 위해 마르크스주의 유물사관을 운용하여 역사와 사회변혁의 무기를 인식하고, 현재와 장래에 황금시대를 이루어야 된다고 했다.

5. 이대교는 마르크스사학의 임무와 작용을 또한 심각하게 논술하였다. 그는 역사연구의 임무는 ⓐ 사실을 이해하여 진실·확실한 증거를 찾아야 하고; ⓑ 사실을 이해하여 그 진보적 진리를 찾아야 한다. 반드시 주의할 것을

사실간에 내재되어 있는 연계를 연구하여 그 발전 규율을 파악해야 한다.

이대교는 인류역사의 발전은 또한 자연계와 같이 일정한 규율이 있고, 그 것을 탐색하여 장악하는데 노력해야 한다. 까닭에 "사학가는 진실로 노력하여 역사를 기술하는 일정한 이치를 구하여야 하고", 동시에 "역사이론의 연구에 노력해야한다". 역사이론과 역사기술은 신사학의 계통을 구성하는 것이고, 양자간에 상호 보조 촉진해야 한다. 까닭에 역사연구는 史論과 결합하여 양자가 共進해야 건전하게 발전하다. 그는 또한 역사이론과 역사철학·역사이론과 역사연구법의 구별과 관계를 설명했다. 즉 "철학은 실제로 지도사적 연구로 그 일반 경향의 역사관－주요연원을 결정하는 것이다. 오히려 과거 철학은 인생계·자연계·우주의 일체현상에 대하여 종합적으로 고찰하고, 또한 특수과학으로 역사학의 연구와 같이 기초로 되었다.

그가 역사이론은 사회 역사현상의 일반적인 성질·형식·규율의 학문이며; 역사연구법은 무엇이 과거 학문을 연구하는 구체적 방법이었는가를 설명하여 어떻게 수집·편제·재료정리하여 어떻게 사서를 편저하고 도표를 만들 것인가 등을 포함한다. 이를 총괄하면 역사 연구법은 어떤 次第·方法으로 과거의 사학을 연구하는데 필요한 사학의 보조이다. 역사이론은 곧 별도의 학문의 보조나 예비가 아니라 광의의 사학의 최주요 부분을 구성한다. 이대교는 『사학요론』에서 마르크스주의 사학이론체계를 주지시키고자 하였다. 또 신사관·신사료에 근거하여 옛 역사를 하나하나 개작코자 하였고, 이것이 현대 사학자의 임무라고 하였다. 그리하여 정밀한 많은 견해를 제출하였다.

예컨대 ① 과학적 사회발전사를 탐색하여 중국 역사발전의 前途는 사회주의라고 명확히 지적하였다. 5단계중 중국은 자본주의 단계가 없었고, 이에 따라 半植民地에 처하였다. 그렇지만 자본주의는 自更할 추세이니 사회주의로 나가야 한다고 하였다. ② 초보적이나 중국 근대혁명운동 발전의 규율을 총결하였다. 아편전쟁－1925. 5. 30사건의 역사는 철두철미한 제국주의 침략에 대한 반항하는 민족혁명사라고 하였다. ③ 중국 역사상 농민운동의 지위와 작용은 정확히 평가하였다. 과거의 농민 군중은 편협한 향토주의·상호반목 등으로 실패하였으나, 그들이 조직을 잘하여 국민혁명에 참가하여 혁명을 성취할 날이 멀지 않다고 하였다.

따라서 이대교는 저작을 통하여 중국 마르크스주의 사학의 기초를 형성하였다.

제3절 중국 마르크스주의 사학의 건립과 발전

1. 1920년대 후반 국내 혁명전쟁 실패후 국민당 우파·어용문인 등은 중국의 특수한 국정에 비추어 "마르크스주의는 중국에 부적합"하다는 관점을 내놓아, 중국인민의 反帝·反封建 투쟁을 소멸시키고자 하였다. 이에 반대한 사학가가 郭末若이다.

2. 郭의 原名은 開貞, 號는 尙武, 사천 약산인으로, 처음 의학 전공-문학 혁명 활동에 종사하였다. 5.4이후 마르크스주의를 접수하여 혁명에 투신하여 北伐과 1927년 "81" 남창기의에 참가했다. 실패후 일본에서 10년간 열악한 생활중에서도 『중국고대사회연구』를 저술하였다. 이는 엥겔스의 저작 『가정·사유재산·국가의 기원』에 입각하여 중국사를 전통 문자로 그것을 정리하여 엥겔스 저작의 속편격이었다.

3. 곽은 마르크스주의에 의거하여 인류사회발전에 공동규율의 기본원리로 중국역사를 上古-아편전쟁 이전을 原始·노예·봉건사회의 단계를 밟았다고 하여 마르크스주의를 중국사에 적용시켰다. 특히 중국은 노예제사회를 경유치 않았다는 학설에 대하여 고문헌·갑골문자·청동기 명문을 통하여 중국에도 노예제 사회 존재를 明證했다. 그리고 그는 마르크스주의자의 "비판" 정신은 "사실중에 그 然을 구하는 것이다". "정리"방법은 그 이유를 알며, 비판정신을 그 所以然을 안다고 하여, 이러한 관점하에서 자산계급의 史料學에 대하여 비판하였다.

4. 곽은 陶希聖·李季 등 국민당 정부의 학자들과 1928~35년 사이에 대토론을 전개하였다. 그 하나는 근대중국 사회성질에 관한 문제였다. 唯心史家들이 봉건·자본주의·제국주의 3종세력이 혼재하여, 王學文·李平心 등은 제국주의 침략하의 반식민지적 봉건경제라고 했고, 다른 하나는 도희성·이계 등 국민당 우파학자들이 중국에 노예제가 없었다는 주장에 대하여 곽은

『중국 고대사회』(엥겔스 이론에 입각)를 내놓았고, 그 연장선상에서 呂振羽와 殷時代가 노예제사회, 西周는 일종의 領主莊園制의 封建制라고 하였다.

5. 마르크스주의 사학 공작자는 또한 진일보하여 아편전쟁이전의 兩千年에 달하는 역사 시기의 봉건 사회성질에 대하여 논증하였다. 그들은 마르크스주의 철학과 정치경제학 원리에 입각하여 구체적으로 春秋戰國時代 이래 도시의 발달, 상업흥성의 정황을 분석하여 상품경제 발전을 설명하고, 아울러 봉건제의 본질적 변화가 없어 중국은 진 이후에 어떠한 "상업자본주의 사회가 아니다"고 지적하였다. 봉건 사회적 상품교환과 자본주의 사회중의 상업자본은 "질적으로 다르다"는 것이고, 이론상으로도 중국 공산당이 제출한 反帝 反封建의 新民主主義 革命을 진행시킨다는 주장을 논증하고 선전하였다.

6. 이 같은 중국사회의 史論의 론쟁은 마르크스주의 사학의 성장을 크게 촉진시켰고, 일지의 무산계급의 문화 新 세대를 단련 조성하였다. 선진의 세계관·방법론으로 무장한 중국 마르크스사학 공작자는 각종 반동사상(조)과 유파와의 투쟁중에 초보적으로 중국의 원시사회·노예사회·봉건사회, 그리고 근대 반식민·반봉건사회에 대하여 계통적으로 고찰하고, 이 기초상에서 중국 역사의 역사규율을 탐색하고 있다. 이것은 곧 중국 마르크스주의 역사과학체계의 형성과 확립이라고 하고 있다. 그러나 그들의 저작에는 중국사 자체적인 규율이 있고 현재 찾는 중이라고 암시하고 있는 것을 본다.

제3부

마르크스史觀의 도입과 종합서술체

제1장 중국역사에 있어서 마르크스사관 도입

제1절 구백육십만평방키로미터와 10억 인구

중국은 아세아주 동부·태평양의 서안에 위치해 있다. 북으로 막북(흑룡강 발원지)로부터 남으로 남사군도, 서로 파밀 고원, 동으로 흑룡강·오소리강이 합해지는 지점까지 총면적 960만 평방Km로 세계 최대 면적을 가진 나라 중에 하나이다. 육지 변경 경계는 2만여 Km로 동으로 러시아·조선; 북의 몽고; 서의 파키스탄·인도; 남으로 미안마·월남과 국경이 연결되어 있다. 대륙의 해안선은 18,000여 Km로 대해를 건너 일본·필리핀·말레이시아·인도네시아와 멀리 서로 바라보고 있다.

전국 행정구획은 수도 북경; 천진·상해는 직할시; 북경 주위의 하북성·내몽고자치구; 동북에 요령성·길림성·흑룡강성; 서와 서북에 산서성·섬서성·영하회족자치구·청해성·신강유오니아자치구; 그 남쪽에 하남성·호북성·호남성·광동성·광서장족자치구; 동남은 강소성·절강성·안휘성·광서성·복건성·대만성; 그 서남에 사천성·귀주성·운남성과 서장자치구가 있고; 省이하 市·縣(旗)·自治縣(旗)·鎭이 있으며, 성·직할시 밑에 구·현이 있다.

전국적으로 많은 산맥이 지형의 골격을 이루고 있고 지형이 발달하여 해발고도 4천 미터에 세계지붕·고원·분지가 자리하고 있으며, 중국의 강은 서로부터 동으로 흘러 태평양·북해 등으로 흐르고 내륙하류도 있다. 하류로 장강(6,300Km, 유역면적 180만여 평방Km), 황하(5,464Km, 유역면적 75만여 평방Km), 주강(2,129Km, 유역면적 42만여 평방Km), 송화강(1,840Km, 유역면적 54만여 평방Km)등. 전국의 湖·泊으로 파양호(3,976 평방Km), 동정호(3,915 평방Km)등. 대운하(1,782Km). 내륙 대해로 발해·황해·동해·남해가 있고 5천여 섬(타이완·해남도·주산열도·평호열도). 항구로 천진·상해·황포·대련·청도·기륭항 등이 있다.

계절풍지역이고 광활한 지역과 복잡한 지형으로 각지의 기온과 우량의 차이로 기후 유형이 다양하다. 하계 전국기온은 보편적으로 높고 7월 평균기온이 흑룡강 섭씨 20℃. 항주 섭씨 28℃. 겨울은 흑룡강 섭씨 영하 30℃. 해남도 섭씨 15℃. 아울러 분지와의 차이도 많다. 곡물로 소맥·쌀·조·고량·대두 등과 면·마·유료·당료·차·생사·약재·풍부한 목초와 삼림, 그리고 천여 종의 나무; 야생동물 400여종; 조류 일천백여 종; 양서류 20여종; 또한 석탄·석유 등 풍부한 지하자원이 광범하게 분포되어 있다.

중국은 통일적 다민족 국가이다. 민족이란 인류가 역사상에서 형성한 공동언어·공동지역·공동경제생활에서 공동문화의 공동 소질과 심리를 통하여 안정적으로 이룬 공동체를 말한다. 중국역사는 중국 경내에서 각 민족과 공동으로 이룩해 왔고 광대한 영토상에서 생존·번영했다. 文字로 많은 저작을 쌓아 다민족의 흥망·교섭을 기록하였다.

오늘날 중국 경내에 漢族과 55개 소수민족의 인구는 10억으로 한족 93%, 소수민족으로 만주족·몽고족·회족·장족·묘족·조선족 등으로 6,720여 만, 미인식 88만 등이다. 조선족은 명대 이래 이주하여 현재 176만여로 흑룡강성 길림성·요령성에 많이 거주하고 있으며, 연변자치구·장백조선족 자치 현으로 통치하고 있다. 삼림·약재; 인삼·표피·녹용의 3寶, 水稻의 고장이라 일컫는다. 우랄알타이어의 모국어·문자가 있고 문화수준이 높아 각성의 관광활동에도 참여하고 있다.

제2절 張豐年의 『中國全史』 總序

세계4대문명 古國 중에 중국은 유일하게 문화단층이 없는 국가이다. 똑바로 이런 독특한 역사과정과 전통은 중화민족이 극히 풍부하고 특색 있는 문화정신을 배태하여 길러왔다. 문화전통이란 역사적 투영과 저장이요, 하나의 민족의 심리활동을 지지하는 잠수함이다. 하나 민족의 역사과정을 과학적으로 전개하려면 반드시 그 문화품격과 독특한 문화정신을 들추어내야 하고 소유한 역사소재에 대한 적극적인 연구를 해야 한다. 『中國全史』에는 통사의미가 포함되어 있다.

우리가 처음 『중국전사』를 설계할 때에 중국역사문화를 잘 서술코자 대문화라는 관점으로 역사문화현상을 생각하고 특점과 규율을 탐구하고자 하였다. 또한 우리는 중국사 묘술에 대하여 수목을 드러내 삼림을 전개하듯 중국사의 문화품격을 돌출하게 하려 하였다. 그리하여 『중국전사』의 구성상 10개 斷代와 10대 영역(專業)으로 획분하였다. 즉 遠古曁三代·춘추전국·진한·위진남북조·수당오대·송요금하·원·명·청·민국의 10개의 단대와 정치·경제·군사·사상·종교·습속·과학기술·교육·문학·예술의 10개 영역으로 나누어 전후를 연결하고 종횡으로 교차시키며 조항별로 결합하여 백권에 응결하여 일정한 체제(綜述體)를 통하여 거대한 중국역사를 편성하여 중국사와 문화적 전모를 그리려 하였다. 앞서의 인물이 만들기 어려운 공작을 하여 대담한 계략이라 할 수 있다. 이에 우리의 노력을 세인들의 비평을 공손히 받아들여 중국역사문화연구의 길잡이를 탐색하려는 것이다.

오천년의 휘황찬란한 중국문명은 세상에서 독자적이고 짝을 이룰 수 없는 역사문화의 특징을 갖추고 있다. 대륙은 중국역사문화의 환경의 기초였는데, 농업은 중국역사문화의 기초요, 유학은 중국역사문화의 사상기초이다. 따라서 중국의 전통문화는 농후하고 열열한 대륙문화·농업문화·유교문화의 색체를 표현하였다.

중국의 전통문화와 서방 기독교문화는 다르다. 서방의 역사문화는 지중해 주변으로 발전하였고 전쟁·상업을 중시하고 본성을 개방하였으며, 확장을 즐겼다. 중국전통문화는 대륙을 기초로 삼아 그 품격은 내향적이었다. 중국 대륙의 특점은 면적이 거대하고 주변 환경이 열악하였다. 동에 大海·서의 戈壁·남의 群山·북의 草原으로 북면으로 발전이 가능하지만 유목민족과 추위가 있었다. 이에 춘추시기로부터 장성이 수축되어 중원문화는 엄격히 방어하는 독특한 문화를 이루었다. 곧 墻文化를 이룬 것이다.

이에 중국인은 墻을 즐겨 쌓아 국가는 長城을, 지방마다 규정에 맞는 장성을, 각 家는 院墻을 쌓았다. 그리하여 중국의 장문화는 대외에 봉폐되고 대내는 개방적이며, 서방은 장이 적어 대외에 개방적이나 대내에서는 봉폐적으로 부모가 자녀의 방에 들어가려면 허락이 필요하고 아니면 실례이다. 중국의 가정에서 가장은 예고 없이 자녀를 방문하였다.

神人관계상 서방 기독교문화는 上帝의 절대적인 권위를 승인하고 인류는 상제의 노복임·인류는 귀천이 없이 상제 앞에서 사람마다 평등함을 승인한다. 중국전통문화에서 가장 권위 있는 것은 신령이 아니고 皇帝이다. 수당시대에 삼교가 함께 발달하여 당태종은 유·도·불의 순서를 정해주고 도교를 제1위에 놓았지만 무칙천은 불교를 앞자리에 두었다. 기독교문화에서는 황제는 범인이고 범인에 작위를 수여할 수 없다는 것이다. 또한 황제는 공자를 존숭하여 大成至聖先師; 관운장을 蕩魔大帝; 천당과 지옥을 왕래하여 염라대왕과 모순을 야기하기도 하였다. 이리하여 중국은 종교성국가가 아니었지만 백성들이 절(寺)에서 향을 사르는 것(호국·구복)과 기독교신앙(원죄·회개·사랑과 나눔)과 다름이 있다. 아울러 중국인들은 공자가 귀신을 공경하지만 멀리한다는 것을 학습·실행하고 귀신이 능히 자신을 위하여 복무하기를 희망한다.

중국의 황제권은 지고 무상하여 죽어서도 廟號가 있고 지하에서도 황제의 역량은 살아 있다고 보고 천상의 신선이나 지하의 귀신으로 활동한다고 인정하였다. 중국인의 道는 시간·공간을 초월하여 존재하는 보편적인 규율로 중시하였다. 그 영향으로 天理·天命·天道·天運을 강구하고 天時·地利·人和를 말할 때에 天人合一을 주장하며 이 경우에 윤리상상이 서로 합해진다. 아울러 천인감응(통치와 사건의 成·不成)에 젖어 있다.

중국문화전통은 인생을 중시·열애하였고 食·性·色을 강조하였다. 생명을 중시한 것은 중국문화 특색으로 도교가 있기 때문으로 대개 종교적인 특점은 인간 사후에 어떻게 되는가를 연구하는 것인데, 도교는 한 마음으로 어떻게 하면 죽지 않을까 하는 데에 관심을 갖기 때문인가? 종족을 전하고 세대를 연속시키는 것을 중시하는 까닭에 공자가 불효에 세 가지가 있는데, 후손이 없다는 것이 막대하다고 한 말은 종교적 감정을 포함하고 있다. 중국인의 心目 중에는 일체 몸 이외의 사물은 필요 없을 수 있지만 오직 후사가 없을 수는 없다는 것이다.

중국민족은 열애생활을 하여 생활에 용기 있으며 선한 태도이다. 중국인은 인내하고 美食·美味하고 열악한 환경 중에서도 용감히 투쟁하며, 환경을 이용하여 생존한다. 까닭에 자급자족하며 열악한 자연조건 하에서 완강하게 생존한다. 민족관계상에서 여러 차례 충돌이 있었지만 마침내 일체로 돌아왔다. 중국문화전통에서 신앙상 종교의 관용을 주장한다. 비록 종교의 충돌이 있었지만 결국 서로 다른 종교와 상호화목·상호촉진·상호표창 하였다. 盛唐문화는 유·불·선 3교문화의 융합한 결과였다. 중국문화전통에는 문학·예술상에 독특한 審美主義가 있어 천연본색을 잃지 않는다. 이러한 특점들은 중국문화가 더욱 겸용성·정체성·현실성·모호성을 가지게 하였다. 표현 또한 천인분열의 극단행위를 즐거워하지 않았다.(中庸의 道理) 이러한 특점은 중국문화가 강대한 향심력을 갖도록 하였고, 고향인심·종족혈연관계를 중시하여 古詩文 중에 많이 보인다. 중국문화전통은 親情·人情·禮義·道德·倫常·體面을 중시하는데, 忠恕에 잘 표현되어 있다. 중국은 종교국가는 아니었지만 느슨한 등급이(9등) 있고 3綱觀念이 강하여 官本位였으며, 重農·抑商工하고 重仕·輕技하여 근대화에 낙후를 면치 못하였다.

중국문화전통의 특성은 상당히 많은 역사단계에서 하나의 개방된 국가는 아니었고 자아중심관념이 엄중하였다. 다른 사람이 가지고 있으면 우리 중국에도 오래전부터 있었다는 것이다. 이런 맹목적인 사상은 빈번히 자신에 대하여 정확한 인식을 결핍하고 있다. 일본인들은 전반적으로 위기감을 가지지만 중국인은 위기감이 적어 분명하게 위기가 닥쳐왔다고 하여도 천하는 아무 일없고 베개를 높이 벤다.

세계 각 민족은 각기 다른 역사에 대하여 우열감이 있지만 15세기 이래 서방문명에 떨어지고 있다는 사실은 부정할 수 없다. 중화민족의 문명사는 단층이 없다지만 興·衰·榮·辱이 있었다. 춘추전국시대는 개방적이어서 국가간에 왕래가 쉽고 백가쟁명·백화제방 하였다. 盛唐문화의 흥왕으로 유·불·선 3교는 물론 소수민족문화에 대하여 관용하고 개방하는 胡氣가 넘쳐 盛唐문화가 宏麗한 역사풍모를 나타낸 것이다. 15세기 이래 서방보다 낙후되었고 아편전쟁이후에 혼돈에 빠졌다. 따라서 개방한 중국이 유구한 역사적 경험과 교훈을 통하여 전진해야 한다. 정책상으로 중국인의 문화소질을 발양시켜 세계의 조류에 따라 과학수준과 문화수준을 갖춘 중국인을 육성해야 한다. 여기에 개방·과학·문명이 필요한 것인데, 이곳에 똑바로 중국역사가 흥쇠·발달하는 원인이 있는 것이다.

현대 중국인이 가기 민족과 국가의 역사를 되돌려 생각하는 것은 자타를 정확하게 평가하기 위한 것이고 정확한 발전도로를 탐색하여 빠른 속도로 가장 좋은 방식으로 세계조류에 따라 선진국가로 나아가게 하려는 것이다. 그것은 요셉 니담(李約瑟)이 세계문화가 융합한 곳에 일체로 된 시기라고 말한 것처럼 우리도 이 길로 매진하여 인류문명의 위대한 역사와의 만남과 앞 시대에 없던 성대한 역사성의 경축일을 이루어야 한다. 이런 역사적인 만남과 경축일의 도래를 위하여 앞서 말한 역사문화의 인식을 제공하고자 『중국전사』 백권본을 펴낸다.

제3절 白壽彝의 『中國通史』「題記」

『중국통사』의 편찬은 1975년부터 시작되었다. 당시 구상은 小型·中型·大型의 통사를 편찬하려 하였다. 중형본은 편찬할 수 없었다. 소형본인 『중국통사강요』는 1979년 상해인민출판사에서 간행하고 외문출판에서 영문판·일문판·서반아문판을 간행하였다. 본서, 곧 대형본은 1979년에 편찬을 시작한 것이다. 1983년 전국사회과학기획회의에서 중점적으로 연구할 항목을 결정하고 동년 10월 관련 있는 전문가에게 요청하여 편집위원회를 발족하여 북경사범대학보에 교육부에 제출할 準備案을 제출하였는데 3년 내에 완성할 것을 기대하였다.

본서는 총 12권 42책으로 계획했다. 제1권 도론(종술과 중국사에 관련이 있는 일연의 주요문제); 제2권(원고시대(고고학 자료로부터 원시사회의 상황을 탐색); 제3권 상고시대(문자기록이 있는 시기로부터 진 통일까지의 역사 논술); 제4권에서 10권까지의 중고시대(진한/ 위진남북조·수당/ 송요금·원/ 명·청의 4개 분기의 서로 다른 계단의 역사를 논술함); 제11·12권 근대(아편전쟁에서 중화인민공화국 성립전·후의 역사를 서술한다. 각권은 모두 「序說」·「綜述」·「典志」·「傳記」의 4개 부분으로 나눈다. 내용상으로 "通"자의 상하를 공부케 하여 각종 사회현상의 내재연계와 고금을 관통하는 발전규율을 중시한다. 이 일점에 도달하기는 어렵지만 우리의 노력의 방향이다.

본권은 단지 우리들이 느끼는 흥취의 문제로, 중국역사에 대한 이론상의 전면분석이 불능하였다. 1981년 6월 우리는 「중국사연구」 제2기에 도론의 提綱을 발표하여 중국사문제 12개 방면 360개 문제를 발표하여 상당히 광범하게 섭렵코자 하였지만 단기간에 이러한 문제 모두를 연구할 수 없어서 반복하여 토론하고 말미에 첨부했다. 본권(導論)의 제1·6·9장은 백수이·구한생·유가화가 찬술하고, 제2·3장은 구림동; 제4·5·7·8장은 최춘화·손문양·오회기·진기태; 제6장은 모두 종합토론하고 백수이의 개수·증산·정고하였다. 유설영이 많은 협조를 하였다. 전권의 문풍이 일치하기 어렵고 내용의 중복·착오를 면하기 어려웠으며, 심지어 모순도 나와 많은 독자의 指正을 희망하기에 이르렀다. 본서의 편찬에 각 방면을 영도하는 이들의 관심을 얻고, 여러분의 격려와 협조 그리고 상해인민출판사의 크나큰 지지를 얻었기에 우리는 깊은 감사를 표한다. 나 일개인에 대해 말하면 응당 내생활의 후원을 해준 모전오에게 감사한다. 1988년 10월 15일 북경에서 백수이가 쓰다.

제4절 일백 칠십 만년과 삼천 육백년(白壽彝)

원고시대 중국 경내에 인류가 광범위하게 분포되어 활동하였다. 그들은 원시사회의 발자취를 거쳤다. 遠某猿人은 중국 최초의 인류로 지금으로부터 일백칠십만 년이나 된다. 그 후 北京猿人은 약 45만 년 전에 모계씨족公社가 점차 형성되었고 부계씨족公社의 출현은 5천여 년 전이다. 원시사회는 생산력의 저하로 박삭이 없고 생산 자료의 공유에 따르는 생산관계의 기초는 공동생산·공동소비의 사회였다.

원시사회가 계속되던 끝에 노예제사회가 출현하였다. 이 시기는 계급·박삭·국가가 있어 노예주가 생산 자료를 점유하고 생산노동자 노예를 점유한 것으로 생산관계의 기초로 삼는 사회였다. 중국 노예제사회는 어느 시기에 개시되었는가는 구체적인 자료가 결핍되어 있다. 전통적인 설법으로는 夏나라는 중국역사상에 제일왕조로 400여 년 간 존속하였고 그 활동중심은 지금 산서·섬서·하남 3성의 접경 지구였다. 대체로 고고학자들은 기원전 21~16세기의 기간을 중국노예제의 개시로 인정하고 있다.

지하자료와 그 검증으로부터 나온 문헌에서 보면 3600 여 년 전의 商나라는 기원전 16~11세기의 노예제사회였고, 기원전 11세기에 商나라를 이은

周나라 또한 노예제사회였다. 商나라의 활동중심은 산동성 경내에서 하남성 안양지역으로 옮겼고, 周나라 수도는 鎬로 지금 섬서성 서안이고 周종족의 활동범위는 경·위수유역과 동도 洛邑(지금 하남성 낙양)의 이·락평원으로 기후온화·토양비옥·우량충분으로 농업이 발전하였다. 이 두 지역은 정치상 9세기말까지 중심지였고 적잖은 전설과 기록이 보존되어 내려오고 있다.

동주, 곧 춘추전국시대(기원전 770~기원전 221년)에는 노예제사회가 점차 해체되고 봉건제사회의 형성기로 그 과도기였다. 춘추시대는 기원전 403년(3家分晉)에 주왕의 명분과 권위가 추락된 때로 본 관점(사마광)과 기원전 453년(3家滅智伯·李悝改革)설, 그리고 기원전 475년(司馬遷 史記·六國年表)설이 있다. 이 시기에는 봉건사회의 생산관계의 기초는 지주가 생산 자료를 점유하고 생산노동자를 불안전하게나마 점유한다. 이밖에 농민과 수공업자는 자신의 노동력을 기초로 한 생산 공구와 생산 자료를 점유하는 경제였다. 바로 이런 개체노동자들 지주가 징익하여 박삭할 대상으로 삼았다. 지주와 농민계급은 봉건사회의 양개 대항계급으로 각종 사회계급이 서로 달라 획분된 등급으로 말미암아 전체적으로 계급의 시선을 차단하였다.

춘추전국시대는 봉건등급소유제가 노예주귀족소유제를 대체하였고 농민의 개체노동이 노예의 농업 중에 집체노동을 대체하였으며 노동력이 토지에 대한 의부가 노동력과 토지의 불은정적 관계로 대체되었으며, 耕織結合의 개체농민가정의 노동조직이 점차 지배적 형식으로 되었다. 정치상 주나라 초기에 시행된 봉건제는 변화가 발생하여 군현제가 출현·발전하였다. 각 지구의 연계가 증진되고 각 지방정권의 조직이 증강되었으며, 역사는 대규모의 통일로 진전되었다. 기원전 221년 진시황이 통일하여 군현제·봉건제가 전국적으로 지배지위를 점유하였음을 표시하였으며, 법가 중심의 제가백가의 변법·통일운동의 결과였다.

진한시대(기원전 221~196년)는 중국 황제전제·봉건사회의 성장시기이다. 황제는 정치권력·봉건등급제의 최고 지주로 통치하였다. 황제아래에 세습적 특권을 누리는 황족·외척·공신 등 서로 다른 신분인 世家地主였는데 이들이 지주계급 중에 지배지위를 점유하였다. 이밖에 豪族지주와 高貲지주가 있었는데, 이들은 재산과 사회의 영향상 상당한 실력이 있었으나 신분상으로 낮았다. 세가지주의 박삭 대상은 황제의 恩賜로 주어진 국가의 호적에 등재된 농민이었다. 이들 농민은 광대한 계급의 일부로 일정한 자유가 있고 스스로 경작하는 토지도 있었다. 그러나 세가지주의 호적과 국가호적에 편재되어 신분이 변경되지 않았다. 그리하여 그들은 세가지주에 납부하는 地租 또한 국가의 부세로 양자는 통일적이었다. 이러한 생산관계는 진통일 과정을 거쳐 진한시대에 끊임없이 발전하였다. 노예제는 진한시기에도 소멸되지 않았으며 관·사수공업 중에도 존재하였으나, 이들은 모두 노예제의 잔여였고 생산 활동 중에도 점차 지위가 없어졌다. 정치상 춘추전국시대 백가쟁명의 총결이라 할 수 있는 동중서 "罷黜百家 儒術獨存"의 정치사상이 채용되어 중국 봉건사회의 통치이념으로 발전하였다. 진시황이 통일적으로 실행한 군현제에 대한 구체적인 정황이 역사기록에 결핍되어 있고 양한시대에는 군현제와 봉국제가 실현되었는데, 군현은 지방의 기층 행정조직으로 상대적인 권력을 가졌지만 제도자체가 끊임없이 발전하였고 각 지방행정권이 제한을 받아 황제권력이 강화되었다. 진한의 도읍지 장안·낙양과 그 주변의 평야인 황하유역이 그 당시 가장 풍요로웠다. 진한의 활동범위는 앞 시대를 훨씬 초월하였고 황하·장강·주강유역의 광대한 지구를 포괄하였다, 각지에 분포되어 있던 소수민족들도 역사 활동을 개시하였다. 중국 주체민족인 한족은 소수민족과의 결합·융합은 이 시대에 개시되었지만, 각왕조의 주체민족은 변경되어 왔다. 184년 황건 농민전쟁은 진한사의 총결로 이후 30여년의 동한은 실제로는 삼국시대의 개막시기이었다.

위진남북조·수당시대(184~907년)는 중국 황권전제·봉건사회의 발전 시기이다. 이 시기에는 앞 시대의 문물제도가 집대성되어 동아문화가 형성·전개되었고 장원제의 발달로 양세법이 발전되었으며 황소(天補均平大將軍)의 농민전쟁에서 五代이후의 "均貧富·等貴賤"으로; 한유의 道統論에서 宋明理學이 출현하여 독제황권·봉건사회의 후기를 마련하였다.

이 시대에는 민족의 대규모 이동과 이주 그리고 민족 간의 장기투쟁이 전개되었다. 그 결과 전국적으로 민족잡거지역이 확대되어 새로운 민족관계가 설정되어 사실상의 中華가 형성·발전하였다. 위진남북조시대 자연경제의 특별히 강화되고 상품경제가 쇠락에서 수당시대에 상품경제가 크게 발전하였다. 위진남북조시대에는 앞 시대의 세가지주계급은 농민전쟁으로 와해되고 그 지위를 대체한 것은 신흥의 문벌지주였는데, 이들 문벌지주는 앞 시대의 세가자주와 한 가지로 정치신분·세습특권을 가지고 있는 지주였다. 다만 문벌지주는 가족의 전통적 지위에 의하여 조성된 것이고, 이들과 세가지주의 형성은 황제가 규정한 정치신분에 따라 다른 것이었다. 토지권상에서 문벌은 세가지주에 비하여 더 많은 가족사유의 성질을 가지고 있다. 노동력 상에서 문벌이 장악한 것 중에서 중요한 것이 음부농민이었다. 음부농민은 국가의 호적에서 이탈한 농민으로 지조를 교납하지만 다시는 국가에 부세를 부담하지 않는 성질이 있다. 그들의 사회적 지위는 호적농민에 비하여 낮았지만 국가에 대한 부세는 그 중에 번거롭고 무거운 요역노동을 파탈할 수 있었다. 이런 생산관계의 상대적 변화는 사회생산력의 제고에 유리한 것이었다. 이것이 봉건사회 발전시기의 또 하나의 표지였다. 위진 남북조의 수도는 낙양·장인·남경이었다. 위진 이후 북방민족이 남하와 노동력의 증강 그리고 생산기술의 전파에 있어서 동남부 농업생산에 새 자극과 추동역할을 하였다. 남경은 장기적으로 현저한 정치지위를 가졌고, 이것은 동남경제의 발전과 땔 수 없었다. 장강 중하류의 경제발전은 황하유역의 풍요지구를 齊지역으로 볼 때에 이것 또한 봉건사회발전시기의 특점의 하나였다.

오대·송원시대(907～1368년)는 중국봉건사회의 또 하나의 발전시기이다. 이 시기에 사방의 광대한 변경지구가 기본상 봉건사회로 진입하였고 동남경제의 발전은 북방을 초과였으며, 장강하류 지역은 전국에서 가장 풍요로운 지구가 되어 봉건사회 진일보 발전의 주요한 표지였다. 앞 시대의 문벌지주는 농민전쟁의 타격으로 와해되고 남북송의 통치 하에서 그들을 대체한 것은 品官지주(官戶形勢戶)였는데, 이들은 정치신분과 특권이 있었지만 장악한 세습특권은 매우 제한적이었고 그들의 토지대량은 購買나 侵占한 것이었다. 그들의 토지는 무한적으로 확대할 수 있었고 법령의 제한도 받지 않았다. 그들은 응당 부세를 납부해야 하였고 농민에게서 地租를 받았다. 부세와 지조의 구별은 매우 명백하였다. 품관지주 외에 부유한 지주와 상업을 겸영하는 지주가 있었다. 농민계급 중에 소량의 토지를 점유한 농민과 대량의 佃農이 있었는데, 이들이 품관지주·기타 지주의 토지에서 노동하였다. 이들은 앞 시대의 음부농민에 비하여 사회적 지위는 비교적 좋았고 인신의 자유는 비교적 많았다. 그들은 국가호적에 편재하여 지주에게 지조를 납부하는 일 이외에 봉건국가의 身丁錢을 부담하였고 어떤 때는 노역이 있었으나, 그들은 봉건국가에서 모모지주의 농호로 지적되는 것을 피할 수 없었는데 이것이 양한시대 호적에 편재되어 있던 농민과 매우 큰 차이로 구별되는 점이었다. 지주와 농민은 물론 봉건 신분성을 표시하는 朱印은 엷어져가는 추세였다. 재산성의 토지 박삭 관계는 현저해졌는데, 이것이 양송시기 봉건경제 생산관계의 특점이었다. 또한 성리학의 완성과 공리주의사상, 工商皆本 그리고 균빈부·등귀천을 내건 농민전쟁이 빈발하였다.

원나라가 전국을 통일하여 남송지주계급의 세력은 추락하고 그들이 소재한 지구는 봉건경제의 대표적인 지구였다. 원대에는 몽고귀족지주의 출현으로 형형색색의 봉건의무를 부담하는 농호가 형성되었으며, 노예의 수량이 확대되었다. 이는 기본상 북방의 정황이었다. 북방에서 출현한 생산관계는 이 시기의 국지적인 도태현상이었고 광대한 지구의 봉건화는 원시대 사회생산 발전의 새로운 氣象이었지만 결국 홍건농민전쟁으로 한족국가의 복원을 보았다. 오대·북송·금시대 개봉과 원이래 북경은 수도였고 군사·정치·경제의 重鎭이었으며, 한족·거란족·여진족·몽고족이 공동으로 발전시켰으며 대운하는 큰 역할을 하였다.

명청시대(1368~1840년)는 중국봉건사회의 노쇠기이다. 명대의 농민은 이전대로 거듭 佃農이 절대다수였다. 법적관점에서 이들은 지주를 선택할 수 있었기 때문에 지주의 봉건의부관계는 비교적 경감되고 지주의 분에 넘치는 사역을 받지 않을 수 있었다. 농민 중에는 雇工의 출현이 있었고 노동을 팔아 물질적인 보수를 취득하기도 하였다. 청대의 세법은 인두세를 평균적으로 나누어 토지세 안에 배당하여 토지 있는 자는 세금이 있고 토지 없는 자는 세금이 없었는데, 이것은 부세를 단순한 재산세의 성질을 갖게 하였다. 이상의 여러 상황은 봉건제의 속박이 비교적 많이 해제되었음을 설명한다. 아울러 이는 통치자의 은혜로운 하사품이 아니고 사회경제발전의 요구와 노동인민의 투쟁의 결과였다. 반면에 지주계급은 권력을 통하여 탄압과 수탈을 감행하였다. 품관지주·환관·팔기병·보통지주가 이들로 이것이 이 시기의 특점이라고 했지만 편면적인 논리이다.

앞 시대이래의 품관지주의 세력이 약화되고 농민전쟁의 타격으로 와해되고 그들을 대체한 것은 신흥의 官紳地主였다. 이들은 관원이외에 많은 과거시험 출신자와 그들에 연결되어 있는 계층이 토지를 광점할 뿐만 아니라 영업에도 종사하여 고리채·전당포를 운영하였다. 이는 상품생산과 화폐경제발전의 산물이지만 그들이 봉건세력에 의부하는 정황 하에서 도리어 정상적인 발전을 이루지 못하였다.

명왕조는 직접 대량의 토지, 곧 皇莊을 점유하고 환관을 파견하여 지조·상세·광세 및 대량의 금은을 받아 사회경제와 국가재정에 장애를 일으켰고, 청대에는 이런 잘못은 적었지만 동북지구를 금지구역으로 만들어 그 지방경제발전에 장애 작용을 일으켰다. 당후기이래 상품경제의 발달로 명초부터 자본주의 맹아가 형성되었지만 노쇠한 봉건제를 돌파하지 못하고 주자학·양명학의 성황을 가져왔지만 이념과 실제의 괴리로 天崩地裂하고 말았다.

대외관계상 수·당·송·원왕조는 주동적 지위를 차지하고 있었지만 명청시기의 대외관계는 현저하게 역전되었다. 명초에 왜구진출에 대하여 대응하는 조치를 취하였지만 명 중엽 이후에 왜구의 출몰로 큰 장애를 받았다. 아울러 명청 시기에 서방 자본주의가 이미 흥기하여 중국의 봉건제는 의연 노쇠하여 비틀거렸고, 통치자들은 세계의 형세에 무지하였다. 반면에 16세기 이래 서양의 절대왕정과 제국주의세력의 진출이 두드러져 중국에 대한 그들의 야심을 鄭和가 반격도 하였지만 그들의 침략에 피동화 되었으며, 아편전쟁 이래 제국주의의 늪에 깊이 빠지고 말았다.

제5절 현대중국에 있어서 유물사관과 구질서와의 격돌

1919년까지 구민주주의 혁명시기와 그 이후 신민주주의 혁명시기로 나눈다. 전자의 시기는 청조만년에서 민국 초에 이르는 80여 년 간이다. 이 시기에 자본주의 침입으로 봉건경제와 신흥의 자본주의 경제가 출현하였다. 자본주의 경제는 제국주의자본과 관료매판자본 및 민족자본이 포함되었다. 제국주의 경제세력은 중국생활 중에 지배 작용을 일으켜 봉건경제가 우세하였고 남방은 양자는 결합하였다. 관료매판자본은 제국주의 경제의 부용으로 봉건

박삭과 밀접하게 연계하였다. 그 위에 민족자본주의 경제는 미약하여 독립된 경제체계는 성립되지 못하였으며, 사회경제생활 중에서 주요지위를 차지하지 못하여 제국주의와 봉건주의는 연계의 움직임까지 있었다. 외국자본주의의 침략 하에서 중국의 자급자족적 자연경제는 파괴되었고 상품생산은 발전하였지만 농업생산과 농민의 경제생활은 자본주의 시장의 소용돌이 속에 빠졌다. 이런 정황은 중국 반식민·반봉건 경제형태의 주요특점을 표현하였다.

사회경제의 변화에 따라 계급은 새롭게 변화하였다. 외국자본주의가 중국에 침입한 후에 중국 사회생활의 통치역량은 중국의 정치·경제·군사·문화의 각 방면을 조종하였다. 그들은 봉건경제를 부식·지지하였을 뿐만 아니라 그 침략의 수요에 복무하는 매판계급을 조성하였다. 아울러 봉건 지주계급 내부에 새로 일어난 관료지주가 외국자본계급의 지지 하에 원래 관신지주가 점유했던 지배지위를 대체하였다. 군벌관료지주는 국제 자본계급의 부용이었고, 관료자본계급의 신분으로 농후한 매판성을 가졌다. 한편 농민은 자경농민·전농·고농이 총인구의 7·80%를 차지하였다. 그러나 봉건·제국주의 압박 하에서 농민은 날로 빈곤하여 파산하였고 자경농감소·전농증가의 추세였다. 결국 민족자산계급과 무산계급이 새롭게 산생되어 혁명 세력화하였다. 이들은 제국주의와 봉건세력을 타도하고 마침내 각 민족이 공산당 중심의 중화인민공화국이 성립되어 형식상 사회주의 신시대를 열었다.

제6절 중국역사발전의 지리조건

역사 활동은 모두 일정한 지역에서 전개되고 역사발전은 지리적 조건을 떠날 수 없다. 중국사학가들은 이 방면에 많은 찬술을 하였다. 또한 물산의 지역특점과 그것이 인간에게 끼친 영향은 경제구역을 산생하는 관점인데 사마천은 경제구역의 관점에 지리조건을 고려했다. 즉 지형·토양·기후·삼림·江湖海의 이익과 수륙교통상황 등을 검토하여 산서·산동·강남·용문과 갈석 이북의 4경제구역을 구분하고 관중·삼하·연조·제노·월초 등의 자연과 사회상황을 논술하였다. 이런 관점은 그 후 사학가의 중시를 받아 계승·발전되었는데, 반고·두우·구준 등의 우수한 전통을 이었다.

인구와 지리와의 관계 또한 사학계에서 인식하였다. 사마천은 지리조건이 인구분포와 관계있음을 인식하여 三河지구를 "天下之中"; 추노일대를 "地小人衆"; 관중을 "好稼穡"이라 하였다. 또한 반고의 『한서』「지리지」 이후 24사 중의 「地理志」 16家들이 인문환경까지 서술하였으며, 두우·이길보·유지기·주박 등의 많은 논설("隨時判事"등의 勢를 논하였다.)이 있다. 그리고 가의 「과진론」·고염무의 『천하군국이병서』·고조우 『독사방여기요』에서 역대지역형세; 역대 각 지역 군사와 행정의 지리형세; 전국 산천의 분포 등을 기록하면서 역사의 각종 인소를 평론하고 자신의 정치 견해·군사사상을 제시하여 많은 사람의 평가와 지지를 받았다.

서양에서는 몽태스키외가 법률과 토양의 성질과의 관계를 논설한 것으로부터 지형·기후·토양은 사회발전과 관계있다는 논의가 많이 나왔다. 특히 독일의 해결은 『역사철학』「역사적 지리기초」에서 세계사상 각 민족의 출현·발생에 관한 방식·형식으로 그들이 체득한 지위는 곧 전지구의 한대·온대·열대에서 서로 다른 작용을 하였다는 주장을 제시하였다. 즉 지리조건이 다르면 인간의 생산·생활방식·성격유형에 영향을 주고 그 영향은 각 민족의 역사상에서 그 발생·발전 및 그 처한 지위에까지 미친다. 예컨대 고원·초원·평원·해안에 따라 법률관계가 없는 好客·掠奪이 보이고 농업경영·왕국·대제국의 기초와 그 성장에서 법·국가의 기초가 형성된다고 지적하였다.(예컨대 지중해중심.) M·E는 또한 어떤 역사의 기재 또한 자연과 인류역사의 진행에서 지리조건을 언급하였다.

결국 지리조건은 생산과 노동에 대하여 불가결의 존재이고 인류역사의 발생·발전에 불가결적인 전제라는 것이다. 즉, 첫째로 토지는 지리조건의 중요인소로 인류의 생산과 생존의 원천으로 공동체의 기초건립·민족형성·국가건립은 지리조건 곧 토지를 떠나서 생각할 수 없다. 또한 서로 다른 지리조건은 사회생산력에 영향을 주는 것이다. 즉 지리조건에 따라 遊牧·公社·生産方式·生活方式·生産品類型 등이 자연히 형성·발전된다. 산품교환의 발생은 다른 지역에서 자연적 차별이 조성한 생산방식·생활방식·산품의 다름으로부터 말미암는다. 즉 지리조건이 다른 것으로부터 조성된 산품분포·사회분공의 차이에서 나온 결과인 것이다. 이리하여 노동의 분공은 최초로 노동자의 생리 차이에 따라 나오는 것이며 이런 분공은 비교적 발전한 단계에서 노동자가 처한 다른 지리조건 하에서 일이라는 것이다. 후자에서 보면 지리조건은 사회생산력의 분포상황에 영향을 준다는 것을 쉽게 발견할 수 있다.

둘째로 생산력이 진일보 발전한 단계에서는 지리조건의 차이에서 조성된 자연산품의 다양성은 곧 자본주의 생산방식의 온상이다. 반면에 지리조건과 자연산품이 단조로운 지방은 일반적으로 생산력 발전이 완만하여 자본주의 발전이 어렵다. 아울러 비옥한 토양은 생산력 발전에 유리하지만 자본주의 생산방식의 산생이 어렵다. 그것은 자본주의 생산방식이 상당히 발달된 상품생산이 전제되기 때문이다. 까닭에 지리조건은 생산력 발전에 영향을 줄 뿐만 아니라 심지어 새로운 생산방식의 산생에도 영향을 준다는 것이다.

셋째로 지리조건은 또한 국가의 정권형식과 정권의 직능 및 그 역사특점에도 영향을 준다. 예컨대 중국 역대왕조에서 수리사업을 중시한 사실이다.

넷째로 지리조건은 사회발전에 대하여 사회생산력의 수준의 제고와 끊임없는 변화에 따라 영향을 끼친다. 즉 지리조건과 생산이 서로 연계되어 실현되기 때문에 생산력의 수준의 제고에 따라 끊임없이 변화하고 그 영향 또한 끊임없이 변화하는 것이다. 따라서 지리조건의 사회발전에 대한 영향은 생산력제고에 따라 증강되는 것이다. 다시 말해 인간은 자연적 인소를 응용하여 능력을 강화하고 수준을 높이면 지리조건은 노동 생산력 발전에 대하여 발휘한 바의 작용은 더욱 커진다. 현대 과학기술의 진보와 그 생산 상에서 지녀온 바의 생산력이 발전한다는 M.의 논리는 옳다는 것이다.

다섯째 인류는 지리조건을 이용하는 가운데에 끊임없이 지리조건을 개변시키며 지리조건의 새로운 인식을 획득하는 것이다. 여기서 자연주의 역사관이 정확치 못하다고 비판한다. 즉 인간은 자연계에 반작용하고 자연계를 개변시켜 자신의 새 생존조건을 창조하는 것이어서 인간이 자연계에서 소극적·피동적일 수 없다. 이것이 인류활동에 일으킨 바의 자연계에 대한 변화를 설명한 것이고 자연계에 대한 반작용 역량은 낮지 않다는 것이다. 그리하여 지리조건이 사회발전에 대한 영향을 승인하고 사회인 또한 지리조건에 반작용하며 지리조건을 개변한다는 것을 승인한다는 것이 지리조건과 사회발전과의 관계를 견지하는 변증법이며 자연주의 역사관과 한계를 긋는다는 측면을 典範으로 삼았다. 결국 인간과 자연과의 관계는 인간이 끊임없이 탐색·실천·새인식을 제출하는 문제를 필요로 한다는 것이다. 따라서 지리조건이 경제관계의 일부분이고 역사의 결정적인 기초라는 것이다.

여섯째 P.B. Jinexahob(1856~1918)는 지리 관계와 사회관계를 발표하여 인식상의 착오가 있다고 지적하였지만 지리환경의 특성은 생산력발전을 결정하고 생산력발전은 곧 경제적으로 결정하여 경제에 따라 일체의 사회관계가 결정된다는 것이다. 이는 M.주의가 지리조건과 사회발전과의 관계에 관한 이론은 변증법이고 역사적 유물론의 조성부분으로 유심주의 역사관·자연주의 역사관과는 다르며 세계역사의 나가는 길을 지도하는 하나의 방침이라는 것이다.

그러면 중국 지리조건의 특점과 역사발전과의 관계는 어떤가? 앞서 말한 자연·인문지리 조건은 파란만장한 역사과정 중에서 큰 영향을 끼쳤다.

첫째 지리발전의 복잡성과 경제발전의 불평형성

중국의 지형은 광활하여 경제문화발전은 크게 불평형적으로 이런 정황을 조성한 인소는 다방면이고 지리조건의 복잡성은 주요원인의 하나이다. 중국민족의 요람 황하유역은 중국사에서 경제문화가 가장 발달한 곳으로 용산에서 태산에 이르는 대평원지구에 신석기·하상주의 문화가 계속 발전한 것은 평원·초원에 농작물이 풍부하고 황하범람과 같은 자연조건의 변화 등으로 경제문화가 발전한 것이다. 인구조밀에 관련하여 황하유역이 발전하고 초원지구가 발전하지 못한 것은 당시 지리조건과 밀접한 관련이 있는 것이다. 지리조건의 복잡성이 조성한 바의 경제문화발전의 불평형한 바의 현상은 황하와 장강이 차이가 있고, 같은 지역에도 지리·인문조건에 따라 상호간에 연계하여 발전을 도모하고 먼 지역에도 연계가 추구되는 상황에서 각 지구 각 생산부문이나 지역적·국가적으로 물질적 인소의 연계가 추구·강화되어 나아갔다. 예컨대 사마천 『사기·식화열전』에서 각 지역은 주요한 성시(城市)를 중심으로 자신들이 처한 지리조건에 근거하여 생산의 조직을 만들고 거기에 종사하여 그 산품은 자연히 지리조건의 차별로 달라지니까 군사상·정치상으로 그 지리조건에서 성시를 조성하고 발전한다. 그리고 산업상의 조치가 중요하게 되니까 반고 『한서·지리지』에는 전국적인 통치거점과 그 설치연혁에서부터 호구의 많고 적음이나 산천의 형세와 물산 그리고 城市의 설치 등이 모두 지리조건과 관계있는 것을 기록하여 통치자에게 勸戒하였다.

둘째 지리조건의 국부적 독립성과 통일성 그 역사·정치와의 관계는 어떠한가? 중국사에서 王臣·王土의 관념과 대일통사상이 발생하여 공고화되었지만 매우 완만한 과정을 거쳤다. 진한제국의 통일을 가져온 이래 위진 남북조의 분열·수당의 통일·오대의 분열·송원명청의 통일 그리고 통일 중국의 과정은 종종의 여러 원인이 있지만 지리조건의 국부적 독립·통일성 그리고 통치와 관련이 있다. 예컨대 진의 통일에 있어서 關中이 지리적 요충인 점과 군현제, 한의 통치와 「過秦論」, 삼국정권의 성립 그리고 교통이나 사막 등이 지리조건과 관련이 있다는 것이다. 결국 지리조건과 사회발전과의 관계에 대한 인식은 하나의 역사 과정이고 이 과정 중에서 중국의 고대와 현대의 학자 특히 역사가들이 중시했는데, 이는 역사연구자·찬술자를 모아 개발해야 한다는 것이다.

第7절 중국의 인적인소·과학기술·사회생산력

생산 활동은 인류의 기본활동이고 인류가 생산 활동을 하였기 때문에 자신의 역사를 시작한 것이다. 인류는 역사 활동의 기본조건이요. 물질생활을 생산하는 본신이 인류역사의 출발점이다. 따라서 역사연구와 서술은 복잡하지만 응당 사회생산력을 중시해야 한다는 것이다. 노동과정에는 노동력·노동자료·결과물인 산품의 삼요소가 있다. 노동력은 직접생산자가 만든 생산력의 요소이고 생산력 중의 인적인 요소와 물적인 요소를 서로 보존해주고 서로 형성해주는 변증법적인 관계에 있다는 것이다. 중국의 역사상에 직접생산자(농·어·목축·임·광업노동자과 각종 수공업·운수노동자 그리고 기타 생산자)가 있다. 파란만장한 중국사회에서 농민은 직접생산자로 토지를 점유하고 남자는 경작하고 여자는 배 짜는 일을 하여 소농과 가정 수공업의 결합이며 생산기술은 대대로 이어져 내려왔다. 농민은 토지에 속박되어 고정적 토지에서 농업생산을 진행하여 봉건통치자들은 그 통치를 공고히 하고자 권농이나 토착하는 것을 근본으로 한다는 조치로 농민의 이탈을 방지하여 세원·병력원을 보충해왔다.

국가는 男耕·女織하는 일가·일호를 생산단위로 삼아 농민을 조직하였고 맹자의 孝悌는 도덕적으로 가부장적인 소농경제를 반영하였으며, 백거이가 말한 「朱陳村」의 정황은 산촌의 자연경제 환경 중에 恬靜·安適한 정취를 묘사하고 그들이 현상에 안주하려는 보수사상을 반영하였다. 天災·戰亂·苛政이 없는 상황에서 남경·여직의 자연적 생산결구는 배불리 먹고 소금·철 이외에 밖에서 구입할 필요 없는 자급자족하는 구조이지만 교환경제 발전에는 장애가 된다. 농업 생산기술은 토지에서 농민이 생명을 보존하는 것으로 필수적·세습적이었다. 따라서 농업이 주도적 지위를 차지하는 지역에서는 수공업자 또한 그 기술이 세습되고 이들에게 약간의 토지가 수여되는 것은 농민에게 토지를 식량이나 세원·병력원을 보증하기 위한 것과 같이 수공업산품의 획득과 그들의 기술을 동원하는 것을 보증하고 국가의 국영 공 상업을 발전시키기 위한 것이라고 보는 것이다. 또한 각종 수공업노동자의 경우도 같다는 것이다. 이런 인구문제는 그 소질·수량·분포·부문구성·민족구성 그리고 계급구성을 포함하여 모두 생산력 발전에 영향을 주는 것으로 인구의 다소만으로 사회경제의 성쇠를 간단히 설명할 수 없는 복잡한 문제이다. 인구의 다소로 사회경제의 성쇠를 균형 있게 헤아려야 한다는 것이지만, 이는 복잡한 역사현상을 설명할 수 없다. 역대 정치가 역사가들은 인구문제를 간단히 말하지 않았다.

춘추 말 공자가 자로와 함께 사람이 많다고 하고 그들을 부유하게 해주어야 한다면서 田宅授與·禮義教育으로 군주와 백성의 本分을 명시했다. 전국시대 상앙은 토지는 적고 인구는 많은 삼진의 백성을 토지는 많고 인구가 적은 秦에 徠民토록 했으며, 맹자는 농사철을 빼앗지 않고, 經界를 바르게 하면, 정치의 잘되고 못됨에 관련되어 있다고 강조했다. 사마천과 반고도 천하무사는 창고가 충실하고 人口가 증식한다는 것을 지적했고, 수·당왕조는 귀족(혹은 지방호족)과 노동력 쟁탈하는 조치가 보이며, 장정옥 또한 『明史』 식화지에서 정치 잘·잘못과 법제가 확장되고 이완되는 것과의 관련을 지적했다. 아울러 晉·宋·蒙古의 남하로 인구가 대거 이동하였으며 청왕조 때에 인두세를 토지세에 배당한 후에 인구가 크게 증가하였다. 이런 문제의 연구가 중요하다는 것이다.

1. 과학기술과 사회생산력

M.는 과학기술을 일종의 생산력으로 보고 이에 대하여 몇가지 지적하였다. 즉 ① 노동생산력은 과학기술(工具·器機)의 끊임없는 진보로 끊임없이 발전한다. ② 생산과정은 과학의 응용으로 이루어 한 가지 발명으로 생산방법의 새로운 진보의 기초가 되어 발전한다. ③ 과학역량은 그 본신과 생산하여 점유하는 것을 포괄하는 것으로 과학적인 역량을 통하여 과학역량을 증장시켰을 뿐만 아니라, 생산의 範圍·廣度를 장악·조정한다. 따라서 과학기술은 일종의 생산력이며 나아가 생산력의 추동작용이요 혁명역량이라는 것이다. E.도 과학기술은 생산력의 진보를 가져오고 새로운 과학기술은 새로운 생산력에 이용하여 그 효율을 제고하는 것이어서 잠재된 과학기술은 잠재된 생산력과 관련이 있다. 따라서 일체의 과학기술은 생산력과 직·간접으로 관계가 있다는 것이다.

중국에서 산생된 과학기술의 성취와 특점

요셉 니담(李約瑟)은 중국인이 과학기술에서 서방인보다 더 큰 성취를 하였는데 물래방아·방적기·돛(키)·마구·궁시·주철·화약·나침판·도자기·인쇄술·종이 등 허다한 발명·창조하였으나 국내에서 조금 유행하고 광범위하게 전파되지 못하였으며 어떤 것은 알려지지 않은 것조차 많다. 그리고 사직품·도자기·차는 세계적인 것이고 특히 나침반·화약·인쇄술은 서방근대문명의 발전에 큰 공헌을 했다고 프란시스 베이컨이 지적하였다. M.는 과학부흥의 수단을 변화시켰고 정신발전과 창조에 대하여 필요한 전제가 되는 가장 강대한 杠杆을 변화시켰으며, 이런 3종의 발명과 제지술의 발명은 서양의 조약한 쓰기용품을 대체하는 등 서양문명의 진보에 도움을 주었다고 지적하였다.

또한 농학·의약학·천문학·수학은 중국의 저명한 4대학과로 고대 수리공정·건축공정(설계·교량·기와·성벽) 등의 과학과 공예의 체계를 확립했으며, 농학(토양·기후·작목·수리·농기구·과수·재배·편직 등); 의약학(병리·의료·내과·외과·골과·안과·부인과·약물·침구·안마 등); 천문학(천상관측·역법); 목축업(목민양식·사료) 등이 수학의 도움으로 발전하였다. 아울러 농서·의

약서(상우경·상마경)가 많이 간행되었으며, 고염무는 國富의 차원에서 耕牧을 함께 중시해야 한다는 등의 주장도 하였다.

그리고 중국에서 과학기술에 관한 연구는 매우 풍부하게 번영하였지만 다음 세 가지 주의할 점이 있다. ① 실용을 중시하고 이론적인 탐색을 중시하지 않아 제고와 추광 등의 발전에 장애되었다. 근대에 들어와 각 분야의 이론적인 성취가 이루어졌다. ② 생산 실천 상에서 精耕細作·工藝精巧·格守成規를 중시하였지만 과학기술 상의 새로운 성취는 추광하기 어려웠다. 예컨대 면화는 전국시대에 남해에서 수입되었으나 원대에 전국에 추광되었다. 각 수공업 방면에는 추광된 것도 있었으나 교통의 불편과 생산자의 인습 등으로 전해지지 않은 것조차 있다. 이는 자연경제의 제한으로부터 조성된 것이고 각기 별도의 원인이 있었다. ③ 官府가 과학기술의 발전에 일으킨 작용은 크다. 천상관측·의약·본초서(이시진의 본초강목)·군기제조 등은 개인이 아닌 관부에서 조직하여 오늘날까지 발전하고 있다.(천진 同仁堂의 牛黃淸心丸) 다만 관부는 정치상의 권력을 이용하여 염철 등 주요부분을 농단하고 과학기술역량을 남용하여 봉건통치의 수요와 사치를 만족하고자 사회생산력을 파괴한 측면이 있다. 통치자들은 우수한 기술인재를 장악하고 그들 자유를 제한하며 기술전파를 방애했다. 역서와 그 반포의 형식을 이용하여 종교미신·황권신화를 산포하여 과학기술의 발전에 장애 작용을 일으킨 것이다. 근래에 들어와 위의 각종 특징은 개변되었지만 관료적 언행이나 습관과 같은 영향은 간단히 소제할 수 있는 것이 아니다.

2. 생산관계와 계급관계

생산관계와 생산 자료 소유제

인류역사의 과정 중에 어떤 역사시기를 막론하고 인간은 생산 중에 모두 당시 생산력의 상황과 서로 적응하는 사회관계를 형성하고 이런 관계는 곧 그것이 그 사회관계를 결정지울 뿐만 아니라 또한 일체의 사회기초인 것이다. 생산을 실행하는 과정은 곧 생산자와 생산 자료가 서로 결합하는 과정이다. 생산 자료는 사람이 생산에 종사하는 바의 적잖은 물질조건이고 생산자는 단지 생산 자료와 서로 결합하여 생산을 진행한다. 역사상에서 생산자와 생산 자료와의 결합 방식은 서로 다르고 이런 서로 다른 것은 생산의 사회형식이 다를 뿐만 아니라 주요한 것은 생산 자료 소유제 형식이 서로 다른 것이다. 까닭에 생산자는 어떻게 생산 자료와 결합하는가 하는 것인데 곧 생산 자료 소유제 형식으로 결정되는 것이다.

생산 자료 소유제란 개인·계급·집단·사회가 생산 자료를 점유하는 형식에 있어서 사람사이의 관계이다. 생산자료 소유제 형식은 표면상 사람이 물질 혹은 자연과의 관계이고 실질상 물질과 자연과의 관계에서 표현된 사람사이의 관계인 것이다. 이런 관계는 생산관계 중에 결정적인 작용을 일으키는 인소이다. 생산 자료가 누구의 소유로 돌아가느냐 하는 그것이 노동자가 여하히 생산 자료와 서로 결합한가를 결정할 뿐만 아니라 또한 생산·교환·분배·소비 등의 각종관계를 이루는 것이다. 역사상에서 각종 다른 생산소유제 형식이 있었을 뿐만 아니라 역사상 각종 사회경제 형태의 주요표지를 구별하는 것이었다. 생산 자료 소유제 형식은 생산 중에서 지위와 상호관계를 결정하고 교환과 산품분배를 결정한다. 역사상 생산관계의 성질은 생산관계의 소유제의 성질을 결정하는 것이어서 각 사회마다 생산·교환·분배에서 소비에 이르는 성질은 모두 생산 자료 소유제 형식으로 결정하는 것이다.

생산 자료 소유제 형식은 한번 형성된 후에 불변하는 것이 아니고 생산력 발전의 수준을 결정하는 것이어서 사회생산력의 발전이 따라 변화가 발생하는 것이다.

중국의 유구한 원시사회는 생산 자료 공유제가 존재했는데, 이것이 고고자료에서 실증되었다. 갑골문자 사용되던 시대에 이미 노예제사회로 진입하여 생산 자료 소유제가 출현하였다. 이 시기에서 봉건사회 말기에 이르기까지 토지 등급소유제는 시종 생산 자료 소유제의 주요 형식이었다. 商周時代 생산 중에 주요 생산 자료는 토지였다. 전국의 토지는 명의상 王有였고 왕신·왕토사상은 실제상 노예주귀족의 토지소유제였다. 이런 소유제는 일종의 등급소유제로 "王畿는 국왕소유지 제후·경·대부는 각기 그 영지가 있고 세습하는 등의 상당히 자유스런 지배였다."는 자료가 보인다. 춘추전국시대 사회경제 발전에 따라 생산관계의 변혁은 생산 자료 소유제의 형식에서 변화가 발생하여 봉건토지소유제는 노예주토지소유제를 대체하였다. 중국의 봉건토지소유제는 곧 등급토지소유제로 춘추전국시대로부터 봉건토지소유제 형성 이후에 출현하였다. 또한 역사발전에 따라 봉건토지등급소유제의 본신은 또한 끊임없이 발전하여 변화하였다. 즉 ⓐ 토지소유제 중에 매 일개 등급은 토지소유권을 표시하였고 또한 일정한 정치권력을 표시하여 경제권과 정치권력이 불가분의 관계가 성립되어 국가는 최고 지주로 주권은 곧 전국적인 범위에서 집중한 토지소유권을 집중하는 원인이 되었다. ⓑ 중국 봉건토지소유권 상에서 公私의 개념은 모두 엄격하지 못하여 국유와 공유가 병행되어 실제상 국유와는 구별하지 않고 다만 황권소유 곧 황제의 사유처럼 이해하였다. 19세기 중엽이후 생산 자료의 새로운 변화가 출현하여 자본주의 생산 자료 소유제는 완만히 발전되었지만 봉건토지등급소유제의 영향은 그대로 남아 있었다.

그 위에 여러 가지 생산관계가 병존하였다. 즉 원시사회에서 현재에 이르기까지 인류역사는 5종 사회형태(원시·노예·봉건·자본주의사회)가 출현하였고 매 일종의 사회형태가 모두 생산력과 생산관계의 모순적인 통일체였다. 매 일개 사회에는 모두 생산력 발전과 상응하는 가장 기본적인 생산관계는 그 일종의 사회형태와 이밖에 사회형태와 서로 구별되는 것이다. 구체적 매 사회형태 중에 빈번하게 단일적으로 생산관계만이 아니고 대체로 양종 이상의 생산관계가 동시에 병존하는 것이다. 따라서 단선적이 아닌 복선적으로 상호 작용하여 각 사회의 면모·성질을 개변시키기에 어려운 면이 있다. 즉 商·周시기에 지배적인 지위를 차지하던 생산관계는 노예제 생산관계로 노예주가 생산 자료와 생산노동자를 점유하여 생산자인 노예는 인신의 자유가 없고 생명의 안전보장도 없으며, 무상으로 노예주를 위하여 노동한다. 이러한 시기에 원시사회의 잔여형태인 공동생산·공동분배가 남아 있었다. 무왕이 은을 평정할 때에 800제후를 거느렸다는 것은 공사성원의 씨족수령을 장악하여 은을 평정했다는 의미이다.

중국봉건사회는 양천 년에 달하여 그 중에 여러 종류의 생산관계가 병존했지만 봉건적인 생산관계가 시종 지배적인 지위를 점하였다. 한족지구의 경제문화수준이 전국범위에서 가장 발전하여 씨족적인 혈연이 장기간 큰 영향을 주었다. 지주·세가지주·문벌지주·호족지주·농민群衆이 종족을 모아

거주하였다. 실제상 지연관계와 혈연관계의 결합체로 역사상 심각한 영향을 주었다. 즉 씨족제는 봉건적인 생산관계의 복잡성을 증가했고 일종의 독립적 생산관계를 이룰 수 없었다. 아울러 진한시대에 대량의 노예가 존재하였다. 이들 노예는 대부분 노동에 참여보다는 별도의 사람에 끼어 있어 노예제 생산관계라 할 수 없고 이들은 수공업에도 존재하여 이들은 봉건적 생산관계의 보충형식이었다. 그리고 소수민족 지역의 사회발전은 불균형하고 소수민족간이나 소수민족 내부의 계급간의 모순이 심각했고 전사회의 다양한 생산력·생산 자료의 다양화 그리고 씨족제·노예제의 잔여도 각각 존재하였다. 고용관계 또한 장구하여 생산과 보수급여의 傭工이 있고 명중기 이후 이들은 자본주의 성질이 있는 고용관계가 있으나, 미약하여 자본주의의 맹아상태에 있었다. 이런 복잡한 사회에 자본주의까지 들어와 매판성이 나타나는 등 비정상적인 발전이 야기되어 中國亡危 상태로 격동하였다.

3. 생산관계와 생산력과의 적응과 모순

인류역사는 복잡한 모순관계로 그 발전은 각종 역량의 상호작용의 결과이다. 사회발전은 기본적으로 시종 그 작용을 일으키는 것은 생산력과 생산관계 양자에 이미 모순이 있고 또 통일되어 이런 양자의 모순·통일체로 구성된 것이 곧 생산방식이다. 이런 통일체 중에 생산력은 사회생산의 내용이고 생산관계는 사회생산형식이다. 생산력과 생산관계의 상호작용은 생산관계의 모순운동을 구성한다. 인류역사상 일종의 사회형태는 모두 일종의 사회생산방식을 체현하기에 매 일개 사회의 변화·발전은 모두 생산방식의 변화와 발전의 결과이며 모두 생산력과 생산단계의 모순운동이 추동되어 나온 것이다. 생산력의 발전상황은 생산관계의 성질을 결정한다. 생산력 상황은 생산의 요구에 적응하여 건립되는 것이다. 따라서 중국사에서 이미 다른 생산관계가 존재했고 이것은 당시 생산력 발전의 수준과 더불어 상응하는 것이었다. 생산방식은 이런 통일체 중에서 생산력은 가장 활약적인 가장 혁명적인 인소이고 그것은 장대한 발전과정에 처하여 끊임없이 발전해 나가는 것이다. 다만 이런 생산력도 모두 일정한 생산관계 중에 처해 있어서 그 발전 곧 생산관계의 발전과 변혁에 따라 받아 결정된다.

역사상의 매 일종의 사회형태는 모두 그 존재한 역사적 근거가 있고 그 근거는 곧 이런 종류의 생산방식의 생산력과 생산관계의 모순·통일로 말미암는 것이다. 매 일종의 생산방식은 모두 일정한 생산력의 수준 상에서 산생되는 것이므로 매 일종의 생산관계에 용납되는 생산력은 모두 일정한 한계가 있다. 생산방식의 발전은 質變과 量變의 차이가 있고 일종의 생산방식 중에서 생산관계와 생산력의 성질이 같아야 한다는 요구는 기본적으로 적합하지만 생산관계와 생산력 사이에 모순은 있고 이런 모순이 생산관계를 조성함으로써 해결되고 생산방식의 개변이 필요 없게 되는 것인데, 이것이 생산방식의 量變이다.

역사상 통치계급의 개혁은 곧 생산관계를 조정하는 과정이다. 생산력 발전에 당해 생산관계가 용납하는 한도를 초과하여도 옛 생산방식을 파괴하지 않으면 생산력은 발전할 수 없고 생산방식은 곧 質變이 일어나고 새로운 생산방식은 구 생산방식을 대체하는 것인데, 이것은 곧 역사상 혁명적 사회변혁의 과정이 출현한 것이다.

중국사회의 장기발전 중에서 생산관계가 생산력과의 모순·적응이 일어나던 중에 이미 여러 형식이 출현하였다. 즉 ① 제1종 형식은 춘추전국시기에 철 농구 제조가 끊임없이 넓어졌다. 또한 우경이 추광되고 수리흥수 토양식별과 개조, 이 모든 것이 사회생산력발전의 표지였으며 더욱 중요한 것은 은익 없이 신속히 토지를 나누어 노동에 대한 태도가 변하여 집체 노동하던 노예나 윤경하는 공사성원과 달리 노예제 생산에서 모순이 발생하여 새로운 봉건관계의 생산관계와 노동력이 상응하여 발전하였는데 한의 문경지치·당의 정관지치·개원지치가 이루어 진 것이 그것이다.

② 진·한·당·원·명말 농민 대 기의는 모두 계급투쟁 형식을 통과하여 생산관계는 생산력과의 모순격화를 반영하여 봉건생산관계의 질곡을 충격·파괴할 수는 없었다. 명대에 자본주의맹아가 있어 이것이 새 생산력을 대표하였지만 봉건세력의 완고성으로 자본주의 맹아는 봉건관계의 족쇄를 충격·파괴시킬 수 없었다.

③ 소수민족이 한족지구에 진입하여 낙후된 생산관계를 가져와 원시적 생산력과 첨예한 모순이 일어났다. 장기간의 조정과정을 경과하여 마침내

봉건적 생산관계로 전화되었으니 선비·거란·여진·몽고·만주족들은 모두 이런 양상의 역사경력을 가졌다.

아편전쟁 이후 식민주의·제국주의세력이 중국에 진입하여 중국의 봉건세력과 결합·동맹하여 엄격하게 중국의 사회생산력을 속박하였다. 그들은 비록 근대 공업의 생산기술을 가졌지만 중요한 것은 중국인민을 박삭하는 공구로 사용하였다. 민족자본주의 생산력과 생산관계는 비록 전개는 되었지만 그 역량은 미약하여 생산력과 생산관계의 모순·적응은 시대 변혁의 표지를 돌출할 수 없었기에 역사단계를 획분하는 연대를 명확하게 하지 못하였다. 노예제사회에서 봉건제사회까지는 이렇지만 봉건제과도로부터 근대사회 또한 이러하였다. 이것이 바로 중국역사의 특점이다. 중국 역사상에서 생산관계는 생산력과의 모순·적응은 전쟁과 연계되어 일어났다. 사회모순이 격화되고 농민전쟁이 일어났다. 전쟁 후에는 일단 안정되지만(양보정책) 전쟁의 근본원인을 해결하지 못하여 생산관계나 생산력의 개변을 이루지 못하였다. 봉건사회의 장기간의 정체성 등도 그 안에 있었다.

4. 계급결구와 계급투쟁

(1) 계급과 등급

계급관계는 일정한 역사시기내의 생산관계에서 형성된 사회결구상의 반영이다. M.는 일체의 계급사회는 모두 일정한 생산관계의 기초에서 나온다고 하였다. 인간이 생산관계 중에 처한 서로 다른 지위에 따라 사회는 곧 서로 다른 집단이 나뉘어 나오고 계급이 형성되는 것이다. 각 계급은 생산자료를 점유하는 관계에 따라 서로 달라지고 박삭·피박삭계급으로 나눠진다. 계급사회에서 박삭계급은 생산 자료의 소유권을 이용하여 피박삭계급에 대하여 경제상의 박삭과 정치상의 통치를 진행한다. 또한 생산 자료에 대한 점유관계의 다름으로 말미암아 생산 중에 처한 서로 다른 지위를 결정하고 분배상에서 재부를 취득하는 방식을 취하여 다소의 차이가 있다. 일반적으로 박삭계급은 생산 중에서 노동하지 않고 지휘하는 지위에 처하고 단지 피박삭계급이 번중한 생산노동에 종사한다. 또한 분배상에서 박삭계급은 도리어 사회상 절대부분의 재부의 점유자이고 노동인민은 단지 자신이 창조한 재부의 매우 적은 부분을 취득할 수 있다.

계급의 출현과 발전은 약 몇 천 년이고 이 이전에 원시사회시기에 사회생산력의 수준은 극히 낮았고 박삭이 산생될 수 없어서 계급이 산생되지 않았다. 다만 생산이 어느 정도 발전함에 따라 일부 인이 일부 인을 박삭하여 계급이 발생한 것이다. 인류역사는 이미 3종(노예·봉건·자본주의사회)이 존재하였고 이들은 모두 계급이 등급형식으로 출현하였다. 중국의 노예제 사회에서 봉건제사회 또는 각기 자신의 계급결구가 있었지만 모두 등급형식으로 커버되고 있었다. 중국 노예제 상황은 현재 명백히 연구되지 못하였지만 대체로 은·주·춘추·전국시기는 노예주계급과 노예계급의 두 가지 주요한 대항계급이었다. 이밖에 國人(성시내 거주자), 야인(농촌공사 성원)이 있었다. 공사는 집체를 만들어 그 지역의 귀족에 대하여 의무를 담당하고 공사성원은 자유민의 성질이 있다. 이 시기에 이미 수공업·상업이 있었으나 독립 신분은 아니었다. 계급은 경제지위에 따라 획분했다. 은·주·춘추·전국시대는 허다한 등급에 관한 명칭(臣·皂·求·僚·僕·台; 王·公·大夫·士)이 있었는데, 노예주와 노예이다. 일종의 등급은 일종의 신분을 대표한다. 중국 상고의 禮는 곧 등급제도와 유관 행위의 규정이다. 공자는 禮를 정치상의 등급을 만드는 대사로 보았다. 본질상으로 보면 공자가 중시한 것이 등급제도이다. 춘추말년에 주례는 쇠미하여 공자가 천하무도를 느꼈다고 했지만 실제상 탄식한 것은 등급제였다. 법가의 변법은 신법으로 舊禮를 대체하려는 것으로 실제상 이런 신법은 또한 새 등급제에 불과한 것이다.

중국봉건사회는 지주와 농민으로 주요 두 대항계급이 있고 수공인·상인은 모두 자기네 계급을 형성하였다. 이런 계급이 소유한 것은 서로 다른 등급이었다. 그밖에 양 계급사이에 낀 계급도 있었다. 진한시대에 경제가 발전하여 등급제도의 특점이 된 봉건토지소유제 및 그에 상응하는 지주계급 내부의 결구가 수립되었다. 지주계급 중에서 최고는 황제로 그 정치권력과 전국토지소유권을 가졌기에 토지소유권과 정치상의 통치권이 통일되었다. 그 아래 지주계급 중에 비교적 고급은 世家地主로 등급은 모두 봉건귀족이다. 그 중에는 종실·훈귀·외척·儒宗 등이 있다. 진 황가자제·서한종실·봉군·봉후 등 봉건귀족은 봉작이외에 사여된 토지소유권이 있고 봉토와 민호가 있으며 세습적인 법정특권이 있어서 이것으로 지배계급이 된 것이다. 이런 세 가지주 아래 호족지주가 있었는데, 6국의 후예와 지방의 大姓으로 이들은 지방에서 영향이 있었다. 진·한초에 이들은 遷徙의 대상이 되어 국가가 이들을 장악코자 하였다. 이들 大姓, 곧 豪族은 대량의 토지를 점거하고 종족적인 혈연관계를 형성하여 향곡·여리에서 강력한 세력으로 의부하는 빈객·부곡·도부 등의 대량 의부 인구를 점유했다. 그들은 비록 세족지주와 같은 정치지위는 없었지만 향곡에서 무단하고 일방에서 횡행하였다. 『한서』중에 "邑에 인군에 尊이 있고 里에는 公侯와 같은 부유함이 있다"는 설명은 이를 가리킨다. 서한후기에 자제·종족·빈객천여 명을 가졌다 하고 동한 때에 공손술이 종족 만인이 있었다고 한 이들은 모두 지방의 대성이고 그 중에 어떤 자는 각종 관계로 귀족으로 상승하였다.

지주계급 중에는 다른 하나의 등급이 高貲地主이다. 이 등급은 일반적으로 상업·수공업 그리고 高利債를 경영하여 起家했는데, 사마천이 末業으로 치부하고 근본을 사용하여 지켰다는 것은 곧 이런 지주를 가리켜 말하는 것이다. 서한 때에 300만관이 高貲이고 그 이상도 있었다. 그 중에 어떤 자는 이미 호강지주이고 부상대고 예컨대 육국후예 田씨는 곧 이와 같았다. 고자지주는 대체로 재력으로 토지를 취득하였다. 진한시대 법률규정에 상인은 田宅을 등기할 수 없었기 때문에 이들은 모두 비합법적 정황 하에서 토지에 대한 권력을 취득했다. 이에 고자지주가 있고 가히 지주계급·상인을 초월하는 등급이었다. 이상 3등급이외에 적잖은 중소지주가 있고 지주계급 중에 다른 등급을 구성했다.

진한시대 피박삭 계급 또한 등급이 있었다. 그 중에 편호제민의 농민은 국유 토지를 耕種하고 田租를 국가에 납부하는 동시에 力役·兵役에 복무하였다. 또 다른 농민은 호족의 토지를 경작하는 농민으로 호족지주에게 50%의 지조를 교납하지만 役은 지주에 의지하여 부담하지 않아 의부성을 가졌다. 이밖에 傭耕者·빈민·노예(노객·창두)등이 있었다.

진한시기에 20등 작이 있었는데, 수작자는 작위의 서로 다름에 따라 서로 다른 등급의 권력을 향유하고 서로 다른 등급의 의무를 담당하였다. 이런 제도는 등급 간의 차별을 돌출하게 하였고 계급간의 차별을 덮었다. 정부는 통상적으로 民爵을 사여하는 방식으로 계급차별을 커버하는 작용을 일으켰다.

봉건사회의 계급결구는 토지소유자의 토지소유권을 획득하고 토지소유권의 법권형태인 지주의 정치지위와 신분의 특징과 더불어 밀접한 상관관계가 있었다. 이러 방면은 진한이후에 새 변화가 발생하였다. 이것과 상호 작용하는 봉건경제 계급결구 또한 새 정황이 출현하였다. 지주와 농민계급을 막론하고 앞 시대에 비하여 더욱 복잡해졌지만 등급관계는 거듭 명백하게 존재하였다. 일정한 역사조건 하에서 富商大賈는 그 재부를 이용하여 모종의 권력을 취득하였지만 이것은 단지 구체적인 개인 활동이었다. 일개 계급으로 된 부상대고는 사회지위는 전적으로 봉건귀족의 아래였다. 아편전쟁이후 사회경제와 계급결구는 모두 새 변화가 있었고 등급결구는 삭약되었으며, 경제적 독립은 일성한 발진이 있었지만 등급결구의 영향은 거듭 존재하였다.

5. 근대 계급결구의 변화

아편전쟁이후 외국자본주의 세력의 침입에 따라 중국 사회경제는 새 변화를 개시하였다. 이런 변화는 파란만장한 역사과정을 거쳤는데, 그 전반적인 추세는 ① 봉건 지주경제가 의연히 보존되어 내려와 지주계급은 거듭 농촌 토지 대부분을 차지했고 그 위에 종종의 특권과 초경제강제로 농민수입의 대부분을 착취하였으며 고리채·상인·매판관료와 결합하여 농민과 노동인민에 대하여 박삭과 압박을 진행하였다. ② 외국 자본주의 침략세력이 중국영토를 패점하고 勒索賠款하며, 군대주둔하고 은행을 개설하여 상행위를 하였으며 海關과 통상의 口岸을 장악하고 중국의 자원을 약탈하였으며, 중국의 대량 과잉 상품을 퍼부어 기울게 하여 중국경제는 날로 식민지화하였다. 이와 같은 경제변화에 상응하여 사회의 계급결구 또한 새로운 변화를 발생하여 중국은 이미 원래의 기본적인 계급(지주·노동계급)이 보전된 위에 일정한 계급 내에서 새 계급이 출현하였다. 工人계급과 資産계급이 그들이다.

이 시기에 지주계급 중에 몇 계층이 출현하였다. ⓐ 관료지주는 정부의 관료를 담임하고 권세를 이용하여 토지를 광점하고(대학사 琦善은 일만오천경·이홍장의 6형제), 양민을 사역한 이외에 錢鋪·錢莊이 있어 토지와 노동 인수를 점유·장악하였다. ⓑ 군벌지주는 관료지주에서 분화하여 정부요직·군사요직을 장악하였고 어떤 자는 외국 침략자와 결합하여 일방에서 칭패하고 토지를 광점하여 지주계급 중에 특수세력으로 성장하였다.(원세개·서세창등) ⓒ 상인지주는 아편전쟁 후에 상품경제가 기형적으로 발전하던 중에 상업경영이나 고리채로 起家하여 토지를 광점하고 전포를 운영하였는데 각지에 많았다. 이들은 전통인습이나 새 역사의 특점을 이용하여 반식민·반봉건을 반영하였고 그 외 고리채로 기가한 지주도 많았다.

결국 제국주의 침략으로 반봉건 상황에서 복잡한 과정을 거쳐 관료자산계급·민족자산계급·매판자산계급의 3계층으로 나눌 수 있었다. 관료지주계급은 처음 청조의 관료·군벌 중에서 형성되었고 양무운동 중에 서방의 기술로 군사공업·상판·매판형식으로 지주·관료·상인의 자본을 흡수하여 대량의 기업을 일으켰다. 그 대표 이홍장은 양강·호광·직예의 3총독으로 북양통상대신을 겸하여 허다한 기업을 장악하여 자산이 수백만이었다. 초기 민족자본 중에 어떤 이는 매판출신이었다. 마건충·정관응은 양무파의 근대공업에 참여하여 기업을 운영하고 기업요직에 참여·치부하였다. 매판자본계급은 외국자본주의 세력의 매판인이다. 이들은 외국자본주의 세력에 의지하여 공상업 활동에 종사하였고 그 중에는 민족자산계급으로 전향한 자도 있었다.

아편전쟁이후에 피박삭계급 또한 새 변화가 있었다. 農民계급과 工人계급의 변화가 그것이다. 농민의 절대다수는 佃農이 날로 증가하고 각종 租佃관계가 증가하였다. 일반적으로 조전관계는 남방지주가 채용하였는데 佃農·雇農·雇工으로 운영하였다. 이런 근대 전농과 이전의 전농보다 인신의 의부관계가 완만해졌고 조전관계는 의부성이 강했으나 고농과 차이가 있었다. 短工은 工資형식으로 일부 수익을 획득하였다. 고농은 자유가 있고 토지·지주에 속박이 없으며 고농 본인만 지주에게 박삭 받았다. 전농은 지주·토지에 속박 받고 부역을 부담하였다. 중국의 工人은 파산농민이나 수공업자의 전환이었다. 그밖에 수공업주와 노동자가 있고 소수민족지구에는 원시적·노예적·봉건적 잔여계층도 있어 매우 복잡하였다. 1919년 5월 제국주의·봉건주의에 반대하는 운동이 전개되어 중국의 근대사는 전기에서 후기로 접어들었다. 전후기 모두 반식민·반봉건 사회의 성질이 있고 계급결구도 큰 변동이 없었다. 1921년 중국공산당이 창립·1949년 중공의 성립되었지만 계급결구를 개변시킨 새 사회를 이루었는가는 미지수이다.

6. 계급사이·계급내부의 모순과 계급투쟁

물질 자료의 생산은 사회생활과 역사발전의 기초요 인류의 가장 기본적인 실천 활동이다. 생산 활동은 반드시 일정한 생산관계의 범위 안에서 진행됨에 따라 생산력발전은 필연적으로 계급모순과 계급투쟁의 제약을 받고 그런 까닭에 생산력과 생산관계의 모순운동을 체현한 것이 계급모순과 계급투쟁으로 역사적 기본 모순인 것이다. 따라서 계급모순과 계급투쟁은 계급사회의 주요한 현상이고 역사적 주요내용이다. 역사상에서 인간은 생산관계로 인하여 생산 중의 지위와 재부를 획득하는 방식이 서로 달라 서로 다른 계급이 획분 된다. 매 하나의 계급은 서로 다른 경제지위에 처하여 서로 다른 정치요구와 사상관점을 가져 각 계급에는 필연적으로 모순이 발생하고 이해가 충돌한다. 계급모순의 발전과 격화는 곧 계급투쟁을 형성한다. 계급투쟁은 모두 본 계급의 이익을 유호하는 것에서 출발한 투쟁행위이지만 처한 역사조건의 서로 다름에 따라 서로 다른 투쟁형식과 서로 다른 투쟁이 전개되는 것이다.

계급의 산생은 경제 원인에 따라 일어난다. 계급모순과 계급투쟁은 경제모순의 결과이고 생산력과 생산관계 모순의 반영이다. 역사상 매 하나의 계급사회는 모두 일종 계급이 대항하는 생산관계가 존재하고 그리하여 매 하나의 사회는 모두 양개 근본적으로 대립하는 계급이 존재한다. 노예제 사회 중에는 노예주와 노예; 봉건사회 중에는 지주와 농민; 자본주의 사회 중에는 자본가와 工人이 있다.곧 매 하나의 사회 중에 기본계급사이에 모순이 형성·성장한다. 이밖에 각종 사회 계급사이에는 또한 기본계급외에 비기본계층이 존재하며 그들 사이와 그들은 기본계급 사이에 또한 모순·충돌이 존재하며, 사회의 차요 모순이 형성되고 사회계급 모순의 착종되어 복잡한 상황이 조성되는 것이다. 하나의 사회에서 각종 계급모순은 모두 서로 영향을 끼치는 것이지만 결정적인 작용을 일으키는 것은 빈번히 기본모순의 양개 대항계급

사이의 모순과 투쟁인 것이다.

계급사회에서 계급모순을 체현하는 계급투쟁은 각종각양의 형식이 있고 그 기본형식은 최고 형식이며 사상투쟁은 경제투쟁과 정치투쟁의 반영이지만 경제투쟁과 정치투쟁으로 되돌리거나 영향을 준다. 계급투쟁은 정치투쟁의 기초이지만 사회모순은 단지 정치투쟁을 경과해야 해결될 수 있다. 이 3종 투쟁 중에 정치투쟁이 가장 주요하고 경제투쟁과 사상투쟁은 모두 정치투쟁에 복종하는 것이다. 중국역사상에서 몇 천 년의 계급사회로 계급모순과 계급투쟁이 충만하였다. 이런 계급모순과 투쟁은 계급사이 계급내부 서로 다른 계층과의 투쟁이었다. 사회 각 계급은 계급투쟁 중에 빈번히 본 계급의 이익과 의지로 대표되는 정치집단이나 각종조직을 형성하여 정당을 이룬다. 계급사회에서 각종조직·정치집단과 같은 정당은 모두 계급투쟁의 공구이고 예컨대 농민군정권은 종교형식으로 군중을 조직하고 자기의 역량을 장대하게 한다. 통치계급내부에서 출현한 정치집단은 일 계급내부 각 집단 사이의 투쟁공구이다. 한의 당고와 당의 우이당쟁은 모두 지주계급 내부투쟁이다. 중국역사상에서 계급모순과 계급투쟁은 매우 복잡하다. 그 중에 주요한 것은 매 일개 사회 중에 시종 관철되었다. 일정한 역사조건 하에서 통치계급 내부모순과 투쟁은 또한 상승되었다. 매 일개 통치계급은 자기의 경제지위와 통치 질서를 유호하기 위하여 경제·정치사상 등 각종 통치방법을 채취하여 그들이 통치계급의 통치를 실현하고 계급통치의 기초를 실행했지만 역사상의 어떤 통치계급도 단순한 계급이 아니고 서로 다른 등급과 계층이 존재하고 각 등급과 계층 사이에 각기 서로 다른 경제·정치지위가 있고 서로 다른 사상의식이 있어서 정치주장과 통치방법 상에서 더욱 각 집단의 이익방면에 있어서 필연적인 모순과 투쟁이 전개되는 것이다. 통치계급 내부모순과 투쟁은 정치투쟁 혹은 경제투쟁을 거친 어떤 형태도 모두 사회경제 정치사상 등 각 방면에 대하여 영향을 조성한 통치계급 사이에 모순·투쟁에 영향을 끼친다. 중국역사상 각 계급 사이에서는 이런 투쟁이 모두 통상적으로 발생하였다. 은주시대 노예는 노예주에 대하여 투쟁을 진행한 주요형식은 怠工·逃亡과 폭동이었다. 문헌상으로 喪其童僕·臣妾多逃·民潰; 湯伐桀·武王伐紂·管蔡와 武庚叛亂·周幽王被殺은 모두 통치계급 내부투쟁이었다. 춘추말기 주왕과 제후, 제후사이, 제후와 경대부가 모순이 중첩되어 투쟁이 작열하였다. 이런 투쟁은 정치상의 較量, 경제상 상호쟁탈이며 전국시대의 대국겸병이나 쟁패전은 곧 이런 통치계급의 모순이 발전하여 투쟁의 최고 형식이었다.

봉건사회에서 생산관계가 일종의 대항관계로 발전하여 지주·농민의 양대계급 사이에 전개된 모순·투쟁은 거듭 사회의 주요한 모순·투쟁이었다. 봉건사회에서 농민은 토지가 없거나 매우 적어 그들은 국가나 지주의 토지를 경종하여 자신이 노동하여 생산한 양식은 지조·부세로 국가나 지주에게 교납할 뿐만 아니라 번거롭고 무거운 병역·부역을 담당하여 매우 빈곤한 생활을 하였고 재해·흉년으로 사망하기 쉬었다.

이로 말미암아 봉건 농민(국가전농·의부농민·전농)과 지주 사이에는 첨예한 모순이 존재하며, 이런 모순은 빈번히 지주 국가의 수탈과 탄압 하에서 격화되어 격렬한 계급투쟁이 이루어졌다. 지주와 농민과의 모순은 봉건 생산양식으로 결정된 바(所)로 그것은 봉건생산방식의 모순에서 전개된 계급투쟁으로 각종형식(태공·도망·항조·민변·폭동·농민기의·농민전쟁)으로 횟수와 규모 면에서 크고도 자주 일어나 세계사 상에 드물다. 진말 농민전쟁으로부터 청대 태평천국의 기의에 까지 대소 수백회로 중국봉건사회의 계급모순·투쟁이 첨예하고 작열하였다. 이는 중국농민전쟁의 특점·규율의 반영이고 중국봉건사회와 봉건경제발전의 일정한 단계에 이른 표지였다. 그밖에 농민전쟁에 지주와 자경농·노예의 모순투쟁이나 기타 노동자 사이의 모순이 착종되어 복잡하였다.

그리고 통치계급 내부의 모순·투쟁(서로 다른 등급간; 정파간; 출신별; 학파별의 이해관계와 권력투쟁이 정치투쟁에서 무장투쟁으로 전개되었다. 박삭계급 사이에 투쟁도 전개되었으며 지주계급과 상인계급 사이의 모순·투쟁도 전개되었다.

봉건사회 말기에는 신구 양종 생산관계의 박삭계급 사이의 모순이 있고 자본주의 맹아가 완만하여 지주와 자산계급 사이의 모순 또한 명백히 표현되지 못하였다. 반식민·반봉건 상태에 진입하여 민족자산계급은 비록 형성되었으나 매판자산계급 세력으로 발전하여 압박받은 지위에 처하여 지주계급 사이의 모순은 명백하지 못하였다. 봉건지주계급과 매판자산계급은 모순은 있었지만 서로 결합한 관계를 형성하였다.

7. 계급투쟁이 중국사에 미친 영향

계급사회 중에 계급투쟁은 역사발전을 추동하는 동력이었다. 그것은 역사발전을 추동하여 끊임없이 사회의 기본모순을 해결을 촉진하고 생산력 발전도 촉진하였다. 계급투쟁이 역사발전을 추동한 별도의 작용은 일종의 사회형태가 다른 사회형태로 교체되는 질적 비약을 추동시켜 역사가 저급단계에서 고급단계로 발전하는 데에 추도 곧 구제도에서 신제도로; 봉건에서 군현으로 등의 상황을 농민전쟁이 그런 역할을 해냈다(양보정책)는 것이다.

중국 몇 천 년의 역사는 계급투쟁의 추동 하에서 발전하였다. 夏왕조로부터 노예제사회로 진입한 이후에 상·주왕조를 거쳐 춘추전국시대에 이르러 노예제사회가 발달하였다. 중국 봉건사회가 특별히 장구했고 지주와 농민의 양대 대립계급의 투쟁이 줄기차게 전개되었지만 통치계급 내부모순·소수민족의 침입과 발전·서양세력의 진출 등으로 지주계급은 통치계급이나 다른 세력과 타협으로 매차 경신했으나 피압박 농민은 성장·신분상승을 확보하지 못하였다.

제2장 중국의 국가와 법

제1절 국가와 정권형식

국가는 인류역사 발전이 일정한 수준에 이른 산물로 중국은 노예제·봉건제·반봉건반식민의 사회가 전개되었으며, 정권형식은 귀족제·군주제·군주전제정체(=封建專制政體)로 발전하였다. 봉건전제정체는 귀족제정권 성질로부터 전화되어 나왔고 귀족·귀족제와 끊임없이 투쟁하는 가운데 변법으로 정부를 강화하는 과정에서 점차 공고하게 되었다.(상앙·오기 등의 변법과 귀족의 보복; 진시황의 봉건에서 군현제로 전환; 한의 제후왕권의 삭약과 무제의 황제권 공고화; 한당시기의 지방세력 삭약했으며; 봉건사회 후기에 전제황권의 무한 발전으로 저간에 女主의 출현·외척환관이 횡포 하는 등 허다한 특점을 가지고 발전해 왔다.

국가의 사회적 직능은 治水·생산발전으로 保衛하는 역할이었고 통치적 직능은 노동인구를 편제하는 호적, 호혼율, 중농억말, 박삭(세역·화조·화폐·고민령), 군대로 대내진압과 대외확장, 군주권신수와 3강오상에 의지한 4대 승색이었다. 감찰(어사·자사·도찰원·6조문사·5권헌법) - 인민대중의 반항투쟁을 극복하지 못했다.

제2절 법과 예·형

법은 통치계급의 의지를 반영하고 통치 질서를 유호하며 통치계급의 내부관계를 조정하며 통치계급의 이익에 방해되는 활동을 재제하는 공구이다. 법의 제정과 실시 또한 국가 통치 직능의 주요 부분이다. 律·令·格·式으로 구성되고 법은 禮에서 기원하며 禮는 원시 사회이래 사회질서를 유지하는 풍속으로 상층이 자신의 본분을 지키려는 것으로 사회적 지위를 나타낸다. 계급사회의 산물인 刑은 하층의 통치를 위한 것으로 관습법·형정주조·법경·당률소의·송형통·대명율·경국대전 등의 법전이 있었다. 이런 欽定의 법전의 주요규정은 10惡·8議이다. 10악은 謀反(왕조통치에 대한 전복활동)·謀大逆(황제의 종묘·능묘·궁궐의 파괴활동)·謀叛(국가에 반역하여 적에 투항)·惡逆(친인척 존속의 구타·살인)·不道(일가 3인이상 잔혹 살상)·大不敬(어용물품竊盜)·不孝(직계존친속의 언행거역)·不睦(근친속의 出賣·구타)·不義(본지의 관장 살해·불경)·內亂(근친속 사이의 부당 성행위)이고 8의는 議親(황실친속)·議故(황제 故友)·議賢(조정에서 인정한 현덕자)·議能(대재능자)·議功(대공훈자)·議貴(직3품·산2품 이상의 고관)·議勤(대근고자)·議賓(앞왕조의 후예로 國賓인 자)로 황권의 신성불가침의 존엄과 3강이 봉건질서 중에 반드시 지킬 준칙임을 표시하여 상하존비의 등급을 뛰어넘을 수 없는 것을 표명하였다. 따라서 국가는 家産적인 의미를 포함하여 重倫常·明等級·尊特權·지주이익·사회 주요모순 등을 반영하였다. 근대의 법전은 지주·관료·매판관료의 의지를 반영하고 제국주의를 반영하였으며, 반식민·반봉건의 성질을 갖추었다. 불완전 삼권분립 - 복벽 - 신민주주의를 경과하여 현재 실용주의 대개혁노선을 달리고 있다.

제3절 사회의식형태

유럽과 달리 중국에서는 하·상·주에서 禮·孝·保民思想이 형성·발전하여 노예제 말기 춘추전국시대에 백가쟁명-진의 법치-한무제는 동씨의 유술 독존·파출백가와 그 신학화-위진현학-당의 흥중유학-송명이학(예교·중화의 유심주의와 이단배척이 문제라고 지적하였다. 我는 主理(공자·맹자·주자·왕양명의 관점)와 主氣(왕부지의 관점)-근대 서구의 자유·평등 그리고 유물주의 관점도 함께 학습할 필요 있다고 본다.

제3장 역사이론과 역사문헌

제1절 역사이론의 모색

역사적 客觀性과 可知性

역사이론은 사회의식형태의 부분으로 두 가지 주요 문제가 있다. 첫째는 역사는 개관적으로 존재하고 자신의 발전규율이 있으며 신비적 역량을 가진 위대한 인물이 창조한 것인가? 둘째는 만약 그 자체가 발전하는 규율이 있다면 인식이 가능한가? 가능치 않는가? 이들 문제는 명백하여 해설이 필요 없다지만 사실은 그렇지 않다. 神意識觀이나 영웅사관으로부터 형형색색의 유심주의 역사관은 이미 장기간 서방에서 유행했고 중국도 이 방면에 매우 우세하다. 심지어 근·현대에 있어서 광대한 농민군중 사이에 거듭 市場이 있었다. 이는 역사학자가 역사규율을 규명코자 할 때에 필요하다. 이대교는 그의 「사학요론」에서 인류역사 현상은 자연현상과 한 가지로 천만 건이나 규율에 따른다. 그러한 역사현상은 意義上 복잡하고 전환하고 있다. M.론자들이 이 방면에 대하여 사회의식형태·생산관계·경제기초는 상층건축을 결정한다든지, 계급투쟁은 계급사회의 역사적 규율이다 등의 논리가 그것이다.

예컨대 호적은 실용주의에서 출발하여 행성운행에 과학적 규율에 관한 입장, 곧 역사 현실을 충실히 살핀다고 하여 역사도 일종의 과학으로 복잡한 역사 현상 중에서 역사발전의 규율을 찾아야 한다는 것이다. 규율이란 일체 개별 현상과 달라 철저히 규명해야 한다. 물질생활과 인민대중은 역사발전에 주요한 작용을 하여 이것에서 역사이론을 찾아야 한다는 것이다. 여기에 M.주의를 따라야 한다는 것이다. 그것은 유심주의 관점은 많은 성과를 거두었고 毛가 새 중국을 건설하였듯이 역사이론의 탐색도 마찬가지라는 것이다. 그리하여 50년대 이래 분기문제·토지문제·자본주의 맹아 문제·농민전쟁 등의 성과를 거두었지만 다민족국가 중국의 통일·문화 등의 문제에 관한 연구가 필요하다는 것이다.

중국은 ⓐ 전국의 지역이 광활하고 각 민족지구 사이에 경제·문화상의 발전이 불균형하여 많은 문제 있고 ⓑ 역사적 傳習이 완고하고 불철저하다. ⓒ 사회현상이 빈번히 중복되고 치란 흥쇠의 과정이 유사하여 역사발전의 진면목을 찾기가 쉽지 않다. 이런 상황에서 사학이론은 통고금적으로 연구하되 특히 매 역사시기의 전환기에 대한 선학들의 관점·논점은 민족의 맥박이라면서도 지식이 사회발전에 일으킨 작용을 알지 못했다고 비판하고 계속적인 추구는 사회과학의 규율을 찾아야 한다는 것이다.

제2절 역사서 체제와 역사문학

역사서체제의 종합적 운영

중국의 사서체제는 풍부하여 『상서』·『춘추』이래 『사고전서』에 15類; 종합적 체제 3종 곧 기전체·편년체·기사본말체가 있었다고 하였다 장학성·조익·양계초가 그 보충을 시도했지만 새로운 종합체제는 이루지 못하였다. 사마천의 『사기』는 편찬방법상 전체 국면을 포괄하는 장점이 있어 계속적으로 발전·학습되어왔다. 17세기 이후 일종의 새 종합적인 체제를 탐색하는 추세가 출현하여 장학성은 기전체와 기사본말체를 합하는 주장을 하고 方志를 편찬하였다. 그후 장병린·양계초가 중국통사의 편찬의도를 제출하여 원래에 있었던 체제를 돌파하여 역사 진보추세에 따라 광범위하게 사회사의 풍부한 내용을 반영하는 새 체제를 만들고자 하였다. 청초의 馬驌은 기전체·기사본말체·학안체·典志體를 용해하여 종합 체제를 만들고자 하였다. 기전체·기사본말체의 약점을 버리고 완벽하게 조립한 紀·傳·圖·表의 4체를 배합코자 하였다. 장병린은 「중국통사약례」를 서술하여 근대적인 색체가 있게 하려고 장학성의 주장을 채용하고 기사본말체의 장점을 흡수하며 기전체의 개조를 시도하여 통사목록으로 表·典·記·考紀·別錄의 표술 형식을 제출하였다. 그는 진화관에 입각, 典은 전장제도로 書·志에서 내원 했고, 考紀와 別錄은 사람을 기록하는데 본기·열전에서 내원했으며, 표는 차요 인물에 대하여 번다한 자료를 포괄하여 열거하였으니 기전체보다 밝게 하였다. 記는 기사본말체의 우수한 점을 흡수하여 설립하였다. 이 5종체제는 무엇을 綱으로 해야할 것인가를 해결하지 못하였지만 그의 구상은 장학성보다 한 걸음 앞섰다.

양계초는 1901·2년에 통사를 서술코자 했다. 1918년 「중국통사체례」를 발표했는데 「載記」·「年表」·「志略」·「傳志」(「列傳」)의 4항을 두어 많은 논설을 더하였다. 양의 4체, 장의 5종 표술은 상통하는 점이 있고 그 핵심내용은 기사본말체의 우수한 점을 기전체의 각체와 배합하여 망라하며 장점을 신축성있게 수용하여 새 종합적인 체제를 만들고자 하였지만 이루지 못하고 후인에게 계시를 주었다. 결국 多體制를 배합하고 多層次的으로 역사를 서술할 것을 반영한다는 것이다.

제4장 綜合敍述體

제1절 「序(序說)」와 머리말

「序」의 기원은 『장자·천하편』; 『여씨춘추·序意』는 「序」의 추형으로 그 후 完整되지 못하다가 漢儒가 『詩·書』를 「序」하고 매 편의 宗志와 意圖로부터 『회남자·요략』에서 全序의 형성 다음 12편의 취지를 설명하였다. 『설문해자·序』에서 좋은 사례가 있는데, 유향이 시작한 바의 書目의 해제 시작이 보여 校書의 「序」를 썼다. 漢人 高誘 등은 古書를 주석하고 각기 그 「序」를 썼다.

「太史公自序」가 최초의 좋은 「序」로 序中에 家學·六家要旨를 설명하여 역사가의 신성·책임감을 서술하였는데, 이는 정치상의 중대한 의도로 修史한 것이다. 또한 130편마다 그 취지를 설명하고 최후로 「太史公自序」를 쓴 것이다. 「序」는 작자의 사학연원·사학사상·본서의 취재와 체례를 설명한 특색이 있었다. 『사기』의 어떤 편장의 開卷에 유관의 편찬상의 「小序」이다. 예로 「12제후년표·序」를 보자. 제후년표의 기록은 춘추시대의 역사이다. 사마천의 이 편의 小序는 ⓐ 춘추시대에 출현한 대변동의 유래와 정황을 설명하고 독자가 이 시기의 역사에 대하여 갖추어야 할 전반적인 인상을 갖게 하였다. ⓑ 공자께서 『춘추』를 저작한 이래 서한 초에 춘추시기의 역사를 찬술한 사실에 대한 평론을 가하고 그 가운데 史事·史論과 曆譜를 포함하였다. ⓒ 본표의 서술요구와 의도를 설명하였다. 이런 사항은 일편 「序」에 대한 응당 설명할 중요 문제로 가히 많지 않지만, 모두 섭렵하여 설명해야 하는 것이다. 이 편의 「序」는 『사기』에 있는 「小序」중 한편의 佳作이다.

반고는 『한서』중에 「序傳」 상하권을 서술하였는데, 상권은 그의 혁혁한 家史를 기록하고 그의 부친의 「왕명론」과 자신의 辭賦를 기록하였다. 하권에는 『한서』의 緣起와 『한서』 100권의 趣旨를 기록하였다. 최후로 『한서』에 대한 자신의 평가를 기록하였다. 이 「序傳」은 「태사공자서」에 쓰여 진 이런 양태를 집중한 것이고 내용은 비교적 결핍된 바 있으나 결국 사마천이 창시한 규모에 따라 서술한 것이다.

송원시대에 양편의 주의할만한 「序」가 있는데, 정초의 『통지·총서』와 마단림의 『문헌통고·총서』가 그것이다. 정초는 「총서」와 통사의 중요성을 논술하고 객관적으로 역사를 서술하였다. 그는 기록이 진실해야 시비는 자연히 분명해지고 망령되게 포폄할 필요가 없다고 지적하였다. 또한 전서의 규모를 기록하여 어떤 부분은 인습의 연고가 있다 하고 어떤 부분은 자기의 創新임을 설명하였다. 마단림은 전장제도에 관한 통사의 중요성을 서술하고 『자치통감』중에 전장제도의 결핍하고 『통전』은 전장제도의 통사지만 착오·부족이 있다고 지적하였다. 그가 찬술한 『문헌통고』의 의도는 취재·편찬방법 그리고 『통전』의 續補임을 설명하고 家學의 영향을 받았음을 말하였다. 그는 『문헌통고』24考에 대하여 「小序」를 썼고 상세하게 著述成規·考訂新意라 하였다. 정초의 「序」는 자신의 사학견해를 돌출하게 들어냈다. 마단림의 「序」는 몇 개의 층차로 나누어 내놓았는데, 정초는 일층 일층의 통고를 편찬하는 사상을 설명하였다. 이 두편의 「序」는 모두 긴요한 주제와 기치를 분명하게 하여 각자의 역사적 심리 체제를 구성하여 廢語없는 특색이 있다.

「書序」는 빈번히 편찬체례의 내용에 포함하고 상세히 준비하지 않았다.

상세히 준비하기 위해서는 단독으로 편장을 이루어 例로 내놓아야 한다. 이는 일반적으로 체례를 편찬하는 條文化이고 실제로 「書序」중에 일부로 삼아야 한다. 『사통·敍例』에서 例는 역사발전과 그에 대한 평론이었다. 본래 분량이 많지 않았지만 唐이래 書例가 많아졌고 청 이래 더욱 많아졌다. 최술의 『고신록서례』, 완원 『경적찬고범례』가 있는데 후자에 「수록례·편차·인용서명가잡례」가 있다 이 책은 대형의 훈고서로 범례의 현실성과 계획성을 표현하여 비록 사서는 아니지만 역사편찬에 참고 된다. 전자 『고신록석례』는 『고신록제요』의 조성부분이지만 모두 24장의 考信的 治學의 중요성을 논증하고 고서·제자서의 경세훈고의 僞誤와 후인이 위탁한 僞書에 대하여 논증하여 이 책은 일반적인 例는 아니지만 고대사료학의 구체적 擅述이다.

「序」의 역사로부터 보면 그것은 詩一首, 文章一篇, 書一卷, 書(序)說一部에 대하여 머리를 열어 의로움을 밝히는 작용을 한다. 그것은 독자를 향하여 일연의 문제를 설명하여 독자들에게 이해하는 조건을 제공한 것이다. 거기에 포함된 내용도 ⓐ 작자의 家世, ⓑ 작자의 치학경력과 기타 활동, ⓒ 기본사료, ⓓ 앞사람 찬술에 대한 평가, ⓔ 작가 자신의 관점, ⓕ 작가의 찬수의도, ⓖ 편찬상의 기술문제 등이다. 이것은 우리에게 「序」의 서술은 매우 필요하고 참고할만한 가치가 있어서 응당 취사 발전시켜 수요에 부합케 하여 충당해야 한다. 다만 작가의 身世·경력은 흥미롭지만 본래 찬수에 직접 관련되어 있던 것이 아니기에 서술할 수도, 하지 않을 수도 있고 반드시 서문에 구비할 사항도 아니다.(나는 서술·구비해야 한다고 본다) 또한 기본 자료에 대하여 「序」中에는 설명이 필요하다. 자료는 문헌자료·고고자료·민속학자료를 포함할 수도 있다. 어떤 문헌자료는 비교적 정황이 복잡하여 분석할 필요가 있는 것이 있다. 과거 어떤 편장은 僞書이고 어떤 사서기록은 믿을 수 없고 완전 정확하지도 않는 가 등을 반드시 고려해야 한다. 시대를 초과한 후에 자료가 많아지면 견별하기 어려워진다. 대량의 자료 중에 중요부분을 선발·논술해야 하는데, 이는 독자를 인도하여 깊은 연구를 하도록 하는 것이 더욱 의의가 있다. 앞 사람과 같은 시대 다른 사람의 논술한 성과는 적당한가를 보아 총결하고 「序文」 중에 응당 중시해야 한다. 「序」에 대하여 연구해보고 자기의 간법을 보고하여 중국 국제학술연구에 우호적이어야 한다. 작자의 편찬상의 구체 문제와 의도는 「序」 중에서 독자에 요약하여 명료하게 설명해야 한다. 이상 3항들을 잘 활용하여 직책을 완수해야 한다. 송원시대에는 빈번히 「序說」을 머리에 붙였고 그 내용은 현재 요구하는 바와 다르지만 보통 「서설」 한 마디를 붙이는 것이 통례로 되어 있다고 보고 본서 각권에 많지 않는 「서설」을 붙인다.

제2절 「綜術」은 역사발전의 總向이다.

일부 대형의 사서가 가장 좋은 점은 主幹部이다. 본서의 주간부분이 「종술」이다. 이 부분에서 역사발전의 전체적인 양상을 서술한다. 「종술」은 본기 편년과 근래 유행하고 있는 장절 등 각종체제의 장점을 흡수하여 발전시킨 것이다. 「본기」와 편년은 모두 연월일의 순서에 따라 역사적 진행과정을 기술하는 것이고 『사기』 『한서』의 「본기」는 황제의 생활·조령·군국대사를 기록했고 기후 기전체 사서의 「본기」는 모두 대사편년이었다. 편년체는 『자치통감』에 이르기까지 발전했고 그것은 어떤 기전체의 「본기」에 비하여 상세하기에 얻을 점이 많고 특별히 많은 재료를 받아들였다. 다만 「본기」는 기전체 사서의 하나로 全書의 綱이요, 『자치통감』은 일종의 단일 편년체로 사건의 대소를 막론하고 모두 간단히 연월일에 따라 編排하여 綱을 앞에 쓰지 않고 문제를 해결하였다. 사서의 찬술은 기본상 시간 순서에 따라 따라야 하는 것이지만 반드시 연월일에 구애받을 필요 없이 어떤 사건은 하루하루를 기록할 수 있고 어떤 사실은 몇 년간의 사정을 한꺼번에 기록할 수 있다. 응당 『자치통감』처럼 내용에 따라 상세한 것 분산되어 있는 것도 있다. 요컨대 역사서술 때에 맥락과 계단을 분명히 하여야 綱의 작용을 발휘하게 할 필요가 있다. 이는 근육을 관통하는 혈액을 함께 보아야 하는 것처럼 기전체 사서를 간단히 볼 수 없는 이유이다. 기사본말체는 역사적 사실을 약간의 편목으로 나누어 이루었기에 각각의 소속이 있어 首尾가 갖추어져 있어서 "文省于紀傳 事豁于編年"이라 일컫는다. 다만 이런 종류의 체제는 모두 역사 사실을 서술한 점에 대한 배열에 대한 것이고 연속·변화·미세함을 구별하여 나타낼 수 없다. 기사본말체의 우수한 점은 역사상의 중점을 표술할 수 있다는 것이다. 근래 유행하고 있는 장절을 획분 하는 체제는 대개 夏曾佑의 『중국역사교과서』에서 개시하였다. 하씨는 중국사를 3개 대시대로 획분하고 그 중에 7개 소시대를 포함시켰다. 즉

① 上古(傳疑시대 태고－주초; 化成시기 주중엽－전국시기) ② 中古(극성기 秦－3국; 中衰期 晉－隋; 復盛기 唐)

③ 近古(퇴화기 오대－송원명; 更化기(淸)라 하고 대시대를 편; 매 일소시대를 章; 매장 아래에 小子目을 節이라고 편성하였다. 이는 역사의 계단성적인 발전과 역사현상의 主次를 表達하였다. 또한 사서 체제상 커다란 진보였다. 이는 역사발전을 闡術하는 데에 편리하여 자산계급 진화론자·M.주의 사학가들이 사용하였다.

그러나 이런 체제를 대형 사서에 채용하는 데에 전장제도·학술문화·인물사적의 논술을 충분히 전개하는 데에 쉽지 않다. 이에 본기·편년·기사본말·장절체를 분석해 보고 중국사를 종합하고자 다음과 같이 設想하였다.

① 하나의 역사시기마다 綱을 긴요하게 들어낼 필요 있고 역사의 全體局面에 영향이 있는 대사를 서술하려면 그 중에 정치·경제·문화·민족·중외관계 등의 방면을 포괄하고 거듭 서술할 것은 역사 발전의 동향이다. 정치는 경제의 집중표현이고 변동은 비교적 현저한 것이 이 방면에서 거듭 쓰고 또 쓸 수 있지만, 주의할 필요가 있는 것은 그것과 경제·문화방면과의 연계에 이르게 해야 하는 것이다. 민족관계는 중국사상에서 중대문제로 정확히 처리해야 한다.

② 시간관념을 선명하게 해야 한다. 먼저 역사시대의 획분을 주의해야 한다. 일개 시대 내부에 대소 계단의 획분은 능히 역사발전의 규율성을 모두 헤아려 들어내야 한다. 역사시기의 획분에 어려운 문제가 있으면 강제로 해석할 필요 없다. 다음으로 매 왕조의 구체적 년대는 할거 시기에 관련된 각국의 구체적 년대를 모두 명확히 기록해야 한다.

③ 역대 강역에 대하여 그 윤곽을 서술할 필요가 있다. 왕조이외에 있는 민족분포에 대하여 또한 서술할 필요가 있다. 어떤 민족 지구는 명확하지 않아 대체적인 방위만을 말할 수 있다.

④ 역사상 중대한 영향이 있는 인물은 서술해야 한다. 다만 역사상의 주요 활동을 서술하고 그의 전기는 「傳記」부분에서 서술한다.

⑤ 田制·稅制·官制·軍制 등은 단지 중점적으로 설명함에 그치고 구체적인 細節은 「典志」부분에서 서술한다.

「綜述」은 본서의 일종 체제를 작성하는 것으로 그 체제와 함께 배합할 것은 分工·專職이 있고 찬술 상에서 각종 구체제의 방편을 얻어서 서술할 필요가 있기에 그것을 綜述體라고 일컬을 수 있다.

第3절 「典志」는 역사현상의 剖視이다

이는 논술할만한 풍부한 내용을 갖추고 있다. 본서는 제3권 이하 각권은 모두 「전지」가 있고 「종술」 뒤에 「전기」의 앞에 설정하였다. 역사상 典志體의 기원은 매우 빠르다. 『상서』의 「우공」·「홍범」은 내용과 형식에서 보면 모두 전지체에 속한다. 「요전」의 부분도 전지체의 성질이 있다. 『주례』·『의례』·『예기』는 전지체의 開山이고 이들은 「우공」 등의 저작 시기에 선후는 도리어 考訂을 기다려야 하고 내용 또한 예의 방면이면 한정해야 한다. 전지체를 사서의 일부분으로 삼는 것은 『사기』에서 비롯되고 상당히 규모가 컸다. 『사기』의 8서, 『한서』10지에서 점차 완비되었다. 書志는 모두 14개 門類, 곧 天文(天官·司天)·오행(祥瑞·靈徵)·律曆·지리(郡國·州郡)·하거(溝洫)·식화(평준)·예(예의·흥복·봉선·교사·제사)·악·선거·백관(관씨)·형법·兵(영위·병위·의위)·석노·예문(경적) 등이다.

유지기는 『사통·書志』에서 「도읍지」·「씨족지」·「방물지」의 입전을 주장했다. 두우 『통전』은 9典이 있으나 各史에 邊方典만 없다. 정초 『통지』20略은 典志부분인데, 씨족·육서·칠음·도읍·시·기복·교수·도보·금석·초목곤충은 자기가 세우고 씨족·도읍·곤충초목은 유지기가 주장한 것을 실현한 것이다. 후에 마단림은 24目 중에 경적·제계·봉건·상위·물이는 『통전』에 없다고 하고 유·두·정·마씨가 新目을 열거하였기에 중복 없이 취할만한 것은 씨족·도읍·변방·기복 등 5부문으로 각 사지와 합쳐 20개이고 응당 합병·개조·발전시켜 새로운 「전지」로 다음 6개의 門類에 포함시켜야 한다.

㉠ 지리; 역대 왕조의 판도·할거정권의 割境·소수민족의 분포·河渠의 변천·주요 도읍·도로의 興修 등이 논술할만한 것이다. 舊史의 「지리지」·「하거서」·「도읍지」이다.

ㄴ 민족; 구사에는 일반적으로 「열전」에 실려 있다. 『통전·변방전』, 『문헌통고·사예고』에 포함되어 있다. 「종술」·「전기」에 실을 수 없기에 專篇을 세워 구체적으로 논술해야 하고, 중외관계는 開創하여 또한 專篇을 세워야 한다.

ㄷ 사회경제; 舊史의 「식화지」에 해당하고 발전이 있어야 할 부분이다. 농업·어업·임업·광업·염업·수공업·상업·화폐·각종 생산기술·토지제도·행회제도 등이다.

ㄹ 정치제도; 舊史의 「백관지」, ㅁ 군사제도는 舊史의 「병지」, ㅂ 법률제도는 舊史의 「형법지」에 해당한다.

아울러 學術門인 경학·사학·과학·예술·교육 등은 「典志」중에 설치여부는 서로 다른 간법이 있겠으나 본서는 「典志」가 제도의 부분이기에 제외한다. 종교에 관하여 舊史에 「釋老志」만 보이지만 현재 확충해야 한다. 禮俗에 관여 舊史중에 「예지」·「오행지」·「흥복지」 등에 풍부한 자료가 보여 민간의 자료를 충실히 하여 專篇을 세워야 한다. 「典志」중 門類 名目은 구애받을 필요가 없고 標目은 분산시키지 않고 비교적 집중적으로 서술하는 것이 바람직하다. 「典志」의 表達은 3種의 전통 형식이 있다. ⓐ 『사기·평준서』처럼 작자가 사실을 독자적으로 의론하고 있다. ⓑ 『한서』의 「지리지」·「예문지」처럼 각종 지명·서명에 따라 기본형식을 만들고 약간의 의론을 제기한다. ⓒ 『통전』·『문헌통고』처럼 滙集한 허다한 자료를 분별하고 앞 사람과 자신의 의견을 후면에 붙인다. 이것은 재료와 의견을 완전히 나누는 형식이다. 이 3종 형식은 각기 특점이 있어 일괄하여 논할 수 없다. 「전지」를 서술함에 있어 가장 중요한 문제는 방법상으로 심화해야 한다. 또한 인구문제는 다양하고 복잡하며 동적이어서 서술하기 어렵지만 그 다양성을 통일적으로 추구·연구함이 필요하다.

총괄하면 「典志」의 篇目을 세우는 것은 모두 각개 사회의 다양한 측면을 가지고 있어 풍부하고도 복잡한 인류역사의 객관적 진행과정을 剖面하여 연구하여 일개 역사의 특점을 살펴보고 반영시키는 것으로 모두 역사발전의 整體를 위해 힘써야 한다. 여기서 특별히 긴요한 것은 ㄱ 정치·경제제도에 대하여 하나의 제도를 靜體시켜 서술하는 것이 아니고 動的인 것을 서술하는 것인즉, 역사적 운동 중에서 서술해야 한다. ㉡ 일종의 제도발전을 강설하는 것이 아니고 응당 제도가 사회발전과의 관계를 강설해야 하는 것이다. 결국 역사의 객관적인 규율을 통하여 허다한 제도·규정과 관계있는 인류전체를 위한 객관적이고도 운동적인 법칙(원리)를 추구하려면 「典志」를 연구하고 보아야 한다는 것이다.

제4절 「傳記」; 人物群衆

역사발전은 필경 인류활동의 결과이다. 사람을 떠나 역사를 말할 수 없다. 사서에 보이는 하 많은 군중 중에서 역사적인 풍부함과 유익함을 느낀다. 舊史는 대량으로 인물의 「전기」를 기록하여 관점은 다르지만 취할만한 점이 많다. 최근 몇 십 년 동안 인물의 「전기」에 관한 연구하지 못한 것을 반성하고, 유방의 漢天下, 제갈량·악비·진회의 일으킨 작용을 살펴보아야 한다고 하였다. 그러나 개인의 역사적인 작용을 설명하기 위한 것으로 인민군중의 작용을 포괄해야 하는데, M.주의에 입각해야 한다고 지적하고 있다. 또한 중국역사상 정치가·군사가·이재가·사상가·철학가·과학자·종교가·교육가·문학가·예술가·의사·기술사·工程師·군중영웅·부녀영웅·영웅인물을 정황을 선택적으로 연구하기 어렵다고 하면서도 마르크스주의의 지도를 받아 생동감 있게 서술할 수 있다고 단언하고 있다.

제5절 "通"의 요구

「序說」·「綜述」·「典志」·「傳記」의 4종체제를 배합하고 필요하면 특별한 체제를 참고하여 채용해야 한다. 아울러 역사발전의 진전과정은 다층적으로 역사 규율성·풍부성을 반영해야 하되 "通"의 의미를 통하여 서술해야 한다.

통의 관념은 중국 사학사상에서 상당히 중요한 위치가 있다. 사마천이 『사기』를 편찬할 때에 고금의 변화에 통하여 성패흥망의 이치를 이해한다는 것은 편찬형식상 통에만 그치지 않고 역사발전의 도리를 탐색하여 역사의 의미를 연계시켰다. 두우의 『통전』은 전장제도 방면의 고금의 변화를 통하게 하는 專書로 그는 이 책이 정치에 베푸는 것이 있으리라고 믿었다. 또한 현실과 더불어 연계시켰다. 명말청초 왕부지·황종희·고염무는 모두 고금의 변화에 통한다는 유풍은 있었지만 그런 통사는 서술하지 못하였다. 정초는 통사를 추숭하기로 유명하다. 그가 말한 통은 "會"자와 함께 사용하였다. 회는 대량으로 역사문헌을 滙集·編排하였다. 통은 서로 다른 朝代의 전후를 통하게 하고 代를 끊이지 않게 하여 서술하는 것이다. 그는 공자가 四書禮樂을 총괄하여 한 손에 모으고 능히 천하의 문과 같이 하여 2제·3황을 관통하여 일가를 통하게 하는 연후에 능히 고금의 변화를 이해하리라고 하였다. 사마천이 『시·서』·『좌전』·『국어』·『세본』·『전국책』·『초한춘추』 등의 言을 모아 황제·요순에 통하게 하고 진한시대에 이르기까지를 일서로 勒成하였다고 설명하였다. 정초의 학술흥취는 지식성적이고 중점은 문헌학 방면에서 사마천의 "통고금지변"과 구별된다. 또한 후에 마단림은 일부의 전장자료에 관한 저작으로 풍부한 자료를 모아 정리하였다. 그는 「총서」에서 군자는 후왕의 도를 살펴 백왕의 앞 시대를 논하며 의론했다. 그런즉 제도를 고찰하고 헌장을 살피며 그가 편찬한 『문헌통고』의 宗志인 博聞强識했으니 진실로 儒事를 통틀어 말한 것이다. 『문헌통고·통지』형식의 서로 다른 것은 治學의 系統으로 정·마의 계통은 후의 사학계 영향에 대하여 사마천·두우에 비하여 큰 것이라 할 필요 있다.

우리가 사서를 찬술할 때에 통에 대한 요구는 정·마의 장점을 흡수하고 더욱 중요한 점은 M.의 관점인 매 시대의 생산력·생산관계·상층건축을 연구하고 세계와의 관계나 세계사에 있어서의 위치 그리고 중외의 왕래와 경제교류를 포함해야 한다는 것이다. 아울러 "통고금지변"을 찬성하지만 역사현상을 透過하면서 역사의 본질을 개시하고 역사발전의 규율을 탐색해야 한다. 마치 「공산당선언」에서 계급투쟁의 역사를 논술하고 『자본론』에서 노역지조와 화폐지조의 역사 그리고 간단한 협업에서 대공업의 역사에 이르기까지의 『논국가』 『국가와 혁명』으로 국가의 역사를 논술했는데 백수이 등이 통사를 저술코자 참고했다는 것이다. 『여씨춘추』에는 「精通篇」이 있는데 由基·伯樂·宋의 庖丁·鍾子期의 故事를 인용하고 있다. 유기를 키운 것은 한 善射人이고 그는 최초에 箭射石으로 먼저하고 공부한 후에 성취하여 箭으로 새털을 뚫었다. 백락은 善相馬人으로 처음 상마를 배울 때에 충분히 전심하여 때때로 생각한 것은 모두 馬였다. 송의 포정은 善解牛者였는데 그도 처음 배울 때는 전심으로 노력하여 보지 않고도 해우를 잘하게 되었다는 것이다. 종자기는 음악을 잘했다. 처음에 전심으로 연마하여 유명하였다. 이들은 勤學·苦練으로 정통하였듯이 우리도 이런 태도·정신으로 힘써 구했다고 하고 있다.

제5장 歷史文學

제1절 史學과 文學

文이 없으면 史도 없다. 역사적 성과를 연구하는 것은 전적으로 문자 상으로 표현한다. 역사의 진행과정을 탐색·이해하기 위해서는 문장을 보아야 하고 다른 사람을 이해시켜야 한다. 우리가 표술하는 것은 기계가 아니고 기술도 아니며 생동적이고도 풍부한 인류사이다. 이런 객관과정을 서술하는 것은 결코 용이한 일이 아니다. 이에 문자로 표술하는 방법은 공부해야 한다. 사학자는 전민족의 대중을 위하여 복무하고 더 많은 독자가 애독하는 저작을 제공해야 한다.

역사문학은 ⓐ 歷史題材를 이용하여 문학작품(역사소설·극본)과 ⓑ 진실한 역사의 문학적 표술을 가리키는 것인데, 일반적인 문자 표술과 고도의 예술적 걸작을 포함한다. 文과 史의 양자사이에는 점차 분리되었다. 걸출한 역사가는 고도의 문학수양을 갖추고 있다. 그들의 역사서술은 우수한 문학작품으로 인정받고 있다. 현재 역사를 서술할 때에 거듭 문자 표술 상의 요구가 있다. 갑골문은 유관 역사사실 운주의 역사상황을 반영한 당안 자료이고, 시서는 중국의 빠른 典籍으로 시가집·산문집이다. 이들 자료에는 적잖은 역사내용이고 역사인물의 「傳記」이며 『춘추』는 문학적인 성격을 가진 역사서이다. 『좌전』·『사기』·『한서』는 모두 문학성을 가진 명저로 문사의 분리되지 않은 상태의 반영이다. 문사분리는 양자 모두 각기 전문 직능이 있어 분리해야 하였지만 문사일체였기 때문이다. 또한 좋은 역사찬술은 문체가 독자의 흥미를 불러 일으켜야 하고 생산이 광범하고 지구적인 사회효과에 따라 사실의 표현을 중시하고 문체 또한 중시하는 것이 중국역사가의 전통이다. 반표 부자는 사마천의 역사관점이 격렬하다고 비판하고 도리어 사실의 서술을 잘하였다고 평가하였다. 범엽은 반고의 문체를 칭찬했고, 진수는 사실의 서술을 잘하여 어진 역사가의 재능이 있다고 하여 유지기도 문사는 분리할 수 없다고 하였으며, 「곡량전」·「공양전」에 대하여 일보 진보시켰고 역사학이 광범위하게 전파하는 의미가 있다고 설명하여 그것으로 보편성의 품격화 함으로써 역사문학 이론의 일개 명제를 이루었다. 장학성은 유지기의 논점을 수용하여 역사의 기재는 반드시 문학성의 語言이 광범위하게 전파되어 어진 역사가는 문을 공부하지 않을 수 없다고 한 것은 문사의 관계에 대하여 좋은 설명이다.

현재 白壽彝는 과학적 역사지식을 광범위하게 전파시켜야 하고 역사찬술은 교육적 주요 공구로 진행해야 한다고 주장 하였다. 보다 많은 군중을 위한 과학적인 역사지식을 관장하려면 역사문학을 중시해야 한다는 것이다. 역사는 一門의 과학이요 주요 사상을 교육하는 공구이다. 역사를 배우는 것은 과거를 이해하는 것으로부터 미래를 관찰할 수 있기 때문이다. 따라서 심각하게 이론을 분석하고 합리적 편찬형식에 따라 문자 상으로 잘 표술해야 하고 문학적 측면만 강조하면 불필요하다. 역사문학의 요구는 진실한 역사면모를 표술 하는 것이요. 허구를 불허해야 한다. 즉 『삼국지』와 『삼국지연의』가 확실히 다른 것을 알 수 있듯이 역사문학과 역사서가 선명하게 대조를 이루는 것이다.

제2절 중국 역사문학의 우량전통

先秦의 『좌전』은 당시 대표작으로 사람들의 주목을 받을 만 하였다. 그것은 語言의 서술이 잘 되어 있고 기록한 바의 각종 辭令이 극히 精彩롭다. 예컨대 呂相絶秦의 이야기는 장기간 傳誦되어 온 명작으로 背信棄義의 사실을 열거하였는데, 雍容하여 한 점 呪罵·火氣없이 강렬한 설득력을 가지고 있다.

공자는 『詩』를 배우지 않으면 말할 수 없다고 하였고, 孔 門 4科에 언어가 그 하나이다. 전국시대 遊士는 유세로 卿相에 나아갔다. 맹자는 대인들과 담화할 때에 풍모를 따랐다고 하여 언어를 중시 하였다. 『좌전』등의 사서는 언어의 기록을 성취한 반영이다. 또한 사실·전쟁 등을 잘 서술하였는데 泌·城濮之戰 등은 매우 생동적으로 중국 역사문학의 기초를 세웠다. 양한시기 사학은 큰 성취를 보았고 典範인 『사기』엔 인구에 회자하는 명작, 곧 「항우본기」의 사면초가; 항우의 홍문의 회·항우의 자긍공벌과 지사불오; 「이사열전」의 세절적 묘사 등이 매우 생동적이다. 그리고 『자치통감』의 적벽전과 비수의 전투에서 제갈량과 사안의 풍모를 볼 수 있다. 결국 중국 역사문학의 성취는 하나의 풍부한 寶庫로 그 중에 적잖은 편장은 현재에 이르기까지 학습할만한 가치가 있다.

제3절 역사 表述의 기본요구

역사 표술은 고도의 예술수준이 필요하여 용이하지 않지만 그 기본 요구는 確切·凝練·生動이다. 확절은 진실·정확과 합당함을 의미한다. 진실한 역사 표달은 사학자의 천직으로 그 직무를 다하기는 어렵지만 도덕적 착오나 정치적 범죄를 범하는 것이다. 예로부터 어진 사학자는 "不隱惡·不虛美"라 하였고 유지기는 일개인이 사서를 기록하려면 "一朝의 득실과 千載의 榮辱"으로 기록하며 개인의 기탄이나 수치가 없어야 한다고 하였다. 장학성이 어진 역사가는 천성적으로 남에게 불이익 없이 서술해야 한다고 하였다. 사마광은 황소기의를 誣滅했다고 한 것처럼 別識心裁해야 한다는 것이다.(왕부지를 격하한 것은 잘못이다.) 屬辭比事－善表達法－史識－凝練과 生動(이는 『사통』이 尙簡과 用晦와 같다.) 文史의 煩簡은 『한서』100권; 『한기』는 簡約하고 유지기도 간약을 추숭했다. 결국 작사자의 능력에 관련되어 있다. 生動적이지만 과장하지 않고, 엄숙과 긴장하는 장면도 생동적이다. 유비·조조와의 대화에서나 영웅 시저를 넘어뜨리며 당황하는 모습 등에서 각자의 풍모를 볼 수 있다.

제6장 세계사와 중국사

중국사의 특점은 연속성이다. 중국사는 세계사의 주요한 일부분으로 세계사를 연구하는 데에 필수적이다. 그 주요한 표현은 정치발전 중에 외래요인을 중단시킬 수 없기에 중국사는 문화발전상에 배제할 수는 없다. 그것은 문명은 역사상의 국가와 동시에 발생했기 때문이다.

중국역사는 수인·복희의 犧農至治 곧 자연경제에서 시작하여 중국인의 시조인 黃帝가 창일에게 문자를 창제하게 하였고 전욱·제곡·제요·제순이 나라의 규모와 실천을 내보인 후에, 公天下觀을 가진 禹임금과 私天下觀을 펼친 그의 아들 啓로부터 이어진 湯임금의 商(殷)의 연맹체제 그리고 문·무왕에 의하여 건설된 西周의 봉건체제가 공개적으로 무너져, B.C 722년부터 회맹체제가 전개될 때에 공자께서 五經의 정신에 따라 세상을 구제해야 한다는 의도에서 『춘추』를 저작하여 正名을 제창하고자, 제자들과 함께 『논어』를 집성하여 실천하였는데, 그 후학 맹자·증자·자사 등에 의하여 四書가 출현하여 지금까지 읽혀져 왔다.

따라서 역사학이론발전은 대의명분을 『논어』를 비롯한 『사서』·『육경』의 방법을 『대학』에 대입하여 공자께서 "나는 十有五에 入學에 뜻을 두어 三十에 立身하고 四十에 不惑하고 五十에 知天命하고 六十에 耳順하였으며, 七十에 비로소 從心所欲을 不踰矩라"(『論語』「爲政篇」)고 하지 않았던가 라고 하였으니, 사물의 원리(원칙)로 인간이 그 사물을 이용·운영하는 것으로, 인간이 본분(명분) 곧 부모·군주·스승의 역할)을 확실하게 할 수 있어야 진실로 이용·운영할 수 있는 것이다. 이 문제는 두 원리가 서로 대립하여 논리상 모순이 생기는 일이기에 변증법(正·反·合), 곧 모순된 관념을 배제하여 진리를 발견하는 방법이다. 아울러 그 개념의 분석에 따라 연구하는 학문(영역)으로 그 저변에 논리학이 있어서 인문학, 곧 사학·철학·문학에 모두 적용되고 있는 것이다.

그런고로 인간은 사물의 원리(원칙)를 바르게 이해하고 생활해야 하는 것이니, 인간 각자의 본분(명분)을 세워 이율배반의 원리(信義)인 신의(信義)를 중화(中和)로 풀어 다함께 발전하는 길(道)밖에 없다. 예컨대 인간의 본분(특히 대의명분(부자·군신의 관계, 곧 孝·忠)을 공자의 『論語·春秋·尙書등 六經』의 원리를 통하여 孝悌·忠信을 배워 가정·宗中에서 실천하며 나아가 入仕하여 공적을 쌓아 부모님께서 나 자신을 위하여 은혜를 배푸신 그런 부모님의 이름을 드러내는 것을 곧바로 실천하는 것이다. 즉 『대학』의 「삼강·

팔목」에 대한 구체적으로 운영하고 고금에 변용하여 구현한 것이었다.

전국시대 중기이래로 秦제국에서 齊民支配體制를 확립하였으나, 정치의 실효성을 확보하지 못하여 蕭荷·張良의 도움을 받은 한고조 劉邦이 한제국의 齊民支配體制를 이루었다. 이리하여 한왕조에서는 동중서의 정론 곧 『거현량대책』으로 인재를 등용하고 조조의 『言兵事』에 따르는 등의 정책과 토지제도를 비롯한 세제·병제 그리고 예제 등의 문란으로 왕망이 新으로 代替하였으나, 정통성이 상실하여 후한 광무제가 등장하여 정치·경제적 구도를 제대로 수습하지 못한 채, 羌族의 내부와 반란과 정치적 실효성의 상실로 말미암아 2회의 黨錮와 황건농민전쟁으로 중국의 고대문화는 그 막을 내렸다.

또한 이 시기에 오리앤트 힛타이트의 철기와 인도의 수학은 중국에서 농업생산과 병기의 발전에 크나큰 촉진제가 되었고, 중국의 역법이나 후한 때의 제지법은 한왕조의 발전은 물론, 당 후기 달라스전투 때에 이슬람세계를 거쳐 유럽에 전해져서 종교개혁의 촉진제가 되었다. 아울러 『춘추』를 보완하는 『좌전』의 『좌씨왈』로부터 사마천의 『史記』와 『태사공왈』이 나왔고, 반고의 『한서』와 그 논찬 그리고 『한기』와 『순열왈』이 나와 역사학이 우뚝 섰다.

위진 수당시대에는 후한말 조조가 후한의 鄕擧而選의 선거를 唯才是擧와 함께 채용하고 둔전제, 병호제, 호조제를 실시하고 남하하는 흉노에 대하여 산서오부를 설치함으로써서 조위의 정치적인 구도를 안정하여 삼국정립형세를 이룩하였지만, 정통성을 잃었다. 이어 사마염이 군국제, 점전법, 호조제 및 병호제를 채용하여 정치·사회·경제적 구도를 재편성하였지만 平吳이후 무사안일, 외척의 정치농단 그리고 북방민족의 남하를 막지 못하여 한, 전·후조의 양립과 선비 모용 4연의 중국진출과 부견의 3진통일 그리고 선비 탁발씨의 화북을 통일하는 역사진전이 전개되었다. 북위는 모용왕국에서와 같이 호한분치의 宗主督護와 軍鎭制 나아가 병호제와 균전·조용제와 낙양천도와 姓族詳定으로 국가적 정치·경제의 구도를 혁신하여 크게 성장하였다. 한편 남방에서는 남하한 북래귀족과 오성귀족이 타협하여 서진의 정치·

경제·군사적인 구도로 동진을 세워 송·남제왕조가 흥망하였고, 양무제가 개혁을 추진했으나 성과를 거두지 못한 채, 진왕조를 거쳐 589년 수 왕조에 통합되었다. 아울러 북위말 호한귀족의 정치농단과 왕실의 유약으로 군벌 尒朱榮, 高歡이 정치농단 끝에, 동위가 출현하여 효무제 서천으로 성립된 우문태의 서위와 항형하였다. 하지만 동위의 정치경제적 구도는 북위의 구도를 약간 변형시킨 호한분치형이기에 蘇綽·盧辯 등이 추진한 서주의 거점 長安에 도읍하여 六官制를 부활시켜 府兵制, 計帳量文書 虜姓再行과 賜與 등 이른바 관중본위정책과 蘇綽의 6條詔書을 통한 우문태를 중심으로 하는 관롱집단의 강력한 통치를 관철하게 하여 성공하였고, 수문제는 서위·북주의 정치·경제구도를 재구축하여 남조를 통합하였지만, 제민지배를 방대한 국가기구의 운영상의 불합리를 가져온다든가, 수문제의 3자에 대한 군국제적인 권력분배 그리고 수양제의 과대한 영토확장과 방탕한 생활 등으로 제국이 와해되어 당고조와 태종이 갱신하였다.

최고 통치자가 胡化된 당왕조는 수문제 개황연간에 서위·북주의 균전·조용조제 및 부병제를 채용하여 부병의 기간을 북주왕조보다 부담을 더욱 줄이는 방법을 실행하여 성과를 거두었던 상황을 감안하여, 부병의 임무를 더욱 줄이고 3省6部와 9寺·5監의 재상·정책기구와 실무기구로 나누어 운영한다든지, 과거제를 정비하여 인재등용에도 국가의 권력을 확대시켰다. 이러한 중앙집권이 관철되어 군사력과 통치력을 바탕으로 나당연합을 통한 백제·고구려의 평정 그리고 다소 무리한 영토확장을 추진하여 당제국 주변에 6도호부체제를 운영하는 등으로 당제국의 위상을 크게 드높였다. 그러나 당명황의 사치와 재상의 롱권 그리고 안사의 반란 등으로 균전·조용조제는 지주전호제로 부병제는 모병제로 전변되어 조세징수체계가 크게 변동하여 당왕조의 위상은 크게 위축되었다. 또한 당쟁과 환관의 롱권과 토번의 침입과 황소의 농민전쟁으로 대당제국은 그 막을 내렸다.

이상과 같이 성쇠를 거듭한 위진남북조·수당시기에, 역사편찬 또한 성대하였다. 진수의 『삼국지』와 배송지의 『삼국지주』를 비롯하여 범엽의 『후한서』, 심약의 『송서』, 소자현의 『남제서』, 위수의 『위서』가 각각 그 다음 왕조에서 통치치상의 감계로 삼고자 편찬되었다. 당태종은 위징을 총재관으로 삼아 요사염의 『양·진서』, 이백약의 『북제서』, 영호덕분·잠문본의 『주서』, 방현령 등의 『진서』 그리고 위징 등에게 『수서』를 편찬하게 하여 이연수 등의 『남·북사』와 함께 館修하였다. 저자는 이 館修 5史의 주편자의 역사관을 고찰하는 고된 작업도 서슴치 않았다. 또한 성당시기에 평론서인 유지기의 『사통』이 출현하여 역사학 발전에 공헌하였고 당중후기 두우는 당제국의 하강을 보고 『통전』을 저술하였으며, 오대에 유구의 『구당서』, 설거정의 『구오대사』도 편찬되었다. 아울러 이시기에 관료채용제도는 제제법과 함께 이슬람세계를 통하여 유럽에 흡수되어 유럽근대화에 이바지 하였다. 아울러 천황의 神社체제를 건립한 일본이 遣隋·唐使를 수당문화를 수입·실행함으로써 大化改新을 확립·융성하기도 하였다.

송태조·태종은 晩唐의 혼란과 五代·十國의 난맥을 수습한 후에 공자님의 이상세계관에 따라 방대한 국가기구를 정비하여 과거제, 지주·진호제와 모병제의 운영을 통한 제민질서를 확립하였다. 그러나 요왕국의 남하로 천연의 맹약이 추진되는 동안에도 통치의 실효성을 확보하지 못하고 농민전쟁이 빈번하여 송왕조의 약체를 면하지 못하였으며, 인종의 新政·원풍관제개혁과 왕안석의 신법을 단행하였지만, 당쟁과 금왕조의 남하를 막지 못하였다. 약체 남송왕조가 여진에 대한 강경투쟁파를 물리친 강화파정권의 통치도 금왕조를 멸망시키고 중국을 지배한 원제국의 침략에 항복하고 말았다.

이시기 북송에서는 주돈이·정이·정호형제 그리고 장제 등의 송학을 확립하였으며, 남송 주자는 社倉설립을 제창하고 『주자대전』을 편찬하여 성리학을 완성하였다. 또한 구양수·송기의 『신당서』, 구양수의 『신오대사』를 편찬하였고, 사마광이 편년체통사 『자치통감』, 범조우의 『당감』을 편찬한 위에 남송초에 정초는 『통지』, 유서의 『통감외기』, 이도의 『건염이래계년요록』, 호삼성의 『자치통감음주』 그리고 원추의 『통감기사본말』, 주자의 『자치통감강목』을 편찬하여 각각 왕조의 정통성을 확보하려고 하였다. 또한 저자는 『자치통감』 사론을 번역하려는 의도로 어려움을 거치는 동안에, 대만·중국의 사론에 관한 사학명가의 명저와 『자치통감』에 관한 출판설명과 동 사학명가의 명저를 참조하여 『자치통감』의 주편자 사마광과 동수자 범조우의 역사관을 『전남사학』 제17집(2001년, 12월)과 동 19집에 개재하고 이번 개정판 『중국사학사요강』에 삽입하기도 하였다. 이러한 역사편찬은 고려에 전달되어 김부식의 『삼국사기』와 조선왕조 초기 서거정 등의 『통국통감』, 『고려사』 그리고 일본 『서기』 『대일본사』를 편찬하는 계기를 이루었다. 아울러 송시대의 인쇄술과 화약은 유우라시아에 걸쳐 대제국을 건설한 대제국을 통하여 유럽의 근대화의 초석을 이루었다.

원제국은 몽고민족지상주의에 입각하여 금왕조를 정복하고 유우라시아에 걸치는 4한국을 건설하여 역참제로 통괄하고 쿠비라이칸이 남송을 평정하여 국족·색목인·한인과 만인으로 신분을 구분하고 유학자를 8등급에 배치하여 제국의 제민지배를 확립하여 마르코폴로를 우대하고 정동행성으로 고려왕조를 종속시키고 여몽연합군으로 일본을 정벌하기도 하는 등의 통치를 하다가 홍건의 농민전쟁으로 공자님의 세계관에 밀려 제국의 와해를 초래하고 말았다. 이시기에 『대원일통지』·『몽골비사』를 비롯하여 『송·요·금사』, 마단림의 『문헌통고』 등이 편찬되어 두우의 『통전』 정초의 『통지』와 함께 3통을 이루었다. 또한 일본에서는 두 번의 막부체제를 이루던 중에 몽고에 대한 투쟁도 전개하였다.

명왕조는 주원장이 원말 절강성 심곡에 은거하던 금화학파 유기·송염의 지지를 받아 홍건농민전쟁을 평정하고 몽고를 새외로 내몰아 새왕·황장제·지주전호제를 충심으로 제민지배를 확립하여 영락제의 內治와 정화의 남해원정의 성과 그리고 자본주의적 맹아는 결실을 보지 못하였으며, 육·왕심학의 사상통치를 단행하였지만, 내부혼란과 몽고·일본의 침략을 겨우 격퇴하였다. 또한 조선에서 일어난 임진왜란을 지원·격파하였지만, 이자성의 농민군을 이용하여 抗淸하려던 꿈이 朝鮮을 종속시킨 청왕조에게 天崩地裂하고 말았다. 이시기에 『대명일통지』와 『고금도서집성』 그리고 『영락대전』; 『원사』; 이지의 『장서』·『속장서』 그리고 『패문잡기』 등이 역사편찬이 이루어졌다.

청제국은 소수민족 여진의 누루하치가 후금을 건설하여 명왕조에 事大하던 조선을 침략하여 종속시키고 중국에 진출하여 圈地令으로 황장과 팔기병의 생활기반을 확보하여 지주전호제와 단발령·만한공동행정과 편찬사업을 통하여 제국의 제민지배를 관철하여 강희·옹정·건륭의 전성을 확보하였다. 명중기이래 진출한 선교사 신부 마태오릿치, 청 강희제 때에 궁중미사이래 예수님의 세계관이 중국에 펼쳐저서 건가연간을 전후하여 활발하였던 교당·회당의 활약과 서양열강의 중국진출이라는 험난한 역사가 진행되었다. 이로 말미암아 야기된 아편전쟁의 실패로 정치·사회가 혼둔을 거듭하다가 마침내 1850년 홍수전이 배상제회와 천조전무제를 통하여 남중주국에 태평천국을 세워 10여년을 버티다가 그리스트의 세계관과 공자의 세계관이 이율배반으로 곤경에 빠졌고, 또한 열강의 조차지의 확보와 배상금문제, 그리스트교 선교사의 활동 등으로 정치·사회·경제·문화 전반에 걸쳐 혼미상태에 직면하였다. 이에 청정부는 夷務을 洋務로 전환하는 통리기무아문을 설치하여 증국번·이홍장 등 이른바 양무관료를 통하여 1862년 동치중흥개혁을 수립하여 1864년 태평천국 격파하였다. 이시기에 『대청일통지』·『명사』 그리고 『사고전서』를 비롯하여 전대흔의 『22사고이』·왕명성의 『17사상각』·조익의 『22사차기』 그리고 중국 전통사학이론의 완성판이라는 장학성의 『문사통의』는 역사가 경세의 수단임을 제창하였다.

한편 중국의 문화적 所産인 종이·나침판·인쇄술·화약 그리고 관리채용제도 등을 흡수한, 예수님의 세계관에 의하여 성장한 유럽 여러 나라는 근대화 곧 문예부흥·종교개혁 그리고 지리상발견 등으로 개편되어 발달하는 데에 커다란 촉진제가 되었다. 즉 서양문화의 열매인 민주주의 원리 곧 예수님의 세계관에서 발전한 자유·평등·박애를 배워 실천하는 방법으로 통회할 때에, 「십계명」 즉,

1. 한 분이신 하느님을 흠숭하여라.
2. 하느님의 이름을 함부로 부르지 말라.
3. 주일을 거룩하게 지내라.
4. 부모에게 효도하여라.

5. 사람을 죽이지 말라.
6. 간음하지 말라.
7. 도둑질을 하지 말라.
8. 거짓 증언을 하지 말라.
9. 남의 아내를 탐내지 말라.
10. 남의 재물을 훔치지 말라.

와 『성경』을 신부님을 통하여 배워 가정·사회에 실천하고, 入仕하여 국가에 공로를 세우고 영달한 위에, 그렇게 하게 해주신 부모님께 효도하라는 것이다.

그리하여 영국·프랑스의 절대왕정에서 자유·평등·박애의 정신을 기초로 하는 정치적 민주주의와 경제적 중농·중상주의에 입각하여 유럽·아메리카·중국이 3각무역으로 세계를 확대하고, 나아가 산업혁명을 통하여 서양열강은 상품시장과 원료공급지 쟁탈에 나서 아시아·아메리카·아프리카는 그들의 식민지로 전락하였다. 특히 칸트철학에 입각한 서양열강은 일본에 기지를 두고 중국에 진출하여 중·영아편전쟁으로 이권을 확보한 사실로부터 프랑스·독일·러시아·일본 그리고 미국도 기회균등이라는 구실로 진출하였다. 이런 제국주의의 침략경쟁은 청일전쟁·러일전쟁·발칸전쟁을 거쳐 제1차 세계대전이라는 비극을 낳았다.

이시기 중국에서는 망국을 막기 위하여 민족·민권·민생을 내세운 손문이 러시아의 지원과 열강의 협조로 중화민국을 건립하여 청왕조를 물리치고자 원세개에게 총통을 물러주었다. 이에 원세개는 청조를 멸망시키고 일본의 막대한 자금지원을 통하여 복벽을 일단 성공하였지만, 군벌들의 이탈로 실패하였다. 이때에 손문은 장쨰쓰에게 북벌을 단행하게 하였다. 장쨰스는 일단 성공하여 진독수·호적의 도움을 받아 고전적인 방법으로 중국을 이끌어 갔다. 이즈음 모택동은 호남성 농민운동에 참여하고 서금에서 정강산투쟁을 전개하였지만, 미국의 지원을 받은 장쨰스에게 밀려 장정을 통하여 연안에 이르는 동안 중국공산당 당권을 장악하고, 1943년 『전국토지법대강』을 발표하여 미국의 지원을 받은 장쨰스를 대만으로 쫒아내, 1949년 신민주주의중화인민공화국을 건설하였다. 아울러 모택동은 백가쟁명을 통하여 『호적사상비판』을 전개하여 정권의 안정을 도모했지만, 유소기·팽덕회의 반발로 문화대혁명을 통하여 화국봉을 이은 등소평·장쩌민·시진핑의 중미·중일·한일·한미의 평화공존체제가 추진되고 있다.

이러한 정치·경제적 상황에서 중국의 사학계는 발전을 거듭하여 아편전쟁시기에 경세치용의 사학사조에 입각하여 서북사지학이 발달하여 장목의 『몽고유목기』, 하추도의 『삭방비승』이 편찬되었고, 외국사지학의 발달로 위원의 『해국도지』와 서계여의 『영환지략』, 위원의 『성무기』·『도광양수분무기』등이 편찬되었으며, 양무사조에 따라 왕도·설복동·진작림·왕여운·호림익·황준언 등의 편찬활동이 이루어졌으며, 가소태·증렴·도기 및 윌리엄·알랜 등의 편찬활동도 보인다. 또한 20세기초 서방사학의 수입으로 중국사학이 근대화하여 양계초가 신사학을 제창하여 『중국역사연구법』·『중국민족지』·『무술변법기』·『일본정변기』·『영국헌법사』·『영국외교정략사』·『일본국기』·『역사교수법』·『중국역사』등이 속속 출판되었다. 아울러 신해혁명시기에 국수파의 거두 장태염의 『국고논형』등의 편찬이 보이며, 5·4시기에 신문화운동전개로 『신청년』등의 잡지발간과 신사료의 정리로 의고파·신고파의 쟁론이 전개되었으며, 왕국유의 이중증거법, 진인각의 신고거학·이지의 현대고고학·호적의 실용주의 사학관점이 대두되었으며, 이대교의 『사학요론』, 곽말약의 『중국고대사회연구』가 나와 중국에서 유물사관에 입각한 역사연구가 추진되었다. 이렇게 1870년대 중반 이래 추진되어온 『중국통사』의 편찬이 1975~1993년에 걸쳐 편찬되어 2006년까지 完修되어 종합서술체로 우뚝 섰다.

그러나 이는 유심주의 관점을 배제하여 유물주의에 입각한 계급투쟁을 전재로 하면서도, 『傳記』(인물군중)을 넣은 이유로, 역사는 필경 인류활동의 결과로 인물을 떠나 말할 수 없기 때문에, 중국역사이래 역사인물을 통틀어 비판적으로나마 수용해야 한다고 하면서, 중국 역사문학을 소개하고 있으니, 이 책의 주편자 백수이선생의 옹색한 입장을 이해할 수 있다. 또한 장기년의 『중국전사』100권본도 유사한 입장 등이 그의 책에서 엿볼 수 있다.

아울러 한국사에서는 신라 법흥왕 이래 부처님의 세계관에 관한 교육방

법이 인도 고대문명의 중요한 결실인 불교의 십계에 보인다. 사미십계는 즉,

1. 살생하지 말라.
2. 주지 않는 남의 물건을 훔치지 말라.
3. 사음(邪淫)하지 말라.
4. 거짓말을 하지 말라.
5. 술을 마시지 말라는 것과 보살오계를 합한 것이고,

보살십계는 앞의 사미오계와

1. 머리를 향으로 꾸미지 말라.
2. (법회 때) 부처님의 말씀을 노래·춤·보·듣지 말라.
3. 때때로 먹지 말라.
4. 높고 넓은 큰 평상에 앉지 말라.
5. 금은보석으로 꾸미지 말라는 것과 합한 것이다. 그리고 佛經으로 인간이 四聖體(苦, 集, 滅, 道)와 八正道(正見, 正思惟, 正語, 正業, 正語, 正命, 正精進, 正念, 正定)을 통하여 成佛하고 그 원리로 자기해탈(求福)하고 衆生救濟(+護國)의 방법이 보이고 있다.

이러한 방법으로 부처님의 세계관에 의한 통치가 신라, 통일신라와 후삼국 그리고 고려후기의 무신정권시기까지 僧統과 王師·國師의 지도·협조로 僧科의 설치·운영이나, 고려 팔만대장경판이 국가적인 사업으로 추진되었던 것이 그것이다. 그러나 고려말 몽고민족 지상주의에 입각한 정치가 이루어진 이후 숭유하던 조선왕조와 서산·사명대사의 호국활동에도 불구하고 부처님의 세계관이 관철되지 못했으며, 오늘날에 이르기까지 불국쟁토신앙은 고승의 선교와 佛子의 신앙으로만 관철되고 있다.

이에 앞서 말한 임진왜란 이후 후금(청)이 중국진출을 앞두고 정묘·병자호란을 통하여 조선왕조를 종속시켰다. 조선왕조는 다산 정약용 선생을 필두로 한 실학을 통하여 구국하려다 당쟁과 세도정치가 계속되던 사정에 신미·병인양요로 열강 미국·프랑스가 조선에 진출하여 흥선대원군의 쇄국정치가 추진되는 동안에, 임오군란으로 열강의 일원인 일본이 조선에 진출하여 신식군대를 편성하여 군사·통상권을 박탈하였다. 아울러 일본은 동학운

동을 평정하고 청일전쟁에서 승리하여 이른바 을사보호조약을 강제로 체결하여 청과의 관계를 단절시켜, 갑오경장 곧 광무개혁을 추진하여 조선왕조는 사실상 그 막을 내렸다. 이후 일본은 을미사변과 이준열사의 순국하신 사건을 통하여 조선을 빼앗아 1910년 8월 29일 한일합방으로 한반도는 일제의 식민지로 떨어지고 말았다.

이시기에 앞서 설명한 『삼국사기』·『고려사』·『동국통감』 등의 역사편찬 사업이 이루어진 위에, 큰 성과를 거두지 못하여 『조선왕조실록』·『동사강목』·『조선사』 등이 보인다.

이제 한국은 1945년 독립하여 이승만정부로부터 13번째 박근혜정부에 이르기까지 괄목할만한 경제성장을 이루었지만, 6·25 동족상잔을 겪고 몇 차례의 개헌과 정치적 혁명을 거쳤으며, 북한과 대립하고 있는 사정에서 중국의 시진핑 주석과 정책적동반자 관계를 맺었다고 하니, 미국과 협조하여 이 상황을 한·두층 끌어올린 그 곳 낙원에서 天下·諸國·家家가 好好·嘻嘻·樂樂하였으면 얼마나 좋을까......

아울러 저자는 역사인생을 마감하는 상황에서 중국의 위진 수당시대를 전공하여 『당전기 균전제 붕괴고』, 범양노씨를 중심으로 하는 『북조의 귀족』을 고찰한 위에, 논문 『중국 과거제의 성립』을 근거로 수당시대에 산동군성 곧 崔(박릉·청하), 범양盧, 李(조군·농서), 태원王 그리고 형양鄭씨네들이 어떠한 활동을 전개하였는가를 분석·고찰하여 산동귀족·관료를 중심으로 한 『수당관료제의 성립과 전개』(1995, 전남대학교출판부)를 펴냈었다. 저자는 이 분야의 일을 하려는 생각을 가져보지만, 위 범양노씨를 비롯한 산동군성후예의 그 이후 동향에 관하여 보는 방법이 보이지만, 고단하여 할 수 없고, 할 수도 없어서 당말에 東渡한 광주노씨의 동향을 연구해 보겠다는 입장을 노씨 종중 회장님께 두 차례에 걸쳐 청원해 보았지만 불가능하였다. 따라서 저자는 내자를 이 고장의 우수한 종주집단인 울산김씨네에서 맞이하였으니, 유유자적하면서 젊은이를 포함하는 세계 인류의 훌륭한 읽을거리의 하나로 울산김씨의 어제와 오늘에 대한 현창사업을 추진하였으면 얼마나 좋을까......

참고문헌

1. 기본자료

『三國志』(晉·陳壽 撰, 宋 裵松之 注)
『南史』
『新唐書』(宋·歐陽修 宋祁 撰)
『舊唐書』
『資治通鑒』(宋·司馬光 編撰, 宋遺民胡三省注, 1981, 臺北)
『玉海』(宋·王應麟 撰, 1978, 臺北)
『隋書』 (唐, 魏徵等 勅撰), 北京: 中華書局 標點本, 1975.
『周書』 (唐, 令狐德芬等 勅撰), 北京: 中華書局 標點本, 1975.
『通典』 (唐, 杜佑 撰), 臺北: 新興書局, 1966.
『晉書』 (唐, 房玄齡), 北京: 中華書局 標點本, 1975.
『北史』 (唐, 李延壽), 北京: 中華書局 標點本, 1975.
『文獻通考』 (元, 馬端臨 撰), 臺北, 1966.
『讀通鑑論』 (王夫之)
『唐會要』 (王溥), 中華書局. 1990.
『北齊書』 (唐, 李百藥等撰)

2. 한국자료

신채식, 『동양사개론』, 삼영사, 2009.
이춘식, 『중국사서설(개정판)』, 교보문고, 2005.
이공범, 『위진남북조사』, 지식산업사, 2003.
이계명, 『수당관료제의 성립과 전개』, 전남대학교출판부, 1995.
______, 『중국정치사상사강요』, 전남대학교출판부, 2001.
박한제, 『중국중세호환체제연구』, 일조각, 1988.
______, 『아틀라스 중국사』, 사계절, 2007.
이윤화, 「독통감론」, 『역사교육논집』, 1997.
______, 「독통감론」, 『경북사학』, 1998.
______, 「독통감론」, 『중국사연구』, 2006.

〈 國文 單行本 〉

李成珪,『中國 古代帝國成立史研究』, 서울, 1984.
朴漢濟,『中國 中世 胡漢 體制 研究』, 一潮閣, 1988.
李啓命,『北朝의 貴族－范陽 盧氏를 中心으로』, 光州, 1987.
______,『隋唐 官僚制의 成立과 展開－山東貴族과 山東官僚를 中心으로』, 全南大學校 出版部, 光州, 1995.
李成珪,『中國 古代 帝國 成立史 研究』, 서울, 1984.
池培善,『中世 東北亞史 研究－慕容王國史』, 一潮閣, 1986.
서울大學校 東洋史學 研究室 編,『講座 中國史 Ⅱ』, 지식산업사, 서울, 1989.

〈 國文 論文 〉

金裕哲,「南朝 身分秩序에 대한 近年의 研究」,『서울大 東洋史學科論集』6, 1982.
______,「南朝의 通貨政策에 대하여－財政 確保策과 관련하여」,『東洋史學研究』19, 1984.
金鐸敏,「隋代의 租調役 徵收體制와 土地 所有關係」,『東洋史學研究』, 東洋史學會, 1993, 1.
金翰奎,「魏晉 南北朝 覇府와 機能」,『東亞研究』10, 1986.
閔斗基,「中國의 傳統的 政治像」－封建 郡縣論을 중심으로－,『中國近代史研究』.
朴漢濟,「魏晉 南北朝時代 貴族制 研究에 대하여」,『韓國學論叢』5 (國民大), 1982.
______,「前期 五胡政權과 漢人士族」－胡漢問題와 관련하여－『韓國學論叢』6, 國民大學校.
______,「高允(390～487)理想과 行動」－崔浩의 경우와 비교하여－,『역사와 인간의 대응』
______,「南北朝末－隋初의 過渡期的 士大夫像－安之推의 '顔氏家訓'을 중심으로－」,『東亞文化』16, 1979.
______,「北魏 均田制의 成立과 胡漢體制」,『東洋史學研究』24, 1985.
______,「日本에 있어서 中國史의 中世分期－封建制論 및 貴族制論을 중심으로」,『中國學論叢』1, 1985.
______,「南北朝時代의 南北關係－交易과 交聘을 중심으로－」,『韓國學論叢』4, 1981.
徐榮洙,「三國과 南北朝 交涉의 性格」,『東洋學研究』11, 1981.
李啓命,「高歡政權論」,『龍鳳論叢』14, 1984.
______,「北齊貴族制의 一研究」,『全南大 論文集 人文編』1984.
______,「北魏貴族制의 一研究」,『龍鳳論叢』15, 1985.
______,「北周官僚貴族의 一研究」,『歷史學研究』8 (全南大),1987.

______, 「西魏·北周의 勳貴集團」, 『歷史學硏究』 9, 1988.
______, 「隋朝의 四貴」, 『全南大 教育大學院 教育論叢』 3, 1982.
______, 「隋唐交替期의 江南諸集團에 관한 一考察－簫銑을 中心으로」, 『歷史學硏究』 7, 1977.
李公範, 「南朝貴族의 沒落에 관한 一考察」, 『大同文化硏究』 8, 1971.
______, 「九品中正制論」, 『史叢』 1, 1955.
______, 「南朝의 門生 故吏」, 『成大論文集』 4, 1959.
______, 「南朝의 山林藪澤 問題」, 『史學硏究』 3, 1959.
______, 「南朝部曲考」, 『成大論文集』 11, 1966.
______, 「兩晉南朝의 租調制」, 『大同文化硏究』 8, 1971.
______, 「南朝貴族의 性格－瑯耶王氏分析－」, 『東洋史學硏究』 14, 1979.
______, 「북조의 부곡 형성 과정」, 『대동문화연구』 7, 1968.
李成珪, 「北朝 前期 門閥貴族의 性格－淸河의 崔浩와 그 一門을 중심으로」, 『東洋史學硏究』 11, 1977.
______, 「秦의 身分由序 構造」, 『東洋史學硏究』 23.
李潤和, 「晉代의 尙書省에 대하여」, 『大邱史學』 17, 1979.
______, 「南朝 交替期의 貳臣에 대하여」, 『大邱史學』 20·21合集, 1982.
林炳德, 「南朝寒門에 대한 一考察」, 『湖西史學』 14, 1986.
池培善, 「吐谷渾과 北朝와의 交涉에 대하여」, 『歷史學報』 98, 1983.
______, 「西燕에 관한 硏究, 『白山學報』 32, 1985.

3. 중국자료

〈 中文 單行本 〉

鄺士元, 『魏晉南北朝硏究論集』, 文史哲學集成, 文史哲出版社, 臺北.
金發根, 『永嘉亂後北方之豪族』, 宏智書店, 臺北, 1964.
羅香林, 『唐代文化史』, 臺 4版, 臺灣商務印書館, 臺北, 1976.
唐長孺, 『魏晋南北朝史論叢』, 三聯書店, 北京, 1955.
______, 外 4人編, 『汪籛隋唐史論稿』, 中國社會科學出版社, 北京, 1981.
中國唐史學會, 『唐史學會論文集』, 陝西人民出版社, 陝西, 1986.
鄧嗣禹, 『中國考試制度史』, 臺北, 1978.
馬長壽, 『烏桓與鮮卑』, 人民出版社, 上海, 1962.
萬繩楠, 『魏晉南北朝史論稿』, 合肥, 安徽教育出版社, 1983.
______ 整理, 『陳寅恪魏晉南北朝史講演錄』, 黃山書社, 安徽, 1987.
毛漢光, 『兩晉南北朝士族政治之硏究』 上·下, 臺北, 1967.

范文瀾,『中國通史』1·2·3, 北京, 1976.
白鋼 主編,『中國治制度史』, 天津人民出版社, 1991.
傅樂成 主編,『中國通史』, 衆文出版社, 臺北.
史仲文, 胡曉林 主編,『中國全史』全 1百卷, 北京人民出版社, 1993.
蘇紹興,『兩晉南朝的士族』, 聯經出版事業公司, 臺北.
嚴耕望,『中國地方行政制度史』, 中央研究歷史言語研究所, 臺北, 1963.
烏廷玉,『隋唐史話』, 北京出版社, 北京, 1984.
王文淸, 許輝,『兩晉史話』, 北京出版社, 北京, 1992.
王壽南,『隋唐史』, 三民書局印行, 臺北.
王仲犖,『魏晉南北朝史』上·下, 上海人民出版社, 1990.
______,『隋唐五代史』, 上·下, 上海人民出版社, 1990.
汪 籛,『漢唐史論稿』, 北京大學出版社, 北京, 1992.
呂思勉,『兩晉南北朝史』上·中·下, (臺北)
______,『隋唐五代史』, 呂思勉史學論著 上·下, 上海古籍出版社, 1989.
余華靑,『中國宦官制度史』, 上海人民出版社, 上海, 1993.
余太山,『兩漢魏晉南北朝與西域關係史硏究』, 中國社會科學出版社, 北京, 1995.
劉精誠,『兩晉南北朝』, 中國小通史, 中國靑年出版社, 北京, 1994.
劉澤華 主編,『士人與社會』, 社會史叢書, 天津人民出版社, 1992.
劉學銚,『鮮卑史論』, 南天書局, 臺北.
李劍農,『魏晉南北朝隋唐經濟史稿』, 臺北, 1982.
李季平,『唐奴婢制度』, 上海人民出版社, 上海, 1986.
李斌城 主編,『中國農民戰爭史』, (隋唐五代十國編), 人民出版社, 1988.
李 唐,『隋唐五代史』, 中國歷史小叢書, 香港出版社.
李孟存, 常金倉,『晉國史綱要』, 山西人民出版社, 山西省, 1988.
李培浩,『中國通史講稿』中, 北京大學, 1982.
李廷先,『唐代揚州史考』, 江蘇古籍出版社, 江蘇省, 1992.
林 幹 編,『匈奴史論文選集』(1919～1979), 中華書局, 1983.
林天蔚,『隋唐史新論』, 東華書局, 臺灣.
岑仲勉,『隋唐史』1·2冊, 中華書局, 北京, 1980.
______,『隋書求是』, 商務印書館, 北京, 1958.
張承宗 外 2人,『六朝史』, 江蘇古籍出版社, 江蘇省, 1990.
剪伯贊,『中國史綱要』, 北京, 1979.
田余慶,『東晉門閥政治』, 北京大學出版社, 北京, 1989.
田廷柱,『隋唐士族』, 隋唐歷史文化叢書, 三秦出版社, 西安, 1995.
程章火山,『魏晉南北朝賦史』, 中國分体斷代文學史, 江蘇古籍出版社, 南京, 1992.

鄭欽仁,『北魏官僚制度研究』, 臺北, 1977.
趙克堯,『漢唐史論集』, 復旦大學出版社, 上海, 1993.
周一良,『魏晋南北朝史論集』, 中華書局, 北京, 1963.
______,『魏晉南北朝史札記』, 中華書局, 北京, 1985.
朱大渭,『中國農民戰爭史』, 人民出版社, 北京, 1985.
中國魏晉南北朝史學會編,『魏晉南北朝史研究』, 四川省社會科學出版社, 成都, 1986.
陳　凡,『24史人物與故事叢書－魏晉南北朝卷－』, 太白文藝出版社, 陝西, 1994.
陳寅恪,『陳寅恪先生論全集』 上·下, 九思出版社, 臺灣, 1977.
______,『隋唐制度淵源略論稿』, 商務印書館, 臺灣, 1973.
______,『唐代政治史述論稿』, 商務印書館, 臺灣, 1967.
______,『陳寅恪史學論文選集』, 上海古籍出版社, 上海, 1992.
陳仲安·王素,『漢唐職官制度研究』, 中華歷史叢書, 中華書局, 北京, 1993.
陳茂同,『中國歷代選官制度』, 華東師範出版社, 上海, 1994.
漆　俠,『隋末農民起義』, 上海, 1954.
何啓民,『中古門第論集』, 臺北, 1978.
夏曾佑,『中國古代史』, 商務印書局, 臺灣, 1994.
韓國盤,『隋唐五代史綱』, 北京, 1973.
______,『隋朝史略』, 華東人民出版社, 1954.
______,『北朝隋唐的均田制度』, 上海人民出版社, 1984.

〈 中文 論文 〉

高　敏,「隋初江南地區反叛的原因初探」,『中國古代史』 k－2, 1989－1.
逯耀東,「北魏孝文帝遷都與其家庭悲劇」,『新亞學報』 8－2, 1968.
唐長孺,「試論魏末北鎮鎮民暴動的性質」,『歷史學研究』, 1964－1.
당장유,「拓跋族和漢化過程」,『魏晉南北朝史論叢續編』, 三聯書店, 北京, 1955.
______,「拓跋國家的建立及其封建化」,『魏晉南北朝史論叢』, 三聯書店, 北京, 1955.
______,「魏晉雜戶考」,『魏晉南北朝史論叢』, 三聯書店, 北京, 1955.
______,「晉代北境各族'變亂'的性質及五胡政權在中國的統治」,『魏晉南北朝史論叢』, 三聯書店, 北京, 1955.
勞　榦,「北魏後期的重要都邑與北魏政治的關係」,『勞榦學術論文集』 甲編 下冊, 臺北9, 藝文印書館, 1976.
米文平,「鮮卑石室的發現與初步研究」,『文物』, 1981－2.
______,「嘎仙洞北魏石刻祝文考釋」,『魏晉南北朝史研究』, 四川省社會科學院出版社, 成都, 1986.

徐淸廉,「論隋唐的門閥之爭與關隴集團」,『中國古代史』K－2, 1981－5.
晏金銘,「隋朝的門閥士族統治與社會階級矛盾」,『中國古代史』K－2, 1981－5.
汪征魯,「魏晉南朝'門地'述論」,『福建論壇』, 文史哲版, 1986－2.
嚴耕望,「隋代總管府考」,『中國學志』6, 1972.
嚴躍中,「魏晉南北朝'佃客'辨」,『中國史硏究』, 1984－8.
吳宗國,「唐代士族及其衰落」,『唐史學會 論文集』, 中國唐史學會編, 陝西人民出版社, 1986.
陸慶大,「關于隋朝改革機構問題的幾個点辨析」,『中國古代史』k－2, 1989－9.
李燕捷,「隋平陳戰爭淺析」,『魏晉南北朝隋唐史』K－22, 1985－10
趙云旗,「論隋代速亡的原因」,『魏晉南北朝隋唐史』K－22, 1984－12
周一良,「兩晋南北朝淸議」,『魏晋隋唐史論集』2, 1983.
______,「關于崔浩之獄」,『中華文史論叢』, 1980－4.
陳琳國,「兩晋九品中正制與選官制度」,『歷史硏究』1987－3.
陳琳國,「魏晉南北朝都督制」,『北京師範大學報』, 1986－4.
韓 昇,「論隋朝統治集團內部鬪爭對隋亡的影響」,『魏晉南北朝隋唐史』K－22, 1987－7.
叶妙娜,「東晉南朝僑姓世族之婚媾: 陳郡謝氏個案硏究」,『歷史硏究』, 1986－3.
______,「東晉南朝僑姓高門之仕官: 陳郡謝氏個案硏究」,『中山大學學報』6, 1972.
胡如雷,「關于隋末農民起義的若干問題」,『魏晉南北朝隋唐史』K－22, 1982－1
______,「中國封建社會的分期」,『中國封建社會形態硏究』
侯外盧,「中國封建社會的發展及其由前期向後期轉變的特徵」,『中國思想通史』4.

4. 일본자료

〈 日文 單行本 〉

岡崎文夫,『魏晉南北朝通史』, (東京, 弘文堂, 1932)
________,『南北朝における社會經濟制度』, (弘文堂, 東京, 1933)
講談社,『中國の歷史』2·3·4 (東京, 1979)
谷川道雄,『中國中世社會と共同體』, (東京, 1976)
________,『隋唐帝國の形成史論』, (東京, 1970)
宮崎市定,『九品官人法の硏究』, (東京, 東洋史硏究會, 1962)
宮川尙志,『六朝史硏究』, (京都, 1977)
堀敏一,『均田制の硏究』, (東京, 1975)
吉田虎雄,『魏晉南北朝租稅の硏究』(屋號書店, 大阪, 1943)
吉川忠夫,『六朝精神史硏究』, (東京, 1984)

_______, 『後景の亂始末記～南朝貴族社會の命運』, (中公新書, 東京, 1966)
唐代史研究會 編, 『隋唐帝國と東アシア世界』, (東京, 汲古書院, 1979)
大川富士夫, 『六朝江南の豪族社會』, (雄山閣, 東京, 1987)
都築晶子, 『六朝貴族研究の現況』, (同上)
渡邊信一郎, 『中國古代社會論』, (青木書店, 東京, 1986)
鈴木俊, 『均田, 租庸調制度の研究』, (東京, 1980)
_____, 等編, 『中國史の時代區分』, (東京, 1975)
礪波護, 『唐代政治社會史研究』, (同朋舍刊, 京都)
福島繁次郎, 『中國南北朝史研究』, (名著出版, 東京, 1962)
濱口重國, 『秦漢隋唐史の研究』 上·下 (東京, 1966)
_______, 『唐王朝の賤人制度』, (東洋史研究會, 京都, 1966)
山根幸夫 編, 『中國史研究入門』 上·下 (山川出版社, 東京, 1983)
森本芳樹, 『六朝士大夫の精神』, (同朋舍, 京都, 1986)
西嶋定生, 『中國經濟史研究』, (東京大學出版會, 東京, 1966)
_______, 『中國古代帝國の形成と構造』, (東京大學出版會, 1961)
_______, 『中國古代の社會と經濟』, (東京大學出版會, 東京, 1981)
_______, 『中國古代國家と東アシ″ア世界』, (東京大學出版會, 東京, 1983)
松本善海, 『中國村落制度の史的研究』, (東京, 1977)
守獄美都雄, 『六朝門閥の一研究』 - 太原王氏系譜考 -, (東洋大學學術叢書)
_________, 『中國古代の家族と國家』, (東京, 1964)
矢野主税, 『門閥社會成立史』, (矢野主税, 東京, 1977)
_______, 『門閥社會史』, (長崎大學出版會, 長崎, 1965)
_______, 『改訂 魏晉百官世系表』, (長崎大學出版會, 長崎, 1971)
岩波講座, 『世界歷史』 4·5·6, 古代篇, (東京, 1970)
宇都宮淸吉, 『中國古代中世史研究』, (東京, 1977)
_________, 『漢代社會經濟史研究』, (東京, 1957)
越智重明, 『魏晉南朝の政治と社會』, (吉川弘文館, 東京, 1963)
_______, 『魏晉南朝の貴族制』, (研文出版, 東京, 1982)
_______, 『魏晉南朝の人と社會』, (研文出版, 東京, 1961)
仁井田陞, 『中國法制史研究』(家族村落法), (東京, 1962)
(日本)中國中世史研究會 編, 『中國中世史研究』, (東海大學出版會, 東京, 1970)
__________________ 編, 『中國中世史研究』, (東京, 1970)
中村圭爾, 『六朝貴族制研究』, (風間書房, 東京, 1987)
增淵龍夫, 『中國古代の社會と國家』, (東京, 1960)
川勝義雄, 『六朝貴族社會の研究』, (岩波書店, 1982)

________, 『中國の歷史(3)』 – 魏晉南北朝 –, (講談社, 東京, 1974)
________, 礪波護 編, 『中國貴族制社會の硏究』, (人文科學硏究所, 京都大, 1983)
村上嘉實, 『六朝思想史硏究』, (平樂寺書店, 京都, 1974)

〈 日文 論文 〉

古賀昭岑, 「北魏の部族解散について」, 『東方學』 59, 1980.
谷川道雄, 「自營農民と國家との共同體的 關係」, 『東洋史硏究報告』 6, 名古屋大學, 1980.
________, 「周隋革命の經緯について」, 『古代文化』 18 – 5.
________, 「武川鎭軍閥の形成」, 『東洋史硏究報告』 9, 名古屋大學, 1982.
菊池英夫, 「北朝兵制に於ける所謂鄕兵について」, 『重松先生古稀記念 九州大學東洋史論集』
窪添慶文, 「魏晉南北朝地方官の本籍地任用」, 『史學雜誌』 1, 2號, 1974.
氣賀澤保規, 「隋代鄕里制に關する一考察」, 『史林』 58 – 4, 1975.
__________, 「蘇威をめくる隋の政界について」, 『鷹陵史學』 3 – 4.
內田吟風, 「北齊官僚の一動向」 『鷹陵文學』 3 – 4.
都築晶子, 「六朝貴族の硏究」, (同上)
唐長孺·川勝義雄, 「魏晉南北朝の客と部曲」, 『東洋史 硏究』 40 – 3.
白須爭眞, 「在地豪族 名族社會」, 『敦煌講座』 3, 1983.
福島繁次郎, 「北魏孝文帝 中期以後の考課」, 『中國南北朝史硏究』
礪波護, 「隋の貌閱と食封制」, 『東方學報』 37, (京都), 1967.
山崎宏, 「隋朝官僚とその性格」, 『東京敎大 文學部紀要』 6, 1956.
______, 「隋代總管考」, 『史潮』 64, 65, 1958.
守獄美都雄, 「六朝門閥の一硏究」, – 太原王氏系譜考 – 『東洋大學學術叢書』.
松永雅生, 「北魏の三都」 上·下, 『東洋史硏究』 29 – 2, 3.
鈴木俊, 「隋末の亂と唐朝の成立」, 『史淵』 53, 1952.
鈴木義雄, 「隋代の御史の同鄕につにて」, 『國學院高紀要』 17, 1973.
竹田龍兒, 「門閥としての弘農楊氏につにての一考察」, 『東洋學』 31, 1958.
直江直子, 「北朝後期政權爲政者クル – フ°の出身」, 『同上』 5.
川本芳昭, 「北魏の封爵制」, 『東方學』 57, 1979.
葭森建介, 「中國史における貴族制硏究に關する覺書」 (名古屋大學, 東洋史硏究報告 7, 1981)

찾아보기

ㄱ

ㅂ

ㅅ

ㅇ

ㅈ

ㅊ

ㅋ

ㅌ

ㅍ

ㅎ

기타